주님의 평강이

함께 하시길 기도하며

_______________ 님께

이 소중한 책을 드립니다.

윌밍턴 본문중심 성경연구

신 약 편

해롤드 L. 윌밍턴 지음

도서출판 나침반사

신실한 믿음의 동역자들에게

이 책이 귀하께 더욱 성경을 사랑하고 구세주를 사랑하는 요소를 더해주는 영적 축복이 되기를 기도합니다.

또한 이 책과 『리버티성경연구원』(LH-BI)의 자료들이 한국어로 출판되도록 애써준 『한국 리버티성경연구원』 원장이신 존 반즈(John Bonds) 박사에게 감사하는 마음을 전합니다.

H. L. Willmington

헤럴드 윌밍턴 박사
저자/리버티 대학교 부총장

얼굴은 각각이지만
믿음은 오직 하나!

한국의 그리스도인들에게

리버티 대학교의 7개 부설 학교 중 하나인 『리버티성경연구원』(LHBI)이 한국에도 개원된 것은 사랑의 수고의 열매입니다.

한국의 그리스도인들은 이사야서 6장 8절의 하나님의 질문인 "…내가 누구를 보내며 누가 우리를 위하여 갈꼬"에 진심으로 "그때에 내가 가로되 내가 여기 있나이다 나를 보내소서"라고 응답한 줄로 믿습니다.

귀하께서 이 영원토록 귀한 도전을 성취하는 데 도움이 되는 도구로서 이 책과 『한국 리버티성경연구원』이 사용되기를 간절히 기도합니다.

"모든 성경은 하나님의 감동으로 된 것으로 교훈과 책망과 바르게 함과 의로 교육하기에 유익하니 이는 하나님의 사람으로 온전케 하며 모든 선한 일을 행하기에 온전케 하려 함이니라"(디모데후서 3:16, 17).

John Bonds

존 반즈 박사
한국 리버티성경연구원 원장

한국 『리버티성경연구원』 학생들에게

귀하께서 리버티성경연구원을 통해서 하나님의 말씀을 공부하는 학생이 된 것을 그리스도 안에서 기뻐합니다.

미국 버지니아주 린치버그에(Lynchburg, Virginia)에 위치한 리버티 대학교(Liberty University)의 연장교육과정인 『리버티성경연구원』(Liberty Home Bible Institute)에는 현재 75,000명 이상의 미국인이 등록되어 성경을 체계적으로 공부하고 있습니다. 그리고 전 세계에서 『리버티성경연구원』 과정을 마친 모든 졸업생들은 매년 5월 미국 버지니아주 린치버그의 리버티 대학교 본교에 와서 졸업식에 참석하도록 초청받게 되는데, 이 졸업식에는 매년 참석인원이 수천 명씩 증가되고 있습니다.
하나님께서 그분의 말씀을 공부하는 이러한 과정을 통해 귀하의 삶을 더욱 풍성하게 축복하시기를 기도합니다.

Jerry Falwell

제리 포웰 박사
리버티 대학교 총장

BE A PART OF LIBERTY UNIVERSITY…

차례

서문

이 책에 실린 자료는 매우 방대하기 때문에 그 내용에 대한 핵심적인 세 가지 질문, 즉 저술 동기, 저술 대상, 저술 방법에 대해서 이야기해 둘 필요가 있을 것이다.

● 이 책의 저술 동기

이 책의 구상은 50년대 후반 미국 달라스 신학교 시절로 거슬러 올라간다. 그때 하나님께서는 일찍이 알지 못했던 그분의 말씀을 향한 사랑을 내 마음에 심어 주셨다. 필자가 본격적으로 서재를 마련하고, 최소의 시간으로 최대의 성경 지식을 제공해 줄 수 있는 책들을 찾기 시작한 것도 바로 그때였다. 사실 필자는 기본적인 성경 지식을 개괄적으로 요약해 줄 수 있는 한 권의 책을 찾고자 하였던 것이다. 그러나 그러한 책을 찾을 수 없었기 때문에, 필자는 직접 그런 책을 써 보리라 마음먹었다. 간단히 말해 이 책은 그러한 요구를 충족시키기 위한 필자의 최선의 노력이다. 내 목표는 기본적인 성경 지식을 간략하게 전반적으로 요약하여 한 권의 책으로 출판하는 것이었다. 여기서 강조하고 싶은 두 마디의 말은, "간략한"과 "요약"이라는 말이다. 따라서 이 책의 최대 목표는 우리의 '새로운 세대'에게 한 권의 책으로 완벽한 성경 교육을 간략하게 할 수 있도록 하는 것이다. 이 책이 그 목표를 성공적으로 달성했느냐 그렇지 못했느냐는 독자만이 판단할 수 있을 것이다.

● 이 책의 저술 대상

필자는 이 책을 준비하면서 다음과 같은 네 부류의 사람들을 특별히 염두에 두었다.

1. **목회자들**/신학교나 신학대학에서 배웠던 성경의 위대한 사실들을 짧은 시간 내에 정확하고 유용하게 분석하여 설교에 사용할 수 있도록 하려는 것이다. 때로 이 책은 정규적인 교육을 받지 못한 목회자에게는 정규 교육의 대용물이 되기도 할 것이다.
2. **주일학교 교사들**/이 책은 효과적인 교수를 위해 잘 정리된 성경의 사실들을 손쉽게 찾도록 도와줄 것이다.
3. **고등학생과 대학생들**/이 책은 불확실한 시대를 살아가는 그들에게 하나님의 영원한 말씀을 "타당성 있게" 그리고 역사적, 과학적, 신학적으로 요약해 줄 것이다.
4. **모든 성경 애독자들**/이 책은 성경이야말로 이제껏 씌어진 책 중에서 가장 감동적이며 실제적이고 영감(靈感)주는 책이라는, 그들이 예전부터 지켜온 확신을 지지해 줄 것이다.

● 이 책의 저술 방법

독자는 이 책을 어떻게 읽을 것인가? 이 책은 어떤 방법으로 씌었는가? 먼저 이 책은 두 부분으로 구성되어 있다는 것을 말해 둔다. 첫번째 부분은 주요 내용으로 되어 있고, 두번째 부분은 보조 자료로 되어 있다.

1. 이 책의 주요 내용

하나님의 말씀 안에 담긴 위대한 진리를 진실되게 습득하여 활용하려 한다면 두 가지의 기본적인 성경 연구 방법이 절대적으로 필요하다. 첫째 방법은 연대순에 따른 접근이고, 두번째 방법은 신학적 접근이다.

1. 연대순에 따른 접근 방법

이것은 창세기부터 요한계시록까지의 성경 역사를 열두 단계의 시대로 구분하여 요약하고 유익하고도 영감이 풍부한 개요들로 이루어져 있다. 각 단계는 아래와 같다.

1 **창세시대** / 창세기 1-11장.
2 **족장 시대** / 창세기 12-50장.
3 **출애굽시대** / 출애굽기, 레위기, 민수기, 신명기.
4 **정복시대** / 여호수아서.
5 **사사시대** / 사사기, 룻기, 사무엘상 1-7장.
6 **통일왕국시대** / 사무엘상 8-31장, 사무엘하, 열왕기상 1-11장, 역대상, 역대하 1-9장, 시편, 아가서, 잠언, 전도서.
7 **분단왕국시대** / 열왕기상 12-22장, 열왕기하 1-25장, 역대하 10-36장, 요나서, 아모스서, 호세아서, 요엘서, 오바댜서, 나훔서, 이사야서, 미가서, 하박국서, 스바냐서, 예레미야서, 예레미야애가.
8 **포로시대** / 에스겔서, 다니엘서.
9 **귀환시대** / 에스라서, 에스더서, 느헤미야서, 학개서, 스가랴서, 말라기서.
10 **복음시대** / 마태복음, 마가복음, 누가복음, 요한복음.
11 **초대교회시대** / 사도행전.
12 **서신시대** / 나머지 신약성경.

위에 열거한 시대들이 성경 시대 전체를 총괄하는 열두 기본 단계이다. 구약성경의 시대는 아홉 단계, 신약성경의 시대는 세 단계로 나뉜다. 독자들은 구약과 신약 부분 전체에 걸쳐 유익한 도표를 자주 대하게 될 것이다.

2. 신학적 접근 방법

여기에는 다음과 같은 열 가지의 중요한 교리를 분석적으로 연구한 것이 포함된다.

1 **삼위일체론**
2 **성부론**
3 **성자론**
4 **성령론**

5 인간론
6 교회론
7 죄론
8 구원론
9 사단론
10 천사론
11 성경론
12 예언론

2. 보조 자료

주요 내용에서 이용된 위의 두 가지 방법을 종합하고 보충하기 위해 다음과 같은 보조 자료가 사용된다.

1. 성경의 주제별 요약

여기에는 대략 135개의 항목으로 이뤄진 개요표(概要表)가 포함되어 있다. 이들 주제의 표본을 뽑아보면 다음과 같다.

1 성경에 나오는 모든 도시
2 성경에 기록된 모든 회심(回心) 사건
3 성경에 나오는 모든 기적
4 성경에 언급된 모든 직업
5 성경에 나오는 모든 비유
6 성경에 나오는 모든 예언과 기타 사항

2. 역사적 연구의 개요

1 구약성경과 신약성경에 나오는 중요한 아홉 족속에 대한 역사적 개요를 말한다
아홉 족속은 아래와 같다.
(1) 가나안
(2) 수메르
(3) 블레셋
(4) 애굽
(5) 바벨론
(6) 앗수르
(7) 바사
(8) 헬라
(9) 로마
2 구약성경에 나오는 613개의 계명
3 중요한 고고학적 발굴의 역사적 개요
4 주후 70년 9월에 있었던 두번째 예루살렘 성전 파괴로부터 1973년 10월에 있은 「욤

키푸르」(Yom Kippur) 전쟁에 이르는 이스라엘 역사 개요

이 1900년간은 역사적으로 아래와 같은 주요 시기로 구분된다.

(1) 로마 시대(주후 70—325년)
(2) 비잔틴 시대(주후 325—614년)
(3) 페르샤 시대(주후 614—634년)
(4) 아랍 시대(주후 634—1072년)
(5) 셀주크 시대(주후 1072—1099년)
(6) 십자군 시대(주후 1099—1291년)
(7) 노예 기병 시대(주후 1291—1517년)
(8) 터어키(오토만) 시대(주후 1517—1917년)
(9) 영국 시대(주후 1917—1948년)
(10) 독립 시대(주후 1948년—현재)

5 구약성경과 신약성경에 나오는 중요 인물 300인과 연관된 표(表)

6 성지(聖地) 자료 일반

왜 우리는 하나님의 말씀을 연구해야 하는가?

언뜻 보면, 하나님의 말씀을 연구하는 이유를 따져 보아야 할 필요성이 전혀 없는 듯하다. 혹자는 생각하기를, 그리스도를 믿기로 결단할 때, 새 신자가 해야 할 지극히 당연한 일은 본래 그를 그리스도께로 인도한 성경의 평생 연구를 시작하는 것이라고 할지도 모르겠다. 그러나 교회사에서도 마찬가지이지만, 각 개인들의 경우에도 실제적으로 이와 정반대임을 알게 된다. 대부분의 그리스도인들이 성경을 거의 모른다는 것이 심각한 현실이다! 그러므로 우리는 여기에서 성경을 연구해야 하는 정당하고도 충분한 이유 몇 가지를 열거해 보기로 하자.

1. 성경의 저자 때문에 성경을 연구해야 한다

하나님는 자주 창조주, 구속자, 목자, 심판자 등으로 생각된다. 물론 이렇게 생각하는 것도 옳다. 왜냐하면 실제로 하나님께서는 이러한 모든 역할을 담당하고 계시기 때문이다. 그렇지만 사람들이 작성한 하나님의 속성 목록에서 거의 항상 누락되는 하나님의 위대한 능력이 하나 있다. 이 훌륭한, 그렇지만 잊혀지고 있는 역할은 저자(Author)로서의 하나님의 역할이다! 하나님께서는 한 책을 쓰셨는데, 그 심원하고 고귀한 책이 바로 성경이다. 다른 일반 저자들이 증언하는 것처럼, 어느 저자에 대한 가장 훌륭한 찬사는 "오, 그럼요. 나는 당신이 쓴 책을 읽었어요"라고 말하는 것이다.

그런데 비극적이기도 하지만 부인할 수 없는 사실은, 다른 모든 신자들과 더불어 그리스도의 심판대 앞에 서게 될 그리스도인들은 비록 하나님의 책에 담긴 구원의 멧세지에 귀를 기울임으로써 구원을 받긴 했으나, 그럼에도 불구하고 시간을 들여 성경을 읽지는 않는다고 하는 것이다. 따라서 어떠한 이유가 있다고 할지라도 신자들은 성경을 주의깊게 읽음으로써 심판의 그 날에 그리스도께 다음과 같이 말할 수 있어야 할 것이다.

"사랑하는 예수님, 제가 세상에 있을 때 마땅히 해야 할 일로서 하지 않았던 일들이 많습니다. 그리고 하지 말았어야 했던 일인데 했던 일도 있습니다. 그렇지만 제가 한 일이 하나 있습니다. 다름 아니라 당신의 책을 읽었습니다!"

2. 성경을 읽으라는 명령이 자주 되풀이되기 때문에 성경을 연구해야 한다

"**이** 율법책을 네 입에서 떠나지 말게 하며 주야로 그것을 묵상하여 그 가운데 기록한 대로 다 지켜 행하라 그리하면 네 길이 평탄하게 될 것이라 네가 형통하리라"(수 1:8).
"**네**가 진리의 말씀을 옳게 분변하며 부끄러울 것이 없는 일꾼으로 인정된 자로 자신을 하나님 앞에 드리기를 힘쓰라"(딤후 2:15).
"**예**수께서 대답하여 가라사대 기록되었으되 사람이 떡으로만 살 것이 아니요 하나님의 입으로 나오는 모든 말씀으로 살 것이라 하였느니라 하시니"(마 4:4).

3. 성경은 하나님께서 자신의 거룩한 뜻을 성취하시기 위해 택하신 방법이기 때문에 성경을 연구해야 한다

1 죄인은 성경의 멧세지를 통하여 구원받는다.
"**누**구든지 주의 이름을 부르는 자는 구원을 얻으리라 그런즉 저희가 믿지 아니하는 이를 어찌 부르리요 듣지도 못한 이를 어찌 믿으리요 전파하는 자가 없이 어찌 들으리요 보내심을 받지 아니하였으면 어찌 전파하리요 기록된바 아름답도다 좋은 소식을 전하는 자들의 발이여 함과 같으니라 그러나 저희가 다 복음을 순종치 아니하였도다 이사야가 가로되 주여 우리의 전하는 바를 누가 믿었나이까 하였으니 그러므로 믿음은 들음에서 나며 들음은 그리스도의 말씀으로 말미암았느니라"(롬 10:13−17).
"**베**드로가 열한 사도와 같이 서서 소리를 높여 가로되 유대인들과 예루살렘에 사는 모든 사람들아 이 일을 너희로 알게 할 것이니 내 말에 귀를 기울이라"(행 2:14).
"**저**희가 이 말을 듣고 마음에 찔려 베드로와 다른 사도들에게 물어 가로되 형제들아 우리가 어찌할꼬 하거늘"(행 2:37).
"**그** 흩어진 사람들이 두루 다니며 복음의 말씀을 전할새 빌립이 사마리아 성에 내려가 그리스도를 백성에게 전파하니 무리가 빌립의 말을 듣고 행하는 표적도 보고 일심으로 그의 말하는 것을 좇더라 많은 사람들에게 붙었던 더러운 귀신들이 크게 소리를 지르며 나가고 또 많은 중풍병자와 앉은뱅이가 나으니 그 성에 큰 기쁨이 있더라"(행 8:4−8).
"**너**희가 거듭난 것이 썩어질 씨로 된 것이 아니요 썩지 아니할 씨로 된 것이니 하나님의 살아 있고 항상 있는 말씀으로 되었느니라"(벧전 1:23).
"**그**가 그 조물 중에 우리로 한 첫 열매가 되게 하시려고 자기의 뜻을 좇아 진리의 말씀으로 우리를 낳으셨느니라"(약 1:18).

2 성도들은 성경의 멧세지를 통하여 거룩하게 되므로 성경을 연구해야 한다.
"**저**희를 진리로 거룩하게 하옵소서 아버지의 말씀은 진리니이다"(요 17:17).
"**갓**난 아이들같이 순전하고 신령한 젖을 사모하라 이는 이로 말미암아 너희로 구원에 이르도록 자라게 하려 함이라"(벧전 2:2).

“**하**나님의 뜻은 이것이니 너희의 거룩함이라 곧 음란을 버리고”(살전 4:3).
“**청**년이 무엇으로 그 행실을 깨끗케 하리이까 주의 말씀을 따라 삼갈 것이니이다 내가 전심으로 주를 찾았사오니 주의 계명에서 떠나지 말게 하소서 내가 주께 범죄치 아니하려 하여 주의 말씀을 내 마음에 두었나이다”(시 119:9−11).
“**너**희가 내 안에 거하고 내 말이 너희 안에 거하면 무엇이든지 원하는 대로 구하라 그리하면 이루리라”(요 15:7).
“**지**금 내가 너희를 주와 및 그 은혜의 말씀께 부탁하노니 그 말씀이 너희를 능히 든든히 세우사 거룩케 하심을 입은 모든 자 가운데 기업이 있게 하시리라”(행 20:32).

4. 우리의 원수 마귀가 성경을 읽기 때문에 성경을 연구해야 한다

마태복음 4장의 기록에 따르면, 그리스도께서 마귀에게 세 번 시험을 받으셨다. 각 경우마다 주님께서는 “기록되었으되…”라는 말과 함께 신명기에 나오는 하나님의 말씀을 인용하여 사단에게 답하셨다. 그러나 거의 언제나 간과되고 있는 사실은, “기록되었으되…”라는 표현이 마태복음 4장에서 네 번 사용되고 있다는 것과 네번째로 그 표현을 사용하여 성경을 인용한 자는 바로 그리스도께 대적하는 사단 자신이라는 것이다. 여기에서 그 배경을 자세히 살펴보자.

“이에 마귀가 예수를 거룩한 성으로 데려다가 성전 꼭대기에 세우고 가로되 네가 만일 하나님의 아들이어든 뛰어내리라 기록하였으되 저가 너를 위하여 그 사자들을 명하시리니 저희가 손으로 너를 받들어 발이 돌에 부딪히지 않게 하리로다 하였느니라”(마 4:5, 6).

여기서 사단은 시편 91편 11, 12절을 인용하였다. 이것은 완전히 본문이 말하고자 하는 뜻과는 상관없이 취해진 것이지만 애초에 사단이 그 구절을 어떻게 알고 있었을까? 안타깝게도 그 대답은 명백하다. 한가한 시간에, 마귀는 주저앉아 시편 91편을 연구했을 것이 틀림없다. 오늘날의 많은 그리스도인들은 어쩌면 시편을 읽어 본 적도 없을 터이지만, 마귀는 그것을 암기하고 있었음에 틀림없다! 따라서 우리는 사단이 우리를 속이지 못하도록 하나님의 말씀을 읽어야 할 필요가 있다.

5. 바울이 보여준 모범 때문에 성경을 연구해야 한다

바울은 아마도 역사상 가장 훌륭한 그리스도인이었을 것이다. 그의 영적 업적은 한 마디로 굉장하다고 할 수 있다. 그는 최초로 세 차례에 걸쳐 전도 여행을 했고, 성경을 믿고 따르는 50개 이상의 교회를 세우고 목회 활동을 하였으며, 신약성경의 절반 이상을 기록하였으며, 또한 부활하신 그리스도를 다섯 차례나 목격하고 적어도 한 번은 실제로 3층천으로 붙들려 올라가 본 사람이다! 그러나 그 후에 그는 체포당하여 사형을 선고받고 투옥당했다. 그가 처형당하기 직전에 디모데에게 준 마지막 말을 주의깊게 들어보라.

“관제와 같이 벌써 내가 부음이 되고 나의 떠날 기약이 가까왔도다 내가 선한 싸움을 싸우고 나의 달려갈 길을 마치고 믿음을 지켰으니 이제 후로는 나를 위하여 의의 면류관이 예비되었으므로 주 곧 의로우신 재판장이 그날에 내게 주실 것이니 내게만 아니라 주의 나타나심을 사모하는 모든 자에게니라…네가 올 때에 드로아 가보의 집에 둔 겉옷을 가지고 오고 또 책은 특별히 가죽 종이에 쓴 것을 가져오라"(딤후 4:6-8, 13).

가죽 종이에 쓴 것이란 무엇인가? 그것은 구약성경의 두루마리 사본이다. 이 대목의 초점은 모든 찬란한 업적에도 불구하고 연로한 사도 바울이 처형당하기 직전까지도 하나님의 말씀을 연구함으로써 유익함을 얻을 수 있다고 생각했다는 것이다.

6. 성경만이 다음과 같은 인생의 본질적인 질문에 답변을 줄 수 있기 때문에 성경을 연구해야 한다

[1] 나는 어디에서 왔는가?
"**하**나님이 가라사대 우리의 형상을 따라 우리의 모양대로 우리가 사람을 만들고 그로 바다의 고기와 공중의 새와 육축과 온 땅에 기는 모든 것을 다스리게 하자 하시고 하나님이 자기 형상 곧 하나님의 형상대로 사람을 창조하시되 남자와 여자를 창조하시고" (창 1:26, 27).
"**여**호와가 우리 하나님이신 줄 너희는 알지어다 그는 우리를 지으신 자시요 우리는 그의 것이니 그의 백성이요 그의 기르시는 양이로다"(시 100:3).

[2] 나는 왜 여기에 있는가?
"**일**의 결국을 다 들었으니 하나님을 경외하고 그 명령을 지킬지어다 이것이 사람의 본분이니라"(전 12:13).
"**우**리 주 하나님이여 영광과 존귀와 능력을 받으시는 것이 합당하오니 주께서 만물을 지으신지라 만물이 주의 뜻대로 있었고 또 지으심을 받았나이다"(계 4:11).

[3] 나는 어디로 가고 있는가?
"**하**나님이 세상을 이처럼 사랑하사 독생자를 주셨으니 이는 저를 믿는 자마다 멸망치 않고 영생을 얻게 하려 하심이니라 하나님이 그 아들을 세상에 보내신 것은 세상을 심판하려 하심이 아니요 저로 말미암아 세상이 구원을 받게 하려 하심이라 저를 믿는 자는 심판을 받지 아니하는 것이요 믿지 아니하는 자는 하나님의 독생자의 이름을 믿지 아니하므로 벌써 심판을 받은 것이니라"(요 3:16-18).
"**여**호와는 나의 목자시니 내가 부족함이 없으리로다…나의 평생에 선하심과 인자하심이 정녕히 나를 따르리니 내가 여호와의 집에 영원히 거하리로다"(시 23:1, 6).
"**누**구든지 생명책에 기록되지 못한 자는 불못에 던지우더라"(계 20:15).

7. 우리가 세상을 떠난 후에는 성구의 많은 부분을 적용할 기회를 결코 갖지 못할 것이기 때문에 성경을 연구해야 한다

1 천국에서는 고린도전서 10장 13절 말씀을 적용할 기회가 없을 것이다.
"사람이 감당할 시험밖에는 너희에게 당한 것이 없나니 오직 하나님은 미쁘사 너희가 감당치 못할 시험당함을 허락치 아니하시고 시험당할 즈음에 또한 피할 길을 내사 너희로 능히 감당하게 하시느니라"(고전 10:13).
● 이유/천국에서는 시험이 없을 것이기 때문이다.

2 천국에서는 요한일서 1장 9절을 적용할 기회가 없을 것이다.
"만일 우리가 우리 죄를 자백하면 저는 미쁘시고 의로우사 우리 죄를 사하시며 모든 불의에서 우리를 깨끗케 하실 것이요"(요일 1:9).
● 이유/천국에서는 죄가 없을 것이기 때문이다.

3 천국에서는 빌립보서 4장 19절을 적용할 기회가 없을 것이다.
"나의 하나님이 그리스도 예수 안에서 영광 가운데 그 풍성한 대로 너희 모든 쓸 것을 채우시리라"(빌 4:19).
● 이유/천국에서는 일상용품이 필요없을 것이기 때문이다.

4 천국에서는 요한복음 14장 1-3절을 적용할 기회가 없을 것이다.
"너희는 마음에 근심하지 말라 하나님을 믿으니 또 나를 믿으라 내 아버지 집에 거할 곳이 많도다 그렇지 않으면 너희에게 일렀으리라 내가 너희를 위하여 처소를 예비하러 가노니 가서 너희를 위하여 처소를 예비하면 내가 다시 와서 너희를 내게로 영접하여 나 있는 곳에 너희도 있게 하리라"(요 14:1-3).
● 이유/천국에서는 슬픔이 없을 것이기 때문이다.

5 천국에서는 시편 23편 4절을 적용할 기회가 없을 것이다.
"내가 사망의 음침한 골짜기로 다닐지라도 해를 두려워하지 않을 것은 주께서 나와 함께 하심이라 주의 지팡이와 막대기가 나를 안위하시나이다"(시 23:4).
● 이유/천국에서는 죽음이 없을 것이기 때문이다.

8. 우리의 신앙을 위한 유일하고도 궁극적인 근거(proof)는 성경이므로 성경을 더 연구해야 한다

성경을 연구해야 할 마지막 이유를 소개하기 위해 다음과 같은 상황을 상정할 수 있을 것이다. 불신자들은 신자들에게 다음과 같은 비난을 자주 한다.
"그래, 너희 예수쟁이들아, 너희들은 하나같이 마찬가지야! 너희들은 지독히도 독선적이야. 자기네들만이 옳고 나머지 사람들은 다 틀렸다고 생각하지. 도대체 자기네들이 믿는 바가 옳다는 것을 어떻게 그토록 확신할 수가 있단 말인가?"
비웃는 조로 곧잘 제기되는 이러한 힐난은 결코 정당한 것이 아니다. 하나님의 자녀는 자기의 신앙이 유일하게 옳은 것임을 어떻게 아는가?

자, 당신이 마을에서 열린 중요한 사교 모임에 참석하라는 초대를 받았다고 가정하자. 모임에 참석한 손님들은 세계 각지에서 온 사람들이다. 각자에 대한 소개가 진행되면서, 그리스도인은 오로지 당신 혼자뿐임을 당신은 서서히 알게 된다. 당신은 계속하여 불교신자, 유교신자, 신도(神道)신자, 회교신자 및 기독교 이외의 갖가지 다른 종교 신봉자들에게 소개된다. 즐거운 만찬 뒤에, 대화의 화제는 점차 종교 문제로 옮아간다. 이 주제가 공통의 관심사임을 깨달은 모임의 여주인은 갑자기 이렇게 큰 소리로 말한다.
"제게 좋은 생각이 떠올랐습니다. 여기 계신 모든 분들이 종교에 대단한 흥미를 갖고 있는 듯하니 「나는 어째서 나의 신앙이 옳은 것이라고 생각하는가」라는 주제로 각 10분간씩 차례로 이야기해 보는 것이 어떨까요?"

참석자들은 호기심을 자극하는 이 제안에 찬동한다. 그런데 아무런 예고도 없이 그 여주인은 갑자기 당신을 지명하며 "당신이 먼저 하십시오"라고 한다. 모든 잡담이 그치고 장내는 조용해진다. 많은 시선이 당신에게로 향한다. 모든 사람이 귀를 기울여 당신의 첫 마디를 듣고자 한다. 그런데 당신은 무슨 말을 할 것인가? 어떻게 시작할 것인가? **이때 당신은 결코 이야기를 다음과 같은 식으로 이끌어서는 안 된다**. 그런 몇몇 방식을 아래에 열거해 보자.

1 "내 신앙이 옳다고 생각하는 것은, 옳다고 느껴지기 때문이다. 그리스도께서 내 맘에 살아계신다"고 말해서는 안 된다.
말할 나위도 없이 이것은 모든 믿는 자들이 경험하는 놀라운 진리이지만, 그렇게 해서 불교신자를 납득시킬 수는 없다. 불교신자도 역시 틀림없이 자신의 신앙이 옳다고 느낄 것이기 때문이다.

2 "기독교 신자가 다른 어떤 종교의 신자보다 많기 때문에, 나는 내 신앙이 옳다고 생각한다"고 말해서도 안 된다.
오늘날 이것은 전혀 옳은 말이 아니다. 유감스럽지만 성경을 믿는 복음주의적 기독교는 세계에서 소수파에 불과하다. 틀림없이 회교신자는 즉시 이 점을 당신에게 지적할 것이다.

3 "기독교가 세계에서 가장 오랜 종교이기 때문에, 나는 내 신앙이 옳다고 생각한다"고 말해서는 안 된다.
궁극적으로 볼 때에 이 말은 물론 사실이다. 그러나 유교신자들은 베들레헴에서 예수가 태어나기 수백 년 전에 이미 공자가 가르침을 설파하였다고 주장할 것이다. 물론 그는 우리 주 예수 그리스도의 영원하신 실체를 믿으려고 하지 않을 것이다. 따라서 여러분은 위와 같은 방식으로 이야기를 진행해서는 안 된다.

그렇다면 무엇을 이야기해야 하는가?

사실 당신은 단 한 가지 논증만을 임의로 사용할 수 있다. 그 논증, 곧 그 무기를 올바로 사용하면, 이 사교 모임에 참석한 양식있고 정직한 청중들을 단연코 압도적으로 설득할 수 있을 것이다. 그처럼 놀라운 무기, 곧 반론의 여지가 있을 수 없는 그 논증은 여러분 자신이 갖고 있는 성경 바로 그것이다! 무엇을 말할 것인가?

그렇다. **당신은 성경을 손에 들고 다음과 같이 확신있게 선포할 수 있을 것이다.**

"이것을 보십시오! 내 신앙이 옳다고 생각하는 이유는 내게 믿음을 주신 바로 그분께서 여러분의 신앙의 토대가 되는 책들과는 전혀 다른 책을 내게 주셨기 때문입니다."

그리고 나서 당신은 (주어진 시간에) 성경의 통일성과 불멸성과 보편적인 영향력을 지적할 수 있을 것이다. 또한 성경이 역사적으로 또 과학적으로 정확하고, 예언도 어김없이 들어맞는 것임을·합리적으로 주장할 수 있다. 끝으로 당신은 성경의 초자연적인 본질을 보여주는 최대의 증거, 즉 인생을 변화시키는 놀라운 능력의 감동적인 실례(實例)들을 이야기해 줄 수 있을 것이다.

물론, 하나님의 말씀과 말씀의 하나님은 실험실에서 과학적으로 검증될 수는 없음도 반드시 지적되어야 한다. 거룩한 창조주께서는 아직도 그분의 피조물들에게 신앙을 원하시며 요구하신다(히 11:1-6 참조). 뿐만 아니라 그분은 우리가 이렇게 요구되는 신앙을 가질 수 있도록 돕기 위하여 우리에게 천상의 책을 주셨다. 사실 요한복음은 다음과 같은 목적을 위해 특별히 기록된 것이다.

"오직 이것을 기록함은 너희로 예수께서 하나님의 아들 그리스도이심을 믿게 하려 함이요…그 이름을 힘입어 생명을 얻게 하려 함이니라"(요 20:31).

연대순에 따른 방법

거의 모든 성경학교와 신학대학이 구약성경과 신약성경 연구 과정을 두고 있다. 성경 연구의 통상적인 방법은 66권의 책을 간략하게 검토하여 각 권의 주요 내용, 요절(要節), 핵심적인 진리, 성격 등을 파악하는 것이다. 이 방법의 커다란 문제점은 여러 가지 접근 방법인 "열쇠"들을 성경이라는 "자물쇠"와 연결시키는 데 어려움이 있다는 것이다.

이보다 더욱 간단한 방법은 성경 전권을 논리적, 역사적 순서에 따라 열두 시대로 분류하는 것이다. 우리는 이 방법에 따라 이 책에서 「성경연구지침서」를 마련해 보았다.

각 단계는 하나님께서 인간에게 점진적으로 계시하시는 독특하고 특별한 시대를 나타낸다. 이 열두 개의 열두 시대는 다음과 같다.

창조시대	1 창조 2 타락 3 홍수 4 바벨탑
족장시대	1 아브라함,이삭,야곱,요셉 및 욥의 생애 2 히브리 민족의 시작 3 유대인들의 애굽 도착
출애굽시대	1 애굽에서 벗어남 2 율법을 주심 3 성막을 세움 4 가데스에서의 패역
정복시대	1 가나안 땅으로 들어감 2 가나안 땅을 정복함 3 가나안 땅을 나눔
사사시대	1 12명의 군사 지도자들의 사역 2 모압 여인 룻의 결혼 3 사무엘의 부름받음과 사역
통일왕국시대	1 사울, 다윗, 솔로몬의 통치 2 언약궤를 되찾음과 예루살렘을 얻음 3 첫 성전을 건축함
분단왕국시대	1 내란 2 앗수르가 열 지파를 사로잡음 3 바벨론이 두 지파를 사로잡음
포로시대	1 다니엘과 에스겔의 사역 2 바벨론의 멸망 3 바사가 일어남

귀환시대	1 고레스의 조서 2 두번째 성전을 건축함 3 바사에 있는 유대인들 해방됨
복음시대	그리스도의 출생, 삶, 죽음 그리고 부활
초대교회시대	1 오순절에 교회가 세워짐 2 베드로, 스데반, 빌립의 사역(행 1－12장) 3 바울, 바나바, 실라의 사역(행 13－28장)
서신시대	바울, 베드로, 요한, 야고보 유다의 서신들

구약성경의 기본적 시대 구분

	주요 등장 인물	주요 사건
알수 없는 때로부터 주전 2165년까지 **창조시대** 창세기 1—11장	아담, 아벨, 에녹, 노아 	● 창조 ● 타락 ● 홍수 ● 바벨탑
주전 2165—1804년 **족장시대** 창세기 12—50장 욥기	 아브라함, 이삭, 야곱, 요셉, 욥, 엘리바스, 빌닷, 소발, 엘리후	● 히브리 민족의 시작 ● 아브라함 언약을 주심 ● 유대인들이 애굽으로 이동함 ● 하나님이 사단에게 욥을 시험하도록 허용하심
주전 1804—1405년 **출애굽시대** 출애굽기 레위기 민수기 신명기	모세, 아론, 미리암, 엘르아살, 고라, 발람, 비느하스	● 애굽에서 풀려남 ● 성막을 세움 ● 율법을 주심 ● 가데스 바네아에서의 패역
주전 1405—1382년 **정복시대** 여호수아	여호수아, 갈렙, 라합, 아간	● 가나안 땅으로 침입 ● 가나안 땅을 복속시킴 ● 가나안 땅 분할
주전 1382—931년 **사사시대** 사사기 룻 기 사무엘상 1—7장	에훗, 바락, 드보라, 기드온, 입다, 삼손, 룻, 나오미, 보아스, 한나, 엘리, 사무엘	● 12명의 군사 지도자들의 사역 ● 모압 여인 룻의 결혼 ● 한나의 기도 ● 제사장 엘리의 죽음

<table>
<tr>
<td>주전 1043－931년
통일왕국시대
사무엘상 8－31장
사무엘하
열왕기상 1－11장
역대상
역대하 1－9장
시 편
잠 언
전도서
아가서</td>
<td>사울, 다윗, 솔로몬
요압, 아브넬, 압살롬, 골리앗,
사독, 밧세바, 엔돌의 무당,
나단, 요나단, 스바의 여왕
</td>
<td>● 다윗이 세 번 기름부음을 받음
베들레헴에서 사무엘에게
헤브론에서 두 지파에게
헤브론에서 열두 지파에게
● 다윗이 예루살렘을 얻음
● 언약궤를 예루살렘으로 옮김
● 다윗 언약을 주심
● 첫 성전을 건축함</td>
</tr>
<tr>
<td>주전 931－605년
분단왕국시대
열왕기상 12－22장

열왕기하

역대하 10－36장

오 바 댜 서(850－840)
요 엘 서(841－834)
요 나 서(785－750)
아 모 스 서(760－753)
호 세 아 서(760－700)
이 사 야 서(739－681)
미 가 서(735－700)
나 훔 서(650－620)
스 바 냐 서(640－620)
예레미야서(627－575)
하 박 국 서(609－606)
예레미야애가(586)</td>
<td>북왕국의 왕들
여로보암, 오므리, 아합, 예후,
여로보암 2세, 호세아
남왕국의 왕들
르호보암, 아사, 여호사밧, 웃시야,
아하스, 히스기야, 므낫세, 여호야김, 아마샤
구술 선지사
엘리야, 미가야, 엘리사
그 외 인물들
이세벨, 나아만, 아달랴, 아마샤

고멜,이스르엘,로루하마,로암미,
바룩, 그달랴, 이스마엘, 요하난</td>
<td>
● 이스라엘의 비극적 내란
● 앗수르의 북왕국 점령
● 앗수르의 공격에서 예루살렘이 구원받음
● 구술 선지자들의 말씀선포 사역
● 정경 선지자들의 말씀선포 사역
● 새 언약을 주심

● 바벨론의 남왕국 점령</td>
</tr>
</table>

주전 605－538년 **포로시대** 다니엘서(605－535) 에스겔서(593－560)	다니엘,느부갓네살,사드락,메삭, 아벳느고,벨사살, 다리오	● 다니엘과 그 친구들의 개인적 구원 ● 첫 성전의 파괴됨 ● 장차 세워질 천년왕국 성전에 대한 묘사 ● 이방 열강(列強)들의 장래 ● 이스라엘의 장래를 내다봄 ● 바벨론의 멸망
주전 538－400년 **귀환시대** 에 스 라 서(438－440) 에 스 더 서(478－463) 느헤미야서(445－415) 학 개 서(520－504) 스 가 랴 서(520－488) 말 라 기 서(427－400)	고레스,여호수아,스룹바벨,에스라 아하수에로,에스더,모르드개,하만 느헤미야,아닥사스다,산발랏	● 고레스의 조서 ● 두번째 성전의 건축 ● 성벽을 다시 쌓음 ● 바사에 있던 유대인들이 풀려남

신약성경의 기본적 시대 구분

	주요 등장 인물	주요 사건
주전 5-주후 30년 **복음시대** 마태복음 사자 같은 왕 마가복음 황소 같은 종 누가복음 인자 같은 완전한 인간 요한복음 독수리 같은 전능하신 하나님	열두 사도 마리아와 요셉 마리아와 마르다 빌라도와 헤롯 침례(세례) 요한 니고데모 나사로 막달라 마리아 	● 출생 ● 애굽으로 피난함 ● 시험받으심 ● 열두 사도를 택하심 ● 다락방 ● 심문받으시고 죽으심 ● 봉헌 ● 열두 살 때 성전을 방문하심 ● 하나님의 어린 양으로 소개됨 ● 변화산 사건 ● 겟세마네 ● 부활 ● 동방박사들의 경배 ● 침례(세례) 받으심 ● 성전을 깨끗케 하심 ● 나귀타고 입성하심 ● 대제사장의 기도를 하심 ● 승천

<table>
<tr>
<td>주후 30－68년
초대교회시대
사도행전
</td>
<td>베드로, 빌립, 스데반,바울,
바나바,실라,야고보</td>
<td>● 오순절 사건
● 아나니아와 삽비라의 죽음
● 스데반의 순교
● 최초의 집사 선출
● 에디오피아 내시의 회심
● 사울의 회심
● 고넬료의 회심
● 안디옥 교회 설립
● 베드로의 구원
● 바울의 세 차례 전도 여행
● 예루살렘 공의회
● 바울의 마게도냐 환상
● 바울의 체포와 로마 여행</td>
</tr>
<tr>
<td>주후 45－100년
서신시대</td>
<td>야고보서(45년)
갈라디아서(49년)
데살로니가전서(51년)
데살로니가후서(51년)
고린도전서(56년)
고린도후서(56년)
로마서(57년)
히브리서(59년)
에베소서(60년)
골로새서(61년)
빌립보서(61년)
빌레몬서(62년)
디모데전서(62년)
디도서(66년)
디모데후서(67년)
유다서(68년)
베드로전서(68년)
베드로후서(68년)
요한일서(95년)
요한이서(95년)
요한삼서(95년)
요한계시록(95년)</td>
<td></td>
</tr>
</table>

신약성경 분류법(배열법)

역사서 전 5권	● 그리스도의 역사 마태복음 마가복음 누가복음 요한복음	● 교회의 역사 사도행전
경험서 전 21권	● 바울이 쓴 편지 로마서 고린도전서 고린도후서 갈라디아서 에베소서 빌립보서 골로새서 데살로니가전서 데살로니가후서 디모데전서 디모데후서 디도서 빌레몬서	● 다른 사람들이 쓴 편지 히브리서 야고보서 베드로전서 베드로후서 요한일서 요한이서 요한삼서 유다서
예언서 1권	● 세상의 역사 요한계시록	

신약성경에 기록된 중요한 사건들

1. 복음시대(마태복음－요한복음)

그리스도의 생애에 나타난 가장 중요한 사건들

1. 탄생(눅 2:1－7)
2. 목자들의 찬미(눅 2:8－20)
3. 예루살렘에서 봉헌되심(눅 2:21－38)
4. 동방박사들의 경배(마 2:1－12)
5. 애굽으로 피신하심(마 2:13－23)
6. 열두 살에 예루살렘 성전을 방문하심(눅 2:41－50)
7. 침례(세례)받으심(마 3:13－17)
8. 시험당하심(마 4:1－11)
9. 침례(세례) 요한에 의해 소개되심(요 1:29)
10. 성전을 깨끗케 하심(요 2:13－25)
11. 니고데모의 회심(요 3:1－21)
12. 열두 제자를 택하심(마 10:1－4)
13. 침례(세례) 요한의 투옥과 처형(마 14:1－12)
14. 베드로의 위대한 신앙고백(마 16:13－20)
15. 변화되심(마 17:1－13)
16. 예루살렘에 입성하심(마 21:1－11)
17. 예루살렘을 보고 우심(마 23:37－39 / 눅 19:41)
18. 다락방 강화(요 13, 14장)
19. 겟세마네(요 18:1－11)
20. 체포와 재판(요 18:12－19:15)
21. 십자가에 달리심(요 19:16－18)
22. 부활하심(마 28:1－7)
23. 열 번 나타나심
24. 승천하심(눅 24:51)

2. 초대교회와 서신 시대의 사건들(사도행전－요한계시록)

1. 오순절(행 2:1－4)

2. 베드로의 설교(행 2:14-40)
3. 앉은뱅이를 고침(행 3:1-11)
4. 아나니아와 삽비라의 죽음(행 5:1-11)
5. 일곱 집사를 세움(행 6:1-8)
6. 스데반의 순교(행 7:1-60)
7. 에디오피아 내시의 회심(행 8:26-39)
8. 사울의 회심(행 9:1-19)
9. 고넬료의 회심(행 10:1-48)
10. 안디옥 교회 설립(행 11:19-26)
11. 베드로가 풀려남(행 12:1-19)
12. 바울의 1차 전도여행(행 13:2-14:28)
13. 예루살렘 종교회의(행 15:1-35)
14. 바울의 제 2차 전도여행(행 15:36-18:22)
15. 바울의 제 3차 전도여행(행 18:23-21:16)
16. 바울이 로마에서 투옥됨(행 28:30)
17. 요한이 밧모섬으로 유배당함(계 1:9)

신약성경에서 가장 중요한 53개 장

신약성경에는 260개의 장이 있는데, 다음의 53개의 장들은 그 역사적, 예언적, 신학적, 실제적 중요성 때문에 특별히 선택된 것이다.

마태복음

3장 — 예수께서 침례(세례)받으심
4장 — 예수께서 시험당하심
5장 — 산상보훈
6장 — 주기도문
13장 — 씨뿌리는 자의 비유
16장 — 교회에 대한 약속
17장 — 예수님의 변화
21장 — 예수께서 이스라엘을 거절하심
27장 — 예수께서 십자가에 달리심
28장 — 예수께서 부활하심

누가복음

1장 — 침례(세례) 요한의 탄생
2장 — 예수님의 탄생

요한복음

2장 — 예수님의 첫 이적
3장 — 예수님과 니고데모
11장 — 나사로의 부활
13장 — 성찬
14장 — 아버지 집에 관한 설교
15장 — 포도나무의 비유
17장 — 예수님의 기도

사도행전

1장 — 예수님의 승천
2장 — 오순절
9장 — 사울의 회심
13장 — 사울과 바나바가 부름받음
15장 — 예루살렘 총회
16장 — 마게도냐인에 대한 환상

로마서

5장 — 칭의 장 / 6장 — 성화 장
8장 — 영화 장 / 11장 — 섭리 장
12장 — 헌신 장

고린도전서

3장 — 그리스도의 심판대
7장 — 결혼 장
11장 — 성찬에 대한 가르침
12장 — 성령의 은사
13장 — 사랑 장
14장 — 방언 장
15장 — 부활 장

갈라디아서

5장 — 성령의 열매

에베소서
5장—교회에 대한 그리스도의 사랑
6장—성도의 전신갑주

빌립보서
2장—그리스도의 낮아지심

데살로니가전서
4장—휴거(rapture)

디모데후서
3장—목사와 집사의 의무

히브리서
11장—믿음 장/12장—징계 장

야고보서
3장—혀 장

요한일서
1장—사귐 장

유다서
1장—이단 장

요한계시록
6장—환난의 시작
13장—적그리스도의 활동
19장—그리스도의 재림
20장—크고 흰 심판 보좌
21장—새 하늘과 새 땅

신약 27권

하나님의 그리스도(4권)

마태가 쓴 마태복음
마가가 쓴 마가복음
누가가 쓴 누가복음
요한이 쓴 요한복음

하나님의 교회(1권)

누가가 기록한 사도행전

하나님의 통신문(22권)

● **바울서신**

갈라디아서	로마서	빌립보서
데살로니가전서	히브리서(?)	디모데전서
데살로니가후서	에베소서	디도서
고린도전서	골로새서	디모데후서
고린도후서	빌레몬서	

● **요한서신**

요한일서	요한삼서
요한이서	요한계시록

● **베드로서신**

베드로전서 베드로후서

● **야고보서신**

야고보서

● **유다서신**

유다서

신 · 구약 중간기의 중요한 사건들

주전(B. C.)

1. 334년 – 알렉산더 대왕이 헬레스폰트 해협을 건넘.
2. 331년 – 알렉산더 대왕이 바사 제국을 정복함.
3. 323년 – 알렉산더 대왕이 바벨론에서 33세의 나이로 죽음.
4. 260년 – 구약성경이 헬라어로 번역됨(70인역).
5. 214년 – 중국의 만리장성 건축이 시작됨.
6. 175년 – 외경(外經)이 완성됨.
7. 169년 – 에피파네스가 예루살렘 성전을 더럽힘(12월 15일).
8. 166년 – 마카비 왕조 성립.
9. 165년 – 예루살렘 성전을 정결케 함(12월 15일).
10. 146년 – 로마의 카르타고 정복과 포에니 전쟁의 종결

11. 63년 – 폼페이가 예루살렘을 점령함.
12. 44년 – 줄리어스 시저가 암살당함(3월).
13. 37년 – 헤롯이 예루살렘 통치자로 임명됨.
14 20년 – 예루살렘 성전의 재건과 확장.

복음시대

복음시대 서론 (마태복음, 마가복음, 누가복음, 요한복음)

이 시대는 대략 35년간의 기간에 해당된다. 이 시대는 하나님의 성전에서의 천사의 고지(告知)로 시작되어(눅 1:11－20) 하나님의 아들의 승천으로 끝맺는다(눅 24:51). 구약이 하나님의 형상에 따라 지음받은 인간으로 시작되듯이(창 1:26), 이 시대는 인간의 형상을 입은 하나님(예수)으로 시작된다(요 1:14). 하나님의 형상에 따라 지음받은 인간은 아름다운 동산에서 사단에게 패배당했지만(창 2:8), 인간의 형상을 입으신 하나님은 거친 광야에서 사단을 완전히 패배시키셨다(마 4:1).

이 복음시대 이전에는 양이 목자들을 위해 죽었으나(출 12:1－13), 이 시대에는 목자(the Shepherd)가 양들을 위해 죽으실 것이다(요 10:11).

주께서 탄생하실 때에 그분을 경배하러 온 동방박사들로부터 황금과 유향과 몰약을 받았으나(마 2:11), 죽을 때에는 그를 조롱한 사악한 사람들로부터 가시관과 쓸개 탄 포도주와 침 세례를 받았다(마 27:29, 34/26:67).

성경은 그분을 나무 아래와(요 1:48), 나무 위와(눅 19:4, 5), 나무에 달린(눅 23:43) 죄인들을 구원하시는 분으로 묘사하고 있다.

또한 거기에는 거친 바다가 잠잠해지고(눅 8:24) 열매없는 나무가 저주받는 내용이 나온다(마 21:19).

성경에 나타난 여덟 번의 부활 중 세 번의 부활이 이 시기에 일어난다. 즉, 야이로의 딸(막 5:41)과 과부의 아들(눅 7:14), 그리고 나사로의 부활이다(요 11:43, 44). 성경의 증언에 따르면 꿈을 꾸던 목수가 확신하게 되고(마 1:20, 21) 부인하던 제자가 믿음을 회복하게 된다(요 21:15－17). 우리는 높은 하늘과(마 17:1－5) 깊은 무덤에서(눅 16:19－31) 들려오는 대화들을 듣는다. 창기(娼妓)들은 용서받고(요 4:39/8:11), 반면에 위선자들은 저주를 받는다(마 23장). 여기서 교회(마 16:18)와 성만찬(마 26:26－30), 그리고 「지상명령」(마 28:19, 20)에 대한 개념들이 처음으로 나타난다.

결론적으로, 눈먼 자가 보고 귀머거리가 들으며, 벙어리가 말하고 앉은뱅이가 걸으며, 죽은 자가 일어나고 귀신들린 자가 고침을 받으며 죄인이 구원을 받는다!

복음시대 개관

구세주의 행적에 대한 고찰

그리스도의 생애를 신중히 고찰해본 사람이라면 누구든지 주님의 지상 사역 기간이나 그 기간 중에 발생한 사건들의 정확한 순서에 관하여 독단적인 주장을 할 수 없다는 것을 곧 발견한다. 이 연구를 준비하는 데 있어서 나는 복음서의 조화를 보여주는 존스턴 체니(Johnston M. Cheney)의 『입체적인 그리스도의 생애』(*The Life of Christ in Stereo*)에서 많은 영향을 받았다. 거기에는 무엇보다도 주님의 공생애 4년이 기록되어 있다. 체니는 다음과 같이 쓰고 있다.

> "일반적으로 받아들여지고 있는 예수님의 사역 연대표는 유월절 잔치에 대한 요한복음의 언급에 근거하고 있다. 세 번의 유월절 잔치가 요한복음 2장 12절, 6장 4절, 그리고 11장 55절에 나타나며, 또 한 번의 유월절 잔치는 5장 1절의 알려지지 않은 잔치에 대한 언급에서 추정해 볼 수 있다. 따라서 이 네 번의 유월절은 첫번 성전 정화로부터 고난 주간까지 삼 년간에 걸쳐서 나타난다….
>
> 요한복음의 역사적 정확성을 받아들인다면, 예수님의 사역은 적어도 2, 3년의 기간에 해당된다는 것이 명확해진다. 그러나 그것이 3년으로 한정되어야 한다는 것은 어떤 성경 본문에도 나와 있지 않다. 이 한계는 단지 요한이 다섯번째 유월절에 관해 언급하지 않는다는 사실로부터 추정될 뿐이다. 이러한 견해는 요한이 예수님의 사역 기간 중에 있었던 유월절을 모두 언급했다는 것을 전제로 한다….
>
> 전통적인 3년 사역의 연표에 나타난 가장 의심스러운 특징들 중의 하나는, 주님의 사역의 마지막 6개월 동안에 너무나 많은 사건들이 포함되어 있다는 것이다…. 이에 대한 합리적 대안은 예수께서 4년 동안 사역하셨다는 것이다"(체니, 『입체적인 그리스도의 생애』, pp.226－228).

누가복음 13장 6－9절에 나오는 예수님의 비유 또한 4년간의 사역을 강력히 암시하고 있다.

"이에 비유로 말씀하시되 한 사람이 포도원에 무화과나무를 심은 것이 있더니 와서 그 열매를 구하였으나 얻지 못한지라 과원지기에게 이르되 내가 삼 년을 와서 이 무화과나무에 실과를 구하되 얻지 못하니 찍어버리라 어찌 땅만 버리느냐 대답하여 가로되 주인이여 금년에도 그대로 두소서 내가 두루 파고 거름을 주리니 이 후에 만일 실과가 열면이어니와 그렇지 않으면 찍어버리소서 하였다 하시니라"(눅 13:6－9).

콜라를 선전하는 TV 광고에 다음과 같은 말이 나온 적이 있다.

> "페퍼 박사님, 당신은 크게 오해를 받으셨군요! 만일 어떤 사람이 당신을 시험해 본다면, 당신의 입맛이 고상하다는 것을 알게 될 것입니다."

페퍼 박사를 예수 그리스도라는 말로 대체하기만 하면, 우리는 비극적이지만 20세기의 종교상이 실제로 어떠한 것인지를 즉각적으로 보게 될 것이다. 한번은 어린 소녀가 요한복음 3장 16절의 말씀을 "하나님이 세상을 이처럼 사랑하사 「잊혀진」(forgotten:원래는 begotten임－역자 주) 아들을 주셨으니…"라고 잘못 인용한 적이 있었다.

1. 예수 그리스도는 자유주의자들에게 잘못 이해되고 있다

구세주에 관하여 비열하게 주장하는 다음 견해들을 살펴보자.

1. 알베르트 슈바이쩌(Albert Schweitzer)
"그는 허황된 꿈에 맹목적으로 헌신하며 자신의 일생을 헛되이 던져버린 미치광이였다. 역사적 그리스도에 관한 연구보다 더 헛된 것은 없다."

2. 죠지 버나드 쇼오(George Bernard Shaw)
"그는 베드로가 그를 그리스도라고 찬양하기까지는 정신이 온전하였으나 그 후에 편집광자(偏執狂者)가 되었다… 그의 망상은 정신병자들에게 공통적인 망상이며… 그것은 그가 그 망상에 완전히 사로잡힌 후에 예루살렘에서 연출했던 술책과 정확히 일치하는 것이었다."

3. 루돌프 불트만(Rudolf Bultman)
"나는 솔직히 우리가 지금으로서는 예수의 생애와 인격에 관해 거의 아무것도 알 수 없다고 생각한다."

4. 휴 숀필드(Hugh Schonfield)
"희생자 자신이 주요한 선동자였던 음모가 모의되었던 것이 틀림없다. 그것은 악몽과 같은 착상이자 기도(企圖)였으며, 불건전한 정신을 소유한 자의 터무니 없는 논리의 결과였다…."

2. 예수 그리스도는 이단 종파들에게 오해를 받고 있다

1. 「여호와 증인」의 주장
"인간 예수는 죽었고, 또한 영원히 죽었다"(찰스 러셀).

2. 「몰몬교」의 주장
"예수 그리스도는 일부다처제 옹호자였다. 나사로의 두 누이 마리아와 마르다는 그의 아내들이었으며, 막달라 마리아 또한 그의 아내였다. 예수가 물을 포도주로 변화시킨 갈릴리 가나의 혼인잔치는 그 자신의 결혼 잔치 중의 하나였다"(브라이엄 영).

3. 「크리스찬 사이언스」의 주장
"하나님은 나누어질 수 없는 분이다. 하나님의 한 부분이 인간 속으로 들어갈 수 없으며 뿐만 아니라 하나님의 완전함이 한 인간에 의해 반영될 수도 없다"(매리 베이커 에디).

3. 예수 그리스도는 성경을 믿는 사람들에게 오해를 받고 있다

오늘날 근본주의자들은 강단에서 그리스도의 생애를 강조하는 주해(註解) 설교를 거의 하지 않는다. 그 이유는 자유주의자들이 너무 많이 그리고 너무 오랫동안 예수의 생애를 무시하고 오직 그의 죽음에만 관심을 기울이고 있기 때문인 것 같다. 성경을 자세히 연구해 본 사람이라면 진정 그분이 갈보리에서 죽으심으로써 우리가 구속되었다고 하는 사실을 단 1초도 부인하지 않을 것이다. 성경에서 이 귀중한 진리보다 더 명확하게 기술된 것은 찾아볼 수 없을 것이다. 그러나 어떤 사람이 사도행전에서부터 요한계시록에 이르기까지 이 거룩한 구세주에 관해 제시된 진리를 연구할 때, 그는 서신들이 그분을 수없이 복음서에로 되돌아가게 하고 있다는 사실에 놀라게 된다! 갈보리에서의 그분의 죽음뿐만 아니라 그분의 '생애'도 강조하고 있는 성경 본문들 가운데 특별히 아래의 것들을 유의하여 보라.

1. 히브리서 12장 1-3절

"이러므로 우리에게 구름같이 둘러싼 허다한 증인들이 있으니 모든 무거운 것과 얽매이기 쉬운 죄를 벗어 버리고 인내로써 우리 앞에 당한 경주를 경주하며 믿음의 주요 또 온전케 하시는 이인 예수를 바라보자 저는 그 앞에 있는 즐거움을 위하여 십자가를 참으사 부끄러움을 개의치 아니하시더니 하나님 보좌 우편에 앉으셨느니라 너희가 피곤하여 낙심치 않기 위하여 죄인들의 이같이 자기에게 거역한 일을 참으신 자를 생각하라."

2. 빌립보서 2장 5-8절

"너희 안에 이 마음을 품으라 곧 그리스도 예수의 마음이니 그는 근본 하나님의 본체시나 하나님과 동등됨을 취할 것으로 여기지 아니하시고 오히려 자기를 비어 종의 형체를 가져 사람들과 같이 되었고 사람의 모양으로 나타나셨으매 자기를 낮추시고 죽기까지 복종하셨으니 곧 십자가에 죽으심이라."

3. 고린도후서 4장 8-11절

"우리가 사방으로 우겨쌈을 당하여도 싸이지 아니하며 답답한 일을 당하여도 낙심하지 아니하며 핍박을 받아도 버린 바 되지 아니하며 거꾸러뜨림을 당하여도 망하지 아니하고 우리가 항상 예수 죽인 것을 몸에 짊어짐은 예수의 생명도 우리 몸에 나타나게 하려 함이라 우리 산 자가 항상 예수를 위하여 죽음에 넘기움은 예수의 생명이 또한 우리 죽을 육체에 나타나게 하려 함이니라."

4. 고린도후서 3장 18절

"우리가 다 수건을 벗은 얼굴을 보는 것같이 주의 영광을 보매 저와 같은 형상으로 화하여 영광으로 영광에 이르니 곧 주의 영으로 말미암음이니라."

고린도후서 3장에 나타난 바울의 주장을 살펴보자. 그는 다음과 같이 말한다.

1 율법의 멧세지는 영광을 지니고 있었지만 그 영광은 사라져 버렸다. 이러한 이유에서 모세는 이스라엘 자손들로 하여금 장차 없어질 이 영광을 보지 못하게 하려고 시내산에서 내려올 때 수건을 그의 얼굴에 썼다(3:13 참조). 이 영광은 모세에 의해 제시되었다.

2 은총의 멧세지 또한 영광을 지니고 있지만, 그 영광은 결코 사라지지 않을 것이다. 그러므로 수건은 전혀 필요없다. 이 영광은 그리스도께서 나타내신다.

3 그러므로 신자가 그리스도의 '생애'를 연구하면(3장 18절에서 언급된 "주의 영광"이란 요한복음 1장 14절에 나타난 것처럼 그리스도를 가리킨다) 그는 그리스도의 형상으로 조금씩 조금씩 '변화'(헬라어로 『메타모르포오마이』)된다.

4 따라서 이 땅에 사는 신자의 최고의 목적은 가능한 한 예수님을 닮아가는 것이다! 물론 이것은 영원 무궁토록 하나님의 궁극적인 목적이지만, 그분은 지금 이 땅에서 성도가 이 과정을 시작하기를 바라신다! 아이언사이드(H. A. Ironside) 박사는 고린도후서에 관한 자신의 저서에서 다음과 같이 기록하고 있다.

> "당신은 호오손(N. Hawthorne)의 소설 『큰 바위 얼굴』(*The Great Stone Face*)을 기억할 것이다. 그는 산 아랫 마을에 살던 한 소년에 대하여 말한다. 그 산 위에는 아주 엄숙하고 심각하게 사람들을 내려다 보고 있는 큰 바위 얼굴 상(像)이 있었다. 또한 언젠가는 큰 바위 얼굴과 똑같이 생긴 어떤 사람이 그 마을에 나타나서, 그 마을을 위해 매우 놀라운 일들을 하고 커다란 은총의 수단이 될 것이라는 전설이 있었다. 그 전설은 이 소년의 마음을 사로잡았고 그는 몰래 빠져나가 몇 시간 동안이나 그 큰 바위 얼굴을 쳐다보고 서 있었으며 나타나기로 약속된 사람에 대한 이야기를 생각해 보곤 했다. 여러 해가 지나도 그 사람은 나타나지 않았다. 그 소년은 자라 청년이 된 후에도 소년 시절처럼 큰 바위 얼굴을 쳐다보며 점차 청년 시절이 지나고 중년이 되었으나 그는 그 전설을 지워버릴 수 없었다. 드디어 노년이 되었다. 어느 날 그가 마을을 걷고 있을 때, 누군가가 그를 보고 「그가 왔다! 큰 바위 얼굴과 닮은 사람이다!」라고 소리쳤다. 그는 그가 명상하던 대로 되었다. 만일 당신이 그리스도와 같이 되기를 원한다면 예수를 바라보라. 만일 당신이 은총 속에서 자라기를 원한다면, 예수에 대해 명상하라. 예수님은 말씀 가운데 계시되어 있다. 그러므로 성경을 읽고 그에 대해 명상하라.
>
> 우리는 다음과 같은 노래를 부른다.
>
> 너 성결키 위해 늘 기도하며
> 너 주 안에 있어 늘 성경 보고…
> — 찬송가 212장
>
> 루이스 채퍼(Lewis S. Chafer) 박사는 이 찬송이 울려나오면 항상 그 찬송을 중단시키고 「우리 첫 구절을 바꾸어, '너 주님의 얼굴 늘 바라보며'라고 부릅시다」라고 하였다. 주님을 바라볼 때, 우리는 거룩해질 것이다. 왜냐하면 「우리는 모두 거울에 비치는 것과 같이 가리워지지 않을 주님 얼굴의 영광을 반사할 때, 성령에 의해 변용(變容)되고 변화되어 영원히 영광을 받으실 주님과 같은 형상이 되기 때문이다」"(pp. 92, 93).

5. 로마서 5장 8-10절

"우리가 아직 죄인 되었을 때에 그리스도께서 우리를 위하여 죽으심으로 하나님께서 우리에게 대한 자기의 사랑을 확증하셨느니라 그러면 이제 우리가 그 피를 인하여 의롭다 하심을 얻었은즉 더욱 그로 말미암아 진노하심에서 구원을 얻을 것이니 곧 우리가 원수 되었을 때에 그 아들의 죽으심으로 말미암아 하나님으로 더불어 화목되었은즉 화목된 자로서는 더욱 그의 살으심을 인하여 구원을 얻을 것이니라."

6. 베드로전서 2장 21절

"이를 위하여 너희가 부르심을 입었으니 그리스도도 너희를 위하여 고난을 받으사 너희에게 본을 끼쳐 그 자취를 따라오게 하려 하셨느니라."

지금까지 저술된 신앙 서적 중에서 가장 저명한 것이 이 구절을 기초로 삼고 있는데, 내가 생각하기로는 그 구절을 잘못 해석하고 있는 것 같다. 그 책은 물론 찰스 셀돈(Charles M. Sheldon)의 『예수라면 어떻게 하실 것인가?』(*In His Steps*)이다. 그 책은 미국에서 800만 부 이상 팔렸다. 그 소설에서 저자는 어느 그리스도인들의 집단이 예수께서 지상에 계시는 동안 말하고 행했던 것들만을 말하고 행하기로 한 상황을 묘사한다. 그러나 베드로가 위의 구절에서 말하는 것은 이러한 것이 물론 아니다. 다른 이유는 차치하고라도, 예수님의 생애는 초자연적이기 때문에 우리가 그러한 삶을 산다는 것은 불가능하다. 예를 들어 한 그리스도인이 어느 날 대서양 해안을 따라 산책하는 중에 한 척의 배가 예기치 않은 폭풍우 때문에 위험에 빠진 것을 발견했다고 하자. 그는 승객들이 어찌할 바를 모르고 겁에 질려 울부짖는 비명소리를 듣는다. 즉시 그는 '예수님은 이럴 때 어떻게 행동했을까?'하고 생각한다. 물론 우리는 최소한 두 번의 유사한 상황에서 주께서 어떻게 행하셨는지 정확히 알고 있다(요 6:19/마 8:26 참조). 그러나 오늘날 누가 그렇게 할 수 있을 것인가? 더구나 베드로는 우리에게 주님의 발자취 '안에서' 따라가라고 말하지 않고, 주님의 발자취를 '따라가라'고 말한다.

여기서 베드로가 사용한 "본"(example)이라는 헬라어는 문자적으로 "밑에 기록하다"(to write under)를 의미한다. 그것은 아이들이 베껴쓰며 공부하는 것을 나타내는 말로 사용되었다. 아이는 기록된 본(本)을 따라 손가락으로 글씨를 써봄으로써 글자 쓰기를 배울 수 있다. 따라서 베드로는 주께서 이 땅에 계시는 동안 행했던 여러 가지 거룩한 발자취들을 살펴보고 그것을 따르라고 모든 성도들에게 권고하는 것이다.

이러한 발자취들은 진정 흥미로운 읽을거리가 된다. 그분의 첫 자취는 영광스러운 자리에서 자신을 낮추어 베들레헴에 탄생한 것이었다. 두번째 자취는 난 지 팔 일 만에 베들레헴에서 예루살렘으로 올라갔던 일이며, 이 외에도 여러 가지가 있었다. 마지막 자취는 감람산에서 원래 그분이 거하던 영광으로 되돌아간 것이었다.

그리스도의 생애에 관한 다음의 연구는 그 수효가 72가지에 달하는 이러한 자취들을 지리적, 연대기적인 방법으로 제시하려는 시도이다. 이 작업에 도움이 되도록 간단한 상징 기호들이 사용되었다(다음의 표를 참조하라).

그리스도의 사역의 양상들

 그리스도의 이적을 나타내는 기호

 그리스도의 비유를 나타내는 기호

 그리스도의 기도를 나타내는 기호

 그리스도의 설교를 나타내는 기호

 그리스도의 예언을 나타내는 기호

 그리스도께서 성취하신 구약성경의 예언을 나타내는 기호

예를 들어, 이 땅에 사는 동안, 주님은 성경에 기록된 36가지 이적들을 행하셨다. 이러한 이적들은 정확한 연대적 단계로 적절하게 배치되어 있으며, 별표 기호가 붙어 있다. 그리스도께서 말씀하신 38가지의 비유들도 비슷한 방법으로 제시되어 입을 벌린 모양의 기호가 붙어 있다. 주님의 열아홉 차례 기도들은 양 손을 모은 모양으로 나타냈고, 열여섯 차례의 설교들은 책을 펼친 모양의 기호로 나타냈다. 마지막으로 주님의 45가지의 예언들에는 눈(目) 그림이 붙어 있다. 이 외에 주님이 성취한 37가지의 구약 예언들이 첨가되는데, 이것들은 왕관 기호로 제시되어 있다.

이러한 연구 방법을 통해, 그리스도의 생애를 연구하는 사람들은 제시된 기호들을 보고 복음서에 나타난 기록에서 예수께서 말씀하시고 행하신 중요한 일들을 쉽게 찾아낼 수 있기를 진심으로 기원한다. 이 연구의 마지막 부분에는 예수님의 생애가 72개의 단계로 정리, 요약된 목록이 제시되어 있다. 그러한 주제들은, 그 중 몇 가지는 이미 언급되었지만, 다음과 같은 내용들을 포함하고 있다.

[1] 구세주의 36가지 이적
[2] 구세주의 38가지 비유
[3] 구세주의 19가지 기도
[4] 구세주의 45가지 예언
[5] 구세주의 16가지 설교
[6] 구세주의 36가지 대화
[7] 구세주에 대해 언급한 구약성경의 16가지 예언
[8] 구세주가 인용한 구약성경 22가지
[9] 구세주의 신성을 나타내는 10가지 증거
[10] 구세주의 인성을 나타내는 30가지 증거
[11] 구세주에 대한 37가지 이름과 칭호

12 구세주에 의해 성취된 구약성경의 37가지
13 구세주에 의해 구원받은 27명의 영혼
14 구세주가 겪은 15가지 고난
15 구세주의 마지막 일곱 마디
16 구세주께서 부활 후 10번 나타나심
17 구세주 시대의 정치, 종교 당파
18 구세주가 방문한 여러 장소
19 구세주를 만난 많은 사람들

우리는 이제 거룩한 주님의 생애를 소개하고 제시하며 요약해 주는 내용을 살펴보게 될 것이다.

1. 두 가지 서언

1. 누가의 서언(눅 1:1-4)

1 **많은 사람들이 이미 그리스도의 생애에 관한 이야기를 기록했다.**
2 **누가도 이와 같은 일을 하기로 하고 여러 목격자들로부터 사실들을 수집하였다.**
3 **다음에 그는 친구인 데오빌로 앞으로 편지를 쓰는 형식을 취했다. 누가는 그의 두번째 책인 사도행전도 데오빌로에게 보내는 편지 형식으로 쓰고 있다**(행 1:1).

2. 요한의 서언(요 1:1-5)

1 **예수 그리스도는 창세 전부터 하나님 아버지와 함께 있었다**(잠 8:22-31 / 요 17:5, 24 참조).
2 **예수 그리스도는 만물의 창조주이셨다**(골 1:16, 17 / 엡 3:9 / 히 1:2 참조).
3 **예수 그리스도는 사람들의 빛이요 생명이다**(요 5:26 / 요일 5:11 / 요 8:12 / 9:5 / 12:35, 46 참조).
4 **예수 그리스도는 이 세상의 어둠 속을 비추었으며 그 어둠은 그의 빛을 소멸시킬 수 없었다.**
5 **요한복음의 이 첫 다섯 절은 성경에서 가장 심오하며, 황금 잉크로 기록될 만한 가치가 있는 구절이다.**

2. 두 계보(系譜)

1. 마태가 기록한 계보(마 1:1-17)

1 **그의 기록에는 41개의 이름들이 들어 있다.**
2 **그는 예수님의 계보를 추적하여 히브리 민족의 조상인 아브라함으로부터 요셉까지 내려온다**(갈 3:16 참조).
3 **그는 예수님의 계보를 다윗으로부터 그의 아들 솔로몬을 거쳐 추적한다**(삼하 12:24).
4 **그는 요셉의 계보를 제시한다.**

그리스도의 생애에서 가장 중요한 사건들

1. 탄생하심(눅 2:1−7)
2. 목자들의 찬미(눅 2:8−20)
3. 예루살렘에서의 봉헌(눅 2:21−38)
4. 동방박사들의 경배(마 2:1−12)
5. 애굽으로 피신하심(마 2:13−23)
6. 열두 살 때 예루살렘 성전을 찾음(눅 2:41−50)
7. 침례(세례)받으심(마 3:13−17)
8. 시험받으심(마 4:1−11)
9. 침례(세례) 요한에 의해 소개되심(요 1:29)
10. 성전을 깨끗케 하심(요 2:13−25)
11. 니고데모의 회심(요 3:1−21)
12. 열두 사도를 선택하심(마 10:1−4)
13. 요한의 투옥과 처형(마 14:1−12)
14. 베드로의 위대한 신앙고백(마 16:13−20)
15. 변화되심(마 17:1−13)
16. 영광스러운 입성(마 21:1−11)
17. 예루살렘을 보고 우심(마 23:37−39/눅 19:41)
18. 다락방(요 13, 14장)
19. 겟세마네 동산(요 18:1−11)
20. 체포되어 심문받으심(요 18:12−19:15)
21. 십자가에 달리심(요 19:16−18)
22. 부활하심(마 28:1−7)
23. 열 번 나타나심
24. 승천하심(눅 24:51)

이 계보는 다음과 같은 몇 가지 점에서 주목할 만하다.

(1) 그것은 네 여인의 이름을 포함하고 있다. 동방과 중동의 계보에는 이와 같이 여인의 이름이 기록되는 일은 좀처럼 없다.

(2) 네 여인들은 모두 문제성 있는 배경을 지니고 있다.

① 다말은 창녀였다(마 1:3/창 38:13−30)

② 라합은 기생이었다(마 1:5/수 2:1).

③ 룻은 이방인이었다(마 1:5/룻 1:4)

④ 밧세바는 간부(姦婦)였다(마 1:6/삼하 11:1−5)

그러나 하나님의 다양하고 놀라운 은총을 통해, 다말은 다윗 왕의 먼 조상이 되었고, 라합은 고조모가 되었으며, 룻은 증조모가 되고, 밧세바는 다윗왕의 사랑받는 아내이며 솔로몬의 어머니가 되었다(룻 4:18−22 참조).

2. 누가가 기록한 계보(눅 3:23−38)

[1] 그의 기록에는 74개의 이름들이 들어 있다.

[2] 그는 예수님의 계보를 추적하여 요셉으로부터 인류의 조상인 아담에게까지 거슬러 올라간다.

[3] 그는 예수님의 계보를 다윗으로부터 그의 다른 아들 나단을 거쳐 추적한다(삼하 5:14).

[4] 그는 마리아의 계보를 제시한다.

이 두 계보에는 몇 가지 문제점들이 내포되어 있다.

(1) 마태는 요셉의 아버지가 야곱이라고 말하나(마 1:16), 누가는 그가 헬리의 아들이라고 말한다(눅 3:23). 고대세계에서는 흔히 사위를 자기 아들이라고 말했다. 따라서 헬리는 사실 마리아의 아버지이며(많은 사람들이 이렇게 생각한다) 요셉의 장인이었다.

(2) 사단은 그리스도에게까지 이르는 계보가 다윗의 씨를 통해서 이루어지리라는 사실을 너무나 잘 알고 있었다. 따라서 그는 틀림없이 그의 왕적(王的) 계통을 이어주는 고리를 어디선가 끊으려고 시도했다. 여고냐 왕(다윗의 19대 '후손')이 즉위할 때, 하나님께서 이 사악한 젊은 통치자에게 다음과 같은 저주를 선포하셨기 때문에, 사단의 시도는 어느 정도 성공할 것 같았다.

"나 여호와가 말하노라 너희는 이 사람이 무자하겠고 그 평생에 평통치 못할 자라 이는 그 자손 중 형통하여 다윗의 위에 앉아 유다를 다스릴 사람이 다시는 없을 것임이니라"(렘 22:30).

이 선고가 자녀를 갖지 못할 것이라는 사실을 의미하지는 않았다. 왜냐하면 역대상 3장 17, 18절에 여러 아들들의 이름이 나오기 때문이다(마 1:12 참조). 그러므로 여고냐가 무자(無子)하리라는 것은 이 왕이 하나님의 심판에 의해 유다의 왕이 될 아들을 갖지 못할 것이라는 의미이다. 그러나 그 말이 어떤 의미이든지간에 다윗과 솔로몬의 왕통은 (구약성경에서 고니야 또는 여호야긴이라고도 불리는)여고냐에게서 끊어지게 되는 것 같았다(렘 22:24 / 왕하 24:8 참조). 그러나 하나님께서 한 혈통에 제한되지 않는다는 사실을 알았을 때 마귀는 얼마나 커다란 충격을 받았겠는가! 다윗에게는 나단이라는 또 다른 아들이 있었으며, 예수님의 어머니 마리아가 태어난 것은 바로 이 혈통을 통해서였다.

3. 세 가지 고지(告知)

1. 메시야의 선구자인 요한의 탄생이 사가랴에게 고지됨(눅 1:5-25)

[1] 사가랴가 예루살렘 성전에 있는 금제단에 분향할 때, 천사장 가브리엘이 제사장인 그에게 나타난다(출 30:7 / 대하 29:11 참조).

이것은 400여년 만에 처음으로 하늘에서 들려온 멧세지이다. 구약의 라디오 방송은 말라기 4장으로 끝났다. 그러나 이제 하나님은 방송을 다시 시작하신다. 신약의 라디오 방송이 공식적으로 시작되고 있다!

[2] 사가랴는 그의 기도가 응답되었으며 그의 늙은 아내 엘리사벳이 아들을 낳으라는 소식을 듣는다.

이것은 성경에 나타난 하나님께서 친히 간섭하신 아홉 가지 탄생 중에서 열덟 번째에 해당된다.

(1) 아브라함과 사라에게 이삭의 탄생을 알려줌(창 21:1).
(2) 이삭과 리브가에게 야곱과 에서의 탄생을 알려줌(창 25:21).
(3) 야곱과 레아에게 르우벤의 탄생을 알려줌(창 30:17, 18).
(4) 야곱과 레아에게 잇사갈의 탄생을 알려줌(창 30:17, 18).
(5) 야곱과 라헬에게 요셉의 탄생을 알려줌(창 30:22-24).
(6) 엘가나와 한나에게 사무엘의 탄생을 알려줌(삼상 1:19).
(7) 마노아와 그의 아내에게 삼손의 탄생을 알려줌(삿 13:1, 2).
(8) 사가랴와 엘리사벳에게 요한의 탄생을 알려줌(눅 1:57).
(9) 마리아에게 예수님의 탄생을 알려줌(눅 2:7).

3 가브리엘은 사가랴에게 그 아들에 대해 다음과 같이 말한다.
(1) 그는 요한이라 불릴 것이다.
(2) 그는 포도주나 독주를 마시지 아니할 것이다. 따라서 그는 삼손이 그랬던 것과 같이(삿 13:4) 나실인(민 6:3)이 되어야 했다.
(3) 그는 하나님이 보시기에 큰 자가 될 것이다(마 11:11 참조).
(4) 그는 그 어머니의 모태에서부터 성령의 충만함을 받을 것이다. 이러한 것은 다른 두 사람에게 대해서도 예언된 바 있다.
① 예레미야(렘 1:5 참조).
② 바울(갈 1:15 참조).
(5) 그는 많은 이스라엘 자손을 하나님께로 돌아오게 할 것이다. 그는 이 일을 주님의 초림 때 행했으며, 엘리야는 그리스도의 재림 때의 어느 날에 이 일을 행할 것이다(말 4:5, 6 참조).
(6) 그는 엘리야의 심령과 능력으로 가르칠 것이다(마 11:14/막 9:12 참조).
(7) 그는 오실 메시야를 위해 길을 예비할 것이다. 그래서 그는 이사야서 40장 3절 말씀을 성취할 것이다.
4 사가랴와 그의 아내는 모두 나이가 많이 들었기 때문에, 이 모든 것을 거의 믿을 수 없었다〔이것은 과거에 아브라함과 사라가 그랬던 것과 마찬가지이다(창 17:17/18:12 참조〕.
5 가브리엘은 그 늙은 제사장의 불신을 부드럽게 꾸짖고, 요한이 태어나는 날까지 그는 벙어리가 되어 말을 하지 못하리라고 경고한다.
6 밖에서 기다리던 백성들은 사가랴에게 매우 이상한 일이 일어났으며, 그가 그들에게 예정된 대로 축복을 빌어 줄 수 없다는 것을 곧 깨달았다.
기다리던 백성들 중 많은 사람들은 사가랴가 금제단 위에서 향을 사르는 특별한 일을 수행하는 것을 돕고자 거기에 있었음에 틀림없다. 제사장은 그의 일생동안 단 한 번 분향할 수 있었다. 많은 다른 백성들은 그가 선포하는 제사장의 위대한 축복을 들으려고 기다리고 있었다. 민수기 6장 22−27절을 보라.
"여호와께서 모세에게 일러 가라사대 아론과 그 아들들에게 고하여 이르기를 너희는 이스라엘 자손을 위하여 이렇게 축복하여 이르되 여호와는 네게 복을 주시고 너를 지키시기를 원하며 여호와는 그 얼굴로 네게 비취사 은혜 베푸시기를 원하며 여호와는 그 얼굴을 네게로 향하여 드사 평강 주시기를 원하노라 할지니라 하라 그들은 이같이 내 이름으로 이스라엘 자손에게 축복할지니 내가 그들에게 복을 주리라."

그러나 그 날에는 아무런 축하나 축복도 없었다. 그보다 훨씬 더 극적이고 영원한 어떤 일이 일어나려 하고 있다. 사가랴는 집으로 돌아오고 늙어 단산한 그의 아내는 곧 아이를 잉태하게 된다.
7 『사가랴』라는 이름은 "하나님이 기억하다"라는 뜻이며, 『엘리사벳』이란 이름은 "하나님의 서약"이라는 뜻이다.
침례(세례) 요한의 탄생과 더불어 하나님은 시편 89편 34−37절에서 하신 자신의 언약을 기억하고 계셨다.

2. 예수님의 탄생이 마리아에게 고지됨(눅 1:26−38)

1 엘리사벳이 수태하고 여섯 달이 지난 후 천사장 가브리엘은 나사렛의 마리아라는 처녀(요셉의 약혼녀)에게 나타난다.

2 그는 하나님이 그녀를 택하여 그의 사랑하는 아들을 세상에 나게 하셨다고 알려준다(갈 4:4 참조). 누가복음 1장 28절에 나오는 말씀은 특히 주목할 필요가 있다.

"(천사가) 그에게 들어가 가로되 은혜를 받은 자여 평안할지어다 주께서 너와 함께 하시도다 너는 여자 「중에」 복된 자로다."

그 천사는 여자들 "위에"(above)라고 말하지 않고, 여자들 "중에"(among)라고 말했다. 또한 1장 47절에서 "구주" 예수를 처음으로 부른 사람이 그분의 어머니였다는 것에 주목하라. 마리아도 다른 모든 사람들과 마찬가지로 "구원"을 필요로 했다. 로마서 3장 23절을 참조하라.

3 구약성경의 예언 성취 제 1번 : 예수가 처녀에게서 탄생하게 될 것이다(사 7:14/마 1:22, 23 참조).

4 천사장이 이 아기에 대하여 다음과 같이 예언했다.

(1) 그는 예수라 불릴 것이다.

(2) 그는 지극히 높은 이의 아들이라 불릴 것이다(막 5:7 참조).

(3) 그는 다윗의 위(位)를 계승할 것이다.

(4) 구약성경의 예언 성취 제 2번 : 그가 다윗의 위를 계승할 것이다(삼하 7:11, 12/시 132:11/사 9:6, 7/16:5/렘 23:5/눅 1:31, 32 참조)

(5) 그는 영원히 이 위(位)를 차지할 것이다(단 2:44/7:14, 27/미 4:7 참조).

(6) 구약성경의 예언 성취 제 3번 : 이 권세는 영원한 권세가 될 것이다(단 2:44/7:14, 27/미 4:7/눅 1:33 참조).

5 마리아는 당황한다.

"나는 사내를 알지 못하니 어찌 이 일이 있으리이까"(눅 1:34).

6 천사장이 다시 안심시킨다.

"성령이 네게 임하시고 지극히 높으신 이의 권능이 너를 덮으시리라"(눅 1:35).

이 구절(눅 1:31, 35)들은 성육신에 관해 두 가지 놀라운 사실들을 가르친다.

(1) 예수님은 성령으로 잉태되었다.

(2) 성육신의 초자연적인 요소는 그리스도의 "탄생"이 아니라 그분의 "수태"였다. 그분은 모든 인간이 태어나는 것과 같은 방법으로 태어났다. 이 점에 주목하는 것은 매우 중요하다. 왜냐하면 그분은 결코 인간이 아닌 것처럼 완전한 하나님이셨을 뿐만 아니라, 결코 하나님이 아닌 것처럼 완전한 인간이셨기 때문이다.

7 가브리엘은 마리아의 아들이 "하나님의 아들"이라 불릴 것이라고 예언한다(마 14:33/막 1:1/요 1:34/20:31/행 8:37/롬 1:4 참조).

8 가브리엘은 마리아에게 친족 엘리사벳의 임신에 대해 알려준다.

"대저 하나님의 모든 말씀은 능치 못하심이 없느니라"(눅 1:37/참조 창 18:14/렘 32:17/마 19:26/눅 18:27).

9 마리아는 순순히 하나님의 뜻에 복종한다.

"주의 계집종이오니 말씀대로 내게 이루어지이다"(눅 1:38).

3. 마리아의 순결이 요셉에게 고지됨(마 1:18－25)

[1] 마리아의 수태 사실을 알았을 때, 요셉은 "의로운 사람이라 저를 드러내지 아니하고 가만히 끊고자 하였다"(마 1:19).

[2] 그러나 바로 그날 밤, 가브리엘은 그의 꿈에 나타나 마리아가 그리스도를 낳을 것이라고 알려준다.

[3] 요셉은 그 아기가 "자기 백성을 저희 죄에서 구원할 자"라는 것을 전해듣는다(마 1:21 / 참조, 행 4:12 / 5:31 / 13:23, 38 / 히 7:25).

[4] 가브리엘은 장차 이 아이는 임마누엘("하나님이 우리와 함께 계시다"라는 뜻)이 될 것이라고 말한다(마 1:23).

[5] 구약성경의 예언 성취 제 4번 : 그는 "임마누엘"이라 불릴 것이다(사 7:14 / 마 1:23 참조).

"보라 처녀가 잉태하여 아들을 낳을 것이요 그 이름을 「임마누엘」이라 하리라"(마 1:23).

이는 물론 이사야서 7장 14절이 성취된 것이었다(마 1:22 참조). 어떤 사람들은 이사야서 7장 14절에 나오는 『알마』(almah)라는 히브리어가 항상 "처녀"를 의미하지는 않는다고 말하면서, 그 말을 의심해 왔다[이는 정설(定說)로 인정받지 못하고 있다]. 그러나 『파르테노스』(parthenos)라는 헬라어는 "처녀"를 나타내며, 예외없이 언제나 성(性) 경험이 전혀 없는 "동정녀"를 나타낸다는 데 관해서는 전혀 의심의 여지가 없다.

[6] 요셉은 마리아를 그의 합법적인 아내로 삼는다. 요셉은 행동의 모든 면에서 다윗, 모세, 베드로, 바울과 같이 영적으로 성숙한 의로운 사람으로서 간주되어야 한다. 사실 신약의 요셉은 구약의 요셉과 적절하게 비유될 수 있다. 두 사람은 모두 놀라운 성숙도를 지니고 있었다. 두 사람 모두 하나님의 환상을 받았다. 두 사람 모두 애굽에 있었다. 전자는 그리스도의 모형(type)이었고 후자는 그분의 합법적인 보호자였다.

사실 남쪽 유다 왕국의 범죄가 없었더라면, 요셉은 그리스도께서 태어났을 때 그 나라의 합법적인 왕으로서 예루살렘을 지배하고 있었을 것이다. 이스라엘의 왕위에 앉을 수 있는 정당한 권리를 가졌던 사람은 헤롯이 아니라 바로 요셉이었다.

4. 세 가지 찬양의 노래

1. 마리아에 대한 엘리사벳의 찬양(눅 1:39－45)

이것은 흔히 「마리아 찬가」(Magnificat)라고 불린다.

이 일은 분명히 요셉이 마리아의 상태를 알기 전에 있었다. 천사장이 떠나자마자 마리아는 서둘러 몰래 나사렛을 떠나 예루살렘 근처 어디엔가 살던 엘리사벳을 방문했다. 요셉은 마리아가 약 세 달 후에 돌아올 때까지는 그녀의 상태에 대해 알지 못했다.

[1] 마리아의 문안을 받을 때 요한은 복(腹) 중에서 뛰놀고 엘리사벳은 성령의 충만함을 받는다.

[2] 엘리사벳이 마리아를 찬양한다.

"여자 중에 네가 복이 있으며 네 태 중의 아이도 복이 있도다"(눅 1:28 참조).

그리스도의 탄생과 유년시절

두 가지 서언

- 누가의 서언(눅 1:1－4)
- 요한의 서언(요 1:1－5)

세 가지 고지(告知)

- 요한의 탄생이 사가랴에게 고지됨(눅 1:5－25)
- 예수님의 탄생이 마리아에게 고지됨(눅 1:26－38)
- 마리아의 순결이 요셉에게 고지됨(마 1:18－25)

세 가지 찬양의 노래

- 마리아에 대한 엘리사벳의 찬양(눅 1:39－45)
- 하나님에 대한 마리아의 찬양(눅 1:46－56)
- 하나님에 대한 사가랴의 찬양(눅 1:57－79)

처음 30년간의 예수님의 역사

- 영광으로부터 베들레헴에 나심(눅 2:1－21) .... 탄생
- 베들레헴에서 예루살렘으로 올라가심(눅 2:22－38) .... 봉헌
- 예루살렘에서 베들레헴으로 다시 돌아오심(마 2:1－12) .... 동방박사의 방문
- 베들레헴에서 애굽으로 피신하심(마 2:13－18) .... 탈출 여행
- 애굽에서 나사렛으로 돌아오심(마 2:19－23/눅 2:40) .... 소년시절
- 나사렛에서 예루살렘으로 올라가심(눅 2:41－50) .... 성전에서의 문답
- 예루살렘에서 나사렛으로 다시 돌아오심(눅 2:51, 52) .... 준비 기간

2. 하나님에 대한 마리아의 찬양(눅 1:46-56)

1 마리아는 "내 영혼이 주를 찬양하며 내 마음이 하나님 내 구주를 기뻐하였도다"(1:46, 47)라고 대답한다.

2 그녀는 자신이 하나님으로부터 받은 은총을 역사가 증거할 것임을 깨닫는다.

3 그녀는 권세있는 자를 그 지위에서 내리치시고 비천한 자를 높이시며, 주리는 자를 배부르게 하시고 그의 권능의 팔을 펴시는 하나님을 찬양한다(사 52:10/시 33:10/삼상 2:6-8/사 53:1).

4 세 달 후에 마리아는 나사렛으로 돌아온다.

3. 하나님에 대한 사가랴의 찬양(눅 1:57-79)

1 사가랴의 아들은 난 지 팔 일 만에 할례를 받는다.

2 그의 친구들과 친족들은 부친의 이름을 따라 아이의 이름을 짓자고 주장한다. 그러나 그 늙은 제사장은 아직 말을 하지 못하여 그 아이의 이름은 "요한"이라 지어야 한다고 서판에 썼다.

3 그는 성령의 권능으로 즉시 입이 열리고 혀가 풀려 다시 말하게 되어 하나님을 찬양한다. 그는 다음 것들로 인하여 하나님께 감사를 드린다.

(1) 아브라함과 다윗에게 하신 약속을 지키심

(2) 그분의 백성을 찾아 구속하심(시 119:9/눅 7:16 참조)

4 사가랴는 이때 요한에 관하여 이렇게 말한다.

(1) 그는 그리스도의 선구자가 될 것이다(사 40:3/마 11:10 참조).

(2) 그는 구원의 지식을 전할 것이다(요 1:29 참조).

(3) 그는 회개를 전파할 것이다(눅 3:3 참조).

(4) 그는 구세주를 소개할 것이다.

"돋는 해가 위로부터 우리에게 임하여"(1:78/참조, 민 24:17/말 4:2).

장성했을 때 요한은 사막으로 들어가서 나실인 복음 전파자로서 그리스도의 오심을 준비하기 시작한다.

5. 네 가지 전기(마태복음, 마가복음, 누가복음, 요한복음)

각각의 복음은 구세주의 각기 다른 모습을 제시한다.

1. 마태복음

왕으로서의 그리스도. 사자(Lion) 복음. 히브리인을 대상으로 기록함.

2. 마가복음

종으로서의 그리스도. 소(Ox) 복음. 로마인을 대상으로 기록함.

3. 누가복음

완전한 인간으로서의 그리스도. 사람(Man) 복음. 헬라인을 대상으로 기록함.

4. 요한복음

전능한 하나님으로서의 그리스도. 독수리 복음. 모든 나라 사람들을 대상으로 기록함.

4복음서 기사

	마태복음	마가복음	누가복음	요한복음
그리스도의 모습	왕, 사자와 같음	종, 소와 같음	완전한 인간, 인자와 같음	전능하신 하나님 독수리와 같음
천사의 모습 (계 4장/겔 1장)	사자와 같은 첫째 생물	소와 같은 둘째 생물	인자와 같은 셋째 생물	독수리와 같은 넷째 생물
저자의 유형	교사	설교가	역사가	신학자
저자의 강조 내용	그리스도의 설교	그리스도의 기적	그리스도의 비유	그리스도의 교리
대상	유대인 	로마인 	헬라인 	여러 나라 사람들 
족보의기록유무	있다 (마 1:1-17).	없다.	있다 (누 3:23-38).	없다.
이유	왕은 족보가 있어야 한다.	종은 족보가 필요하지 않다.	완전한 인간은 족보가 있어야 한다.	하나님은 족보가 없다.
기원	다윗의 아들 솔로몬을 통해 합법적인 계보를 추적한다.		다윗의 다른 아들 나단을 통해 실제적인 계보를 추적한다.	
결과	예수님의 합법적인 양아버지인 요셉까지 이른다.		예수님의 육신적인 어머니인 마리아까지 이른다.	
주요 활동무대	갈릴리의 가버나움			유다의 예루살렘
두 구분	공관복음- 그리스도의 인성 강조			제 4복음-그리스도의 신성 강조

1 왕은 족보를 지녀야 하기 때문에 마태복음에는 족보가 있다.
2 완전한 인간은 족보를 지녀야 하기 때문에 누가복음에는 족보가 있다.
3 종은 족보가 필요없기 때문에 마가복음에는 족보가 없다.
4 전능한 하나님은 족보를 가지고 있지 않기 때문에 요한복음에는 족보가 없다. 반 다이크(Van Dyke) 박사는 다음과 같이 말한 적이 있다.

> "만일 네 명의 증인들이 재판관 앞에 나타나 어떤 사건에 대한 증언을 하는데, 각 증인이 같은 말로 같은 증언을 똑같이 말한다면, 그 재판관은 아마 그들의 증거가 매우 가치 있다고는 생각지 않을 것이며, 오히려 그는 그들이 같은 증언을 하기로 모의했다고 생각할 것이 틀림없다. 그러나 각 사람이 실제로 그가 그것을 보았기 때문에 자기가 본 것을 이야기한다면, 그 증거는 의심받지 않을 것이다. 4복음서를 읽을 때, 우리는 바로 이러한 사실을 발견한다. 그들 네 사람은 각각 독자적인 방법으로 같은 이야기를 하고 있다."

게다가 4복음서 기사는 그리스도의 생애에 대한 '전기적(傳記的)' 요약이 아니라 '신학적' 요약이라는 것을 주목해야 한다. 그렇기 때문에 태어나서부터 30세에 이르기까지 그분의 초기 생애는 거의 대부분이 생략되었다.

6. 침례(세례) 요한의 멧세지와 사역
(마 3:1-12/막 1:1-8/눅 1:80/3:1-18/요 1:6-28)

비록 요한의 완전한 사역은 약 30년이 지나가기까지 이루어지지 않았지만, 그 사역은 메시야에 앞서서 그분을 준비한 것이었으며 그에 대해 여기에서 연구해 보고자 하는 것이다.

1. 요한의 사명
요한의 사명은 적절한 때에 세상의 참 빛이신 그리스도를 위한 증인으로서 그보다 앞서 가며 증거하는 것이었다(요 1:6-18).
1 이 빛은 모든 사람에게 구원을 베풀 것이다(요 1:9).
2 그러나 이 빛은,
(1) 그가 창조한 세상에 의해 무시당할 것이다(요 1:10).
(2) 그가 불러모은 사람들에 의해 거부당할 것이다(요 1:11/참조, 눅 19:14/행 13:46).

요한복음 1장 11절은 성경에서 "가장 슬픈 구절"이며 1장 12절은 "가장 기쁜 구절"이라고 사람들은 말해왔다.
"자기 땅에 오매 자기 백성이 영접치 아니하였으나."
"영접하는 자 곧 그 이름을 믿는 자들에게는 하나님의 자녀가 되는 권세를 주셨으니."
3 인간의 육신을 입고 왔으며 은혜와 진리가 충만한 이 빛은 회개하는 죄인들을 모두 하나님의 자녀들로 변화시킬 것이다. 이처럼 하나님의 아들이 인자(人子)가 되신 것은 인간의 자녀들이 하나님의 자녀들로 될 수 있도록 하기 위함이었다(요 1:11-14). 1장 13절에서 우리는 구원이 출생(즉, 혈통)으로나 개심(즉, 육정)로나 확신(즉, 사람의 뜻)으로 말미암은 것이 아니라 오직 중생(곧 하나님)으로 말미암는다는 것을 알게 된다.

침례(세례) 요한

<table>
<tr><td>그의 사명
(요 1:16−18)</td><td colspan="5">나실인으로서 세상의 참 빛이신 그리스도를 예비하고 그를 증거함.</td></tr>
<tr><td>그의 의복과 음식(마 3:4)</td><td colspan="5">의복−약대 털옷과 가죽 띠
음식−메뚜기와 석청</td></tr>
<tr><td rowspan="2">그의 멧세지</td><td colspan="5">이사야(40:3−5)와 말라기(3:1)에 의해 예언됨.</td></tr>
<tr><td>백성들
(마 3:2−6/ 눅 3:3−6)</td><td>바리새인들
(마 3:7−10)</td><td>세리들
(눅 3:13)</td><td>군병들
(눅 3:14)</td><td>세상 사람들
(요 1:29)</td></tr>
<tr><td>모든 사람에게 주는 그의 증거</td><td colspan="5">1. 자신은 그리스도가 아니다(요 1:20).
2. 자신은 엘리야와 모세가 예언한 선지자가 아니다(말 4:5/신 18:15−18).
3. 자신은 단지 광야에서 외치는 자의 소리에 불과하다(요 1:23).
4. 자신은 참 메시야의 신들메 풀기도 감당치 못한다(요 1:27).
5. 자신은 참 신랑의 친구이다(요 3:29).
6. 자신은 쇠하여야 하나 그리스도는 흥하여야 한다(요 3:30).</td></tr>
</table>

그의 두 예언	1. 메시야는 전례없는 방법으로 성령의 도움과 하나님의 사랑을 받을 것이다(요 3:34, 35). 2. 메시야는 오순절 날 성도들에게 성령으로 침례(세례)를 주고 심판 때에는 불신자들에게 불로 침례(세례)를 줄 것이다(눅 3:16/참조, 행 2장/계 6장).
그의 확신과 그리스도의 찬사	확신-그리스도는 과연 메시야였다. 찬사-침례(세례) 요한보다 큰 이가 없느니라(마 11:7-11).
그리스도를 위한 그의 순교	그의 죽음을 야기한 사건들. 그는 헤롯이 그의 동생 빌립의 전 아내인 헤로디아와 결혼한 것을 비난하였다. 그의 죽음 배후의 암여우 헤로디아는 요한의 머리를 소반에 담아 달라고 요구하여 그것을 받았다.

2. 요한의 의복(약대 털옷과 가죽 띠)과 음식(메뚜기와 석청)
이는 그가 그의 거룩한 소명에 전심으로 헌신하였음을 보여준다(마 3:4).

3. 일반 백성들에게 준 요한의 멧세지
1 **회개하라 천국이 가까왔느니라**(마 3:2).
2 **주의 길을 예비하라**(눅 3:4-6).
3 **회개하고 침례(세례)를 받으라, 그리하면 죄사함을 얻으리라**(마 3:6/눅 3:3).

4. 특수한 집단에게 준 요한의 멧세지

1 **바리새인과 유대 지도자들에게**(마 3:7-10)
"요한이 많은 바리새인과 사두개인이 세례 베푸는 데 오는 것을 보고 이르되 독사의 자식들아 누가 너희를 가르쳐 임박한 진노를 피하라 하더냐 그러므로 회개에 합당한 열매를 맺고 속으로 아브라함이 우리 조상이라고 생각지 말라 내가 너희에게 이르노니 하나님이 능히 이 돌들로도 아브라함의 자손이 되게 하시리라 이미 도끼가 나무 뿌리에 놓였으니 좋은 열매 맺지 아니하는 나무마다 찍어 불에 던지우리라."

2 **세리들에게**
"정한 세 외에는 늑징치 말라"(눅 3:13).

3 **군병들에게**
"옷 두 벌 있는 자는 옷 없는 자에게 나눠 줄 것이요 먹을 것이 있는 자도 그렇게 할 것이니라"(눅 3:11).

[4] 새로 회심한 사람들에게
"옷 두 벌 있는 자는 옷 없는 자에게 나눠줄 것이요 먹을 것이 있는 자도 그렇게 할 것이니라"(눅 3:11).

[5] 세상 사람들에게
"보라 세상 죄를 지고 가는 하나님의 어린양이로다"(요 1:29).

5. 모든 사람에게 준 요한의 증거

[1] 자신은 그리스도가 아니다(요 1:20).

[2] 자신은 선지자 엘리야도 아니고 모세가 말한 선지자도 아니다(1:21 / 참조, 말 4:5 / 신 18:15, 18). 제사장들과 레위인들은, 모든 종교 지도자들을 조사하는 것이 그들의 책임이었기 때문에, 요한에게 그렇게 질문할 권리가 당연히 있었다(신 13:1–5 / 18:20–22 참조).

[3] 그는 단지 광야에서 외치는 자의 소리에 불과했다(요 1:23).

[4] 그는 참 메시야의 신들메 풀기도 감당치 못했다(요 1:27).

[5] 그는 참 신랑의 친구였다(요 3:29).

[6] 모든 육체가 곧 하나님의 구원을 볼 것이다(눅 3:6).

[7] 이 성육신한 구원(그리스도)은 아버지를 나타내실 것이다(요 1:18).

[8] 이 구세주는 전례없이 성령의 도움과 하나님 아버지의 사랑을 받으실 것이다(요 3:34, 35).

[9] 그리스도께서 초림 때에는 은혜의 성령으로 사람들에게 침례(세례)를 주지만 재림 때에는 심판의 불로 세례를 주실 것이다(눅 3:16 / 참조, 행 2장 / 계 6장).

[10] 그리스도는 흥하여야 하고 요한은 쇠하여야 한다(요 3:30).

[11] 구약성경의 예언 성취 제 5번 : 선구자가 그리스도를 예비했다(사 40:3–5 / 말 3:1과 눅 1:76–78 / 3:3–6 / 마 3:1–3을 비교해 보라). 따라서 구약의 사무엘이 성경의 위대한 선지자들 중에 최초의 선지자이었듯이 요한은 그 마지막 선지자이다. 사무엘은 이스라엘의 초대왕인 사울을 소개했으나(삼상 10장), 요한은 이스라엘의 영원한 왕이신 예수님을 소개할 것이다(요 1:29).

복음시대의 이스라엘

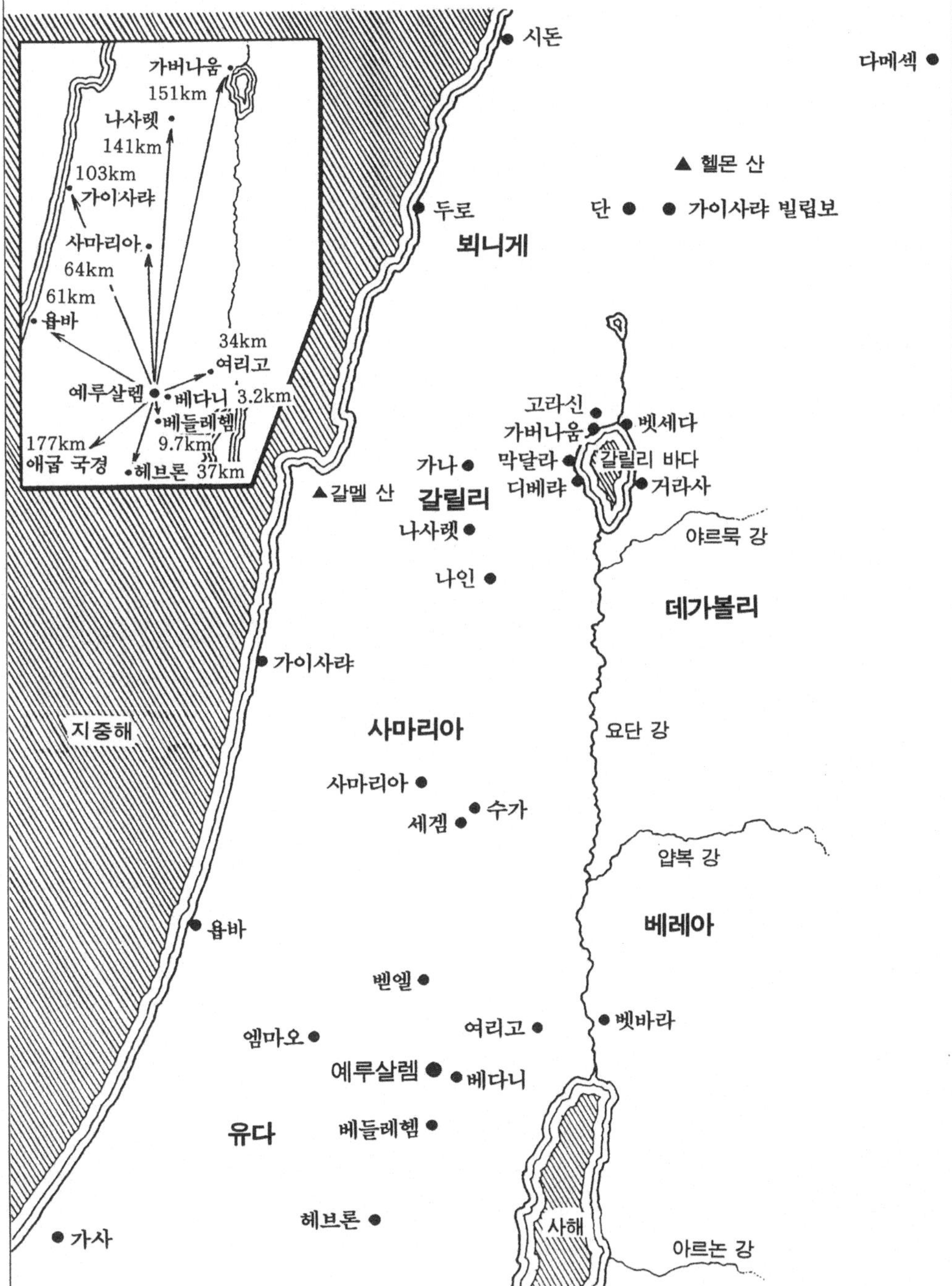
가버나움
151km
나사렛
141km
103km
가이사랴
사마리아
64km
61km
욥바
34km
여리고
예루살렘
베다니 3.2km
베들레헴
9.7km
177km
애굽 국경
헤브론 37km
시돈
다메섹
헬몬 산
두로
단
가이사랴 빌립보
뵈니게
고라신
벳세다
가버나움
가나
막달라
갈릴리 바다
디베랴
거라사
갈멜 산
갈릴리
나사렛
야르묵 강
나인
데가볼리
가이사랴
지중해
사마리아
요단 강
사마리아
수가
세겜
얍복 강
욥바
베레아
벧엘
벳바라
엠마오
여리고
예루살렘
베다니
유다
베들레헴
사해
헤브론
가사
아르논 강

영광에서 영광에 이르는 그리스도의 행적 72단계

■ 요약

1 단계 : 영광의 자리에서 베들레헴에 오심(눅 2:1－21).
2 단계 : 베들레헴에서 예루살렘으로 올라가심(눅 2:22－38).
3 단계 : 예루살렘에서 나사렛으로 가심(눅 2:39).
4 단계 : 나사렛에서 베들레헴으로 가심(마 2:1－12).
5 단계 : 베들레헴에서 애굽으로 내려가심(마 2:13－18).
6 단계 : 애굽에서 나사렛으로 돌아오심(마 2:19－23 / 눅 2:40).
7 단계 : 나사렛에서 예루살렘으로 가심(눅 2:41－50).
8 단계 : 예루살렘에서 나사렛으로 가심(눅 2:51, 52).
9 단계 : 나사렛에서 요단 강 근처의 베다니로 가심(마 3:13－17).
10 단계 : 베다니에서 광야로 나가 시험받으심(마 4:1－11 / 막 1:12, 13 / 눅 4:1－13).
11 단계 : 시험받은 광야에서 베다니로 가심(요 1:29－42).
12 단계 : 베다니에서 벳새다로 가심(요 1:43－51).
13 단계 : 벳새다에서 가나로 가심(요 2:1－11).
14 단계 : 가나에서 가버나움으로 가심(요 2:12).
15 단계 : 가버나움에서 예루살렘으로 가심(요 2:13－3:21).
16 단계 : 예루살렘에서 요단 강으로 가심(요 3:22－36).
17 단계 : 요단 강에서 사마리아의 수가로 가심(마 4:12 / 눅 3:19, 20 / 요 4:1－42).
18 단계 : 수가에서 가나로 가심(요 4:43－54).
19 단계 : 가나에서 나사렛으로 가심(눅 4:16－30).
20 단계 : 나사렛에서 가버나움으로 가심(마 4:13－22 / 8:14－17 / 막 1:14－38 / 눅 4:31－42).
21 단계 : 가버나움에서 첫번째 갈릴리 전도여행을 떠나심(마 4:23 / 8:2－4 / 막 1:39－45 / 눅 4:43－5:16).
22 단계 : 첫번째 갈릴리 전도여행에서 가버나움으로 돌아오심(마 9:2－9 / 막 2:23－28 / 눅 6:1－5).
23 단계 : 가버나움에서 갈릴리 밀밭으로 가심(마 12:1－8 / 막 2:23－28 / 눅 6:1－5).
24 단계 : 갈릴리 밀밭에서 갈릴리 회당으로 가심(마 12:9－14 / 막 3:1－6 / 눅 6:6－11).
25 단계 : 갈릴리 회당에서 다볼 산으로 가심(마 5:1－7:29 / 4:24, 25 / 10:2－4 / 12:15－21 / 막 1:12 / 3:7－19 / 눅 6:12－49 / 12:22－31, 57－59 / 16:17).
26 단계 : 다볼 산에서 내려와 가버나움으로 가심(마 8:1, 5－13 / 눅 7:1－10).
27 단계 : 가버나움에서 나인으로 가심(눅 7:11－17, 36－50).
28 단계 : 나인에서 두번째 갈릴리 전도여행을 떠나심(마 12:46－50 / 13:1－52 / 막 3:19－35 / 4:1－34 / 눅 8:1－21 / 12:10 / 13:18－21).
29 단계 : 두번째 갈릴리 전도 여행에서 거라사 지방으로 돌아오심(마 8:18, 23, 34 /

막 4:35—5:20 / 눅 8:22—39).

30 단계 : 거라사 지방에서 가버나움으로 가심(마 9:1 / 10:34 / 11:2—19 / 막 1:21—43 / 2:15—22 / 눅 8:40—56 / 5:29—39 / 7:18—34 / 16:16).

31 단계 : 가버나움에서 예루살렘으로 가심(요 5:1—47).

32 단계 : 예루살렘에서 나사렛으로 가심(두번째 방문, 마 13:53—58 / 막 6:1—6).

33 단계 : 나사렛에서 세번째 갈릴리 전도여행을 떠나심(마 9:35—10:1, 5—16, 24—33, 37—11:1 / 14:1—13 / 막 6:6—29 / 눅 9:1—9).

34 단계 : 세번째 갈릴리 전도여행에서 벳새다 근처의 광야로 돌아오심(마 14:13—23 / 막 6:30—47 / 눅 9:10—17 / 요 6:1—18).

35 단계 : 벳새다 광야에서 게네사렛 땅으로 가심(마 14:24—36 / 막 6:30—47 / 눅 9:10—17 / 요 6:1—18).

36 단계 : 게네사렛 땅에서 가버나움으로 가심(마 15:1—20 / 마 7:1—23 / 요 6:22—71 / 7:1).

37 단계 : 가버나움에서 두로와 시돈 지방으로 가심(마 15:21—28 / 7:24—30).

38 단계 : 두로와 시돈 지방에서 데가볼리 지경으로 가심(막 7:31—37).

39 단계 : 데가볼리에서 다볼 산으로 가심(마 15:29—38 / 막 8:1—9).

40 단계 : 다볼 산에서 내려와 막달라로 가심(마 15:39—16:12 / 막 8:9—21).

41 단계 : 막달라에서 벳새다로 가심(막 8:22—26 / 요 7:2—9).

42 단계 : 벳새다에서 예루살렘으로 가심(요 7:10—10:39).

43 단계 : 예루살렘에서 베레아로 가심(요 10:40—42).

44 단계 : 베레아에서 가이사랴 빌립보로 가심(마 16:13—28 / 막 8:27—9:1 / 눅 9:18—27).

45 단계 : 가이사랴 빌립보에서 (헤르몬) 산으로 가심(마 17:1—23 / 막 9:2—31 / 눅 9:28—45).

46 단계 : (헤르몬) 산에서 내려와 가버나움으로 가심(마 17:24—18:35 / 막 9:33—10:1 / 눅 9:46—50).

47 단계 : 가버나움에서 베레아로 가심(마 8:19—22 / 11:20—30 / 19:1, 2 / 눅 9:51—10:37 / 막 10:1).

48 단계 : 베레아에서 베다니와 그 인근 지방으로 가심(마 10:34—36 / 12:22—38, 42—45 / 19:3—20:28 / 24:43—51 / 막 10:2—45 / 눅 10:38—12:9 / 13:22, 32—36 / 17:1—37 / 18:1—34 / 요 11:1—54).

49 단계 : 베다니에서 여리고로 가심(마 20:29—34 / 막 10:46—52 / 눅 18:35—19:28).

50 단계 : 여리고에서 베다니로 가심(마 26:6—13/막 14:3—9/눅 22:1 / 요 11:55—12:11).

51 단계 : 베다니에서 벳바게로 가심(마 21:1—7 / 막 11:1—7 / 눅 19:29—35).

52 단계 : 벳바게에서 다락방으로 올라가심(마 10:17—23 / 21:8—23:39 / 24:1—42 / 25:1—46 / 26:1—5, 14—38 / 막 11:8—13:37 / 14:1, 2, 10—25 / 눅 19:36—20:1—8, 20—40, 45—47 / 21:1—38 / 13:34, 35 / 12:11, 12 / 22:2—34 / 요 12:12).

53 단계 : 다락방에서 내려와 겟세마네 동산으로 가심(마 26:31—56 / 막 14:26—52 /

눅 22:35－53 / 요 15:1－18:12).

54 단계 : 겟세마네 동산에서 안나스의 집으로 끌려가심(요 18:12－14, 19－24).

55 단계 : 안나스의 집에서 가야바의 저택으로 가심(마 26:57－27:1 / 막 14:53－72 / 눅 22:54－76 / 요 18:15－18, 25－27).

56 단계 : 가야바의 저택에서 빌라도 관저로 가심(마 27:2, 11－14 / 마 15:1－5 / 눅 23:1－6 / 요 18:28－38).

57 단계 : 빌라도 관저에서 헤롯 궁전으로 가심(눅 23:7－12).

58 단계 : 헤롯 궁전에서 빌라도의 관저로 가심(마 27:15－26 / 막 15:6－15 / 눅 23:13－25 / 요 18:39－19:16).

59 단계 : 빌라도의 관저에서 로마의 수비대 뜰로 가심(마 27:27－31 / 막 15:16－20).

60 단계 : 그 수비대 뜰에서 갈보리로 가심(마 27:32－56 / 막 15:21－41 / 눅 23:26－49 / 요 19:16－37).

61 단계 : 갈보리에서 요셉의 무덤으로 들어가심(마 27:57－66 / 막 15:42－47 / 눅 23:50－56 / 요 19:38－42).

62 단계 : 요셉의 무덤에서 음부로 내려가심(벧전 3:18－20).

63 단계 : 음부에서 부활의 동산으로 올라오심(마 28:2－4 / 막 16:9－11 / 눅 24:12 / 요 20:1－18).

64 단계 : 부활의 동산에서 하나님 아버지께로 올라가심(요 20:17).

65 단계 : 하나님 아버지께로부터 예루살렘 도상에 나타나심(마 28:5－15 / 막 16:2－8 / 눅 24:1－11).

66 단계 : 예루살렘 도상에서 엠마오 도상에 나타나심(막 16:12, 13 / 눅 24:1－11).

67 단계 : 엠마오 도상에서 다락방에 나타나심(눅 24:36－43 / 요 20:19－23).

68 단계 : 다락방에서 다시 다락방에 나타나심(일 주일 후)(요 20:24－29).

69 단계 : 다락방에서 디베랴 바다에 나타나심(요 21:1－25).

70 단계 : 디베랴 바다에서 (다볼) 산에 나타나심(마 28:16－20).

71 단계 : (다볼) 산에서 다락방에 나타나심(막 16:14－18 / 눅 24:44－49).

72 단계 : 다락방에서 감람산에 나타나심(막 16:19, 20 / 눅 24:50－53 / 행 1:4－11).

■ 설명

● 1 단계 : 영광의 자리에서 베들레헴에 오심(눅 2:1－21)

1. 베들레헴으로 올라가는 요셉과 마리아

모든 히브리인은 그들이 태어난 고향에서 호적해야 한다는 명령 때문에, 요셉과 마리아는 베들레헴으로 올라가게 된다.

이것은 베들레헴으로 올라간 세번째 중요한 여행이다. 룻과 나오미가 첫번째 여행을 했고(1:22 참조), 선지자 사무엘이 두번째 여행을 했다(삼상 16장 참조).

그리스도의 생애에 나타난 하나님의 사역

1. 하나님께서 자기 아들을 보내셨다(요 3:16/6:57/8:16–18/12:49/갈 4:4).
2. 하나님께서 자기 아들을 인(印)치셨다(요 6:27).
3. 하나님께서 자기 아들을 가르치셨다(요 8:28).
4. 하나님께서 자기 아들에게 기름부으셨다(눅 4:18/사 61:1/행 10:38).
5. 하나님께서 자기 아들에게 영광을 돌리셨다(요 8:54).
6. 하나님께서 자기 아들에게 명령하셨다(요 10:18).
7. 하나님께서 자기 아들을 증거하셨다(요 8:18).
8. 하나님께서 자기 아들을 사랑하셨다(그리고 사랑하신다)(요 10:17).
9. 하나님께서 자기 아들을 기뻐하셨다(사 42:1/마 3:17/17:5/벧후 1:17).
10. 하나님께서 자기 아들의 말을 들으셨다(마 26:53/요 11:41, 42/12:27, 28).
11. 하나님께서 자기 아들을 내어 주셨다(요 3:16/18:11/롬 8:32/요 4:9, 10).
12. 하나님께서 자기 아들을 다시 살리셨다(엡 1:20).
13. 하나님께서 자기 아들을 높이셨다(엡 1:20/2:9–11).
14. 하나님께서 자기 아들을 영광스럽게 하셨다(요 12:28/17:1).
15. 하나님께서 자기 아들을 교회의 머리로 삼으셨다(엡 1:22).
16. 하나님께서 자기 아들에게 심판을 맡기셨다(요 5:22, 27).

그리스도의 생애에 나타난 성령의 사역

1. 그분은 성령에 의해 잉태되셨다(눅 1:35).
2. 그분은 성령에 의해 기름부음을 받으셨다(마 3:16/히 1:9).
3. 그분은 성령의 권능으로 가르치셨다(눅 4:18).
4. 그분은 성령에 의해 인치심을 받았다(요 6:27).
5. 그분은 성령에 의해 인도되셨다(마 4:1).
6. 그분은 성령을 힘입어 이적을 행하셨다(마 12:28/행 10:38).
7. 그분은 성령의 충만함을 받으셨다(요 3:34/눅 4:1).
8. 그분은 성령 안에서 슬퍼하셨다(요 11:33).
9. 그분은 성령 안에서 기뻐하셨다(눅 10:21).
10. 그분은 성령으로 말미암아 자신을 하나님께 드리셨다(히 9:14).
11. 그분은 성령에 의해 죽은 자 가운데서 부활하셨다(롬 1:4/벧전 3:18).
12. 그분은 성령으로 자신의 제자들에게 명령하셨다(행 1:2).

2. 구세주를 낳는 마리아

그녀는 "맏아들을 낳아 강보로 싸서 구유에 뉘었으니 이는 사관에 있을 곳이 없음이러라"(눅 2:7).

[1] 이것은 인류 역사상 가장 위대한 네번째의 날이었다.

[2] 인류 역사상 가장 위대한 세번째의 날은 이 아이가 영광스러운 서른 네 살의 성인으로 자라 갈보리의 십자가 위에서 두 강도들과 함께 사형당한 약 34년 후의 날이다.

"해골이라 하는 곳에 이르러 거기서 예수를 십자가에 못 박고 두 행악자도 그렇게 하니 하나는 우편에 하나는 좌편에 있더라"(눅 23:33).

[3] 인류 역사상 가장 위대한 두번째의 날은 주님이 죽은 지 삼 일 만에 슬퍼하는 여인들에게 다음과 같이 말했던 날이었다.

"너희는 무서워 말라 십자가에 못박히신 예수를 너희가 찾는 줄을 내가 아노라 그가 여기 계시지 않고 그의 말씀하시던 대로 살아나셨느니라 와서 그의 누우셨던 곳을 보라"(마 28:5, 6).

[4] 인류 역사상 가장 위대한 첫번째의 날이 장차 올 것이다. 이 날에 대해 사도 요한은 우리에게 다음과 같이 말한다.

"일곱째 천사가 나팔을 불매 하늘에 큰 음성들이 나서 가로되 세상 나라가 우리 주와 그 그리스도의 나라가 되어 그가 세세토록 왕노릇하시리로다 하니"(계 11:15).

우리는 누가복음 2장 7절과 다니엘서 2장 11절을 의미있게 비교해 볼 수 있다. 이 구약 구절에서 느부갓네살 왕은 바벨론 박사들이 그가 방금 꾼 꿈을 알아내지 못했기 때문에, 그들을 모두 멸하라는 명령을 내렸다. 그때 이 술객들은 이렇게 말했다.

"왕의 물으신 것은 희귀한 일이라 육체와 함께 거하지 아니하는 신들 외에는 왕 앞에 그것을 보일 자가 없나이다."

그러나 인류 역사상 가장 위대한 네번째의 날이 임할 때, 이것은 변하게 될 것이다.

요한복음 1장 14절에서 우리는 말씀이 육신으로 되었다는 것을 알게 된다. 성육신의 가장 영광스러운 진리들 중 하나는 그 영원성에 있다. 이것은 전적으로 네번째 날의 결과들이 영원히 지속될 것임을 의미한다. 주님은 "지금도" 육신의 살과 뼈를 가지고 있고 "앞으로도" 영원히 가지게 될 것이다(눅 24:39 참조).

3. 구약성경의 예언 성취 제 6번 : 그는 베들레헴에서 날 것이다(미 5:2 / 눅 2:4–6 / 막 2:5, 6)

4. 주의 사자가 이 소식을 인근의 목자들에게 알림

"내가 온 백성에게 미칠 큰 기쁨의 좋은 소식을 너희에게 전하노라"(눅 2:10 / 참조, 창 12:3 / 마 28:19 / 눅 2:31, 32 / 24:47 / 골 1:23).

"오늘날 다윗의 동네에 너희를 위하여 구주가 나셨으니 곧 그리스도 주시니라 너희가 가서 강보에 싸여 구유에 누인 아기를 보리니 이것이 너희에게 표적이니라"(눅 2:11, 12).

5. 천사들의 경배

그때 허다한 천군들이 그 천사와 함께 하나님을 찬송하며 다음과 같이 노래한다.

"지극히 높은 곳에서는 하나님께 영광이요 땅에서는 기뻐하심을 입은 사람들 중에 평화로다"(눅 2:14/참조, 눅 19:38).

6. 목자들의 경배

그때 목자들이 가서 예수님께 경배하고 하나님을 찬미하며 돌아간다.

7. 예수님의 할례

그 아이는 난 지 팔 일째 되는 날에 할례를 받고, 공적으로 예수라 불린다(창 17:12/레 12:3 참조).

신약성경 기자들 외에는, 예수님의 역사성과 관련된 어떤 세속적인 증거도 존재하지 않는다고 몇몇 사람들은 주장해왔다. 이것은 전혀 사실이 아니다. 고대 로마와 유대 세계 모두 예수님의 생애와 죽음에 관하여 말하고 있다. 다음에 나오는 인용들이 이것을 증명한다.

> "유월절 전날 밤에, 나사렛 예수는 십자가형을 당했다. 형 집행 이전의 40일 동안 한 의전관이 그 앞에 나와서 큰 소리로 외쳤다.「그는 마법을 행하고 이스라엘 백성을 잘못 인도했기 때문에 돌로 쳐 죽여야 한다. 그를 변호할 자는 앞으로 나와서 아뢰어라!」그러나 아무도 앞으로 나서지 않았고, 결국 그는 유월절 전날 밤에 십자가에 달려 죽었다"〔『바벨론판(版) 탈무드』(*Babylonian Jewish Talmud*)에서〕.

> "만일 우리가 그를 인간이라고 부를 수 있다면, 예수라는 이름의 현인이 이 즈음 나타났다. 그는 놀라운 이적을 행하는 사람이었으며, 그의 진리를 기쁨으로 받아들인 사람들의 선생이었다. 그는 많은 유대인들뿐만 아니라 많은 헬라인들도 이끌고 다녔다. 이 사람은 그리스도였다. 유대 지도자들의 고발을 받아들여 빌라도가 그에게 십자가형(刑)을 선고했음에도 불구하고 처음부터 그를 사랑했던 사람들은 사라지지 않았다. 왜냐하면 그는 부활하여 삼 일 후에 그의 제자들에게 다시 나타났기 때문이다. 그리고 이것들은 그에 관한 다른 수많은 놀라운 일들과 함께 하나님의 예언자들이 이미 말했던 대로였다. 심지어 지금까지도 그의 이름을 따라 기독교인이라고 불리는 집단들이 아직도 사라지지 않고 있다"〔유대 역사가 요세푸스(Josephus)의 『유대 고대사』(*Antiquities of the Jews*)에서〕.

> "기독교의 창시자 크리스투스(Christus : 그리스도의 라틴어 표기)는 티베리우스가 통치하던 때의 본디오 빌라도 총독의 선고에 의해 사형당했다. 그리고 그 사교(邪敎)는 일시적으로 금지되었으나 다시 소생하여, 그 죽은 사람의 고향인 유대에서뿐만 아니라 수도인 로마에서까지도 성행했다…"〔로마의 역사가 타키투스(Tacitus)의 『연대기』(*The Annals*)에서〕.

> "위대한 인물은 초자연적으로 출생하는 것이 고대의 관습이었고 따라서 기독교도 이러한 전통적인 패턴을 따랐다고 말하는 것은 잘못된 생각이다. 이른바 고대의 동정녀 탄생이 복음서가 말하는 예수님의 동정녀 탄생과 같은 종류의 것인가? 루이스 스위트(Lewis M. Sweet)의 다음과 같은 말은 기억할 만한 가치가 있다.
> 「제시된 증거와 이와 유사한 주장들을 때로는 지치리 만큼 주의깊고 열심히 연구해 본 결

과 나는 이방 종교에는 동정녀 탄생이란 것이 전혀 없다는 것을 확신하게 되었다. 이방 종교에는 초자연적인 탄생이 무수하게 많이 있지만 신약성경과 같은 동정녀 탄생은 결코 없으며, 동정녀라고 주장할 수 없는 여자에게서 술에 의해 탄생한 것들이다. 내가 조사해 볼 수 있었던 모든 경우에서, 수태하기 이전에는 그 어머니가 처녀였다고 할지라도, 그 이후에도 자기가 처녀라고 주장할 수는 없었다」"〔해리슨(E. Harrison), 『그리스도의 짧은 생애』(*A Short Life of Christ*) p. 45〕.

성경에는 그리스도의 탄생 시기에 대해 아무것도 기록되어 있지 않다. 기록상 12월 25일을 처음 그분의 탄생일로 지킨 것은 4세기 중엽 로마 교회에서였으나 실제로 그 의식(儀式)의 기원은 2세기까지 소급시킬 수 있을 것이다. 희랍 정교회에서는 1월 6일을 성탄절로 지키고 있었다. 많은 사람들이 12월에는 날씨가 춥기 때문에 그분의 탄생일이 12월일 리는 없다고 생각해 왔다. 그때 쯤이면 목동들은 양떼들을 거의 들판에 내어놓지 않았을 것이다. 그러나 유대의 전통적인 월력에 따르면 이것이 전혀 불가능한 것은 아니다. 왜냐하면 때때로 겨울에 기온이 급강하는 일은 보통 크리스마스 이후에나 있기 때문이다.

여기서 논의를 잠시 멈추고 구세주의 탄생의 주변 사건들과 관련되어 제기될 수 있는 여섯 가지 의문들을 생각해 보자.

1 왜 가브리엘 천사는 사가랴가 질문했을 때는 그를 책망하고 마리아가 질문했을 때는 그녀를 책망하지 않았는가?

(1) 사가랴

"내가 이것을 어떻게 알리요 내가 늙고 아내도 나이 많으니이다"(눅 1:18).

(2) 마리아

"나는 사내를 알지 못하니 어찌 이 일이 있으리이까?"(눅 1:34).

사가랴는 여러 해 동안 아들을 달라고 기도해왔으면서도(눅 1:13), 천사가 아들을 낳으리라고 알리자 수태시킬 수 있는 하나님의 능력을 의심했다. 무엇인가 놀라운 것이 발생할 때 이 세상에서 가장 놀라는 사람은 흔히 그 일이 발생하기를 열렬히 기도하던 그리스도인 바로 자신이다! 그러나 마리아가 예수님의 어머니가 되기 위해 기도했다고 생각되는 증거는 없다.

이에 대한 전형적인 실례는 사도행전에서 발견된다. 베드로가 감옥에 갇혀 처형을 기다리고 있을 때 예루살렘 교회의 성도들은 그 소식을 듣고 기도했다.

"교회는 그를 위하여 간절히 하나님께 빌더라"(행 12:5).

그때 하나님의 명령에 따라 천사가 극적으로 감옥문을 부수었다. 감옥에서 풀려나자마자 베드로는 그의 석방 소식을 알리기 위해 그의 기도모임으로 급히 달려갔다. 다음에 나오는 재미있는 기록에 주목해보자.

"깨닫고 마가라 하는 요한의 어머니 마리아의 집에 가니 여러 사람이 모여 기도하더라 베드로가 대문을 두드린대 로데라 하는 계집아이가 영접하러 나왔다가 베드로의 음성인 줄 알고 기뻐하며 문을 미처 열지 못하고 달려들어가 말하되 베드로가 대문 밖에 섰더라 하니 저희가 말하되 네가 미쳤다 하나 계집아이는 힘써 말하되 참말이라 하니 저희가 말하되 그러면 그의 천사라 하더라 베드로가 문 두드리기를 그치지 아니하니 저

그리스도의 생애에 나타난 천사들과 귀신들

천사들

1. 그들은 그리스도에 의해 그리고 그리스도를 위해 만들어졌다(골 1:15).
2. 그들은 그리스도께 경배했다(히 1:6).
3. 그들은 그리스도의 탄생을 예고했다(마 1:20, 21 / 눅 1:31).
4. 그들은 그리스도의 탄생을 알렸다(눅 2:9—13).
5. 그들은 광야에서 그리스도께 수종들었다(마 4:11).
6. 그들은 겟세마네 동산에서 그리스도께 수종들었다(눅 22:43).
7. 그들은 그리스도의 무덤의 돌을 굴려버렸다(마 28:2).
8. 그들은 그리스도의 부활을 알렸다(마 28:6).
9. 그들은 그리스도의 재림을 예언했다(행 1:10, 11).
10. 그들은 그리스도의 재림 때 나타날 것이다(살후 1:7, 8).

귀신들

1. 그들은 그리스도를 알았다(막 3:11 / 눅 4:43 / 행 16:16).
2. 그들은 그리스도를 두려워하였다(눅 8:28).
3. 그들은 그리스도께 복종하였다(막 5:13).
4. 그들은 그리스도로 말미암아 사람들에게서 쫓겨났다.

(1) 가버나움의 더러운 귀신들린 사람(막 1:25 / 눅 4:35).
(2) 가다라 지방의 귀신들린 사람(마 8:32 / 막 5:8 / 눅 8:33).
(3) 귀신들린 벙어리 된 자(마 9:33).
(4) 귀신들린 소녀(마 15:28 / 막 7:29).
(5) 귀신들린 아이(마 17:18 / 막 9:25 / 눅 9:42).
(6) 귀신들려 눈 멀고 벙어리 된 자(마 12:22 / 눅 11:14).
(7) 18년 동안 귀신들려 앓던 여자(눅 10:17).
(8) 막달라 마리아(16:9 / 눅 8:2).

희가 문을 열어 베드로를 보고 놀라는지라"(행 12:12—16).

베드로는 감옥에서 빠져나오는 것보다 그 기도 모임에 들어가는 데 더 힘이 들지 않았던가!

[2] 왜 요셉과 마리아는 베들레헴으로 올라가기 이전에 그렇게 오랫동안 기다렸는가?
두 사람 모두 마리아 태 내에 있는 아기에 대한 천사의 예언을 믿었으며, 또한 그리스도가 베들레헴에서 탄생하리라는 미가서 5장 2절의 예언을 잘 알고 있었을 것이 분명하다. 왜 그들은 마지막 순간이 올 때까지 기다렸는가? 사실 우리는 가이사 아구스도가 칙령을 내리지 않았더라면 그들은 절대로 베들레헴으로 올라가지 않았을 것이라고 생

각할 수도 있다.

누가는 이에 대해 만족할 만한 대답을 하지 못했다. (하나님의 사람이었던) 요셉이 이와 같이 행동한 데에는 충분한 이유가 있었다고 결론내리는 것이 가장 무난하다. 독자는 이것을 더욱 연구해 볼 수도 있다.

3 왜 마리아와 요셉은 베들레헴에서 친척들의 집을 찾아가지 않았는가?
이 시대의 여관들은 매우 더러웠다. 그럼에도 불구하고 요셉은 임신한 그의 아내를 그러한 죄악과 소음의 장소에 머물게 하려고 필사적으로 노력하였음에 틀림없다. 물론 그들의 이 노력은 거절당했다.

사람들이 동정녀 탄생의 본질을 설명하거나 이해한다는 것은 너무나 어려운 일이다. 이때 쯤 그 마을 사람들은 요셉과 마리아가 결혼한 지 겨우 여섯 달밖에 되지 않았다는 것과 그런데도 해산의 달이 찼다는 것을 알고 있었을 것이다. 그렇다면 그 아이는 요셉의 아이인가? 아니면 그 아이는 어떤 이방인의 아이인가? 따라서 사랑하는 아내를 이 모든 소문들로부터 보호하기 위해 요셉은 친척을 찾아가지 않았다.

4 왜 예수님은 가축들이 사는 곳에서 태어났는가?
그것은 양들은 보통 우리에서 태어나기 때문이다. 주님은 하나님의 어린양이시다.

5 왜 천사들은 목자들에게 먼저 나타났는가?
그 이유는 어떤 세상의 무리들보다도, 양떼를 쳐서 나중에 예루살렘 성전에서 쓰는 희생양으로 그것들을 파는 이 무리들이 하나님께서 방금 행하신 일을 더욱 잘 이해할 수 있기 때문이다(요 1:29/10:11 참조).

과거에는 양들이 목자를 위해 죽었으나, 이제 곧 목자(the Shepherd)가 양들을 위해 죽으리란 것을 그들은 마침내 알게 될 것이다(요 10:11 참조).

그때 목자들은 그 기쁜 소식을 듣고 "빨리 가서 … 고했다"(눅 2:16). 예수님을 발견한 후에 그들은 "천사가 자기들에게 이 아기에 대하여 말한 것을 고하니 … 듣고 본 그 모든 것을 인하여 하나님께 영광을 돌리고 찬송하며 돌아가니라"(눅 2:17–20).

6 왜 하나님은 천사들을 가장 먼저 사용하셨는가?
(1) 그것은 천사들이 구원의 문제에 관심을 가지고 있기 때문이다(벧전 1:12/출 25:20/단 12:5, 6/눅 15:10/엡 3:10 참조).
(2) 그것은 천사들이 이 세상의 창조에 참여하여 기쁨의 소리를 질렀기 때문이다(욥 38:7). 그러므로 하나님이 그들로 하여금 이 세상의 구세주가 탄생할 때 행하게 하신 일은 당연한 일이다.

● 2단계 : 베들레헴에서 예루살렘으로 올라가심(눅 2:22–38)

1. 부모들과 함께 예루살렘 성전으로 올라가심
예수님의 부모들은 하나님께 예수를 드리기 위하여 그분을 데리고 예루살렘 성전으로 올라갔다.

[1] 그는 이때 태어난 지 최소한 40일은 지났다. 왜냐하면 출산 후 40일이 지나기까지 마리아는 의식상(儀式上) 부정하다고 생각되었을 것이기 때문이다(레 12:2－4/출 13:2 참조).

[2] 두 가지 제물을 드려야 했다(레 12:6).

(1) 번제물로 드리는 1년 된 어린 양.

(2) 속죄제물로 드리는 집비둘기 새끼나 산비둘기.

[3] 그러나 만일 그 집이 가난하면 하나님은 산비둘기 둘이나 집비둘기 새끼 둘을 받으실 것이다(레 12:8).

[4] 요셉과 마리아는 어린 양 대신에 이 새들을 드렸다.

2. 기뻐하는 시므온

성령이 시므온이라는 노인에게 그가 하나님의 메시야를 보기까지는 죽지 않을 것이라고 약속했다. 부모들이 예수님을 데리고 그 성전으로 올라올 때 시므온은 즉시 40일 된 이 아기가 메시야임을 알아차린다. 시므온은 어린 구세주를 그의 팔에 안는다.

[1] 그는 하나님께서 하신 일에 대하여 하나님께 감사드린다.

[2] 그는 구세주의 장래를 예언한다.

(1) 그는 이방을 비추는 빛이 될 것이다.

(2) 그는 이스라엘의 영광이 될 것이다.

(3) 그는 많은 이스라엘 사람의 흥망성쇠의 원인이 될 것이다(마 21:44/고전 1:23/고후 2:16/벧후 2:7 참조).

(4) 이 모든 것을 완수하기 위해 당할 그의 고난은 마리아의 영혼을 찌르는 칼이 될 것이다(요 19:25, 26 참조).

3. 기뻐하는 안나

이때 84세의 경건한 과부 안나가 들어와서 하나님께서 세상에 주신 선물을 인하여 그분께 감사드린다.

[1] 그녀는 "성전을 떠나지 아니하고 주야로 금식하며 기도함으로 하나님을 섬겼다"(눅 2:37/**참조, 딤전** 5:5).

[2] 안나는 성경에 언급된 여선지자들 중의 하나였다.

(1) 모세의 누이 미리암은 여선지자였다(출 15:20).

(2) 이스라엘의 사사였던 드보라는 여선지자였다(삿 4:4).

(3) 훌다는 여선지자였다(왕하 22:14).

(4) 빌립의 네 딸들은 여선지자들이었다(행 21:8, 9).

● 3 단계 : 예루살렘에서 나사렛으로 가심(눅 2:39)

● 4 단계 : 나사렛에서 베들레헴으로 가심(마 2:1–12)*

1. 동방 박사들이 헤롯 왕을 방문함

동방박사들은 예루살렘에 도착한 후, 헤롯 왕에게 최근에 태어난 유대인의 왕에 관하여 물어 보았다.

여기서 몇 가지 의문들이 제기될 수 있다.

1 이 박사들은 누구였는가?

추측컨대 그들은 메소보다미아 지역에 사는 경건한 점성가들의 무리인 것 같다.

2 그들은 어떻게 그 별과 그리스도를 연관시켰는가?

거기에는 몇 가지 가능성들이 있다. 주전 14세기에 그 지방 출신의 발람이라는 선지자가 이 별에 대하여 예언했다(민 24:17 참조). 이러한 것들은 또한 주전 6세기경에 바벨론과 바사의 총리였던 다니엘의 기록에서도 나타났다. 물론 다니엘서에는 구세주의 재림에 대한 많은 것들이 기록되어 있다.

3 그들은 왜 찾아 왔는가?

이 사람들은 의심할 바 없이 여러 가지 동방 종교들을 잘 알고 있었고 그것들 모두의 공허함도 알고 있었다. 그들은 평화와 그들 인생의 목적을 발견하기 위하여 이 별을 따라왔던 것 같다.

4 그들은 언제 베들레헴에 도착했는가?

천사가 목자들에게 구세주의 탄생을 알려준 지 약 2년 후에 찾아왔던 것 같다. 주님은 "아기"(the young child, 2:9,11,13,14)로 언급되고 있으며 이때 쯤에는 갓난아기(a tiny babe)가 아니었다. 헤롯이 후에 정체 불명의 이 아기를 죽이려고 하였을 때, 그는 베들레헴 지경 안에 있는 모든 사내아이를 두 살부터 그 아래로 다 죽였다(2:16).

5 몇 명의 박사들이 왔는가?

세 명의 박사들이 왔다는 증거는 전혀 없다. 이와 달리 그 박사들의 수는 두 명에서 수백 명 혹은 그 이상이었다는 설(說)도 있다.

6 그 별은 평범한 별이었는가?

아마 그것은 이 특정한 목적을 위하여 하나님께서 창조하신 특정한 하늘의 빛이었으며, 지구로부터 수백만 광년 떨어진 곳에서 불타는 어떤 가스 덩어리는 아니었던 것 같다.

2. 헤롯의 음모

두려우면서도 화가 난 헤롯 왕은 제사장과 서기관들에게 박사들의 물음에 대하여 물어 보고 베들레헴이 메시야의 고향이 될 것이라는 사실을 알게 된다(말 2:7 / 미 5:2 참조).

헤롯은 자기도 역시 메시야에게 경배하기를 바라는 척하며 그 박사들을 베들레헴으로 보내면서, 돌아와 자기에게 알려달라고 그들에게 부탁한다. 사실, 그는 이미 그 아기를 죽이려고 작정하고 있었다.

---

* 이는 성경 본문에 암시되어 있다.

유대 지도자들은 예루살렘에서 베들레헴으로 내려가는 몇 km의 길을 걸어내려가 그들의 메시야가 실제로 왔는가를 살펴보려고도 하지 않을 정도로 타락해 있었다! 그러나 여기에 그 메시야를 찾기 위해 머나먼 이국(異國)의 사막을 지나 달려온 진실된 이방인의 무리가 있다.

3. 동방박사들이 예수님을 경배함

그 별에 의해 그리스도가 태어난 곳으로 인도되자마자, 그 박사들은 그분께 엎드려 경배하고 예물을 드렸다.

[1] 그들은 그분께 황금을 드렸는데, 그것은 그분의 신성을 나타내는 것이다.

[2] 그들은 그분께 유향을 드렸는데, 그것은 그분의 인성을 나타내는 것이다.

[3] 그들은 그분께 몰약을 드렸는데, 그것은 그분의 장래의 고난을 나타내는 것이었다.

[4] 구약성경의 예언 성취 제 7번 : 그는 현인들에게 경배를 받고 예물을 받을 것이다(시 72:10과 사 60:3, 6, 9을 마 1:21과 비교해 보라).

이사야가 말한 이 예언은 주님의 초림 때에는 일부만이 성취되었다. (주님의 고난을 상징하는) 몰약은 이사야에 의해 언급되지 않았다. 그 이유는 그 예언이 주님의 재림 때 완전히 성취될 것이며, 그때 모든 나라들이 그분의 영화로운 인성과 흠없는 신성을 나타내는 예물들을 그분께 드릴 것이기 때문이다. 그러나 그때는 몰약이 바쳐지지 않는데, 그것은 그분의 고난이 영원히 끝날 것이기 때문이다.

4. 하나님의 경고

하나님은 그들에게 예수님을 해치려는 헤롯의 음모에 대해 경고하셨고, 이에 따라 그 박사들은 다른 길을 통해 그들의 고국으로 돌아간다.

● 5단계 : 베들레헴에서 애굽으로 내려가심(마 2:13—18)

[1] 요셉은 꿈 속에 주의 사자로부터 애굽으로 피신하라는 지시를 받는다.

[2] 구약성경의 예언 성취 제 8번 : 그는 얼마동안 애굽에 머물 것이다(민 24:8 / 호 11:1 / 마 2:15 참조).

[3] 헤롯은 자기가 속은 것을 알고 베들레헴 지경 안에 있는 모든 사내아이들을 두 살부터 그 아래로 다 죽이라고 명령한다.

[4] 구약성경의 예언 성취 제 9번 : 그의 고향에서 어린아이들이 대량 학살될 것이다(렘 31:15 / 마 2:17, 18 참조).

거룩한 역설이 여기서 나타난다. 구약에서 하나님은 사단의 화를 면하도록 자신의 택한 백성들을 애굽 밖으로 인도하셨는데, 신약에서 그분은 자신의 사랑하는 아들이 이 진노에서 벗어나도록 애굽으로 인도하셨다.

● 6단계 : 애굽에서 나사렛으로 돌아오심(마 2:19—23 / 눅 2:40)

[1] 헤롯이 죽은 후에 요셉은 주의 천사로부터 이스라엘로 돌아가라는 지시를 받는다

(사 51:12 참조).

2 **요셉은 그 지시에 순종하지만, 유대의 새 지배자가 된 헤롯의 동생 아켈라오 때문에 그는 베들레헴으로 돌아가기를 두려워한다.** 그래서 그의 가족은 갈릴리의 나사렛에 정착한다(마 2:22, 23).

3 **구약성경의 예언 성취 제 10번** : 그는 나사렛 사람이라 불릴 것이다(사 11:1/마 2:23 참조).

4 **나사렛에서 예수님은 키가 자라며 강하여지고 지혜가 충만하며 하나님의 은혜가 그 위에 있었다**(눅 2:40).

● 7단계 : 나사렛에서 예루살렘으로 가심(눅 2:41-50)

1 **기록에 의하면 예수님은 열두 살 때 처음으로 유월절에 참석한다.**

2 **이 절기를 마치고 집으로 돌아갈 때 그분의 부모는 그분이 없어진 것을 알게 되고, 찾아 헤매다가 마침내 예루살렘 성전에서 제사장들과 신앙에 대해 토론하는 그분을 발견한다**(사 11:1-4/49:1, 2/50:4 참조).

3 **학식이 풍부한 박사들이 그분의 지혜에 놀란다**(마 7:28/막 1:22/눅 4:22, 32/요 7:15).

4 **그분은 성경에 기록된 그분의 말씀 가운데 첫번째 말씀을 한다.**

"어찌하여 나를 찾으셨나이까 내가 내 아버지 집에 있어야 될 줄을 알지 못하셨나이까"(눅 2:49).

이 말씀을 하늘에서 베들레헴에 오실 때의 그분의 말씀과 비교해 보라(히 10:5-7 참조).

● 8단계 : 예루살렘에서 나사렛으로 가심(눅 2:51, 52)

1 **그분은 마리아와 요셉과 함께 돌아가서 그들을 받들며 순종한다**(빌 2:5-8 참조).

2 **그분은 그 지혜와 키가 자라며 하나님과 사람에게 더 사랑스러워간다.**

청년 예수는 의심할 바 없이 히브리어와 아람어 그리고 헬라어를 배웠을 것이다. 그분은 후에 나사렛에서 히브리어로 기록된 두루마리를 읽으며(눅 4장) 아람어로 무리들을 가르치고 헬라어로 빌라도와 대화하게 된다.

그분은 야곱의 열두 아들의 증거를 기록한 외경 곧 『12족장의 언약』(*The Testament of Twelve Patriarchs*)을 읽었을지도 모른다. 그분은 또 율법과 성문서에 대한 저명한 유대 서적들을 잘 알고 있었을 것이다.

누가복음 2장 52절에 나타난 그분의 네 가지 성장은 다음과 같다.

(1) 지혜(정신적 성숙)
(2) 키(신체적 성숙)
(3) 하나님에게 사랑스러워짐(영적 성숙)
(4) 사람들에게 사랑스러워짐(사회적 성숙)

● 예수님의 유년시절

"팔레스틴 북부 지방의 나사렛이라는 이 벽촌은 그 위치로 보아 외부 세계와 쉽게 접촉할 수 있었지만, 그러면서도 외부 세계와 상당히 단절되어 있었다는 점에서 그 나라의 축소판이었다. 왜냐하면 이러한 것들은 이스라엘이 역사적으로 경험했던 특징들이기 때문이다. 그 나라는 세계의 십자로에 위치해 있었으나 그 특수한 지형 때문에 고립되어 있었다. 그래서 여행자들은 주로 저지대를 지나 그 나라의 생업이 집중되어 있던 고원 지방으로 다녔다.

나사렛의 언덕마루에서 소년 예수는 가끔 사방의 지평선을 자세히 살펴보았을 것이다. 여행자들의 말에 의하면, 이곳에서 장엄하게 펼쳐지는 풍경을 볼 수 있다고 한다. 그 파노라마에는 서쪽으로는 지중해, 북서쪽으로는 갈멜 산과 샤론 평야, 북쪽으로는 다볼 산과 넓은 에스들랜론 계곡, 남쪽으로는 모레 언덕과 길보아 산, 그리고 그 밑에는 사마리아가 펼쳐져 있다. 이 모든 것들이 남북으로 펼쳐져 거의 완전하게 일직선을 이루고 있었다. 갈릴리 바다와 요단강 때문에 생겨난 저지대 너머 동쪽으로는 바산길르앗 지방이 시작되는 언덕들이 솟아 있었다. 그 북쪽으로는 갈릴리의 단층 지대가 있고, 그것은 멀리 고원 지대와 연결되어 있으며, 북쪽으로는 빛나는 헬몬 산이 그 광경을 내려다보고 있었다.

이스라엘의 애국자라면 누구나 이 놀라운 경치들을 바라보면서 영원히 그것들과 관련을 맺은 감동적인 역사적 사건들, 즉 바알 선지자들을 물리친 엘리야의 승리, 드보라와 바락의 승전, 기드온과 그의 병사들에 의한 미디안 연합군의 격파, 사울과 요나단의 비통한 죽음 등을 기억하지 않을 수 없을 것이다. 이러저러한 일화들이 과거로부터 쉽게 살아나 기억 속에서 재현될 것이다. 그렇다! 나사렛은 한적한 마을이었으나, 자신을 감춘 듯한 정적 배후에는 온갖 세상사가 얽혀 있었던 것이다. 그것이 예수님께 준 직접적인 선물은 소박한 삶을 살아갈 수 있는 기회를 제공했다는 것이다. 더욱 먼 영향으로는 그것이 예수께서 수행하실 더욱 분주하고 더욱 복잡한 삶으로 들어가는 출입구의 역할을 했다는 것이다.

나사렛 사람들은 생계를 위하여 곡식 밭을 경작하고 포도원과 과수원을 경영하고 있었는데, 그것들은 인근의 언덕에 여기저기에 있었다. 비록 그분의 일 때문에 마을을 떠날 수 없었지만, 예수님은 전원 생활을 사랑했다. 그분은 자연 속을 거닐며 그 모습을 보고 그 소리 듣기를 좋아했음이 확실하다. 세월이 지나, 그분이 사람들과의 교제를 떠나서 하나님과의 교제를 시작했을 때도 이 어린 시절에 접했던 환경의 영향력을 계속 받았다.

그분의 비유들을 살펴보건대, 예수님은 어린 시절에 주위에서 일어나는 일들을 관찰하는 습관이 있었던 것이 틀림없다. 그분은 농부가 뿌린 씨앗이 모두 좋은 땅에 떨어지는 것은 아님을 알았다. 그분은 좋은 나무는 반드시 좋은 열매를 맺어야 한다는 것을 알았다. 그분은 여러 번 마른 풀을 모아다가 어머니가 빵을 굽기 위해 사용하는 난로에 넣어주었다. 그 풀은 바로 직전까지만 해도 들판에서 자라고 있었던 것이었다. 우연히 그분은 마리아가 등불을 켜고 그녀의 손에서 빠져나가 어디론가 숨어버린 동전을 샅샅이 찾는 것을 유심히 보았을 것이다. 집 안에서나 밖에서나 주위에서 일어나고 있는 모든 일들을 그분은 자세히 살펴보았다. 이와 같은 어린 시절의 모든 일들로부터 그분은 자신이 사람들 앞에 서서 가르칠 때에 사용한 많은 생동감 넘치는 예증들을 끌어내셨다"(해리슨, 『그리스도의 짧은 생애』, pp. 56, 57).

● 9단계 : 나사렛에서 요단 강 근처의 베다니로 가심
(마 3:13-17/막 1:9-11/눅 3:21, 22)

이제 그분은 삼십 세이다(눅 3:23/참조, 민 4:1-3).

그리스도께서 침례(세례) 받으심

그리스도께서 침례(세례)받으신 이유

첫째 : 구약의 세 가지 직분과 그 기름부음에 동일시하기 위해서이다.

직분들	기름부음	성취
선지자-관유	물로(레 8:6)	요한에 의해(마 3:15)
제사장-물과 관유와 피	관유로(레 8:12)	성령에 의해(마 3:16)
왕-관유	피로(레 8:23)	주님 자신에 의해(마 26:28)

둘째 : 요한의 증거와 자신을 일치시키기 위해서(요 1:31-34).
셋째 : 이스라엘 백성들과 행동을 같이 하기 위해서이다(요 1:11).
넷째 : 죄인들과 자신을 동일시하기 위해서이다(사 53:12/고후 5:21).

그리스도의 침례(세례)에 나타난 성삼위 하나님

그리스도는 성령에 의해 기름부음을 받는다.	"하늘이 열리고 하나님의 성령이 비둘기같이 내려 자기 위에 임하심을 보시더니"(마 3:16).
그리스도는 하나님에 의해 인정받는다.	"하늘로서 소리가 있어 말씀하시되 이는 내 사랑하는 아들이요 내 기뻐하는 자라 하시니라"(마 3:17). ● 하나님이 그리스도를 세 번 인정하심 첫번째(마 3:17) / 두번째(마 17:5) / 세번째(요 12:28)

1. 침례(세례) 받으시는 예수님

예수님은 모든 의를 이루기 위해 〔그분께 침례(세례)를 베풀 만한 자격이 없다고 주장하는〕 요한에게 침례(세례)를 받으신다.

수많은 침례(세례)들이 복음서에 언급되어 있다. '침례'(세례)라는 말은 '일체가 된다' 또는 '동일시한다'는 것을 의미한다.

1 침례(세례) 요한의 침례(세례)였다(막 1:4 참조).

2 예수님의 침례(세례)

(1) 요한에게 물로 침례(세례)를 받으심(마 3:15).

(2) 하나님 아버지께 성령으로 침례(세례)를 받으심(마 3:16).

3 갈보리에서 그리스도께 임한 죄악의 침례(세례)(눅 12:50/마 20:22).

4 오순절에 성도들에게 임한 성령침례(세례)(마 3:11 하반절).
5 심판날에 죄인들에게 내리는 하나님의 진노의 침례(세례)(마 3:11 하반절/3:12/13:30).
6 성도들의 침례(세례)(마 28:19).

왜 그리스도는 침례(세례)를 받으셨는가? 이에 대해 네 가지 이론이 제기되어 왔다.
(1) 자신이 선지자, 제사장, 그리고 왕의 직무를 지니고 있다는 것을 확인하기 위해 그분은 침례(세례)를 받으셨다. 구약 시대에 이 세 사람들은 모두 기름 부음을 받았다. 레위기 8장에서 우리는 제사장의 세 가지 기름부음을 살펴보았다. 그는 먼저 물로 씻고 다음에 그 머리에 관유를 부어 발랐으며 마지막으로 피를 발랐다. 그리스도는 이들 중 처음의 두 가지는 행했으나(물침례와 성령침례) 세번째는 행하지 않았다.
(2) 침례(세례) 요한과 행동을 같이하기 위해 그분은 침례(세례)를 받았다(요 1:31－34 참조).
(3) 이스라엘 백성과 행동을 같이하기 위해 그분은 침례(세례)를 받았다(요 1:11).
(4) 죄인들과 행동을 같이하기 위해 그분은 침례(세례)를 받았다(사 53:12/고후 5:21).

그분은 침례(세례) 받을 때 기도를 하셨는데 이는 예수님의 첫번째 기도이다(눅 3:21).

2. 예수님께 성령이 임함

성령이 비둘기같이 그분의 위에 강림하고 하나님이 그분을 기뻐한다고 말씀하신다. 여기서 우리는 삼위일체가 모두 활동하는 것을 본다. 이때 요한이 한 말을 주목해 보자. "내가 보매 성령이 비둘기같이 하늘로서 내려와서 그의 위에 머물렀더라 나도 그를 알지 못하였으나 나를 보내어 물로 침례(세례)를 주라 하신 그이가 나에게 말씀하시되 성령이 내려서 누구 위에든지 머무는 것을 보거든 그가 곧 성령으로 침례(세례)를 주는 이인 줄 알라 하셨기에"(요 1:32, 33/참조, 사 11:2/42:1).*

1 예수님의 생애에 나타난 성령의 사역

(1) 그분은 성령에 의해 잉태되셨다(눅 1:35).
(2) 그분은 성령에 의해 기름부음을 받으셨다(마 3:16/참조, 히 1:9).
(3) 그분은 성령의 권능으로 가르치셨다(눅 4:18).
(4) 그분은 성령에 의해 인치심을 받으셨다(요 6:27).
(5) 그분은 성령에 의해 인도되셨다(마 4:1).
(6) 그분은 성령을 힘입어 이적을 행하셨다(마 12:28/참조, 행 10:38).
(7) 그분은 성령의 충만함을 받으셨다(요 3:34/눅 4:1).
(8) 그분은 성령 안에서 슬퍼하셨다(요 11:33).
(9) 그분은 성령 안에서 기뻐하셨다(눅 10:21).
(10) 그분은 성령으로 말미암아 갈보리에서 자신을 하나님께 드리셨다(히 9:14).

---

* 이것은 하나님께서 자신의 사랑하는 아들에 관해서 하늘에서 말씀하신 세 가지 경우 중에 첫번째이다(마 17:5/요 12:28 참조). 삼위일체의 교리는 구약에서 암시되고 예견되어 있지만, 그것이 처음으로 명백하게 나타난 것은 바로 그리스도께서 침례(세례) 받으실 때였다.

(11) 그분은 성령에 의해 죽은 자 가운데서 부활하셨다(롬 1:4/벧전 3:18).
(12) 그분은 부활 후에 성령으로 그분의 제자들에게 명령하셨다(행 1:2).
(13) 그분은 성령을 통해서 언젠가 돌아와서 그리스도 안에서 죽은 자들을 다시 살리실 것이다(롬 8:11).

[2] 예수님의 생애에 나타난 하나님의 사역
(1) 하나님께서 자기 아들을 보내셨다(요 3:16/갈 4:4/요 6:57/8:16-18/12:49).
(2) 하나님께서 자기 아들을 인치셨다(요 6:27).
(3) 하나님께서 자기 아들을 가르치신다(요 8:28).
(4) 하나님께서 자기 아들에게 영광을 돌리신다(요 8:54).
(5) 하나님께서 자기 아들에게 명령하신다(요 10:18).
(6) 하나님께서 자기 아들을 증거하신다(요 8:18).
(7) 하나님께서 자기 아들을 사랑하신다(요 10:17).
(8) 하나님께서 자기 아들을 영광스럽게 하신다(요 12:28/17:1).
(9) 하나님께서 자기 아들을 다시 살리신다(엡 1:20).
(10) 하나님께서 자기 아들을 높이신다(엡 1:20/빌 2:9-11).
(11) 하나님께서 자기 아들을 교회의 머리로 만드신다(엡 1:22).
(12) 하나님께서 자기 아들에게 기름부으신다(사 61:1/행 10:38).
(13) 하나님께서 자기 아들을 기뻐하신다(사 42:1/마 3:17/17:5/벧후 1:17).
(14) 하나님께서 자기 아들의 말을 들으신다(마 26:53/요 11:41, 42/12:27, 28).
(15) 하나님께서 자기 아들을 내어주신다(요 3:16/18:11/롬 8:32/요일 4:9, 10).
(16) 하나님께서 자기 아들에게 심판을 맡기신다(요 5:22, 27).

● 10단계 : 베다니에서 광야로 나가 시험(유혹)받으심

(마 4:1-11/막 1:12, 13/눅 4:1-13)

1. 그분이 받은 시험의 사실성

그분은 성령에 의해 광야로 이끌려 나가 사십 일 동안 금식하며 들짐승들과 함께 있게 된다.

2. 그분이 받은 시험의 내용

사십 일 후에 사단이 나타나 그를 시험한다.

[1] 첫번째 시험-돌들을 떡덩이로 변화시키라.
[2] 두번째 시험-성전 꼭대기에서 뛰어내리라.
[3] 세번째 시험-사단에게 엎드려 경배하라.

3. 그 시험에 내포된 신학

1 사단은 그가 시험하고 있는 사람이 누구인지 알았는가?
물론 알고 있었다. 마태복음 4장 3절과 4장 6절은 헬라어의 직설법이며 따라서 "당신은 하나님의 아들이니"로 번역되어야 한다.

2 사단은 그분께 어떤 시험을 하였는가?
(1) **첫번째 시험**—그분의 배를 채우는 것(이렇게 함으로 그 자신의 힘을 의지하게 함).
(2) **두번째 시험**—성전 꼭대기에서 뛰어내리는 것(이렇게 함으로 아버지의 도움을 억지로 베풀게 함).
(3) **세번째 시험**—이 세상의 모든 왕국을 다스리는 것(이렇게 함으로 갈보리를 거부하도록 함).

3 사단은 두번째 시험에서 어떤 방법을 사용하였나?
그는 성경 말씀을 본문의 흐름과 관계없이 인용함으로 예수님을 혼란시키려고 했다(마 4:6과 시 91:11, 12을 비교해 보라).

4 사단은 사실상 그리스도께 "천하 만국과 그 영광"(마 4:8)을 줄 권리가 있었는가?
실제로 그는 그런 권리가 있었다(계 13:7/요 14:30 참조).

5 그리스도는 사단에게 어떻게 답변하셨는가?
하나님의 말씀으로 답변했다.
(1) 첫번째 시험
"사람이 떡으로만 살 것이 아니요 하나님의 입으로 나오는 모든 말씀으로 살 것이라" (마 4:4과 신 8:3을 비교해 보라).
(2) 두번째 시험
"또 기록되었으되 주 너의 하나님을 시험치 말라"(마 4:7과 신 6:16을 비교해 보라).

이 시험은 아마 그로 하여금 말라기서 3장 1절의 말씀을 너무 서둘러(그리고 잘못되게) 성취하도록 하려는 시도였을지도 모른다.
"만군의 여호와가 이르노라 보라 내가 내 사자를 보내리니 그가 내 앞에서 길을 예비할 것이요 또 너희의 구하는 바 주(主)가 홀연히 그 전에 임하리니 곧 너희의 사모하는 바 언약의 사자가 임할 것이라."

이 시험에서 사단의 궁극적인 목적은 그리스도로 하여금 하나님을 떠나서 독단으로 행동하게 하려는 것이었다. 그러면 하나님을 시험한다는 것은 무엇을 의미하는가? 이스라엘 백성은 약속의 땅으로 오는 도중에 열 번이나 하나님을 시험했다고 한다(민 14:11, 22/히 3:9 참조). 그것은 간단히 말하면, 하나님의 선하심을 이기적인 방법으로 사용하는 것을 가리키고, 하나님의 손을 어떤 일에 억지로 끌어들이는 것을 의미한다. 만일 그리스도께서 실제로 이 성전 꼭대기에서 뛰어내리셨다면, 하나님은 마지 못해 개입하셔서 그분의 몸이 땅에 떨어져 박살나지 않도록 구해주셨을 것이다.

(3) 세번째 시험

"사단아 물러가라 기록되었으되 주 너의 하나님께 경배하고 다만 그를 섬기라 하였느니라"(마 4:10/신 6:13/약 4:7 참조).

에베레트 해리슨 박사는 세번째 시험에 대하여 다음과 같이 말한다.

"이 마지막 장면에서 사단의 정체가 밝혀진다. 그가 하나님 아들의 최대 유익을 위해 일하고 있다는 조금의 기색도 이제는 없다. 성경 인용도 전혀 없다. 사단은 그의 존재의 깊숙한 비밀을 드러낸다. 그는 죄악을 통해서만 달성할 수 있었던 지위, 즉 이 세상의 임금이라는 탁월한 지위를 마음껏 누리고 있었지만, 그것보다 무한히 더 귀중한 다른 어떤 것을 탐내고 있다. 그는 지극히 높으신 이와 같아지고 싶었을 것이다. 하나님 한 분만의 절대적이며 독자적인 특권, 즉 경배를 자신이 받으려고 했다. 참된 천사라면 경배받는다는 생각마저도 두려워하나(계 22:8, 9), 이 타락한 천사는 맹렬하고 저속하게 그것을 탐낸다.

그러한 제안이 예수님께 주어졌다는 것은 사단의 위대성에 대한 증거가 된다. 그 제안의 대가는 매우 비싸다. 사단이 유다를 그의 제물로 삼을 때, 그의 미끼는 은 삼십에 불과했다. 사실 사단은 그가 제안한 것보다 적은 대가를 제공할 수는 없었다. 그 이유는 천하 만국이 메시야에게 약속된 상속물이었으며 이 세상의 가장 끝 지역들도 그분의 소유로 예비되어 있었기 때문이다(시 2:8). 시편 2편에서는 이 구절 바로 다음에 그 시험의 쟁점이었던 메시야의 아들직(職)에 대한 하나님의 인정이 나온다. 하나님은 「내게 구하라」고 말씀하시나, 사단은 뻔뻔스럽게 전능하신 하나님의 지위를 빼앗는다"〔『그리스도의 짧은 생애』, p. 90〕.

광야의 시험

창세기 3장 6절	요한일서 2장 16절	마태복음 4장 1-11절 누가복음 4장 1-13절
첫 아담이 경험함	**요한이 묘사함**	**둘째 아담이 경험하심**
"그 나무를 본즉 먹음직도 하고"	"육신의 정욕"	"명하여 이 돌들이 떡덩이가 되게 하라."
"보암직도 하고"	"안목의 정욕"	"마귀가…(그에게) 천하 만국과 그 영광을 보여 주며."
"지혜롭게 할 만큼 탐스럽기도 한 나무인지라"	"이생의 자랑"	"뛰어내리라…저가 너를 위하여 그 사자들을 명하시리니…."

그리스도의 시험에 나타난 사단의 간교함

- 첫번째 시험-네 배를 채우라(그렇게 함으로 네 자신의 힘을 의지하라).
- 두번째 시험-성전에서 뛰어내리라(그렇게 함으로 억지로 하나님의 손이 일하게 하라).
- 세번째 시험-천하 만국을 지배하라(그렇게 함으로 갈보리를 피하라).

여기서 나타나는 바와 같이 그리스도는 시험을 받을 때마다 신명기의 말씀을 인용하셨다. 독일의 고등비평이 성경을 신랄하게 논박하는 데 신명기를 가지고 시작하는 것은 우연이 아니다.

6 사단이 그리스도를 시험하는 것은 오직 이번 한 번 뿐인가?
물론, 그렇지 않다. 누가복음 4장 13절에는 다음과 같이 나와 있다.
"마귀가 모든 시험을 다한 후에 얼마 동안 떠나니라."
특히 "얼마 동안"이라는 말에 주목하자. 사단은 그리스도께서 사역하는 동안 줄곧 그분을 시험했다(마 16:23 참조).

7 광야에서 시험받은 후에 어떤 일이 일어났는가?
"이에 마귀는 예수를 떠나고 천사들이 나아와서 수종드니라"(마 4:11).
하늘의 천사들은 그리스도의 지상사역에서 중요한 역할을 했다.
(1) 그들은 그분께 경배했다(히 1:6).
(2) 그들은 그분의 탄생을 알렸다(눅 1, 2장 / 마 1장).
(3) 그들은 그분께 수종들었다.
① 광야에서(마 4:11).
② 겟세마네 동산에서(눅 22:43).
(4) 그들은 그분의 무덤의 돌을 굴려버렸다(마 28:2).
(5) 그들은 그분의 승천에 참여했다(행 1:10, 11).
(6) 그들은 그분의 부활을 알렸다(마 28:6).
(7) 그들은 그분의 재림 때 함께 나타날 것이다(살후 1:7, 8).

8 그리스도께서는 시험을 받는 동안 죄를 지을 수 있었을까?
그분은 죄를 지을 수 없었다. 하나님은 죄를 지을 수 없기 때문이다. 성경은 다음과 같이 선언하고 있다.
(1) 그분은 죄를 알지 못했다(고후 5:21).
(2) 그분은 죄를 범하지 않았다(벧전 2:22 / 히 4:15).
(3) 그분에게는 죄가 없었다(요일 3:5 / 요 14:30 / 히 7:26 참조).

9 그러면 그 시험의 목적은 무엇이었는가?
(1) 그 목적은 그분이 죄를 짓는가 안 짓는가를 알아보기 위한 것이 아니라, 그분은 죄를 지을 수 없다는 것을 증명하기 위한 것이었다.

서부 개척 시대의 미국에 한 철도회사가 어려움을 겪고 있었다. 깊은 계곡에 놓여 있는 다리가 안전하지 못하다는 소문이 나돌았다. 철도회사 직원들이 자세히 조사해 본 결과 이 소문은 전혀 근거없다는 것이 밝혀졌으나 그 소문은 계속 나돌았다. 마침내 매우 육중한 기관차가 달린 기차 한 대가 만들어졌다. 하루 종일 수백 명의 사람들이 지켜보는 가운데, 이 기차는 그 다리를 건너갔다 다시 건너오곤 했다. 이것은 왜 행해졌는가? 그 기관사들은 그 다리가 지탱하는지 않는지 알아 보기 위하여 실험을 했는가, 혹은 그것이 지탱한다는 것을 증명하기 위하여 실험을 했는가? 여기서 얻을 수 있는 명백한 대답을 그리스도의 시험에 나타난 목적에도 적용할 수 있다.
(2) 그 목적은 성도들에게 그들과 같은 경험을 지닌 대제사장을 제시하기 위한 것이었다(히 4:5/2:8 참조).

● 11단계 : 시험받은 광야에서 베다니로 가심(요 1:29-42)

1 침례(세례) 요한은 메시야를 하나님의 어린양이라고 소개한다(1:29).
"보라 세상 죄를 지고 가는 하나님의 어린양이로다"(요 1:29).
요한은 약 2,000년 전에 어린 소년이 제기한 질문을 완전히 알지는 못했지만, 여기에서 이 질문에 대답하고 있었다.
"이삭이 그 아비 아브라함에게 말하여 가로되 내 아버지여 하니 그가 가로되 내 아들아 내가 여기 있노라 이삭이 가로되 불과 나무는 있거니와 번제할 어린 양은 어디 있나이까"(창 22:7).
이 놀라운 주제의 영광스러운 결론을 내리기 위하여 다음과 같이 외치는 하늘의 천사의 음성을 들어 보자.
"죽임을 당하신 어린 양이 능력과 부(富)와 지혜와 힘과 존귀와 영광과 찬송을 받으시기에 합당하도다"(계 5:12/참조, 창 22:7/출 12:3/사 53:7/벧전 1:19/레 5:6).
2 성령이 비둘기같이 주님 위에 강림할 때, 요한은 그가 어떻게 메시야를 알아보았는가를 말한다.
3 침례(세례) 요한의 두 제자인 세베대의 아들 요한과 베드로의 동생 안드레는 이제 그를 떠나 그리스도를 따른다.
4 안드레는 곧 그의 형제 베드로를 그리스도께 데려온다. 그 의미도 깨닫지 못한 채, 안드레는 욥의 난처한 질문에 답변했다.
(1) 욥
"내가 어찌하면 하나님의 발견할 곳을 알꼬"(욥 23:3).
(2) 안드레(베드로에게 말함)
"우리가 메시야를 만났다 하고(메시야는 번역하면 그리스도라)"(요 1:41).
5 예수님은 베드로를 "반석"을 의미하는 "게바"라 부른다. 하나님의 목적은 사람들의 이름(그리고 인격)을 변화시키는 것이다(계 3:12 참조).
(1) 그분은 아브람을 아브라함으로 변화시키셨다(창 17:5).
(2) 그분은 사래를 사라로 변화시키셨다(창 17:15).
(3) 그분은 야곱을 이스라엘로 변화시키셨다(창 32:28).
(4) 그분은 사울을 바울로 변화시키셨다(행 13:9).

● 12단계 : 베다니에서 벳새다로 가심(요 1:43-51)

1 예수님은 빌립을 만나 그에게 "나를 좇으라"고 말씀하신다.
2 빌립은 그의 친구 나다나엘을 찾아가 그에게 "모세가 율법에 기록하였고 여러 선지

자가 기록한 그 이를 우리가 만났으니 요셉의 아들 나사렛 예수니라"(요 1:45)**고 말한다.**

[3] 나다나엘은 회의적인 반응을 보인다.

"나사렛에서 무슨 선한 것이 날 수 있느냐"(요 1:46).

[4] 빌립은 매우 적극적이다.

"와 보라"(요 1:46).

(1) 우리는 회심한 빌립이 동정녀 탄생을 완전히 이해하지는 못했지만, 그래도 효과적으로 증거하는 것을 목격하게 된다.

(2) 나다나엘은 빌립의 "나사렛 예수"라는 이름을 듣고 입을 다물었다. 그는 메시야가 베들레헴에서 탄생하리라는 것을 알고 있었음에 틀림없다. 게다가 그는 갈릴리 사람들을 천시하였다.

(3) 그러나 빌립은 논쟁하지 않고 "와 보라"고 말하며 그를 초대하였다.

[5] 나다나엘은 그리스도를 하나님의 아들이며 이스라엘의 왕이라고 고백한다.

(1) 빌립은 그분과 말을 나누면서, 그가 무화과나무 아래 앉아 있던 것을 예수께서 알고 계시다는 사실에 놀랐다. 구세주는 항상 사람들이 모이는 곳에서 그들과 상대했다.

① 그분은 무화과나무 "아래에" 있던 나다나엘과 상대했다(요 1:48).

② 그분은 뽕나무 "위에"(up) 있던 삭개오와 상대했다(눅 19:4, 5).

③ 그분은 십자가 "위에"(on) 있던 죽어가는 강도와 상대했다(눅 23:39－43).

(2) 나다나엘은 그분이 언젠가 하늘이 열리고 하나님의 사자들이 그리스도 위에 오르락내리락하는 것을 보리라는 약속을 듣는다. 이 일은 주님의 승천 때 일어났다(행 1:9－11 참조).

나다나엘은 주님을 "이스라엘의 임금"(1:49)이라 부르나, 주님은 자신에 대하여 "인자"라고 말씀하신다(1:51). 이것은 주님 자신이 가장 좋아하는 칭호이다. 주님은 앞으로 어떤 다른 이름보다 이 이름을 더 많이 사용하실 것이다. 나다나엘과 빌립은 그 이름을 처음으로 들은 사람들이다.

(3) 첫번째 예언 : 그분의 승천과 관련됨(요 1:50, 51).

성경에 기록된 주님의 예언 가운데 첫번째의 것이 그분의 고난이나 죽음, 부활에 관련된 것이 아니라 그분이 언젠가 승천하리라는 것과 관련된다는 사실이 매우 흥미롭다. 이사야는 과거에 하나님에 대하여 다음과 같이 선포했다.

"너희는 옛적 일을 기억하라 나는 하나님이라 나 외에 다른 이가 없느니라 나는 하나님이라 나 같은 이가 없느니라 내가 종말로 처음부터 고하며 아직 이루지 아니한 일을 옛적부터 보이고 이르기를 나의 모략이 설 것이니 내가 나의 모든 기뻐하는 것을 이루리라 하였노라"(사 46:9, 10).

● 13단계 : 벳세다에서 가나로 가심(요 2:1－11)

[1] 예수님과 마리아 그리고 그분의 제자들이 가나에서 결혼식에 참석한다.

[2] 마리아는 예수님께 포도주가 떨어졌다고 알려준다.

[3] 주님은 난처한 이 문제를 해결하시기로 작정하신다. 그러나 그분이 세상에 오신 목적은 단순히 기적을 행하기 위한 것이 아님을 마리아에게 부드럽게 상기시키신다(요

2:4과 12:23을 비교해 보라).

[4] 마리아는 하인들에게 "너희에게 무슨 말씀을 하시든지 그대로 하라"고 말하였다(요 2:5/**참조**, 눅 5:5, 6/**행** 9:6/**히** 5:9/11:8).

[5] 그들은 30ℓ들이 돌항아리 여섯 개에 물을 채우라는 명령을 듣는다.

[6] 첫 이적 : 물을 포도주로 변화시킴(요 2:7-9).

성경에 기록된 이적 중 첫번째 이적을 수행할 장소로 주께서 결혼식장을 선택하셨다는 것은 매우 의미심장한 일이다. 하나님께서 인간에게 허락한 가장 오래되고 위대한 세 가지 놀라운 제도들 중 하나가 결혼제도이다. 하나님께서 친히 에덴 동산에서 최초의 결혼식을 집례하셨다(창 2:20-25 참조). 그 후에 하나님께서는 그분의 교회에 대한 그리스도의 사랑을 예증하시기 위하여 신랑과 신부의 관계를 선택하셨다(엡 5:22-33 참조). 결론적으로 모든 세대의 가장 위대한 사건은 결혼식, 즉 그분의 택한 신부와 하나님의 아들과의 혼인식이다(계 19:6-9 참조).

예수님은 그분의 첫 이적을 수행하기 위하여 물항아리를 사용하셨다. 주님은 오늘날도 그와 같은 일을 하고 싶어하시지만, 이제는 살아 있는 질그릇들을 사용하신다. 만일 우리가 주님께 허락만 한다면, 그분은 하나님의 말씀의 물로 우리를 가득 채우며, 우리가 그 물을 따를 때 그것은 성령의 포도주로 변한다.

[7] 연회장은 그 포도주의 질이 좋다고 증거한다.

● 14단계 : 가나에서 가버나움으로 가심(요 2:12)

이 곳은 곧 그분의 제 2의 고향이 된다.

● 15단계 : 가버나움에서 예루살렘으로 가심(요 2:13-3:21)

1. 예수께서 성전을 정화하심

[1] 예수께서는 유월절에 참석하시고 예루살렘 성전을 방문하신다. 모든 남자들은 일 년에 세 번, 즉 유월절과 오순절, 그리고 장막절에 예루살렘으로 올라가야만 했다.

[2] 주님은 물질주의적인 환전상들을 내어쫓으며 첫번째로 성전을 정화하신다. 그분은 자신의 사역의 마지막 때 다시 이 일을 수행하실 것이다(요 2:15과 마 21:12을 비교해 보라).

[3] 구약성경의 예언 성취 제 11번 : 그분은 아버지를 향하여 열심을 내실 것이다(시 6:1/119:139/요 2:13-17 참조).

"주의 전을 사모하는 열심이 나를 삼키리라"(요 2:17)는 말씀에 주목하라. 이것은 시편 69편에서 인용한 것인데, 이는 신약에서 가장 많이 인용되는 여섯 개의 시들 가운데 하나이다(다른 시들은 시편 2편, 22편, 89편, 110편 그리고 118편 등이다).

2. 유대인들이 표적을 요구함

[1] 유대인들은 주께서 행하신 일을 정당화할 수 있는 표적을 그분께 요구한다.

[2] 두번째 예언 : 그분의 죽음과 부활에 관련됨(요 2:19-22).

(1) 그분은 자신의 성전(His Temple)이 무너질 것이라고 말씀하셨다.
(2) 그분은 사흘 후에 그것을 다시 세우리라고 말씀하셨다.
(3) 유대인들은 그가 56년 걸려서 건설된 헤롯 성전을 말한다고 생각했다. 후에 그들은 예수께서 재판받으실 때, 그리고 십자가에 달리실 때, 문맥을 무시하고 이 말을 완전히 왜곡시켜 사용할 것이다(마 26:61/27:40/막 15:29 참조).
(4) 물론 주님은 자신의 몸을 언급하고 계셨다(고전 3:16/6:19/고후 6:16 참조). 예수님은 여기서 두 가지 서로 다른 말들을 사용하셨으므로 유대인들은 이를 알아차렸어야 했다. 주님은 헤롯 성전을 언급할 때에는 『히에론』(hieron)이라는 말을 사용하셨고, 자신의 몸을 언급할 때에는 『나오스』(naos)라는 말을 사용하셨다.
(5) 그분의 제자들은 주님의 부활 후에 이 말씀을 기억하게 될 것이다(눅 24:8).
(6) 주님이 가나에서 이적을 행하고 예루살렘 성전에서 권능을 보인 후에 변덕스러운 무리들이 그분께 모여들기 시작하였으나, 그분은 그들의 세속적인 동기를 완전히 알아차리고 그들을 피하신다(요 2:24, 25과 마 9:4/막 2:8/요 6:64을 비교해 보라).

3. 니고데모가 밤중에 예수님을 찾아옴(요 3:1—21)

[1] 이 사람은 유대의 관원이며 종교 지도자였으나, 중생할 필요성이 있었다. 3장 10절에 나타난 예수님의 질문에 주목해 보자.
"너는 이스라엘의 선생으로서 이러한 일을 알지 못하느냐."
헬라어 원문에는 정관사가 사용되고 있는데, 이는 "네가 이스라엘의 바로 그 선생(the Teacher of Israel)이냐?"라는 의미이다. 니고데모는 당대의 가장 저명한 선생이었을지도 모른다.

[2] 예수님은 모세와 놋뱀을 언급함으로써 그 방문객에게 필요한 것이 무엇인지를 예증하셨다(요 3:14과 민 21:9을 비교해 보라). 구약성경의 기록을 보면, 하나님은 원망하는 이스라엘 백성들을 벌하시려고 독사들을 보내셨다. 그 백성들이 회개하자 치료책이 주어졌다. 모든 사람들이 볼 수 있는 장대 꼭대기에 놋뱀을 높이 매달았다. 그리고 불뱀에 물린 사람들은 놋뱀을 쳐다봄으로써 치료될 수 있었다.

성경 본문을 풀어서 쓴다면, 예수께서 니고데모에게 말씀하시는 것은 바로 이것이다.
"니고데모야, 너는 구약의 이스라엘 백성들처럼 뱀, 즉 죄악의 뱀에게 물렸다. 그 상처는 치료될 수 없고 치명적인 것이다. 그러나 곧 하나님께서 예루살렘 성 밖에 십자가 모양의 장대를 높이 세우실 것이다. 그리고 그 십자가 위에 하나님은 구세주를 매다실 것이다."

만일 우리가 성경에서 가장 유명한 구절, 곧 요한복음 3장 16절의 배경을 알지 못한다면, 우리는 그 구절을 충분히 이해할 수 없다고 할 것이다. 그 배경이란 다음의 3장 14절에서 찾아볼 수 있다.
"모세가 광야에서 뱀을 든 것같이 인자도 들려야 하리니."

[3] 니고데모는 세상을 향한 하나님의 위대한 사랑에 대하여 듣는다(요 3:16).

④ 여기서 몇 가지 의문들이 생길 수 있다.

(1) 왜 그는 밤에 왔는가? 우리는 그 이유를 알지 못하나, 그를 겁장이로 낙인찍는 것은 옳지 못하다. 아마 두 사람의 분주한 일정 때문에 그들은 밤에 만난 것 같다.

(2) 니고데모는 예수님에 관하여 무엇을 알고 있었나? 그는 주님의 초자연적 이적들로 인해 주님이 하나님으로부터 왔다는 것을 알고 있었다(요 3:2과 20:30, 31을 비교해 보라).

(3) "사람이 물과 성령으로 나지 아니하면 하나님 나라에 들어갈 수 없느니라"(요 3:5)라는 예수님의 말씀은 무엇을 의미하는가? 여기에는 네 가지 주요한 견해들이 있다.

① 그분은 침례(세례)에 의한 중생을 언급하신다는 견해이다. 물론 이것은 다른 성경구절들에 의해 신랄하게 논박당한다(엡 2:8, 9/고전 1:17/롬 5:1 참조).

② 그분은 육체적 탄생에 수반되는 양수를 언급하심으로 육체적 탄생과 영적 탄생을 대조시키신다는 견해이다. 이 땅에서 살아가기 위한 한 가지 필수조건은 육체적 탄생이며 언젠가 천국에서 살아가기 위한 한 가지 필수조건은 영적 탄생이라고 말씀하셨다는 것이다. 이 견해를 주장하는 사람들은 예수께서 자신의 처소를 명확히 밝힌 요한복음 3장 6절의 말씀을 지적한다.

③ 그분은 요한이 요단 강에서 베풀던 회개의 침례(세례)를 언급하고 있다는 견해이다. 바리새인들은 그 침례(세례)를 거부하였다(눅 3:3과 요 7:30을 비교해 보라).

④ 그분은 하나님의 말씀(물)과 하나님의 영(성경)을 언급하고 있다는 견해이다. 이것들이 없다면 지금까지 어떤 사람도 구원을 얻을 수 없었을 것이다(요 16:8－11/롬 11:6－15 참조). 이 견해를 주장하는 사람들은, 성경에서 물은 흔히 하나님의 말씀을 나타내는 승인된 상징이라고 주장한다(시 119:9/요 4:14/엡 5:25, 26/딛 3:5 참조).

(4) 니고데모는 그리스도를 영접했는가? 그는 겉으로 보기에는 영원히 사시는 그리스도를 위한 가장 열렬한 증인은 아니었지만, 그래도 주님을 영접했다는 강력한 증거가 있다(요 7:50/19:39 참조).

⑤ 세번째 예언 : 그분의 죽음에 관련됨(요 3:14).

⑥ 3장 13절에서 예수님은 이렇게 말씀하셨다.

"하늘에서 내려온 자 곧 인자 외에는 하늘에 올라간 자가 없느니라."

이 말씀이 엘리야의 승천을 묘사하는 다음 구절과 어떻게 조화를 이룰 수 있는가?

"엘리야가 회리바람을 타고 승천하더라"(왕하 2:11).

여기에서 한 가지 제안할 수 있는 것은, 예수님은 고린도후서 12장 2절의 셋째 하늘을 언급하고 있었으나 엘리야가 들려올라간 하늘은 사실상 천국(또는 아브라함의 품)이었다는 것이다. 이 천국은 십자가 사건 이전에는 세상의 중심부에 위치해 있다고 생각되었다.

● 16단계 : 예루살렘에서 요단 강으로 가심(요 3:22－36)

① 예수님은 요단 강에서 침례(세례)받으신다.

② 침례(세례) 요한은 자기 제자들에게 예수님에 대하여 정확하게 증거한다.

● 17단계 : 요단 강에서 사마리아의 수가로 가심
(마 4:12 / 눅 3:19, 20 / 요 4:1−42)

1. 옥에 갇히는 침례(세례) 요한
침례(세례) 요한은 헤롯의 불법 결혼을 비난했기 때문에 옥에 갇힌다(마 4:12 / 눅 3:19, 20 / 막 1:14). 예수님은 바리새인들이 그로 하여금 침례(세례)를 베푸는 일에 요한과 경쟁토록 하고 있음을 깨닫고, 유대를 떠나 갈릴리로 내려가신다(요 4:1−3).

2. 사마리아 여인을 만나는 예수님
예수께서는 갈릴리로 가는 도중에 부도덕한 사마리아 여인에게 증거하고 그 여인을 변화시킨다(요 4:4−42).

[1] 그분은 옛날에 야곱이 요셉에게 준 우물에서 그녀에게 물 한 모금을 청하며, 즉시 심각한 민족적 문제를 상기시킨다(요 4:9 / 왕하 17:24 / 스 4:3 / 눅 9:52 참조).

[2] 그분은 그녀의 조롱에 상관하지 않고 그녀에게 생수를 주겠다고 약속하신다(요 4:10 / 사 12:3 / 계 22:17 참조).

[3] 그녀는 주님이 족장 야곱보다 더 위대하냐고 질문한다.

[4] 주께서는 그녀의 당돌한 질문에 개의치 않고 두번째로 생수를 주겠다고 약속하신다.

[5] 그녀가 이 특별한 생수를 구하자, 주님은 그녀에게 죄악된 과거를 부드럽게 상기시키며, 그녀가 전에 다섯 번 결혼한 것을 지적하고 지금은 여섯번째 남편과 부정한 생활을 하고 있다는 사실을 지적한다.

[6] 이 고통스런 문제를 피하기 위한 필사적인 시도로 그녀는 '사람들이 예루살렘에서 예배해야 하는가 아니면 사마리아의 그리심 산에서 예배해야 하는가' 라는 신학적 질문을 주님께 던진다.

[7] 예수님은 하나님은 영이시며 그를 예배하는 사람들은 신령과 진정으로 예배해야 한다는 것을 지적한다.

[8] 주께서는 자기가 메시야라는 것을 그녀에게 나타낸다(4:26 / 참조, 요 9:37 / 막 14:61, 62).

[9] 제자들이 양식을 사 가지고 돌아오자 예수님은 그들에게 구령(救靈)에 대하여 가르치신다(4:35과 마 9:37을 비교해 보라).

[10] 그 여자는 돌아올 때 많은 사마리아 사람들을 이끌고 와서 그리스도를 만나게 한다. 이로써 그들 중 많은 사람들이 구원받는다.

3. 영혼의 추수를 설명하는 위대한 실례
여기에 나타난 실제적인 면들 중에서 몇 가지를 살펴보자.

[1] 예수께서는 그 여자와 논쟁하려 하지 않으셨다.

[2] 주님은 여러 가지 신학적 이론들로 인하여 올무에 빠지는 것을 피하셨다.

[3] 비록 그녀가 엄청난 죄인이었으나 주님은 결코 그녀를 위협하지 않으셨다.

[4] 주님은 거듭 생수에 관하여 말씀하셨는데, 이것이 바로 실제적인(그리고 유일한) 문제였다.

5 주님은 그녀에게 자신을 나타냄으로 결론을 내리셨다(4:26).
6 그리스도인은 눈을 들어 도처에 있는 잃어버린 영혼들이 풍성한 추수를 기다리고 있는 것을 바라보아야 한다.
7 그리스도인들은 때때로 다른 사람들이 추수할 씨를 심기도 하지만, 다른 사람들이 심은 씨를 거두기도 한다. 하나님 한 분만이 그 씨를 자라나게 하신다(고전 3:5-9 참조).

● 18단계 : 수가에서 가나로 가심(요 4:43-54)

1 예수께서는 갈릴리로 들어가신다. 그러나 자신의 고향인 나사렛을 피하여 가나로 가시는데, 이는 "선지자가 고향에서는 높임을 받지 못하기" 때문이다.
2 가버나움에서 죽어가는 아들을 살리고자 애쓰는 왕의 신하가 주께 나아온다.
3 두번째 이적 : 귀인의 아들을 고침(요 4:50).
(1) 예수님은 그가 자신의 아들이 고침받았음을 알게 될 것이라는 약속과 함께 그 사람을 집으로 돌려보낸다.
(2) 그는 집으로 돌아와 이것이 사실임을 발견한다. 그 결과 그와 그의 전 가족이 그리스도를 영접한다.

● 19단계 : 가나에서 나사렛으로 가심(눅 4:16-30)

1. 첫 설교 : 이사야서 61장을 가지고 나사렛에서 하심(눅 4:16-30)
1 예수께서는 그의 고향의 회당에서 성경을 읽어 달라는 청을 받는다.
2 주님은 성령이 메시야에게 임하여 그가 놀라운 일들을 행하게 될 것이라고 예언한 이사야서 61장 1, 2절 말씀을 읽는다.
(1) 그는 가난한 자에게 복음을 전할 것이다.
(2) 그는 상처받은 심령을 고칠 것이다.
(3) 그는 포로된 자에게 자유를 전파할 것이다.
(4) 그는 눈 먼 자에게 시력을 회복시켜 줄 것이다.
(5) 그는 눌린 자를 자유케 할 것이다.
(6) 그는 주의 은혜의 해(年)를 선포할 것이다.

예수께서는 "주의 은혜의 해"라는 말에서 낭독을 멈추고, "우리 하나님의 신원의 날"이라는 이사야서 61장 2절의 마지막 하반절은 낭독하지 않았다. 주님이 이렇게 한 이유는 "은혜의 해"는 자신의 초림에 속하고 "신원의 날"은 자신의 재림을 말하는 것이기 때문이다.

3 예수님은 그때 자신이 바로 이사야서 61장에 약속된 메시야임을 밝힌다.
4 구약성경의 예언 성취 제 12번 : 그분은 하나님의 성령의 충만함을 받을 것이다(사 11:2/61:1, 2/시 45:7/눅 4:18, 19 참조).
5 주님은 그의 고향 사람들에게 그들의 불신앙을 확신시키기 위하여 엘리사와 나아만을 언급하신다.

(1) 엘리사 시대에는 굶주린 유대인 과부들이 많이 있었으나 하나님은 시돈 지방의 사렙다 과부 한 사람만을 먹이셨다(왕상 17:9—16 참조).
(2) 엘리사 시대에는 유대인 문둥병자들이 많이 있었으나 하나님은 아람 사람 나아만 한 사람만을 고쳐주셨다(왕하 5:14 참조).
6 **유대인들은 이 모든 것들을 듣고 분노에 가득차서 실제로 주님을 죽이려고 시도했으나, "예수께서 저희 가운데로 지나서 가셨다"**(눅 4:30). 이것은 유대인들이 주님을 죽이려고 했던 수많은 경우들 중에 첫번째이다(요 5:16/7:30/8:40, 59/눅 11:53, 54 참조). 그들이 주님을 미친 듯이 미워한 이유들 중에 하나는 주님이 두 이방인들의 신앙을 실례로 들었기 때문이다. 유대인들은 이방인을 개나 돼지로 취급하였다. 이것은 그리스도가 나사렛을 방문한 두 기록들 중 첫번째이다(또 다른 방문은 마 13:54—58/막 6:1—6에 나타난다).

● 20단계 : 나사렛에서 가버나움으로 가심
(마 4:13—22/8:14—17/막 1:14—38/눅 4:31—42)

1. 제자들을 모으심
1 **예수께서는 이제 자신의 사역에서 하늘 나라와 회개의 교리를 강조하기 시작한다**(마 4:17/막 1:14, 15).
2 **주님은 가버나움을 자신의 사역의 근거지로 삼는다**(마 4:13).
3 **구약성경의 예언 성취 제 13번 : 그는 이방을 비추는 빛이 되리라**(사 9:1, 2/42:1—3, 6, 7/60:1—3/마 4:13—16/행 13:47 참조).
4 **주님은 베드로와 안드레, 야고보, 요한이 갈릴리 바다에 그물을 던질 때, 그들을 불러 자신을 따르게 한다.**
(1) 그의 부르심
"나를 따라 오너라 내가 너희로 사람을 낚는 어부가 되게 하리라"(마 4:19).
(2) 그들의 응답
"저희가 곧 그물을 버려 두고 예수를 좇으니라"(마 4:20).

2. 세번째 이적 : 가버나움의 귀신들린 사람을 고치심(막 1:25/눅 4:35)
1 **귀신**
"나사렛 예수여 우리가 당신과 무슨 상관이 있나이까 우리를 멸하러 왔나이까 나는 당신이 누구인 줄 아노니 하나님의 거룩한 자니이다"(막 1:24).
2 **구세주**
"잠잠하고 그 사람에게서 나오라"(1:25).
3 **군중들**
"이는 어찜이뇨 권세 있는 새 교훈이로다 더러운 귀신들을 명한즉 순종하는도다"(1:27).

이것은 그리스도께서 사람에게서 귀신을 내어쫓으신 첫번째 경우이다. 우리는 주께서 귀신을 내어쫓으시는 또 다른 사건들을 많이 보게 될 것이다(마 8:32/9:33/12:22/15:28/17:18/눅 8:2/13:10-17 참조). 귀신들은 타락한 천사들로서 인간이 창조되기 이전 하늘에서 반란이 있을 때 (사단이 된) 계명성(Lucifer)을 편들었던 무리들이다(사 14:12-15/겔 28:15-17/계 12:4/엡 6:12 참조). 그들의 활동은 다양하고 사악하다.

(1) 그들은 하나님의 뜻을 거역한다(단 9:11-14).
(2) 그들은 사단의 계획을 실행한다(딤전 4:1/계 16:12-14).
(3) 그들은 세상 사람들을 괴롭힌다.
  ① 귀신들린 자(마 8:28/17:15).
  ② 벙어리(마 9:33).
  ③ 눈 먼 자(마 12:22).
  ④ 자기 몸을 상하게 하는 자(마 5:5).
  ⑤ 중풍병자(눅 13:11).
  ⑥ 귀먹은 자(마 9:25).

귀신들의 숫자는 매우 많았음에 틀림없다. 예수님은 막달라 마리아에게서 일곱 귀신을 내어쫓았고(막 8:15/눅 8:2), 가다라 지방의 귀신들린 자로부터 무려 6,000귀신이나 내어쫓았다(막 5:9).

3. 네번째 이적 : 베드로의 장모를 고치심(마 8:15/막 1:31/눅 4:39)

4. 많은 사람들을 고치심

1 주님은 그 날 사람들에게 그의 손을 대심으로 많은 병자들을 고쳐 주셨다(눅 4:40, 41/막 1:32-34/마 8:16, 17).

2 구약성경의 예언 성취 제 14번 : 그는 많은 사람들을 고칠 것이다.
이사야서 53장 4절과 마태복음 8장 16, 17절을 비교해 보라. 육체적 질병의 치유에 대한 약속이 속죄에 포함되어 있는가? 그렇다. 그러나 그 약속이 성취된 것은 그리스도의 지상사역 기간 동안이었다.
"저물매 사람들이 귀신들린 자를 많이 데리고 예수께 오거늘 예수께서 말씀으로 귀신들을 쫓아내시고 병든 자를 다 고치시니 이는 선지자 이사야로 하신 말씀에 우리 연약한 것을 친히 담당하시고 병을 짊어지셨도다 함을 이루려 하심이더라"(마 8:16, 17).

물론 이것은 하나님께서 오늘날에는 성도들의 몸을 고칠 수 없고 또 고치지 않는다는 것을 의미하지는 않는다. 이것은 하나님의 어떤 자녀도 이사야서 53장 4절에 근거해서 완전한 육체적 치유를 요구할 수는 없다는 의미이다.

5. 두번째 기도 : 제 1차 갈릴리 전도여행 전 날에 행하심(막 1:35/눅 4:42)

1 이 기도는 한적한 곳에서 이루어졌다.

2 이것은 주께서 제 1차 갈릴리 전도 여행을 준비하기 위한 것이었다.

그리스도께서 언급하신 구약의 사건들과 인물들

구약성경의 언급	사건	신약성경의 언급
1. 창세기 1장 27절, 2장 24절	아담과 하와의 창조	마가복음 10장 6–8절
2. 창세기 4장 10절	아벨의 죽음	누가복음 11장 51절
3. 창세기 6장 5–13절	노아 시대의 타락과 홍수 심판	누가복음 17장 26, 27절
4. 창세기 18장 20절, 19장 24절	롯 시대의 타락과 불 심판	누가복음 17장 28, 29절
5. 창세기 19장 26절	세속적인 롯의 아내	누가복음 17장 32절
6. 출애굽기 3장 1–6절	모세와 불붙는 가시떨기	누가복음 20장 37절
7. 출애굽기 16장 15절	모세와 하늘의 만나	요한복음 6장 31절
8. 민수기 21장 8절	모세와 놋뱀	요한복음 3장 14절
9. 사무엘상 21장 6절	다윗과 진설병	마태복음 12장 3, 4절
10. 열왕기상 10장 1절	솔로몬과 스바 여왕	마태복음 12장 42절
11. 열왕기상 17장 1, 9절	엘리야와 과부와 기근	누가복음 4장 25, 26절
12. 열왕기하 5장	나아만과 그의 문둥병	누가복음 4장 27절
13. 역대하 24장 20, 21절	스가랴의 피살	누가복음 11장 51절
14. 다니엘서 9장 27절, 11장 31절, 12장 11절	다니엘과 멸망의 가증함	마태복음 24장 15절
15. 요나서 1장 17절	요나와 물고기	마태복음 12장 40절, 16장 4절
16. 요나서 3장 4–10절	니느웨의 회개	누가복음 11장 30절 마태복음 12장 41절

● 21단계 : 가버나움에서 첫번째 갈릴리 전도여행을 떠나심
(마 4:23/8:2–4/막 1:39–45/눅 4:43–5:16)

주님은 베드로의 배에서 무리들에게 말씀함으로 이 여행을 시작한다.

1. 다섯번째 이적 : 엄청나게 많은 고기를 잡으심(눅 5:5, 6)

[1] 주님은 시몬에게 깊은 데로 가서 그물을 내려 고기를 잡으라고 말씀하신다.

[2] 시몬은 회의적이다.
"선생이여 우리들이 밤이 맞도록 수고를 하였으되 얻은 것이 없지마는 말씀에 의지하여 내가 그물을 내리리이다"(눅 5:5).
[3] 그 그물에는 갑자기 고기가 가득 잡혀서 배가 가라앉기 시작한다.
[4] 이것을 보자마자, 베드로는 예수님의 발 밑에 엎드려 그가 죄인임을 고백한다.
[5] 예수님은 베드로의 두려움을 가라앉히고 또 다시 그가 사람을 낚는 어부로 사용될 것이라고 말씀하신다. 버논 맥기(J. Vernon McGee)는 다음과 같이 기록하고 있다.

> "이것은 얼마나 훌륭한 강단인지! 이 예증은 비유적이며 동시에 암시적이다. 모든 강단은 고기잡이 배이다. 그것은 하나님의 말씀을 전파하고 고기를 잡으려는 곳이다.
>
> 시몬 베드로는 사람이라는 고기를 낚았다. 그가 오순절 날 얼마나 많은 고기를 낚았는가 생각해 보라. 주께서 베드로에게 한 대답은 매우 의미심장하다. 베드로의 첫 설교를 듣고 삼천 명의 영혼들이 그리스도께 돌아왔다! 베드로는 하나님의 가르침에 따라 고기를 잡고 있었다. 여기에는 또 다른 교훈들이 들어 있다. 당신은 거기에 또 다른 어부가 있다는 사실을 아는가? 당신은 사단도 어부라는 것을 아는가? 디모데후서 2장 26절을 보라. 사단도 역시 물 속에 그의 올무를 놓는다. 하나님께서 당신의 영혼을 낚시질하나 사단도 역시 낚시바늘에 세상의 것들을 미끼로 달고 당신의 영혼을 낚시질한다. 당신은 하나님의 낚시바늘이 십자가라는 것을 알 수 있다"〔『누가복음 강해』(*Luke*), pp. 69, 72〕.

2. 여섯번째 이적 : 문둥병자를 고치심(마 8:3 / 막 1:41)

[1] 그 문둥병자는 예수님의 발 밑에 엎드려 고쳐주시기를 구했다.

[2] 예수님은 동정심에 사로잡혀 손을 내밀어 그를 만지셨다.

[3] 주님은 그때 그 치유받은 사람에게 모세의 결례(潔禮)에 따라 그 자신을 제사장에게 보이고 정한 예물을 드리라고 명령했다(레 14:3, 4, 10, 22).
치유받은 문둥병자의 이처럼 놀라운 요구는 틀림없이 예루살렘 성전에 있던 제사장들 사이에 많은 혼란과 경탄을 불러일으켰을 것이다. 그때까지는 결례의 필요성이 전혀 없었는데, 그것은 예수님이 오시기 전까지는 어떤 이스라엘 백성도 문둥병이 치료된 적이 없었기 때문이다!(미리암 한 사람은 제외된다. 민 12:13-15 참조, 나아만은 물론 아람인이었다. 왕하 5:1, 14 참조)

[4] 유대인들은 고침받은 문둥병자에게 시장 길목에서 그의 치유에 관해서 아무것도 말하지 말라고 했으나, 그는 그것을 말하지 않을 수 없었다.

[5] 예수께서는 전도여행 중 많은 병자들을 고치신다(마 4:23).

3. 세번째 기도 : 문둥병자를 고치신 후에 기도하심(눅 5:16)

비록 주님은 유명해지셨지만, 그분의 참 임무는 사람들의 몸을 고치는 것이 아니라 그들의 영혼을 고치는 것임을 아시기에 한적한 곳으로 가서 기도하셨다.

● 22단계 : 첫번째 갈릴리 전도여행에서 가버나움으로 돌아오심
(마 9:2–9/막 2:1–14/눅 5:17–28)

1. 일곱번째 이적 : 중풍병자를 고치심(마 9:2, 6, 7/막 2:5, 10–12/눅 5:20, 24, 25)

[1] 이 사람은 친구들의 도움으로 지붕 위에서 예수님의 발치로 들어내려진다.

[2] 예수께서는 그 사람의 죄를 용서하신다.

[3] 바리새인들은 이런 말을 하는 주님을 참람하다고 비난한다.

[4] 예수님은 그때 그 병자의 병을 고쳐주셨는데, 이는 그 사람으로 하여금 주께 죄를 사하는 권세가 있음을 알게 하려는 것이었다.

[5] 지켜보던 무리들은 이 모든 일에 깜짝 놀라며 이를 인하여 하나님을 찬미한다.

다시 맥기의 말을 인용해 보자.

> "만일 당신이 병자가 누워 있는 들것을 들고 주님의 말씀을 들을 수 있는 곳으로 데리고 나오지 않는다면, 구원의 멧세지를 듣지 못할 사람들이 많이 있다. 그들은 죄와 또 그 외에 세상이 그들에게 제공하는 다른 많은 것들로 인해 마비되어 있어 움직이지 못한다. 어떤 사람들은 편견으로 인해 마비되어 있고 또 어떤 사람들은 무관심으로 인해 마비되어 있다. 만일 당신이 그들을 침상째 들고 주님께 데리고 오지 않는다면, 그들은 예수께서 그들에게 하시는 「소자야 네 죄 사함을 받았느니라」라는 말씀을 듣지 못할 것이다"(『누가복음 강해』, p.74).

2. 예수께서 마태(레위)를 불러 제자 삼으심(마 9:9/막 2:13, 14/눅 5:27, 28)

[1] 구세주는 단지 레위의 일터로 걸어 들어가시며 "나를 좇으라"고 말씀하신다(눅 5:27).

[2] 레위는 "모든 것을 버리고 일어나" 주님을 따른다(눅 5:28).

제 1차 년도 사역의 종결

● 23단계 : 가버나움에서 갈릴리 밀밭으로 가심
(마 12:1–8/막 2:23–28/눅 6:1–5)

[1] 예수께서는 제 칠 일에 자기 제자들이 밀이삭을 잘라먹는 것을 허용했기 때문에 바리새인과의 첫번째 안식일 논쟁에 휘말리게 된다.

[2] 예수께서는 구약에서 다윗이 힘을 얻기 위해 진설병을 먹었던 행위를 그들에게 상기시킴으로 이것을 정당화한다.

(1) 다윗이 먹은 떡은 성전에 있었다(삼상 21:3–6).

(2) 다윗이 먹은 떡은 제사장들만 먹는 것이었다.

[3] 주님은 그들에게 하나님은 인간을 위해 안식일을 만들었지, 안식일을 위해 인간을 만든 것이 아니라는 사실을 상기시킨다.

● 24단계 : 갈릴리 밀밭에서 갈릴리 회당으로 가심

(마 12:9－14/막 3:1－6/눅 6:6－11)

1. 여덟번째 이적 : 한 편 손 마른 사람을 고치심(마 12:13/막 3:5/눅 6:10)

[1] 예수께서는 회당에서 오른편 손 마른 사람을 발견하신다.

[2] 바리새인들은 주님이 안식일에 병을 고치는가 고치지 않는가 보기 위하여 기다리고 있었다.

[3] 그들의 사악한 생각을 아시고 주님은 안식일에 선을 행하는 것이 옳은가 악을 행하는 것이 옳은가 하고 그들에게 묻는다.

[4] 주께서는 말씀하시기를, 안식일에 양 한 마리가 구덩이에 빠졌으면 그들은 틀림없이 그것을 건져낼 것이라고 하시며 사람이 양보다 더 귀하다고 주장하신다.

[5] 예수님은 그 사람을 고쳐주시나 바리새인들의 강퍅한 마음에 대해 진노하신다.

[6] 바리새인들은 주님의 행위에 대하여 미친 듯이 화를 내며 그분을 죽일 방법을 의논한다.

● 25단계 : 갈릴리 회당에서 다볼 산(?)으로 가심

(마 5:1－7:29/4:24, 25/10:2－4/12:15－21/막 1:12/3:7－19/눅 6:12－49/12:22－31, 57－59/16:17)

1. 치유하시는 주님

[1] 주께서는 도중에 많은 병자들을 고치신다(마 4:24, 25/막 3:7－12).

[2] 예수께서 나쁜 귀신들을 내어쫓으실 때 그 귀신들은 주님을 하나님의 아들로 고백한다(마 3:11).

[3] 주님은 이사야의 다음과 같은 예언을 계속해서 성취하신다(마 12:17－21).

(1) 그분은 하나님께서 택하신 사랑하는 종이며 성령이 충만한 종이 될 것이다.

(2) 그분의 심판은 모든 나라에 알려질 것이다.

(3) 그분은 다투지도 아니하며 길에서 소리지르지도 않으실 것이다.

(4) 그분은 상한 갈대를 꺾지 아니하며 꺼져가는 심지도 끄지 않으실 것이다.

(5) 그분의 이름 그 자체가 열방을 위한 승리와 소망을 의미할 것이다.

[4] 구약성경의 예언 성취 제 15번 : 그분은 이방인을 온유하게 대하실 것이다(사 9:1, 2/42:1－3과 마 12:17－21/4:13－16을 비교해 보라).

2. 제자들을 택하심

[1] 네번째 기도 : 12제자들을 택하기 전에 기도하심(눅 6:12).

[2] 밤이 맞도록 하나님께 기도한 후에 주께서는 두 제자들을 택하신다.

(1) 시몬 베드로

(2) 안드레

(3) 세베대의 아들 야고보

(4) 요한

(5) 빌립
(6) 바돌로매
(7) 도마
(8) 마태
(9) 알패오의 아들 야고보
(10) 유다(다대오)
(11) 열심당원 시몬
(12) 가룟 유다

이들의 명단을 살펴보려면 마태복음 10장 2-4절, 마가복음 3장 13-19절, 누가복음 6장 13-16절을 살펴보라.

3 **주께서는 다음 날도 계속 사람들을 고쳐 주신다**(눅 6:17-19).

3. 두번째 설교 : 천국의 특성에 관해 설교하심(마 5-7장 / 눅 6:20-49 / 12:22-31, 57-59 / 16:17)

주님의 말씀에 비추어 볼 때 천국 시민은 다음과 같은 특징들을 소유해야 한다.

1 **그는 하나님이 그에게 천국을 약속해 주었다는 것을 알고, 가난한 마음을 지녀야 한다.**
2 **그는 언젠가 즐거움을 누리고 위로받을 것이라는 것을 알고, 필요하다면 슬퍼하며 울어야 한다.**
3 **그는 장래에 이 땅을 차지할 것이기 때문에 온유해야 한다.**
4 **그는 의를 위해 굶주리고 목말라해야 한다. 그러면 그는 만족을 얻을 것이다.**
5 **그는 자신이 긍휼히 여김을 받기 위하여 긍휼을 보여야 한다.**
6 **그는 하나님을 보게 될 것임을 알고 마음이 청결해야 한다.**
7 **그는 하나님의 아들이라 불리기 위해 화평케 하는 자가 되어야 한다.**
8 **그는 자신의 상급이 클 것이라는 사실을 알고, 의를 위하여 핍박을 받아야 한다.**
9 **그는 세상의 소금과 빛이 되어야 한다.**
10 **그의 의는 서기관과 바리새인들의 의보다 나아야 한다.**
11 **그는 형제에게 부당하게 노해서는 안 되고 끊임없이 화목하도록 노력해야 한다.**
12 **그는 형제의 아내에게 음욕을 품지 않을 것이다.**
13 **그는 자신의 아내에게 마땅한 존경을 표할 것이다.**
14 **그가 말하는 옳고 그름은 문자 그대로 받아들여지고 완전히 신뢰받을 것이다.**
15 **그는 자기를 미워하는 사람들을 사랑하고 자기를 저주하는 사람들을 위하여 기도해야 한다.**
16 **그는 불쌍한 자를 구제해야 한다.**
17 **그는 은밀하게 구제하고, 은밀하게 금식하며, 은밀하게 기도해야 한다.**
18 **그의 기도 생활에는 다음과 같은 요소들이 포함되어 있어야 한다.**

(1) **"하늘에 계심"을 믿음**:바울은 이 요소가 없다면 우리의 기도는 효력이 없다고 선언한다(히 11:6 참조).
(2) **하나님과 인격적 관계**:"우리 아버지."
"우리"(our)라는 말은 성도와 다른 그리스도인들과의 관계가 형제 관계임을 암시한다.

산상보훈 / 마태복음 5-7장

■ 행복으로 가는 여덟 가지 통로(마 5:1-12)

축복	그리스도에 의해 예시됨	다른 사람들에 의해 예시됨	상급
심령이 가난한 자(5:3)	베드로전서 2장 22절	신약 시대의 요셉(마 1:18-20)	천국
슬퍼하는 자(5:4)	마태복음 26장 37, 38절	욥	위로받음
온유한 자(5:5)	마태복음 11장 28-30절 요한복음 13장 4, 5절	모세(민 12:3)	땅을 기업으로 받음
의에 주리고 목마른 자(5:6)	요한복음 4장 34절	바울(빌 1:21/3:7-14)	배부를 것임
긍휼히 여기는 자(5:7)	누가복음 23장 43절 히브리서 2장 17절	다윗	긍휼히 여김을 받음
마음이 청결한 자(5:8)	누가복음 2장 40, 42절	구약의 요셉	하나님을 봄
화평케 하는 자(5:9)	에베소서 2장 14-17절	바나바	하나님의 아들이라 일컬음을 받음
의를 위하여 핍박을 받은 자(5:10)	사도행전 13장 28절	다니엘	천국을 유업으로 받음

■ 하나님의 율법과 하나님의 아들

그리스도와 율법과의 관계

"내가 율법이나 선지자나 폐하러 온 줄로 생각지 말라 폐하려 온 것이 아니요 완전케 하려 함이로다 진실로 너희에게 이르노니 천지가 없어지기 전에는 율법의 일점 일획이라도 없어지지 아니하고 다 이루리라"(마 5:17, 18).

그리스도에 의한 율법의 확대

구약 시대의 율법과 신약 시대의 복음

"… 을 너희가 들었으나"	"나는 너희에게 이르노니 …"
● 5장 21절/살인치 말라	● 5장 22절/형제에게 노하는 자마다 심판을 받게 되고
● 5장 27절/간음치 말라	● 5장 28절/여자를 보고 음욕을 품는 자마다 마음에 이미 간음하였느니라

● 5장 31절/누구든지 아내를 버리거든 이혼 증서를 줄 것이라	● 5장 32절/누구든지 음행한 연고없이 아내를 버리면 이는 저로 간음하게 함이요
● 5장 33절/헛 맹세를 하지 말고 네 맹세한 것을 주께 지키라	● 5장 34, 37절/도무지 맹세하지 말지니… 오직 너희는 옳다 옳다, 아니다 아니다 하라
● 5장 38절/눈은 눈으로, 이는 이로 갚으라	● 5장 39절/악한 자를 대적치 말라 누구든지 네 오른편 빰을 치거든 왼쪽도 돌려 대며
● 5장 32절/네 이웃을 사랑하고 네 원수를 미워하라	● 5장 44절/너희 원수를 사랑하며 너희를 핍박하는 자를 위하여 기도하라

■ 구속(救贖)받은 성도들의 생활 원리

재물의 원리

"너희를 위하여 보물을 땅에 쌓아두지 말라 거기는 좀과 동록이 해하며 도적이 구멍을 뚫고 도적질하느니라 오직 너희를 위하여 보물을 하늘에 쌓아두라 저기는 좀이나 동록이 해하지 못하며 도적이 구멍을 뚫지도 못하고 도적질도 못 하느니라"(마 6:19, 20).

황금률

"그러므로 무엇이든지 남에게 대접을 받고자 하는 대로 너희도 남을 대접하라 이것이 율법이요 선지자니라"(마 7:12).

비판의 원리

"비판을 받지 아니하려거든 비판하지 말라"(마 7:1).

염려의 원리

"그러므로 염려하여 이르기를 무엇을 먹을까 무엇을 마실까 무엇을 입을까 하지 말라 이는 다 이방인들이 구하는 것이라 너희 천부께서 이 모든 것이 너희에게 있어야 할 줄을 아시느니라 너희는 먼저 그의 나라와 그의 의를 구하라 그리하면 이 모든 것을 너희에게 더하시리라"(마 6:31–33).

기도의 원리

"구하라 그러면 너희에게 주실 것이요 찾으라 그러면 찾을 것이요 문을 두드리라 그러면 너희에게 열릴 것이니 구하는 이마다 얻을 것이요 찾는 이가 찾을 것이요 두드리는 이에게 열릴 것이니라"(마 7:7, 8).

■ 두 가지 대조

두 가지 비유 (5:13, 14)	"너희는 세상의 소금이니" (5:13)	"너희는 세상의 빛이니" (5:14)
두 가지 문(7:13, 14)	넓은 문 멸망으로 인도한다 이리로 들어가는 자가 많다	좁은 문 생명으로 인도한다 찾는 이가 적다

두 가지 나무 (7:15－23)	좋은 나무…아름다운 열매를 맺음 참 교사의 모형 언행일치	못된 나무…나쁜 열매를 맺음 거짓 교사의 모형 말만 함
두 가지 건축자 (7:24－27)	지혜로운 건축자 그 집을 반석 위에 지음 폭풍에 무너지지 아니함	어리석은 건축자 그 집을 모래 위에 지음 폭풍에 무너짐

성경의 어느 곳에도 하나님의 보편적(모든 사람의) 「아버지되심」(Fatherhood)은 나타나지 않지만, 성도들의 보편적 형제관계는 나타난다. '아버지'(Father)라는 말은 하나님과 성도 사이의 관계를 암시한다.

(3) **경배** : "이름을 거룩하게 하옵시며."

다윗은 기도의 이 부분이 너무도 중요하기 때문에 성전에서 찬양하고 경배하는 일 이외의 다른 일은 하지 않는 사람들을 택하여 임명하였다(대상 23:5/25:1, 7 참조). 요한계시록에서 요한은 오직 하나님께 경배하기 위해 존재하며 "밤낮 쉬지 않고 거룩하다 거룩하다 거룩하다 주 하나님 곧 전능하신 이여 전에도 계셨고 이제도 계시고 장차 오실 자"(계 4:8)라고 찬송하는 특별한 네 천사들을 본다. 사마리아 여인에게 하신 그리스도의 말씀을 참조하라(요 4:23, 24).

(4) **소망** : "나라이 임하옵시며."

이 왕국은 구약성경에서 여러 번 언급되었던 저 거룩한 천년왕국이며(사 2:2－4/25:8/35:1, 8, 10/65:20, 25 참조), 후에 신약에서 요한에게 미리 보여주었던 천년왕국이다(계 20:1－6).

(5) **순종** : "뜻이 하늘에서 이룬 것같이 땅에서도 이루어지이다."

예수님은 후에 겟세마네 동산에서 이 구절에 대한 가장 훌륭한 본을 보여 주실 것이다(마 26:39 참조).

(6) **간구** : "오늘날 우리에게 일용할 양식을 주옵시고."

이것은 우리가 매일 식사하는 것과 같이 매일 기도해야 한다는 것을 암시한다.

(7) **동정** : "우리가 우리에게 죄 지은 자를 사하여 준 것같이"(마 18:21－35/요일 4:20 참조).

(8) **고백** : "우리의 죄를 사하여 주옵시고."

그리스도의 피는 우리의 모든 죄를 사하여 줄 것이기 때문에 우리는 핑계할 수 없다! 그러나 죄를 고백해야만 사함을 받을 수 있다(요일 1:9 참조).

(9)**의지** : "우리를 시험에 들지 말게 하옵시고 다만 악에서 구하옵소서."

하나님은 우리로 하여금 결코 시험에 들지 않게 하겠다고 약속하시지는 않았으나, 시험을 당할 때 그 시험이 완전히 끝나기까지 우리를 보호하겠다고 약속하셨다는 사실을 알아야 한다(고전 10:13 참조).

(10) **승인** : "나라와 권세와 영광이 아버지께 영원히 있사옵나이다."

역대상 29장 10－19절에 나타난 다윗의 위대한 기도를 참조하라. 거기서 그는 실제로

주기도문 / 모범적인 기도—마태복음 6장 9—13절

기도	교훈
"하늘에 계신"	믿음
"우리 아버지"	하나님 및 다른 성도들과의 인격적 관계
"이름을 거룩하게 하옵시며"	경배
"나라이 임하옵시며"	소망
"뜻이 하늘에서 이룬 것같이 땅에서도 이루어지이다"	순종
"오늘날 우리에게 일용할 양식을 주옵시고"	간구
"우리가 우리에게 죄지은 자를 사하여 준 것같이"	동정
"우리의 죄를 사하여 주옵시고"	고백
"우리를 시험에 들지 말게 하옵시고 다만 악에서 구하옵소서"	의지
"나라와 권세와 영광이 아버지께 영원히 있사옵나이다"	승인

예수님의 모범적인 기도의 마지막 구절을 예견하고 있다.

19 그는 하늘에 그의 보물을 쌓아 두며 이 땅의 재물보다 하나님을 더 사랑할 것이다.

20 그는 언제나 하나님의 나라와 그분의 의를 구할 것이다.

21 그는 하나님이 그를 먹이고 인도하고 옷입힌다는 것을 믿을 것이다.

22 그는 절대로 그의 형제를 비판하거나 비난하지 않을 것이다.

23 그는 사악한 사람들 앞에서 거룩한 것들을 의논하는 데 신중하게 처신할 것이다.

24 그는 구하는 것을 받고 찾는 것을 발견하며 아버지의 문을 두드림으로 그곳으로 들어가게 된다는 것을 믿을 것이다.

25 그는 항상 무엇이든지 남에게 대접을 받고자 하는 대로 다른 사람을 대접할 것이다.

26 그는 그들의 나쁜 열매를 보고 거짓 교사들을 알아볼 것이다.

4. 네번째 예언 : 크고 흰 심판의 보좌에 관하여 예언하심(마 7:21—23)

1 그날에 많은 불신자들이 예수님의 이름으로 놀라운 일들을 행하는 것처럼 가장할 것이다.

(1) "우리가 주의 이름으로 선지자 노릇하며"
(2) "주의 이름으로 귀신을 쫓아내며"
(3) "주의 이름으로 많은 권능을 행치 아니하였나이까"

2 그러나 구세주는 모든 사람들의 진실한 마음을 아시고, 다음과 같이 말할 것이다.

(1) "내가 너희를 도무지 알지 못하니"
(2) "불법을 행하는 자들아 내게서 떠나가라"

5. 첫번째 비유 : 두 집의 비유(마 7:24-27/눅 6:47-49)

1 반석 위에 지어서 견고한 집

2 모래 위에 지어서 무너지는 집

예수께서 설교를 마치시니 무리들이 그 가르침과 권위와 명쾌한 예증들에 놀란다.

● 26단계 : 다볼 산에서 내려와 가버나움으로 가심

(마 8:1, 5-13/눅 7:1-10)

1. 아홉번째 이적 : 백부장의 하인을 고치심(마 8:13/눅 7:10)

1 주님은 이 이방인 장교가 보여준 놀라운 믿음에 놀라신다.

(1) "주여 내 집에 들어오심을 나는 감당치 못하겠사오니."

(2) "다만 말씀으로만 하옵소서 그러면 내 하인이 낫겠삽나이다."

2 주님은 그러한 이방인들은 언젠가 천국에서 (믿음의 조상) 아브라함과 함께 있고 많은 유대인들은 지옥에 던져질 것이라는 사실을 알고 슬퍼하신다.

예수께서 개인의 신앙을 보고 놀라신 경우에는 두 가지가 있는데, 두 사람 모두 이방인이었다. 그 하나는 여기에 나타나는 로마 백부장이고(마 8:10), 다른 하나는 수로보니게 여인이었다(마 15:28). 그러나 이스라엘 백성이 주님을 놀라게 할 수 있는 유일한 것은 그들의 비극적인 불신뿐이었다(막 6:6 참조).

● 27단계 : 가버나움에서 나인으로 가심(눅 7:11-17, 36-50)

1. 열번째 이적 : 과부의 아들을 다시 살리심(눅 7:14)

1 주님은 그 과부를 보고 불쌍히 여기사 그녀에게 울지 말라고 말씀하셨다.

2 주님은 그 관에 손을 대고 그 청년에게 일어나라고 명령하신다.

3 주님은 그 청년을 그의 어머니에게 주신다.

4 주님은 이 이적을 행하신 후에 하나님으로부터 온 큰 선지자로 인식된다.

2. 두번째 비유 : 두 채무자의 비유(눅 7:41, 42)

1 주님은 시몬이라는 바리새인의 집에서 식사하고 계셨다.

2 부정한 여자가 가만히 들어와서 바리새인들에게는 매우 놀라운 다음과 같은 행동을 했다.

(1) 그녀는 울음을 터뜨리며 예수님의 발을 눈물로 적신다.

(2) 그녀는 그분의 발에 입 맞추고 자기 머리털로 그것을 씻는다.

(3) 그녀는 거기에 향유를 붓는다.

3 주님은 그러한 행위를 허락하신 것에 대해 시몬이 마음 속으로 자신을 비난하고 있음을 아시고 500데나리온 빚진 사람과 50데나리온 빚진 사람을 탕감해 준 채권자를 비유로 들어 시몬에게 말씀하신다.

4 그런 후에 주님은 어느 사람이 돈 빌려준 사람을 더 사랑할 것인지 시몬에게 묻는다.

5 마침내 주님은 이 모든 것을 시몬과 부정한 여인에게 말씀하신다.

(1) 시몬은 주님에게 환영의 입맞춤도 하지 않았으나 그녀는 그분의 발에 입맞춤하였다.
(2) 시몬은 주님의 머리에 향유를 붓지 않았으나 그녀는 그분의 발에 향유를 부었다.

● 28단계 : 나인에서 두번째 갈릴리 전도여행을 떠나심
(마 12:46—50 / 13:1—52 / 막 3:19—35 / 4:1—34 / 눅 8:1—21 / 12:10 / 13:18—21)

주님은 이 전도 여행에 자기 제자들뿐만 아니라 나이가 지긋하고 경건한 몇몇 여인들, 즉 막달라 마리아와 (헤롯의 청지기인 구사의 아내) 요안나와 수산나 등을 데리고 간다(눅 8:1—3). 주님은 친척들로부터 미쳤다는 소리를 들었으며 또한 그들을 당황하게 하는 근원이 된다(막 3:21).

1. 세번째 비유 : 강한 자를 결박하는 비유(막 3:22—30)
1 주님은 귀신의 왕 바알세불을 힘입어 귀신을 쫓아낸다고 비난받는다.
2 주님은 "사단이 어찌 사단을 쫓아낼 수 있느냐?"라는 질문을 함으로써 이 비난의 어리석음을 지적한다.
3 주님은 계속해서 집이 스스로 분쟁하면 그 집이 지탱할 수 없다는 것을 그들에게 상기시키신다.
4 주님은 어떤 사람도 먼저 강한 자를 결박하지 않고는 그 강한 자의 집에 들어갈 수 없다는 것을 말씀하심으로 결론을 내린다. 물론 이것은 우리 주님께서 사단에게 행하신 일이다.
5 주님은 마침내 자신이 사단과 함께 일한다고 비난하는 것은 하나님 앞에서 용서받지 못하며 절대로 사함을 받지 못할 것이라고 경고한다.
6 주님은 자신의 모친과 동생들이 자신을 만나기 위하여 밖에서 기다린다는 말을 듣고, 이 기회를 이용하여 하나님의 말씀을 듣고 순종하는 사람이 그분의 형제요 자매요 모친이라고 설명하신다(마 3:31—35 / 마 12:46—50 / 눅 8:19—21).

2. 세번째 설교 : 천국의 예(例)에 관해 설교하심(마 13:1—52 / 막 4:1—34 / 눅 8:4—18 / 13:18—21)
예수께서 사용한 "천국"(kingdom of heaven)이라는 용어는 다음에 나오는 개념들 중 하나(혹은 양자 모두)를 가리킬 수 있다.
1 **창조로부터 천년왕국 때까지 하늘에서 인간사(人間事)를 통치하시는 성부 하나님의 일반적 통치.** 따라서 구원받은 자와 구원받지 못한 자 모두 이 왕국에 속한다(단 4:17 참조).
2 **천년왕국 동안 예루살렘에서 인간사를 통치하시는 성자 하나님의 구체적 지배.** 이때 죄의 저주는 사라지며 모든 사람이 완전한 환경에 거하게 될 것이다(계 11:15 참조).
　여기에 있는 설교에서 주께서 일차적으로 가리키는 것은 첫번째의 일반적 개념이다. 그 설교는 아홉 가지 주요 비유적 예증들로 구성되어 있다.

3. 네번째 비유 : 씨 뿌리는 자의 비유(마 13:1-9, 18-23 / 막 4:1-20 / 눅 8:4-15)

[1] **주께서 비유를 말씀하신다** : 씨를 뿌리는 자가 나가서 씨를 뿌렸다.

(1) 어떤 씨들은 길가에 떨어져 곧 사람들에게 밟히고 새들에게 쪼아 먹혔다.

(2) 어떤 씨들은 흙이 얇은 돌밭에 떨어졌다. 그 씨는 즉시 싹이 나왔으나 뿌리를 내리지 못하고 물기가 없으므로 곧 시들었다.

(3) 어떤 씨들은 가시가 많은 곳에 떨어졌고, 따라서 잠시 후에 가시가 그 씨들의 성장을 막았다.

(4) 어떤 씨들은 좋은 땅에 떨어져 삼십 배, 육십 배, 혹은 백 배의 결실을 맺었다.

마태복음 13장 / 천국의 파노라마

1. 천국(kingdom of heaven)의 정의(定義)

● **첫번째 의미**

창조로부터 천년왕국 때까지 하늘에서 인간사를 통치하시는 성부 하나님의 일반적 지배. 구원받은 자와 구원받지 못한 자 모두 이 왕국에 속한다(단 4:17, 32 / 마 8:12 / 22:2 / 25:1 참조).

마태복음 13장에서 그리스도께서는 이 일반적 의미로 말씀하신 것이었다.

● **두번째 의미**

천년왕국 동안 예루살렘에서 인간사를 통치하시는 성자 하나님의 특정한 지배(마 6:10, 13 / 25:34 / 26:29 참조).

2. 하나님 나라(kingdom of God)와의 차이

● **첫번째 의미**

드문 경우이기는 하지만 「하나님의 나라」는 「천국」(천년왕국)과 같은 개념으로 사용된다(막 1:14, 15을 마 3:1, 2과 비교해 보라. 행 1:3, 6 참조).

● **두번째 의미**

가장 일반적인 의미는 거듭남을 나타내는 것이다(요 3:3, 5 / 행 8:12 / 19:8 / 20:25 / 28:23, 31 / 고전 15:50 참조).

[2] **주께서 그 비유를 설명하신다** : 씨 뿌리는 자는 하나님이요, 그 씨는 하나님의 말씀이다.

(1) 진정으로 하나님의 말씀을 깨닫지도 못하고 그 말씀을 받는 사람들이 있다. 즉시 사단이 와서 그것을 짓밟고 삼켜버린다. 이것은 길가의 밭에 뿌려진 씨이다.

(2) 하나님의 말씀을 아주 가벼운 태도로 받는 사람들이 있다. 박해가 다가오고 시련이 닥칠 때 그들은 곧 넘어진다. 이것은 돌밭에 뿌려진 씨이다.

(3) 하나님의 말씀을 들으나 그것을 세상의 쾌락과 함께 지니려는 사람들이 있다. 그러나 세상적인 것들이 마침내 그 말씀을 막아버린다. 이것은 가시밭에 뿌려진 씨이다.

(4) 하나님의 말씀을 정직하고 진실되며 이해하려는 마음으로 받는 사람들이 있다. 이러한 사람들만이 많은 열매를 맺을 것이다. 이것은 삼십 배, 육십 배, 혹 백 배의 결실을 맺는 밭에 뿌려진 씨이다.

3 그분의 사역 중 이때 처음으로 주님은 자신이 비유로 말씀하시는 이유를 제자들에게만 은밀하게 설명하신다. 그것은 진실된 자들에게는 영적 진리를 알게 하고, 의심하는 자들에게는 그 진리를 알지 못하게 하기 위해서였다(마 13:10－17/막 4:10－12/눅 8:9, 10).

4. 다섯번째 비유 : 가라지 비유(마 13:24－30, 36－43)

1 주께서 비유를 말씀하신다.

(1) 어떤 사람이 자기 밭에 좋은 씨를 뿌리고 잠자러 들어간다.

(2) 밤중에 그의 원수가 와서 그 밭에 가라지를 뿌린다.

(3) 그 주인은 곡식이 뽑힐까 염려하여 가라지들을 뽑으려 하지 않는다.

(4) 그는 추수 때까지 기다려, 추수꾼들이 곡식을 모아 곡간에 집어넣을 때, 가라지들을 불사르게 하려는 계획을 세운다.

2 주께서 그 비유를 설명하신다.

(1) 그 주인은 주님을, 밭은 세상을, 좋은 씨는 성도들을 가리킨다.

(2) 그 원수는 사단이며 가라지는 불신자들이다.

(3) 추수는 이 시대의 종말이요, 추수꾼은 주의 천사들이다.

(4) 타오르는 불은 지옥이며 곡간은 천국이다.

5. 여섯번째 비유 : 씨 뿌릴 때부터 추수까지의 비유(막 4:26－29)

1 천국의 자라남은 확실한 동시에 신비하다.

2 먼저 싹이 트고, 다음에 잎이 나며, 그 다음에 이삭이 맺히고, 마지막에 충실한 곡식이 맺힌다.

6. 일곱번째 비유 : 겨자씨 비유(마 13:31, 32/막 4:30－32/눅 13:18, 19)

1 천국은 겨자씨와 같이 땅에 심길 때는 매우 작다.

2 그러나 그것은 자라서 정원의 모든 나무들보다 크게 되며 새들이 그 그늘에 깃들 수 있을 만큼 자란다.

7. 여덟번째 비유 : 누룩과 천국의 비유(마 13:33/눅 13:20, 21)

1 여기에서 천국은 마치 여자가 가루 서말 속에 갖다 넣은 누룩과 같다.

2 곧 그 전체 가루가 부풀었다.

『신스코필드 성경』(*New Scofield Bible*)은 누룩에 관하여 다음과 같이 말하고 있다. "누룩은 상징적 또는 전형적 물질로서 구약성경에서는 항상 나쁜 의미로 언급된다. 신약성경에 나타난 이 말의 용법은 그 상징적 의미를 설명해준다. 그것은 순전함과 진실함에 대립되는 것으로서의 괴악함과 사악함을 나타낸다(고전 5:6－8). 그것은 바리새주의와 사두개주의 그리고 헤롯주의(마 16:6/막 8:15)라는 세 가지 형태로 나타난 사악한 교리를 말한다(마 16:12). 「바리새인들」의 누룩은 종교적 형식주의였고(마 23:14−16, 23−28), 「사두개인들」의 누룩은 초자연적인 이적과 성경에 대한 회의주의였으며(마 22:23, 29), '헤롯주의자들'의 누룩은 세속주의였다(마 22:16−21/막 3:6)."

8. 아홉번째 비유/밭에 감추인 보화의 비유(마 13:44)

[1] 한 사람이 밭에 감추어진 엄청난 보화를 발견한다.

[2] 그는 기뻐하며 자기의 모든 소유를 팔아 그 밭을 산다.

9. 열번째 비유 : 값진 진주의 비유(마 13:45, 46)

[1] 진주 장사가 매우 값진 진주 하나를 발견한다.

[2] 그는 자기의 모든 소유를 팔아 그 진주를 산다.

많은 성경 연구가들은 그 숨겨진 보화는 이스라엘을 가리키며 값진 진주는 교회를 가리킨다고 믿는다. 만일 그것이 사실이라면 이것은 성경에서 교회를 처음으로 언급하는 것이 된다.

10. 열한번째 비유 : 그물에서 좋은 고기와 나쁜 고기를 골라내는 비유(마 13:47−50)

[1] 커다란 그물을 바다에 던져서 온갖 종류의 고기들을 잡는다.

[2] 어부는 그때 그 잡은 것을 분류하여 좋은 고기는 그릇에 담고 나쁜 고기는 내어 버린다.

11. 열두번째 비유 : 천국의 제자된 서기관과 그의 보물에 대한 비유(마 13:52)

[1] 천국의 제자된 사람은 마치 집주인과 같다.

[2] 그는 그의 보화들 중 새것과 옛것을 내어올 수 있다.

12. 구약성경의 예언 성취 제 16번 : 그는 비유로 말씀하실 것이다(사 6:9, 10/마 13:10−15 참조)

엉거(M. F. Unger) 박사는 마태복음 13장에서 논의된 일곱 가지 이 비유들을 적절하게 요약하고 있다.

"천국에 대한 일곱 가지 비유들은 이전에 계시되지 않은 진리를 포함하고 있기 때문에 '신비들'(mysteries)이라고 불린다. 일곱 비유들은 포도원인 이스라엘이 버림받은 현 시대를 다루고 있다(사 5:1−7). 「첫째 비유」(3−23절)는 주께서 말씀의 씨앗을 밭(곧 세상)에 뿌리는 것을 나타낸다(36−43절에 해설된). 「둘째 비유」(24−30절)는 이 시대에서 거짓 선지자들과 함께(마 7:21−23) 천국의 진실된 자녀들인 곡식을 미혹시키는 사단의 활동과 속임수를 보여준다. 「셋째 비유」(31, 32절)에 나타난 겨자씨는 신비한 형상을 취한 천국의 급속한 성장을 상징한다. 「넷째 비유」(35절)에 나타난 가루 서말 속에 넣은 누룩은, 이 세대에 진리인 하나님의 말씀이 잘못된 가르침(여자)에 의해 사악한 누룩의 침투를 받을 것이라고 경고한다(마 16:11, 12/막 8:15/고전 5:6/갈 5:9 참조). 「다섯번째 비유」(44절)는 밭에 감추어진 보화(이스라엘)를 소유하기 위하여 자기가 지녔던 모든 것을 포기한 주님을 보여준다(사 53:4−10/시 22:1/고후 8:9 참조). 주님은 자기의 구속(救贖)의 죽음을 근거로 이 보화를 소유할 것이다. 「여섯번째 비유」(45, 46절)는 '극히 값진 진주 하나'(그의 교회, 엡 5:25—27)를 발견하고 갈보리에서 그의 모든 소유를 팔아 그것을 사신 장사로서의 주님을 보여준다. 「일곱번째 비유」(47—52절)는 좋은 고기와 나쁜 고기를 모두 잡은 그물을 보여준다. 그 고기들은 마지막에 분류될 때까지 이 시대에 같이 있게 될 것이다"〔『엉거 성경 편람』(*Unger's Bible Handbook*), p. 478〕.

비유 / 마태복음 13장

예증	내용	해설	
씨 뿌리는 자와 씨, 그리고 밭 (마태복음 13장 1—9, 18—23절)	씨 뿌리는 자가 네 종류의 밭에 씨를 부린다.	씨 뿌리는 자 씨	씨 뿌리는 자는 그리스도이시다. 씨는 하나님의 말씀이다.
	• 길가 밭 이 씨는 사람들에게 밟히고 새들에게 쪼아 먹혔다	밭들	'길가 밭' 하나님의 말씀을 올바로 이해하지도 못하고 그 말씀을 받는 사람. 사단과 그의 사악한 무리들이 씨를 곧 빼앗아간다.
	• 흙이 얇은 돌밭 씨는 싹이 나왔으나 뿌리를 내리지 못하고 물기가 없으므로 곧 시들었다.		'흙이 얇은 돌밭' 말씀을 완전히 깨닫지도 못하고 그것을 받는 사람. 따라서 박해와 시련이 다가올 때 그는 곧 넘어진다.
	• 가시밭 씨는 곧 가시에 의해 성장이 저지되었다.		'가시밭' 말씀을 받기는 하지만 그것을 세상의 쾌락과 함께 지니려는 사람. 세상적인 것들이 곧 그 말씀을 막아버린다.
	• 좋은 밭 씨는 싹이 트고 열매를 맺어 삼십 배, 육십 배, 혹은 백 배의 결실을 맺었다.		'좋은 밭' 말씀을 정직하고 진실되이 이해하려는 마음으로 받는 사람. 이 사람만이 열매를 맺을 것이다.
구세주의 밭에 뿌려진 사단의 가라지	• 한 사람이 그의 밭에 좋은 씨를 뿌린다. • 밤에 그의 원수가 와서 그 밭에 가라지(잡초)를 뿌린다.	사람	그 사람은 그리스도이시다.
		원수	원수는 마귀이다.
		밭	밭은 세상이다.
		곡식	곡식은 성도들이다.
		가라지	가라지는 불신자들, 특히 거짓 선지자들이다. 참조 : 사도행전 20장 29, 30절

(마태복음 13장24－30, 36－43절)	• 그 주인은 추수 때까지 기다려, 그때 곡식은 모아들이고 가라지는 불에 태운다.	추수 때	추수 때는 세상의 끝이다.
		추수꾼	추수꾼은 천사들이다.
		곡간	곡간은 하늘이다.
		불	불은 지옥이다.
겨자씨와 새들 (마태복음 13장 31,32절)	• 정원의 작은 겨자씨가 자라서 커다란 나무가 된다.	씨	여기서 씨는 첫번째 비유에서와 같이 하나님의 말씀을 나타내는 것 같다.
		나무	겨자씨는 자라서 식물(plant)이 되므로, 이 나무(tree)는 기이한 나무이다. 따라서 그 나무는 기독교 신앙고백의 상징이다.
	• 온갖 새들이 와서 그 가지에 깃들인다.	새들	새들은 첫번째 비유에서와 같이 거짓 선생들을 대표할지도 모른다(계 18:2 참조).
가루 속에 넣은 누룩 (마태복음 13장33절)	한 여자가 가루 서 말 속에 누룩을 넣는다. 곧 그 전체 가루에 누룩이 스며든다.	누룩	구약성경과 신약성경 모두에서 누룩은 (문둥병과 같이) 항상 사악함의 전형이자 상징이다. 누룩이 상징하는 다섯 가지 죄들이 있다.
			바리새주의 / 위선, 의식주의 (마 16:6－12/눅 12:1)
			사두개주의 / 합리주의, 자유주의(마 16:6－12)
			헤롯주의 / 물질주의, 세속주의(마 8:15)
			고린도주의 / 부도덕, 간음 (고전 5:6－8)
			갈라디아주의/율법주의(갈 5:1,9)
		가루 서 말	구약에서 하나님께 가루 서 말을 드리는 제사는 하나님과의 교제와 사귐을 위한 것이었다(창 18:6/레 14:10/민 15:9/28:12).
		여자	여자는 거짓 교리, 즉 하나님과의 정결한 교제에 사악한 것을 혼합시키는 것을 나타낸다(슥 5:5－11/계 2:20/17:1－6/18:1－8 참조).

● 29단계 : 두번째 갈릴리 전도여행에서 거라사 지방으로 돌아오심
(마 8:18, 23–34 / 막 4:35–5:20 / 눅 8:22–39)

1. 열한번째 이적 : 사나운 바다를 잔잔케 하심(마 8:26 / 막 4:39 / 눅 8:24)
[1] 예수님과 그의 제자들이 갈릴리 바다를 건널 때 큰 폭풍우가 휘몰아친다.

[2] 주님은 배의 고물에서 잠이 들지만 두려워 떨며 도움을 청하는 제자들의 고함소리에 잠이 깬다.

[3] 주님은 바람을 꾸짖고 파도를 잔잔케 하신다.

2. 열두번째 이적 : 가다라의 귀신들린 자를 치료하심(마 8:32 / 막 5:8 / 눅 8:33)
[1] 예수님은 온통 피투성이가 된 벌거벗은 몸으로 그분의 발 밑에 와 쓰러져 소리지르는 사람과 마주치게 된다.

(1) 그는 고랑이나 쇠사슬로도 묶어둘 수 없었다.
(2) 그는 늘 소리지르고 돌로 자기 몸을 상하게 하며 무덤 사이에 살고 있었다.

[2] 그 사람 속에 있는 마귀와 다른 많은 악령들은 예수님을 하나님의 아들로 인정하고, 때가 이르기 전에 자기를 괴롭히지 말라고 애원한다.

(1) "지극히 높으신 하나님의 아들 예수여 나와 당신이 무슨 상관이 있나이까?"
(2) "때가 이르기 전에 우리를 괴롭게 하려고 여기 오셨나이까?"
(3) "원컨대 하나님 앞에 맹세하고 나를 괴롭게 마옵소서!"

[3] 예수님은 그 사악한 군대마귀가 그 사람에게서 나와 근처의 돼지 떼에게 들어가도록 허락하신다.

[4] 그들이 돼지 떼에게로 들어가자 약 이천 마리의 돼지 떼가 가파른 비탈길을 달려내려가 모두 바다에 빠져 죽는다.

[5] 마을 사람 모두가 이 소식을 듣고 두려움에 사로잡혀 예수님께 그 지방을 떠나 주실 것을 요청한다.

[6] 주께서 배에 오르시자 귀신들렸던 사람이 주님과 함께 가기를 요청한다.

[7] 그러나 주님은 그를 그의 가족에게로 돌려보내시면서, 그에게 일어난 일을 증거하라고 말씀하신다.

● 30단계 : 거라사 지방에서 가버나움으로 가심
(마 9:1, 10–34 / 11:2–19 / 막 2:15–22 / 5:21–43 / 눅 5:29–39 / 7:18–35 / 8:40–56 / 16:16)

1. 레위(마태)가 예수님을 초대함
레위(마태)는 예수님을 위하여 잔치를 베풀고 많은 세리와 죄인들을 초대한다.

[1] 예수님은 사악한 바리새인들로부터 세리와 죄인들과 함께 식사를 한다고 비난받는다.

[2] 주님은 자기가 온 것은 자칭 의인이라 하는 자들을 부르기 위해서가 아니라 죄인을 불러 회개시키기 위해서라고 설명하면서 그들을 책망하신다(마 9:10–15 / 막 2:15–20 / 눅 5:29–35).

2. 열세번째 비유 : 기운 옷과 가죽 부대의 비유(마 9:16, 17 / 막 2:21, 22 / 눅 5:36－39)

[1] 침례(세례) 요한의 몇몇 제자들이 자기들은 금식하는데 주님과 그의 제자들은 왜 금식하지 않느냐고 예수님께 묻는다.

[2] 예수님은 신랑의 친구들은 금식하지 않고 오히려 신랑이 그들과 함께 있는 동안 잔치를 베푼다고 설명하신다.

[3] 주님은 이 비유를 좀더 명확하게 하기 위하여, 어느 누구도 줄어들지 않은 생베 조각으로 낡은 옷을 굽지는 않을 것이며, 새 포도주를 낡은 가죽 부대에 넣지는 않을 것이라고 말씀하신다. 그렇게 하면 헌 것과 새 것 모두를 망치게 될 것이라고 말씀하신다. 주께서 여기서 말씀하시는 것은, 성령의 지배를 받는 삶이라는 새 포도주는 율법주의적 유대주의라는 낡은 가죽 부대에 적합치 않다는 사실이다.

3. 열세번째 이적 : 열두 해를 혈루증으로 앓던 여자를 고치심(마 9:22 / 막 5:29 / 눅 8:44)

[1] 이 일이 일어날 때 주님은 또 다른 이적을 수행하기 위해 가시는 중이었다.

[2] 병든 여자 하나가 주님의 겉옷자락을 만진다.

(1) 그 여자

"내가 그의 옷에만 손을 대어도 구원을 얻으리라."

(2) 예수께서 제자에게

"누가 내 옷에 손을 대었느냐…내게 손을 댄 자가 있도다 이는 내게서 능력이 나간 줄 앎이러라."

(3) (그녀가 주님의 옷을 만졌다고 고백한 후에) 예수님이 그 여자에게

"딸아 안심하라 네 믿음이 너를 구원하였다."

4. 열네번째 이적 : 야이로의 딸을 살리심(마 9:25 / 막 5:41 / 눅 8:54)

[1] 회당장 야이로가 그의 딸이 죽었다는 말을 듣는다.

[2] 예수님은 그 아버지를 위로하고 그에게 믿음을 지키라고 말씀하신다.

[3] 예수님은 베드로, 야고보, 요한을 데리고 그녀의 부모들과 함께 그 소녀의 방으로 들어가신다.

[4] 주님은 밖에서 슬퍼하던 조문객들의 조롱을 무시하고, 그 소녀의 손을 잡고 다시 살아나게 하신 후에 그녀에게 먹을 것을 갖다 주라고 명령하신다.

5. 열다섯번째 이적 : 두 소경을 고치심(마 9:29)

[1] 예수님

"내가 능히 이 일을 할 줄을 믿느냐?"

[2] 두 소경

"주여 그러하오이다."

[3] 예수님

"너희 믿음대로 되라."

6. 열여섯번째 이적 : 귀신들려 벙어리 된 자를 고치심(마 9:33)

[1] 이 이적으로 무리들은 놀라움에 사로잡힌다.

[2] 그러나 바리새인들은 귀신의 왕을 힘입어 이 일을 행한다고 주님을 계속 비난한다.

[3] 주님은 투옥된 침례(세례) 요한의 질문에 많은 사람들을 고쳤다고 답변하신다(마 11:2-6 / 눅 7:18-23).

(1) 요한은 그의 제자들을 예수님께 보내어, 주님이 진실로 메시야이신지, 혹은 다른 사람을 기다려야 할지 물어 본다.

(2) 그 제자들 앞에서, 주님은 소경을 보게 하며 귀머거리를 듣게 하며 앉은뱅이를 걷게 하며 죽은 자를 살리신다.

(3) 그리고 주님은 그들에게 돌아가서 그들이 보고 들은 것을 요한에게 전하라고 말씀하신다.

7. 네번째 설교 : 침례(세례) 요한에 관해 설교하심(마 11:7-15 / 눅 7:24-30)

주님은 요한에게 놀라운 찬사를 표하며 그에 대해 다음과 같이 말씀하신다.

[1] 요한은 바람에 흔들리는 갈대가 아니라 직설적이고도 능숙한 설교가였다.

[2] 요한은 모든 선지자들 중에 가장 위대한 선지자였다.

"내가 진실로 너희에게 말하노니 여자가 낳은 자 중에 침례(세례) 요한보다 큰 이가 일어남이 없도다 그러나 천국에서는 극히 작은 자라도 저보다 크니라"(마 11:11).

주님이 "천국에서는 극히 작은 자라도 저보다 크니라"라고 말한 것은 누구를 가리키는가? 이에 대해 두 가지 이론이 제기되어 왔다.

(1) 주님은 사도 바울을 염두에 두고 있었다(엡 3:8 / 고전 15:9).

(2) 주님은 천년왕국을 염두에 두고 있었는데, 그때에는 그 영광스러운 왕국의 가장 작은 백성이라도 어떤 선지자나 제사장이나 왕이 이전에 경험했던 것보다 하나님의 위엄을 더 많이 경험하게 될 것이다.

[3] 일반 백성들과 죄인들은 요한의 말을 기쁘게 받아들였으나 불경건한 유대인의 종교 지도자들은 그것을 무시했다.

[4] 요한의 대담한 사역으로 인해 천국에 대한 사단의 반대가 시작되었다.

[5] 요한은 구약 시대의 엘리야의 영(靈)으로 왔다.

"보라 내가 내 사자를 네 앞에 보내노니 저가 네 길을 네 앞에 예비하리라"(마 11:10). 여기서 예수님은 말라기서 3장 1절의 예언을 침례(세례) 요한과 연관시킨다. 그러나 주님이 "또 너희의 구하는 바 주가 홀연히 그 전에 임하리니…"라는 1절의 하반절을 말씀하지 않았다는 것은 의미심장한 일이다.

하박국서 2장 20절에 따르면, 이러한 일이 일어날 때 그리스도는 심판하기 위하여 오신다. 그러나 그분의 초림은 은혜를 특징으로 하기 때문에 그 하반절이 생략되었다.

8. 열네번째 비유 : 패역한 세대의 비유(마 11:16-19 / 눅 7:31-35)

[1] 예수님은 놀이를 하는 변덕스러운 아이들의 무리에 당시의 세대를 비유한다.

(1) 한 무리는 말했다.

"우리가 너희를 향하여 피리를 불어도 너희가 춤추지 아니하도다."

(2) 다른 한 무리는 말했다.
"우리가 애곡하여도 너희가 가슴을 치지 아니하였도다."

② 주님은 이 변덕스러움이 이스라엘 백성에게서도 발견될 수 있다고 말씀하신다.
(1) 요한이 금식한 것에 대해 바리새인들은 그가 귀신이 들렸다고 주장했다.
(2) 주님이 금식하지 않은 것에 대해 그들은 그가 먹기를 탐하고 포도주를 즐기는 사람이라고 비난했다.

● 31단계 : 가버나움에서 예루살렘으로 가심(요 5:1–47)

1. 열일곱번째 이적 : 삼십팔 년 된 병자를 고치심(요 5:8)

① 예수님은 병자에게 그가 낫기를 바라느냐고 물으셨다.

② 그 사람은 자기가 진실로 낫기를 원하지만, 물이 솟아 나올 때 자기를 연못으로 넣어줄 사람이 없다고 말한다.

③ 예수님은 그의 잘못된 신앙을 개의치 않고 그를 고쳐주신다.

④ 예수님은 안식일에 이 이적을 행하셨기 때문에 곧 사악한 바리새인들로부터 비난을 받는다.

⑤ 예수님은 그 후에 성전에서 그 고침받은 사람을 만나서, 더 이상 죄를 짓지 말라고 그에게 충고하신다.

⑥ 유대인들은 계속해서 주님을 죽이려고 하는데, 그 이유는 그가 안식일에 활동할 뿐 아니라 하나님을 자신의 아버지라고 부르기 때문이었다(요 5:16–18).

2. 다섯번째 설교 : 심판과 부활에 관해 설교하심(요 5:19–47)

① 예수님은 아버지는 아들을 사랑하시며 자신이 행해야 하는 바를 모두 가르쳐주신다고 말씀하신다.

② 주님은 아버지께서 모든 심판을 자신에게 맡기셨으니 이것은 모든 사람들로 하여금 아버지를 공경하는 것같이 아들을 공경하게 하기 위함이라고 주장하신다.

③ 주님은 이것을 믿는 모든 사람들에게 영생을 약속하신다.

④ 주님은 죽은 자들이 언젠가는 하나님의 아들의 음성을 듣고 다시 살아날 것이라고 그들에게 확신시키신다. 주님의 말씀에 주목해 보자.
"이를 기이히 여기지 말라 무덤 속에 있는 자가 다 그의 음성을 들을 때가 오나니 선한 일을 행한 자는 심판의 부활로 나오리라"(요 5:28, 29).

성경의 다른 구절들에서 분명히 밝혀지는 것은, 이 구절들이 서로 다른 두 가지 부활이 있으며 그 각각에는 천 년의 간격이 있음을 말하고 있다는 사실이다. '첫번째' 부활은 천년왕국 바로 직전에 있으며 거기에는 구약의 모든 구원받은 성도들과 고난당한 성도들이 참여하게 될 것이다. '두번째' 부활은 천년왕국 후에 있으며 거기에는 지금까지 살던 모든 불신자들이 참여하게 될 것이다(단 12:2/계 20:5, 6, 11–15 참조).

⑤ 주님은 최소한 네 명의 충실한 증인들이 자신의 신성(神性)을 증거한다고 지적하신다.
(1) 침례(세례) 요한
(2) 그 자신의 역사(지금까지 자신이 행한 열일곱 가지 이적)

(3) 아버지 자신(주께서 침례받으실 때)
(4) 구약성경(특히 모세오경)
6 그러나 주님은 이 모든 증거에도 불구하고 대부분의 이스라엘인들이 자신을 영접하려 하지 않는다는 슬픈 사실을 아신다.

3. 다섯번째 예언 : 장래의 부활에 관하여 예언하심(요 5:28, 29)
1 의인은 영원한 축복을 받기 위하여 부활할 것이다.
2 악인은 영원한 저주를 받기 위하여 부활할 것이다.

● 32단계 : 예루살렘에서 나사렛으로 가심(두번째 방문)
(마 13:53－58 / 막 6:1－6)

1 예수님은 거기서 가르치시고 그 가르침은 그분의 형제들과 누이들을 당황하게 하는 근원이 된다.
2 무리들이 다음과 같이 질문하는 것을 듣고, 주님은 슬프게도 선지자가 자기 고향에서는 존경을 받지 못한다는 것을 알게 된다.
(1) "이는 그 목수의 아들이 아니냐."
(2) "그 모친은 마리아, 그 형제들은 야고보, 요셉, 시몬, 유다라 하지 않느냐."
(3) "그 누이들은 다 우리와 함께 있지 아니하냐."
3 주님은 몇몇 이적들을 행하지만 그 지방 사람들의 불신을 보고 놀라신다.

● 33단계 : 나사렛에서 세번째 갈릴리 전도여행을 떠나심
(마 9:35－10:1, 5－16, 24－33 / 9:37－11:1 / 14:1－13 / 막 6:6－29 / 눅 9:1－9)

1. 잃어버린 자들을 구원하시는 주님 자신의 사역을 제자들과 함께 나누심(마 9:36－38)
1 주님은 추수할 것은 많되 일꾼들이 적다고 제자들에게 말씀하신다.
2 주님은 일꾼들을 보내어 달라고 아버지께 부탁하라고 말씀하신다.

2. 여섯번째 설교 : 파송되는 열두 제자들에게 설교하심(마 10:5－16, 24－33, 37－42 / 눅 9:3－5 / 막 6:8－11)
1 그들은 이스라엘 사람에게만 말씀을 전하도록 명령받았다.
2 그들의 사역은 다양한 것이었다.
(1) 그들은 천국이 가까웠으니 회개해야 한다고 사람들에게 가르쳐야 했다.
(2) 그들은 병자들을 고칠 수 있었다.
(3) 그들은 문둥병자를 깨끗하게 할 수 있었다.
(4) 그들은 죽은 자를 살릴 수 있었다.
(5) 그들은 귀신을 쫓아낼 수 있었다.
3 그들은 이 모든 일을 무보수로 해야 했다. 그러나 그들로부터 말씀을 전해듣는 사람

들이 그들을 먹이고 입힐 것이다.

4 그들은 하나님을 사랑하는 사람들의 가정에서만 머물러야 했다.

5 그들은 그들의 멧세지를 듣지 않는 성읍을 떠날 때는 그 발의 먼지를 떨어 버려야 했다.

6 그들은 흔히 이리 가운데 보내진 양과 같을 것이다. 그러므로 뱀과 같이 지혜롭고 비둘기와 같이 순결해야 한다.

7 그들은 박해받을 것을 예상해야 했다. 그러나 아버지께서 이미 그들의 머리털까지도 세신 바 되었기 때문에 낙심할 필요는 없었다.

8 그들이 사람들 앞에서 그리스도를 시인하면 그리스도도 장차 아버지 앞에서 그들을 시인하실 것이다.

9 그들은 아비나 어미보다 주님을 더 사랑하고 자기 십자가를 져야 했다.

10 그들은 장래에 그들의 상급을 함께 받을 몇몇 사람들에 의해 선지자로 대우받을 것이다.

주님은 그 열두 제자들을 여섯 팀으로 나누어 보내신 후에 홀로 전도하기 위하여 친히 나가신다(마 11:1).

3. 침례(세례) 요한의 죽음

주님은 침례(세례) 요한이 죽었다는 소식을 듣고 열두 제자들과 함께 배를 타고 떠난다(마 14:1－13/막 6:14－29/눅 9:7－9).

1 요한은 헤롯이 동생 빌립의 아내였던 헤로디아와 결혼한 것이 부당하다고 대담하게 그를 비난했기 때문에 헤롯은 그를 투옥시켰다.

2 헤로디아는 매우 화가 나서 요한을 죽이라고 요구했으나, 헤롯은 그를 두려워하고 얼마 동안은 그의 멧세지에 관심까지 기울이는 것 같았다.

3 그러나 헤로디아는 그녀의 아름다운 딸의 매혹적인 춤과 그 왕의 관능적 본성을 이용하여, 그 딸로 하여금 침례(세례) 요한의 머리를 소반에 담아 달라고 요청하게 하여 그것을 받았다.

4 그때 고민하고 당황해 하던 헤롯은 후에 예수님이 진정 부활한 침례(세례) 요한인 줄 알고 두려워하였다.

5 이리하여 신약의 가장 위대한 선지자가 이 땅에서 사라진다. 예수님은 전에 이 하나님의 선지자가 여자가 낳은 자 중에 가장 위대한 자라고 말씀하셨었다(마 11:1－11). 요한에 대한 마지막 언급들 중 하나를 보면, 우리는 이 담대한 선지자가 능력 있는 기도의 용사였음을 알게 된다.

우리는 예수님의 제자들이 구세주에게 와서 다음과 같이 질문하는 것을 본다.
"주여 요한이 자기 제자들에게 기도를 가르친 것과 같이 우리에게 가르쳐 주옵소서"(눅 11:1).

● 34단계 : 세번째 갈릴리 전도여행에서 벳새다 근처의 광야로 돌아오심(마 14:13－23/막 6:30－47/눅 9:10－17/요 6:1－18)

예수님은 휴식을 취하기 위해 제자들과 함께 한적한 곳으로 가시지만 항상 그분을 따라다니던 무리들은 곧 그분을 알아보고 그분 주위에 몰려들었다. 주님은 그들을 불쌍히 여기시고 그들 중의 많은 병자들을 고쳐주시며, 그들에게 하나님의 나라에 관하여 가르치신다.

1. 열여덟번째 이적 : 오천 명을 먹이심(마 14:19/막 6:41/눅 9:16/요 6:11)

[1] 예수께서는 이렇게 많은 무리들을 어떻게 먹일 수 있겠느냐고 물으면서 빌립을 시험하신다. 빌립은 그 상황을 절망적으로 생각한다.

[2] 안드레는 보리떡 다섯 개와 물고기 두 마리를 가진 소년을 발견하지만 그도 역시 슬프게도 빌립의 생각에 동조한다.

[3] 열두 제자들은 무리들이 인근 마을에서 각자 배고픔을 해결하기를 바라며 유일한 해결책은 그 무리들을 쫓아버리는 것이라 생각한다.

[4] 그러나 예수님은 그 무리들을 오십 명씩 앉게 하셨다.

[5] 그리고 그 소년의 보잘것없는 도시락을 가지고 축사하신 후에 모든 사람을 먹이신다.

[6] 제자들은 열두 바구니의 남은 조각을 거둔다. 실제로 주님은 만오천 명 이상을 먹이셨는데, 그것은 언급된 오천 명이 '남자들'이었기 때문이다. 수백 명의 여자들과 아이들도 거기에 있었다는 것은 의심의 여지가 없다.

이것은 4복음서 기자들이 모두 기록한 두 가지 기적들 중의 하나이다. 다른 하나는 겟세마네 동산에서 말고의 귀를 다시 붙이신 기적이다.

2. 다섯번째 기도 : 오천 명을 먹이신 후에 바다 근처의 산 위에서 기도하심(마 14:23/막 6:46/요 6:15)

[1] 예수께서는 기적으로 식사를 해결한 오천 명의 사람들이 매우 큰 감동을 받아 자신을 억지로 왕위에 앉히려고 한다는 것을 아셨다.

[2] 이에 그분은 제자들을 명하여 떠나가게 하시고 기도하러 산에 오르신다.

● 35단계 : 벳새다 광야에서 게네사렛 땅으로 가심

(마 14:24－36/막 6:48－56/요 6:19－21)

1. 열아홉번째 이적 : 물 위로 걸으심(마 14:25/막 6:48/요 6:19)

[1] 예수님은 폭풍이 이는 바다에서 필사적으로 노를 젓는 제자들을 보시고 그들에게로 걸어가신다.

[2] 그들은 주님을 보고 두려움에 사로잡혔으나 주님은 그들의 두려움을 진정시키고 자신에게 걸어오겠다는 베드로의 요청을 받아들이신다.

[3] 베드로는 몇 발자국 걸은 후에 주님으로부터 눈을 돌려 바람을 보다가 물에 빠지나

예수님께 구조받는다.
(1) 베드로
"주여 나를 구원하소서"(마 14:30).
(이것은 성경에 나오는 기도 중에서 가장 짧은 기도이다)
(2) 예수님
"믿음이 적은 자여 왜 의심하였느냐."
4 예수님은 베드로와 함께 그 배에 오르시고 놀란 열두 제자들로부터 경배와 존경을 받으신다.
"진실로 하나님의 아들이로소이다."

2. 게네사렛 땅에 내려 인근의 마을로 들어가 많은 병자들을 고쳐주심

제 2차 년도 사역의 종결

● 36단계 : 게네사렛 땅에서 가버나움으로 가심
(마 15:1-20 / 막 7:1-23 / 요 6:22-71 / 7:1)

1. 일곱번째 설교 : 생명의 떡에 관한 설교(요 6:26-59)
1 주님이 전에 음식을 먹였던 무리들 중의 일부가 지금 주님 주위에 모여 있다.
2 주님은 그들의 세속적인 동기를 알고 그들에게 육신을 위한 떡을 구하지 말고 생명의 떡을 구하라고 충고하신다(요 2:23-25 참조).
3 주님은 아버지께서 자기를 인(印)치셨으며 모든 사람들이 자기를 믿기 원한다고 말씀하신다.
4 주님은 자기가 곧 생명의 떡이기 때문에 아버지께서 인도하시는 모든 사람들은 자기에게 나아오며 또한 그들은 결코 주리지 않을 것이라고 말씀하신다.
5 마리아와 요셉을 아는 유대인들은 그분이 하늘에서 왔다는 주님의 주장을 비웃는다. 그러나 이에 개의치 않고 주님은 자기만이 하나님 아버지를 보았다고 말씀하신다.
6 주님은 마지막 날에 모든 성도들을 죽음에서 다시 살릴 것을 약속하신다.
7 주님은 자기가 곧 세상의 생명을 위해 자신의 살을 주겠다고 말씀하신다.
8 주님은 영생을 얻기 위해서는 자신의 살을 먹고 자신의 피를 마시는 것이 절대적으로 필요하다는 말로써 결론을 내리신다.

주님을 따르던 몇몇 제자들은 이 설교를 듣고 당황하고 화를 내기도 했으며, 이때 많은 사람들이 그를 떠나서 다시 돌아오지 않았다(요 6:60-66). 예수님은 열두 제자들에게 그들도 떠나려느냐고 물어보신다. 이때 베드로는 즉시 다음과 같이 대답한다(요 6:67-69).
(1) "주여 영생의 말씀이 계시매"
(2) "우리가 뉘게로 가오리이까"
(3) "우리가 주는 하나님의 거룩하신 자신 줄 믿고 알았삽나이다"

2. 여섯번째 예언 : 자신이 배반당하실 것에 관한 예언(요 6:70, 71)

어떤 사람들은 유다가 장래 적그리스도가 될 것이라고 생각한다. 그것은 이 구절을 비롯하여 그를 언급하는 다음과 같은 구절들 때문이다.

1 누가복음 22장 3절과 요한복음 13장 27절에 사단이 유다에게 들어갔다고 기록되어 있다. 성경에 나오는 사람 중에 이렇게 묘사된 자는 그 외에 아무도 없다.

2 신약성경에서 "멸망의 아들"이라는 칭호가 사용되는 두 가지 경우가 있는데, 첫번째 경우는 예수님이 유다를 지칭할 때에 그 말을 사용하셨다(요 17:12). 두번째는 바울이 적그리스도를 언급할 때 사용했다(살후 2:3).

3. 여덟번째 설교 : 더러움의 근원에 대한 설교(마 15:1—20 / 막 7:1—23)

1 바리새인들은 제자들이 씻지 않은 손으로 식사하는 것을 주님이 허락함으로써 계명을 범하였다고 예수님을 비난한다.

2 주님은 이사야 선지자가 예언한 바와 같이(사 29:13), **하나님 보시기에 진정 계명을 범하는 자들은 바로 그들 자신임을 지적하신다.** 그들이 하는 일이란 다음과 같다.

(1) 입술로는 하나님을 공경하지만 그 마음은 멀리 떠나 있다.
(2) 그들 자신의 유전(遺傳)을 강조하고 하나님의 계명을 무시한다.
(3) 부끄러운 방법으로 그들의 부모를 잘못 섬긴다.

3 주님은 더러움의 참 근원은 안에서 나오는 것, 즉 더러운 손에서 나오는 것이 아니라 더러운 마음에서 나온다고 가르치신다. 그리고 주님은 몇 개의 실례들을 제시한다.

(1) 살인과 간음과 음란
(2) 도적질과 거짓 증거와 훼방
(3) 탐심과 악독과 속임
(4) 음탕과 흘기는 눈과 교만과 광패

● 37단계 : 가버나움에서 두로와 시돈 지방으로 가심

(마 15:21—28 / 막 7:24—30)

주님은 쉬기 위해서 한 집에 들어가나 거기서 끈질긴 이방 여인을 만나신다.

1. 스무번째 이적 : 귀신들린 소녀를 고치심(마 15:28 / 막 7:29)

1 예수님은 먼저 자신의 딸에 대한 그녀의 애절한 설명에 한 마디의 말씀도 하지 않으시고 귀를 기울이신다.

2 주님은 그 후에 자신의 이적 사역은 이스라엘만을 위한 것이라고 그녀에게 조용히 말씀하신다.

3 그러나 그녀는 심지어 미천한 개들도 주인의 상에서 떨어지는 부스러기를 먹는다는 점을 지적한다.

4 주님은 그녀의 믿음에 감탄하시고 그녀의 딸을 고쳐주신다.

● 38단계 : 두로와 시돈지방에서 데가볼리 지경으로 가심(막 7:31—37)

주님은 귀먹고 어눌한 자에게 안수해 달라는 부탁을 받는다.

1. 스물한번째 이적 : 귀먹고 어눌한 자를 고치심(막 7:34, 35)

[1] 주님은 다음과 같은 기이한 방법으로 이 이적을 행하신다.

(1) 자신의 손가락을 그의 두 귀에 넣으셨다.
(2) 땅에 침을 뱉고 그 사람의 혀를 손으로 잡으셨다.
(3) 하늘을 우러러보고 탄식하셨다.

[2] 주위의 사람들은 심히 놀라 다음과 같이 말한다.

"그가 다 잘 하였도다 귀머거리도 듣게 하고 벙어리도 말하게 한다."

> "오, 수많은 입술들이
> 나의 위대한 구속자이며
> 만왕의 왕되신 나의 하나님의 영광과
> 그분의 은총의 승리를 찬미하는도다.
>
> 너희 귀먹은 자들아, 그분의 말을 들으라.
> 너희 벙어리들아, 너희 힘없는 혀로 그분을 찬미하라.
> 너희 눈먼 자들아, 너희 구세주가 오시는 것을 보라.
> 그리고 너희 저는 자들아, 기뻐 뛸지어다."
> — 찰스 웨슬레(Charles Wesley)

● 39단계 : 데가볼리에서 다볼 산(?)으로 가심(마 15:38 / 막 8:1—9)

주님은 갈릴리 호숫가의 산에서 많은 무리들을 고치신다.

1. 스물두번째 이적 : 사천 명을 먹이심(마 15:36 / 막 8:6)

[1] 주님은 지난 삼 일 동안 자신과 함께 있으면서 아무것도 먹지 아니한 이 무리들을 불쌍히 여기신다.

[2] 열두 제자들은 떡 일곱 개와 두어 개의 생선밖에 발견할 수 없었다.

[3] 예수님은 이 음식을 가지고 축사하시고 거기에 있는 모든 사람을 배불리 먹이신다.

[4] 열두 제자들은 그 후에 일곱 광주리 가득 남은 조각들을 거둔다.

● 40단계 : 다볼 산(?)에서 내려와 마가단으로 가심
(마 15:39—16:12 / 막 8:9—21)

1. 표적을 구하는 바리새인들과 사두개인들

[1] 주님은 이 위선자들을 책망하고 그들의 명백한 모순을 지적하신다.

(1) 그들은 하늘이 날씨에 대하여 알려줄 때 그 천기(天氣)는 받아들인다.
(2) 그들은 하나님의 아들이 아버지에 대하여 말씀하실 때 아들의 표적은 받아들이지 않는다(주께서 방금 스물두번째 이적을 베풀었음에도 불구하고 그들은 여전히 주님으로부터 표적을 요구하는 것이다).

주님은 악하고 음란한 세대만이 그러한 표적을 구할 것이라고 말씀하신다.

2. 일곱번째 예언 : 자신의 부활에 관한 예언(마 16:4)

1 그러한 표적들을 구하는 세대는 악하고 음란한 세대뿐이다.

2 그러한 세대에게 보여줄 유일한 표적은 요나의 표적이다. 이러한 이유 때문에 사단은 요나서를 매우 싫어한다. 역사를 살펴볼 때 사단은 그의 추종자들로 하여금 요나를 삼킨 물고기를 조롱함으로 그 책을 무시하고 부인하려고 시도해 왔다. 마귀가 멸시하는 것은 그 '물고기'가 아니라 그것이 '예표'(foreshadow)하는 바이다.

3 예수님은 바리새인들의 누룩(전통주의)과 사두개인들의 누룩(회의주의) 및 헤롯당의 누룩(물질주의)을 제자들에게 경고하신다.

● 41단계 : 마가단에서 벳새다로 가심(막 8:22–26 / 요 7:2–9)

1. 스물세번째 이적 : 소경을 고치심(막 8:25)

1 예수님은 그 사람의 눈에 침을 뱉고 그에게 안수하신다.

2 그에게 무엇이 보이느냐고 물으신다.

3 그 사람은 사람들이 걸어다니는 나무와 같이 보인다고 소리친다.

『스코필드 성경』(*Scofield Bible*)은 이 이적에 대하여 다음과 같은 주(註)를 달았다.

"여기 나타난 주님의 행위는 매우 의미심장하다. 마태복음 11장 21–24절에서 벳새다에 심판을 선고했기 때문에(그 소경은 벳새다 사람이었다), 주님은 그 마을에서는 병을 고치지 않고 그곳 사람들에게 더 이상의 증거도 하지 않으신다(막 8:26). 그러나 마을로서의 벳새다에게는 저주를 했으나, 그곳 사람들에게는 여전히 자비를 베푸실 것이다(계 3:20 비교). 그리스도는 라오디게아 교회의 문 밖에 서서 「누구든지 내 음성을 듣고 문을 열면 …」이라고 말씀하신다"(p. 1059).

4 예수께서 다시 그의 눈에 안수하니 이제 그는 분명하게 보게 된다. 성도인 우리는 주변의 사람들을 비인격적인 통계 수치로서 보는 것이 아니라 곤궁한 인간으로 볼 수 있도록 구세주께 두번째의 안수를 받는 것이 필요하다.

2. 의붓 형제들에게 비난받으심(요 7:2–9)

1 그들은 주님이 자신의 위선 때문에 자신을 세상에 나타내기를 피하고 있다고 주장한다.

2 주님은 자신이 갈보리에서 죽을 때 자신의 이름이 널리 알려지게 될 것이라고 말함으로써 그들의 이 어리석은 생각을 깨우쳐 주시려 한다. 주님의 네 형제들의 이름이 마태복음 13장 55절에서 나타나는데 그들은 야고보, 요셉, 시몬, 그리고 유다이다.

3 구약성경의 예언 성취 제 17번 : 그는 자기 백성들에게 거부당할 것이다(사 53:3 / 시 69:8을 요 1:11 / 7:5과 비교해 보라).

[4] **요한복음 7장 6절에서 주님은 "내 때는 아직 이르지 아니하였거니와"라고 말씀하신다.** 물론 여기서 "때"라는 것은 그분의 십자가 사건을 가리킨다. 주님은 항상 이 때와 시간을 정확히 알고 계셨다.

"예수께서 〔가나의 혼인 잔치에서 그의 모친에게〕 가라사대 여자여 나와 무슨 상관이 있나이까 「때」가 아직 이르지 못하였나이다"(요 2:4).

"저희〔예루살렘의 흉악한 무리들〕가 예수를 잡고자 하나 손을 대는 자가 없으니 이는 그의 「때」가 아직 이르지 아니하였음이러라"(요 7:30).

"예수께서 〔그를 보기 원하는 몇몇 헬라인들에게〕 대답하여 가라사대 인자의 영광을 얻을 「때」가 왔도다"(요 12:23/참조, 12:27).

"유월절 전에 예수께서 자기가 세상을 떠나 아버지께로 돌아가실 「때」가 이른 줄 아시고…"(요 13:1).

"아버지여 「때」가 이르렀사오니 아들을 영화롭게 하사…"(요 17:1).

특히 요한복음 7장 30절과 8장 20절 말씀을 주목해 보아야 한다. 이 말씀에는 하나님의 선하신 뜻이 그분의 삶에서 이루어질 때까지는 그분이 죽지 않으신다는 않는다는 사실이 기록되어 있다.

● 42단계 : 벳새다에서 예루살렘으로 가심(요 7:10-10:39)

1. 장막절에 참석하심

이때 예수님은 많은 논란의 대상이 된다(요 7:12, 43).

[1] **어떤 사람들은 그분을 좋은 사람이라고 생각했다.**

[2] **어떤 사람들은 그분을 사기꾼이라고 생각했다.**

[3] **어떤 사람들은 그분을 훌륭한 선생으로 생각했다**(7:14, 15, 46).

[4] **어떤 사람들은 (특히 삼십팔 년 된 병자를 고치신 후에) 그분을 안식일을 범하는 사람으로 보았다**(7:19-25).

[5] **어떤 사람들은 그분을 선지자로 생각했다**(7:40).

[6] **어떤 사람들은 그분을 그들의 메시야로 영접했다**(7:31, 41).

2. 여덟번째 예언 : 자신의 승천에 관한 예언(요 7:33, 34)

[1] **주님은 그들이 자신을 찾아도 만나지 못할 것이라고 말씀하신다.**

[2] **주님은 이후에는 자신은 그들이 올 수 없는 곳에 있을 것이라고 말씀하신다.**

3. 아홉번째 예언 : 오순절에 관한 예언(요 7:37-39)

[1] **예수께서 영광을 받으신 후에 성령이 임하게 될 것이다.**

[2] **성령은 모든 성도들 안에 생수의 강(江)을 만들어내실 것이다.**

"명절 끝 날 곧 큰 날에 예수께서 서서 외쳐 가라사대 누구든지 목마르거든 내게로 와서 마시라 나를 믿는 자는 성경에 이름과 같이 그 배에서 생수의 강이 흘러나리라 하시니"(7:37, 38).

그레이스 신학교(Grace Seminary)의 호머 켄트(Homer Kent) 박사는 다음과 같이 주장한다.

> "관습에 따라 제사장들은 그 절기 동안 실로암 연못에서 매일 물 한 동이씩을 길어 그것을 가지고 행렬을 지어 예루살렘 성전으로 간다. 거기서 그 물을 번제단에 부음으로 그들은 하나님께서 광야에서 어떻게 이스라엘 백성의 필요를 공급해 주셨는가를 기억하게 된다. 제 8일에는 그 의식이 행해지지 않았는데, 이것은 이스라엘 백성이 약속의 땅에 정착한 것을 의미한다. 만일 이 사건이 제 8일에 일어났다면, 그리스도께서 자신에게로 와서 생수를 마시라고 사람들을 초대한 것은 특히 극적이었을 것이다. 왜냐하면 주님은 자기가 그 명절에 행해진 예표(typology)의 성취라고 주장하셨기 때문이다. 주님은 영적인 생수의 공급자이셨다!"(요 4:10 / 고전 10:4 참조)

4. 예수님을 옹호하는 니고데모(7:50-53)

[1] 니고데모

"우리 율법은 사람의 말을 듣고 그 행한 것을 알기 전에 판결하느냐."

[2] 바리새인들

"너도 갈릴리에서 왔느냐 상고하여 보라 갈릴리에서는 선지자가 나지 못하느니라."

지금까지 갈릴리에서 어떤 선지자도 나오지 않았다는 바리새인들의 생각은 잘못된 것이었다. 요나는 갈릴리에서 나왔고 나훔도 또한 그곳 출신이었을 것이다.

5. 주님이 간음한 여자를 용서하심(요 8:1-11)

[1] 이 사건은 바리새인들이 예수님으로 하여금 모세의 율법을 어기게 함으로 그분을 올무에 빠뜨리려는 종교적 시도로 사용된다.

[2] 그러나 구세주는 오히려 그들을 역공하셨고, 결국 비난하던 자들은 비난을 받으며 슬금슬금 사라졌고 비난받던 여인은 용서를 받고 자유로운 몸이 되어 자기의 길을 갔다.

(1) 바리새인들이 예수님께 말한다.

"이 여자가 간음하다가 현장에서 잡혔나이다 모세는 율법에 이러한 여자를 돌로 치라 명하였거니와 선생은 어떻게 말하겠나이까"(레 20:10 / 신 22:23, 24 참조).

(2) 예수님은 (땅에 무엇인가를 쓴 후에) 바리새인들에게 말씀하신다.

"너희 중에 죄없는 자가 먼저 돌로 치라."

(3) 예수님은 그 여자에게 말씀하신다.

"여자여 너를 고소하던 그들이 어디 있느냐?"(그녀는 자기를 정죄하던 자들이 가버렸다고 대답한다.)

"나도 너를 정죄하지 아니하노니 가서 다시는 죄를 범치 말라."

6. 열번째 예언 : 그분의 부활에 관한 예언(요 8:14, 21)

7. 열한번째 예언 : 그분의 죽음에 관한 예언(요 8:28)

8. 주께서 아버지에 관해 말씀하니 많은 사람들이 주님을 믿음(요 8:30—32)

1 주님은 그들에게 자신의 말씀 안에 거하라고 권고하신다(8:31).

2 주님은 그들에게 이 진리가 그들을 자유롭게 할 것이라고 약속하신다(8:32).

9. 아홉번째 설교 : 마귀와 그의 자녀들에 관한 설교(요 8:33—59)

1 예수께서는 자기들이 참 아브라함의 자손이라는 그들의 교만한 주장을 논박하신다.

(1) 그들은 아브라함이 행한 것과 같은 일을 하지 않고 있다(8:37—43).

(2) 그들은 사단이 행한 것과 같은 일을 하고 있다(8:44).

2 그들은 또 다시 주님이 귀신들렸다고 비난한다(8:48, 52). 또한 "우리가 음란한 데서 나지 아니하였고"(8:41)라는 그들의 냉소적인 암시를 주목해 보자. 이것은 유대인들이 그리스도의 탄생을 둘러싼 특이한 상황에 의심을 품으며 헐뜯는 말을 하는 여러 경우들 중의 하나이다. 주님이 이 후에 한 소경을 고치셨을 때, 바리새인들은 고침받은 자에게 "너는 영광을 하나님께 돌리라 우리는 저 사람[예수님]이 죄인인 줄 아노라"(요 9:24)고 말하며, 그것을 믿으려 하지 않는다.

3 예수께서는 아브라함이 나기 전부터 자기가 있었다고 주장하신다(8:56—58).

"너희 조상 아브라함은 나의 때 볼 것을 즐거워하다가 보고 기뻐하였느니라"(8:56).

이 일은 아브라함의 생애에서 언제 일어났는가?(창 22장 / 히 11:17—19 참조)

"유대인들이 가로되 네가 아직 오십도 못 되었는데 아브라함을 보았느냐"(8:57).

여기에 나타난 그들의 말을 통해 우리는 주께서 감당하신 엄청난 압력과 짐을 추측해 볼 수 있다. 여기서 33세에 불과한 주님이 50세로 오해를 받고 있다.

"예수께서 가라사대 진실로 진실로 너희에게 이르노니 아브라함이 나기 전부터 내가 있느니라"(8:58).

"내가 있었느니라"(I was)라고 하지 않고 "내가 있느니라"(I am)라고 말한 것을 주목해 보라(출 3:14 참조).

4 유대인들은 주님을 돌로 치려 하였으나 주님은 이를 피하신다(8:59).

10. 스물네번째 이적 : 날 때부터 소경된 사람을 고치심(요 9:7)

1 예수님은 하나님께서 그 사람을 소경으로 태어나게 하신 이유를 설명하신다. 그것은 죄 때문이 아니라, 하나님께서 영광을 받으시기 위해서였다(9:1—3).

2 주님은 땅에 침을 뱉고 진흙을 이겨 그 소경의 눈에 바르고, 그에게 실로암 못에 가서 씻으라고 명령하신다(9:6, 7).

3 그 사람은 명령받은 대로 하여 시력을 회복한다.

4 이제 다음과 같은 다섯 가지 대화가 오고간다.

(1) **소경과 그의 이웃 사람들과의 대화**(9:8—12)

① 어떤 사람들은 그가 앉아서 구걸하던 사람이라 하고, 어떤 사람들은 아니라고 말한다.

② 그는 자기가 바로 그 사람이라고 주장하며 그들에게 예수님에 관해 증거한다.

(2) **소경과 바리새인들의 대화**(9:13—17)

① 바리새인들은 이 일이 안식일에 일어났기 때문에 몹시 격노한다.

② 그들은 그 소경의 증거를 받아들이려 하지 않는다.

(3) 바리새인들과 그 사람의 부모와의 대화(9:18－23)

① 부모들은 문제의 그 사람이 진짜 소경으로 태어난 아들이라는 사실을 인정한다.

② 그러나 그들은 출교당할 것을 두려워하여 예수님을 신뢰하지 않는다.

(4) 소경과 바리새인들의 대화(9:24－34)

① 소경은 그의 증거를 되풀이한다.

② 바리새인들은 그를 조롱하고 그가 예수님의 제자라고 고발한다.

(5) 소경과 예수님의 대화(9:35－38)

① 예수님은 그가 하나님의 아들을 믿는지 질문하신다.

② 그 사람은 예수님이 누구인지 믿고 싶다고 말하며 더 알게 되기를 원한다.

③ 예수님은 그분의 신성을 선언하고 그 소경의 경배를 받는다.

(6) 예수님과 바리새인들의 대화(9:39－41)

① 주님은 자신이 세상의 빛이라고 말씀하신다.

② 주님은 그들에게 그들이 무서운 영적 소경이라고 경고하신다.

[5] 놀라운 이적(요 9장)

(1) 이 이적으로 두 가지 잘못된 생각들이 시정된다.

① 개인은 태어나기 전부터 죄를 지을 수 있다는 생각(1, 2절 참조).

② 모든 고난은 죄의 직접적인 결과라는 생각(3절／요 11:4, 14, 15 참조). 여기서 제자들은 욥의 세 "친구들"이 범했고 또한 몇몇 현대의 신앙요법가들이 범하는 서글픈 오류, 즉 모든 고난은 죄의 결과라는 가정을 받아들였다.

(2) 이 이적으로 세 가지 사실들이 확인된다.

① 종교 지도자들이 가장 심각한 소경인 경우가 종종 있다는 사실(16, 24, 39－41절 참조).

② 많은 사람들이 두려움 때문에 그리스도를 영접하지 못한다는 사실(18－23절／요 12:42, 43 참조).

③ 예수께서 자기가 바로 하나님의 아들이라고 주장한 사실(35－38절 참조).

11. 열번째 설교 : 선한 목자에 관한 설교(요 10:1－18)

[1] 선한 목자는 그의 양을 안다(10:3, 14).

[2] 선한 목자는 그의 양을 인도한다(10:3, 4, 27).

[3] 선한 목자는 그의 양과 더불어 말한다(10:3, 4, 27).

[4] 선한 목자는 그의 양을 구원한다(10:9, 28).

[5] 선한 목자는 그의 양을 풍성하게 먹인다(10:10).

[6] 선한 목자는 그의 양을 위해 죽는다(10:11, 15).

[7] 선한 목자는 그의 양을 모은다(10:16).

12. 열번째 설교의 요약

요한복음 10장을 가장 훌륭하게 요약한 사람은 호머 켄트 박사이다.
그는 다음과 같이 요약한다.

1 선한 목자는 그의 양을 불러모은다(10:1-6)

팔레스틴의 양우리는 보통 마을 근처에 울타리로 둘러쳐져 있다. 많은 목자들이 밤에는 양을 우리에 넣어 두고, 아침이 되면 각각 그 자신의 양을 모아 풀밭으로 이끌고 나간다. 목자들이 양떼를 불러 모으는 아침의 행동이 바로 이 강화(講話) 첫 부분의 주제다.

이 이야기에 나오는 목자는 그리스도를 나타내고, 양우리는 그리스도께서 올 때까지 하나님의 백성들을 보호하는 종교적 체제, 즉 유대교를 나타낸다. 이것은 10장 16절 말씀으로부터 명확하게 드러나는데, 거기에서 예수님은 이방인들을 가리켜 "이 우리에 들지 아니한 다른 양"이라고 말씀하셨다. 또한 기억해두어야 할 것은, 예수님의 이 말씀을 듣고 있는 자들이 다름 아닌 유대교의 지도자들, 즉 그 소경이 유대교에서 출교되는 것을 방금 목격한 자들이었다는 사실이다. 따라서 주님은 유대교가 메시야 및 그를 따르는 자들과 어떻게 관련되고 있는지를 설명하신 것이었다. 그 우리는 천국을 나타내지 않는다. 왜냐하면 천국에는 도둑이나 강도들이 없기 때문이다(마 6:20). 그것은 구원이나 교회를 나타내는 것도 아니다. 왜냐하면 목자가 이 우리 속에서 이미 그의 양을 찾아서 그들을 거기로부터 인도해냈기 때문이다(10:3).

(1) 선한 목자는 정당한 길을 통해 우리 안으로 들어간다(10:1, 2)

양에 대한 정당한 권리를 지닌 목자는 남몰래 그 우리로 들어가거나 담을 넘어갈 필요가 없다. 그는 문을 통해 들어갈 수 있다. 이와 같이 그리스도께서는 자신의 백성에 대한 권리를 가지고 있기 때문에 그들에게로 오실 수 있었다. 구약성경의 예언들이 말한 사람은 다른 사람이 아닌 주님이었다. 주님은 이사야가 예언한 대로(사 7:14) 동정녀에게서 탄생하셨다. 주님은 자신의 법적 부친인 요셉으로부터 "다윗의 위(位)"라는 칭호를 받았다(마 1:1-16).

(2) 문지기는 그를 위하여 문을 열어 준다(10:3 상반절)

문지기는 목자가 오기까지 우리를 책임지고 있다가 그에게 양을 돌려주는 사람이다. 이 문지기는 위대한 목자인 주님을 그 민족에게 공식적으로 소개한 사람인 침례(세례) 요한인 것 같다(1:26-34).

(3) 선한 목자는 자기 양의 이름을 부른다(10:3 중반절)

팔레스틴의 양우리에는 많은 양떼들이 들어 있으나 목자들이 각각 그들의 이름을 부르면 서로 나뉘어졌다. 이처럼 그리스도께서 이스라엘 백성에게 왔을 때, 모든 유대인들이 그가 메시야라는 것을 알아보지는 못했다. 비록 대부분의 유대인들이 유대교라는 종교 체제를 충실히 따르기는 했지만, 그들이 모두 하나님의 진실되고 신령한 양떼들은 아니었다. 그러나 몇몇 사람들은 그의 진실된 양떼들이었다. 진실로 이스라엘의 구속을 기다리고 오신 구세주를 기쁨으로 영접한 몇몇 사람들이 있었다(예 : 사가랴, 엘리사벳, 시므온, 안나, 마리아, 요셉). 본문의 그 소경도 그러한 사람들 중 하나였다. 참 목자가 왔을 때, 그는 그분의 음성을 알아들었다.

(4) 선한 목자는 양우리에서 그의 양을 인도하여 낸다(10:3 하-6)

예수께서 자신을 그 백성들에게 나타내셨을 때 종교 지도자들은 그분을 거절하였다. 그들은 주님을 핍박했다. 이것은 주께서 자기와 그 소경과의 관계를 설명하신 것이다. 그는 그리스도를 좇았기 때문에 유대교에서 출교당했다. 유대교의 우리는 그 본래의 기능을 완수해 왔다. 그것은 그 민족을 모세 율법의 보호 아래 두고 우상을 섬기는 세상의 민족들로부터 지키려는 것이다. 그러나 이제 그리스도께서 오심으로써 새로운 질서가 시작되고 있었다(갈 3:24, 25 참조). 바리새인들은 예수께서 그 소경을 인도해 낸 것이 아니라 그들이 그 사람을 출교시켰다고 반박할 수도 있을 것이다. 그러나 주권자인 하나님은 자신의 뜻을 성취시키기 위하여 종종 인간의 행위를 사용하신다. 메시야는 옛 예언들의 성취로서 그분의 양떼를 불러모으고 계셨다. 이 본문의 어디에도 양떼들을 다시 우리 안으로 이끌어들인다는 언급이 없다는 것은 흥미로운 사실이다.

예수님의 청중은 주로 불경건한 바리새인들로 구성되어 있었고(9:40), 그들은 이 비유에 내포된 진리를 이해하지 못했다(10:6).

[2] 선한 목자는 그의 양떼를 풍성하게 먹인다(10:7-10)

예수께서는 또 다른 교훈을 주는 두번째 장면을 계속 묘사하셨다. 그 장면은 한낮에 마을 근처의 우리에서 이끌려나온 양들이 꼴과 물을 얻기 위하여 풀이 많은 언덕과 시냇물로 인도되는 모습을 나타낸다. 예수님은 자신의 백성을 위해 예비한 것에 관한 진리를 가르치기 위해서 자신을 "문"(door)이라 칭하셨다. 그러나 우리는 주님을 우리의 문으로 생각해서는 안 된다. 왜냐하면 주님은 그 문으로 들어간 선한 목자로 불렸기 때문에 양우리의 문과는 이미 구별되었다(10:2). 오히려 우리는 양이 그늘과 물을 찾기 위하여 들어가며 거기서 꼴을 발견할 수 있는 무성한 숲으로 들어가는 입구를 대표하는 것으로 그 문을 이해해야 한다.

(1) 그분은 구원의 문이다(10:7-9 상반절)

양에게 가장 안전한 곳은 목자 가까이에 있는 것이다. 마찬가지로 영적 구원에서도 사람은 그리스도와 연합함으로 구원을 받는다. 그분을 주님과 구세주로 믿음으로써 성도는 구원의 방주로 인도된다. 그리스도는 우리의 선한 목자가 되셨고 우리의 모든 필요들을 채워줄 책임을 떠맡으신다.

(2) 그분은 풀밭으로 인도되는 문이다(10:9 하반절)

목자들은 자기 양떼들을 위해 풀밭을 찾을 책임이 있었는데, 그처럼 건조한 땅에서 그것은 항상 쉬운 작업만은 아니었다. 따라서 그리스도는 성도들에게 꼴을 공급하는 사람이며, 그들의 영적 성장은 그들이 주님의 말씀을 듣고 그것을 따름으로 주님과 더불어 살아갈 때 이루어진다(행 20:32/딤전 4:6/벧후 3:18). "들어가며 나오며"라는 말은 살아가며 자기의 일을 수행하는 개념을 묘사하기 위한 성경의 일반적인 관용어이다(신 31:2/대하 1:10/행 1:21).

(3) 그분은 풍성한 생명으로 통하는 문이다(10:10)

성도가 그리스도로부터 받는 생명은 영원하다. 그것은 단순히 육신적 생명의 연장만이 아니라 그가 지금까지 알아온 생명보다 훨씬 더 풍요로운 생명이다. 그리고 그리스도를 믿는 순간에 그는 그 생명을 경험하기 시작한다. 기도로 하나님께 나아가고 죄의 완전한 용서를 깨달으며 하나님의 말씀을 조명해주어 그의 일상 생활을 인도하는 성령을 받는 것, 이 모든 것들과 그 밖의 다른 많은 것들이 그리스도인의 생활에 풍성함을 더해준다.

선한 목자에 관한 설교(요한복음 10장 1－28절)

"도적이 오는 것은 도적질하고 죽이고 멸망시키려는 것뿐이요 내가 온 것은 양으로 생명을 얻게 하고 더 풍성히 얻게 하려는 것이라

나는 선한 목자라…"(요 10:10, 11).

아침 장면

선한 목자가 자기 양떼를 불러모은다.

말씀	의미
• 그는 유일하고 참된 목자이다(10:1, 2).	다른 모든 종교지도자들에 대한 저주
• 문지기는 그를 위하여 문을 열어 준다(10:3).	침례(세례) 요한에 대한 언급
• 그는 그의 양의 이름을 각각 부른다(10:3).	낯선 사람은 결코 할 수 없는 일
• 그는 우리에서 양들을 인도하여 낸다(10:3－6).	유대교의 우리

한낮 장면

선한 목자가 자기 양떼를 먹인다.

• 구원의 문과 꼴(10:9).	"내가 문이니 누구든지 나로 말미암아 들어가면 구원을 얻고."
• 성화의 문과 꼴(10:10).	"내가 온 것은 양으로 생명을 얻게 하고 더 풍성히 얻게 하려는 것이라."

저녁 장면

선한 목자가 자기 양떼를 보호한다.

- 그는 양들을 위하여 자기 목숨을 버린다(10:11).
- 그는 양을 알고 양은 그를 안다(10:14, 27).
- 그는 자기 양들을 모은다(10:16).
- 그는 양들을 위하여 다시 살아난다(10:18).
- 그는 자기 양들에게 영생을 준다(10:28, 29).

3 **선한 목자는 자기 양떼를 보호한다**(10:11－18)

장면은 이제 저녁으로 바뀐다. 흔히 팔레스틴 목자들은 특히 건기에는 목초지와 물을 찾아 양떼들을 마을에서 아주 먼 곳까지 몰고 나가기 때문에 그들은 밤중까지도 우리로 돌아올 수 없게 되는 경우가 자주 있다. 그러면 그들은 밖에서 밤을 지새우게 된다. 그러나 바로 이때가 가장 위험하고 따라서 목자들의 보호를 가장 필요로 하는 때이다.

(1) 그는 자기 양들을 위해 목숨을 버린다(10:11–13)

많은 목자들이 자기 양떼를 지키다가 목숨을 잃었다. 그들은 들짐승들의 공격뿐만 아니라 칼과 몽둥이로 무장한 강도들과 싸워야 했다. 이 경우에 그들이 죽는다 해도 그 죽음은 언제나 우연에 지나지 않는 것이었다. 이에 반해 그리스도도 또한 자기 양들을 구하기 위해 목숨을 바치나, 주님은 자발적으로 목숨을 바칠 것이다. 주님은 "그의 목숨"을 내어주실 것이다. 주님의 양들은 가장 어려운 위험에 처해 있었다.

"우리는 다 양 같아서 그릇 행하여 각기 제 길로 갔거늘"(사 53:6).

예수님은 여기서 이듬해 봄에 있는 자신의 죽음을 예언하고 있었다.

목자의 그러한 희생적 행위는 삯꾼의 행위와 뚜렷한 대조를 보이는데, 삯꾼의 유일하고 진정한 목적은 자기의 개인적인 유익이다. 삯꾼은 자기들에게 유익할 때는 양들을 지키지만 다른 사람의 재산을 위해 그들의 목숨을 바치지는 않을 것이다. 이 말씀은 자기 직업에서 이익을 취하기는 하나 "양들"에게 진정한 관심을 쏟지 않는 종교 지도자들을 가리키는 것 같다.

(2) 그는 자기 양을 안다(10:14, 15)

이 선한 목자는 자기 양들을 너무나 잘 알기 때문에 그들을 보호한다. 그는 그들이 쉽게 길을 잃는다는 것과 그들이 연약하다는 것을 안다. 따라서 그는 양들과 흩어지지 않고 떼를 지어 함께 있도록 한다. 목자는 자기 양떼들에 대한 모든 것을 알고 있기 때문에 그들 중 어떤 양도 길을 잃고 버려질 수는 없다.

"내게 주신 아버지의 이름으로 저희를 보존하와 지키었나이다"(17:12).

그분이 자기 양을 아는 지식은 그리스도와 하나님이 서로에 대해 아는 지식과 같이 완전하다.

(3) 그는 자기 양들을 모은다(10:16–18)

선한 목자이신 그리스도는 또한 유대교의 "울타리(우리)"에 속하지 않는 "다른 양들"을 모으는 데 관심을 가지고 있다. 이 말씀은 선한 목자가 복음이 선포되는 세상 곳곳으로부터 이방인들을 모으려 하는 것을 가리키는 것 같다. 복음으로 부르는 목자의 음성을 듣고 따라오는 양들은 "한 목자"에 속하는 "한 양떼"들이 된다. 그리스도의 죽음과 또 오순절날에 신약학교가 설립된 이후에, 그리스도를 따르는 모든 사람들은 유대인이나 이방인이나 선한 목자이신 그리스도를 소유한 양떼의 일원이 된다. 사도 바울이 그것이 유대인과 이방인 모두를 구성원으로 하는 하나님의 지체라고 말했다(엡 3:6/골 3:11).
[『어둠 속의 빛』(*Light in the Darkness*), pp. 138–142]

13. 열두번째 예언 : 자신의 죽음에 관한 예언(10:17, 18)

1 아버지께서 주님을 사랑하는 것은 주님이 다시 목숨을 얻기 위하여 목숨을 버리시기 때문이다.

2 어떤 사람도 주님의 목숨을 빼앗지 못할 것이다.

14. 사람들의 반발을 불러일으킴

주님의 설교는 사람들로 하여금 다시 그분 편에 서거나 반대하도록 결심시키는 원인이 된다(10:19–21).

주님은 다시 바리새인들과 맞서게 된다(10:22—39).

[1] 주께서 자신은 아버지와 하나라고 주장하자 그들은 주님을 돌로 치려고 한다(10:30—33).

[2] 주님은 음식맛은 먹어보아야 안다고 응수하신다. 즉, 자신의 놀라운 이적들에 의해 증명된 자신의 말씀의 타당성을 비판해 보라고 하신 것이다(10:34—38).

그들은 주님을 잡으려고 하나 다시 한 번 주님은 그들의 손에서 피신하신다(10:39). 이스라엘은 이제 그의 '사역'을 거절하고(요 5:16) 그의 '말씀'을 거절하게 되었다(요 8:58, 59 / 10:30, 31).

● 43단계 : 예루살렘에서 베레아로 가심(요 10:40—42)

[1] 주님은 요단 강을 건너가 전에 요한이 침례(세례) 주던 지역에서 잠시 거한다.

[2] 그 지역의 많은 사람들이 주님을 믿는다.

제 3차 년도 사역의 종결

● 44단계 : 베레아에서 가이사랴 빌립보로 가심
(마 16:13—28 / 막 8:27—9:1 / 눅 9:18—27)

1. 여섯번째 기도 : 가이사랴 빌립보 근처에서 기도하심(눅 9:18)

[1] 예수님은 다른 사람들이 자기를 누구라고 생각하느냐고 제자들에게 질문하신다. 이에 제자들이 대답한다.

(1) 어떤 사람들은 그분을 침례(세례) 요한으로 생각했다.
(2) 다른 사람들은 그분을 엘리야라고 생각했다.
(3) 어떤 사람들은 그분을 예레미야라고 생각했다.

[2] 주님은 제자들은 자신을 누구라고 생각하느냐고 질문하신다. 이에 베드로가 대답한다(마 16:16).

(1) 주는 메시야시다.
(2) 주는 살아계신 하나님의 아들이시다.

[3] 예수님은 그의 고백이 하나님으로 말미암은 것이라는 사실을 지적한다.

2. 열세번째 예언 : 교회에 관한 예언(마 16:18, 19)

주님은 장차 세워질 그분의 교회에 대하여 다음과 같은 것들을 약속하신다.

[1] 주님은 베드로가 방금 한 것과 같은 신앙고백 위에 교회를 세우실 것이다.

[2] 음부의 권세도 그 교회를 이기지 못할 것이다.

[3] 성도들은 천국의 열쇠를 받을 것이다.

[4] 하늘과 땅이 영적인 문제를 매고 푸는 데 협력할 것이다.

이 구절은 즉시 다음과 같은 의문들을 불러일으킨다.

(1) 예수님은 자신의 교회를 베드로 위에 세우고 그를 교회의 초대 교황으로 삼으려고 하셨는가?

우리는 주님이 그럴 생각이 없었다고 명확히 단정할 수 있다. 그 이유는 다음과 같다.

① 그리스도는 그 후에 다른 제자들에게도 여기서 베드로에게 주신 것과 같은 책임을 맡기셨다(마 16:19과 요 20:22, 23을 비교하라).

② 신약성경은 그리스도가, 그리고 그리스도만이 그분의 교회의 "기초"라고 명확하게 제시한다(행 4:11, 12/고전 3:11/벧전 2:4-8 참조).

③ 신약성경은 그리스도가, 그리고 그리스도만이 그분의 교회의 "머리"라고 명확하게 제시한다(엡 1:20-23/5:23/골 1:18/2:18, 19 참조).

④ 헬라어 원문에는 약간의 언어의 유희가 나타난다. "너는 베드로〔'페트로스'(petros), 작은 돌〕라 내가 이 반석 〔'페트라'(petra), 거대한 암석〕 위에 내 교회를 세우리니."

⑤ 베드로의 개인적인 증거 때문이다(벧전 5:1-4 참조).

⑥ 후에 예루살렘 교회에서 사제로 활동한 사람은 야고보였지 베드로가 아니었다(행 15:13, 19 참조).

그러면 그리스도께서 말씀하신 것은 무엇인가? 그 대답은 에베소서 2장 19-22절과 요한계시록 21장 14절에 나와 있다. "음부의 권세가 이기지 못하리라"라는 말은 무엇을 의미하는가? 버논 맥기는 다음과 같이 기록한다.

> "음부의 권세란 「죽음의 문」을 가리킨다. 여기에 사용된 말은 보이지 않는 세계를 지칭하며, 죽음을 의미하는 구약의 음부(陰府)나 「스올」(Sheol)과 같다. 죽음의 문은 그리스도의 교회를 이기지 못할 것이다"〔『마태복음 강해』(*Matthew*) 2권, p. 23〕.

이 영광스러운 사건은 「휴거」(rapture)라고 불린다(살전 4:13-18/고전 15:51-57 참조).

예수께서 베드로에게 준 "천국의 열쇠"는 무엇이었는가? 물론 열쇠는 문을 열고 이전에 갇혀 있던 어떤 것을 사용할 수 있게 하는 것이다.

[5] 예수께서는 여기서 베드로가 다양한 사람들을 위해 구원의 문을 여는 특권을 받게 될 것이라고 예언하신다. 그는 그 후에 이 일을 행했다.

(1) 그는 오순절날 이스라엘 백성들에게 기독교의 문을 열었다(행 2:38-42).

(2) 그는 사마리아인들에게 같은 일을 행했다(행 8:14-17).

(3) 그는 가이사랴의 고넬료의 집에서 이방인들에게도 이 사역을 수행했다(행 10장).

[6] 그리스도는 마태복음 16장 19절의 "매고 푼다"는 것을 무슨 의미로 말씀하셨는가?

이 권세는 모든 사도들과 심지어 다른 신자들에게도 주어졌다(마 18:18/요 20:22, 23 참조). 크리스웰(W. A. Criswell)은 다음과 같이 말하고 있다.

> "헬라어에서는 과거에 이미 끝났으나 그 결과가 현재에까지 미치고 있는 이중 개념을 표현하기 위하여 미완료시제가 사용된다. 다시 말하면 '이미 매어졌고 지금도 매어져 있으며', '이미 풀어졌고 지금도 풀어져 있다.' 그 의미는 다음과 같다. 만일 제자들이 청지기로

서 자신들의 능력에 따라 직분을 성실히 수행한다면 그들은 천국에서 미리 계시된 원리와 그들이 세움받은 목적에 따라서 행동하게 될 것이다"[『마태복음 주해』(*Expository Notes on Matthew*), p. 101].

다시 말하면, 성령 충만한 성도들의 모든 행동은, 그것이 적극적 행동이건 소극적 행동이건간에 그 행동에 천국의 놀라운 권위를 수반하게 될 것이다.

3. 열네번째 예언 : 자신의 부활에 관한 예언(마 16:21 / 막 8:31 / 눅 9:22)

1 인자는 많은 고난을 받을 것이다.

2 그는 장로들과 대제사장들과 서기관들에게 거부당할 것이다.

3 그는 죽임을 당하고 제 삼 일에 다시 살아날 것이다.

4 주님은 베드로의 권고를 받고 그를 꾸짖으신다(마 16:22, 23 / 막 8:32, 33). 몇몇 경우에 하나님은 사람들을 통해 사단을 꾸짖으셨다(창 3:14, 15 / 겔 28:11－19 참조).

5 주님은 인간 생명의 참 가치에 대하여 말씀하신다(마 16:24－26 / 막 8:34－37 / 눅 9:23－25).

(1) 어떻게 해서든지 목숨을 얻으려고 하면 오히려 그것을 잃을 것이다.

(2) 주님을 위하여 그 목숨을 버리려고 하면 오히려 그것을 얻을 것이다.

(3) 천하를 얻고도 자기 영혼을 잃는다면 그것은 비극적인 교환이다.

4. 열다섯번째 예언 : 자신의 재림에 관한 예언(마 16:27 / 막 8:38 / 눅 9:26)

1 주님은 언젠가 이 땅에 다시 오실 것이다.

(1) 그분의 아버지의 영광으로 오신다.

(2) 그분의 천사들과 함께 오신다.

2 주님은 각 사람의 말과 행동에 따라 모든 사람에게 갚아 주실 것이다.

5. 열여섯번째 예언 : 자신이 변화되실 것에 관한 예언(마 16:28 / 눅 9:27)

● 45단계 : 가이사랴 빌립보에서 헤르몬 산으로 가심
(마 17:1－23 / 막 9:2－32 / 눅 9:28－45)

1. 일곱번째 기도 : 변화산 위에서의 기도(눅 9:28, 29)

2. 주님이 변화되심(마 17:2 / 막 9:3 / 눅 9:29)

1 베드로와 야고보와 요한은 기도하기 위해 예수님과 함께 헤르몬 산 꼭대기로 올라가나 곧 잠이 든다.

2 예수님의 얼굴이 갑자기 해와 같이 빛나고 그분의 옷은 눈처럼 희게 된다.

3 주님은 하늘의 두 방문객들, 즉 모세와 엘리야를 영접하며 그들은 주님의 죽음과 부활과 예루살렘에서의 승천에 관하여 말한다.

4 그 세 사람은 이제 제자들에게 나타나고 베드로는 다음과 같이 말한다.

"주여 우리가 여기 있는 것이 좋사오니 주께서 만일 원하시면 내가 여기서 초막 셋을 짓되 하나는 주를 위하여, 하나는 모세를 위하여, 하나는 엘리야를 위하여 하리이다."

[5] **하나님은 이때 그들을 덮고 있는 빛난 구름 속에서 말씀하신다.**

"이는 내 사랑하는 아들이요 내 기뻐하는 자니 너희는 저의 말을 들으라"(마 17:5).

[6] **그 세 제자들은 두려워 얼굴을 땅에 대고 엎드리나 예수님은 그들을 안심시키신다.**

[7] **변형에 대한 고찰**

(1) 성경은 이 일이 밤중에 일어났을 수도 있다는 것을 암시한다. 왜냐하면 그 세 제자들이 깊은 잠에서 방금 깨어났기 때문이다(눅 9:32 참조).

(2) 예수님을 갑자기 내려 비추던 그 빛은 주님 안에서 나온 빛이지 어떤 거대한 우주로부터 나온 빛은 아니다. 주님의 얼굴이 먼저 변화되고 다음에 그분의 옷이 변화되었다. 사울은 후에 요한이 본 것 같은(계 1장) 이처럼 빛나는 구세주를 보게 될 것이다(행 9장). 사단은 그리스도의 내면의 광채를 모방하려 했으나 실패했다(고후 11:14 참조).

(3) "변형되사"(transfigured)라는 말은 헬라어로 『메타모르포』(metamorphoo)이다. 이 말에서 '변태'(metamorphosis)라는 말이 나왔다. 그것은 고치 속에 있던 애벌레가 나비가 되어 나오는 것을 연상케 한다.

(4) 그리스도의 변형은 그분의 '신성'을 나타내는 것이 아니라 그분의 '인성'을 나타낸다. 변형이 바로 인성의 목표인 것이다. 우리는 휴거 때 이 일을 체험하게 될 것이다. 아담과 하와는 내면에서 우러나오는 순진무구의 빛으로 옷입었을 것이다. 그러나 이 모든 것들은 죄를 지음으로 사라져버렸다.

(5) 모세와 엘리야 두 사람이 나타난다. 이 두 사람은 전에 하나님으로부터 특별한 계시를 받았으며, 그것도 같은 장소(시내 산 또는 호렙 산)에서 받았다(출 33:17-23/왕상 19:9-13 참조). 그 변용은 모세의 두 가지의 요청에 대한 응답이었다.

① "하나님의 영광을 보는 것"(출 33:18 참조).

② "약속의 땅으로 들어가는 것"(신 3:23-25 참조).

[8] **베드로는 여기서 경솔하게 초막 셋을 짓겠다고 말한다.** 이때 예루살렘에서는 장막절(초막절)이 지켜지고 있었던 것 같다. 이것은 이스라엘이 애굽으로부터 구속받는 것을 생각나게 하는 것일 뿐 아니라 장래의 천년왕국의 전형이 될 수도 있었다(레 23:34-44 참조). 그러나 이것(천년왕국)이 있기 전에 '또 다른' 축제(즉, 유월절)가 있게 될 것이다(레 23:4-8/마 26, 27장 참조).

"우리의 유월절 양 곧 그리스도께서 희생이 되셨느니라"(고전 5:7).

[9] **베드로는 이 위대한 사건을 결코 잊지 않았다.** 그는 그 후에 이에 대하여 기록한다(벧후 1:16-18 참조).

[10] **예수님은 자신이 "별세하실 것"에 대하여 모세와 엘리야와 이야기한다**(눅 9:31). 여기에 사용된 말은 실제로는 "탈출"(exodus)이며, 훗날 베드로도 그에게 다가오는 죽음을 묘사할 때 이 말을 사용한다(벧후 1:13, 14 참조).

3. 열일곱번째 예언 : 자신의 부활에 관한 예언(마 17:9/막 9:9)

그들이 산에서 내려올 때 예수님은 엘리야의 활동에 대하여 말씀하신다(마 17:10-13/막 9:11-13).

[1] 주님은 침례(세례) 요한이 이미 엘리야의 영(靈)으로 왔다고 말씀하신다.
[2] 주님은 엘리야가 대환난 때 친히 다시 올 것이라고 말씀하신다(말 4:5 참조).

4. 열여덟번째 예언 : 자신의 고난에 관한 예언(마 17:12 / 막 9:12)
[1] 그는 많은 고난을 당할 것이다.
[2] 그는 멸시를 받을 것이다.

5. 스물다섯번째 이적 : 간질들린 소년을 고친 이적(마 17:18 / 막 9:25 / 눅 9:42)
[1] 예수님은 그 산을 내려가서 슬퍼하는 아버지를 만난다.
(1) 그 아버지에게는 귀신들린 아들이 있었다.
① 그 귀신은 소년에게 많은 고통을 주는 원인이 되었다.
② 그 귀신은 간질병 발작을 일으키게 했다.
③ 그 귀신은 그를 사로잡아 경련을 일으키며 넘어지게 했다.
④ 그 귀신은 그로 하여금 입에서 거품을 내고 이를 갈게 했다.
⑤ 그 귀신은 자주 그에게 상처를 입혔다.
⑥ 그 귀신은 그를 불에 던지고 물로 뛰어들게 하여 죽이려 했다.
⑦ 그 귀신은 어린 시절 이래 그에게 들어와 그를 지배하였다.
(2) 그 아버지는 이 아들을 제자들에게 데려왔으나 그들은 그를 고칠 수 없었다.
[2] 예수님은 그 소년을 자기에게 데려오라고 명령하셨다.
(1) 예수님은 그 아버지에게 자기가 그의 아들을 고칠 수 있다고 생각하느냐고 질문한다.
(2) 그 아버지는 "내가 믿나이다 나의 믿음 없는 것을 도와주소서"라고 소리친다.
[3] 예수님은 그 더러운 귀신을 꾸짖으며 그 아이에게서 나오고 다시 들어가지 말라고 명령하신다.
[4] 그 귀신은 소리지르며 나오고, 그 아이로 하여금 경련을 일으키게 하여 그를 기절시킨다.
[5] 예수님은 조용히 그를 살리시고 그 고침받은 소년을, 고마워하는 아버지에게 넘겨주신다.
[6] 제자들은 자신들은 왜 그 아이를 고칠 수 없었느냐고 질문하고 예수께서 이에 대답하신다.
(1) 그들은 믿음이 부족하였다.
(2) 이런 종류의 귀신은 기도와 금식에 의해서만 쫓겨나간다.
[7] 산 위에서 방금 일어났던 일(하나님이 인간에게 의도한 상태)과 산 밑에서 일어난 장면(죄 때문에 고통당하는 인간의 현재 상태)을 비교해 보면, 거기에는 얼마나 엄청난 차이가 있는지!
[8] 이것은 아마 성경 전체에서 귀신들린 상태에 대한 가장 두려운 묘사일지도 모른다.
귀신들에 대한 개략은 다음과 같다.
(1) 기원 : 천국의 반란 때에 사단과 더불어 하나님께 반기를 든 천사들(사 14:12-15 / 겔 28:11-17 / 계 12:4 참조).
(2) 분류 : 결박된 천사들(유 6, 7절 / 벧후 2:4)과 결박되지 않은 천사들(엡 6:12).

몇몇 사악한 천사들이 이미 어두움의 사슬에 매여 있는 것은 홍수 이전의 창세기 6장에 나타난 그들의 행위 때문이었다고 어떤 사람들은 주장한다.

(3) 활동

① 그들은 하나님의 뜻에 반대한다(단 10:10－14).

② 그들은 사단의 계획을 집행한다(딤전 4:1 / 계 9장 / 16:12－14).

③ 그들은 땅 위의 사람들을 괴롭힌다. 어떤 것들은 사람을 미치게 하며(마 8:28), 어떤 것들은 벙어리로 만들며(마 9:33), 어떤 것들은 사람을 난폭하게 만들고(마 1:23－26), 어떤 것들은 귀머거리로 만든다(마 9:25).

(4) 운명(마 25:41)

6. 열아홉번째 예언 : 자신이 배반당하실 것에 관한 예언(눅 9:44 / 마 17:22)

7. 스무번째 예언 : 자신이 부활하실 것에 관한 예언(막 9:31 / 마 17:23)

[1] 인자는 사람들에게 죽임을 당할 것이다.

[2] 그분은 제 삼 일에 다시 살아나실 것이다.

● 46단계 : 헤르몬 산에서 내려와 가버나움으로 가심

(마 17:24－18:15 / 막 9:33－10:1 / 눅 9:46－50)

1. 스물여섯번째 이적 : 입에 동전을 문 고기를 잡는 이적(마 17:27)

[1] 베드로는 성전세 받는 자에게 예수께서 성전세 반 세겔을 낼 것이라고 약속한다.

[2] 예수님은 그때 세상 임금들이 누구에게 세금을 받아야 하느냐고 베드로에게 물으신다.

(1) 시민들로부터 세금을 받아야 하는가?

(2) 가족들로부터 세금을 받아야 하는가?

[3] 베드로가 자신의 실수를 알아차린다. 그러나 주님은 사람들에게 오해를 받지 않기 위해서 그 세금을 내겠다고 말씀하신다.

[4] 예수님은 베드로에게 갈릴리 바다로 가라고 말씀하신다.

(1) 그는 낚시를 던져 먼저 오르는 고기를 잡을 것이다.

(2) 그는 그 입을 열어서 은화 한 세겔을 얻을 것이다.

(3) 그는 그 동전을 가져다가 예수님과 그 자신의 세를 내게 될 것이다.

[5] 여기서 둘째 아담인 주님은, 자신이 첫째 아담이 잃어버렸던 것을 회복했다는 사실을 보여준다.

"바다의 고기와 공중의 새와 육축과 온 땅과 땅에 기는 모든 것을 다스리게 하자"(창 1:26).

2. 열한번째 설교 : 겸손과 지옥에 관한 설교(마 18:1－20 / 막 9:33－10:1 / 눅 9:46－50)

[1] 예수께서 천국에서 누가 가장 큰가에 관한 질문에 대답하신다.

(1) 주님은 그들 가운데 한 아이를 세우신다.

(2) 주님은 천국에서 가장 큰 사람은 그 아이와 같이 겸손한 마음을 가진 사람이라고

가르치신다.
(3) 주님은 자기 이름으로 어린아이를 영접하면 자기를 영접하는 것이라고 말씀하신다(마 18:5).
(4) 주님은 어린아이의 믿음을 실족하게 하는 사람은 차라리 깊은 바다에 빠져 죽는 것이 더 낫다고 자신의 말을 듣고 있는 사람들에게 경고하신다(마 18:6).
(5) 주님은 하늘에 있는 천사들이 하나님 앞에서 그들을 위하여 일한다고 말씀하신다(마 18:10).

2 예수님이 종파주의에 관한 질문에 대답하신다(막 9:38−41).
(1) 사도 요한은 열두 제자들 중 하나가 아닌 어떤 사람이 예수님의 이름으로 귀신들을 내어쫓고 다닌다고 하면서 그 사람을 비난했다.
(2) 예수께서는 그 사람이 자기를 반대하지 않는다면, 자기를 증거하는 자라고 말씀하시면서 요한의 행위를 책망하신다(눅 11:23/9:50/막 9:40 참조).
(3) 주님은 누구든지 제자들에게 친절을 베푸는 자는 그가 이방인이라도 상급을 받을 것이라고 약속하신다.

3 예수님은 지옥에 관하여 가르치신다(마 18:8, 9/막 9:43−48).
(1) 만일 당신의 손과 발 때문에 지옥에 들어가게 된다면, 그 손과 발을 찍어버리라.
(2) 만일 당신의 눈 때문에 지옥에 들어가게 된다면, 그 눈을 빼어버리라.
(3) 온전한 몸으로 영원히 꺼지지 않는 불의 지옥에 가는 것보다 손발을 끊어 버리고 천국에 들어가는 것이 더 낫다.

4 예수님은 자신이 이 세상에 온 목적을 말씀하신다.
(1) 주님은 잃은 자를 찾아 구원하기 위해 오셨다(마 18:11).
(2) 목자가 우리에 있는 아흔아홉 마리의 양을 두고 길 잃은 한 마리 양을 찾아 나서는 것같이, 주님도 잃은 자를 찾으신다(마 18:12, 13).
(3) 그는 길을 잃지 아니한 아흔아홉 마리 양보다 그 한 마리 양을 더 기뻐하신다.

5 예수님은 화해에 관하여 말씀하신다.
(1) 가능한 한, 죄 지은 형제에게 개인적으로 권고하도록 노력하라(마 18:15−17).
(2) 만일 그가 듣지 않으면 한두 사람을 더 대동하고 가서 다시 권고하라.
(3) 그래도 그가 듣지 않으면 그를 회중 앞으로 데려가라.
(4) 만일 그가 이것도 듣지 않으면 그를 이방인과 세리와 같이 취급하라.
(5) 만일 두 사람이 이 문제에 대하여 합심하여 하나님께 구하면, 하나님이 그들을 위하여 그것을 이루어 주실 것이다.
(6) 만일 두 사람이 이 문제로 인해 예수님의 이름으로 모이면, 주님이 그들 중에 함께 거하실 것이다.

3. 베드로의 용서에 관한 질문(마 18:21−25)

1 질문
"주여 형제가 내게 죄를 범하면 몇 번이나 용서하여 주리이까 일곱 번까지 하오리이까"(마 18:21).

2 대답

"네게 이르노니 일곱 번뿐 아니라 일흔 번씩 일곱 번이라도 하라"(마 18:22).
고대 유대 전통에는 아모스서 1장 3절과 2장 6절에 근거하여, 세 번 용서하면 충분하다는 것이 나타난다. 이와 대조되는 것을 보려면 창세기 4장 24절을 참조하라.

4. 열다섯번째 비유 : 용서받은 자가 남을 용서하지 않는 비유(마 18:23-35)

1 한 종이 그의 왕에게 일 만 달란트나 되는 많은 빚을 졌다.
2 그의 왕은 그 사람의 모든 재물을 팔고 그를 감옥에 가두려 하였으나, 그를 불쌍히 여겨 그의 빚을 탕감하여 주었다.
3 그 탕감받은 종은 동료 종에게 일백 데나리온이라는 아주 적은 돈을 꾸어 주었다.
4 그 종은 그 빚을 갚을 수가 없어서 동료에 의해 감옥에 갇히게 되었다.
5 그 왕은 이 사실을 알고 매우 노하여 용서해 주지 않은 그 종을 감옥에 가두라고 명령한다.

● 47단계 : 가버나움에서 베레아로 가심

(마 8:19-22/11:20-30/19:1, 2/막 10:1/눅 9:51-10:37)

1. 사람들의 생명을 구원하러 오신 예수님

주님은 많은 사람들을 고치고 그들을 가르치신다(마 19:1, 2/막 10:1).

주님은 사마리아의 한 마을로 들어가려 하나, 그분이 예루살렘을 향하여 가기 때문에 거절당한다(눅 9:51-53). 우리는 흔히 착한 사마리아인의 이야기(눅 10:30-37)에 비추어 사마리아인들을 생각하나, 그들도 유대인들과 같이 예수님을 거절하게 될 것이다.

1 야고보와 요한은 하늘에서 불을 내려 그 마을을 태우라고 주님에게 재촉한다(눅 9:54-56).
2 예수님은 그들을 꾸짖고 자신은 사람들의 생명을 멸망시키기 위해서가 아니라 그들을 구원하기 위해서 오셨다는 것을 그들에게 상기시킨다.

2. 참된 제자인지 시험하심

주님은 제자인 척하는 세 사람을 시험해 보나 모두가 그 시험에 실패한다(마 8:19-22/눅 9:57-62).

1 서기관이 예수님께 말한다.
"선생님이여 어디로 가시든지 저는 좇으리이다."
예수께서 대답하신다.
"여우도 굴이 있고 공중의 새도 거처가 있으되 오직 인자는 머리 둘 곳이 없다"(마 18:20).

2 예수께서 한 제자에게 말씀하신다.
"나를 따르라."
그 제자가 대답한다.
"주여 나로 먼저 가서 내 부친을 장사하게 허락하옵소서"(마 8:21).
예수께서 그 제자에게 말씀하신다.

"죽은 자들로 저희 죽은 자를 장사하게 하고 너는 나를 좇으라"(8:22).

3 한 제자가 예수님께 말한다.

"주여 내가 주를 좇겠나이다마는 나로 먼저 내 가족을 작별케 허락하소서"(눅 9:61).

예수께서 대답하신다.

"손에 쟁기를 잡고 뒤를 돌아보는 자는 하나님의 나라에 합당치 아니하니라"(눅 9:62).

3. 열두번째 설교 : 칠십 인의 제자를 파송하며 행하신 설교(마 11:20-24 / 눅 10:1-16)

1 주님은 그들에게 추수할 것은 많으나 일꾼이 적으니 이 문제에 관하여 기도해야 함을 상기시키신다.

2 주님은 다음과 같은 교훈들을 말씀하신다.

(1) 그들은 동리에 들어가서 성도의 가정에 머물러야 한다.

(2) 그들은 병자를 고쳐주어야 한다.

(3) 그들은 하나님의 나라를 전파해야 한다.

(4) 그들은 그들을 영접하지 않는 동리에서는 발에 묻은 먼지까지 떨어 버려야 한다.

3 주님은 다음의 세 도시에 저주를 선포한다.

(1) 고라신과 벳새다

① 두로와 시돈 사람들이 이 두 갈릴리 도시에서 행해진 권능을 목격했더라면, 그들은 회개하였을 것이다.

② 그러므로 두로와 시돈이 심판 날에 이들보다 더 견디기 쉬울 것이다.

(2) 가버나움

① 가버나움은 하늘에까지 높아졌으나, 그 불신 때문에 음부에까지 낮아질 것이다. 오늘날 이스라엘에서 가장 널리 알려진 모습들 중에 하나가 가버나움의 폐허이다.

② 저 사악한 구약의 도시인 소돔이 심판 날에 가버나움보다 더 견디기 쉬울 것이다.

4 주님은 그들을 영접하는 사람은 모두 자기를 영접하는 것이며 그들을 저버리는 사람은 자기와 하나님을 저버리는 것이라고 그들에게 말씀하신다.

4. 말씀을 전파하심

주님은 칠십 인을 둘씩 보낸 후에 나가서 말씀을 전파하신다(마 11:28-30).

1 주님은 수고하고 무거운 짐진 자들이 자기에게 와서 영혼의 안식을 얻으라고 초대하신다.

2 주님은 그들이 자기의 멍에를 지고 자기에게 배우기를 바라신다.

3 주님은 온유하고 겸손하시다.

4 주님의 멍에는 쉽고 주님의 짐은 가볍다.

"수고하고 무거운 짐 진 자들아 다 내게로 오라 내가 너희를 쉬게 하리라 나는 마음이 온유하고 겸손하니 나의 멍에를 메고 내게 배우라 그러면 너희 마음이 쉼을 얻으리니 이는 내 멍에는 쉽고 내 짐은 가벼움이라"(마 11:28-30).

이 아름다운 말씀에서 우리는 복음서에 나타난 그리스도의 유일한 자기 묘사를 보게 된다(빌 2:5-8 참조). 이것은 또한 예수님의 사역에서 중요한 전환점을 이룬다. 거부당한 왕은 이제 거부하는 민족으로부터 돌아서서 자신의 도움을 필요로 하는 모든 사람들에게, 천국이 아닌 안식과 봉사를 전파한다. 이들 중 많은 사람들은 이방인들일 것이다. "보라 나의 택한 종 곧 내 마음에 기뻐하는 바 나의 사랑하는 자로다 내가 내 영혼을 줄 터이니 그가 심판을 이방에 알게 하리라"(12:18).

이 새로운 사역을 주님께서 이전에 열두 사도들에게 주었던 다음 교훈과 비교해 보라. "예수께서 이 열둘을 내어보내며 명하여 가라사대 이방인의 길로도 가지 말고 사마리아인의 고을에도 들어가지 말고 차라리 이스라엘 집의 잃어버린 양에게로 가라"(마 10:5, 6).

5. 기뻐하며 돌아오는 칠십 인을 맞이하심(눅 10:17-20)

[1] 그들의 증거

"주여 주의 이름으로 귀신들도 우리에게 항복하더이다."

[2] 주님의 권고

(1) "사단이 하늘로서 번개같이 떨어지는 것을 내가 보았노라"(사 14:12-15 참조).

(2) "내가 너희에게 뱀과 전갈을 밟으며 원수의 모든 능력을 제어할 권세를 주었으니…"(마 16:18 참조).

(3) "그러나 귀신들이 너희에게 항복하는 것으로 기뻐하지 말고 너희 이름이 하늘에 기록된 것으로 기뻐하라."

6. 여덟번째 기도 : 돌아온 칠십 인의 보고를 듣고 드린 기도(마 11:25-27/눅 10:21, 22)

[1] 주님은 신령한 진리를 물질주의자들에게는 숨기시고 어린이와 같은 믿음을 가진 사람들에게 나타내신 아버지를 찬양한다.

[2] 주님은 이 모든 것이 아버지 보시기에 기뻐하는 일이라는 것을 아신다.

주님은 칠십 인의 제자들에게 그들의 귀중한 특권을 상기시키신다. 많은 선지자와 임금들은 그 제자들이 보는 것을 보고자 하였으나 보지 못하였고 그들이 듣는 것을 듣고자 하였으나 듣지 못하였기 때문이다(눅 10:23, 24/참조, 벧전 1:10-13/히 11:30-40).

7. 열여섯번째 비유 : 선한 사마리아인에 대한 비유(눅 10:25-37)

[1] 한 율법사가 예수님에게 영생을 얻는 방법에 대하여 묻고, 마음을 다하여 하나님을 사랑하고 이웃을 그 자신과 같이 사랑하라는 답변을 듣는다.

[2] 그 율법사는 이 때 "내 이웃이 누구오니이까"라고 묻는다(눅 10:25-37).

[3] 예수님은 그의 도전적 질문을 받아들이사, 이웃에 대한 인간의 기본적인 태도 세 가지를 묘사하시면서 다음의 비유를 말씀하신다.

(1) 예루살렘에서 여리고로 내려가던 사람이 강도를 만나 그들에게 심한 매를 맞는다. 여기에 나타난 태도는 "당신의 소유는 나의 것이다"라는 것이다.

(2) 그때 한 제사장과 레위인이 그곳으로 지나가지만, 두 사람 모두 그를 피하여 지나가고 도와주지 않는다. 여기에 나타난 태도는 "나의 소유는 나의 것이다"라는 것이다.

(3) 마지막에 한 사마리아인이 지나간다.

① 그는 그 사람을 불쌍히 여겨 기름과 포도주를 그의 상처에 붓는다.

② 그는 그 사람을 자기 짐승에 태우고 주막으로 데려간다.

③ 그는 하루 동안 그 사람과 머물고 떠날 때 그 사람이 건강을 되찾을 때까지 그를 보살펴주기에 충분한 경비를 주막 주인에게 준다. 여기에 나타난 태도는 "나의 소유는 당신의 것이다"라는 것이다.

4 예수님은 그때 그 율법사에게 누가 그 강도 만난 자의 진정한 이웃이냐고 묻는다. 물론 그는 그 사마리아인이라고 대답한다.

● 48단계 : 베레아에서 베다니와 그 인근 지방으로 가심

(마 10:34—36 / 12:22—38, 42—45 / 19:3—20:28 / 24:43—51 / 막 10:2—45 / 눅 10:38—12:9 / 13:1—17, 22—35 / 14:1—16:15, 18—31 / 17:1—37 / 18:1—34 / 요 11:1—54)

이 시기부터 승리의 예루살렘 입성 때까지의 예수님의 정확한 행적을 추적하기는 불가능하다. 다만 주님은 베다니와 여리고 그리고 베레아 지방을 자유롭게 옮겨다니셨다고 말할 수밖에 없다.

1. 베다니에 있는 마리아와 마르다의 집을 방문하심(눅 10:38—42)

1 마르다는 준비하는 일로 마음이 분주하여 마리아가 주님의 말씀만 듣고 자기를 도와주지 않는다고 예수께 불평한다.

2 예수님은 사람이 자기를 위해 일하기 전에 먼저 자기의 말을 듣는 것이 더 필요하다는 것을 마르다에게 설명하신다.

2. 아홉번째 기도 : 사람들에게 기도하는 법을 가르치기 바로 전에 하신 기도(눅 11:1)

주님은 자신이 예로 보여준 기도를 다시 되풀이하시고(마 6:9—13 참조), 기도 문제에 대하여 언급하신다(눅 11:1—13).

주님은 세상의 어떤 아버지도 자기 아들에게 떡이나 생선 대신에 돌이나 뱀을 주지는 않을 것이며, 마찬가지로 하늘에 계신 아버지도 그렇게 하지 않으실 것이라고 말씀하신다.

3. 스물일곱번째 이적 : 귀신들려 눈 멀고 벙어리된 자를 고친 이적(마 12:22 / 눅 11:14)

1 바리새인들은 또 다시 바알세불을 힘입어 그러한 이적을 행한다고 주님을 비난한다.

2 주님은 전에 말한 비유를 다시 말씀하신다.

"강한 자를 결박하지 않고야…"(막 3:22—30 / 마 12:23—32 / 눅 11:15—21 참조).

3 주님은 자기와 함께하지 않는 자는 사실상 자기를 반대하는 자라고 말씀하신다(눅 11:23).

4 주님은 다시 용서받지 못할 죄에 대하여 경고하신다(마 12:31, 32).

(1) "인자를 거역하면 사하심을 얻되."

(2) "누구든지 말로 성령을 거역하면 이 세상과 오는 세상에도 사하심을 얻지 못하리

라."

용서받지 못할 죄의 본질은 어떤 것인가? 본문의 문맥을 살펴볼 때, 그것은 그분의 지상사역 기간 동안 성령을 통해 그리스도께서 행하신 일들을 마귀에게 돌리는 것도 포함한다. 여기서 그 사악한 바리새인들은 실제로 구세주의 놀라운 이적들을 자기 눈으로 목격하고 그분의 놀라운 말씀을 자기 귀로 들었다. 이처럼 놀라운 신성의 증거를 경험한 후에 그들의 반응은 어떠했는가? 그들은 주님과 그의 사역 모두가 마귀의 힘을 빌린 것이라고 주장했다! 빛되신 주님에 대한 그와 같은 죄는 용서받을 수 없었다. 하나님께서 친히 더 이상 어떤 일을 행해야 그들을 확신시킬 수 있었겠는가?

오늘날도 용서받지 못할 죄가 저질러질 수 있는가? 위에서 언급된 것을 신중하게 검토해 볼 때, 오늘날에는 그러한 죄가 저질러질 수 없다. 그것은 그리스도께서 더 이상 육신을 입고 이 세상을 걸어다니며 이적을 행하고 말씀을 전파하지 않으시기 때문이다.

[5] 주님은 그 바리새인들을 독사의 자식들이라고 단언하며 그들은 심판날에 자신들의 그 끔찍한 말에 대하여 정죄받을 것이라고 말씀하신다(마 12:33–37).

4. 열일곱번째 비유 : 일곱 귀신과 황폐한 집의 비유(마 12:43–45 / 눅 11:24–26)

[1] 주님은 이 비유에서 거듭남이 없는 회심의 비극을 묘사하신다.

[2] 주님은 구원받지 못한 사람에게서 떠나는 더러운 귀신을 묘사하신다.

[3] 그 사람은 귀신으로부터 풀려나서 그의 삶을 깨끗이하려 한다.

[4] 그러나 마침내 그 귀신들이 돌아와 그 집이 소제되고 수리된 것을 발견한다.

[5] 그러므로 그 귀신들은 자기보다 더 악한 귀신 일곱을 데려와, 모두 여덟이 그 사람에게 들어간다.

예수님은 하나님의 말씀을 듣고 지키는 자가 자신의 육신의 어머니보다 훨씬 더 복이 있다고 한 여자에게 가르치신다(눅 11:27, 28).

5. 스물한번째 예언 : 자신의 부활에 관한 예언(마 12:38–40 / 눅 11:29, 30)

[1] 주님께서 스물일곱번째의 이적을 행한 후에도 바리새인들은 여전히 그분께 표적을 요구하고 있다.

[2] 예수님은 악한 세대에게 보여줄 표적은 요나의 표적밖에 없다고 말씀하신다.

(1) 요나는 밤낮 삼 일 동안 큰 물고기 뱃속에 있었다.

(2) 예수님도 밤낮 삼 일 동안 땅 속에 있을 것이다.

6. 스물두번째 예언 : 크고 흰 심판 보좌에 관한 예언(마 12:41, 42 / 눅 11:31, 32)

[1] 심판 때에 니느웨 사람들이 일어나 이 세대 사람들을 정죄할 것이다.

(1) 그들은 요나가 전하는 말을 듣고 회개하였다.

(2) 주님은 요나보다 더 큰 사람인데도 바리새인들은 회개하지 않았다.

[2] 심판 때에 스바 여왕이 일어나 이 세대 사람을 정죄할 것이다(왕상 10장).

(1) 그녀는 솔로몬의 지혜로운 말을 들으려고 멀리서 왔다.

(2) 주님은 솔로몬보다 더 큰 사람인데도 바리새인들은 그분의 말을 듣지 않았다.

7. 바리새인들과 율법사들을 책망하심(눅 11:37—52)

1 바리새인들이 책망받은 이유는 다음과 같다.

(1) 그들은 손은 깨끗이 씻지만 더러운 마음은 씻지 않는다.
(2) 그들은 자신들의 전통은 중시하나 하나님의 공의와 사랑은 무시한다.
(3) 그들은 공허하고 탐욕스런 본성을 지니고 있다.

2 율법사들이 책망받은 이유는 다음과 같다.

(1) 그들은 지기 어려운 짐을 사람들에게 지운다.
(2) 그들은 조상들이 죽인 선지자들의 무덤 쌓는 일을 자랑한다.
(3) 그들은 지식의 열쇠를 가져가 버린다.

주님은 이 말씀을 마치고 난 후에 그 두 무리들로부터 격렬한 비판을 받는다(눅 11:53, 54).

8. 스물세번째 예언 : 크고 흰 심판 보좌에 관한 예언(눅 12:2, 3 / 계 20:11—15 참조)

1 지금까지 은밀하게 행해진 모든 행위들이 언젠가 드러나게 될 것이다.

2 지금까지 은밀하게 말한 모든 말들이 언젠가 들리게 될 것이다.

9. 열여덟번째 비유 : 어리석은 부자에 관한 비유(눅 12:16—21)

1 한 부자 농부가 많은 수확을 거둔 후에 다음과 같이 결심한다.

(1) 내 모든 곡식을 쌓아 둘 곳이 없다.
(2) 낡은 곡간을 허물고 더 큰 곡간을 지어야겠다.
(3) 거기에 내 모든 곡식과 물건을 쌓아 두겠다.
(4) 여러 해 동안 쓸 물건을 많이 쌓아 두었으니 먹고 마시고 즐거워하겠다.

2 최고의 주권자인 하나님 또한 그 어리석은 부자에 관하여 몇 가지 결정을 내리신다.

(1) "어리석은 자여 오늘 밤에 네 영혼을 도로 찾으리니."
(2) "그러면 네 준비한 것이 뉘 것이 되겠느냐?"

이것은 성경에서 하나님이 친히 한 개인을 어리석은 자라고 부르시는 유일한 경우이다.

(3) 그는 물질로 자기 영혼을 언제까지나 만족시킬 수 있다고 생각했다.

"또 내가 내 영혼에게 이르되 영혼아 여러 해 쓸 물건을 쌓아 두었으니…"(12:19).

마태복음 4장 4절, 16절, 26절에 나오는 예수님의 말씀을 참조하라. 유일하고 "참된" 영혼의 양식은 하나님의 말씀이다.

(4) 그는 자기가 매우 오래도록 살 것이라고 제멋대로 생각했다. 다시 그의 잘못된 자신감을 살펴보자.

"여러 해 쓸 물건을 많이 쌓아 두었으니"(잠 27:1 / 29:1 / 시 90:12 / 사 4:13—15 참조).

10. 열아홉번째 비유 : 집의 등불에 대한 비유(눅 12:32—40 / 마 24:43, 44)

1 성도는 하나님의 나라를 약속받았다.

2 그러므로 성도는 도적이나 좀이 없는 하늘에 그의 보물을 쌓아 두어야 한다.

3 그는 신랑되신 예수님을 기다릴 때 그의 옷을 예비하고 등불을 켜 두어야 한다.

4 그는 신랑이 올 때 신랑에게 개인적으로 상급을 받을 것이다.

5 그 신랑은 전혀 예기치 않은 시간에 올 것이기 때문에 항상 준비하고 있어야 한다.

11. 스무번째 비유 : 악한 종과 돌아온 주인에 대한 비유(마 24:45－51/눅 12:42－48)

1 악한 종
(1) 그는 주인이 매우 더디 올 것이라고 추측한다.
(2) 그는 동료 종들을 때린다.
(3) 그는 술친구들과 어울려 지낸다.

2 돌아온 주인
(1) 그는 전혀 예기치 못한 시간에 갑자기 돌아온다.
(2) 그는 매우 화가 나서 그 악한 종을 심히 때린다.
(3) 그는 그 종을 외식하는 자가 받는 형벌에 처한다.
(4) 그는 그 종이 주인의 뜻을 알고도 그것을 행하지 않은 정도에 따라 그를 벌한다.

12. 자신이 세상에 오신 목적과 사람들의 반응에 관하여 말씀하심(눅 12:49－53)
1 주님은 세상에 불을 던지기 위해서 오셨다.
2 주님은 특별한 침례(십자가 위에서 우리 죄의 잔을 마시는 것)를 받기 위해 오셨다.
3 주님은 사람들끼리 분쟁토록 하기 위해서 오셨다.
4 주님은 가정을 분리시키기 위해 오셨다.
(1) 아들이 아버지와 분쟁한다.
(2) 딸이 어머니와 분쟁한다.
(3) 딸이 어머니와 분쟁한다.
(4) 아버지가 아들과 분쟁한다.
(5) 어머니가 딸과 분쟁한다.
(6) 시어머니가 며느리와 분쟁한다.

13. 당시의 두 사건을 통해서 회개하지 않는 사람들의 멸망을 경고하심(눅 13:1－5)
1 빌라도가 갈릴리 사람 몇 명을 죽인 사건.
2 열여덟 사람을 치어 죽게 한 실로암 망대 사건.

14. 스물한번째 비유 : 열매없는 무화과나무에 관한 비유(눅 13:6－9)
1 포도원 주인이 과원지기에게 삼 년 동안 열매맺지 못한 무화과나무를 찍어버리라고 명령한다.
2 그 과원지기는 일 년만 그대로 두면 자기가 거름을 주고 가꾸어 열매를 맺게 하겠다고 부탁한다.

15. 스물여덟번째 이적 : 십팔 년 동안 앓던 여자를 고친 이적(눅 13:10－17)
1 예수님은 십팔 년 동안 귀신들려 앓으며 꼬부라져 조금도 펴지 못하는 한 여자를 회

당에서 고치신다.

비록 사단이 성도들을 "소유할" 수는 없지만 하나님의 자녀들을 "억압하고" 육체적으로 "괴롭힐" 수 있다(욥 1, 2장 / 고후 12:7 참조).

"그러면 십팔 년 동안 「사단에게 매인 바 된」 이 아브라함의 딸을 안식일에 이 매임에서 푸는 것이 합당치 아니하냐."

[2] 그 회당장은 안식일에 병을 고쳤다고 예수님을 비난한다.

[3] 예수님은 그를 외식하는 자라고 책망하시고 회당에 모인 무리로부터 찬미를 받으신다.

16. 천국에 이르는 좁은 문을 이야기하심(눅 13:22–30)

[1] 많은 사람들이 천국에 들어가기를 구하나 들어가지 못할 것이다.

[2] 이들 중 몇 사람은 예수님이 복음을 전파한 바로 그 도시에 온 백성들이다.

[3] 아브라함과 이삭과 야곱과 다른 선지자들은 하나님 나라에 있고 많은 사람들은 밖으로 쫓겨날 때, 그들은 슬피 울며 이를 갈게 될 것이다.

17. 헤롯에게 경고하심

예수님은 헤롯에게(그를 여우라고 부르고 있다) 멧세지를 보내어 왕이라도 자기가 예루살렘 밖의 갈보리에서 죽는 것을 방해할 수 없다고 그에게 경고하신다(눅 13:31–33).

18. 스물아홉번째 이적 : 고창병 든 사람을 고친 이적(눅 14:4)

19. 스물두번째 비유 : 혼인 잔치의 자리에 대한 비유(눅 14:7–11)

[1] 주님은 자기를 높이는 자는 낮아질 것이라고 말씀하신다. 즉, 잔치에서 주인 옆의 상석에 앉은 손님은 그보다 더 귀한 손님이 올 때에 자리를 내어 주게 될지도 모른다.

[2] 주님은 자기를 낮추는 자는 높아질 것이라고 말씀하신다. 즉, 말석에 앉은 손님은 틀림없이 높은 자리로 올라가라는 주인의 요청을 받을 것이다.

주님은 그 바리새인 주인에게 다음에 잔치를 차리거든 가난한 자들과 병든 자들과 저는 자들과 소경들도 청하라고 권고하신다(눅 14:12–14).

20. 스물세번째 비유 : 어리석은 두 사람과 한 공처가에 관한 비유(눅 14:15–24)

[1] 초대받은 손님들

세 사람이 큰 잔치에 초대받는다. 모두 여러 가지 이유를 내세워 그 초대를 거절한다.

(1) 첫번째 어리석은 자

"나는 밭을 샀으매 불가불 나가 보아야 하겠으니 청컨대 나를 용서하도록 하라."

어리석은 자만이 즉석에서 밭을 살 것이다!

(2) 두번째 어리석은 자

"나는 소 다섯 겨리를 샀으매 시험하러 가니 청컨대 나를 용서하도록 하라."

어리석은 자만이 부려보지 않은 소를 살 것이다!

(3) **공처가**
"나는 장가들었으니 그러므로 가지 못하겠노라."
이런 사람에게는 어떤 말도 소용없다.

[2] 노한 주인
(1) 그는 종들에게 시내의 거리와 골목으로 나가서 눈에 띄는 가난한 자들과 병든 자들을 모두 데려오라고 명령한다.
(2) 그는 원래 초대받았던 손님들은 아무도 그 잔치에 참여하지 못할 것이라고 못박아 말한다.

21. 제자가 되려고 하는 사람들은 그들이 치를 희생을 먼저 고려해야 한다고 말씀하심(눅 14:25－35)

[1] 이렇게 하지 않는 사람들은 망대를 세우기 위해 기초를 쌓으나 중도에 그 일을 끝마칠 수 없다는 것을 알게 되는 건축자와 같이 현명하지 못한 사람들일 것이다.
[2] 이렇게 하지 않는 사람들은 다른 임금과 전쟁하러 가서 그의 군대가 적군의 절반밖에 되지 않는다는 것을 발견하는 임금과 같이 현명하지 못한 사람들일 것이다.

여기에서 그리스도는 이해하기 어려운 말씀을 하신다.
"무릇 내게 오는 자가 자기 부모와 처자와 형제와 자매와 및 자기 목숨까지 미워하지 아니하면 능히 나의 제자가 되지 못하고"(눅 14:26).

이 말씀 때문에 심히 걱정하는 사람들이 있다. 그러나 "미워한다"고 번역된 『미스코』(misco)라는 헬라어는 어떤 한 가지를 다른 것보다 더 좋아한다는 의미일 수도 있다는 사실을 염두에 두어야 한다. 헬라어 학자 바인(W. E. Vine)은 이 말이 "더 좋아한다"는 의미로 분명히 사용된 다른 두 성구를 지적한다.
"한 사람이 두 주인을 섬기지 못할 것이니 혹 이를 미워하며〔더 싫어하며〕 저를 사랑하거나 혹 이를 중히 여기며 저를 경히 여김이라〔무시함이라〕 너희가 하나님과 재물을 겸하여 섬기지 못하느니라"(마 6:24).
"자기 생명을 사랑하는 자는 잃어버릴 것이요 이 세상에서 자기 생명을 미워하는 〔그것을 그리스도보다 중시하지 않는〕 자는 영생하도록 보전하리라"(요 12:25).

사실 그리스도는 자기 가족을 "사랑하라"고 사람들에게 가르치셨다(엡 5:25, 28 참조).

22. 스물네번째 비유 : 잃은 양과 잃은 드라크마, 탕자에 관한 비유(눅 15:1－32)

예수님은 잘 알려진 죄인들과 함께 사귀고 음식을 먹는다고 경건치 못한 바리새인들에게 비난받으시자 이 세 비유들을 말씀하신다.

[1] 잃은 양의 비유(눅 15:3－7)
(1) 한 목자가 양 백 마리를 가지고 있는데 그 중 한 마리가 없어졌음을 발견한다.
(2) 그는 아흔아홉 마리를 남겨 두고 잃은 양을 찾기까지 찾아다닌다.
(3) 그는 그 양을 찾아 집으로 데려와서 그의 벗들을 불러모으고 함께 즐거워한다.
(4) 예수님은 잃어버린 죄인 하나가 회개하면 하늘에서는 회개할 필요가 없다고 생각

하는 의인 아흔아홉으로 인해 기뻐하는 것보다 더 기뻐한다고 말씀하신다.

2 잃은 드라크마의 비유(눅 15:8−10)

(1) 한 여자가 열 드라크마를 가지고 있는데 하나를 잃어버린다.
(2) 그녀는 등불을 켜고 그것을 찾을 때까지 집을 쓸며 찾는다.
(3) 찾은 후 그녀는 벗과 이웃을 불러 모으고 함께 즐거워한다.
(4) 예수님은 죄인 하나가 회개하면 하나님의 사자들에게 큰 기쁨이 된다고 말씀하신다.

3 탕자 비유(눅 15:11−32)

(1) 어떤 사람에게 두 아들이 있는데 둘째 아들이 아버지의 재산 중에 자기 분깃을 얻어 가지고 집을 떠난다.
(2) 그는 곧 허랑방탕한 생활로 그 재산을 모두 허비하고 흉년이 들어 굶주림을 당하기 시작한다.
(3) 그는 들로 나가 돼지를 치다가 마침내 제 정신이 돌아와 다음과 같이 결심한다.

① 아버지가 있는 집으로 돌아가자.
② 내 죄를 모두 고백하자.

그 아들의 말을 주목해 보자.

"내가 일어나 아버지께 가서 이르기를 아버지여 내가 하늘과 아버지께 죄를 얻었사오니"(눅 15:18).

이 사람은 성경에서 "내가 죄를 얻었나이다"(I have sinned)라는 세 마디의 하기 힘든 말을 한 여덟 명 중에 일곱번째 사람이다. 나머지 일곱 사람은 바로(출 9:27/10:16), 발람(민 22:34), 아간(수 7:20), 사울(삼상 26:21), 다윗(삼하 12:13/24:10), 욥(7:20), 유다(마 27:4) 등이다.

위에서 나타난 바와 같이 그 말을 한 사람들 중에 몇몇은 진실한 마음으로 고백하지 않았다.

③ 품꾼의 하나로 써달라고 부탁하자.

(4) 그 아들은 큰 길가 저 멀리에서 자신을 기다리는 아버지의 눈에 띈다.
(5) 그 아버지는 그를 보고 측은히 여겨 달려가 그를 맞으며, 목을 안고 여러 번 입을 맞추고, 집으로 데려와 다음과 같이 명령한다.

① 제일 좋은 옷을 입혀라.
② 손에 가락지를 끼워라.
③ 발에 신을 신겨라.
④ 살진 송아지를 잡고 잔치를 베풀어라.

(6) 그 아들의 형은 이 모든 일에 대하여 질투를 하며 아버지에게 불평한다.

① 맏아들의 불평

"내가 여러 해 아버지를 섬겨 명을 어김이 없거늘 내게는 염소 새끼라도 주어 나와 내 벗으로 즐기게 한 일이 없더니 아버지의 살림을 창기와 함께 먹어버린 이 아들이 돌아오매 이를 위하여 살진 송아지를 잡으셨나이다."

② 아버지의 대답
"얘 너는 항상 나와 함께 있으니 내 것이 다 네 것이로되 이 네 동생은 죽었다가 살았으며 내가 잃었다가 얻었기로 우리가 즐거워하고 기뻐하는 것이 마땅하다."

(7) 우리는 누가복음 15장에서 다음과 같은 것들을 알게 된다.

① 일반적 고찰

ㄱ. 이것은 실제로 세 가지 예증들로 이루어진 하나의 비유이다.

ㄴ. 온전한 삼위일체가 이 비유 속에 상징되어 있다. '성자'(목자)는 첫째 비유에서 나타나고, '성령'(빛)은 둘째 비유에서 나타나며, '성부'(아버지)는 셋째 비유에서 나타난다.

ㄷ. 여기에 기록된 잃어버린 것에 관하여는 그 비중이 점차 커져 가고 있음을 알 수 있다. 처음에는 백에서 하나를 잃었고, 두번째는 열에서 하나를 잃었으며, 세번째는 둘에서 하나를 잃었다.

ㄹ. 비유의 핵심은 다시 찾는 것은 기쁨을 낳는다는 것이다.

② 셋째 비유에 관한 구체적인 고찰

ㄱ. 이 말씀은 죄인의 회개를 보여주는 그림이 아니라 성도의 회복을 보여주는 그림이다.

ㄴ. 이 비유에 나타난 비극적 인물은 회개하는 둘째 아들이 아니라, 스스로 의롭다고 생각하는 맏아들이다.

ㄷ. 이 비유의 주인공은 용서하는 아버지이다.

23. 스물다섯번째 비유 : 청지기의 직분에 관한 비유(눅 16:1—13)

[1] 주인의 소유를 허비하던 청지기가 곧 해직될 것이라는 사실을 알게 된다.

[2] 그는 일하기를 싫어하고 빌어먹는 것을 부끄러워하기 때문에 다음과 같은 방법으로 장래를 준비한다.

(1) 그는 주인에게 빚진 자의 증서를 50% 감해주고 기름 장사를 친구로 얻는다.

(2) 그는 또 다른 증서를 20% 감해주고 밀 장사를 친구로 얻는다.

24. 스물여섯번째 비유 : 거지 나사로의 비유(눅 16:19—31)

[1] 예수께서는 어떤 부자의 생활을 묘사하신다.

(1) 그는 자색 옷과 고운 베옷을 입었다.

(2) 그는 날마다 호화롭게 잔치를 베풀고 즐겼다.

(3) 그는 죽어 매장되고 음부에 들어가게 되었다.

[2] 예수님이 나사로라는 어떤 거지의 생활을 묘사하신다.

(1) 그는 온 몸에 헌데를 앓으며 그 부자의 대문간에 누워 있었다.

(2) 그는 매일 부자의 상에서 떨어지는 부스러기를 먹으려 했다.

(3) 그는 죽어서 천사들에게 받들려 천국(아브라함의 품)에 들어갔다.

[3] 예수님이 그 부자의 고통을 묘사하신다.

(1) 그는 저 멀리 천국에 있는 아브라함과 나사로를 보았다.

(2) 그는 불꽃 가운데서 고통을 당하며, 아브라함에게 간청하기를 나사로를 보내어 그 손가락 끝에 물을 찍어 그의 혀를 시원하게 해달라고 하였다.

(3) 그는 그가 있는 음부와 그들이 있는 천국 사이에는 큰 구렁이 있기 때문에, 그렇게 해줄 수 없다는 사실을 알게 된다.
(4) 그는 나사로를 보내 그의 다섯 형제들에게 증거하여 그들로 하여금 자기와 같은 고통을 당하지 않도록 해달라고 아브라함에게 요청한다.
(5) 만일 그의 형제들이 회개할 마음만 있다면 회개할 기회가 얼마든지 있기 때문에 그의 이 요청도 역시 거절당했다.

누가복음 16장 31절에서 아브라함은 이렇게 말한다.

"모세와 선지자들에게 듣지 아니하면 비록 죽은 자 가운데서 살아나는 자가 있을지라도 권함을 받지 아니하리라."

이 말씀은 예언적이라 할 수 있다. 왜냐하면 몇 달 후에 예수님은 썩은 냄새 나는 시체를 살리는, 가장 위대한 기적을 수행하는데, 그의 이름이 우연하게도 나사로였기 때문이다(요 11:53/12:10 참조).

이 구절(눅 16:31)은 많은 사람들이 제기하는 다음과 같은 질문에 대한 간접적인 대답이 된다.

"영광 중에 있는 죽은 성도들은 땅 위에서 일어나고 있는 일을 알고 있습니까?"

그들은 틀림없이 지금까지 땅에서 일어나는 일을 알고 있다. 왜냐하면 여기서 "믿음의 조상" 아브라함은 그가 이 세상을 떠난 지 약 육백 년이 지난 후에야 태어난 사람(모세)에 관하여 말하고 있기 때문이다.

이러한 이유 때문에 하나님은 오늘날 놀라운 이적을 행하지 않으신다. 하나님의 뜻은 믿음을 통해 성취되지, 표적을 통해 성취되지는 않는다. 휴거(rapture) 후 대환난 때에 많은 이적과 표적들이 일어날 것이나, 회개하지 않은 죄인들은 그것들을 믿지 않을 것이다(계 9:20, 21 참조).

많은 성경 학자들은 예수님이 죽기 이전에 죽은 모든 사람들의 영혼은 신약에서는「음부」(Hades)로 알려지고, 구약에서는「스올」(Sheol)로 알려진, 땅 속 어디엔가에 자리잡고 있는 거처로 내려갔다고 주장한다.

원래 음부에는 두 구역이 있었는데, 한 구역은 구원받은 자를 위한 것이고 다른 한 구역은 구원받지 못한 자를 위한 것이었다. 구원받은 자들이 거하는 구역은 어떤 때는 "낙원"(paradise)이라 불리고(눅 23:43 참조), 또 어떤 때는 "아브라함의 품"이라 불린다(눅 16:22 참조). 구원받지 못한 자들이 거하는 구역에는 음부라는 일반적 명칭 외에는 아무런 명칭도 없다.

누가복음 16장 19－31절에서 구세주는 죽은 후 구원받은 자들이 거하는 구역의 음부에 들어간 가난한 성도와 죽어서 구원받지 못한 자들이 거하는 구역에 들어간 부유한 불신자에 대하여 말한다. 그러나 많은 사람들은 그리스도가 갈보리에서 성도들의 죄값을 완전히 지불하신 후에 이 모든 것이 변화되었다고 생각한다. 『스코필드 성경』은 주께서 죽었다가 부활하실 때, 음부로 내려가 그때까지 구원받은 모든 성도들을 음부(낙원)에서 데리고 나와 천국으로 거룩한 승리의 입성을 하셨다고 주장한다. 에베소서 4장 8－10절이 이에 대한 증거로 제시된다.

그의 저서 『계시록』(*Revelation*)에서 고(故) 도날드 반하우스(Donald G. Barnhouse) 박사는 다음과 같이 말하고 있다.

"주께서 위로 올라가실 때(엡 4:8), 그분은 음부의 낙원을 비우고 그것을 하나님 앞으로 바로 가져갔다. 사로잡은 자가 사로잡혔고…그 순간부터 지금까지 그리스도를 믿는 사람들에게는 어떠한 별거도 있을 수 없었다. 지옥의 권세는 어떤 성도도 절대로 이기지 못할 것이다(마 16:18). 그러나 구원받지 못한 사람들은 어떻게 되었나? 구원받지 못하고 죽은 사람들의 상태는 십자가 사건 후에도 변화되지 않았다(그리고 지금도 변화되지 않고 있다). 그들은 최후의 크고 흰 심판보좌를 기다리며 음부에 남아 있다(계 20:11－15). 그러나 예수님 안에서 잠든 사람들의 상태에는 영광스러운 변화가 일어났다."

다음과 같은 성경구절을 주목해 보자.

"스데반이 성령이 충만하여 하늘을 우러러 주목하여 하나님의 영광과 및 예수께서 하나님 우편에 서신 것을 보고…저희가 돌로 스데반을 치니 스데반이 부르짖어 가로되 주 예수여 내 영혼을 받으시옵소서 하고 무릎을 꿇고 크게 불러 가로되 주여 이 죄를 저들에게 돌리지 마옵소서 이 말을 하고 자니라"(행 7:55, 59, 60).

"이는 내게 사는 것이 그리스도니 죽는 것도 유익함이니라…내가 그 두 사이에 끼였으니 떠나서 그리스도와 함께 있을 욕망을 가진 이것이 더욱 좋으나"(빌 1:21, 23).

"우리가 담대하여 원하는 바는 차라리 몸을 떠나 주와 함께 거하는 그것이라"(고후 5:8).

25. 스물일곱번째 비유 : 무익한 종의 비유(눅 17:7－10)

[1] 종의 주인은 그 종이 칭찬받거나 감사받기를 원하지 말고 주어진 의무들을 수행하기를 기대한다.

(1) 그는 주인의 밭을 갈아야 한다.

(2) 그는 주인의 음식을 장만해야 한다.

(3) 그는 언제나 주인을 섬겨야 한다.

[2] 하나님의 종도 이와 마찬가지로 특별히 인정해 줄 것을 주장하지 말고 주어진 의무들을 수행해야 한다.

(1) 그는 하나님의 모든 명령들을 수행해야 한다.

(2) 그는 자기가 할 수 있는 최선을 다하고도 자기가 해야 할 최소의 일을 했다고 말해야 한다.

26. 서른번째 이적 : 문둥병자 열 명을 고친 이적(눅 17:11－19)

[1] 예수님은 문둥병자들을 고쳐주시고 결례(潔禮)를 따라 제사장에게 가서 보이라고 지시하신다.

[2] 열 명 중에 사마리아인 한 사람만이 돌아와서 그분의 발 아래 엎드려 경배한다.

[3] 예수님은 자신이 고쳐준 열 명의 문둥병자들 중에 "이방인"인 사마리아인만이 돌아와 감사드리는 것을 보고 놀란다. 예수님은 지상사역 동안 많은 사람들의 육체적 질병들을 고쳐주셨다. 이 모든 사람들은 고침을 받았을 때 영적 구원을 경험했는가? 여기서 감사드리는 문둥병자 한 사람에게 하신 구세주의 말씀은 그렇지 않다는 것을 암시할 것이다.

"그에게 이르시되 일어나 가라 네 믿음이 너를 구원하였느니라"(눅 17:19/참조, 요 5:8, 14).

여하튼 이들 고침받은 문둥병자들이 결례를 행하기 위해 성전에 도착하자 깊숙히 묻혀 있던 옛 레위 법전을 꺼내오는 제사장들 사이에는 상당한 혼란이 일어났을 것이 틀림없다. 왜냐하면 구약 시대에는 단 한 사람의 이스라엘인도(미리암을 제외하면/민 12장 참조) 문둥병을 고침받지 못했기 때문이다. 물론 나아만은 아람인이었다(왕하 5장 참조).

27. 스물네번째 예언 : 자신의 고난에 관한 예언(눅 17:25)

28. 스물다섯번째 예언 : 마지막 날에 관한 예언(눅 17:26－30)

1 '노아'시대 사람들과 비슷한 관능적 풍조가 지배할 것이다(창 6장 참조).

(1) 먹고 마신다.

(2) 장가들고 시집간다.

(3) 홍수를 대비하지 않는다.

2 '롯'시대 사람들과 비슷한 물질주의 풍조가 지배하게 될 것이다(창 19장 참조).

(1) 사고 판다.

(2) 심고 집을 짓는다.

(3) 불을 대비하지 않는다.

29. 스물여섯번째 예언 : 아마겟돈에 관한 예언(눅 17:34－37)

1 어떤 사람은 잠자리에 누워 있을 때 데려감을 당할 것이다.

2 어떤 사람은 매를 갈다가 데려감을 당할 것이다.

3 어떤 사람은 들에 있을 때 데려감을 당할 것이다.

4 모든 사람이 멸망당하고 그들의 시체들은 새들에게 먹힐 것이다.

이 구절은 흔히 휴거 때 데려감을 받는 구원받은 성도들을 가리키는 것으로 사용되어 왔으나, 그 문맥을 보면 아마겟돈에서의 심판을 위해 데려감을 당하는 구원받지 못한 사람들을 가리키는 것이다. 그것은 또한 성경의 과학적 정확성을 나타낸다. 우리는 어떤 사람들은 (밤에) 잠자리에 있는 반면, 어떤 사람들은 (낮에) 들에 있을 것이라는 사실을 알게 된다. 이처럼 누가는 영감을 받아 우리 지구의 모양을 잘 알고 있었다.

30. 스물여덟번째 비유 : 과부와 불의한 재판관의 비유(눅 18:1－8)

1 예수님은 무관심한 '재판관을 예로 든다.

(1) 이 재판관은 자기 원수에 대한 원한을 풀어주기 바라는 끈질긴 과부 때문에 매일 괴로움을 당한다.

(2) 그 재판관은 그녀의 계속적인 호소에 번거로움을 당하지 않기 위해, 마침내 그녀의 청을 들어준다.

2 예수님은 이 재판관을 하늘에 계신 하나님과 비교한다.

(1) 세상의 재판관은 그 무관심에도 불구하고 그 여자의 청을 들어 주었다.

(2) 하늘에 계신 하나님은 우리에게 지대한 관심을 가지고 계시기 때문에 우리의 청을 더욱 잘 들어 주실 것이다.

[3] 예수님은 사람들이 항상 기도하며 낙심하지 말아야 한다고 결론내리신다.

31. 스물아홉번째 비유 : 오만한 바리새인과 겸손한 세리에 관한 비유(눅 18:9－14)

[1] 두 사람이 기도하러 성전에 들어간다.

(1) 바리새인과 그의 기도

① "나는 다른 사람들과 같지 않습니다."

② "나는 토색하거나 불의하거나 간음하지 않습니다."

③ "나는 이레에 두 번씩 금식합니다."

④ "나는 내 모든 소득의 십일조를 드립니다."

(2) 세리와 그의 기도

① 그는 멀리 서서 눈을 들지도 못한다.

② 그는 자기 가슴을 친다.

③ 그는 자기 죄를 고백한다.

④ 그는 자비를 구한다.

[2] 그 두 사람이 성전을 떠난다.

(1) 하나님은 세리의 기도를 열납하고 그를 높이셨다.

(2) 하나님은 바리새인의 기도를 거절하고 그를 낮추셨다.

32. 이혼에 관해 말씀하심(마 19:3－12 / 막 10:2－12 / 눅 16:18)

[1] 주님은 하나님의 원래 의도를 설명하신다.

(1) 남자는 결혼할 때 자기 부모를 떠나야 한다.

(2) 남편과 그 아내는 이제 한 몸이 된다고 생각해야 한다.

(3) 어떤 사람도 이 영적 결합을 나눌 권리는 없다.

[2] 주님은 인간의 완악한 마음으로 인해 하나님이 나중에 예비하신 것, 즉 이혼증서를 설명하신다.

[3] 주님은 재혼에 대한 하나님의 일반적 태도를 설명하신다.

(1) (만일 그의 원래의 아내가 성적으로 음란하지 않은데도) 두번째 아내와 재혼하는 사람은 간음하는 것이다.

(2) 이혼한 여자와 결혼하는 남자는 간음하는 것이다.

(3) (만일 첫번째 남편이 성적으로 음란하지 않은데) 두번째 남편과 재혼하는 여자는 간음하는 것이다.

(4) 이혼한 남자와 결혼하는 여자는 간음하는 것이다.

[4] 주님은 독신주의(non－marriage)에 대한 하나님의 일반적 태도를 설명하신다.

(1) 어미의 태(胎)로부터 고자(鼓子)로 태어난 사람들이 있다.

(2) 사람들이 그렇게 만들어 고자가 된 사람들도 있다.

(3) 천국을 위하여 스스로 자원하여 고자가 된 사람들도 있다.

33. 열번째 기도 : 어린아이들에게 손을 대고 드린 기도(눅 18:15－17 / 마 19:13－15 / 막 10:13－16)

1 예수님께 기도받기 위하여 사람들이 많은 어린아이들을 데리고 나온다.
2 제자들은 주님의 시간을 빼앗는 이러한 행위를 저지하려 한다.
3 예수님은 제자들의 행동을 책망하고 어린아이들을 기쁘게 받아들이신다.
(1) "어린아이들을 용납하고 내게 오는 것을 금하지 말라."
(2) "천국이 이런 자의 것이니라."
(3) "누구든지 하나님의 나라를 어린아이와 같이 받들지 않는 자는 결단코 들어가지 못하리라."

34. 서른한번째 이적 : 나사로를 살린 이적(요 11:43, 44)

1 예수님은 사랑하는 친구인 베다니의 나사로가 죽어가고 있다는 것을 알게 된다.
2 주님은 제자들의 반대에도 불구하고 그의 장례식에 참석하기로 결심하신다.
(1) 제자들은 주님이 예루살렘에 그렇게 가까이 가면 돌에 맞을 것이라고 생각하며 두려워한다.
(2) 예수님은 그들에게 때가 아직 낮일 때 자신의 일을 해야 한다고 말씀하신다.
① 예수님
"나사로가 잠들었도다 그러나 내가 깨우러 가노라."
② 도마
"우리도 주와 함께 죽으러 가자"(여기서 그는 큰 믿음을 보여주지 못하고 있다).
3 베다니에 있는 그들의 집에 가까이 이르렀을 때, 주님은 나사로의 누이인 마르다의 영접을 받는다.
(1) 마르다
"주께서 여기 계셨더라면 내 오라비가 죽지 아니하였겠나이다."
(2) 예수님
"네 오라비가 다시 살리라."
(3) 마르다
"마지막 날 부활에는 다시 살 줄을 내가 아나이다."
(4) 예수님
"나는 부활이요 생명이니 나를 믿는 자는 죽어도 살겠고 무릇 살아서 나를 믿는 자는 영원히 죽지 아니하리라 이것을 네가 믿느냐."
(5) 마르다
"주여 그러하외다 주는 그리스도요 세상에 오시는 하나님의 아들이신 줄 내가 믿나이다."
4 마르다는 집안으로 들어가서 누이 마리아에게 예수님이 오셨다고 말한다.
5 예수님은 그녀가 우는 것을 보고 자기도 무덤 밖에 서서 우신다.
6 주님은 마르다의 반대에도 불구하고 돌을 옮겨 놓으라고 명령하신다.
(1) 마르다
"주여 죽은 지가 나흘이 되었으매 벌써 냄새가 나나이다."
(2) 예수님
"내 말이 네가 믿으면 하나님의 영광을 보리라 하지 않았느냐."

7 열한번째 기도 : 나사로를 살리기 전에 드린 기도(요 11:41, 42)
(1) "아버지여 내 말을 들으신 것을 감사하나이다."
(2) "아버지께서 나를 보내신 것을 저희로 믿게 하려 함이니이다."
8 그리고 예수님은 큰 소리로 "나사로야 나오라"고 외치신다.
9 예수님의 대적들은 이 이적이 이루어진 후에 만일 필요하다면 주님과 나사로 두 사람을 죽이기 위하여 공식적인 계획을 세운다.
(1) 바리새인들은 모든 사람들이 주님을 믿을 것이며, 그렇게 되면 로마인들이 와서 그들을 저버리게 될 것을 두려워한다.
(2) 대제사장 가야바는 예수가 죽는 것이 이스라엘을 위해 반드시 필요하다고 말한다. 이것은 기록상 이스라엘의 대제사장이 말한 마지막 예언이 된다. 그 내용을 주목해 보자.
"이 말은 스스로 함이 아니요 그 해에 대제사장이므로 예수께서 그 민족을 위하시고 또 그 민족만 위할 뿐 아니라 흩어진 하나님의 자녀를 모아 하나가 되게 하기 위하여 죽으실 것을 미리 말함이러라"(요 11:51, 52).
『위클리프 성경 주석』(*Wycliffe Bible Commentary*)은 다음과 같은 점을 주목한다.

> "말하자면 그 말씀들은 그의 입술에 주입된 것이었다. 바로 여기에 발람(민 22-24장 참조)과 같은 자가 있어 예수님을 저주할 것이다. 그러나 그 예언으로부터 그리스도께서 구속적이고 대속적인 의미에서 그 '민족'을 위하여 죽어야 하고 또한 장기적인 의미에서 흩어진 하나님의 모든 자녀들이 모일 수 있도록 더 많은 사람들을 위하여 죽어야 한다는 하나님의 뜻이 계시된다. 대제사장의 직무를 행하는 자가 죄를 대신 짊어지고 가는 어린 양으로서의 그리스도의 사역을 부지중에 제시했다는 것은 얼마나 적절한 일이었는가!"(p. 331).

또한 이 예언을 말하도록 유도한 대제사장의 두려움을 주목해보자.
"만일 저를 이대로 두면 모든 사람이 저를 믿을 것이요 그리고 로마인들이 와서 우리 땅과 민족을 빼앗아가리라"(요 11:48).
역사의 신비한 아이러니는 실제로 그 두 가지 일들이 발생했다는 것이다. 사람들이 주님을 "믿었고" 로마인들이 실제로 "왔다."

이 이적에 대한 주석들을 살펴보자.
1 이것은 일반적으로 주님의 모든 이적들 중에서 가장 위대한 것으로 생각된다.
2 이것은 성도의 죽음이 자는 것으로 묘사된 최초의 경우이다(요 11:11과 마 9:24/27:52/행 7:60/고전 11:30/15:50, 51/살전 4:14을 비교해 보라).
3 우리는 주님이 나사로가 죽은 지 나흘이 될 때까지 기다리셨음을 보게 된다. 주께서 이렇게 하신 이유는 영혼이 죽은 후에 3일 동안 육체 주위를 배회하며 그때까지는 부활이 전혀 불가능한 것만은 아니라는 유대인들의 미신을 타파하기 위한 것일 수도 있다. 이 기간이 지났으므로 모든 소망이 사라져 버린 상태였다.
4 마리아가 아니라 마르다가 이 이야기의 여주인공이다(눅 10:38-42에는 반대로 나타나 있다).
(1) 마리아는 집안에 있었던 반면, 마르다는 예수님을 영접하기 위하여 나갔다.

(2) 여기 나타난 마르다의 위대한 증거는 다른 곳에서 시몬 베드로가 말한 신앙고백과 마찬가지로 중요하다(요 11:27과 마 16:16을 비교해 보라).

5 이 구절은 그리스도께서 우셨던 네 가지 경우들 중의 첫번째 경우이다(히 5:7/눅 17:41/마 23:37－39 참조).

(1) 주님은 그분의 참된 인성(人性) 때문에 우셨다(히 4:14－16 참조).

(2) 주님은 주위에 있던 사악한 사람들 때문에 우셨다(11:37, 46 참조).

6 구세주는 자신의 위대한 이적을 수행하는 데 인간의 도움을 받으셨다.

(1) 주님은 누군가에게 무덤의 돌을 옮겨 놓으라고 명령하셨다(11:39 참조).

(2) 주님은 누군가에게 다시 살아난 나사로를 풀어 놓으라고 명령하셨다(11:44 참조).

35. 부자 청년과 말씀하심(마 19:16－26/막 10:17－27/눅 18:18－27)

1 주님은 자신을 만나기 위하여 달려와 무릎을 꿇고 영생에 관해 질문을 하는 젊은 유대인 관원의 방문을 받는다.

2 예수님은 그에게 계명들을 지키라고 말씀하신다.

3 그 청년은 항상 이 계명들을 지켰다고 주장한다.

4 예수님은 그에게 마지막 한 가지 일이 부족하니 그것을 행하라고 말씀하신다.

(1) 가서 네 소유를 팔아 가난한 자들을 주라.

(2) 그리고 와서 나를 좇으라.

5 그 청년은 이 두 가지 일들을 하지 못하여 근심하며 돌아간다.

6 예수님은 부자와 천국에 대하여 말씀하신다.

(1) 주님은 낙타가 바늘귀로 들어가는 것이 부자가 하나님의 나라에 들어가는 것보다 쉽다고 말씀하신다.

(2) 주님은 사람의 힘으로는 구원을 얻을 수 없으나 하나님은 모든 것을 하실 수 있다고 말씀하신다.

7 그 부자 청년은 세 가지 통탄할 만한 잘못을 저질렀다.

(1) 그리스도의 위격(位格)에 관하여 : 그는 단순히 주님을 "선한 선생"으로 결론내렸다.

(2) 구원의 계획에 관하여 : 그는 자기가 구원을 얻었다고 생각했다. 우리는 "제자들이 그 말씀에 놀라는지라"(막 10:24)는 말씀을 보게 된다. 유대인들에게는 일시적 번영이 거룩한 은총의 증거로 생각되었다(신 28:1－12 참조). 어떤 사람들은 오늘날도 이와 같이 생각하고 있다.

36. 스물일곱번째 예언 : 장래의 상급에 관한 예언(마 19:27－30/막 10:28－31/눅 18:28－30)

1 예수님은 열두 제자들이 자기를 위하여 희생한다면 그들에게 장차 상급을 주겠다고 약속하신다.

(1) 그들은 열두 보좌에 앉게 될 것이다.

(2) 그들은 내세에 영생을 받게 될 것이다.

2 예수님은 성도들이 자기를 위하여 희생하면 그들 모두에게 장차 상급을 주겠다고 약속하신다.

(1) 그들은 그 보답으로 금세에 백 배나 받을 것이다.
(2) 그들은 내세에 영생을 얻을 것이다.

3 여기 나타난 주님의 말씀에 주목해 보자.

"내가 진실로 너희에게 이르노니 세상이 새롭게 되어 인자가 자기 영광의 보좌에 앉을 때에 나를 좇는 너희도 열두 보좌에 앉아 이스라엘 열두 지파를 심판하리라"(마 19:28).

"세상이 새롭게 됨"(regeneration)이라는 말은 이곳을 제외하고는 신약성경에서 단 한 번밖에 나타나지 않는다. 그 말은 그리스도인의 중생을 언급하는 디도서 3장 5절에 나타난다. 여기 마태복음 19장 28절에서도 그 말은 중생, 즉 낡은 자연적 본성의 죄악성을 벗어 버린 것을 의미한다. 이 영광스러운 중생으로 인하여 천년왕국에 들어가게 될 것이다(사 11:6-9/롬 8:19-23/행 3:21 참조).

37. 서른번째 비유 : 먼저된 자가 나중되고 나중된 자가 먼저되는 비유(마 20:1-16)

1 집 주인이 포도원에서 일할 일꾼들을 모집한다.

(1) 그는 하루 한 데나리온씩 주기로 약속하고 이른 아침에 어떤 사람을 고용한다.
(2) 그는 마찬가지의 약속을 하고 아침 9시에 다른 사람을 또 고용한다.
(3) 그는 마찬가지의 약속을 하고 정오에 또 한 사람을 고용한다.
(4) 그는 마찬가지의 약속을 하고 오후 3시에 또 한 사람을 더 고용한다.
(5) 그는 마찬가지의 약속을 하고 오후 5시에 한 사람을 더 고용한다.

2 날이 저물자 그는 오후 5시에 온 일꾼들로부터 시작해서 이른 아침에 온 일꾼들에 이르기까지 모두 약속된 금액을 계산해 준다.

3 이른 아침에 온 일꾼들은 오후 5시에 온 일꾼들보다 더 많이 받기를 기대하나 받지 못하자 그 주인에게 불평한다.

4 그 주인은 다음과 같이 지적한다.

(1) 각자가 약속된 액수를 받았으므로 불평할 필요가 없다.
(2) 나중 온 사람에게 먼저 온 사람과 똑같이 주는 것은 주인의 할 나름이다.

38. 스물여덟번째 예언 : 자신의 부활에 관한 예언(마 20:17-19/막 10:32-34/눅 18:31-34)

1 예수님은 자기에 관한 성경의 모든 말씀이 예루살렘에서 성취될 것이라고 제자들에게 말씀하신다.

(1) 대제사장들과 서기관들에게 넘겨질 것이다.
(2) 그들에 의하여 사형선고를 받을 것이다.
(3) 이방인에게 넘겨져 십자가에 달릴 것이다.
(4) 조롱당할 것이다.
(5) 수치를 당할 것이다.
(6) 침뱉음을 당할 것이다.
(7) 채찍질당할 것이다.
(8) 죽음에 처해질 것이다.

(9) 제 삼 일에 다시 살아날 것이다.

[2] 제자들은 두려움과 공포에 사로잡혀서 그분의 거룩한 말씀을 이해하지 못했다.

39. 야고보와 요한의 어머니의 요청(마 20:20－28 / 막 10:35－45)

[1] 요청

"이 나의 두 아들을 주의 나라에서 하나는 주의 우편에 하나는 주의 좌편에 앉게 명하소서."

[2] 거절

"내 좌우편에 앉는 것은 나의 줄 것이 아니라 내 아버지께서 누구를 위하여 예비하셨든지 그들이 얻을 것이니라."

[3] 여기에 나타난 교훈

(1) 인자가 온 것은 섬김을 받으려 함이 아니라 도리어 섬기려 하고 자기 목숨을 많은 사람의 대속물로 주려 함이다.

(2) 그분의 제자들도 또한 남을 섬겨야 한다. 그것이 사랑이란 위대성의 비밀이기 때문이다.

이 문제에 관하여 예수님은 다음과 같이 말씀하셨다.

"너희 구하는 것을 너희가 알지 못하는도다 나의 마시는 잔을 마시며 나의 받는 침례(세례)를 받을 수 있느냐 저희가 말하되 할 수 있나이다 예수께서 이르시되 너희가 나의 마시는 잔을 마시며 나의 받는 침례(세례)를 받으려니와"(막 10:38, 39).

여기에 나타난 잔은 고난의 잔이다. 이 두 형제들은 모두 실제로 그 잔을 마시게 될 것이다. 하나는 참수당했고(행 12:2), 다른 하나는 그리스도를 위하여 유배당했다(계 1:9).

● 49단계 : 베다니에서 여리고로 가심
(마 20:29－34 / 막 10:46－52 / 눅 18:35－19:28)

1. 서른두번째 이적 : 소경을 고치신 이적(마 20:34 / 눅 18:35－19:28)

[1] 한 여리고의 거지 소경이 예수님이 지나가고 있다는 소리를 듣는다.

[2] 그는 (사람들의 꾸짖음에도 불구하고) 다윗의 자손인 주님이 자신을 불쌍히 여기시도록 소리친다.

[3] 예수께서 묻는다.

"네가 무엇을 하여 주기를 원하느냐."

[4] 그는 대답한다.

"주여 보기를 원하나이다."

[5] 구세주가 불쌍히 여겨 그 거지의 눈을 만지니 그가 곧 보게 된다.

[6] 소경이었던 사람은 하나님을 찬양하며 주님을 따라간다.

2. 삭개오를 만나심(눅 19:1－10)

[1] 죄인

(1) 삭개오는 세리장이었다.

(2) 그는 부자였고 약간 부정직하였다.
(3) 그는 키가 작았다.
(4) 그는 예수님을 보기 위하여 뽕나무로 올라갔다.

2 구세주

(1) 주님은 뽕나무를 쳐다보다 삭개오를 보셨다.
(2) 주님은 그의 집을 방문하겠다고 그에게 알리신다.
(3) 주님은 그러한 죄인들과 사귄다고 지켜보던 무리들에게 비난받으신다.

3 성도(삭개오)

(1) 그는 그리스도를 자신의 메시야와 구세주로 영접한다.
(2) 그는 자기 소유의 절반을 가난한 자들에게 주기로 결심한다.
(3) 그는 자기가 전에 토색(討索)한 모든 사람들에게 네 배로 갚겠다고 말한다.
(4) 그는 아브라함의 진실된 자손이 된다.

3. 서른한번째 비유 : 므나의 비유(눅 19:11－27)

1 어떤 귀족이 왕위를 받아 가지고 오려고 먼 나라로 떠날 준비를 한다.

2 그는 떠나기 전에 그의 종 열 명을 불러들인다. 그들은

(1) 각각 은 한 므나씩 받는다.
(2) 각각 그가 돌아올 때까지 장사를 하라고 명령받는다.

3 왕위를 받아 가지고 돌아온 귀족은 열 명의 종들을 불러들여 개인적으로 회계한다.

(1) 첫번째 사람
　① 그는 한 므나를 열 배로 증식시켰다.
　② 열 고을 다스릴 권세를 받았다.
(2) 두번째 사람
　① 그는 한 므나를 다섯 배로 증식시켰다.
　② 다섯 고을 다스릴 권세를 받았다.
(3) 세번째 사람
　① 그는 한 므나를 완전히 무시하였다.
　② 심하게 꾸중을 듣고 그는 한 므나마저 첫번째 사람에게 빼앗긴다.

4. 서른세번째 이적 : 소경을 고치신 이적(마 20:34 / 막 10:46, 52)

서른두번째 이적과 서른세번째 이적 사이에는 많은 유사점들이 있지만, 그것들은 같은 이적이 아니다. 이름이 알려지지 않은 첫번째 소경은 주께서 여리고로 들어갈 때 고침을 받았고, 바디매오라는 두번째 소경은 주께서 여리고를 떠날 때 고침을 받았다.

1 바디매오

"다윗의 자손 예수여 나를 불쌍히 여기소서."

2 무리들

"안심하고 일어나라 너를 부르신다."

3 예수님

"네게 무엇을 하여 주기를 원하느냐."

4 바디매오
"선생님이여 보기를 원하나이다."
5 예수님
"가라 네 믿음이 너를 구원하였느니라."

이것은 예수께서 여리고를 마지막 방문하셨을 때의 일이다. 주님은 이제 예루살렘을 향하여 떠나신다(마 20:29 참조). 이 사건 전에 주님은 예루살렘을 떠나 여리고로 내려가는 사람의 이야기를 하셨다(선한 사마리아인의 비유, 눅 10:25－37). 그러나 이제 본래의 그 선한 사마리아인이 그 길을 거꾸로 여행하여 여리고를 떠나 예루살렘으로 올라가서 곧 "강도들을 만나게" 될 것이다.

예수님의 공적 사역의 종결

● 50단계 : 여리고에서 베다니로 가심
(마 26:6－13 / 막 14:3－9 / 눅 22:1 / 요 11:55－12:11)

<u>토요일</u>

1. 베다니의 마리아에게 기름 부음을 받으심(마 26:6－13 / 마 14:3－9)

1 예수님이 나사로와 그의 두 누이들, 그리고 베다니의 문둥이 곧 시몬의 집에 초대받는다(요 12:3).

2 마리아는 식사 중에 비싼 향유 한 옥합과 순전한 나드 한 근을 가지고 예수님께 붓는다(요 12:3).

3 마리아는 이 일로 인하여 모든 제자들, 특히 가룟 유다로부터 비난받는다.

(1) 그 제자들은 그 기름을 팔아 가난한 자들에게 주었어야 했다고 생각했다(마 26:8, 9).

(2) 열두 제자들의 돈궤를 맡아보던 유다는 도적이었기 때문에 그 돈을 자기가 취하기를 원했다(요 12:4－6).

4 예수님은 다음과 같이 지적하며 비난하는 제자들을 꾸짖으신다.

(1) 마리아는 선한 일을 하였다. 예수님의 말씀을 주목해 보자.
"저를 가만두어 나의 장사할 날을 위하여 이를 두게 하라"(12:7).
이것은 주님의 몸에 행해진 유일한 기름 부음이었다. 그리스도께서 여러 번 자신의 고난과 죽음에 대하여 경고하셨음에도 불구하고(마 16:21 / 20:18, 19 참조) 그분의 죽으심을 진정으로 예비한 사람은 마리아뿐이었다(요 10:11, 17, 18 참조).

(2) 그들은 가난한 자들을 항상 돌볼 수 있으나 주님은 항상 돌볼 수 없었다.

(3) 주님께 행한 그녀의 헌신은 복음이 전파되는 곳에서는 어디서든지 항상 기억될 것이다(마 26:10－13 / 막 14:6－9 / 요 12:7, 8).

대제사장들은 이제 예수님과 더불어 나사로까지 죽일 방법을 짜기 시작한다. 그것은 그의 부활로 인하여 아주 많은 사람들이 회심하였기 때문이다(요 12:9－11).

● 51단계 : 베다니에서 벳바게로 가심(마 21:1-7/막 11:1-7/눅 19:29-35)

일요일

1. 두 제자를 보내어 나귀새끼를 끌고 오게 하심

1 나귀 주인이 묻는다.

"어찌하여 나귀새끼를 푸느냐."

2 제자들이 대답한다.

"주께서 쓰시겠다."

2. 예수의 제자들이 그분을 나귀새끼 위에 태움

● 52단계 : 벳바게에서 다락방으로 올라가심

(마 10:17-23/21:8-23:39/24:1-42/25:1-46/26:1-5, 14-30/막 11:8-13:37/14:1, 2, 10-25/눅 12:11, 12/13:34, 35/19:36-20:8, 20-40, 45-47/21:1-38/22:2-34/요 12:12)

1. 무리들의 열렬한 환호를 받으심(마 21:9-11/막 11:9, 10/눅 19:38/요 12:12-15)

1 "찬송하리로다 주의 이름으로 오시는 이 곧 이스라엘의 왕이시여."

2 "호산나 다윗의 자손이여 가장 높은 곳에서 호산나."

3 주님은 비난하는 바리새인들에게 "만일 이 사람들이 잠잠하면 돌들이 소리지르리라"고 말씀하시면서, 사람들의 행위를 옹호하신다(눅 19:39, 40).

4 구약성경의 예언 성취 제 18번 : 그분은 예루살렘으로 승리의 입성을 할 것이다(슥 9:9과 마 21:4, 5을 비교해 보라).

승리의 입성 때 사용된 종려나무 가지들은(요 12:13) 기쁨의 표시였다(레 23:40/느 8:15/계 7:9). 그것들은 유다 마카비가 시리아인들로부터 예루살렘 성전을 탈환한 것을 축하했던 장막절에 사용되었기 때문에, 또한 정치적 의미를 지니고 있었을지도 모른다(외경 마카비하 10:7 참조).

2. 예루살렘을 보고 우심(눅 19:41, 42)

주님의 말씀을 주목해 보자.

"너도 오늘날 화평에 관한 일을 알았더면 좋을 뻔하였거니와 지금 네 눈에 숨기웠도다."

저명한 성경학자인 로버트 앤더슨 경(Sir Robert Anderson)은 "오늘날"(this thy day)이라는 세 마디 말에 커다란 의미를 부여했다. 다니엘서 9장 24-27절(흔히 70 이레의 예언으로 불린다)의 예언에 따르면, 하나님은 다니엘에게 말씀하시기를 그는 일반적으로 490년으로 해석되는 70 "이레"(weeks) 동안 이스라엘을 다스릴 것이라고 한다. 계속해서 메시야가 "끊어져 없어질"(즉, 사람들에게 거절당해 십자가에 달릴) 것이라고 언급되어 있다. 그 예언은 주전 445년 3월 14일부터 시작되고 있다. 앤더슨은 만일 어떤 사람이 그날로부터 시작해서 계산해 본다면, 그는 483년(173,880일)이 지난 기간이 주후

32년 4월 6일이라는 것을 발견하게 될 것이라고 주장한다. 그날은 바로 예수께서 나귀 새끼를 타고 예루살렘으로 입성하신 날이며, 사람들로부터는 환영을 받았으나 이스라엘의 지도자들로부터는 공적으로 배척당한 날이었다. 로버트 경에 의하면, 주님이 위의 말씀을 언급하셨을 때 이 모든 것을 염두에 두고 계셨다고 한다.

3. 스물아홉번째 예언 : 예루살렘의 멸망에 관한 예언(눅 19:43, 44)

1 그 도시는 원수들에게 포위될 것이다.

2 그 성읍의 자식들이 죽임을 당하고 그 성전이 무너질 것이다.

월요일

4. 서른네번째 이적 : 무화과나무의 저주(마 21:19 / 막 11:14)

1 주님은 잎만 무성한 무화과나무에서 열매를 찾으시나 찾지 못하셨다.

2 주님은 그 나무에 저주를 선언하신다.

"이제부터 영원토록 네게 열매가 맺지 못하리라."

이에 즉시 그 무화과나무가 말라 죽는다.

주님의 모든 이적들 중에서 이 이적은 의심할 바 없이 주님께 슬픔을 안겨주었던 유일한 경우였다. 왜냐하면 이 상징적 행위를 통하여 주님은 열매가 없는 이스라엘 민족(흔히 무화과나무로 묘사됨)을 저주하고 계셨기 때문이다. 이러한 내용이 확실히 나타나 있는 마태복음 21장 42-45절을 참조하라.

5. 서른번째 예언 : 이스라엘을 버리겠다는 예언(마 21:43, 44)

6. 두번째로 성전을 정화하심(마 21:12, 13 / 막 11:15-17 / 눅 19:45, 46)

이때 주께서 하신 말씀을 주목해 보자.

"기록된 바 내 집은 기도하는 집이라 일컬음을 받으리라 하였거늘 너희는 강도의 굴혈을 만드는도다 하시니라"(마 21:13).

주님은 여기서 예레미야서 7장 12-15절을 인용하셨는데, 그것은 모세가 실로에 세운 최초의 장막이 블레셋 사람들에게 파괴되었음을 상기시키고 예루살렘에 있는 솔로몬 성전이 바벨론 사람들에게 파괴될 것을 예언하는 내용이다. 예수님은 물론 40년이 채 못 되어 헤롯 성전이 로마인들에게 파괴되고 불살라질 것을 알고 계셨다. 폭풍구름이 잔뜩 끼어 있던 이 구절에서 갑자기 밝은 광선이 나타난다. 그것은 이 말씀이 장래의 마지막 성전과 관련되어 있기 때문이다.

이사야는 이에 대하여 다음과 같이 말하고 있다.

"내가 그[천년왕국 기간의 이스라엘]를 나의 성산으로 인도하여 기도하는 내 집에서 그들을 기쁘게 할 것이며 그들의 번제와 희생은 나의 단에서 기꺼이 받게 되리니 이는 내 집은 만민의 기도하는 집이라 일컬음이 될 것임이라"(사 56:7).

7. 구약성경의 예언 성취 제 19번 : 그분은 어린아이들의 찬미를 받으실 것이다(시 8:2과 21:6을 비교해 보라)
주님은 소경과 저는 자들을 고쳐주시고 어린아이들의 찬미를 받으신다(마 21:14-16).

화요일

8. 믿음에 대하여 말씀하심
주님은 시든 무화과나무에 대한 질문을 받으시고 산을 옮기는 믿음에 대하여 말씀하신다(마 21:20-22 / 막 11:20-26).

9. 자신의 권세의 근원에 관하여 바리새인들로부터 도전받으심(마 21:23-27 / 막 11:27-33 / 눅 20:1-8)
[1] 그들은 주님이 무슨 권세로 그런 일을 하느냐고 묻는다.
[2] 주님은 그들의 질문에 대답하기로 하시고, 먼저 요한의 침례(세례)의 근원이 사람으로부터 왔다고 생각하는지 하나님으로부터 왔다고 생각하는지 알고 싶다고 말씀하신다.
[3] 바리새인들은 대답하기가 매우 곤란한 문제임을 즉각 깨달았다.
(1) 만일 그들이 "하늘로서라"고 말하면, 주님은 틀림없이 "어찌하여 저를 믿지 아니하였느냐"라고 말씀하실 것이다.
(2) 만일 그들이 "사람에게로서라"라고 말하면 모든 사람들이 요한을 선지자로 여기므로 그들을 돌로 치려 할 것이다.
[4] 바리새인들은 주님의 질문에 대답할 수 없었고, 따라서 주님도 그들의 질문에 대답하지 않으셨다.

10. 서른두번째 비유 : 두 아들과 포도원의 비유(마 21:28-32)
[1] 한 포도원 주인에게 두 아들이 있었다.
[2] 그는 두 아들들에게 포도원에 가서 일하라고 말했다.
(1) 맏아들은 가겠소이다 하더니 가지 아니하였다.
(2) 둘째 아들은 싫소이다 하더니 후에 뉘우치고 갔다.

11. 서른세번째 비유 : 사악한 농부들의 비유(마 21:33-46 / 막 12:1-12 / 눅 21:9-19)
[1] 어떤 집 주인이 자기 포도원을 농부들에게 세주고 타국으로 떠난다.
[2] 그는 후에 그의 실과를 가져오라고 그의 종을 보낸다.
[3] 농부들은 그 종을 심히 때리고 빈 손으로 그를 보낸다.
[4] 그 주인은 계속해서 종들을 보내지만 그들은 모두 심하게 매를 맞고 어떤 종들은 죽음을 당한다.
[5] 그는 그 농부들이 그의 아들은 공경할 것이라 생각하고 그를 보내나 그 아들도 또한 처참하게 죽여버린다.
[6] 이에 그 집 주인은 격노하여 돌아와 그 사악한 농부들을 진멸한다.
[7] 예수님은 이 비유를 자신에게 적용하여 자기가 버림받았으나 "모퉁이 돌"이 되었다

고 말씀하신다(마 21:42).

12. 구약성경의 예언 성취 제 20번 : 그가 버림받았으나 모퉁이의 머릿돌이 될 것이다 (시 118:22, 23과 마 21:42을 비교해 보라)

13. 서른네번째 비유 : 예복을 입지 않은 혼인 잔치 손님의 비유(마 22:1–14)

1 어떤 임금이 자기 아들을 위하여 혼인 잔치를 베풀고 몇몇 사람들을 초대한다.

(1) 초대받은 사람들이 오기를 거절하고 그 임금의 사자들을 잡아 능욕하고 죽인다.

(2) 화가 난 임금은 군대를 보내어 그 살인한 자들을 진멸하고 그 동네를 불태운다.

14. 세금납부 문제에 관한 질문을 받으심

주님은 세금납부 문제에 관하여 바리새인들과 헤롯 당원들로부터 질문받는다(마 22:15–22 / 막 12:13–17 / 눅 20:20–26).

1 그들의 교활한 질문

"가이사에게 세를 바치는 것이 가하니이까 불가하니이까."

2 주님의 현명한 대답

"그런즉 가이사의 것은 가이사에게 하나님의 것은 하나님께 바치라."

찰스 라이리(Charles Ryrie) 박사는 이것을 다음과 같이 주석한다.

> "그 세(稅)는 로마인들이 모든 유대인들에게 부과한 인두세(人頭稅)였다. 당시 많은 유대인들의 마음 속에 자리잡고 있던 중요한 문제는 이러한 것이었다. 즉, 만일 하나님께서 이스라엘 땅을 유대인에게 주셨으며 그들이 그 땅에 살기를 원하신다면, 그리고 그들과의 관계를 인정하시어 하나님께서 그들의 희생과 제물들을 열납하신다면, 어떻게 그들이 이방 권력이나 왕에게 세금을 바칠 수 있겠는가 하는 문제이다. 만일 그리스도가 세를 바쳐야 한다고 말씀하시면 그들은 주님을 유대교를 따르지 않는다고 비난할 수 있다. 또한 만일 주님이 세를 바쳐서는 안 된다고 말하면 그들은 주님을 로마인들에게 고발할 수 있다."

15. 부활에 관한 질문을 받으심

주님은 부활이 없다 하는 사두개인들에게 부활에 관한 질문을 받으신다(마 22:23–33 / 막 12:18–27 / 눅 20:27–40).

1 그들의 어리석은 예증

(1) 여섯 형제를 가진 어떤 사람이 장가들었다가 곧 죽었는데 아내에게는 자식이 없었다.

(2) 모세의 율법에 따라 그 둘째가 그녀에게 장가들었으나 그도 또한 자식이 없이 죽었다.

(3) 마침내 일곱 명의 형제들이 모두 그 여자에게 장가들었다가 죽었다.

(4) 그러면 부활 때에 그 여자는 누구의 아내가 될 것인가?

2 주님의 직선적 대답

(1) 그들은 부활이라는 성경적 「사실」에 관하여 심각한 오류를 범하고 있었다.

"너희가 모세의 책 중 가시나무 떨기에 관한 글에 하나님께서 모세에게 이르시되 나는 아브라함의 하나님이요 이삭의 하나님이요 야곱의 하나님이로라 하신 말씀을 읽어보지 못하였느냐…."
(2) 그들은 부활의 성경적 '본질'에 관하여 심각한 오류를 범하고 있었다.
"…사람이 죽은 자 가운데서 살아날 때에는 장가도 아니가고 시집도 아니가고 하늘에 있는 천사들과 같으니라."

16. 모든 율법들 중에 어느 계명이 가장 크냐는 질문을 받으심(마 22:34—40 / 막 12:28—34)

1 **질문** : 율법 중에 어느 계명이 가장 크고 첫째되는 계명인가? 서기관들은 모든 율법을 613개의 교훈으로 나누었다.
2 **대답** : 가장 큰 계명은 "네 마음을 다하고 목숨을 다하고 뜻을 다하여 주 너의 하나님을 사랑하라…네 이웃을 네 몸과 같이 사랑하라"는 것이다(이 두 계명이 온 율법과 선지자의 강령이다).
3 **(첫번째 질문을 했던) 그 서기관**
"선생님이여 옳소이다…마음을 다하고 지혜를 다하고 힘을 다하여 하나님을 사랑하는 것과 또 이웃을 제 몸과 같이 사랑하는 것이 전체로 드리는 모든 번제물과 기타 제물보다 나으니이다."
4 **구세주**
"네가 하나님의 나라에 멀지 않도다."

17. 약속된 메시야에 관해 바리새인들에게 질문하심(마 22:41—46 / 막 12:34—37 / 눅 20:41—44)

1 **주님의 질문**
"너희는 그리스도에 대하여 어떻게 생각하느냐 뉘 자손이냐."
2 **그들의 대답**
"다윗의 자손이니이다."
3 **주님의 질문**
"다윗이 그리스도를 주라 칭하였은즉 어찌 그의 자손이 되겠느냐."
4 **그들의 대답** : 그들은 주님의 질문에 대답하지 못했을 뿐만 아니라, 그날부터 주님을 신학적으로 함정에 빠뜨리려는 사악한 행위도 하지 않았다.

18. 열세번째 설교 : 유대인 지도자들의 열두 가지 죄를 지적함(마 23:1—36 / 막 12:38—40 / 눅 20:45—47)

1 **그들은 교만으로 옷입고 회당의 상좌와 잔치의 상석에 앉았다.**
2 **그들은 과부의 가산을 삼켰다.**
3 **그들은 외식으로 길게 기도했다.**
4 **그들은 헛된 유전으로 사람들을 압박했다.**
5 **그들은 사람들 앞에서 천국 문을 닫아 버렸다.**

⑥ 그들은 회심한 자들에게 사악한 길을 가르쳤다.
⑦ 그들은 거짓된 혀로 약속의 서약을 했다.
⑧ 그들은 의(義)와 인(仁)과 신(信)과 같은 것들을 무시했다.
⑨ 그들은 하루살이는 걸러내고 약대는 삼켰다.
⑩ 그들은 대접의 겉은 깨끗이 하나 그 안에는 탐욕과 방탕이 가득찼다.
⑪ 그들은 선지자를 죽인 조상들의 무덤에 경배했다.

"그러므로 의인 아벨의 피로부터 성전과 제단 사이에서 너희가 죽인 바가랴의 아들 사가랴의 피까지 땅 위에서 흘린 의로운 피가 다 너희에게로 돌아가리라"(마 23:35).

이 기록은 역대하 24장 20-22절에 나타나 있다. 성경의 첫번째 책인 창세기 4장에 아벨의 죽음이 기록되어 있고 역대하는 히브리 성경의 마지막 책이기 때문에, 그리스도는 실제로 "성경에 기록된 최초의 살인으로부터 마지막 살인까지"라고 말씀하신 것이었다.

⑫ 그들도 역시 후에 하나님의 선지자들을 죽이고 돌로 칠 것이다.

19. 예루살렘을 보고 우심(마 23:37-39 / 눅 13:34, 35)

"예루살렘아 예루살렘아 선지자들을 죽이고 네게 파송된 자들을 돌로 치는 자여 암탉이 그 새끼를 날개 아래 모음같이 내가 네 자녀를 모으려 한 일이 몇 번이냐 그러나 너희가 원치 아니하였도다 보라 너희 집이 황폐하여 버린 바 되리라 내가 너희에게 이르노니 이제부터 너희는 찬송하리로다 주의 이름으로 오시는 이여 할 때까지 나를 보지 못하리라"(마 23:37-39).

특히 여기에 나타난 "너희 집"(예루살렘 성전)이라는 예수님의 말씀을 주목해 보자. 이것은 요한복음 2장 16절과 마태복음 21장 13절의 "내 집"이라는 말씀과 대조된다. 바로 이때로부터 이스라엘은 교회 시대 동안 버림을 당한다(마 21:33-46 참조). 23장 39절의 예수님 말씀은 언젠가 영광스럽게 성취될 것이다(시 118:26 / 슥 12:10 참조).

이스라엘 지도자들에 대한 가장 신랄한 고발을 포함하고 있는 이 장(마 23장)은 예루살렘 도성을 보고 예수님이 우시는 것으로 끝맺는다는 것을 주목하자.

20. 한 가난한 과부가 자기의 모든 소유를 성전 연보궤에 넣는 것을 유심히 보심(마 12:41-44 / 눅 21:1-4)

21. 서른한번째 예언 : 자신의 죽음에 관한 예언(요 12:20-26)

① 빌립은 헬라인 몇 사람이 주님을 만나고자 한다고 말한다.
② 주님이 자신의 죽음에 관해 말씀하신다.

(1) 인자가 영광을 얻을 때가 왔다.
(2) 한 알의 밀알이 땅에 떨어져 죽음으로 많은 열매를 맺는 것과 같이 인자도 마침내 죽으심으로 많은 열매를 맺을 것이다.

22. 열두번째 기도 : 헬라인 몇이 그분을 만나려고 할 때 드린 기도(요 12:27, 28)

① 아들의 기도

(1) "아버지여 나를 구원하여 이 때를 면하게 하여 주옵소서."
(2) "그러나 내가 이를 위하여 이 때에 왔나이다."
(3) "아버지여 아버지의 이름을 영광스럽게 하옵소서."

[2] 아버지의 응답

"내가 이미 영광스럽게 하였고 또다시 영광스럽게 하리라."

23. 서른두번째 예언 : 자신의 죽음에 관한 예언(요 12:32)

"내가 땅에서 들리면 모든 사람을 내게로 이끌겠노라."

많은 유대 지도자들은 주님의 말씀을 믿었음에도 불구하고 주님을 부인한다(요 12:37-43)

[1] 그들은 출회(黜會)를 당할까 두려워한다.

[2] 그들은 하나님의 영광보다 사람의 영광을 더 사랑한다.

[3] 구약성경의 예언 성취 제 21번 : 사람들이 그의 이적을 믿지 않을 것이다(사 53:1과 요 12:37, 38을 비교해 보라)

24. 열네번째 설교 : 다가올 환난에 관한 설교(마 24:1-42 / 10:17-23 / 25:1-46 / 막 13:1-37 / 눅 21:5-36 / 12:11, 12)

[1] 예루살렘이 파괴됨(마 24:1, 2 / 눅 21:20-24)

(1) 예루살렘은 원수들에게 완전히 포위당할 것이다(눅 19:43, 44 참조).
(2) 성전은 돌 위에 돌 하나도 남지 않고 무너질 것이다.
(3) 그 백성들이 칼날에 죽임을 당하며 모든 이방으로 사로잡혀 갈 것이다.
(4) 예루살렘은 이방인의 때가 차기까지 이방인들에게 밟힐 것이다.

주님은 이 구절에서 예루살렘이 두 차례에 걸쳐 파괴당할 것임을 분명히 언급하고 계시다.

① 첫번째 파괴는 역사적인 것으로 디도(Titus)가 주후 70년에 그 도성을 공격했을 때 일어났다. 주님은 돌 하나도 돌 위에 남지 않고 다 무너지리라고 말씀하셨는데, 이 예언은 놀랍게도 주후 70년 9월 8일에 그대로 성취되었다. 이 날 로마 장군 디도는 예루살렘 성벽을 무너뜨리고 그 도시를 점령했다. 유대인들이 아름다운 성전 대리석들을 연결시키기 위해 회반죽 대신에 황금을 사용했다는 거짓 소문이 로마 군인들 사이에 퍼졌다. 따라서 로마 군인들은 문자 그대로 모든 돌들을 들추어 보았으나 그 황금을 찾지는 못하였다.

② 두번째 파괴는 장차 있을 대환난 때의 언젠가에 일어날 것이다.

25. 서른세번째 예언 : 환난에 관한 예언(마 24:1-42 / 10:17-23 / 25:1-46 / 막 13:1-37 / 눅 21:5-36 / 12:11, 12)

[1] 대환난 : 전반부(마 24:3-14 / 10:17-23 / 막 13:4-13 / 눅 21:7-19 / 12:11, 12)

(1) 거짓 선지자들과 자칭 그리스도인들이 일어나 많은 사람을 미혹케 할 것이다.
(2) 난리와 난리 소문이 들릴 것이다.

감람산 강화(마태복음 24장)

두 가지 질문(24:3)

"우리에게 이르소서 어느 때에 이런 일이 있겠사오며."	"주의 임하심과 세상 끝에는 무슨 징조가 있사오리이까."
• 성전의 파괴—주후 70년에 점령됨	• 다가오는 환난—지금도 일어나고 있음

다가오는 환난

처음 삼년 반(24:1—14)		나중 삼년 반(24:15—31)
• 잇따른 난리 • 기근 • 질병 • 지진 • 이스라엘의 박해 • 많은 거짓 교사들의 출현 "이 모든 것이 재앙의 시작이니라"(24:8).	다니엘의 70이레	• 멸망의 가증한 것 • 적그리스도와 거짓 선지자의 출현 • 아마겟돈 전쟁 • 천사들이 이스라엘을 다시 모음 "이는 그 때에 큰 환난이 있겠음이라"(24:21).

(3) 기근과 질병과 지진과 하늘로부터의 놀라운 징조들이 나타날 것이다.
(4) 성도들이 그들의 가족들에게 환난을 당하며 투옥되고 미움을 받으며 배척받을 것이다.
(5) 불법이 성행하고 많은 사람들의 사랑이 식어질 것이다.

물론 이 모든 일들이 전체 교회시대를 통해 소규모로는 일어났으며, 틀림없이 재림 때까지 계속될 것이다.

2 대환난 : 후반부(마 24:15—31, 36—42 / 막 13:14—27, 32—37 / 눅 21:25—28, 34—36)
(1) 멸망의 가증한 것(적그리스도의 형상)이 성전의 거룩한 곳에서 정체를 드러낼 것이다.
(2) 세상에서 가장 무서운 환난과 박해가 시작될 것이다.
(3) 해와 달이 어두워질 것이다.
(4) 홍수가 나서 많은 사람들을 멸망시킬 것이다.
(5) 사람들은 전에 결코 겪지 못했던 두려움을 경험하게 될 것이다.

(6) 아마겟돈 전쟁이 일어날 것이다.
(7) 그리스도께서 이 땅에 재림하실 것이다.

26. 서른네번째 예언 : 자신의 재림에 관한 예언(마 24:29－41)

1 천사들이 주님의 택하신 자들을 사방에서 모을 것이다.

2 이때를 예비하지 못한 사악한 자들은 노아와 롯의 때에 그랬던 것처럼 갑자기 옮겨져서 멸망당할 것이다.

27. 서른다섯번째 비유 : 무화과 나무의 비유(마 24:32－35 / 막 13:28－31 / 눅 21:29－33)

1 주님은 여기서(그리고 다른 곳에서도) 이스라엘을 무화과나무로 비유하신다.

2 주님은 무화과나무(이스라엘)가 생명의 징조들을 보이기 시작할 때, 무시무시한 사건들이 일어날 것이라고 말씀하신다.

(1) 하나님의 나라가 가까이 임할 것이다.
(2) 잎사귀를 내기 시작하는 것을 보는 세대는 생존하여 만물의 결국을 보게 될 것이다.

28. 서른여섯번째 비유 : 열 처녀의 비유(마 25:1－13)

1 열 처녀가 등을 들고 신랑을 맞으러 나간다.

2 그 신랑은 한밤중에 갑자기 온다.

3 다섯 처녀는 자기 등에 기름이 모자라는 것을 알고 기름을 사러 간다.

4 그들이 돌아와 보니 혼인 잔치집의 문은 잠겨져 있었다.

29. 서른일곱번째 비유 : 달란트 비유(마 25:14－30)

1 한 주인이 세 종에게 자기 소유를 맡기고 타국으로 떠난다.

(1) 그는 첫번째 종에게 다섯 달란트를 준다.
(2) 그는 두번째 종에게 두 달란트를 준다.
(3) 그는 세번째 종에게 한 달란트를 준다.

2 그 주인은 돌아와 그들의 회계보고를 듣는다.

(1) 다섯 달란트 받은 종은 다섯 달란트를 더 남겨서 상급을 받는다.
(2) 두 달란트 받은 종도 두 달란트를 더 남겨서 마찬가지로 상급을 받는다.
(3) 한 달란트 받은 종은 그것으로 이익을 남기지 못하여 책망받는다. 이 비유는 누가복음 19장 11－19절에 나오는 므나의 비유와 유사하다. 그 차이점이란 '므나'는 인생의 동일한 기회를 나타내는 반면 '달란트'는 하나님이 각 개인에게 주시는 다양한 재능을 나타낸다는 점이다.

30. 서른 여덟번째 비유 : 양과 염소의 비유(마 25:31－46)

1 재림 때에 예수님은 양(성도)을 그분의 오른편에 갈라 놓으실 것이다.

(1) 주님의 칭찬의 말씀
① "내 아버지께 복받을 자들이여 나아와 창세로부터 너희를 위하여 예비된 나라를

상속하라."
② "내가 주릴 때에 너희가 먹을 것을 주었고 목마를 때에 마시게 하였고."
③ "나그네 되었을 때에 영접하였고."
④ "벗었을 때에 옷을 입혔고."
⑤ "병들었을 때에 돌아보았고 옥에 갇혔을 때에 와서 보았노라."

(2) 그들의 질문
"우리가 어느 때에 이 모든 일을 당신께 행했나이까."

(3) 주님의 대답
"너희가 여기 내 형제 중에 지극히 작은 자 하나에게 한 것이 곧 내게 한 것이니라."

[2] 재림 때에 예수님은 염소(불신자)는 그의 왼편에 갈라 놓으실 것이다.

(1) 주님의 저주의 말씀
① "저주를 받은 자들아 나를 떠나 마귀와 그 사자들을 위하여 예비된 영영한 불에 들어가라."
② "내가 주릴 때에 너희가 먹을 것을 주지 아니하였고 목마를 때에 마시게 하지 아니하였고."
③ "나그네 되었을 때에 영접하지 아니하였고."
④ "벗었을 때에 옷 입히지 아니하였고."
⑤ "병들었을 때와 옥에 갇혔을 때에 돌아보지 아니하였느니라."

(2) 그들의 질문
"우리가 어느 때에 이러한 일을 하지 아니하더이까."

(3) 주님의 대답
"이 지극히 작은 자 하나에게 하지 아니한 것이 곧 내게 하지 아니한 것이니라."

31. 서른다섯번째 예언 : 자신의 죽음에 관한 예언(마 26:2)

32. 구약성경의 예언 성취 제 22번 : 그의 친구가 은 삼십에 그를 팔 것이다(시 41:9/55:12-14/슥 11:12, 13/마 26:14-16, 21-25 참조)

[1] 유대인들은 가야바의 아문에 모여 예수님을 잡아 죽이려고 음모를 꾸민다(마 26:3-5/막 14:1, 2/눅 22:2).

[2] 사단이 유다에게 들어가니 유다는 은 삼십을 받기로 하고 이 음모에 가담한다(마 26:14, 15/막 14:10, 11/눅 22:3-6).

목요일

33. 베드로와 요한을 예루살렘으로 보내어 유월절을 예비하게 하심(마 26:17-19/막 14:12-16/눅 22:7-13)

[1] 그들은 물 한 동이를 가지고 가는 사람을 따라가야 한다.

[2] 그는 그들을 인도하여 다락방에서 유월절을 지내도록 할 것이다.

34. 유월절을 지키심

예수님이 제자들과 함께 그 방으로 들어가신다(마 26:20—29/막 14:17—25/눅 22:14—34/요 13:1—14:31).

1 주님이 유월절 만찬에 관해 언급하신다(눅 22:14—18).

(1) 주님은 고난을 당하기 전에 그들과 함께 유월절 잔치를 먹기 원하신다.

(2) 주님은 이 유월절이 하나님 나라에서 이루어지기까지는 다른 유월절을 지키지 않으실 것이다.

2 주님이 제자들의 발을 씻기신다(요 13:1—17).

(1) 베드로가 예수께 말한다.

"주여 주께서 내 발을 씻기시나이까."

(2) 예수께서 베드로에게 말씀하신다.

"나의 하는 것을 네가 이제는 알지 못하나 이 후에는 알리라."

(3) 베드로가 예수께 말한다.

"내 발을 절대로 씻기지 못하시리이다."

(4) 예수께서 베드로에게 말씀하신다.

"내가 너를 씻기지 아니하면 네가 나와 상관이 없느니라."

(5) 베드로가 예수께 말한다.

"주여 내 발뿐 아니라 손과 머리도 씻겨 주옵소서."

(6) 예수께서 베드로에게 말씀하신다.

"이미 목욕한 자는 발밖에 씻을 필요가 없느니라 온 몸이 깨끗하니라."

이곳 요한복음 13장 10절에서 예수님은 두 가지 서로 다른 헬라어를 사용하신다.

"예수께서 가라사대 이미 '목욕한'〔『루오』(louo), 완전하게 목욕하다〕 자는 발밖에 '씻을'〔『니프토』(nipto), 사람의 발이나 손, 얼굴을 씻다〕 필요가 없느니라."

이 배경은 한 유대인이 공중목욕탕에서 돌아오는 장면이다. 집으로 돌아오는 중에 그의 발이 더러워져 다시 씻을 필요가 있을지 모르나 온 몸을 다시 씻을 필요는 없다.

따라서 죄인이 회개하면 그는 영원히 깨끗함을 받는다(히 10:1—12 참조). 이것은 "목욕"(louo)에 해당된다. 그러나 세상에서 살아가는 동안, 성도는 때때로 죄로 인하여 몸의 일부를 더럽히게 될 것이다. 그것은 어떤 때는 그의 손일 수도 있고 또 어떤 때는 그의 발일 수도 있으며 때때로, 그의 혀일 수도 있다. 그는 이제 "씻을"(nipto) 필요가 있다. 이것은 요한일서 1장 9절에 잘 나타나 있다.

"만일 우리가 우리 죄를 자백하면 저는 미쁘시고 의로우사 우리 죄를 사하시며 모든 불의에서 우리를 깨끗케 하실 것이요."

(7) 예수께서 열두 제자들에게 말씀하신다.

① 그들은 주님의 본을 따라 서로 다른 사람의 발을 씻겨야 한다.

② 종이 그의 상전보다 크지 못하다.

3 서른여섯번째 예언 : 자신이 배신당할 것에 관한 예언(요 13:18—33/마 26:21—25/막 14:18—21/눅 22:21—23)

(1) "너희 중 하나가 나를 팔리라"고 하는 주님의 말씀에 제자들은 크게 놀라며 그가 누구인지 알고자 한다.

(2) 예수님은 자기와 함께 그릇에 손을 넣는 자가 바로 그 사람이라고 말씀하신다.
(3) 예수님은 유다가 배반자임을 안다고 그에게 은밀하게 말씀하신다.
(4) 사단이 유다에게 들어가니 그는 다락방을 떠난다.
(5) 제자들은 유다가 예수님의 심부름을 간 줄로 생각한다.

[4] 주님이 성찬 의식을 제정하신다(마 26:26–29 / 막 14:22, 25 / 눅 22:19, 20).

(1) 떡
"받아 먹으라 이것은 너희를 위하여 주는 내 몸이라 너희가 이를 행하여 나를 기념하라."
(2) 잔
"이것은 죄사함을 얻게 하려고 많은 사람을 위하여 흘리는 바 나의 피 곧 언약의 피니라."

여기서 주님의 다음과 같은 언급을 주목해 보자.
"그러나 너희에게 이르노니 내가 포도나무에서 난 것을 이제부터 내 아버지의 나라에서 새 것으로 너희와 함께 마시는 날까지 마시지 아니하리라"(마 26:29).
우리는 여기서 유월절이 천년왕국 기간 동안 다시 기념될 것이라는 사실을 알게 된다.

[5] 주께서 제자들의 다툼을 책망하신다(눅 22:24–27 / 요 13:34, 35).

(1) 그들은 그들 중에 누가 가장 큰가에 대하여 다투고 있었다.
(2) 예수께서는 그들에게 가장 큰 사람은 가장 겸손한 사람이라고 말씀하신다.

[6] 서른일곱번째 예언 : 베드로의 죽음에 관한 예언(요 13:36)

(1) "나의 가는 곳에 네가 지금은 따라올 수 없으나."
(2) "후에는 따라오리라."

[7] 서른여덟번째 예언 : 베드로가 세 번 부인할 것에 관한 첫번째 예언(요 13:38 / 눅 22:33)

『입체적인 그리스도의 생애』에서 정리된 것과 같은 복음서 연대표에는 베드로가 한 경우에 주님을 세 번 부인한 것이 아니라, 두 차례에 걸쳐 여섯 번 부인했다는 사실이 명확하게 제시되어 있다.
(1) 다락방에서 예수님은 닭 울기 전에 베드로가 세 번 자기를 부인할 것이라고 말씀하시고, 그 첫번째 경우를 예언하셨다(요 13:38 / 눅 22:34 참조).
(2) 겟세마네로 가는 중에 예수님은 닭이 두 번 울기 전에 베드로가 자기를 부인할 것이라고 말씀하시며, 그 두번째 경우를 예언하셨다(마 26:34 / 막 14:30 참조).

[8] 유월절 잔치의 규례는 다음과 같았을 것이다.

(1) 예수님이 축사하시고 그들은 그 잔을 마신다.
(2) 애굽에서 종살이했던 그들의 이전 생활을 상징하는 쓴 나물이 소개된다.
(3) 유월절 어린양이 소개되고 설명된다.
(4) 시편 113, 114편의 할렐루야 시편을 노래했다.
(5) 예수님은 의식에 따라 양손을 씻고, 그 후에 떡을 가지고 떼는 의식을 거행하셨다.
(6) 그리고 모든 무리들이 구운 양고기와 쓴 나물을 함께 먹었다.

[9] 예수께서 다락방에서 베드로의 첫번째 부인을 선포하셨을 때 주고 받은 대화를 주목해보자.

(1) 베드로
"주를 위하여 내 목숨을 버리겠나이다."
(2) 예수님
"시몬아, 시몬아, 보라 사단이 밀 까부르듯 하려고 너희를 청구하였으나 그러나 내가 너를 위하여 네 믿음이 떨어지지 않기를 기도하였노니 너는 돌이킨 후에 네 형제를 굳게 하라."
(3) 베드로
"주여 내가 주와 함께 옥에도, 죽는 데도 가기를 준비하였나이다."
물론 그는 오순절 이후에 이 두 가지를 행하게 될 것이다(행 12:1-18/벧후 1:14 참조).
(4) 예수님
"베드로야 내가 네게 말하노니 오늘 닭 울기 전에 네가 세 번 나를 모른다고 부인하리라."

마귀는 과거에 하나님의 허락을 얻어 하나님께서 택하신 또다른 종 욥을 시험하고 괴롭혔다(욥 1, 2장 참조). 여기서 사단은 이와 같이 시몬 베드로를 지배할 권세를 요구한 것 같았다. 베드로는 그의 서신에서 마귀와 성도에 관해 기록할 때, 바로 이 사실을 염두에 두었을지도 모른다(벧전 5:7-11 참조). 여하튼 부활하신 구세주가 오늘날, 지금 이 순간에도 모든 성도들을 위하여 영광 중에 기도하고 계시다는 사실을 안다면 그들에게 커다란 위로가 될 것이다(롬 8:34/요일 2:1/히 7:25/9:24 참조).

35. 열다섯번째 설교 : 자신의 아버지 집에 관한 설교(요 14:1-31)

[1] 주님께서 천국에 관하여 말씀하신다.

(1) 그분의 아버지 집에는 거할 곳이 많다.
(2) 주님은 성도들을 위하여 처소를 예비하러 거기에 가신다.
(3) 서른아홉번째 예언 : 자신의 재림에 관한 예언(요 14:2, 3)
"내 아버지 집에 거할 곳이 많도다 그렇지 않으면 너희에게 일렀으리라 내가 너희를 위하여 처소를 예비하러 가노니 가서 너희를 위하여 처소를 예비하면 내가 다시 와서 너희를 내게로 영접하여 나 있는 곳에 너희도 있게 하리라."

"내가 다시 와서 너희를 영접하여"라는 구절을 주목해 보자. 이것은 4복음서에서 유일하게 휴거(rapture)를 기록한 것이며 성경에서 하나님이 그분의 백성을 이 땅에서 데려가겠다고 약속하신 최초의 기록이다.

[2] 주님이 빌립과 도마에게 질문을 받으신다.

(1) 도마
"그 길을 어찌 알겠삽나이까."
(2) 예수님
"내가 곧 길이요 진리요 생명이니."
(3) 빌립
"아버지를 우리에게 보여주옵소서."
(4) 예수님

"나를 본 자는 아버지를 보았거늘."

3 주님이 성령에 관하여 말씀하신다(14:16—21).

(1) 성령이 와서 성도들과 함께 영원토록 거할 것이다.

(2) 성령이 와서 그들에게 모든 것을 가르칠 것이다.

목요일 밤에 행하신 그리스도의 유월절 설교(요한복음 14—16장)

구세주

그리스도 자신	• 그분의 재림의 비밀—휴거에 관한 최초의 언급(14:6). • 그분의 몸의 비밀(14:20/참조, 엡 3:1—7/골 1:24—27).
그리스도와 성부	• 그리스도는 아버지를 선포한다(14:7—9). • 그리스도는 아버지와 불가분의 관계를 맺고 있다(14:10, 11). • 그리스도는 아버지를 영화롭게 한다(14:13). • 그리스도는 아버지께로 간다(14:2, 12, 28/16:10, 16, 28).
그리스도와 성령	• 그리스도께서 기도할 때 성령이 임하신다(14:16). • 성령은 와서 그리스도를 영화롭게 하고 그분에 관해 증거한다(15:26/16:13—15). • 성령은 와서 세 가지 일을 수행하신다(16:7—11).
그리스도와 성도	• 그분은 포도나무이다(15:1—8, 16). • 성도들은 가지이다.

성도

성도와 성부	• 성도는 하나님의 거처가 된다(14:23). • 성도는 하나님께 사랑을 받는다(14:21/16:27). • 성도는 그리스도보다 더 큰 일을 할 수 있는 능력을 받는다(14:12).
성도와 성령	• 성령은 성도들에게 모든 것을 가르치신다(14:26/16:14, 15). • 성령은 영원히 성도들과 함께 거한다(14:16).
성도와 핍박	• 성도는 많은 핍박을 받을 것이다(14:27/15:18—21). • 성도는 어떠한 핍박 가운데에서도 기뻐해야 한다(16:1—4, 20—22, 33).
성도와 다른 성도들	• 성도는 다른 성도들을 사랑해야 한다(15:12—14, 17).

[4] 주님이 유다(가룟 유다가 아님)에게 질문을 받으신다(14:22, 23).

(1) 유다

"주여 어찌하여 자기를 우리에게는 나타내시고 세상에게는 아니 하려 하시나이까."

(2) 예수님

① "사람이 나를 사랑하면 내 말을 지키리니."

② "내 아버지께서 저를 사랑하실 것이요 우리가 저에게 와서 거처를 저와 함께 하리라."

[5] 주님이 평안에 관해 말씀하신다(14:26, 27).

(1) 주님은 자신의 평안을 성도들에게 주겠다고 약속하셨다.

(2) 이 평안으로 그들은 마음에 근심하지도 않고 두려워하지도 않을 것이다.

[6] 주님은 다락방을 떠나 감람산으로 가자고 말씀하신다. 마태는 "이에 저희가 찬미하고 감람산으로 나아가니라"(마 26:30)고 기록하고 있다.

"할렐루야 시편"이라 불리는 6개의 시편들이 있는데, 시편 113—118편이 그것이다. 이 모든 시편들은 유월절 전날 밤에 불리던 것들이다. 예수님과 제자들이 찬미한 것도 바로 이러한 시편들이다. 위의 시편들에 나오는 몇몇 구절들을 살펴보도록 하자.

"사망의 줄이 나를 두르고 음부의 고통이 내게 미치므로 내가 환난과 슬픔을 만났을 때에"(시 116:3).

"내가 구원의 잔을 들고 여호와의 이름을 부르며"(시 116:3).

"건축자의 버린 돌이 집 모퉁이의 머릿돌이 되었나니 이는 여호와의 행하신 것이요 우리 눈에 기이한 바로다 이 날은 여호와의 정하신 것이라 이 날에 우리가 즐거워하고 기뻐하리로다"(시 118:22—24).

"여호와의 이름으로 오는 자가 복이 있음이여"(시 118:26).

● 53단계 : 다락방에서 내려와 겟세마네 동산으로 가심

(마 26:31—56 / 막 14:26—52 / 눅 22:35—53 / 요 15:1—18:12)

1. 열여섯번째 설교 : 포도나무와 가지에 관한 설교(요 15:1—16:33)

[1] 주님은 아버지의 포도원에 있는 포도나무요 모든 성도들은 그분의 가지들이다.

(1) 가지가 과실을 맺으려면

① 아버지에 의해 깨끗케 되어야 한다.

② 아들 안에 거해야 한다.

'과실'(Fruit), '더 많은 과실'(more Fruit), '아주 많은 과실'(much Fruit)이라는 점층법적 표현을 주목해 보자(15:1—5). 이 과실은 '회심자'(롬 1:13)나 그리스도인의 '인격'(갈 5:22, 23) 또는 그리스도인의 '행실'(빌 1:11 / 롬 6:21, 22)을 의미할 수도 있다.

(2) 만일 가지가 열매를 맺지 못하면 그것은 잘리워 밖에 버려진다(15:6). 포도나무에서 잘린 이러한 열매 맺지 못하는 가지들에 대한 문제가 있다. 즉, 그들은 누구인가 하는 것이다(15:2, 6).

이에 대해 세 가지 이론들이 제시된다.

첫째, 잘리운 가지들은 구원을 잃어버린 그리스도인들을 나타낸다.

둘째, 그 가지들은 사도행전 5장 1—11절, 고린도전서 11장 27—34절, 요한일서 5장 16

절에 묘사된 것과 같은 죽음에 이르는 죄를 범한 그리스도인들을 나타낸다. 이 이론에 따르면, 고린도전서 3장 11－15절에서 나타나는 것처럼, 그들의 공력은 불에 살라질 것이다.

셋째, 그 가지들은 결국 그리스도와의 형식적 관계마저 끊어진, 단지 명목뿐인 그리스도인들(즉, 종교적인 사람들)을 나타낸다. 이에 대한 실례는 이미 유다에게서 나타났다(요 13:27－30/17:12 참조).

[2] 주님은 세상으로부터 부당하게 미움을 받았고, 그분의 제자들 또한 미움을 받을 것이다(15:18－25).

(1) 그들은 종교 지도자들에게 핍박을 당할 것이다.

(2) 그들은 하나님의 "이름"을 인하여 죽음을 당할 것이다.

[3] 주님이 아버지께로 가야만 성령이 오실 것이다(15:26/16:7－15).

"그러하나 내가 너희에게 실상을 말하노니 내가 떠나가는 것이 너희에게 유익이라"(16:7).

이 사건 전에 대제사장 가야바가 여기서 예수님이 사용하신 것과 같은 "유익한"(expedient)이라는 말을 사용하였다(요 11:50/18:14 참조).

(1) 성령은 그리스도를 증거하고 영화롭게 할 것이다.

(2) 성령은 죄에 대하여, 의에 대하여, 심판에 대하여 세상을 깨닫게 할 것이다.

① 죄에 대하여 깨닫게 하는 것은 사람들이 주님을 믿지 아니하였기 때문이다.

② 의에 대하여 깨닫게 하는 것은 주님이 그분의 아버지께로 가고 계셨기 때문이다.

③ 심판에 대하여 깨닫게 하는 것은 이 세상의 지배자(사단)가 심판을 받았기 때문이다.

(3) 성령은 신자들을 모든 진리 가운데로 인도할 것이다.

[4] 주님은 자신을 따르는 자들에게 네 가지 약속을 주신다(16:20－23).

(1) 그들이 현재 당하는 근심은 기쁨으로 변할 것이다(그것은 해산하는 여인의 근심이 아기를 낳으면 기쁨으로 변하는 것과 마찬가지다).

(2) 그들은 아들의 이름으로 자기들의 필요를 아버지께 자유롭게 구할 수 있다.

(3) 그들은 환난 중에 평안을 누리게 될 것이다.

(4) 그들은 세상을 이길 용기를 갖게 될 것이다.

그분의 사역을 적절히 요약해주는 요한복음 16장 28절의 말씀을 주목해 보자.

"내가 아버지께로 나와서〔성육신〕 세상에 왔고〔현현〕 다시 세상을 떠나〔십자가에 달리심〕 아버지께로 가노라〔부활과 승천〕."

2. 열세번째 기도 : 다락방을 떠난 후에 드린 기도(요 17:1－26)

[1] 주님은 과거에 자신이 행한 아홉 가지 일에 대해 회상하신다.

(1) 그분은 모든 택한 자들에게 영생을 주셨다(2절).

(2) 그분은 아버지를 영화롭게 하셨다(4절).

(3) 그분은 자신의 사명을 완수하셨다(4절).

(4) 그분은 아버지의 이름을 사람들에게 나타내셨다(6, 26절).

(5) 그분은 아버지의 말씀을 사람들에게 선포하셨다(8, 14절).

(6) 그분은 택한 자들을 보전하고 지키셨다(12절/참조, 18:9).

(7) 그분은 택한 자들을 세상 속으로 보내셨다(18절).
(8) 그분은 그들을 위하여 자기를 거룩하게 구별하셨다(19절).
(9) 그분은 자신의 영광을 그들에게 나누어 주셨다(22절).

2 주님은 미래를 위하여 아버지께서 다음의 아홉 가지 일을 행하여 주실 것을 간구한다.
(1) 아버지는 자기 아들을 영화롭게 하실 것이다(1, 5절).
(2) 아버지는 택한 백성을 보존하실 것이다(11절).
(3) 아버지는 택한 백성을 하나가 되게 하실 것이다(11절).
(4) 아버지는 그들 안에 기쁨을 충만하게 채우실 것이다(13절).
(5) 아버지는 그들을 악에 빠지지 않게 보전하실 것이다(15절).
(6) 아버지는 그들을 거룩하게 하실 것이다(17절).
(7) 아버지는 세상에서 그들을 인도하실 것이다(23절).
(8) 아버지는 천국에서 그들을 아들과 함께 있게 하실 것이다(24절).
(9) 아버지는 그들에게 사랑을 베푸실 것이다(26절).
이 기도에서 예수님은 자신을 위해(17:1−5), 제자들을 위해(17:6−19), 그리고 교회를 위해(17:20−26) 기도하신다.

이 기도는 얼마나 거룩한 "아버지와 아들"의 공동사역을 보여주고 있는가! 이제 아들은 자기 아버지의 집에 있고 성령은 아들이 명령하고 아버지가 승인한 이러한 "구속의 권고"를 분주하게 수행하고 있다.

3. 제자들에게 장차를 위해 준비하라고 충고하심(눅 22:35−38)

1 과거에 그들은 전대나 식량도 없이 전도여행을 하였다.

2 장래에는 그들 스스로 충분한 준비를 갖추어야 한다. 그리스도는 이에 대하여 다음

위대한 대제사장의 기도(요한복음 17장)

과거의 보고	미래를 위한 권고
아들이 행한 것: **그분은 자신의 사명을 완수했다.** • 아버지를 영화롭게 했다(17:4). • 택한 백성을 위해 구원과 안식과 봉사를 주었다(17:2, 12, 18). • 하나님의 이름을 사람들에게 나타냈다(17:6, 26). • 하나님의 말씀을 사람들에게 선포했다(17:8, 14). • 그분은 기꺼이 죽으실 각오를 했다(17:19).	**아버지가 해야 할 일:** **목자를 영화롭게 하실 것이다**(17:1, 5). **양들을 교화시키실 것이다.** • 그들을 보전하심으로써(17:11). • 그들을 하나로 만드심으로써(17:11). • 그들을 기쁨으로 채우심으로써(17:13). • 그들을 보호하심으로써(17:15). • 그들을 거룩하게 하심으로써(17:17). • 그들을 완전하게 하심으로써(17:23). • 언젠가 그들을 영접하심으로써(17:24). • 그들에게 사랑을 베푸심으로써(17:26).

과 같이 말씀하신다.
"내가 너희에게 말하노니 기록된바 저는 불법자의 동류로 여김을 받았다 한 말이 내게 이루어져야 하리니 내게 관한 일이 이루어감이니라"(눅 22:37).

여기서 그리스도는 이사야서 53장의 예언을 자신에게 적용시키고 계심이 분명하다(행 8:32－35 참조).

주님은 감람산으로 가시면서 제자들과 함께 찬미하신다(막 14:26 / 마 26:30).

4. 마흔번째 예언 : 제자들이 자신을 버릴 것에 관한 예언(마 26:31)

5. 마흔한번째 예언 : 부활한 후에 갈릴리에서 그들을 보게 될 것이라는 예언(마 26:32 / 막 14:28 / 16:7)

1 모든 제자들이 주님 때문에 넘어지게 될 것이다.

2 하나님이 목자를 칠 것이며 양떼가 흩어질 것이다.

6. 마흔두번째 예언 : 베드로가 세 번 부인할 것에 관한 두번째 예언(마 26:33－35 / 막 14:29－31)

1 베드로

"다 주를 버릴지라도 나는 언제든지 버리지 않겠나이다."

2 예수님

"오늘 밤 닭 울기 전에 네가 세 번 나를 부인하리라."

3 베드로

"내가 주와 함께 죽을지언정 주를 부인하지 않겠나이다."
"내가 주와 함께 죽을지언정 주를 부인하지 않겠나이다."

7. 겟세마네 동산에서 기도하심

주님이 기드론 시내를 건너 겟세마네 동산으로 들어가신다(마 26:36 / 막 14:32 / 요 18:1). 약 1,000년 전에 다윗 왕이 이와 유사하게 밤중에 기드론 시내를 건넜다(삼하 15:23, 30 참조). 두 사람 모두 그들 자신의 혈육에게 버림받았고, 두 사람 모두 이것을 슬퍼하며 울었다. 주님은 베드로와 야고보와 요한에게 자신과 함께 깨어 기도하라고 말씀하신다(마 26:37, 38 / 막 14:33 / 눅 22:40). 주님은 고통의 시간을 경험하신다(마 26:37, 38 / 막 14:33, 34).

1 주님은 슬퍼하고 놀라며 심히 고민하셨다.

2 주님은 자신의 영혼이 거의 죽게 되었다고 말씀하셨다.

3 구약성경의 예언 성취 제 23번 : 그는 슬퍼하는 자가 될 것이다(사 53:3 / 마 26:37, 38 참조).

8. 열네번째 기도 : 주님의 첫번째 겟세마네 동산 기도(마 26:39 / 막 14:35, 36 / 눅 22:41, 42)

1 주님의 자세 : 땅에 무릎을 꿇고 얼굴을 거기에 파묻었다.

[2] 주님의 기도

(1) "아버지여 아버지께는 모든 것이 가능하오니 이 잔을 내게서 옮기시옵소서."

(2) "그러나 나의 원대로 마옵시고 아버지의 원대로 하옵소서."

주님은 돌아와서 제자들이 잠들어 있는 것을 보신다(마 26:40, 41 / 막 14:37, 38). "시몬아 자느냐 네가 한 시 동안도 깨어 있을 수 없더냐 시험에 들지 않게 깨어 있어 기도하라 마음에는 원이로되 육신이 약하도다."

9. 열다섯번째 기도 : 주님의 두번째 겟세마네 동산 기도(마 26:42 / 눅 22:44 / 막 14:39)

[1] 주님의 자세 : 땅에 떨어지는 핏방울 같은 땀을 흘리며 무릎을 꿇고 기도하셨다.

[2] 주님의 기도

(1) "아버지여 만일 아버지의 뜻이어든 이 잔을 내게서 옮기시옵소서."

(2) "만일 내가 마시지 않고는 이 잔이 내게서 지나갈 수 없거든 아버지의 원대로 되기를 원하나이다."

예수님의 "내 뜻대로 마옵시고"라는 것과 사단의 방자함을 비교해 보라. 이사야서 14장 12-14절을 참조해 보라. 따라서 겟세마네는 갈보리를 위한 그분의 준비과정이 된다. 골고다에서 주님은 그분의 '육신'을 포기하셨으나, 여기 겟세마네에서는 그분의 '뜻'을 포기하셨다.

[3] 주님은 하늘로부터 나타난 천사의 도움을 받으신다(눅 22:43).

[4] 주님은 두번째로 제자들이 잠자고 있는 것을 발견하신다(마 26:43 / 막 14:40).

많은 화가들과 작곡가들이 이 기도 장면을 묘사해 왔으며, 일반적으로 그들의 묘사는 고요하고 평온한 광경을 보여준다. 이를테면, 무릎을 꿇고 두 손은 깍지를 낀 채 앞에 경건하게 놓여 있으며 눈은 하늘을 올려다 보고 입술은 '고난의 잔'의 기도를 드리며 가볍게 떨고 있는 구세주 위에 하늘로부터 한 줄기 빛이 내리비취고 있다. 모든 것이 고요하고 평온하다. 그렇지만 이러한 묘사는 전혀 성경적이 아니다. 조심스럽게 성경을 연구하는 사람들이라면 그처럼 무서운 날 밤에 마귀들의 비명소리와 고요한 겟세마네 동산을 가득 채우고 맹렬하게 타오르는 불꽃 소리를 들을 수 있을 것이다. 그 시간에 자신의 느낌을 보여주는 주님 자신의 묘사를 살펴보자. 주님은 자기가 다음과 같은 상태에 있었다고 말씀하신다.

(1) "심히 놀라시며."

주님은 갑작스런 두려움에 사로잡혔다(마 14:33).

(2) "슬퍼하사."

주님은 의심과 심한 고통이 자신의 영혼을 엄습하여 가득 채우는 아주 생소한 상황을 경험하셨다[이것은 무디 성경학교의 헬라어 교수인 고 케네스 웨스트(Knneth S. Wuest)가 제시한 주석이다].

(3) "심히 고민하여 죽게 되었으니."

주님은 슬픔에 완전히 압도되셨고, 그것은 그분의 생명까지도 위협할 지경이었다.

이 모든 것을 볼 때, 마귀는 구세주가 몇 시간 후에 십자가 위에서 피를 흘리지 못하도록 하기 위하여 그 동산에서 주님을 죽이려고 혼신의 노력을 다했다는 것이 명백해진다. 주님은 이것을 알아차리고 적절하게 대응하셨는바, 이것은 우리가 히브리서 5장

7절에서 보는 그대로이다.

"그는 육체에 계실 때에 자기를 죽음에서 능히 구원하실 이에게 심한 통곡과 눈물로 간구와 소원을 올렸고 그의 경외하심을 인하여 들으심을 얻었느니라."

아버지는 그분의 부르짖음을 듣고 천사들을 보내어 그분을 도와주셨다(눅 22:43 참조). 사람들은 주께서 그 동산에서 드린 세 번의 기도를 통해서 자신이 가야 할 길과 씨름하셨으며, 거기서 기도할 때마다 "잔"을 언급하셨다고 말한다. 그분의 영혼이 그렇게 마시기를 두려워했던 이 잔이란 무엇이었는가? 어떤 사람들은 그것이 인간이 겪는 고난의 잔이었다고 말한다. 그러나 주님은 자신의 사역을 통해서 이러한 고난들을 겪은 바 있기 때문에 고난이나 슬픔을 전혀 모르는 분은 아니었다. 또 어떤 사람들은 주님이 여기서 마시기를 두려워했던 것은 육신적 죽음의 잔이었다고 주장한다.

그러나 주님은 생명의 주인이시며, 그러므로 죽음이 그분을 두렵게 할 수 없었다는 것을 알아야만 한다.

그러면 이 저주의 잔의 본질은 무엇이었는가? 성경은 겟세마네의 잔이 모든 인간성의 죄악으로 가득차 있었다고 분명하게 말해주고 있으므로, 우리는 여기서 어둠 속을 더듬고 있는 것은 아니다! 주님은 그날 밤에 인간 죄악의 심연을 깊이 통찰하고 계셨고, 그 역겨운 냄새를 맡고 피어오르는 독기를 보며 번민하셨다.

이 저주의 잔을 마시지 않고 다른 방법으로 인간을 구속할 수는 없었는가? 다른 방법은 없었다. 몇 시간만 지나면 주님은 쓰디쓴 인간의 죄악의 마지막 잔까지 모두 비우실 것이다.

"오직 우리가 천사들보다 잠깐 동안 못하게 하심을 입은 자 곧 죽음의 고난받으심을 인하여 영광과 존귀로 관 쓰신 예수를 보니 이를 행하심은 하나님의 은혜로 말미암아 모든 사람을 위하여 죽음을 맛보려 하심이라"(히 2:9 / 참조, 사 53장 / 롬 4:25 / 벧전 2:24 / 3:18 / 고후 5:21).

10. 열여섯번째 기도 : 그분의 세번째 겟세마네 동산 기도(마 26:44)

주님은 세번째로 제자들이 잠들어 있는 것을 발견하신다(마 26:45, 46 / 막 14:41 / 눅 22:45, 46).

"이제는 자고 쉬라, 보라 때가 가까웠으니 인자가 죄인의 손에 팔리우느니라 일어나라 함께 가자 보라 나를 파는 자가 가까이 왔느니라."

11. 주님이 잡혀가심

주님은 배반자의 입맞춤으로 인하여 잡혀가신다(마 26:47−56 / 막 14:43−52 / 눅 22:47−53 / 요 18:2−12).

[1] **유다가 군병들과 유대인 지도자들을 이끌고 겟세마네로 온다.** 그 군병들은 한 로마 군단의 십분의 일에 해당되었다. 한 군단은 육천 명으로 이루어져 있었다. 따라서 주님을 체포하기 위하여 약 육백 명의 군병들이 그 동산에 나타났다.

[2] **유다가 예수님께 다가간다.**

(1) 예수님

"친구여 네가 무엇을 하려고 왔는지 행하라."

(2) 유다
"랍비여 안녕하시옵니까."
(3) 예수님
"유다야 네가 입맞춤으로 인자를 파느냐."
③ 예수님이 군사들에게 다가가신다.
(1) 예수님
"너희가 누구를 찾느냐."
(2) 군사들
"나사렛 예수라."
(3) 예수님
"내로라."
(이때 군사들은 놀라 땅에 엎드러지고 그분이 정말 그들이 찾고 있는 사람인지 다시 한 번 확인해야 했다. 시 27:1, 2/40:14 참조)
(4) 예수님
"너희에게 내로라 하였으니 나를 찾거든 이 사람들의 가는 것을 용납하라"〔주님이 이 말씀을 하는 것은 "아버지께서 내게 주신 자 중에서 하나도 잃지 아니하였삽나이다" (요 18:9)라는 성경의 예언을 성취시키기 위해서였다〕.
④ 예수님이 군병들에게 체포된다.

12. 서른다섯번째 이적 : 떨어진 귀를 붙인 이적(마 26:51/막 14:47/눅 22:50/요 18:10)

① 베드로가 그의 검을 빼어 대제사장의 종인 말고의 오른쪽 귀를 떨어뜨린다.
② 예수님은 "이것까지 참으라"고 말씀하시며 그 떨어진 귀를 급히 붙여 주신다.

13. 과격한 행동을 책망하심

① 베드로의 과격한 행동을 책망하신다(마 26:52—54/요 18:11).
(1) "네 검을 도로 집에 꽂으라 검을 가지는 자는 다 검으로 망하느니라."
(2) "너는 내 아버지께 구하여 지금 열두 영 더 되는 천사를 보내시게 할 수 없는 줄로 아느냐."
천사 하나의 능력도 큰데 열두 영 더 되는 천사들의 능력은 얼마나 엄청나겠는가? (왕하 19:35 참조).
(3) "내가 만일 그렇게 하면 이런 일이 있으리라 한 성경이 어떻게 이루어지리요."
(4) "아버지께서 내게 주신 잔을 내가 마시지 아니하겠느냐."
성경에는 많은 "잔"이 나타난다. '구원'의 잔(시 116:13), '위로'의 잔(렘 16:7), '기쁨'의 잔(시 23:5), '심판'의 잔(시 11:6/렘 25:15/계 14:10) 등이 그것이다.
② 자기를 잡으러 온 사람들의 과격한 행동을 책망하신다(마 26:55/막 14:48, 49/눅 22:52, 53).
(1) "너희가 강도를 잡는 것같이 검과 몽치를 가지고 나를 잡으러 왔느냐."
(2) "내가 날마다 성전에 앉아 가르쳤으되 너희가 나를 잡지 아니하였도다."

(3) "그러나 이렇게 된 것은 다 선지자들의 글을 이루려 함이니라."
(4) "이제는 너희 때요 어두움의 권세로다."

14. 모든 사람들에게 버림받으심(마 26:56 / 막 14:50—52)
1 제자들이 달아난다.
2 주님을 따르고 있던 어떤 청년(마가 요한인 듯하다)이 달아난다.
3 구약성경의 예언 성취 제 24번 : 그는 그의 제자들에게 버림받을 것이다(슥 13:7 / 마 26:31, 56 참조).

첫번째 불법 재판

● 54단계 : 겟세마네 동산에서 안나스의 집으로 끌려가심
(요 18:12—14, 19—24)

1. 안나스로부터 자신의 제자들과 자신의 교훈에 대하여 심문받으심
1 예수께서 대답하신다.
(1) "내가 드러내어 놓고 세상에 말하였노라."
(2) "모든 유대인들의 모이는 회당과 성전에서 항상 가르쳤고."
(3) "은밀히는 아무것도 말하지 아니하였거늘."
(4) "어찌하여 내게 묻느냐 내가 무슨 말을 하였는지 들은 자들에게 물어 보라."
2 예수께서 안나스의 하속에게 손으로 매를 맞으신다.
3 이것은 주께서 받으신 일곱 차례의 재판들 중에 첫번째이다.
『신 스코필드 성경』에는 이 끔찍한 재판들이 잘 요약되어 있다.

> "그리스도를 재판한 법적 체계에는 두 가지가 있었다. 그것은 유대법과 로마법이었는데, 이 두 법은 현대 법률학의 기초가 되었다. 안나스와 가야바, 그리고 산헤드린 공회의 지휘하에 진행된 체포와 재판 과정은 유대법에 따른 것이었으며, 빌라도와 헤롯이 행한 재판은 로마법에 의한 것이었다. 유대인들의 재판은 다음과 같은 몇 가지 점에서 불법적이었다.
> 1. 재판관이 공정하지 못했고 피고를 보호하지 못했다. 23인의 재판관으로 구성된 공회가 주님의 체포에 관계했다는 증거는 전혀 없으며, 그들은 적대적이었다(마 26:62, 63).
> 2. 어떤 공식적인 기소하에 그 체포가 이루어진 것이 아니기 때문에 그것은 불법이었다.
> 3. 형사재판은 낮에 시작해서 낮에 끝나도록 되어 있었다. 밤에 개정한 재판은 불법이었다.
> 4. 재판의 결론인 선고를 같은 날 내릴 수는 없었다. 그것은 다음 날 내려져야 했다.
> 5. 거짓 증거를 찾는 것은 불법이었다(마 26:59 / 막 14:56 / 요 11:53).
> 6. 어떤 피고도 그 자신의 증거에 따라 판결될 수는 없었다. 그러나 그 고발자들은 그리스도를 정죄하기 위하여 그분으로부터 대답과 인정을 얻어내었다(마 26:63—66 / 요 18:19).
> 7. 주님을 정죄하기 위한 어떤 타당하고 합법적인 증거도 제시되지 않았다.
>
> 빌라도가 그리스도께 무죄선고를 한 후에(마 27:24), 그가 취한 행동들은 로마법의 조항과 정신에 크게 위배되는 것이었다"(p. 1042).

두번째 불법 재판

● 55단계 : 안나스의 집에서 가야바의 저택으로 가심

(마 26:57－27:1 / 막 14:53－72 / 눅 22:54－71 / 요 18:15－18, 25－27)

1. 가야바에게

[1] 베드로와 요한이 멀찍이 예수님을 따라간다.

[2] 가야바와 산헤드린 공회원들이 거짓 증인들의 증거로 그리스도를 정죄하려고 하나 성공하지 못한다.

(1) 시도

"우리가 그의 말을 들으니 손으로 지은 이 성전을 내가 헐고 손으로 짓지 아니한 다른 성전을 사흘에 지으리라 하더라."

(2) 결과

"거짓 증인이 많이 왔으나 얻지 못하더니."

[3] 가야바가 예수님께 묻는다.

(1) 대제사장

"네가 하나님의 아들 그리스도인지 우리에게 말하라."

(2) 구세주

① "네가 말하였느니라."

② "이 후에 인자가 권능의 우편에 앉은 것과 하늘 구름을 타고 오는 것을 너희가 보리라."

[4] 마흔세번째 예언 : 자신의 재림에 관한 예언(마 26:64)

[5] 가야바는 그리스도의 대답을 듣고 자기의 옷을 찢는다. 이렇게 함으로써 그는 레위기의 율법을 범한다(레 21:10 참조).

(1) "저가 참람한 말을 하였으니."

(2) "어찌 더 증인을 요구하리요."

[6] 가야바와 그의 무리들은 그리스도께 사형을 언도하고 사나운 늑대들처럼 주님을 공격한다.

(1) 그들은 주님의 얼굴에 침을 뱉는다(마 27:26, 30 참조).

(2) 그들은 주먹으로 주님을 때린다.

(3) 그들은 주님의 눈을 가리고 그를 조롱한다.

"그리스도야 우리에게 선지자 노릇을 하라."

(4) "너를 친 자가 누구냐."

[7] 구약성경의 예언 성취 제 25번 : 사람들이 그를 채찍질하고 침뱉을 것이다(사 50:6 / 마 26:67 / 27:26 참조).

2. 베드로가 주님을 부인함(마 26:58, 69－75 / 막 14:54, 66－72 / 눅 22:54－62 / 요 18:15－18, 25－27)

우리는 이미 베드로가 닭 울기 전에 세 번, 그리고 닭이 두 번 울기 전에 세 번, 모두 여섯 번 주님을 부인할 것이라고 그리스도께서 예언하신 것을 살펴보았다. 물론 이 문제에 대해서 독단주의에 빠질 수는 없다. 다음에 나오는 것들은 단지 이러한 부인을 시사해 주는 순차적인 개요일 뿐이다.

1 베드로와 요한은 (멀찍이 주님을 따라가서) 대제사장의 아문에 도착한다.

2 대제사장을 알고 있던 요한은 예수께서 안나스와 가야바 앞에 서 있는 그 재판정으로 들어갔던 것 같다.

3 베드로는 밖에 서서, 몇 시간 전에 일어났던 사건들로 인해 당황하며 초조해 하고 있었다.

4 몸을 따뜻하게 하기 위하여 그는 종들과 성전지기들을 위하여 피워 놓은 불 앞으로 다가간다.

● 첫번째 부인

(1) 문 지키는 여종 : "너도 이 사람의 제자 중 하나가 아니냐."

베드로 : "나는 아니라."

(2) 사람들 : "너도 그 제자 중 하나가 아니냐."

베드로 : "나는 아니라."

(3) 대제사장의 여종 : "나사렛 예수와 함께 있었도다", "너도 갈릴리 사람 예수와 함께 있었도다."

베드로 : "내가 그 사람을 알지 못하노라", "나는 네 말하는 것이 무엇인지 알지 못하겠노라."

(이 순간에 갑자기 닭이 운다)

● 두번째 부인(아마 한두 시간 후인 것 같다)

(4) 사람들 : "이 사람은 나사렛 예수와 함께 있었도다."

베드로 : 다시 한 번 이것을 부인한다.

(5) 어떤 사람 : "이는 갈릴리 사람이니 참으로 그와 함께 있었느니라."

(6) 베드로 : 이 모든 것을 부인한다.

(7) 말고의 친척인 여종 : "네가 그 사람과 함께 동산에 있던 것을 내가 보지 아니하였느냐", "너도 진실로 그 당이라 네 말소리가 너를 표명한다."

베드로 : 그는 저주하며 맹세한다.

"나는 네 말하는 것이 무엇인지 알지도 못하고."

"내가 그 사람을 알지 못하노라."

(그가 말하고 있을 때 닭이 두번째 운다)

5 주께서 돌아서서 베드로를 바라보신다(마 26:75 / 막 14:72 / 눅 22:61, 62).

어쨌든 주님은 베드로가 저주하며 맹세하는 소리를 듣고, 슬퍼하며 자신의 제자를 바라보신다.

(1) 베드로는 '오늘 닭 울기 전에 네가 세 번 나를 부인하리라'시던 예언을 생각한다.

(2) 그는 양심에 가책을 받고 밖으로 나가 심히 통곡한다. 우리를 통곡하게 만드는 원인은 우리의 죄가 아니다. 우리가 죄를 지어 배반한 구세주를 바라보는 일이 우리를 울게 만든다.

세번째 불법 재판

3. 산헤드린 공회로부터 공식적으로 유죄판결을 받으심(마 27:1, 2/막 15:1/눅 22:66—23:1)

1 산헤드린 공회

"네가 그리스도여든 우리에게 말하라."

2 구세주

(1) "내가 말할지라도 너희가 믿지 아니할 것이요."

(2) "이제 후로는 인자가 하나님의 권능의 우편에 앉아 있으리라."

(3) 마흔네번째 예언 : 자신의 재림에 관한 예언(눅 22:69).

3 산헤드린

"그러면 네가 하나님의 아들이냐."

4 구세주

"너희 말과 같이 내가 그니라."

5 산헤드린

"어찌 더 증거를 요구하리요 우리가 친히 그 입에서 들었노라."

4. 유다의 자살(마 27:3—10)

1 유다는 양심의 가책을 받아 은 삼십을 제사장들에게 도로 갖다 준다.

(1) 유다

"내가 무죄한 피를 팔고 죄를 범하였도다."

유다의 "회개"는 고린도후서 7장 10절에 나타나는, 하나님의 뜻대로 하는 회개가 아니었다.

(2) 제사장들

"그것이 우리에게 무슨 상관이 있느냐 네가 당하라."

2 유다가 은을 성소에 던져 넣고 스스로 목매어 죽는다.

3 제사장들이 그 은을 가지고 토기장이의 밭을 사서 나그네의 묘지로 삼는다.

"이에 선지자 예레미야로 하신 말씀이 이루었나니 일렀으되 저희가 … 은 삼십을 가지고 …"(마 27:9).

이 말씀은 스가랴서 11장 12, 13절을 인용한 것이기 때문에, 좀 문제성이 있다.

존 월부어드(John Walvoord) 박사는 다음과 같이 주장한다.

> "구약성경의 세번째 부분이 예레미야서와 더불어 시작되고 그 뒤에 모든 예언서들이 포함되어 있다는 사실이 이에 대한 가장 적절한 설명이 될 것이다. 구약성경의 첫번째 부분을 처음 다섯 권의 명칭을 따라 율법서라고 불렀고, 두번째 부분에 다른 책들이 포함되어 있음에도 시가서라고 불렀던 것처럼, 예레미야서로부터 시작되는 세번째 부분은 예레미야(혹은 예언서)로 불렀다. 따라서 본문이 가리키는 것은 예레미야서가 아니라 구약성경의 세번째 부분 바로 그것이다."

4 구약성경의 예언 성취 제 26번 : 그의 고가(雇價)로 토기장이의 밭을 살 것이다(슥 11:12, 13/렘 18:1—4/19:1—4/마 27:9, 10 참조).

네번째 불법 재판

● 56단계 : 가야바의 저택에서 빌라도의 관저로 가심

(마 27:2, 11－14 / 막 15:1－5 / 눅 23:1－6 / 요 18:28－38)

1. 빌라도와 유대인들

1 빌라도는 예수님이 무슨 일을 했는지 알기 원한다.
2 유대인들은 주님을 행악자라고 말하면서 그 질문을 회피한다.
3 빌라도는 구체적인 증거가 제시되지 않는 한 어떤 조처도 취하려고 하지 않는다.
4 유대인들은 그때 빌라도의 허락이 없이는 사형선고가 내려질 수 없다는 것을 깨닫고, 그들의 불평을 말한다.
5 이에 세 가지 점에서 예수님의 죄가 지적된다.
(1) 주님이 이스라엘을 소란케 했다고 비난했다. 이것은 거짓말이었다(마 5:17 참조).
(2) 주님이 가이사에게 세금을 바치지 말라고 했다고 비난했다. 이것도 거짓말이었다(마 22:21 참조).
(3) 주님이 약속된 메시야라고 주장했다고 비난한다. 이것은 사실이었다(요 4:26 참조).

2. 빌라도와 구세주

1 빌라도가 주님에게 "네가 유대인의 왕이냐"라고 묻는다.
2 예수님은 그렇다고 대답하신다. 또한 자신의 나라는 이 세상에 속한 것이 아니며, 만일 그 나라가 이 세상에 속한 것이었다면 자신의 종들이 자신의 생명을 구하기 위하여 싸웠을 것이라고 말씀하신다.
3 주님은 빌라도에게 진리에 대하여 증거하기 위하여 세상에 왔다고 말씀하신다.
4 빌라도는 "진리가 무엇이냐"라고 예수께 질문하지만 구세주가 대답하시기 전에 밖으로 나간다.

3. 빌라도와 유대인들

1 빌라도는 밖에서 기다리던 유대인들에게 나가서 예수님에게서 아무런 죄도 찾을 수 없다고 말한다.
2 유대인들은 주님이 갈릴리에서부터 시작하여 예루살렘에 이르기까지 백성을 소동케 했다고 응답한다.
3 빌라도는 예수님이 갈릴리 사람이라는 소리를 듣자 이때 주님을 예루살렘에 있던 헤롯에게 넘겨준다.

다섯번째 불법 재판

● 57단계 : 빌라도의 관저에서 헤롯 궁전으로 가심

(눅 23:7－12)

1. 헤롯과 구세주

1 헤롯은 예수님을 보고 매우 기뻐한다.

(1) 그는 예수님의 소문을 많이 듣고 오랫동안 그분을 뵙고 싶어했다.

(2) 그는 예수님이 이적을 행하여 그를 즐겁게 해주기를 바랐다.

2 헤롯은 예수님에게 많은 질문을 하나 주님은 그에게 한 마디 대답도 하지 않으신다.

3 그러자 헤롯은 주님에게 빛난 옷을 입혀 그분을 업신여기며 희롱한다.

4 예수님은 마침내 헤롯의 명령으로 다시 빌라도에게 보내진다.

5 빌라도와 헤롯은 그들 사이에 가로 놓여 있던 적대감을 없애기 위하여 이 사건을 이용하며 그 날 이후로 그들은 친구가 되었다.

여섯번째 불법 재판

● 58단계 : 헤롯 궁전에서 빌라도의 관저로 가심

(마 27:15–26/막 15:6–15/눅 23:13–25/요 18:39–19:16)

1. 유대인들의 선택

1 빌라도는 예수님을 매질해서 놓아주라고 말하며 그분을 유대인들 앞에 세운다.

(1) 그는 자기나 헤롯이 주님에게서 아무런 죄도 발견할 수 없었음을 그들에게 상기시킨다.

(2) 그는 유대인들의 유월절 관습을 따라 유대인 죄수 하나를 석방시키겠다고 그들에게 말한다.

(3) 그 자신은 그의 아내가 전한 진지한 말을 상기하고 있다.

"저 옳은 사람에게 아무 상관도 하지 마옵소서 오늘 꿈에 내가 그 사람을 인하여 애를 많이 썼나이다"(마 27:19).

2 빌라도는 예수님과 바라바를 유대인들 앞에 세우고, 그들 중 누구를 놓아 주기를 원하느냐고 묻는다.

(1) 유대인들은 예수님 대신에 바라바를 놓아 주기를 원한다. 『바라바』라는 이름이 "아버지의 아들"을 의미한다는 것은 역설적이다. 그때 빌라도는 그 아우성치는 유대인들 앞에 두 사람을 세운다. 두 사람 모두 "아버지의 아들"이었다.

① 바라바는 유명한 죄수였다.

② 그는 강도요 살인자요 민란을 일으켰던 자이다.

(2) 유대인들은 예수님을 십자가에 못 박으라고 요구한다.

3 빌라도는 여전히 예수님을 석방하려고 하여, 세번째로 예수님에게서 아무런 죄도 발견할 수 없었다고 그들에게 말한다.

(1) 그는 유대인들을 무마시키고자 군병들로 하여금 예수님을 때리도록 한다.

(2) 군병들은 주님을 때리면서 그분을 조롱하고 그분의 머리에 가시관을 씌운다.

4 피에 굶주린 듯한 유대인들은 주님이 직접 하나님의 아들이라고 말했다고 주장하며, 조금도 동요되지 않고 예수님을 죽이라고 계속 요구한다.

5 빌라도는 두려움에 사로잡혀 은밀히 예수님에게 질문한다.

(1) 그는 자기가 주님을 놓아 줄 권세도 가지고 있고 십자가에 못박을 권세도 가지고 있다는 것을 주님께 상기시킨다.
(2) 주님은 빌라도 자신에게는 하늘에서 받은 것 외에는 아무 권세도 가지고 있지 않다는 것을 상기시키신다.

6 밖에서 기다리던 초조한 유대인들은 이제 소리지르기 시작한다.
"이 사람을 놓으면 가이사의 충신이 아니니이다."
(1) 빌라도가 응답한다.
"내가 너희 왕을 십자가에 못 박으랴."
(2) 유대인들이 대답한다.
"가이사 외에는 우리에게 왕이 없나이다."

7 빌라도는 상황이 절망적이며 반란이 일어나려는 것을 깨닫고, 무리들 앞에서 그의 손을 씻는다.
(1) 빌라도
"이 옳은 사람의 피에 대하여 나는 무죄하니 너희가 당하라."
(2) 유대인들
"그 피를 우리와 우리 자손에게 돌릴지어다."

8 빌라도는 공식적으로 예수님을 십자가에 못박게 내어 주고 바라바를 석방시킨다.

그리스도 사역의 마지막 7일

토요일
마리아에 의해 기름부음을 받음(요 12:1－12)
일요일
승리의 입성(요 12:12－19)
월요일
제 2차 성전 정화
무화과나무를 저주하심(마 21:12－22)
화요일
바리새인들과 대결하심
• 자신의 권위에 대하여(마 21:23－27)
• 세금 바치는 것에 대하여(마 22:15－22)
• 부활에 대하여(마 22:23－33)
• 가장 큰 계명에 대하여(마 22:34－40)
바리새인들의 비난(마 23장)
헬라인들의 요청(요 12:20－50)
감람산 강화(마 24, 25장)
수요일
침묵의 날
목요일
유월절을 준비함(마 14:12－16)
다락방에서 일어난 사건들(요 13, 14장 / 마 26:20－35)
겟세마네로 가는 도중의 사건(요 15, 16장)
위대한 대제사장적 기도(요 17장)
겟세마네에서 일어난 일들(마 26:36－56)
갈보리에 달리기 전 마지막 이적(눅 22:50, 51)
금요일
불법 재판들과 그 결과 십자가에 달리심

일곱번째 불법 재판

● 59단계 : 빌라도의 관저에서 로마군 수비대 뜰로 가심
(마 27:27－31 / 막 15:16－20)

(1) 그들은 주님의 옷을 벗긴다.
(2) 그들은 주님에게 자색 옷을 입히고 홍포를 걸친다.
(3) 그들은 주님의 머리에 가시 면류관을 씌운다.
(4) 그들은 주님의 오른 손에 갈대를 들려준다.
(5) 그들은 거짓 존경심을 표하여 주님 앞에 무릎을 꿇는다.
(6) 그들은 주님을 희롱하며 "유대인의 왕이여 평안할지어다"라고 말한다.
(7) 그들은 주님에게 침 뱉고 그 갈대를 빼앗아 그분의 머리를 친다.

[2] 군병들이 주님의 옷을 도로 입히고 십자가에 못박으려고 끌고 나간다.

● 60단계 : 로마군 수비대 뜰에서 갈보리로 가심
(마 27:32—56 / 막 15:21—41 / 눅 23:26—49 / 요 19:16—37)

1. 십자가를 지심
군병들은 시몬이란 사람에게 예수님의 십자가를 억지로 지게 하여 갈보리로 가게 한다(마 27:32 / 막 15:21 / 눅 23:26). 슬퍼하는 여자들의 큰 무리가 예수님을 따라오다가 그분의 진지한 말씀을 듣는다(눅 23:27—31).

[1] "예루살렘의 딸들아 나를 위하여 울지 말고 너희와 너희 자녀를 위하여 울라."
[2] 마흔다섯번째 예언 : 예루살렘의 파괴에 대한 예언(눅 23:28—31)
[3] "그때에 사람이 산들을 대하여 우리 위에 무너지라 하며 작은 산들을 대하여 우리를 덮으라 하리라."
[4] "푸른 나무에도 이같이 하거든 마른 나무에는 어떻게 되리오."

2. 십자가에 못박히심(마 27:34, 35 / 막 15:24 / 눅 23:33 / 요 19:18)
[1] 주님은 두 강도들 사이에서 십자가에 못박히신다(마 15:27 / 눅 23:32, 33 / 마 27:38).
[2] 주님은 쓸개 탄 포도주를 받지만 그것을 거절하신다(막 15:23 / 마 27:34).
[3] 구약성경의 예언 성취 제 27번 : 그분은 두 강도들 사이에서 십자가에 못 박히실 것이다(사 53:12 / 마 27:38 / 막 15:27, 28 / 눅 22:37 참조).
[4] 구약성경의 예언 성취 제 28번 : 그분은 신 포도주를 마시게 될 것이다(시 69:21 / 마 27:34, 48 / 요 19:28—30 참조).
[5] 구약성경의 예언 성취 제 29번 : 그분은 손과 발이 찔리시게 될 것이다(시 22:16 / 슥 12:10 / 마 15:25 / 요 19:34, 37 / 20:25—27 참조).

3. 열일곱번째 기도 : 십자가 위에서 드린 첫번째 기도(눅 23:34)
빌라도는 십자가에 달린 주님의 머리 위에 히브리어와 헬라어, 그리고 라틴어로 "이는 유대인의 왕 나사렛 예수라"(마 27:37 / 막 15:26 / 눅 23:38 / 요 19:19—22)는 명패를 쓴다.

[1] 유대인들은 그 명패를 불쾌하게 여기고 빌라도에게 그것을 바꿔쓰도록 요구한다.
[2] 빌라도는 그 청을 거절하며 "나의 쓸 것을 다 썼다"라고 말한다.

군병들은 제비를 뽑아 주님의 호지 아니한 속옷을 취한다(마 27:35 / 눅 23:34 / 요

19:23, 24).

일반적으로 공인된 시간표에 따르면 주께서 십자가에 달린 시각은 4월의 어느 금요일 오전 9시였다. 그 위에서 주님은 약 6시간 동안 고난을 당하다가 오후 3시에 영혼이 떠나가셨다. 이 여섯 시간은 모든 인류 역사 중에서 가장 중요한 시간으로서, 그분은 성읍 밖의 외로운 언덕에서 그 여섯 시간을 보내셨다.

4. 가상칠언(架上七言) 중 첫번째 말씀

"아버지여 저희를 사하여 주옵소서 자기의 하는 것을 알지 못함이니이다"(눅 23:34).

이 기도는 예수님을 십자가에 못박는 데 관계한 모든 사람들을 총괄적으로 용서해 달라고 비는 것 같았기 때문에, 이 기도로 인해 고민하는 사람들이 있었다. 물론 우리는 이것이 사실이 아니라는 것을 알고 있다. 용서는 믿음을 통해서만 얻을 수 있는 것이다(엡 2:8, 9). 여기 사용된 "용서하다"(forgive)라는 말이 "허락하다"(allow)를 의미할 수도 있으며, 실제로 신약성경에서 최소한 열세 번이나 그러한 의미로 번역되어 있다는 것을 지적하는 자들도 있다. 만일 이 말이 그 의미라면 그리스도께서 그때 기도한 것은 "아버지여 저희를 허락하사 나를 못박게 하소서"라는 것이다. 따라서 그 기도는 공의로운 하나님께서 사랑하는 그의 아들이 죄 많고 사악한 사람들에게 살해됨을 보시고 진노하시는 것을 가라앉히기 위한 호소였을 것이다(마 3:15/19:14/막 1:34 참조). 그러나 대부분의 성경 연구가들은 "용서하다"라는 말을 액면 그대로 받아들여, 그분을 죽인 사람들의 개인적인 죄에 이 무서운 대역죄(자신의 국왕을 살해하는 죄)를 더하지 말아 달라고 하나님께 요청하는 것으로 주님의 기도를 해석하려 한다. 베드로와 바울은 후에 그들의 설교에서 이 문제를 자세히 설명한다(행 3:14, 15, 17).

"너희가 거룩하고 의로운 자를 부인하고 도리어 살인한 자를 놓아 주기를 구하여 생명의 주를 죽였도다 그러나 하나님이 죽은 자 가운데서 살리셨으니 우리가 이 일에 증인이로라…형제들아 너희가 알지 못하여서 그리하였으며 너희 관원들도 그리한 줄 아노라."

그리고 또한 고린도전서 2장 8절을 살펴보자.

"이 지혜는 이 세대의 관원이 하나도 알지 못하였나니 만일 알았더면 영광의 주를 십자가에 못박지 아니하였으리라."

주님은 "아버지여 나를 용서하소서"라고 기도하지 않았기 때문에 여기서 다시 구세주의 무죄성이 증명된다. 주님은 죄를 알지도 못했기 때문에 용서받을 필요가 없었다. 결론적으로 십자가 위에서의 첫번째 말씀은, 사람들이 변명할 수 있다는 것이 아니라 그들이 용서받을 수 있다는 것을 의미했다(롬 2:1과 딤전 1:13을 비교해 보라).

5. 많은 구경꾼들에게 조롱당하심(마 27:39-44/막 15:29-32/눅 23:35-39)

1 지나가는 사람들

(1) "아하 성전을 헐고 사흘에 짓는 자여…자기를 구원하라."

(2) "네가 만일 하나님의 아들이어든 십자가에서 내려 오라."

2 유대 지도자들

(1) "저가 남은 구원하였으되 자기는 구원할 수 없도다."

이것은 사실이었다!

(2) "만일 하나님의 택하신 자 그리스도여든 자기도 구원할지어다."
(3) "저가 하나님을 신뢰하니 하나님이 저를 기뻐하시면 이제 구원하실지라 제 말이 나는 하나님의 아들이라 하였도다."

3 군병들
"네가 만일 유대인의 왕이어든 네가 너를 구원하라."

4 한 강도
"네가 그리스도가 아니냐 너와 우리를 구원하라."

5 구약성경의 예언 성취 제 30번 : 그의 옷을 제비뽑아 나누게 될 것이다(시 22:18 / 눅 23:34 / 요 19:23, 24 참조).

6 구약성경의 예언 성취 제 31번 : 그는 대적들에 의하여 둘러싸이고 조롱당할 것이다(시 22:7, 8 / 마 27:39-44 / 막 15:29-32 참조).

6. 강도들 중 한 명이 그리스도를 구세주로 영접함(눅 23:40-43)

1 그는 자신의 어리석은 죄과를 회개한다.

2 그는 회개하지 않는 동료를 꾸짖는다.
(1) "네가 동일한 정죄를 받고서도 하나님을 두려워 아니 하느냐."
(2) "우리는 우리의 행한 일에 상당한 보응을 받는 것이니 이에 당연하거니와 이 사람의 행한 것은 옳지 않은 것이 없느니라."

3 그는 예수님을 바라본다.
(1) 죽어가는 강도
"예수여 당신의 나라에 임하실 때에 나를 생각하소서."
(2) 죽어가는 구세주
"내가 진실로 네게 이르노니 오늘 네가 나와 함께 낙원에 있으리라."

7. 가상칠언 중 두번째 말씀
"내가 진실로 네게 이르노니 오늘 네가 나와 함께 낙원에 있으리라"(눅 23:43).

이 말씀은 구원과 관련된 몇 가지 사실들을 강조하고 있다.

1 구원은 장소와 신분에 관계없이 모든 사람에게 주어진다
임종 때의 회심은 유효한가? 유효하다. 왜냐하면 여기에 한 강도의 실례가 있기 때문이다. 그러나 우리는 다음과 같은 사실을 곧 알게 된다.
(1) 성경에는 임종 때의 회심이 '한 번' 기록되어 있다. 따라서 죽어가는 사람이라 해도 절망할 필요는 없을 것이다.
(2) 성경에는 임종 때의 회심이 '단 한번' 기록되어 있다. 따라서 살아 있는 어떤 사람도 그것을 지나치게 믿어서는 안 될 것이다. 무디(D. L. Moody)가 한번은 다음과 같이 말했다.
"지금까지 그처럼 생소한 요람에서 중생이 일어난 적이 있었는가?" 여기에 나타난 대조점을 살펴보자.

① 아침에 그 강도는 십자가에 못박혔으나, 저녁에는 면류관을 쓰고 있었다.

② 아침에 그는 가이사의 대적이었으나, 저녁에는 하나님의 친구가 되었다.
③ 아침에 그는 사람들에 의하여 버림받았으나, 저녁에는 천사들과 교제하고 있었다.
④ 아침에 그는 이 땅에서 죄인으로 죽었으나, 저녁에는 천국시민으로 살아났다.

2 구원은 은혜를 믿음으로 인하여 얻게 된다
이 강도의 회심은 다음과 같은 것들을 논박하고 있다.
(1) 성례전을 중시하는 교리.
그는 안수나 침례(세례)도 받지 않고 성령과의 교제도 체험하지 못했으며 교회의 일원도 아니면서 구원받았다.
(2) 침례(세례)를 통한 중생의 교리
(3) 연옥(purgatory)의 교리
(4) 만인구원설의 교리
오직 '한' 강도만이 구원받았다.

3 하나님은 모든 것을 하실 수 있지만, 구원은 어떤 사람들에 의하여 거부될 것이다
여기서 우리는 세 종류의 사람들을 보게 된다.
(1) 한 사람은 죄를 '위해서' 죽어가고 있었다(구세주).
(2) 한 사람은 죄로부터 '벗어나' 죽어가고 있었다(회개한 강도).
(3) 한 사람은 죄 '중에서' 죽어가고 있었다(회개하지 않은 강도).

모든 종류의 인간성이 십자가 사건에서 나타났다. 거기에는 무관심한 사람들이 있었고("서서 구경하던 사람들", 눅 23:35) 종교적인 사람들이 있었으며 ("주님을 조롱하던 관원들", 눅 23:35) 물질주의자들이 있었고 ("주님의 옷을 나눠 제비뽑던 군병들", 눅 23:34) 진지한 구도자가 있었다("주여 나를 생각하소서"라고 말한 강도, 눅 23:42). 십자가는 진실로 이 세상에 대한 심판이다. 요한복음 12장 31절을 참조하라.

8. 가상칠언 중 세번째 말씀

"여자여 보소서 아들이니이다 보라 네 어머니라"(요 19:26, 27).

예수께서 자신의 어머니와 요한에게 말한다.

1 마리아에게
"여자여 보소서 아들이니이다."

2 요한에게
"보라 네 어머니라."
(1) 마리아는 막달라 마리아와 살로메(야고보와 요한의 어머니)와 다른 신실한 여자들과 함께 주님이 달리신 십자가 밑에 서 있었다.
(2) 요한은 그때부터 마리아를 집으로 모시고 가 함께 산다.

9. 가상칠언 중 네번째 말씀

"나의 하나님 나의 하나님 어찌하여 나를 버리시나이까"(마 27:46).
이 기도는 성경에 기록된 다른 어느 기도보다 그 신비함이 더 깊고 그 의미가 더 고매

하다. 하나님이 하나님에 의하여 버림받다니! 누가 이것을 이해할 수 있겠는가? 가장 현명하고 가장 심오한 성경 연구가라 해도 이를 이해하려 할 때는 자신의 부족만을 깨닫게 될 것이다. 비록 그 마음이 중생을 경험했다 하더라도 인간의 마음으로는 결코 그것을 완전히 이해할 수 없다. 영원하신 하나님만이 그것을 주석하실 수 있다. 엘라자베드 클리페인(E. Clephane)은 이것을 적절하게 다음과 같이 노래했다.

> "주님이 길 잃은 자신의 양을 찾기 전에는,
> 지금까지 구속받은 어떤 성도도 알지 못했네.
> 십자가의 강물이 얼마나 깊었는가를,
> 그리고 주님이 지냈던 그 밤이 얼마나 어두웠던가를."

여기에는 이유를 설명할 수 없는 "의문들"이 너무나 많이 나타나 있다.

[1] 왜 아버지는 그의 아들에게 등을 돌리셨는가?

[2] 왜 그 아들조차도 그 이유를 알지 못했는가?

[3] 왜 죄를 용서하기 위하여 무죄한 피를 흘려야만 했는가?

첫번째와 세번째 질문은 히브리서 9장 22절, 베드로전서 2장 24절, 3장 18절, 이사야서 53장에 부분적인 해답이 나와 있다. 그러나 두번째 질문은 어떻게 된 것일까? 그리스도께서는 그 이유를 알지 못했는가? 빌립보서 2장 5-8절에 따르면, 그리스도는 이 땅 위에 있는 동안 자신의 신적 속성들을 사용하는 것을 자발적으로 삼갔다.

(1) 주님은 잠시동안 자신의 편재성을 사용하지 않으셨다(요 11:15).

(2) 주님은 잠시동안 자신의 전능성을 사용하지 않으셨다(요 5:19).

(3) 주님은 일시적으로 자신의 전지성을 사용하지 않으셨다(눅 8:45/막 13:32/참조, 눅 2:40).

10. 열여덟번째 기도 : 십자가 위에서 드린 두번째 기도(마 27:46)

[1] 열두 시부터 오후 세 시까지 이상한 어두움이 태양을 어둡게 했다.

[2] 어떤 사람들은 이 기도를 듣고 주님이 엘리야를 부르고 있다고 생각한다(마 27:45-47).

11. 가상칠언 중 다섯번째 말씀

"내가 목마르다"(요 19:28).

[1] 구약성경의 예언 성취 제 32번 : 그분은 목마르게 될 것이다(시 22:15/요 19:28 참조).

(1) 어떤 사람이 해융에 신 포도주를 적셔 그것을 주님의 입에 짜 넣는다.

(2) 구경꾼들은 엘리야가 와서 주님을 구원할 것인지 궁금해 한다(마 27:48, 49/막 15:36/요 19:28, 29).

예수님은 포도주를 받아 마시며 승리의 환성을 지르신다(마 27:50/막 15:37/요 19:30).

12. 가상칠언 중 여섯번째 말씀

"다 이루었다"(요 19:30).

예수님의 여섯번째 말씀은 헬라어 원어로는 한 마디 말이었다. 그것은『테텔레스타이』(tetelestai)인데, "다 이루었다, 그러므로 영원히 완성되었다"라는 뜻이다.

이 구절은 농부가 쓰는 말이다. 아주 훌륭하고 보기좋은 동물이 새로 태어났고 그것이 아무런 흠도 없고 결함도 없을 때, 농부는 자랑스럽고 기뻐하는 눈으로 그 생물을 바라보면서『테텔레스타이』라고 소리친다.

그것은 또한 예술가들이 쓰는 말이다. 화가나 조각가가 아름다운 풍경이나 대리석 흉상에 마지막 손질을 가한 후에 그는 몇 발자국 뒤로 물러서서 그의 걸작을 감상한다. 그리고 거기에는 수정할 것이나 개선할 것이 아무것도 없을 때, 그는 조용히 "테텔레스타이! 테텔레스타이"라고 말할 것이다.

주님은 "다 이루었다"라고 외치셨다. 성경에는 "이루다"(finish)라는 말이 사용된 곳이 세 군데 있는데, 하나님의 창조사역을 언급하는 창세기 2장 1절에서 사용되고 있으며, 주님의 구속사역을 언급하는 여기 요한복음 19장 30절에서 사용되고 있다(요 4:34/5:36/17:4 참조). 또한 그것은 주님의 사역의 완성을 언급하는 요한계시록 10장 7절과 16장 17절에서 사용되고 있다.

주님은 "내가 다 이루었다"라고 말하지 않았는데, 그것은 주님이 지금 시작하고 계셨기 때문이다.

십자가 위에 높이 달려서 돌아가실 때 주님은 "다 이루었다"라고 소리치셨다. 이제 그분은 하늘 높이 들어올려졌다. 할렐루야! 얼마나 놀라운 주님이신가!

13. 가상칠언 중 일곱번째 말씀

"아버지여 내 영혼을 아버지 손에 부탁하나이다"(눅 23:46).

[1] **열아홉번째 기도**: 십자가 위에서 드린 세번째이자 마지막 기도(눅 23:46).

[2] **구약성경의 예언 성취 제 33번**: 그분은 자기 영혼을 아버지께 부탁하실 것이다(시 31:5/눅 23:45 참조).

예수님은 시편 31편 5절의 하반부, "진리의 하나님 여호와여 나를 구속하셨나이다"라는 말씀을 생략한 것을 주목해야 한다.

14. 구세주의 죽음에 뒤이어 일어난 두려운 경이(警異)들(마 27:51－56/막 15:38－41/눅 23:45, 47－49)

[1] **주님이 고난당하다 죽는 것을 지켜본 백부장은 "이 사람은 정녕 의인이었도다"라고 외친다.**

[2] **성소 휘장이 위로부터 아래까지 찢어져 둘이 된다.**

[3] **땅이 진동하고 무덤들이 열리며 죽은 성도들이 많이 일어난다.**

[4] **이 성도들은 예수께서 부활하신 후에 예루살렘의 많은 사람들에게 나타날 것이다.**

[5] **그 백부장은 두려움과 경외심에 사로잡혀 다시 "이는 진실로 하나님의 아들이었도다"라고 외친다.**

[6] **십자가 밑에 모였던 무리들이 흩어지고 사람들은 가슴을 두드리며 집으로 돌아간다.**

[7] **『스코필드 성경』은 이러한 사건들에 대하여 다음과 같이 기록하고 있다.**

"찢어진 휘장은 대제사장이 대속죄일에 들어갈 수 있었던 지성소와 성소를 구분하고 있었다(출 26:31/레 16:1-30 참조). 그리스도의 육신을 상징하던 그 휘장이 찢어진 것은 (히 10:20), 그리스도라는 제물 외에는 어떤 다른 희생이나 제사장적 신분도 필요없이 모든 신자들이 하나님의 존전으로 들어갈 수 있도록 '새로운 생명의 길'이 열렸다는 것을 의미했다(히 9:1-8/10:19-22 참조). 비록 그리스도께서 죽으셨을 때 무덤들이 열렸다 하더라도(50, 51절) 그 시체들은 주님이 부활하기까지는 일어나지 못했다(53절). 그리스도는 죽은 자 가운데서 먼저 나신 자이며(골 1:18/계 1:5) 잠자는 자들의 첫 열매이시다(고전 15:20). 이들 시체들이 그들의 무덤으로 도로 들어갔다는 기록은 나타나 있지 않다. 곡식단을 흔드는 것은(레 23:10-12) 그리스도의 부활을 상징한다. 그러나 여기에 나타난 상징을 살펴볼 때 그것은 복수(複數)의 형태를 지니고 있다는 것을 알게 될 것이다. 그리스도께서 십자가에 달려 죽고 매장되었을 때 땅에 떨어진 것은 한 알의 '밀알'이었다(요 12:24). 그러나 부활을 인하여 그것이 산출한 것은 곡식단이었다. 여기서 추론해 볼 수 있는 것은 이러한 성도들이 부활하신 그리스도와 함께 천국에 들어갔다는 사실이다."

4복음서는 모두 그리스도의 죽음을 기록하고 있다. 그러나 어떤 사람은 그러한 일이 어떻게 일어날 수 있었을까 하고 이상하게 생각한다. 그리스도는 성육신한 하나님이 아니셨던가? 사실 주님은 하나님이셨다! 그러면 어떻게 해서 하나님이 실제로 십자가에 달려 죽으실 수 있었겠는가? 이것을 설명하기 위하여 우리는 잠시 창세기로 돌아가 살펴보아야 한다. 여기서 우리는 아담의 출생과 그의 비극적인 범죄를 알게 된다. 하나님은 그에게 불순종은 사망을 낳게 될 것이라고 경고하셨고, 그것은 그대로 이루어졌다. 사실 그 불순종은 인류의 조상에게 두 종류의 죽음을 가져왔는데, 그것은 육체적 죽음과 영적 죽음이었다. 여기 나타난 두 가지 죽음은 모두 '분리'(separation)라는 한 마디 말로 정의될 수 있다. 이것이 바로 죽음이란 말의 성경적, 신학적 의미이다. 육체적 죽음이란 영혼이 인간의 육신을 떠나는 '분리'를 말하며, 영적 죽음이란 구원받지 못한 사람이 하나님으로부터 떠나는 분리를 말하는 것이다. 이것은 흔히 둘째 사망이라고 불린다(계 20:6, 14/21:8 참조).

그러므로 아담에 의하여 전해진 이 두 저주스런 대적들, 즉 육체적 죽음과 영적 죽음은 거의 4,000년 동안 계속해서 인류를 괴롭히고 공포에 떨도록 해왔다. 그러나 때가 차자 하나님은 사랑하는 아들을 세상에 보내셨다. 아버지는 자신의 아들을(모든 이름들 중에서) 마지막 아담이라고 부르셨다(고전 15:45).

왜 하나님은 이 칭호를 사용하셨는가? 그것은 첫 아담이 이전에 행한 것을 회복시키기 위하여 주님이 오셨기 때문이다. 즉, 주님은 인류에게서 육체적 죽음과 영적 죽음이라는 두 사악한 대적들을 제거하기 위하여 오셨다. 이 일을 주님은 십자가 위에서 완수하셨다. 거기서 주님은 하나님으로부터 분리되어 영적 죽음을 당하셨고, 그 두 가지 과업을 완수했을 때 육체적 죽음을 당하셨다. 영적 죽음은 즉시 치명타를 맞았다. 바울은 후에 '어느 것도' 하나님의 사랑으로부터 신자들을 끊을 수 없다고 우리에게 확신시킨다(롬 8:35-39). 그러나 육체적 죽음은 어떻게 되는가? 바울은 고린도전서 15장 51-55절에서 이 질문에 답하고 있다.

"보라 내가 너희에게 비밀을 말하노니 우리가 다 잠잘 것이 아니요 마지막 나팔에 순식간에 홀연히 다 변화하리니 나팔 소리가 나매 죽은 자들이 썩지 아니할 것으로 다시 살고 우리도 변화하리라 이 썩을 것이 불가불 썩지 아니함을 입고 이 죽을 것이 죽지 아니함을 입을 때에는 사망이 이김의 삼킨 바 되리라고 기록된 말씀이 응하리라 사망아 너의 이기는 것이 어디 있느냐 사망아 너의 쏘는 것이 어디 있느냐."

● 61단계 : 갈보리에서 요셉의 무덤으로 들어가심
(마 27:57-66 / 막 15:42-47 / 눅 23:50-56 / 요 19:31-42)

1. 예수님을 장사지냄

유대인들은 안식일이 시작되기 전에 강도들과 그리스도의 상(喪) 집행을 끝내고자 빌라도에게 요청한다(요 19:31-37). 사악하게도 그들은 조금 전에 한 사람을 살인하였으나, 지금은 안식일을 더럽히지 않기 위하여 시신을 치워야 한다는 그들의 종교적 "관심"을 표현하고 있다.

[1] 군병들은 두 강도들이 아직 살아 있는 것을 발견하고 그들의 다리를 꺾는다.

[2] 군병들은 구세주가 이미 숨져 있는 것을 발견하고 그를 올려다보며 창으로 그의 옆구리를 찌른다.

[3] 구약성경의 예언 성취 제 34번 : 그분의 뼈는 꺾이지 아니하시리라(시 34:20 / 출 12:46 / 민 9:12 / 요 19:33-36 참조).

[4] 구약성경의 예언 성취 제 35번 : 저희가 그 찌른 자를 보리라(슥 12:10 / 요 19:37 / 마 27:36 참조).

[5] 아리마대 요셉이 용감하게 빌라도에게 예수님의 시신을 달라고 한다(마 27:57 / 막 15:43 / 눅 23:50-52 / 요 19:38).

(1) 요셉은 부자이며 예수님의 숨은 제자였다.

(2) 그는 저명한 산헤드린 공회원이었으나 그들의 사악함에 오염되지 않았다.

(3) 그는 하나님의 나라를 기다리는 선하고 의로운 사람이었다.

[6] 빌라도는 백부장에게 물어 보고 예수님이 정말 죽었다는 것을 안다(막 15:44).

[7] 요셉이 구세주의 시신을 인수받는다(마 27:58, 59 / 막 15:45, 46 / 요 19:38-40).

(1) 그는 십자가에서 주님의 시신을 조심스럽게 내린다.

(2) 그는 고운 세마포 한 필을 가져온다.

(3) 그는 몰약과 침향 섞은 것을 백 근쯤 가져온 니고데모의 도움을 받는다.

(4) 그와 니고데모는 예수님의 시신을 그 향품과 함께 깨끗한 세마포로 싼다. 당시 유대에는 시체 무게의 약 절반에 해당하는 향품을 준비하는 풍습이 있었다. 따라서 주님의 몸무게는 85-90kg 정도였음에 틀림없다. 시신은 몰약과 침향을 바른 다음 세마포로 감쌈으로 매장 준비가 완료된다. 그 과정은 비교적 수월하게 이루어진다.

[8] 예수님은 바위 속에 판 요셉의 무덤에 매장된다(마 27:60, 61 / 막 15:46, 47 / 눅 23:53-56 / 요 19:41, 42).

(1) 그 두 사람은 큰 돌을 굴려 무덤 문을 막고 가버린다.

(2) 막달라 마리아와 다른 마리아(아마 예수님의 어머니 마리아인 것 같다)가 잠시 동안 무덤 주위를 서성거리다가 가버린다.

[9] 구약성경의 예언 성취 제 36번 : 그분은 부자와 함께 매장되실 것이다(사 53:9 / 마 27:57-60 참조).

토요일

2. 그 다음날 유대인들이 빌라도를 만남(마 27:62–65)

1 그들의 요청

(1) "주여 저 유혹하던 자가 살았을 때에 말하되 내가 사흘 후에 다시 살아나리라 한 것을 우리가 기억하노니."

(2) "그러므로 분부하여 그 무덤을 사흘까지 굳게 지키게 하소서 그의 제자들이 와서 시체를 도적질하여 가고 백성에게 말하되 그가 죽은 자 가운데서 살아났다 하면 후의 유혹이 전보다 더 될까 하나이다."

2 그의 대답

"너희에게 파수꾼이 있으니 가서 힘대로 굳게 하라."

바리새인들은 무덤을 감시하고 돌로 봉인하고 파수꾼을 배치시킨다(마 27:66). 그리스도께서 거듭 강조하시던 자신의 부활에 관한 예언들을 대적들만이 기억하고 있었다는 것은 슬픈 일이다.

● 62단계 : 요셉의 무덤에서 음부로 내려가심(벧전 3:18–21)

일요일

● 63단계 : 음부에서 부활의 동산으로 올라오심

(마 28:2–4/막 16:9–11/눅 24:12/요 20:1–18)

1. 예수님이 부활하심

예수께서 죽음에서 육체적으로 부활하신다. 주님의 죽음과 부활을 말해주는 마태복음 27장과 28장은 각각 "만왕의 왕이 죽으셨도다, 만왕의 왕이 부활하셨다 만세수 하소서!"라고 제목을 붙일 수 있을 것이다.

1 그때 큰 지진이 일어난다.

2 주의 천사가 하늘에서 내려온다.

(1) 그의 형상은 번개와 같다.

(2) 그의 옷은 눈같이 하얗다.

(3) 그는 돌을 굴려내고 그 위에 앉아 있다.

3 무덤을 지키던 자들은 이것을 보고 벌벌 떨며 죽은 사람처럼 되어 달아나 버린다.

따라서 명령을 받고 그리스도의 부활에 대한 예언이 성취되지 못하도록 지키던 자가 그 부활의 첫 목격자가 되었다.

4 구약성경의 예언 성취 제 37번 : 그분은 죽음에서 다시 살아나실 것이다(시 16:10/**마** 28:2–7 **참조**).

5 막달라 마리아가 주님의 시신에 예정대로 기름 바르는 것을 도와 주기 위하여 그 동

산에 도착한다(요 20:1, 2).
(1) 그녀는 돌이 무덤에서 옮겨진 것을 본다.
(2) 그녀는 베드로와 요한에게 달려가서 말한다.
"사람이 주를 무덤에서 가져다가 어디 두었는지 우리가 알지 못하겠다."
6 베드로와 요한이 그 동산에 도착한다(눅 24:12 / 요 20:3−10).
(1) 요한은 베드로보다 더 빨리 달려가서 무덤을 들여다 보고 세마포가 놓인 것을 본다.
(2) 베드로가 도착하여 무덤으로 들어가 머리를 쌌던 수건이 세마포와 떨어져 놓인 것을 발견한다. 따라서 씨앗이 싹트는 것과 같이 예수님은 무덤으로부터 나왔다. 낡은 껍질(그분을 쌌던 것들)은 땅 속에 남아 있었다(요 12:24 참조).

부활 후 첫번째 나타나심

2. 막달라 마리아가 부활하신 예수님을 만남(요 20:11−18)
1 그녀는 무덤 밖에 서서 울고 있었다.
2 그녀는 무덤 속을 들여다 보다 두 천사를 발견한다.
(1) 천사들
"여자여 어찌하여 우느냐."
(2) 마리아
"사람이 내 주를 가져다가 어디 두었는지 내가 알지 못함이니이다."
3 그녀는 뒤를 돌아보고 예수님을 발견하지만 주님을 동산지기로 오인한다.
(1) 예수님
"여자여 어찌하여 울며 누구를 찾느냐."
(2) 마리아
"주여 당신이 옮겨갔거든 어디 두었는지 내게 이르소서 그리하면 내가 가져가리이다."
(3) 예수님
"마리아야."
(4) 마리아
"랍오니여"(이것은 존경하는 선생을 부르는 경칭이다).
(5) 예수님
① "나를 만지지 말라 내가 아직 아버지께로 올라가지 못하였노라."
② "너는 내 형제들에게 가서 이르되 내가 내 아버지 곧 너희 아버지, 내 하나님 곧 너희 하나님께로 올라간다 하라"(요 20:17).

"내 형제들에게 가서"라는 주님의 말씀을 주목해 보자. 예수님과 그의 제자들 사이에는 친밀도가 점차적으로 커져가고 있다. 즉, 주님은 그들을 종들(요 13:13), 친구들(요 15:15), 그리고 여기서 형제들이라고 부른다.
4 마리아는 달려가서 제자들에게 자기가 살아나신 주를 보았고 그분과 이야기했다고 알렸으나, 그들은 그것을 믿지 않았다(막 16:9−11). 그리스도께서 최초로 자신이 메시

야임을 계시해준 사람은 바로 사마리아 여자였다(요 4:25, 26 참조). 그리스도께서 최초로 자신의 부활한 몸을 보이신 것은 바로 막달라 마리아라는 또 다른 여자에게였다. 두 사람 모두 이전에 의심스러운 도덕적 배경을 지녔던 여자들이었다(막 16:9 참조).

● 64단계 : 부활의 동산에서 하나님 아버지께로 올라가심(요 20:17)

부활 후 두번째 나타나심

● 65단계 : 하나님 아버지께로부터 예루살렘 도상에 나타나심

(마 28:5-15/막 16:2-8/눅 24:1-11)

1. 십자가 밑에서 주님 곁에 서 있던 여자들이 예수님을 만남

1 그들은 주님의 장례를 마무리짓기 위하여 향품과 향유를 가지고 온다.

2 그들은 한 가지 문제를 발견한다.

"누가 우리를 위하여 무덤 문에서 돌을 굴려 주리요."

3 그들은 그 돌이 벌써 굴려진 것을 발견한다.

4 그들은 무덤 안으로 들어가 두 천사들의 인사를 받는다.

(1) "두려워 말라 놀라지 말라 너희가 십자가에 못박히신 나사렛 예수를 찾는 줄을 내가 아노라."

(2) "어찌하여 산 자를 죽은 자 가운데서 찾느냐 그가 여기 계시지 않고 그의 말씀 하시던 대로 살아나셨느니라."

(3) "갈릴리에 계실 때에 너희에게 어떻게 말씀하신 것을 기억하라 이르시기를 인자가 죄인의 손에 넘기워 십자가에 못 박히고 제 삼 일에 다시 살아나야 하리라 하셨느니라."

(4) "또 빨리 가서 그의 제자들과 베드로에게 이르기를 그가 죽은 자 가운데서 살아나셨고 …."

5 그 여자들은 무서움과 기쁨이 뒤섞인 채 일어나서 그분의 제자들에게 이 영광스러운 소식을 알리기 위하여 급히 달려간다.

6 예수님이 도중에 그들에게 나타나신다.

(1) "평안하뇨."

(2) "무서워 말라 가서 내 형제들에게 갈릴리로 가라 하라 거기서 나를 보리라."

7 그 여자들은 예수님의 발을 붙잡고 경배한 후에 다시 달려간다.

8 제자들은 믿을 수 없는 그들의 말을 근거없는 이야기로 생각한다.

2. 무덤을 지키던 파수꾼들이 예루살렘 성전에 예수님의 부활을 알림

3. 대제사장들이 뇌물로써 그들의 입을 막음

1 그들은 "그의 제자들이 밤에 와서 우리가 잘 때에 그를 도적질하여 갔다"라고 말해야 했다.

2 그들은 이 일로 인해 벌을 받게 되지는 않으리라고 파수꾼들을 안심시킨다.

부활 후 세번째 나타나심

● 66단계 : 예루살렘 도상을 떠나 엠마오 도상에 나타나심

(막 16:12, 13/눅 24:13-35)

1. 예수께서 엠마오 도상의 제자들과 동행하심

예수께서 엠마오 도상에서 자신의 제자들 중 두 사람, 글로바 및 다른 사람(아마 그의 아내인 것 같다)과 동행하나 그들은 주님을 알아보지 못한다.

1 주님은 그들이 이야기하는 것이 무엇이며 또 왜 그렇게 슬퍼하는지 그들에게 물어보신다.

2 그들은 최근에 어디에 있었기에 예루살렘에서 일어났던 엄청난 사건들을 들어보지 못했느냐고 주님에게 질문한다. 그들은 주님에게 다음과 같이 말한다.

(1) 권능 있는 말과 행위를 하던 나사렛 예수라는 선지자가 있었다.

(2) 그는 대제사장들과 관원들에 의하여 사형 판결을 받고 십자가에 못박혀 죽었다.

(3) 그들은 그가 이스라엘을 구속할 자이기를 바랐으나 이제 그 희망이 산산히 깨져버렸다.

(4) 그의 시신이 사라졌고 그가 부활했다는 근거없는 소문이 퍼졌다.

2. 예수께서 성경을 가르치심

예수님은 그들의 불신을 책망하고 모세와 모든 선지자들의 글로부터 시작하여 구약성경에 나타난 메시야에 관한 언급을 그들에게 자세히 설명해 주신다.

1 글로바는 예수님을 초대하여 그날 밤을 자기들과 함께 머물자고 한다.

2 그 두 제자들은 주님이 저녁 잡수실 때 떡을 가지고 축사하는 것을 보고 예수님이신 줄 알아본다.

3 예수님은 갑자기 그들의 시야에서 사라지신다.

4 그 두 사람은 낯선 행인과 함께 여행하던 것에 대하여 그들 마음 속의 경험을 서로 이야기한다.

"길에서 우리에게 말씀하시고 우리에게 성경을 풀어 주실 때에 우리 속에서 마음이 뜨겁지 아니하더냐."

5 그래서 그들은 예루살렘으로 돌아가서 예수님이 자기들과 함께 걸으며 이야기했다는 것을 제자들에게 말한다.

6 그들은 그리스도께서 베드로에게도 나타났었다는 것을 알게 된다. 이것은 얼마나 놀라운 만남이었겠는가! 베드로가 그리스도를 마지막 본 것은 그가 주님을 저주하고 있던 때였다!

부활 후 네번째 나타나심

예수께서 시몬 베드로에게 나타나신다(눅 24:34/고전 15:5).

부활 후 다섯번째 나타나심

● 67단계 : 엠마오 도상을 떠나 다락방에 나타나심
(눅 24:36－43 / 요 20:19－23)

1. 예수께서 제자들을 만나심
예수님은 잠긴 문을 통하여 걸어 들어오셔서, 안식 후 첫날 밤늦게 자신의 열 제자들에게 나타나신다(유다는 죽었고 도마는 참석하지 않았다).

[1] 그들의 반응
(1) 주님의 말씀에 대하여
① "어찌하여 두려워하며 어찌하여 마음에 의심이 일어나느냐."
② "내 손과 발을 보고 나인 줄 알라."
③ "또 나를 만져보라 영은 살과 뼈가 없으되 너희 보는 바와 같이 나는 있느니라."

우리는 주님과 같은 몸을 입게 될 것이기 때문에(요일 3:2), 이 말씀은 우리 자신의 부활된 몸에 관하여 귀중한 정보를 제공해 준다. 예수님은 살과 뼈가 있는 몸을 입었으며 우리도 또한 그와 같이 될 것이다. 그러나 그 몸은 중력이나 시간에 의하여 제약받지 않았으며, 마찬가지로 우리의 부활된 몸도 이러한 것들에 제약받지 않을 것이다.

(2) 주님의 행위에 대하여
① 주님은 그들에게 자신의 찔린 손과 발, 그리고 옆구리를 보여주신다.
② 주님은 구운 생선 한 토막과 약간의 꿀을 드신다.

[2] 예수님은 그들에게 숨을 내쉬며 그들에게 성령을 충만하게 나누어 주신다. 우리가 이미 살펴보았듯이, 그 제자들은 예수님을 알아볼 때까지 겁에 질려 있었다.
"이 말씀을 하시고 손과 옆구리를 보이시니 제자들이 주를 보고 기뻐하더라"(요 20:20).

이 구절의 하반절은 전에 어떤 헬라인들이 한 제자에게 "선생이여 우리가 예수를 뵈옵고자 하나이다"(요 12:21)라고 말한 것에 비교될 수 있다.

그날 아침 일찍 예수님은 마리아에게 다음과 같이 말씀하셨다.
"나를 만지지 말라 내가 아직 아버지께로 올라가지 못하였노라 너는 내 형제들에게 가서 이르되 내가 내 아버지 곧 너희 아버지, 내 하나님 곧 너희 하나님께로 올라간다 하라"(요 20:17).

그러나 같은 날 저녁에 주님은 제자들에게 자기를 만져 보라고 말씀하신다. 그런 변화는 어찌된 일일까? 많은 사람들은 주님이 그 날 오후에 승천하여 자신의 피를 아버지께 드려서 하늘 장막의 속죄소에 뿌리게 했다고 믿고 있다. 죄의 빚은 이제 공식적으로 청산되었다.

부활 후 여섯번째 나타나심

● 68단계 : 다시 다락방에 나타나심 / 일 주일 후(요 20:24–29)

1. 도마의 의심
도마는 다른 제자들의 흥분된 보고를 믿으려 하지 않는다.
1 그들의 증거
"우리가 주를 보았노라."
2 그의 불신
"내가 그 손의 못자국을 보며 내 손가락을 그 못자국에 넣으며 내 손을 그 옆구리에 넣어 보지 않고는 믿지 아니하겠노라."

2. 예수님이 도마에게 나타나심
예수님은 다시 잠긴 문을 통하여 걸어들어오셔서 도마를 포함한 제자들에게 나타나신다.

1 구세주
"네 손가락을 이리 내밀어 내 손을 보고 네 손을 내밀어 내 옆구리에 넣어 보라 그리하고 믿음 없는 자가 되지 말고 믿는 자가 되라."

2 도마
"나의 주시며 나의 하나님이시니이다."

3 구세주
"너는 나를 본 고로 믿느냐 보지 못하고 믿는 자들은 복되도다."

부활 후 일곱번째 나타나심

● 69단계 : 다락방을 떠나 디베랴 바다에 나타나심(요 21:1–25)
베드로와 다른 여섯 제자들이 밤새도록 고기를 잡았으나 한 마리도 잡지 못했다.

1. 서른여섯번째 이적 : 많은 고기를 잡는 이적(요 21:6)
1 예수께서 새벽녘의 해변에서 예수님인 줄 알아보지 못하는 그들에게 소리치신다.
"얘들아 너희에게 고기가 있느냐."
물론 주님은 그들이 고기를 좀 잡았는지 질문하고 있었다! 어느 날, 그리스도는 자신의 심판대에서 우리에게 이와 동일한 질문을 하실 것이다!
2 제자들이 고기를 잡지 못했다고 대답하자 주님은 "그물을 배 오른편에 던지라 그리하면 얻으리라"라고 말씀하신다.
3 그들이 그물을 던지자 즉시 153 마리라는 많은 고기가 잡힌다.
4 베드로는 예수님을 알아보고 헤엄을 쳐서 주님을 맞이한다.

부활 후 열 번 나타나신 그리스도

● **첫째 날**

1. 부활의 동산에서 막달라 마리아에게 나타나심 (막 16:9/요 21:11－18)
2. 무덤에서 돌아가는 여자들에게 나타나심 (마 28:9, 10)
3. 엠마오 도상에서 두 제자들에게 나타나심 (눅 24:13－32/막 16:12, 13)
4. 예루살렘에서 베드로에게 나타나심 (눅 24:34/고전 15:5)
5. 다락방에서 열 제자들에게 나타나심 (눅 24:36－43/요 20:19－23)

● **40일 동안 머무심**

6. 다락방에서 열한 제자들에게 나타나심 (요 20:24－29)
7. 디베랴 바다에서 일곱 제자들에게 나타나심 (요 21:1－24)
8. 다볼 산에서 열한 제자와 500여 성도들에게 나타나심 (마 26:16－20/고전 15:6)
9. 예루살렘에서 열한 제자들과 예수님의 형제인 야고보에게 나타나심 (마 16:14－18/눅 24:44－49/고전 15:7)
10. 감람산에서 열한 제자들에게 나타나심 (눅 24:50－53)

5 예수께서 일곱 제자들을 위하여 조반을 준비하신다. 주님은 "와서 조반을 먹으라"고 말하며 그들을 초대하신다(요 20:12). 우리가 다른 사람들을 먹이기 전에 먼저 우리는 주님의 음식을 먹어야 한다.

2. 주님은 베드로에게 주님을 사랑하는지를 질문하심

1 베드로는 그가 진정 예수님을 사랑하는지에 대하여 세 번 질문받는다.

2 그는 세 번 모두 주님을 사랑한다고 대답한다. 헬라어 신약성경에는 두 가지 서로 다른 종류의 사랑이 나타난다. 그 하나는 『필레오』(phileo) 사랑인데, 이것은 두 인간들 사이의 따뜻한 사랑을 말한다. 또 다른 하나는 『아가파오』(agapao) 사랑인데, 이것은 신적(神的)인 사랑, 즉 죄많은 인간을 위한 하나님의 사랑이다.

이 사랑은 그리스도의 승천 이전에는 어떤 사람의 마음에서도 결코 찾아볼 수 없었다. 사실 예수님은 세 차례에 걸쳐(요 21:15－19) 베드로가 진정 자신을 사랑하는지 질문하신다. 처음 두 번까지 예수님은 두번째 종류의 사랑을 사용하여 "요한의 아들 시몬아 네가 나를 사랑하느냐〔agapao〕"라고 질문하신다. 그런데 두 번 모두 베드로는 『필레오』라는 말을 써서 대답한다. 그는 "주여 내가 주를 사랑하는〔phileo〕 줄 주께서 아시나이다"라고 대답한다. 세번째에 주님은 (겸손하게도) 『필레오』라는 말을 사용하신다. (베드로도 나중에 알게 되겠지만) 주께서 이 두 가지 말을 사용하신 이유를 바울이 로마서 5장 5절에서 설명하고 있다.

"… 우리에게 주신 성령으로 말미암아 하나님의 사랑(agapao)이 우리 마음에 부은 바 됨이니."

따라서 베드로가 그 나름대로의 방법으로 대답한 것은 아직 오순절 성령이 강림하지 않았고 따라서 그가 이 신적인 『아가파오』 사랑으로 그리스도를 사랑한다는 것은 불가능했기 때문이다. 여기서 또한 베드로에게 그분의 어린 양(lamb)과(요 21:15) 그분의 양(sheep)을 먹이라는 예수님의 부탁을 주목해 보아야 한다. 여기에서도 서로 다른 헬라어가 나오는데, 그리스도는 "먹인다"는 뜻을 나타내는 두 가지 다른 말을 사용하신다. 주님은 "내 어린 양들을 먹이고" 내 장성한 양들을 "훈련시키라"("치라")고 말씀하신다. 오늘날 우리는 이 진리를 반대로 행하고 있다. 우리는 어린 아이들을 훈련시키고 성인들을 먹이고 있다!

3. 마흔여섯번째 예언 : 베드로의 순교에 관한 예언(요 21:18, 19)

[1] "젊어서는 네가 스스로 띠 띠고 원하는 곳으로 다녔거니와."

[2] "늙어서는 네 팔을 벌리리니 남이 네게 띠 띠우고 원치 아니하는 곳으로 데려가리라"(벧후 1:14 참조).

[3] 베드로는 사도 요한에게 예비된 운명에 대하여 알고 싶어한다.

(1) 베드로

"주여 이 사람은 어떻게 되겠삽나이까."

(2) 예수님

"내가 올 때까지 그를 머물게 할지라도 네게 무슨 상관이냐 너는 나를 따르라."

예수님의 이러한 대답 때문에 그 후에 요한이 결코 죽지 아니할 것이라는 헛소문이 퍼진다.

부활 후 여덟번째 나타나심

● 70단계 : 디베랴 바다를 떠나 다볼 산에 나타나심(마 28:16-20)

[1] 열한 제자들이 그 산 위에서 예수님께 경배하나 오히려 의심하는 제자들도 있다.

[2] 주님은 그들에게 사실과 명령 그리고 약속을 말씀하신다.

(1) 사실

"하늘과 땅의 모든 권세를 내게 주셨으니."

(2) 명령

"너희는 가서 모든 족속으로 제자를 삼아 아버지와 아들과 성령의 이름으로 침례(세례)를 주고 내가 너희에게 분부한 모든 것을 가르쳐 지키게 하라."

(3) 약속

"볼지어다 내가 세상 끝날까지 너희와 항상 함께 있으리라."

부활 후 아홉번째 나타나심

● 71단계 : 다볼 산을 떠나 다락방에 나타나심(막 16:14-18 / 눅 24:44-49)

[1] 주님은 자신의 부활에 관하여 제자들이 처음에는 믿지 아니하였기 때문에 그들을 책망하신다.

[2] 주님은 땅 끝까지 복음을 전파하라는 명령을 그들에게 되풀이하여 말씀하신다.

[3] 주님은 그들에게 모세의 율법과 시편을 자세히 설명해 주신다.

4 **주님은 아버지의 약속을 받기 위하여 예루살렘을 떠나지 말고 기다리라고 그들에게 말씀하신다.**

부활 후 열번째 나타나심

● 72단계 : 다락방을 떠나 감람산에 나타나심
(막 16:19, 20 / 눅 24:50－53 / 행 1:4－11)

1. 주님이 승천하심
1 **주님은 그들에게 축복하시고 성령 세례를 약속하신다.**
2 **주님은 그들에게 자기를 증거하라고 명령하신다.**
(1) 예루살렘에서
(2) 유다에서
(3) 사마리아에서
(4) 땅끝까지
3 **주님은 하늘로 들리어 올려져서 하나님의 우편에 앉으신다.**
4 **구약성경의 예언 성취 제 38번** : 그는 승천할 것이다(시 24:7－10 / 막 16:19 / 눅 24:51 참조).

부활하신 그리스도께서 구원받지 못한 자들에게 나타나신 적이 있었는가? 마태복음 23장 37－39절을 살펴볼 때 주님이 그들에게 나타나셨던 것처럼 보일지 모르나, 실제로 나타나신 적은 없다.
"예루살렘아 예루살렘아 선지자들을 죽이고 네게 파송된 자들을 돌로 치는 자여 암탉이 그 새끼를 날개 아래 모음같이 내가 네 자녀를 모으려 한 일이 몇 번이냐 그러나 너희가 원치 아니하였도다 보라 너희 집이 황폐하여 버린 바 되리라 내가 너희에게 이르노니 이제부터 너희는 찬송하리로다 주의 이름으로 오시는 이여 할 때까지 나를 보지 못하리라."
이러한 말들로 우리는 지금까지 이 땅에 살았던 가장 위대한 분의 생애에 대한 간단한 연구를 결론내리려고 한다. 그러나 주님의 영광스런 이야기는 4복음서의 기록에만 한정되지 않는다는 것을 말해두어야 하겠다. 사실 신구약성경 66권의 책마다 각기 이 놀랍고 권능있는 메시야의 일면을 제시하고 있다. 이제, 구세주를 각 성경은 어떻게 요약하고 있는지 살펴보자.

■ 성경의 각 책에 나타나신 그리스도
"그리스도는 하나님의 모든 계시의 주제이다. 그분은 창세기에서 약속되며, 율법서에서 계시되고, 역사서에서 예표되며, 시가서에서 찬양되고, 예언서에서 선포되며, 복음서에서 제시되고, 사도행전에서 증명되며, 서신서에서 현저하게 드러나고, 요한계시록의 중심인물이다.

그분은 성경의 모든 책에 나타난다. 성경이라는 회랑을 따라 여행해 보라. 그러면 당신은 회랑의 모든 곳에서 그리스도를 만나게 될 것이다.

「창세기」에는 주님이 여자의 후손으로 나타나신다. 「출애굽기」에는 죄인들을 위하여 대신 죽는 어린 양으로, 「레위기」에는 우리의 대제사장으로, 「민수기」에는 야곱의 별과 놋뱀으로, 「신명기」에는 모세와 같은 선지자와 위대한 반석으로 나타나신다.

「여호수아서」에는 여호와의 군대장관으로, 「사사기」에는 여호와의 사자로, 「룻기」에는 우리의 친척인 구속자와 신실한 신부로, 「사무엘상」에는 위대한 사사로, 「사무엘하」에는 훌륭한 왕으로, 「열왕기상」에는 다윗의 선택으로, 「열왕기하」에는 지극히 거룩한 자로, 「역대상」에는 타고난 왕으로, 「역대하」에는 심판의 왕으로 각각 나타난다.

「에스라서」에는 하늘과 땅의 주(主)로 나타나며, 「느헤미야서」에는 건축자로, 「에스더서」에는 우리의 모르드개로, 「욥기」에는 판결자와 우리의 부활과 다시 오시는 구속자로, 「시편」에는 하나님의 아들과 선한 목자로, 「잠언」에는 우리의 지혜로, 「전도서」에는 태양 위에 계신 분으로, 「아가서」에는 교회를 사랑하는 위대한 분과 지극히 사랑스러운 분과 만인 중에 가장 뛰어난 분으로 각각 나타난다.

「이사야서」에는 고난받아 영화롭게 된 종으로, 「예레미야서」에는 여호와 우리의 의(義)로, 「예레미야애가」에는 슬퍼하는 사람으로, 「에스겔서」에는 영화로운 하나님으로, 「다니엘서」에는 공중에 뜨인 돌과 메시야로서 각각 나타난다. 「호세아서」에는 부활하신 하나님의 아들로, 「요엘서」에는 성령을 부어주는 분으로, 「아모스서」에는 영원한 그리스도로, 「오바댜서」에는 용서하는 그리스도로, 「요나서」에는 부활한 선지자로, 「미가서」에는 베들레헴 사람으로, 「나훔서」에는 좋은 소식을 전하는 사람으로, 「하박국서」에는 그분의 거룩한 성전에 거하는 여호와로, 「스바냐서」에는 자비로운 그리스도로, 「학개서」에는 만국의 소망으로, 「스가랴서」에는 순(筍)으로, 「말라기서」에는 그의 날개에 치료할 것을 가지고 오는 의로운 해로 각각 나타난다.

「마태복음」에는 유대인의 왕으로, 「마가복음」에는 종으로, 「누가복음」에는 완전한 인자로, 「요한복음」에는 하나님의 아들로, 「사도행전」에는 승천하신 주님으로, 「로마서」에는 하나님 우리의 의(義)로, 「고린도전서」에는 우리의 부활로, 「고린도후서」에는 우리의 보혜사로, 「갈라디아서」에는 율법의 완성으로, 「에베소서」에는 교회의 머리로, 「빌립보서」에는 모든 필요를 채워주는 분으로, 「골로새서」에는 충만하신 하나님으로, 「데살로니가전서」에는 자신의 교회를 돕는 분으로, 「데살로니가후서」에는 자신의 교회와 함께하시는 분으로, 「디모데전서」에는 중보자로, 「디모데후서」에는 면류관을 주시는 분으로, 「디도서」에는 우리의 크신 하나님 구주로, 「빌레몬서」에는 우리 빚의 청산자로, 「히브리서」에는 믿음의 안식과 예표(Types)의 성취자로, 「야고보서」에는 가까이 계시는 하나님으로, 「베드로전서」에는 대신 고난당하는 분으로, 「베드로후서」에는 영광의 주로, 「요한일서」에는 길(the Way)로, 「요한이서」에는 진리로, 「요한삼서」에는 생명으로, 「유다서」에는 우리의 보증으로, 「요한계시록」에는 유다 지파의 사자와 광명한 새벽별과 만왕의 왕과 만주의 주(主)로 각각 나타난다"〔로버트 웰즈(Robert J. Wells), 『현대인을 위한 예언적 멧세지』(*Prophetic Message for Modern Times*), Dallas;Texas Printing House, Inc., 1944;pp. 205, 206〕.

■ 구세주의 생애에 대한 요약

1 구세주의 36가지 '이적'
2 구세주의 38가지 '비유'
3 구세주의 40가지 '기도'
4 구세주의 45가지 '예언'
5 구세주의 16가지 '설교'
6 구세주의 36가지 '대화'
7 구세주에 대한 16가지 '구약성경의 언급'
8 구세주의 22가지 '구약성경 인용'
9 구세주의 '신성'을 나타내는 10가지 증거
10 구세주의 '인성'을 나타내는 30가지 증거
11 구세주에 대한 37가지 '이름과 칭호'
12 구세주에 의하여 성취된 37가지 '구약성경의 예언'
13 구세주가 회개시킨 27명의 '영혼'
14 구세주가 당한 15가지의 '고난'
15 구세주의 '마지막 일곱 마디'
16 구세주가 부활한 후 10번 '나타나심'
17 구세주의 시대에 있던 '정치적, 종교적 당파들'
18 구세주가 방문한 '여러 장소들'
19 구세주를 만난 많은 '인물들'

■ 구세주의 이적

1 물을 포도주로 변화시킴(요 2:7-9).
2 고관의 아들을 고치심(요 4:50).
3 가버나움의 귀신들린 사람을 고치심(마 1:25 / 눅 4:35).
4 베드로의 장모를 고치심(마 8:15 / 막 1:31 / 눅 4:39).
5 많은 고기를 잡게 하심(눅 5:5, 6).
6 문둥병자를 고치심(마 8:3 / 막 1:41).
7 중풍병자를 고치심(마 9:2, 6, 7 / 막 2:5, 10-12 / 눅 5:20, 24, 25).
8 손 마른 자를 고치심(마 12:13 / 막 3:5 / 눅 6:10).
9 백부장의 하인을 고치심(마 8:13 / 눅 7:10).
10 과부의 아들을 살리심(눅 7:14).
11 거친 바다를 잔잔케 하심(마 8:26 / 막 4:39 / 눅 8:24).
12 가다라 지방의 귀신들린 자를 고치심(마 8:32 / 막 5:8 / 눅 8:33).
13 혈루증 앓는 여자를 고치심(마 9:22 / 막 5:29 / 눅 8:44).
14 야이로의 딸을 살리심(마 9:25 / 막 5:41 / 눅 8:54).
15 두 소경을 고치심(마 9:29).
16 귀신들려 벙어리 된 자를 고치심(마 9:33).
17 삼십팔 년 된 병자를 고치심(요 5:8).

18 오천 명과 그들의 가족들을 먹이심(마 14:19 / 막 6:41 / 눅 9:16 / 요 6:11).
19 바다 위로 걸으심(마 14:25 / 막 6:48 / 요 6:19).
20 귀신들린 소녀를 고치심(마 15:28 / 막 7:29).
21 귀먹고 어눌한 자를 고치심(막 7:34, 35).
22 사천 명과 그들의 가족을 먹이심(마 15:36 / 막 8:6).
23 소경을 고치심(막 8:25).
24 나면서 소경된 자를 고치심(요 9:7).
25 귀신들린 소년을 고치심(마 17:18 / 막 9:25 / 눅 9:42).
26 입에 동전 한 세겔을 물고 있는 고기를 잡게 하심(마 17:27).
27 귀신들려 눈 멀고 벙어리 된 자를 고치심(마 12:22 / 눅 11:14).
28 십팔 년 동안 앓던 여자를 고치심(눅 13:10-17).
29 고창병 든 사람을 고치심(눅 14:4).
30 문둥병자 열 명을 고치심(눅 17:11-19).
31 나사로를 살리심(요 11:43, 44).
32 소경을 고치심(마 20:34 / 눅 18:42).
33 소경을 고치심(마 20:34 / 막 10:46, 52).
34 무화과나무를 저주하심(마 21:19 / 막 11:14).
35 떨어진 귀를 붙이심(마 26:51 / 막 14:47 / 눅 22:50, 51 / 요 18:10).
36 많은 고기를 잡게 하심(요 21:6).

■ 구세주의 이적에 대한 간단한 요약

※ 이적의 종류(번호는 앞 페이지에 언급된 「구세주의 이적」 번호임)

1 개인을 고친 이적(17가지)

(1) 열병들린 사람(2, 4번)
(2) 문둥병자(6, 30번)
(3) 중풍병자(7, 9, 11번)
(4) 손 마른 여자(8번)
(5) 혈루병 앓는 여자(13번)
(6) 소경(15, 23, 24, 32, 33번)
(7) 귀머거리(21번)
(8) 고창병 든 사람(29번)
(9) 귀가 잘린 사람(35번)

2 귀신을 쫓아낸 이적(7가지)

(1) 경련성 병자(3, 25번)
(2) 미치광이 병자(12번)
(3) 벙어리 병자(16번)
(4) 알지 못하는 병에 걸린 병자(20번)
(5) 눈 멀고 벙어리 된 병자(27번)

(6) 중풍병자(28번)

3 죽은 자를 살린 이적(3가지)

(1) 어린 소녀(14번)

(2) 청년(10번)

(3) 나사로(31번)

4 제자들을 보호한 이적(2가지)

(1) 배 안에 서 있을 때(11번)

(2) 물 위를 걸을 때(19번)

5 굶주린 사람들을 먹인 이적(5가지)

(1) 혼인잔치 손님들(1번)

(2) 오천 명(18번)

(3) 사천 명(22번)

(4) 자신의 네 제자(5번)

(5) 자신의 일곱 제자(36번)

6 세금을 바친 이적(26번)

7 무화과나무를 저주한 이적(34번)

※ 이적에 관한 고찰

1 구세주의 이적들은 언제, 어디서나 이루어졌다.

(1) 결혼식에서(1번)

(2) 장례식에서(10, 14, 31번)

(3) 무덤에서(12번)

(4) 회당에서(3, 8, 28번)

(5) 가정에서(4, 7, 14, 20, 29번)

(6) 바닷가에서(36번)

(7) 동산에서(35번)

(8) 산에서(18, 22번)

(9) 연못에서(17번)

(10) 배에서(5, 11번)

2 주님은 열한 가지의 이적에서 사람에게 안수하셨다(4, 6, 14, 15, 19, 21, 23, 25, 28, 33, 35번).

3 여자가 주님을 만진 경우는 한 번이다(13번).

4 이적을 행하는 데 침을 사용하신 경우는 세 번이다(21, 22, 24번).

5 안식일에 이루어진 이적은 다섯 가지이다(8, 17, 24, 29번).

6 주께서 동정심에 사로잡히셔서 행하신 이적은 여섯 가지이다(6, 10, 18, 22, 32, 33번).

7 주께서 놀라움에 사로잡히신 경우의 이적은 두 가지이다(9, 20번).

8 예수님은 한 가지 이적을 행할 때 탄식하셨다(21번).

9 예수님은 한 가지 이적을 행할 때 눈물을 흘리셨다(31번).

10 네 가지 이적들은 그 결과가 장래에까지 미쳤다.

주목할 만한 이적들

이적	주목할 만한 이유	성경의 언급
1. 물로 포도주를 만든 이적	최초의 이적	요한복음 2장
2. 바다 위를 걸으신 이적	주님이 자연법칙을 초월한다는 것을 보여줌	요한복음 6장
3. 바다를 잠잠케 하신 이적	주님이 자연법칙을 지배한다는 것을 보여줌	마태복음 8장
4. 오천 명을 먹이신 이적	주님은 "영혼"만을 사랑하는 것이 아니라 인간의 육체도 사랑한다는 것을 보여줌	요한복음 6장
5. 가다라의 귀신들린 사람을 고치신 이적	기록상 가장 두려운 형태의 귀신들림	마가복음 5장
6. 나사로를 살리신 이적	주님의 모든 이적들 중 가장 위대한 이적	요한복음 11장
7. 나면서 소경된 자를 고치신 이적	주님의 모든 이적의 목적을 설명함	요한복음 9장
8. 그 입에 동전을 문 고기를 잡은 이적	두번째 아담으로서의 주님의 사역을 예증함	마태복음 17장
9. 무화과나무를 저주한 이적	기록된 모든 이적들 중 가장 슬픈 이적	마태복음 24장
10. 많은 양의 고기를 잡은 이적	마지막 이적	요한복음 21장

(1) 다섯번째 이적은 베드로와 안드레, 야고보, 요한을 일생동안 부르는 결과를 낳았다.
(2) 서른한번째 이적의 대상이 된 자는 바리새인들에 의하여 그 운명이 확정되었다.
(3) 서른네번째 이적은 하나님께서 이스라엘을 버릴 것을 의미했다.
(4) 서른다섯번째 이적은 틀림없이 베드로가 즉결 처형당하지 않도록 그를 구해 주었을 것이다.

11 몇몇 이적들은 인간성의 특징들을 보여주었다.

(1) 믿음이 부족함(2, 11, 19번)
(2) 사악함(5, 16, 17, 27, 28번)
(3) 배은망덕함(30번)

12 주님은 이적을 행할 때 때때로 질문을 하곤 하셨다.

(1) "여자여 나와 무슨 상관이 있나이까"(1번).
(2) "네 죄 사함을 받았느니라 하는 말과 일어나 걸어가라 하는 말이 어느 것이 쉽겠느냐"(7번).

(3) "안식일에 선을 행하는 것과 악을 행하는 것 어느 것이 옳으냐"(8번).
(4) "너희 믿음이 어디 있느냐"(11번).
(5) "네 이름이 무엇이냐"(12번).
(6) "누가 내 옷에 손을 대었느냐"(13번).
(7) "내가 능히 이 일 할 줄을 믿느냐"(15번).
(8) "네가 낫고자 하느냐"(17번).
(9) "우리가 어디서 떡을 사서 이 사람들로 먹게 하겠느냐"(18번).
(10) "왜 의심하였느냐"(19번).
(11) "너희에게 떡이 몇 개나 있느냐"(22번).
(12) "무엇이 보이느냐"(23번).
(13) "세상 임금들이 뉘게 관세와 정세를 받느냐"(26번).
(14) "사단이 만일 사단을 쫓아내면 스스로 분쟁하는 것이니 그리하고야 저의 나라가 어떻게 서겠느냐"(27번).
(15) "그를 어디 두었느냐"(31번).
(16) "너희에게 무엇을 하여주기를 원하느냐"(32, 33번).
(17) "얘들아 너희에게 고기가 있느냐"(36번).

13 때때로 주님은 이적을 행할 때 명령을 하셨다.
(1) "항아리에 물을 채우라"(1번).
(2) "깊은 데로 가서 그물을 내려 고기를 잡으라"(5번).
(3) "네 손을 내밀라"(8번).
(4) "일어나 네 자리를 들고 걸어가라"(17, 7번).
(5) "떼를 지어 한 오십 명씩 앉히라"(18번).
(6) "오라"(19번).
(7) "실로암 못에 가서 씻으라"(24번).
(8) "네가 바다에 가서 낚시를 던져 먼저 오르는 고기를 가져다가 나와 너를 위하여 주라"(26번).
(9) "나사로야 나오라"(31번).
(10) "그물을 배 오른편에 던지라 그리하면 얻으리라"(36번).

14 첫번째 이적과 마지막 이적은 요한만이 기록하고 있다(1, 36번).

15 단지 두 이적만이 4복음서에 모두 기록되어 있다(18, 35번).

16 열여섯 가지의 이적들은 4복음서 중 하나에만 기록되어 있다.
(1) 마태만이 기록하고 있는 이적들 : 15, 16, 26번(마태가 기록한 이적은 모두 22가지이다).
(2) 마가만이 기록하고 있는 이적들 : 21, 23번(마가가 기록한 이적은 모두 19가지이다).
(3) 누가만이 기록하고 있는 이적들 : 5, 10, 28, 29, 30번(누가가 기록한 이적은 모두 19가지이다).
(4) 요한만이 기록하고 있는 이적들 : 1, 2, 17, 24, 31, 36번(요한이 기록한 이적은 모두 9가지이다).

17 공생애의 첫 해에 주님은 일곱 가지의 이적들을 행하셨다(1－7번).

18 공생애의 두번째 해에 주님은 열두 가지의 이적들을 행하셨다(8－19번).

19 공생애의 세번째 해에 주님은 다섯 가지 이적들을 행하셨다(20–24번).
20 공생애의 네번째 해에 주님은 열두 가지 이적들을 행하셨다(25–36번).

■ 구세주의 비유들

1 모래와 반석 위에 지은 두 집의 비유(마 7:24–27 / 눅 6:47–49).
2 두 채무자의 비유(눅 7:41, 42).
3 바알세불의 비유(막 3:22–30).
4 씨 뿌리는 자의 비유(마 13:1–9, 18–23 / 막 4:1–20 / 눅 8:4–15).
5 가라지의 비유(마 13:24–30, 36–43).
6 추수의 비유(막 4:26–29).
7 겨자씨의 비유(마 13:31, 32 / 막 4:30–32 / 눅 13:18, 19).
8 누룩과 천국의 비유(마 13:33 / 눅 13:20, 21).
9 밭에 숨긴 보화의 비유(마 13:44).
10 값진 진주의 비유(마 13:45, 46).
11 좋은 물고기와 나쁜 물고기의 비유(마 13:47–50).
12 서기관과 집주인의 비유(마 13:52).
13 낡은 옷과 낡은 부대의 비유(마 9:16, 17 / 눅 11:24–26).
14 불평하는 세대의 비유(마 11:16–19 / 눅 7:31–35).
15 무자비한 종의 비유(마 18:23–35).
16 선한 사마리아인의 비유(눅 10:25–37).
17 일곱 귀신과 빈 집의 비유(마 12:43–45 / 눅 11:24–26).
18 어리석은 부자의 비유(눅 12:16–21).
19 깨어 있는 종의 비유(눅 12:32–40 / 마 24:43, 44).
20 악한 종과 돌아온 주인의 비유(마 24:45–51 / 눅 12:42–48).
21 열매없는 무화과나무의 비유(눅 13:6–9).
22 혼인잔치에서 말석을 선택하라는 비유(눅 14:7–11).
23 잔치에 초대받은 세 사람의 비유(눅 14:15–24).
24 잃어버린 양과 드라크마, 탕자 비유(눅 15:1–32).
25 불의한 청지기 비유(눅 16:1–13).
26 거지 나사로와 부자의 비유(눅 16:19–31).
27 무익한 종의 비유(눅 17:7–10).
28 과부와 재판관의 비유(눅 18:1–8).
29 바리새인과 세리의 비유(눅 18:9–14).
30 품꾼을 얻으러나간 포도원 주인의 비유(마 20:1–16).
31 므나의 비유(눅 19:11–27).
32 두 아들과 포도원의 비유(마 21:28–32).
33 악한 과원지기의 비유(마 21:33–46 / 막 12:1–12 / 눅 21:9–19).
34 예복을 입지 않은 손님의 비유(마 22:1–14).
35 무화과나무와 징조의 비유(마 24:32–35 / 막 13:28–31 / 눅 21:29–33).

중요한 비유들

비유	의도된 교훈	성경의 언급
1. 씨 뿌리는 자의 비유	천국의 본질을 설명함	마태복음 13장
2. 선한 사마리아인의 비유	다른 사람들에 대한 나의 의무를 보여줌. 인간의 세 가지 태도를 보여줌.*	누가복음 10장 30－37절
3. 어리석은 부자의 비유	준비성－이생의 불확실성을 보여줌	누가복음 12장 16－21절
4. 잃어버린 양, 잃어버린 드라크마, 탕자의 비유	죄인들의 구원과 부활에 있어서 삼위일체의 사역을 보여줌.	누가복음 15장 3－32절
5. 부자 나사로 비유	지옥의 고뇌를 보여줌	누가복음 16장 19－31절
6. 무화과나무 싹의 비유	그리스도의 재림에 관한 위대한 징조를 보여줌	마태복음 24장 32－35절
7. 열 처녀의 비유	이스라엘의 장래 심판과 구원을 보여줌	마태복음 25장 1－13절
8. 양과 염소의 비유	이방인의 장래 심판과 구원을 보여줌	마태복음 25장 31－46절

* 당신의 것은 나의 것이다(강도의 태도) / 나의 것은 나의 것이다(레위인과 제사장의 태도) / 나의 것은 당신의 것이다(선한 사마리아인의 태도).

36 열 처녀의 비유(마 25:1－13).
37 달란트의 비유(마 25:14－30).
38 마지막 심판 비유(마 25:31－46).

■ 구세주의 비유에 대한 간단한 요약

1 그분의 비유들은 다음과 같은 소재들을 다루었다.

(1) 올바른 기초(1번).
(2) 용서(2, 15번).
(3) 사단(3, 5, 17번).
(4) 인간의 마음(4번).
(5) 천국(4－13번).
(6) 교회(10번).
(7) 마지막 심판(5, 11, 38번).
(8) 이스라엘(9, 14, 21, 33, 35번).

(9) 동정(16번).
(10) 재물(18번).
(11) 준비성(19, 20, 36번).
(12) 겸손(22번).
(13) 세상적인 태도(25번).
(14) 지옥(18, 26, 34번).
(15) 청지기직(27, 31, 37번).
(16) 기도(28, 29번).
(17) 회개(32번).
(18) 구원(24번).

[2] 주님은 인생의 여러 영역을 들어 비유를 말씀하셨다.

(1) 농사(4, 5, 6, 7, 18, 21, 35번).
(2) 고기잡이(11번).
(3) 결혼예식(22, 23, 34, 36번).
(4) 목양(牧羊)(38, 24번).
(5) 사업계(25, 2, 30번).

구세주의 기도들

[1] 침례(세례)받을 때 기도하심(눅 3:21).
[2] 첫번째 갈릴리 전도여행 전에 기도하심(막 1:35 / 눅 4:42).
[3] 문둥병자를 고치고 기도하심(눅 5:16).
[4] 열두 제자들을 택하기 전에 기도하심(눅 6:12).
[5] 오천 명을 먹인 후에 기도하심(마 14:23 / 막 6:46 / 요 6:15).
[6] 베드로의 위대한 신앙고백을 들은 후에 기도하심(눅 9:18).
[7] 변화되실 때 기도하심(눅 9:28, 29).
[8] 칠십 인이 돌아와 보고하는 것을 듣고 기도하심(마 11:25－27 / 눅 10:21, 22).
[9] 마리아와 마르다를 방문한 후에 기도하심(눅 11:1).
[10] 어린아이들을 품에 안고 기도하심(마 19:13－15 / 막 10:13－16 / 눅 18:15－17).
[11] 나사로를 살리기 전에 기도하심(요 11:41, 42).
[12] 어떤 헬라인들이 그분을 만나고자 할 때 기도하심(요 12:27, 28).
[13] 다락방을 떠난 후 기도하심(요 17:1－26).
[14] 겟세마네 동산에서 기도하심(첫번째 기도)(마 26:39 / 막 14:35, 36 / 눅 22:41, 42).
[15] 겟세마네 동산에서 기도하심(두번째 기도)(마 26:42 / 막 14:39 / 22:44).
[16] 겟세마네 동산에서 기도하심(세번째 기도)(마 26:44).
[17] 십자가 위에서 기도하심(첫번째 기도)(눅 23:34).
[18] 십자가 위에서 기도하심(두번째 기도)(마 27:46, 47 / 막 15:34, 35).
[19] 십자가 위에서 기도하심(세번째 기도)(눅 23:46).

■구세주의 기도에 대한 요약

1 주님은 다음과 같은 것들을 위하여 기도하셨다

(1) 아버지께서 갈릴리 전도여행을 도와주시도록 기도하셨다(2번).
(2) 열두 제자를 택할 때에 아버지께서 자신을 인도하시도록 기도하셨다(4번).
(3) 아버지께서 아들의 신성을 베드로에게 계시해 주도록 기도하셨다(6번).
(4) 칠십 인에게 신령한 진리를 계시해 주신 아버지께 감사드리셨다(8번).
(5) 아버지께서 항상 자신의 말을 들으신 것을 감사드리셨다(11번).
(6) 아버지께서 영광을 받으시도록 기도하셨다(12번).
(7) 아버지께서 자기를 영화롭게 하시도록 기도하셨다(13번).
(8) 아버지께서 모든 신자들을 보호하고 거룩하게 하며 연합시키고 완전하게 하며 그리스도에게 모으시도록 기도하셨다(13번).
(9) 가능하면 고통의 시간이 자신을 지나가게 해달라고 기도하셨다(14, 15, 16번).
(10) 아버지의 뜻이 이루어지기를 기도하셨다(14, 15, 16번).
(11) 원수들을 용서해 달라고 기도하셨다(17번).
(12) 자신이 자신의 고난을 이해하게 해달라고 기도하셨다(18번).

겟세마네 동산의 기도(마 26:36－46 / 막 14:32－42 / 눅 22:41－44)

첫번째 기도	두번째 기도	세번째 기도
• 기드론 시내를 건너신다.	• 다시 기도하고 하나님의 뜻에 복종하신다.	• 같은 기도를 하신다.
• 베드로와 야고보, 요한에게 깨어 기도하라고 부탁하신다.	• 천사들의 도움을 받으신다.	• 세번째 세 제자들을 깨우신다.
• 자신의 잔에 대하여 기도하고 하나님의 뜻에 복종하신다.	• 다시 잠자는 세 제자들을 깨우신다.	• 군병들이 온다고 말씀하신다.
• 잠자는 제자들을 깨우신다.		

갈보리의 기도

첫번째 기도(눅 23:34)

“아버지여 저희를 사하여 주옵소서 자기의 하는 것을 알지 못함이니이다.”

두번째 기도(마 27:46 / 막 15:34)

“나의 하나님, 나의 하나님, 어찌하여 나를 버리시나이까?”

세번째 기도(눅 23:46)

“아버지여 내 영혼을 아버지 손에 부탁하나이다.”

(13) 아버지께서 자신의 영혼을 받아주시도록 기도하셨다(19번).

2 주님이 기도해 준 사람들

(1) 어린아이들(10번)
(2) 자신의 원수들(17번)
(3) 자기 자신(12, 13, 14, 15, 16, 18, 19번)
(4) 모든 신자들(13번)
(5) 칠십 제자들(8번)

3 주님이 기도한 때

(1) 밤에(4번)
(2) 한밤중이 조금 지나(13, 14, 15, 16번)
(3) 새벽에(2번)
(4) 아침 일찍이(17번)
(5) 저녁 늦게(18, 19번)

4 주님이 기도한 방법

(1) 눈을 들어 하늘을 우러러보며(11, 13번)
(2) 무릎을 꿇고(14, 15번)
(3) 얼굴을 땅에 대고(14, 15번)
(4) 십자가에 달려서(17, 18, 19번)

■ 구세주의 예언들

1 자신의 승천에 관한 예언(요 1:50, 51).
2 자신의 죽음과 부활에 관한 예언(요 2:19-22).
3 자신의 죽음에 관한 예언(요 3:14).
4 크고 흰 심판보좌에 관한 예언(마 7:21-23).
5 장래의 부활에 관한 예언(요 5:28, 29).
6 자신이 배반당할 것에 관한 예언(요 6:70, 71).
7 자신의 부활에 관한 예언(마 16:4).
8 자신의 승천에 관한 예언(요 7:33, 34).
9 오순절에 관한 예언(요 7:37-39).
10 자신의 승천에 관한 예언(요 8:14, 21).
11 자신의 죽음에 관한 예언(요 8:28).
12 자신의 죽음에 관한 예언(요 10:17, 18).
13 교회에 관한 예언(마 16:18, 19).
14 자신의 부활에 관한 예언(마 16:21 / 막 8:31 / 눅 9:22).
15 자신의 재림에 관한 예언(마 16:27 / 막 8:38 / 눅 9:26).
16 자신의 변용에 관한 예언(마 16:28 / 눅 9:27).
17 자신의 부활에 관한 예언(마 17:9 / 막 9:9).
18 자신의 고난에 관한 예언(마 17:12 / 막 9:12).
19 자신의 배반당하실 것에 관한 예언(눅 9:44 / 마 17:22).

주목할 만한 예언들

예언의 성질	성경의 언급	
1. 고난과 죽음 그리고 부활에 관하여	• 요한복음 2:19-22 • 요한복음 3:14 • 요한복음 10:11-18	• 마태복음 16:4, 21 • 마태복음 17:22, 23 • 마태복음 20:17-19
2. 변화되심에 관하여	• 마태복음 16:28	
3. 배반당하실 것에 관하여	• 요한복음 6:70, 71	
4. 베드로의 부인에 관하여	• 요한복음 13:38	• 마가복음 14:26-31
5. 갈릴리에서 제자들에게 나타날 것에 관하여	• 마태복음 26:31, 32	
6. 승천에 관하여	• 요한복음 1:50, 51	
7. 오순절에 관하여	• 요한복음 7:37-39	
8. 교회에 관하여	• 마태복음 16:13-19	
9. 휴거에 관하여	• 요한복음 14:2, 3	
10. 재림에 관하여	• 마태복음 16:27	• 마태복음 26:24
11. 크고 흰 심판보좌에 관하여	• 마태복음 7:21-23	• 마태복음 12:41, 42
12. 장래의 부활에 관하여	• 요한복음 5:28, 29	
13. 마지막 날에 관하여	• 누가복음 17:26-30	
14. 아마겟돈 전쟁에 관하여	• 누가복음 17:34-37	
15. 장래의 상급에 관하여	• 마가복음 10:28-31	
16. 베드로의 죽음에 관하여	• 요한복음 21:18, 19	

20 자신의 부활에 관한 예언(막 9:31 / 마 17:23).
21 자신의 부활에 관한 예언(마 12:38-40 / 눅 11:29, 30).
22 크고 흰 심판보좌에 관한 예언(마 12:41, 42 / 눅 11:31, 32).
23 크고 흰 보좌에 관한 예언(눅 12:2, 3).
24 자신의 고난에 관한 예언(눅 17:25).
25 마지막 날에 관한 예언(눅 17:26-30).
26 아마겟돈 전쟁에 관한 예언(눅 17:34-37).
27 장래의 상급에 관한 예언(마 19:27-30 / 막 10:28-31 / 눅 18:28-30).
28 자신의 부활에 관한 예언(마 20:17-19 / 막 10:32-34 / 눅 18:31-34).
29 예루살렘의 멸망에 관한 예언(눅 19:43, 44).
30 이스라엘을 버릴 것에 관한 예언(마 21:43, 44).
31 자신의 죽음에 관한 예언(요 12:20-26).
32 자신의 죽음에 관한 예언(요 12:32).
33 자신의 시련에 관한 예언(마 24:1-42).

[34] 자신의 재림에 관한 예언(마 24:29—41).
[35] 자신의 죽음에 관한 예언(마 26:2).
[36] 자신이 배반당하실 것에 관한 예언(요 13:18—33 / 마 26:21—25 / 막 14:18—21 / 눅 22:21—23).
[37] 베드로의 죽음에 관한 예언(요 13:36).
[38] 베드로의 첫번째 세 번 부인에 관한 예언(요 13:38 / 눅 22:34).
[39] 자신의 재림에 관한 예언(요 14:2, 3).
[40] 제자들에게 버림받을 것에 관한 예언(마 26:31).
[41] 부활 후에 갈릴리에서 제자들을 만날 것에 관한 예언(마 26:32 / 막 14:28 / 16:17).
[42] 베드로의 두번째 세 번 부인에 관한 예언(마 26:33—35 / 막 14:29—31).
[43] 자신의 재림에 관한 예언(마 26:64).
[44] 자신의 재림에 관한 예언(눅 22:69).
[45] 예루살렘의 멸망에 관한 예언(눅 23:28—31).
[46] 베드로의 순교에 관한 예언(요 21:18, 19).

■ 구세주의 예언에 관한 간단한 요약

※ 자신에 관한 예언(번호는 앞에 언급된 구세주의 예언 번호임).
[1] 고난을 당하고 죽은 후에 다시 살아날 것이다(2, 3, 7, 11, 12, 14, 17, 18, 19, 20, 21, 24, 28, 31, 32, 35번).
[2] 변화될 것이다(16번).
[3] 배반당할 것이다(6, 19, 36번).
[4] 부인될 것이다(38, 42번).
[5] 버림받을 것이다(40번).
[6] 부활 후에 갈릴리에 나타날 것이다(41번).
[7] 승천할 것이다(1, 8, 10번).
[8] 성령을 보낼 것이다(9번).
[9] 교회를 세울 것이다(13번).
[10] 잠시 이스라엘을 버릴 것이다(30번).
[11] 다시 올 것이다(15, 39, 43, 44번).
[12] 언젠가 부활하여 모든 사람들을 심판할 것이다(4, 5, 22, 23, 27번).

※ 다른 주제에 관한 예언
[1] 마지막 날(25번).
[2] 아마겟돈 전쟁(26번).
[3] 예루살렘의 멸망(29, 45번).
[4] 환난(33번).
[5] 베드로의 죽음(37, 46번).

주목할 만한 설교들

설교	설교한 장소	목적	성경의 언급
1. 이사야서 61장 설교	나사렛	그 자신이 유대의 메시야임을 보이기 위하여	누가복음 4장
2. 산상수훈	다볼 산(?)	성도들이 오늘날 해야 할 것을 살펴보기 위하여. 세상이 천년왕국 때 행하게 될 것을 미리 보기 위하여.	마태복음 5－7장
3. 심판과 부활에 관한 설교	예루살렘 성전	자신이 생명의 근원이신 하나님과 동등함을 보이기 위하여.	요한복음 5:19－47
4. 생명의 떡에 관한 설교	갈릴리 해변	자신이 생명의 떡이신 하나님과 동등함을 보이기 위하여.	요한복음 6:22－71
5. 장막절 설교	예루살렘 성전 밖	사람들을 생수로 초대하기 위하여.	요한복음 7:1－53
6. 성전의 보화에 관한 설교	예루살렘 성전	자신을 세상의 빛이며 생명으로 나타내기 위하여.	요한복음 8:12－59
7. 선한 목자에 관한 설교	예루살렘	시편 23편과 에스겔서 34장을 성취시키기 위하여.	요한복음 10:1－28
8. 감람산 강화	감람산	환난 때에 경건한 유대인들을 구하기 위한 인도자로서 활동하기 위하여	마태복음 24, 25장
9. 아버지의 집에 관한 설교	다락방	사도들로 하여금 십자가 사건과 오순절에 대비시키기 위하여.	요한복음 14장
10. 포도나무와 성령에 관한 설교	겟세마네로 가는 길	성도들로 하여금 그리스도인의 봉사를 하도록 준비시키기 위하여.	요한복음 15, 16장

구세주의 설교들

1 자신의 고향 회당에서 이사야서 61장을 가지고 행한 설교(눅 4:16−30).
2 하늘나라의 특성에 관한 설교(산상수훈)(마 5−7장 / 눅 6:20−49 / 12:22−31, 57−59 / 16:17).
3 하늘나라에 관한 아홉 가지 예증 설교(마 13:1−52 / 막 4:1−34 / 눅 8:4−18 / 13:18−21).
4 침례(세례) 요한에 관한 설교(마 11:7−15 / 눅 7:24−30).
5 심판과 부활에 관한 설교(요 5:19−47).
6 열두 제자들을 보내면서 행한 설교(마 10:5−16, 24−33, 37, 42 / 막 6:8−11 / 눅 9:3−5).
7 생명의 떡에 관한 설교(요 6:26−59).
8 사람을 더럽히는 것들에 관한 설교(마 15:1−20 / 막 7:1−23).
9 마귀와 그의 자녀들에 관한 설교(요 10:1−18 / 8:33−59).
10 선한 목자에 관한 설교(요 10:1−18).
11 겸손과 지옥에 관한 설교(마 18:1−20 / 막 9:33−10:1 / 눅 9:46−50).
12 칠십 인의 제자를 파송하시면서 행한 설교(마 11:20−24 / 눅 10:1−16).
13 종교적 위선에 관한 설교(마 23:1−36 / 막 12:38−40 / 눅 20:45−47).
14 대환난에 관한 설교(감람산 강화)(마 24:1−42 / 10:17−23 / 25:1−46 / 막 13:1−37 / 눅 21:5−36 / 12:11, 12).
15 아버지 집에 관한 설교(요 14:1−31).
16 포도나무와 가지에 관한 설교(요 15:1−16:33).

구세주의 설교에 관한 간단한 요약

1 그분은 한 설교를 행한 후에 거의 죽음을 당할 뻔하셨다(1번).
2 그분은 배 안에 앉아서 한 설교를 하셨다(3번).
3 그분은 두 개의 산 위에서 가장 긴 두 가지 설교를 하셨다(2, 14번).
4 그분은 예루살렘 성전 근처에서 몇 가지 설교들을 하셨다(5, 8, 9, 10, 13, 15, 16번).
5 그분은 제자들에게 두 가지 설교를 하셨다(6, 12번).
6 그분은 자기를 변호하기 위하여 한 설교를 하셨다(9번).
7 그분은 자신의 제자들을 변호하기 위하여 한 설교를 하셨다(8번).
8 그분은 한 설교를 하는 동안 어린아이를 예증으로 사용하셨다(11번).
9 그분은 다락방에서 한 설교를 하셨다(15번).
10 그분은 달밤에 한 설교를 하셨다(16번).
11 공생애 첫번째 해에 그분은 기록상 한 설교를 하셨다(1번).
12 공생애 두번째 해에 그분은 기록상 다섯 가지 설교를 하셨다(2−6번).
13 공생애의 세번째 해에 그분은 기록상 네 가지 설교를 하셨다(7−10번).
14 공생애의 네번째 해에 그분은 기록상 두 가지 설교를 하셨다(11, 12번).
15 마지막 주간 동안 그분은 기록상 네 개의 설교를 하셨다(13−16번).

■ 구세주의 개인적인 대화들

1 그분의 전지성과 승천을 나타내는 나다나엘과의 대화(요 1:47－51).
2 그분의 일생의 목적을 나타내는 모친과의 대화(요 2:3, 4).
3 거듭남에 관한 니고데모와의 대화(요 3:1－21).
4 생수에 관한 사마리아 여자와의 대화(요 4:6－26).
5 병고침에 관한 문둥병자와의 대화(마 8:2－4).
6 병고침과 믿음에 관한 백부장과의 대화(마 8:6－13/눅 7:4－9).
7 사랑과 용서에 관한 바리새인 시몬과의 대화(눅 7:40－47).
8 야이로의 딸에 관한 야이로와의 대화(막 5:22, 23, 35, 36).
9 병고침에 관한 삼십팔 년 된 병자와의 대화(5:6－8, 9).
10 수로보니게 여인의 딸에 관한 그 여인과의 대화(마 15:21－28).
11 병고침에 관한 소경과의 대화(마 8:22－26).
12 간음한 여자의 고발자들에 관한 그 여인과의 대화(요 8:10, 11).
13 그 자신의 신성에 관한 나면서부터 소경된 자와의 대화(요 9:7, 35－38).
14 귀신들린 아들을 가진 아버지와의 대화(막 9:17－24).
15 이웃에 관한 율법사와의 대화(눅 10:25－37).
16 제자의 직분에 관한 세 명의 거짓 제자들과의 대화(눅 9:57－62).
17 탐심에 관한 무리 중의 한 사람과의 대화(눅 12:13, 14).
18 감사에 관한 문둥병자와의 대화(눅 17:13－19).
19 영생에 관한 부자 청년 관원과의 대화(마 19:16－22).
20 병고침에 관한 소경과의 대화(눅 18:35－42).
21 구원에 관한 삭개오와의 대화(눅 19:1－10).
22 병고침에 관한 소경 바디매오와의 대화(막 10:46－52).
23 가장 큰 계명에 관한 서기관과의 대화(막 12:28－34).
24 영원한 삼위일체의 현존에 관한 가룟인 아닌 유다와의 대화(요 14:22, 23).
25 자신의 교훈에 관한 안나스와의 대화(요 18:19－23).
26 자신의 신성에 관한 가야바와의 대화(마 26:62－64).
27 낙원에 관한 죽어가는 강도와의 대화(눅 23:42, 43).
28 자신의 부활에 관한 막달라 마리아와의 대화(요 20:14－18).
29 자신의 부활에 관한 글로바와의 대화(눅 24:17－27).
30 베드로와의 대화
(1) 영혼을 낚는 어부에 관하여(눅 5:4－11).
(2) 믿음에 관하여(마 14:26－31).
(3) 제자의 직분에 관하여(요 6:66－70).
(4) 자신의 신성에 관하여(마 16:15－19).
(5) 자신의 고난에 관하여(마 16:21－23).
(6) 세금을 바치는 문제에 관하여(마 17:25－27).
(7) 용서에 관하여(마 18:21, 22).
(8) 겸손에 관하여(요 13:6－11).

(9) 베드로의 첫번째 부인(否認)에 관하여(요 13:36-38).
(10) 베드로의 두번째 부인에 관하여(마 14:29-31).
(11) 그리스도를 향한 베드로의 사랑에 관하여(요 21:15-22).
31 마르다와의 대화
(1) 가장 중요한 일에 관하여(눅 10:38-42).
(2) 부활에 관하여(요 11:21-27, 39, 40).
32 유다와의 대화
(1) 다락방에서 그의 배반에 관하여(마 26:25 / 요 13:27).
(2) 겟세마네 동산에서 그의 배반에 관하여(마 26:49, 50 / 눅 22:48).
33 빌라도와의 대화
(1) 자신의 왕되심에 관하여(마 27:11-14 / 막 15:1-5 / 눅 23:3 / 요 18:33-38).
(2) 자신의 권세에 관하여(요 19:8-11).
34 야고보와 요한과의 대화
(1) 파벌에 관하여(막 9:38-42).
(2) 복수에 관하여(눅 9:54-56).
(3) 천국에서 자리를 차지하는 것에 관하여(마 20:20-23 / 막 10:35-40).
35 빌립과의 대화
(1) 오천 명을 먹이는 문제에 관하여(요 6:5-7).
(2) 하나님 아버지에 관하여(요 14:8, 9).
36 도마와의 대화
(1) 생명의 길에 관하여(요 14:5, 6).
(2) 불신에 관하여(요 20:26-29).

■ 구세주가 언급한 구약성경의 사건과 인물들

1 아담과 하와의 창조(창 1:27 / 2:24 / 막 10:6-8).
2 아벨의 죽음(창 4:10 / 눅 11:51).
3 노아 시대의 타락과 홍수 심판(창 6, 7장 / 눅 17:26, 27).
4 롯 시대의 타락과 불 심판(창 19장 / 눅 17:28, 29).
5 롯의 아내의 세속적 태도(창 19:26 / 눅 17:32).
6 모세와 불타는 떨기나무(출 3장 / 막 12:26).
7 모세와 신령한 만나(출 16:15 / 요 6:31).
8 모세와 놋뱀(민 21:8 / 요 3:14).
9 다윗과 진설병(삼상 21:6 / 마 12:3, 4).
10 솔로몬과 스바 여왕(왕상 10:1 / 마 12:42).
11 엘리야와 과부와 기근(왕상 17:1, 9 / 눅 4:25, 26).
12 나아만과 그의 문둥병(왕하 5장 / 눅 4:27).
13 사가랴의 죽음(대하 24:20, 21 / 눅 11:51).
14 다니엘과 멸망의 가증한 것(단 9:27 / 11:31 / 12:11 / 마 24:15).
15 요나와 물고기(욘 1:17 / 마 12:40 / 16:4).

16 요나와 니느웨의 회개(욘 3:4—10/눅 11:30/마 12:41).

그리스도께서 인용하신 구약의 구절들

신약성경의 인용	구약성경의 구절	역사적 사건
1. 마태복음 4장 4절 마태복음 4장 7절 마태복음 4장 10절	신명기 8장 3절 신명기 6장 16절 신명기 6장 13절	시험
2. 마태복음 5장 21절 마태복음 5장 27절	출애굽기 20장 13절 출애굽기 20장 14절	산상수훈
3. 누가복음 4장 18, 19절	이사야서 61장 1, 2절	갈릴리에서의 설교
4. 마태복음 9장 13절 마가복음 10장 7, 8절 마가복음 12장 29, 30절 마태복음 15장 7—9절 요한복음 8장 17절	호세아서 6장 6절 창세기 2장 24절 신명기 6장 4, 5절 이사야서 29장 13절 신명기 17장 6절	유대인 지도자들과의 대면
5. 누가복음 7장 27절	말라기서 3장 1절	요한에 대한 칭찬
6. 마태복음 21장 16절	시편 8편 2절	승리의 입성
7. 누가복음 19장 46절	이사야서 56장 7절	성전 정화
8. 마태복음 21장 42, 44절	시편 118편 22, 23절	이스라엘에 관한 비유
9. 마가복음 12장 36절	시편 110편 1절	성전에서의 토론
10. 요한복음 15장 25절	시편 35편 19절, 69편 4절	마지막 유월절
11. 마태복음 27장 46절 누가복음 23장 46절	시편 22편 1절 시편 31편 5절	십자가 위에서

■ 구세주가 인용한 구약성경의 구절들

1 시험받으실 때

(1) 첫번째 시험(마 4:4에서 신 8:3을 인용함).

(2) 두번째 시험(마 4:7에서 신 6:16을 인용함).

(3) 세번째 시험(마 4:10에서 신 6:13을 인용함).

2 산상수훈을 가르치실 때

(1) 마태복음 5장 21절에서 출애굽기 20장 13절의 제 6계명을 인용하심.

(2) 마태복음 5장 21절에서 출애굽기 20장 14절의 제 7계명을 인용하심(마 5:31/신 24:1 참조).

그분은 나중에 부자 청년 관원과 대화하실 때도 같은 계명들을 인용하신다(막 10:19 참조).

3 고향에서 설교하실 때(눅 4:18, 19에서 사 61:1, 2을 인용함)

4 유대인 지도자들과 대면하셨을 때

(1) 자기와 죄인들과의 교제를 변호하실 때(마 9:13에서 호 6:6을 인용함).

(2) 결혼 문제를 자세히 설명하실 때(막 10:7, 8에서 창 2:24을 인용함).

(3) 계명 중에서 어느 것이 가장 크냐는 질문을 받으셨을 때(막 12:29, 30에서 신 6:4, 5을 인용함).

(4) 바리새인들의 헛된 전통을 책망하실 때(막 15:7－9에서 사 29:13을 인용함).

(5) 바리새인들이 그분의 권위에 대하여 질문할 때(요 8:17에서 신 17:6을 인용함).

5 침례(세례) 요한을 칭찬하실 때(눅 7:27절에서 말 3:1을 인용함)

6 승리의 입성 날에(마 21:16절에서 시 8:2을 인용함)

7 성전 정화 때에(눅 19:46에서 사 56:7을 인용함)

8 이스라엘에 대한 비유를 말씀하실 때(마 21:42, 44에서 시 118:22, 23/사 8:14, 15을 인용함)

9 성전에서 율법에 대하여 토론하실 때(막 12:36에서 시 110:1을 인용함)

10 마지막 유월절을 지키던 밤에(세상이 그분을 미워한 것같이 그분의 제자들을 미워할 것이라고 예언할 때, 요 15:25에서 시 35:19/69:4을 인용함)

11 십자가 위에서

(1) 네번째 말씀(마 27:46에서 시 22:1을 인용함).

(2) 일곱번째 말씀(눅 23:46에서 시 31:5을 인용함).

■ 구세주의 신성

1 그분의 신성은 천사들에 의하여 선포되었다.

(1) 가브리엘이 마리아에게(눅 1:26－33).

(2) 가브리엘이 요셉에게(마 1:20－23).

(3) 가브리엘이 몇몇 목자들에게(눅 2:8－11).

(4) 가브리엘이 몇몇 여자들에게(마 28:5, 6).

2 그분의 신성은 아버지에 의하여 선포되었다.

(1) 침례(세례)를 받으실 때(마 3:16, 17).

(2) 변화산상에서(마 17:5).
(3) 수난받기 직전에(요 12:27, 28).

3 그분의 신성은 그분의 놀라운 이적에 의하여 선포되었다(요 20:30, 31 / 21:25).

4 그분의 신성은 그분의 능력있는 설교에 의하여 선포되었다(눅 4:32 / 요 7:46).

5 그분의 신성은 그분의 정확한 예언에 의하여 선포되었다(마 26:32).

6 그분의 신성은 그분의 무죄한 생애에 의하여 선포되었다(요 14:30).

(1) 빌라도가 증거함(요 19:4).
(2) 빌라도의 아내가 증거함(마 27:19).
(3) 유다가 증거함(마 27:4).
(4) 로마인 백부장이 증거함(눅 23:47).

7 그분의 신성은 귀신들에 의하여 선포되었다.

(1) 귀신들린 자를 고쳐주셨을 때(마 8:28, 29).
(2) 가버나움의 귀신들린 자를 고쳐주셨을 때(눅 4:33, 34).
(3) 가버나움에서 많은 사람들을 고쳐주셨을 때(눅 4:41 / 막 3:11).

8 그분의 신성은 그분께 경배한 사람들에 의하여 선포되었다.

(1) 목자들(눅 2:15).
(2) 동방 박사들(마 2:2, 11).
(3) 문둥병자(마 8:2).
(4) 지도자(마 9:18).
(5) 이방 여자(마 15:25).
(6) 히브리 여인(마 20:20).
(7) 귀신들린 자(막 5:6).
(8) 소경(요 9:38).
(9) 사도(도마)(요 20:28).
(10) 모든 사도들(마 14:33 / 28:9).

9 그분의 신성은 사단에 의하여 선포되었다(마 4:3, 6).

10 그분의 신성은 그 자신에 의하여 선포되었다.

(1) 그분은 자기 자신을 하나님의 아들로서 언급했다(요 9:35 / 10:36 / 11:4).
(2) 그분은 죄를 용서했다(막 2:5, 10).
(3) 그분은 인간의 재판관이다(요 5:22, 27).
(4) 그분은 생명의 주인이다(요 5:24, 28, 29).
(5) 그분은 아버지와 같이 경배를 받을 것이다(요 5:23).
(6) 그분만이 인간을 구원할 수 있다(요 10:28 / 눅 19:10 / 요 14:6).

■ 구세주의 인성

(구세주는 마치 하나님이 아니신 것처럼 평범한 인간이셨다)

1 그분은 인간의 부모를 가지셨다(눅 1:31).

2 그분은 인간의 육신을 가지셨다(마 26:12).

3 그분은 인간의 영혼을 가지셨다(요 12:27).

4 그분은 인간의 정신을 가지셨다(마 2:8/눅 23:46).
5 그분은 지혜와 키가 자라났다(눅 2:52, 40).
6 그분은 질문을 하셨다(눅 2:46/8:45).
7 그분은 순종을 배우셨다(눅 2:51).
8 그분은 사람과 같이 보이셨다.
(1) 사마리아 여자에게(요 4:9).
(2) 유대인들에게(요 8:57/10:33).
(3) 막달라 마리아에게(요 20:15).
9 그분은 살과 피를 지니셨다(요 6:51, 55).
10 그분은 사회생활을 하셨다(요 2:1, 2).
11 그분은 기도하셨다(눅 11:1).
12 그분은 시험을 받으셨다(마 4:1).
13 그분은 배고픔을 느끼셨다(마 4:2/21:18).
14 그분은 갈증을 느끼셨다(요 4:7/19:28).
15 그분은 음식을 드셨다(요 21:13-15/눅 24:41-43).
16 그분은 피곤을 느끼셨다(요 4:6).
17 그분은 주무셨다(마 8:24).
18 그분은 사랑하셨다(막 10:21).
19 그분은 동정심을 느끼셨다(마 9:36/14:14/15:32/눅 7:13/막 1:41/9:22, 23/5:19).
20 그분은 화를 내고 슬퍼하셨다(마 3:5).
21 그분은 우셨다(요 11:35/눅 19:41).
22 그분은 기쁨을 느끼셨다(눅 10:21).
23 그분은 열심을 지니셨다(요 2:17).
24 그분은 슬퍼하셨다(마 26:37/막 14:34).
25 그분은 노래하셨다(마 26:30).
26 그분은 땀을 흘리며 고민하셨다(눅 22:44).
27 그분은 당황해 하셨다(요 11:33/12:27/13:21/막 14:33, 34).
28 그분은 피를 흘리셨다(요 19:34).
29 그분은 돌아가셨다(마 27:50).
30 그분은 매장되셨다(마 27:59, 60).

구세주의 칭호들
(4복음서에 기록된 것들)

1 **아기(Babe)**
천사들이 사용함(눅 2:12).

2 **하나님의 떡**
주님 자신이 사용함(요 6:33).

3 **신부**

(1) 주님 자신이 사용함(마 9:15/25:1, 5, 6, 10).
(2) 침례(세례) 요한이 사용함(요 3:29).

[4] 아기(Child)

(1) 헤롯이 사용함(마 2:8, 9).
(2) 주의 천사가 사용함(마 2:13, 20/참조, 마 1:18, 23/2:11, 14, 21/눅 2:17, 21, 27, 40).

[5] 그리스도

(1) 헤롯이 사용함(마 2:4).
(2) 베드로가 사용함(마 16:16/요 6:69).
(3) 주님 자신이 사용함(마 22:42/23:8, 10/24:5, 23/눅 24:26, 46/요 20:31).
(4) 가야바가 사용함(마 26:63, 68).
(5) 빌라도가 사용함(마 27:17, 22).
(6) 대제사장들이 사용함(막 15:32).
(7) 천사들이 사용함(눅 2:11).
(8) 죽어가는 강도가 사용함(눅 23:39).
(9) 안드레가 사용함(요 1:41).
(10) 사마리아 여자가 사용함(요 4:25, 29).
(11) 무리들이 사용함(요 7:41).
(12) 마르다가 사용함(요 11:27).

[6] 이스라엘의 위로

시므온이 사용함(눅 2:25).

[7] 모퉁이의 머릿돌

주님 자신이 사용함(마 21:42).

[8] 목수

나사렛 사람들이 사용함(마 13:55).

[9] 위로부터 임하는 돋는 해

사가랴가 사용함(눅 1:78).

[10] 문

주님 자신이 사용함(요 10:7, 9).

[11] 임마누엘

이사야가 사용함(마 1:23).

[12] 죄인의 친구

악한 세대가 사용함(마 11:19).

[13] 하나님

도마가 사용함(요 20:28).

[14] 다스리는 자

미가가 사용함(마 2:6).

[15] 하나님의 선물

주님 자신이 사용함(요 4:10).

16 하나님의 거룩한 자

더러운 귀신이 사용함(막 1:24).

17 상속자

어떤 사악한 농부들이 사용함(마 21:38).

18 예수

(1) 가브리엘이 사용함(마 1:21 / 막 16:6 / 눅 1:31).
(2) 요셉이 사용함(마 1:25).
(3) 귀신들이 사용함(마 8:29 / 막 1:24).
(4) 예루살렘 사람들이 사용함(마 21:11).
(5) 빌라도가 사용함(마 27:17, 22, 37).
(6) 열 명의 문둥병자들이 사용함(눅 17:13).
(7) 고침받은 소경이 사용함(요 9:11).
(8) 어떤 헬라인이 사용함(요 12:21).
(9) 몇몇 군병들이 사용함(요 18:5, 7).

19 왕(유대인과 이스라엘의 왕)

(1) 동방 박사들이 사용함(마 2:2).
(2) 주님 자신이 사용함(마 21:5 / 25:34, 40).
(3) 빌라도가 사용함(마 27:11, 37 / 막 15:9, 12 / 요 18:39 / 19:14, 15, 19).
(4) 몇몇 로마 군병들이 사용함(마 27:29 / 요 19:3).
(5) 대제사장들이 사용함(마 27:42).
(6) 나다나엘이 사용함(요 1:49).
(7) 승리의 입성 때 무리들이 사용함(요 12:13, 15).

20 하나님의 어린 양

사도 요한이 사용함(요 1:29, 36).

21 주(主)

(1) 구원받지 못한 사람들이 사용함(마 7:22 / 25:11, 44 / 요 6:34).
(2) 문둥병자가 사용함(마 8:2).
(3) 열두 제자들이 사용함(마 8:25 / 26:22 / 눅 9:54 / 11:1 / 22:49 / 24:34 / 요 11:12 / 20:25).
(4) 주님 자신이 사용함(마 12:8 / 21:3 / 24:42 / 눅 6:46 / 요 13:14).
(5) 베드로가 사용함(마 14:28, 30 / 16:22 / 17:4 / 18:21 / 눅 5:8 / 요 6:68 / 13:6, 36 / 21:15, 16, 17, 21).
(6) 귀신들린 딸을 가진 어머니가 사용함(마 15:22).
(7) 귀신들린 아들을 가진 아버지가 사용함(마 17:15).
(8) 두 소경이 사용함(마 20:30).
(9) 충성된 종이 사용함(마 25:20, 22, 37).
(10) 주의 천사가 사용함(눅 2:11).
(11) 몇몇 제자인 체하는 사람들이 사용함(눅 9:57, 59, 61).
(12) 마리아와 마르다가 사용함(눅 10:40 / 요 11:3, 21, 27, 32, 39).

(13) 죽어가는 강도가 사용함(눅 23:42).
(14) 부도덕한 여자가 사용함(요 8:11).
(15) 고침받은 소경이 사용함(요 9:36, 38).
(16) 사도 요한이 사용함(요 13:25/21:7).
(17) 도마가 사용함(요 14:5/20:28).
(18) 빌립이 사용함(요 14:8).
(19) 막달라 마리아가 사용함(요 20:2).

22 사람

(1) 침례(세례) 요한이 사용함(요 1:30).
(2) 고침받은 소경이 사용함(요 9:11).

23 선생(Master)

(1) 주님 자신이 사용함(마 10:24/23:8).
(2) 그분의 대적들이 사용함(마 12:38/22:16, 24, 36/막 12:19/눅 11:45/19:39/요 8:4).
(3) 부자 청년이 사용함(마 19:16).
(4) 유다가 사용함(마 26:25, 49).
(5) 열두 제자들이 사용함(막 4:38/13:1/요 4:31/9:2/11:8).
(6) 귀신들린 아들을 가진 아버지가 사용함(막 9:17).
(7) 사도 요한이 사용함(막 9:38/10:35).
(8) 베드로가 사용함(막 11:21/눅 5:5/8:45/9:33).
(9) 진실된 서기관이 사용함(막 12:32).
(10) 세속적인 사람이 사용함(눅 12:13).
(11) 마르다가 사용함(요 11:28).
(12) 막달라 마리아가 사용함(요 20:16).

24 메시야

(1) 안드레가 사용함(요 1:41).
(2) 사마리아 여자가 사용함(요 4:25).

25 나사렛 사람(마 2:23)

26 독생자(요 1:14, 18/3:16, 18)

27 선지자

(1) 주님 자신이 사용함(마 13:57/요 4:44).
(2) 승리의 입성 때 무리들이 사용함(마 21:11).
(3) 바리새인들이 사용함(마 21:46).
(4) 나인성 사람들이 사용함(눅 7:16).
(5) 글로바가 사용함(눅 24:19).
(6) 사마리아 여자가 사용함(요 4:19).
(7) 그분이 먹인 오천 명이 사용함(요 6:14).
(8) 예루살렘 사람들이 사용함(요 7:40).
(9) 고침받은 소경이 사용함(요 9:17).

복음서에 나타난 그리스도의 칭호들 / 영어 알파벨 순으로 모음

B. 아기(Babe)
떡(Bread)
신부(Bridegroom)
C. 아기(Child)
그리스도(Christ)
위로(Consolation)
모퉁이의 머릿돌(Cornerstone)
D. 돋는 해(Dayspring)
문(Door)
E. 임마누엘(Emmanuel)
F. 죄인의 친구(Friend of Sinners)
G. 하나님(God)
다스리는 자(Governer)
선물(Gift)
H. 하나님의 거룩한 자(Holy one on God)
후사(Heir)
I. 나는…이다(I am)
생명의 떡(Bread of Life)
세상의 빛(Light of World)
문(Door)
선한 목자(Good Shepherd)
부활(Resurrection)
길과 진리(Way－Truth)
참 포도나무(True Vine)
J. 예수(Jesus)
K. 유대인의 왕(King of Jews)
이스라엘의 왕(King of Israel)
L. 어린 양(Lamb)
주(Lord)
M. 사람(Man)
주인(Master)
메시야(Messiah)
N. 나사렛 사람(Nazarene)
O. 독생자(Only Begotten)
P. 선지자(Prophet)
의원(Physician)
R. 랍비(Rabbi)
S. 목자(Shepherd)
구세주(Savior)
하나님의 아들(Son of God)
인자(Son of Man)
다윗의 아들(Son of David)
아브라함의 아들(Son of Abraham)
요셉의 아들(Son of Joseph)
W. 말씀(Word)

28 의원
주님 자신이 사용함(마 9:12 / 눅 4:23).
29 랍비
(1) 안드레와 요한이 사용함(요 1:38).
(2) 나다나엘이 사용함(요 1:49).
(3) 니고데모가 사용함(요 3:2).
(4) 가버나움 사람들이 사용함(요 6:25).
30 목자
주님 자신이 사용함(마 9:36 / 25:32 / 26:31 / 요 10:2, 11, 14, 16).
31 하나님의 아들
(1) 사단이 사용함(마 4:3, 6).
(2) 귀신들이 사용함(마 8:29 / 막 3:11 / 눅 4:41).

(3) 열두 제자들이 사용함(마 14:33).
(4) 베드로가 사용함(마 16:16 / 요 6:69).
(5) 백부장이 사용함(마 27:54).
(6) 마가가 사용함(막 1:1).
(7) 가브리엘이 사용함(눅 1:35).
(8) 침례(세례) 요한이 사용함(요 1:34).
(9) 나다나엘이 사용함(요 1:49).
(10) 주님 자신이 사용함(요 9:35 / 10:36 / 11:4).
(11) 마르다가 사용함(요 11:27).
(12) 사도 요한이 사용함(요 20:31).

32 인자

이것은 예수님이 자신에 대하여 가장 즐겨 쓰던 이름이다. 예수님은 인자에 대하여 다음과 같이 말씀하셨다.

(1) 그는 머리 둘 곳도 없다(마 8:20).
(2) 그는 죄를 용서할 수 있는 권세를 가지고 있다(마 9:6).
(3) 그는 안식일의 주인이다(마 12:8).
(4) 그는 삼일 동안 땅 속에 있게 될 것이다(마 12:40).
(5) 그는 언젠가 그의 천사들을 보낼 것이다(마 13:41).
(6) 그는 큰 영광 중에 올 것이다(마 16:27 / 24:30 / 26:64).
(7) 그는 다시 살아날 것이다(막 9:9 / 마 17:9).
(8) 그는 고난을 당할 것이다(마 17:12 / 막 8:31).
(9) 그는 배반당할 것이다(마 17:22 / 26:2, 45 / 막 9:31 / 10:33).
(10) 그는 잃어버린 자를 찾아 구원하기 위하여 왔다(마 18:11).
(11) 그는 언젠가 그의 보좌에 앉게 될 것이다(마 19:28).
(12) 그는 섬김을 받으러 온 것이 아니라 다른 사람들을 섬기기 위하여 왔다(마 20:28)
(13) 그는 예기치 못한 때에 다시 오실 것이다(마 24:44 / 눅 12:40).
(14) 그는 천사들 앞에서 성도들을 시인할 것이다(눅 12:8).

33 다윗의 아들

(1) 가버나움의 두 소경이 사용함(마 9:27).
(2) 많은 사람들이 사용함(마 12:23).
(3) 수로보니게 여인이 사용함(마 15:22).
(4) 여리고의 두 소경이 사용함(마 20:30 / 막 10:47).
(5) 종려주일에 무리들이 사용함(마 21:9).
(6) 몇몇 어린아이들이 사용함(마 21:15).

34 아브라함의 아들(마 1:1)

35 요셉의 아들(잘못 사용됨)

(1) 나사렛 사람들(눅 4:22).
(2) 빌립(요 1:45).

36 말씀(요 1:1)

37 나는…이다(그리스도께서 요한복음에서 일곱 번 사용함)
(1) 나는 생명의 떡이다(요 6:35).
(2) 나는 세상의 빛이다(요 9:5).
(3) 나는 문이다(요 10:9).
(4) 나는 선한 목자다(요 10:11).
(5) 나는 부활이다(요 11:25).
(6) 나는 길이다(요 14:6).
(7) 나는 참 포도나무이다(요 15:1).

■ 구세주에 의하여 성취된 구약성경의 예언들

1 그는 동정녀에게서 탄생할 것이다(사 7:14/마 1:22, 23).
2 그는 다윗의 위(位)를 차지할 것이다(삼하 7:11, 12/시 132:11/사 9:6, 7/16:5/렘 23:5/눅 1:31, 32).
3 이 위(位)는 영원한 보좌가 될 것이다(단 2:44/7:14, 27/미 4:7/눅 1:33).
4 그는 임마누엘이라 불릴 것이다(사 7:14/마 1:23).
5 선구자가 그의 길을 예비할 것이다(사 40:3-5/말 3:1/눅 1:76-78/3:3-6/마 3:1-3).
6 그는 베들레헴에서 탄생할 것이다(미 5:2/눅 2:4-6/마 2:5, 6).
7 박사들이 그를 경배하고 예물을 바칠 것이다(시 72:10/사 60:3, 6, 9/마 2:11).
8 그는 잠시동안 애굽에 내려가 있을 것이다(민 24:8/호 11:1/마 2:15).
9 그의 고향에서는 아기들이 대량으로 살해될 것이다(렘 31:15/마 2:17, 18).
10 그는 나사렛 사람이라 불릴 것이다(사 11:1/마 2:23).
11 그는 아버지를 위하여 열심을 나타낼 것이다(시 69:9/119:139/요 2:13-17).
12 그는 하나님의 신(神)으로 충만할 것이다(사 11:2/61:1, 2/시 45:7/눅 4:18, 19).
13 그는 많은 병자들을 고칠 것이다(사 53:4/마 8:16, 17).
14 그는 이방인을 관대하게 대할 것이다(사 9:1, 2/42:1-3/마 12:17-21/4:13-16).
15 그는 비유로 말할 것이다(사 6:9, 10/마 13:10-15).
16 그는 자기 백성에게 거절당할 것이다(사 53:3/시 69:8/요 1:11/7:5).
17 그는 예루살렘으로 승리의 입성을 하게 될 것이다(슥 9:9/마 21:4, 5).
18 그는 어린아이들에게 찬양을 받을 것이다(시 8:2/마 21:16).
19 그는 버림받아 모퉁이 돌이 될 것이다(시 118:22, 23/마 21:42).
20 그의 이적을 사람들이 믿지 않을 것이다(사 53:1/요 12:37, 38).
21 그의 친구가 은 삼십에 그를 배반할 것이다(시 41:9/55:12-14/슥 11:12, 13/마 26:14-16, 21-25).
22 그는 고민하고 슬퍼하는 사람이 될 것이다(사 53:3/마 26:37, 38).
23 그는 자기 제자들에게 버림받을 것이다(슥 13:7/마 26:31, 56).
24 사람들이 그를 채찍질하고 그에게 침뱉을 것이다(사 50:6/마 26:67/27:26).
25 그를 판 돈은 토기장이의 밭을 사는 데 사용될 것이다(슥 11:12, 13/렘 18:1-4/19:1-4/마 27:9, 10).

그리스도에 의해 성취된 구약성경의 예언들 (1)

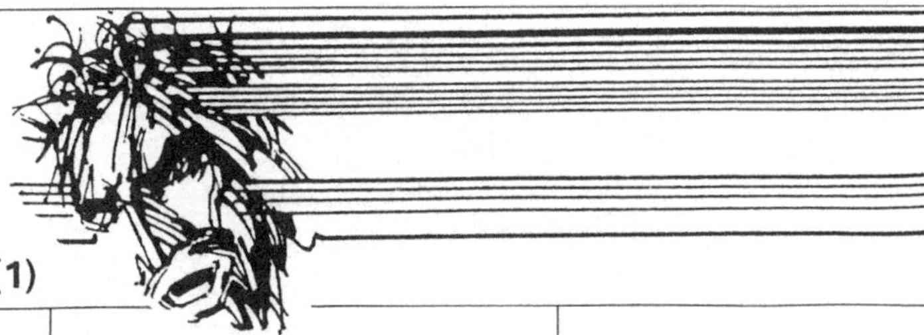

구약성경의 예언	예언의 내용	신약성경의 성취
1. 이사야서 7:14	동정녀에게서 탄생할 것이다.	마태복음 1:22, 23
2. 사무엘하 7:11, 12/ 시편 132:11 이사야서 9:6/16:5/ 예레미야서 23:5	다윗의 위를 차지할 것이다.	누가복음 1:31, 32
3. 다니엘서 2:44, 7:14, 27/미가서 4:7	이 위는 영원한 보좌가 될 것이다.	누가복음 1:33
4. 이사야서 7:14	임마누엘이라 불릴 것이다.	마태복음 1:23
5. 이사야서 40:3-5/ 말라기서 3:1	선구자가 그 길을 예비할 것이다.	누가복음 1:76-78/3:3-6/마태복음 3:1-3
6. 미가서 5:2	베들레헴에서 탄생할 것이다.	마태복음 2:5, 6
7. 시편 72:10/이사야서 60:3, 6, 9	박사들이 그를 경배하고 예물을 바칠 것이다.	마태복음 2:11
8. 민수기 24:8/호세아서 11:1	잠시동안 애굽에 내려가 있을 것이다.	마태복음 2:15
9. 예레미야서 31:15	그의 고향에서 아기들이 대량으로 살해될 것이다.	마태복음 2:17, 18
10. 이사야서 11:1	나사렛 사람이라 불릴 것이다.	마태복음 2:23
11. 시편 69:9/119:139	아버지를 위한 열심이 뜨거울 것이다.	요한복음 2:16, 17
12. 이사야서 11:2/61:1, 2/시편 45:7	하나님의 신으로 충만할 것이다.	누가복음 4:18, 19
13. 이사야서 53:4	많은 병자들을 고칠 것이다.	마태복음 8:16, 17
14. 이사야서 9:1, 2/42:1-3	이방인들을 관대하게 대할 것이다.	마태복음 12:17-21/4:13-16
15. 이사야서 6:9, 10	비유로 말할 것이다.	마태복음 13:10-15
16. 이사야서 53:3/시편 69:8	자기 백성에게 거절당할 것이다.	요한복음 1:11/7:5
17. 스가랴서 9:9	승리의 입성을 하게 될 것이다	마태복음 21:4, 5
18. 시편 8:2	어린아이들에게 찬양을 받을 것이다.	마태복음 21:16

그리스도에 의해 성취된 구약성경의 예언들 (2)

구약성경의 예언	예언의 내용	신약성경의 성취
19. 시편 118:22, 23	버림받아 모퉁이 돌이 될 것이다.	마태복음 21:42
20. 이사야서 53:1	사람들이 그의 이적을 믿지 않을 것이다.	요한복음 12:37, 38
21. 시편 41:9/55:12-14	그의 친구가 은 삼십에 팔 것이다.	마태복음 26:14-16, 21-25
22. 이사야서 53:3	슬퍼하는 사람이 될 것이다.	마태복음 26:37, 38
23. 스가랴서 13:7	제자들에게 버림받을 것이다.	마태복음 26:31, 56
24. 이사야서 50:6	사람들이 채찍질하고 침뱉을 것이다.	마태복음 26:67/27:26
25. 스가랴서 11:12,13/예레미야서 18:1-4/19:1-4	그를 판 돈으로 토기장이의 밭을 살 것이다.	마태복음 27:9, 10
26. 이사야서 53:12	두 강도들 사이에 못박힐 것이다.	마태복음 27:38
27. 이사야서 69:21	신 포도주를 마시게 될 것이다.	마태복음 27:34, 48/요한복음 19:28-30
28. 시편 22:16/스가랴서 12:10	손과 발이 못박힐 것이다.	마가복음 15:25/요한복음 19:34, 37/20:25-27
29. 시편 22:18	그의 옷을 나누어 제비뽑을 것이다.	누가복음 23:34/요한복음 19:23, 24
30. 시편 22:7, 8	대적들에게 둘러싸여 조롱당할 것이다.	마태복음 27:39-44/마가복음 15:29-32
31. 시편 22:15	목마르게 될 것이다.	요한복음 19:28
32. 시편 31:5	그의 영혼을 아버지의 손에 맡길 것이다.	누가복음 23:46
33. 시편 34:20/출애굽기 12:46/민수기 9:12	뼈가 꺾이지 아니할 것이다.	요한복음 19:33-36
34. 스가랴서 12:10	죽을 때 사람들이 그를 지켜볼 것이다.	요한복음 19:37/마태복음 27:36
35. 이사야서 53:9	부자와 함께 장사될 것이다.	마태복음 27:57-60
36. 시편 16:10	죽음에서 부활할 것이다.	마태복음 28:2-8
37. 시편 24:7-10/이사야서 52:13	승천할 것이다.	마가복음 16:19/누가복음 24:51

26 그는 두 강도들 사이에서 십자가에 못박힐 것이다(사 53:12/마 27:38/막 15:27, 28/눅 22:37).
27 그는 신 포도주를 마시게 될 것이다(시 69:21/마 27:34, 48/요 19:28-30).
28 그는 손과 발이 못박히는 고난을 당할 것이다(시 22:16/슥 12:10/막 15:25/요 19:34, 37/20:25-27).
29 사람들이 그의 옷을 나누어 제비 뽑을 것이다(시 22:18/눅 23:34/요 19:23, 24).
30 그는 자기 대적들에게 둘러싸여 조롱당할 것이다(시 22:7, 8/마 27:39-44/막 15:29-32).
31 그는 목마르게 될 것이다(시 22:15/요 19:28).
32 그는 자기 영혼을 아버지의 손에 부탁할 것이다(시 31:5/눅 23:46).
33 그의 뼈는 꺾이지 아니할 것이다(시 34:20/출 12:46/민 9:12/요 19:33-36).
34 임종 때 사람들이 그를 지켜볼 것이다(슥 12:10/요 19:37/마 27:36).
35 그는 부자와 함께 장사될 것이다(사 53:9/마 27:57-60).
36 그는 죽음에서 부활할 것이다(시 16:10/마 28:2-7).
37 그는 승천할 것이다(시 24:7-10/막 16:19/눅 24:51).

■ 구세주께서 회심시킨 영혼들

1 안드레(요 1:40, 41)
상황 : 침례(세례) 요한을 떠나 하나님의 어린양을 좇을 때 구원받았다.
위치 : 요단 강 근처.
기록된 고백 : "우리가 메시야를 만났다."

2 베드로(요 1:41, 42)
상황 : 자기 형제 안드레에 의해 그리스도께 인도되었을 때 구원받았다. 예수께서 그의 이름을 '게바'(반석)로 고쳐주셨다.
기록된 고백 : 없다. 고백은 나타나 있지 않다(이후의 고백을 알기 위해서는 마 16:16을 보라).

3 빌립(요 1:43, 45)
상황 : 갈릴리 벳세다에서 예수님이 직접 방문하심으로 구원받았다. "나를 따르라"는 주님의 부름에 따랐다.
기록된 고백 : "모세가 율법에 기록하였고 여러 선지자가 기록한 그이를 우리가 만났으니 나사렛 예수니라."

4 나다나엘(요 1:45-51)
상황 : 빌립에 의해 그리스도에게로 인도되었을 때 구원받았다. 처음에는 예수님에 대해 회의적이었다.
기록된 고백 : "랍비여 당신은 하나님의 아들이시요 당신은 이스라엘의 임금이로소이다."

5 니고데모(요 3:1-21)
상황 : 예루살렘에서 밤에 예수님을 만난 후 구원받았다. 그는 유대인의 관원이고 선생이며 착하고 경건한 사람이었으나 구원받지 못했던 자였다!

기록된 고백 : 없다(이후의 고백을 알기 위해서는 요 7:51을 보라).

6 사마리아 여자(요 4:29)

상황 : 사마리아의 수가성 밖에 있는 야곱의 우물에서 구원받았다. 그녀는 즉시 이 사실을 마을에 있는 친구들에게 증거했다.

기록된 고백 : "나의 행한 모든 일을 내게 말한 사람을 와 보라 이는 그리스도가 아니냐."

7 왕의 신하(요 4:53)

상황 : 가버나움에서 예수께서 그의 죽어가는 아들을 고쳐주신 후에 구원받았다.

기록된 고백 : 없다.

8 간음한 여자(요 8:11)

상황 : 그리스도에게 죄를 용서받고 독선적인 바리새인들로부터 놓임을 받았을 때 예루살렘에서 구원받았다.

기록된 고백 : 없다.

9 소경(요 9:38)

상황 : 예루살렘에서 시력을 되찾은 후에 구원받았다. 바리새인들에게 용감히 그리스도를 증거하다가 그것으로 인하여 회당에서 출회당했다.

기록된 고백 : "주여 내가 믿나이다."

10 마르다(요 11:27)

상황 : 오라비 나사로가 죽은 직후에 베다니 밖에서 구원받았다.

기록된 고백 : "주여 그러하외다 주는 그리스도시요 세상에 오시는 하나님의 아들이신 줄 내가 믿나이다."

11 백부장(마 8:5-13)

상황 : 가버나움에서 예수께서 그의 사랑하는 종을 고쳐주신 후에 구원받았다. 주님은 그의 훌륭한 믿음을 보고 놀라셨다.

기록된 고백 : 없다.

12 마태(마 9:9)

상황 : 예루살렘에서 그의 직장인 세관에 앉아 있을 때 구원받았다. 그는 모든 것을 버려두고 그리스도를 좇았다.

기록된 고백 : 없다.

13 수로보니게 여자(마 15:28)

상황 : 지중해 해안에서 그녀의 귀신들린 딸을 예수님에게 고쳐달라고 요청할 때 구원받았다.

기록된 고백 : 없다.

14 가다라의 귀신들린 사람(막 5:15-20)

상황 : 갈릴리 바다의 동쪽 해안에 있는 무덤 사이에서 구원받았다. 그의 구원은 이천 마리의 돼지떼가 몰살당하는 결과를 낳았다.

기록된 고백 : "그가 가서 예수께서 자기에게 어떻게 큰 일 행하신 것을 데가볼리에 전파하니."

15 혈루병을 앓는 여자(막 5:28, 34)

상황 : 자기의 병이 낳으리라는 믿음으로 예수님의 옷자락을 만질 때 가버나움의 무리들 중에서 구원받았다.

기록된 고백 : "내가 그의 옷에만 손을 대어도 구원을 얻으리라."

16 갈릴리의 문둥병자(마 8:2)

상황 : 그리스도의 첫번째 갈릴리 전도여행 중에 병을 고쳐달라고 요청하여 구원받았다.

기록된 고백 : "주여 원하시면 저를 깨끗케 하실 수 있나이다."

17 귀신들린 아들을 가진 아버지(막 9:24)

상황 : 변화산 아래서 예수님을 만나, 고통받는 자기 아들을 고쳐달라고 간구할 때 구원받았다.

기록된 고백 : "내가 믿나이다 나의 믿음없는 것을 도와 주소서."

18 소경 바디매오(막 10:46−52)

상황 : 여리고 성 밖에서 자신의 눈먼 것을 고쳐달라고 그리스도께 소리칠 때 구원받았다.

기록된 고백 : 없다.

19 중풍병자(눅 5:20)

상황 : 가버나움에서 친구들이 지붕을 뚫고 그의 침상을 달아내릴 때 구원받았다.

기록된 고백 : 없다.

20 부도덕하지만 애통해 하는 마음을 지닌 여자(눅 7:38, 47−50)

상황 : 바리새인의 집에서 눈물로 예수님의 발을 씻고 자기 머리로 그것을 닦을 때 구원받았다.

기록된 고백 : 없다.

21 사마리아인 문둥병자(눅 17:11−19)

상황 : 자기의 문둥병을 고쳐준 데 대하여 예수께 감사하러 돌아왔을 때 시골길에서 구원받았다.

기록된 고백 : "큰 소리로 하나님께 영광을 돌리며 돌아와 예수의 발 아래 엎드리어 사례하니 저는 사마리아인이라."

22 세리(눅 18:13)

상황 : 예루살렘 성전에서 자비를 구했을 때 구원받았다.

기록된 고백 : 없다(주 : 예수께서는 이것을 비유로 말씀하셨지만 사실은 실제의 상황을 염두에 두고 말씀하셨을 것이다).

23 삭개오(눅 19:8,, 9)

상황 : 여리고에서 예수님을 만나기 위해 뽕나무에서 내려올 때 구원받았다.

기록된 고백 : "주여 보시옵소서 내 소유의 절반을 가난한 자들에게 주겠사오며 만일 뉘 것을 토색한 일이 있으면 사 배나 갚겠나이다."

24 십팔 년 동안 병을 앓던 여자(눅 13:11−13)

상황 : 예수께서 갈릴리 회당에서 그녀에게 손을 얹고 병을 고치셨을 때 구원받았다.

기록된 고백 : 그녀는 "하나님께 영광을 돌렸다."

25 막달라 마리아(막 16:9)

상황 : 그리스도의 사역 초기에 주께서 그녀에게서 일곱 귀신을 쫓아 내었을 때 구원받

았던 것 같다. 이는 이 구절에서 언급되어 있다.
기록된 고백 : 없다.

26 갈보리에서의 백부장(마 27:54)
상황 : 예수께서 십자가 위에서 죽어가는 것을 보고 구원받았다.
기록된 고백 : "이는 진실로 하나님의 아들이었도다."

27 죽어가던 강도(눅 23:42)
상황 : 예수님의 옆에 못박혔을 때 십자가 위에서 구원받았다. 그는 구세주께서 그의 나라를 세우실 때 자기를 기억해 달라고 부탁했다.
기록된 고백 : 없다.

■ 구세주께서 당한 고난들

1 거절당함
(1) 자기 백성에게(요 1:11).
(2) 자기 고향 사람들에게(눅 4:28, 29).
(3) 자기 친구들에게(막 3:21).
(4) 자기 가족들에게(요 7:5).
(5) 유대인들에게(요 7:1/9:22).

2 사단에게 시험받음(눅 4:1, 2, 13/22:28)

3 조롱받음
(1) 그의 고향으로 인하여(요 1:46/7:52).
(2) 그의 배경으로 인하여(요 8:41/9:24, 29).

4 끊임없이 위협받음
(1) 헤롯에게(마 2:16).
(2) 자기 고향 사람들에게(눅 4:29).
(3) 유대인들에게
① 안식일에 병을 고쳤기 때문에(요 5:16/눅 6:10, 11).
② 자기가 하나님과 동등하다는 주장 때문에(요 8:58, 59/10:30-33).
③ 그분의 설교들 때문에(요 8:40/눅 11:53, 54/막 12:12/마 26:1-4).
④ 그분의 이적들 때문에(요 11:53/참조, 요 12:10).
(4) 마귀에게(마 26:37, 38/막 14:33, 34/눅 22:44).

5 머리 둘 곳도 없음(마 8:20)

6 제자에게 배반당함(요 13:21)

7 친구(베드로)가 부인함(마 26:58, 69-75/막 14:54, 66-72/눅 22:54-62/요 18:15-18, 25-27)

8 그분의 제자들도 그분을 이해하지 못함(마 15:16/16:6-11/막 6:52/요 10:6/12:16)

9 모든 사람에게 버림받음(마 26:56)

10 그분의 말을 잘못 인용함(마 26:61)

11 일곱 번이나 부당하게 재판받음

그리스도의 십자가 사건

오전 아홉 시에서 정오까지

- 구레네 시몬이 그리스도께서 십자가를 지는 것을 도와준다.
- 몇몇 여자들이 그리스도를 위하여 눈물을 흘린다.
- 그리스도께서 두 강도들 사이에서 십자가에 달리신다.
- 십자가 위에 명패가 부착된다.
- 군병들이 그리스도의 겉옷을 갖기 위하여 제비를 뽑는다.
- 그리스도께서 모든 사람들로부터 신랄하게 조롱당하신다.

"아버지여 저희를 사하여 주옵소서 자기의 하는 것을 알지 못함이니이다"(눅 23:34).

"내가 진실로 네게 이르노니 오늘 네가 나와 함께 낙원에 있으리라"(눅 23:43).

"여자여 보소서 아들이니이다 보라 네 어머니라"(요 19:26, 27).

정오부터 오후 세 시까지

"나의 하나님 나의 하나님 어찌하여 나를 버리시나이까"(마 27:46).

"내가 목마르다"(요 19:28).

"다 이루었다"(요 19:30).

"아버지여 내 영혼을 아버지 손에 부탁하나이다"(눅 23:46).

- 어두움이 그 동산에 덮인다.
- 그리스도께서 신 포도주를 마신다.
- 성전 휘장이 둘로 갈라진다.
- 지진이 일어나 무덤들이 열린다.
- 백부장이 그리스도를 증거한다.
- 당황한 군중들이 집으로 돌아간다.
- 군병들이 그리스도의 옆구리를 창으로 찌른다.
- 요셉과 니고데모가 십자가에서 그리스도의 시체를 내린다.
- 그리스도를 위하여 장사의 준비가 일부 되어 있다.
- 그리스도가 요셉의 무덤에 안치된다.
- 무덤이 커다란 돌로 봉인된다.

(1) 첫번째 재판 : 안나스 앞에서(요 18:12−14, 19−24).
(2) 두번째 재판 : 가야바 앞에서(마 26:57−68 / 막 14:53−65).
(3) 세번째 재판 : 산헤드린 공회 앞에서(마 27:1, 2 / 막 15:1 / 눅 22:66−23:1).
(4) 네번째 재판 : 빌라도 앞에서(요 18:28−38 / 마 27:2, 11−14 / 막 15:1−5 / 눅 23:1−6).
(5) 다섯번째 재판 : 헤롯 앞에서(눅 23:7−12).
(6) 여섯번째 재판 : 빌라도 앞에서(요 18:39−19 : 16 / 마 27:15−26 / 막 15:6−15 / 눅 23:13−25).
(7) 일곱번째 재판 : 로마 군병들 앞에서(마 27:27−31 / 막 15:16−20).

12 거짓 증언으로 고발됨(눅 23:1, 2)

13 놀림당함

(1) 로마 군병들에게(눅 23:36, 37 / 막 15:16−20).
(2) 지켜보던 군중들에게(눅 23:35).
(3) 대제사장들에게(막 15:31).
(4) 두 강도들에게(막 15:32 / 마 27:44).

14 고난당함

(1) 손으로 맞았다(요 18:22).
(2) 눈이 가리워졌다(눅 22:64).
(3) 사람들이 침 뱉았다(마 26:67).
(4) 사람들이 주먹으로 쳤다(마 26:67).
(5) 채찍질당했다(마 27:26).
(6) 머리를 맞았다(마 27:30).
(7) 가시 면류관에 찔렸다(마 27:29).

15 십자가에 못박힘(마 27장 / 막 15장 / 눅 23장 / 요 19장)

■ 구세주의 가상칠언

1 "아버지여 저희를 사하여 주옵소서 자기의 하는 것을 알지 못함이니이다"(눅 23:34).
2 "내가 진실로 네게 이르노니 오늘 네가 나와 함께 낙원에 있으리라"(눅 23:43).
3 "여자여 보소서 아들이니이다 보라 네 어머니라"(요 19:26, 27).
4 "나의 하나님 나의 하나님 어찌하여 나를 버리셨나이까"(마 27:46).
5 "내가 목마르다"(요 19:28).
6 "다 이루었다"(요 19:30).
7 "아버지여 내 영혼을 아버지 손에 부탁하나이다"(눅 23:46).

■ 부활 후 구세주의 열 번 나타나심

1 동산에서 막달라 마리아에게 나타나심(막 16:9 / 요 20:11−19).
2 무덤에서 돌아오는 여자들에게 나타나심(마 28:9, 10).
3 엠마오 도상의 두 제자에게 나타나심(눅 24:13−32 / 막 16:12, 13).
4 예루살렘에서 베드로에게 나타나심(눅 24:34 / 고전 15:5).

5 다락방에서 열 제자에게 나타나심(눅 24:36-43 / 요 20:19-23).
6 다락방에서 열한 제자에게 나타나심(요 20:24-29).
7 갈릴리 바다에서 일곱 제자에게 나타나심(요 21:1-24).
8 다볼 산에서 사도들과 오백여 성도들에게 나타나심(마 28:16-20 / 고전 15:6).
9 예루살렘에서 주님의 형제 야고보와 열한 제자에게 나타나심(막 16:14-18 / 눅 24:44-49 / 고전 15:7).
10 감람산에서 열한 제자에게 나타나심(눅 24:50-53 / 행 1:3).

■ 구세주 당시의 정치적, 종교적 집단들

1. 갈릴리 사람들

1 그들은 당시에 열광적인 정치적 "극우파"였다.
2 이 집단은 북부 팔레스틴에서 발생하였고 그 지도자는 모든 이방 요소에 반기를 든 갈릴리의 유다였다. 그들은 '갈릴리는 갈릴리인을 위한 것'이라고 주장했다.
3 그들은 빌라도에게 격렬하게 대항하였다. 이 때문에 그는 한때 다수의 갈릴리인들을 학살할 수 밖에 없다고 생각하였다(눅 13:1).
4 그리스도의 대적들은 그리스도와 그의 제자들을 갈릴리 사람들과 동일시하려 했다(마 26:69 / 막 14:70 / 눅 23:6).

2. 헤롯당원

1 이들은 헤롯 집안 출신의 정치집단이었다.
2 그들은 로마 정부로부터 권한을 위임받았고 헬라 풍습을 좋아했다.
3 그들은 현상태를 유지하도록 권한을 위임받았으며, 법과 질서를 옹호하던 자들이었다.
4 그들은 그리스도를 제거하기 위하여 바리새인들과 제휴하였다.
(1) 그분의 사역 초기 중에(막 3:6).
(2) 그분의 사역 중기 중에(막 12:13).
(3) 그분의 마지막 주간 동안(마 22:16).
5 그들은 그리스도를 혁명적인 광신자로 생각했다.
6 그리스도는 준엄하게 헤롯당원들을 책망하셨다(막 8:15 / 12:13-17).

3. 레위인

1 그들은 야곱의 셋째 아들인 레위의 후손들이었다(창 29:34).
2 그들은 성전을 돌보는 책임을 지고 있었다.
3 유대인들은 침례(세례) 요한의 광야 선교를 조사하기 위하여 몇몇 제사장들과 레위인들을 보냈다(요 1:19).
4 예수님은 착한 사마리아인의 비유에서 레위인(사건에 관련되기를 원치 않던 사람)을 거론하셨다(눅 10:32).

4. 바리새인

[1] 이 집단은 요한 힐카누스(John Hyrcanus) 치하의 마카비 시대에 나타났다(주전 135−104년).

[2] 그들은 대적들에게서 분리주의자들이라고 조롱받았다. '바리새'라는 이름은 『파라쉬』(parash)라는 히브리어 동사에서 나왔다.

[3] 그들은 문서화된 율법과 구전으로 전승된 율법에 대한 해설자였고 수호자였다. 신앙에서 그들은 보수적이었으며, 자유로운 사두개인들과 구별되었다.

[4] 그들은 그리스도의 가장 신랄하고 증오스러운 대적들이었다.

(1) 그들은 죄인들과 사귄다고 그리스도를 비난하였다(마 9:11 / 눅 7:39 / 15:2).

(2) 그들은 안식일에 병을 고친다고 그리스도를 비난하였다(눅 6:7 / 14:1).

(3) 그들은 그분의 제자들이 안식일에 이삭을 잘라 먹는다고 그리스도를 비난했다(마 12:1, 2).

(4) 그들은 귀신의 왕(사단)을 빙자하여 귀신을 쫓아낸다고 그리스도를 비난하였다(마 9:34).

(5) 그들은 그리스도의 사역 초기에 그분을 죽이려 하였다(마 12:14).

(6) 그들은 그분에게 표적을 보여달라고 요구했다(마 12:38 / 16:1).

(7) 그들은 그리스도께서 항상 그들의 헛된 전통 좇기를 거절했기 때문에 주님을 멸시했다(마 15:1, 2).

(8) 그들은 여러 가지 신학적 문제들을 가지고 그분을 함정에 빠뜨리려 하였다.

① 결혼 문제에 관하여(마 19:3).

② 가이사에게 세를 바치는 문제에 관하여(마 22:15).

③ 하나님의 나라에 관하여(눅 17:20).

④ 간음 문제에 관하여(요 8:3).

(9) 그들은 그리스도의 이적을 부인하려 하였다(요 9:15).

(10) 그들은 그리스도의 탄생의 합법성을 의심하였다(요 8:41 / 9:24).

(11) 그들은 그리스도가 공공연하게 거짓말을 한다고 그분을 비난하였다(요 8:13).

(12) 그들은 그리스도를 시인하는 자는 모두 출교시키겠다고 위협했다(요 9:22 / 12:42).

(13) 그들은 그리스도를 죽이기로 계획을 세웠다(요 11:47−53).

(14) 그들은 겟세마네에서 그리스도를 체포하라고 명령했다(요 18:3).

(15) 그들은 그리스도의 무덤에 파수꾼을 세워야 한다고 주장했다(마 27:64).

[5] 바리새인들은 침례(세례) 요한에게 신랄하게 비난받았다(마 3:7 / 눅 7:30).

[6] 바리새인들은 예수님에게 준엄하게 비난받았다(마 5:20 / 16:11 / 23:1−36 / 눅 18:10).

[7] 바리새인들의 교리에는 다음과 같은 것들이 포함된다.

(1) 하나님의 주권에 대한 거의 운명적인 생각.

(2) 의인의 부활과 악인의 저주에 대한 신앙.

(3) 천사의 실존과 사역에 대한 신앙.

[8] 니고데모(요 3:1)와 바울(행 23:6)은 모두 날 때부터 바리새인이었다.

[9] 『유대 백과사전』(*Jewish Encyclopedia*)은 바리새인을 일곱 가지 유형으로 분류한다.

(1) "과시형" 바리새인 : 이 사람은 어깨에 달린 견장처럼 자신의 착한 행실을 사람들 앞에 자랑한다.
(2) "잠시형" 바리새인 : 이 사람은 자기가 선행을 행하는 동안 다른 사람으로 하여금 자신을 기다리도록 청한다.
(3) "소경형" 바리새인 : 이 사람은 여자의 눈과 마주치는 것을 피하기 위하여 눈을 감기 때문에 벽에 부딪혀 자기 몸을 다치는 사람이다.
(4) "절굿공이형" 바리새인 : 시험에 빠질 위험을 당하느니보다는 머리를 숙이고 걸어다니는 사람이다.
(5) "계산형" 바리새인 : 이 사람은 자기의 잘못을 상쇄시키기 위하여 항상 자신의 선행을 계산하는 사람이다.
(6) "하나님 경외형" 바리새인 : 이 사람은 욥과 같이 진실로 경건한 사람이다.
(7) "하나님 사랑형" 바리새인 : 이 사람은 아브라함과 같은 사람이다.
[10] **예수님 시대에 바리새인의 숫자는 약 육천 명이었던 것으로 추산된다.**

5. 사두개인

[1] **이 집단은 솔로몬 치세의 대제사장이었던 사독으로부터 유래되었다**(왕상 2:35).
[2] **그들은 유대인들 중에서 귀족적인 정치집단이었으며 바리새인의 대적들이었다.**
[3] **사두개인은 그 당시의 현대주의자들이었다.** 그들은 귀신의 실존과 의인의 부활, 그리고 영혼의 영원불멸성을 부인하였다. 그들은 초자연적인 것을 철저하게 배격하였다.
[4] **그들은 바리새인들과 동시대에 세력을 얻게 되었다.** 이 두 집단은 그리스도를 죽이는 공동 목표를 달성하기 위하여 그들 간의 차이점들을 가볍게 포기했다.
[5] **그들은 부활 문제로 그리스도를 시험하려 했으나 오히려 그들 자신이 조롱거리가 되었다**(마 12:18 / 눅 20:27).

6. 사마리아인

[1] **그들은 유다와 갈릴리 지방 사이에 사는 혼혈족이었다.**
[2] **이 민족은 주전 722년 앗수르의 사르곤 2세가 북왕국 이스라엘을 침략하여 가장 가난하고 무식한 이스라엘 사람들만을 남기고 모든 사람들을 포로로 잡아갔을 때 시작되었다.** 그후 이 민족은 세계 도처에서 그 지역으로 몰려든 수천 명의 농경이민들과 통혼했다(왕상 17:24-33).
[3] **사마리아인들은 그 후 주전 535년에 유대인의 성전 건축을 도와주겠다고 제안했다가 거절당했다**(스 4:1-3).
[4] **사마리아 왕 산발랏이 느헤미야 시대에 예루살렘 성의 성곽 건설을 방해하려 했다**(느 6:1-9).
[5] **대제사장 엘리아십의 손자가 이방인과의 결혼을 금지하는 율법을 어기고 산발랏의 딸과 결혼함으로써 유대인과 사마리아인은 완전히 사이가 벌어졌다**(느 13:23-28). 그는 그 결혼을 취소하기를 거절했기 때문에, 즉시 제사장직에서 쫓겨나 추방당했다. 그는 사마리아로 물러갔는데, 거기서 산발랏은 그를 위하여 그리심 산에 성전을 건립해 주었다. 이 성전은 주전 128년에 요한 힐카누스에 의하여 파괴되었다. 그 이유는 사마리인들

이 안티오쿠스 에피파네스(Antiochus Epiphanes) 4세 때에 그들의 성전을 헬라의 신 쓰스(Zeus)에게 바침으로 이교도와 타협했기 때문이었다.

6 **신약 시대의 이러한 증오심은 절정에 도달했다**(요 4:9/8:48).

7 **그리스도는 제자들의 제 1차 전도여행 동안 사마리아로 들어가지 말라고 그들에게 명령하셨다**(행 10:5).

8 **그러나 승천하기 바로 전에 그리스도는 사마리아에서도 자기를 증거하라고 제자들에게 명령하셨다**(행 1:8).

9 **예수님은 지상사역 동안 친히 사마리아인들에게 말씀을 전파하셨다**(요 4:1-42).

10 **그리스도의 가장 저명한 비유들 중 하나에서 사마리아인이 주인공으로 등장한다**(눅 10:33).

11 **한때 그분은 열 명의 문둥병자를 고치셨다. 그러나 한 사람만이 돌아와 그분에게 감사했는데, 그는 사마리아인이었다**(눅 17:16).

12 **예수님은 지상사역 말기에 사마리아인들에게 거절당했는데, 그는 그가 예루살렘으로 가려 한다는 것이 그의 얼굴에 나타났기 때문이다**(눅 9:53).

7. 산헤드린 공회원들

1 **『산헤드린』이라는 이름은 『순』**(sun, **함께**)**과 『헤드라』**(hedra, **앉는 장소**)**라는 두 헬라어에서 유래되었다.** 따라서 그것은 개회 중에 사람들이 앉는 의석을 언급했다.

2 **산헤드린 공회는 유대인의 종교와 사법의 최고 재판소였다.**

3 **그것은 모세 시대나**(민 11:16, 17) **여호사밧 왕 시대부터**(대하 19:8) **시작된 것 같다.**

4 **이 공회는 70-72명의 공회원들로 이루어져 있었는데 그들의 구성은 다음과 같다.**

(1) 의장인 대제사장.

(2) 24제사장 집단의 대표들.

(3) 서기관들과 율법사들.

(4) 평민 대표인 장로들.

5 **그리스도는 세번째 불법 재판을 받는 동안 공회 앞에 서 있었다**(마 26:65, 66/27:1, 2). 또한 여기서 그리스도는 눈을 가리우고 침뱉음을 당하며 두들겨 맞았다.

6 **산헤드린 앞에서 받았던 그리스도의 재판은 정의를 조롱하는 것이었다.**

(1) 그들은 보통 죄인을 가운데 세워 그들을 바라보게 하고 반원으로 둘러앉아 재판했다. 그러나 예수님은 눈이 가리워졌기 때문에 이러한 규례는 행해지지 않았다.

(2) 두 명의 서기관이 지명되었다. 하나는 무죄 석방에 찬성하는 표들을 기록하고 다른 하나는 유죄선고에 찬성하는 표들을 기록한다. 그러나 그리스도의 경우에는 이것이 지켜지지 않았다.

(3) 석방을 주장하는 변론이 먼저 이루어져야 했다. 예수님의 재판에서는 이것도 행해지지 않았다.

(4) 만일 투표 결과가 석방이면 그 죄인은 즉시 석방되었다. 만일 그 결과가 유죄이면, 그 선고는 다음 날에 가서야 이루어질 수 있었다. 예수님의 재판 때에는 이 절차도 지켜지지 않았다.

8. 서기관들

1 **그들은 구약성경을 연구하고 해석하며 가르치는 자들이었으며 구세주와 철천지 원수들이었다.**

2 **그리스도는 그들의 유전(전통)으로 하나님의 말씀을 헛되이 만든다고 그들을 책망하셨다**(마 16:21 / 21:15 / 23:2 / 26:3 / 막 12:28－40).

3 **서기관은 또한 율법사라고도 불렸다**(마 22:35 / 눅 10:25 / 11:45－52 / 14:3).

■ 구세주께서 다니셨던 지역들

1 **베다바라**(개역 한글성경에는 베다니로 되어 있음－역자 주) : 여리고 북방 수 km 떨어진 곳으로 침례(세례) 요한이 예수께 침례(세례)를 베풀던 요단 강 동편에 위치함(요 1:28 / 마 3:13－17).

2 **베다니** : 예루살렘에서 1.2km 떨어져 있으며 감람산 동편 기슭에 위치한 곳이며 여리고로 향하는 길 도중에 있다. 이는 예수님의 유대지역 활동 중심지이며 한편 가버나움은 갈릴리 지역의 활동 중심지였다.

(1) 여기에서 예수님은 죽은 나사로를 살리셨다(요 11장).

(2) 마리아와 마르다는 여기에서 그리스도를 대접하였다(눅 10:38－42).

(3) 마리아가 그리스도의 발에 향유를 부은 곳도 바로 이곳에서였다(요 12:1－11).

(4) 문둥병자 시몬의 집도 여기에 있었다(막 14:3).

(5) 그리스도께서 감람산에서 승천하시기 직전에 제자들을 이곳에서 축복하셨다(눅 24:50).

3 **베들레헴** : 예루살렘 남방으로 8km 떨어진 곳에 위치.

(1) 마리아와 요셉의 출생지(눅 2:1－4).

(2) 그리스도의 출생지(미 5:2 / 요 7:42 / 눅 3장).

4 **벳바게** : 베다니와 예루살렘 중간에 있는 감람산 기슭에 위치. 여기가 승리의 입성의 시발지였다(마 21:1－11 / 막 11:1－11 / 눅 19:29－40).

5 **벳새다** : 요단 강과 갈릴리 바다가 합류하는 지역에 위치. 지명이 의미하는 바는 '어촌'이다.

(1) 빌립, 안드레 그리고 베드로의 고향(요 1:44).

(2) 예수께서 이곳 사람들의 불신앙 때문에 다른 성읍들과 함께 이 성읍을 책망하셨다(눅 10:11－14 / 마 11:21).

(3) 또한 예수께서는 여기에서 소경 한 사람의 눈을 뜨게 하셨다(막 8:22－26).

6 **비레(Bireh)** : 예루살렘 북방 24km 떨어진 곳으로 예루살렘에서 갈릴리로 가는 대상들이 첫번째로 머무는 장소였다. 또한 추측컨대 비레는 열두 살의 예수께서 성전에 올라갔을 때 실종된 것을 그분의 부모들이 알게 된 곳인 것 같다(눅 2:41－45).

7 **가이사랴 빌립보** : 갈릴리 북동쪽 헤르몬 산 아래에 위치. 이곳은 예수께서 여행한 곳 중 최북단의 성읍이었음이 확실하다. 또한 여기에서 그분은 시몬 베드로의 위대한 신앙고백을 들었다(마 16:13－16).

8 **가나** : 나사렛 북동쪽 6.5km 지점에 위치한 성읍으로 디베랴로 가는 도중에 있다.

(1) 나다나엘의 고향(요 21:2).

(2) 예수께서 물을 포도주로 바꾸는 첫 이적을 행하신 곳이다.
(3) 동시에 그분의 두번째 이적, 곧 귀인의 아들을 고쳐 주셨다(요 4:46-54).

9 **가버나움** : 갈릴리 바다 북서 해변을 따라 세워진 성읍이며 갈릴리 바다와 요단 강이 합류하는 곳에서 4km 떨어진 곳이다.
(1) 예수님의 갈릴리 지역 활동 중심지(마 4:13/9:1).
(2) 예수께서 마태를 부르신 곳(마 9:9).
(3) 예수님은 여기에서 「생명의 떡」에 관한 유명한 설교를 하셨다(요 6:24-71).
(4) 이곳에서 예수께서 행하신 아홉 가지 이적들.
① 백부장의 하인을 고치심(마 8:5-13).
② 베드로의 장모를 고치심(마 8:14, 15).
③ 귀신들린 자를 고치심(마 1:21-27).
④ 지붕에서 내리워진 중풍병자를 고치심(막 2:1-5).
⑤ 혈루증 앓는 여인을 고치심(마 9:22).
⑥ 야이로의 딸을 고치심(마 9:25).
⑦ 두 소경을 고치심(마 9:29).
⑧ 귀신들려 벙어리 된 자를 고치심(마 9:33).
⑨ 성전세 낼 돈을 고기의 입에서 건져내는 이적을 행하심(마 17:24-27).

10 **고라신** : 가버나움 북방 3.2km 떨어진 곳에 위치. 그리스도는 그 성읍의 불신앙 때문에 심판을 선포하셨다(마 11:21-23).

11 **엠마오** : 예루살렘 서쪽으로 12km 떨어져 있음. 여기에서 그리스도는 부활 후에 두 제자에게 나타나셨고 저녁 식탁에서 자기를 그들에게 계시하셨다(눅 24:13-31).

12 **거라사** : 갈릴리 바다 북동 해안 지역에 위치. 여기에서 예수님은 귀신들린 거라사인을 고치셨다(막 5:1-21).

13 **겟세마네** : 예루살렘 황금문에서 기드론 골짜기 건너편에 위치. 바로 이 동산에서 예수는 배신당하고 체포되기 직전에 기도하셨다(마 26:36-56/요 18:1-14).

14 **예닌**(Jenin) : 사마리아 북방 38km 지점. 혹자에 의하면, 여기에서 예수께서 열 명의 문둥병자들을 고치셨다고 한다(눅 17:11-19).

15 **여리고** : 예루살렘 북서쪽 27km 떨어진 곳으로 요단 강 근방임.
(1) 바디매오라는 소경을 고치심(눅 18:35).
(2) 삭개오가 여기에서 그리스도를 만났다(눅 19:1-10).
(3) 예수는 '선한 사마리아인'의 비유를 말씀하실 때 비유 중에 이 성읍을 말씀하셨다(눅 10:30-37).

16 **예루살렘** : 하나님께서 택하신 민족의 수도. 암반이 많은 산악 지역에 세워진 도성이며 지중해보다는 762m, 사해보다는 1160m 높다. 지중해에서 동쪽으로 53km, 사해 서쪽으로 22km 떨어진 곳에 있다.
(1) 예수님의 부모들이 그분을 하나님께 바쳤다(눅 2:1-38).
(2) 열두 살에 유월절에 참석하셨다(눅 2:41-50).
(3) 성전을 정화하셨다(요 2:13-17).
(4) 니고데모와 대화를 나누셨다(요 3:1-16).

(5) 삼십팔 년 된 병자를 고치셨다(요 5:8).
(6) 장막절 기간 중에 성령에 대한 설교를 하셨다(요 7:10−39).
(7) 간음한 여인을 용서하셨다(요 8:1−11).
(8) 사단과 그의 자녀들에 대한 설교를 하셨다(요 8:33−59).
(9) 소경으로 태어난 자를 고치셨다(요 9:7).
(10) 선한 목자에 관한 설교를 하셨다(요 10:1−18).
(11) 승리의 입성을 하셨다(요 12:12−15).
(12) 열매없는 무화과나무를 저주하셨다(마 21:19).
(13) 사악한 바리새인들을 준엄하게 책망하셨다(마 23:1−36).
(14) 감람산에서 강화를 하셨다(마 24, 25장).
(15) 예루살렘을 보시고 우셨다(눅 19:41 / 마 23:37−39).
(16) 다락방에서 의식(혹은 예배)을 집행하셨다(요 13, 14장).
(17) 포도나무와 그 가지에 대한 설교를 하셨다(요 15, 16장).
(18) 위대한 대제사장적 기도(즉, 중보의 기도)를 하셨다(요 17장).
(19) 겟세마네에서 체포당하셨다(마 26:47−56).
(20) 말고의 잘라진 귀를 붙여주셨다(눅 22:51).
(21) 사형선고를 받으셨다(마 27:26).
(22) 십자가에 못박히셨다(마 27:27−50).
(23) 무덤에 묻히셨다(마 27:57−60).
(24) 죽은 자 가운데서 부활하셨다(마 28:1−10).
(25) 부활 후 처음으로 다락방에 찾아오셨다(눅 24:36−43 / 요 20:19−23).
(26) 두번째로 다락방에 찾아오셨다(요 20:24−29).
(27) 세번째이자 마지막으로 다락방에 찾아오셨다(막 16:14−18 / 눅 24:44−49).
(28) 하늘로 들리워 올라가셨다(행 1:4−11).

17 **요단 강** : 해발 520m의 헤르몬 산마루에서 시작된 이 강은 20km 정도 흘러내려가 메롬 호수로 들어가며 다시금 거기에서 8km정도를 흘러서 해면보다 208m 낮은 갈릴리 바다에 이른다. 마지막으로 거기에서 다시 흘러내려가 해면보다 396m 낮은 사해에 이르게 된다. 따라서 강의 길이는 총 132km이며, 상류와 하류의 수위 차는 914m가 된다. 예수께서 침례(세례)를 받으신 곳이 바로 이 요단 강에서였다.

18 **기드론 계곡** : 계곡으로 그 길이는 대략 38km 정도이며 위치는 예루살렘 성벽 정동쪽으로 예루살렘과 감람산 사이에 있다. 예수께서 겟세마네로 가는 도중에 이 계곡을 지나셨다(요 18:1).

19 **막달라** : 갈릴리 바다 서안에 위치한 디베랴 북방 4.8km 지점에 있다(마 15:39). 막달라 마리아의 고향이기도 하다(눅 8:2 / 막 16:9).

20 **헤르몬 산** : 갈릴리 바다 북방 27km 지점에 있다. 높이는 2774m로 팔레스틴 전역에서 가장 높은 산이다. 상당히 많은 사람들이 예수께서 변형되신 마태복음 17장 1절의 “높은 산”이 이 산이라고 믿고 있다.

21 **감람산** : 기드론 골짜기 건너편, 즉 예루살렘 동쪽에 있다. 높이는 805m이다.
(1) 예루살렘을 보시고 예수께서 우신 곳이 바로 이 산에서였다.

(2) 여기에서 예수께서는 예언에 대하여 유명한 설교를 하셨다(마 25:24, 25).
(3) 다락방에서 유월절을 보내고 이곳으로 가셨다(마 26:30 / 막 14:26 / 눅 22:39).
(4) 여기에서 예수는 하늘로 오르셨다(눅 24:50, 51 / 행 1:6-12).

22 **다볼 산** : 나사렛 동남쪽 9km 지점에 위치. 높이는 해발 562m이다. 혹자는 예수께서 변형되신 산이 헤르몬 산이 아니라 이 산이었다고 생각한다. 그렇지만 성경의 본문에 의하면 전자가 더욱 타당한 것 같다.

23 **시온 산** : 옛 성곽의 남서쪽 모퉁이에 가까운 곳에 있는 산이다. 다락방은 이곳에 있었다(막 14:12-16 / 눅 22:7-13 / 요 13, 14장).

24 **나인** : 나사렛 남동쪽 16km 지점에 위치한 성읍으로, 여기에서 예수께서는 슬퍼하는 여인의 죽은 아들을 살리셨다(눅 7:11).

25 **나사렛** : 갈릴리 바다와 지중해의 중간에 위치한 마을.
(1) 요셉과 마리아는 이곳에서 동정녀 탄생에 관한 소식을 천사 가브리엘에게서 들었다(눅 1:26 / 마 1:18-25).
(2) 예수님은 성인이 되기까지 이곳에서 사셨다(눅 2:39, 40, 51, 52).
(3) 여기에서 그분은 두 편의 설교를 하셨다.
① 이사야서 61장에 대한 첫 설교를 한 후에 동리 사람들은 그분을 죽이려 하였다.
② 두번째 설교를 한 후에 그분은 주민들로부터 완전히 배척을 당하셨다(마 13:53-58 / 막 6:1-6).

26 **갈릴리 바다** : 이 내륙의 호수는 길이가 60km, 폭이 12km, 둘레가 51km에 이른다. 해발보다 수면이 213m 낮으며 최고 수심은 61m이다.
(1) 이 호수 옆에서 예수께서는 오천 명을 먹이셨다(요 6:1-14).
(2) 예수께서 팔복에 관한 설교를 한 산이 바로 이 호수 근방이었다(마 5-7장).
(3) 폭풍이 이는 거친 바다를 잠잠케 하셨다(마 8:23-27).
(4) 예수께서는 이 호수 위를 걸으셨다(요 6:15-21).
(5) 예수께서 군대 귀신 들린 자를 고치신 후에 돼지 이천 마리가 이 호수에 빠져 죽었다(막 5:1-21).
(6) 여기에서 예수는 마지막 이적을 행하셨다(막 14:28 / 16:7 / 요 21장).

27 **수가** : 예루살렘 정북방 40km 지점에 있는 사마리아의 성읍. 이곳에 있는 야곱의 우물가에서 예수님은 사마리아 여인을 만나셨다(요 4장).

28 **두로** : 지중해안의 성읍으로 가이사랴 빌립보 서쪽 32km 지점에 있다. 예수께서 이 지방에서 수로보니게 여인의 딸을 고치셨다(막 3:8 / 눅 6:17).

29 **시험받은 광야** : 정확한 위치는 불명. 그러나 혹자는 그곳이 예루살렘 남동쪽으로 사해 지방에 있을 것이라고 생각한다(마 4:1).

■ 구세주를 만난 많은 사람들(복음서에 언급된 인물들)

1. 열두 제자

● 시몬 베드로

1 열두 제자들 중에서 가장 웅변적이고 솔직하게 말하는 제자였다.

[2] 갈릴리 해안의 성읍 벳새다 태생이었다(요 1:44).
[3] 안드레의 형제이며, 고기잡이를 할 때는 야고보와 요한 형제와 함께 일하는 동업자였다(눅 5:7).
[4] 결혼한 사람이었다(막 1:30/고전 9:5).
[5] 요단 강 근처에서 형제 안드레에 의해 그리스도께 인도되었다(요 1:41-43).
[6] 나중에 갈릴리 바다 근처에서 사람을 낚는 어부로 부름받았다(눅 5:3-11).
(1) 밤새도록 수고했어도 고기를 잡지 못했으나 그리스도의 명령에 따라서 깊은 데로 나아가서 그물을 내렸다. 그물을 내리자마자 곧 많은 양의 고기를 잡게 되었다.
(2) 그때 그는 그리스도의 발 밑에 엎드려 자기 죄를 고백했다.
[7] 그는 그리스도께서 열병에 걸린 자기 장모를 고쳐 주시는 것을 목격했다(마 8:14, 15).
[8] 그는 곧 사도들이 핵심이 되었던 세 사도들 중에서 으뜸이 되었다. 다른 두 사도는 야고보와 요한이었다. 이 세 사도들만이 다음과 같은 특권을 누렸다.
(1) 그들은 야이로의 딸을 살릴 때 예수님과 함께 있었다(눅 8:51).
(2) 그들은 변화산에서 예수님과 동행했다. 여기서 베드로는 초막 셋을 짓되, 하나는 그리스도를 위하여 하나는 모세를 위하여 하나는 엘리야를 위하여 짓겠다고 말했다(마 17:1-4).
(3) 그들은 구세주의 직접적인 부탁으로 겟세마네 동산에서 그리스도와 가장 가까이 있었다. 세 사람 모두 깨어 기도하라는 부탁을 받았으나 즉시 잠들어 버렸다(마 26:36-46).
[9] 베드로는 물 위로 걸었다(마 14:28-31).
[10] 한때 예수님은 많은 연약한 제자들이 자기를 떠나는 것을 보고 열두 제자에게 너희도 떠나려느냐고 물으셨다. 이에 베드로는 다음과 같이 대답했다.
"주여 영생의 말씀이 계시매 우리가 뉘게로 가오리이까 우리가 주는 하나님의 거룩하신 자신 줄 믿고 알았삽나이다"(요 6:68, 69).
[11] 그는 그리스도의 신성에 대한 위대한 신앙고백을 했다.
"주는 그리스도시요 살아계신 하나님의 아들이니이다"(마 16:16).
[12] 그는 그리스도의 예언된 죽음과 부활에 관하여 구세주를 "넘어지게 하도록" 사단에게 시험을 받았다. 이로 인해 그는 예수님에게 심하게 책망받았다(마 16:21-23).
[13] 그는 자기와 구세주가 성전세를 바칠 수 있도록 고기를 잡으러 가라는 그리스도의 명령을 받았다.
"네가 바다에 가서 낚시를 던져 먼저 오르는 고기를 가져 입을 열면 돈 한 세겔을 얻을 것이니 가져다가 너와 나를 위하여 주라"(마 17:27).
[14] 예수께서 용서에 관하여 그에게 가르치셨다(마 18:21, 22).
[15] 그는 모든 것을 버려두고 그리스도를 좇았기 때문에 장래의 상급을 약속받았다(마 19:27-30).
[16] 예수님이 베드로와 요한을 보내어 유월절 만찬을 예비하게 하셨다(눅 22:8).
[17] 베드로는 다락방에서 예수님과 함께 있었다. 그곳은 매우 조용한 곳이었다.
[18] 베드로는 그리스도와 함께 겟세마네 동산으로 갔다.

(1) 그는 곧 잠이 들었다(마 14:37, 38).
(2) 그는 유대 대제사장의 종인 말고의 귀를 베었다(요 18:10,11).
19 그는 두려워서 (나머지 제자들과 함께) 그 동산에서 도망쳐 멀리서 그리스도를 따라가기 시작했다(막 14:50, 54).
20 그는 대제사장의 바깥 뜰에서 아침 일찍 불을 쬐고 있을 때 그리스도를 세 번 부인하였다(요 18:15–18, 25–27).
21 구세주는 틀림없이 그가 세번째 부인하는 말을 들으셨을 것이다.
"베드로가 가로되 이 사람아 나는 너 하는 말을 알지 못하노라고 방금 말할 때에 닭이 곧 울더라 주께서 돌이켜 베드로를 보시니 베드로가 주의 말씀 곧 오늘 닭 울기 전에 네가 세 번 나를 부인하리라 하심이 생각나서"(눅 22:60, 61).
22 베드로는 서둘러 그 자리를 떠난 후 심히 통곡하였다(눅 22:62).
23 무덤이 비어 있다는 막달라 마리아의 보고를 듣자마자 베드로와 요한은 그곳으로 달려가 조사해 보았다(눅 24:12 / 요 20:2–10).
24 예수님이 시몬 베드로에게 나타났다(눅 24:34 / 고전 15:5).
25 베드로는 갈릴리 바다에 모여 있던 일곱 제자들 가운데 속해 있었다. 거기서 그에게 다음과 같은 일이 일어났다.
(1) 그는 예수님의 명령에 의지해서 그물을 던져 많은 고기를 잡았다(요 21:1–6).
(2) 그는 그리스도를 뵙고자 하는 열심 때문에 배 위에서 뛰어내려 해안으로 헤엄쳐 갔다(요 21:7).
(3) 그는 세 번 연속 구세주를 사랑하느냐는 질문을 받았다(요 21:15–17).
(4) 그의 순교자적 죽음이 그리스도에 의하여 예언되었다(요 21:18, 19).
(5) 그는 사도 요한을 위한 계획에 관하여 그리스도께 질문했다(요 21:21).
26 그는 오순절 전에 마가의 다락방에서 백이십 명의 성도들이 모여 십여 일 동안 진행된 기도회를 인도했다(행 1:15–26).
27 기록에 의하면 그는 오순절에 첫 설교를 했다(행 2:14–40).
28 성전 미문에서 그는 나면서 앉은뱅이 된 자를 고치고 두번째로 설교했다(행 3:1–26).
29 그는 산헤드린 공회원들에게 용감하게 증거했다(행 4:8–12, 19, 20).
30 그는 아나니아와 삽비라가 성령을 속였기 때문에 그들에게 하나님의 심판을 행했다(행 5:1–11).
31 그는 많은 병자들을 고쳤다(행 5:15).
32 그는 다시 모여 있는 산헤드린 공회원들에게 담대하게 답변했다(행 5:29–32).
33 그는 요한과 예루살렘 교회에 의해 사마리아로 파견되었다. 이때 베드로는 다음과 같은 일을 행했다.
(1) 많은 사마리아인들의 영적 필요를 채워주었다(행 8:14–17).
(2) 시몬이라는 탐욕스런 금전 숭배자를 책망하였다(행 8:18–24).
34 그는 룻다에서 팔 년 동안 침상에 누워 있던 애니아라는 사람을 고쳤다(행 9:32–35). 이 일은 커다란 신앙부흥을 일으켰다.
35 그는 욥바에서 도르가라는 성도의 장례식에 참석하여 그녀를 죽음에서 다시 살렸다(행 9:36–42). 이로 인해 온 욥바 사람들이 주를 믿게 되었다.

36 그는 이때 하나님으로부터 "보자기 환상"을 받게 되었는데, 이것은 그에게 복음은 유대인뿐만 아니라 이방인에게도 전파되어야 한다는 것을 가르쳐 주었다(행 10:9－16).
37 그는 가이사랴로 가서 하나님을 경외하는 고넬료라는 이방인에게 복음을 전하라고 주님에게 지시받았다. 그는 이 일을 행하여 고넬료와 많은 사람들을 그리스도에게로 인도했다(행 10:17－48).
38 이때 그는 회의적인 유대인 성도들에게 이방인에 대한 그의 사역을 설명했다(행 11:1－18).
39 그는 감옥에 갇혔으나 처형되기 전날 밤에 하나님의 사자에 의하여 석방되었다(행 12:1－11).
40 그는 석방되자마자 요한 마가의 어머니가 사는 집으로 달려갔는데, 거기에서는 많은 신도들이 모여 그의 석방을 위해 기도하고 있었다(행 12:12－19).
41 그는 예루살렘 공회 중에 그리스도인의 자유를 주장했는데, 이 회의는 이방인 성도들도 유대 의식(儀式)인 할례를 받아야만 하는가 하는 문제를 결정하기 위하여 열렸다(행 15:7－11).
42 그는 사도 바울이 다메섹 도상에서 구원받은 다음 약 3년 후에 바울과 만났다(갈 1:18).
43 그는 한때 그 시대의 율법주의자들과 타협했기 때문에 바울로부터 책망을 받았다(갈 2:11－16).
44 그는 두 신약 서신인 베드로전후서의 기자이다.
45 전설에 의하면 그는 로마에서 십자가에 거꾸로 달려 죽었다고 한다.

● 안드레

1 갈릴리 벳새다 출신의 어부이다(요 1:44).
2 처음에 침례(세례) 요한의 제자였으나 예수께 인도된 후에 그분을 메시야로 영접했다(요 1:40).
3 그 후에 그는 즉시 자기 형제 베드로를 그리스도에게 인도하였다(요 1:41, 42).
4 그리스도께 부름받아 일생을 바쳐 헌신하는 제자가 되었다(마 4:18, 19/10:2).
5 다른 세 제자들과 함께 예수께서 베드로의 장모를 고치는 자리에 참석했다(막 1:29).
6 예언을 연구하는 자였다(막 13:3, 4).
7 오천 명의 무리를 먹이기 전에 비관적인 보고를 했다(요 6:9).
8 몇몇 헬라인이 그리스도를 뵙고자 한다는 요청을 예수께 보고했다(요 12:22).
9 오순절 전날 밤에 다락방에서 다른 열 제자들과 함께 있었다(행 1:13).

● 세베대의 아들 요한

1 야고보의 형제였으며 베드로 다음으로 가장 뛰어난 제자였던 것 같다.
2 원래 침례(세례) 요한의 제자였다(요 1:35).
3 침례(세례) 요한에 의해 그리스도께 소개되었다.
4 갈릴리 바다에서 고기를 잡고 있을 때 그리스도를 따르라는 부름을 받았다(요 1:36,37).

예수님의 열두 제자 (1)

시몬 베드로

- 안드레의 형제이며 야고보, 요한과 함께 고기잡은 동역자(눅 5:10).
- 결혼한 사람(막 1:30/고전 9:5).
- 형제 안드레에 의해 그리스도에게 인도됨(요 1:41, 42).
- 그 후 그리스도에게 사도로 부름받음(눅 5:3-11).
- 결혼그리스도께서 자신의 장모를 고치시는 것을 지켜봄(마 8:14, 15).
- (야고보와 요한과 더불어) "수제자들" 중 하나가 됨(눅 8:51/마 17:1-4/마 26:36-40).
- 물 위로 걸음(마 14:28-31).
- 그리스도의 신성에 대한 위대한 두 가지 신앙고백을 함(요 6:68, 69/마 16:16).
- 그의 마음에 사단이 들어와 그리스도가 죽는 것을 만류하려 함(마 16:21-23).
- 입에 동전을 문 고기를 잡음(마 17:27).
- 용서에 관하여 그리스도에게 가르침을 받음(마 18:21, 22).
- 그리스도의 변화를 목격함(마 17:1-4).
- 그리스도를 따르는 데 대한 보답을 약속받음(마 19:27).
- 마지막 유월절을 준비하는 것을 도와줌(눅 22:8).
- 다락방에서 그리스도와 함께 만찬에 참석함(요 13:6, 24, 36).
- 겟세마네 동산에서 말고의 귀를 자름(요 18:10, 11).
- 멀리서 그리스도를 따름(막 14:50, 54).
- 그리스도를 세 번 부인함(요 18:15-18, 25-27).
- 이렇게 부인한 것에 대해 심히 통곡함(눅 22:62).
- 요한과 함께 빈 무덤을 찾음(눅 24:12/요 20:2-10).
- 부활하신 그리스도의 방문을 받음(눅 24:34/고전 15:5).
- 갈릴리 해변에서 그리스도의 마지막 이적에 참여함(요 21:1-23).

안드레

- 베드로의 형제이며 갈릴리 벳새다 출신의 어부(요 1:44).
- 전에 침례(세례) 요한의 제자였음(요 1:40).
- 그리스도를 영접하고 그의 형제를 구세주께로 인도함(요 1:40).
- 오천 명의 무리를 먹일 때 그리스도로부터 시험을 받음(요 6:12-22).

예수님의 열두 제자 (2)

요한

- 야고보의 형제이며 어부(마 4:21).
- 가장 총애받던 제자이며 세 명의 수제자들 가운데 하나(마 17:1—4).
- 전에 침례(세례) 요한의 제자였음(요 1:35).
- 한때 그의 종파심 때문에 그리스도께 책망받음(눅 9:49, 50).
- 천년왕국에서 특별한 영광의 자리를 달라고 그리스도께 부탁함(막 10:35).
- 한때 복수심을 나타냈음(눅 9:54).
- 최후의 만찬 준비하는 것을 도움(눅 22:8).
- 최후의 만찬 때 그리스도의 품에 기댐(요 13:23).
- 십자가 곁에 있던 유일한 제자였음(요 19:26).
- 마리아를 돌보는 책임을 맡음(요 19:27).
- 베드로와 함께 빈 무덤을 찾아감(요 20:2, 3).
- 그리스도의 마지막 이적 때 함께 있었음(요 21:7, 23).

야고보

- 요한의 형제이며 베드로, 안드레와 함께 고기잡던 동역자(마 4:21).
- 그리스도에 의해 “우뢰의 아들”이란 별명을 얻음(막 3:7).
- 순교당한 최초의 사도(행 12:1, 2).

빌립

- 전에 침례(세례) 요한의 제자였음(요 1:43).
- 나다나엘을 그리스도께로 데려옴(요 1:40—46).
- 오천 명의 무리를 먹일 때 그의 믿음을 시험받음(요 6:5—7).
- 예수님을 만나고 싶어하던 몇몇 헬라인들의 방문을 받음(요 12:20—22).
- 자기에게 하나님 아버지를 보여달라고 그리스도에게 질문함(요 14:8, 9).

나다나엘(바돌로매라고도 함)

- 무화과나무 아래 있을 때 빌립에 의해 발견됨(요 1:45, 46).
- 그리스도를 하나님의 아들이며 이스라엘의 왕이라 부른 첫 번째 사람(요 1:49).
- 그리스도의 첫 예언(승천)을 들음(요 1:51).
- 그리스도의 마지막 이적 때 함께 있었음(요 21:2).

예수님의 열두제자 (3)

마태(레위라고도 함)

- 세리였음(눅 5:27).
- "나를 좇으라" 하는 말을 듣고 그리스도를 따름(마 9:9).
- 큰 잔치를 마련하고 그의 새로운 믿음을 친구들과 함께 나눔(눅 5:27–29).

다대오(유다라고도 함)

- 작은 야고보의 형제(막 15:40).
- 어찌하여 자신을 제자들에게는 나타내고 세상에게는 나타내지 아니하려는지를 그리스도에게 질문함(요 14:22).

작은 야고보

- 이 별명은 그의 키를 말하는 것 같다(막 15:40).

가나안인 시몬

- 열심당원이라 불리는 정치적 우익 집단의 일원(마 10:4/막 3:18)

도마

- 쌍둥이였음(요 11:16).
- 나사로를 살리시려는 그리스도의 결정에 실망함(요 11:16).
- 다락방에서 그리스도에게 어디로 가시는지 질문함(요 14:5).
- 부활 후 처음으로 다락방에 나타날 때 거기 없었음(요 20:24).
- 그리스도를 직접 만져 보지 않고는 믿을 수 없다고 생각함(요 20:25).
- 한 주일 후에 그리스도를 만난 후 그의 발 밑에 꿇어 엎드림(요 20:28).
- 그리스도 마지막 이적 때 함께 있었음(요 21:2).

예수님의 열두 제자 (4)

가룟 유다

- 유일하게 유대 출신의 제자로 생각됨.
- 제자들을 위해 돈 궤를 맡아 관리함(요 12:6).
- 무자비한 강도임(요 12:4−6).
- 그리스도의 사역 초기부터 사단에게 팔리움(요 6:70, 71).
- 은 삼십에 그리스도를 팔기로 모의함(마 26:15, 16).
- 사단이 실제적으로 그의 마음 속에 들어오도록 허락함(눅 22:3/요 13:27).
- 다락방에서 그리스도와 함께 그릇에 손을 담금(요 13:26−30).
- 그리스도를 체포하기 위하여 겟세마네로 군병들을 이끌고 찾아옴(요 18:2−4).
- 입맞춤으로 구세주를 배반함(마 26:49).
- 양심의 가책을 받아 그분의 피 값을 돌려줌(마 27:3, 4).
- 밖으로 나가 스스로 목매어 자살함(마 27:5).
- 아마 장래에 적그리스도가 될 것임(요 17:12/살후 2:3).

5 다른 열한 사도들과 함께 사도라는 칭호를 얻었다(마 10:2−4/눅 6:14−16/막 3:16−19).

6 다음과 같은 것들을 목격한 세 명의 수제자들 중 하나였다.

(1) 야이로의 딸을 살리는 것(눅 8:41).

(2) 예수님의 변화(마 17:1).

(3) 겟세마네에서 예수님이 기도하실 때(마 26:37).

7 한때 그의 종파심으로 인해 그리스도에게 가벼운 책망을 들었다(눅 9:49, 50).

"요한이 여짜오되 주여 어떤 사람이 주의 이름으로 귀신을 내어쫓는 것을 우리가 보고 우리와 함께 따르지 아니함으로 금하였나이다 예수께서 가라사대 금하지 말라 너희를 반대하지 않는 자는 너희를 위하는 자니라 하시니라."

8 하늘로부터 불을 내리게 하여 그리스도를 냉대한 사마리아 성읍을 심판하기 원하느냐고 주님께 질문했다(눅 9:54).

9 그리스도의 천년왕국에서 특별히 영화로운 자리를 달라고 요청했다(막 10:35).

10 그리스도는 그를 마지막 유월절 만찬을 예비하는 데 베드로를 도와주도록 보내셨다(눅 22:8).

11 다락방에서 배반자가 누구냐고 그리스도께 질문했다(요 13:25).

12 동산에서 그리스도를 버리고 멀리서 그분을 따라갔다(요 18:15).

13 십자가 곁에 있던 유일한 제자였다(요 19:26).

14 그리스도께서 돌아가신 후에 그분의 모친 마리아를 돌볼 책임을 맡았다(요 19:27).
15 베드로와 함께 빈 무덤을 방문했다(요 20:2, 3).
16 부활 후 갈릴리 해변에 나타나신 예수님을 최초로 알아본 사람이었다(요 21:7).
17 그는 결코 죽지 않을 것이라는 소문이 떠돌았다(요 21:23).
18 나면서부터 앉은뱅이 된 자를 고칠 때 베드로와 함께 있었다(행 3:1−11).
19 사마리아에 복음을 전파하기 위하여 예루살렘 교회에 의해 파송되었다(행 8:14, 15).
20 바울의 방문을 받았다(갈 2:9).
21 다섯 권의 신약성경, 즉 요한복음과 요한서신, 그리고 요한계시록을 썼다.
22 네로(혹은 도미티안) 치세에 밧모섬으로 귀양갔다가 거기서 요한계시록의 환상을 보았다. 그 후에 석방되어 에베소에서 목회하던 중 자연사했다.

● 세베대의 아들 야고보

1 부유한 어부였던 것 같으며 사도 요한의 형이다(마 4:21).
2 그리스도께 부름받을 때 시몬 베드로와 함께 고기잡던 동업자였다(눅 5:10).
3 그리스도께 부름받아 열두 사도 중 하나가 되었다(마 10:2).
4 그와 그의 형제 요한은 구세주로부터 "우뢰의 아들"이라는 별명을 얻었다(막 3:17).
5 그와 요한은 장차 그분의 왕국에서 특별한 지위를 달라고 그리스도께 요청했다. 이로 인해 그 형제는 나머지 열 제자들의 미움을 샀다(막 10:35, 36, 41).
6 한때 그는 그리스도를 냉대한 사마리아 성을 태우기 위하여 하늘에서 불을 내리게 하자고 말했다. 구세주는 이것 때문에 그를 책망하셨다(눅 9:54, 55).
7 그리스도와 많은 시간을 같이 보낸 가장 사랑하는 세 제자들 가운데 하나였다. 다른 두 제자는 요한과 베드로였다. 이 세 제자들만이 다음과 같은 일에 동참했다.
(1) 변화산에서 그리스도와 동행했다(마 17:1).
(2) 그리스도께서 베드로의 장모를 고칠 때 참석했었다(막 1:29).
(3) 그리스도께서 야이로의 딸을 죽음에서 살리시는 것을 목격했다(막 5:37).
(4) 감람산에서 그리스도의 재림에 관하여 은밀히 질문했다(막 13:3, 4).
(5) 겟세마네 동산에서 그리스도를 위하여 기도하라는 부탁을 받았다(막 14:33).
8 그리스도께서 부활 후 베드로를 용서하셨을 때 다른 여섯 제자들과 함께 갈릴리 바다에 있었다(요 21:1, 2)
9 오순절날 다락방에 참석했었다(행 1:13).
10 투옥되어 헤롯 왕에게 순교당했다(행 12:1, 2).

● 빌립

1 고향은 벳새다였다.
2 원래 침례(세례) 요한의 제자였으며 사도 요한과 절친한 친구였다(요 1:43).
3 자신이 회심한 후 즉시 나다나엘을 그리스도께로 인도했다(행 1:40−46).
4 예수님이 한번은 오천 명의 무리를 어떻게 먹일 수 있느냐고 그에게 질문함으로 그의 믿음을 시험하셨다. 빌립은 그 시험에 합격하지 못했다(요 6:5−7).
5 예루살렘 입성 때 그는 예수님을 만나려고 하는 몇몇 헬라인들의 방문을 받았다. 이

것은 낯선 사람들이 대화하기에 빌립이 다른 열한 제자들보다 더 쉬웠다는 것을 나타낼 수도 있다(요 12:20－22).
[6] 최후의 만찬 때 다락방에서 "주여 아버지를 우리에게 보여 주옵소서 그리하면 족하겠나이다"라고 예수님께 요청했다(요 14:8, 9).
[7] 전설에 의하면 그는 후에 선교사로서 브루기아로 가서 일하다가 순교당해 히에라폴리스(Hierapolis)에 묻혔다고 한다.

● 바돌로매
[1] 나다나엘이라고도 불린다(요 1:45).
[2] 무화과나무 아래 있을 때 빌립의 방문을 받았으며(빌립은 아마 그의 형제인 것 같다) 그와 함께 예수님을 방문하였다(요 1:45, 46).
[3] 그리스도를 믿었으며, 승천에 관한 이야기를 최초로 들은 사도가 되었다(요 1:50, 51). (이처럼 구세주는 자신의 죽음과 부활 이전에도 자신의 승천을 예언했던 것이다!).
[4] 바돌로매(혹은 나다나엘)는 갈릴리 해변에서 구세주께서 마련하신 아침 식사에 참석한 일곱 사도들 중의 하나였다(요 21:2).
[5] 전설에 의하면 그 후에 그는 아르메니아(Armenia)에서 그의 믿음을 지키다가 산채로 가죽이 벗겨져 순교했다고 한다.

● 마태
[1] 로마의 세리이며 또한 레위라고도 불렸다(눅 5:27).
[2] "나를 좇으라" 하는 그리스도의 두 마디 말을 듣고 그분을 좇았다(마 9:9).
[3] 주님을 따라 나서기 전에 자기 집에 큰 잔치를 준비하고 많은 동료들을 초청했으며 이 자리에서 그들에게 그리스도를 소개했을 것이 틀림없다(눅 5:27－29).
[4] 5세기의 한 교회사가는 그가 선교사로 파송된 에디오피아에서 순교당했다고 기록하고 있다.

● 도마
[1] 그는 쌍둥이였다. 왜냐하면 그를 언급할 때 사용된 '디두모'(didymus)라는 말은 "쌍둥이"를 의미하기 때문이다(요 11:16 참조).
[2] 그는 나사로의 장례식에 참석하려는 그리스도의 결정에 매우 회의적 견해를 나타냈다. 장례식에 참석하자는 그리스도의 말을 듣자마자 이 회의적인 제자는 한숨을 쉬며 말했다.
"우리도 주와 함께 죽으러 가자"(요 11:16).
[3] 제자들이 다락방에서 최후의 만찬을 베풀 때 그는 그리스도에게 어디로 가시느냐고 물었다(요 14:5).
[4] 그리스도께서 다락방에서 제자들에게 나타나셨던 유월절 이후 첫 주일에 거기에 참석하지 않았다(요 20:24).
[5] 거기 참석하지 않았기 때문에 그는 그들이 전하는 기쁜 소식을 믿을 수 없다고 생각했다. 그리하여 그는 "내가 그 손의 못자국을 보며 내 손가락을 그 못자국에 넣으며 내 손을 옆구리에 넣어보지 않고는 믿지 아니하겠노라"(요 20:25)고 말하였다.

6 그는 팔 일 후에 구세주를 만났으며 자기 손가락으로 구세주의 손과 옆구리를 만져 보라는 말을 들었다. 그러나 도마는 그의 발 밑에 엎드러져 "나의 주시며 나의 하나님 이시니이다"(요 20:28) 하고 소리쳤다.
7 예수께서 갈릴리 해변에서 아침을 준비하셨을 때 다른 여섯 제자들과 함께 있었다(요 21:2).
8 전설에 의하면 그는 페르시아의 파르티아(Parthia), 인도에서 복음을 전하였으며 마드라스(Madras) 근처의 성 도마 언덕에서 순교당했다고 한다.

● 유다
1 작은 야고보의 형제였다(막 15:40).
2 또한 다대오라고 불리기도 했다(마 10:3 / 막 3:18).
3 "어찌하여 자기를 우리에게는 나타내시고 세상에게는 아니하려 하시나이까"라고 구세주께 질문했다(요 14:22).
4 그리스도를 위하여 페르시아에서 일생을 바쳐 일하였으며, 그곳에서 복음을 전파한 후에는 또한 수리아에서 일하기도 하였다.

● 작은 야고보
1 유다의 형제이며 체구가 작기 때문에 "작은 야고보"라고 불렸던 것 같다(막 15:40). ['작은'(less)이라는 말은 헬라어로 '미크로스'(mikros)이며 크기가 작은 어떤 것을 나타낸다.]
2 처음에는 팔레스틴에서, 후에는 애굽에서 복음을 전하였는데 거기서 그는 십자가에 달려 죽었다.

● 가나안인 시몬
1 열심당원이라 불리는 정치 집단의 우익분자였다(마 10:4 / 막 3:18).
2 전설에 의하면 그는 십자가에 달려 죽었다고 한다.

● 가룟 유다
1 유다의 헤브론 근처에 살았던 것 같으며 열두 제자들 중 유일하게 갈릴리 사람이 아니었다.
2 열두 제자들의 돈 궤를 맡은 자였다(요 12:6).
3 무자비한 도적이었다(요 12:4-6).
4 그리스도의 사역 초기에 자신을 사단에게 의탁했었다(요 6:70, 71).
5 은 삼십에 그리스도를 넘겨주려는 음모를 꾸몄다(마 26:15, 16).
6 이때 사단이 그에게 들어가 그를 완전히 지배하였다(눅 22:3 / 요 13:27).
7 다락방에서 예수님으로부터 빵 한 조각을 받았는데 그것은 그가 배반자라는 것을 나타냈다(요 13:26, 27). 그러나 제자들은 그리스도께서 하신 일을 깨닫지 못했다.
8 군병들을 이끌고 겟세마네 동산으로 갔다(요 18:2-4).
9 입맞춤으로 그리스도를 팔았다(마 26:49).

10 양심의 가책을 받아 그 피 값을 도로 갖다주며 유대 대제사장들에게 그의 끔찍한 죄를 고백했으나 그들은 거기에 무관심하였다(마 27:3, 4).
11 그래서 그는 밖으로 나가 스스로 목매어 죽었다(마 27:5).
12 어떤 사람들은 요한복음 7장 12절에 나타난 그리스도의 말씀과 데살로니가전서 2장 3절에 나타난 사도 바울의 말에 근거하여 그를 앞으로 나타날 적그리스도로 생각한다.

2. 예수님의 이적과 관련된 사람들

1 예수께서 만드신 포도주를 높이 평가한 가나 혼인 잔치의 연회장(요 2:9, 10).
2 예수께서 아들을 고쳐준 왕의 신하(요 4:50).
3 예수께서 안식일에 그 지방 회당에서 고쳐준 가버나움의 귀신들린 자(막 1:25).
4 예수께서 열병을 고쳐준 베드로의 장모(마 8:15).
5 예수께서 첫번째 전도여행 때 안수하여 고쳐준 문둥병자(막 1:40, 41).
6 네 친구들이 지붕에서 침상에 실어 달아내려, 그리스도께서 고쳐주신 중풍병자(마 2:5).
7 안식일에 회당에서 고침받은 한 편 손마른 사람(막 3:5).
8 자기 하인이 예수께 고침받은, 위대한 신앙을 가진 백부장(마 8:5—13).
9 장례식장에서 일으킴받은 죽은 아들의 어머니 나인성 과부(눅 7:14).
10 예수께서 육천(1개 군단)의 귀신을 쫓아내어 근처의 돼지떼에게로 들어가게 하신, 무덤 사이에 거하던 거라사의 귀신들린 사람(막 5:2—19).
11 그리스도의 옷자락을 만지자마자 십이 년 동안 앓던 혈루병이 즉시 고쳐진 여자(마 5:28).
12 죽었던 침상에서 다시 살림을 받은 야이로의 딸(마 9:25).
13 자비를 구하며 그리스도의 뒤를 따라가다가 고침받은 두 소경(마 9:27—29).
14 예수께서 병을 일으키는 귀신을 쫓아내셨을 때 말하게 된 벙어리 된 자(마 9:32, 33).
15 예루살렘 성전 근처에서 예수님께 고침받은 38년된 중풍병자(요 5:8).
16 어머니가 그리스도에 대한 위대한 신앙을 보인 후 귀신들려 생긴 병을 고침받은 수로보니게 여자의 딸(막 7:29).
17 그리스도께서 귀와 혀를 만져주심으로 고침받은 귀먹고 어눌한 자(막 7:31—37).
18 그리스도께서 눈을 두 번 만져주신 후에 명확하게 보게 된 벳새다의 소경(막 8:22—25).
19 그리스도의 명령에 따라 실로암 연못에서 씻은 후 고침받은, 예루살렘의 날 때부터 소경된 사람(요 9:7).
20 변화산 밑에서 아버지에게 이끌려 그리스도에게 나아온 후에 고침받은, 간질로 심히 고생하던 소년(마 17:18).
21 예수님이 귀신들려 눈 멀고 벙어리 된 자를 고쳐주자 그들은 그것이 귀신 덕분이라고 하였다(마 12:22—29).
22 십팔 년 동안 귀신들려 앓으며 꼬부라져 조금도 펴지 못하다가 안식일에 고침받은 여자(눅 13:10—17).

23 안식일에 고침받은 고창병 든 사람(눅 14:1–4).
24 예루살렘으로 가는 길에 사마리아에서 예수님에게 고침받은 열 명의 문둥병자. 그들 중 한 사람만이 돌아와 주님에게 감사를 표했다(눅 17:15).
25 베다니 밖에 있는 무덤에서 죽은 지 사 일 만에 살림받은 나사로(요 11:43, 44).
26 주님께서 여리고로 들어가면서 고쳐주신 이름없는 소경(눅 18:35–43).
27 주님께서 여리고를 떠날 때 고침받은 바디매오라는 소경(막 10:46–52).
28 겟세마네에서 시몬 베드로가 칼로 베어 떨어진 귀를 고침받은, 말고라는 대제사장의 종(요 18:10/마 26:51).

3. 예수님의 비유와 관련된 사람들

1 현명한 건축가와 어리석은 건축가(마 7:24–27).
2 회개하는 죄인들에 대한 비판적 태도로 인해 용서에 관한 비유를 듣게 된 시몬이라는 바리새인(눅 7:36–50).
3 임금에게 많은 빚을 탕감받고도 자기에게 빚진 자의 적은 빚을 탕감해 주지 않은 종(마 18:23–35).
4 착한 사마리아인과 레위인과 제사장(눅 10:25–37).
5 재물을 위해 귀한 영혼을 팔아버린 어리석은 부자(눅 12:13–21).
6 생각지 않은 때 주인이 갑자기 돌아옴으로써 심히 두드려 맞은 악한 종(눅 12:45–48).
7 임금이 초대한 혼인잔치에 참석하기를 거절한 세 손님들. 두 사람은 어리석은 자들이었고 한 사람은 공처가였다(눅 14:15–24).
8 한 마리 양을 찾은 목자(눅 15:3–7).
9 잃어버린 동전을 찾은 여자(눅 15:8–10).
10 방탕했던 둘째 아들을 용서해주고, 비난하는 첫째 아들을 훈계한 아버지(눅 15:11–32).
11 불의한 청지기와 이기적인 그의 행동(눅 16:1–7).
12 구원받은 거지 나사로와 지옥에 들어간 부자. 그리고 구렁 저편에 있는 아브라함과 부자의 대화(눅 16:19–31).
13 불의한 재판관에게 원한을 풀어 달라고 요청한 끈질긴 여자(눅 18:1–8).
14 오만한 바리새인과 애통해 하는 세리의 기도 생활(눅 18:9–14).
15 자기에게 질문하는 일꾼들 앞에서 자신의 특이한 행위가 정당하다고 말한 포도원 주인(마 20:1–16).
16 어떤 귀인이 열 명의 종에게 열 므나를 맡겼는데 그 중 하나가 게으른 종으로 밝혀짐(눅 19:11–27).
17 마음을 바꾼 두 아들. 맏아들은 아버지 말에 복종하겠다고 했으나 그대로 행하지 않았다. 둘째 아들은 싫다고 말했으나 그대로 복종했다(마 21:28–32).
18 임금의 아들의 결혼식 잔치에서 필요한 예복을 입지 않았기 때문에 저주를 받은 손님(마 22:11–14).
19 신랑을 기다리는 열 명의 처녀. 그 중 다섯은 슬기로웠고 다섯은 어리석었다(마 25:

1−13).
⑳ 두 명의 충실한 종과 한 명의 어리석은 종(마 25:14−30).

4. 복음서에 나타난 여러 여자들

① 마리아
(이 이름을 가진 여자가 복음서에 네 명 기록되어 있다)
(1) 베다니의 마리아 : 그녀는 나사로와 마르다의 누이였다(요 11:1). 그리스도께서 한 때 중요한 일을 먼저 하였다고 그녀를 칭찬하였다(눅 10:42). 예수님의 발과 머리에 값비싼 향유를 붓고 자기 머리털로 씻은 사람이 바로 이 마리아였다(막 14:3/요 12:3/마 26:6−13).
(2) 야고보와 요한의 어머니 마리아 : 아마 글로바의 아내였던 것 같다(눅 24:18). 마리아는 십자가 곁에 있었고(마 27:56, 61) 그리스도를 장사지낼 때 있었으며(막 15:47) 빈 무덤을 찾아갔다(막 16:1).
(3) 막달라 마리아 : 예수님은 그녀에게서 일곱 귀신을 내쫓았다(막 16:9/눅 8:2). 마리아는 부활하신 그리스도를 처음으로 본 사람이었다(요 20:1−18).
(4) 예수님의 모친 마리아 : 이 아름다운 처녀는 세상에 그리스도를 선물했다(눅 1, 2장). 그 후 그녀는 그리스도께서 첫 이적을 행할 때 함께 있었다(요 2:1−11). 그녀는 그리스도의 후기 사역을 조심스레 따라다녔으며(마 12:46), 십자가 사건 때에도 곁에 있었다(요 19:25).
② 살로메
(이 이름을 가진 여자가 복음서에 두 명 기록되어 있다).
(1) 세베대의 아내이며 야고보와 요한의 어머니 살로메(마 27:56/막 15:40/16:1) : 그녀는 그리스도의 사역 중에 가끔 그분을 도왔고(막 15:40, 41) 부활절 아침에 그분의 몸에 향유를 부우러 왔었다(막 16:1).
(2) 헤로디아의 딸이며 헤롯 안디바의 조카딸 살로메 : 헤롯은 그녀의 매혹적인 춤에 너무 감동되어 그에 대한 상급으로 침례(세례) 요한의 머리를 소반에 담아 주었다(마 14:3−11/막 6:17−28). 그녀의 이름이 복음서에는 명시되어 있지 않다.
③ 헤로디아 : 헤롯 대왕의 사악한 손녀딸이며 자기의 삼촌 빌립과 결혼하였다. 그 후 빌립을 버리고 그의 형 헤롯 안디바와 결혼했다. 침례(세례) 요한은 이 부도덕한 행위로 인해 헤롯을 책망하였다(눅 3:19, 20). 이 대담한 책망으로 인해 그는 감옥에 갇혔고 후에 그녀의 흉계에 의해 목베임을 당했다(마 14:3−14/막 6:14−29).
④ 가난한 과부 : 이 여자는 성전 연보궤에 자기가 가진 두 렙돈을 모두 넣음으로써 구세주에게 칭찬을 받았다(눅 21:1−4).
⑤ 엘리사벳 : 사가랴의 아내이며 침례(세례) 요한의 어머니였다(눅 1:5−57).
⑥ 아셀 지파 바누엘의 딸 안나 : 결혼 후 칠 년이 지나 과부가 되었고 여선지자가 되었다. 84세의 나이에, 예수의 부모들이 그분을 하나님께 드리기 위하여 성전으로 데려왔을 때, 주님을 알아보고 메시야로 선포했다(눅 2:36−38).
⑦ 눈물 흘리며 회개하는 여자 : 이 부도덕한 여자는 시몬이라는 바리새인의 집에서 그리스도의 발을 눈물로 씻고 그 머리로 닦음으로 회개의 슬픔을 표시했다(눅 7:36−38).

[8] **사마리아 여자** : 야곱의 우물에서 회개한 후 자기 동네로 돌아가 온 마을 사람을 이끌고 와서 그리스도를 만나게 해주었다(요 4:5－42).
[9] **마르다** : 베다니의 마리아와 나사로의 누이였다(요 11:1). 그리스도께서 한때 세속적인 일들에 지나치게 신경쓰지 말고 먼저 자기와의 교제에 힘쓰라고 부드럽게 그녀에게 충고했다(눅 10:41).
[10] **간음하다가 잡힌 여자** : 바리새인들에 의해 예수님에게 끌려왔는데 그들은 그녀를 돌로 쳐 죽이자고 요구했다. 그리스도는 그녀를 거저 용서해 주셨다(요 8:1－11).
[11] **베드로가 그리스도와 함께 있었다고 말한 두 계집종** : 이 일은 주께서 산헤드린 공회 앞에서 재판받으실 때 일어났다. 베드로는 두 계집 종 앞에서 주님을 부인했다(마 26:69, 71).

5. 그리스도의 탄생과 관련된 사람들

[1] **목자들** : 이 목자들은 그날 밤 그리스도의 탄생 소식을 들은 최초의 사람들로서 천사들에게서 직접 들었다(눅 2:8－20).
[2] **시므온** : 의롭고 경건한 사람으로서 그가 메시야를 볼 때까지 죽지 않으리라는 것을 성령이 그에게 계시해 주었다. 부모들이 아기 예수를 데리고 예루살렘 성전으로 올라갈 때 그는 그분을 품에 안고 하나님을 찬미했다(눅 2:25－34).
[3] **안나** : 이 연로한 과부도 그리스도를 봉헌할 때 그분을 찬미했다(눅 2:36－38).
[4] **동방 박사들** : 페르시아에서 온 이 경건한 천문학자이자 종교 지도자들은 예수님의 별을 따라왔으며, 아기 예수를 발견하고는 엎드려 경배하며 예물을 드렸다(마 2:1－16).

6. 그리스도의 죽음과 부활에 관련된 사람들

[1] **성전 수비대** : 이 사람들은 겟세마네 동산에서 그리스도를 체포했다(마 26:47).
[2] **로마 군병들** : 그들은 그리스도를 조롱하고(마 27:27, 28) 그분을 십자가에 못박았으며 제비를 뽑아 그분의 겉옷을 나누어 가졌다(마 27:35). 그 후 이들 중 한 무리가 그리스도의 무덤을 경비했다(마 27:62－66).
[3] **바라바** : 유대인 군중에 의하여 그리스도 대신 석방된 유명한 죄수이다(마 27:16).
[4] **구레네 시몬** : 구레네 지방 출신으로 알렉산더와 루포 두 소년의 아버지였는데, 로마 사람들이 그를 잡아 억지로 그리스도의 십자가를 지게 하였다(막 15:21).
[5] **두 거짓 증인** : 이 비열한 사람들은 예루살렘 성전과 자신의 부활에 관한 그리스도의 말씀을 터무니없이 왜곡시키려 했다. 이 일은 예수님이 재판받을 때 일어났다(마 26:60, 61).
[6] **그리스도께서 재판받을 때 손으로 그분을 때린 치졸한 하속(下屬)**(요 18:22)
[7] **죽어가는 두 강도들** : 하나는 구원받고 죽었고 다른 하나는 구원받지 못하고 죽었다(눅 23:32, 39－43).
[8] **백부장** : 그리스도께서 십자가에 달려 죽을 때 일어난 무서운 징조들을 목격한 후 예수님이 과연 하나님의 아들이었다는 것을 시인한 로마 군대의 지휘관(마 27:54).
[9] **아리마대 요셉** : 십자가에서 그리스도의 시신을 내려 자기 자신의 무덤에 장사지내는

것을 빌라도에게 허락받은 부유하고 용감한 신도(마 27:54).

10 **글로바** : 부활하신 구세주께서 엠마오 도상에서 만나 주신 두 제자들 중 한 사람(다른 하나는 그의 아내 마리아인 것 같다)(눅 24:13—18).

7. 제사장들

1 **사가랴** : 엘리사벳의 남편이며 침례(세례) 요한의 아버지(눅 1:5, 59, 60).

2 **안나스** : 타락한 명예 대제사장이며 당시 대제사장인 가야바의 장인. 예수님은 이 악의에 찬 노인 앞에서 처음으로 재판을 받았다(요 18:13).

3 **가야바** : 예수께서 십자가에 못박히기 전날 밤에 두번째 불법재판을 받기 위하여 그의 앞으로 끌려가셨다(요 18:24).

8. 통치자들

1 **니고데모** : 그리스도께서 친히 회심시킨 유대인 관원(요 3:1).

2 **아구스도 가이사** : 그리스도께서 탄생하셨을 때 호적령을 내렸던 로마 통치자(눅 2:1).

3 **디베료 가이사** : 그리스도의 사역기간 중에 유대를 통치했던 아구스도의 후계자(눅 3:1).

4 **헤롯** : (복음서에는 세 사람의 헤롯이 나타난다)

(1) 헤롯 대왕(주전 39—4년)

로마의 승인을 받아 주전 39년에 스스로를 팔레스틴의 왕으로 선포한 에돔 사람. 아기 예수를 죽이려고 했던 사람이 바로 이 헤롯이다(마 2:1—16).

(2) 헤롯 아켈라오(주전 4—주후 6년)

아버지가 죽은 후 유대를 상속받은 헤롯 대왕의 장남(마 2:22).

(3) 헤롯 안디바(주전 4—주후 39년)

갈릴리를 상속받은 헤롯 대왕의 둘째 아들. 그는 예수님의 지상 생애 동안 거의 대부분 기간을 통치했다. 그는 부정한 결혼을 한 때문에 침례(세례) 요한에게 책망받았다(막 6:18/눅 3:19, 20). 그리스도께서는 그를 "저 여우"라고 부르셨다(눅 13:32). 구세주께서는 또한 불법재판을 받을 때 헤롯 앞에 서신 적이 있었다(눅 23:5—12).

5 **빌라도** : 주후 26—36년까지 유다를 다스린 로마 총독(막 15:1).

9. 그리스도의 가족

1 **마리아**(마 1:8)

2 **요셉(마 1:19)은 갈릴리에 사는 의로운 사람이었다.**

3 **그리스도의 초자연적 탄생 이후 마리아와 요셉은 자연적 자녀들을 낳았는데, 기록된 아이들만 해도 최소한 네 명이었다.** 이들은 야고보, 요셉, 시몬, 그리고 유다였다(마 13:55). 그들은 그리스도께서 부활하기 전에는 그분을 믿지 않았다(요 7:5 참조).

10. 거짓 회심한 사람들

1 **어려움을 당할 것 같아 그리스도를 좇기를 거절한 어떤 서기관**(마 8:19, 20).

2 부모 때문에 그리스도를 좇지 못한 어떤 제자(마 8:21, 22).
3 돈에 대한 애착 때문에 그리스도를 좇지 못한 부자 청년(마 19:16).
4 어떤 청년. 이 익명의 청년은 틀림없이 한때 그리스도를 좇았으나, 겟세마네 동산에서 군사들에게 잡히자 웃옷을 벗어버리고 겁에 질려 달아났다(막 14:51, 52).

11. 침례(세례) 요한과 관련된 사람들

1 요한 자신
예수님은 여자가 낳은 사람 중에 이 대담하고 충성스런 하나님의 선지자보다 더 위대한 사람은 없다고 말씀하셨다(마 11:11).
2 요한의 제자들
이 제자들은 두 가지 이유에서 그리스도를 따랐다. 첫째는 그리스도의 생활 양식과 관련된 문제 때문이었고(마 9:14), 둘째는 그분의 신성에 관한 문제 때문이었다(마 11:2, 3).

12. 아이들

1 예수님은 사람들이 축복받기 위하여 어린아이들을 자기에게로 데려오는 것을 금하지 말라고 명령하셨다(막 10:14).
2 예수님은 어린아이를 안으시며 구원의 예증을 들었다(막 9:36).
3 예수님은 어린 소년의 도시락을 사용하셨다(요 6장).
4 어린아이들이 성전에서 그리스도를 찬미했다(마 21:15).

13. 초자연적인 존재들

1 사단(마 4:1)
2 귀신(막 1:23, 24/3:11/5:8, 9/눅 9:42)
3 천사장 가브리엘
(1) 마리아에게 나타남(눅 1:28).
(2) 사가랴에게 나타남(눅 1:11).
(3) 요셉에게 나타남(마 1:20, 24/2:13, 19).
(4) 목자들에게 나타남(눅 2:9).
4 다른 천사들
(1) 그리스도의 탄생 때 도와줌(눅 2:13, 14).
(2) 시험받을 때 그분을 도와줌(막 1:13).
(3) 겟세마네에서 그분을 도와줌(눅 22:43).
(4) 부활 때 그분을 도와줌(마 28:2/요 20:12).

14. 성삼위

1 성부(마 3:17/요 12:28/마 17:5)
2 성령(마 3:16/4:1)

15. 기타 사람들

1 **두 율법사** : 하나는 십계명으로 그리스도를 시험했고(마 22:35), 다른 하나는 영생의 문제로 그리스도를 시험했다(눅 10:25).

2 **문둥이 시몬** : 예수께서 전에 고쳐주셨던 문둥병자이며 예루살렘 입성 직전에 구세주를 위하여 만찬을 베풀었다(마 26:6).

3 **어떤 헬라인들** : 이 무리는 예루살렘 입성 주일에 예수님을 만나고자 했다(요 12:20).

4 **칠십 인의 제자들** : 예수께서 각동 각처로 앞서 보내어 팔레스틴 전역에 복음을 전파하게 한 특별한 집단(눅 10:1).

5 **데오빌로** : 누가가 그의 복음서와 사도행전(행 1:1)을 기록해 보낸 친구.

6 **경건한 서기관** : 예수님은 이 사람이 하나님의 나라에 멀지 않다고 말씀하셨다(막 12:32).

초대교회 시대

초대교회 시대 서론

이 시기는 오순절 성령 강림 이후 바울이 순교당하기까지의 약 38년간에 해당된다. 사도행전은 그리스도의 증인들에 대한 놀라운 이야기이다. 그들의 활동은 두 개의 위대한 전도운동, 즉 베드로를 주축으로 한 예루살렘 전도운동(행 1—12장)과 바울을 주축으로 한 세계 전도운동(행 13—28장)으로 대별된다. 그들의 전도운동에 참여한 동역자들은 사도 요한, 스데반, 빌립, 바나바, 실라, 디모데 그리고 누가 등이다.

사도행전에서 우리는 최초의 일곱 집사들과 순교자들(스데반과 야고보, 행 7:60/12:2) 그리고 안디옥 교회의 선교자들을 알게 된다(행 13:1—13). 성도들이 처음으로 그리스도인이라고 불리게 되는 것도 바로 이 때이다(행 11:26).

또한 사도행전은 성경에 나타난 마지막 소생 사건, 즉 다비다(행 9:40, 41)와 유두고(행 20:9, 12)에 대하여 말하고 있다. 이 당시, 복음 선포는 사단의 심한 훼방을 받았다. 사단은 그들을 방해하거나(행 4:18/5:28) 매수하려 하였으며(행 8:18) 마지막에는 복음 전체를 없애버리려 하였다(행 16:16—18).

사도행전에서 천사들과 마귀들, 둘 다 분명하게 볼 수 있다. 천사가 사도(베드로)를 보호하고(행 12:7, 8) 왕(헤롯)에게 재앙을 내린다(행 12:23). 귀신들은 술사들(행 8:9/13:6—10), 소녀(행 16:16—18) 및 부랑배들(행 19:13—16)을 사로잡는다. 신앙부흥이 일어나기도 하며(행 19:18—20), 소요가 일어나기도 한다(행 19:28—34).

초대교회에서는 아주 중요한 세 가지 회심 사건이 일어난다. 첫째는 함의 후손(창 10:6—20)인 에디오피아 내시의 회심(행 8:26—38)이고, 둘째는 셈의 후손(창 10:21—31)인 사울의 회심(행 9:1—6)이며, 셋째는 야벳의 후손(창 10:2—5)인 고넬료의 회심(행 19:44—48)이다.

회심한 사람들은 처음의 120명에서 3,120명(행 2:4), 8,120명(행 4:4)으로 급증하며 마침내 헤아릴 수 없이 많아지게 되었다(행 5:14). 바울은 간수(행 16:25—34), 철학자들(행 17:16—31), 바리새인들(행 23:6) 및 권력자들(행 24:24, 25/26:24—28) 앞에서 복음을 선포하였다.

최종적으로, 다락방 기도 모임(행 1:4)으로 시작된 이야기는 감방에서의 찬양 모임으로 끝을 맺고 있다(딤후 4:6—8, 18).

사도들의 행전

이스라엘 전도

행 1－12장
예루살렘 전도운동
지도자 : 어부 베드로
동역자 : 요한, 스데반, 빌립

세계 전도

행 13－28장
세계 전도운동
지도자 : 장막 만드는 자 바울
동역자 : 바나바, 실라, 디모데, 누가

사도행전

1. 이스라엘－예루살렘 대전도운동. 베드로가 이 운동을 주도함
(행 1－12장 / 1:1－8:40 / 9:32－11:18 / 12:1－24)

1. 베드로의 활동

1 베드로와 백이십인(행 1:1－26)

(1) 누가가 데오빌로에게 두번째 편지를 보낸다. 그의 첫번째 편지(누가복음)는 그리스도께서 세상에 계시는 동안 육신을 입고 행하신 일을 말하기 위해 기록한 것이었다(눅 1:1－4 참조). 그의 두번째 편지(사도행전)는 그리스도께서 하늘에 계시는 동안 그의 영적 지체인 교회를 통해 하고 계신 일을 말하기 위해 기록한 것이다.

(2) 그는 "예수의 행하시며 가르치시기를 시작하심부터…승천하신 날까지의 일"(행 1:1)을 데오빌로에게 상기시킴으로써 이 편지를 시작한다. 물론 이것은 구세주의 말을 빌리자면 "말만 하고 행치 아니하는"(마 23:3) 악한 바리새인들과는 아주 대조적인 것이다.

(3) 누가는 부활 후의 사역에 관한 "확실한 많은 증거"에 대해 말한다. 이때 주님께서는 제자들에게 적어도 10여 차례 자신을 나타내 보이셨다.
(4) 승천하시기 직전에 그리스도께서는 사도들에게 "예루살렘을 떠나지 말고…아버지의 약속하신 것을 기다리라"(행 1:4)고 분부하셨다. "아버지의 약속하신 것"이라는 세 마디 말을 수많은 사람들이 해석하려고 시도하였다. 성경의 여러 구절들로부터 확실히 알 수 있는 것은 아버지(욜 2:28/행 2:16)와 아들(요 14:16, 26/15:26/16:7)의 이 약속이 성령의 오심을 가리킨다는 사실이다.

물론 성령께서는 구약 시대에도 이미 활동을 하셨다. 그러나 이제 성령의 사역은 세 가지 측면에서 전혀 새로운 요소를 내포하는 것이었다.

① 성령의 사역은 우주적이 될 것이다.
이전까지 인간들 가운데에서의 성령의 사역은 이스라엘 민족에게만 국한된 것이었다. 성령께서 헬라인이나 로마인 또는 바벨론인에게 임하셨다는 기록이 사도행전 이전에는 나타나 있지 않다. 그러나 이제 성령은 회개하는 죄인이 어느 곳에 있든지 그에게 오셔서 축복을 주실 것이다.

② 성령의 사역은 영구적이 될 것이다.
성령께서 구약 시대의 어떤 사람들 위에 임하신 것은 사실이지만 때로 그들에게서 떠나시기도 하였다.

ㄱ. 삼손의 경우를 예로 들어보자.
힘이 장사인 이 히브리 사람은 성령의 임재를 여러 차례 경험하였다(삿 14:6, 19/15:14). 그러나 그때에도 죄와 부도덕 때문에 하나님의 영은 삼손에게서 떠나셨다. 성경의 구절들 가운데 가장 비극적인 것은 삼손이 들릴라의 말을 듣고 깨어나는 것을 묘사한 다음의 구절이다.
"삼손이여 블레셋 사람이 당신에게 미쳤느니라 하니 삼손이 잠을 깨며 이르기를 내가 전과 같이 나가서 몸을 떨치리라 하여도 여호와께서 이미 자기를 떠나신 줄을 깨닫지 못하였더라"(삿 16:20).

ㄴ. 사울의 경우를 예로 들어보자.
삼손과 마찬가지로 성령께서 그 위에 임하셨으나 후에 그에게서 떠나버리셨다.
"하나님의 신이 사울에게 크게 임하시므로…"(삼상 10:12).
"여호와의 신이 사울에게서 떠나고…"(삼상 16:14).

ㄷ. 다윗의 경우를 예를 들어보자.
사무엘이 다윗에게 기름을 부을 때 여호와의 신이 그에게 임하셨으며, 우리가 아는 바와 같이 그가 죽기까지 그와 함께하셨다. 그러나 다윗은 성령이 그에게서 떠나실 수 있음을 깨달았고 적어도 한번은 이 문제로 인하여 여호와께 간구했다.
"…나를 주 앞에서 쫓아내지 마시며 주의 성신을 내게서 거두지 마소서"(시 51:11).
오늘날의 그리스도인들은 이러한 기도를 할 필요가 전혀 없으며 또한 해서도 안 된다. 그렇지만 수백만의 신도들은 참회 시절의 다윗과 같이 이렇게 기도함으로써 커다란 유익을 얻을 것이다.
"주의 구원의 즐거움을 내게 회복시키소서"(시 51:12).
다윗은 밧세바에게 커다란 죄를 범한 후에 이렇게 기도했던 것이다.

③ 성령의 사역은 완전케 하는 것이다.

말하자면 성령의 새로운 사역은 회개하는 모든 죄인들을 은혜 안에서 자라게 하여 예수를 닮게 하려는 것이다. 구약 시대에는 이와 경우가 달랐다. 성령이 임하셨다고 해서 사울이나 삼손의 도덕적, 영적 본성이 향상되었다는 표는 없다. 그들은 성령의 능력만을 얻었을 뿐이며 성령의 순결함을 받지 못하였던 것이다.

(5) 예수님은 하나님께서 이스라엘 왕국을 회복하실 정확한 때에 대해 묻는 사도들의 물음에는 답하지 아니하시고, 승천하시기 직전에 매우 중대한 것을 그들에게 약속해 주셨다(행 1:8).

"오직 성령이 너희에게 임하시면 너희가 권능을 받고 예루살렘과 온 유대와 사마리아와 땅끝까지 이르러 내 증인이 되리라."

우리가 주목해야 할 사실은 그들이 증인이 될 것이라는 말이다. 즉, 그들은 권세자나 심리학자 또는 선동자가 아니라 증인이 되리라는 것이다.

이 구절은 실제로 사도행전 전체의 목차이며 아주 훌륭한 개요라고 할 수 있다.

① 예루살렘에서 증거함(행 1-7장).

② 유대와 사마리아에서 증거함(행 8-12장).

③ 세상 끝까지 이르러 증거함(행 13-28장).

(6) 이러한 말씀을 마치신 후에 주님은 하나님의 영광의 구름에 싸여 하늘로 올라가셨다. 이처럼 눈부신 영광의 구름이 적어도 아홉 번 나타나는데, 이것이 일곱번째의 나타남이었다. 그 구름의 출현에 대해 알아보자.

① 팔레스틴으로 향하는 이스라엘에게 나타났다(출 13:21 / 14:19, 20).

② 성막의 지성소 위에 나타났다(레 16:2).

③ 성전의 지성소 위에 나타났다(대하 5:13, 14).

④ 에스겔 시대에 나타났다(겔 10장).

⑤ 그리스도의 탄생시에 나타났다(눅 2:9-11).

⑥ 변화산상에서 나타났다(마 17:5).

⑦ 승천하실 때 나타났다(행 1:9).

⑧ 그것은 휴거 때에 다시 나타날 것이다(살전 4:17).

⑨ 그리스도의 재림시에 다시 나타날 것이다(마 24:30).

(7) 그분이 하늘로 올라가는 것을 제자들이 보고 있을 때, 흰 옷 입은 두 사람이 나타나 이렇게 말하였다.

"갈릴리 사람들아 어찌하여 서서 하늘을 쳐다보느냐 너희 가운데서 하늘로 올리우신 이 예수는 하늘로 가심을 본 그대로 오시리라"(행 1:11).

이들 두 사람(모세와 엘리야인 것 같다)은 하늘에 속한 자들(마 17:3 참조)이거나 또는 천사들(눅 24:4 / 요 20:12 참조)일 것이다. 여하튼 성경에는 그분이 다시 오시리라는 것에 대해 여러 가지의 설명이 나타난다.

① 승천은 실제적이었으며 재림도 마찬가지일 것이다(살전 4:16).

② 승천은 가시적이었으며 재림도 마찬가지일 것이다(빌 3:21).

③ 감람산에서 승천하신 것처럼 재림도 거기에서 이루어질 것이다(슥 14:4).

(8) 열한 사도는 예루살렘으로 돌아와 커다란 다락방에서 백이십 명의 성도와 합류하

였다. 아마도 그곳은 최후의 만찬이 있었던 곳(눅 22:12)이며 또한 예수께서 부활하신 후에 그들에게 자신을 나타내 보이신 곳인 것 같다(요 20:19, 26). 그리고 그곳은 요한 마가의 어머니의 집인 것 같다(행 12:2 참조). 그러나 우리는 당시 제자들의 수가 백이십 명밖에 되지 않았다고 생각해서는 안 된다(고전 15:6 참조).

(9) 우리는 "이들(120명)이 마음을 같이하여 전혀 기도에 힘쓰니라"는 구절을 대하게 된다. "마음을 같이하여"라는 표현은 "같은 마음"을 의미하는 헬라어 『호모튜마돈』(homothumadon)이라는 단어를 번역한 것이다. 이 말은 헬라어 신약성경에서 12회 사용되고 있는데 그 중 11회는 사도행전에서 찾아볼 수 있다. 이 단어는 하나님의 백성들과 사단의 백성들에게 모두 낯익은 것이다.

① 하나님의 백성들이 사용함(행 2:1, 46 / 4:24 / 5:12 / 15:25).

② 사단의 백성들이 사용함(행 7:57 / 12:20 / 18:12 / 19:29).

그리고 우리들은 다음과 같은 일에서 초대 교인들이 한 마음으로 활동했음을 알게 된다.

• 간구(행 1:14)
• 대망(행 2:1)
• 교제(행 2:46)
• 헌신(행 4:24)
• 성별(행 5:12)
• 협력(행 15:25)

(10) 백이십 명 가운데에는 "여자들과 예수의 모친 마리아와 예수의 아우들도…"(행 1:14) 있었다.

① 여인들 : 갈릴리에서부터 예수를 따르는 신실한 여인들을 가리킨다.

이들 가운데에는 다음과 같은 사람들이 포함되어 있다.

ㄱ. 요안나 : 헤롯의 청지기 구사의 아내(눅 8:3)
ㄴ. 마리아와 마르다(요 11장)
ㄷ. 마리아 : 작은 야고보의 어머니(막 15:40)
ㄹ. 막달라 마리아(막 16:9)
ㅁ. 살로메(막 15:40)
ㅂ. 수산나(눅 8:3)

② 예수의 어머니 마리아 : 이것이 성경에서 그녀의 이름이 마지막으로 언급되는 곳이다.

③ 그의 아우들 : 이들은 예수님의 의붓 형제들이다(마 13:55 / 막 6:3). 그들은 예수께서 이 땅에서 활동하시는 동안에는 불신자들(요 7:3−5)이었으나 이제는 신도들이 되었다. 이들 가운데 두 사람은 신약성경 가운데 야고보서와 유다서를 기록하였다고 생각된다. 왜냐하면 이 서신들의 명칭이 그들의 이름과 동일하기 때문이다.

(11) 기도회를 하는 중에 시몬 베드로가 가룟 유다의 허물과 죽음에 대해 말하였다. 이는 그의 죽음으로 인하여 그를 대신할 수 있는 새로운 사도를 선출할 필요가 생겼기 때문이었다(행 1:15−26).

① 베드로는 유다의 배반으로 말미암아 그를 다른 사람과 대체해야 한다는 것을 입증하기 위해 구약성경 가운데서 두 구절을 인용하고 있다. 시편 69편 25절은 그의 죽음을, 시편 109편 8절은 그가 대체될 것을 예언하는 것이다. 예수께서도 이미 유다를

시편 41편 9절에 관련시키신 바가 있다(요 13:18, 19).

② 그런데 반드시 주목해야 할 사실은 그를 다른 사람으로 대체시켜야 하는 이유란 그의 죽음 때문이 아니라 바로 그의 허물 때문이었다는 것이다. 이러한 사실을 뒷바침해 주는 한 가지 사실은, 후에 순교한 사도 야고보를 대체하려는 시도가 전혀 없었다는 점이다(행 12:2 참조).

③ 후계자 선택에는 두 가지 자격이 충족되어야 했다.

ㄱ. 예수 그리스도께서 사역하셨던 처음부터 그분의 제자가 된 자라야 한다. 즉, 최근에 회심한 자는 안 된다(요 15:27 참조).

ㄴ. 부활을 목격한 자라야 한다.

(12) 이 시점에서 두 가지 물음이 제기되었다.

① 선택 방법은 적절했던가?

성경에는 제자들이 "제비를 뽑았다"(행 1:26)고 기록되어 있다. 이것이 어떻게 이루어졌을까? 이에 대해 라이리(Charles Ryrie)박사는 다음과 같이 말한다.

> "제비 위에 두 사람의 이름을 각각 기입하여 항아리 위에 올려 놓았다. 이때 항아리에서 먼저 떨어진 것이 주님께서 선택하신 것으로 간주되었다"〔『사도행전 주석』(*The Acts of the Apostles*), p. 16〕.

이 방법은 구약의 예와 완전히 일치하는 것이었다. 대제사장은 이 방법을 사용하여 속죄 염소를 선택하였으며(레 16:8), 후에 팔레스틴의 땅을 각 지파들에게 분배할 때에도 이 방법이 사용되었다(민 26:55).

② 선택 그 자체는 옳았던 것일까?

하나님께서 맛디아가 아니라 바울을 열두번째 사도로 의중에 두셨기 때문에 맛디아를 택한 것은 잘못이라고 말하는 사람들이 있다. 그렇지만 이에 대한 확실한 증거는 하나도 없다. 사도라는 칭호는 열두 사람에게만 한정된 것이 아니었다. 왜냐하면 바나바(행 14:14), 야고보(갈 1:19/고전 15:7) 그리고 아볼로(고전 4:6-9) 등도 모두 사도라고 불렸기 때문이다.

(13) 또한 주목해야 할 것은 제비를 뽑기 전에 먼저 간절한 기도가 있었다는 것이다.

"저희가 기도하여 가로되 뭇 사람의 마음을 아시는 주여 이 두 사람 중에 누가 주의 택하신 바…(되었는지) 보이시옵소서"(행 1:24).

이때 그들은 사무엘이 다윗의 머리에 기름붓던 일을 회상했는지도 모른다(삼상 16:7). 마태복음 19장 28절과 요한계시록 21장 14절에 기록된 것과 같은 약속의 성취에 참여하게 되는 사람은 바로 맛디아일 것이다.

2 베드로와 오순절에 모인 무리

(1) 오순절

〔"오순"(五旬)이란 단순히 50을 의미하는 헬라어이다〕 오순절이란 레위기 23장에 명시된 이스라엘 민족의 6대 절기 가운데 세번째 절기이다.

① 유월절과 무교절(레 23:4, 8, 갈보리를 상징함)

② 초실절(레 23:9-14, 부활을 상징함)

③ 칠칠절(레 23:15-21, 성령강림의 오순절을 상징함)

④ 나팔절(레 23:23-25, 휴거와 그리스도의 재림을 상징함)
⑤ 속죄일(레 16장/23:26-32, 장차 있을 환난을 상징함)
⑥ 초막절(레 23:33-43, 천년왕국을 상징함)

(2) 오순절에 대한 비교

① 신약성경의 오순절은 구약성경의 오순절, 곧 칠칠절과 비교될 수 있다.

구약성경의 오순절은 이스라엘이 애굽을 떠난 후 50일째 되는 날을 기념한 것이다.

유월절 양은 주전 1491년 4월 14일에 잡았고 이스라엘은 다음날 밤에 애굽을 탈출하였다(출 12:1, 2, 6, 12, 31). 정확히 50일 후에, 즉 6월 첫 주간에 그들은 시내 산에 도착하였다(출 19:1).

신약성경의 오순절은 그리스도께서 죽은 자 가운데서 부활하신 후 50일째 되는 날을 기념하는 것이다.

물론 주님은 4월의 유월절 주간에 십자가에 못박히셨다(요 19:14). 그리고 그분은 부활 후에 40일간을 제자들과 함께 보내셨다(행 1:3). 다시 10일 후(행 1:5/2:1)에 신약성경의 오순절 사건이 발생하였다.

구약 시대의 오순절은 생일, 즉 이스라엘 민족의 탄생을 기념하는 날이었다(출 19:5). 반면에 신약 시대의 오순절은 교회의 탄생을 기념하는 날이었다(행 2:41-47).

구약 시대의 오순절 날에 약 3,000명의 영혼이 죽음을 당하였다(출 32:28).

이와는 달리 신약 시대의 오순절 날에는 약 3,000명의 영혼이 구원을 받았다(행 2:41).

구약 시대의 오순절은 웅장하게 시작되고 있다.

"제 삼 일 아침에 우뢰와 번개와 빽빽한 구름이 산 위에 있고 나팔 소리가 심히 크니 …시내 산에 연기가 자욱하니 여호와께서 불 가운데서 거기 강림하심이라 온 산이 크게 진동하며"(출 19:16, 18).

신약 시대의 오순절 역시 놀라운 모습으로 시작되고 있다.

"홀연히 하늘로부터 급하고 강한 바람 같은 소리가 있어 저희 앉은 온 집에 가득하며 불의 혀같이 갈라지는 것이 저희에게 보여 각 사람 위에 임하여 있더니"(행 2:2, 3).

② 신약 시대의 오순절은 베들레헴에 비교될 수 있다.

베들레헴에서 아버지 하나님은 자기 아들이 입고 역사할 '몸'을 예비하고 계셨다.

"그러므로 세상에 임하실 때에 가라사대 하나님이 제사와 예물을 원치 아니하시고 오직 나를 위하여 한 몸을 예비하셨도다"(히 10:5).

오순절 날에 아버지 하나님께서는 당신의 영(Spirit)이 입고 역사할 '몸'을 예비하셨다.

"너희 몸은 너희가 하나님께로부터 받은바 너희 가운데 계신 성령의 전인 줄을 알지 못하느냐"(고전 6:19).

"하나님의 성전과 우상이 어찌 일치가 되리요 우리는 살아계신 하나님의 성전이라 이와 같이 하나님께서 가라사대 내가 저희 가운데 거하며 두루 행하여 나는 저희 하나님이 되고 저희는 나의 백성이 되리라"(고후 6:16).

③ 신약 시대의 오순절은 구약 시대의 바벨탑에 비교될 수 있다.

바벨탑에서 우리는 자신의 영광을 위하여 일하고 있는 죄인들을 보게 된다(창 11:14).

그러나 오순절 사건에서 우리는 하나님의 영광을 기다리는 구원받은 성도들을 보게 된다(행 1:14).

바벨에서 하나님께서는 인간의 언어를 혼란케 하셨다(창 11:9).

그러나 오순절 날에 하나님은 사람의 언어를 정화시키셨다(행 2:8).

바벨에서 하나님은 인간들을 전 세계로 흩으셨다(창 11:9).

그러나 오순절 날에 하나님은 사람들을 교회 안으로 모으셨다(엡 1:10).

(3) 오순절 날에 모인 회중들

"그때에 경건한 유대인이 천하 각국으로부터 와서 예루살렘에 우거하였다"(행 2:5).

오순절 날에 있었던 신비한 행위로 인하여 즉시 많은 군중이 모여들었다. 모든 사람들은 깜짝 놀랐다. 왜냐하면 "(그들은 다 그들의) 각 방언으로 하나님의 큰 일을 말함을 들었기"(행 2:11) 때문이다. 그렇지만 어떤 사람들은 조롱하며 말하기를 "저희가 새 술이 취하였다"(행 2:13) 고 하였다. 베드로는 즉각 이를 부정하였다. 하지만 술에 취하였다는 것과 성령이 충만하다는 것 사이에는 몇 가지 비교가 가능하다(엡 5:18 참조).

① 양자는 모두 마시는 행위의 결과이다(요 7:37－39 참조).

② 양자에 취한 사람은 각각 담대하게 된다.

③ 양자는 모두 더욱더 마시기를 원하게 된다.

(4) 오순절에 대한 설명

사도 베드로는 지금 일어나고 있는 일과 그 이유를 설명하는 멧세지를 선포하였다.

① 그는 구약 시대에 요엘이 모든 육체에 하나님의 영이 임하리라고 예언한 것과 현재 일어난 사건을 비교함으로써(욜 2:28－32와 행 2:16－21을 비교), 설명을 시작한다. 그렇지만 여기에서 반드시 알아두어야 할 사실은 요엘이 선포한 예언의 궁극적 성취는 대환난 때에 있으리라는 것이다(행 2:19, 20과 사 13:10 / 겔 32:7 / 마 24:29 / 계 6:1을 비교).

② 그 다음 베드로는 그리스도가 참 메시야라고 하는 것을 다음의 세 가지 이유를 들어 증명한다.

ㄱ. 그분의 행하신 일(행 2:22 / 요 3:2 / 12:42－45).

ㄴ. 그분의 부활(행 2:24).

베드로는 메시야의 죽음과 부활이 이미 하나님의 뜻 안에 예비되어 있었다는 것을 이스라엘 사람들에게 증명하기 위해 시편 16편 8－11절을 인용하고 있다. 이어서 그는 (시편 16편의 저자인) 다윗이 시편 16편에서 자기 자신에 대하여 말한다는 것은 있을 수 없다고 그들에게 지적한다.

ㄷ. 오순절 날에 있었던 성령의 사역(행 2:33).

마지막으로 베드로는 시편 110편 1절이 그리스도에 대하여 말하는 것이라고 해석한다. 구세주께서 세상에 계시는 동안에 친히 그 일을 이루셨다(마 22:41－45).

③ 베드로는 그리스도의 부활이 절대적으로 필요한 것이었다고 말함으로써 결론을 맺으며 그 이유를 다음과 같이 들고 있다.

ㄱ. 죽음의 권세가 생명의 왕을 결코 사로잡을 수 없다(행 2:24).

ㄴ. 하나님께서 다윗에게 그의 자손 중에서 영원한 왕이 나올 것이며 그를 영원한 나라의 위(位)에 앉게 하리라고 약속하셨다(행 2:30).

④ 베드로의 멧세지는 청중들의 마음 속 깊은 곳까지 뒤흔들어 놓았다.

"저희가 이 말을 듣고 마음에 찔려 베드로와 다른 사도들에게 가로되 형제들아 우리가 어찌할꼬 하거늘"(행 2:37).

여기에서 우리는 예수님이 요한복음 16장 8, 9절에서 약속하신 대로 죄를 깨닫게 하는 성령의 역사를 처음으로 경험하게 된다. 다른 경우들을 예로 들면 다음과 같다.

ㄱ. 사마리아 백성들(행 8:12)
ㄴ. 사울(행 9:18/22:16)
ㄷ. 고넬료(행 10:47, 48)
ㄹ. 루디아(행 16:15)
ㅁ. 빌립보 감옥의 간수(행 16:33)

⑤ 베드로는 이렇게 대답한다.

"너희가 회개하여 각각 예수 그리스도의 이름으로 침례(세례)를 받고 죄사함을 받으라 그리하면 성령을 선물로 받으리라"(행 2:38).

아마 성경에서 이 구절만큼 논란의 대상이 되어온 구절은 없을 것이다. 이에 대하여 고찰해 보자.

ㄱ. 사도행전의 특징은 그것이 과도기적인 책이라고 하는 것이다. 이것은 그들 자신의 메시야를 죽인 거족적 범죄에 대하여 이스라엘에게 주는 멧세지였다.

ㄴ. 헬라어 원문의 전치사 『에이스』(eis)가 '… 얻으라'(흠정역에서는 'for'로 번역됨—역자 주)고 번역되어 있으나, 이는 누가복음 14장 35절, 마태복음 3장 11절, 12장 41절에서처럼 '… 때문에'로도 번역할 수 있다.

ㄷ. 베드로가 여기에서 의도하는 바가 무엇이든지간에 우리가 반드시 알아두어야 할 것은, 성경의 어느 구절도 구원이 물로 주는 침례(세례)에 달려 있다고 우리에게 가르치지는 않는다는 사실이다(고전 1:17/행 15:1-4 비교). 여기에서 바울은 복음이 무엇인가를 명확하게 기술하고 있으며, 침례(세례)는 분명히 복음에 포함되지 않는다는 것을 밝히고 있다. 따라서 침례(세례)에 의한 중생을 주장하는 사람들은, 사실상 "베드로의 것을 갚기 위하여 바울의 것을 훔치는 격이다"(벧후 3:15, 16 참조).

(5) 오순절 날에 있었던 교제(행 2:41-47)

① 이때 이스라엘 사람 삼천 명이 베드로의 설교를 듣고 회개한 후에 침례(세례)를 받았다.

② 그들은 다음의 일들을 힘써 계속하였다.

ㄱ. 가르침을 받는 일
ㄴ. 상호 친교
ㄷ. 떡을 떼는 일
ㄹ. 기도
ㅁ. 침례(세례) 베푸는 일
ㅂ. 찬양하고 기뻐하는 일

③ 그들은 모든 물건을 나누어 통용하였다(행 2:44).

이와 같이 공동소유하는 초기 교회의 체제(행 2:45)는 공동주의이지 공산주의는 확실히 아니었다. 이 둘의 차이점을 살펴보자.

ㄱ. '공동주의'는 '나의 것이 너의 것'이라고 말한다.

ㄴ. 공산주의는 '너의 것이 나의 것'이라고 말한다.
ㄷ. 이러한 체제는 일시적인 것이었다.
ㄹ. 그 자체의 문제점이 있었다(행 5:1/6:1).
ㅁ. 곧 실패로 끝나고 말았다(살후 3:7-10).

3 베드로와 앉은뱅이(행 3:1-11)

(1) 기적(행 3:1-11)

① 베드로와 요한은 성전에 기도하러 가는 중이었다〔유대인들은 정규 기도 시간이 하루에 세 번 있었는데 아마 이것은 시편 55편 17절과 다니엘서 6장 10절에 근거한 것 같다. 기도시간은 제 3시(오전 9시), 제 6시(12시 정오), 그리고 제 9시(오후 3시) 였다〕.

② 성전에 들어가려고 할 때, 그들은 구걸을 하는 앉은뱅이 걸인을 만났다. 이에 베드로는 "은과 금은 내게 없거니와 내게 있는 것으로 네게 주노니 곧 나사렛 예수 그리스도의 이름으로 (일어나) 걸으라"(행 3:6)고 말했다.

③ 그 사람은 즉시 고침을 받고 "성전으로 들어가면서 걷기도 하고 뛰기도 하며 하나님을 찬미하였다"(행 3:8). 이 구절은 이사야가 다음과 같이 묘사한 대로 장차 이스라엘이 맞이할 황금 시대를 상기케 하는 것이다.

"그때에 저는 자는 사슴과 같이 뛸 것이며 벙어리의 혀는 노래하리니 이는 광야에서 물이 솟겠고 사막에서 시내가 흐를 것임이라"(사 35:6).

1260년에 성 토마스 아퀴나스는 로마 교황 인노센트 4세를 방문하였는데, 교황은 그에게 엄청난 교황의 재산을 보여주었다. 다 돌아본 후에 인노센트는 "토마스 선생, 당신도 보시는 바와 같이 나는 제 1대 교황처럼 「은과 금은 내게 없거니와」라고 말할 수 없습니다"라고 말하였다. 아퀴나스는 조용히 머리를 끄덕이고 난 후에 "당신은 또한 「나사렛 예수 그리스도의 이름으로 (일어나) 걸으라」고 말할 수 없습니다"라고 말했다.

이것이 사도행전에 기록된, 사도들이 행한 많은 기적들 가운데 첫번째 기적이었다. 사도행전에 있는 기적들은 다음과 같다.

ㄱ. 베드로가 행한 기적들
- 예루살렘에서 자신의 그림자로 많은 사람들을 고침(행 5:15, 16)
- 룻다에서 애니아를 고침(행 9:32-35)
- 욥바에서 죽은 도르가를 일으킴(행 9:40-42)

ㄴ. 빌립이 행한 기적들(행 8:6, 7, 13)
ㄷ. 스데반이 행한 기적들(행 6:8)
ㄹ. 바울이 행한 기적들
- 구브로에서 술사의 눈을 멀게 함(행 13:11, 12)
- 이고니온에서 커다란 이적과 기사를 행함(행 14:3, 4)
- 루스드라에서 앉은뱅이를 고침(행 14:8-18)
- 빌립보에서 귀신들린 소녀에게서 귀신을 쫓아냄(행 16:18)
- 에베소에서 많은 병자들을 고침(행 19:11, 12)

- 드로아에서 죽은 자를 일으킴(행 20:8-12)
- 멜리데에서 많은 병자를 고침(행 28:8, 9)

(2) 멧세지(행 3:12-16)

그가 행한 기적 때문에 많은 군중들이 순식간에 솔로몬 행각이라고 하는 곳에 모여들었다. 이 장소는 사도행전 5장 12절에 다시 언급된다. 그곳은 초대교회 교인들이 모이는 비공식 집회 장소였다. 예수께서도 바로 이곳에서 가르치신 적이 있다(요 10:23 참조). 베드로는 이 기회를 놓치지 않고 십자가에 대해 설교하기 시작했다.

① 십자가에 예수를 못박은 자들은 바로 유대인들이다.

ㄱ. 그들이 그리스도를 빌라도에게 넘겨주었다(행 3:13).

ㄴ. 빌라도가 그리스도를 놓아주려고 했을 때 그것을 거부한 자들이 바로 그들이다〔베드로 자신도 한때는 이와 같이 행한 적이 있었다(행 3:13)〕.

ㄷ. 그들은 그들의 메시야보다 오히려 강도를 선택하였다(행 3:14).

② 십자가에 달린 예수님이 곧 구세주이시다.

ㄱ. 그분은 하나님의 아들이며 종이시다(행 3:13).

ㄴ. 그분은 곧 예수시다(행 3:13).

ㄷ. 그분은 거룩하신 분이시다(행 3:13).

ㄹ. 그분은 의로우신 분이시다(행 13:14).

ㅁ. 그분은 생명의 주이시다(행 3:15).

ㅂ. 그분은 그리스도이시다(행 3:18).

ㅅ. 그분은 하나님의 선지자이시다(행 3:22).

③ 그리스도께서 십자가에 달리게 되리라는 예언이 있었다.

구약의 많은 예언자들이 구세주께서 수난당하실 것에 대해 예언하였다(사 53장). 주님께서도 친히 이것에 대해 죽기 전과 후에 말씀하신 바가 있다(마 16:21/눅 24:25-27 참조).

베드로, 즉 그의 인간됨과 그의 멧세지는 어떻게 바뀌었는가?

ㄱ. 인간됨 : 과거에 어린 여종 앞에서 그리스도를 부인했던(눅 22:56, 57) 바로 그 사람이 여기서는 담대하게 그리스도를 세상에 선포하고 있다.

ㄴ. 멧세지 : 베드로는 구세주께서 십자가에 대해 말씀하신 것을 이유로 전에 그리스도를 만류한 적이 있었다(마 16:22).

④ 십자가의 능력

ㄱ. 십자가는 앉은뱅이를 고칠 수 있었다(행 3:16).

ㄴ. 십자가는 회개하는 모든 사람들의 죄사함을 보증한다(행 3:19, 26).

⑤ 십자가에 대한 계획표

ㄱ. 그리스도는 고난을 당하시고 죽으셨다(행 3:18)

ㄴ. 하나님께서 그분을 죽은 자 가운데서 다시 살리셨다(행 3:15).

ㄷ. 그리고 그분은 잠시 하늘로 올리워져 거기에 계신다(행 3:21).

ㄹ. 장차 그분은 다시 오실 것이다(행 3:19, 20).

⑥ 십자가의 간구

"너희가 회개하고 돌이켜 너희 죄없이 함을 받으라 이같이 하면 유쾌하게 되는 날이 주 앞으로부터 이를 것이요"(행 3:19).

4 베드로와 대제사장(행 4:1−35)

(1) 화를 냄(4:1−4)

① 베드로와 요한은 예수를 전파했다는 이유로 사로잡혀 투옥되었다(행 4:1−3).

② 이러한 일에도 불구하고 교회에 이천 명의 새로운 신도들이 증가하였다(행 4:4/2:41/5:14/6:7/9:31/12:24/16:5/19:20/28:31 참조).

(2) 사도를 심문함(행 4:4−22)

① 베드로는 대제사장 앞에서 일어난 일에 대해 설명하라는 명령을 받았다. 산헤드린은(그 동기가 아무리 불순하다고 할지라도) 여기에 참석하여 사법권을 행사하고 있었다. 왜냐하면 모세 율법의 규정에 따르면, 어떤 사람이 기적을 행하고 그것을 사용하여 가르치면 반드시 그를 시험하되 만일 그 가르침이 거짓이라고 판정되면 그를 돌로 쳐죽여야 하기 때문이다(신 13:1−5).

② 베드로는 성령이 충만하여, 기적은 그들이 십자가에 못박은 메시야의 이름으로 행해진 것이라고 공회원들에게 말하였다.

여기 나타난 베드로의 변론은 예수님이 마태복음 10장 16−20절에서 약속하신 것이 처음으로 직접 성취된 것이었다. 베드로전서 3장 15절에 있는 베드로의 증거와 권면을 참조하라.

③ 이때 그는 그리스도야말로 시편 118편 22절에 언급된 모퉁이 돌이라고 말함으로써 예수님을 구약의 예언과 관련시키고 있다. 예수께서도 전에 이 구절을 자신에게 적용시키신 적이 있다(막 12:10/벧전 2:4−8).

④ 베드로는 마지막으로 다음과 같은 말로써 결론을 맺는다.

"다른 이로써는 구원을 얻을 수 없나니 천하 인간에 구원을 얻을 만한 다른 이름을 우리에게 주신 일이 없음이니라"(행 4:12).

⑤ 산헤드린은 교육을 받지 못한 사도들의 깊은 신학 인식에 대해 크게 놀라고 당황하였다. 제자들을 방에서 끌어내라고 명령한 후에 그들은 자문자답하지 않을 수 없었다.

"이 사람들은 어떻게 할꼬 저희로 인하여 유명한 표적이 나타난 것이 예루살렘에 사는 모든 사람에게 알려졌으니 우리도 부인할 수 없는지라"(행 4:16).

할 수만 있었다면 그들은 한사코 그것을 부인하려고 했을 것이다(마 28:11−15). 그러나 그들은 기적을 부인할 수 없었을 뿐만 아니라 그리스도의 부활에 대한 베드로의 멧세지도 부인할 수 없었다. 이때뿐만 아니라 다른 경우에도 산헤드린이 그리스도의 부활이라는 역사적 사실을 부인하려 했다는 기록은 없다. 여기에 덧붙여, 앉은뱅이가 고침받았다고 하는 변화된 삶의 증거를 부인할 수 있는 주장도 없다.

⑥ 그들은 베드로와 요한을 소환하여 예수의 이름을 전하거나 가르치지 말라고 명령하였다. 그러나 두 사람은 "우리는 보고 들은 것을 말하지 않을 수 없다"고 하며 그들의 명령을 거부하였다(행 4:20/참조, 고전 9:16/렘 20:9/암 3:8/욥 32:18−20).

(3) 영광을 돌림(행 4:23−35)

① 석방된 후에 그들은 다른 성도들과 합하여 하나님께 찬양 예배를 드렸다. 여기서

다음과 같은 사실을 기억해 두는 것이 좋겠다.
ㄱ. 그들은 한 마음으로 기도하였다(행 4:24).
ㄴ. 그들은 하나님이 주권자이심을 인정하였다(행 4:24). 이 구절에서 사용된 "대주재"라는 칭호는 『데스포테에스』(despotees), 즉 '절대적 지배자'를 의미하고 있다(눅 2:29/계 6:10 참조).
ㄷ. 그들은 성경에 계시된 진리를 믿었으며 기도하는 중에 시편 2편을 인용하였다(행 4:25, 26).
ㄹ. 그들은 특별한 무엇을 간구하였다(행 4:29, 30).
ㅁ. 그들은 오직 구세주의 영광만을 구하였다(행 4:30).
진실로 이것은 믿음의 기도였다. 왜냐하면 본질적으로 그들의 말하는 내용은 "주여, 우리를 처음에 곤경에 빠뜨렸던 이상의 일을 우리로 하여금 행하게 하소서"라는 것이기 때문이다.
② 이와 같은 기도와 찬양의 모임의 결과는 다음과 같다.
ㄱ. 하나님의 권능으로 말미암아 건물이 크게 흔들렸다(행 4:31).
ㄴ. 성도들은 성령이 충만하였다(행 4:31).
ㄷ. 하나님의 은혜로 말미암아 그들은 서로 형제애를 나누게 되었다(행 4:32-35).
"믿는 무리가 한 마음과 한 뜻이 되어 모든 물건을 서로 통용하고 제 재물을 조금이라도 제 것이라 하는 이가 하나도 없더라 사도들이 큰 권능으로 주 예수의 부활을 증거하니 무리가 큰 은혜를 얻어 그 중에 핍절한 사람이 없으니 이는 밭과 집 있는 자는 팔아 그 판 것의 값을 가져다가 사도들의 발 앞에 두매 저희가 각 사람의 필요를 따라 나눠줌이더라."

5 아나니아와 삽비라 그리고 베드로(행 5:1-16)

(1) 속임(행 5:1, 2)

아나니아와 삽비라는 자신들의 소유를 판 후에 예루살렘 교회에 바친 헌금 액수에 대해 거짓말을 하였다. 그들의 죄는 하나님을 시험한 데에 있었다. 즉, 그들은 하나님의 선하심을 어느 정도까지 믿을 수 있는가를 알아보려 했던 것이다(마 4:7/출 17:2/신 6:16 참조).

(2) 발각됨(행 5:3, 4)

아나니아의 행위는 베드로에 의해 밝혀졌고 성령을 속인 죄 때문에 하나님에게 심판을 받았다. 이리하여 그는 성도들 가운데 죽음에 이르는 죄를 범한 첫번째 사람으로 기록되었다(고전 11:30-32/요일 5:16 참조).

(3) 죽음(행 5:5-10)

① 아나니아가 죽은 지 약 세 시간 후에 삽비라가 베드로의 심문을 받았다. 똑같은 거짓말을 하였기 때문에 그녀는 남편이 받은 것과 같은 심판을 받았다.
② 처음에는 사단이 우는 사자와 같이 밖으로부터 교회를 공격하였다. 그런데 이제는 뱀과 같이 내부로부터 교회를 공격한다.

6 베드로와 교법사 가말리엘(행 5:12-42)

(1) 그들의 죽음으로 인하여 예루살렘 교회는 더욱 순결해졌고 더욱 능력이 커졌다. 성경을 인용하여 보자.
"사도들의 손으로 민간에 표적과 기사가 많이 되매…예루살렘 근읍 허다한 사람들도 모여 병든 사람과 더러운 귀신에게 괴로움받는 사람을 데리고 와서 다 나음을 얻으니라"(행 5:12, 16).
(2) 사도들은 그들의 증거 내용 때문에 사악한 사두개인들에 의해 투옥되었다(행 5:17, 18).
(3) 하나님의 사자가 그들을 밤에 석방시켜 주었고 그들은 계속하여 복음을 선포하였다(행 5:19-26).
(4) 그들은 다시 체포되었고 저항했다는 혐의로 대제사장에 의해 고발당했다. 그는 이렇게 말한다.
"가로되 우리가 이 이름으로 사람을 가르치지 말라고 엄금하였으되 너희가 너희 교를 예루살렘에 가득하게 하니 이 사람의 피를 우리에게로 돌리고자 함이로다"(행 5:28).
마태복음 27장 20, 25절에 비추어 볼 때 유대의 지도자들이 갑자기 양심의 가책을 느낀다는 것은 매우 이상한 일이었다.
(5) 시몬 베드로가 제자들을 대표하여 "사람보다 하나님을 순종하는 것이 마땅하니라"(행 5:29)고 선언한다.
베드로는 율법과 질서를 준수하였다(벧전 2:13, 14). 그러나 그는 더 높은 차원의 하나님의 법에 순종해야 했다(행 4:20).
(6) 이어서 그는 그들이 예수님에 대하여 범죄했다고 비난하며 "너희가 (예수를) 나무에 달아 죽였다"(행 5:30)고 말하였다. 다음의 사실에 유의하라. "죽였다"(slew)는 말은 사도행전에서만 쓰이고 있는 특별한 단어이며, 사도행전 26장 21절에서 한번 더 사용된다. 그것이 의미하는 바는 "자신의 손으로 직접 살해하다"라는 것이다. 따라서 베드로가 말하고자 하는 요점은 "그렇다. 우리는 진실로 너희가 구세주의 거룩한 피를 흘렸다고 주장한다. 그 이유는 너희가 다름 아닌 너희의 손으로 직접 그를 죽였기 때문이다"라는 것이다.
(7) 이 말을 듣고 공회원들은 "크게 노하여" 사도들을 없이하고자 모의하였다. "크게 노하여"라는 말을 직역하면 "찔림을 받아"라는 말이며 사도행전 7장 54절에서 유일하게 한번 더 사용된다. 산헤드린은 그리스도를 죽인 자들이라는 비난을 반박하였다. 그럼에도 불구하고 그들은 그리스도의 제자들의 피를 또 흘리려 하고 있다.
(8) 바로 이때에 상당히 존경받는 유대의 교법사이며 바리새인인 가말리엘이 일어나 다음과 같은 납득할 만한 제안을 하였다.
"이 사람들을 상관말고 버려두라 이 사상과 소행이 사람에게서 났으면 무너질 것이요 만일 하나님께로서 났으면 너희가 저희를 무너뜨릴 수 없겠고 도리어 하나님을 대적하는 자가 될까 하노라"(행 5:38, 39).
바사의 어떤 부인이 신앙없는 남편에게 이와 비슷한 충고를 한 바가 있다(에 6:13).
(9) 가말리엘의 제안은 받아들여졌다. 이때 사도들은 매를 맞고(이것은 그들이 처음 당한 육체적 고난임), 다시는 예수의 이름을 전하지 말라는 엄중한 경고를 받은 후 석방되었다. 이에 대한 그들의 반응은 당연히 예상할 수 있는 것이었고 또한 놀라운 것이었다.

"사도들은 그 이름을 위하여 능욕받는 일에 합당한 자로 여기심을 기뻐하면서 공회 앞을 떠나니라 저희가 날마다 성전에 있든지 집에 있든지 예수는 그리스도라 가르치기와 전도하기를 쉬지 아니하니라"(행 5:41, 42).

7 베드로와 마법사 시몬(행 8:14-25)

(1) 빌립의 전도 결과 사마리아에서 시작된 새로운 역사를 돕기 위해 예루살렘 교회는 베드로와 요한을 그곳에 파견하였다.
(2) 베드로와 요한은 "저희를 위하여 성령받기를 기도하였다"(행 8:15). 켄트(Homer Kent) 박사는 이에 대해 다음과 같이 설명한다.

> "베드로와 요한이 도착하기까지 성령은 왜 임하지 않았던가? 의식주의자들은 사도들의 안수가 필요했기 때문이라고 주장한다. 하지만 다소의 사울은 사도가 아닌 아나니아의 안수를 통하여 성령을 받았다(행 9:17). 혹자는 이 구절을 이용하여(제 2차적 은혜인), 성령을 받는다는 것은 중생과는 전혀 다른 사건이며, 따라서 사람이 거듭날 수는 있으나 반드시 성령을 받는 것은 아니라는 것을 보이려고 하지만 이는 로마서 8장 9절 등의 말씀을 무시하는 것이다.
>
> 이 물음에 대한 답변을 하려면 사회적, 역사적 상황을 무시해서는 안 된다. 사마리아인들은 구원이 유대인에게서 난다는 진리를 입증받아야 할 필요가 있었다(요 4:22). 유대인들과 사마리아인들을 괴롭혔던 분열은 교회를 통일시키기 위해 어떤 방책이 강구되지 않는다면 교회 안에까지 확장될 것이 분명했다. 유대인 그리스도인들 가운데에는 사마리아의 그리스도인들과 상종도 하지 않으려고 하는 자들이 상당히 많이 있었다(요 4:9 참조). 사도들이 도착하기까지 성령의 임재를 미루심으로 하나님은 빌립의 사역이 예루살렘의 사도들의 사역과 통합되어 있음을 확증하셨다. 베드로는 그에게 맡겨진 열쇠(마 16:18, 19)를 사용하여, 오순절 날에 삼천 명의 유대인들에게 했던 것과 마찬가지로 사마리아인들을 위해 공식적으로 성령의 문을 열어주었으며, 또한 얼마 후에는 고넬료의 집에서 이방인들에게도 열어줄 것이다(행 10장). 그렇지만 사마리아에서의 이 사건을 이후의 모든 신도들에게 적용되는 규범으로서 다루려고 한다면 이는 대단히 커다란 오류를 범하는 것이다. 사울(행 9:17)과 고넬료(행 10:44)에게 성령이 임한 것을 보면 상당한 차이점이 발견될 것이다. 따라서 사마리아인들의 경험은 사도행전의 규범적 유형은 아니었다"[『예루살렘에서 로마까지』(*Jerusalem to Rome*), pp. 79, 80].

사마리아인을 위한 이 사역에서 베드로를 도운 자가 바로 요한이라는 사실을 생각하면 이는 자못 흥미로운 일이다. 왜냐하면 사마리아인들 위에 하늘에서 불이 내려와 그들을 삼키게 하자고 예수께 제안했던 자들이 곧 그와 그의 형제 야고보였기 때문이다(눅 9:54).
(3) 시몬이라는 종교적 사기꾼이 베드로와 요한에게 돈을 주고 성령의 능력을 사려고 하였다. 그의 이러한 행위로 인하여 교회사에는 「시모니」(simony:성직매매)라는 말이 등장하였는데, 그 말의 의미는 교회의 권리와 직분을 돈으로 사고 파는 것이다. 그는 구원받은 자가 아니었다. 예수님은 이전에 친히 이러한 종류의 거짓 믿음을 무시하신 적이 있다(요 2:23-25/6:26, 66).

8 베드로와 애니아(행 9:32-35)

베드로는 룻다에서 중풍을 앓으며 팔 년 동안 누워 있던 애니아라는 사람을 즉시 고쳐 주었다.

[9] 베드로와 도르가(행 9:36-43)
욥바에서 베드로는 그녀의 장례식에 참석하여 경건한 성도 도르가를 살려주었다.

[10] 베드로와 고넬료(행 10:1-11:18)
(1) 도르가를 다시 살린 후에 베드로는 시몬이라는 피장(皮匠)의 집에 거하며 욥바에 잠시 동안 머물러 있었다. (비록 베드로에게는 하나님께서 보여 주시는 보자기의 환상이 아직 필요하기는 했지만) 유대교의 규율에 대한 그의 태도는 이미 확실히 달라져 있었다. 왜냐하면 여기서 그는 가죽 제조업자의 집에 머물고 있었기 때문이다. 가죽 제조업은 유대인들의 눈에는 부정한 직업으로 보였다. 왜냐하면 그것은 죽은 시체를 만져야 하기 때문이었다(행 9:43).
(2) 욥바에서 해안을 따라 약 5km쯤 떨어진 곳에 위치한 가이사랴에는 고넬료라 하는 이방인(로마 군인)이 구원을 바라고 있었다. 우리는 이 사람에 대한 몇 가지 사실들을 성경에서 직접 알 수 있다.
① 그는 백부장이었다. 이는 그가 100명의 로마 병사를 통솔하는 지휘관이었음을 말해준다. 신약성경에서 보통 백부장들은 좋게 묘사되고 있다(마 8:5-10/27:54/행 22:25, 26/27:1, 3, 42-44 참조).
② 그는 경건하였다. 그는 하나님에 대해 알기를 원했다. 예수님은 "사람이 하나님의 뜻을 행하려 하면, (그는) 이 교훈이 하나님께로서 왔음을…알리라"(요 7:17)고 말씀하신 적이 있다.
③ 그럼에도 불구하고 그는 아직 잃어버린 자에 속하였다(요 3장의 니고데모와 비교).
(3) 천사가 고넬료에게 나타나 욥바에 있는 베드로에게 사람을 보내라고 하였다. 죄인이 구원받기 위해서 필요한 것이 세 가지가 있다.
① 하나님의 성령(요 16:8)
② 하나님의 말씀(롬 10:17)
③ 하나님의 전도자(롬 10:14)
(4) 고넬료는 베드로를 모셔오기 위해 경건한 병사 두 사람을 보냈다. 이러한 일을 전혀 모르는 베드로는 시몬의 집에서 저녁 식사를 기다리고 있었다. 그때 하나님께서 그에게 보자기의 환상을 보여 주셨다. 하늘에서 온갖 짐승들이 담긴 큰 그릇이 내려왔다. 하나님은 베드로에게 "잡아먹으라"(행 10:13)고 명하셨다.
(5) 베드로는 한사코 거절하며 "주여 그럴 수 없나이다"라고 하였다. 그의 대답은 커다란 모순을 내포하고 있다. 만일 그 명령을 내린 분이 주님이라면 그는 "그럴 수 없나이다"라고 답할 수는 없는 일이며, 또한 "그럴 수 없나이다"라고 대답할 수 있는 분이라면 그분은 결코 주님일 리가 없기 때문이다.
(6) 하나님은 베드로에게 "하나님께서 깨끗케 하신 것을 네가 속되다 하지 말라"(행 10:15)고 대답하셨다. 예수께서도 전에 이러한 취지의 진리를 가르치신 적이 있다(막 7:14-23).

(7) 이때 두 병사가 도착하였으며 베드로는 (환상을 보여주신 목적을 깨닫고) 그들과 함께 고넬료에게 갔다. 하나님께서 죄인과 전도자를 위해 준비시키신 것을 깨닫는다는 것은 매우 중요한 일이다. 왜냐하면 하나님은 일하실 때마다 언제나 선(線)의 양 끝에서 인도하시기 때문이다. 주님께서는 항상 자신이 우리를 위해 예비하신 것에 대비하여 우리를 준비시키신다(행 10:17-21). 우리는 이것이 역사상 두번째로 하나님이 유대인 선교사를 욥바로부터 이방인에게 보내신 것임을 알게 된다(욘 1:3 참조).
(8) 고넬료는 베드로를 진심으로 환영하고 그에게 경배하려고 하였다. 크게 놀란 베드로는 "일어서라 나도 사람이라"(행 10:26)고 소리쳤다.
(9) 베드로는 고넬료에게 그리스도를 전파하여 이렇게 말하였다(행 10:38-42).
"하나님이 나사렛 예수에게 성령과 능력을 기름붓듯 하셨으매 저가 두루 다니시며 착한 일을 행하시고 마귀에게 눌린 모든 자를 고치셨으니 이는 하나님이 함께하셨음이라 우리는 유대인의 땅과 예루살렘에서 그의 행하신 모든 일에 증인이라 그를 저희가 나무에 달아 죽였으나 하나님이 사흘 만에 다시 살리사 나타내시되 모든 백성에게 하신 것이 아니요 오직 미리 택하신 증인 곧 죽은 자 가운데서 일어나신 후 모시고 음식을 먹은 우리에게 하신 것이라 우리를 명하사 백성에게 전도하되 하나님이 산 자와 죽은 자의 재판장으로 정하신 자가 곧 이 사람인 것을 증거하되 저를 믿는 사람들이 다 그 이름을 힘입어 죄 사함을 받는다 하였느니라."
(10) 그가 말하는 바로 그때, 하나님의 성령이 모인 사람들 위에 임하였다(행 10:44). 켄트 박사는 이것을 다음과 같이 설명한다.

> "이 사건은(행 11:17에 명확하게 제시된 대로) 이방 세계에서 일어난 오순절 사건이라 할 수 있는 것이었으며 성령침례(세례)와 성령충만을 모두 포함하고 있었다. 방언으로 말하는 현상은 (행 2:4의 경우처럼) 성령충만의 증거였다. 그렇지만 (고넬료의 가속들과 병사들 가운데에는 로마 제국 내의 여러 지역에서 온 사람들이 있을 수 있었기 때문에) 방언이 오순절 때처럼 외국어로 말한 것이었는지 아니면 고린도 교회에 알려진 것처럼 통역자가 필요한 것이었는지는 확실치 않다. 통역자에 대한 말이 없는 것으로 미루어 보건대 전자일 가능성이 크며 따라서 오순절 사건과의 유사성이 특히 주목되는 것이다"[『예루살렘에서 로마까지』, p. 95].

(11) 고넬료를 비롯하여 그 일에 개입한 그의 가솔들이 베드로에게 침례(세례)를 받았다.
(12) 베드로는 예루살렘으로 돌아와, 힐난하는 유대인들에게 자신의 이방 전도 사역을 설명하였으며 결국 그들은 만족해 하였다(행 11:1-18).
"저희가 이 말을 듣고 잠잠하여 하나님께 영광을 돌려 가로되 그러면 하나님께서 이방인에게도 생명을 얻는 회개를 주셨도다 하니라"(18절).

11 베드로와 하나님의 사자(행 12:1-24)

(1) 침례(세례) 요한을 죽인 자요 예수를 심문하던 통치자 헤롯 아그립바 1세(마 14:1-12/눅 23:6-12)는 갑자기 사도 야고보를 죽이라는 흉악한 명령을 내렸고 이어서 베드로를 잡아 죽이려고 하였다. 이리하여 야고보는 첫번째로 순교한 사도가 되었다. (유다의 경우를 제외하면) 열두 사도 중에 그의 죽음만이 유일하게 기록되어 있다. 이러한 처형이 마태복음 20장 23절과 마가복음 10장 39절의 성취라는 것은 의심의 여지가 없

다. 야고보의 형제 요한이 열두 사도 가운데 맨 마지막으로 죽은 자라고 전해진다.

(2) 사형 집행을 하기로 되어 있던 전날 저녁에 베드로는 감옥에서 깊은 잠을 자고 있었다(행 12:6). 그는 그가 장수하여 노인이 되기까지 살리라는 예수님의 약속을 굳게 믿고 있었음이 틀림없다(요 21:18).

(3) 그날 밤에 마을 다른 곳의 "교회는 그를 위하여 간절히 하나님께 빌고"(행 12:5) 있었다.

(4) 천사의 초자연적 능력을 힙입어 베드로는 감옥에서 풀려나와 자신이 살았음을 보이려고 모여서 함께 기도하고 있는 곳으로 급히 달려갔다(행 12:7－12). 뒤이어 나오는 설명은 성경 전체를 통하여 기도와 믿음에 관한 (엄격하지는 않다고 할지라도) 가장 흥미있는 설명 중의 하나이다.

"… 깨닫고 마가라 하는 요한의 어머니 마리아의 집에 가니 여러 사람이 모여 기도하더라 베드로가 대문을 두드린대 로데라 하는 계집 아이가 영접하러 나왔다가 베드로의 음성인 줄 알고 기뻐하여 문을 미처 열지 못하고 달려 들어가 말하되 베드로가 대문 밖에 섰다 하니 저희가 말하되 네가 미쳤다 하나 계집아이는 힘써 말하되 참말이라 하니 저희가 말하되 그러면 그의 천사라 하더라 베드로가 문 두드리기를 그치지 아니하니 저희가 문을 열어 베드로를 보고 놀라는지라 베드로가 저희에게 손짓하여 종용하게 하고 주께서 자기를 이끌어 옥에서 나오게 하던 일을 말하고 또 야고보와 형제들에게 이 말을 전하라 하고 떠나 다른 곳으로 가니라."

이스라엘 전도단의 활동

베드로	
백이십인	1:1－26
오순절 무리들	2:1－47
앉은뱅이	3:1－11
대제사장	4:1－35
아나니아와 삽비라	5:1－16
교법사 가말리엘	5:17－42
술객 시몬	8:14－25
중풍병자 애니아	9:32－35
도르가	9:36－43
백부장 고넬료	10:1－48
할례자들	11:1－18
하나님의 천사	12:1－24

스데반	
헬라인들의 불평	6:1
열두 사도의 회의	6:2－4
일곱 집사 선택	6:5－8
리버디노의 비방	6:9－15
스데반의 설교	7:1－53
스데반을 돌로 침	7:54－60

빌립

사마리아 성의 전도자(8:4－8)

가사 광야의 구령자(8:26－39)

"빌립이 입을 열어 이 글에서 시작하여 예수를 가르쳐 복음을 전하니 길 가다가 물 있는 곳에 이르러 내시가 말하되 보라 물이 있으니 내가 침례(세례)를 받음에 무슨 거리낌이 있느뇨 이에 명하여 병거를 머물고 빌립과 내시가 둘 다 물에 내려가 빌립이 침례(세례)를 주고…"

하나님께서 기적을 행하실 때 가장 놀라는 사람들은 다름아닌 그 일을 가장 열심히 간구하던 바로 그 사람들이라는 것이 슬프기는 하지만 사실이다.
(5) 헤롯은 베드로의 감시 책임을 맡은 병사들을 처형시키라고 명령하였다(행 12:18, 19).
(6) 헤롯 자신은 두로와 시돈의 사람들로 하여금 자신을 신으로서 경배하도록 함으로 하나님께 심판의 재앙을 받고 죽었다(행 12:20－24).

2. 스데반의 활동(행 6:1－7:60)

[1] 어떤 제자들의 불평

(1) 초대교회는 급격히 성장했기 때문에 한 가지 문제가 발생하였다. 헬라어밖에 사용할 줄 모르는 유대인들은 그들 가운데 있는 과부들이 부당하게 소외되었다고 불평하였나.
(2) 그들은 매일의 구제에서 자신들이 히브리어를 말하는 유대의 과부들만큼 충분한 식량을 받지 못한다고 느꼈다.

[2] 열두 사도의 회의(행 6:2－4)

(1) 사도들은 자신들이 우선적으로 "기도하는 것과 말씀 전하는 것"에 계속 전념해야 한다고 생각하였다(행 6:4)
(2) 그러므로 그들이 "하나님의 말씀을 제쳐놓고 공궤를 일삼는 것"은 마땅치 않은 일이었다(행 6:2).

헬라어로 "공궤"는 『트라페잘』(trapezal)이며, 때로는 "은행"을 뜻하기도 한다〔개역한글성경에는 "공궤"라고 되어 있으나 원래는 "상"(table)을 의미한다－역자 주〕. 그것은 대금업자들이 상에 앉아 업무를 보기 때문이다(마 21:12). 따라서 여기서 필요한 것은 단순한 요리사나 시종이 아니라 일정한 자격을 갖춘 감독을 찾는 것이었다.
(3) 이 새로운 직분을 감당하려면 다섯 가지 조건이 갖추어져야 했다.

① 남자일 것.
② 구원받은 자일 것.
③ 존경받는 자일 것.
④ 신령한 자일 것.
⑤ 지혜를 겸비한 자일 것.

우리는 여기서 초대교회에는 목회자와 집사 사이에 "이중의 기준"이 없었음을 알 수 있다.

[3] 일곱 집사의 선택(행 6:5－8)

(1) 일곱 사람이 모두 헬라식 이름을 가진 것으로 미루어 보건대 그들은 모두 헬라 지역 출신일 가능성이 있다. 만일 그렇다고 하면 이것은 불평한 사람들에 대한 자비로운 조처였다.
(2) 선택을 받을 때 일곱 사람들은 사도들 앞에 세워졌다.
"사도들이 기도하고 그들에게 안수하였다"(행 6:6).
성경에서 안수는 다음과 같은 이유로 행해지는 것이다.

① 축복의 행위로서(마 19:13, 15 / 창 48:14－20)
② 치유를 위해(막 5:23 / 6:5)
③ 성령을 받도록 하기 위해(행 8:17, 19 / 9:17)
④ 성직을 수여하기 위해(행 6:6 / 13:3 / 딤전 4:14 / 딤후 1:6 / 민 8:9, 10)
⑤ 신분 증명을 위해(민 8:12)

(3) 일곱 집사를 선택한 후 나타난 결과
"하나님의 말씀이 점점 왕성하여 예루살렘에 있는 제자의 수가 더 심히 많아지고 허다한 제사장의 무리도 이 도에 복종하니라"(행 6:7).
따라서 불평은 자취를 감추게 되었고 회개하는 자들이 더욱 늘어났다(시 51:12, 13).
(4) 최초로 선택된 일곱 집사 가운데 두 사람은 매우 위대한 일을 행하였다. 그들은 빌립과 스데반이었다.

4 스데반의 설교(행 6:9－15)

(1) 스데반의 설교는 리버디노(해방 노예) 회당의 반발을 샀다. 리버디노들은 과거에 노예였던 자들로, 그들의 원래 회당은 예루살렘에 있었음이 분명하다(행 6:9).
(2) "스데반이 지혜와 성령으로 말함을 능히 당치 못하여" 그들은 스데반을 산헤드린에 고발하였다(행 6:10, 12). 능히 반박할 수 없는 신령한 이 지혜는 누가복음 21장 12－15절에 기록된 예수님의 말씀이 성취된 것이다.
(3) 스데반은 세 가지 측면에서 신성을 모독했다는 허위 사실로 고소를 당했다.
① 하나님에 대해(행 6:11)
② 성전에 대해(행 6:13)
③ 모세의 율법에 대해(행 6:11, 13)
(4) 이 모든 일이 일어나고 있는 동안에 스데반의 얼굴은 "천사의 얼굴과 같았다"(행 6:15 / 참조, 출 34:29－35 / 벧전 4:14).
(5) 스데반은 다음의 역사적 관계를 짤막하게 말하기 시작하였다.
① 하나님과 아브라함(행 7:1－8)
② 하나님과 요셉(행 7:9－19)
③ 하나님과 모세(행 7:20－44)
④ 하나님과 다윗(행 7:45－47)
(6) 스데반이 가르치는 내용은 명백하다. 즉, 참 하나님을 예배하는 데에 유대의 성전은 더 이상 필요하지 않다는 것이다. 물론 그리스도 역시 이것을 말씀하신 적이 있다(요 4:20－24). 자신의 주장을 입증하기 위해 스데반은 다음 사실들을 지적하였다.
① 아브라함과 족장들이 항상 팔레스틴에 살았던 것은 아니었지만 하나님은 그들을 축복하셨다.
② 팔레스틴에 살던 상당 기간 동안 이스라엘은 성전에서 하나님께 예배드리지 않았다.
③ 성전을 가졌다는 사실이 그들을 반역과 불순종으로부터 구원해 줄 수 있는 것은 아니다.
(7) 이러한 점에서 볼 때 그가 말하는 목적은, 성전이란 하나님에 대한 참 예배의 필수조건도 아니며 그것의 보장도 아니라는 사실을 역사를 통해 이스라엘에게 보여주려는

것이었다.

(8) 스데반은 이스라엘 지도자들의 사악함을 맹렬히 비난하며 설교를 끝맺는다.

"목이 곧고 마음과 귀에 할례를 받지 못한 사람들아 너희가 항상 성령을 거스려 너희 조상과 같이 너희도 하는도다"(행 7:51).

여기에서 알 수 있는 것은, 이스라엘 역사에는 특별히 하나님의 뜻을 거스리는 표시인 세 가지 살인 사건이 있었다는 사실이다.

① 침례(세례) 요한을 죽임 : 이는 아버지를 거부한 사실을 가리킨다.

② 그리스도를 죽임 : 이는 아들을 배척했음을 보여준다.

③ 스데반을 죽임 : 이는 성령을 거절했음을 입증한다.

5 스데반을 돌로 쳐죽임(행 7:54-60)

(1) 그의 능력 있는 설교는 청중들로 하여금 격렬한 분노의 감정을 품게 하였다.

① 그들은 마음에 찔림을 받았다(행 7:54).

② 그들은 그에 대해 이를 갈았다(행 7:54).

③ 그들은 큰 소리를 질렀다(행 7:57).

④ 그들은 귀를 틀어 막았다(행 7:57).

⑤ 그들은 일심으로 그에게 달려들었다(행 7:57).

이와 똑같은 말이 바다로 달려들어간 귀신들린 돼지들에게도 사용되었다(막 5:13). 사도행전 19장 29절에서 그 말이 다시 사용되고 있음을 주목하라.

(2) 그렇지만 이 모든 사실은 "성령이 충만한" 스데반에게는 아무런 영향도 주지 못했다.

① 그는 하늘을 우러러 주목하였다(행 7:55).

② 그는 하나님의 영광을 보았다(행 7:55).

우리는 스데반의 설교가 영광의 하나님(행 7:2)으로 시작해서 하나님의 영광으로 끝맺은 것을 알게 된다!

③ 그는 예수께서 하나님 우편에 서 계신 것을 보았다. 이리하여 스데반은 승천하신 예수님을 본 세 사람 가운데 첫번째가 되었다. 나머지 두 사람은 바울(행 9:3-6)과 요한(계 1:10, 12-16)이다. 스데반이 예수께서 하나님의 우편에 서 계신 것을 보았음에 유의하라. 이것은 요한계시록을 제외하고 (승천하신 후에) 서 계신 구세주에 대한 유일한 언급이다. 다른 모든 구절들에서 그분은 앉아 계신 것으로 묘사되어 있다(마 26:64 / 행 2:34 / 골 3:1 / 엡 1:20 / 1:3, 13 / 8:1 / 10:12). 아마 주님은 그분의 성도가 하늘 본향에 오는 것을 환영하기 위해 일어나셨을 것이다.

(3) 스데반은 피에 주린 군중들이 던진 돌에 맞아 죽었다. 이것은 합법적인 재판에 의한 것이 아니라 사형(私刑)이다. 왜냐하면 당시의 유대법에는 중대한 사건은 적어도 하루 후에 재심을 하도록 규정되어 있었기 때문이다. 그리고 재심을 한 후에도 로마 법정의 재가를 반드시 받아야 했던 것이다.

(4) 스데반은 그의 주님과 마찬가지로 악한 자들의 손에 죽임을 당했다.

① 그는 예수께서 그랬던 것(눅 23:46)처럼 "내 영혼을 받으소서"(행 7:59)라고 하나님께 부르짖었다.

② 그는 그의 적들을 위해 "주여 죄를 저들에게 돌리지 마옵소서"(행 7:60)라고 기도

하였는데 주님께서도 이와 같이 기도하셨다(눅 23:34).
성경에 그는 "이 말을 하고 자니라"(행 7:60)라고 기록되어 있다. 이것이 하나님께서 성도의 죽음을 기술하시는 방법이다(마 27:52 / 요 11:11 / 행 13:36 / 고전 15:18, 20, 51 / 살전 4:13—15 / 벧후 3:4).

3. 빌립의 활동(행 8:5—13, 26—40)

1 집사로 선택받은 직후에 빌립은 사마리아로 가서 복음전도 운동을 전개한다.

2 수많은 사람들이 구원을 받았고 많은 기적들이 일어났으며 이로 인해 "그 성에 큰 기쁨이 있게 되었다"(행 8:8).

3 전력을 다해 전도활동을 하고 있을 때 빌립은 "(광야인) 가사로 내려가는 길로 가라"(행 8:26)는 천사의 지시를 받았다. 이곳은 고대 블레셋의 도시로 예루살렘의 남서쪽 지중해 근처에 위치하였다.

4 여기에서 그는 에디오피아의 권세 있는 내시에게로 인도되었는데 그는 예배하러 예루살렘에 왔다가 돌아가는 길이었다.

5 내시가 탄 병거로 가까이 갔을 때 빌립은 그가 이사야서 53장을 읽고 있음을 알았다. 빌립이 "읽는 것을 깨닫느뇨"(행 8:30) 하고 물었다.

6 내시의 대답은 구원받지 못한 모든 영혼들의 비극적인 상태를 그대로 나타내고 있다.
"지도하는 사람이 없으니 어찌 깨달을 수 있느뇨"(행 8:31 / 참조, 눅 24:32, 45 / 롬 10:13—15, 17).

7 빌립의 행동은 전도자의 활동 방법을 아름답고 분명하게 보여주고 있다.
"빌립이 입을 열어 이 글에서 시작하여 예수를 가르쳐…"(행 8:35).

8 내시는 믿고 침례(세례)를 받았다. 바로 이때 "주의 영이 빌립을 이끌어갔다"(행 8:39). 이것은 구약의 에스겔(겔 3:12, 14 / 8:3)과 엘리야(왕상 18:12 / 왕하 2:16)의 경우처럼 기적에 의한 이동이었을 것이다. 여하튼 빌립은 해변길을 따라 가이사랴에 이르렀고 거기에 정착하였다. 그는 약 20여년 후에 바울이 가이사랴에 있는 그와 그의 네 딸을 방문하기까지 성경에서 다시 언급되지 않는다(행 21:8, 9). 내시는 크게 기뻐하며 에디오피아로 돌아갔다.

2. 전세계 대전도운동과 그 주도자인 천막 만드는 사람 바울
(행 13—28장 / 참조, 행 9:1—31 / 11:19—30 / 12:25)

1. 바울의 배경

1 그의 가문과 유년기(행 21:39 / 22:3 / 23:34 / 롬 11:1 / 빌 3:4, 5 / 고후 11:22)
(1) 그는 길리기아의 다소에서 태어나 거기서 자랐다(행 21:39).
(2) 그는 베냐민 지파 사람이었다(롬 11:1).
(3) 그는 히브리인 중의 히브리인이었다(빌 3:5).

2 교육(행 22:3/23:6/26:4, 5/갈 1:13, 14/빌 3:5)
(1) 그는 가말리엘의 문하생이었다(행 22:3).
(2) 그는 바리새파였고 바리새인의 아들이었다(행 23:6).

3 성격(빌 3:6/딤전 1:12, 13/딤후 1:3)
(1) 그는 최선을 다하여 율법을 지키려고 노력하였다(빌 3:6).
(2) 그는 자기가 하는 모든 일을 대단한 열정을 가지고 행하였다(빌 3:6).
(3) 그가 교회를 박해한 것은 무지의 소치였다(딤전 1:13).

2. 교회에 대한 그의 핍박

1 그는 스데반을 죽이는 사람들의 옷을 보관하였고("증인들이 옷을 벗어 사울… 앞에 두니라") 그의 처형을 승낙하였다(행 7:57, 58/8:1, 2/22:20).
2 그는 교회를 사정없이 파괴하였다(행 8:3). 이 말은 포도원을 사납게 마구 파헤쳐 놓는 거친 돼지의 행위를 나타내는 것이다.
3 그는 그리스도인의 가정에 침입하여 그들을 끌어내고 감옥에 집어넣었다(행 8:3).
4 그는 여러 도시에서 그리스도인들을 박해하고 죽였다(행 22:5).
5 그는 그리스도인들을 매질하였다(행 22:19).
6 그는 그리스도인들을 죽이는 일에 찬성표를 던졌다(행 26:10).
7 그는 그리스도인들에게 고문을 가함으로써 그들로 하여금 그리스도를 저주하도록 강요하였다(행 26:11).
8 그는 상상할 수 없을 정도로 교회를 핍박하였고 "잔해하였다"(갈 1:13).

3. 회심(행 9:1-19/22:5-16/26:12-20/고전 15:7-10/딤전 1:12-16)

1 그는 다메섹에서 "그 도를 좇는 사람"들을 핍박하고자 가는 도중에 신령한 빛 때문에 실명(失明)하게 되었다(행 9:2). 이것이 그리스도인들을 위의 이름("그 도를 좇는 사람")으로 부르게 된 첫번째 경우이다(행 19:9, 23/22:4/24:14, 22 참조).
2 그는 땅에 엎드러져 그리스도께서 "사울아 사울아 네가 어찌하여 나를 핍박하느냐"(행 9:4)라고 말씀하시는 소리를 들었다. 또한 그는 이때 예수님을 보았다(행 9:17, 27/22:14/26:16/고전 9:1/15:8 참조). 이것은 바울이 승천하신 구세주를 적어도 일곱 번 보았던 경우 가운데 첫번째이다. 나머지 경우는 다음과 같다.
(1) 드로아에서(행 16:9, 10).
(2) 고린도에서(행 18:9, 10).
(3) 사도가 된 이후 예루살렘을 처음 방문했을 때(행 22:17-21).
(4) 예루살렘을 마지막으로 방문했을 때(행 23:11).
(5) 로마로 가는 도중에(행 27:23, 24).
(6) 삼층천에 이끌려 올라갔을 때(고후 12:1-4).
우리는 사도행전 9장 4절에서 그리스도인을 핍박한다는 것은 사실 그리스도 자신을 핍박하는 것임을 알게 된다. 예수님은 이렇게 자신을 그분의 백성과 동일시하신다(마 25:1/고전 12장).

3 바울은 영광스럽게 구원을 받고 장님이 된 채로 다메섹으로 인도를 받아 들어가서 삼 일 동안 먹지도 않고 마시지도 않고 홀로 있었다.

4 하나님은 아나니아라는 다메섹의 한 성도에게 나타나셔서 하나님의 비밀 병기를 소개해 주셨다.

"일어나 직가라 하는 거리로 가서 유다 집에서 다소 사람 사울이라 하는 자를 찾으라 저가 기도하는 중이다"(행 9:11).

"저가 기도하는 중이다"라는 세 마디 말은 그 자체가 바울의 삶을 요약한 것이다. 그는 그의 사역을 기도로 시작하였고 기도로 끝맺었다(딤후 4:16 참조). 바울은 문자 그대로 모든 것을 위하여 어디에서나 기도하였다. 그는 죄인들과 성도들을 위하여, 권세자와 간수들을 위하여, 유대인과 이방인들을 위하여, 지도자와 평신도들을 위하여 기도하였다(행 16:25 / 20:36 / 21:5 / 22:17 / 28:8 / 롬 1:9 / 10:1 / 엡 1:16 / 빌 1:4, 9 / 골 1:3, 9 / 살전 1:2 / 딤후 1:3 / 몬 1:4 참조).

아나니아는 바울을 돕기를 주저하였다. 왜냐하면 "그가 예루살렘에서 주의 성도에게 적지 않은 해를 끼쳤기"(행 9:13) 때문이었다. 그러나 하나님은 그의 반대를 물리치시며 이렇게 명하셨다.

"가라 이 사람은 내 이름을 이방인과 임금들과 이스라엘 자손들 앞에 전하기 위하여 택한 나의 그릇이라 그가 내 이름을 위하여 해를 얼마나 받아야 할 것을 내가 그에게 보이리라"(행 9:15, 16).

여기에서 하나님은 바울이 어떻게 될 것인가를 예언하셨다.

(1) 택한 그릇

후에 바울은 그의 서신 가운데서 네 종류의 그릇에 대해 쓴 바 있다. 그것들은 다음과 같다.

① 귀히 쓸 그릇(롬 9:21)
② 긍휼의 그릇(롬 9:23)
③ 질그릇(고후 4:7)
④ 거룩하고 귀히 쓰는 그릇(딤후 2:21)

바울 자신이 이 네 종류의 그릇들이 되었던 것이다.

(2) 이방인을 위한 선교(행 13:47 / 딤후 1:11)

(3) 고난받는 종

그리스도를 위하여 바울만큼 고난을 당한 사람이 어디 있겠는가!

① 그는 다음과 같이 여러 가지로 위협을 받았다.

ㄱ. 구원받은 후 다메섹에서(행 9:23-25 / 고후 11:32, 33)
ㄴ. 성도로서 처음 방문한 예루살렘에서(행 9:29)
ㄷ. 3차 전도 여행 때 마게도냐에서(행 20:3)
ㄹ. 예루살렘에 있을 때 유대인들 앞에서(행 21:30, 31)
ㅁ. 예루살렘에 있을 때 산헤드린 공회 앞에서(행 23:10)
ㅂ. 예루살렘에서 40인의 손에(행 23:12-22)
ㅅ. 가이사랴에서 유대인들의 손에(행 25:3)

② 그는 처음에 성도들에게 의심을 샀다(행 9:26).

③ 그는 성도들에게 미움을 받았다(빌 1:14−18).
④ 그의 사역은 그의 동족과 기타의 사람들에게 계속 반대를 받았다.
ㄱ. 안디옥에서(행 13:45, 50)
ㄴ. 이고니온에서(행 14:2−5)
ㄷ. 데살로니가에서(행 17:5/살전 2:2, 14−16)
ㄹ. 베뢰아에서(행 17:13)
ㅁ. 고린도에서(행 18:6, 12)
ㅂ. 에베소에서(행 19:26)
⑤ 그는 돌에 맞아 죽었다 하여 성 밖에 버려지기도 하였다(행 14:19).
⑥ 그는 사단의 압력을 받기도 하였다(행 13:8/16:16−18/살전 2:18/고후 12:7).
⑦ 그는 빌립보에서 매를 맞고 감옥에 갇혔다(행 16:19−24).
⑧ 그는 조롱을 당하기도 하였다.
ㄱ. 아덴에서(행 17:18, 32)
ㄴ. 가이사랴에서(행 26:24)
⑨ 그는 때때로 거짓 고소를 당하기도 했다(행 24:5−9/25:7).
⑩ 그는 사납게 몰아치는 태풍을 겪었다(행 27:14−20).
⑪ 그는 독사에게 물리기도 하였다(행 28:3, 4)
⑫ 그는 감옥에 갇힌 적이 있다.
ㄱ. 가이사랴에서 2년 동안(행 24:27)
ㄴ. 로마에서(딤후 1:8/2:9/엡 6:20/빌 1:13/몬 1:9)
⑬ 그는 모든 사람에게 버림을 받았다(딤후 4:10, 16, 자신이 당한 고난에 대한 일체의 증언은 고후 1:6/4:8−10/6:4−10/7:5/11:24−28/빌 3:7, 8, 10/롬 8:8에서 볼 수 있다).

5 **하나님께서는 아나니아의 손을 빌어 안수함으로 그의 시력을 회복시켜 주셨다.** 사울은 성령충만해져 침례(세례)를 받았다.

6 **사울은 다메섹에서 구주 예수 그리스도의 신성을 선포함으로써 선교를 시작하였다.** 그의 말을 듣는 모든 사람들은 크게 놀랐다. 그들은 흉악하고 피에 굶주린 악마의 이리떼 같은 자가 갑자기 변하여 매우 신실하고 온순한 양떼를 지키는 하나님의 경비견이 되었다는 것을 처음에는 쉽게 믿을 수 없었다(행 9:19−22).

4. 초기 선교

1 **바울은 삼 년 동안 영적 훈련을 위해 아라비아에 가 있었다.** 아마도 이는 사울이 깨닫게 된 구세주의 빛에 비추어 구약성경의 의미를 완전히 파악하기 위해서였을 것이다(갈 1:17, 18).

2 **다메섹에 돌아온 후에 그는 그를 죽이고자 하는 유대인들의 음모를 알게 되었다.** 그러나 그의 친구가 그를 바구니에 태워 성벽을 따라 달아내림으로써 그는 그들의 음모를 피하였다. 이때 그는 회심 이후 예루살렘을 처음으로 방문하였다. 적어도 그는 다섯 차례 예루살렘을 방문한 바 있다.

(1) 1차(행 9:23−30/갈 1:18, 19)

전세계 선교단의 활동

바울 : 회심 이전

● 성장기의 배경

가문과 유년기	교육	성격
다소에서 출생과 성장 (행 21:39) 베냐민 지파 사람 (롬 11:1) 히브리인 중의 히브리인 (빌 3:5)	가말리엘에게 배움 (행 22:3) 바리새인이며 바리새인의 아들임 (행 23:6)	무지한 훼방자였음 (딤전 1:13) 열성을 보임 1. 율법을 지키는 일에 (빌 3:6) 2. 교회를 핍박하는 일에 (빌 3:6)

● 교회에 대한 박해

—스데반의 처형에 가담함(행 7:27—58 / 8:1 / 22:20)
—교회를 진멸함(행 8:3)
—그리스도인을 투옥시킴(행 8:3)
—그리스도인을 박해하여 죽게 함(행 22:4)
—그리스도인을 매질함(행 22:19)
—그리스도인을 죽이는 데 찬성함(행 26:10)
—고문을 가하여 그리스도인으로 하여금 주를 모독케 함(행 26:11)
—교회를 말할 수 없이 핍박하고 잔해함(갈 1:13)

바울 : 회심

● 성경의 언급

사도행전 9장 1—18절, 사도행전 22장 5—16절, 사도행전 26장 12—20절, 고린도전서 15장 8—10절, 디모데전서 1장 12—16절

● 상세한 설명

—그리스도인들을 핍박하기 위해 다메섹에 가는 도중.
—하늘의 빛 때문에 엎드러졌고 실명케 됨.
—그리스도의 음성을 듣고 주 곧 구세주로 영접함.
—다메섹에 인도되어 삼 일 동안 홀로 있게 됨.
—다메섹의 성도 아나니아의 도움을 받음.
—시력을 되찾고 회당에서 그리스도를 선포함.

바울 : 초대교회

—다메섹의 회당에서 그리스도를 전파함(행 9:19—21)
—수년 동안 아라비아 사막에 가 있었음(갈 1:16, 17)

–많은 지식과 전도의 능력을 가지고 다메섹으로 돌아옴(갈 1:17, 18/행 9:22–25)
–다메섹을 탈출하여 회심 이후 처음으로 예루살렘을 방문함(행 9:26–29/갈 1:18–20)
–그를 죽이려는 유대인의 음모를 피해 다소로 보내짐(행 9:30/갈 1:21)
–안디옥에서 일하도록 바나바가 다소에서 데려옴(행 11:24–26)
–2차 예루살렘 방문시에 그곳의 궁핍한 자들을 위하여 사랑의 부조를 가지고 감(행 11:30/갈 2:1–10)
–말씀을 선포하고 가르치기 위해 안디옥에 돌아옴(행 12:25–13:3)

(2) 2차(행 11:30)
(3) 3차(행 15:1–30/갈 2:2–10)
(4) 4차(행 18:21–23)
(5) 5차(행 21:17–23:35)

3 **사울은 베드로와 야고보를 만났으며(대부분의 제자들은 여전히 그를 두려워하였다) 15일의 방문 기간 동안 바나바의 보증을 받았다**(행 9:26–28/갈 1:18, 19).

4 **그 후에 그는 헬라파 유대인들의 살해 음모를 피하기 위해 예루살렘을 떠나 고향 다소로 돌아왔다**(행 9:29–31).

5 **약 10년 후에 그는 안디옥에 새로 세워진 교회를 가르치기 위해 파견되었던 바나바와 합류하라고 하는 청탁을 받았다.** 바로 이 도시에서 성도들은 처음으로 그리스도인이라 불리게 되었다(행 11:26, 이 칭호에 대한 신약성경의 다른 언급에 대해서는 행 26:28/벧전 4:16 참조).

6 **바나바와 사울은 다시 예루살렘을 방문하였다.** 이때 그들은 기근 때문에 고난을 당하던 그곳의 성도들을 위해 양식을 가지고 갔다. 이 기근에 대해서는 아가보라는 예언자가 이미 예언하였던 바이다. 그는 사도행전 21장 10절에 다시 나타나 다른 종류의 경고를 하고 있다(행 11:27–30).

7 **은혜의 사역을 마친 후에 바나바와 사울은 바나바의 젊은 조카 요한 마가와 함께 안디옥으로 돌아왔다**(행 12:25).

5. 제 1차 전도여행(행 13, 14장)

1 **사울은 안디옥 교회에서 여러 예언자들과 교사들과 더불어 놀라운 사역을 계속하였다. 초기의 몇몇 지도자들에 대한 기록이 다음에 나타난다.**

(1) 니게르라 하는 시므온
그는 마가복음 15장 21절에 언급된 구레네 시몬과 동일 인물인 것 같다. 『니게르』가 "검다"는 것을 의미하는 것으로 보아 그는 북아프리카 태생인 것 같다.

(2) 마나엔
그의 이름 앞에는 젖동생이라는 수식어가 붙어 있다. 따라서 그와 사악한 헤롯 대왕은 궁중에서 함께 자랐음이 분명하다.

2 **이들이 예배하며 금식하고 있던 어느 날, 성령께서 그들에게 명하시기를 "내가 불러**

시키는 일을 위하여 바나바와 사울을 따로 세우라"(행 13:2)고 하셨다.

3 **안수식을 행한 후에, 안디옥 교회는 기독교 사상 첫 해외 선교사를 파견하였다!** 여기에서 우리가 알 수 있는 것은 그 교회가 예루살렘 교회로부터 완전히 독립되어 있으며 관료적 교회 관계를 전혀 인정하지 않았다는 사실이다. 여기에서 지역교회와 성령과의 아름다운 협력을 볼 수 있다(행 13:2−4).

4 **바보에서의 사건들**

바나바, 사울, 요한 마가는 구브로 성 한가운데를 지나 그 성의 서쪽 해안에 있는 바보에 이르기까지 그들의 도를 전파하였다. 여기에서 다음과 같은 사건들이 있었다(행 13:5−13).

(1) 사울의 이름이 바뀌어 처음으로 바울이라고 불리운다(행 13:9).

(2) 바울은 복음의 멧세지를 적극적으로 반대하는 바예수라 하는 거짓 예언자요 박수의 눈을 잠시 멀게 함으로써 첫번째 기적을 행하였다. 『바예수』의 의미는 "구원의 아들"이었으나 바울은 그를 그의 실제 이름, 즉 "악마의 자식"이라고 불렀다(행 13:10). 요한복음 8장 44절을 참조하라. 베드로와 바울은 비슷한 기적들을 행하였다.

① 앉은뱅이를 고침(행 3:1−8/참조, 행 14:8−12)
② 악행이 가득한 위선자를 벌함(행 8:18−24/참조, 13:4−12)
③ 감옥에서 기적적으로 석방됨(행 12:5−10/참조, 행 16:25−29)
④ 죽은 자를 살림(행 9:40/참조, 행 20:12)

(3) 바보의 총독(서기오 바울)이 그리스도를 믿게 되었다.

(4) 요한 마가가 그 팀에서 떠나 고향으로 돌아갔다.

5 **비시디아 안디옥에서의 사건들(행 13:14−50)**

(1) 바울은 멧세지를 선포하도록 이곳에 초청받았으며 이는 기록된 그의 첫 멧세지였다. 그것은 역사를 회상한다는 점에서 어쩌면 바울도 들었을지 모르는 스데반의 설교와 흡사하였다. 랍비들은 보통 앉아서 가르쳤는데, 바울은 서서 전파하였고 따라서 이방 청중들의 이목을 끌 수 있었다. 그는 다음과 같은 것들을 전파하였다.

① 출애굽의 구원 사건
② 광야 방황
③ 가나안 정복
④ 사울과 다윗의 통치
⑤ 침례(세례) 요한의 선교
⑥ 다윗의 후손 주 예수 그리스도의 십자가 처형과 부활

이어서 그는 이렇게 구원의 초청을 하였다.

"그러므로 형제들아 너희가 알 것은 이 사람을 힘입어 죄사함을 너희에게 전하는 이것이며 또 모세의 율법으로 너희가 의롭다 하심을 얻지 못하던 모든 일에도 이 사람을 힘입어 믿는 자마다 의롭다 하심을 얻는 이것이라"(행 13:38, 39).

(2) 이방인들은 다음 안식일에도 말씀을 전해달라고 초청하였다. 바울의 이방 선교는 이제 한창 본 궤도에 오른다(행 9:15/22:21−이는 하나님께서 예언하신 바임. 행 13:47/14:27/15:3, 12/갈 2:2/엡 3:1, 6/골 1:27/딤전 3:16/딤후 1:11/4:17 참조).

(3) 바울이 이방인들에게 전도했을 때, 그들은 "듣고 기뻐하여 하나님의 말씀을 찬송하

였다"(행 13:45). 그러나 유대인들은 "시기가 가득하여 바울의 말한 것을 면박하고 비방하였다"(행 13:45). 이로 인하여 바울은 유감스러운 일이지만 다음과 같이 결론을 내려야 했다.
"하나님의 말씀을 마땅히 먼저 너희에게 전할 것이로되 너희가 버리고 영생 얻음에 합당치 않은 자로 자처하기로 우리가 이방인에게로 향하노라"(행 13:46/참조, 행 18:6/28:28).

[6] 이고니온에서의 사건들(행 14:1−5)

(1) 이곳의 많은 사람들이 복음의 멧세지를 믿었다.
그러나 불신앙의 유대인들은 오히려 소동을 일으켰다.
(2) 생명을 위협하는 그들의 음모를 알고 바나바와 바울은 루스드라로 떠났다.

[7] 루스드라에서의 사건들(행 14:6−25)

(1) 바울은 앉은뱅이로 태어난 어떤 사람을 고쳐주었고 이에 놀란 군중들은 복음 전도자들을 신처럼 여기고 바나바를 '쓰스', 바울을 '허메'라고 불렀다. 로마의 시인 오비드(Ovid:주전 43년)는 희랍의 신 쓰스와 허메가 인간의 모습을 하고 로마를 방문하였다고 하는 고대 신화를 기록한 바가 있다. 그에 의하면 한 쌍의 노부부를 제외하고는 모든 사람들이 그들을 외면하였다. 이에 대한 심판으로 후에 홍수가 일어나 이 부부를 제

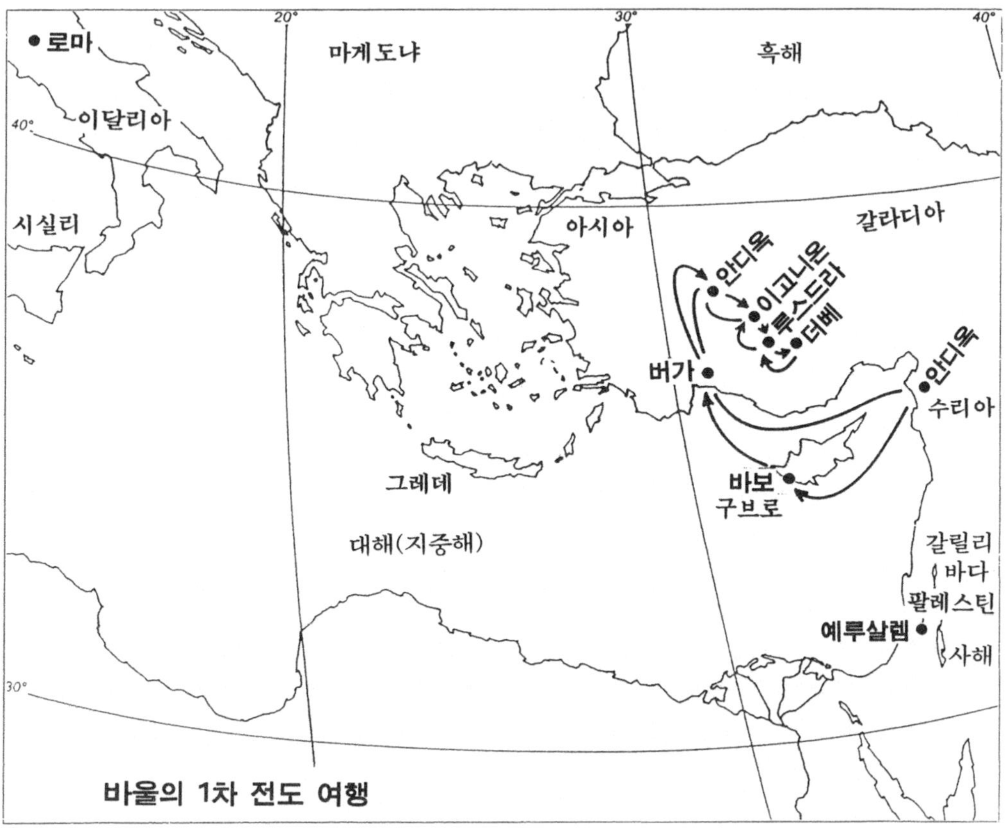

바울의 1차 전도 여행

외하고 모든 사람들을 삼켜버렸다고 한다.
(2) 루스드라의 쓰스(쥬피터) 제사장은 위와 동일한 실수를 범하지 않으려고 짐승들과 화관으로 제사를 드려 그들을 경배하고자 하였다.
(3) 당황한 바울은 옷을 찢으며 그들에게 권고하였다.
"여러분이여 어찌하여 이러한 일을 하느냐 우리도 너희와 같은 성정을 가진 사람이라" (행 14:15).
모든 사람들은 동일한 성정(性情)을 갖고 있다(약 5:17 / 행 10:26 / 계 22:9 참조).
(4) 그리스도를 전파한 후에 바울은(안디옥과 이고니온에서부터 그를 좇아다니며 못살게 굴던) 말썽쟁이 유대인들의 사주를 받은 무리들에게 돌에 맞아 거의 죽을 지경이 되어 내버려졌다. 여기서 한 가지 유의해야 할 것이 있다. 어떤 사람들은 바울이 여기서 실제로 죽었으며 그 다음에 하나님께서 그를 살려주셨고 또한 이때에 그는 고린도후서 12장 1-9절에 언급된 대로 천국을 방문했다고 생각한다는 것이다. 그렇지만 이러한 주장에는 시간이 불일치하는 문제가 있다. 왜냐하면 돌에 맞은 것은 주후 47년 또는 48년에 일어난 일이며 바울이 고린도후서를 기록한 때는 이보다 약 7년이 늦은 주후 55년이기 때문이다. 그러나 고린도후서에서 그는 14년 전에 일어난 일을 말하기도 한다. 여하튼 이곳에서 그는 갈라디아서 6장 17절에 기록된 대로, 예수를 위해 그의 몸에 상처를 받았던 것 같다. 그가 죽었었는지 아니면 단순히 의식불명의 상태였는지는 분명치 않으나 여기서 우리는 기적이 일어났음을 알 수 있다. 왜냐하면 그는 즉시 "일어나 성에 들어갔다"고 성경에 기록되어 있기 때문이다(행 14:20).
(5) 전도자들은 더베로 갔다가 루스드라, 이고니온, 안디옥으로 두루 다니며 이전에 세운 교회를 다시 찾아보고 또 새로운 교회를 세우기도 하였다. 그들은 다음과 같은 것을 통해 이러한 일을 하였다.

① 마음을 굳게 함
② 권면함
③ 장로를 임명함
④ 하나님께 부탁함

이에 대해 켄트 박사는 다음과 같이 쓰고 있다.

> "그들이 방문한 각 교회에서 성도들은 장로를 선택함으로써 조직화되었다. 「택한다」(행 14:23)라는 말은 원의미가 거수 투표로 선출한다는 헬라어의 번역어이다. 또한 이 말은 사도행전 10장 41절의 복합동사에서 볼 수 있는 것처럼 '선택' 혹은 '임명'이라는 일반적 의미를 점차 갖게 되었다. 사도행전 14장 23절이 의미하는 바는 바울과 바나바가 각 교회마다 장로를 직접 임명했다는 것인가? 아니면 회중들의 선거를 조정함으로써 교회에 장로를 세웠다는 한정적인 것인가? 그 말이 두 가지 모두를 의미할 수 있다는 것에는 의심의 여지가 없으나 다음과 같은 요인들에 비추어 보건대 선거에 의한 선택이라는 해석이 적절한 것 같다. ① '임명'을 의미하는 많은 단어들 가운데 하나를 사용하는 대신에 『케이로토네오』(cheirotoneo)라는 동사를 사용한 것은 이 말의 독특한 성격을 이해해야 한다는 것을 의미한다. ② 신약성경에서 이 말이 사용된 다른 유일한 예가 분명히 회중에 의한 선거를 의미하고 있다(고후 8:19). ③ 사도들이 일곱 집사를 선택할 때에도 회중 선거를 이용했다(행 6:3)"(『예루살렘에서 로마까지』, pp. 118-119).

사도행전 13장 2절－14장 28절

바울 : 제 1차 전도여행

경유지	사건	참고 성구
구브로 섬의 바보	• 전도대의 구성원은 바울, 바나바, 요한 마가임. • 바울이 첫번째 기록된 기적을 행함－엘루마의 눈을 멀게 함. • 바울은 이때 처음으로 이방 이름(바울)으로 불림. • 바울이 바보의 총독을 그리스도에게 인도함.	**사도행전** 13:4－12
비시디아 안디옥	• 처음으로 멧세지를 전파함(여섯 가지 사항의 지적과 초청). **지적 내용** 1. 출애굽의 구원 2. 광야 유랑 3. 가나안 정복 4. 사울과 다윗의 통치 5. 침례(세례) 요한의 선교 6. 다윗의 씨인 그리스도의 십자가 죽음과 부활 **초청 내용** "그러므로 형제들아 너희가 알 것은 이 사람을 힘입어 죄 사함을 너희에게 전하는 이것이며 또 모세의 율법으로 너희가 의롭다 하심을 얻지 못하던 모든 일에도 이 사람을 힘입어 믿는 자마다 의롭다 하심을 얻는 이것이라"(행 13:38, 39). • 많은 이방인들과 소수의 유대인들이 그의 멧세지를 받아들임. • 그러나 유대의 지도자들은 그것을 거부하고 그를 마을 밖으로 쫓아냄. • 그 후 그는 이방인에게로 향한다는 자신의 의도를 밝힘(행 13:46).	**사도행전** 13:13－50
이고니온	• 역시 이곳에서도 많은 사람들이 복음을 받아들임. • 그러나 유대의 지도자들은 또다시 말썽을 일으킴.	**사도행전** 13:51－14:5
루스드라	• 바울이 앉은뱅이로 태어난 자를 고침. • 무리들이 바울과 바나바를 희랍신 쓰스와 허메로 예배하려 함. • 바울은 그들이 주는 영예를 거부하고 돌에 맞아 죽은 자로 여겨져 내버림을 당함. • 초자연적 능력으로 말미암아 일으킴을 받고 바	**사도행전** 14:6－25

	울은 루스드라와 주변 도시에서 계속 복음을 전함.	
수리아의 안디옥	• 전도대는 역사상 최초의 귀한 선교자에 의한 '해외전도보고서'를 가지고 안디옥으로 돌아옴. • 신약성경에 기록된 바울의 첫번째 책 갈라디아서를 안디옥에서 기록한 것 같음.	**사도행전** 14:26-28

사도행전 15장 1-35절

바울 : 예루살렘 회의에서의 그의 역할

문제점	결정
• 이방인 회심자들이 할례라는 유대의 의식을 따라야 하는가?	"그러므로 내 의견에는 이방인 중에서 하나님께로 돌아오는 자들을 괴롭게 말고 다만 우상의 더러운 것과 음행과 목매어 죽인 것과 피를 멀리 하라고 하는 것이 가하니"(행 15:19, 20).
회의	**편지**
• 1차 전체 회의(행 15:4, 5) • 사도와 장로들만의 회의(행 15:6) • 2차 전체 회의(행 15:7-21) 1. 베드로의 보고(행 15:7-11) 2. 바울과 바나바의 보고(행 15:12) 3. 야고보의 보고(행 15:13-21)	공식 서한이 작성되고 모든 지역 교회들에 발송되어 그들에게 예루살렘 공의회의 결정을 전달함(행 15:22-35).

(6) 그 이후에 바울과 바나바는 그들이 "하나님이 함께 행하신 모든 일과 이방인들에게 믿음의 문을 여신 것을 (정열적으로) 고했던"(행 14:27) 안디옥으로 돌아왔다.

〔테니(M. Teney), 켄트 등과 같은〕 일부 학자들은 바울이 이때에 갈라디아서를 기록하였다고 생각한다. 만일 이것이 사실이라면 갈라디아서는 그의 첫 서신이 된다.

6. 예루살렘 회의에서의 그의 활동(행 15:1-35)

[1] **이방인 회심자들도 유대의 의식에 따라 할례를 받게 해야 하는지에 관한 중대한 문제가 초대교회에서 제기되었다.** 바울과 바나바는 안디옥의 이러한 율법주의자들과 "적지 아니한 다툼과 변론을"(행 15:2) 하였다. 처음에는 베드로와 (주님의 형제인) 야고보도 이러한 입장을 취했던 것 같다(갈 2:11, 12). 그렇지만 그들은 곧 자신들의 생각을 바꾸게 되었다.

[2] **이 논쟁을 해결하기 위해 특별회의가 예루살렘에서 개최될 예정이었다.** 이 회의는 3개의 소회기로 분명히 나누어진다.

(1) 1차 전체 회의(행 15:4, 5)

(2) 사도와 장로들만의 회의(행 15:6)
(3) 2차 전체 회의(행 15:7—29)

3 마지막 회의에서 대표자들은 주님의 수제자인 베드로와 돌아온 두 선교사 바울과 바나바 그리고 주님의 의붓형제인 예루살렘 교회 목회자 야고보가 작성한 세 개의 특별 "위원회 보고"를 들었다.

(1) 베드로의 보고(행 15:7—11)
그는 하나님께서 그에게 이방인 고넬료의 집에서 전도할 것을 어떻게 명하셨는가를 그들에게 이야기하고 다음과 같은 권면의 말로 결론을 맺었다.
"그런데 지금 너희가 어찌하여 하나님을 시험하여 우리 조상과 우리도 능히 메지 못하던 멍에를 제자들의 목에 두려느냐 우리가 저희와 동일하게 주 예수님의 은혜로 구원받는 줄을 믿노라"(행 15:10, 11).
(2) 바울과 바나바의 보고(행 15:12)
그들은 단지 하나님께서 제 1차 전도 여행 기간 동안에 그들에게 행하도록 허락하신 놀라운 일들을 간추려 말하였다.
(3) 야고보의 보고(행 15:13—21)
① 그는 하나님께서 정하신 현재 목표를 "이방인 중에서 자기 이름을 위할 백성을 취하시려고"(행 15:14)라는 말로 요약하면서 보고를 시작하였다.
② 뒤이어 그는 이러한 일이 완성되었을 때 하나님께서 돌아오셔서 "다윗의 무너진 장막을 다시 짓는다"고 약속하셨음을 상기시키고 있다. 물론 이것은 영광의 천년왕국을 예고하는 것이다.
③ 야고보가 최종 결론을 내리며 다음과 같이 말하였다.
"그러므로 내 의견에는 이방인 중에서 하나님께로 돌아오는 자들을 괴롭게 말고 다만 우상의 더러운 것과 음행과 목매어 죽인 것과 피를 멀리하라고 편지하는 것이 가하니"(행 15:19, 20).
여기에서 주목되는 사실은 최종 결정이 예루살렘 교회의 목회자인 야고보에 의해 이루어졌다는 것이다. (행 15:28에 의하면 성령의 지시를 받아 내려진) 이 결정은 구원받지 못한 유대인들의 감정을 해치지 않을 수 있었다는 점에서 지극히 지혜로운 것이었다(고전 10:32, 33 참조).

4 대표자들의 전폭적인 지지를 받은 이 결정은 문서로 작성되어 선택된 네 사람, 즉 바울, 바나바, 유다 그리고 실라에 의해 각 교회로 보냈다(행 15:22, 23).

5 바울과 바나바는 안디옥으로 돌아갔다(행 15:35).

7. 제 2차 전도 여행(행 15:36—18:22)

1 바울과 바나바 : 그들의 논쟁(행 15:36—39)

(1) 바울은 제 1차 전도 여행 기간 중 조직한 지역 교회를 견고하게 하고자 2차 전도 여행을 제안하였다. 바나바는 이에 즉시 동의하였다.
(2) 바나바는 요한 마가를 다시 동행하자고 제안하였으나 바울은 즉시 이에 반대하였다.
(3) 그들은 "서로 심히 다투어 피차 갈라섰다"(행 15:39).

① 바울은 실라를 택하여 그와 함께 수리아로 향하였다.
② 바나바는 요한 마가와 함께 구브로로 떠났다. 다행스럽게도 신약성경의 기록에 의하면 후에 바울은 바나바(고전 9:6)와, 요한 마가(골 4:10/몬 1:24/딤후 4:11)와 화해하였다고 한다. 이것이 사도행전에 나타난 바나바에 대한 마지막 언급이다.

2 바울과 실라 : 그들의 업적(행 15:40－18:22)

(1) 루스드라에서(행 16:1－5)

① 디모데가 이들과 합류하였다.
② 그는 부분적으로는 유대인이었기 때문에 바울에게 할례를 받았다. 이는 유대인들을 공연히 자극하지 않기 위한 것이었다. 반면에 바울은 후에 이방인인 디도에게 할례를 행하는 것을 거부하였다(갈 2:3). 이것은 바울이 고린도전서 9장 20절에 정한 원칙을 구체적으로 적용한 것이다.

(2) 드로아에서(행 16:6－10)

① 성령은 바울이 아시아 또는 비두니아에서 전도하는 것을 금하였다.
② 우리는 여기서 욕구 그 자체가 소명을 낳는 것은 아니라는 것을 알게 된다. 또한 그들은 하나님을 뒤늦게 생각해 내려고 애쓰지 않았다는 것도 말할 수 있다. 그들은 이 일이 있기 바로 직전에 동편에서 왔다. 그들은 남쪽이나 북쪽으로 가는 것을 허락받지 못하고 계속 기다려야 했다! 하나님의 온전하신 뜻을 발견하기가 항상 쉬운 일은 아니다. 그러나 일단 발견해 내면 그것은 지극히 복된 일이 된다(마 7:7, 8/눅 11:9, 10 참조).
③ 드로아에서 바울은 환상 중에 "마게도냐로 건너와서 우리를 도우라"(행 16:9)고 어떤 사람이 그에게 간구하는 것을 보았다.
④ 전도대는 즉시 마게도냐를 향해 떠났는데, 이때에는 사랑받는 헬라 의사 누가도 동행하였다. 사도행전 16장 10절은 사도행전에 나타나는 "우리－구문"(we－section) 가운데 첫번째 예이다(행 20:5, 6/21:18/27:1 참조).

(3) 빌립보에서(행 16:11－40)

이 유명한 사도행전 16장에는 장사하는 여인, 귀신들린 소녀 및 간수의 회심이 기록되어 있다.

① 장사하는 여인(행 16:13－15)
바울은 강변에 있는 기도처에서 복음을 전하여(두아디라 출신의 자주 장사인) 루디아를 그리스도에게로 인도하였다. 이때 루디아는 그 집안과 함께 침례(세례)를 받고 전도대를 집으로 초대하였다.
② 귀신들린 소녀(행 16:16－18)
바울은 한 여종에게서 귀신을 쫓아내고 그녀를 자유롭게 하였다. 이전에 그녀는 그들을 따라다니며 "이 사람들은 지극히 높은 하나님의 종이라"(행 16:17)고 찬양하였다. 귀신이 예수를 "거룩한 자"(막 1:24)라고 인정했던 것처럼, 이 귀신도 바울과 그의 동료들에게 있는 신령한 능력을 인식하였다.
③ 간수(행 16:19－40)
ㄱ. 귀신들에게 해방된 여종의 주인들은 격노하여 바울과 실라를 매질하고 무정부주

의자로 몰아 옥에 가둠으로 바울에게 복수하였다.

ㄴ. 한밤중에 바울과 실라는 기도하고 하나님을 찬양하였으며, 간수들이 그들의 찬양을 듣고 있었다(행 16:25). 따라서 우리는 성가 발표회가 유럽에서 처음으로 개최되는 것을 보게 된다. 그들은 그리스도께서 수난당하시던 전날 저녁에 찬송하셨던 것처럼 찬양하였다(마 26:30/막 14:36).

ㄷ. 하나님은 큰 지진을 일으켜 죄수들을 석방시키셨다. 이것을 목격한 간수가 (간수가 죄수들의 탈주를 막지 못했을 때 당해야 하는 끔찍한 죽음을 두려워하여) 스스로 목숨을 끊으려고 하였다. 그러나 그는 바울로 말미암아 안심하게 되었다. 그러자 그는 죄인이 물을 수 있는 가장 중요한 질문, 즉 "선생들아 내가 어떻게 구원을 얻으리이까"(행 16:30)라고 물었다. 바울의 대답은 실로 복음의 핵심 바로 그것이었다. 즉, 그의 대답은 "주 예수를 믿으라 그리하면 너와 네 집이 구원을 얻으리라"(행 16:31)였다.

ㄹ. 간수와 그의 집안이 그리스도를 믿고 그날 밤에 침례(세례)를 받았다. 그리스도인으로서 그의 첫번째 사랑의 행위는 바울과 실라의 상처를 씻어주는 일이었다.

ㅁ. 바울, 실라 그리고 디모데는 그 도시의 관원들이 두 로마 시민에게 부끄러운 줄도 모르고 태형을 가한 것을 알고 두려워하며 변명하는 것을 듣고 빌립보를 떠났다. 누가는 새로운 일을 감독하기 위해 빌립보에 남았음이 분명하다. 따라서 "우리-구문"은 바울이 제 3차 전도여행차 빌립보에 다시 돌아오는 사도행전 20장 5, 6절에서 비로소 다시 사용된다.

(4) 데살로니가에서(행 17:1-10)

① 바울은 〔그의 친척(롬 16:21 참조)인 것 같은〕 야손의 집에 거하며 이곳에 체재하는 3주 동안 유대인 회심자들을 모아 교회를 조직하고 성도들에게 짐이 되지 않도록 하기 위하여 천막공으로서 계속 일하였다(살전 2:9/살후 3:7-12 참조).

② 복음 전파는 또다시 불신앙의 유대인들의 방해를 받았다. 그들은 야손을 법정에 고소하고 그를 감옥에 가두려고 애를 썼으나 실패하고 말았다.

③ 바울과 디모데, 실라는 밤에 베뢰아를 향해 떠났다.

(5) 베뢰아에서(행 17:11-14)

① 바울은 이곳의 사람들이 데살로니가인들보다 마음이 열려 있음을 알았다. 그 이유는 그들이 "간절한 마음으로 말씀을 받고 이것이 그러한가 하여 날마다 성경을 상고하였기"(행 17:11) 때문이다.

② 바울은 여기에서도 성가신 유대인들 때문에 밤에 도망하지 않을 수 없었다. 그렇지만 디모데와 실라는 베뢰아에 머물렀다.

(6) 아덴에서(행 17:15-34)

① 바울은 디모데와 실라가 도착하기를 기다리며 회당과 시장에서 매일 복음을 전파하였다.

② 그는 아레오바고 언덕의 광장에서 그의 가르치는 바를 설명하라는 에비구레오와 스도이고 학자들의 초청을 받았다. 전자는 창시자 에피큐로스(Epicuros : 주전 341-270년)의 이름을 따라 그렇게 불린다. 그들은 하나님은 존재하지만 인간의 복지에 대해서는 전혀 관심을 갖고 있지 않으며, 인생의 주요 목적은 쾌락이라고 믿었다. 후자

는 제논(Zenon : 주전 300년)에 의해 창시되었으며 하나님이란 모든 사물에 내재하는 세계의 영혼이라고 믿었다. 그들은 인생의 목표는 모든 것을 초월하여 고통 또는 쾌락에 대해 감정을 나타내 보이지 않는 것이라고 주장하였다. 이들은 모두 바울의 신학에 대해 회의적이었으며 그를 "말쟁이"(행 17:18)라고 하였다. 이 말은 헬라어로 『스페르몰로고스』(spermologos)인데 이는 글자 그대로 둥지를 틀고 있는 새를 가리키는 것이었다.

③ 바울은 그들에게 그리스도를 전파하였다. 그의 서두가 얼마나 재치있는가를 보라. "바울이 아레오바고 가운데 서서 말하되 아덴 사람들아 너희를 보니 범사에 종교성이 많도다 내가 두루 다니며 너희의 위하는 것들을 보다가 알지 못하는 신에게라고 새긴 단도 보았으니 그런즉 너희가 알지 못하고 위하는 그것을 내가 너희에게 알게 하리라"(행 17:22, 23).

이어서 바울은 하나님에 관한 네 가지 위대한 진리를 말하였다.

ㄱ. 창조주이신 하나님(행 17:24, 25)

ㄴ. 주재이신 하나님(행 17:26—29)

ㄷ. 구세주이신 하나님(행 17:30)

ㄹ. 심판자이신 하나님(행 17:31)

설교를 하면서 바울은 헬라의 시인 가운데 한 사람(아로투스)의 시를 인용하고 있다(행 17:28). 디도서 1장 12절을 참조하라. 그는 청중들에게 회개할 것을 권고하며 설교를 끝맺는다.

"이는 정하신 사람으로 하여금 천하를 공의로 심판할 날을 작정하시고 이에 저를 죽은 자 가운데서 다시 살리신 것으로 모든 사람에게 믿을 만한 증거를 주셨음이니라."

만일 심판의 날을 정했다고 하는 이 사실이 잘 알려진다면, 부활절 아침은 구원받지 못한 사람들에게는 지극히 두려운 날이 될 것이다(계 20:11—15 참조).

④ 복음의 멧세지에 대한 반응은 여느 때와 마찬가지로 매우 다양한 것이었다.

ㄱ. 조롱하는 자들

당연한 일이지만 이들 가운데에는 실제의 부활을 믿지 않는 에비구레오 학파 사람들과 인간의 부활을 조소하는 스도이고 학파 사람들이 포함되어 있었을 것이다.

ㄴ. 주저하는 사람들

"이 일에 대하여 네 말을 다시 듣겠다"고 말하는 것에 주목하라(행 17:32, 이를 행 24:25에 있는 벨릭스의 답변과 비교해 보라).

ㄷ. 믿는 자들

(7) 고린도에서(행 18:1—18)

① 여기에서 바울은 유대계 그리스도인 아굴라와 그의 아내 브리스길라를 만났다. 그들은 당시 황제의 반(反)유대적 활동 때문에 로마에서 쫓겨난 지 얼마 안 되는 자들이었다. 그들 역시 장막을 만드는 자들이었기 때문에 바울은 상당히 기뻐하였다. 이 훌륭한 부부들은 신약성경에 여섯 번 언급되고 있다. 카타콤(catacomb)의 비문 중에는 브리스길라가 로마의 고위 명문 가문의 태생임을 암시하는 것이 있다. 후에 에베소에서는 교회가 그들의 집에서 모였다(고전 16:19). 몇년 후에 그들은 다시 로마로 이주했음이 분명하다(롬 16:3—5).

② 실라와 디모데가 이때 바울과 합류하였다. 다음을 보라.
ㄱ. 그들은 베뢰아에 남아 있다가 아덴에서 바울을 만나라고 하는 지시를 받았다. 그러나 이것은 이루어지지 않았다(행 17:14–16).
ㄴ. 실라는 새로운 교회를 세우고 있는 누가를 돕기 위해 베뢰아를 떠나 빌립보로 향하였다.
ㄷ. 바울의 요청에 따라 디모데는 데살로니가 교회의 일을 감독하기 위해 그곳으로 되돌아갔다(살전 3:1, 2).
ㄹ. 그런데 이제 두 사람은 고린도에서 바울에게 인사하였다. 실라는 바울에게 그의 전도 여행을 후원하기 위한 빌립보 교인들의 헌금을 가져왔다(고후 11:8, 9/빌 4:15). 그리고 디모데는 데살로니가에서의 사역이 잘 이루어졌다는 보고를 그에게 하였다.
③ 회당장 그리스보는 다른 많은 고린도 사람들과 함께 구원을 받고 침례(세례)를 받았다.
④ 바울은 하나님께서 환상 중에 다음과 같이 말씀하시는 것을 듣고 크게 용기를 얻었다.
"두려워하지 말며 잠잠하지 말고 말하라 내가 너와 함께 있으매 아무 사람도 너를 대적하여 해롭게 하는 자가 없을 것이니 이는 이 성 중에 내 백성이 많음이라"(행 18:9, 10).

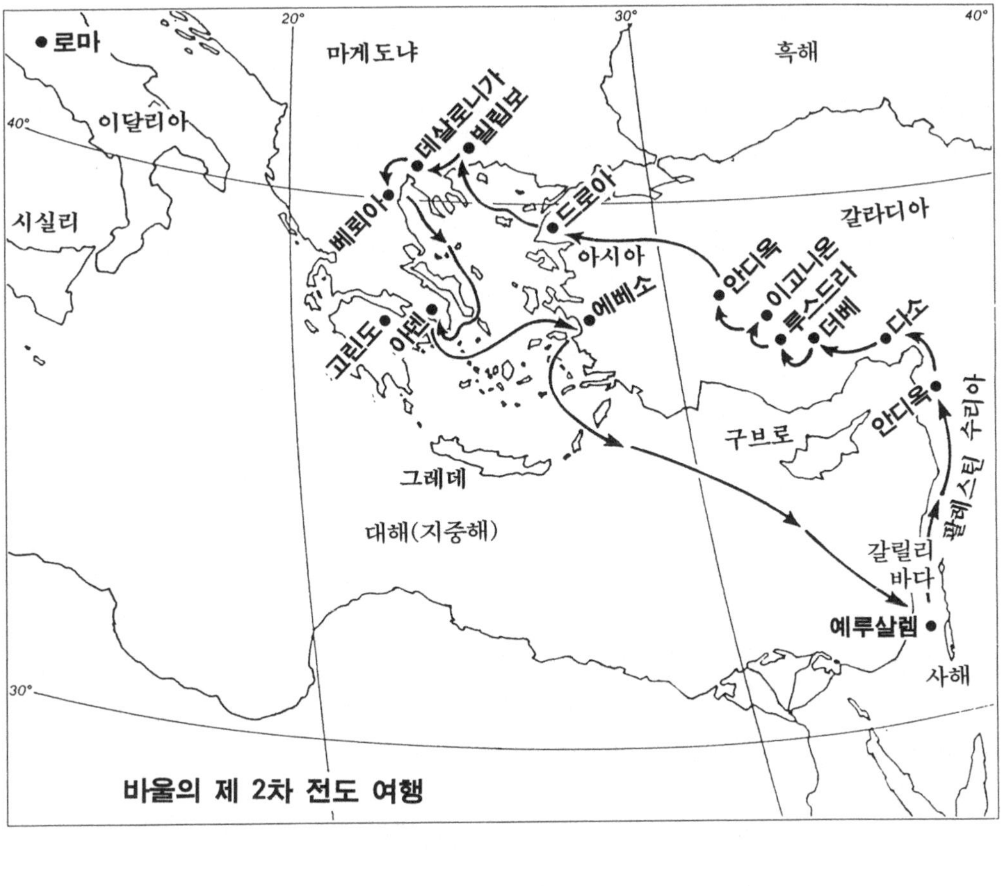

바울의 제 2차 전도 여행

사도행전 15장 36절－18장 22절

바울 : 제 2차 전도 여행

바울과 바나바의 논쟁(행 15:36－39)

- 바나바는 2차 여행 때 요한 마가를 데려가기를 원한다.
- 바울은 이를 거절하였고 이에 바나바와 요한 마가는 구브로로 떠난다.

바울과 실라의 업적(행 15:40－18:22)

체류지	사건	참고 성구
루스드라	• 디모데의 합류 • 그가 바울에게 할례를 받음	**사도행전** 16:1－5
드로아	• 성령은 바울이 아시아 또는 비두니아에서 전도하는 것을 금함 • 마게도냐인에 대한 환상을 봄 • 누가의 합류	**사도행전** 16:6－10
빌립보	• 세 개의 감동적인 구원 이야기－자주장사 여인, 귀신들린 소녀, 간수	
데살로니가	• 바울이 야손의 집에서 3주간 체류함 • 불신앙의 유대인들에게 복음 전도가 방해를 받음	**사도행전** 17:1－9
베뢰아	• 성경을 간절히 사랑하는 자들을 발견함 • 불신앙의 유대인들에게 복음 전도가 방해를 받음	**사도행전** 17:10－14
아덴	• 바울은 홀로 아덴에 감 • 후에 디모데와 실라가 합류할 예정임 • 아레오바고 언덕에서 유명한 설교를 함 • 설교 제목 : 알지 못하는 신 • 설교 요점 : 세 가지 내용 만유의 창조주이신 하나님(행 17:24－29) 만유의 구세주이신 하나님(행 17:30) 만유의 심판자이신 하나님(행 17:31) • 설교의 결과 : 세 가지 반응 조롱하는 자(행 17:32) 미심쩍어 하는 자(행 17:32) 믿는 자(행 17:34)	**사도행전** 17:15－34

고린도	• 기독교 가정의 부부요 천막공인 아굴라와 브리스길라를 만남 • 실라와 디모데의 합류 • 이방인에게 가는 그의 의도를 두번째로 천명함 (행 18:6) • 회당장 그리스보가 구원을 받음 • 환상 중에 주님을 보고 크게 용기를 얻음 • 신임 회당장 소스데네가 바울을 체포하려고 시도했음. 오히려 자신이 매질을 당함 • 18개월간 체류함 • 이곳에서 데살로니가전후서를 기록함	**사도행전 18:1－18**
에베소	• 잠시 동안 체재함 • 아굴라와 브리스길라가 동행. 그들은 에베소에 잔류함	**사도행전 18:19－21**
안디옥	• 본 교회로 돌아옴	**사도행전 18:22**

하나님의 온전하신 뜻에 따라 일하는 모든 사역자들과 전도자들은 그들의 특수한 사역 분야에 관한 귀중한 이 약속을 담대하게 주장할 수 있을 것이다. 그는 18개월 동안 이곳에 체류하였다(행 18:11). 이 기간 동안에 그는 데살로니가 전후서를 기록하였다.

⑤ 또다시 불신앙의 유대인들은 바울을 갈리오라는 총독 앞에 세우고 그가 하나님을 모독하였다고 고발하였다. 갈리오는 종교 문제로 인한 이 소송을 재빠르게 기각하였다.

⑥ 부정할 수 없는 것은 (틀림없이 바울을 해치려고 하는 유대인들에 의해 조직되었을) 무례한 헬라인 폭도들이 그리스보의 후계자 소스데네를 잡아다가 심하게 매질하였다는 것이다. 이러한 경험으로 인하여 그는 그리스도를 믿게 되었음이 분명하다(고전 1:1 참조).

⑦ 바울은 아굴라와 브리스길라와 함께 에베소로 떠났다. 듣건대 이때 그는 "일찍 서원이 있으므로…머리를 깎았다"(행 18:19)고 한다. 바울이 구약의 관습에 따라 이러한 행동을 함으로써 그가 전한 복음을 손상시켰다는 것에 대하여 많은 논란이 있다.

(8) 에베소에서(행 18:19－21)

그는 좀 더 오래 머물러 있으라고 하는 주민들의 간청을 다음과 같은 말로 거절하고는 잠시 동안 이곳에 머물렀다.

"만일 하나님의 뜻이면 너희에게 돌아오리라"(행 18:21).

"만일 하나님의 뜻이면"이라는 말이 우리의 모든 계획도 마땅히 규제하도록 해야 한다.

(9) 안디옥과 예루살렘에서(행 18:22)

8. 제 3차 전도 여행(행 18:23－21:16)

[1] 바울은 다시 아시아로 떠나 그곳의 성도들을 방문하고 격려하였다.

[2] 대략 이즈음에 (애굽의 알렉산드리아에서 출생한) 아볼로라고 하는 언변이 유창한 성경 교사가 전도 여행을 하던 차에 에베소에 도착하였다. 아볼로는 애굽에 있는 동안에 침례(세례) 요한의 사역과 멧세지에 대해 알게 되었다. 그러나 그 이후에 대해서는 아무것도 알지 못하였다. 이처럼 한정된 지식만을 가지고서도 그는 그가 알고 있는 것을 신실하게 전하기 위해 멀리까지 여행하며 전파했던 것이다.

[3] 에베소에서 아굴라와 브리스길라는 아볼로의 말을 들었다. 그들은 그를 "데려다가 하나님의 도를 더 자세히 풀어 설명해 주었다"(행 18:26).

[4] 얼마 후 아볼로는 고린도에 대한 소명을 깨닫고 에베소에 있는 그리스도인 형제들의 추천서를 가지고 떠났다. 고린도에서 그는 하나님으로 말미암아 크게 쓰인 바 되었다.

"이는 성경에서 예수는 그리스도라고 증거하여 공중 앞에서 유력하게 유대인의 말을 이김일러라"(행 18:28).

후에 아볼로는 고린도 교회의 목회자가 되었다(고전 3:6).

[5] 바울은 에베소에 도착하였다. 그가 이 년 동안 이곳에 머무르는 동안 세 가지 두드러진 사건이 있었다.

(1) 요한의 제자들(행 19:1, 2)

그는 침례(세례) 요한을 따르는 열두 사람을 만나 그들에게 "너희가 믿을 때에 성령을 받았느냐"(행 19:2)라고 물었다.

그들은 성령의 존재를 전혀 모르는 바는 아니었다. 왜냐하면 요한이 이를 명백하게 보여주었기 때문이다(마 3:11, 16 / 막 1:8, 10 / 눅 3:16, 22). 다만 그들은 오순절날에 있었던 성령의 놀라운 역사에 대해 들어본 적이 없을 뿐이었다. 바울은 그들이 새로운 성령을 접하도록 예수의 이름으로 열두 사람 모두에게 침례(세례)를 베풀었다. 성경은 이렇게 묘사하고 있다.

"바울이 그들에게 안수하매 성령이 그들에게 임하시므로 방언도 하고 예언도 하니라" (행 19:6).

그 다음 석 달 동안 바울은 회당에서 가르치기를 계속하였다. 그곳에서 방해를 받자 그는 대중 집회 장소를 빌려 그 일을 계속해 나갔다. 아마 그는 오전 11시부터 오후 4시까지 가르쳤고, 11시 이전 및 4시 이후에는 천막 만드는 사람으로 일하였던 것 같다. 하나님은 이때에 바울을 통해 큰 기적을 행하셨다.

"심지어 사람들이 바울의 몸에서 손수건이나 앞치마를 가져다가 병든 사람에게 얹으면 그 병이 떠나고 악귀도 나가더라"(행 19:12 / 참조, 5:15).

(2) 스게와의 그릇된 행위(행 19:13－20)

불량한 유대인들, 즉 대제사장 스게와와 그의 일곱 아들들은 바울이 놀라운 기적을 행하는 것을 보고 그들도 귀신을 쫓아내려고 하였다. 귀신들린 사람을 보고 그들은 "바울의 전파하는 예수를 빙자하여 너희를 명하노라"(행 19:13)고 소리쳤다. 다음에 나오는 결과가 그렇게 비극적인 것이 아니었다면 그것은 매우 흥미있는 것이었으리라.

"악귀가 대답하여 가로되 예수도 내가 알고 바울도 내가 알거니와 너희는 누구냐 하며 악귀들린 사람이 그 두 사람에게 뛰어올라 억제하여 이기니 저희가 상하여 벗은 몸으로 그 집에서 도망하는지라"(행 19:15, 16/참조, 마 7:21-23).
귀신축출이란, 귀신을 쫓아내는 사람이 성령으로 기름부음 받지 못했다고 하면 매우 위험한 일이다. 이 이야기는 도시 전역으로 급속히 퍼져나가서 커다란 신앙부흥을 낳았다. 왜냐하면 마술을 행하던 많은 성도들이 자기들의 행위를 고백하였기 때문이다. 은 5만 이상의 가치가 있는 마술서적 및 주문(呪文)책들이 이때 사람들 앞에서 불살라졌다.
(3) 아데미의 수호자들(행 19:21-41)
바울은 예루살렘으로 돌아가야 한다고 생각하고, 돌아가는 길에 헬라를 방문하기로 계획하였다. 바울은 디모데와 에라스도를 먼저 보내 마게도냐에서 그를 영접할 수 있도록 했다.

이 즈음에 데메드리오라는 은장색이 소동을 일으켰다. 그는 아데미라는 헬라 여신의 신전을 은으로 만들어 팔던 자였는데 바울의 전도 때문에 크게 위협을 받았기 때문이다. (25,000명을 수용할 수 있는) 거대한 연극장이 순식간에 아우성치는 군중들로 꽉 찼으며, 그들은 거의 두 시간 동안 줄곧 발작적으로 "크다 에베소 사람의 아데미여"(행 19:34)하고 소리치며 조롱하였다. 아데미 신전은 세계 7대 불가사의 중의 하나이다. 신전 내의 신상은 자연의 풍요를 나타내는 많은 짐승들과 함께 조각된 여인상이다. 신상을 조각한 원래의 암석은 하늘에서 떨어진 것이라고 전해진다. 이 때문에 어떤 역사가들은 그것이 운석일지도 모른다고 생각한다.

바울은 군중들이 성도들을 끌어낸 거대한 경기장으로 가려고 결심하였다. 그러나 마지막 순간에 제자들이 그를 만류시키고 설득하였다. 합리적인 토론 끝에 에베소의 서기장은 군중들을 설득하여 어떠한 불평이든 법정에서 해결토록 하였으며 마침내 군중들은 흩어졌다. 이 기간 중에 바울은 고린도전후서를 기록하였다.

6 바울의 드로아 선교(행 20:1, 2)

(1) 바울 사도는 삼 개월에 걸쳐 헬라 땅을 통과하고 배를 이용하여 수리아로 가고자 하였다. 그의 생명을 노리는 유대인들의 음모를 알고 그는 북으로 가서 마게도냐로 가려고 결심하였다. 이 기간 동안에 그는 로마서를 기록하였다.
(2) 여행 초반에 디모데가 그와 동행하였고 빌립보에서 그는 누가를 동행시켰다.
(3) 드로아에서 유두고라 하는 청년이 바울이 밤늦게 설교를 하는 도중에 졸다가 2층 난간에서 떨어져 불시에 죽음을 당했다. 그런데 바울이 죽은 그를 다시 살리고 설교를 계속하자 모든 사람들은 크게 안도의 숨을 내쉬었다.

성경 본문에서 특별히 중요한 구절은 "안식 후 첫날에"(행 20:7)라는 것이다. 『신 스코필드 성경』(*New Scofield Bible*)은 이에 관하여 이렇게 말하고 있다.

> "바울이 드로아에 7일 동안 있었지만(행 20:6) 그와 그 지역 교회는 안식 후 첫날이 되어서야 비로소 떡을 떼기 위해 모였다(행 20:7). 바울과 그 밖의 사람들이 때때로 유대 교회당에서 베풀어지는 안식일 예배에 참석하였다고 하지만, 그 사실이 사도 교회가 제 7일을 예배드리는 특별한 날로 지켰다는 것을 입증하는 증거는 아니다. 오히려 그것은 초기의 전도자들은 사람들이 모여 있는 곳이면 언제 어디에서나 복음의 멧세지를 전했다는 것을 의미할 뿐이다(행 5:19, 20/13:5/16:13, 25-33/17:17, 19, 22/18:7/19:9/25:6,

23). 이러한 복음의 증거는 매일매일(행 2:47/17:17/19:9) 가능한 모든 방법으로 이루어졌다(고전 9:19-22). 초대교회는 율법적인 안식일 준수라는 멍에를 짊어지는 것에 대해 특별히 엄중한 경고를 받았다(골 2:16/비교, 갈 4:9-11). 이와 달리 그들은 그리스도인의 자유를 행사하여(롬 14:5, 6) 자발적으로 안식 후 첫날을 예배와 친교에 가장 적당한 날로 선택하였다(행 20:7/고전 16:2). 그 이유는 주님께서 바로 이 날 부활하셨고 또한 제자들에게 여러 번 자신을 나타내셨기 때문이다(요 20:19-24, 25-29). 이 날은 새로운 피조물에 속하는 새 백성들에게는 새로운 날(고후 5:17)이요, 기념과 기쁨의 날(마 28:9)이며, 봉사(마 28:10)와 영적 안식의 날(히 4:9, 10)이었다.

이처럼 안식 후 첫날을 주일로 지키는 것은 바나바(Barnabas, 주후 100년), 이그나티우스(Ignatius, 주후 107년), 순교자 저스틴(Justin Martyr, 주후 145-150년), 이레니우스(Irenaeus, 주후 155-202년) 등의 글에 나타나는 바와 같이 초대 교부들에 의해 확정되었다. 혹자가 주장하는 것처럼 라오기데아(Laocidea) 칙령(주후 4세기)이 예배드리는 날을 안식일에서 안식 후 첫 날로 바꾼 것이 아니다. 다만 그것은 초대교회 내에 오래 전부터 이미 확정되어 있던 예배일을 공식 승인한 것에 지나지 않는다."

7 바울의 밀레도 선교(행 20:13-38)

(1) 여기에서 바울은 에베소의 장로들을 초청하였고 그들은 항해 도중 밀레도에 잠시 하선해 있는 동안 그를 만나려고 급히 달려왔다. 바울 사도는 이때 중요한 세번째 강론을 하였고, 이는 기록된 바 되었다.

① 첫번째 강론은 비시디아의 유대인들에게 행한 것이다(행 13:16-41).

② 두번째 강론은 아덴의 이방인들에게 행한 것이다(행 17:22-31).

③ 세번째 강론은 여기에서 보는 바대로 교회에게 행한 것이다(행 20:18-35).

(2) 바울은 여기에서 세 가지 방식으로 멧세지를 전개한다.

① 과거에 대한 회고

ㄱ. 그는 삼 년 동안 많은 눈물과 땀을 흘리며 에베소에서 하나님을 섬겼다(행 20:19, 31/고후 2:4).

ㄴ. 그는 "공중 앞에서나 각 집회에서나" 하나님의 은혜를 죄인들이나 성도들에게 똑같이 가르쳤다. 세상에서 가장 유명한 신학자가 그와 동시에 위대한 전도자이기도 했다는 사실은 매우 중요하다.

ㄷ. 그는 그들에게 "하나님의 뜻"을 전하였다(행 20:27).

ㄹ. 그는 "아무의 은이나 금이나 의복을 탐하지 아니하였다"(행 20:23).

그의 증언을 살펴보자.

"너희 아는 바에 이 손으로 나와 내 동행들의 쓰는 것을 당하여 범사에 너희에게 모본을 보였노니 곧 이같이 수고하여 약한 사람들을 돕고 또 주 예수의 친히 말씀하신 바 주는 것이 받는 것보다 복이 있다 하심을 기억하여야 할지니라"(행 20:34, 35).

이러한 말은(눅 14:12에 암시된 적은 있으나) 4복음서 가운데에는 없다. 물론 주님은 자신의 삶으로 그것의 모범을 완전하게 보여주셨다(고후 8:9/엡 5:2/빌 2:5-8/요 21:25 참조).

ㅁ. 그러므로 그는 확신에 찬 어조로 다음과 같이 말할 수 있었다.

"… 오늘 너희에게 증거하노니 모든 사람의 피에 대하여 내가 깨끗하니"(행 20:26).

② 현재에 대한 언급

ㄱ. 그의 상황

"보라 이제 나는 심령에 매임을 받아 예루살렘으로 가는데 저기서 무슨 일을 만날는지 알지 못하노라"(행 20:22).

ㄴ. 장로들의 상황

"너희는 자기를 위하여 또는 온 양떼를 위하여 삼가라 성령이 저들 가운데 너희로 감독자를 삼고 하나님이 자기 피로 사신 교회를 치게 하셨느니라"(행 20:28).

③ 미래에 대한 전망

ㄱ. 바울은 그의 달려갈 길을 기쁨으로 마치게 해 달라고 기도하였다(행 20:24). 그는 실제로 이렇게 행하게 되었다(딤후 4:7).

ㄴ. 이어서 그는 그들에게 이렇게 경고한다.

"내가 떠난 후에 흉악한 이리가 너희에게 들어와서 그 양떼를 아끼지 아니하며 또한 너희 중에서도 제자들을 끌어 자기를 좇게 하려고 어그러진 말을 하는 사람들이 일어날 줄을 내가 아노니 …"(행 20:29, 30).

훗날 바울은 에베소에 있는 디모데에게 "흉악한 이리"에 대하여 쓴 바가 있다(딤전 1:3—7).

"너희 중"에 배교자들이 있을 것이라는 그의 예언은 후메내오, 알렉산더, 빌레도 등과 같은 사람들에 의해 비극적으로 실현되었다(딤전 1:20 / 딤후 2:17 참조). 그 다음에 그는 그들 모두를 하나님의 은혜와 그 은혜의 말씀에 맡겼다(행 20:32). 눈물어린 마지막 기도를 한 후에 사도 바울은 배에 올라 그들에게 작별인사를 하였다.

8 두로에서의 바울(행 21:1—6)

여기에서 바울은 배가 짐을 풀기를 기다리며 일 주일을 머물렀다. 이때 바울은 "예루살렘에 들어가지 말라"(행 21:4)는 성령의 권고를 받았다.

사도 바울은 여기에서 하나님의 뜻을 잊었던 것 같다. 그는 이미 여행을 시작할 즈음에 주님으로부터 "속히 예루살렘에서 나가라 저희는 네가 내게 대하여 증거하는 말을 듣지 아니하리라"(행 22:18)는 경고를 받은 바 있다.

이때 예루살렘에 가고자 하는 바울의 동기는 동족에 대한 그의 큰 사랑(롬 9:1—5)과 예루살렘의 가난한 성도들에게 보내는 이방인 교회의 헌금이 율법에 얽매인 유대 그리스도인들의 마음을 하나님의 은혜의 복음에 대하여 열어주기를 바랬기 때문이었던 것 같다(롬 15:25—28). 여하튼 (비록 잠시 동안이었지만) 예루살렘 체류는 전혀 결실을 맺지 못한 극소수의 경우 중 하나이다. 의미있는 기도를 한 후에 바울은 두로를 떠나 가이사랴로 항해하였다.

9 가이사랴에서의 바울(행 21:7—14)

(1) 그는 전도자 빌립의 집을 방문하였다. 그에게는 미혼의 딸이 넷 있었는데 그들은 모두 여선지자였다. 이 딸들이 예언의 능력을 가진 성경의 여인들 가운데 마지막으로 언급되는 사람들이다. 그들 외의 여선지자들은 다음과 같다.

사도행전 18장 23절—21장 16절

바울 : 제 3차 전도여행

체류지	사건	참고 성구
에베소	**• 에베소와 고린도에서의 아볼로의 사역**	
	그는 침례(세례) 요한의 멧세지만을 알고 있었음	
	그는 아굴라와 브리스길라에게 더욱 많은 것을 배움	
	훗날 그는 고린도 교회의 목회자가 되었음	고전 3:6
	• 에베소에서의 바울의 사역	
	5대 주요 사건	
	—요한의 제자들	행 19:1—7
	—스게와의 그릇된 행위	행 19:13—17
	—회심한 자들의 헌신	행 19:18—20
	—아데미 수호자들	행 19:23—41
	—바울의 결단	행 19:21
드로아	**• 죽은 유두고를 살림**	행 20:6—12
밀레도	**• 과거의 회고**	
	2년 동안 체재했음	행 20:19, 31
	공중 앞에서나 집에서 가르쳤음	행 20:20, 21
	하나님의 온전하신 뜻을 선포했음	행 20:27
	사람의 재물을 탐하지 않았음	행 20:33
	모본을 보였음	행 20:35
	그러므로 사람의 피에 대하여 깨끗함	행 20:26
	• 현재에 대한 언급	
	그의 상황	행 20:22
	장로들의 상황	행 20:28
	• 미래에 대한 전망	
	그의 기도	행 20:24
	그의 경고	행 20:29, 30
두로	**• 예루살렘에 가지 말라는 성령의 경고를 받음**	행 21:4
가이사랴	**• 빌립과 그의 네 딸을 방문함**	행 21:8, 9
	• 예루살렘에 가지 말라고 아가보에게 경고를 받음	행 21:10, 11

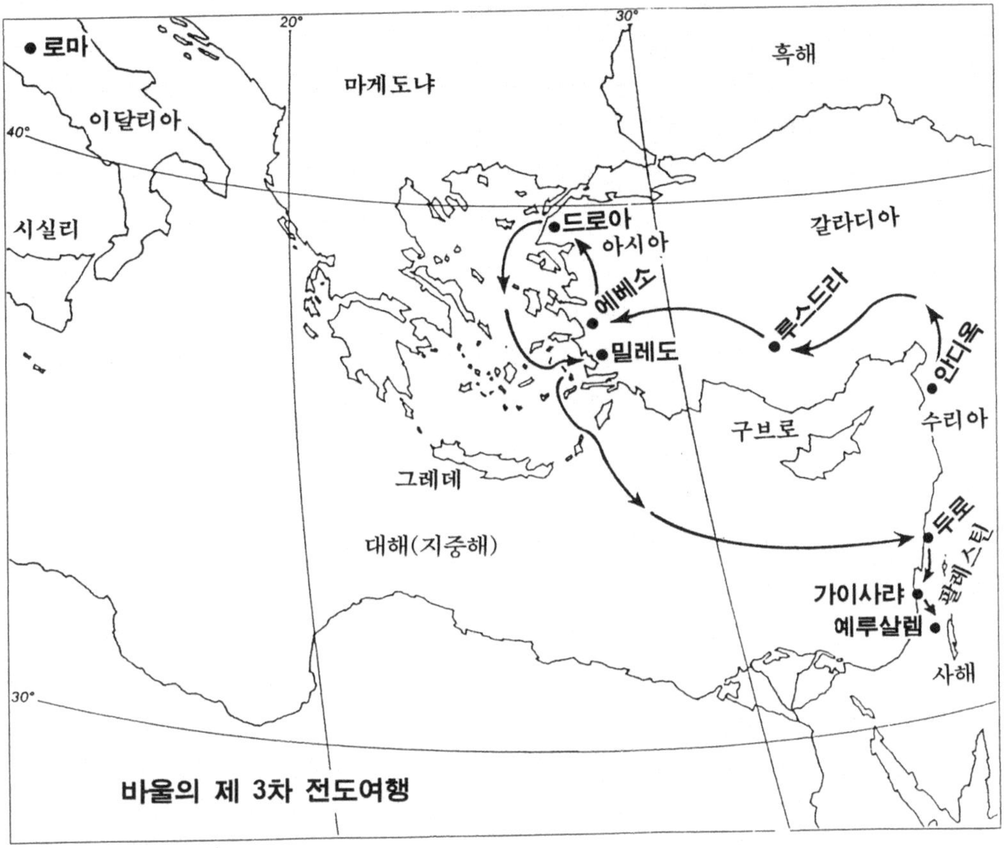

바울의 제 3차 전도여행

① 미리암(출 15:20)
② 드보라(삿 4:4)
③ 이사야의 아내(사 8:3)
④ 훌다(왕하 22:14)
⑤ 안나(눅 2:36)

(2) 그는 예루살렘 여행에 대해 선지자 아가보를 통해 하나님으로부터 경고를 재차 받았다. 아가보는 바울이 예루살렘에서 그의 띠로 손과 발을 묶이게 될 것이라고 말하였다. 아가보는 다른 여러 사람들과 함께 바울에게 가지 말라고 간청한다.

(3) 그들의 울음을 저지하며 바울은 이렇게 답변한다.

"너희가 어찌하여 울어 내 마음을 상하게 하느냐 나는 주 예수의 이름을 위하여 결박받을 뿐 아니라 예루살렘에서 죽을 것을 각오하였느니라"(행 21:13).

10 예루살렘에서의 바울

(1) 야고보와 예루살렘의 장로들은 바울이 하나님께서 이방인 세계에 대한 전도 여행을 어떻게 축복하셨는가를 이야기하자 크게 기뻐하였다.

(2) 이어서 바울은 예루살렘의 유대계 그리스도인 사이에 떠도는 소문에 대해 들었다.

사도행전 21장 17절–23장 30절

바울 : 마지막 예루살렘 방문

체류지	사건	참고 성구
예루살렘	**바울에 대한 소문**	
	• 모세의 율법을 폐했음	사도행전 21:21
	• 하나님의 성전을 모독했음	사도행전 21:28, 29
	바울의 잘못된 행위	
	• 자신을 율법 아래 두었음	사도행전 21:26
	바울의 구출	사도행전 21:31, 32
	바울의 회고	사도행전 22:1–30
	• 사도와 유대 군중	사도행전 22:1–23
	• 사도와 천부장	사도행전 22:24–30
	바울에 대한 보복	사도행전 23:1, 2
	바울의 응수	사도행전 23:3
	바울의 후회	사도행전 23:4, 5
	바울의 책략	사도행전 23:6–10
	바울에게 계시가 주어짐	사도행전 23:11
	바울의 친척	사도행전 23:12–22
	바울을 옮김	사도행전 23:23–32

그 내용은 그가 "이방에 있는 모든 유대인을 가르치되 모세를 배반하고 아이들에게 할례를 하지 말고 또 규모를 지키지 말라 한다"(행 21:21)는 것이다.

(3) 이 소문을 진정시키기 위해 예루살렘 교회는 그에게 유대의 결례를 따라 머리를 깎고 똑같이 머리를 깎은 다른 네 명의 청년들을 후원하라는 충고를 한다(행 21:22–25).

(4) 바울은 이에 동의하였다. 그런데 아시아에서 온 몇몇 유대인들은 성전에서 그를 보고 그가 이방인을 데리고 들어왔다고 잘못 결론을 내리고는 그에게 달려들었다(행 21:26–29).

(5) 그는 그곳에 주둔하고 있던 로마 군대의 천부장에 의해 죽음 직전에 구조를 받고 영문으로 인도되었다(행 21:31–34).

(6) 자기가 애굽 출신의 불량배가 아님을 천부장에게 납득시킨 후에 바울은 유대인 군중들에게 말하도록 허락받았다(행 21:35–40). 우리는 약 26년 전에 빌라도가 그리스도께 사형을 선고했던 바로 그 계단 위에서 그가 자기를 변호하고 있음을 알게 된다. 실제로 군중들의 외치는 소리도 그때와 비슷하였다(눅 23:18 / 참조, 행 21:36).

(7) 그는 다메섹으로 가는 도중 그리스도께 돌아서게 된 일을 간단히 말하였다.

(8) 바울이 히브리어로 말하였기 때문에 군중들은 그가 자신을 이방인 선교에 대한 소명을 받았다고 말할 때까지는 적의를 감추고 침묵하고 있었다. 그들은 자신들이 싫어하는 이 말을 듣자 곧 난폭해졌다(행 22:21－23).

(9) 바울은 즉시 성문 안으로 끌려들어갔고 천부장은 그가 무슨 죄를 범하였는가 말하도록 그를 채찍질하라고 명령하였다. 그러나 그가 자신은 로마 시민이라고 천부장에게 말하자 채찍질은 중지되었다(행 22:24－29).

(10) 바울은 다음날 유대의 산헤드린 공회 앞에 서게 되었고 여기에서 자신을 변호하였다. 여기서 우리는 다음의 사실을 알게 된다.

① 바울에 대한 보복(행 23:1, 2)

대제사장 아나니아의 명령에 따라 바울은 주님께서 맞으셨던 것처럼(요 18:22) 입을 맞았다.

② 바울의 응수(행 23:3)

"회칠한 담이여 하나님이 너를 치시리로다 네가 나를 율법대로 판단하고 앉아서 율법을 어기고 나를 치라 하느냐."

"회칠한 담"이란 표현은 흔들리는 담의 불안정한 모습을 횟가루를 두텁게 칠함으로써 위장해 놓은 것을 의미한다. 이는 그가 현재는 고위직에 있다고 할지라도 언젠가는 실각하게 되리라는 의미이다. 사실 아나니아는 약 8년 후에 암살당하고 만다.

③ 바울의 후회(행 23:4, 5)

바울은 자신이 현재 대제사장에게 말하고 있다는 사실을 바로 알지 못했음이 분명하다. 따라서 그는 지도자를 비난한 것에 대해 사과하였다.

④ 바울의 책략(행 23:6－10)

바울은 자신이 바리새인이며 동시에 죽은 자의 부활을 믿는 자라고 말함으로써 모여 있는 바리새인들과 부활을 부정하는 사두개인들 사이를 순식간에 갈라놓았다. 소요가 매우 심각해졌기 때문에 천부장은 바울을 영문으로 옮겼다.

⑤ 바울에게 계시가 주어짐(행 23:11)

"그날 밤에 주께서 바울 곁에 서서 이르시되 담대하라 네가 예루살렘에서 나의 일을 증거한 것같이 로마에서도 증거하여야 하리라."

바울은 로마에 가기를 희망한 적이 몇 차례 있었다(롬 1:13). 에베소에서 그는 로마에 가기로 한 계획을 확정했었으나 이 시점에서 그는 살아서 예루살렘을 떠난다는 것을 확신하지 못하고 있었다(롬 15:31, 32). 그런데 지금 처음으로 하나님께서 그것을 말씀하셨던 것이다.

⑥ 바울의 구출(행 23:12－30)

바울의 생질이 "바울을 죽이기 전에는 먹지도 아니하고 마시지도 아니하겠다"(행 23:12)고 굳게 맹세한 광신적 유대인 40명의 음모를 알게 되었다. 바로 그날 밤에 로마 천부장은 즉시 470명의 무장 군인들의 보호 하에 바울을 호송하였다. 또한 그는 바울을 보내는 이유를 설명한 편지를 가이사랴의 벨릭스 총독에게 미리 보냈다.

11 가이사랴에서의 바울(행 23:31－26:32)

(1) 벨릭스 앞에 서게 됨(행 23:31－24:27)

직무상으로나 개인적인 면에서나 벨릭스는 악명 높은 자였다. 로마의 역사가 타키투스(Tacitus)는 그에 대해 이렇게 기록한 적이 있다.

"만행과 육욕에 탐닉했던 벨릭스는 노예의 정신으로 왕의 권력을 행사하였다."

벨릭스는 후에 (안나스의 아들인) 유대의 대제사장 요나단을 암살하는 죄를 범하였다.

① 바울은 예루살렘에서 온 교활한 유대인 변호사 더둘로에 의해 벨릭스 앞에 고소되었다. 고소 내용은 아래와 같이 세 가지였다.

ㄱ. 반역죄 : 그는 예루살렘에서만이 아니라 전 세계에서 평화를 교란시키고 정치적 분쟁을 일으켰다고 고소당했다.

ㄴ. 종교적 이단

ㄷ. 성전 모독

② 바울은 위와 같은 허위 고발에 대해 답변하도록 허락받았다.

ㄱ. 첫번째 고소 내용에 대해 그는 자신은 불과 12일 동안 예루살렘에 머물렀을 뿐이며, 따라서 그토록 짧은 시간에 소위 소요사태를 일으킨다는 것은 가능하지 않음을 지적하였다.

ㄴ. 두번째 고소에 대하여 그는 구약성경의 부활 교리를 부정하는 산헤드린의 일부 회원들보다 사실은 자기 자신이 더욱 정통 교인임을 입증하였다(단 12:2 참조).

ㄷ. 세번째 고소에 대하여 그는 예루살렘에 거주하는 유대인들까지도 그러한 고소를 확증할 수 없었음을 재판정에 상기시켰다.

③ 벨릭스는 훌륭한 로마의 천부장 루시아의 공식 증언을 듣기까지 선고를 연기하였다.

④ 이 일이 있은 직후에 바울은 벨릭스와 그의 아내 드루실라에게 복음을 전할 기회를 얻었다. 20세도 채 안 된 이 여인은 (야고보를 죽인) 헤롯 아그립바 1세(행 12:1, 2)의 막내딸이며 사도행전 25장 13절에 언급되는 아그립바 2세와 버니게의 누이였다. 그녀는 이방 수리아의 왕을 떠나 벨릭스와 결혼하였다〔드루실라는 훗날 베수비우스(Vesuvius)화산 폭발로 21세에 죽었다〕. 누가는 다음과 같이 극적인 설교를 우리에게 기록으로 남겨놓았다.

"바울이 의와 절제와 장차 오는 심판을 강론하니 벨릭스가 두려워하여 대답하되 시방은 가라 내가 틈이 있으면 너를 부르리라"(행 24:25).

(2) 베스도 앞에 서게 됨

주후 58년에 가이사랴에서 이방인과 유대인들의 반란이 일어났다. 벨릭스의 군사들은 폭력으로 그것을 진압하였기 때문에 격분한 유대인들은 벨릭스의 퇴진을 관철시킬 수 있었다. 그의 후임으로 베스도가 임명되었다.

① 베스도는 바울을 예루살렘으로 송환하자는 유대인의 압력을 거부하였다(그들은 예루살렘에 가는 도중에 그를 살해하려고 계획하였던 것이다).

② 이리떼 같은 유대인 변호사들이 바울 사도를 정식 고소하기 위해 가이사랴에 다시 왔다.

③ 베스도가 유대인들에게 굴복하여 (정녕 죽음을 뜻하는) 예루살렘 송환을 결정하려는 것을 알고 바울은 가이사에게 상소하였다(행 25:11). 바울이 상소한 가이사는 54년에 집권한 네로였다. 그는 초기에는 성격이 온순하였으며 후에 나타나는 것과 같은 잔인함이 없었다.

사도행전 23장 31절－26장 32절

가이사랴에서의 바울

체류지	사건	참고 성구
가이사랴	**벨릭스 앞에 서게 됨**	행 23:33－24:27
	• 더둘로의 고발	행 24:1－9
	• 바울의 답변	행 24:10－21
	• 벨릭스의 불안	행 24:24－26
	베스도 앞에 서게 됨	행 25:1－12
	• 베스도가 바울을 예루살렘으로 보내겠다고 위협함	
	• 바울이 가이사에게 보내 달라고 호소함	
	아그립바 앞에 서게 됨	행 25:13－26:32
	• 바울이 자기 자신을 소개함	행 26:1－23
	• 바울이 구세주를 영접하라고 초청함	행 26:24－32

사도행전 27장 1절－28장 31절

바울 : 로마 여행과 그곳에서의 증거

체류지	사건	참고 성구
지중해	**로마로 가는 도중의 사건**	행 27:1－28:13
	• 무서운 지중해의 광풍	행 27:1－44
	• 위험한 멜리데의 독사	행 28:1－10
로마	**로마에서의 사건**	행 28:14－31
	• 유대인들을 만남	행 28:17－29
	• 모든 사람에게 증거함	행 28:30, 31
	• 에베소서, 골로새서, 빌립보서, 빌레몬서를 기록함	

(3) 아그립바 앞에 서게 됨(행 25:13－26:32)

(헤롯 아그립바의 아들인) 아그립바 2세와 버니게는 베스도와 드루실라를 방문하기 위해 가이사랴에 왔다. 버니게는 드루실라와 아그립바 2세의 누이였다.

① 베스도에게서 바울에 관하여 전해 듣고 아그립바 2세는 유명한 죄수의 말을 들어보자고 청하였다. 바울은 궁정으로 끌려나왔고 쇠사슬에 묶인 채 왕실 손님들에게 그리스도를 전파하였다. 여기에서도 그는 아래의 내용이 포함된 자신의 간증을 이야기함으로써 시작하였다.

ㄱ. 소년 시절에 다소에서 받은 종교적 훈련

ㄴ. 그리스도인들을 무자비하게 박해하였음
ㄷ. 다메섹 도상에서의 회심
ㄹ. 이방인 선교의 소명을 받음

이어서 바울은 다음과 같은 말(행 26:22, 23)로 결론을 맺는다.

"하나님의 도우심을 받아 내가 오늘까지 서서 높고 낮은 사람 앞에서 증거하는 것은 선지자들과 모세가 반드시 되리라고 말한 것밖에 없으니 곧 그리스도가 고난을 받으실 것과 죽은 자 가운데서 먼저 다시 살아나사 이스라엘과 이방인들에게 빛을 전하시리라 함이니이다."

② 바로 이때에 그는 "바울아 네가 미쳤도다 네 많은 학문이 너를 미치게 한다"라고 큰 소리로 말하는 베스도에게 갑자기 제지를 당했다. 바울은 이러한 폭언을 무시하고 아그립바에게 결단을 촉구하였다. 당황한 왕은 "네가… 나를 권하여 그리스도인이 되게 하려 하는도다"(행 26:28)라고 말한다.

이 구절에서 우리는 이때 아그립바가 그리스도를 영접했는지 분명히 알 수는 없다. 헬라어 원문을 직역하면, "결국 네가 나를 그리스도인이 되게 하려고 애쓰는도다"이다. 아마도 왕이 말하는 바는 그렇게 짧은 시간에 자신을 납득시킬 수는 없다는 뜻인 것 같다.

③ 바울을 내보내고 아그립바는 베스도를 향하여 "이 사람이 만일 가이사에게 호소(상소)하지 아니하였더면 놓을 수 있을 뻔하였다"(행 26:32)라고 말하였다. 물론 이것은 진실이 아니었다. 왜냐하면 베스도는 분명히 죽음을 의미하는 계획, 즉 바울을 예루살렘으로 송환할 의사를 이미 밝힌 바가 있기 때문이다(행 25:9).

④ 여기에서 구약 시대의 사울과 신약 시대의 사울을 비교해 보는 것도 매우 유익할 것이다.

ㄱ. 구약의 사울은 키가 크고 매우 인상적인 인물이었으나 신약의 사울은 키가 작고 평범한 인물이었던 것 같다(삼상 9:2 / 참조, 갈 4:13, 14 / 고후 10:10).
ㄴ. 두 사람 모두 베냐민 지파 사람이었다(삼상 9:1, 2 / 빌 3:5).
ㄷ. 구약의 사울은 하나님의 친구로 시작하여 적으로 끝을 맺었으나 신약의 사울은 이와 정반대였다(삼상 10:31 / 행 9:2 / 딤후 4장).
ㄹ. 죽음의 때에 이르러 구약의 사울은 엔돌의 접신한 여인을 찾아간 데 반하여 신약의 사울은 하나님의 말씀을 청하였다(삼상 28:7 / 딤후 4:13).
ㅁ. 구약의 사울은 크게 두려워하며 자결하였으나 신약의 사울은 커다란 소망 중에 죽음을 맞이하였다(삼상 3:4 / 딤후 4:6—8).
ㅂ. 구약의 사울의 삶은 불순종이 그 특징이지만 신약의 사울의 삶은 순종이 그 특징이었다(삼상 13:13 / 15:22, 23 / 행 26:19).

"아그립바 왕이여, 그러므로 하늘에서 보이신 것을 내가 거스리지 아니하고…."

12 로마로 가는 바울(행 27, 28장)

(1) 여기에서 누가는 바울과 합류하는데, 바울은 황실 근위대의 백부장 율리오의 보호하에 있는 여러 죄수들과 함께 서쪽으로 항해하는 배에 타고 있었다. 이 로마 군인은 후에 바울을 친절히 대하고 존경하게 된다(행 27:1—3).

(2) 어렵게 항해를 한 후에 그들은 그레데 섬 남단에 위치한 미항(美港)에 도달하였다. 때는 늦가을이었다. 고대에는 9월 14일부터 11월 11일까지의 기간 중 항해한다는 것은 위험한 일이었다. 이 기간 중에는 공해상의 모든 항해가 중단되어 왔다. 이러한 사실을 알고 있고 또한 적어도 세 번의 파선을 경험했던(고후 11:25 참조) 바울의 반대에도 불구하고 선장은 뵈닉스로 가서 거기에서 월동하기로 계획하였다.
(3) 그러나 출발하자마자 그들은 곧 흉악한 겨울 태풍에 휩싸였다. 역사상 태풍에 관한 가장 생생한 설명 중 하나를 누가는 우리에게 전해주고 있다(행 27:16－20).
① 배는 바람에 밀려 바다 멀리까지 나가게 되었고 전혀 통제할 수 없게 되었다.
② 두려워진 선원들은 선체를 고정시키기 위해 배를 밧줄로 묶었다.
③ 다음날에는 파도가 더욱 높아졌기 때문에 그들은 짐을 바다에 던져버렸다.
④ 그 다음날에도 모든 연장과 가벼운 물건들까지도 버렸다.
⑤ 절망과 공포의 14일이 지난 후에 누가는 이렇게 기록하고 있다.
"여러 날 동안 해와 별이 보이지 아니하고 큰 풍랑이 그대로 있으매 구원의 여망이 다 없어졌더라"(행 27:20).
(4) 갑자기 두려움을 모르는 하나님의 사도가 나타나 앞뒤로 흔들리고 물에 잠긴 갑판 위에 서서 다음과 같이 선포하였다.
"여러분이여 내 말을 듣고 그레데에서 떠나지 아니하여 이 타격과 손상을 면하였더면 좋을 뻔하였느니라 내가 너희를 권하노니 이제는 안심하라 너희 중 생명에는 아무 손상이 없겠고 오직 배뿐이리라 나의 속한 바 곧 나의 섬기는 하나님의 사자가 어제 밤에 내 곁에 서서 말하되 바울아 두려워 말라 네가 가이사 앞에 서야 하겠고 또 하나님께서 너와 함께 행선하는 자를 다 네게 주셨다 하였으니 그러므로 여러분이여 안심하라 나는 내게 말씀하신 그대로 되리라고 하나님을 믿노라"(행 27:21－25).
(5) 이어서 그는 (구명보트를 내리려고 하지 말고) 갑판 위에 있으라고 모든 사람에게 권하며 그들 앞에서 떡에 대해 축사하고 그들에게 먹으라고 하였다. 갑판 위에 있던 267명 전원이 곧 먹기 시작하였다(행 27:36).
(6) 날이 새자 배는 모래톱에 부딪쳐 좌초되었다. 율리오는 죄수들이 도망치는 것을 막기 위해 그들을 죽이자고 하는 병사들의 제안을 거부하고 멜리데 섬으로 헤엄쳐 가라고 모두에게 명령하였다. 곧 한 사람 한 사람 모두가 무사히 해변에 이르렀다(행 27:44).
(7) 멜리데의 주민들은 추위에 떨고 있는 생존자들을 극진히 대접하였고 해변에 몸을 녹일 수 있도록 불을 지펴 주었다.
(8) 바울은 다른 사람들과 함께 장작더미를 거두어들이다가 거기 숨어 있던 독사에게 물렸다. 그러나 놀랍게도 그는 전혀 아픔을 느끼지 않았다(행 28:6). 이 사건은 마가복음 16장 18절과 누가복음 10장 19절에 기록된 예수님의 예언이 그대로 성취된 것이었다.
(9) 이곳에 3개월 머무는 동안에 바울은 많은 사람들의 병을 고쳐주었으며 이 중에는 열병을 앓던 그 섬의 총독 보블리오의 아버지도 포함되어 있었다.
(10) 이른 봄이 되어 그들은 새로운 배를 타고 로마로 항해하였다. 바울은 (로마에서 70km 떨어진) 압비오 저자와 (58km 떨어진) 삼관에서 로마의 그리스도인 몇 사람을 만났다.
사도행전 28장 15절의 "맞으러 오니"라는 표현은 데살로니가전서 4장 17절에 있는 대로 모든 믿는 자들의 휴거를 나타내는 말과 동일하다. 여기에는 "공중에서 주를 영접

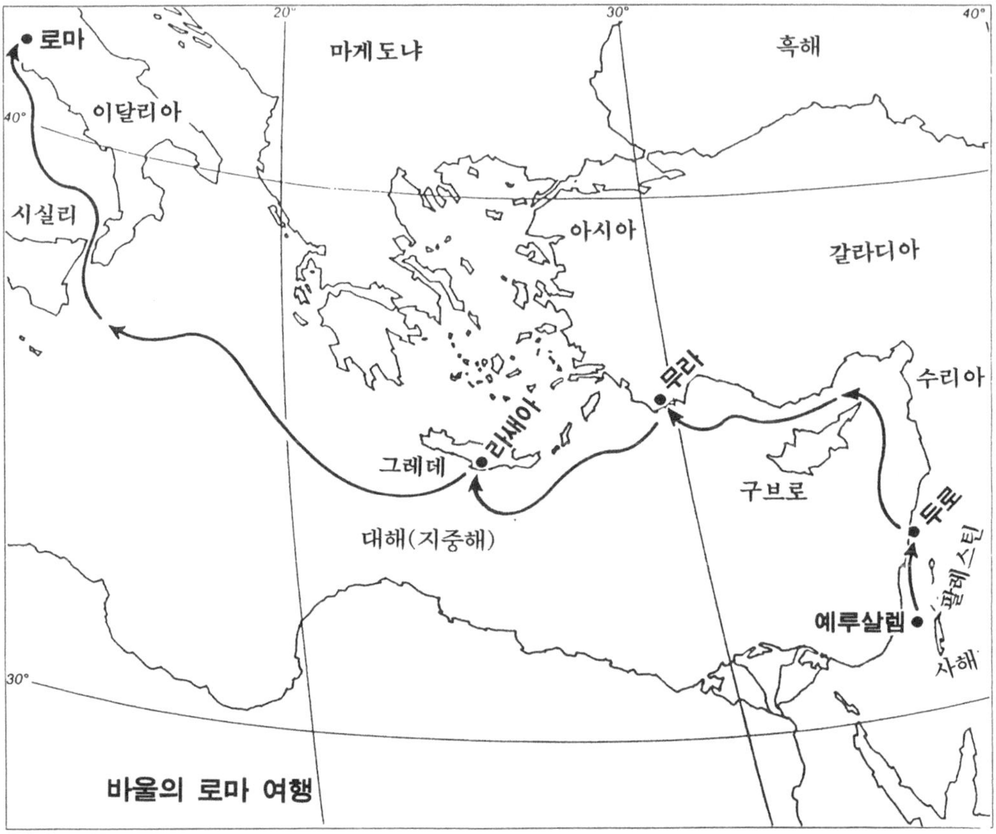

하게"라고 되어 있다. 이 영접은 공식 방문객을 맞이하여 도시 안으로 그를 수행하기 위하여 나간 대표단이 베푸는 공식 환영에 대해 사용된 말이다.

(11) 마침내 바울은 로마에 도착하여 상당한 자유를 허락받았고 그를 감시하는 병사는 불과 한 사람뿐이었다.

(12) 도착 직후에 그는 자신이 누구인지, 또 로마에서 왜 가이사에게 상소하려고 하는가를 설명하기 위해 로마에 거주하는 유대인 지도자들과 만났다. 유대인들은 그리스도에 관한 그의 기이한 멧세지를 호기심을 갖고 들었다. 설교가 끝나자 일부 사람들은 구세주를 영접하였으나, 물론 대다수의 사람들은 영접하지 않았다.

이것은 기록상 바울 사도가 그의 선교에 대해 행한 일곱 차례의 변론 중 마지막 것이다. 나머지 변론들은 다음과 같다.

① 예루살렘 군중들 앞에서 행한 변론(행 22:1—23)
② 천부장 앞에서 행한 변론(행 22:24—30)
③ 산헤드린 앞에서 행한 변론(행 23:1—10)
④ 벨릭스 앞에서 행한 변론(행 24:10—23)
⑤ 베스도 앞에서 행한 변론(행 25:8—12)
⑥ 아그립바 앞에서 행한 변론(행 26:1—32)

(13) 믿지 않는 사람들에게 그는 이사야서 6장 9, 10절 말씀을 인용하여 말한다. 이 부분은 이 밖에도 신약성경에서 예수님(마 13:14, 15 / 막 4:12 / 눅 8:10)과 요한(요 12:40, 41)에 의해 두 번 더 인용되고 있다. 바울은 이미 그것을 로마서에서 사용한 적이 있었다(롬 11:8).
(14) 누가는 그의 탁월한 기록을 다음과 같은 말로 끝맺는다.
"바울이 온 이태를 자기 셋집에 유하며 자기에게 오는 사람을 다 영접하고 담대히 하나님 나라를 전파하며 주 예수 그리스도께 관한 것을 가르치되 금하는 사람이 없었더라" (행 28:31).
이 기간 동안에 바울은 에베소서, 골로새서, 빌레몬서, 빌립보서를 기록하였다.
대부분의 성경 연구가들은 그가 이때 석방되었고 로마에서 마지막으로 체포되어 순교당할 때까지 두루 여행을 다니며 그리스도를 한번 더 전파했다고 말한다. 아마 이렇게 하는 동안에 그는 디모데전후서와 디도서를 기록했을 것이다.

갈라디아서

● 바울은 적어도 13개의 신약 서신을 기록했다. 아주 오래 전부터 데살로니가전서가 바울의 첫번째 서신이라고 생각해 왔다. 그렇지만 현대의 많은 보수적 학자들은 갈라디아서가 그의 첫 서신이라고 생각한다.
● 이 책의 기록 연대를 결정할 때 제기되는 여러 문제들 가운데 하나는 수신인에 관련된 것이다. 이 편지는 (바울이 2차와 3차 전도 여행 당시에 방문했던) 북부 갈라디아 교회에 보낸 것인가? 아니면 (그가 1차 전도 여행 때에 설교한 바가 있는) 남부 갈라디아 교회에 보낸 것인가? 만일에 남부설이 타당한 것이라면 갈라디아서는 그가 쓴 최초의 편지가 될 것이다.
● 갈라디아 사람들은 감정적이고 열정적인 켈트족(Celtic) 사람이었다. 시저(Caesar)는 "그들은 우유부단하고 변덕스러우며 신뢰할 수 없는 자들이다"라고 말하였다. 이러한 말은 바울이 그들을 처음 방문하였을 때 입증되었다. 아침에 그들은 그에게 경배하려고 하였으나 오후에는 그를 죽이려고 하였다(행 14장). 그들은 본래 발트(Balt)해 북부에서 유래한 갈리아족(Gauls)의 일족이다. 그들은 프랑스를 향해 서쪽으로 이주하던 게르만 민족 대이동 대열로부터 이탈하여 주전 3세기경에 소아시아에 정착하였다.
● 갈라디아에서의 바울의 사역은 대성공을 거두었다. 대체로 수많은 이방인 무리들이 그리스도를 영접하였다. 그러나 그가 그곳을 떠나자 (합법적으로 복음을 왜곡시키는 일단의) 유대 교도들이 예루살렘으로부터 와서, 이방인들은 구원을 받고자 하면 율법의 멍에를 반드시 져야 한다고 가르쳤다. 이에 갈라디아 사람들은 바울의 복음을 열정적으로 받아들였던 것처럼 그들의 가르침도 그렇게 받아들였다. 그래서 그들 사이에는 할례라는 유행병이 만연했다.
● 그들은 바울의 멧세지를 반박했을 뿐 아니라 그의 사도직까지도 부인하였다.
● 갈라디아서는 대필자의 도움을 받지 않고 사도 바울이 직접 기록한 유일한 책일 것이다(갈 6:11).
● 갈라디아서는 바울의 서신들 가운데 고린도후서 다음으로 가장 자서전적이며 수신

처가 여러 지역 교회들인 바울의 유일한 편지이다.

● 핵심 단어는 「자유」(liberty)이며, 이 서신 가운데 11회 사용되고 있다.

● 유대교는 기독교의 요람인 동시에 기독교의 무덤과 같다고 일컬어져 왔다. 그러나 하나님께서는 그리스도인들을 율법의 멍에로부터 해방시키기 위해 바울을 그리스도 교회에 모세와 같은 자로 세우셨다.

● 갈라디아서에서 완결된 그의 사도직에 대한 문제가 고린도후서에서 다시 거론되며, 로마서에서 완결된 이신칭의(以信稱義)에 대한 교리가 갈라디아서에서 싹트고 있다.

● 갈라디아서와 로마서는 놀라우리만치 병행을 이루고 있다. 최소한 19개의 구절이 서로 좋은 비교가 될 수 있다. 로마서가 완성된 그림임에 반하여 갈라디아서는 그 그림의 개략적인 스케치이다.

● 갈라디아서에 기록된 사건들의 연대를 추정하면 다음과 같다.

(1) 오순절 성령 강림 사건—주후 29년(행 2장).
(2) 바울의 회심—주후 31년(행 9장).
(3) 아라비아 방문—주후 31년(갈 1:17).
(4) 다메섹으로 돌아옴—주후 33년.
(5) 구원받은 자로서의 예루살렘 첫 방문—주후 33년(갈 1:18 / 행 9:26).
(6) 수리아와 길리기아로 떠남—주후 33년(행 9:30 / 갈 1:21).
(7) 안디옥에서의 초기 선교—주후 35년(행 11:25, 26).
(8) 예루살렘 2차 방문—주후 46년(행 11:29, 30 / 갈 2:1—10).
(9) 안디옥에서 제 1차 전도 여행을 떠남—주후 46년(행 13장).
(10) 안디옥으로 돌아옴—주후 49년(갈 2:11 / 행 14:26).
(11) 안디옥에서 시몬 베드로와 만남(갈 2:11—14).
(12) 갈라디아 교회에 편지함(이는 그들의 잘못을 바로잡고자 하는 시도이며, 그가 베드로에게 말로써 했던 것을 편지로써 하고자 하는 것이다).
(13) 예루살렘 회의—주후 49년(행 15장).

● 갈라디아서의 성격—맥기(J. Vernon McGee)는 다음과 같이 말하고 있다.

(1) 그것은 단호하고 가혹하며 준엄한 멧세지이다(갈 1:6—9 / 3:1—5). 그것은 고린도전후서처럼 행실을 책망하지는 않는다. 그러나 그것은 그들을 위한 개선책이다. 왜냐하면 갈라디아 교인들은 심각한 위기에 처해 있었기 때문이다. 신앙의 기초가 공격을 당하고 있었으므로 모든 것이 위협을 당하는 것이었다.

이 서신에는 칭찬, 찬사, 혹은 감사의 말은 한 마디도 없다. 기도에 대한 요구도 없으며 그들이 그리스도 안에 서 있다는 것에 대한 언급도 없다. 자기와 함께 하는 사람들의 이름도 전혀 나타나지 않는다. 이러한 점을 그의 다른 서신들과 비교해 보자.

(2) 사도 바울의 마음이 그대로 드러나고 있으며, 여기에는 깊은 감정과 강한 충동이 나타나 있다. 이것은 그의 전투적 서신이다. 즉, 그는 전투에 임하고 있는 것이다. 그는 율법주의를 조금도 허용하지 않는다. 혹자는 말하기를, 로마서는 바울의 머리에서 나온 것임에 반하여 갈라디아서는 바울의 가슴에서 나온 것이라고 한다.

"갈라디아서는 로마서가 체계적으로 정리한 것을 논쟁적으로 취급하고 있다."

(3) 이것은 모든 형태의 율법주의로부터의 해방선언이다. 이것은 마르틴 루터(Martin

Luther)가 애독하던 성경이며 종교개혁의 도화선이 된 성경이었다. 그것은 초대교회의 마그나 카르타(대헌장)이고, 기독교의 해방선언이며, 난공불락의 거점이고 복음의 핵심에 대한 어떠한 공격에도 견디어 낼 수 있는 참된 지브로올터, 즉 견고한 요새이다.

"불멸의 승리가 그 이마 위에 놓여 있다."

(4) 그것은 성경 전체를 통하여 믿음으로 의롭게 된다는 교리를 가장 강력하게 선포하며 또한 수호하고 있다. 그것은 어떠한 공격 앞에서도 기독교 신앙의 절대적 진리를 수호하기 위한 하나님의 주장이다.

죄인은 은혜로 말미암아 믿음으로 구원을 받을 뿐 아니라 구원받은 죄인도 은혜로 말미암아 삶을 살아간다. 은혜는 생명에 이르는 길이며 생활 양식이다"[『성경 개요』(*Thru the Bible*), p. 108].

1. 변론—변호(1, 2장)

바울이 자기의 사도직을 변호한다.

1. 갈라디아 교회의 현재의 분쟁으로 인한 바울의 괴로움(갈 1:1—9)

"그리스도의 은혜로 너희를 부르신 이를 이같이 속히 떠나 다른 복음 좇는 것을 내가 이상히 여기노라"(갈 1:6).

1 이 "복음"은 사실, (종류는 같으나 다른 것을 의미하는 헬라어) 『알로스』(allos)가 아니라 (종류 자체가 다른 것을 의미하는 헬라어) 『헤테로스』(heteros)이다.

2 이 "복음"은 비록 천사나 바울 자신에게서 온 것이라 할지라도, 받아들일 수 없는 것이었다.

3 만일 이 "복음"을 받아들여서 믿게 된다면, 그 수용자는 결국 하나님의 심판과 저주를 받게 될 것이다. 갈라디아서 1장 8, 9절의 "저주를 받다"라는 말의 헬라어는 『아나데마』(anathema)이다(행 23:14/고전 12:3/롬 9:3/살후 1:9 참조).

2. 자신의 과거 행적에 대한 바울의 약술(갈 2:1—10)

분쟁을 일으키는 유대계 그리스도인들이 바울의 사도직의 권위와 합법성을 공격했다는 것은 앞에서 이미 지적한 바 있다. 그들은 (필경 고전 9:22을 잘못 해석하여) 바울이 사람을 기쁘게 하는 자이고, 다른 사도들의 지휘를 받고 있으며, 따라서 자유의 몸이 아니라고 비난하였다. 그들은 말하기를 그가 원래의 열두 사도들 가운데 속하지 않는 신출나기에 불과하다고 하였다. 바울은 이제 이러한 비난들을 다음과 같이 반박한다.

1 바울의 구원과 사도적 소명의 근원

"이는 내가 사람에게서 받은 것도 아니요 배운 것도 아니요 오직 예수 그리스도의 계시로 말미암은 것이라"(갈 1:12).

뿐만 아니라 구세주는 바울에게 다음과 같은 사실들을 보여주셨다.

(1) 최후의 만찬(고전 11:23).

(2) 그리스도의 죽음과 부활(고전 15:3, 4).

갈라디아서

바울의 과거 행적에 대한 약술(갈 1:10)

1. 그의 구원과 사도적 소명의 근거

"이는 내가 사람에게서 받은 것도 아니요 배운 것도 아니요 오직 예수 그리스도의 계시로 말미암은 것이라"(갈 1:12).

2. 그의 구원과 사도적 소명의 필요성(갈 1:13-15/참조, 행 22:1-16/26:1-20/딤전 1:12-16)

- 그의 끔찍했던 삶

"하나님의 교회를 심히 핍박하고 잔해하였다"(갈 1:13).

- 그의 놀라우신 주님

"내 어머니의 태로부터 나를 택정하시고 은혜로 나를 부르신 이가…기뻐하실 때에"(갈 1:15).

3. 그의 구원과 사도적 소명의 목적

"그 아들을 이방에 전하기 위하여 그를 내 속에 나타내시기를…"(갈 1:16).

4. 그의 구원과 사도적 소명에 따른 사건들(갈 1:17-2:21)

- 다메섹 도상에서의 회심(행 9:1-21)
- 약 삼 년 동안의 아라비아 은둔 생활(갈 1:17)
- 다메섹으로 귀환(갈 1:17/행 9:23-25/고후 11:32, 33)
- 회심 이후 첫번째 예루살렘 방문(갈 1:18-20/행 9:26-29)
- 수리아와 길리기아로 떠남(행 9:30/22:17-21/갈 1:21)
- 안디옥에서 바나바와 동역함(행 11:25, 26)
- 예루살렘 2차 방문(갈 2:1-10/행 11:29, 30)
- 바나바, 요한 마가와 함께 안디옥으로 돌아옴(행 12:25)
- 제 1차 전도여행 출발(행 13장)
- 안디옥에로의 귀환(행 14:26)
- 안디옥에서 베드로와 만남

  베드로의 율법주의를 부정하는 다섯 가지 요소

  ① 교회의 통일성(갈 2:14)

  ② 이신칭의론(갈 2:15, 16)

  ③ 율법으로부터의 자유(갈 2:17, 18)

  ④ 내재하는 그리스도의 충만하심(갈 2:19, 20)

  ⑤ 하나님의 은혜(갈 2:21)

"내가 그리스도와 함께 십자가에 못박혔나니 그런즉 이제는 내가 산 것이 아니요 오직 내 안에 그리스도께서 사신 것이라"(2:20).

[2] 바울의 구원과 사도적 소명의 필요성(갈 1:13-15)

여기에서 바울은 자신의 간증을 하고 있으며 회심 이전에 그가 살아온 끔찍한 삶에 대해 이야기한다. 사도 바울은 자신의 간증을 즐겨 말하였다(행 22:1-16/26:1-20/딤전 1:12-16 참조). 바울은 덧붙여 말하기를, 자신이 마침내 그리스도를 섬기도록 부름받은 것은 사실 자신의 출생 이전에 시작되었다고 하였다.

"그러나 내 어머니의 태로부터 나를 택정하시고 은혜로 나를 부르신 이가…"라고 그는 말한다(갈 1:15).

이처럼 태중에 있는 아기가 부름을 받은 경우가 바울 외에도 성경에 두 번 더 기록되어 있다.

(1) 선지자 예레미야(렘 1:4-10).

(2) 침례(세례) 요한(눅 1:15-17).

[3] 바울의 구원과 사도적 소명의 목적(갈 1:16)

그것은 "그 아들을 이방에 전하기 위하여 그를 내 속에 나타내시려는 것이다." 즉, 하나님은 바울을 '통하여' 그리스도를 나타내시려고 바울 '안에' 그리스도를 계시하셨다.

[4] 바울의 구원과 사도적 소명에 수반된 사건들(갈 1:17-2:21)

(1) 그는 다메섹 도상에서 회심하게 되었다(행 9:1-22).

(2) 그는 약 삼 년 동안 아라비아에 가 있었다(갈 1:17).

(3) 그는 다메섹으로 돌아왔다(갈 1:17/행 9:23-25/고후 11:32, 33).

(4) 구원받은 후 처음으로 예루살렘을 방문하였다(갈 1:18-20/행 9:26-29).
이때 그는 불과 보름 동안 머물면서 베드로와 주의 형제 야고보를 만났다.

(5) 그는 수리아와 길리기아로 떠났다(행 9:30/갈 1:21/행 22:17-21).

(6) 그는 바나바와 함께 안디옥에서 선교하였다(행 11:25, 26).

(7) 그는 바나바와 디도와 함께 예루살렘을 두번째 방문하였다(갈 2:1-10/행 11:29, 30). 이는 그의 회심 이후 14년 만의 일이었다. 성경의 기록에 의하면 바로 이때부터 유대계 그리스도인들이 바울에게 압력을 가하여 그들의 악마 같은 율법주의와 하나님의 순결한 은혜를 혼합시키도록 강요하기 시작하였다. 그러나 그들은 바로 이러한 점에서 막다른 벽에 부딪히고 말게 될 것이다. 즉, 베드로와 야고보는 바울을 격려하며 계속하여 이방인들에게 하나님의 은혜를 전하도록 하였다.

(8) 그는 바나바, 요한 마가와 함께 안디옥으로 돌아왔다(행 12:25).

(9) 그는 안디옥에서 바나바 그리고 요한 마가와 함께 제 1차 전도 여행을 떠났다(행 13장).

(10) 그는 안디옥으로 돌아왔다(행 14:26).

(11) 그는 안디옥에서 시몬 베드로를 만났다(갈 2:11-14). 이 만남이 정확하게 언제 있었는지를 안다는 것은 매우 어려운 일이다. 어떤 이들은 이 만남이 예루살렘 회의보다 늦게 있었을 것이라고 생각한다. 여하튼 베드로는 몇몇 유력한 유대인들이 예루살렘으로부터 왔을 때, 언제나 그들을 따라다니던 유대계 그리스도인들을 두려워하여 이방인 그리스도인들 앞에서 물러나오고 말았다. 바울은 이로 인해 베드로를 심하게 책망하

였다. 이러한 행동을 함으로 베드로는 다섯 가지 중요한 교리를 부정한 셈이 된다.

① 교회의 통일성(갈 2:14)
② 이신칭의론(갈 2:15, 16)
③ 율법으로부터의 자유(갈 2:17, 18)
④ 내재하는 그리스도의 충만하심(갈 2:19, 20)
⑤ 하나님의 은혜(갈 2:21)

이러한 책망에 대한 베드로의 즉각적인 반응은 기록되어 있지 않다. 하지만 그는 매우 솔직하게 깊이 회개하였고 그것으로 인해 바울에게 악의를 품거나 하지는 않았다(벧전 3:15 참조). 갈라디아서 2장 20절에서 바울은 성경 가운데 가장 위대한 말씀 중 하나를 이렇게 말하고 있다.

"내가 그리스도와 함께 십자가에 못박혔나니 그런즉 이제는 내가 산 것이 아니요 오직 내 안에 그리스도께서 사신 것이라 이제 내가 육체 가운데 사는 것은 나를 사랑하사 나를 위하여 자기 몸을 버리신 하나님의 아들을 믿는 믿음 안에서 사는 것이라."

2. 경고-재난(갈 3, 4장)

바울은 갈라디아 교인들이 형식의 멍에를 지고 있는 것에 대하여 경고하였다. 그는 율법주의와 자유의 차이를 납득시키기 위해 두 가지 강력한 예를 들고 있다.

1. 개인의 예-그들 자신의 경험으로부터 끌어낸 예(갈 3:1-5)

여기에서 바울은 오직 두 가지 질문을 하고 있다.

[1] 먼저 너희들은 어떻게 하여 새로운 성품을 얻게 되었는가?

"내가 너희에게 다만 이것을 알려 하노니 너희가 성령을 받은 것은 율법의 행위로냐 듣고 믿음으로냐"(갈 3:2).

[2] 너희가 새로운 성품에 무엇을 더할 수 있는가?

"너희가 이같이 어리석으냐 성령으로 시작하였다가 이제는 육체로 마치겠느냐"(갈 3:3).

워런 위어스비(Warren Wiersbe)는 이렇게 설명한다.

> "여기에서 인간의 출생을 예로 든 것은 매우 적절한 것이다. 한 아기가 잉태되어 태어나기 위해서는 양(兩) 부모가 필요하다. 마찬가지로 한 아기가 하나님의 가족으로 태어나기 위해서는 영적 부모가 필요하다. 그 부모란 하나님의 성령과 하나님의 말씀이다(요 3:1-8/벧전 1:22-25). 여기서 정상적인 아이가 태어나면 그는 살아가는 데 필요한 모든 것을 갖추고 있게 마련이다. 즉, 더 첨가되어야 할 것이 없다. 이처럼 하나님의 가족으로 태어나게 되면 그는 영적으로 필요한 모든 것을 갖추고 있게 된다. 그러므로 이상 덧붙일 것이 없다. 유일하게 필요한 것은 그가 성장할 수 있도록 해주는 음식, 운동, 깨끗케 해주는 것뿐이다. 만일 부모가 첫 달에는 귀를, 둘째 달에는 발가락을…받기 위해 아기를 의사에게 데려가야 한다면, 이처럼 기이한 일이 어디 있겠는가"〔나침반社, 『자유누리며 살라』(*Be Free*), pp. 77-78 참조〕.

2. 율법의 예—모세의 율법에서 끌어낸 일련의 예들(갈 3:6—4:20)

1 아브라함과 율법

(1) 아브라함은 율법이 인간에게 주어지기 훨씬 전에 하나님에 대한 그의 믿음으로 의롭다 함을 받았다(갈 3:16, 17).

(2) 하나님께서 아브라함에게 말씀하시기를, 이방인들도 믿음으로 의롭다 함을 얻게 될 것이라고 하셨다(갈 3:8, 9).

(3) 하나님은 믿음 때문에 죄인들을 용서하실 뿐만 아니라 바로 그 믿음 때문에 그들을 지켜주신다.

"의인이 믿음으로 살리라"(갈 3:11).

지극히 중요한 이 말씀은 구약성경의 하박국서에서 인용한 것이며(합 2:4), 신약성경에서 세 번 사용되고 있다(롬 1:17/히 10:38 참조).

2 죄인들과 율법

"무릇 율법 행위에 속한 자들은 저주 아래 있나니 기록된 바 누구든지 율법 책에 기록된 대로 온갖 일을 항상 행하지 아니하는 자는 저주 아래 있는 자라 하였음이라"(갈 3:10/참조, 신 27:26).

신약성경 야고보서 기자는 이미 이렇게 쓴 바가 있다.

"누구든지 온 율법을 지키다가 그 하나에 거치면 모두 범한 자가 된다"(약 2:10).

그러므로 구약성경의 율법은 긴 사슬과 같다고 할 수 있다. 이 사슬을 끊기 위해서는 단 하나의 고리만 부러뜨리면 된다. 그러면 전체 사슬이 끊어지지 않는가!

3 이스라엘과 율법

(1) 이스라엘에 율법이 주어진 것은 (믿음으로 의롭다 함을 얻게 된다는) 약속이 주어진 후 430년 만의 일이었다. 워런 위어스비는 이 사실을 다음과 같이 설명한다.

> "갈라디아서 3장 17절의 430년이란 햇수는 성경 연구자들을 아주 오랫동안 당황케 했다. 왜냐하면 아브라함이 부름을 받은 때(창 12장)로부터 야곱이 애굽에 도착(창 46장)하기까지는 215년의 간격이 있기 때문이다. 이는 아래와 같은 방법으로 산출될 수 있을 것이다.
>
> ① 하나님은 아브라함이 75세 되던 해에 그를 부르셨고 100세에 이삭을 주셨다(창 12:4/21:5). 여기에서 25년이 산출된다.
>
> ② 이삭이 60세 되던 해에 야곱을 낳았다(창 25:26).
>
> ③ 야곱이 애굽에 도착했을 때의 나이는 130세였다. 따라서 위의 햇수를 모두 합하면 215년이 된다(25+60+130=215).
>
> ④ 그런데 모세는 이스라엘이 애굽에 머무른 기간이 430년(출 12:40)이라고 말한다. 따라서 약속에서 율법에 이르는 총 햇수는 430년이 아니라 645년이 된다.
>
> ⑤ 애굽 체류 기간은 창세기 15장 13절과 사도행전 7장 6절에도 기록되어 있다. 그런데 후자의 경우에는 400년이라는 대략적인 숫자가 사용되고 있다. 이와 같은 난제를 해결하기 위해 몇 가지 설명이 제시되었다. 그러나 가장 타당성이 있는 것은 다음과 같은 것이다.
>
> 바울은 야곱이 애굽으로 내려가던 때, 즉 하나님께서 그에게 나타나셔서 언약을 재확증

하셨던 때(창 46:1－4)로부터 계산하고 있다. 430년이란 하나님께서 그의 언약을 야곱에게 확증해 주셨던 때로부터 시내 산에서 율법을 주시던 때에 이르기까지의 기간이다"(『자유누리며 살라』, p. 90 참조).

(2) 율법은 죄로 인하여 주어진 일종의 첨가물이다.
"율법은… 범법함을 인하여 더한 것이라"(갈 3:19).
(3) 율법은 "천사들로 말미암아 중보의 손을 빌어 베푸신 것이다"(갈 3:19). 율법을 주실 때 시내 산에서 천사의 활동이 있었다는 사실을 입증하는 다음 구절들을 주의하여 보라.
"여호와께서 시내에서 오시고… 일만 성도 가운데서 강림하셨고 그 오른손에는 불 같은 율법이 있도다"(신 33:2).
"하나님의 병거가 천천이요 만만이라 주께서 그 중에 계심이 시내 산 성소에 계심 같도다"(시 68:17).
"너희(즉 범죄한 이스라엘)가 천사의 전한 율법을 받고도 지키지 아니하였도다"(행 7:53).
"천사들로 하신 말씀이 견고하게 되어"(히 2:2).
(4) 그러므로 율법은 이스라엘의 교사와 같은 역할을 하였다.
"이같이 율법이 우리를 그리스도에게로 인도하는 몽학선생이 되었다"〔갈 3:24, 여기의 '몽학선생'이란 헬라어의 『파이다고고스』(paidagogos)의 역어로 그 의미는 '아동－교육자'이다〕. 맥기는 이것을 다음과 같이 설명한다.

"여기에서 핵심 낱말은 몽학선생이며, 그것은 오늘날의 학교 교사와는 무관한 것이다. 그 말은 로마 가정에 태어난 아이를 돌보는 노예, 또는 하인을 지칭하였다. 그는 그 가정에 태어난 아들을 먹여 주고 옷을 입히며 목욕을 시켜주고 코를 풀어 주며 걸음마 연습을 시켰다. 그 어린이가 학교에 들어갈 나이에 이르면, 그는 아이의 손을 잡고 학교에 데리고 갔다. 이것이 바로 그가 『파이다고고스』, 즉 아동 인도자로 불리게 된 연유이다. 율법은 인간의 손을 잡아 그리스도의 십자가로 인도하며, '얘야, 너에게는 그리스도가 필요하다'라고 말해 준다. 율법은 우리를 그리스도에게로 향하게 한다. 이제 우리는 율법이 아니라 그리스도 아래에 있는 것이다"(『성경개요』, p. 110).

4 그리스도와 율법

(1) 그리스도는 우리를 율법의 저주로부터 건져내셨다.
"그리스도께서 우리를 위하여 저주를 받은 바 되사 율법의 저주에서 우리를 속량하셨으니 기록된 바 나무에 달린 자마다 저주 아래 있는 자라 하였음이라"(갈 3:13/참조, 신 21:23).

버는 맥기의 말을 다시 인용해 보자.

"이것은 매우 이상한 법이다. 왜냐하면 율법하에서 가장 주요한 형벌 방법은 돌로 치는 것이었기 때문이다. 그러나 범죄 행위가 더욱 악하고 흉포한 경우에는, 범죄의 중대함을 보여주기 위해 범죄자의 몸을 사후에 나무에 매달았던 것이다"(『성경개요』, p. 110).

(2) 주님은 이 모든 것을 하나님께서 정하신 때에 인간의 몸을 입고 완수하셨다.
"때가 차매 하나님이 그 아들을 보내사 여자에게서 나게 하시고 율법 아래 나게 하신 것은 율법 아래 있는 자들을 속량하시고 우리로 아들의 명분을 얻게 하려 하심이라"

율법

아브라함과 율법

- 하나님을 믿음으로 의롭다 함을 얻음(갈 3:16, 17).
- 이방인도 믿음으로 의롭다 함을 받을 것임(갈 3:8, 9).
- 하나님은 믿음을 통하여 죄인을 용서하시고 지켜주심.

"의인은 믿음으로 살리라"(갈 3:11).

죄인과 율법

"무릇 율법 행위에 속한 자들은 저주 아래 있나니"(갈 3:10).

이스라엘과 율법

- 이스라엘은 약속을 받은 후 430년이 지나서 율법을 받았음.
- 이것은 죄로 인하여 더해진 것임(갈 3:19).
- 천사들로 말미암아 중보의 손을 빌어 베푸신 것임(갈 3:19).
- 이스라엘의 "몽학선생" 역할을 함(갈 3:24).

그리스도와 율법

- 율법의 저주에서 우리를 속량하심(갈 3:13/참조, 신 21:23).
- 하나님의 정하신 때에 인간의 몸을 입고 이를 행하셨음(갈 4:4, 5).
- 성령 침례(세례)를 통해 회개하는 모든 죄인들을 연합시키심(갈 3:26−29).
- 우리들이 온전히 하나님의 아들들이 된 것을 보증하심(갈 4:1−7).

약속과 율법

- 율법은 약속을 변경시킬 수 없음(갈 3:15−18).
- 율법은 약속보다 하위에 있음(갈 3:19, 20).
- 율법은 약속과 어긋나지 않음(갈 3:21−26).
- 율법은 약속이 할 수 있는 것을 할 수 없음(갈 3:27−29).

갈라디아 교인들과 율법

- 어찌하여 그들은 율법의 멍에를 다시 짊어지려고 하는가?(갈 4:9, 10)
- 과거에 누리던 즐거운 영적 교제는 어디로 가버렸는가?(갈 4:11−15)
- 어찌하여 그들은 바울에게서 돌이켜 거짓교사들에게로 향했는가?(갈 4:16−20)
- 풍유적 예증−하갈과 사라에게서 끌어낸 예화(갈 4:21−23)

(갈 4:4, 5).

(3) 주님은 회개하는 모든 죄인들을 성령 침례(세례)를 통해 그분의 지체가 되게 함으로써 그들을 연합시키셨다.

"너희가 다 믿음으로 말미암아 그리스도 예수 안에서 하나님의 아들이 되었으니 누구든지 그리스도와 합하여 침례(세례)를 받은 자는 그리스도로 옷입었느니라 너희는 유대인이나 헬라인이나 종이나 자주자나 남자나 여자 없이 다 그리스도 예수 안에서 하나이니라 너희가 그리스도께 속한 자면 곧 아브라함의 자손이요 약속대로 유업을 이을 자니라”(갈 3:26-29).

로마 세계는 세 가지 관점에서 다음과 같이 대별된다.

① 인종, 종교적 측면-유대인과 헬라인

② 사회 계급적 측면-자유인과 노예

③ 성(性)적 측면-남자의 세계와 여자의 세계

그러나 그리스도 안에는 ‘영적’ 구별이란 전혀 없다.

(4) 그러므로 주님은 우리가 하나님의 온전한 아들이 된 것을 보증하신다.

“내가 또 말하노니 유업을 이을 자가 모든 것의 주인이나 어렸을 동안에는 종과 다름이 없어서 그 아버지의 정한 때까지 후견인과 청지기 아래 있나니 이와 같이 우리도 어렸을 때에 이 세상 초등학문 아래 있어서 종노릇하였더니 때가 차매 하나님이 그 아들을 보내사 여자에게서 나게 하시고 율법 아래 나게 하신 것은 율법 아래 있는 자들을 속량하시고 우리로 아들의 명분을 얻게 하려 하심이라 너희가 아들인고로 하나님이 그 아들의 영을 우리 마음 가운데 보내사 아바 아버지라 부르게 하셨느니라 그러므로 네가 이후로는 종이 아니요 아들이니 아들이면 하나님으로 말미암아 유업을 이을 자니라”(갈 4:1-7).

물론 여기에서 바울이 뜻하는 것은, 율법이 우리를 하나님의 어린 자녀(갈 4:3)가 되게 한 반면, 그리스도는 우리를 하나님의 아들이 되게 하였다는 것이 아니다. 그는 당시의 로마법에 의거하여 어린 자녀와 아들의 차이를 구별하고 있을 뿐이다.

① “어리다”(childhood)는 것은 하나님의 가정 내에서 나의 「상태」를 가리키는 것이나, “아들이 되었다”(adoption)는 것은 그 안에서의 나의 「신분」을 말하는 것이다.

② “중생함”으로 사람은 하나님 가족의 일원이 되는 데 반하여 “아들이 됨”으로써 그는 그 가정에서의 삶을 향유하는 것이다.

③ 어린 시절의 원인이 되는 환경들은 사적(私的)인 것이었지만 ‘아들이 되는 것’과 관련된 환경은 공적(公的)인 것이다.

④ “어린이”는 후견인의 보호를 받고 있으나 “아들이 된 성인”은 온전히 자유를 누린다.

(5) 바울은 동시에 아들과 종의 차이를 밝히고 있다(갈 4:7).

① 종(servant)은 자신의 옛 본성을 그대로 간직하고 있는 데 반하여 아들은 아버지의 성품을 함께 나누어 받는다.

② 종에게는 주인이 있으나 아들에게는 아버지가 있다.

③ 종이란 법과 두려움으로 인하여 복종하지만 아들은 자유와 사랑으로 인하여 순종한다.

④ 종에게는 아무런 유업도 약속되어 있지 않지만 아들은 모든 것을 상속받을 것을 법적으로 기대할 수 있다.

5 언약과 율법

(1) 율법은 약속을 변경시킬 수 없다(갈 3:15-18).

(2) 율법은 약속보다 위대할 수 없다(갈 3:19, 20).

(3) 율법은 약속과 어긋나는 것이 아니다(갈 3:21-26).

(4) 율법은 약속이 할 수 있는 것을 할 수 없다(갈 3:27-29).

6 갈라디아 교회와 율법(갈 4:8—20)

사도 바울은 이제 독자들에게로 되돌아와서 다음의 것들을 알고자 한다.

(1) 영적 노예로부터 해방된 이후에, 어찌하여 그들이 다시 그 멍에를 짊어지기를 원하게 되었는가?(갈 4:9, 10) 그들이 다시 멍에를 짊어졌다는 것은 그들이 안식일, 특별한 축제일 등과 같은 유대 성일(聖日)인 "날"과 유대 음력에 따라 매달 첫날에 시작되는 신월제(新月祭)인 "달"과 장막절, 무교절 등과 같이 일주일 동안 계속되는 "절기"와 안식년, 희년 등의 "해"를 지킨 것에서 입증된다.

(2) 이전에 사도 바울과 갈라디아 교인들이 누렸던 즐거운 영적 교제는 지금 어디로 가 버렸는가?(갈 4:11—15) 그는 자기를 위하여 기꺼이 눈이라도 빼어 줄 것 같던 과거 갈라디아 교인들의 사랑을 회상시키고 있다! 어떤 이들은 갈라디아서 4장 15절의 이 말을 고린도후서 12장 7절에 나타난 바울의 육체의 가시에 대한 말과 관련시키기도 한다.

(3) 어찌하여 그들이 바울에게 등을 돌리고 그들의 참된 영적 어머니인 그를 적으로 여기며, 진짜 교사인 체하는 거짓 교사들을 따르게 되었는가?(갈 4:16—20) 사도 바울이 자신의 고뇌와, 자기가 회심시킨 자들에 대한 열정을 집약적으로 가장 잘 나타낸 것은 바로 갈라디아서 4장 19절이다.

"나의 자녀들아 너희 속에 그리스도의 형상이 이루기까지 다시 너희를 위하여 해산하는 수고를 하노니."

(4) 풍유적(Allegorical) 예증—이는 하갈과 사라에게서 끌어낸 예이다(갈 4:21—23). 먼저 분명히 밝혀 두어야 할 것은 바울이 창세기에 나타난 이 여인들의 역사적 실재를 부정하거나 또는 이전에는 숨겨져 있던 좀더 심오한 '영적 의미'를 가르치려고 시도하지는 않는다는 것이다. 그는 한 가지 내용을 풍유적으로 말하기 위해 구약성경의 교리적 사건을 단순히 인용하고 있는 것이다.

① 바울이 풍유로 사용한 사건

아브라함에게는 두 아들과 두 아내가 있었다. 한 아들(이스마엘)은 하녀 하갈에게서 자연적으로 태어났다. 한편 다른 아들(이삭)은 자유인이었던 부인 사라에게서 초자연적으로 태어났다. 이삭은 "젖을 떼는 날"에 이스마엘에게 조롱을 당하였다. 이에 따라 하나님께서는 하갈과 이스마엘을 내어보내라고 아브라함에게 명령하셨다.

② 바울의 풍유에 따른 적용

ㄱ. 하갈은 율법을 대표하는 데 반하여 사라는 은혜를 상징한다.

ㄴ. 이스마엘은 육(肉)과, 율법을 따름으로써 노예의 자녀들로 남아 있는 자들을 가리킨다.

ㄷ. 이삭은 영(靈)과, 예수님을 믿음으로 자유로운 아들이 된 자들을 가리킨다.

ㄹ. 하갈은 또한 시내 산과 율법주의의 본산인 지상의 예루살렘 성을 나타낸다.

ㅁ. 사라는 (추측컨대) 시온 산과 자유의 총본산인 하늘의 예루살렘 성을 상징한다.

ㅂ. 믿는 자가 율법과 은혜를 잃어버린다면 이삭이 이스마엘에게 당했던 것처럼 핍박과 조롱을 당하게 될 것이다.

3. 권면-소망(갈 5, 6장)

바울은 그들에게 그리스도 안에서 자유하라고 권면한다.

1. 그리스도 안에서의 자유와 유대인들의 율법주의(갈 5:1, 2)

그리스도 안에서 누리는 영광스러운 이 자유를 거절한다는 것은 무슨 의미인가?

1 은혜로운 그리스도의 멍에를 율법의 무거운 멍에로 바꾸는 것을 의미한다

(1) 그리스도의 멍에

"수고하고 무거운 짐 진 자들아 다 내게로 오라 내가 너희를 쉬게 하리라 나는 마음이 온유하고 겸손하니 나의 멍에를 메고 내게 배우라 그러면 너희 마음이 쉼을 얻으리니 이는 내 멍에는 쉽고 내 짐은 가벼움이니라"(마 11:28-30).

(2) 율법의 멍에

"그런데 지금 너희가 어찌하여 하나님을 시험하여 우리 조상과 우리도 능히 메지 못하던 멍에를 제자들의 목에 두려느냐"(행 15:10).

2 모세의 율법 전체에 빚진 자가 되는 것을 의미한다(갈 3:3 / 참조, 신 27:26)

위어스비는 이에 대해 다음과 같이 말하고 있다. 다음과 같은 경우를 생각해 보자.

> "시내의 거리를 질주하고 있는 자동차가 고의적이든 부지중에든 빨간 신호등을 무시하고 통과했다. 경찰은 그 차를 길 옆에 세우고 운전사의 면허증을 보자고 하였다. 운전사는 즉시 변명하기를 시작했다.
>
> 「경찰관 아저씨, 내가 신호를 어겼다는 것은 알아요, 그러나 나는 도둑질한 적도 없고 간음한 적도 없으며 탈세를 한 적도 결코 없어요!」
>
> 경찰관은 딱지를 떼면서 웃는다. 왜냐하면 아무리 법을 잘 지켰다고 할지라도 그것이 한 가지 위반행위를 보상해 줄 수 없다는 것을 그는 알고 있기 때문이다. 법은 하나이며, 또한 법을 준수하는 자를 보호하는 바로 그 법이 위반자를 처벌하는 것이다. 법의 일부를 지켰다고 자랑하면서 동시에 다른 법을 어겼다면 이는 「나는 벌받아 마땅하다」고 고백하는 셈이다"(『자유 누리며 살라』, pp. 135-136 참조).

3 은혜로부터 멀어지는 것을 의미한다(갈 5:4)

물론 이것은 그들이 자신들의 구원을 잃었음을 의미하지는 않는다. 그 이유는 갈라디아에서 바울은 그의 독자들을 다음과 같이 부르고 있기 때문이다.

(1) 형제들(9회 사용, 갈 1:2, 11 / 3:15 / 4:12, 31 / 5:11, 13 / 6:1, 18 참조)
(2) 하나님의 아들(갈 3:26)
(3) 아들(갈 4:6)
(4) 약속의 유업(갈 3:29)

여기에서 "떨어진"이라고 번역된 헬라어는 『에크핍토』(ekpipto)이며 사도행전 27장 17, 26, 29, 32절 등에서도 찾아볼 수 있다. 사도행전에서 그 말은 폭풍우에 밀려다니는 배를 가리키고 있다. 이러한 의미가 여기 갈라디아서에서도 사용되고 있는 것이다. 율법의 멍에를 짊어진다는 것은 아름답고 확실한 하나님의 은혜의 다스림을 거부하는 것이다! 바울이 이미 말한 대로 하나님의 은혜를 헛되게 하는 것(문자적으로 폐기하는 것, 또는 무효로 만드는 것)도 가능하다(갈 2:21 참조).

4 그리스도인이 경주하는 도중에 방향을 잃는 것을 의미한다(갈 5:7/참조, 히 12:1, 2)
간단히 말해서 그것은 빚진 자, 노예, 잘못된 길로 들어선 경주자로 전락하는 것을 의미한다. 위어스비의 말을 다시 인용해 보자.

> "하나님의 은혜의 영역 안에서 사는 그리스도인은 자유롭고 풍요로우며 상급과 완성으로 이르는 코오스를 달리고 있는 것이다. 율법 때문에 은혜를 포기하는 그리스도인은 노예이며 불쌍한 거지이고 코오스를 이탈한 경주자이다. 간단히 말해서 그는 패배자이다. 그러므로 승리자가 되는 유일한 길은 '찌꺼기'(갈 5:3), 즉 율법과 은혜를 혼합시키는 거짓 교리를 제거하고 성령에 순복하는 것이다"(『자유 누리며 살라』, p. 141 참조).

2. 그리스도 안에서의 자유와 방탕한 자의 분방함(갈 5:13)

"형제들아 너희가 자유를 위하여 부르심을 입었으나 그러나 그 자유로 육체의 기회를 삼지 말고 오직 사랑으로 서로 종노릇하라."
여기에서 바울은 율법주의와는 반대로 율법을 무시하는 것에 대해 경고하고 있다.

3. 그리스도 안에서의 자유와 육체의 소욕(갈 5:15-21)

갈라디아서 5장에서 뿐만 아니라 로마서 7장에서도 바울은 하나님의 계명을 육체의 타락과 관련시키고 있다. 그는 다음의 사실들을 지적함으로써 이것을 말하고 있다.

율법 자체는 선하다(롬 7:7). 그런데 근심하게 되는 것은 죄가 율법을 사용하여 그의 안에 있는 온갖 사악과 금지된 욕망들을 일깨움으로 그로 하여금 죄책감을 느끼게 하기 때문이다(갈 7:8). 그는 이렇게 말하며 결론을 맺는다.
"전에 법을 깨닫지 못할 때에는 내가 살았더니 계명이 이르매 죄는 살아나고 나는 죽었도다 생명에 이르게 할 그 계명이 내게 대하여 도리어 사망에 이르게 하는 것이 되었도다"(롬 7:9, 10).

갈라디아서 5장에서 그는 율법을 잘못 사용함으로써 일어나는 육체의 일, 열다섯 가지를 열거하고 있다. 그것들은 아래와 같다.
1 음행(성범죄)
2 더러운 것(부정함)
3 호색(육욕)
4 우상숭배(우상예배)
5 술수〔이는 헬라어 『파르마케이아』(pharmakeia)를 번역한 것이며 마술사 또는 마약으로 번역할 수도 있다〕
6 원수를 맺는 것(미움)
7 분쟁〔헬라어 『에리스』(eris)를 옮긴 말이며 이것은 싸움의 신을 가리킨다〕
8 시기(경쟁, 시샘)
9 분냄(화를 냄)

10 당짓는 것(파벌싸움, 도당)
11 분리(불일치, 불화)
12 이단(종파)
13 투기(탐냄)
14 술취함(독주를 마심으로 무기력하게 됨)
15 방탕함(홍청거림, 유홍)

4. 그리스도 안에서의 자유와 성령의 열매(갈 5:22, 23)

이에 대해 위어스비는 다음과 같이 설명한다.

> "일(works)과 열매(fruit)의 차이는 매우 중요하다. 공장의 기계는 일을 하고 물건을 만들어낸다. 그러나 그것은 결코 열매를 제조해 낼 수 없다. 열매는 생명에서 자라나는 것이며 그리스도의 경우에 그것은 성령이다. '일'에 대해 생각할 때, 우리는 노력, 노동, 긴장, 땀을 연상하게 된다. 그러나 열매에 대해 생각할 때면, 우리는 아름다움, 조용함 및 생명의 전개를 연상하게 된다. 육체는 '죽은 행실(일)'(히 9:14)을 생산해 낼 뿐이지만 성령은 산 열매를 맺게 한다…신약성경은 서로 다른 여러 종류의 열매에 대해 이야기한다. 예를 들면 그리스도에게 인도된 사람들(롬 1:13), 하나님에게 바쳐진 선물(롬 15:16-18), 거룩한 삶(롬 6:6), 선한 행실(골 1:10), 찬양(히 13:15) 등이다. 위에 열거한 성령의 열매는 인격과 관련되어야 한다"(『자유 누리며 살라』, pp. 153-154 참조).

성령으로 말미암은 열매들의 다양함에 대해 주목하자.

1 사랑(타인에 대한 신령한 관심)
2 희락(내적 평화와 충만함)
3 화평(영혼의 확신과 안정)
4 오래 참음(인내, 조바심없이 견딤)
5 자비(친절)
6 양선(사랑의 행위)
7 충성(신뢰)
8 온유(힘의 억제)
9 절제(자중)

5. 그리스도 안에서의 자유와 그리스도인의 책임

1 이웃을 자신처럼 사랑할 것(갈 5:14, 15).
2 성령의 인도를 받을 것(갈 5:18, 25).
3 자기는 그리스도와 함께 십자가에 못박혔다고 생각할 것(갈 5:24).
물론 율법주의자들은 전혀 이렇게 생각하지 않는다. 그들이 강조하는 것은 십자가 사건이 아니라 할례이다.
4 자랑과 시기를 피할 것(갈 5:26).
5 떨어진 자를 신중하게 기도하는 마음으로 권고할 것(갈 6:1).
6 타인의 짐을 짊어질 것(갈 6:2).
7 율법주의자들은 다른 사람들의 짐을 더함으로써 이와 정반대의 일을 함(행 15:10/

마 23:4).
[8] 자기를 기만하지 말 것(갈 6:13).
[9] 자신의 짐을 질 것(갈 6:5).
[10] 자기를 살필 것(갈 6:4).
[11] 영적 지도자와 좋은 것을 함께 나눌 것(예 : 경제적 지원).
[12] 바른 생활 습관을 심도록 할 것(갈 6:8).
[13] 선한 일을 하되 낙심하지 말 것(갈 6:9).
[14] 모든 사람에게 선을 행할 것(갈 6:10).

6. 그리스도 안에서의 자유와 바울의 흔적(갈 6:11-18)

"이 후로는 누구든지 나를 괴롭게 말라 내가 내 몸에 예수의 흔적을 가졌노라"(갈 6:17).

시드로우 백스터(J. Sidlow Baxter)는 이것을 다음과 같이 설명한다.

"갈라디아서는 농촌 지역에 흩어져 사는 그리스도인들에게 보낸 편지이다. 그들은 대부분 어떠한 부문이든 농업에 종사하는 자들이었다. 갈라디아 교인들의 심성과 환경에 맞추어 바울은 그들에게 적절한 어휘와 비유를 특별히 선택하여 사용하고 있다. 갈라디아 교인들이 무엇보다 잘 알고 있었던 네 가지 행동이 있었다. 그것은 열매 맺는 것, 씨를 뿌리는 것, 짐을 지는 것, 낙인을 찍는 것(농업 노동자들은 대부분 노예였기 때문에 그들의 소유주를 밝히기 위해 문신을 새겼음) 등이었다. 바울이 성령께서 주는 참 자유를 설명하기 위해 이러한 표상들을 어떻게 사용하고 있는지를 알아보자.

[1] 열매를 맺는 것

"성령의 열매는 사랑과 희락과 화평과 … 절제이다"(갈 5:22).

[2] 짐을 지는 것

"너희가 짐을 서로 지라 그리하여 그리스도의 법을 성취하라"(갈 6:2).

[3] 씨를 뿌리는 것

"사람이 무엇을 심든지 그대로 거두리라"(갈 6:7).

[4] 낙인을 찍는 것

"내가 내 몸에 예수의 흔적을 가졌노라"(갈 6:17).

낙인을 찍는 사람들은 다섯 종류로 분류된다. 즉, 노예(소유권의 표시), 군인(충성의 표시), 귀의자(헌신의 표시), 죄수(전과 표시), 혐오스러운 자(비난의 표시) 등이다. 바울의 몸에 있는 주님의 흔적은 다섯 가지를 모두 하나로 합쳐놓은 것이었다!"〔『성경연구』(*Explore the Book*), Vol. 6. pp. 153, 154, 158. 이러한 흔적들의 내력을 알고자 하면 고후 11:23-28을 참조하라〕.

자유와 바울이 지닌 흔적

열매 맺는 것
"성령의 열매는 사랑과 희락과 화평과 오래 참음과…"(갈 5:22, 23).

씨를 뿌리는 것
"사람이 무엇을 심든지 그대로 거두리라"(갈 6:2).

짐을 지는 것
"너희가 짐을 서로 지라 그리하여 그리스도의 법을 성취하라"(갈 6:7).

낙인을 찍는 것
"내가 내 몸에 예수의 흔적을 가졌노라"(갈 6:17).

데살로니가전서

● 데살로니가 교회는 바울의 제 2차 전도 여행 때에 세워진 교회이다(행 17:1-10 참조). 사도 바울이 세운 많은 교회들 가운데 불과 몇 개의 교회(정확하게는 여섯 교회)만이 신약성경에 수록된 바울의 편지를 받았다. 그리고 여섯 교회 가운데 고린도 교회와 데살로니가 교회만이 영감으로 기록된 편지를 두 번 받는 축복을 받았다.
● 사도 바울은 데살로니가에서 야손(아마 그의 친척이었던 것 같음. 롬 16:21 참조)의 집에 적어도 삼 주 동안 머물면서 교회를 조직하고, 그곳의 그리스도인들에게 짐이 되지 않도록 천막공으로서 줄곧 일하였다(살전 2:9/살후 3:7-12 참조).
● 그가 그곳에 잠시밖에 머무르지 않았던 것은 몇몇 비기독교 유대인들로부터 복음 전파가 방해를 받았기 때문이다. 그리하여 한밤중에 바울, 디모데, 실라는 베뢰아를 향해 떠났던 것이다.
● 그는 거기까지 쫓아온 흉악한 유대인들 때문에 곧 아덴으로 가게 되었다. 한편 디모데와 실라는 베뢰아에 남아 있었다.
● 아덴에 있으면서 바울은 그의 젊은 동역자 디모데에게 편지하기를, 데살로니가로 돌아가서 그곳에서의 사역을 강화시키라고 하였다. 디모데는 이 명령에 순종하였다(살전 3:1, 2).
● 아덴을 떠나 바울은 고린도로 갔다. 얼마 후에 실라와 디모데는 여기에서 바울과 합류하였다. 디모데는 데살로니가에서의 사역의 좋은 결과를 그에게 보고하였다. 바울은

크게 기뻐하며 이때에 고린도에서 데살로니가 전후서를 써 보냈다.

● 그가 쓴 첫 편지는 격려하고 견고하게 하며 가르치고 분발하게 하려는 것이었다. 분명히 데살로니가 교회는 대단히 많은 이방인들로 구성되어 있었다(행 17:4).

● 헨리에타 미어즈(Henrietta Mears)는 다음과 같이 말하고 있다.

> "바울이 데살로니가에서 성공한 것을 해외 선교사들이 일반적으로 체험하는 것은 아니다. 인도의 캐리(Carey), 버마의 저드슨(Judson), 중국의 모리슨(Morrison), 아프리카의 모팻(Moffat)은 모두 첫 회심자를 얻기까지 무려 7년의 세월이 걸렸다. 그러나 데살로니가에서 성령은 바울이 조속한 결실을 맺도록 허락하셨던 것이다"[『성경 개관』(*What the Bible Is All About*), p. 532].

1. 데살로니가 교회의 명성(살전 1장)

1. 활동적인 교회(살전 1:1-3)

"너희의 믿음의 역사와 사랑의 수고와…소망의 인내를…쉬지 않고 기억함이니…"(살전 1:3).

2. 선택받은 교회(살전 1:4, 5)

"…사랑하심을 받은 형제들아 너희를 택하심을 아노라"(살전 1:4).

선택이란 개인적이며 또한 집단적이다. 거기에는 그리스도인과 회중이 포함된다. 여기에서의 선택은 후자의 경우이다. 스펄전(C. H. Spurgeon)은 하나님의 선택과 인간의 선택을 어떻게 조화시키겠는가에 대해 질문을 받은 적이 있었다. 그는 "서로 다른 친구들을 대립시켜서는 절대로 안 됩니다"라고 대답하였다.

이들 두 개의 위대한 신학적 진리들이 성경 안에 제시되어 있다. 그것들은 서로 모순된 것이 아니라 상호 보완적이다. 이러한 선택에는 성부, 성자, 성령 삼위가 모두 관련되어 있다.

[1] 성부

우리는 세상의 기초가 놓이기 전에 구원받았다(엡 1:4 / 딤후 1:9).

[2] 성자

우리는 십자가에 못박힘으로 구원받았다(갈 2:20).

[3] 성령

우리는 그리스도를 영접하기로 결단한 순간에 구원받았다(고전 12:13 / 딛 3:5).

3. 모범적 교회(살전 1:7)

"그러므로 너희가 마게도냐와 아가야 모든 믿는 자의 본이 되었는지라."

4. 열심 있는 교회(살전 1:8)

"주의 말씀이 너희에게로부터 마게도냐와 아가야에만 들릴 뿐 아니라 하나님을 향하는 너희 믿음의 소문이 각처에 퍼지므로 우리는 아무 말도 할 것이 없노라."

찰스 라이리(Charles Ryrie) 박사는 이것을 다음과 같이 주해한다.

>“「들린다」로 번역된 헬라어는 지극히 회화적인 말이다. 그 말을 영어로 직역하면 「echo」, 즉 메아리이다. 따라서 그 말이 주는 표상은 복음의 멧세지가 데살로니가 교인들의 심금을 울려 강하면서도 청아한 그 소리가 헬라와 그 외의 전역으로 울려퍼져 나간 것을 의미한다”〔『데살로니가전후서 주석』(*First and Second Thessalonians*), p. 27〕.

따라서 그리스도의 나팔이 울리기를 기다리며 이들 데살로니가 교인들은 그리스도를 위하여 나팔을 울리고 있는 것이다(살전 4:16/롬 1:18 참조).

5. 소망을 가진 교회(살전 1:9, 10)

“너희가 어떻게 우상을 버리고 하나님께로 돌아와서 사시고 참되신 하나님을 섬기며 또 죽은 자들 가운데서 다시 살리신 그들의 아들이 하늘로부터 강림하심을 기다린다고 말하니 이는 장래 노하심에서 우리를 건지시는 예수시니라.”

이 구절에서 세 가지 시제가 사용되었음을 유의하라.

1 과거 시제

“돌아와서.”

2 현재 시제

“사시고 참되신 하나님을 섬기며.”

3 미래 시제

“그의 아들…을 기다린다.”

이것들은 모두 데살로니가전서 1장 3절에서 바울이 그들에 대하여 말했던 것과 아름다운 조화를 이루고 있다. 즉, 그는 거기에서 “(그들의) 믿음의 역사와 사랑의 수고와…소망의 인내”에 대해 말한 바 있다. 그러므로 우리는 다음과 같이 연결되는 것을 볼 수 있다.

4 **과거에 그들은 돌아와서 아버지를 바라보았다.** 이것이 그들의 믿음의 역사이다(요 6:28, 29/행 20:21 참조).

5 **현재 그들은 섬기며 일터를 향해 서 있다.** 이것이 그들의 사랑의 수고이다(요 4:35/고전 15:58/히 6:10 참조).

6 **미래를 위해 그들을 기다리며 아들을 고대한다.** 이것이 그들의 소망의 인내이다(딤후 4:8 참조).

존 월부어드(John Walvoord) 박사는 이것을 다음과 같이 설명한다.

>“바울은 하나님께서 데살로니가 교인들 가운데서 어떻게 역사하셨는가에 대해 들었다. 그 결과 그들은 하나님께로 돌아왔고 우상을 버렸으며 살아계신 참된 하나님을 섬기게 되었다. 이것은 매우 정확한 표현이며 우리가 반드시 이해해야 하는 것이다. 이것은 그들이 우상에게 돌이켜 하나님께로 돌아왔다는 것이 아니다. 오히려 그들은 하나님께로 돌아온 후에 우상을 버리고 하나님을 섬기게 되었다는 것이다. 즉, 개혁이 우선하고 그리스도의 믿음이 뒤따른 것이 아니다. 먼저 그리스도에 대한 믿음이 있었고 그 결과 우상을 버리게 된 것이다. 헬라어 신약성경에서 ‘돌아왔다’는 말의 시제는 부정과거 시제이다. 그것은 그들이 단번에 완전히 돌아왔음을 의미한다. 즉, 그것은 결정적이며 일회적인 행위이다”〔『데살로니가서 주석』(*The Thessalonian Epistles*), p. 17〕.

데살로니가 교회의 명성

활동적 교회(1:1−3)　　선택받은 교회(1:4, 5)　　모범적 교회(1:6, 7)
열심있는 교회(1:8)　　소망을 가진 교회(1:9, 10)

데살로니가 교회에 관한 회고

여기서 바울은 이 교회가 처음 세워진 때의 상황을 회고하고 있다.

데살로니가에서의 목자의 활동

(바울이 자신에 대하여 다음과 같이 언급함)
고난당한 여행자(2:1, 2)
신실한 청지기(2:3−6)
온유한 어머니(2:7, 8)
지칠 줄 모르는 일꾼(2:9)
온전한 모범(2:10)
염려하는 아버지(2:11, 12)
보고 싶어하는 형제(2:17)
소망에 찬 구령자(2:19, 20)
선교 감독자(3:1−5)
기도의 투사(3:7−14)

데살로니가에서의 양들의 행위

바울이 자기의 회심에 관하여 언급함(2:13, 14/3:6)

데살로니가에서의 사단의 활동

바울이 자기의 대적인 유대인들에 관하여 언급함(2:14−16)

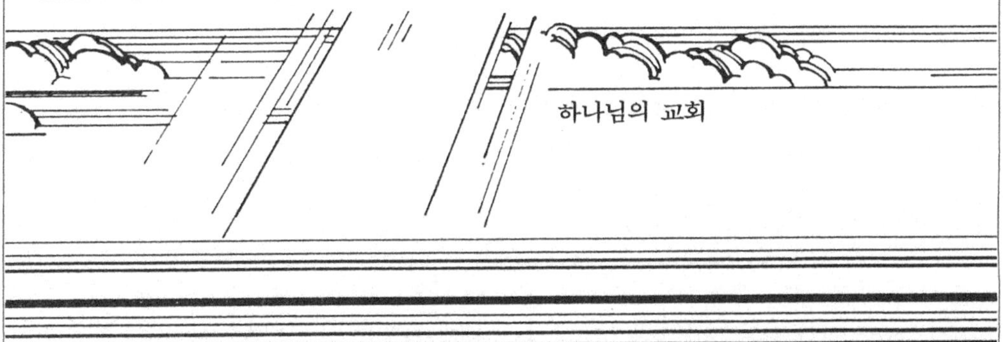

하나님 교회의 들리움

이러한 들리움의 요구조건	이러한 들리움의 순서
하나님의 뜻을 알아야 함(4:3)	깨달음(4:13)
(하나님은 내가 무엇을 하기 원하시는가?)	안식(4:14)
하나님의 방법을 알아야 함	지상강림(4:15)
(하나님은 내가 그것을 어떻게 하기를 원하시는가?)	공중재림(4:16)
① 자신에 대하여—순결할 것(4:3—5)	부활(4:16)
② 성도들에 대하여—속이지 말 것(4:6—10)	들리움(4:17)
③ 죄인들에 대하여—정직할 것(4:11, 12)	재회(4:17)
	확신(4:18)

하나님 교회의 책임

경계해야 함(5:6)	존경해야 함(5:12,13)	명심해야 함(5:14)
기뻐해야 함(5:16)	기도해야 함(5:17)	신실해야 함(5:21)

2. 데살로니가 교회에 관한 회고(살전 2, 3장)

여기에서 바울은 데살로니가에 교회가 처음 세워지던 때의 처지, 곧 사도행전 17장에 기록된 상황을 상기시킨다.

● **데살로니가에서의 목자의 활동**

이것은 바울이 자신에 대하여 말하고 있는 것이다(살전 2:1—12, 17, 19, 20/3:1—5, 7—13).

● **데살로니가에서의 양들의 행위**

이것은 바울 자신이 회심시킨 자들에 대해 말하는 것이다(살전 2:13, 14/3:6).

● **데살로니가에서의 사단의 활동**

이것은 바울이 그의 대적들, 즉 데살로니가에 있는 유대인들에 대해 말하는 것이다(살전 2:14—16, 18).

위의 세 가지 내용들을 좀더 자세히 살펴보기로 하자.

1. 데살로니가에서의 목자의 활동(살전 2:1—12, 17, 19, 20/3:1—5, 7—13)

이 구절에서 바울은 자신과 자신의 선교 활동에 대한 열 가지 내용을 기술하고 있다.

[1] 고난당한 여행자(살전 2:1, 2)

"너희 아는 바와 같이 우리가 먼저 빌립보에서 고난과 능욕을 당하였으나 우리 하나님을 힘입어 많은 싸움 중에 하나님의 복음을 너희에게 말하였노라"(살전 2:2).

위에서 "싸움"이라고 옮겨진 헬라어는 『아고니아』(agonia)인데, 여기에서 영어의 '고뇌'

(agony)라는 말이 나왔다.

2 신실한 청지기(살전 2:3-6)

"우리의 권면은 간사에서나 부정에서 난 것도 아니요 궤계에 있는 것도 아니라"(살전 2:3).

"우리가 아무 때에도 아첨의 말…을 쓰지 아니하였다"(살전 2:5).

"우리가…사람에게는 영광을 구치 아니하고…"(살전 2:6).

이상에서 사도 바울이 천명하고 있는 것은 그의 멧세지, 동기, 방법 모두가 하나님께 인정을 받았다는 것이다.

3 온유한 어머니(살전 2:7, 8)

"오직 우리가 너희 가운데서 유순한 자 되어 유모가 자기 자녀를 기름과 같이 하였으니…"(살전 2:7).

이에 대해 라이리 박사는 다음과 같이 말한다.

> "「기르다」(cherish)로 번역된 말의 원 의미는 '따뜻하게 하다'이며, 어미 새가 어린 새끼를 품고 있는 것을 묘사할 때 사용되는 말이다(신 22:6). 한편 그 말이 신약성경에서 유일하게 또 한번 사용되고 있는데, 그것은 교회와 주님과의 관계를 나타낼 때이다(엡 5:29)" (『데살로니가전후서 주석』, p. 37).

어머니가 자녀를 어떻게 기르는가 하는 문제는 어머니가 자녀에게 무엇을 먹이는가 하는 문제와 마찬가지로 중요한 문제이다. 이것은 에베소서 4장 15절에 잘 나타나 있다.

"오직 사랑 안에서 (어떻게) 참된 것(무엇)을 하여…."

4 지칠줄 모르는 일꾼(살전 2:9)

> "형제들아 우리의 수고와 애쓴 것을 너희가 기억하리니 너희 아무에게도 누를 끼치지 아니하려고 밤과 낮으로 일하면서 너희에게 하나님의 복음을 전파하였노라."

월프(Richard Wolff)의 해석을 여기에 인용하기로 하자.

> "바울은 염소 가죽을 잘라내고 꿰매어 천막, 구두, 돗자리 등을 제조하는 법을 배웠다. 당시에 랍비가 장사를 배운다는 것은 관례적인 일이었다"〔『데살로니가서 주석』(*General Epistles of First and Second Thessalonians*), p. 19〕.

5 온전한 모범(살전 2:10)

"우리가 너희 믿는 자들을 향하여 어떻게 거룩하고 옳고 흠없이 행한 것에 대하여 너희가 증인이요."

이 구절의 세 핵심 단어들에 특별히 유의하자.

(1) "거룩하고"-하나님을 향한 그의 증거(영적) 생활.

(2) "옳고"-인간을 향한 그의 증거(사회적) 생활.

(3) "흠없이"-자신을 향한 그의 증거(개인적) 생활.

이처럼 바울의 생애는 하늘을 향한 면, 밖을 향한 면, 자신을 향한 면에서 훌륭한 지도자가 반드시 갖추어야 할 생명력이 넘치는 영적 성숙을 보여주고 있다.

6 염려하는 아버지(살전 2:11, 12)
"너희도 아는 바와 같이 우리가 너희 각 사람에게 아비가 자기 자녀에게 하듯 권면하고 위로하고 경계하노니"(살전 2:11).

이처럼 사도 바울은 때로 자신을 부모로 묘사하곤 한다(고전 4:14/고후 6:13/갈 4:18, 19/빌 1:10 참조).

7 보고 싶어하는 형제(살전 2:17)
"형제들아 우리가 잠시 너희를 떠난 것은 얼굴이요 마음은 아니니 너희 얼굴 보기를 열정으로 더욱 힘썼노라."

8 소망에 찬 구령자(救靈者)(살전 2:19)
"우리의 소망이나 기쁨이나 자랑의 면류관이 무엇이냐 그의 강림하실 때 우리 주 예수 앞에 너희가 아니냐 너희는 우리의 영광이요 기쁨이라."

하나님의 말씀은 적어도 다음과 같은 다섯 가지의 보상이 있음을 말하고 있다.

(1) 썩지 않는 면류관—이는 옛 본성을 벗어버린 사람들에게 주어지는 것이다(고전 9:25—27).

(2) 생명의 면류관—이는 시험을 잘 견디어낸 자들에게 주어지는 것이다(약 1:2, 3/계 2:10).

(3) 의의 면류관—이는 특별히 주의 나타나심을 사모하는 자들에게 주어지는 것이다(딤후 4:8).

(4) 영광의 면류관—이는 신실한 전도자들과 교사들에게 주어지는 것이다(벧전 5:2—4).

(5) 기쁨의 면류관—이는 구령자에게 주어지는 것이다(잠 11:30/살전 2:19, 20).

데살로니가전서 2장 9절에 있는 "그의 강림하실 때"라는 바울의 말에 주목해 보자. 이렇게 번역된 헬라어는 『파루시아』(parousia)로서, 왕의 도착이나 순시를 나타내는 특별한 말이다. 그 말은 신약성경에 있는 많은 중요한 예언 말씀들 가운데 나타나 있다(마 24:3, 27, 37, 39/살전 2:8/고후 15:22, 23/살전 4:13—18/약 5:7, 8/요일 2:28/벧후 1:16/3:4 참조).

9 선교 감독자(살전 3:1—5)
우리는 앞에서 이미 바울이 비기독교 유대인들에 의하여 데살로니가와 베뢰아에서 어떻게 쫓겨나게 되었는가를 살펴본 바가 있다. 베뢰아에서 그는 아덴으로 갔다. 거기에 있는 동안에 그는 약한 교회를 굳게 하기 위해 (베뢰아에 남아 있던) 디모데를 잠정적 선교사로 데살로니가에 다시 보냈다. 그런데 이 구절들 가운데에서 바울은 데살로니가 교인들에게 자신이 여러 가지 고난을 당하였다고 해서 자신을 동정하지는 말라고 당부하였다. 사도 바울은 자신이 당한 시험들이란 "(하나님이 그것들을) 당하도록 의도하신 것이기 때문에" 이로 인하여 동요하거나 놀라지 않았다고 하였다(살전 3:3/참조, 요 16:2/고후 4:9/딤후 3:12/행 9:16).

윌리엄 맥도날드(William Macdonald)는 이에 대해 다음과 같이 설명한다.

"바울은 그들에게 다음의 사실, 즉 그가 데살로니가에 있었을 때에도 그리스도인이란 고난을 당하게 되어 있다고 항상 말했던 것을 회상시켰다. 그의 예언은 그 자신의 삶을 통해 진실이었음이 판명되었다. 따라서 그들도 이것을 아주 잘 알고 있었던 것이다! 시험이란 우리의 삶에 없어서는 안 될 훈련이다.

시험이란 우리 믿음의 실체가 무엇인가를 입증해주며 단지 입으로만 믿음을 고백하는 자들을 제거시킨다(벧전 1:7).

시험은 우리로 하여금 시험당하는 자들을 위로하고 격려할 수 있게 한다(고후 1:4).

시험은 우리의 성품 중에 인내와 같은 은사를 길러준다(롬 5:3).

시험은 복음을 전파하는 일에 더욱 열심을 내게 한다(행 4:29/5:27－29/8:3, 4).

시험은 우리의 삶에서 불순물을 모두 제거한다(욥 23:10)"〔『데살로니가서 주석』(*Letters to the Thessalonians*), p. 44〕.

⑩ 기도의 투사(살전 3:7－13)

"주야로 심히 간구함은…."

(1) 그가 하나님께 감사드린 것(살전 3:7－9)

바울은 데살로니가 교회의 발전에 관한 디모데의 좋은 소식을 듣고 자신이 위로받은 것에 대해 깊이 감사하며 이렇게 말한다.

"이러므로 형제들아 우리가 모든 궁핍한 환난 가운데서 너희 믿음으로 말미암아 너희에게 위로를 받았노라"(살전 3:7).

이에 대한 라이리의 말을 들어보자.

"「위로」(comfort)라는 말은 진정시키는 것 이상의 의미를 갖고 있다. 왜냐하면 거기에는 '강하게 한다'는 의미가 내포되어 있기 때문이다. 그런데 바울은 위로를 필요로 하던 때, 즉 그가 궁핍과 환난에 처해 있을 때 위로받았다. 궁핍과 환난은 모두 외부에서 오는 시험을 의미한다. 「환난」이란 '숨막힐 듯이 절박한 염려'를 뜻하며 「궁핍」이란 '산이 무너지는 듯한 시험'을 나타낸다. 바울이 자신의 처지를 왜 그와 같은 말로 나타내었는지는 쉽게 알 수 있다. 그것은 그가 아덴에서 홀로 있으면서 유럽에 발을 디딘 이후 연속 네 번씩이나 명백한 패배를 경험했기 때문이다. 빌립보에서 그는 감옥에 갇혔고 추방령을 받았다. 데살로니가에서 그는 그 도시를 떠나고 다시는 돌아오지 않겠다는 서약을 하지 않으면 안 되었다. 베뢰아에서 그는 유대인들의 추격을 받고 그곳을 떠날 수밖에 없었다. 아덴에서 그는 그 도시의 철학자들과 논쟁하여 별로 성과를 거두지 못하였다. 확실히 그는 궁핍과 환난에 처해 있었던 것이다. 그러므로 이러한 소식은 그에게 힘이 되고 활력소가 되었음은 당연한 일이다. 이로 인하여 그는 활력을 되찾았으며 그것은 지나가버리는 일시적인 것이 아니라 계속적인 분발의 원천이었다…"(『데살로니가전서 주석』, p. 481).

(2) 그가 하나님에게 간구한 것(살전 3:10－13)

① 데살로니가 재차 방문을 허락해 달라는 것.

② 그들도 "피차간과 모든 사람에 대한 사랑이 더욱 많아 넘치게"(살전 3:12) 해 달라는 것.

③ 하나님께서 그들의 마음을 "거룩함에 흠이 없게"(살전 3:13) 해 달라는 것.

2. 데살로니가에서의 양들의 행위(살전 2:13, 14/3:6)

1 그들은 고난 가운데서 하나님의 말씀을 진리로 받아들였다(살전 2:13, 14).

2 그들은 바울이 그들을 보기를 열망했던 것 못지 않게 바울을 보기를 간절히 사모했다(살전 3:6).

3. 데살로니가에서의 사단의 활동

(다른 곳에서와 마찬가지로) 데살로니가에서도 바울의 최대 적은 악의에 찬 유대인들이었다. 사단이 그들을 얼마나 철저히 이용하고 있는가를 보라!

1 그들은 이미 "주 예수와 선지자들을 죽였다"(살전 2:15/참조, 행 2:23/3:15/5:30/7:52).

2 그들은 "우리를 쫓아내었다"(살전 2:15).

3 그들은 "하나님을 기쁘시게 아니하고 모든 사람에게 대적이 되었다"(살전 2:15).

4 그들은 바울이 "이방인에게 말하여 구원 얻게 함을" 금하였다(살전 2:16/참조, 행 13:50/14:5, 19/17:5/18:12/22:22).

바울은 반유대적이라고 비난을 받았으나 이는 전혀 근거없는 주장이었다. 사도 바울 자신도 물론 이스라엘 사람이었으며 또한 자기의 출생 배경을 자랑하였다(빌 3:4, 5 참조). 뿐만 아니라 그는 사랑하는 자기 민족의 구원을 진심으로 원하며 글자 그대로 피 흘렸던 것이다(롬 9:1-3/10:1 참조).

사단은 유대인들을 조종하여 바울을 방해했을 뿐 아니라 사도 바울 자신에게까지 개입하였음이 확실하다! 사도 바울은 다음과 같이 고백했다.

"그러므로 나 바울은 한 번 두 번 너희에게 가고자 하였으나 사단이 우리를 막았도다" (살전 2:18).

3. 교회의 들리움(살전 4장)

1. 이러한 들리움의 요구 조건(살전 4:1-12)

1 이러한 들리움(휴거) 때문에 그리스도인은 하나님의 뜻을 알아야 한다(하나님은 내가 무엇을 행하기를 원하시는가?).

"하나님의 뜻은 이것이니 너희의 거룩함이라"(살전 4:3).

하나님은 죄인들을 위해 오직 한 가지 뜻을 가지고 계시는데, 그것은 바로 그들이 구원받는 것이다!(딤전 2:4/벧후 3:9 참조) 마찬가지로 하나님은 성도들에 대해 오직 한 가지 뜻을 가지고 계시며 그것은 곧 그들이 거룩하게 되는 것이다! 여기에서 바울이 말하는 것은 물론 은혜 안에서 매일매일 자라며 믿음이 성숙하게 되는 것이다. 거룩의 첫 단계는 성별이다(롬 12:1, 2 참조).

2 이러한 들리움 때문에 그리스도인은 하나님께서 정하신 방법을 알아야 한다(하나님은 내가 그것을 어떻게 행하기를 원하시는가?).

(1) 음란을 버릴 것(살전 4:3)

이는 성범죄 일반을 가리키는 것이다.

(2) 형제를 속이지 말 것(살전 4:6)

(3) 형제를 사랑할 것(살전 4:9)
(4) 주께서 강림하시는 위대한 날을 인내하며 기다리고 그때까지 조용히 일할 것(살전 4:11, 12)

2. 이러한 들리움의 시기(살전 4:13-18)

이 위대한 구절들 가운데서 바울은 데살로니가 교인들을 괴롭히던 물음에 답을 주고 있다. 그가 그들과 함께 있었을 때(행 17장), 그들은 언젠가 그리스도께서 세상에 다시 오셔서 그분의 나라를 세우실 것에 관해 귀중한 진리를 많이 배웠을 것이다. 사실 어떤 사람들에게는 이 나라는 곧 임할 것처럼 보이기도 하였다. 그런데 사도 바울이 그들을 떠난 이후에 많은 그리스도인들이 타계하였다. 그렇다면 그들은 그리스도께서 재림하실 때에 분명히 세상에 없을 것이다. 이것은 그들이 모든 것을 상실하였음을 의미하는 것인가? 바로 이러한 일들이 현재 우리가 데살로니가전서 4장에서 다루고 있는 놀라운 휴거에 대한 예언의 배경이다.

다음 여섯 구절(살전 4:13-18)은 우리에게 여러 가지 사실들을 깨닫게 해 준다.

[1] 깨달음

"형제들아 자는 자들에 관하여는 너희가 알지 못함을 우리가 원치 아니하노니 이는 소망없는 다른 이와 같이 슬퍼하지 않게 하려 함이라"(살전 4:13).
이것은 바울이 우리가 모르기를 원치 않는 네 가지 주요 영역 가운데 하나에 불과하다. 나머지 셋은 다음과 같다.
(1) 구약성경의 사건들(고전 10:1)
(2) 이스라엘의 회복(롬 11:25)
(3) 영적 은사의 나타남(고전 12:1)

[2] 안식

"우리가 예수의 죽었다가 다시 사심을 믿을진대 이와 같이 예수 안에서 자는 자들도 하나님이 저와 함께 데리고 오시리라"(살전 4:14).
성도들의 죽음은 평온한 잠으로 간주된다(마 27:52 / 요 11:11 / 행 7:6 / 13:36 / 고전 15:6, 18, 20, 51 / 벧후 3:4 참조). 그러나 여기에 덧붙여 밝혀두어야 할 것은, 이 구절이 결코 영혼의 잠을 의미하지는 않는다는 사실이다. 그와 같은 비성경적 교리(영혼수면설)는 마태복음 7장 13절과 요한계시록 6장 9-11절을 근거로 부정되고 있다.

[3] 지상강림

"우리가 주의 말씀으로 너희에게 이것을 말하노니 주 강림하실 때까지 우리 살아남아 있는 자도 자는 자보다 결단코 앞서지 못하리라"(살전 4:15).

바울이 대명사 '우리'를 사용한 것에 유의하라. 사도 바울은 그리스도께서 오실 때 그 자리에 있게 되기를 분명히 원하였다. 그렇지 않으면 그 일을 후에 알게 될 것이기 때문이다(딤후 4:6 참조).

4 **공중재림**
"주께서 호령과 천사장의 소리와 하나님의 나팔로 친히 하늘로 좇아 강림하시리니…" (살전 4:16).
다니엘서 12장 1, 2절에 의거하여 미가엘이 천사장일 것이라고 흔히 생각해 왔다. 그러나 재림 때에 등장할 천사가 가브리엘일 것이라고 생각하는 것도 비합리적인 것은 아니다. 왜냐하면 그리스도께서 처음 세상에 오실 때의 일련의 사건들에서 가브리엘이 중요한 역할을 수행하였기 때문이다(눅 1:19, 26 / 마 1:20 / 2:13 참조).

5 **부활**
"… 그리스도 안에서 죽은 자들이 먼저 일어나고"(살전 4:16).

6 **들리움(휴거)**
"그 후에 우리 살아남은 자도 저희와 함께 구름 속으로 끌어올려(질 것이다)"(살전 4:17).

7 **재회**
"… 공중에서 주를 영접하게 하시리니 그리하여 우리가 항상 주와 함께 있으리라"(살전 4:17).
8 **확신**
"그러므로 이 여러 말로 서로 위로하라"(살전 4:18).

4. 교회의 책임(살전 5장)

데살로니가전서의 마지막 부분인 5장은 '각성을 촉구하는 장'이라고 할 수 있다.

1. 경계하라(살전 5:1-11)
"그러므로 우리는 다른 이들과 같이 자지 말고 오직 깨어 근신할지라"(살전 5:6).
1 **우리는 무엇을 기다려야 하는가?** 그것은 곧 그리스도의 영광스러운 재림이다.
2 **우리는 그것을 왜 기다려야 하는가?**
(1) 그 이유는 우리의 정체 때문이다. 즉, 우리들은 "다 빛의 아들이요 낮의 아들"(살전 5:5)인 것이다.
이것은 어둠의 자녀들이라고 표현된 구원받지 못한 자들과 대조를 이룬다. 언젠가 "의의 태양"(빌 4:2)이 떠올라서 그 날개에 치료하는 광선을 비칠 것이다. 그러므로 빛의 자녀들이 그 영광의 날을 기다리는 것은 지극히 당연하다.
(2) 우리가 피해야 될 것이 있기 때문이다. 즉, "하나님이 우리를 세우심은 노하심에 이르게 하심이 아니다"(살전 5:9). 이것은 영원한 진노(요 3:36 / 골 3:6)와 환난의 진노(계 6:17 / 15:1 / 11:18)를 모두 가리키는 것이다. 바울은 데살로니가 교회에 보내는 편지를 이처럼 아름다운 약속으로 시작하고 또한 끝을 맺는다(살전 1:9과 5:9을 비교해 보라). 데살로니가전서 5장 10절에 있는 사도 바울의 결론에 유의하라.
"예수께서 우리를 위하여 죽으사 우리로 하여금 깨든지 자든지 자기와 함께 살게 하려

하셨느니라."

이에 대해 맥도날드는 이렇게 설명한다.

"이 구절은 우리를 진노에서 건져내고 우리의 구원을 보증하기 위해 주 예수 그리스도께서 지불하신 엄청난 대가를 강조하고 있다. 그리스도께서 우리를 위해 죽으신 것은 우리가 깨어 있든지 자든지 그분과 함께 살도록 하려는 것이었다. 그리스도께서 다시 오실 때 성도들은 두 종류로 나누어질 것이다. 즉, 죽은 자들과 살아 있는 자들이다. 여기에서 죽은 자들은 자고 있는 것으로, 산 자들은 깨어 있는 것으로 묘사되고 있다. 우리가 그리스도께서 재림하실 때에 살아 있든지 죽어 있든지를 막론하고 우리는 그분과 함께 살 것이다. 죽은 그리스도인들도 잃는 것이 전혀 없다. 주님께서 마르다에게도 동일한 것을 말씀하신 바가 있다.

'나는 부활이요 생명이니 나를 믿는 자는 죽어도(즉, 죽은 그리스도인) 살겠고(즉, 재림 때에 일으킴을 받을 것이며) 무릇 살아서 나를 믿는 자는(즉 재림 때에 살아 있는 자는) 영원히 죽지 아니하리라'(요 11:25, 26)"(『데살로니가서 주석』, p. 68).

2. 존경하라(살전 5:12, 13)

"형제들아 우리가 너희에게 구하노니 너희 가운데서 수고하고 주 안에서 너희를 다스리며 권하는 자들을 너희가 알고 저의 역사로 말미암아 사랑 안에서 가장 귀히 여기며 너희끼리 화목하라"(벧전 5:1－5/히 13:7－9, 14, 17 참조).

3. 명심하라(살전 5:14, 15)

"또 형제들아 너희를 권면하노니 규모없는 자들을 권계하며 마음이 약한 자들을 안위하고 힘이 없는 자들을 붙들어 주며 모든 사람을 대하여 오래 참으라 삼가 누가 누구에게든지 악으로 악을 갚지 말게 하고 오직 피차 대하든지 모든 사람을 대하든지 항상 선을 좇으라."

[1] 그들이 해야 하는 것

(1) 규모없는 자들을 권계해야 한다. "규모없는"으로 번역된 헬라어는 『아타크토스』(ataktos)로서 이는 대오(隊伍)를 이탈한 병사를 가리키는 말이다.
(2) 마음이 약한 자들을 안위해야 한다. 여기에 좀더 적합한 말은 겁많은 자들일 것이다.
(3) 힘이 없는 자들을 붙들어 주어야 한다. 즉, 아직 성숙치 못한 자들을 말한다(롬 14장 참조).

[2] 그들이 하지 말아야 하는 것

"…악으로 악을 갚는" 일을 해서는 안 된다(롬 12:17/벧전 3:9 참조).

4. 기뻐하라(살전 5:16)

"항상 기뻐하라."

헬라어 성경에서 이 구절은 가장 짧은 구절이다(요 11:35가 아님). 그러나 이것은 우리가 가장 지키기 힘든 것 중 하나이다.

5. 기도하라(살전 5:17)

"쉬지 말고 기도하라."

라이리는 이 구절을 다음과 같이 설명한다.

"그리스도인의 기쁨은 그로 하여금 쉬지 않고 기도할 수 있는 마음을 갖게 한다. 바울은 데살로니가 교인들을 기억하면서 '쉬지 말고'라는 말을 이미 두 번이나 사용한 바가 있다(살전 1:3/2:13). 그런데 이제 그는 그 말을 그리스도인들에게 당부하고 있는 것이다. 신약성경 밖에서 그 말은 잦은 기침을 나타내는 데 사용되며, 이는 바울이 기도에 대해 그것을 사용한 의도를 잘 표현해 주고 있다. 심한 기침을 하는 사람은 기침을 하려는 경향은 있지만 그렇다고 항상 기침소리를 내는 것은 아니다. 마찬가지로 쉬지 않고 기도하는 그리스도인도 항상 소리내어 기도하는 것은 아니지만 그의 마음과 삶은 항상 기도하는 자세로 살아가는 것이다"(『데살로니가전후서 주석』, p. 80).

6. 감사하라(살전 5:18)

"범사에 감사하라 이는 그리스도 예수 안에서 너희를 향하신 하나님의 뜻이니라"(엡 5:20/골 3:17/빌 4:6 참조).

이 명령의 중요성은 아무리 강조해도 지나침이 없다. 우리의 삶 가운데서 교만을 치유하는 방법은 우리의 경건함을 자랑치 않기 위하여 겸손을 익히는 것이 아니라, 감사드리는 것이다! 로마서의 한 구절에서 바울은 이방 세계의 배교 행위의 가장 끔찍한 마지막 단계들을 기술하였다. 그가 나타내고 있는 표상은 성경 전체를 통하여 가장 냉냉한 것 가운데 하나이다. 아무리 끔찍한 죄일지라도 이 모든 일들을 일으킬 수 있겠는가? 그의 답변을 살펴보자.

"하나님을 알되 하나님으로 영화롭게도 아니하며 감사치도 아니하고"(롬 1:21).

누군가가 다음과 같이 짤막한 규칙을 세운 바가 있다.

"아무것도 염려치 말라 모든 일에 기도하라. 그리고 어떠한 일에 대해서도 감사드리라."

7. 신실하라(살전 5:19-28)

1 "성령을 소멸치 말라"(살전 5:19)

성령은 불과 같다(마 3:11/눅 3:16/행 2:3/막 9:48/히 11:33 참조). 성령을 소멸한다는 것은 우리 마음 가운데 거하시는 성삼위 가운데 제 3위에 대해 그리스도인이 범할 수 있는 두 가지 죄 가운데 하나이다. 다른 하나는 성령을 근심하게 하는 것이다(엡 4:30 참조). 성령을 소멸하는 것은 성령께서 우리가 행하기를 원하시는 것을 행치 않는 것이며, 반면에 그를 근심케 하는 것은 그가 원치 않는 것을 우리가 행하는 것이다.

2 "예언을 멸시치 말라"(살전 5:20)

이 문제에서 데살로니가 교인들은 극단적이었음이 분명하며, 한편 이와 달리 고린도 교회는 후에 정반대의 극단으로 치우치게 되었다(고전 14장 참조).

3 "범사에 헤아려 …"(살전 5:21)
모든 것의 냄새를 맡아보되, 그것들을 모두 삼키지는 말라.

4 "… 좋은 것을 취하라"(살전 5:21)

5 "악은 모든 모양이라도 버리라"(살전 5:22)
이제 그의 대단원을 유의하여 살펴보자.
"평강의 하나님이 친히 너희로 온전히 거룩하게 하시고 또 너희 온 영과 혼과 몸이 우리 주 예수 그리스도 강림하실 때 흠없게 보전되기를 원하노라 너희를 부르시는 이는 미쁘시니 그가 또한 이루시리라 형제들아 우리를 위하여 기도하라 거룩하게 입맞춤으로 모든 형제에게 문안하라 내가 주를 힘입어 너희를 명하노니 모든 형제에게 이 편지를 읽어 들리라 우리 주 예수 그리스도의 은혜가 너희에게 있을지어다"(살전 5:23).
데살로니가전서 5장 23절은 이제까지 삼분법(三分法) 교리, 즉 인간의 몸은 영, 혼, 육의 세 부분으로 이루어져 있다고 가르치는 교리의 주요 근거가 되어 왔다. 이 구절에 내포된 내용이 무엇이든간에 바울은 하나님께서 모든 그리스도인을 온전히 거룩하게 하여 달라고 기도하고 있다. 하나님은 '영혼을 구원하는 일'이 아니라 '개개인들을 거룩하게 하는 것'에 전념하신다. 예수께서 이를 아주 강하게 표현하신 바가 있다(마 22:36 –40 참조).

데살로니가전서 5장 23절의 마지막 구절, 즉 "우리 주 예수 그리스도 강림하실 때에"라는 말에 특히 유의하라. 바울은 데살로니가전서 1장부터 4장까지를 모두 그리스도의 재림에 관한 말로 끝맺은 것처럼 5장에서도 그렇게 끝을 맺는다. 그는 데살로니가전서 1장에서 재림을 구원(살전 1:10)과 관련시키고, 2장에서는 봉사(살전 2:4, 20)와, 3장에서는 견고함(살전 3:13)과, 4장에서는 슬픔(살전 4:18)과, 그리고 5장에서는 거룩함과 관련시킨다.

바울은 이 서신이 "모든 형제에게 … 읽어 들리게 하라"고 명령한다(살전 5:27 / 참조, 골 4:16 / 딤전 4:13 / 계 1:3).

데살로니가후서

● 짤막한 이 편지는 그가 데살로니가전서를 쓴 지 몇 달 후에, 즉 주후 50년대 초반에 데살로니가 교회에 직접 써 보낸 것이다. 이 서신들은 모두 동일한 장소에서 기록되었다.
● 바울이 첫 편지를 쓴 것은 그들이 들리움(휴거)을 잃지 않았음을 가르쳐 주기 위해서였다! 이제 그는 그들이 대환난을 겪지 않고 있음을 확신시키고자 이것을 쓰고 있는 것이다!
● 분량 면에서 데살로니가후서는 적그리스도에 대하여 성경의 어떤 책보다 더 많은 지면을 할애하고 있다.

메릴 테니의 말을 여기에 인용해보자.

> "기독교 신조에 나타나는 모든 주요 교리들이 이 짤막한 두 서신에 수록되어 있다. 비록 교리적 논문 형식으로 기록된 것은 아닐지라도, 또한 그것의 주요 의도가 저자의 전체적

인 신학적 관점을 보여 주려는 것이 아닐지라도, 거기에는 완전한 신학적 교훈 체계가 내포되어 있다. 바울과 그의 서신을 받은 자들은 살아계신 유일한 하나님, 곧 인간을 사랑하시고 그의 구원을 누릴 수 있도록 그들을 선택하신(살후 2:16/살전 1:4) 성부(살후 1:2)를 믿었다. 하나님은 자기 아들(살전 1:10) 예수 그리스도를 통하여 인간을 진노에서 건져내셨고 복음의 멧세지를 통해 이 구원을 보이셨다(살전 1:5/2:9/살후 2:4). 이 멧세지는 성령의 능력으로 말미암아 확정되었고 실현되었다(살전 1:5/4:8). 복음은 유대인들에게 죽임당하신(살전 2:15) 주 예수 그리스도에 대한 것이다. 그는 죽은 자 가운데서 부활하셨다(살전 1:10/4:14/5:10). 그러나 그는 다시 오실 것이다(살전 2:19/4:15/5:23/살후 2:1). 그에게 신성이 부여되었다. 왜냐하면 그는 주(主, 살전 1:6), 하나님의 아들(살전 1:10), 주 예수 그리스도(살전 1:1, 3/5:28/살후 1:1)로 불리고 있기 때문이다. 하나님의 말씀을 받은 그리스도인들은 우상을 버리고 하나님을 섬기며 그리스도의 재림을 기다린다(살전 1:9, 10). 그들의 정상적인 성장은 거룩하게 되는 것에 있다(살전 4:3, 7/살후 2:13). 개인적 삶에서 그들은 깨끗하고(살전 4:4－6), 근면하며(살전 4:11, 12), 기도에 힘쓰고(살전 5:17), 기뻐해야 한다(살전 5:16). 신학적, 실천적 측면에서 데살로니가전후서는 위에서 보는 바와 같이 기독교 신앙의 모든 핵심 요소들을 구체화시키고 있다"〔『신약성경연구』(*New Testament Survey*), p. 283〕.

1. 목회자의 격려(살후 1장)

앞에서 이미 언급된 바대로, 데살로니가 교인들은 그리스도를 믿는다는 이유로 심한 박해를 받고 있었다. 바울이 이제 그들에게 편지를 쓰는 것은 이러한 박해가 대환난이 아님을 그들에게 확신시키고 어찌하여 그들이 먼저 고난을 당하게 되었는가를 해명하기 위한 것이었다.

1. 그들은 사람으로 인한 환난을 성공적으로 이겨낼 수 있었다

1 이러한 환난은 오히려 그들의 믿음이 성장하는 데 도움이 되었다.

"형제들아 우리가 너희를 위하여 항상 하나님께 감사할지니 이것이 당연함은 너희 믿음이 더욱 자라고"(살후 1:3).

라이리 박사의 설명에 의하면, "더욱 자라고"라는 동사는 매우 강한 복합동사로서 신약성경에서는 유일하게 이 구절에서만 사용되고, 튼튼한 나무의 성장과 같은 유기체의 성장을 나타내는 것이다.

2 이 환난은 그들의 사랑을 더욱 풍성하게 하는 데 도움이 되었다.

"…너희가 다 각기 서로 사랑함이 풍성함이며…"(살후 1:3/참조, 롬 5:3).

3 이 환난으로 인하여 그들은 더욱 견고하게 되었다(인내).

"너희의 참는 모든 핍박과 환난 중에서 너희 인내와 믿음을 인하여 하나님의 여러 교회에서 우리를 친히 자랑함이라"(살후 1:4).

4 이 환난으로 인하여 그들은 하나님의 나라를 위하여 예비하게 되었다.

"…너희로 하여금 하나님 나라에 합당한 자로 여기심을 얻게 하려 함이니 그 나라를 위하여 너희가 또한 고난을 받느니라"(살후 1:5).

[5] 이 환난으로 인하여 그리스도는 영광을 얻게 될 것이다.
"우리 하나님과 주 예수 그리스도의 은혜대로 우리 주 예수의 이름이 너희 가운데서 영광을 얻으시고 너희도 그 안에서 영광을 얻게 하려 함이니라"(살후 1:12).

월부어드 박사는 이 구절을 다음과 같이 설명하고 있다.

"이 구절은 자주 인용되기는 하지만 항상 정확하게 해석되거나 이해되고 있는 것 같지는 않다. 성경에는 '하늘이 하나님의 영광을 나타내고 궁창이 그 손으로 하신 일을 나타내는도다 날은 날에게 말하고 밤은 밤에게 지식을 전한다'(시 19:1, 2)라는 기록이 있다. 하늘이 하나님의 영광을 나타낸다는 말은 무엇을 의미하는가? 하늘이 하나님께서 완전하시다는 것을 선포한다. 하늘이 하나님의 지혜, 능력, 그분의 놀라운 목적을 나타내보인다. 하늘은 하나님의 본체와 그분의 하실 수 있는 일을 나타내고 있다는 점에서 하나님의 영광을 드러내고 있다. 그러나 하늘은 하나님의 사랑, 하나님의 은혜를 드러내기 위해 지어진 것도 아니며, 또한 하나님의 의를 나타내기 위해 의도된 것도 아니다. 바로 여기에서 그리스도인이 등장하게 되는 것이다. 우리는 '그리스도 예수 안에서 우리에게 자비하심으로써 그 은혜의 지극히 풍성함을… 나타내려고'(엡 2:7) 부름받았다"(『데살로니가서』, p. 112).

2. 그들은 하나님으로 말미암아 환난을 성공적으로 피하게 될 것이다

[1] 환난의 시기
"…주 예수께서 저의 능력의 천사들과 함께 하늘로부터…나타나실 때"(살후 1:7/참조, 마 13:39, 41, 49/16:27/24:31/25:31).

[2] 환난의 내용
"…(복수를 하는) 불꽃 중에…"(살후 1:7/개역 한글성경에는 괄호 부분이 없음—역자 주).

[3] 환난을 당하는 자들(살후 1:8)
(1) "하나님을 모르는 자들"
이들은 복음을 말로 들어 본 적이 없는 자들일 수도 있다. 그러나 양심과 자연의 증거를 가지고 있기 때문에 결과적으로 변명의 여지는 있을 수 없다(특별히 롬 1:18—20/2:12—16 참조).
(2) "우리 주 예수의 복음을 복종치 않는 자들"
이는 실제로 복음을 들었으나 복음의 초청을 거절한 자들을 말한다.

[4] 환난의 결과
"이런 자들이 주의 얼굴과 그의 힘의 영광을 떠나 영원한 멸망의 형벌을 받으리로다"(살후 1:9).

이에 대한 맥도날드의 해석을 여기에 인용해보자.

"심판받을 사람들은 두 종류로 나누어진다.

(1) **하나님을 모르는 자들**—이들은 창조된 자연과 양심에 계시된 참 하나님에 대한 지식을 거절한 자들이다(롬 1, 2장). 그들은 복음을 전혀 들어보지 못하였을 수도 있다.

(2) **우리 주 예수 그리스도의 복음을 복종치 않는 자들**—이 사람들은 복음을 들었으나 의도적으로 그것을 거절하였다. 복음은 단순히 믿어야만 하는 사실의 진술이 아니라 복종해야

데살로니가후서

1장	2장	3장
주의 강림	**주의 진노**	**주의 뜻**
목회자의 격려	예언적 경고	실제적 권면
영광	환난	성별

하는 한 위격(a Person)이다. 신약성경적 의미에서의 믿음에는 순종이 내포되어 있다.

그들은 심판을 받게 될 것이다(살후 1:9). 죄를 심판하지 않는 신이란 진정한 의미에서 신이 아니다. 사랑의 하나님은 죄를 심판해서는 안 된다고 생각하는 것은, 하나님은 거룩하시며 따라서 윤리적으로 옳은 것을 반드시 행해야 한다는 사실을 간과하고 있는 것이다.

심판의 본질이 여기에서는 영원한 형벌로 정의되어 있다. "영원한"으로 번역된 헬라어 『아이오니스』(aionis)는 신약성경에 약 70회 사용된다. 그 중 세 번은 제한된 기간을 의미하는 것 같다(롬 16:25/딛 1:2). 그 외의 것들은 글자 그대로 영원한 또는 끝이 없는 것을 의미한다. 로마서 16장 26절에서 그 말은 영원하신 하나님의 존재를 표현하기 위해 사용되기도 하였다.

멸망이란 멸절(annihilation)이란 의미가 결코 아니다. 그것은 존재의 목적과 관련된 행복의 상실 혹은 파멸을 의미한다. 그리스도께서 누가복음 5장 37절에서 묘사한 바 있는 포도주용 가죽 부대는 터져버렸다(이것은 여기에서 사용된 것과 동일한 말이다). 그것은 존재 그 자체가 없어진 것이 아니다. 다만 터져서 더 이상 쓸 수 없게 된 것이다.

악한 자의 심판에는 주님의 현존과 그의 능력의 영광으로부터의 추방이 포함되어 있다. 주가 없이 멸망한다는 것은 영원히 주님 없이 지내는 것을 말한다"(『데살로니가서』, pp. 87－88).

데살로니가후서 1장에 대한 고찰을 마치기 전에 끝으로 다음과 같은 것을 생각해 보는 것이 매우 유익할 것이다. 데살로니가전서에서 바울은 그리스도의 휴거를 다룬 바가 있다(살전 4:13－18 참조). 그런데 데살로니가후서 2장 서두에서 그는 그리스도께서 (지상에) 나타나시는 것에 대해 묘사하고 있다. 이들 두 개의 대사건은 동일한 것이 아니며 따라서 혼동해서는 안 되는 것들이다. 이에 대해 맥도날드는 다음과 같이 명쾌하게 분류하고 있다.

5 휴거

(1) 그리스도께서 공중에 재림하신다(살전 4:16, 17).
(2) 그분은 자신의 성도들을 위해 오신다(살전 4:16, 17).
(3) 휴거는 신비, 즉 구약 시대에는 알려지지 않았던 진리이다(고전 15:51).
(4) 자신의 성도들을 위해 그리스도의 오심에 선행되는 하늘의 징표는 결코 없다.

(5) 휴거의 날은 그리스도의 날과 동일하다(고전 1:8/고후 1:14/빌 1:6, 10).
(6) 휴거의 때는 축복의 때이다(살전 4:18).
(7) 휴거는 눈깜짝할 순간에 일어난다(고전 15:52).
이는 세상이 그것을 목격하지 못할 것이라는 말이다.
(8) 휴거는 일차적으로 교회와 관련되어 있는 것 같다(요 14:1-4/고전 15:51-58/살전 4:13-18).
(9) 그리스도는 빛나는 새벽별처럼 오신다(계 22:16).

6 지상강림

(1) 그리스도는 지상에 오신다(슥 14:4).
(2) 그분은 성도들과 함께 오신다(살전 3:13/유 14절).
(3) 지상강림은 신비가 아니다. 왜냐하면 그것은 많은 구약 예언들이 언급한 주제이기 때문이다(시 72편/사 11장/슥 14장).
(4) 성도들과 함께 그리스도가 오실 때에는 천상의 징조들이 앞설 것이다(마 24:29, 30).
(5) 지상강림의 날은 주의 날과 동일하다(살후 2:1-12).
(6) 지상강림은 심판에 주 강조점을 둔다(살후 2:8-12)
(7) 지상강림은 전 세계가 목격할 수 있는 것이다(마 24:27/계 1:7).
(8) 지상강림에는 우선 이스라엘이 포함되며 그 후에 이방민족들이 포함된다.
(9) 그리스도는 그의 날개에 치료하는 광선을 싣고 오는 의의 태양으로서 오신다(말 4:2)(『데살로니가서 주석』, p. 85).

2. 예언적 경고(살후 2장)

1. 주의 날에 대한 사실들(살후 2:1-12)

1 주님과 교회의 날(살후 2:1-3)

"혹 영으로나 혹 말로나 혹 우리에게서 받았다는 편지로나 주의 날이 이르렀다고 쉬 동심하거나 두려워하거나 하지 아니할 그것이라 누가 아무렇게 하여도 너희가 미혹하지 말라 먼저 배도하는 일이 있고 저 불법의 사람 곧 멸망의 아들이 나타나기 전에는 (그 날이) 이르지 아니하리라."
우리는 "그리스도의 날"이란 표현이 "주의 날"로 번역되어야 마땅하다는 것을 먼저 지적해 두고자 한다(개역 한글성경에는 "주의 날"로 번역되어 있음-역자 주). 성경에 나타난 이들 두 날 사이에는 매우 커다란 차이가 있다. "주의 날"은 장차 있을 칠 년 대환난을 가리킨다(욜 1:15/2:1, 2/계 6:12-17 참조). 반면에 "그리스도의 날"은 미래의 천년왕국을 가리킨다(고전 1:8/5:5/빌 1:6, 10/2:16 참조). 데살로니가 교인들은 어찌된 일인지 사단의 미혹을 받고 두려운 주의 날이 이르렀다고 믿게 되었다. 바울은 아무것에도 동요되지 말라고 하였다. 바울은 다음과 같이 말한다.
(1) "혹 영으로나."
이는 곧 성령을 통하여 이것을 알게 되었다고 하는 거짓 선지자를 믿지 말라는 것이다.
(2) "혹 말로나."

이를 가르치는 거짓 교사의 말을 믿지 말라는 것이다.
(3) "혹 우리에게서 받았다 하는 편지로나…."
이는 곧 '이러한 것을 가르치는 편지가 나의 명의로 되어 있다고 할지라도 그것을 받지 말라. 그러한 편지는 가짜이다'라는 의미이다.
"먼저 배도하는 일"(살후 2:3)이라는 표현에 유의하라. 혹자는 이 말을 그것이 들리워 감(휴거)을 가리키는 것이라 생각하고 '먼저 붙잡아 데려감'이라고 해석하기도 하였다. 이것은 신학적으로 가능한 일이기는 하지만, 이 구절의 헬라어는 『아포스타시아』(apostasia)이며, 따라서 그 말은 범세계적인 종교적 변절을 의미한다고 보는 것이 더욱 타당한 것 같다. 뿐만 아니라 그것은 바로 바울이 후에(다른 서신에서) 지적하고 있는 바이기도 하다(딤전 4:1−3/딤후 3:1−5/4:3, 4 참조).

엉거(M. F. Unger)는 이에 대해 다음과 같이 설명한다.

> "그리스도를 배척하는 세계에 주의 날이 돌연히 임하기 이전에, 먼저 배교 혹은 떨어져 나가는 일이 반드시 있어야 한다. 이것은 교회 시대의 일반적 특징인 신앙으로부터의 단순한 이탈이 아니다(딤전 4:1−5/딤후 3:1−8/계 3:14−22). 오히려 그것은 대규모의 반역 행위이며 그리스도께서 영광 중에 도래하시기 직전의 시기에 횡행할 죄악과 귀신숭배에 철저히 빠져들어가는 것을 말한다(눅 18:8/계 9:20, 21)"[『성경 편람』(*Unger's Bible Handbook*), p. 711].

그렇다면 교회와 주의 날은 무슨 관계가 있는 것일까? 이에 대한 유일한 답변은 바로 이것이다. 즉, 환난은 교회가 지상에서 들리움을 받은 후에 비로소 시작되리라는 것이다!

2 주의 날과 적그리스도(살후 2:3−5, 8, 9)

(1) 그의 이름은 "불법의 사람 곧 멸망의 아들"이다(살후 2:3). 앞의 이름은 그의 인격을 가리키며 뒤의 이름은 그의 기원을 나타낸다. 혹자는 가룟 유다가 적그리스도일 것이라고 생각하며 "멸망의 아들"이라는 칭호가 신약성경에서 단 두 번 사용되고 있다는 사실을 지적한다. 우선 예수님 자신이 유다에 대해 그것을 말씀하셨고(요 17:12 참조), 두번째로 여기에서 바울이 적그리스도를 똑같은 이름으로 부르고 있다. 하지만 그러한 증거는 물론 결정적인 것은 결코 아니다.
(2) 그의 활동 내용(살전 2:4, 9)

① 그는 하나님을 대적하고 하나님이나 숭배를 받는 어떤 대상보다도 자신을 더욱 높일 것이다(단 11:36, 37/계 13:15, 16).
② 그는 유대인의 지성소를 차지할 것이다(마 24:15).
③ 그는 실제로 자신이 하나님이라고 주장할 것이다(단 7:8, 20, 25).
④ 그는 사단에 의하여 직접 활력을 얻게 될 것이다(계 13:4).
⑤ 그는 기사와 거짓 이적을 행할 것이다.

(3) 그가 받은 심판
"…주 예수께서 그 입의 기운으로 저를 죽이시고 강림하여 나타나심으로 폐하시리라" (살전 2:8/참조, 단 8:25/11:45/계 19:20).

3 주의 날과 막는 자(살후 2:6, 7)

"불법의 비밀이 이미 활동하였으나 지금 막는 자가 있어 그 중에서 옮길 때까지 하리라"(살후 2:7).
여기에서 바울이 말하고 있는 것은 적그리스도의 영향이 나타난다고 할지라도 바로 그 때에도 그의 전(全) 능력과 계획은 "막는 자"로 인하여 방해를 받는다는 사실이다.

이처럼 강력한 권세로 "막는 자"는 누구, 혹은 무엇일까?

이를 설명하는 여러 가지 이론들이 있다.

(1) 그것은 인간이 세운 정부라는 견해가 있다. 그러나 이것은 옳지 않다. 왜냐하면 사단은 이미 인간의 나라에 대해 강력한 영향력을 행사하고 있기 때문이다(마 4:8).
(2) 그것은 천사들이라는 견해가 있다. 이것 역시 답이 될 수 없다(유 9절 참조).
(3) 그것은 성령이라는 견해가 있다. 이것이 이제까지의 모든 견해들 중 가장 합리적인 결론이다.

라이리 박사의 설명을 들어 보기로 하자.

"환난 이전에 대한 주장의 요지는 간단히 말해서 막는 자는 하나님이시며 막는 도구는 하나님께서 내주하시는 교회라는 것이다(참조, 엡 4:6—하나님의 내주, 갈 2:20—그리스도의 내주, 고전 6:19—성령의 내주). 마땅히 기억해 두어야 할 사실은, 그리스도께서 하나님이 내주하시고 그분으로부터 능력을 받을 교회에 대해 말씀하시기를, '음부의 권세가 (교회를) 이기지 못하리라'(마 16:18)고 하신 것이다. 따라서 우리들은 이처럼 하나님께서 내주하시고 권능을 받은 교회가 어둠의 세력을 적절히 제거하는 도구라고 자신있게 말할 수 있다. '불법의 사람'이 나타나기 전에 '막는 자'가 옮겨질 것이기 때문에 교회는 환난을 조금도 당하지 않을 것이다. 불법의 사람이 유대인들과의 언약의 징표를 갖고(단 9:27) 나타나는 것이 환난의 시작이다. 막는 자는 결국 하나님이시며 하나님은 모든 그리스도인 가운데 내주해 계시기 때문에, 성도들이 지상에 남아서 환난을 경험하게 되려면 하나님이 먼저 그들의 마음에서 떠나야 한다. 그러나 하나님이 떠날 때에는 모든 성도들이 하나님과 동행하게 된다. 그런데 믿는 자들에게 내주하시는 하나님이 그들에게서 쫓겨난다는 것은 불가능하기 때문에, 이에 대한 유일한 대안은 믿는 자들도 환난의 시작을 알리는 불법의 사람이 출현하기 이전에 옮겨지게 되리라는 것이다"(『데살로니가전후서 주석』, p. 112).

4 주의 날과 구원받지 못한 자(살후 2:10—12)

"이러므로 하나님이 유혹을 저의 가운데 역사하게 하사 거짓 것을 믿게 하심은 진리를 믿지 않고 불의를 좋아하는 모든 자로 심판을 받게 하려 하심이니라"(살후 2:11, 12).
이러한 강력한 유혹을 일으키시는 이가 다름 아닌 하나님이심을 특별히 유의하라. 하나님의 거룩하신 주권은 구원받지 못한 인간들과 변절한 천사들의 활동 가운데서도 나타나고 있다(출 4:21/창 50:20/수 11:20/삼상 16:14/왕상 22:19—23/삿 9:23 참조).

월부어드 박사의 말을 인용해 보자.

"우리는 데살로니가후서 2장 11절에서 다음과 같은 사실을 깨달을 수 있다. 즉, 현재 은혜의 시대에 사는 사람이 복음을 듣고도 그리스도를 구세주로 영접하지 않는다면, 그리스도께서 오셔서 그분께 속한 교회를 영광 가운데로 옮기신 후에, 즉 교회가 들리움을 받은 후에는 그들은 결코 구원받을 수 없음을 그들이 알게 되리라는 것이다. 은혜의 시대에 그리스도를 배척한 사람이 그처럼 무서운 환난의 시대에 그분을 의지하게 되리라는 것은 있을 수 없는 일인 것 같다. 그러나 성경의 일반 원칙은 생명이 있는 한, 희망이 있다는 것이다. 매우 드문 일이지만, 은혜의 이 시대에 복음을 들은 자가 그리스도의 공중재림 이후에 그에게 나아가리라는 것은 있을 수 있다. 성경은 교회가 사라진 이후에 하나님께서 믿지 않는 자들에게 강한 시험을 보내실 것이라고 분명하게 말하고 있다. 하나님은 그들의 마음을 심판하실 것이다. 만일 그들이 진리를 외면한다면 하나님은 그들이 거짓을 믿도록 하실 것이다. 그들은 주 예수 그리스도를 영접하는 대신에 불법의 사람을 자신들의 신과 왕으로 높일 것이다. 그렇다면 그 결과는 '불의를 좋아하는 모든 자로 심판을 받게 하려 하시는' 그대로이다(살후 2:12)"(『데살로니가서 주석』, p. 129).

2. 주의 사랑하는 자들과 관련된 사실들(살후 2:13-18)

"주의 사랑하시는 형제들아 우리가 항상 너희를 위하여 마땅히 하나님께 감사할 것은 …"(살후 2:13).

바울은 앞에서, 구원받지 못한 자들이 받을 영원한 멸망에 대해 기술한 바가 있다(살후 1:9). 여기에서는 구원받은 자들의 영원한 구원을 다루고 있다.

[1] 구원의 근거

"… 하나님이 처음부터 너희를 택하사 … 구원을 얻게 하심이니 …"(살후 2:13).

[2] 구원을 얻는 방법

"성령의 거룩하게 하심 …"(살후 2:13).

아버지(성부)와 아들(성자)이 없었더라면 구원의 잔치도 없었을 것이며 성령이 없었더라면 초청받은 손님도 없었을 것이다.

[3] 구원에 이르는 수단

"… 진리를 믿음으로 …"(살후 2:13).

이것은 물론 회개한 죄인의 당연한 의무이다.

[4] 구원의 목표

"우리 주 예수 그리스도의 영광을 얻게 하려 하심이니라"(살전 2:14). **[5] 구원의 책임**

"이러므로 형제들아 굳게 서서 말로나 우리 편지로 가르침을 받은 유전을 지키라"(살후 2:15).

3. 실제적 권면(살후 3장)

데살로니가후서 마지막 장에서 바울은 부탁, 재보증, 책망 그리고 회고 등을 통하여 데살로니가 교인들에게 권면하고 있다.

1. 부탁(살후 3:1, 2)

"종말로 형제들아 너희는 우리를 위하여 기도하기를 주의 말씀이 너희 가운데서와 같이 달음질하여 영광스럽게 되고 또한 우리를 무리하고 악한 사람들에게서 건지옵소서 하라 믿음은 모든 사람들의 것이 아님이라."

2. 재보증(살후 3:3-5)

"주는 미쁘사 너희를 굳게 하시고 악한 자에게서 지키시리라 너희에게 대하여는 우리의 명한 것을 너희가 행하고 또 행할 줄을 우리가 주 안에서 확신하노니 주께서 너희 마음을 인도하여 하나님의 사랑과 그리스도의 인내에 들어가게 하시기를 원하노라."

3. 책망(살후 3:6, 11-15)

[1] 책망을 듣는 자들

(1) 무질서한 자("규모없이 행하는 자", 규율이 없는 자, 살후 3:6, 11)
(2) 참견하기를 좋아하는 자("일만 만드는 자", 수다장이, 살후 3:11)
(3) 게으름뱅이("일하지 않고 먹으려 하는 자", 살후 3:10)
(4) 불순종하는 자("여기에서는 바울의 가르침을 받아들이기 거부하는 자", 살후 3:14)

[2] 책망의 특징

(1) 그들을 찾아내어 구별해야 함(살후 3:14)
(2) 그들에게 잘못을 시정하도록 권고해야 함(살후 3:15)
(3) (그럼에도 불구하고 회개하지 않는다면) 그리스도인의 공동체에서 축출해야 함(살후 3:6, 14)
(4) (그렇지만) 그들을 원수와 같이 대하는 것이 아니라 형제같이 대해야 함(살후 3:15)

4. 회고(살후 3:7-10)

"어떻게 우리를 본받아야 할 것을 너희가 스스로 아나니 우리가 너희 가운데서 규모없이 행하지 아니하며 누구에게서든지 양식을 값없이 먹지 않고 오직 수고하고 애써 주야로 일함은 너희 아무에게도 누를 끼치지 아니하려 함이니 우리에게 권리가 없는 것이 아니요 오직 스스로 너희에게 본을 주어 우리를 본받게 하려 함이니라 우리가 너희와 함께 있을 때에도 너희에게 명하기를 누구든지 일하기 싫어하거든 먹지도 말게 하라 하였더니."

고린도전서

● 인류 역사상 최대의 선교사는 사도 바울이었다. 과거에 바리새인으로서 그리스도인들을 미워하고 박해하던 이 사도는 3차에 걸쳐 전도 여행을 하였으며 그 동안에 신약성경에 나오는 열두 개의 지역 교회를 세웠다. 이리하여 과거에는 양떼를 잡아 먹는 흉악한 이리였던 그가 이제 양떼를 지키는 훌륭한 경비견이 되었다.

● 신약성경이 기본적으로 바울이 세운 교회들 중 몇 교회와 그곳의 목회자에게 보낸 편지들로 구성되어 있는 것은 엄연한 사실이다. 그 서신들의 목록은 다음과 같다.

[1] 로마에 보내는 편지(로마서)
[2] 에베소에 보내는 편지(에베소서)
[3] 골로새에 보내는 편지(골로새서)
[4] 빌립보에 보내는 편지(빌립보서)
[5] 갈라디아에 보내는 편지(갈라디아서)

6 데살로니가에 보내는 두 통의 편지(데살로니가전후서)
7 디모데라 하는 목자에게 보내는 두 통의 편지(디모데전후서)
8 디도라 하는 목자에서 보내는 편지(디도서)
9 고린도에 보내는 두 통의 편지(고린도전후서)
그런데 바로 여기에 놀라운 사실이 있다. 즉, 27권의 신약성경 가운데 적어도 12권은 바울이 그의 사랑하는 교회들에게 보낸 편지들이라는 것이다.

● 바울은 소위 현대의 '기독교 운동'들과 같은 것을 할 만한 여유가 없었던 것처럼 보인다. 현대의 기독교 운동은 지역 교회에 대한 선교와 그 중요성을 인정치 않고 공공연히 무시하고 있다.

● 그가 교회에 보낸 서신들 가운데 가장 중요한 것은 말할 것도 없이 로마서이며, 고린도전서는 아마 그 다음이 될 것이다. 그 이유는 고린도전서가 그리스도와 믿는 자들의 부활에 대해 많은 지면을 할애하고 있으며(고전 15장), 다른 이유가 없다고 할지라도 바울이 쓴 것 가운데 가장 장문(長文)의 편지로서 엄청나게 큰 분량을 지니고 있기 때문일 것이다.

● 현대의 지역 교회 내에서 발생하는 문제들 중 고린도전서에서 다루어지지 않은 문제는 거의 없다. 고린도교회에는 다음과 같은 신학적, 인간적 문제들이 산적해 있었다.
1 침례(세례)에 관한 교리 왜곡(고전 1장)
2 그들이 소유한 지극히 작은 인간의 지혜를 자랑함(고전 1장)
3 철저하게 세속적임(고전 3:1)
4 자신을 기만함(고전 3:18)
5 육체를 더럽힘(고전 3:17)
6 자만에 빠짐(고전 4:18)
7 소름끼치는 부도덕 사건을 용납함(고전 5:1)
8 이방 법정에 서로를 고소함(고전 6:1)
9 결혼관의 혼란(고전 7:1)
10 그리스도인의 자유에 관한 가르침을 남용함(고전 8:9)
11 하나님의 성전에서 예복을 제대로 갖추지 않음(고전 11:6)
12 주의 만찬을 우롱함(고전 11:30)
13 성령의 은사, 특히 방언의 은사를 타락시킴(고전 14장)
14 부활 문제에 대한 그릇된 인식(고전 15장)
15 연보를 제 때에 하지 않음(고전 16장)
예컨대 죄가 말〔馬〕이라고 한다면 이 교회는 마구간이었다.

● 고린도 교회의 설립 배경

1 바울이 2차 전도 여행 때 설립하였다.
2 사도행전 18장은 "개척" 예배에 대해 언급하고 있다.
(1) 바울은 실라와 함께 2차 전도 여행을 떠났다(행 15:40).
(2) 루스드라에서 그들은 디모데를 선발하였다(고전 16:1).
(3) 드로아에서 바울은 마게도냐인에 관한 환상을 보았다(행 16:9).

(4) 빌립보에서 '루디아'라 하는 여인과 귀신들린 소녀 그리고 간수 등 세 사람이 구원을 받았다(행 16:14-34).
(5) 빌립보에서 바울은 데살로니가로 건너갔다(행 17:1).
(6) 데살로니가에서 베뢰아로 갔다(행 17:10).
(7) 베뢰아에서 아덴으로 갔다(행 17:15).
(8) 아덴에서 마침내 고린도로 갔다(행 18:1).
3 고린도에서 바울은 곧 아굴라와 브리스길라를 만났다.
4 회당장 그리스보가 구원을 받았다(행 18:8).
5 하나님께서 환상 중에 바울을 위로하셨다(행 18:9).
6 바울은 고린도를 떠나기 전에 적어도 18개월간 그곳에 체류하였다(행 18:11).
7 그 다음에 고린도 교회의 목회자는 '아볼로'라 하는 사람이 되었다.

● **바울이 고린도전서를 쓰게 된 배경**

1 주후 53년 여름에 바울은 틀림없이 홀로 제 3차 전도 여행을 떠났다(행 18:23).
2 그는 에베소에 도착한 후 그곳에서 3 년을 지냈다(행 18:10).
3 에베소에 있는 동안 그는 고린도 교회의 비극적 상황을 전해주러 온 대표자 한 사람의 방문을 받았다.
4 마음이 무거워진 바울은 앉아서 고린도전서를 기록하였다.

● **고린도전서의 구성**

고린도전서

일곱 가지 부패상(고전 1-6장)

1 인간 지도자들인 바울, 아볼로, 게바를 추종함(고전 1:10-17)
2 세상의 지혜를 좋아함(고전 1:18-2:13)
3 육신에 사로잡혀 갈팡질팡함(고전 2:14-3:7)
4 미래에 있을 심판을 망각함(고전 3:8-23)
5 교만해짐(고전 4:1-21)
6 징계하지 않았음(고전 5:1-13)
7 그리스도의 몸을 여러 갈래로 나눔(고전 6:1-20)

여섯 가지 물음(고전 7-16장)

"너희의 쓴 말에 대하여…"(고전 7:1).
1 결혼이란 무엇인가?(고전 7장)
2 그리스도의 자유란 어떠한 것인가?(고전 8-10장)
3 교회의 행위는 어떠해야 하는가?(고전 11장)
4 성령의 은사란 무엇인가?(고전 12-14장)
5 부활이란 무엇인가?(고전 15장)
6 연보란 무엇인가?(고전 16장)

1. 서언 : 바울의 인사(고전 1:1—10)

1. 바울과 소스데네가 안부를 전함

이 소스데네는 사도행전 18장 17절에 언급된 소스데네와 동일한 인물인 듯하다. 그는 에베소 회당의 책임자였고 바울을 대적하여 소요를 일으켰다. 그렇지만 그것이 오히려 그에게 불리한 결과를 초래하였고 그 자신이 성난 헬라 사람들에게 뭇매를 맞았다. 그는 이로 인하여 구원을 받게 된 것 같다.

2. "각처에서… 예수 그리스도의 이름을 부르는 모든 자들에게"(고전 1:2) 편지함

따라서 이 서신은 그로 인하여 믿게 된 다른 곳의 성도들을 포함한 모든 믿는 자들을 위해 기록된 것이다(살전 5:27/골 4:16 참조).

3. "주 예수 그리스도"(고전 1:3)라는 위대한 이 이름이 고린도전서 1장 1—10절 사이에서만 무려 여섯 번 언급됨

이는 의심할 바 없이 고린도 교회가 숭고한 이 이름을 높이지 않았기 때문이다. 바로 이것이 지역 교회들이 어려움을 겪게 되는 이유이다.

4. "너희가… 모든 구변과 지식에 풍족하므로…"(고전 1:5)

고린도 교회의 성도들은 이 구절이 말하고 있는 진리를 알았고 또한 진리를 말할 수 있었다. 그러나 그들은 진리를 전혀 실천하지 않았다.

5. "너희가 모든 은사에 부족함이 없이…"(고전 1:7)

성경에는 열여덟 가지 은사가 기록되어 있다. 확실히 고린도 교회는 이 모든 은사를 다 받았던 것 같다.

6. 고린도전서 1장 8절은 성경 전체를 통하여 "믿는 자들의 안전"에 관한 가장 위대한 선언 가운데 하나임

여기에 쓰인 말씀을 살펴보자.

[1] "견고케 함"

이것은 확고히 서게 하여 절대적으로 안전케 하는 것을 의미한다. 동일한 동사가 로마서 15장 8절에서도 사용되고 있다. 여기에서 바울은 하나님께서 구약성경에 나타난 약속들을 그리스도 안에서 견고케 하셨다고 하였다.

[2] "책망할 것이 없는"

이것은 법률용어로서 "법정에 소환되지 않는, 고소를 당하지 않는, 비난당하지 않는" 등을 의미한다. 즉, 그것은 죄없음을 의미하는 것이 아니라 고소당할 것이 없음을 뜻한다.

[3] "그리스도의 날에 … 끝까지"

이것은 그리스도의 공중재림을 의미한다.

바울은 기록상 가장 세속적이고 혼란스럽고 이기적이며 타락에 빠진 한 교회에 보내는 편지를 쓰고 있는 것이다. 따라서 그는 그들이 불행한 처지에 빠져 있음에도 불구하고 하나님의 영원하신 보호 때문에 그들은 마침내 구원을 받게 될 것이라고 말할 수 있다.

7. "하나님은 미쁘시도다"(고전 1:9)

하나님의 신실하심을 간략하게 요약하면 다음과 같다.

1 하나님은 자기 백성을 보호함에 신실하시다.

"내가 내 종 다윗을 찾아 나의 거룩한 기름으로 부었도다…나의 성실함…이 저와 함께 하리니…원수가 저에게 강탈치 못하며 악한 자가 저를 곤고케 못하리로다"(시 89:20, 24).

2 하나님은 시험당할 때에 신실하시다.

"사람이 감당할 시험밖에는 너희에게 당한 것이 없나니 오직 하나님은 미쁘사 너희가 감당치 못할 시험당함을 허락지 아니하시고 시험당할 즈음에 또한 피할 길을 내사 너희로 능히 감당하게 하시느니라"(고전 10:13).

3 하나님은 구원받은 그리스도인을 지켜주심에 신실하시다.

"주는 미쁘사 너희를 굳게 하시고 악한 자에게서 지키시리라"(살후 3:3).

"평강의 하나님이 친히 너희로 온전히 거룩하게 하시고 또 너희 온 영과 혼과 몸이 우리 주 예수 강림하실 때에 흠없게 보전되기를 원하노라 너희를 부르시는 이는 미쁘시니 그가 또한 이루리라"(살전 5:23, 24).

4 하나님은 당신의 자녀를 징계하심에 신실하시다.

"여호와여 내가 알거니와 주의 심판은 의로우시고 주께서 나를 괴롭게 하심은 성실하심으로 말미암음이니이다"(시 119:75).

"주께서 그 사랑하시는 자를 징계하시고 그의 받으시는 아들마다 채찍질하심이니라"(히 12:6).

5 하나님은 자백한 죄를 용서해 주심에 신실하시다.

"만일 우리가 우리 죄를 자백하면 저는 미쁘시고 의로우사 우리 죄를 사하시며 모든 불의에서 우리를 깨끗케 하실 것이요"(요일 1:9).

6 하나님은 우리 기도를 들어주심에 신실하시다.

"여호와여 내 기도를 들으시며 내 간구에 귀를 기울이시고 주의 진실과 의로 내게 응답하소서"(시 143:1).

이처럼 그들을 부르신 것은 하나님으로 말미암은 것이며, 또한 그분은 신실하시기 때문에 그들이 받는 구원은 확실한 것이었다. 유감스럽게도 우리들이 이 편지에서 발견하게 되는 것은 바울이 (다른 교회에 보내는 서신들과는 다르게) 고린도 교인들의 현재 상태에 대해서는 전혀 언급하지 않고 다만 그들의 과거와 미래만을 이야기하고 있다는 사실이다.

8. "그의 아들 예수 그리스도 우리 주로 더불어 교제케 하시는…"(고전 1:9)

그리스도인들은 이러한 교제에 대해 전 세계를 향하여 말하고 쓰고 노래하기를 좋아하며 또한 마땅히 그렇게 해야 한다. 그러나 마음에 깊이 새겨두어야 할 것은, 이러한 교제에는 또한 고난이 따르는 경우가 종종 있다는 것이다. 이에 대해 바울은 다음과 같이 이야기하고 있다.

"내가 그리스도와 그 부활의 권능과 그 고난에 참여함을 알려 하여 그의 죽으심을 본받아"(빌 3:10).
우리들은 죽으심을 본받지 않고 부활의 권능을 누리기 원하는 때가 너무 흔한 것 같다. 그러나 그분의 고난에 참여하지 않고서는 부활의 권능이란 있을 수 없다.

9. "너희 가운데 분쟁이 없이"(고전 1:10)

헬라어 학자 바인(W. E. Vine)은 조화를 이루고 있는 그리스도인 공동체의 통일성이 비극적인 분열을 겪게 될 수 있는 네 가지 단계를 다음과 같이 분명하게 열거하였다.

1 **『스타시스』**(Stasis)－강한 의견 대립, 불일치(행 15:2/23:7, 10 참조).

2 **『디코스타시아』**(Dichostasia)－지속적인 대립(갈 5:20/롬 16:17 참조).

3 **『스키스마』**(Schisma)－심각한 분열, 갈라짐(고전 11:18/요 7:43/9:16/10:19 참조).

4 **『하이레시스』**(Hairesis)－완전히 고착된 분열(행 5:17/24:5, 14/26:5/벧후 2:1/딛 3:10 참조).

바울이 여기에서 사용하고 있는 단어는 세번째의 『스키스마』이다. 그러므로 이는 고린도 교회가 완전한 분열의 위기에 처해 있었음을 암시해 준다.

10. "온전히 합하라"(고전 1:10)

이 표현은 헬라어 『카타르티조』(katartizo)를 번역한 것이다. 이 말은 이 외에도 신약성경에서 세 번 사용되고 있다.
1 **"믿음으로 모든 세계가 하나님의 말씀으로 지어진 줄을 우리가 아나니 …"**(히 11:3).
여기에서 『카타르티조』는 "지어진"으로 번역되어 있다.
2 **"그러므로 세상에 임하실 때에 가라사대 하나님이 제사와 예물을 원치 아니하시고 오직 나를 위하여 한 몸을 예비하셨도다"**(히 10:5).
여기에서 그 말은 "예비하셨다"로 번역되어 있다.
3 **"거기서 더 가시다가 … 야고보와 그 형제 요한이 그 부친 세베대와 한가지로 배에서 그물 깁는 것을 보시고 …"**(마 4:21).
이 마지막 구절에서 그것은 "깁다"로 번역되어 있다.

위의 세 경우가 보여주는 요점은, 하나님께서 원하시는 것은 교회의 성도들이 다음과 같이 서로 합해야 한다는 것이다.
(1) 해, 달, 별들이 조화를 이루고 있는 것처럼 완전하게 합해야 한다(히 11:3).
(2) 하나님께서 예수님이 입을 몸을 만드신 것처럼 온전하게 되어야 한다(히 10:5).
(3) 기워진 그물처럼 온전하게 되어야 한다(마 4:21). 여러 가지 문제들로 괴로움을 겪고 있는 교회에서는 영혼들이 구원받지 못한다. 그것은 그물이 찢어져 있어서 그들이 도망갈 수 있기 때문이다.

2. 보고(고전 1:11－6:20)

1. 그들은 인간 지도자들을 추종하고 있었다(고전 1:11－17)

바울은 자신이 받은 정보의 출처를 밝힘으로써 서두를 시작한다.
"글로에의 집 편으로서 너희에게 대한 말이 내게 들리니"(고전 1:11).
고린도 교회의 지도자들은 익명으로 된 비판적 편지를 매우 자주 받곤 하였는데 그것들은 목회자나 교우 중 어느 사람을 헐뜯는 내용의 것들이었다. 이름도 없고(줏대도 없는) 교인들의 입에서 나온 험담들 때문에 그들 자신의 교회가 파멸에 이르게 되는 일이 얼마나 자주 있었던가!

고린도전서 1장 12절에서 17절에 이르기까지 바울은 그들의 가장 근본적인 문제, 즉 침례(세례)의 문제를 바로잡기 위하여 쓰고 있다. 그 이후로 참으로 많은 교회들이 침례(세례) 문제 때문에 양분되고 말았다. 그런데 여기에서 논란의 대상이 된 것은 침례(세례)의 형식이나 목적이 아니라, 이들 고린도 교인들에게 침례(세례)를 준 여러 다른 사람들에 대한 것이다.

1 바울은 (사실 극소수이기는 하였지만) 고린도 교회를 세울 때 몇 사람에게 침례(세례)를 베풀었다.

2 후에 아볼로가 그 교회에서 목회를 하였고 또한 일부 사람들에게 침례(세례)를 주었다.

3 베드로(게바)도 몇 명의 사람들에게 침례(세례)를 주었던 것 같다. 그렇지만 우리는 언제 어디에서 이 일이 있었는지에 대해서는 알지 못한다.

4 이러한 명단 중에는 그리스도도 포함되어 있다. 베드로의 경우와 마찬가지로 그리스도께서 실제로 침례(세례)를 주셨다고 할지라도, 우리는 그 때와 장소에 대해서는 전혀 알 길이 없다.

여하튼 신약성경에 나오는 이 지역 교회는 네 개의 파로 분열되어 있으면서, 그들에게 침례(세례)를 준 자로 인하여 다른 세 파보다 자기 파가 더욱 우월하다고 서로 주장하는 절망적 상태에 있었다.

5 바울파 : 이 파의 '주장' 근거는 이렇다.

"우리는 바울에게 속하였다. 그러므로 너희보다 우월하다. 바울이 위대한 교리 설교자라는 사실은 누구나 다 안다. 교리만 알면 그뿐이다."

6 아볼로파 : 이들은 아마 이렇게 반박했을 것이다.

"우리는 아볼로에게 속한다. 그리고 지각이 있는 사람이라면 아볼로가 유창한 설교자이며 언제든지 바울 주변의 사람들에게 설교할 수 있다는 사실을 기꺼이 인정할 것이다."

7 게바파 : 그 다음에 이들은 다음과 같이 응수했을 것이다.

"우리는 게바에게 속한다. 너희들은 교리와 유창함에 대해 마음대로 자랑할 수 있을 것이다. 그러나 베드로만큼 현실적이며 실천적인 사람은 아무도 없다."

8 그리스도파 : 이들 네번째 부류의 사람들은 교만한 영적 기원을 자랑하고 다른 세 파의 사람들을 멸시하며 짐짓 경건하게 말했을 것이다.

"우리는 그리스도께 속하였다. 그러므로 우리는 우리를 지도하고 먹여줄 인간적 설교자를 전혀 의지하지 않는다."

"바울이 너희를 위하여 십자가에 못박혔느뇨"(고전 1:13).
우리는 바울이 맨먼저 자기를 지지하는 사람들을 치고 있음을 보게 된다. 어떤 그룹이 잘못을 했다면, 특히 그들이 어떠한 모양으로든 당신과 대립하고 있다면, 그들을 책망하기란 아주 쉬운 일이다. 그러나 당신을 소리 높여 찬양하는 자들을 혹독하게 비난한다는 것은 매우 어려운 일이다. 바울이야말로 예수님을 위하여 자기의 모든 것을 진정으로 다 팔아버린 자였다!

제임스 보이어(James Boyer) 박사는 고린도전서 1장 16절에 대해 이렇게 말한다.

"고린도전서 1장 16절에는 아주 흥미있는 예외가 소개되고 있다. 바울은 갑자기 자신이 침례(세례)를 준 다른 사람, 곧 스데바나가 있음을 기억해낸다. 고린도전서 16장 15, 17절에서 우리는 스데바나가 고린도에서 바로 얼마 전에 이곳에 도착한 사람들 가운데 한 사람이었고, 바울이 이 편지를 구술하였을 때 분명히 그 자리에 있었으리라는 것을 알 수 있다. 바울이 다른 사람들에 대해 이야기하고 있을 때, 스데바나는 바울을 자극하여 바울이 그에게 침례(세례)를 주었음을 상기시켰으리라. 만일 바울이 스데바나를 거의 잊고 있었다면, 그가 침례(세례)를 베푼 다른 사람들도 잊을 수 있었을 것이다. 그러므로 사도 바울은 다른 여러 사람들이 그에게 침례(세례)를 받았을 가능성을 배제하지 않는다. 이렇게 말한다고 하여 그것이 영감의 교리를 반박하는 것은 아니다. 영감이란 각 기자의 독특한 문체와 성격을 방해하지도 않으며 또한 영감으로 인하여 전지(全知)해지는 것도 아니다. 영감이란, 기록된 것이 주께서 기록되기를 원하시는 것임을 보증하는 것이다"〔『우리와 같은 세계를 위하여』(*For a World Like Ours*), p. 32〕.

"그리스도께서 나를 보내심은 침례(세례)를 주게 하려 하심이 아니요 오직 복음을 전케 하려 하심이니"(고전 1:17).
아마도 이 구절은 성경에서 〔구원받으려면 반드시 침례(세례)를 받아야 한다고 비성경적으로 가르치는〕 침례(세례)에 의한 중생 교리를 가장 강력하게 반박하는 말씀일 것이다.
그런데 여기에서 우리가 주목해야 할 것은 그리스도께서 자기가 침례(세례)주는 것을 금하셨다고 바울이 말하지 않았다는 것이다. 왜냐하면 사도 바울은 때때로 그가 회심시킨 자들에게 침례(세례)를 주었기 때문이다(행 16:15, 33/18:8/19:5). 여기에서 그가 말하고자 하는 것은 물침례(세례)란 그리스도의 복음의 본질이 아니라는 바로 그것이다. 이 편지 후반부에서 바울은 복음을 아래와 같이 정의한다.
"형제들아 내가 너희에게 전한 복음을… 그리스도께서 우리 죄를 위하여 죽으시고 장사지낸 바 되었다가 성경대로 사흘 만에 다시 살아나사"(고전 15:1, 3, 4).
그렇다면 이것만이 유일한 복음이다.

2. 그들은 세상 지혜를 좋아했다

바울은 그들에게 이러한 것의 어리석음을 지적해 주고 있다. 왜냐하면 하나님께서 오래 전에 인간의 지혜를 거부하셨기 때문이다.
"기록된 바 내가 지혜 있는 자들의 지혜를 멸하고 총명한 자들의 총명을 폐하리라"(고전 1:19/참조, 욥 5:12/사 29:14).

고린도전서 3장 19절에서 바울이 "(하나님께서) 지혜 있는 자들로 하여금 자기 궤계에 빠지게 하셨다"라고 쓰고 있음을 주목하라. 이러한 궤계에 대한 신약성경의 전형적인 세 가지 예를 들어보면, 〔요한의 침례(세례)에 관한〕 마태복음 21장 23-27절, (가이사에게 바치는 세금에 대한) 마태복음 22장 15-22절, (간음한 여인에 대한) 요한복음 8장 1-11절 등이다. 하나님은 자신의 영원한 지혜에 따라 인간을 구원하기 위한 방법으로 오히려 십자가를 택하셨다.

1 하나님의 계획에 대한 반응

(1) "그것은 어리석은 자의 계획이다"(이는 구원받지 못한 자의 결론이다. 고전 1:18 참조).

(2) "그것은 하나님의 권능이다"(이는 구원받은 자의 결론이다. 고전 1:18 참조).

헬라어 원문에 따라 1장 18절을 직역하면, 불신자들은 "멸망해가고 있으며" 믿는 자들은 "구원을 받고 있다"는 것이다. 즉, 구원과 저주가 모두 현재시제로 표현되어 있다(구원받지 못한 자에 대해서는 요 3:18, 26을 참조). 구원받은 자에 대해 신약성경은 그들의 구원을 세 가지 시제로 나타내고 있다.

① 과거 시제-고린도전서 1장 18절(칭의, Justification).

② 현재 시제-로마서 5장 29절(성화, sanctification).

③ 미래 시제-로마서 5장 9절(영화, glorification).

해리 아이언사이드(Harry Ironside) 박사는 어떤 낯선 사람으로부터 구원을 받았느냐는 질문을 받았다. 그 유명한 목사님은 답하기를, "물론이지요, 나는 과거에 구원받았고, 현재도 구원받고 있으며, 앞으로도 구원받을 것입니다"라고 하였다.

2 하나님의 계획의 결과

(1) "표적"을 구하는 유대인들에게 하나님의 계획은 걸림돌이었다(고전 1:22, 23 / 참조, 마 12:38 / 16:1 / 눅 2:34).

이스라엘은 하나님께서 표적들을 주셨음에도 불구하고 하나님의 계획을 거절하였다(요 3:2 / 20:30 / 행 2:19, 43 / 5:12 참조).

(2) "지혜"를 구하는 헬라인들에게 하나님의 계획은 분별없는 것이었다(고전 1:22, 23 / 참조, 행 17:21, 32).

(3) 단순히 받아들이고 (다른 것을 구하지 않는) 모든 성도들에게 하나님의 계획을 거룩하게 하는 것이다(고전 1:30).

3 하나님의 계획의 이유(고전 1:29)

"그러나 하나님께서 세상의 미련한 것들을 택하사 지혜 있는 자들을 부끄럽게 하려 하시고 세상의 약한 것들을 택하사 강한 것들을 부끄럽게 하려 하시며 하나님께서 세상의 천한 것들과 멸시받는 것들과 없는 것들을 택하사 있는 것들을 폐하려 하시나니 이는 아무 육체라도 하나님 앞에서 자랑하지 못하게 하려 하심이라"(고전 1:27-29).

따라서 하나님은 자신의 영광을 나타내 보이실 때 다음의 것들을 택하기를 기뻐하셨다.

(1) **세상의 어리석은 것들**
① 피 흘리는 어린양(출 12장)
② 갈라진 바위(출 17장)
③ 놋뱀(민 21장)
(2) **세상의 약한 것들**
① 애굽인들을 물리친 지팡이(출 4장)
② 힘센 거인을 굴복시킨 맷돌(삼상 17장)
③ 블레셋 군대를 격퇴시킨 나귀뼈(삿 15장)
(3) **세상의 천한 것들**
① 능력의 사사가 된 한 기생의 아들(삿 11장)
② 다윗의 증조모가 된 이방 여인(룻 4장)
③ 위대한 구령자가 된 불륜의 여인(요 4장)

바울은 교회로 하여금 하나님께서 세상의 지혜와 명성을 선택하지 않으셨음이 좋은 일임을 적절하게 상기시키고 있다.
"형제들아 너희를 부르심을 보라 육체를 따라 지혜있는 자가 많지 아니하며 능한 자가 많지 아니하며 분별 좋은 자가 많지 아니하도다"(고전 1:26).

위대한 요한 웨슬레(John Wesley)는 선교를 하는 동안에 헌팅턴(Huntington)이라는 영국 상류 사회의 귀부인에게서 때때로 도움을 받은 적이 있다. 그리스도에게 자기의 시간, 재능, 재산을 매우 많이 바친 이 아름다운 여인은 종종 이렇게 증거하곤 하였다.

> "나는 M이라는 글자 때문에 가까스로 천국을 향해 가고 있다. 바울이 귀족들은 누구(any)도 부름을 받지 못했다고 말하지 않고 소수의(not many) 귀족들이 부름을 받았다고 말한 것을 나는 진심으로 감사드린다. 이리하여 나는 M이라는 글자 때문에 겨우 하늘나라로 가고 있는 것이다!"

4 하나님의 계획에 대한 회고(고전 2:1-13)

이 구절에서 바울은 제 3차 전도 여행 중 고린도를 여행한 것에 대해 회고하고 있다. 그는 바로 그때 거기에 교회를 세웠던 것이다. 그는 그들로 하여금 다음의 사실들을 회상하게 한다.
(1) 십자가의 멧세지는 세상에 속한 것이 아니다(고전 2:1-6).
"형제들아 내가 너희에게 나아가 하나님의 증거를 전할 때에 말과 지혜의 아름다운 것으로 아니하였나니 내가 너희 중에서 예수 그리스도와 그의 십자가에 못박히신 것 외에는 아무것도 알지 아니하기로 작정하였음이라 내가 너희 가운데 거할 때에 약하며 두려워하며 심히 떨었도다 내 말과 내 전도함이 지혜의 권하는 말로 하지 아니하고 다만 성령의 나타남과 능력으로 하여 …"(고전 2:1-4).
고린도를 방문하기에 앞서 바울은 아덴의 아레오바고 언덕에서 헬라 철학자들과 논쟁을 했다(행 17:16-34). 여기에서 그는 철학, 시, 역사를 성경의 위대한 진리와 함께 사용하고 유창하고 힘있게 멧세지를 선포하였다. 그렇지만 그 설교는 거의 아무런 결실도 맺지 못하였다. 이러한 이유 때문에 어떤 사람들은 (물론 모두가 그렇다고 하는 것은 아니지만) 이렇게 결론을 내리기도 한다. 즉, 고린도전서 2장 1-4절에서 사도 바울은 그 이후로 항상 성령만을 의지하며 웅변, 철학 등은 절대로 의지하지 않겠다는 그의 결심을 기록하고 있다는 것이다. 또 어떤 사람들은 고린도전서 2장 3절에 기록된 그의 상태는 전적으로 신체적인 것이며 그것은 분명히 신경쇠약의 결과라고 생각하기도 한다(고후 7:5 참조).

(2) 십자가의 멧세지는 이 세상이 창조되기 이전에 정해진 것이다(고전 2:8).

"이 지혜는 이 세대의 관원이 하나도 알지 못하였나니 만일 알았더면 영광의 주를 십자가에 못박지 아니하였으리라."

(3) 십자가의 멧세지는 이 세상에 있는 후사들을 위해 예비되었다(고전 2:9-13).

"기록된바 하나님이 자기를 사랑하는 자들을 위하여 예비하신 모든 것은 눈으로 보지 못하고 귀로도 듣지 못하고 사람의 마음으로 생각지 못하였다 함과 같으니라 오직 하나님이 성령으로 이것을 우리에게 보이셨으니 성령은 모든 것 곧 하나님의 깊은 것이라도 통달하시느니라"(고전 2:9, 10).

3. 그들은 육신에 사로잡혀 갈팡질팡하고 있었다(고전 2:14-3:7)

이 유명한 본문에서 사도 바울은 모든 인간을 영적 상태에 따라 아래와 같이 셋으로 구분하고 있다.

1 육에 속한 사람(자연인/고전 2:14) :『프슈키코스』(psuchikos)

"육에 속한 사람은 하나님의 성령의 일을 받지 아니하나니 저에게는 미련하게 보임이요 또 깨닫지도 못하나니 이런 일은 영적으로라야 분변함이니라"(고전 2:14).

육에 속한 사람의 특징들은 아래와 같다.

(1) (그는 매우 악할지도 모르나) 완전히 타락한 것은 아니다. 그러나 그는 하나님의 말씀을 이해하는 데에는 완전히 무력하다(행 8:31).

(2) 따라서 그는 성경이 무의미한 책이라고 결론을 내린다(행 17:18, 32/26:24 참조).

(3) 그는 죽은 자이며 반드시 부활되어야 한다. 왜냐하면 그는 소생될 수 없기 때문이다(롬 5:12/엡 2:1 참조).

2 육신에 속한 사람(젖먹이/고전 3:1-4) :『사르키코스』(sarkikos)

"형제들아 내가 신령한 자들을 대함과 같이 너희에게 말할 수 없어서 육신에 속한 자 곧 그리스도 안에서 어린아이들을 대함과 같이 하노라"(고전 3:1).

육신에 속한 사람의 특징은 다음과 같다.

(1) 그는 신생아와 같아서 힘이 없다. 여기에 "어린아이"로 번역된 헬라어는 『네피오스』(nepios)인데, 이것은 언어 능력도 없으며 미숙하고 서툴다는 약함의 의미가 내포되어 있다. 이러한 상태는 에베소서 4장 14절에서도 묘사되어 있다.

"이는 우리가 이제부터 어린아이가 되지 아니하여 사람의 궤술과 간사한 유혹에 빠져 모든 교훈의 풍조에 밀려 요동치 않게 하려 함이라"(갈 4:3/벧후 1:9 참조).

(2) 그는 젖 외에는 아무것도 먹을 수 없다(고전 3:2). 이러한 상태는 그들의 유치함 또는 연약함을 나타내고 있다. '젖'이란 잠시 동안만 유용한 것이며(벧전 2:2), "단단한 식

물은 장성한 자의 것이니 저희는 지각을 사용하므로 연단을 받아 선악을 분변한다"(히 5:14/참조, 히 5:11-13).
(3) 그는 마치 구원받지 못한 사람처럼 행하고 말한다.
"…어찌 육신에 속하여 사람을 따라 행함이 아니리요"(고전 3:3).
믿는 자들이라면 누구나 다음과 같은 날카로운 물음을 당연히 고려해 보아야 한다.
"만일 당신이 그리스도인이라는 이유 때문에 체포당하고 고소당한다면, 유죄로 선고받을 만한 충분한 증거가 당신에게 있는가?"
고린도 교인들은 대부분이 무죄로 판명되어 석방되었을 것이다.
(4) 그들은 영적 진리들이 아닌 영적 지도자들을 비교하였다(고전 3:4과 대립되는 것으로서 고전 2:13을 참조하라). 바울은 이러한 일에 대해 다음과 같이 답변한다.
"나는 심었고 아볼로는 물을 주었으되 오직 하나님은 자라게 하셨나니"(고전 3:6).
오직 하나님만이 자라게 하실 수 있다(왕상 18:30-38 참조).

3 영적인 또는 신령한 사람(정복자/고전 2:15) : 『프뉴마티코스』(pneumatikos)
"신령한 자는 모든 것을 판단하나 자기는 아무에게도 판단을 받지 아니하느니라."
영적인 사람의 특징은 다음과 같다.
(1) 경건한 체하지 않음
(2) (두뇌, 체력, 배경, 경제력 등에서) 다른 사람보다 우월하지 않음
(3) 선풍적 인기를 끌지 않음
(4) 설탕과 같이 달콤하지 않음
(5) (예의 범절에) 엄격하지 않음
(6) 사회와 격리된 생활을 하지 않음
(7) 피상적이 아님
(8) 줏대없는 자가 아님
(9) 영적임(신령함). 영적이라 함은 (하나님의 율법과 마찬가지로) 하나님 자체와 조화를 이루는 것이다(롬 7:14). 따라서 신령한 자는 성령이 지시하는 대로 행하고 성령의 통제를 받는 자를 말한다(고전 15:46/갈 5:16, 25 참조). 따라서 그는 "모든 것을" 옳게 판단할 수 있다(고전 2:15/참조, 딤전 2:15/이는 벧후 3:14-17과 상반되는 것임).
바울은 "우리가 그리스도의 마음을 가졌다"고 선언한다(고전 2:16). 모든 성도들이 신분상으로는 이를 소유하고 향유할 수 있으나(고후 5:17), 실제로 그것을 소유하는 사람은 신령한 자 뿐이다(빌 2:5).

4. 그들은 미래에 심판이 있으리라는 것을 망각하고 있었다(고전 3:8-23)

1 『베마』(bema) 심판의 의미
『베마』라는 헬라어는 바울 당시의 사람들에게는 잘 알려진 것이었다.
레만 스트라우스(Lehman Strauss) 박사의 설명을 들어보자.
"올림픽 대경기장에는 대회의 심판관이 앉는 높은 좌석이 있었다. 경주가 끝난 후에 승리자들은 상 또는 월계관을 받기 위해 베마 앞에 정열했다. 베마는 어떤 사람을 정죄하기

위한 재판석이 아니었다. 오히려 그것은 시상대였다. 마찬가지로 그리스도의 심판대는 재판석이 아니다…그리스도인의 삶은 경주와 같은 것이며 거룩한 심판관은 모든 경주자들을 지켜보고 계신다. 교회가 달려갈 길을 다 마친 후에, 그리스도는 각 사람을 시험하고 각자에게 합당한 상을 주기 위해 모든 경주자들을 베마 앞에 모을 것이다"〔『미래를 위한 하나님의 계획』(*God's Plan for the Future*), p. 111〕.

2 『베마』 심판의 사실성

신약성경에는 이에 대해 말하고 있는 구절들이 많이 있다.

"네가 어찌하여 네 형제를 판단하느뇨 어찌하여 네 형제를 업신여기느뇨 우리가 다 하나님의 심판대 앞에 서리라 기록되었으되 주께서 가라사대 내가 살았노니 모든 무릎이 내게 꿇을 것이요 모든 혀가 하나님께 자백하리라 하였느니라 이러므로 우리 각인이 자기 일을 하나님께 직고하리라"(롬 14:10—12).

"각각 공력이 나타날 터인데 그 날이 공력을 밝히리니 이는 불로 나타내고 그 불이 각 사람의 공력이 어떠한 것을 시험할 것임이니라"(고전 3:13).

"이는 우리가 다 반드시 그리스도의 심판대 앞에 드러나"(고후 5:10).

3 『베마』 심판의 목적

(1) 소극적 측면

① 베마 심판의 목적은 특정 개인이 천국에 들어가는가 못 들어가는가를 결정하는 것이 아니다. 왜냐하면 모든 인간의 영원한 운명은 이미 그가 세상을 떠나기 전에 결정되어 있기 때문이다.

② 베마 심판의 목적은 믿는 자들이 구원받기 전에나 구원받은 후에 범한 죄에 대해 처벌하는 것이 아니다. 성경은 하나님의 자녀는 이 땅 위에서의 삶 이후에는 그가 범한 죄에 대해 전혀 책임을 지지 않는다는 것을 아주 명백하게 밝히고 있다.

"우리의 죄를 따라 처치하지 아니하시며 우리의 죄를 따라 갚지 아니하셨으니 이는 하늘이 땅에서 높음같이 그를 경외하는 자에게 그 인자하심이 크심이로다 동이 서에서 먼 것 같이 우리 죄과를 우리에게서 멀리 옮기셨으며"(시 103:10—12).

"…주께서 나의 영혼을 사랑하사 멸망의 구덩이에서 건지셨고 나의 모든 죄는 주의 등 뒤에 던지셨나이다"(시 38:17).

"내가 네 허물을…네 죄를…도말하였으니…"(사 44:22).

"…우리의 모든 죄를 깊은 바다에 던지시리이다"(미 7:19).

"내가 저희 불의를 긍휼히 여기고 저희 죄를 다시 기억지 아니하리라"(히 8:12).

"그 아들 예수의 피가 우리를 모든 죄에서 깨끗하게 하실 것이요"(요일 1:7).

(2) 적극적인 측면

그렇다면 베마 심판의 목적은 무엇인가? 고린도전서 4장 2절에서 바울이 말하는 것은, 모든 그리스도인들은 하나님의 신실한 청지기로서 행해야 마땅하다는 것이다. 즉, "맡은 자들에게 구할 것은 충성이다." 후에 사도 베드로도 이와 유사한 말을 한 바가 있다.

"하나님의 각양 은혜를 맡은 선한 청지기같이…봉사하라"(벧전 4:10).

신약시대에 청지기란 대저택 혹은 재산을 관리하는 자였다. 주인은 그를 임명하고 재산을 원만하게 경영하도록 위임하였다. 그에게는 고용하고 해고하며 소비하고 절약할 권한이 있었으며, 그는 오직 주인에게만 책임을 질 뿐이었다. 그의 유일한 관심사는 주인과의 정기적 만남이었다. 왜냐하면 이때 그는 그때까지의 재산 관리 상태를 설명해야 하기 때문이다. 이러한 배경을 염두에 두면 다음과 같이 말할 수도 있을 것이다. 언젠가 심판대에서 모든 청지기들은 주님 앞에 서게 되고 그들이 회심한 때로부터 자신들의 특권과 책임을 어떻게 사용했는가에 대해 설명해야 할 것이다. 결론적으로 우리는 다음과 같은 것을 알 수 있다.

① 과거에 하나님은 우리를 죄인으로 대하셨다(엡 2:1-3/고전 6:9-11/롬 5:6-8).
② 현재 하나님은 우리를 아들로 대하신다(롬 8:14/히 12:5-11/요일 3:1, 2).
③ 미래에 하나님은 우리를 청지기로 대하실 것이다.

4 『베마』 심판에서 시험받을 소재들

고린도전서 3장 11절에서 사도 바울은 영광스러운 사실, 즉 구원받은 순간에 회개한 죄인은 그리스도 자신의 죽음과 장사, 그리고 부활의 기초 위에 견고하게 서게 된다는 사실을 설명하였다! 바울이 구원받은 후에 계속하여 가르친 것은 '일어나 이 토대 위에 굳게 서라'는 것이다. 바울은 말하기를 "내가…터를 닦아두매 다른 이가…어떻게 그 위에 세우는가를 조심할지니라…만일 누구든지 금이나 은이나 보석이나 나무나 풀이나 짚으로 이 터 위에 세우면 각각 공력이 나타날 터인데 그 날이 공력을 밝히리니 이는 불로 나타내고 그 불이 각 사람의 공력이 어떠한 것을 시험할 것임이니라"(고전 3:10, 12, 13).

(1) 소극적 측면

반드시 알아두어야 할 것은 이 본문이 연옥설로 알려진 그릇된 교리를 가르치는 것이 아니라는 사실이다. 왜냐하면 불에 타 없어지는 것은 믿는 자의 공력이지 믿는 자 자신이 아니기 때문이다.

(2) 적극적 측면

이 구절에서 분명히 알 수 있는 것은 하나님께서 믿는 자의 행한 일을 여섯 가지 종류, 즉 금, 은, 보석, 나무, 풀, 짚 중의 하나로 분류하신다는 것이다. 하늘나라에서 금과 은을 이루게 될 땅 위에서의 공력이 어떠한 것인가에 대해 많은 논란이 있어 왔다. 그러나 위의 여섯 가지는 크게 두 개의 범주로 분류될 수 있음을 알아두는 것이 좋을 것 같다.

① 불 가운데서 타지 않고 남아 더욱 번성하게 될 불멸의 귀중한 것들 : 여기에 속하는 것은 금과 은과 보석이다.
② 불에 완전히 타 없어져 소멸될 무가치한 것들 : 여기에 속하는 것은 나무, 풀 그리고 짚이다.

(3) 무엇이 '금과 같은 일'이고 무엇이 '짚과 같은 일'인가?

이를 정확하게 안다는 것은 매우 어려운 일이다. 그러나 우리는 하나님께서 특별히 관심을 가지고 있는 일반적 영역에 대해서는 알 수 있다.

① 우리가 다른 믿음의 형제들을 어떻게 대하는가?
"하나님이 불의치 아니하사 너희 행위와 그 이름을 위하여 나타낸 사랑으로 이에 성도를 섬긴 것과 이제도 섬기는 것을 잊어버리지 아니하시느니라"(히 6:10).

"선지자의 이름으로 선지자를 영접하는 자는 선지자의 상을 받을 것이요 의인의 이름으로 의인을 영접하는 자는 의인의 상을 받을 것이요 또 누구든지 제자의 이름으로 이 소자 중 하나에게 냉수 한 그릇이라도 주는 자는 내가 진실로 너희에게 이르노니 그 사람이 결단코 상을 잃지 아니하리라"(마 10:41, 42).

② 우리의 권위를 다른 사람에게 어떻게 행사하는가?

"너희를 인도하는 자에게 순종하고 복종하라 저희는 너희 영혼을 위하여 경성하기를 자기가 회개할 자인 것같이 하느니라 저희로 하여금 즐거움으로 이것을 하게 하고 근심으로 하게 말라"(히 13:17).

"내 형제들아 너희는 선생된 우리가 더 큰 심판받을 줄을 알고 많이 선생이 되지 말라"(약 3:1).

③ 우리가 하나님께 받은 능력들을 어떻게 사용하는가?

"그러므로 내가…네 속에 있는 하나님의 은사를 다시 불일 듯하게 하기 위하여 너로 생각하게 하노라"(딤후 1:6).

"은사는 여러 가지나 성령은 같고…이 모든 일은 같은 한 성령이 행하사 그 뜻대로 각 사람에게 나눠 주시느니라"(고전 12:4, 11).

"각각 은사를 받은 대로 하나님의 각양 은혜를 맡은 선한 청지기같이 서로 봉사하라"(벧전 4:10).

이 구절들 외에도 예수님의 열 므나 비유(눅 19:11－26)와 달란트 비유(마 25:14－29)의 교훈이 있다.

④ 우리의 돈을 어떻게 사용하는가?

"네가 이 세대에 부한 자들을 명하여 마음을 높이지 말고 정함이 없는 재물에 소망을 두지 말고 오직 우리에게 모든 것을 후히 주사 누리게 하시는 하나님께 두며 선한 일을 행하고 선한 사업에 부하고 나눠주기를 좋아하며 동정하는 자가 되게 하라 이것이 장래에 자기를 위하여 좋은 터를 쌓아 참된 생명을 취하는 것이니라"(딤전 6:17－19).

"이것이 곧 적게 심는 자는 적게 거두고 많이 심는 자는 많이 거둔다 하는 말이로다 각각 그 마음에 정한 대로 할 것이요 인색함으로나 억지로 하지 말지니 하나님은 즐겨 내는 자를 사랑하시느니라"(고후 9:6, 7).

"매주일 첫 날에 너희 각 사람이 이(利)를 얻은 대로 저축하여"(고전 16:2).

⑤ 예수님을 위하여 얼마나 많은 고난을 받는가?

"나를 인하여 너희를 욕하고 핍박하고 거짓으로 너희를 거스려 모든 악한 말을 할 때에는 너희에게 복이 있나니 기뻐하고 즐거워하라 하늘에서 너희의 상이 큼이라"(마 5:11, 12).

"사랑하는 자들아 너희를 시련하려고 오는 불 시험을 이상한 일 당하는 것같이 이상히 여기지 말고 오직 너희가 그리스도의 고난에 참여하는 것으로 즐거워하라 이는 그의 영광을 나타내실 때에 너희로 즐거워하고 기뻐하게 하려 함이라"(벧전 4:12, 13).

"예수께서 가라사대 내가 진실로 너희에게 이르노니 나와 및 복음을 위하여 집이나 형제나 자매나 어미나 아비나 자식이나 전토를 버린 자는 금세에 있어 집과 형제와 자매와 모친과 자식과 전토를 백 배나 받되 핍박을 겸하여 받고 내세에 영생을 받지 못할 자가 없느니라"(막 10:29, 30).

"우리의 잠시 받는 환난의 중한 것이 지극히 크고 영원한 영광의 중한 것을 우리에게 이루게 함이니…"(고후 4:17).

"생각건대 현재의 고난은 장차 우리에게 나타날 영광과 족히 비교할 수 없도다"(롬 8:18).

⑥ 우리의 시간을 어떻게 사용하는가?

"세월을 아끼라 때가 악하니라"(엡 5:16).

"지혜로 행하여 세월을 아끼라"(골 4:5).

"외모로 보시지 않고 각 사람의 행위대로 판단하시는 자를 너희가 아버지라 부른즉 너희의 나그네로 있을 때를 두려움으로 지내라"(벧전 1:17).

⑦ 하나님께서 우리에게 명령하신 그 특별한 경주를 달렸는가?

"운동장에서 달음질하는 자들이 다 달아날지라도 오직 상 얻는 자는 하나인 줄을 너희가 알지 못하느냐 너희도 얻도록 이와 같이 달음질하라"(고전 9:24).

"형제들아 나는 아직 내가 잡은 줄로 여기지 아니하고 오직 한 일 즉 뒤에 있는 것은 잊어버리고 앞에 있는 것을 잡으려고 푯대를 향하여 그리스도 예수 안에서 하나님이 위에서 부르신 부름의 상을 위하여 좇아가노라"(빌 3:13, 14).

"…모든 무거운 것과 얽매이기 쉬운 죄를 벗어 버리고 인내로써 우리 앞에 당한 경주를 경주하며"(히 12:1).

"…나의 달음질도 헛되지 아니하고…그리스도의 날에 나로 자랑할 것이 있게 하려 함이라"(빌 2:16).

⑧ 우리의 옛 사람을 얼마나 효율적으로 제어했는가?

"이기기를 다투는 자마다 모든 일에 절제하나니 저희는 썩을 면류관을 얻고자 하되 우리는 썩지 아니할 것을 얻고자 하노라 그러므로 내가 달음질하기를 향방없는 것같이 아니하고 싸우기를 허공을 치는 것같이 아니하여 내가 내 몸을 쳐 복종하게 함은 내가 남에게 전파한 후에 자기가 도리어 버림이 될까 두려워함이로라"(고전 9:25-27).

⑨ 얼마나 많은 영혼들에게 그리스도를 증거했으며 또 그들을 그리스도에게 인도하였는가?

"의인의 열매는 생명나무라 지혜로운 자는 사람을 얻느니라"(잠 11:30).

"우리의 소망이나 기쁨이나 자랑의 면류관이 무엇이냐 그의 강림하실 때 우리 주 예수 앞에 너희가 아니냐 너희는 우리의 영광이요 기쁨이니라"(살전 2:19, 20).

"지혜 있는 자는 궁창의 빛과 같이 빛날 것이요 많은 사람을 옳은 데로 돌아오게 한 자는 별과 같이 영원토록 비취리라"(단 12:3).

⑩ 시험받을 때 어떻게 대처하였는가?

"내 형제들아 너희가 여러 가지 시험을 만나거든 온전히 기쁘게 여기라 이는 너희 믿음의 시련이 인내를 만들어 내는 줄 너희가 앎이라"(약 1:2, 3).

"볼지어다 마귀가 장차 너희 가운데서 몇 사람을 옥에 던져 시험을 받게 하리니 너희가 십일 동안 환난을 받으리라 네가 죽도록 충성하라 그리하면 내가 생명의 면류관을 네게 주리라"(계 2:10).

⑪ 주의 재림의 교리가 우리에게 얼마나 중요한 의미를 지니는가?

"이제 후로는 나를 위하여 의의 면류관이 예비되었으므로 주 곧 의로우신 재판장이 그 날에 내게 주실 것이니 내게만 아니라 주의 나타나심을 사모하는 모든 자에게니라"(딤후 4:8).

⑫ 하나님의 말씀과 하나님의 양떼들에 대해 얼마나 신실하였는가?

"너희 중에 있는 하나님의 양 무리를 치되 부득이함으로 하지 말고 오직 하나님의 뜻을 좇아 자원함으로 하며 더러운 이를 위하여 하지 말고 오직 즐거운 뜻으로 하며 맡기운 자들에게 주장하는 자세를 하지 말고 오직 양 무리의 본이 되라 그리하면 목자장이 나타나실 때에 시들지 아니하는 영광의 면류관을 얻으리라"(벧전 5:2-4).

"하나님의 앞과 산 자와 죽은 자를 심판하실 그리스도 예수 앞에서 그의 나타나실 것과 그의 나라를 두고 엄히 명하노니 너는 말씀을 전파하라"(딤후 4:1, 2).

"그러므로 오늘 너희에게 증거하노니 모든 사람의 피에 대하여 내가 깨끗하니 이는 내가 꺼리지 않고 하나님의 뜻을 다 너희에게 전하였음이라 너희는 자기를 위하여 또는 온 양떼를 위하여 삼가라 성령이 저들 가운데 너희로 감독자를 삼고 하나님이 자기 피로 사신 교회를 치게 하셨느니라"(행 20:26-28).

5 그리스도의 『베마』 심판의 결과

(1) 어떤 사람들은 상급을 받을 것이다.

"만일 누구든지 그 위에 세운 공력이 그대로 있으면 상을 받고"(고전 3:14).

성경은 적어도 다섯 종류의 상급이 있을 것이라고 말한다. 그것들에 대해서는 앞 장에서 이미 간략하게 기술한 바가 있다. 상급에는 다음과 같은 것들이 포함된다.

① 썩지 아니할 면류관 - 옛 사람을 벗어버린 자들에게 주어지는 상급이다(고전 9:25-27).

② 기쁨의 면류관 - 구령자(救靈者)에게 주어지는 상급이다(잠 11:30 / 살전 2:19, 20).

③ 생명의 면류관 - 유혹을 잘 이겨낸 자들에게 주어지는 상급이다(약 1:2, 3 / 계 2:10).

④ 의의 면류관 - 특별히 주의 나타나심을 사모하는 자들에게 주어지는 상급이다(딤후 4:8).

⑤ 영광의 면류관 - 신실한 교사와 전도자들에게 주어지는 상급이다(벧전 5:2-4 / 딤후 4:1, 2 / 행 20:26-28).

이러한 "면류관들"은 사실 그리스도를 영화롭게 할 수 있는 재능과 능력일 것이라고 생각되어 왔다. 따라서 받을 상급이 크면 클수록 재능도 더욱 커진다.

(2) 어떤 사람들은 해를 받을 것이다.

"누구든지 공력이 불타면 해를 받으리니…"(고전 3:15).

"받는다"는 말은 헬라어로 『제미오』(zemioo)이며, 바울은 그 말을 빌립보서 3장에서 다시 한번 사용하고 있다. 여기에서 그는 구원받기 이전의 그에게 가장 큰 자랑거리였던 모든 것들에 대해 다음과 같이 기술하고 있다.

"내가 팔 일 만에 할례를 받고 이스라엘의 족속이요 베냐민의 지파요 히브리인 중의 히브리인이요 율법으로는 바리새인이요 열심으로는 교회를 핍박하고 율법의 의로는 흠이 없는 자로라"(빌 3:8)고 하였다. 이 모든 가르침의 핵심은 바로 이것이다. 즉, 육신에 속한 그리스도인은 심판 때에 바울과 마찬가지로 과거에 성취한 많은 것들을 잃게 되리라는 것이다. 그러나 중대한 예외가 하나 있다. 바울은 그리스도를 위하여 해를 받았기 때문에 풍성하게 보상받을 것인 반면, 육신에 속한 그리스도인들은 타버린 나무, 풀, 짚을 대신할 것을 아무것도 받지 못할 것이다. 이 장을 끝맺기 전에 짚고 넘어가야 할 문제가 있다. 그것은 "이 땅 위에서 어떤 보상을 받은 사람이 육신에 속했다고 해서 그것들을 잃어버릴 수 있는가"라는 것이다. 혹자는 다음의 성경 구절들을 근거로 이러한 일이 비극적이기는 하지만 가능하다고 믿는다.

"너희는 너희를 삼가 우리의 일할 것을 잃지 말고 오직 온전한 상을 얻으라"(요이 8절).

"내가 속히 임하리니 네가 가진 것을 굳게 잡아 아무나 네 면류관을 빼앗지 못하게 하라"(계 3:11).

"누구든지 (너를 미혹하여) 너희 상을 빼앗지 못하게 하라"(골 2:18).

(3) 고린도전서 3장 14－17절에는 실제로 세 종류의 건축자 명단이 열거되어 있다.

① 지혜로운 건축자(고전 3:14).

② 세속적인 건축자(고전 3:15).

③ 악한 건축자(고전 3:17).

물론 악한 건축자는 심판대 앞에 서지 못할 것이며 오히려 크고 흰 심판 보좌 앞에 서게 될 것이다(계 20:11－15). 고린도전서 3장 17절의 "멸한다"는 말은 헬라어로 『프테이로』(phtheiro)이며, 신약성경에서는 거짓 교훈과 타락한 교사들에 대하여 종종 사용된다(고전 15:33 / 엡 4:22 / 벧후 2:12 / 유 10절 / 계 19:2 참조).

또한 여기에서 마음에 새겨두어야 할 것은, 우리들은 비단 우리가 행한 것만이 아니라, 우리들이 하려고 했다면 할 수 있었던 것(계 3:1－3 / 눅 12:48 / 고전 4:1)과 우리가 할 수 있는 것 중에 행해야 했던 것(마 26:41 / 왕상 8:18)에 대해서도 해명하게 되리라는 것이다.

6 『베마』 심판의 전조

구약성경은 그리스도의 베마 심판의 전조이다. 교회라는 말은 구약성경 어디에서도 찾아볼 수 없으나, 베마 심판에 아주 쉽게 적용시킬 수 있는 구절들이 있다. 이러한 것을 (그리스도의 그림자인) 보아스가 (교회의 그림자인) 룻에게 한 말에서 찾아볼 수 있다.

"…네가…행한 모든 것과…내게 분명히 들렸느니라 여호와께서 네 행한 일을 보응하시기를 원하며 이스라엘의 하나님 여호와께서 그 날개 아래 보호를 받으러 온 네게 온전한 상 주시기를 원하노라"(룻 2:11, 12).

5. 그들은 스스로 교만하였다(고전 4:1－21)

고린도 교회의 지도자들은 지역 교회에서 그들이 갖는 권위 때문에 교만에 사로잡힌 것 같다. 바울은 아래와 같은 방법을 사용하여 이처럼 죄악된 태도를 시정하려고 하였다.

1 여섯 개의 회화적 예증들

고린도전서 3장과 4장에서 사도 바울은 그리스도의 참된 종이 해야 할 일을 말하고 있다.

(1) 농부(고전 3:6) : 경작해야 함.
(2) 건축자(고전 3:10) : 집을 지어야 함.
(3) 청지기(고전 4:1) : 관리해야 함.
(4) 아버지(고전 4:15) : 권면해야 함.
(5) 교사(고전 4:17) : 가르쳐야 함.
(6) 엄격한 훈련사(고전 4:21) : 바로잡아야 함.

2 두 개의 예언적 예증들

(1) 베마 심판에 대한 예언(고전 4:3-5)

교만하게도 고린도 교인들은 자기들에게 그리스도의 사역자들을 판단할 자유가 있다고 생각하였다. 그렇지만 바울은 이들에게 다음과 같은 것들을 주의하라고 경고하고 있다.

① 남을 판단하는 일
② 자신을 판단하는 일

그들은 "때가 이르기 전 곧 주께서 오시기까지" 기다려야 한다. 왜냐하면 그가 "어두움에 감추인 것들을 드러내고 마음의 뜻을 나타내시리니 그때에 각 사람들에게 하나님께로부터 칭찬이 있을"(고전 4:5) 것이기 때문이다.

(2) 천년왕국에 대한 예언(고전 4:8-10)

바울은 여기에서 성경 전체를 통하여 가장 훌륭한 풍자 가운데 하나를 말하고 있다. 그는 말하기를, 고린도 교인들은 그들이 자랑하는 대로 천년왕국에서 실제로 다스리게 된다는 것을 반드시 확신해야 한다고 하였다.

3 바울 자신의 삶에 대한 예증

(1) 구세주를 위해 그가 받은 고난

① 그는 맞기도 하고 (이는 주먹을 굳게 쥐고 때리는 것을 가리킴), 멸시를 당했으며, 욕을 먹었고, 박해를 받으며, 중상을 당하였다. 그렇지만 이 모든 것에 대한 그의 태도가 "후욕을 당한즉 축복하고 핍박을 당한즉 참고 비방을 당한즉 권면하니…"(고전 4:12, 13)였음을 주목하라.

② 그는 굶주림, 갈증, 헐벗음 등을 겪었으며 거처할 "정처가 없었다."

③ 그는 오랫동안 열심히 일하여 생계를 유지하였다. 고린도전서 4장 12절의 "수고하다"는 말은 헬라어로 『코피아오』(kopiao)인데 이는 피곤하여 지칠 때까지 일하는 것을 말한다. 그것은 단순히 생계비를 버는 것이 아니라 손이 닳도록 일하여 생계비를 버는 것이다(살전 2:9/고후 11:7 참조).

④ 그는 이 세상의 더러운 것과 만물의 찌꺼기로 간주되었다.

⑤ 그는 로마를 향한 승리의 행진 끝에 체포되어 정죄받은 죄수로서 모든 사람에게 구경거리가 되었다.

여기에서 한 가지 말해두어야 할 것은, 현재 우리 상황에서 그리스도인들의 고난이란 아무도 그들을 죽이려고 하지 않는다는 바로 그것이다.

(2) 성도들에 대한 그의 관심

"내가 너희를 부끄럽게 하려고 이것을 너희에게 쓰는 것이 아니라 오직 너희를 내 사랑하는 자녀같이 권하려 하는 것이라 그리스도 안에서 일만 스승이 있으되 아비는 많지 아니하니 그리스도 예수 안에서 내가 너희를 낳았음이라 그러므로 내가 너희에게 권하노니 너희는 나를 본받는 자 되라"(고전 4:14-16).

우리는 바울이 그들에게 "나를 본받는 자 되라"고 권고하는 것을 본다. 그는 이와 같은 요청을 적어도 세 번 이상 하고 있다(고전 11:1, 2/살전 3:9/빌 3:17 참조). 이러한 것에 비추어 볼 때, 목회자나 지도자가 자신에게 속한 교인들에게 "내 생활을 닮으려고 하지 말라, 내 행동과 내 말을 본받지 말라, 절대로 사람으로 당신의 모범을 삼지 말라, 오직 그리스도만을 바라보라"라고 권한다면, 그것이 아무리 신실하다고 할지라도 이는 비성경적이다. 마태복음 5장 13-16절에서 예수께서 이에 대해 말씀하시는 것을 보라. 또한 "내가 너희를 낳았음"(고전 4:15)이라는 바울의 말도 주목해야만 한다. 그리고 이 말은 갈라디아서 4장 19절과 데살로니가전서 2장 11절 말씀과도 비교될 수 있을 것이다.

6. 그들은 권징을 하지 않았다(고전 5:1-13)

[1] 권징의 필요성

"너희 중에 심지어 음행이 있다 함을 들으니"(고전 5:1).

"음행"은 헬라어로 『포르네이아』(porneia)〔이 말에서 영어의 pornography(음화)가 파생되었다〕이다. 바울은 그의 서신 가운데서 이 말을 17회나 사용하고 있다. 이 중 고린도전서에서만 11회 사용된다. 여기에서 말하는 음란 죄에는 계모와의 성적 관계가 포함되어 있다. 여기에서 우리가 유의해야 할 것은 다음과 같다.

(1) 그 음행자는 교인이었다. 이 사실이 중요한 이유는

① 그와 범죄한 상대자는 책망을 받지 않기 때문이다. 바울은 여기에서 오직 교인이 범한 죄에만 관심을 두고 있다. 그 여인은 교인이 아니었던 것 같다.

② 바울이 그를 교회 공동체에서 쫓아내라고 명하였기 때문이다.

(2) 그는 고소당한 그대로의 죄를 범하였다.

"… 있다 함을 들으니 …"(고전 5:1).

(3) 그는 회개하지 않았다.

[2] 권징을 하지 않았음

"그리하고도 너희가 오히려 교만하여져서 어찌하여 통한히 여기지 아니하고 그 일 행한 자를 너희 중에서 물리치지 아니하였느냐"(고전 5:2).

그들이 교만하게 된 것은 죄 그 자체 때문이 아니라 그들의 관용과 자랑 때문이었다. 때때로 관용이 곧 반역이 될 수도 있다.

바울은 그들이 이러한 비극을 보고도 애통해 하지 않는다고 책망하였다. 물렁한 고린도 교인들이 다음과 같은 성경의 충고에 귀를 기울였다면 얼마나 좋았겠는가?

"슬퍼하며 애통하며 울지어다 너희 웃음을 애통으로 너희 즐거움을 근심으로 바꿀지어다"(약 4:9).

"하나님의 구하시는 제사는 상한 심령이라 하나님이여 상하고 통회하는 마음을 주께서 멸시치 아니하시리이다"(시 51:17).

그러나 그들의 뻔뻔스런 태도와 상관없이 교회의 이러한 타락은 온유한 바울의 마음을 상하게 하였고 결국 그로 하여금 후에 다음과 같은 편지를 쓰게 하였다.
"내가 큰 환난과 애통한 마음이 있어 많은 눈물로 너희에게 썼노라…"(고후 2:4).

3 권징할 수 있는 권위
"주 예수의 이름으로 너희가…함께 모여서"(고전 5:4).
그리스도인 각자는 이웃을 판단하는 자리에 앉지 말라고 경고를 받고 있지만(고전 4:5), 개인들이 모인 교회는 참으로 이러한 권리와 책임을 가지고 있다(마 18:20 참조).

4 권징의 절차
신약성경은 권징을 할 때의 여러 가지 구체적 단계를 규정해 놓고 있다.
(1) 1단계
"가서 너와 그 사람과만 상대하고 권고하라"(마 18:15).
첫번째 단계에서는 갈라디아서 6장 1절의 정신으로 행해야 한다.
"형제들아 사람이 만일 무슨 범죄한 일이 드러나거든 신령한 너희는 온유한 심령으로 그러한 자를 바로잡고 네 자신을 돌아보아 너도 시험을 받을까 두려워하라."
(2) 2단계
"만일 듣지 않거든 한두 사람을 데리고 가서 두세 증인의 입으로 말마다 증참케 하라"(마 18:16).
(3) 3단계
"만일 그들의 말도 듣지 않거든 교회에 말하고"(마 18:17).
(4) 4단계
"교회의 말도 듣지 않거든 이방인과 세리와 같이 여기라"(마 18:17).
"그러나 원수와 같이 생각지 말고 형제같이 권하라"(살후 3:15).

5 권징의 중요성
"이런 자를 사단에게 내어주었으니 이는 육신은 멸하고 영은 주 예수의 날에 구원 얻게 하려 함이라"(고전 5:5).
이렇게 한다는 것은 무엇을 의미하는가? 여기에서의 "멸하고"는 헬라어로 『올레트로스』(olethros)이며, 이는 어떤 것을 망치거나 훼손시키는 것을 말한다. 바울이 말하는 것은 이러한 의미인 것 같다.
"만일 이 친구가 즐겨 죄를 범한다면, 그때에는 그를 교회에서 완전히 쫓아내어 사단으로 하여금 그를 잠시 난폭하게 다루도록 하라. 그리하여 지역 교회의 기도와 말씀이 없는 이방 세계에서 경험하는 것이 과연 어떠한 것인지를 그로 하여금 맛보게 하라!"
따라서 성경을 믿는 지역 교회가 한 사람을 이처럼 내쫓는다면, 그것은 욥기 2장 6절에 있는 하나님의 명령을 글자 그대로 성취하는 것이다.
"여호와께서 사단에게 이르시되 내가 그를 네 손에 붙이노라 오직 그의 생명을 해하지 말지니라."
바울은 훗날 다른 두 사람에 대해 이처럼 단호한 조처를 취하지 않을 수가 없었다.

"믿음과 착한 양심을 가지라 어떤 이들이 이 양심을 버렸고 그 믿음에 관하여는 파선하였으니라 그 가운데 후메내오와 알렉산더가 있으니 내가 사단에게 내어준 것은 저희로 징계를 받아 훼방하지 말게 하려 함이니라"(딤전 1:19, 20).

6 권징의 이유

(1) 그 사람으로 하여금 하나님께 되돌아오게 하기 위해서이다. 이 목적은 이루어졌으니 그 사람이 진실로 회개하였기 때문이다(고후 2:6–8 참조).
(2) 죄가 교회 전역으로 확산되는 것을 방지하기 위해서이다.
"적은 누룩이 온 덩어리에 퍼지는 것을 알지 못하느냐"(고전 5:6).
누룩은 성경에서 악의 상징이다(마 16:6 / 갈 5:9 참조).
(3) 그리스도께서 세우신 기준을 신자를 지켜보는 세상에 보여주기 위해서이다(행 5:1–13 참조). 교회가 현대 세계에서 별로 영향력을 발휘하지 못하고 있는 한 가지 이유는 세상이 교회에 큰 영향력을 행사하고 있기 때문이다.

7 권징의 정도

(1) 소극적인 권징–교회는 외부 세계를 심판해서는 안 된다. 즉, 불신자들이 담배를 피우고 화투놀이를 한다고 잔소리를 하거나 책망할 것이 아니라 그들을 그리스도에게로 인도해야 한다.
(2) 적극적인 권징–신약성경은 지역 교회 공동체에서 내쫓아야 할 사람들이 적어도 세 종류가 있다고 말한다.
① 항상 말썽을 피우는 사람(잠 6:19 / 살후 3:6, 11, 14)
② 비도덕적인 사람(고린도전서 5장에 나오는 사람의 경우)
③ 이단(동정녀 탄생 등을 부정하는 사람, 딛 3:10 / 롬 16:17, 18)

7. 그들은 그리스도의 몸인 교회를 분열시키고 있었다

"너희 중에 누가 다른 이로 더불어 일이 있는데 구태여 불의한 자들 앞에서 송사하고 성도 앞에서 하지 아니하느냐"(고전 6:1).

1 하나님 보시기에 이러한 행위는 합당치 못한 것이었다(고전 6:1–7)

(1) 그 이유는 그들이 당시에 재판에 회부한 사람들은 다름 아닌 같은 성도들이었기 때문이다. 바울은 제도로서의 고린도의 법정 체제를 비난하고 있는 것이 아니다. 왜냐하면 그 자신도 법정을 이용한 적이 있기 때문이다(행 25:10, 11 참조). 그가 말하고자 하는 것은, 서로 반목하는 성도들은 자신들의 법적인 문제들을 해결하기 위해 이방 법정에 고소하지 말고 가능한 한, 그들 자신의 모든 수단들을 이용해야 한다는 것이다.
(2) 그들이 장차 심판하게 될 자들은 곧 세상과 천사들이기 때문이다!(단 7:18, 22 / 마 19:28 / 벧후 2:4 / 삿 6장 / 계 20:4 참조).

2 하나님 보시기에 이러한 행위는 불법적인 것이었다(고전 6:8)

"너희는 불의를 행하고 속이는구나 저는 너희 형제로다."

바꾸어 말하자면, 그들은 자신들의 사소한 문제를 법정에서 해결하려 하였을 뿐만 아니라 이제는 법정에서 서로를 속이려고 생각했던 것이다!

[3] 하나님 보시기에 이러한 행위는 무절제한 것이었다(고전 6:9—14)
"모든 것이 내게 가하나 다 유익한 것이 아니요 모든 것이 내게 가하나 내가 아무에게든지 제재를 받지 아니하리라"(고전 6:12).
"모든 것"이라고 할 때 바울이 가리키는 것은 물론 모든 도덕적인 일이다. "유익한"은 헬라어로 『숨페로』(sumphero)이며 그것의 문자적 의미는 "소집하다"이다(요 11:50/16:7 참조. 여기에서도 동일한 단어가 사용되고 있다.).

고린도전서 6장 9, 10절은 여러 그리스도인들에게 상당한 고민거리가 되어 왔다. 그러나 여기에서의 강조점은 9절의 "유업으로 받지 못한다"는 것이 아니라 11절의 "너희 중에 이와 같은 자들이 있더니"이다(엡 2:1, 2/5:5/딛 3:3 참조).

[4] 하나님 보시기에 이러한 행위는 부도덕한 것이었다(고전 6:15—20)
(1) 우리의 몸은 그리스도의 지체이기 때문이다. 바울은 이렇게 자문자답한다.
"내가 그리스도의 지체를 가지고 창기의 지체를 만들겠느냐 결코 그럴 수 없느니라"(고전 6:15).
이처럼 그리스도인들은 현재의 불의한 세계 체제에 비성경적으로 자신을 관련시켜서는 안 된다. 하나님의 자녀는 부정한 성관계(고전 6:18/딤후 2:22), 돈(딤전 6:10, 11), 사회(고전 10:14)에서 탈피해야 한다.
(2) 우리의 몸은 성령의 거룩한 전이기 때문이다(고전 6:19, 20/참조, 벧전 1:18, 19).

3. 답변(고전 7—16장)

바울은 고린도 교회가 제기한 문제들에 답변하고 있다. 이들 나머지 장들에서 바울은 적어도 여섯 가지 물음에 답을 제시하고 있다.

● 첫번째 질문 : 결혼이란 어떠한 것인가?(고전 7장)

1. 고린도전서 7장에 대한 해석상의 난점들
약 100장에 달하는 바울 서신 가운데 고린도전서 7장의 이 부분만큼 잘못 이해되고 있는 것도 없다. 이 부분을 읽은 후에 다음과 같이 잘못 결론을 내리는 사람들이 있다.

[1] 바울은 결혼 자체, 특히 여인들을 혐오하였다는 견해
이것은 완전히 잘못된 해석이다(히 13:4/엡 5:25—33/딤전 4:1—5/5:14 등에서 그가 하고 있는 말을 참조하라).

[2] 바울은 하나님을 섬기는 일에 미혼자들이 기혼자들보다 항상 더 낫다고 가르쳤다는 견해

물론 이것도 전혀 타당치 않은 것이다!(딤전 3:2, 11 참조)

3 바울은 고린도전서 7장에서 하나님의 감동을 받지 못했음을 인정하고 있다는 견해
이러한 주장을 뒷받침하는 증거로서 다음의 네 구절이 제시된다.
(1) "그러나 내가 이 말을 함은 권도요 명령은 아니라"(고전 7:6).
(2) "그 남은 사람들에게 내가 말하노니(이는 주의 명령이 아니라)"(고전 7:12).
(3) "처녀에 대하여는 내가 주께 받은 계명이 없으되… 의견을 고하노니"(고전 7:25).
(4) "그러나 내 뜻에는 그냥 지내는 것이 더욱 복이 있으리로다 나도 또한 하나님의 영을 받은 줄로 생각하노라"(고전 7:40).

이제 이 구절들을 간단히 하나하나 살펴보기로 하자.

① "권도"라고 번역된 말의 문자적 의미는 '공동 의견'이며, 이는 아마 영감을 받은 바울과 소스데네의 '일치된 견해'를 말하는 것 같다. 여하튼 바울이 참으로 말하는 것은 이 의견이 명령이 아니라 신령한 견해라는 것이다(롬 12:1 참조).

② 고린도전서 7장 12절은 7장 10절과 비교해 봄으로써 잘 설명될 수 있다. 10절에서 바울은 주 예수께서 세상에 계시는 동안에 친히 말씀하신 명령을 인용한다(마 19:6 참조). 그러나 이 장에서는 (한편은 구원받은 자들이고 다른 한편은 구원받지 못한 자들인) 남편과 아내에 대한 권고가 나타난다. 이들에 대해 예수님은 지상에 계시는 동안 아무런 명령도 하신 적이 없다. 그러나 지금 하늘에서 영감을 받은 바울의 글을 통해 명령하시는 것이다.

③ 고린도전서 7장 12절에 대해 주어진 것과 동일한 답변을 고린도전서 7장 25절에 대해서도 할 수 있다.

④ 여기서 "생각한다"는 말은 '확신한다'로 번역될 수 있다(고전 7:40/마 22:42/고전 8:2을 보라. 여기에서도 동일한 헬라어가 사용되고 있다. 그리고 딤전 3:16/고전 2:4에 있는 바울의 말도 참조하라).

2. 고린도전서 7장에 대한 여러 가지 해석들

고린도전서 7장은 이미 언급한 바와 같이 난해한 장이다. 여하튼 다음 몇 가지 사실들은 기억해 두어야 할 것이다.

1 고린도전서 7장에서 16장까지는 고린도 교회가 바울에게 제기한 물음들에 대한 그의 답변이 수록되어 있다. 그러므로 우리가 반드시 기억해야 할 것은 여기에는 답변들만이 기록되어 있다는 것이다. 그들이 한 질문의 내용을 알 수 있다면 그의 답변을 이해하는 데 상당한 도움을 주리라는 것은 지극히 당연한 일이다. 그러나 알지 못할 어떠한 이유에서 하나님은 이러한 정보를 우리에게 제시해 주지 않으셨다.

2 이 장의 어떤 구절들은 사도 바울이 역사의 특정한 시기에 특정한 교회에게 특정한 조언을 하고 있다는 사실을 말해주고 있다. 이 구절들 중에는 모든 그리스도인들에게 적용할 수 있는 것들도 있으나 적용되지 않는 것들도 있다(특별히 고전 7:7, 26, 29, 38 등을 보라).

3. 고린도전서 7장에 나오는 여러 부류들

세 종류의 사람들에게 이야기하고 있다.

1 구원받은 자들끼리의 결혼(고전 7:1－11)

(1) 두 사람은 서로를 향해 "의무"를 다해야 한다(고전 7:3). 이 말은 에베소서 6장 7절에서 "단 마음"으로 번역되어 있다.

(2) 서로 "분방(分房)"해서는 안 된다(고전 7:5). 문맥상 이것은 성적 권리에 대한 언급인 것 같다. 바울은 부부에게 상기시키기를, 어느 누구도 자기 몸을 주장하지 못한다고 하였다. 이는 결혼 후에는 자신에 대한 소유권이 자기에만 있을 수 없음을 말하는 것이다. 어느 한 편이 상대에 대하여 마태복음 20장 15절의 말, 즉 "내 것을 가지고 내 뜻대로 할 것이 아니냐"는 구절을 인용한다는 것은 정당한 일이 아닐 것이다. 따라서 배우자에 대하여 성적 권리를 속이는(즉, 부정하는) 것은 사단의 유혹을 자초하는 것이다(고후 2:11 / 벧전 5:8 참조).

2 불신 배우자와의 구원받지 못한 결혼(고전 7:12－24)

바울은 여기에서 한 가지 기본적인 권고를 하고 있으며, 그것은 성도가 불신자와 결혼한 경우 그는 가능하면 그 불신자와 함께 거해야 한다는 것이다. 이것이 유지되어야 하는 당위성은 다음과 같다.

(1) 결혼이란 제도 자체가 하나님으로 말미암아 제정된 것이기 때문이다.

(2) 믿지 아니하는 자가 믿는 배우자로 말미암아 "거룩하게 되기" 때문이다.

3 미혼자들(고전 7:25－40)

(1) 결혼하지 않은 채로 잠시 지나는 것이 최선일 경우가 있다(고전 7:27).

(2) 결혼해서보다 독신으로서 그리스도를 위해 더 많은 일을 할 수 있는 경우가 있다(고전 7:32－34).

(3) 그리스도인은 결혼할 것인가 아니면 독신으로 있을 것인가에 대해 항상 하나님의 온전하신 뜻을 구하는 것이 마땅하다(7:23, 24 참조).

● 두번째 질문 : 그리스도인의 자유는 어떠한 것인가?(고전 8－10장)

하나님의 자녀로서 나는 죄와 죽음의 율법으로부터 자유하게 되었다. 이것은 나의 임의대로 율법적인 일을 행할 수 있다는 의미인가? 바울은 이에 대해 세 가지를 예로 들어 답변한다.

1. 세상 풍조의 예－고린도 교인들(고전 8:1－13)

1 그들의 혼란 상태

고린도에는 많은 이방 신전들이 있었고 거기에서는 매일 수많은 고기들이 희생 제물로 바쳐졌다. 이 고기 중 일부는 제사장들이 소비하였고 나머지는 여러 시장의 정육점을 통하여 판매되었다. 아마 그것은 한 번 사용되었던 것이기 때문에 좀 싼 값에 팔렸던 것 같다. 이렇게 팔리는 것임을 알면서도 믿는 사람들 가운데 어떤 이들은 이 고기를 사서 음식을 만들어 먹은 것 같다. 이러한 것을 보고 다른 여러 그리스도인들이 충격을 받았다. 이때 여기에서 한 가지 질문이 제기되었다. 즉, '구원받은 사람들은 전에 우상에게 제물로 바쳐졌던 고기를 먹어도 되는가' 하는 것이었다.

2 바울의 훈계

"식물(食物)은 우리를 하나님 앞에 세우지 못하나니 우리가 먹지 아니하여도 부족함이 없고 먹어도 풍성함이 없으리라"(고전 8:8/참조, 마 15:11/롬 14:17).

"그러므로 우상의 제물 먹는 일에 대하여는 우리가 우상은 세상에 아무것도 아니며 또한 하나님은 한 분밖에 없는 줄 아노라"(고전 8:4).

"그러나 이 지식은 사람마다 가지지 못하여"(고전 8:7).

3 결론

"그러므로 만일 식물이 내 형제로 실족케 하면 나는 영원히 고기를 먹지 아니하여 내 형제를 실족치 않게 하리라"(고전 8:13).

그 다음에 바울은 고린도 교인들에게 아래와 같이 권고한다.

(1) 디딤돌이 되고자 하라(고전 8:1).

"지식은 교만하게 하며 사랑은 덕을 세우나니."

"세운다"는 말의 헬라어는 『오이코도메오』(Oikodomeo)이며, 이것은 집을 짓는 행위를 말한다(요 2:20/마 7:24 참조). 신약성경이 가르치는 바는 다음과 같다.

① 건축자는 자신을 세워야 한다(유 20절 참조).

② 그는 다른 그리스도인들을 세워야 한다(살전 5:11/롬 14:19 참조).

③ 그는 교회를 세우는 일에 협력해야 한다(고전 4:12).

"교만하게 한다"는 말은 신약성경에서 7회 나타나는데 그 중 여섯 번이 고린도전서에서 사용되고 있다(고전 4:6, 18, 19/5:2/8:1/13:4). 각 경우에 있어 이는 세상 지식과 결부되어 있다. 다음의 세 인용문들을 주목해 보라.

> "만일 누구든지 무엇을 아는 줄로 생각하면 아직도 마땅히 알 것을 알지 못하는 것이요"(고전 8:2).
>
> "지식이란 무의식적 무지의 상태에서 의식적 무지의 상태로 옮겨 가는 것이다"〔채퍼(L. S. Chafer)〕.
>
> "나는 내가 세상 사람들에게 어떻게 보이는지에 대해서는 알지 못한다. 그러나 내 자신에게 나는 마치 바닷가에서 뛰놀며 즐거워하고 가끔 보통 것들보다 좀더 부드러운 조약돌이나 아름다운 조개를 찾는 소년과 같아 보인다. 반면에 진리의 대양은 미지의 것인 채로 내 앞에 펼쳐져 있다"〔아이작 뉴우튼(Issac Newton)〕.

(2) 걸림돌이 되지 않도록 유의하라.

"그런즉 너희 자유함이 약한 자들에게 거치는 것이 되지 않도록 조심하라"(고전 8:9).

성경은 그리스도인이란 적어도 다섯 종류의 사람들에 대해 책임을 져야 한다고 분명히 말한다.

① 세상 사람들 전체에 대하여(마 5:16 / 딤전 3:7)
② 직계 가족에 대하여(엡 5, 6장)
③ 믿는 자 전체에 대하여(엡 4:32)
④ 특별히 약한 성도들에 대하여(롬 14:1)
그러므로 성도는 다음과 같은 점에 유의해야 한다.
ㄱ. 약한 형제가 그의 양심을 더럽히지 않도록(고전 9:7, 10).
ㄴ. 약한 형제가 그리스도에 대하여 범죄하지 않도록(고전 8:12).
⑤ 지역 교회에 대하여(딤전 3:10 / 고전 10:32)

(3) 그렇지만 사람이 옳고 그름을 어떻게 결정할 수 있는가? 성경은 우리의 행위가 다음의 두 가지 측면에서 그릇된 것일 수 있다고 말한다.
① 내적으로 이미 죄의 요인을 지니고 있기 때문이다. 하나님의 거룩함을 훼손하는 것이기 때문에 항상 그릇된 일들이 있다. 예를 들면 살인, 거짓, 간음, 도적질, 우상숭배 등이다.
② 죄의 요인을 후에 획득하기 때문이다. 어떤 일들은 그 자체로서는 무해하지만 시대와 관습에 따라 죄가 되기도 한다. 이러한 일들의 한 예는 화장품의 사용일 것이다. 과거에 그것은 죄악된 것으로 간주되었으나, 현재는 (적절히 사용되기만 한다면) 여성도들 사이에서 널리 받아들여지고 있다.
첫번째 요소는 본질적인 죄이며, 두번째 요소는 관습적인 죄라고 할 수 있다. 하나님의 자녀는 양자를 모두 피해야 한다.

2. 사도 바울 자신을 예로 듦(고전 9:1－27)

여기에서 바울은 그리스도인의 자유를 자기보다 더 많이 행사할 권한이 있는 자는 아무도 없다고 지적한다.

1 바울의 권리의 근거

(1) 그는 사도이며 그리스도를 만나 보았다(고전 9:1 / 참조, 행 9:17 / 고전 15:8).
(2) 그가 고린도에 고린도 교인들을 위한 교회를 세웠다(고전 9:1, 2).

2 바울의 권리의 범위

(1) 정당한 것은 무엇이든 먹고 마실 수 있음(고전 9:4).
(2) 결혼하여 가정 생활을 누릴 수 있음(고전 9:5).
(3) 그가 세운 교회들의 도움을 받기를 기대할 수 있음(고전 9:6－11, 13, 14). 이것은 타당하고 적절한 것이었다.
① '군사'는 돈을 받고 싸운다. 그런데 그는 그리스도를 위한 투사였다.
② '농부'는 포도나무의 열매를 소유한다. 그런데 그는 많은 포도원을 경작하였다.
③ '목자'는 양떼의 젖을 나누어 먹는다. 그런데 바울은 수많은 어린 양을 양육하였다.
④ 거룩한 일에 봉사하는 '제사장'은 성전 내의 식물을 먹고 산다. 그런데 바울은 이방인을 위해 하나님께서 특별히 세우신 제사장이었다.
"이와 같이 주께서도 복음 전하는 자들이 복음으로 말미암아 살리라 명하셨느니라"(고

전 9:14).

3 바울의 권리의 사용 여부

“그러나 우리가 이 권(權)을 쓰지 아니하고 범사에 참는 것은”(고전 9:12).

뒤이어 바울은 그가 왜 그의 모든 권리를 사용하지 않았는지에 대해 설명한다.

“그리스도의 복음에 아무 장애가 없게 하려 함이로다…누구든지 내 자랑하는 것을 헛된 데로 돌리지 못하게 하리라…그런즉…내가 복음을 전할 때에 값없이 전하고 복음으로 인하여 내게 있는 권을 다 쓰지 아니하는 이것이로라…더 많은 사람을 얻고자 함이라…여러 사람에게 내가 여러 모양이 된 것은 아무쪼록 몇몇 사람을 구원코자 함이니”(고전 9:12, 15, 18, 19, 22).

그의 삶은 다음과 같은 면에서 이러한 증언들에 대한 살아 있는 증거였다.

(1) 유대인들을 섬김에서(고전 9:20)

그는 루스드라에서 디모데에게 할례를 행했는데, 이는 그 지역의 유대인들이 그 청년의 아버지가 헬라인임을 알고 있었기 때문이다. 후에 그는 예루살렘의 유대 군중들 앞에서 히브리어로 복음을 전하였다(행 16, 22장).

(2) 이방인들을 섬김에서(고전 9:21)

그는 안디옥에서 멧세지를 선포할 때 서서 하였는데 이는 이방인들의 관례였다. 또한 그는 아레오바고 언덕에서 몇몇 헬라인들과 이야기할 때 헬라의 문학 작품을 인용하였다.

(3) 약한 성도들을 섬김에서(고전 9:22)

그는 스스로 고기 먹는 것을 삼가고 약한 성도들은 어디에서나 온전한 교제 가운데로 인도되어야 한다고 말하였다(고전 8:13/롬 14:1/15:1 참조).

(4) 자신을 다스림에서

“내가 내 몸을 쳐 복종하게 함은 내가 남에게 전파한 후에 자기가 도리어 버림이 될까 두려워함이로다”(고전 9:27).

여기에서 “버림”이라 번역된 헬라어는 『아도키모스』(adokimos)인데, 그 뜻은 “비난받는다”이다. 이 말은 디모데후서 2장 15절에서도 찾아볼 수 있다.

3. 구약 시대의 이스라엘 민족을 예로 듦(고전 10:1−33)

1 역사(고전 10:1−10)

세계 역사에서 어느 민족도 이스라엘 민족만큼 해방, 자유 그리고 하나님의 축복을 누리지는 못하였다. 그러나 이스라엘은 이 모든 것을 남용하였고 결국 하나님의 심판을 받았다.

(1) 자유에 대한 회고(고전 10:1−4)

① 하나님은 그들을 영광의 구름으로 인도하셨다(출 13:21, 22).

② 하나님은 그들을 인도하여 홍해를 건너게 하셨다(출 14:22).

③ 하나님은 그들에게 식량과 식수를 공급하셨다(출 16:15/17:6).

(2) 자유에 대한 반역(고전 10:5−10)

① 그들은 우상숭배의 죄를 범하였다(출 32:3, 4).

② 그들은 부도덕의 죄를 범하였다(출 32:6 / 민 25:1).
③ 그들은 불순종의 죄를 범하였다(민 21:5).

(3) 자유의 상실

① 그들은 우상 숭배로 인하여 도륙당하였다(출 32:28).
② 그들은 부도덕 때문에 질병에 의한 심판을 받았다(민 25:9).

여기에는 상이한 점이 있다고 생각되어 왔다. 즉, 모세는 이 재앙으로 24,000명이 죽었다(민 25:9)고 말한 반면, 바울은 23,000명이 목숨을 잃었다고(고전 10:8) 말하고 있다. 그러나 사도 바울이 말한 수는 "하루에 죽은" 자들에 한한 숫자이고, 모세는 전 기간에 걸친 사망자 수를 말하고 있음을 유의하라.

③ 그들은 불순종으로 인하여 독사에 의한 심판을 받았다(민 21:6).

[2] 적용(고전 10:11-13)

이스라엘의 실패와 관련된 이 끔찍한 사건들을 기록한 하나님의 의도는 무엇일까? 그것들은 어떻게 현재의 우리에게 적용될 수 있을까? 그 대답은 아주 명확하고 간결하다. "저희에게 당한 이런 일이 거울이 되고 또한 말세를 만난 우리의 경계로 기록하였느니라"(고전 10:11).

(1) 그것들은 우리의 연약함에 대하여 우리를 권고하기 위하여 기록되었다.

"그런즉 선 줄로 생각하는 자는 넘어질까 조심하라"(고전 10:12 / 참조, 고전 9:27 / 갈 6:1).

특별히 여기에서 중요한 것은 "조심하라"는 말이다. 성경에서 하나님께서 우리에게 조심하라고 경고하는 것들은 다음과 같다.

① 말(시 39:1)
② 과신(고전 10:12)
③ 속임당하는 것(마 24:4)
④ 그리스도인의 자유(고전 8:9)
⑤ 타인에 대한 봉사(행 20:28 / 딤전 4:16 / 골 4:17)

(2) 그것들은 하나님의 능력에 대하여 우리를 확신시키기 위하여 기록되었다.

"사람이 감당할 시험밖에는 너희에게 당한 것이 없나니 오직 하나님은 미쁘사 너희가 감당치 못할 시험당함을 허락지 아니하시고 시험당할 즈음에 또한 피할 길을 내사 너희로 능히 감당하게 하시느니라"(고전 10:13).

여기에서 「시험」에 대한 성경의 가르침을 돌이켜보면 매우 유익할 것이다.

① 시험의 정의(定義)

ㄱ. 악을 행하도록 부추기는 것

사단은 이러한 방식으로 그리스도를 유혹했었고 또 그리스도인들을 현재 유혹하고 있다(마 4:1 / 히 2:18 / 4:15 / 약 1:13 참조).

ㄴ. 어떤 사람을 더욱 강하게 만들 의도로 시험하는 것

하나님은 그의 자녀들을 이렇게 「시험」하신다(창 22:1 참조).

ㄷ. 하나님의 선하심을 이용하는 것

이스라엘은 하나님을 이렇게 시험하였으며, 오늘날의 그리스도인들도 그와 같은 일을

범할 수 있다(시 78:18 / 행 5:9 / 마 4:7 참조).
② 시험의 근원
ㄱ. 세상(마 13:22/요 16:33/딛 2:12/벧후 1:4/갈 1:4/딤후 4:10/요일 2:15 참조)
ㄴ. 육신(마 26:41 / 롬 7:18 / 갈 5:19－21 참조)
ㄷ. 사단(대상 21:1 / 엡 4:27 / 6:11 / 딤전 3:6, 7 / 약 4:7 참조)
③ 시험의 목적
이미 살펴본 대로 하나님께서는 자신의 자녀들을 강하게 만들기 위해 시험당하는 것을허락하신다. 그러므로 시험당하는 것은 죄가 아니다!(벧전 4:19 / 벧후 2:9 참조)

3 최종 결론(고전 10:14－33)
그리스도인의 권리와 책임에 관한 세 개의 중요한 예를 든 후에 사도 바울은 우상에게 제물로 바쳤던 고기를 먹는 문제에 대한 결론을 다음과 같이 내린다.
(1) 그리스도인은 세상의 시장에서 음식물을 살 때 남의 눈을 피해 그곳에 출입하면 안 된다(고전 10:25).
(2) 구원받지 못한 자의 집에서 음식을 먹을 때 부엌을 조사해서는 안 된다(고전 10:27).
(3) 그렇지만 신앙이 성숙치 못한 약한 성도가 이의를 제기한다면, 우상에게 드린 제물 먹는 것을 삼가해야 한다(고전 10:28).
(4) 자신이 다른 모든 성도들과 함께 그리스도의 동일한 몸을 이루고 있음을 항상 기억해야 한다(고전 10:16, 17).
(5) "유대인에게나 헬라인에게나 하나님의 교회에나" 거치는 자가 되어서는 결코 안 된다(고전 10:32).

● 세번째 질문 : 교회의 행위는 어떠해야 하는가?(고전 11장)

1. 옷을 입는 것에 대한 규율(고전 11:1－16)
성경 전체을 통하여 남녀의 머리 길이를 규정한 곳은 없다. 그런데 이 장(章)에서 바울은 성도의 외모, 특히 하나님의 집 안에서의 그것을 규정하는 일련의 원칙들을 제시하고 있다.

1 남자의 용모
(1) 남자는 머리에 아무것도 써서는 안 된다. 이것은 다음과 같은 것들을 증명한다.
① 그의 구세주와의 관계
"각 남자의 머리는 그리스도요"(고전 11:3).
"남자는 하나님의 형상과 영광이니 그 머리에 마땅히 쓰지 않거니와…"(고전 11:7).
② 그의 배우자와의 관계
"여자의 머리는 남자요"(고전 11:3).
"여자는 남자의 영광이니라"(고전 11:7).
따라서 기독교 예배 때에 어떤 남자도 모자를 써서는 안 된다. 그런데 로마 교회의 신부들이나 유대교의 랍비들은 「탈리스」(tallis)라고 하는 모자를 쓴다. 이러한 관습은 모세가 수건으로 얼굴을 가린 것을 잘못 해석한 데서 비롯되었다(출 34:33과 고후 3:13을 비교해 보라).

(2) 남자는 여자보다 머리를 짧게 깎아야 한다. 이러한 규칙이 세워진 데에는 두 가지 요인이 있다.

① 일반적인 의미 때문이다.

"만일 남자가 긴 머리가 있으면 자기에게 욕되는 것을 본성이 너희에게 가르치지 아니하느냐"(고전 11:14).

바울 당시에 남자의 긴 머리는 여성적인 것과 결부되어 있었다. 오늘날 그것은 (어느 정도는) 권위에 대한 도전을 의미한다.

② 특별히 거룩한 서원 때문이다. 긴 머리는 구약 시대 나실인의 서원이었다(민 6:1−22/삿 13:4, 5/삼상 1:11/눅 1:15 참조).

2 여인의 용모

(1) 여인의 머리가 길어야 한다는 것은 다음과 같은 의미를 지닌다.

① 남편에 대한 복종

② 세상에 대한 모범

바울 당시에 창기들과 노예들은 머리를 짧게 깎았다. 그리스도를 믿는 여인은 결코 창기도 노예도 아니다!

(2) 여인은 머리에 무엇을 써야 한다. 이는 "천사들을 인한" 것이다(고전 11:10). 어떤 사람들은 이 구절들은 교인들이 천사들과 자리를 같이하는 것을 의미한다고 생각한다! (시 138:1/엡 3:10/딤전 5:21/히 1:14/벧전 1:10, 12 참조).

2. 성찬에 관한 규율(고전 11:17−34)

1 성찬의 주인(고전 11:23−25)

이 구절에서 우리가 알 수 있는 것은 다음과 같은 것들이다.

(1) 성찬과 관련된 가장 중요한 사실은 그 만찬의 주인이다. 그것은 주님의 만찬석이다. 주께서 그것을 거룩하게 하셨고 그것 때문에 고난을 당하셨다.

(2) 바울은 그가 알고 있는 최후 만찬에 대한 역사적 내용을 거기 참석했던 어떤 사도들에게서 전수받은 것이 아니라, 그리스도로부터 직접 받았다. 이러한 사실은 구세주의 선포, 죽음, 부활에 관한 내용들에 대해서도 해당된다(고전 15:3/행 20:35/갈 1:11, 12 참조).

2 성찬의 왜곡(고전 11:17−22)

변덕스럽고 자기 중심적인 고린도 교인들은 성찬식 때 먹는 일에만 몰두하였기 때문에 다른 성도들과 구세주를 완전히 잊어버릴 정도였다. 결과적으로 부유한 사람들은 배불리 먹고 마셨으며, 반면에 가난한 사람들은 굶주린 채 지냈던 것이다. 오순절날 밤 다락방에서는 많은 사건들이 일어났었다. 그러나 고린도전서 11장 23절에서 바울은 오직 한 가지 사실, 즉 유다의 예수님 배반만을 지적하고 있다. 이는 고린도 교인들이 실제로 하고 있는 일이 과연 어떤 일인지를 보여주는 암시일 수도 있다.

여기에서 주목해야 할 것은 고린도전서 11장 22절에서 바울은 교회의 지하실에서 친교를 나누며 연회를 베푸는 것 자체를 부정하고 있지는 않다는 사실이다. 그렇지만 그는 성찬 의식과 떡과 포도주를 나누는 친교에만 국한시키고 있는 듯하다. "나를 기념하라"는 짤막한 구절은 이러한 점에서 매우 중요하다. 왜냐하면 그것은 '성찬'에 관한 또 다른 두 개의 오류를 반박하고 있기 때문이다.

(1) 떡과 포도주는 하나의 기념이지 성례전(sacraments)이 아니라는 것이다. 기념은 사람이 이미 은혜를 받았기 때문에 행하는 것이며, 성례는 은혜를 받기 위하여 행하는 것이다.

(2) 떡과 포도주는 본질적으로 상징적이며 어떠한 것으로 변화되는 것은 아니다. 카톨릭의 「화체설」(化體說)은 제단에서 떡과 포도주가 사제에 의해 그리스도의 몸과 피로 변화된다는 것이다.

[3] 성찬의 목적(고전 11:26, 28)

성찬식 때에 우리가 해야 할 일은 다음과 같다.

(1) 회상

"너희가 이 떡을 먹으며 이 잔을 마실 때마다 주의 죽으심을… 전하는 것이니라."

(2) 자기 성찰

"사람이 자기를 살피고."

(3) 기대

"(주께서) 오실 때까지."

[4] 참예자

성찬식에 초대를 받은 자들은 어떠한 사람들인가? 성찬은 오직 믿는 자들만을 위한 것이다. 그러나 그것은 믿는 모든 사람들과 관련된다. 그런데 그들이 침례(세례)를 받고 기존 지역 교회의 교인이 되었는지 아닌지의 여부가 문제였던 것 같다.

[5] 자격

두 종류의 사람들은 떡과 잔을 받는 것이 금지되었다. 즉, 부정한 자와 구원받지 못한 자들이었다. (주께서 베푸신 첫 성찬식에 참예했던) 사도 요한은 여기에 언급된 두 종류의 사람들을 돕기 위한 확실한 조언을 해주고 있다. 그는 구원받지 못한 자들에게는 요한복음 3장 11절을, 부정한 자들(즉, 배교한 그리스도인들)에게는 요한일서 1장 9절을 제시하고 있다.

[6] 징벌(고전 11:29, 30)

"주의 몸을 분변치 못하고 먹고 마시는 자는 자기의 죄를 먹고 마시는 것이니라 이러므로 너희 중에 약한 자와 병든 자가 많고 잠자는 자도 적지 아니하니…."

이 구절에서 특별히 우리가 주목해야 할 말은 "죄"(damnation)인데, 헬라어로 이 말은 『크리마』(krima)이며, 따라서 여기서는 "심판"(judgement)으로 번역되어야 한다(동일한 말이 사용되고 있는 롬 11:33/벧전 4:17/계 20:4 등을 참조하라). 이러한 심판은 두 가지 방법으로 행해질 것이다.

① 육체적 질병을 통해서(고전 11:30)

② 육체적 죽음을 통해서

"잠자는 자도 적지 않다."

여기에 사용된 "잠"의 헬라어는 『코이마오』(koimao)이며 이것은 육체의 죽음을 말한다(요 11:11, 12/행 7:60/고전 15:6, 18, 20, 51 참조).

7 간구(고전 11:31-34)

● 네번째 질문 : 영적 은사란 무엇인가?(고전 12-14장)

1. 정의(定義)

영적 은사란 믿는 자들이 구원받는 그때에 그리스도께서 성령을 통해 그에게 주시는 초자연적 능력이다. 여기에서 우리는 두 가지의 차이점을 구별하게 될 것이다.

1 성령의 선물(the gift of spirit)

성령의 선물은 그리스도께서 약속한 대로 성령을 보내신 오순절 날에 주어졌다(행 1:4-8). 한편 성령의 은사들은 오늘날에도 주어진다.

2 영적 은사들과 인간의 재능의 차이

재능이란 출생시에 부여받은 인간적이며 자연적인 능력이다. 반면에 은사는 초자연적이며 거듭날 때에 받는 것이다.

3 영적인 은사와 공적 직분의 차이

이에 대해 찰스 라이리 박사는 다음과 같이 설명한다.

> "많은 사람들은 영적 은사를 소수의 특권 계층만이 영원히 누릴 수 있는 교회 내에서의 직분으로 생각한다. 그렇지 않으면 그들은 은사란 평신도들이 획득할 수 없는 것이어서 기껏해야 언젠가 나도 약간의 어떤 은사를 발견하고 그것을 어느 정도 행사할 수 있도록 허락받는 것이라고 생각한다. 이러한 두 가지 생각은 모두 그릇된 것이다. 영적 은사란 근본적으로 개인에게 주어지는 능력이다. 이는 은사란 봉사하는 자리가 아님을 뜻한다. 왜냐하면 은사는 능력이지 능력이 행사되는 장소가 아니기 때문이다. 예를 들면 목회자의 은사는 보통 한 사람이 목회에서 차지할 수 있는 직분 또는 위치와 관련되어 있다. 그러나 은사는 사람들을 목자처럼 돌볼 수 있는 능력이 어디에서 행사되든지 바로 그 능력 자체를 말한다. 물론 목회자의 직분을 맡은 사람은 목회자의 은사를 받아야 하고 또 행사해야 한다. 그러나 이러한 것은 기독교 학교의 남학생 규율부장의 경우에도 마찬가지이다. 실제로(이 말은 처음에는 매우 충격적인 것처럼 들릴지도 모르지만) 어찌하여 여인이라고 하여 목회자의 은사를 받아 이웃이나 주일학교 아이들 가운데서 혹은 여학생 규율부장으로

서 그 능력을 행사해서는 안 된다는 것인가? 그러나 내가 지금 말한 것은 여자들이 교회의 목회자가 되어 설교를 하고 사람들을 인도하여야 한다는 것은 아니다. 나의 생각으로는 목회의 직분 혹은 직책이란 오직 남자에게만 허용된 것이다. 그러나 이렇게 말한다고 하여 그 은사 또는 능력이 여자에게 주어질 수 없다는 것은 아니다"[『균형잡힌 그리스도인의 생활』(*Balancing the Christian Life*), pp. 95－96].

2. 영적 은사의 한도

1 믿는 자들이라면 누구나 적어도 한 가지의 영적 은사는 소유하고 있다(고전 7:7/12:7, 11/엡 4:7/벧전 4:10 참조).

2 영적 은사들을 모두 소유한 사람은 아무도 없다(고전 12:29, 30 참조).

3. 영적 은사를 주는 목적

이것은 하나님을 영화롭게 하며(계 4:1), 믿는 자들과 교회를 바르게 하기 위하여(엡 4:12, 13) 주어진 것이다.

이 두 가지 목적을 예증하고자 바울은 고린도전서 12장에서 인간의 몸을 비유로 사용하여 다음과 같이 말한다.

1 믿는 자들은 모두 그리스도의 몸의 한 지체이다(고전 12:12－14).

2 (신체의 각 기관들과 마찬가지로) 믿는 자들이 그 몸 안에서 동일한 기능을 수행하고 있는 것은 아니다(고전 12:14).

3 각 지체는 하나님에게 똑같이 중요하다(고전 12:18).

4 각 지체는 다른 지체를 필요로 한다. 그러므로

(1) 발은 "나는 손이 아니니 몸에 붙지 아니하였다"(고전 12:15)라고 말할 수 없다.

(2) 귀는 "나는 눈이 아니니 몸에 붙지 아니하였다"(고전 12:16)라고 말할 수 없다.

이러한 태도가 곧 '질투'이다.

(3) 눈은 손에게 "내가 너를 쓸 데 없다"(고전 12:21)라고 말할 수 없다.

(4) 머리는 다리에게 "내가 너를 쓸 데 없다"라고 말해서는 안 된다.

이러한 태도가 곧 교만이다.

5 모든 지체들은 다른 지체들과 함께 고통당하고 기뻐한다(고전 11:26).

4. 영적 은사의 오용

1 주어진 은사들을 사용하지 않는 것(딤전 4:14/딤후 1:6 참조)

2 주어지지 않은 은사들을 사용하려 하는 것(민 16:1－3/행 8:18－20 참조)

5. 영적 은사의 종류

세 개의 중요한 구절에서 바울은 약 열여덟 가지 은사들을 열거하고 있다(이 구절들은 롬 12:6－8/고전 12:4－10, 28/엡 4:7, 8 등이다).

6. 영적 은사들의 시대적 구분

1 표적의 은사들

(1세기에 주어졌다가 그 후에는 사라진) 이 은사들 가운데에는 사도직, 예언, 치유, 기적, 지식, 방언, 방언의 통역 등이 포함된다. 이러한 표적의 은사들은 다음의 두 가지 필요를 충족시키기 위해 주어졌다.

(1) 사도들과 초대 그리스도인들의 권위를 확증하기 위해서(고전 12:12/히 2:4/롬 15:19/요 3:2/20:30, 31/마 10:5−8 참조).

이 목적을 성취하기 위해 사용된 은사들은 치유와 기적 행하는 은사이다(마 10:5−8/11:4, 5 참조).

(2) 새로운 계시와 신령한 지식을 널리 전하기 위해서.

이 목적을 달성하기 위해 사용된 은사들은 예언, 지식, 방언일 것이다. 그러나 주후 95년에 「정경」(canon)이 완성됨으로써 표적의 은사들은 필요없게 되었다(딤후 3:14−17/벧후 1:16−21).

우리는 놀라운 위의 두 구절에서 다음의 사실들을 알게 된다.

(3) 문자로 기록된 하나님의 말씀 그 자체가 하나님의 일을 하는 하나님의 사람에게 모든 필요를 채워 줄 수 있고 또한 확실히 채워준다.

(4) 하나님의 사업을 성취할 때에, 기록된 이 성경이 시몬 베드로가 증언한 바와 같은 기적적인 그리스도의 변화에 대한 설명보다도 훨씬 더 적합하다.

2 항구적인 은사들

(교회사의 전 기간에 걸쳐 계속적으로 주어진) 은사는 지혜, 믿음, 영 분별, 봉사, 가르침, 권면, 주는 것, 다스리는 것, 자비를 베푸는 것, 전도, 목회(교사)의 은사이다.

7. 영적 은사에 대한 설명

1 사도직(엡 4:11/고전 12:18 참조)

이는 그리스도에 의해 친히 부름을 받고(요 15:16) 초대교회의 정식 "창립 요원"으로 활동하는 특권을 부여받은 특정한 사람들을 가리킨다.

(1) 자격

베드로(행 1:22)와 바울(고전 9:1)에 의하면, 사도로서의 자격을 갖추려면 부활하신 그리스도를 반드시 목격한 자라야 한다.

(2) 사도로 부름받은 자들

① 원래의 열두 제자들(눅 6:13)
② 맛디아(행 1:26)
③ 바울(롬 1:1)
④ 바나바(행 14:14/갈 2:9)
⑤ 야고보(고전 15:7/갈 1:19)

2 예언(롬 12:6/고전 12:10/14:1, 3–6/엡 4:11 참조)
하나님으로부터의 계시, 특히 미래의 사건들과 관련된 계시를 받고 전달하는 초자연적 능력을 가리킨다(마 13:14/벧후 1:20, 21/계 1:3/행 11:27, 28/21:10, 11 참조).

3 기적(고전 12:28 참조)
이는 자연의 영역을 넘어서는 일을 행하는 능력을 말한다. 성경에는 기적이 특히 많이 행해졌던 세 시대가 있다.
(1) 모세로부터 여호수아에 이르는 시대
(2) 엘리야와 엘리사의 시대
(3) 그리스도와 사도들의 시대

4 치유(고전 12:9, 28, 30 참조)
이는 신체적, 정신적 또는 귀신에 의한 질병을 막론하고 인간의 질병을 고치는 초자연적 능력이다. 앞에서 언급한 것처럼 성경이 완성된 1세기 후반기에는 표적의 능력들은 소멸되었다는 확증이 있다. 바울은 분명히 치유의 능력을 갖고 있었다(행 14:10/16:18/19:12/20:10/28:8, 9). 그러나 어떠한 이유에서인지 그는 그의 사역 마지막 몇 달 동안에는 그 능력을 사용하지 않았다(빌 2:26/27:1/딤전 5:23/딤후 4:20 참조). 여기에서 강조되어야 할 것은 표적의 은사가 사라졌다고 해서 하나님께서 오늘날 믿는 자를 초자연적으로 고칠 수 없다거나 또 고치지 않으실 것임을 뜻하지는 않는다는 것이다. 그러나 그것은 한 개인을 통한 치유의 은사는 사라졌음을 의미한다. 치유를 위한 하나님의 현재 계획은 야고보서 5장 14–16절에서 찾아볼 수 있다.

5 지식(고전 12:8/13:8 참조)
이 은사의 본질에 대해서는 약간의 불확실한 점이 있다. 이 은사는 단지 두 번 언급되고 있을 뿐이다. 아마도 그것은 예언의 은사와 관련되어 있고 하나님의 말씀을 받아 기록하는 능력을 포함하고 있는 것 같다.

6 방언
성경 전체를 통해 단일 주제로서 방언의 은사만큼 열띤 논쟁과 증오, 혼란, 불화를 일으킨 것은 없을 것이다. 이처럼 비극적인 상황은 바울이 고린도 교인들에게 편지를 쓰던 바로 그때에도 있었다. 오늘날 「카리스마운동」(charismatic movement)이 기독교계 전체를 글자 그대로 휩쓸고 있다.

방언에 대한 견해들은 다양하다. 방언 운동을 지지하거나 반대하는 어떠한 집단 내에도 신약성경에 나타나는 방언의 정확한 성격에 대한 일치된 견해는 없다.

(1) 배우지 않고 습득되는 인간의 언어라는 견해
이 견해에 의하면 신약성경에 나타나는 방언에 관한 모든 설명들은 동일한 사건, 즉 전에 배운 바 없는 인간의 언어들을 갑자기 말하는 초자연적 능력을 가리킨다고 한다. 다음의 사실들은 이 견해를 지지하는 논증들이다.

① 인간의 언어와 동일한 어휘가 사용되고 있기 때문이다. 월부어드 박사는 이렇게 말한다.

> "사도행전과 고린도전서에서 방언에 대하여 동일한 말이 사용되고 있다는 사실은 방언이 인간의 언어와 차이가 없다는 것을 말한다. 모든 구절에서 동일한 낱말이 사용되고 있다. 즉, 『랄레오』(laleo)와 『글로사』(glossa)가 문법적으로 형태를 달리하면서 여러 가지로 사용된다. 헬라어와 본문의 언급에 근거하여 볼 때, 아무런 차이도 발견되지 않는다"〔『성령론』(*The Holy Spirit*), p. 183〕.

또 하나 지적되는 것은 『글로사』(glossa)라는 말이 헬라어 신약성경에서 50회나 사용되고 있다는 사실이다. 이 가운데, 16회는 신체의 기관(약 3:5 참조)을 가리키며, 1회는 불의 불꽃(행 2:3)을 말하며, 33회는 인간의 언어를 가리키고 있다.

② 고린도전서 14장 13절에서 "통역하다"로 번역된 말은 『디에르메뉴오』(diermeneuo)이며 그 뜻은 글자 그대로 "번역하다"를 의미하기 때문이다. 신약성경에서는 이 말이 21회 사용되고 있는데, 그 중 18회는 "번역"을 가리키고 있음이 명백하다(행 9:36 참조).

③ 그것은 오순절의 사건을 기술하는 데 사용되고 있기 때문이다(행 2:6-11). 뿐만 아니라 베드로가 말하기를, 그가 가이사랴에서 목격한 방언이 오순절 때 있었던 방언과 동일하다고 하였다(행 11:15).

④ 황홀경에서 횡설수설하는 것은 믿지 않는 자들에게 표적이 될 수 없기 때문이다(고전 14:22).

⑤ 예수께서 중언부언하는 것에 대해 경고하셨기 때문이다. 마태복음 6장 7절에 나오는 헬라어 『바타』(batta)와 『로게오』(logeo)는 쓸데없는 말을 지껄이거나 아무 생각 없이 말하는 것을 가리킨다.

⑥ 바울이 고린도전서 14장을 기록할 때 사도행전 2장을 다시 정의하거나 해명하지 않았기 때문이다.

⑦ 바울은 고린도전서 14장 21절에서 이사야서 28장 11, 12절을 이용하였는데, 이는 인간의 언어와 명백히 관련되는 것이기 때문이다. 이사야서 28장의 배경을 간단히 살펴보기로 하자.

ㄱ. 주전 721년에 북왕국이 멸망당하였다.

ㄴ. 이사야는 남왕국(유다)이 만일 회개하지 않는다면 그들에게 똑같은 일이 일어날 것이라고 경고하였다.

ㄷ. 그는 그의 경고를 불신하는 술취한 예언자들과 제사장들에게 조롱을 당하였다.

ㄹ. 이사야는 그들에게 응답하여 말하기를, 하나님께서 그들에게 히브리어로 말씀하셨을 때 그들이 듣지 않았기 때문에, 하나님께서 (적군을 통해) 앗수르어로 말씀하실 때에 그들이 귀기울이게 될 것이라고 하였다〔신 28:15-68에 있는 모세의 말, 특히 49절을 참조하라. 주후 70년에 있었던 디도(Titus)의 침략에 대해서는 렘 5:15을 참조하라〕. 그러므로 외국어로 이야기되는 것을 듣는다는 것은 히브리 사람들에게는 심판의 상징이었다.

⑧ 18, 19세기에 고등비평이 등장하였기 때문이다. 다시 말하자면, 성경 비평학자들은 배운 바 없는 인간의 언어로 말한다는 기적을 배척하고 황홀경 상태에서 말한다는

견해를 지지함으로써 성경의 방언을 다른 고대의 신비 종교들과 동일시하였다.

(2) 인간 차원이 아닌 황홀경 상태에서의 발언이라는 견해

이 입장은 방언이란 그 구조상 분명히 지상에 속한 언어가 아니라 하늘에 속한 언어라고 주장한다. 이러한 견해를 지지하는 논증들은 다음과 같다.

① 오순절에 방언으로 말한 제자들은 술 취했다는 비난을 받았다(행 2:13). 이는 그 말이 세상의 언어라면 있을 수 없는 비난이다.

② 바울은 방언이 그칠 것이라고 말하였다(고전 13:8). 이는 방언의 은사가 단순히 배운 바가 없는 인간의 언어를 말하는 것이라면 터무니없는 말이 될 것이다.

③ 고린도전서 14장 2절에서 바울이 "방언을 말하는 자는 사람에게 하지 아니하고 하나님께 하나니 이는 알아듣는 자가 없음이니라"고 말하였기 때문이다.

④ 바울은 방언의 은사를 받았다(고전 14:18). 그렇지만 그는 사도행전 14장 11절에서 루가니오아의 방언을 알아들을 수 없었다.

⑤ 고린도전서 14장 14, 15절에서 마음과 영을 구별하고 있기 때문이다. 이것을 근거로 (혹자는) 이렇게 주장한다. 즉, 하나님은 인간의 언어로 어떠한 계시를 주시기 위해 "마음"(mind)을 사용하시며, 인간의 언어가 아닌 다른 언어로 무엇인가를 계시하려고 할 때에는 인간의 "영"(spirit)을 이용하신다는 것이다.

⑥ 사도행전 2장 4절에 "다른 방언"이란 말이 있기 때문이다. 이는 헬라어의『헤테로스』(heteros)를 옮긴 말로서 "종류가 다른 어떤 것"을 의미한다(갈 1:6, 7 참조).

⑦ 고린도전서 13장 1절에 "내가·사람의 방언과 천사의 말을 할지라도"라는 말이 나타나 있기 때문이다.

여기에서 제기될 수 있는 의문은, 천사는 어떠한 종류의 말을 하는가 하는 것이다. 세상 사람들에게 말할 때 그들은 히브리어(창 19장)와 헬라어(눅 1장)로 말했음이 알려져 있다. 천상의 직무를 수행하는 동안에도 그들은 인간이 알아들을 수 있는 언어로 말하였다(사 6장 / 계 4, 5장 참조).

(3) 방언의 목적

① 부정적 목적

ㄱ. 교회의 덕을 세우기 위한 것이 아니었다(고전 14:4, 19).

ㄴ. 개인의 교화(敎化)를 위한 것이 아니었다. 여기에서 한 가지 반론이 제기될 수 있다. 왜냐하면 바울이 말하기를, "방언을 말하는 자는 자기의 덕을 세우나니"라고 말했기 때문이다. 바울은 실제로 그렇게 말하였다(고전 14:4). 그런데 여기에 문제가 있다. 만일 방언이 개인의 덕을 세우기 위한 것이라면, 또한 만일 교회당이 (고전 14:23이 분명히 지시하는 대로) 방언을 말하는 자들로 가득찬다면, 그때 우리는 다음의 사실을 어떻게 설명할 것인가? 즉, 라오디게아 교회(계 3:14-18)를 제외하면, 고린도의 이 사람들은 성경 전체를 통하여 가장 육적이고 혼란에 빠진 교회가 아니었던가? 어떠한 은사도 개인의 건덕(建德)을 위해 이기적 방식으로 사용될 수는 없다. 사실 여기에서 바울은 그들이 이 은사를 비성경적으로 사용한 것에 대해 책망하는 것 같다.

② 긍정적 목적

ㄱ. 사도들과 초대 그리스도인들의 권위를 확증하기 위해서이다.
ㄴ. 믿지 않는 이스라엘에 대한 하나님의 심판을 보여주기 위해서이다.
ㄷ. 얻으려고 하나 (잃어버린) 유대인들 각자에게 표적의 역할을 하기 위해서이다.
ㄹ. 정경이 완성되기 이전에 새로운 진리들을 알리기 위해서이다. 바울이 고린도전서 14장을 기록하였을 때에는 겨우 세 권의 신약성경(야고보서, 데살로니가전후서)이 있었을 뿐이다. 즉, 다음과 같이 중대한 문제들에 대해 유용한 해결책을 제시해 줄, 기록된 문서가 아직 없었다.

- 교회론(이는 후에 에베소서, 골로새서에서 논의된다).
- 칭의론(稱義論), 성화론(聖化論), 영화론(榮化論)(이는 후에 로마서에서 논의된다).
- 배교론(유다서)
- 그리스도인의 용서(빌레몬서)
- 그리스도의 제사장직(히브리서)
- 그리스도의 생애(4복음서)
- 그리스도인의 실천적 봉사(베드로전후서)
- 그리스도인의 사랑(요한서신)
- 목회자와 집사들에 대한 권면(디모데전후서)

이는 모든 것에 비추어 볼 때 디모데후서 3장 16, 17절에 있는 은혜의 진리가 아직 기록되지 않았기 때문에 어느 누구도 그 구절을 주장하거나 인용할 수 없었다.

(4) 방언에 대한 규정(고전 14장)

① 방언으로 말하는 것은 교회에 있는 그리스도인들 누구에게도 도움이 되지 않는다(고전 14:3, 4).
② 방언이란 악기와 같아서 듣고 분명하게 이해될 수 없다면 무익한 것이다(고전 14:7).
③ 이미 알려진 방언으로 말하는 것은 모두에게 도움이 된다(고전 14:3, 4).
④ 이러한 차이는 때때로 삶과 죽음의 차이를 의미할 수도 있다(고전 14:8).
⑤ 바울은 방언으로 말을 하기는 하였지만(고전 14:18), 증거하거나 선교 여행을 하는 중에는 이에 대하여 전혀 강조하지 않았다. 벨릭스와 아그립바 앞에서와 같이 그는 방언으로 말하는 것을 금하지는 않았지만, 그것을 특별히 권면하지도 않았다. 왜냐하면 그 당시에 있어서조차도 그리스도인들 모두가 이 은사를 받을 것이 아님을 알고 있었기 때문이다(고전 12:30/14:39).
⑥ 바울은 가르치기를, 교회에서 (예언과 예견을 포함하여) 가르치는 것이 방언으로 말하는 것보다 훨씬 더 낫다고 하였다(고전 14:19).
⑦ 교회 전원이 방언으로 말하는 것은 금지되어 있다(고전 14:23).
⑧ 잃은 자를 구원하는 하나님의 방법은 가르치는 것이지 방언이 아니다.
⑨ 방언으로 말하는 것은 인원 수(數)에서 제한되었다. 즉, 각각 돌아가며 말해야 했다.
⑩ 여자들은 방언으로 말하는 것이 절대적으로 금지되었다(고전 14:34). 고린도전서 11장 3-10절에서 바울은 여자가 자신의 모국어로 말하는 것을 허용하였다. 그러나 여기에서 그는 여자가 외국어(방언)를 사용하는 것을 금하고 있다.

⑪ 하나님의 집에는 모든 것이 질서를 따라 품위있게 행해져야 한다(고전 14:40).

7 방언 통역의 은사(고전 12:10 참조)
이것은 방언으로 전해진 멧세지를 해명하고 통역하는 초자연적 능력이다.

8 지혜의 말씀의 은사(고전 12:8 참조)
이것은 인간적, 신적 지식을 올바르게 적용하는 초자연적 능력이다.

9 영(靈) 분별의 은사(고전 12:10 / 요일 4:1 참조)
이것은 사단, 인간, 하나님의 역사를 구별하는 능력이다. 베드로(행 8:23)와 바울(행 13:10 / 16:16-18)은 모두 이 은사를 소유하였다.

10 구제하는 은사(롬 12:8 참조)
이는 하나님의 영광을 위하여 많은 돈을 모으고 그것을 나누어 주는 능력이다(행 4:32-37 / 갈 4:15 / 빌 4:10-18 / 고후 8:1-5 / 눅 21:1-4 참조).

11 위로의 은사(롬 12:8 참조)
이는 책망의 말을 할 수 있는 능력이다. 신약성경의 많은 사람들이 이 은사를 소유하였다.
(1) 바나바(행 11:22-24)
(2) (가룟인 아닌) 유다와 실라(행 15:32)
(3) "참으로… 멍에를 같이 한 자"(빌 4:3)

12 섬기는(혹은 돕는) 은사(롬 12:7 / 고전 12:28 / 엡 4:12 참조)
이는 육체적, 영적 일에 구체적인 도움을 주는 능력이다. 이러한 은사를 가진 자들을 예로 들면 다음과 같다.
(1) 도르가(행 9:36-39)
(2) 뵈뵈(롬 16:1, 2)

13 긍휼을 베푸는 은사(롬 12:8 참조)
이는 병들고 상처를 입은 자들을 섬기는 능력이다.

14 다스리는(또는 관리하는) 은사(롬 12:8 / 고전 12:28 참조)
이는 사람들 혹은 계획들을 조직하고 관리하며 추진하는 능력이다(딛 1:4, 5 / 느헤미야서 참조).

15 믿음(신앙)의 은사
성경은 믿음의 유형을 기본적으로 다음의 셋으로 구분한다.
(1) 구원의 믿음-이는 회개하는 모든 죄인에게 주어진다(행 16:31 / 롬 4:5 / 5:1 / 10:7).

(2) 거룩하게 하는 믿음—모든 성도에게 주어질 수 있는 믿음이다(갈 2:20/3:11/5:22/엡 6:16/롬 1:17/히 10:38).
(3) 청지기직의 믿음—일부의 성도에게 주어지는 믿음이며 하나님으로 말미암은 큰 일들을 믿고 기대하는 초자연적 능력이다.

16 교사의 (가르치는) 은사(롬 12:7/고전 12:28/엡 4:11 참조)
이는 하나님의 말씀을 자세히 설명하고 전달해 주는 능력이다. 이러한 은사의 소유자는 다음과 같다.
(1) 아볼로(행 18:24, 25)
(2) 아굴라와 브리스길라(행 18:26)

17 복음을 전하는 은사(엡 4:11 참조)
이는 죄인들을 그리스도에게로 향하게 하며 그리스도인들로 하여금 영혼 구원의 책임을 지게 하는 능력이다. 물론 모든 성도들은 이 특별한 은사를 소유했든 안 했든 간에 그리스도를 증거해야 한다(딤후 4:5). 사도행전의 많은 사람들 가운데서 빌립이 이 은사를 받았다(행 8:5—12, 26—40).

18 목사—교사의 은사(엡 4:11 참조)
이는 하나님의 말씀을 선포하고 가르치며 하나님의 양떼를 먹이고 인도하는 초자연적 능력이다(벧전 5:1—4/행 20:28 참조). 이것이 열여덟 가지 은사 가운데 유일하게 '두 몫'의(혹은 이중의) 은사이다. 따라서 모든 교사들을 목사라고 부를 수는 없으나 목사들은 누구나 교사인 것이다!

8. 성령의 은사들 가운데 없어서는 안 될 요소(고전 13장)

열여덟 가지 은사들은 하나님의 거룩한 성전을 땅 위에 세울 때 사용되는 그분의 신령한 벽돌이라고 생각할 수 있다. 비유적으로 말하자면, 「자비(사랑)」는 그 벽돌들을 굳게 결합시키는 "하늘의 시멘트" 역할을 한다.

바울은 고린도전서 12장을 다음의 말로 끝맺고 있다.
"너희는 더욱 큰 은사를 사모하라 내가 또한 제일 좋은 길을 너희에게 보이리라"(고전 12:31).
그러므로 고린도전서 13장이 곧 "제일 좋은" 그 길인 것이다.

이 밖에도 반드시 주목해야 할 사실은, 하나님께서 위대한 신학자 바울로 하여금 세계사에서 사랑에 관한 가장 위대한 시를 쓰게 하였다는 것이다. 매년 크리스마스가 되면 정부에서는 다음과 같은 권고문을 발표한다.
"음주를 했을 경우 운전하지 마시오. 그리고 운전시에는 음주하지 마시오. 알콜과 휘발유는 섞이지 않습니다."
혹자는 신학과 사랑에 대해서도 똑같은 결론을 맺는 오류를 범한다. 그러나 하나님은 그 둘을 분리시키지 말라고 명하셨다(계 2:1—4 참조). 사랑이 없는 신학은 죽은 정통주의를 낳고, 신학이 없는 사랑은 명백한 이단을 낳는다.

1 사랑의 중요성(고전 13:1-3)

사랑이 없으면 다음과 같은 일이 일어난다.
(1) 방언의 은사가 소리나는 구리와 울리는 꽹과리와 같아진다.
(2) 예언의 은사가 아무것도 아니다.
(3) 모든 비밀을 깨닫는다 해도 쓸모가 없다.
(4) 모든 지식을 소유한다 해도 유익이 되지 못한다.
(5) 산을 옮길 만한 믿음이 있어도 그것은 헛되다.
(6) 자신의 목표를 포기한다 해도 의미가 없다.
(7) 자신의 몸을 희생할지라도 그것은 전혀 무익하다.

2 사랑의 완벽성(고전 13:4-7)

(1) 사랑은 오래 참는다. 즉, 사랑은 인내한다.
(2) 사랑은 친절하다. 즉, 사랑은 거칠거나 무뚝뚝하지 않다.
(3) 사랑은 시기하지 않는다. 다시 말해서 사랑은 다른 사람의 소유를 빼앗으려고 하지 않는다.
(4) 사랑은 자랑하지 않는다. 즉, 사랑은 자만하지 않는다.
(5) 사랑은 교만하지 않다. 즉, 사랑은 건방지지 않다.
(6) 사랑은 부당하게 행동하지 않는다. 즉, 사랑은 무례하게 행치 않는다.
(7) 사랑은 자기의 유익을 구하지 않는다. 즉, 사랑은 자기 중심적이 아니다.
(8) 사랑은 성내지 않는다. 즉, 사랑은 온순하다.
(9) 사랑은 악을 꾀하지 않는다. 즉, 사랑은 다른 사람에게 입은 해에 대해 복수하려고 하지 않는다.
(10) 사랑은 악을 즐거워하지 않는다. 즉, 사랑은 악에서 기쁨을 찾지 않는다.
(11) 사랑은 진리를 기뻐한다. 즉, 사랑은 선에서 기쁨을 찾는다.
(12) 사랑은 모든 것을 참는다. 즉, 사랑은 (글자 그대로) 모든 것을 감싸준다.
(13) 사랑은 모든 것을 바란다. 즉, 사랑은 정복될 수 없다.

3 사랑의 불멸성(고전 13:8-13)

(1) 예언, 방언, 지식과는 달리 사랑은 언제까지나 지속된다(고전 13:8).
(2) 믿음과 소망과 비교하여 볼 때, 사랑이 그 중에 제일이다(고전 13:13). 여기에서 유의해야 할 것은 바울은 사랑이 믿음과 소망보다 더 오래 지속될 것이라고 말하는 것이 아니라, 단지 사랑이 그것들보다 더 위대하다고 말한다는 점이다. 우리들은 천국에 가서도 이들 세 가지 덕목을 계속하여 신령한 방식으로 사용하게 될 것이다. 사랑이 더욱 위대하다는 것은 다음과 같은 이유들 때문이다.
① 사랑은 믿음과 소망의 근원이기 때문이다.
② 사랑은 타인을 위한 것이기 때문이다. 이와 달리 믿음과 소망은 주로 개인적인 것이다.
③ 사랑은 바로 하나님 자신의 본질이기 때문이다.

● 다섯번째 질문 : 부활이란 무엇인가?(고전 15장)

말할 것도 없이 이 장은 (로마서 8장과 함께) 하나님의 말씀 전체를 통하여 가장 위대한 장(章) 중의 하나로 간주되어야 한다. 여기에서 우리는 그리스도의 부활에 대한 가장 오래된 문헌을 대하게 된다.

1. 부활의 탁월성(고전 15:1-4)

1 그리스도의 부활의 사실성
"그리스도께서… 다시 살아나서"(고전 15:3, 4).

2 그리스도의 부활의 시기
"사흘 만에"(고전 15:4).
이 표현에 대해서는 다음의 두 가지 해석이 있다.
(1) 그리스도는 금요일에 십자가에 달려 돌아가셨다.
이미 잘 알려진 대로 유대인들의 관습은 하루의 일부를 전체 하루로 계산하는 것이다. 따라서 그분은 금요일 일부(즉, 오후 3시에서 6시까지)와 토요일 전체 그리고 일요일 일부를 무덤에 머물러 계셨을 것이다.
(2) 주께서 십자가에서 돌아가신 날은 수요일이었다.
만일 마태복음 12장 40절을 액면 그대로 받아들일 수 있다면, 삼 일 중 수요일이 밤낮으로 무덤에 있던 유일한 날이 된다.

3 그리스도의 부활의 이유
"우리 죄를 위하여"(고전 15:3).
그리스도는 자기의 신앙 때문에 죽임당한 순교자가 아니라 우리 죄를 위해 죽으신 구세주이시다. 그분은 "나는 끝났다"라고 말하지 않고 "다 이루었다"라고 하셨다. 삼위(三位)의 세 위격(位格)이 모두 그분의 죽음과 부활에 관련되어 있다.
(1) 성부(요 3:16 / 행 2:24)
(2) 성자(요 10:11, 18)
(3) 성령(히 9:14 / 롬 1:4)

4 그리스도의 부활의 결과
"이로 말미암아 구원을 얻으리라"(고전 15:2).

2. 부활의 증거(고전 15:5-11)
바울은 여기에서 그 증거로서 다음 네 가지를 제시하고 있다.
1 신약성경은 부활하신 주님께서 나타나신 예(例) 가운데 중요한 것 열 가지를 기록하고 있다. 그리스도는 다음과 같은 자들에게 나타나셨다.
(1) 막달라 마리아(요 20:11-18)

(2) 다른 여인(마 28:9, 10)
(3) 두 제자들(눅 24:13－32)
(4) 시몬 베드로(눅 24:33—35)
(5) 사도들(눅 24:34－36)
위의 다섯 번의 나타나심은 모두 부활 후 첫날에 있었다.
(6) 열한 사도들(요 20:26－31)
(7) 일곱 사도들(요 21:1－14)
(8) 오백 명의 제자들(고전 15:6)
(9) 그분의 형제 야고보(고전 15:7)
(10) 감람산 위의 열한 사도들(눅 24:44－49 / 고전 15:7)
후반부의 다섯 번은 40일 동안에 이루어진 것이다.

[2] **바울은 뒤이어 구세주께서 친히 그를 찾아오신 것에 대해 이야기한다.** 실제로 예수님은 적어도 다섯 차례에 걸쳐 사도 바울에게 나타나셨던 것이다.
(1) 다메섹 도상에서(행 9:1－9 / 22:6－11 / 26:12－19)
(2) 고린도에서(행 18:9)
(3) 예루살렘에서(행 23:11)
(4) 난파선에서(행 27:23)
(5) 기록되지 않은 어떤 지점에서('루스드라'인 것 같음. 고후 12:1－4)

3. 부활의 중요성(고전 15:12－19, 29－32)

바울 당시에도 오늘날과 마찬가지로 부활 자체를 부정하는 사람들이 있었다. 현대의 불신자들은 그리스도의 부활을 부인하는 여러 가지 이론들을 주장하고 있다.

[1] **협잡설**－제자들이 모든 이야기를 만들어냈다는 설이다.
[3] **기절설**－그리스도께서 십자가에서 단지 기절했을 뿐이며 따라서 후에 무덤의 냉기 때문에 다시 깨어났다고 하는 설이다.
[3] **환상설**－제자들이 그분을 보았다고 상상했을 뿐이라는 설이다.
[4] **영혼설**－오직 그분의 영혼만이 부활했다고 하는 설이다. 이에 대한 반증은 누가복음 24장 39절에서 찾아볼 수 있다.
[5] **마음설**－그분이 그 친구들의 마음 속에서만 부활했다고 하는 설이다.

그러나 바울은 위의 본문에서 만일 부활의 교리가 부정된다면 그때에 다음과 같은 아홉 가지의 끔찍한 결론을 내리지 않을 수 없게 된다고 분명히 지적한다.
(1) 모든 복음의 가르침은 쓸모없는 것이었으며 또한 계속 그럴 것이다.
(2) 모든 복음 전도자들은 터무니없는 거짓말장이들이며 또한 어리석은 자들일 것이다.
(3) 살아있는 모든 그리스도인들은 여전히 죄 가운데 있게 될 것이다.
(4) 죽은 그리스도인들은 모두 지옥에 있게 될 것이다.
(5) 삶 자체의 이유와 목적이 모두 사라질 것이다.
(6) 구세주 자신이 중동 지방의 어느 무덤에서 썩고 있을 것이다.
(7) 기독교의 의식은 웃음거리가 된다. 고린도전서 15장 29절을 유의하여 보라.
"만일 죽은 자들이 도무지 다시 살지 못하면 죽은 자들을 위하여 침례(세례)받은 자들이 무엇을 하겠느냐 어찌하여 저희를 위하여 침례(세례)를 받느뇨."
이 구절은 이제까지 약간 문제가 되어 왔는데 이에 대한 견해에는 다음의 두 가지가 있다.

① 부정적 견해
그 의미가 무엇이든지, 그것은 산 자가 죽은 자를 위하여 대리로 침례(세례)를 받는 몰몬교의, 전적으로 비성경적인 예식의 근거가 되지 못한다. 버림받은 자로 죽는다면 그는 영원히 구원받지 못한 자인 것이다(눅 16:19－32/히 2:3/계 22:11 참조).

② 긍정적 견해
침례(세례)는 '동일시'(identification)를 의미하는 것이다. 여기에서 바울이 말하고 있는 바는, 만일 죽은 자의 부활이 없다면, 살아있는 성도가 죽은 성도가 남겨놓은 표준을 택하는 목적이 무엇인가 하는 것이다.

(8) 그리스도를 위하여 고난받는 것은 어리석고 분별없는 일일 것이다(고전 15:30, 32).
(9) 관능적인 생활이 삶의 유일한 길이 될 것이다. 즉, "내일 죽을 터이니 먹고 마시자"라고 말하게 된다.

4. 부활의 대열(고전 15:20－28)

"그러나 이제 그리스도께서 죽은 자 가운데서 다시 살아 잠자는 자들의 첫 열매가 되셨도다"(고전 15:20).
여기에서 바울은 레위기 23장에 언급된 유대의 일곱 명절 가운데 세번째 것을 말하고 있다. 그것은 「초실절」(Feast of the first fruits)이라고 불리는 것이었다. 이에 관하여 다음 사실에 특히 유의하라.

1 첫째날
선발된 대표들이 곡식단을 베어낼 지점을 곡식밭에 표시한다.

2 둘째날
그곳의 곡식단을 베어 성전으로 가져온다.

3 셋째날
서약의 표시로 그것을 하나님께 바친다.

이제 고린도전서 15장 23, 24절을 자세히 살펴보라.
"그러나 각각 자기 차례대로 되리니 먼저는 첫 열매인 그리스도요 다음에는 그리스도께서 강림하실 때에 그에게 붙은 자요 그 후에는 나중이니 저가 모든 정사와 권세와 능력을 멸하시고 나라를 아버지 하나님께 바칠 때라."
"차례"를 나타내는 헬라어는 『타그마』(tagma)이다. 이것은 군사용어로 행군시에 계급의 순서대로 도열한 부대를 가리킨다. 따라서 우리들은 다음의 사실들을 알게 된다.

(1) 그리스도의 부활
(막 16:2－8/마 25:5－8/눅 24:1－8)
그분의 부활은 「전체 부활 행렬」의 선두를 이룬다. 왜냐하면 그것은 그러한 부활의 첫 번째이기 때문이다. 그리스도께서 나사로에게 행한 기적은 참된 부활이 아니라 단순히 죽은 인간의 몸이 산 인간의 몸으로 회복(소생)된 것에 지나지 않는다. 후에 나사로는 다시 죽었다. 그러나 궁극적인 부활이란 영원불멸을 수반한다.

(2) 죽은 자의 부활

"다음에는 그리스도의 강림하실 때에 그에게 붙은 자요"(고전 15:23).
이 '군대'가 행렬의 선두에 서신 그리스도의 뒤를 따른다(고전 15:53/살전 4:16 참조).
(3) 천년왕국 이전의 구약 성도와 환난당한 성도의 부활
"그 후에는 나중이니"(고전 15:24/참조, 요 5:24/단 12:2/계 20:5, 6).

5. 부활이 요구하는 것(고전 15:33, 34)

[1] 우리는 "깨어 의를 행하고 죄를 짓지 말아야" 한다(고전 15:34).
[2] 부활을 부인하는 사람들을 피해야 한다(고전 15:33).

6. 부활의 방법(고전 15:35－38)

"누가 묻기를 죽은 자들이 어떻게 다시 살며 어떠한 몸으로 오느냐 하리라"(고전 15:35).
바울은 죽은 자를 일으킬 때 하나님께서 사용하실 방법에 대해 말하지 않고 오히려 훌륭한 '밀알'의 예를 들고 있다(고전 15:37).
이 예증으로부터 우리는 놀라운 몇 가지 결론들을 끌어낼 수 있다.
[1] 옛 육체는 밀알처럼 자신을 변화시킬 수 있는 능력이 없다.
오직 하나님만이 밀을 자라게 하시며 죽은 자를 일으키실 수 있다.
[2] 옛 육체가 밀알처럼 변화되기 위해서는 죽어야 한다.
"내가 진실로 진실로 너희에게 이르노니 한 알의 밀이 땅에 떨어져 죽지 아니하면 한 알 그대로 있고 죽으면 많은 열매를 맺느니라"(요 12:24).
이처럼 죽음은 밀을 억제하는 것이 아니라 오히려 그것을 해방시킨다.
[3] 새 육체는 밀알과 마찬가지로 그 정체성(正體性 : identity)을 상실하지 않는다.
양자는 계속하여 처음 상태와 닮은 어떠한 것을 간직하고 있는 것이다(고전 13:12).

7. 부활의 완전성(고전 15:39－49)

[1] 죄에 속한 옛 육체의 속성
(1) 썩을 것(즉, 죽을 육체)으로 심음(고전 15:42)
(2) (부질없는 세상에) 욕된 것으로 심음(고전 15:43)
(3) (질병과 각종 질환을 겪는) 약한 것으로 심음(고전 15:43)
(4) (자연의 법칙에 얽매인) 육(肉)의 몸으로 심음(고전 15:44)

[2] 죄없는 새 육체의 속성
(1) 썩지 아니할 것(곧 죽지 않을 몸)으로 일으킴을 받음(고전 15:42)
(2) (완전한 세계에서) 영광스러운 것으로 다시 살게 됨(고전 15:43)
(3) (질병과 각종 질환에 정복되지 않는) 강한 것으로 다시 살게 됨(고전 15:43)
(4) (자연 법칙의 구속을 받지 않는) 신령한 몸으로 다시 살게 됨(고전 15:44)
고린도전서 15장 44절에서 바울은 "육(肉)의 몸이 있은즉 또 신령한 몸이 있느니라"고 말한다. 양자의 차이는 무엇인가? 아무것도 기록되어 있지 않은 순전한 백지들로 가득차 있는 한 책에 대해서 생각해 보자. 여기서 책은 사람의 육체이며 백지는 그의 영혼이다. 이제까지 계속 그 책은 영혼을 마음대로 "지배하고 있다." 그것은 결정적인 세력을 가지고 있다. 이것이 바로 중력과 시간에 대한 물리적 법칙의 지배를 받는 '육의 몸'이다. 그러나 이제 백지를 책에서 떼어내고 그것을 표지처럼 사용하여 책을 둘러싸보라. 그러면 백지(즉, 영혼)가 위에 있게 된다. 이제는 영혼이 결정적 세력을 가지고 있다. 이것이 곧 '신령한 몸'이며 그 몸은 중력이나 시간에 관한 물리적 법칙의 영향을 받지 않고 오히려 영원한 축복들을 누리게 된다.

고린도전서 15장 39-41절에서 바울은 신령한 새 몸이 육에 속한 옛 몸보다 우월함을 다음과 같이 예를 들어 설명한다.

① 인간의 몸이 동물의 몸보다 뛰어나다(고전 15:39).
② 하늘에 속한 자가 땅에 속한 자보다 뛰어나다(고전 15:40).
③ 태양이 달보다 뛰어나다(고전 15:41).

8. 부활의 약속(고전 15:50-53)

"보라 내가 너희에게 비밀을 말하노니 우리가 다 잠잘 것이 아니요 마지막 나팔에 순식간에 홀연히 다 변화하리니 나팔 소리가 나매 죽은 자들이 썩지 아니할 것으로 다시 살고 우리도 변화하리라 이 썩을 것이 불가불 썩지 아니할 것을 입겠고 이 죽을 것이 죽지 아니함을 입으리로다"(고전 15:51-53).
이제 다음과 같은 표현들에 대해 자세히 살펴보자.

[1] "내가 너희에게 비밀을 말하노니"(51절)

이것은 어떤 비밀인가? 창세기 1장을 읽기 시작하여 고린도전서 14장까지 통독을 하였다고 가정해보라. 바로 여기에서 읽기를 멈추었다고 하면 당신은 여러 가지 중요한 사실들, 즉 창조, 인간의 범죄, 홍수, 베들레헴, 갈보리, 부활 그리고 천국과 지옥의 실재 등에 대해 이미 알았을 것이다.

그러나 당신은 그리스도인이라도 육체가 죽은 후에야 천국에 갈 수 있을 것이라고 결론을 내리지 않을 수 없을 것이다. 물론 에녹(창 5:24)과 엘리야(왕하 2:11)의 두 예외가 있었음도 알았을 것이다. 그러나 이들을 제외하면, 성도들일지라도 영광의 목표에 도달하려면 죽음의 길을 통과해야만 한다는 것이 분명해졌을 것이다.

그러나 이제 비밀은 분명히 밝혀졌으니, 그것은 바로 '언젠가는 수백만의 그리스도인들이 죽음을 거치지 않고 천국에 이를 것'이라는 사실이다.
"보라 내가…너희에게 비밀을 말하노니 우리가 다 잠잘 것이 아니요…다 변화하리라"(고전 15:51).
그렇다면 바로 이것이 성도들의 들리움(휴거)의 비밀이다.

[2] "우리도 (모두) 변화하리라"(52절)

"모두"(all)라는 말에 특히 유의하라. 성경에는 '부분적 휴거설'을 뒷받침해주는 근거가 전혀 없다.

3 "순식간에"(51절)
위의 사건이 일어나는 것은 빛이 눈에 지각되는 시간, 즉 약 오분의 일 초 정도의 지극히 짧은 순간이다.

4 "이 썩은 것이 불가불 썩지 아니할 것을 입겠고"(53절)
이것은 죽은 성도들의 육체들을 가리키는 말이다.

5 "이 죽을 것이 죽지 아니함을 입으리로다"(53절)
이는 살아 있는 성도들의 육체들을 가리키는 말이다(살전 4:16, 17 참조).

9. 부활의 목적(고전 15:54)

"이 썩을 것이 썩지 아니함을 입고 이 죽을 것이 죽지 아니함을 입을 때에는 사망이 이김의 삼킨 바 되리라고 기록된 말씀이 응하리라"(사 25:8/호 13:14 참조).

그리스도인들은 부활의 목적을 확실하게 이해하고 있어야 한다. 현세계가 물질주의적 세계라고 하는 사실은 대단히 비극적인 일이다. 물질주의는 모든 사물의 가치를 알아내는 기술이라고 정의되지만 실제로는 어느 것의 가치도 알아내지 못한다. 그런데 이러한 철학을 피하려고 시도할 때, 성도들은 종종 또 다른 극단으로 치달아 하나님은 오로지 비물질적 일에만 관심을 두신다고 결론을 내리는 경우가 있다. 유감스럽게도 이러한 오류를 오늘날 교회들의 집사들과 재정관리위원회에서 자주 목격하게 된다. 때로 이러한 태도로 인하여 재정관리위원들보다 집사들에게 더 높은 도덕적 기준을 부여하게 된다. 이것은 결국 "영적인" 일이 "물질적" 분야의 일보다 더 중요하기 때문이 아닌가? 그러나 하나님께서는 물질적인 것들, 특히 그리스도인들의 육체에 "대단히 깊은" 관심을 갖고 계신다는 것이 물질에 관한 진리이다!(고전 6:19, 20/고후 6:16/엡 5:28, 29/롬 12:1, 2 참조)

그렇다면 무엇이 부활의 목적인가? 무엇보다도 그것은 인간의 궁극적인 대적을 멸망시키는 것이다. 바울은 앞에서 이렇게 기록한 바가 있다.
"맨 나중에 멸망받을 원수는 사망이니라"(고전 15:26).
인간에게는 육에 속한 다섯 가지 원수들이 있다.

1. **세상**(갈 1:4/요일 2:15/약 4:4)
2. **육신**(롬 7:18/8:8/갈 5:17/요일 2:16)
3. **마귀**(마 13:39/엡 6:11)
4. **영적 죽음**(요 5:24/8:51/계 2:11)
5. **육체적 죽음**(시 55:4/히 2:15)

10. 부활의 능력(고전 15:55-58)

"사망아 너의 이기는 것이 어디 있느냐 사망아 너의 쏘는 것이 어디 있느냐… 우리 주 예수 그리스도로 말미암아 우리에게 이김을 주시는 하나님께 감사하노니…"(고전 15:55-57).

여기에서 죽음은 독사로 묘사되고 그것의 독아(毒牙)는 죄이다. 그러나 언젠가 하나님께서 뱀과 그것의 독이빨을 모두 멸망시킬 것이다. 다음과 같은 유사한 표현을 유의하여 보라.

1 "사망아 너의 쏘는 것이 어디 있느냐"
이것은 그리스도께서 오실 때에 육체의 죽음을 맛보지 않게 될, 살아 있는 성도들을 가리키는 것 같다.

2 "사망아 너의 이기는 것이 어디 있느냐"
이것은 죽은 성도들을 가리키는데, 무덤은 그들의 육체를 토해내지 않을 수 없게 될 것이다.

바울은 이처럼 위대하고 장엄하며 영광스러운 장을 다음과 같은 말로 끝맺고 있다. "그러므로 내 사랑하는 형제들아 견고하며 흔들리지 말며 항상 주의 일에 더욱 힘쓰는 자들이 되라 이는 너희 수고가 주 안에서 헛되지 않은 줄을 앎이니라"(고전 15:58).

● 여섯째 질문 : 연보란 무엇인가?(고전 16장)

1. 헌금의 장소
"갈라디아 교회들"(고전 16:1).
이 말은 특별히 주의를 요한다. 신약성경에는 한 국가 교회나 지역 교회에 대한 언급이 전혀 없다. 현대의 여러 국가들(독일이나 영국 등)에서 볼 수 있는 공인 "국가 교회" 제도는 성경과 전혀 무관한 것이다.

2. 헌금의 원천
"너희 각 사람"(고전 16:2).
지역 교회는 그 교인들에 의해 유지되어야 한다. 우리는 또한 교회가 모든 사람에 의해 지원받아야 했음을 알게 된다.

3. 헌금의 시기
"매주일 첫날"(고전 16:2).
이것은 물론 일요일을 말한다(막 16:2, 9 / 눅 24:1 / 요 20:1, 19 / 행 20:7 참조).

4. 헌금의 액수
"이(利)를 얻는 대로."
실제적인 비율이 규정되어 있지는 않지만 성도가 하나님께 바치는 것이 식당에서 웨이터에게 팁을 주는 것보다 적다는 것은 도저히 상상조차 할 수 없는 일이다.

5. 헌금의 목적
"성도를 위하는"(고전 16:1).
이는 예루살렘의 가난한 성도들의 긴급한 필요를 충족시키기 위한 특별 헌금이었다(롬

15:26 참조).

6. 헌금 관리인

"너희의 인정한 사람"(고전 16:3).
교회 재정 관리의 책임은 반드시 두 사람 이상에게 맡겨야 한다. 이는 아무리 적은 액수라도 부정하게 취급한다는 혐의를 피하도록 하기 위해서이다.

바울은 개인적인 의견과 강력한 권면의 말로써 이 서신을 끝맺는다.

1 개인적인 의견

(1) 그는 곧 다시 그들을 방문할 예정이다(고전 16:5−9).
(2) 디모데 역시 이곳을 방문하게 될 것이다(고전 16:10, 11).
(3) 그는 아볼로에게도 이곳으로 오도록 강권했으나 하나님께서 이를 잠시 허락지 않으셨다(고전 16:12).
(4) 그는 그들에게 스데바나의 영적인 충고를 따르라고 촉구한다. 스데바나는 그가 헬라에 체류하는 동안에 얻은 첫 회심자였다(고전 16:15, 16).
(5) 에베소의 여러 성도들이 바울과 함께 그들에게 문안하였다(고전 16:17−20).

2 권면의 말

"깨어 믿음에 굳게 서서 남자답게 강건하여라 너희 모든 일을 사랑으로 행하라"(고전 16:13, 14).
"만일 누구든지 주를 사랑하지 아니하거든 저주를 받을지어다 주께서 임하시느니라"(고전 16:22).
(1)『저주』(anathema)라는 말은 "멸망당하기에 합당한"이라는 뜻이다(롬 9:3/갈 1:8, 9 참조).
(2) 『마라나다』(maranatha)는 "주께서 임하신다"라는 뜻이다(빌 4:5/약 5:7, 8/계 1:7/3:11 참조).

고린도후서

● 바울은 2차 전도 여행 중에 고린도 교회를 조직하였다(행 18:1−18).
● 3차 전도 여행 중에 바울은 그 교회를 방문하였다(고후 12:14/13:1).
● 그는 디도를 고린도에 보내어 예루살렘의 가난한 성도들을 위하여 특별히 사랑의 헌금을 하게 하였다(고전 16:1/고후 8:6, 10). 디도는 이것을 마치고 바울에게 돌아왔다.
● 그는 고린도 교회에 (지금은 없어진) 편지를 보냈다(고전 5:9). 우리가 반드시 기억해야 할 것은 하나님께서 바울과 초대교회의 지도자들이 기록한 많은 편지들을 모두 영감으로 쓰게 하시지는 않고, 다만 신약성경에 있는 것들만을 영감으로 쓰게 하셨다는 사실이다.

● 얼마 후에 바울은 또 하나의 편지를 썼다. 이것이 신약성경에 기록된 고린도전서이다. 그는 다음과 같은 두 가지 기본적인 이유 때문에 이 편지를 기록하였다.

1 고린도 교회를 책망하기 위하여

바울은 고린도에 살고 있는 글로에의 가족들로부터 불행하게도 교회에 몇 개의 당파가 있다는 소식을 듣게 되었다(고전 1:11).

2 고린도 교회를 가르치기 위하여

바울은 에베소에 있는 동안에 고린도 교회의 대표 세 사람의 방문을 받았다. 그들은 그에게 교회가 제기한 물음들을 전해주었다(고전 16:17/7:1/8:1/12:1).

● 그래서 그는 신약성경의 고린도전서를 디모데를 통하여 고린도에 보냈다(고전 4:17/16:10, 11).

● 디모데는 에베소에 있는 바울에게 돌아왔다. 이 젊은 전도자는 고린도 교회의 문제들을 바로잡을 수 없었던 것 같다(고후 1:1).

● 이번에는 바울 자신이 직접 그 교회를 방문하고 싶어했으나 그렇게 할 수 없었다(고후 1:15—17).

● 그는 그곳에서 자신이 이룩한 역사가 예루살렘에서 방금 도착한 율법주의적 유대인들에 의해 무너지고 있음을 즉시 알게 되었다(고후 3:1/10:12—18/11:22, 23).

● 그래서 그는 디도를 재차 보내며 사건을 수습한 후 드로아에서 만나자고 부탁하였다(고후 2:12, 13/7:6, 7).

● 바울은 드로아로 갔다. 그러나 그는 디도를 만날 수 없었다. 불안하게 얼마의 시간을 보낸 후 그는 마게도냐로 향했다(고후 2:12, 13).

● 여기에서 그는 디도를 만났으며, 디도는 그에게 고린도에서의 일에 관한 만족할 만한 보고를 하였다.

● 크게 안심이 된 바울은 고린도후서를 기록하였다(고후 7:5—15).

● 바울은 훗날 마지막으로 석 달 동안 고린도를 방문할 수 있었다. 여기에서 그는 로마서를 기록하였다(행 20:3/롬 15:22—29/롬 16:1, 23).

1. 위로(고후 1:1—7)

1. 위로와 위안의 근원

"그는 우리 주 예수 그리스도의 하나님이시요 자비의 아버지시요 모든 위로의 하나님이시며"(고후 1:3).

"위로"와 "위안"이라는 낱말은 (모두 동일한 헬라어에서 비롯된 말로서) 고린도후서 1장 1—7절 사이에서만 10번 사용되고 있다. 바울은 "위로"라는 말로 이 서신을 시작(고후 1:3)하고 또한 끝맺는다(고후 13:11). 성삼위(聖三位) 거룩한 삼위일체의 각 위격이 모두 '위로자'이시다.

1 **성부**(고후 1:3/사 49:13)

2 **성자**(요 14:1/사 61:2/살후 2:16)

3 **성령**(요 14:16, 26/15:26/16:7)

『위로』(comfort)라는 말은 두 헬라어 『파라』(para : 나란히)와 『칼레오』(kaleo : 부르다)의 복합어이다. 따라서 사람을 위로한다는 것은 그의 부름에 응답하고, 그를 격려하고, 그를 인도하며, 때로는 그를 보호하기 위하여 그와 함께 나란히 걷는다(동행한다)는 의미이다. 이 헬라어는 피고, 즉 다른 사람의 소송에 대해 자기를 변호해야 하는 자를 위한 법적 상담을 나타내기 위하여 법정에서 종종 사용되었었다(요일 2:1 참조).

이 밖에도 하나님은 참된 위로의 유일한 근원이시라고 말할 수 있다. 시편(시 69:20)에 있는 것과 같은 십자가 상에서의 예수님의 예언적 기도는 모든 인간의 실존을 완벽하게 그려내고 있다.

"훼방이 내 마음을 상하여 근심이 충만하니 긍휼히 여길 자를 바라나 없고 안위할 자를 바라나 찾지 못하였나이다."

2. 위로와 위안의 필요성

"우리가 아시아에서 당한 환난을 너희가 알지 못하기를 원치 아니하노니 힘에 지나도록 심한 고생을 받아 살 소망까지 끊어지고…"(고후 1:8).

위로가 필요없는 두 종류의 사람들이 있다. 곧 죽은 자와 아직 태어나지 않은 자이다(사 40:1, 2 참조). 스펄젼(Spurgeon)은 마음이 상한 자들을 위하여 설교를 준비한 설교자는 청중을 잃는 법이 결코 없을 것이라고 말하였다.

3. 위로와 위안의 목적

"우리의 모든 환난 중에서 우리를 위로하사 우리로 하여금 하나님께 받는 위로로써 모든 환난 중에 있는 자들을 능히 위로하게 하시는 이시로다 그리스도의 고난이 우리에게 넘친 것같이 우리의 위로도 그리스도로 말미암아 넘치는도다"(고후 1:4, 5).

'동정'(sympathy)과 '감정이입'(empathy) 사이에는 커다란 차이가 있다. 전자는 단지 "그러한 일을 겪다니 참으로 안됐습니다"라고 말할 뿐이다. 그러나 후자는 "나는 당신이 겪는 일을 정확히 알고 있습니다"라고 말한다. 따라서 우리 주 예수님은 고난을 당하셨기 때문에 모든 위로를 주실 수 있다(히 2:14-18/4:14-16 참조). 구세주께서는 우리를 위로하실 뿐만 아니라 우리와 함께 고난을 당하신다(행 9:4). 그러므로 여기에 나타난 영적 법칙은, 사람이 그리스도를 위하여 더욱 많은 고난을 당하면 당할수록 그리스도로부터 더욱 많은 위로를 받게 되며, 고난당하는 다른 사람들을 위로할 수 있는 능력을 더욱 받게 된다는 것이다. 그러므로 많은 고난을 당한 사람은 많은 위로의 말을 할 수 있는 것이다.

2. 설명(고후 1:8-2:13)

1. 아시아에서 당한 고난에 대한 설명(고후 1:8-14)

바울은 "우리가…힘에 지나도록 심한 고생을 받아 살 소망까지 끊어지고"(고후 1:8)라고 기록하고 있다. 여기에서 그가 당한 고난의 내용이 정확히 무엇인지는 알려져 있지 않다. 어떤 이들은 이 서신을 사도행전 19장 23-41절의 사건과 관련시키기도 한다. 그러나 바울이 그때에는 고난을 당한 것 같지 않다(이에 대한 증거로서 고전 15장 32절을 제시할 수 있을 것이다). 여하튼 고통이 너무 극심하였기 때문에 당시에 그는 자신을 죽음에 내맡길 정도였다.
"우리 마음에 사형 선고를 받은 줄 알았으니 이는 우리로 자기를 의뢰하지 말고 오직 죽은 자를 다시 살리시는 하나님만 의뢰하게 하심이라"(고후 1:9).
바울의 믿음은 구약성경의 이삭과 아브라함의 믿음과 같은 것이었다(창 22:1-8/히 11:17-19 참조).
하나님의 세 가지 구원에 대한 그의 증거를 유의하여 보라.
1 **"… 우리를 건지셨고."**
이는 칭의(稱義/또는 義化)를 말하는 것이다.
2 **"… (우리를) 건지시리라."**
이는 성화(聖化)를 가리키는 것이다.
3 **"… (우리를) 건지시기를 … 바라노라."**
이는 영화(榮化)를 가리키는 것이다.

2. 마게도냐 여행에 대한 설명(고후 1:15-24/2:1, 12, 13)

1 그가 의도하였던 것
"내가 이 확신을 가지고 너희로 두 번 은혜를 얻게 하기 위하여 먼저 너희에게 이르렀다가 너희를 지나 마게도냐에 갔다가 다시 마게도냐에서 너희에게 가서 너희가 보내줌으로 유대로 가기를 경영하였으니"(고후 1:15, 16).

2 그가 이것을 실행하지 않은 이유
"내가 다시 근심으로 너희에게 나아가지 않기를 스스로 결단하였노니 …"(고후 2:1).

3 그의 최종 도착지
"내가 그리스도의 복음을 위하여 드로아에 이르매 주 안에서 문이 내게 열렸으되 내가 내 형제 디도를 만나지 못하므로 내 심령이 편치 못하여 저희를 작별하고 마게도냐로 갔노라"(고후 2:12, 13).

3. 에베소에서 흘린 눈물에 대한 설명(고후 2:2-11)

"내가 큰 환난과 애통한 마음이 있어 많은 눈물로 너희에게 썼노니"(고후 2:4).
여기에서 바울이 언급하고 있는 것은 고린도전서임이 분명하다.
1 그는 고린도 교회가 고린도전서 5장에 기록된, 회개하지 않는 자에 대해 책망하기를 일단 거절한 사실로 인하여 눈물을 흘렸다.
2 이제 그는 고린도 교회가 회개한 자를 회복시켜 주기를 거절한 사실에 대해 눈물을 흘린다.
"그런즉 너희는 차라리 저를 용서하고 위로할 것이니 저가 너무 많은 근심에 잠길까 두려워하노라"(고후 2:7).
이러한 용서는 즉시 이루어져야 하는 것이다.
"이는 우리로 사단에게 속지 않게 하려 함이라 우리가 그 궤계를 알지 못하는 바가 아니로라"(고전 2:11).

3. 사역의 본질에 대한 논증(고후 2:14—6:18)

1. 그것은 승리하는 사역이다(고후 2:14—16)

"항상 우리를 그리스도 안에서 이기게 하시고 우리로 말미암아 각처에서 그리스도를 아는 냄새를 나타내시는 하나님께 감사하노라"(고후 2:14).

1 문제가 언제 발생한다 할지라도("항상")

2 문제가 어느 곳에서 발생한다 할지라도("각처에서")

하나님은 우리에게 완전한 승리를 보장해 주셨다.

이 약속을 예증하기 위해 바울은 자신의 선교를 승리한 로마군의 개선행진에 비유한다. 승리를 거둔 장군(이 경우에는 예수님)은 행진하는 동안 '정복자'(즉, 구원받은 자)와 '포로'(즉, 구원받지 못한 자)를 각각 그들이 처할 운명으로 인도하실 것이다. 행한 대열로부터 아름다운 향기가 풍겨날 것인데, 이는 향을 태우는 데서 생겨난 것이다.

"이 사람(포로)에게는 사망으로 좇아 사망에 이르게 하는 냄새요 저 사람(정복자)에게는 생명으로 좇아 생명에 이르는 냄새라"(고후 2:16).

구약성경의 예를 들면, 요셉의 존재가 떡굽는 관원장(창 40:16—19, 22)에게는 죽음이었고, 술맡은 관원장(창 40:9, 13, 21)에게는 생명이었다.

이와 마찬가지로 신약성경의 예를 들면, 예수님의 존재가 회개하지 않은 도적(눅 23:39)에게는 죽음을 의미하였고, 회개한 도적(눅 23:40—43)에게는 생명을 의미하였다.

2. 그것은 순전한 사역이다

"우리는 수다한 사람과 같이 하나님의 말씀을 혼잡하게 하지 아니하고 곧 순전함으로 … 말하노라"(고후 2:17/참조, 벧후 3:14—16).

"혼잡케 하다"라는 말은 「하나님의 말씀」을 가감(加減)하거나 행상(行商)하는 것을 의미한다. 거짓 예언자들은 모두 이처럼 무서운 죄를 범하고 있다(행 8:18—23 참조).

3. 그것은 (하나님으로부터 친히) 인정받은 사역이다

"우리가 어떤 사람처럼 천거서를 너희에게 부치거나 혹 너희에게 맡거나 할 필요가 있느냐"(고후 3:1—3).

바울의 사역을 괴롭히는 율법주의적 유대 교사들은 공식적이고 인상적인 예루살렘의 천거서를 소지하였다. 사도 바울 역시 회심하기 이전에 이러한 것을 갖고 있었다(행 9:2). 그러나 이제는 생활이 완전히 바뀌었다. 바울의 편지는 다음과 같은 특징을 지니고 있었다.

1 인격적이다—"너희가 우리의 편지라."

2 영원하다—"우리 마음에 썼고."

3 공개되었다—"뭇 사람이 알고 있는 바라."

4. 그것은 종속적인 사역이다(고후 3:4, 5)

"우리가 … 스스로 만족할 것이 아니니 우리의 만족은 오직 하나님께로서 났느니라"(고후 3:5/참조, 빌 4:13).

5. 그것은 영광스러운 사역이다(고후 3:6－18)

1 그 계획이 뛰어나다

여기에서 바울은 과거로 돌아가 출애굽기 34장 29－35절을 언급한다. 그때는 모세가 십계명을 받은 후에 시내산을 내려오던 때였다. 그때 그의 얼굴은 하나님의 영광을 발하였기 때문에, 밑에서 기다리고 있는 이스라엘 사람들이 놀라지 않도록 수건으로 얼굴을 가리웠다. 그러나 고린도후서 3장 13절에서 바울은 수건을 쓴 참된 이유는 이스라엘로 하여금 곧 사라져 없어질 영광을 보지 못하도록 하려는 것이었다고 설명한다.

그러나 하나님의 새로운 계획은 모세의 계획보다 뛰어나다. 왜냐하면 그리스도로 말미암아 주어진 그 영광은 영원히 사라지지 않을 것이기 때문이다(마 26:28 / 히 8:8, 13 참조).

"의문(儀文 : 구약의 율법에 따른 계획)은 죽이는 것이요 영(靈 : 신약의 은혜에 따른 계획)은 살리는 것임이니라"(고후 3:6).

2 그 권능이 뛰어나다

"주는 영이시니 주의 영이 계신 곳에는 자유함이 있느니라"(고후 3:17).

3 그 목적이 뛰어나다

그리스도 안에서 이루어진 하나님의 새 선교는 두 가지 목적을 가지고 있다.

(1) 이스라엘에 대한 목적－그들의 눈을 가리울 불신앙의 수건을 벗기는 것(고후 3:16).

(2) 교회에 대한 목적－그리스도인들을 그리스도의 형상대로 변화시키는 것(고후 3:18).

6. 그것은 솔직한 사역이다(고후 4:1－4)

1 솔직한 행동

"숨은 부끄러움의 일을 버리고 궤휼 가운데 행하지 아니하며 …."

2 솔직한 증거

"하나님의 말씀을 혼잡케 아니하고 오직 진리를 나타냄으로 하나님 앞에서 각 사람의 양심에 대하여 스스로 천거하노라"(고후 4:2).

이 솔직함은 매우 중요하다. 왜냐하면 죄인들은 이미 사단에 의해 소경이 되어 있어서 거짓 그리스도인들의 삶 때문에 더 이상 해를 당하지는 않을 것이기 때문이다.

7. 그것은 그리스도를 영화롭게 하는 사역이다(고후 4:5－7)

바울의 멧세지는 다음의 세 가지 사항을 크게 강조한다.

1 그리스도는 누구이신가?

그분은 곧 '주님'이시다.

2 그리스도는 무엇을 하셨는가?
"어두운 데서 빛이 비취리라(창조를 가리킴) 하시던 그 하나님께서 예수 그리스도의 얼굴에 있는 하나님의 영광을 아는 빛을 우리 마음에 비취셨으니라(구속을 가리킴)"(고후 4:6).

3 왜 그리스도는 바울을 선택하여 사용하셨는가?
"우리가 이 보배를 질그릇에 가졌으니 이는 능력의 심히 큰 것이 하나님께 있고 우리에게 있지 아니함을 알게 하려 함이라"(고후 4:7).

8. 그것은 고난의 사역이다(고후 4:8-18)

1 고난의 본질
(1) 사방에서 괴로움을 당함
(2) 당혹하게 됨
(3) 박해를 받음
(4) 거꾸러 넘어뜨림을 당함
(5) 겉사람의 죽음

2 고난을 통한 승리
(1) 괴로움을 당하나 낙심치 않음
(2) 당혹케 되나 절망하지 않음
(3) 박해를 받으나 버림받지 않음
(4) 거꾸러 넘어지나 죽지 않음
(5) 속사람이 새로워짐

3 고난의 결과
● 즉각적 축복
(1) 그리스도의 흔적을 소유케 되는 특권(고후 4:10, 11 / 참조, 롬 8:36 / 고전 15:31 / 갈 6:17 / 골 1:24)
(2) 하나님의 영광을 나누어 받는 특권(고후 4:15)
● 미래의 축복
(3) 부활(고후 4:14)
(4) 상급(고후 4:17 / 참조, 막 10:28-30)

9. 그것은 확신있는 사역이다(고후 5:1-9)

1 하나님이 (장차) "손으로 지은 것이 아니요 하늘에 있는 영원한 집"(고후 5:1)을 우리에게 주실 것이다.
2 하나님이 (현재) "보증(증인 또는 서약)으로 성령"(고후 5:5)을 우리에게 주셨다.
이러한 사실들의 결과, 바울은 최고의 확신을 갖게 되었음을 주목하라.

"이러므로 우리가 항상 담대(확신)하여"(고후 5:6).
"항상"이란 말이 바울의 서신 가운데에는 상당히 많이 나타난다.
–「기도」에 대해서(롬 1:9)
–「찬양」에 대해서(고전 1:4)
–「일」에 대해서(고전 15:58)
–「순종」에 대해서(빌 2:12)

10. 그것은 강제적인 사역이다(고후 5:10–17)

적어도 다음의 다섯 가지 요인이 바울로 하여금 선교에 주야로 몰두하게 자극하였다.

1 성도에 대한 심판(고전 5:10)
(1) 계획–우리가 반드시 받음
(2) 대상–모든 성도

복음 사역의 특징(고후 2:14–6:18)

(3) 출두－서게 됨
(4) 장소－그리스도의 심판대 앞
(5) 목적－각각 선악 간에 그 몸으로 행한 것을 따라 받기 위해
　여기에서 "악"이란 말은 "무익한"으로 번역되어야 마땅하다(고전 3:12과 비교).

[2] 죄인들이 필요로 함(고후 5:14)
"우리가 생각건대 한 사람이 모든 사람을 대신하여 죽었은즉 모든 사람이 죽은 것이라."
그러므로 바울은 자신이 회심시킨 사람들이 그날에 그리스도 앞에서 회계를 잘 할 수 있게 되기를 원하였다.

[3] "주의 두려우심"(고후 5:11)
여기에서 바울은 모든 성도들이 마땅히 지녀야 하는 존경과 경외를 말하고 있다. 바울이 두려워하는 것은 혹시 그의 영광스러운 주님을 노엽게 하지 않을까 하는 것이다.

[4] "그리스도의 사랑"(고후 5:14)
"그리스도의 사랑이 우리를 강권하시는도다."

[5] 복음의 능력(고후 5:17)
"그런즉 누구든지 그리스도 안에 있으면 새로운 피조물이라 이전 것은 지나갔으니 보라 새것이 되었다."
이처럼 영광스러운 복음은 우리에게 다음 사실들을 확신시켜 준다.
(1) 우리는 그리스도로 말미암아 살아야 한다(요일 4:9).
(2) 우리는 그리스도와 함께 살아야 한다(살전 5:10).
(3) 우리는 그리스도를 위하여 살아야 한다(고후 5:15).

11. 그것은 대리적 사역이다(고후 5:18－21)
"우리가 그리스도를 대신하여 사신이 되어…."
[1] 사신(使臣)은 그가 대표하는 국가의 한 시민이어야 한다(빌 3:20 / 골 3:1, 2).
[2] 그는 선택받은 사람이다(요 15:16).
[3] 그는 선전포고 이전에 고국으로 소환된다(살전 1:10 / 5:1－10).

12. 그것은 훼방을 받지 않는 사역이다(고후 6:1－8)
"우리가 이 직책이 훼방을 받지 않게 하려고 무엇에든지 아무에게도 거리끼지 않게 하고 오직 모든 일에 하나님의 일꾼으로 자천(自薦)하여…"(고후 6:3, 4).
이제까지 성경은 자칭 복음사역의 옹호자라는 사람들에 의해 많은 고난을 받아왔다.

13. 그것은 역설적 사역이다(고후 6:9, 10)
역설이란 겉으로는 모순인 것처럼 보이나 실제로는 모순이 아닌 것이다. 성경에는 무수

한 역설들이 열거되어 있다.
1 생명을 찾고자 하면 결국 그것을 잃게 된다(요 12:25).
2 생명을 잃었을 때, 오히려 결국에는 생명을 얻게 된다.
3 이름없는 자 같으나 오히려 유명하게 된다(고후 6:9).
4 죽는 자 같으나 오히려 생명을 소유하게 된다(고후 6:9).
5 근심하는 것 같으나 오히려 항상 기뻐한다(고후 6:10).
6 죽었을 때, 오히려 생명을 줄 수 있다(요 12:24).
7 가난하지만 오히려 많은 사람들을 부요하게 한다(고후 6:10).
8 가진 것이 아무것도 없으나, 오히려 모든 것을 소유한다(고후 6:10).
9 말할 수 없는 말을 듣는다(고후 12:4).
10 약할 때 오히려 강해진다(고후 12:10).
11 알 수 없는 그리스도의 사랑을 안다(엡 3:19).
12 보이지 않는 것을 본다(고후 4:18).

14. 거룩한 구세주의 삶과 역사 바로 그 자체가 하나의 신비한 역설이다

1 그분은 굶주렸으나 허다한 무리들을 먹이셨다(마 4:2 / 요 6장).
2 그분은 갈증을 겪으셨다. 그러나 그분은 생명수이시다(요 19:28 / 4:14).
3 그분은 피곤해 하셨다. 그러나 그분은 우리의 안식처이시다(요 4:6 / 마 11:29, 30).
4 그분은 세금을 바치셨다. 그러나 그분은 만왕의 왕이시다(마 17:27 / 계 19:16).
5 그분은 기도하셨다. 그러나 그분은 우리의 기도를 들으신다(막 14:32-42 / 요 14:13, 14).
6 그분은 우셨다. 그러나 그분은 우리의 눈물을 닦아주신다(요 11:35 / 계 21:4).
7 그분은 삼십에 팔리셨다. 그러나 그분은 세계를 속량하신다(마 26:15 / 벧전 1:18, 19).
8 그분은 양처럼 도살당하셨다. 그러나 그분은 선한 목자이시다(사 53:7 / 요 10:11).
9 그분은 죽음을 당하셨다. 그러나 그분은 죽은 자를 일으키신다(요 19:33).

15. 그것은 구별된 사역이다(고후 6:11-18)

1 구별의 본질

"너희는 믿지 않는 자와 멍에를 같이하지 말라"(고후 6:14).
이러한 구별에는 물론 다음과 같은 관계가 포함되어 있다.
(1) 결혼
(2) 동업자
(3) 부패한 교회 조직

2 구별의 논리

(1) "의와 불법이 어찌하여 함께하며."
(2) "빛과 어두움이 어찌 사귀며."

(3) "그리스도와 벨리알이 어찌 조화되며."
(4) "믿는 자와 믿지 않는 자가 어찌 상관하며."
(5) "하나님의 성전과 우상이 어찌 일치가 되리요."

[3] 구별에 대한 보상(고후 6:17, 18)
"그러므로 주께서 말씀하시기를 너희는 저희 중에서 나와서 따로 있고 부정한 것을 만지지 말라 내가 너희를 영접하여 너희에게 아버지가 되고 너희는 내게 자녀가 되리라 전능하신 주의 말씀이니라 하셨느니라."

4. 감사(고후 7장)

1. 디도를 만났을 때 하나님께 감사드림(고후 7:1—6)
"우리가 마게도냐에 이르렀을 때에도 우리 육체가 편치 못하고 사방으로 환난을 당하여 밖으로는 다툼이요 안으로는 두려움이라 그러나 비천한 자들을 위로하시는 하나님이 디도의 옴으로 우리를 위로하셨으니…"(고후 7:5, 6).

2. 디도의 소식을 듣고 하나님께 찬양을 드림(고후 7:7—16)
디도는 그가 고린도 교인들에게 정중한 대접을 받았다는 것과, 이전에 보낸 바울의 편지가 그들이 범한 여러 가지 죄를 고백하고 회개하게 하려는 두 가지 목표를 원하는 대로 이루었다고 보고하였다. 그와 같은 죄의 하나가 자기 계모와 성관계를 가진 어떤 사람의 경우였다(고전 5장). 이에 바울은 기뻐하며 다음과 같이 말하였다.
"하나님의 뜻대로 하는 근심은 후회할 것이 없는 구원에 이르게 하는 회개를 이루는 것이요 세상의 근심은 사망을 이루는 것이니라"(고후 7:10).

5. 간구(고후 8, 9장)

1. 헌신(연보)의 모범들

[1] 마게도냐 교인들(고후 8:1—5)
(1) 그들은 자신들을 주께 드림으로 연보하였다.
"저희가 먼저 자신을 주께 드리고…"(고후 8:5).
(2) 그들은 사도들에게 복종함으로 연보하였다.
"…하나님 뜻을 좇아 우리에게 주었도다"(고후 8:5).
(3) 그들은 자신들의 부(富)를 가난한 성도들과 나눔으로 연보하였다.
"성도 섬기는 일에 참여함"(고후 8:4).

[2] 성자(聖子)
"우리 주 예수 그리스도의 은혜를 너희가 알거니와 부요하신 자로서 너희를 위하여 가난하게 되심은 그의 가난함을 인하여 너희로 부요케 하려 하심이니라"(고후 8:9).

이렇게 주님은 우리를 본래의 우리가 아닌 자(즉 부자)로 만들기 위하여 본래의 그분이 아닌 자(즉 가난한 자)가 되셨다. 죄없는 하나님의 아들이 인자가 되어 죄 많은 사람들을 하나님의 아들들이 되도록 하셨다.

3 성부

"말할 수 없는 그의 은사를 인하여 하나님께 감사하노라"(고후 9:15).

2. 연보의 정신

"할 마음만 있으면 있는 대로 받으실 터이요 없는 것을 받지 아니하시리라"(고후 8:12).
"각각 그 마음에 정한 대로 할 것이요 인색함으로나 억지로 하지 말지니 하나님은 즐겨 내는 자를 사랑하시느니라"(고후 9:7).

3. 연보는 은혜임

"오직 너희는 믿음과 말과 지식과 모든 간절함과 우리를 사랑하는 이 모든 일에 풍성한 것같이 이 은혜도 풍성하게 할지니라"(고후 8:7).
부자 청년 관원에게 하신 예수님의 말씀을 여기에 적용시킬 수 있을 것이다(막 10:21).

4. 연보의 결과

1 내용

(1) 연보는 궁핍한 자들에게 도움이 될 것이다.
"이 봉사의 직무가 성도들의 부족한 것"을 보충하였다(고후 9:12).
(2) 연보는 바치는 자에게 채워주실 것이다.
① 그는 주님께서 채워주실 것이다.
"하나님이 능히 모든 은혜를 너희에게 넘치게 하시나니 이는 너희로 모든 일에 항상 넉넉하여 모든 착한 일을 넘치게 하려 하심이라"(고후 9:8).
"심은 자에게 씨와 먹을 양식을 주시는 이가 너희 심을 것을 주사 풍성하게 하시고 너희 의의 열매를 더하게 하시리니 너희가 모든 일에 부요하여…우리로 말미암아 하나님께 감사하게 하는 것이라"(고후 9:10, 11).
② 그를 위해 가난한 자들이 기도할 것이다.
"또 저희가 너희를 위하여 간구하며 하나님의 너희에게 주신 지극한 은혜를 인하여 너희를 사모하느니라"(고후 9:14).
③ 연보는 하나님께 영광이 될 것이다.
"이 봉사의 직무가 성도들의 부족한 것만 보충할 뿐 아니라 사람들의 하나님께 드리는 많은 감사를 인하여 넘쳤느니라 이 직무로 증거를 삼아…하나님께 영광을 돌리고"(고후 9:12, 13).

2 증거

(1) 인간의 생활 형편이 증거함

"이것이 곧 적게 심는 자는 적게 거두고 많이 심는 자는 많이 거둔다 하는 말이로다"(고후 9:6/참조, 잠 22:9/갈 6:7, 9).
(2) 하나님의 '말씀'이 증거함
"기록한 것같이 많이 거둔 자도 남지 아니하였고 적게 거둔 자도 모자라지 아니하였느니라"(고후 8:15/참조, 출 16:18).
"기록한바 저가 흩어 가난한 자들에게 주었으니 그의 의가 영원토록 있느니라 함과 같으니라"(고후 9:9/참조, 시 112:9).

6. 변호(고후 10:13)

바울은 자신의 사도직을 옹호하기 위하여 나머지 장(章)들을 기록하고 있다. 그를 시기하는 몇몇 유대인들에 의해 그의 명성과 선한 직무가 비판당하고 있었다. 아마도 그들은 소요를 일으키기 위해 예루살렘에서 고린도에 온 것 같다. 바울은 능란하게 자기를 변호하며 다음과 같이 논증한다.

1. 바울의 방법은 그를 고발하는 자들의 방법보다 탁월했다

[1] 바울은 사단과의 싸움에서 육체적이며 세속적인 무기를 사용하지 않았다(고후 10:3–5)
"우리의 싸우는 병기는 육체에 속한 것이 아니요 오직 하나님 앞에서 견고한 진을 파하는 강력이라"(고후 10:4).
사단을 물리칠 때 불을 가지고 불과 싸울 수는 없다. 우리는 반드시 피를 사용해야 한다(계 12:11 참조).

[2] 바울은 속임수를 쓰지 않았다(고후 10:12, 17, 18)
"우리가 어떤 자기를 칭찬하는 자로 더불어 감히 짝하며 비교할 수 없노라 그러나 저희가 자기로서 자기를 비교하니 지혜가 없도다"(고후 10:12).
구원받은 자나 구원받지 못한 자를 막론하고 양자는 모두 이러한 거짓 속임수를 사용하는 죄를 자주 범한다.
(1) 구원받지 못한 자는 자신보다 더 나쁜, 가엾고 불행하며 비열한 자를 쉽게 찾아낼 수 있으며, 이로써 자신의 불안한 양심을 진정시키고 자신의 '높은 도덕성'은 그리스도의 의(義)가 없어도 족하다는 결론을 스스로 내린다.
(2) 그리스도인 지도자들도 자신들의 직무를 다른 성도의 일과 비교함으로써 이러한 함정에 빠지는 경우가 종종 있다. 그 결과는 (만일 남의 일이 자신의 것보다 더 중요하면) 시기를 낳고, (그 반대의 경우이면) 교만을 낳는다.
그러나 바울은 이러한 함정을 아주 조심스럽게 피하고 있다. 그가 하는 말을 유심히 살펴보자.
"자랑하는 자는 주 안에서 자랑할지니라 옳다 인정함을 받는 자는 자기를 칭찬하는 자가 아니요 오직 주께서 칭찬하시는 자니라"(고후 10:17, 18).

③ 바울은 다른 사람의 본을 따르지 않았다(고후 10:13-16)
사도 바울은 "너희는 외모만 보는도다"(고후 10:7)라고 했다. 고린도 교인들은 그렇게 했음이 분명하다. 왜냐하면 그의 대적들은 바울이 "그 몸으로 대할 때는 약하고 말이 시원치 않다"(고후 10:10)라고 주장하였기 때문이다. 바울은 이에 대해 다음과 같이 답변한다.
"내가 비록 말에는 졸하나 지식에는 그렇지 아니하니"(고후 11:6/참조, 고전 2:1-4).
여기에 한 가지 문제가 있다. 성경의 다른 구절들은 오히려 바울이 유창하고 힘있는 웅변가였다고 말하고 있기 때문이다(행 14:9-18 참조). 여하튼 바울은 자신이 어떠한 실제적 재주들을 가지고 있었다 할지라도 그것들을 자랑하지 않았다. 이러한 점에 있어서 그는 다음과 같은 신구약성경의 교훈에 크게 힘입었다.
(1) **사무엘상 16장 6, 7절**
"그들이 오매 사무엘이 엘리압을 보고 마음에 이르기를 여호와의 기름 부으실 자가 과연 그 앞에 있도다 하였더니 여호와께서 사무엘에게 이르시되 그 용모와 신장을 보지 말라 내가 이미 그를 버렸노라 나의 보는 것은 사람과 같지 아니하니 사람은 외모를 보거니와 나 여호와는 중심을 보느니라."
(2) **요한복음 7장 24절**
"외모로 판단하지 말고 공의의 판단으로 판단하라 하시니라."

2. 바울의 동기는 그를 비난하는 자들의 것보다 탁월했다

① 교회에 대한 바울의 열심(고후 11:1, 2)
"내가 하나님의 열심으로 너희를 위하여 열심 내노니 내가 너희를 정결한 처녀로 한 남편인 그리스도께 드러내고 중매함이로다"(고후 11:2/참조, 골 1:28).
여기에서 「열심」(jealousy)과 「질투」(envy)를 구별해 보자.
(1) **열심** : 이는 "자신의 것을 소유하고자 하는 욕구"이다. 일반적 견해와는 달리 이것은 적절한 한계 내에서 지켜지기만 한다면, 유익하고 자연스러운 특성이다.
(2) **질투** : 이는 "남의 것을 소유하려는 욕구"이다. 이것은 예외없이 악하다.

② 교회를 위하는 바울의 염려(고후 11:3-6)
"뱀이 그 간계로 이와를 미혹케 한 것같이 너희 마음이 그리스도를 향하는 진실함과 깨끗함에서 떠나 부패할까 두려워하노라 만일 누가 가서 우리의 전파하지 아니한 다른 예수를 전파하거나 혹 너희의 받지 아니한 다른 영을 받게 하거나 혹 너희의 받지 아니한 다른 복음을 받게 할 때에는 너희가 잘 용납하는구나"(고후 11:3, 4/참조, 마 24:4, 5/엡 4:14/갈 1:6-8).

③ 사리사욕이 없는 바울의 교회 봉사
"내가 너희를 높이려고 나를 낮추어 하나님의 복음을 값없이 너희에게 전함으로 죄를 지었느냐 내가 너희를 섬기기 위하여 다른 여러 교회에서 요(料)를 받은 것이 탈취한 것이라 또 내가 너희에게 있어 용도가 부족하되 아무에게도 누를 끼치지 아니함은 마

게도냐에서 온 형제들이 나의 부족한 것을 보충하였음이라 내가 모든 일에 너희에게 폐를 끼치지 않기 위하여 스스로 조심하였거니와 또 조심하리라"(고후 11:7-9/참조, 빌 4:15, 16).

4 교회에 대한 바울의 경고

바울은 그의 대적들의 실제 정체에 대해 고린도 교인들에게 이렇게 경고한다.
"저런 사람들은 거짓 사도요 궤휼의 역군이니 자기를 그리스도의 사도로 가장하는 자들이니라 이것이 이상한 일이 아니라 사단도 자기를 광명의 천사로 가장하나니 그러므로 사단의 일꾼들도 자기를 의의 일꾼으로 가장하는 것이 또한 큰 일이 아니라 저희의 결국은 그 행위대로 되리라"(고후 11:13-15).
뒤이어 바울은 이들 거짓 일꾼들이 신실한 성도들에게 행한 죄를 적어도 다섯 가지(고후 11:20)로 열거하고 있다.
(1) 그들은 성도들을 노예로 삼았다.
(2) 그들은 성도들을 삼켜버렸다.
(3) 그들은 성도들을 이용하였다.
(4) 그들은 다른 사람들을 희생시키면서 자신들을 높였다.
(5) 그들은 (영적으로) 성도들의 뺨을 쳤다.

5 교회를 위한 그의 고난

"유대인들에게 사십에 하나 감한 매를 다섯 번 맞았으며 세 번 태장으로 맞고 한 번 돌로 맞고 세 번 파선하는데 일주야를 깊음에서 지냈으며 여러 번 여행에 강의 위험과 강도의 위험과 동족의 위험과 이방인의 위험과 거짓 형제 중의 위험을 당하고 또 수고하며 애쓰고 여러 번 자지 못하고 주리며 목마르고 여러 번 굶고 춥고 헐벗었노라 이 외의 일은 고사하고 오히려 날마다 내 속에 눌리는 일이 있으니 곧 모든 교회를 위하여 염려하는 것이라 누가 약하면 내가 약하지 아니하며 누가 실족하게 되면 내가 애타하지 않더냐 내가 부득불 자랑할진대 나의 약한 것을 자랑하리라 주 예수의 아버지 영원히 찬송할 하나님이 나의 거짓말 아니하는 줄을 아시느니라 다메섹에서 아레다 왕의 방백이 나를 잡으려고 다메섹 성을 지킬 새 내가 광주리를 타고 들창문으로 성벽을 내려가 그 손에서 벗어났노라"(고후 11:24-33).
고린도후서에는 바울이 당한 고난이 많이 언급되어 있다(고후 1:3-11/4:8-11/6:4, 8-10/7:5/12:7-10 참조).

3. 바울이 행한 기적들은 바울의 대적들이 행한 기적보다 탁월했다

1 바울이 본 초자연적 환상과 계시(고후 12:1-6)

"내가 그리스도 안에 있는 한 사람을 아노니 십사 년 전에 그가 셋째 하늘에 이끌려간 자라(그가 몸 안에 있었는지 몸 밖에 있었는지 나는 모르거니와 하나님은 아시느니라) 내가 이런 사람을 아노니 (그가 몸 안에 있었는지 몸 밖에 있었는지 나는 모르거니와 하나님은 아시느니라) 그가 낙원으로 이끌려가서 말할 수 없는 말을 들었으니 사람이

가히 이르지 못할 말이로다"(고후 12:2—4).

우리는 바울이 이때에 목격한 것이 무엇인지 생각조차 할 수 없다. 후에 사도 요한도 이와 비슷한 광경을 보았던 것 같다(계 10:4 참조).

혹자는 바울이 루스드라에서 돌을 맞아 실제로 죽었으며(행 14:19), 그리고 그 동안에, 즉 그가 죽은 자 가운데서 하나님으로 말미암아 일으킴을 받아 이전에 고린도전서 12장에 기록된 환상을 경험했다고 생각한다.

2 바울의 초자연적 능력(고후 12:7—10)

"여러 계시를 받은 것이 지극히 크므로 너무 자고(自高)하지 않게 하시려고 내 육체에 가시 곧 사단의 사자를 주셨으니 이는 나를 쳐서 너무 자고하지 않게 하려 하심이니라 이것이 내게서 떠나기 위하여 내가 세 번 주께 간구하였더니 내게 이르시기를 내 은혜가 네게 족하도다 이는 내 능력이 약한 데서 온전하여짐이라 하신지라 이러므로 도리어 크게 기뻐함으로 나의 여러 약한 것들에 대하여 자랑하리니 이는 그리스도의 능력으로 내게 머물게 하려 함이라 그러므로 내가 그리스도를 위하여 약한 것들과 능욕과 궁핍과 핍박과 곤란을 기뻐하노니 이는 내가 약할 그때에 곧 강함이니라"(고후 12:7—10).

이 부분은 바울이 고린도후서에서 다섯번째로 사단에 대해 언급하고 있는 부분이다. 이 다섯 개의 본문들로부터 우리는 다음의 사실들을 깨닫게 된다.

(1) 사단의 칭호 : 세상의 신(고후 4:4)

(2) 사단의 전략

① 성도를 이용함(고후 2:1)

② 성도들에게 고통을 줌(고후 12:7)

특별히 욥기 1, 2장을 참조하라.

③ 불신자들을 소경으로 만듦(고후 4:4)

(3) 사단의 위장술 : 자신을 광명의 천사로 꾸밈(고후 11:14)

(4) 사단의 추종자들 : 거짓 일꾼들(고후 11:15)

바울의 몸에 있는 가시의 정체는 무엇인가? 이에 대해서는 여러 가지 견해가 있다. 그 중 가장 중요한 설은 그가 만성적인 눈병인 안질을 앓고 있었다는 것이다. 이 안질은 심하게 고통스럽지는 않았으나 종종 재발하는 병이다. 바울이 이 병에 걸린 것은 그가 갈라디아에 가던 무렵, 즉 고린도후서를 쓰기 14년 전의 일이었다. 이는 다른 어떤 육체적 질병 때문에 걸린 것이었다(갈 4:13—15/6:11 참조).

또한 덧붙여서 기억해야 할 것은 그가 회심하던 때에 잠시 소경이 되었었다는 점이다(행 9:9). 사단은 이처럼 육체의 약함을 이용했던 것 같다.

3 바울이 행한 초자연적 표적들

"사도의 표된 것은 내가 너희 가운데서 모든 참음과 표적과 기사와 능력을 행한 것이라"(고후 12:12).

4. 바울의 사역은 그를 비난하는 자들의 그것보다 탁월했다

바울은 세번째 그들을 방문할 계획을 세웠다.

"내가 이제 세번째 너희에게 갈 터이니 두세 증인의 입으로 말마다 확정하리라"(고후 13:1/참조, 신 19:15).

예정된 그의 사역은 다음의 두 가지 원칙에 근거하고 있었다.

1 바울은 헌신적인 부모였다.

"보라 이제 세번째 너희에게 가기를 예비하였으나 너희에게 폐를 끼치지 아니하리라 나의 구하는 것은 너희 재물이 아니요 오직 너희니라 어린아이가 부모를 위하여 재물을 저축하는 것이 아니요 이에 부모가 어린아이를 위하여 하느니라"(고후 12:14).

2 그들은 불순종하는 자녀들이었다.

"내가 갈 때에 너희를 나의 원하는 것과 같이 보지도 못하고 또 내가 너희에게 너희의 원치 않는 것과 같이 보일까 두려워하며 또 다툼과 시기와 분냄과 당 짓는 것과 중상함과 수군수군하는 것과 거만함과 어지러운 것이 있을까 두려워하고…"(고후 12:20).

5. 바울의 메시아는 그를 비난하는 자들의 주인보다 탁월했다

그들의 주인은 사단(고후 11:13-15)이거나 자기 자신(고후 10:12)이다. 그러나 바울의 경우는 이와 전혀 다르다.

"이는 그리스도께서 내 안에서 말씀하시는 증거를 너희가 구함이니 저가 너희를 향하여 약하지 않고 도리어 너희 안에서 강하시니라 그리스도께서 약하심으로 십자가에 못 박히셨으나 오직 하나님의 능력으로 살으셨으니 우리도 저의 안에 약하나 너희를 향하여 하나님의 능력으로 저와 함께 살리라"(고후 13:3).

서신시대

서신시대 서론(로마서-요한계시록)

세계사에서 주후 45년부터 100년까지의 기간 동안 나타난 문학만큼 무한한 가치를 지닌 문학은 다른 어느 시대에도 없었다. 이 놀랄 만한 55년의 기간은 글자 그대로 하나님께서 친히 보석박힌 금으로 장식하신 기간이었다. 그 문학은 일반적으로 신약 서신들로 알려진 22개의 편지 형식을 취하고 있다. 따라서 야고보, 유다, 요한, 베드로, 바울은 모압 사막에서 거의 1,500년 전에 시작된 놀랄 만한 기록인 성경을 완성하기 위해 하나님께서 택하신 자들이다. 성경의 마지막 (요한계시록) 기자 요한은 위대하고 영광스러우며 화려한 그의 필체를 통해, 성경의 첫 (창세기) 기자 모세가 소개했던 영광스러운 이야기의 절정을 기록하고 있다.

성경은 그리스도가 중심이 되어 있는 책이다. 구약성경은 그분의 삶을 예비하는 것이고, 4복음서는 그분의 삶을 보여주는 것이며, 사도행전은 그분의 삶의 전파이고, 서신들은 그분의 삶에 대한 설명이다. 서신의 전체에 배어 있는 주제는 그리스도와 그분의 교회이다. 이 책들의 대부분은 지역 교회에 보내진 것이다(갈라디아서, 로마서, 데살로니가전후서, 고린도전후서, 에베소서, 빌립보서, 골로새서). 어떤 서신들은 지역 교회의 목회자에게 보내진 것이다(디모데전후서, 디도서). 반면 그 외의 서신들은 지역 교회의 개별적인 성원에게 보내진 것이다(빌레몬서, 요한이삼서).

적어도 한 서신은 사랑하는 가족에게 보낸 편지이고(요한일서), 반면 다른 한 서신은 매우 실제적이다(야고보서). 두 서신은 핍박받는 그리스도인들을 염두에 두고 기록한 것이다(베드로전후서). 하나는 다가올 배교(背敎)를 경고하고 있으며(유다서), 기자를 알 수 없는 또 하나는 그리스도께서 현재 하늘에서 그분의 교회를 위해 활동하고 있는 것을 묘사하고 있다(히브리서). 마지막 서신은 하늘의 '신랑'과 '신부'의 결혼으로 끝을 맺기 때문에 이 모두를 포괄하고 있다(요한계시록).

로마서

로마서는 16장 433절로 구성되어 있다. 만약 성경의 교리, 역사, 예언 그리고 그 책으로 인해 지난 20세기 동안 배출되었던 수백만의 성도들과 신학자들로써 그것의 가치를 결정하고자 한다면, 그때 이 16개 장 433개 절의 말씀은 적어도 제각기 수천억 원의 가치를 지니게 될 것이다! 나는 바울의 이 위대한 서신을 연구하고 요약하며 행복한 시간을 보냈다. 어떤 다른 연구도 이것만큼 그토록 내 영혼을 뒤흔들어 놓은 것은 없었다.

내가 열렬히 기도하는 것은 하나님께서 기쁘게 다음 내용들(그것들이 아무리 부족하다 하더라도)을 사용하시고, 또한 이 훌륭하고 영광스러운 서신에 관해 수많은 다른 신자들에게 알리고 예시하며 고무하시기를 바라는 것이다. 이 서신은 실로 기독교 신앙의 「권리 장전」(Bill of Rights)인 동시에 헌법이다.

로마서는 네 개의 건물에 비유될 수 있다.

1 **율법의 법정**—하나님의 진노(정죄와 칭의 / 롬 1—5장)
(1) 법정 서기(롬 1:1—17)
(2) 법정 기록(롬 1:18—4:25)
(3) 법정 재심(롬 5:1—21)
2 **은혜의 발전소**—하나님의 방법(성화와 보존 / 롬 6—8장)
(1) 설계—성화로 이루어진 1층(롬 6장)
(2) 고통—좌절로 이루어진 2층(롬 7장)
(3) 상급—보존으로 이루어진 3층(롬 8장)
3 **이스라엘의 회당**—하나님의 지혜(설명과 변호 / 롬 9—11장)
(1) 과거의 하나님의 주권과 이스라엘이 선택받음(롬 9장)
(2) 현재의 하나님의 의와 이스라엘의 거절(롬 10장)
(3) 미래의 하나님의 지혜와 이스라엘이 회복됨(롬 11장)
4 **하나님의 성전**—하나님의 뜻(변화와 권고 / 롬 12—16장)
(1) 모든 구속받은 자에 대한 공적 책임(롬 12:1—15:13)
(2) 구원받은 로마인들에 대한 개인적 소견(롬 15:14—16:27)

바울 서신

1차 전도여행	휴가	2차 전도여행	3차 전도여행	첫번째 투옥	석방	마지막 투옥
	갈라디아서	데살로니가전서	고린도전서	에베소서	디모데전서	디모데후서
		데살로니가후서	고린도후서	골로새서	디도서	
			로마서	빌레몬서		
			히브리서(?)	빌립보서		

1. 율법의 법정—하나님의 진노(정죄와 칭의 / 롬 1—5장)

로마서의 처음 몇 장에서 바울은 "우주를 창조하신 조물주 대(對) 그의 죄많은 피조물"이라는 제목을 붙일 수 있는 정당한 경우를 우리에게 묘사해 주고 있다.

1. 법정 서기(롬 1:1—17)

1 복음을 위한 바울의 성별(롬 1:1)

(1) 그는 그리스도의 종이었다.

(2) 그는 소명받은 사도였다.

이 두 가지는 사도직에 반드시 필요한 요소였다.

① 그는 예수님을 보았음에 틀림없다(고전 9:1/15:8, 9).

② 그의 소명은 하나님으로부터 온 것이었음에 틀림없다(요 6:70/행 9:15). 만약 하나님께서 부르시지 않았다면 어떤 사람도 사역을 시작해서는 안 된다(요 15:16/마 9:38/히 5:14/렘 23:21/겔 13:4—6, 10).

(3) 그는 구별된 성도였다. 바울의 생애에는 세 가지 특별한 구별이 있다.

① 그의 출생(갈 1:15)

② 다메섹 도상에서(행 9:15, 16)—그리스도에게로의 회심

③ 안디옥에서(행 13:1, 2)—선교에 대한 그의 소명

바울은 예레미야(렘 1:5)나 요한(눅 1:15)처럼 성별되었다.

2 복음에 대한 바울의 설명(롬 1:2—5)

(1) 복음은 새로운 것이 아니다

바울은 구약의 예언자들이 그것을 언급했다고 말했다. 로마서에서 그는 14권의 구약성경으로부터 61번 이상 구약의 구절을 인용하고 있다. 이것은 복음에 새롭고 이교적인 진리를 첨가하는 사교(邪敎)의 어떤 주장도 완전히 배격한다.

"만약 어떤 것이 새롭다면 그것은 진실이 아닐 것이다. 만약 그것이 진실이라면 그것은 새롭지 않을 것이다!"

(2) 복음은 예수님에 관한 것이다

복음을 만들고 완성하신 분은 바로 그리스도이시다.

(3) 복음은 성육신을 통해 나타났다

바울은 로마서 1장 3절에서 동정녀 탄생과 그리스도의 인성(人性)을 언급한다. 그리스도는 다윗의 후손이시다.

(4) 복음은 부활을 통해 선포되었다

로마서 1장 4절에 나오는 "인정된"(declared)에 대한 헬라어는 『호리조』(horizo : 여기에서 'horizon'이 파생되었다)이며 이것은 "확증적인 표적을 통해 규명함"을 의미한다. 따라서 땅과 하늘 사이의 하나님의 명확한 경계는 하나님의 아들인 그리스도이시다.

① 다음과 같은 내용을 통해 그분의 인성이 언급되고 있다.

ㄱ. 그분은 성장했다(눅 2:40, 52).

ㄴ. 그분은 인간처럼 보였다(요 4:9/20:15).

ㄷ. 그분은 굶주림을 느꼈다(마 4:2).

ㄹ. 그분은 목마름을 알았다(요 19:28).

ㅁ. 그분은 피곤해졌다(막 4:38/요 4:6).

ㅂ. 그분은 우셨다(요 11:35/눅 19:41).

ㅅ. 그분은 상처를 입고 피를 흘리며 죽으셨다(벧전 2:21 / 요 19:34 / 마 27:50).
② 다음과 같은 내용을 통해 그분의 신성(神性)이 언급되고 있다.
ㄱ. 그분은 하나님으로 불리운다(딛 2:13).
ㄴ. 그분은 영원하시다(계 1:8, 18).
ㄷ. 그분은 변함이 없으시다(히 13:8).
ㄹ. 그분은 전능하시다(히 1:3).
ㅁ. 그분은 전지하시다(골 2:3).
ㅂ. 그분은 영원히 존재하신다(마 18:20).
두 가지 본성이 이사야서 9장 6절, 갈라디아서 4장 4절, 그리고 디모데전서 2장 16절에서 언급된다.

"죽은 가운데서 부활하여"(롬 1:4)란 구절은 글자 그대로 '죽은 자들 중에서'이다. 그리스도의 부활이 모든 신자들을 포함할 때는 언제나 복수로 언급된다!(롬 6:4 / 요 5:21 / 고전 15:22)

(5) 복음은 구원과 봉사를 모두 보증한다

여기에서 바울의 증거를 살펴보자.

"그로 말미암아 우리가 은혜와 사도의 직분을 받아"(롬 1:5).

우리는 은총이 사도직보다 앞서고 있음을 보게 된다. 인간은 봉사할 수 있기 전에 먼저 구원받아야 한다. 구원받지 못한 사역자들은 고린도후서 11장 13-15절에 묘사되어 있다. 예수께서는 "온 세상으로 나가라"고 말하기 전에 "내게로 오라"고 말씀하신다. 요한 웨슬레는 이에 대한 위대한 실례(實例)였다.

(6) 복음은 믿음으로 얻는다(롬 5:1 / 엡 2:8, 9 참조)

3 복음에 대한 바울의 감사(롬 1:6-15)

(1) 바울은 로마의 모든 신자들에게 "하나님의 사랑하심을 입고 성도로 부르심을 입은 모든 자에게 하나님 우리 아버지와 주 예수 그리스도로 좇아 은혜와 평강이 있기를 원하노라"(롬 1:7)고 말했다. 그가 그들을 "성도"로 부른 것에 주목하자. 모든 신자들은 하나님 보시기에 성도이다. 또한 여기에서 은혜가 평강보다 앞선다는 사실을 주목하자. 은혜가 없는 평강이란 있을 수 없다(사 57:21 / 렘 6:14 / 눅 7:50 / 8:48 / 롬 5:1 / 살전 5:3 참조).

바울은 자신이 쓴 열세 개의 서신에서 매번 "은혜와 평강"이란 말로 서두를 시작한다. 베드로(벧전 1:2 / 벧후 1:2)와 요한(요삼 3절)도 이와 마찬가지다. 『은혜』란 "값없이 얻은 호의"이며, 창세기 6장 8절에서 최초로 언급된다. 그것은 가장 위대한 하나님의 두번째 속성(거룩함이 첫번째 속성이다)인 것 같다. 그리고 그것은 "그리스도의 희생을 대가로 한 하나님의 공의"로서 이해될 수 있다(롬 5:20 / 엡 2:8, 9 / 벧전 3:18 / 고전 15:10).

(2) 바울은 로마 교인들의 신앙이 온 세상에 알려진 것에 대해 그들을 칭찬했다(롬 1:8). 우리는 글라우디오 황제가 강제로 유대인들을 로마로부터 추방했다는 것을 안다. 그 이유는 "그리스도"(Christ)에 대한 잘못된 철자로 생각되는 "그레스도"(Chrestus) 때문이었다(살전 1:6-8 참조).

(3) 바울은 그들과 또한 자신을 위해 스스로 끊임없이 기도하고 있음을 그들에게 확신시켰다. 그 기도는 그가 "이제 하나님의 뜻 안에서 너희에게로 나아갈 좋은 길 얻기를" 구한 것이었다. 하나님께서는 후에 이러한 기도에 응답하셨지만, 그것은 바울이 생각했던 것과 같은 방식으로 행해지지는 않았다(행 27, 28장). 로마서 16장에서 바울은 26명의 로마 성도들의 이름을 들어 언급하고 있다.
(4) 그는 로마로 가서 은사를 서로 주고 받았으면 했다(롬 1:12). 그는 전에 갈 것을 계획했으나 한번은 사단에 의해(살전 2:18), 또 한번은 하나님에 의해(행 16:6, 7) 그 계획이 좌절되었다. 그리하여 바울의 인간적 계획은 오늘날 그리스도인의 계획과 같이 영감된 것이 아니었다(롬 15:22, 23). 로마서 1장 1절에 언급된 신령한 은사는 교훈이었던 것 같다(벧전 2:2).
(5) 그는 자신이 모든 죄인들에게 위대한 복음의 빚을 지고 있다고 느꼈다(롬 1:14/참조, 왕하 7:9). 이 때문에 바울은 "그러므로 나는 할 수 있는 대로 로마에 있는 너희에게도 복음 전하기를 원하노라"(롬 1:15)고 말할 수 있었다. 바울은 예루살렘(세계의 종교 중심지)에서 복음을 전했으며 그 주위에는 군중이 떼지어 몰려들었다(행 21:31/22:22, 23). 그는 아덴(지성의 중심지)에서 복음을 전하다가 조롱을 받았다(행 17:32). 그는 후에 자신이 순교를 당하게 될 로마(정치적 중심지)에서 복음을 증거했다(딤후 4:6).

[4] 복음에 대한 바울의 확신(롬 1:16, 17)

(1) 바울은 복음에 관한 자신의 세 가지 소신을 차례로 기록하고 있다.
① 나는 복음에 빚진 자이다(롬 1:14).
② 나는 복음 전하기를 원하고 있다(롬 1:15).
③ 나는 복음 전하기를 부끄러워하지 않는다(롬 1:16).
여기에서 그는 복음이 결코 자신을 저버리거나 부끄럽게 하지 않으리라고 말했다.
(2) 복음은 하나님의 능력이다(롬 1:16).
성경에는 하나님의 권능이 평가되는 두 가지 척도가 있다. 구약성경에서 그것은 하나님께서 이스라엘을 애굽의 속박에서 벗어나게 한 그 권능과 관계가 있었다(출 14, 15장/시 78편). 신약성경에서는 권능의 측정단위가 예수님의 부활이다(엡 1:20). "권능"으로 번역된 헬라어는 『두나미스』(dunamis)이며 여기서 두 단어가 파생된다.
① '다이나마이트'(dynamite)－파괴적인 권능
② 다이나모(dynamo)－건설적인 권능
그리스도의 복음은 두 가지 모두를 포함한다(고후 2:16 참조).
(3) 복음에는 하나님의 의(義)가 나타나 있다(롬 1:17).
간단히 정의하자면 이 단어는 "의로운 옷"을 의미한다. 성경은 모든 죄인들이 하나님 앞에서 발가벗고 있다고 가르친다(창 3:10/히 4:13/계 3:17). 어떤 죄인들은 이것을 깨닫고 그들 자신의 영적인 옷을 입고자 한다. 그러나 하나님께서는 그러한 옷들을 더러운 누더기로 간주하신다(사 64:6). 그러나 복음은 모든 회개하는 죄인들에게 새 옷을 제공한다(고후 6:7/엡 6:14/계 19:7, 8). 이 말은 세 가지 면에서 로마서를 요약하는 데 사용될 수 있다.
① 하나님은 의로우시다.

② 하나님은 의를 요구하신다.
③ 하나님은 의를 제공하신다.

(4) 복음은 "오직 의인은 믿음으로 말미암아 살리라"(롬 1:17)고 말한다. 마르틴 루터가 그것들을 체험했을 때 이 다섯 마디 말은 종교개혁의 출발이 되었다. 이 말은 하박국서 2장 4절에서 발견되며, 신약성경에서 세 번 인용된다.

① 여기 로마서 1장 17절에서 강조하는 것은 "의인"이다.
② 갈라디아서 3장 11절에서 강조하는 것은 "살리라"이다.
③ 히브리서 10장 38절에서 강조하는 것은 "믿음으로"이다.

라이트풋(Lightfoot) 감독은 이 다섯 단어에 관해 다음과 같이 지적했다.

① 모든 율법은 613개의 교훈으로 모세에게 주어졌다.
② 다윗은 시편 15편에서 그것들을 열한 가지로 줄여서 말한다.
③ 이사야는 그것을 여섯 개로 줄인다.
④ 미가는 그것을 세 개로 줄인다.
⑤ 이사야는 다른 구절에서 그것을 두 개로 줄인다.
⑥ 그러나 하박국과 바울은 여기에서 단 하나의 문장으로 하나님의 계획을 요약한다!

신앙은 "마음의 손"(the hand of the heart)으로 정의되어 왔다.

2. 법정 기록(롬 1:18-4:25)

1 피고들

(1) 이방인(이교도, 롬 1:18-32)
(2) 위선자(도덕적 인간, 롬 2:1-16)
(3) 히브리인(종교적 인간, 롬 2:17-3:8)

2 죄과

만왕의 왕에 대한 큰 반역(롬 3:23)

3 재판관

주 예수 그리스도(요 5:22/행 17:31)

4 기소 내용

하나님의 격렬한 진노는 모든 불경건(그분의 인격에 반하는 죄들)과 불의(그분의 뜻에 반하는 죄들)에 대하여 나타난다. 첫번째 범주는 수직적인 반면, 두번째 범주는 사실상 수평적이다.

(1) 이러한 진노는 세 가지 면으로 나타난다.

① 성경 그 자체의 설명에서(요 3:36)
② 갈보리의 십자가에서(마 27:46/벧전 3:18)
③ 자연 세계에서(폭풍, 지진, 기아 등을 통해서)

(2) 인간에 대한 하나님의 고발은 열 가지이다.

① 그들은 진리를 막았다(롬 1:18/참조, 눅 4:42/살전 2:6, 7).

② 그들은 하나님을 알았으나 그분을 하나님으로 경외하지는 않았다(롬 1:21).

③ 그들은 감사하지 않았다(롬 1:21/비교, 롬 1:8/살전 5:18).

④ 그들은 어리석게 생각하기 시작했다.

"그 생각이 허망하여지며"(롬 1:21).

⑤ 그들은 자기 마음을 어둡게 내버려두었다(롬 1:21).

⑥ 그들은 스스로 지혜있다 하나 우준하게 되었다(롬 1:22). "우준하게 되다"라고 번역된 헬라어는 『모로스』(moros)의 동사형인 『모라이노』(moraino)이며, 여기서 영어의 "우준함"(moron)이 파생되었다.

이것은 인간의 철학을 나쁘게 말하는 시초가 되었다. 왜냐하면 그것은 "지혜를 사랑하는 것"을 의미하기 때문이다(행 17:18—21/고전 1:18—21/딤전 6:3—5, 20/딤후 3:7/4:4).

⑦ 그들은 살아있는 하나님보다 우상을 더 좋아했으며 하나님의 영광을 다음과 같은 것들의 우상과 "바꾸었다"(그러나 인간이나 천사나 악마 어느 누구도 하나님의 영광을 변화시킬 수 없기 때문에, 그들은 하나님의 영광을 변화시키지는 못했다).

ㄱ. 인간—헬라인들은 오늘날 허리우드에서 행하는 것처럼 인간의 육신을 숭배했다.

ㄴ. 새—앗수르인들은 새에게 무릎을 꿇고 절을 했다.

ㄷ. 짐승—애굽 사람들은 소나 악어를 숭배했다.

ㄹ. 기는 것—이교도들은 뱀을 숭배했다.

우리는 로마서 1장 23절에서 인간의 타락해가는 경향이 생생하게 묘사되어 있는 것을 본다. 성경은 진화가 아니라 퇴보를 가르친다.

⑧ 그들은 성적인 도착에 자신들의 몸을 맡겼다(롬 1:26, 27). 동성애의 죄는 일반적으로 하나님으로부터 돌아서는 문명 시대 최후의 단계이다. 하나님께서 중동의 지도에서 소돔을 지워버리고(창 19장) 그 후에 여리고를 다른 구약 시대의 도시와 더불어 멸망시키라고 명하셨던 것은(왕상 14:24) 바로 이러한 죄 때문이었다. 최근의 서구 문명 사회에는 수많은 동성연애자들이 급격히 증가하고 있다.

⑨ 그들은 부정한 행위로 가득차 있었다(롬 1:29—32).

ㄱ. 추악—일반적인 성범죄

ㄴ. 불의(막 7:22)

ㄷ. 탐욕(골 3:5)

ㄹ. 악의—완고함에서 나오는 격노

ㅁ. 시기—다른 사람의 소유나 장점에 대한 불만

ㅂ. 살인(마 5:21, 22)

ㅅ. 분쟁—고의적으로 사실을 오도(誤導)하고자 하는 말다툼과 논쟁

ㅇ. 사기—미끼나 속임수

ㅈ. 악독—악의, 잔인한 태도

ㅊ. 수군수군하는 자—은밀한 중상

ㅋ. 비방하는 자—공개적인 중상

ㅌ. 하나님의 미워하시는 자
ㅍ. 능욕하는 자—거만하고 무례한 자
ㅎ. 교만한 자—으시대는 자
<1> 자랑하는 자
<2> 악을 도모하는 자
<3> 부모를 거역하는 자
<4> 우매한 자(엡 4:17—19 참조)
<5> 배약하는 자
<6> 무정한 자
<7> 무자비한 자

⑩ 그들은 자신들의 죄가 심각하다는 것을 알았지만 여전히 죄를 짓고 다른 사람들을 부추겨 함께 죄를 짓기까지 했다(막 14:10, 11 / 계 11:10). 이러한 죄 때문에 하나님께서는 그들로 하여금 올바른 판단력(이성적인 판단을 할 수 있는 마음)을 잃도록 내버려두셨다(잠 1:24—31 / 롬 1:24, 26, 28).

5 배심원

(1) 하나님의 율법(롬 2:12)
(2) 인간의 행위(롬 2:6)

6 변론

(1) 이방인(롬 1:18—32)

① 그들의 변론 : "나는 무지했기 때문에 방면되어야 한다."

② 그 변론에 대한 반론 : "모든 사람은 양심의 증거(롬 1:19)와 본성의 증거(롬 1:20)를 모두 지니고 있다"(사 40:26 / 시 8:3 / 19:1—3 / 행 14:17 / 17:29). 다시 말하면, 하나님께서는 자신이 지식의 씨를 뿌리지 않는 곳에서는 진노의 열매를 거둬들이지 않으신다.

따라서 이 두 가지 증거는 틀림없고 보편적이다. 결과적으로 모든 인간들은 그 두 증거에 접하게 되어 그것들에 의해 죄악이 폭로된다.

(2) 위선자(롬 2:1—16)

① 그들의 변론 : "나는 다른 사람보다 나쁘지 않기 때문에 방면되어야 한다. 즉, 나는 야만적인 이방인만큼은 사악하지 않다."

② 그 변론에 대한 반론 : "당신은 좀더 정교한 방법으로 다른 사람이 범한 것과 같은 죄를 범하고 있다." 자신이 범했던 바로 그 죄에 대하여 다른 사람들을 재판한 한 사람의 고전적인 실례가 있었는데, 그것은 다윗이 가난한 자를 도적질한 부자 농부를 비난했던 경우이다(삼하 11, 12장).

③ 독선적인 사람은 두 가지 주요한 실수 가운데 하나를 범한다.
ㄱ. 그들은 하나님의 율법의 높이를 잘못 이해한다.
ㄴ. 그들은 그 자신의 도덕적 행위의 깊이를 과소평가한다.

④ 그들은 뿌리도 없이 기독교라는 열매를 갈망한다!

⑤ 그들은 하나님에 대한 두려운 지식을 과소평가한다(롬 2:1). 그러나 하나님께서는 모든 사실을 아신다.
ㄱ. 그분은 별들의 수를 아신다(시 147:4).
ㄴ. 그분은 인간의 생각과 말을 아신다(시 139:1, 2, 4, 23, 24).
ㄷ. 그분은 인간의 머리에 있는 수많은 머리카락의 수를 아신다(마 10:30).
ㄹ. 그분은 과거, 현재, 미래를 아신다(행 15:18).
ㅁ. 심지어 그분은 있을 수 있었던 과거의 행실도 아신다(마 11:23).
⑥ 그들은 그분의 인자하심과 길이 참으심을 멸시한다(롬 2:4). 멸시한다는 것은 얕잡아보거나 경멸하는 것이다(창 25:34 / 히 12:2, 5). 따라서 도덕적 인간은 다음과 같은 것을 멸시하고 있었다.
ㄱ. 하나님의 길이 참으심 : 이것은 진노를 억제하시는 그분의 행위이다.
ㄴ. 하나님의 자비하심 : 이것은 은총을 제공하시는 하나님의 행위이다.
도덕적인 인간은 하나님의 펴신 손과 움켜쥔 주먹을 가볍게 생각한다.
⑦ 그들은 자신들의 도덕성이 그분의 심판으로부터 자기를 변호해주리라고 생각한다(롬 2:3). 어떤 사람이 인간의 처벌을 피할 수 있는 데에는 네 가지 방법이 있다.
ㄱ. 들키지 않는 죄를 범하거나, 죄를 짓고도 발견되지 않을 수 있다.
ㄴ. 법의 테두리를 교묘히 피할 수 있다.
ㄷ. 능란한 변호사를 고용하여 벌을 면할 수 있다.
ㄹ. 감옥을 탈출할 수 있다.
그러나 하나님의 면전에서 피할 수는 없다(히 2:3). 인간의 유일한 희망은 법정에서 화해하는 것이다. 이러한 화해가 없다면 모든 인간은 그들의 "은밀한 것"(롬 2:16), "말"(마 12:36)과 "행위"(계 20:12)에 관해 심판받게 될 것이다. 이러한 일은 "하나님께서 외모로 사람을 취하지 아니하기"(롬 2:11) 때문에 일어날 것이다(신 10:17 / 행 10:34 / 약 2:1, 9 / 엡 6:9 / 골 3:25 참조).
⑧ 독선적인 도덕적 인간은 불의한 이방인과 마찬가지로 본성과 양심의 두 가지 증거에 의해 심판받게 될 것이다(롬 1:19, 20 / 2:12－15). 성경은 여러 종류의 양심을 기록하고 있다.
ㄱ. 선한 양심(딤전 1:5, 19)
ㄴ. 약한 양심(고전 8:12)
ㄷ. 가책받는 양심(요 8:9)
ㄹ. 더러운 양심(딛 1:15)
ㅁ. 화인맞은 양심(딤전 4:2)
인간의 양심은 입법적 기능을 하는 것이 아니라 사법적 기능을 한다는 사실을 주목해야 한다. 그것은 파업을 요청하는 중재자와 같지만, 규칙을 만들지는 않는다. 그때 양심은 하나의 자극제이지만 안내자는 아니다. 바울은 이 부분을 다음과 같은 말로 요약한다.
"무릇 율법없이 범죄한 자는 또한 율법없이 망하고 무릇 율법이 있고 범죄한 자는 율법으로 말미암아 심판을 받으리라"(롬 2:12 / 참조, 눅 12:47, 48).

(3) 히브리인(롬 2:17－3:8)

① 그들의 변론 : "나는 하나님의 율법을 알고 종교 교육을 시켰기 때문에 방면되어야 한다."

② 그 변론에 대한 반론 : "당신은 당신이 가르치는 복음을 전혀 실천하지 않았다."

③ 그의 율법이 그를 구할 수는 없었다(롬 2:17－24). 유대인들은 이 율법과 하나님에 대한 자신의 지식을 더럽혔으며, 따라서 이방인에 대한 가공할 만한 증거가 되었다(롬 2:24 / 참조, 창 34:30 / 겔 36:17, 20). 그것은 하나님의 뜻이 성취된 것이었으며, 심판을 피하게 하는 하나님의 율법을 소유한 것이 아니었다. 이스라엘은 전혀 율법을 지키지 않았다(마 21:13 / 23:4－36 / 행 15:10).

④ 그의 할례가 그를 구할 수는 없었다(롬 2:25－27). 그들은 할례받은 유대인들은 어느 누구도 지옥에 들어가지 않을 것임을 확증하기 위해 아브라함(최초로 할례받은 사람－창 17:11 참조)이 지옥 문에 서 있다고 믿었다. 할례는 사실 하나님의 약속에 대한 '징표'였으나, 내적 믿음만이 그 약속의 '근원'이었다(신 10:12, 16 / 30:6 참조). 할례 의식은 이미 사도행전 15장에서 배제되었다.

⑤ 그의 출신이 그를 구할 수는 없었다(롬 2:28, 29). 구원은 지역, 외모 혹은 종족을 통해서가 아니라 은총에 의해 이루어진다(요 8:39, 44 참조).

이때 바울은 즉시 이스라엘을 비난하는 내용을 말한다(롬 3:1－8).

⑥ 유대인들은 이방인들에 비해 민족적 특권을 가졌지만(하나님의 말씀을 맡았기 때문에, 롬 3:2), 어떠한 영적 특권은 소유하지 못했다.

⑦ 비록 이스라엘이 그리스도를 배척했지만, 하나님의 약속은 폐하여지지 않았다(롬 3:3, 4 / 참조, 딤후 2:13).

⑧ 이스라엘의 불의가 "하나님의 의를 드러내기는"(즉, 보다 밝은 빛에 드러나게 하기 위한 것) 했지만, 그래도 하나님께서는 할례받지 않은 이방인과 함께 그들을 심판하실 것이다. 목적은 결코 수단을 정당화하지 못한다.

로마서

평결

"유대인이나 헬라인이나 다 죄 아래 있다"(롬 3:9). "모든 입을 막고 온 세상으로 하나님의 심판 아래 있게 하려 함이니라"(롬 3:19).

기적

그리스도의 공의를 통한 칭의!

법정에 대한 약술

칭의의 축복(롬 5:1－11)

1. 하나님과의 화평(롬 5:1)
2. 하나님에게 나아감(롬 5:2)
3. 하나님으로부터의 보증(롬 5:3, 4)
4. 하나님의 내주(롬 5:5)
5. 하나님에 의한 보존(롬 5:6－11)

7 평결(롬 3:9－20)

"유대인이나 헬라인이나 다 죄 아래 있다"(롬 3:9).

평결을 묘사하는 성구는 구약 성경의 여러 부분에서 인용되었다. 로마서 3장 10－12절은 전도서 7장 20절, 시편 14편 2, 3절, 53편 2, 3절에서 유래한다. 로마서 3장 13－18절은 시편 5장 9절, 10편 7절, 36편 1절, 140편 3절, 이사야서 59장 7, 8절에서 유래한다.

(1) 인간은 그가 어떤 사람인가에 대한 언급인 인격에 있어서 타락한 자로 나타난다 (롬 3:10－12).

① 의인은 하나도 없다. 심지어 마리아조차도 구세주를 필요로 했다(눅 1:46, 47 참조).

② 하나님을 찾는 자도 없다. 성경은 하나님을 찾는 인간의 추적 기록이 아니라, 인간을 찾는 하나님의 추적 기록이다(창 3:9/사 1:18/55:1 참조).

③ 모든 사람들은 의로운 방식을 저버렸다(사 53:6).

④ 모든 사람들은 무익하게 된다. 이것은 상한 우유, 썩은 고기, 누글누글해진 빵처럼 원래 좋은 상태에서 나빠지는 어떤 것에 대한 언급이다(사 1:6). 그리하여 인간은 의롭지 못하고 비이성적이며, 무책임하고 뉘우칠 줄 모른다.

(2) 인간은 그가 말한 것에 대한 표현인 대화에서 타락한 자로 나타난다(롬 3:13, 14). 인간의 말은 독사의 독침, 무덤의 악취와 같다.

(3) 인간은 그가 행한 것에 대한 표현인 행위에 있어서 타락한 자로 나타난다(롬 3:15－18).

① 그는 자기 형제를 살해했다.

② 그는 자기 하나님을 업신여겼다.

바울은 자신의 경우가 "모든 입을 막고 온 세상으로 하나님의 심판 아래 있게 하려" (롬 3:19)는 것임을 입증했다. 그는 타락한 이방인의 종교, 거짓인 위선자의 종교, 무능한 유대교에 대해 자세히 설명했다.

8 선고

하나님으로부터 영원히 떨어져 뜨거운 불못에서 영원무궁토록 고통을 받게 될 영적 죽음(롬 6:23/계 20:11－15). 만일 정의가 지배한다면 죄 중에 가장 커다란 죄는 모든 벌 중에 가장 무서운 벌로 처벌할 수 있다.

9 기적(롬 3:21－31)

지금까지 인간에 대한 하나님의 재판은 세속적인 사법 체계에 꽤 잘 적용되었다. 그러나 완전히 다르고 예기치 못한 어떤 것이 갑자기 일어난다. 그것은 분명히 지상의 모든 법정 서기를 놀라움으로 숨을 죽이게 할 것이다. 모든 증거를 주의깊게 경청하고 모든 변론을 끈기있게 들은 후, 재판관은 진정한 정의가 부인되지 않도록 하기 위해 최후 판결을 내리지 않을 수 없게 된다. 그러나 무서운 판결이 실행되기 전에 그 재판관은 조용히 판례집을 덮으며 숭고한 의사봉을 내려놓고 일어나 법의를 벗은 후, 사형선고를 받은 이 세 명의 피고대신 죽으러 나간다. 이것이 바로 다름아닌 「칭의」(稱義)이다. 타락되고 불행하며 헐벗은 죄인은 이제 깨끗해지고 구원받아 그리스도 자신의 의(義)로 옷입게 된다. 이제 이러한 공의와 관련된 사실을 살펴보자.

(1) 이러한 의(義)의 현시－갈보리.

"예수를 하나님이 … 세우셨으니"(롬 3:25).

(2) 이러한 의(義)에 대한 증거
"율법과 선지자"(롬 3:21). 모세의 율법은 어떤 사실을 증거하기 위해 두 증인을 필요로 했다(신 19:15). 이러한 의는 흔히 성전의 제사장직과 제물을 통한 율법으로 예시되었다(사 53장 / 눅 24:25-27 / 요 5:46 / 벧전 1:10, 11).
(3) 이러한 의(義)의 가격-이것은 사고자 하면 매우 비싸지만 하나님의 은혜로 값없이 주어진다. 이것은 모든 교만을 배제한다(롬 3:24, 27).
(4) 이러한 의(義)의 결과
"자기(하나님)도 의로우시며 또한 예수 믿는 자를 의롭다 하려 하심이니라"(롬 3:26). 구약성경이 완성되었다 하더라도 풀려야 할 커다란 문제는 여전히 남아 있었다. 그것은 "죄를 간과하심"과 "길이 참으심"이란 두 말에 집중되었다(롬 3:25).

"죄를 간과하심"이란 말은 여기서 구약 성도들의 죄를 용서해주는 행위를 가리키고 있다.

"길이 참으심"이라는 말은 그 죄에 대한 하나님의 진노를 억제하는 행위를 가리키고 있다(시 50:16-23 / 행 17:30).

그런데 하나님께서는 어떻게 자신의 거룩함과 의를 자신의 자비 및 은혜와 조화시킬 수 있는가? 이러한 문제는 그리스도를 통해 은혜롭게 해결되었다.

"화목제물로 세우셨으니…길이 참으시는 중에 전에 지은 죄를 간과하심으로…"(롬 3:25 / 참조, 시 85:10).

"화목제물"이란 말은 "속죄"를 의미하며 구약의 성전에 있던 속죄소를 가리킨다. 제사장은 바로 이 황금제단에서 인간의 죄에 대한 하나님의 진노를 돌이키기 위해 어린 양의 피를 뿌렸다(요일 2:2 / 4:10 / 히 10:11, 12). 그리스도는 왜 죽었는가? 그것은 다른 피조물 가운데에서 하나님의 공의를 보존하고 변호하기 위해서였다.
(5) 이러한 의(義)의 결과
"그리스도 예수 안에 있는 구속(救贖)으로…"(롬 3:24).
「구속」(redemption)이란 말은 노예 시장에서 노예를 사서 놓아주는 것을 의미한다(갈 3:13 / 4:5 / 엡 5:16 / 골 4:5 / 눅 24:21 / 딛 2:14 / 벧전 1:18).
(6) 이러한 의가 미치는 범위
"모든…자에게"(롬 3:22).
즉, 그것은 범위에 제한이 없다.
(7) 이러한 의의 수여
"모든 믿는 자에게"(롬 3:22).
즉, 그것은 수여 대상에 제한이 있다.
(8) 이러한 의의 필요성
"모든 사람이 죄를 범하였으매 하나님의 영광에 이르지 못하더니"(롬 3:23).
(9) 이러한 의의 필요조건
"그러므로 사람의 의롭다 하심을 얻는 것은 율법의 행위에 있지 않고 믿음으로 되는 줄 우리가 인정하노라"(롬 3:28).
"…믿음으로 말미암아 의롭다 하실 하나님은 한 분이시니라"(롬 3:30).

[10] 법정의 두 친구(롬 4:1−25)

재판관은 그 신앙으로 잘 알려진 두 사람을 소개한다. 그들은 모두 수세기 전에 칭의의 기적을 예견하고 경험한 사실을 입증한 자들이었다.

(1) 이스라엘의 조상 아브라함의 확실한 증거(롬 4:1−5, 9−25)

① 아브라함과 그의 의(롬 4:1−5, 9−12)

ㄱ. 아브라함은 어떻게 구원받았는가?

"성경이 무엇을 말하느뇨 아브라함이 하나님을 믿으매 이것이 저에게 의(義)로 여기신 바 되었느니라"(롬 4:3 / 참조, 창 15:6).

"여기신 바 된"(counted)이란 말은 또한 "전가된"(imputed)으로 번역될 수도 있다. 전가한다는 것은 어떤 사람의 몫(계산, 셈)에 어떤 것을 덧붙이는 것이다. 성경에는 세 가지 중요한 「전가」(imputation)가 있다.

첫째 / 아담의 죄를 인류에게 전가함(롬 3:23 / 5:12 / 고전 15:22).

둘째 / 인류의 죄를 그리스도에게 전가함(사 53:5 / 히 2:9 / 벧전 2:24 / 고후 5:14).

셋째 / 하나님의 의를 모든 신자들에게 전가함(빌 3:9)

ㄴ. 아브라함은 언제 구원받았는가?

그가 구원받은 것은 할례 전이었는가 후이었는가? 창세기 15장 6절에서 아브라함은 의로 여김을 받았다고 일컬어진다. 이때 그는 85세였다(창 16:16). 창세기 17장 24절에서 우리는 그가 99세가 되었을 때 할례를 받았다는 것을 알게 된다. 따라서 그는 할례를 받기 거의 14년 전에 믿음으로 의롭게 여겨졌고 하나님의 자녀가 되었다!

ㄷ. 아브라함은 왜 구원받았는가?

"… 믿는 모든 자의 조상이 되어"(롬 4:11).

이것은 무할례자(믿음있는 이방인들)와 할례자(믿음있는 유대인들)를 모두 포함한다. 바울은 여기에서 다시 한번 할례는 단지 아브라함이 가진 믿음의 징표일 뿐이었으며, 칭의가 그 원인이었다는 사실을 지적하다. 존슨(Allen Johnson) 박사는 다음과 같이 쓰고 있다.

> "이에 대한 좋은 예증은 20달러짜리 옛 금화이다. 미국 정부는 그것이 미국 통화라는 것을 나타내기 위해 그 주화 위에 인장을 찍었다. 그러나 그것이 닳아서 인장이 지워졌다 하더라도 주화의 가치는 여전히 동일했다. 이제, 같은 인장이 철 조각 위에 찍혔다고 하자. 그런데 본질적으로 무가치한 쇠덩어리에 인장이 찍혔다고 해서 그 평가액이 절하되는 것은 아니다"〔『자유의 서신』(*The Freedom Letter*), p. 76〕.

② 아브라함과 그의 유업(롬 4:13−15)

ㄱ. 아브라함이 약속받은 것은 무엇인가?

"아브라함이 … 세상의 후사가 되리라"(롬 4:13).

이것은 「아브라함 언약」을 가리키는 것으로 아브라함이 위대한 민족의 조상이 되며 그 후손은 언젠가 팔레스틴을 영원히 소유하리라는 것을 그에게 보증했다(창 12:2, 3, 7 / 13:14−17 / 15:5, 18 / 17:8).

ㄴ. 이 언약은 어떻게 주어졌는가?

"… 언약은 율법으로 말미암은 것이 아니요 오직 믿음의 의로 말미암은 것이니라"(롬 4:13).

사실상 언약은 율법보다 약 430년 앞서 주어졌다.

③ 아브라함과 그의 후손(롬 4:16-25)

ㄱ. 아브라함의 후손은 누구였는가(롬 4:16)? 그에게는 세 명의 자손이 있었다.

그의 육적 자손은 이삭이다(창 21:3 / 롬 9:7).

그의 영적 자손은 모든 믿는 자들이다(갈 3:7).

그의 단 하나의 자손은 그리스도이다(갈 3:16).

ㄴ. 아브라함은 자신의 육적 자손을 어떻게 얻었는가?

"믿음이 없어 하나님의 약속을 의심치 않고 믿음에 견고하여져서 하나님께 영광을 돌리며 약속하신 그것을 또한 능히 이루실 줄을 확신하였으니"(롬 4:20, 21).

ㄷ. 아브라함의 영적 후손은 어떻게 보증을 받는가?

"그러므로 후사가 되는 이것이 은혜에 속하기 위하여 믿음으로 되나니 이는 이 약속을 그 모든 후손에게 굳게 하려 하심이라"(롬 4:16).

이것은 죄인이 구원을 받는 최선의 길이므로, 믿음에 의해 이루어진다(민 21장 / 요 3장 참조). 이것은 하나님께서 영광을 받으시는 최선의 길이므로, 은혜에 의해 이루어진다(엡 2장 / 계 4, 5장 참조).

ㄹ. 아브라함의 단 하나의 자손은 어떻게 모든 것을 성취시켰는가?

"우리 범죄함을 위하여 내어줌이 되고 또한 우리를 의롭다 하심을 위하여 살아나셨느니라"(롬 4:25).

(2) 이스라엘 왕국의 조상 다윗의 확실한 증거(롬 4:6-8)

① 다윗이 용서받은 커다란 죄란 무엇이었는가?

그것은 간음과 살인이었다(삼하 11, 12장).

② 다윗은 어떻게 용서받았는가? "일한 것 없이 의로 여기심"(롬 4:6)을 받음으로 용서받았다. 다윗은 자신의 가공할 만한 죄를 다룬 구약성경의 시편을 두 편 썼다.

ㄱ. 시편 32편은 자신의 죄에 대한 고백을 지체하고 있을 때(아마 1년 동안인 것 같다) 그가 경험한 불행에 대한 기록이다. 바울은 여기 로마서 4장 6-8절에서 시편 32편 1, 2절을 인용하고 있다.

ㄴ. 시편 51편은 그가 이러한 죄를 고백할 때 드린 구체적인 기도이다. 우리는 그가 다음과 같이 말한 것을 보게 된다.

"주는 제사를 즐겨 아니하시나니 그렇지 않으면 내가 드렸을 것이라 주는 번제를 기뻐 아니하시나이다 하나님의 구하시는 제사는 상한 심령이라 하나님이여 상하고 통회하는 마음을 주께서 멸시치 아니하시리이다"(시 51:16, 17).

여기에서 다윗은 제물을 드리려고 애쓰지 않는다. 그 이유는 레위기의 제사 규정에는 간음과 살인죄에 적용되는 어떠한 제물도 없었기 때문이다! 당연히 다윗은 끌려나와 돌에 맞아 죽어야 했다. 그러므로 그는 율법을 무시하고 자신을 완전히 하나님의 은총에 맡겼다.

3. 법정 재심(롬 5:1-21)

1 칭의에 대한 요약(롬 5:1-11)

(1) 하나님과의 화평(롬 5:1)

법정 투쟁은 이제 끝이 난다. 휴전조약이 조인되었다.

(2) 하나님께 나아감(롬 5:2)

신자는 그의 새로운 신분으로 인해 이제 하나님께 가까이 갈 수 있다. 성경에는 우리의 신분과 상태 사이의 차이가 나타나 있다.

우리의 신분은 하늘에서의 우리의 지위를 가리키며 결코 변하지 않는다(고전 15:1/고후 5:17).

우리의 상태는 지상에서의 우리의 조건을 가리키며(보다 좋거나 나쁘게) 매일 변할 수도 있다(빌 2:19/골 4:7).

우리는 새로운 신분이 되었기 때문에 이제 구약의 유대인이나 이방인이 경험해 보지 못한 그 놀라운 축복을 우리가 받게 된다. 우리는 이제 바로 하나님의 보좌에 가까이 갈 수 있다. 구약 시대에는 이러한 일이 사실 거의 없었다. 다음을 생각해 보자.

① 이방인은 성전 출입이 금지되었다.

② 유대 여자는 성전에 들어가지 못하고 「여인의 뜰」(woman's court)에서 저지당했다.

③ 레위인이 아닌 히브리인은 안 뜰에 들어갈 수 없었다.

④ 대제사장만이 일 년에 한 번 지성소에 들어갈 수 있었다. 그러나 갈보리에서 죄인으로부터 하나님의 영광을 차단하는 이러한 휘장은 그리스도에 의해 둘로 찢어졌다(마 27:51/히 10:19 참조).

(3) 하나님으로부터의 보증(롬 5:3, 4)

"환난이…이루는 줄 앎이로다."

① 인내(행 10:36/약 1:3 참조). 인내는 연단을 낳는다.

② 연단(시 94:12/고후 1:3–5/갈 4:19/엡 4:14, 15 참조). 연단은 소망을 낳는다.

③ 소망, 세속적 소망에 대한 세 가지 필요한 조건들이 있다.

ㄱ. 그것은 미래와 관련되어야 한다.

ㄴ. 그것은 미래에 있어서 어떤 좋은 것을 바라보아야 한다.

ㄷ. 그것은 미래에 있어서 가능한 어떤 것을 바라보아야 한다.

이 소망은 세 가지 필요조건들을 모두 충족시키며(엡 1:17–22/벧전 1:3, 4/딛 2:11), 두 종류의 소망이 있다.

ㄹ. "소망하다"란 동사는 "나는 갖기를 바란다"는 것을 가리킨다(세속적 소망).

ㅁ. "소망"이란 명사는 "나는 소망을 갖고 있다"는 것을 가리킨다(거룩한 소망).

하나님으로부터의 이러한 보증으로 인하여 깊이 감동한 머리(Andrew Murray)는 다음과 같이 쓴 적이 있다.

> "첫째, 하나님은 나를 이곳으로 데려오셨다. 내가 이처럼 좁은 곳에 있게 된 것은 곧 그분의 뜻이다. 그러므로 이러한 사실을 나는 기뻐할 것이다. 둘째, 하나님은 그분의 사랑으로 이곳에서 나를 지켜주시며 그분의 자녀가 된 나에게 은총을 베푸실 것이다. 그때 하나님은 환난이 변하여 축복이 되게 하심으로 그분이 나에게 깨닫게 하고자 한 교훈을 가르치시며 내 속에 그분이 주려고 한 은총을 부어 주실 것이다. 셋째, 하나님은 가장 적절한 시기에 나를 이끌어내실 것이다. 그리고 그 방법과 시기는 그분이 아신다. 나는 하나님의 임명에 의해, 그분의 보살핌 가운데, 그분의 연단 아래에서, 그분의 때를 위해 여기에 있다."

(4) 하나님의 내주하심(롬 5:5)

"우리에게 주신 성령으로 말미암아 하나님의 사랑이 우리 마음에 부은 바 됨이니."

헬라어 신약성경에는 사랑에 대한 세 가지 뚜렷하게 구별되는 단어가 있다. 로마서에서 바울은 세 가지 모두를 사용하고 있다.

① 『스토르고스』(Storgos)－자연적이고 본능적인 사랑. 사람이나 동물 모두에게서 발견되는 자기 자녀에 대한 본능적인 관심. 이 말의 부정형 『아스토르고스』(astorgos)는 성경에서 단 한 번 사용된다(롬 1:21).

② 『필로스』(Philos)－아름답고 친근한 사랑. 바울은 이 사랑을 로마서 12장 10절에서 묘사하고 있다.

③ 『아가페오』(Agapeo)－오직 하나님에게서만 발견되는 거룩한 사랑. 이 사랑은 사랑받는 대상의 아름다움을 고려하지 않는다. 이것은 헬라어 신약성경에서 320번 발견되지만 고전 작품에서는 거의 발견되지 않는다(호머는 이 말을 열 번, 유리피데스는 세 번 사용했다).

이 사랑은 그리스도의 승천 이전에는 어떤 인간의 마음에서도 결코 발견되지 않는다. 사실 예수님은 베드로가 자신을 사랑하는지에 대해 세 번 그에게 물으셨는데(요 21:15－19), 처음 두 번은 세번째 사랑(아가페오)을 사용하여 "베드로야 네가 나를 사랑(agapeo)하느냐?"고 물으신다. 베드로는 두 번 모두 두번째 사랑(필로스)을 택하여 대답한다.

"주여 내가 주를 사랑하는(phileo) 줄 주께서 아시나이다."

마침내 주님도 역시 (겸손하시게도) 두번째 사랑을 사용하신다. 이에 대한 이유는 (베드로가 후에 발견하게 될 것처럼) 로마서 5장 5절에서 바울에 의해 설명된다.

"우리에게 주신 성령으로 말미암아 하나님의 사랑(아가페오)이 우리 마음에 부은 바 됨이니."

따라서 베드로가 자기 나름대로 대답한 것은 성령이 오순절에 비로소 오신 때문이며, 따라서 이 당시에는 하나님의 이 거룩한 사랑(아가페오)으로 그리스도를 사랑하는 것이 불가능했기 때문이다.

요한복음 11장에서 우리는 이와 유사한 경우를 본다. 즉, 나사로는 『필레오』 사랑으로 예수님을 사랑했지만, 예수님은 『아가페오』 사랑으로 나사로를 사랑하셨다(롬 11:3, 5).

이 『아가페』 사랑이 들어 있는 귀중한 신약성경의 두 구절이 있다.

"하나님이 세상을 이처럼 사랑하사 독생자를 주셨으니 이는 저를 믿는 자마다 멸망치 않고 영생을 얻게 하려 하심이니라"(요 3:16).

"남편들아 아내 사랑하기를 그리스도께서 교회를 사랑하시고 위하여 자신을 주심같이 하라"(엡 5:25).

(5) 하나님 안에서 보존됨(롬 5:6－11)

① 갈보리 십자가 위에서 과거에 그리스도께서 행한 사역 때문에 보존된다.

ㄱ. 그분이 행한 것은 무엇이었는가?

"그리스도께서 경건치 않은 자를 위하여 죽으셨도다"(롬 5:6).

ㄴ. 그분은 이것을 언제 행하셨는가?

"우리가 아직 연약할 때에…우리가 아직 죄인 되었을 때에…우리가 원수 되었을 때에…"(롬 5:6, 8, 10/참조, 엡 2:1/2:11, 12).
그리스도는 인간 자신의 죄의 수준에서 죄인과 만나셨다.
ㄷ. 그분은 어떻게 이것을 행하셨는가?
"그 피를 인하여"(롬 5:9).
성경은 그리스도의 피에 관해 여러 번 명백하게 말하고 있다.
그것은 무죄한 피였다(마 27:4, 19, 24).
이것은 유다와 빌라도의 아내와 빌라도가 말한 증거였다.
그것은 흘린 피였다(마 26:28).
그것은 보배로운 피였다(벧전 1:18, 19).
그것은 깨끗케 하시는 피였다(요일 1:9).
그것은 선고를 받은 피였다(마 27:25).
ㄹ. 그분은 왜 그 일을 행하셨는가?
하나님의 사랑을 확증하기 위해(롬 5:8).
하나님의 진노로부터 인간을 구하기 위해(롬 5:9).
여기에는 현재의 진노도 포함된다(요 3:36/롬 1:18).
여기에는 환난으로 인한 진노도 포함된다(살전 1:10/5:9).
여기에는 영원한 진노도 포함된다(계 20:5).
② 하나님 우편에서 현재 그리스도께서 행하는 사역 때문에 보존된다.
"…더욱 그의 살으심을 인하여 구원을 얻을 것이니라"(롬 5:10).
이 장은 "더욱" 장으로 불리운다(롬 5:9, 10, 15, 17, 20 참조).

[2] 선고에 대한 요약(롬 5:12-21)

(1) 첫번째 머리-아담

① 그는 세상에 죄를 가져왔다. 이 시점에서 죄의 기원과 의미를 음미해 보면 매우 유용할 것이다.
ㄱ. 죄의 기원 : 우주에서 그것은 사단에 의해 도입되었다(겔 28:11-19/사 14:12-15/눅 10:18/요일 3:8/계 12:3, 4 참조). 세상에서 그것은 아담에 의해 소개되었다(창 2:16, 17/롬 5:12/고전 15:22/딤전 2:14 참조).
ㄴ. 죄의 의미 : "과녁을 빗나가다"〔헬라어로는 『하마르티아』(hamartia)이다〕. 여기에서 죄는 하나님의 영광이라는 과녁을 맞추지 못한 인간의 어떤 태도나 행위로 묘사될 수 있다(롬 3:23). 이 말의 동사에 대한 세속적 용법은 사사기 20장 16절에 예시되어 있다.
"금지된 선을 넘다"〔헬라어로는 『파라바시스』(parabasis)〕(요일 3:4/행 1:25/약 2:11 참조).
따라서 죄는 선을 행할 수 없는 인간의 무능과, 잘못을 범하기 쉬운 인간의 경향을 모두 포함한다.

아담의 죄와 우리와 그 죄의 관계에 관해 여러 가지 이론이 있다.

- 펠라기우스(Pelagius : 5세기 초 영국의 수도사) 학파의 견해-아담의 죄가 오직

아담과 그리스도 사이의 대조

아담		그리스도
• 그는 죄와 죽음을 세상에 가져왔다.	행위의 본질	• 그는 의와 생명을 세상에 가져왔다.
• 에덴동산	행위의 장소	• 갈보리의 십자가 위
• 불순종(창 3:6)	행위의 이유	• 순종(눅 22:42)
• 저주 1. 그에 대한 즉각적인 심판 2. 그의 후손에게 심판이 전가됨 3. 모든 인간에 대한 영원한 심판	행위의 결과	• 칭의 1. 즉각적인 칭의 2. 의가 전가됨 3. 영원한 생명
• 율법이 그의 행위의 심각성을 보여 주는 데 사용됨	행위가 율법과 은혜에 대해 갖는 관계	• 은혜가 그의 행위의 "넉넉함"을 보여주는 데 사용됨(롬 5:9, 10, 15, 17, 20).
• 그것은 넘쳤다.	행위의 범위	• 그것은 더욱 넘쳤다.

그 자신에게만 미치고, 단순히 나쁜 도덕적 실례로 끝났을 뿐이라고 주장한다.

• 반(半)펠라기우스 학파의 견해 – 아담의 죄가 단순히 죄를 짓지 않으려는 우리의 의지를 약화시켰다고 주장한다.

• 연합적 (혹은 어거스틴 학파의) 견해 – 인류는 일체이므로 아담의 죄는 후손에게 전가된다고 주장한다. 즉, 타락한 본성은 타락한 본성을 낳는다. 로마서 5장과 3장 23절에서 바울은 이러한 입장을 취한다.

"모든 사람이 죄를 범하였으매〔부정과거시제, 역사상 단 한 번 이루어진 행위〕 하나님의 영광에 이르지 못하더니〔미완료 시제, 거듭 이르지 못함〕."

그리하여 성경은 원죄(아담에서 비롯된 인간의 문제의 근원)와 범죄(나 자신에서 비롯된 인간 문제의 결과)를 구별한다. 그러므로 나는 죄를 지었기 때문에 죄인이 아니라 죄인이기 때문에 죄를 짓는다.

② 그는 세상에 사망을 가져왔다.

ㄱ. 이것은 육체적 죽음을 포함한다(창 3:19/5:5/시 90:10).

ㄴ. 이것은 영적 죽음을 포함한다(마 7:23/25:41/계 2:11/20:6, 14/21:8). 그리하여

아담의 불순종을 통해 많은 죄인들이 생기고 정죄받았다.

(2) 두번째 머리-그리스도

① 그분은 세상에 의와 생명을 가져왔다.

② 그분은 세상에 자유롭고 풍부한 은혜의 선물을 가져왔다. "풍요"란 단어는 '파도처럼 넘치다'를 의미한다.

우리는 이미 이 장에서 "더욱"이란 말을 살펴보았다. 특별히 15, 17, 20절을 살펴보자.

"더욱 하나님의 은혜와…"(롬 5:15).

"더욱 은혜를…넘치게 받는"(롬 5:17).

"죄가 더한 곳에 은혜가 더욱 넘쳤나니"(롬 5:20).

이 모든 것은 회개하는 죄인이 아담으로 인해 잃어버린 것보다 그리스도 안에서 더욱 많은 것을 얻음을 가리키는 것이다.

2. 은혜의 발전소-하나님의 방법(성화와 보존/롬 6-8장)

6장에 이르기까지 바울은 성도의 성화에 대해서는 논하지 않았다. 그러나 이 장에서부터 그는 죄인의 칭의에 대해 논하지 않는다. 여기서 성화와 칭의라는 이 두 말을 비교해 보는 것이 유익할 것이다.

「칭의」는 단회적(單回的) 행위(act)인 반면 「성화」(단순히 '구별되는 것'을 의미함)는 과업(work)이다.

칭의는 수단인 반면 성화는 목적이다.

칭의는 죄책과 징벌을 제거하는 반면, 성화는 우리 안에서 작용한다.

칭의는 우리를 의롭다고 선포하는 반면, 성화는 우리를 의롭게 만든다.

칭의는 천국으로 통하는 길을 완성하는 반면, 성화는 타고 갈 차를 완성해 준다.

우리는 성화가 단순히 "구별됨"을 의미하다는 것을 이미 살펴보았다.

성경에는 다음과 같이 기록되어 있다.

[1] **세상적인 목적들은 성화되어야 한다**(출 40:10, 11/19:23).

[2] **사람들은 스스로를 깨끗하게 할 수 있었다**(출 19:22).

[3] **한 사람이 다른 사람을 성결케 할 수 있었다**(출 13:2).

[4] **나쁜 짓을 범한 사람들은 부정을 행하는 자신을 정결케 할 수 있었다**(사 66:17).

[5] **하나님께서는 그리스도를 거룩하게 하셨다**(요 10:36).

[6] **그리스도께서는 스스로를 거룩하게 하셨다**(요 17:19).

[7] **신자는 불신자를 거룩하게 할 수 있었다**(고전 7:14).

[8] **육신에 속한 그리스도인들이 거룩하게 되리라고 기록되어 있다**(고전 1:1/3:1, 2).

[9] **신자들은 하나님을 거룩하게 하라는 명령을 받는다**(벧전 3:15). 6-8장은 로마서에서 제 2의 "건축물"을 형성하는 것이다. 이 은혜의 발전소는 3층으로 이루어져 있다.

1. 설계-「성화」로 이루어진 1층(롬 6장)

[1] **너희는 다음과 같은 것들을 알라**(롬 6:1-10)

(1) 우리가 "그(그리스도)의 죽으심과 합하여 침례(세례)를 받음으로 그와 함께 장사되었나니"(롬 6:4). 여기에서 바울은 그리스도께서 나를 "위해서" 죽었을 뿐만 아니라 나 "처럼" 죽으셨다고 말하고 있다! "침례(세례)"란 말은 간단히 말해 "동일시"(identification)를 의미한다. 갈보리의 그리스도와의 이러한 동일시는 성경에 나오는 수많은 "물 없는 침례(세례)" 가운데 하나이다. 그 밖의 침례(세례)는 다음과 같다.

① 그리스도께서 받으신 죄와 고난의 침례(세례)(마 20:22)
② 오순절에 성도들에게 임한 성령의 침례(세례)(행 1:5)
③ 그리스도의 몸과 합하는 성도들의 침례(세례)(고전 12:13)
④ "죽은 자들을 위한" 침례(세례)(고전 15:29)
이것은 순교자들이 떨어뜨린 깃발을 주움으로 자신들을 순교자들과 동일시하는, 살아 있는 신자들의 행위를 가리키는 것 같다.
⑤ "모세에 대한" 침례(세례)(고전 10:2)
⑥ 환난 기간 중에 있을 심판의 침례(세례)(마 3:11, 12)

(2) 우리는 "그의 부활을 본받아 연합한 자가 되어"(롬 6:5) 왔다. 신자는 현재 세 번 "옮겨 심어졌다."

① 그가 아담과 함께 죄를 지은 에덴 동산에서
② 그가 그리스도와 함께 죽은 십자가에서
③ 그가 그리스도와 함께 부활한 무덤에서

(3) 위의 두 가지 사실 때문에 신자는 다음과 같이 행동해야 한다.

① "죄에 대하여 죽은"(롬 6:2)
② "죄에서 벗어나"(롬 6:7)

죽음은 모든 의무들을 말소시킨다. 여기에서 죄는 견디기 힘들 만큼 자기 백성에게 과중한 세금을 거둬들이는 포악한 독재자로 의인화된다. 벌을 면하는 유일한 방법은 죽는 것이다! 그때 죽음은 죄를 진 육신을 무력하게 만들고(그러나 제거하지는 못한다) 무능하게 한다(엡 4:22-24/골 3:9, 10 참조).

2 너희를 죄에 대하여는 죽은 자요 하나님에 대하여는 산 자로 여기라(롬 6:11, 12)
이것은 우리가 어떤 개인적 "감정"과 상관없이 '믿음'으로 이러한 사실에 입각하여 행동해야 함을 의미한다.

3 너희를 다음과 같이 드리라(롬 6:13-15)
(1) 우리는 자기 지체를 불의의 도구로서 바치는 것(현재 시제)을 중단해야 한다.
(2) 우리는 자기 지체를 의의 도구로 단번에(부정과거 시제) 바쳐야 한다.

4 너희를 다음과 같이 복종시켜라(롬 6:16-23)
(1) 우리는 누구에게 복종해야 하는가?

① 그리스도인은 자신의 새 주인에게 복종하고 자신의 옛 주인을 떨쳐버려야 한다(롬 6:16). 우리는 한 번에 오직 한 주인만을 섬길 수 있다(마 6:24).
② 그리스도인은 그가 넘겨받은 교훈의 본에 복종해야 한다('전하여 준 바'라는 헬라

동사는 2인칭 복수이다). 그는 원래 구원의 틀 안에 부어짐으로 구원받았다. 그는 이제 이러한 틀이 가르치는 교훈에 복종해야 하며 그것으로 자신의 새로운 삶을 형성해야 한다.

(2) 우리는 왜 복종해야 하는가?

① 우리가 "죄에게서 해방되었기" 때문에(롬 6:22).

이것은 바울이 이 사실에 대해 여섯번째로 기록한 것이다(롬 6:2, 6, 7, 14, 18 참조). 이 고귀한 교리를 설명하는 데 도움이 되는 세 가지 라틴어 신학 용어가 있다. 이것들은 다음과 같다.

ㄱ. Non posse non pecare(죄를 안 지을 수 없는)—이것은 구원받기 전의 신자들을 가리킨다.

ㄴ. Posse non pecare(죄를 짓지 않을 수 있는)—이것은 구원받은 후의 신자들을 나타낸다.

ㄷ. Non posse pecare(죄를 지을 수 없는)—이것은 휴거(rapture) 후의 성도의 상태를 나타낸다.

② 하나님께서는 복종을 통해서만 맺을 수 있는 칭의의 열매를 바라시기 때문에(롬 6:21, 22).

2. 고통—좌절로 이루어진 2층(롬 7장)

이 장에 대해서는 수많은 의문이 제기되어 왔다. 바울은 여기에서 구원받은 사람으로 이것을 기록하고 있는가, 아니면 구원받지 못한 사람으로 이것을 기록하고 있는가? 율법을 다룬 이 장에는 세 가지의 영적 상태가 묘사되어 있다고 사람들은 주장해 왔다.

[1] 영적인 사람과 율법(롬 7:1—6)

(1) 아내가 남편에게 매여 있는 것처럼 그는 율법에 얽매여 있었다.

(2) 불행한 결혼에 매여 있던 아내는 남편이 사망한 경우에만 굴레에서 벗어날 수 있다(롬 7:3).

(3) 불행하게 율법에 얽매인 사람은 자신이 죽을 경우에만 풀려날 수 있었다(롬 7:4, 6). "우리가…죽었으므로 율법에서 벗어났으니."

여기에 사용된 헬라어는 갈보리에서의 비극적인 죽음을 가리킨다. 어떤 의미에서 그것은 그리스도와 신자가 연합하기 위해 죽어야 할 필요가 있음을 뜻하는 것일 수도 있다.

다음의 내용을 깊이 생각해 보자.

① 구약에서 그리스도는 믿음이 없는 이스라엘과 결혼하셨다(호세아서 참조).

② 신약에서 죄인들은 죄의 세력과 율법의 굴레에 얽매어 있다.

③ 그때 그리스도께서는 (교회 시대 중에) 죄 지은 이스라엘과 맺은 구약의 언약 관계에서 자신을 해방시키기 위해 죽으셨다.

④ 이 거룩한 관계는 어린양의 결혼식 때 완전히 절정에 달할 것이다.

(4) 이 모든 것의 목적은 "우리로 하나님을 위하여 열매를 맺히게"(롬 7:4) 하려는 것이다. 그러므로 영적인 사람은 율법으로부터 해방된다.

2 자연인과 율법(롬 7:7-13)

많은 사람들이 이 구절들이 구원받기 이전의 바울의 삶을 묘사하고 있다고 믿는다. 그러나 이러한 견해에는 약간의 문제가 있다(빌 3:6 참조).

(1) 죄는 율법으로써 바울을 죽이려고 하였다(롬 7:9-11). 이것은 그의 "바르 미쯔바"(Bar Mitzvah : 13살 먹은 유대의 모든 소년이 지켰던 종교의식)에 대한 언급임이 분명하다. 그때 그는 형식적으로 엄격한 율법을 지켜야 하는 책임을 지고 있었다. 그의 평온했던 유년시절은 그때 끝났다. 그는 자신이 한 행위에 대해 하나님께 해명할 의무가 있었다.

(2) 율법은 그의 속에서 "각양 탐심"(금지된 사악한 욕망)을 이루는 죄로 사용되었다(롬 7:8). 즉, 죄가 사용한 율법은 바울의 죄악성을 드러내는 동시에 그것을 다시 불러일으켰다. 따라서 죄는 바울과의 싸움에서 그 근거로 율법을 사용했다.

(3) 율법은 그 자체가 사악한 것이 아니고 "거룩하며 의로우며 선하기"조차 하다(롬 7:12).

① 그것은 하나님에게서 나왔기 때문에 거룩하다(롬 7:14).
② 그것은 올바르게 죄인을 책망했기 때문에 의롭다.
③ 그것은 그리스도를 위해 죄인을 예비했기 때문에 선하다(갈 3:24).

(4) 율법은 오직 육신의 나약함 때문에 쓸모가 없었다. 여기에 문제의 본질이 있다. 미국에서 가장 훌륭하고 가장 노련한 축구 코치라 하더라도, 만약 그가 절름발이와 소경 선수들로 자기 팀을 구성한다면 모든 게임마다 패배하게 될 것이다. 이와 같이 자연인은 율법에 의해 멸망당한다.

3 육적인 사람과 율법(롬 7:14-25)

(1) 바울은 선을 행하고 악을 피하고자 했다.
"내 속사람으로는 하나님의 법을 즐거워하되"(롬 7:22 / 참조, 고후 4:16 / 엡 3:16).

(2) 그는 매우 절망스럽게도 자신이 악을 행하고 선을 행치 않는다는 것을 알았다. 바울은 원하는 바는 무척 많았지만 결단이 부족했다. 그는 하고자 하는 마음은 있었지만, 그것을 이루기 위한 방법이 없었다. 그는 "선을 행하기 원하는 나에게 악이 함께 있는 것이로다"(롬 7:21)라는 한 법을 깨달았다. 이것은 로마서에서 언급된 성경의 다섯 가지 "법" 가운데 세번째 법이다.

① 모세의 법(롬 3:19)
② 믿음의 법(롬 3:2)
③ 죄의 법(롬 7:21, 23, 25)
④ 마음의 법(롬 7:16)
⑤ 성령의 법(롬 8:2, 4)

(3) 완전한 절망 중에 그는 다음과 같이 외친다.
"오호라 나는 곤고한 사람이로다 이 사망의 몸에서 누가 나를 건져내랴"(롬 7:24).
이것은 살인자를 피살자의 몸에 동여맴으로써 살인자를 처벌하도록 정한 로마법에 대한 영적 비유였음이 분명하다. 로마인들은 시체의 부패와 악취를 이용하여 살인자를 처벌했던 것이다. 필립스(Phillips)는 다음과 같이 말하고 있다.

"한 생물학자가 어떤 발달 단계에서 나비를 거미와 접붙이려는 실험을 수행하여 그러한 방법으로 두 곤충을 하나로 융합시켜 성숙시키고자 한다고 가정해 보라. 이와 같은 기형 곤충에게는 본능이 얼마나 파괴되어 있을 것인가! 그 생물의 본성은, 한 편은 맑은 창공을 열망하는 데 비해 다른 편은 어두운 구석에 거미줄을 치고 피를 먹고자 갈망할 것이다. 그러한 생물에게 어떤 일이 일어날 수 있겠는가? 다만 죽음에 이르게 될 따름이다. 에덴 동산에서 사단은 이와 같은 의미에서 인류에게 그토록 잔인한 수술을 행했던 것이다" [『로마서 연구』(*Exploring Romans*), p. 120].

따라서 바울은 성도들이란 육신을 조절하거나 변화시키거나 깨끗케 하거나 명령하거나 바로잡거나 못박을 수 없다는 사실을 깨닫는다.

(4) 바울은 영원한 생명이란 오직 예수 그리스도를 통해서 온다는 말로서 6장을 끝맺고 있다(롬 6:23). 그는 승리의 삶이란 예수 그리스도를 통해서만 가능하다고 결론을 내리면서 7장을 끝맺고 있다(롬 7:25).

7장의 고찰을 마치기 전에 구약의 율법이 갖는 목적과 직무를 간단히 약술하는 것이 도움이 될 것이다.

율법은 세 부분으로 이루어져 있다.

① 십계명(출 20:3－17/신 5:7－21)

② 백성에 관한 사회적 규정(출 21－23장)

③ 성막과 관련된 종교적 의식(출 24－40장)

(5)「아브라함 언약」이 있은 지 약 5세기 후에 율법이 주어졌다. 그러므로 그것은 어떠한 방식으로도 하나님의 고귀한 언약을 파기하지 않았다(창 12:1－3/갈 3:17, 18). 그것은 삶의 한 방식이었지 삶의 목적은 아니었다(갈 2:15, 16/3:21/고후 3:7, 9 참조).

(6) 그리스도는 왜 아브라함 시대에 오지 않았는가? 그 당시에도 믿음은 있었다(창 15장/롬 4장 참조). 위의 질문에 대한 답은, 율법의 주된 의미가 인간의 죄악성을 드러냄으로써 구세주에 대한 기대감을 발전시켜 나가는 데에 있다는 것이다.

(7) 그러므로 아브라함과 맺은 언약은 죄에 대한 충분한 강조가 결여됐기 때문에, 율법이 부가되었다. 하나님께서는 회개를 통해 구원에 이르는 믿음의 의미를 충분히 발전시키기 위해 두 사람의 사역을 이용하셨다. 이 두 사람에 대해 살펴보자.

① 모세는 저주를 소개하였다(갈 3:13).

② 아브라함은 축복을 소개하였다(갈 3:9, 14).

③ 모세는 죽음이란 어떤 것인가를 지적했다(고후 3:6/롬 7:9, 10).

④ 아브라함은 생명이란 어떤 것인가를 지적했다(롬 4:17－25/히 11:19).

⑤ 모세는 십자가 사건의 원인이 되었다(갈 2:19, 20/3:13).

⑥ 아브라함은 부활의 원인이 되었다(히 11:19/롬 4:17, 19, 23－25).

"그러나 그들은 모두 한 부류에 속한다. 왜냐하면 죄인은 속량받아야 하고 끝까지 부활과 새로운 출생이 필요하기 때문이다. 그러나 새로운 출생은 인간의 회심을 전제하는데, 이러한 회심에는 두 가지 요소가 있다. 첫째 어떤 것으로부터 돌아서서, 둘째 다른 것을 바라보는 것, 즉 스스로를 '부정'하고 하나님을 '긍정'하는 것이다. 이것이 신약에서 묘사된 '회개'와 '믿음'이다! 오직 여기에서 구약의 역사가 갖는 참다운 의미가 우리에게 계시된다.

ㄱ. 수 세기에 걸친 구속사에서 하나님께서는「믿음」이란 말을 사용하셨다. 이것이 아브라

함과 맺은 계약의 의미이다. 약 2,000년 동안 그것은 믿음에 대한 한 교훈이었다.

ㄴ. 수 세기에 걸친 구속사에서 하나님께서는 「회개」라는 말을 사용하셨다. 이것은 모세의 율법이 갖는 의미이다. 약 1,500년 동안 그것은 회개에 대한 교훈이다"〔에릭 사우어(Erich Sauer), 『세계 구속의 여명』(*Dawn of World Redemption*), pp. 122, 123〕.

(8) 그때 "예수께서 갈릴리에 오셔서 하나님의 복음을 전파하여 가라사대 때가 찼고 하나님 나라가 가까왔으니 회개하고 복음을 믿으라 하시더라"(막 1:14, 15).

따라서 예수께서는 한 말씀 안에 모세와 아브라함의 멧세지를 완전하게 결합시키신다(행 20:21 참조). 그러므로 우리는 율법이 다음과 같은 기능을 수행한다고 결론을 내릴 수 있을 것이다.

① 하나님께서 이스라엘을 하늘로부터 제어할 수 있었던 굴레.
② 이스라엘을 세상의 다른 나라와 구분했던 울타리.
③ 인간의 진실한 모습을 드러내 주는 거울.
④ 인간의 숨은 죄를 표면까지 떠오르게 하는 자극제.
⑤ 우리를 그리스도를 위해 예비시키며 그분에게 우리를 데려다 주는 교사(갈 3:19, 24 / 롬 3:20 / 7:7).

3. 상급 – 보존으로 이루어진 3층(롬 8장)

바울은 지금까지 다음과 같이 주장했다.

1 **죄인은 왜 구원받아야 할 필요가 있는가?**(답 : 저주 때문에)
2 **죄인은 어떻게 구원받는가?**(답 : 칭의를 통해)
3 **죄인이 구원된 후 무슨 일이 일어나는가?**(답 : 거룩하게 됨)

그는 이제 다음과 같이 묻고 대답하게 될 것이다.

4 **죄인은 구원받은 채로 보존될 것인가?**(답 : 보존됨)

만약 성경이 보석박힌 아름다운 반지 세트에 비유된다면, 로마서는 가장 아름다운 보석이 박힌 반지이며 로마서 8장은 그 보석의 가장 아름다운 면일 것이다. 로마서 8장은 본질적으로 요한복음 5장 24절과 요한계시록 21장 5절의 확장이다.

"내가 진실로 진실로 너희에게 이르노니 내 말을 듣고 또 나 보내신 이를 믿는 자는 영생을 얻었고 심판에 이르지 아니하나니 사망에서 생명으로 옮겼느니라"(요 5:24).

"보좌에 앉으신 이가 가라사대 보라 내가 만물을 새롭게 하노라 하시고 또 가라사대 이 말은 신실하고 참되니 기록하라"(계 21:5).

믿음이 있는 죄인은 구원받은 채로 보존될 것인가? 일곱 가지 새로운 사실들 때문에 그는 보존될 것이다.

(1) 그의 새로운 신분

그는 이제 그리스도 안에 있다(롬 8:1－4).

① 신자와 죄와 사망의 법－그는 그리스도를 통해 그 법으로부터 해방된다(롬 8:2).
② 신자와 모세의 법－그는 그리스도를 통해 그 의를 성취할 수 있다(롬 8:4).

우리는 바울이 자신에게 잘못이나 죄나 불완전함이 없다고 말한 것이 아니라 "저주"가 없다고 말한 것을 알게 된다. 우리는 또한 시간적 요소를 보게 되는데, 그것은 '현재' 저주가 아니다.

(2) 그의 새로운 손님

그에게는 이제 성령께서 내주하신다(롬 8:5-13).

(3) 그가 양자로 선택됨

그는 이제 하나님으로부터 양자로 선택된다(롬 8:14-17).

① 「양자됨」의 정의

글자 그대로 이 말은 "아들로 삼는 것"을 의미한다. 논리적으로 양자 됨에 앞서 「중생」(regeneration)이 있다. 「중생」은 인간에게 하나님의 자녀로서의 본성을 부여하는 반면, 「양자됨」은 그에게 하나님의 아들로서의 지위를 부여한다(롬 8:15-23/갈 4:4-6/엡 1:5/고후 6:18).

● 대조-영적 입양과 일반 입양은 어떻게 다른가?

ㄱ. 우리는 자기 자신의 자녀를 결코 양자로 삼지 않지만, 하나님께서는 자신의 자녀 이외에는 어느 누구도 양자로 삼지 않으신다.

ㄴ. 일반적 양자 결연은 아이 없는 사람에게 행복을 제공해 주지만, 하나님께서는 우리를 양자로 삼기 이전에 사랑하는 아들이 있었다(마 3:17/17:5).

ㄷ. 일반 사람들이 양자로 삼은 자녀에게는 많은 바람직한 특징들이 있다. 그러나 양자로 택해지기 이전의 하나님의 자녀들에게는 그러한 특징들이 없다(롬 3:10-18).

ㄹ. 일반적인 양자 결연은 자녀에게 그의 아버지와 동일한 본성을 부여할 수 없다. 그러나 하나님의 양자들에게는 그리스도의 진실된 마음이 주어진다(고후 2:16).

ㅁ. 몇몇 경우에 있어서 일반적인 양자 결연은 무익하고 바람직하지 못할 수도 있다. 그러나 하나님의 양자 결연은 절대적으로 안전하다.

● 비교-영적인 양자 결연이 어떻게 일반적인 양자 결연과 비교되는가?

ㅂ. 하나님 아버지께서 양자 결연으로 이르는 행위를 시작하셔야만 한다(사 1:18/요 3:16).

ㅅ. 일반적인 양자 결연이나 하나님의 양자 결연은 모두 전에는 아무 자산도 없었던 사람에게 유업을 준다(롬 8:17/벧전 1:1-9).

ㅇ. 일반적인 양자 결연이나 하나님의 양자 결연은 모두 새로운 이름을 붙여준다(계 2:17/요 1:42).

② 양자 관계에 있어서의 성삼위(聖三位)

ㄱ. 하나님에 대한 친밀감이 생긴다.

"그러므로 아바 아버지라 부르짖느니라"(롬 8:15).

이것은 자기 아버지를 부르는 매우 친근한 이름이다. 이제까지 오직 예수님만이 이 말을 사용하셨다(막 14:36/마 26:42 참조).

ㄴ. 성령에 의한 조명이 나타난다. 그분은 우리를 안내하며(롬 8:14) 확증을 준다(롬 8:16).

ㄷ. 성자와 함께 상속하게 된다.

"그리스도와 함께 한 후사니"(롬 8:17/참조, 히 2:11).

(4) 그의 새로운 기대감(롬 8:18-25)

일곱 가지 확신

신자는 새로운 지위를 갖는다(롬 8:1-4).
신자는 새로운 손님을 갖는다(롬 8:5-13).
신자는 새로운 양자 관계를 맺는다(롬 8:14-17).
신자는 새로운 기대를 갖는다(롬 8:18-25).
신자는 새로운 기도의 조력자를 갖는다(롬 8:26, 27).
신자는 새로운 지식을 갖는다(롬 8:28).
신자는 새로운 목표를 갖는다(롬 8:29-39).

① 이러한 소망의 성격 : 모든 피조물의 완전하고 궁극적인 속량. 이것은 다음과 같은 것들을 포함한다.

ㄱ. 그리스도인 자신. 그는 새 몸을 입게 될 것이다.

그것은 그리스도와 같은 몸이 될 것이다(요일 3:2).

그것은 살과 뼈로 이루어진 몸일 것이다(눅 24:39). 주님은 부활하신 몸으로 말하기도 하고 먹기도 하고 마시기도 하셨다(눅 24:30, 41-43 / 요 21:13).

그것은 인식할 수 있는 몸일 것이다(고전 13:12). 예수께서 부활하신 후 모든 신자들은 그분을 알아볼 수 있었다.

그것은 성령이 지배하는 몸일 것이다(고전 15:44, 49).

그것은 시공(時空)을 초월하는 몸일 것이다(요 20:19).

ㄴ. 피조물 자체 : 모든 피조물은 인간이 에덴 동산에서 반역한 결과로서(창 3:17, 18 / 사 24:5, 6) "허무한 데 굴복하게 되었다"(롬 8:20). "허무함"이란 말은 "무익한, 목적이 없는"(전 1:5-8)을 의미한다. 이는 헬라어로 『마라이오스』(maraios)인데, 그러나 언젠가 피조물도 "썩어짐의 종노릇한 데서 해방될 것이다"(롬 8:21).

(5) 새로이 그의 간구를 돕는 자(롬 8:26, 27)

이미 우리 안에 살며(롬 8:26) 우리에 대하여 증거하시는 성령이 이제 우리를 위해 간구하신다(롬 8:26).

① 이 새로운 도움의 필요성

헬라어로 "연약함"(롬 8:26)이란 말은 단수형으로 되어 있다. 바울은 여기에서 마음에 오직 하나의 연약함이 있었다. 즉, 그것은 기도에 있어서 우리의 무지와 무능이었다.

"우리가 마땅히 빌 바를 알지 못하나"(롬 8:26).

"돕다"라는 말은 이런 의미에서 그냥 지나쳐서는 안 된다. 그것은 "일의 성취를 돕는"을 의미한다. 이와 같은 말이 누가복음 10장 40절에서도 쓰인다. 이 모든 것은 성령께서 신자 또한 자신과 함께 간구하기를 바라신다는 의미이다.

② 이 새로운 도움의 강도

"성령이 말할 수 없는 탄식으로 우리를 위하여 친히 간구하시느니라"(롬 8:26).

이것은 8장에서 언급된 세번째의 "탄식"이다.

ㄱ. 피조물의 탄식(롬 8:22)

ㄴ. 신자의 탄식(롬 8:23)

ㄷ. 성령의 탄식(롬 8:26)

(6) 그의 새로운 지식(롬 8:28)

"우리가 알거니와 하나님을 사랑하는 자 곧 그 뜻대로 부르심을 입은 자들에게는 모든 것이 합력하여 선을 이루느니라"(롬 8:28).

여기에서 우리는 이 구절에 나타나지 않은 두 가지 사실에 주목해야 한다.

① 모든 것이 그 자체가 본질적으로 선하다고 말하지 않고, 오히려 그들이 합력하여 선을 이룬다고 말한다. 이에 대한 구약성경의 고전적인 예는 자기 형제에 대한 요셉의 증거이다(창 45:5–8/50:20/시 76:10 참조). 야곱(요셉의 부친)이 항상 이러한 원리를 이해한 것은 아니었기 때문에, 그는 창세기 42장 36절에서 스스로 괴로운 결론을 내렸다.

② 이 일이 모든 사람에 대해서가 아니라 오직 하나님을 사랑하는 사람들에게만 해당된다고 말한다. 이는 하나님을 사랑하는 사람들에게 매우 포괄적인 진술이다. 그것은 선한 것과 나쁜 것, 밝은 것과 어두운 것, 단 것과 쓴 것, 쉬운 것과 어려운 것, 행복한 것과 슬픈 것을 모두 포함한다. 번영과 빈곤, 건강과 질병, 평온과 격동, 삶과 죽음이 그것에 달려 있을지도 모른다.

(7) 그의 새로운 목표(롬 8:29–39)

"그 아들의 형상을 본받게 하기 위하여"(롬 8:29).

하나님께서는 오늘날 이 지상에서 하나의 최고의 목적을 지니고 있다. 그것은 가장 많은 사람들이 가장 짧은 시간에 그분의 사랑하는 아들의 형상을 본받게 하는 것이다.

① 이러한 목표에 이르는 단계

ㄱ. "하나님이 미리 아신 자들로… 하려 하심이니라"(롬 8:29).

ㄴ. "하나님이… 미리 정하셨으니"(롬 8:29).

ㄷ. "하나님이… 부르시고"(롬 8:30).

ㄹ. "하나님이… 의롭다 하시고"(롬 8:30).

ㅁ. "하나님이… 영화롭게 하셨느니라"(롬 8:30).

이 다섯 가지는 영원한 과거로부터 영원한 미래까지를 이어주는 하나님의 은혜와 영광의 금사슬을 이룬다.

② 이 목표에 대한 절대적 보증

ㄱ. 누가 감히 우리를 하나님께 참소하겠는가?

"누가 능히 하나님의 택하신 자들을 송사하리요 의롭다 하신 이는 하나님이시니"(롬 8:33).

언젠가 죄인을 정죄하셨던 바로 그 재판관이 이제는 그를 의롭다 칭하신다(롬 3:19).

누가 감히 이것에 반대하겠는가?

"자기 아들을 아끼지 아니하시고 우리 모든 사람을 위하여 내어주신 이가 어찌 그 아들과 함께 모든 것을 우리에게 은사로 주지 아니하시겠느뇨"(롬 8:32).

ㄴ. 누가 감히 우리를 "아들"과 분리시키겠는가?

"누가 우리를 그리스도의 사랑에서 끊으리요"(롬 8:35).

(외적 압박인) 환난인가? 아니다!

(내적 압박인) 곤고인가? 아니다!

핍박인가? 아니다!

기근인가? 아니다!

적신인가? 아니다!
위험인가? 아니다!
칼인가? 아니다!

이 최초의 일곱 가지는 바울의 생애에 관한 역사적이고 예언적인 간략한 자서전이다.

(육체적 죽음인) 사망인가? 아니다!
생명(그리고 그 모든 시험들)인가? 아니다!
천사들(선한 천사들)인가? 아니다!
권세자들(악한 천사들)인가? 아니다!
통치자들(인간 통치자들)인가? 아니다!
현재 일(오늘의 사건들)인가? 아니다!
장래 일(내일의 사건들)인가? 아니다!
높음인가? 아니다!
깊음인가? 아니다!
다른 아무 피조물(우주에 있는 어느 다른 생물)인가? 아니다!

경건한 신자인 요한 크리소스톰(John Chrysostom)이 5세기에 로마 황제 앞에 끌려와 믿음으로 인하여 죽음의 위협을 받고 있을 때, 그는 다음과 같이 대답했다.

"당신은 나를 멸할 수 없습니다. 왜냐하면 이 세상은 내 아버지의 집이기 때문입니다."

『그러나 나는 그대를 처형할 것이다』라고 황제는 말했다.

"아니오, 당신은 나를 죽일 수 없습니다. 왜냐하면 내 생명은 그리스도와 함께 하나님 안에 숨겨져 있기 때문이오!"라고 그 경건한 신앙의 맹장은 말했다.

『나는 그대의 보물을 빼앗겠다.』

"아니, 빼앗을 수 없습니다. 내 보물은 하늘에 있고 내 마음도 거기에 있기 때문이오."

『그러나 내가 그대를 사람들로부터 추방시키면 그대에게는 친구가 하나도 없어질 것이다.』

"아니, 당신은 그렇게 할 수 없습니다. 나의 친구는 하늘에 있고 당신은 그로부터 나를 분리할 수 없습니다. 나는 당신을 무서워하지 않습니다. 당신은 나를 해치기 위하여 어떠한 일도 할 수 없기 때문입니다."

3. 이스라엘의 회당－하나님의 지혜(설명과 변호 / 롬 9－11장)

바울은 더 나아가기 전에 여기에서 잠깐 멈추고 두 가지 문제를 논해야 할 필요가 있다고 느낀다. 첫번째 문제는 이스라엘이 그리스도를 배척했다는 사실이다. 여기에 대하여는 어떠한 의문도 있을 수 없었다. 그러면 도래할 왕국에 관한 구약의 위대한 메시야 예언은 어떻게 성취될 수 있었는가? 바울은 그가 처음으로 그리스도를 이스라엘의 메시야로 인정했을 때 믿음이 부족한 유대인들이 자신을 비난하리라는 사실을 알았다. 그는 또한 믿음이 있는 유대인들도 하나님께서 어쨌든 자신이 한 말씀을 성취하지 못했다고 결론내릴 수 있음을 깨달았다.

처음에는 문제가 전혀 심각하게 나타나지 않았다. 삼천 명 이상의 유대인들이 오순절에 구원을 받았다(행 2:41). 그리고 그 수는 예루살렘에 사는 많은 제사장 무리를 포함하여 오천 명까지 급증했다(행 4:4/6:7). 얼마 안 있어 온 이스라엘이 구원받을 것처럼 보였다. 주의 날은 확실히 바로 가까이에 있었다(행 2:16-21). 그러나 갑자기 반대가 일기 시작했다! 집사인 스데반이 돌에 맞아 죽었다(행 7:57-60). 이 비극은 사도 야고보의 죽음을 통해 절정에 이르렀다(행 12:2). 예루살렘의 기독교 지도자들은 종종 감옥에 갇혔다. 바로 바울이 로마서를 쓸 때의 상황이었다.

로마서를 살펴볼 때, 우리는 만약 바울이 교회가 이스라엘이 될 것이라고 생각했더라면, 처음에 아무런 문제도 생기지 않았을 것이라는 사실을 우리는 알 수 있다.

두번째 문제는 로마서 6-8장에서 사도 바울이 그토록 영광스럽게 묘사한 바 있는 '은혜의 발전소'에 관한 것이다. 이제 무슨 일이 일어날 것인가? 작은 "이스라엘이란 작업장"은 "은혜의 시대" 중에 산산이 부서질 것인가? 바울은 9-11장에서 분명하고도 간결하게 이 질문에 답하고 있다.

1. 과거의 하나님의 주권과 이스라엘이 선택받음(롬 9장)

1 바울의 두 가지 고백(롬 9:1-3)

(1) 그는 마음 속에 이스라엘을 위한 "마음에 큰 근심과 그치지 않는 고통"을 가졌다.
(2) 그는 "나의 형제 곧 골육의 친척을 위하여 내 자신이 저주를 받아 그리스도에게서 끊어질지라도 원하는 바로라"고 말했다. 바울은 이스라엘의 죄지은 상태에 대해 모세(출 32:31, 32)와 그리스도(마 23:37)께서 가졌던 연민을 가지고 있었다(갈 1:8, 9 참조).

2 이스라엘의 아홉 가지 축복(롬 9:4, 5)

(1) 그들은 이스라엘 사람들이었다. 그들은 하나님과 더불어 겨루어 이긴(창 32:28) 선택된 민족이었다(신 7:6).
(2) 그들은 하나님의 양자가 되는 특권을 누렸다. 하나님께서 온 이스라엘을 양자로 삼으셨다(출 4:22/신 14:1/렘 31:9).
(3) 그들은 영광을 가졌다. 「쉐키나」(Shekinah : 영광의 구름)는 하나님의 임재의 가시적(可視的)이며 빛나는 표현이었다.
  ① 그것은 그들을 인도하여 광야를 건너게 하였다(출 13:21, 22/민 9:17-22).
  ② 그것은 홍해에서 그들을 보호했다(출 14:19, 20, 24).
  ③ 그것은 모세가 예물을 바치는 동안 성막에 가득찼다(출 40:34-48).
  ④ 그것은 솔로몬이 예물을 바치는 동안 성전에 충만했다(왕상 8:10, 11/대하 5:13, 14).
  ⑤ 그것은 에스겔 시대에 없어졌다(겔 10장).
(4) 그들은 언약을 받았다.
  ① 아브라함 언약-강력한 민족을 약속함(창 12:2, 3, 7/13:14-17/15:5, 18/17:8)
  ② 팔레스틴 언약-기업을 약속함(신 30:3)
  ③ 다윗 언약-영원한 왕국을 약속함(삼하 7:12-16/23:5/대하 13:5)
  ④ 새로운 언약-새 마음을 약속함(렘 31:31-34)

(5) 그들은 율법을 소유했다(출 20장 / 신 5장).
(6) 그들은 하나님에 대한 예배 의식을 가졌다. 성막과 성전에서 사역한 나라는 바로 이스라엘이었다.
(7) 그들은 약속을 소유했다. 이 약속에는 그리스도의 탄생과 장차 도래할 메시야의 통치 모두가 포함되었다(사 9:6, 7).
(8) 그들에게는 조상이 있었다. 이스라엘은 아브라함, 모세, 다윗 등과 같은 위대한 인물들이 포함된 조상을 가지고 있었다.
(9) 그들은 그리스도를 낳은 계보를 제공했다(마 1:1−16 / 눅 3:23−38).

[3] 역사의 다섯 가지 실례(롬 9:6−29)
바울은 이제 이스라엘 자체의 역사로부터 하나님의 주권과 과분한 은혜를 입증한다.
(1) 이스마엘과 이삭의 예(롬 9:6−9)
하나님의 주권은 이스마엘(아브라함의 장자)이 아닌 이삭(그의 둘째 아들)의 선택에서 나타난다. 오직 이삭의 후손만이 하나님께서 택하신 나라의 백성이 되었다.
(2) 에서와 야곱의 예(롬 9:10−13)
13절에 나오는 바울의 언급에 대하여 어떤 사람들은 당혹함을 느껴왔다.
"기록된 바 내가 야곱은 사랑하고 에서는 미워하였다 하심과 같으니라."
이 말씀은 두 사람을 지칭하는 것이 아니라 그들이 세운 나라인 이스라엘과 에돔을 가리키는 것이 분명하다는 사실을 주목해야 한다! 이 부분은 창세기에서 인용한 것이 아니라 말라기서 1장 2−5절에서 인용한 것이다. 구약의 예언자인 오바댜는 하나님께서 에돔을 미워한 이유에 대해 명백히 우리에게 말하고 있다. 이 부분의 각 경우에서(롬 9:6−13) 하나님은 족장들의 가정에서 맏아들로 태어난 사람들을 거부하셨다. 각 경우마다 부모들은 버림받은 아들이 곤란한 일을 당하게 될 것인가를 알고자 했다. 아브라함은 이스마엘을 위해 간청했으며(창 17:18), 이삭은 에서에게 축복을 내려주고자 했다(창 27:1, 4, 30, 33).
(3) 바로의 예(롬 9:14−23)
① 하나님께서 이스라엘과 바로를 다루신 사실들
ㄱ. 하나님께서는 죄 많은 이스라엘을 값없는 은혜로 용서하고자 하셨다.
"내가 긍휼히 여길 자를 긍휼히 여기고 불쌍히 여길 자를 불쌍히 여기리라"(롬 9:15).
ㄴ. 하나님께서는 죄많은 바로를 마땅한 심판으로 처벌하고자 하셨다.
"내가 이 일을 위하여 너를 세웠으니 곧 너로 말미암아 내 능력을 보이고 내 이름이 온 땅에 전파되게 하려 함이로라"(롬 9:17).
② 하나님께서 이스라엘과 바로를 공평하게 취급하심
바울은 여기에서 두 개의 반론에 답한다.
ㄱ. 하나님께서 의롭지 못하다는 것
어떤 사람은 하나님께서 바로의 마음을 강퍅하게 한 것이 의롭지 못했다고 주장할 것이다. 출애굽기에서 적어도 일곱 가지 경우에 하나님께서 바로의 마음을 강퍅케 하셨다는 사실을 보게 된다(롬 4:21 / 7:3 / 9:12 / 10:1, 20, 27 / 11:10). 우리는 어떻게 이것을 이해해야 하는가? 단편적인 (오직 부분적인) 대답을 우리는 다음과 같은 관찰에서 발견할 것이다.

외부의 영향에 부딪쳤을 때 특정한 물체가 반응하는 양태는 완전히 그 물체의 성질에 달려 있다. 가령 겨울 풍경을 상상해 보라. 얼어붙은 강이 저쪽에 있다. 강의 양쪽에는 황토(黃土)로 이루어진 둑이 있다. 갑자기 구름 사이에서 태양이 얼굴을 내밀어 강과 둑을 밝게 비춘다. 다음에 무슨 일이 일어나는가? 그 반응은 다음과 같다. 얼음은 녹지만 진흙은 단단해질 것이다. 그리하여 우리는 한 대상을 부드럽게 하나 다른 대상은 강퍅케 하는 동일한 하늘의 외적 영향력을 자연에서 보게 된다.

더구나 네 가지 경우에 바로가 자신의 마음을 강퍅하게 하였다는 사실을 우리는 알아야만 한다(출 6:22/8:15, 19/9:35). 9장 18절의 "강퍅케 하는"(『kabed』)이란 말은 출애굽기 17장 12절, 18장 18절, 시편 38편 4절, 이사야서 1장 4절에서 "무거운"으로 번역된다. 따라서 하나님께서는 강퍅한 그의 마음을 죄악으로 무겁게 하셨다.

ㄴ. 인간에게 책임이 없다는 것

"혹 네가 내게 말하기를 그러면 하나님이 어찌하여 허물하시느뇨"(롬 9:19).

바울은 이 반론에 거의 시간을 소비하지 않고, 간단히 토기장이가 자신이 만드는 그릇의 종류를 선택할 때 그가 작업하는 진흙에 대해 선택권을 갖는다고 지적한다. 바울은 하나님께서 진흙 자체를 만드셨다는 것이 아니라 그것으로 무엇인가를 만드셨다고 말한 것(참조, 렘 18:1−6/사 45:9/64:6−8)을 여기에서 주목해야 한다(롬 9:21). 두 종류의 그릇이 여기에 묘사되어 있다.

"멸하기로「준비된」진노의 그릇"(롬 9:22).

"준비된"은 헬라어상으로 중간태도로서 "～에 적합한"을 의미하고 있다.

"영광 받기로 예비하신 바 긍휼의 그릇"(롬 9:23).

문제의 결론은, "지옥"(멸망)이란 죄 지은 인간이 마땅히 가야 할 곳인 반면 "천국"(영광)이란 구원받은 성도가 은혜로 가야 할 곳이라는 사실이다.

(4) 호세아의 예(롬 9:24−26)

그는 하나님께서 "내 백성 아닌 자를 내 백성이라" 부르리라고 예언했다(롬 9:25/참조, 호 1:10/2:23). 여기에서 하나님의 주권은 구원받은 이방인에 관한 언급에서 나타난다(벧전 2:9, 10).

(5) 이사야의 예(롬 9:27−29)

그는 "이스라엘 뭇 자손의 수가 비록 바다의 모래 같을지라도 남은 자만 구원을 얻으리니"라고 예언했다(롬 9:27/참조, 사 1:9). 여기에서 하나님의 주권은 구원받은 이스라엘의 살아남은 자에 대한 언급에서 나타난다.

4 바울의 두 가지 결론(롬 9:30−33)

(1) 이방인들은 믿음을 통해 그들이 좇지 아니한 의를 얻었다.

(2) 이스라엘은 율법을 통해 그들이 추구했던 의를 얻지 못했다. 그들은 용맹한 사자를 찾았으나 하나님께서는 그들에게 피 흘리는 어린 양을 보냈다. 그들은 왕좌를 원했으나 하나님께서는 그들에게 십자가를 보냈다.

2. 현재의 하나님의 의(義)와 이스라엘의 거절(롬 10장)

로마서 9장과 10장은 항상 함께 읽어야 한다. 9장은 왜 몇몇 유대인들이 구원받았는가를 보여주며 10장은 왜 대부분의 사람들이 버림받았는가를 설명해 준다.

1 의의 근원(롬 10:4, 5)

"그리스도는 모든 믿는 자에게 의를 이루기 위하여 율법의 마침이 되시니라"(롬 10:4). 우리는 이 구절을 다음과 같이 부연 설명할 수 있다. 즉, 죠오지 워싱턴이 독립전쟁 후 미국인에 대한 영국법의 지배를 종결시켰듯이, 그리스도께서는 갈보리의 십자가 사건 후에 신자에 대한 구약 율법의 지배를 종결시켰다(고후 3:6-11 / 히 7:11-19 / 갈 3:24 / 엡 2:15 / 골 2:14 참조).

2 의의 유효성(롬 10:6-8)

"말씀이 네게 가까와 네 입에 있으며 네 마음에 있다 하였으니"(롬 10:8).
이 때문에 우리는 다음과 같은 것들을 걱정할 필요가 없다.
(1) 성육신-"누가 하늘에 올라가겠느냐(그것은 그리스도를 모셔 내리려는 것이요)"(롬 10:6).
(2) 부활-"누가 음부에 내려 가겠느냐(그것은 그리스도를 죽은 자 가운데서 모셔 올리려는 것이다)"(롬 10:7).

3 의의 방법(롬 10:9, 10)

어떤 사람은 입으로 시인함으로 구원에 이른다고 로마서 10장 10절에 근거하여 말하고 있다.
"사람이 마음으로 믿어 의에 이르고 입으로 시인하여 구원에 이르느니라"(롬 10:9 참조).
물론 성경은 이러한 한계를 강요하지는 않는다. 바울은 야고보서 2장 20절에 있는 동일한 진리를 강조하고 있다. 즉, 사람의 마음에 그리스도를 확실히 모시게 되면 분명히 그의 입으로 그리스도를 고백하게 될 것이다. 열매에 따라 그 뿌리의 좋고 나쁨이 증명될 것이다(마 10:32 / 눅 12:8 / 요 12:42, 43 / 마 12:34). 따라서 의롭게 되는 방법은 그리스도를 믿는 믿음이다.

4 의의 범위(롬 10:11-13)

누구나 의로워질 수 있다(롬 10:11, 13 참조). 바울은 앞에서 모든 사람이 멸망하리라는 것을 제시한 적이 있다. 그런데 이제 그는 모든 사람이 구원받을 수 있다고 말한다. 여기에서 언급된 "누구든지"라는 말을 요한계시록 20장 15절에 나오는 그것과 비교해 보라.

5 의의 수여(롬 10:14, 15)

이 구절들은 모든 사람을 위해, 모든 사람에게 주어진 복음을 받아들일 필요성을 제시하는 아름답고 짧은 강론이다. 다시 말하면 세계의 화해는 곧 세계의 복음화를 요구한다. 그리스도를 통해 구원이 모든 사람을 위해 주어졌기 때문에 그것은 이제 모든 사람에게 선포되어야 한다. 바울은 여기에서 세계 복음화에 대한 하나님의 계획을 약술한다. 그것은 5단계로 되어 있다.
(1) 구원받기 위해 죄인은 주님을 불러야 한다.
(2) 주님을 부르기 위해 그는 믿어야 한다.
(3) 주님을 믿기 위해 그는 들어야 한다.
(4) 듣기 위해서는 복음을 전하는 사람이 있어야 한다(이것은 전도인, 소책자, 라디오 방송 등 복음의 멧세지를 전달하는 어떤 매체에 대한 언급일 수도 있다).
(5) 복음을 전하기 위해서는 사역자들이 보내져야 한다. 이것은 오직 하나님에 의해서만 가능하다(사 6:8/요 15:16/20:21 참조). 그때 바울은 이사야서 52장 7절 말씀을 인용한다.
"좋은 소식을 가져오며 평화를 공포하고자 하는 자의 발이 어찌 그리 아름다운고!"
여기서 "아름다운"으로 번역된 헬라어는 "만개한, 발전한, 성숙한"을 의미한다. 바울은 그리스도를 증거한다는 것은 순수하고 성숙한 그리스도인이 된다는 의미임을 나타내려 했을 것이다.

현재의 하나님의 의와 이스라엘의 거절

로마서 10장
1. 하나님의 의의 **근원** (롬 10:4, 5)
2. 하나님의 의의 **유효성** (롬 10:6-8)
3. 하나님의 의의 **방법** (롬 10:9, 10)
4. 하나님의 의의 **범위** (롬 10:11-13)
5. 하나님의 의의 **수여** (롬 10:14, 15)
6. 하나님의 의의 **거절** (롬 10:16-21)

[6] 의의 거절(롬 10:1-3, 16-21)
(1) 이스라엘은 지식없는 열성을 갖고 있었다. 물론 열성없는 지식이란 반대의 경우도 있을 수 있다. 전자는 열렬한 광신주의로 이어지고(갈 1:14/행 22:3) 후자는 냉랭한 형식주의를 초래한다.
(2) 바울의 기도는 하나님께서 이스라엘에게 이러한 지식을 부여해달라는 것이었다. 그의 신학은 현대 신학과는 전혀 공통점이 없는 것 같다. 라인홀드 니이버(Reinhold Niebuhr)의 다음과 같은 말을 주목해 보자.

> "유대인을 개종시키려고 하지 말라…유대인들은 기독교에서보다 그 자신들의 신앙에서 더욱 쉽게 하나님을 발견하는지도 모른다."

(3) 바울은 창조에 관한 다윗의 말(롬 10:18/시 19:4)을 구원사역에 적용시켜 그들이 복음을 들을 기회가 전혀 없었기 때문에 이스라엘의 불신앙이 생긴 것이 아니라는 것을 보여준다. 왜냐하면 이러한 복음을 들을 수 있는 기회는 별들이 점점이 박혀 있는 하늘만큼이나 넓었기 때문이다.
(4) 모세(신 32:21)와 이사야(사 53:1/65:1)는 이 슬픈 구절을 예언했다(롬 10:16, 19, 20 참조).
(5) 하나님께서는 자신을 거역하는 이스라엘 민족에 대해 오랫동안 참아오셨다.
"순종치 아니하고 거스려 말하는 백성에게 내가 종일〔율법 시대 전체 기간인 1,500년 동안〕 내 손을 벌렸노라"(롬 10:21/사 65:2/참조, 마 23:37-39).

그러나 이스라엘은 다음과 같은 죄를 지었다.
① 하나님의 말씀에 대한 불순종
② 말씀의 하나님을 불쾌하게 만듬

3. 미래의 하나님의 지혜와 이스라엘이 회복됨(롬 11장)

바울은 10장에서 이스라엘이 하나님의 의를 거부한 것을 논했다. 그는 이제 이러한 거부가 전체적인 것도 아니며(롬 11:1－25) 그렇다고 궁극적인 것도 아니라는 것을 보여 줄 것이다.

1 이스라엘에 대한 거부는 전체적인 것이 아니었다(롬 11:1－25)

(1) 이스라엘의 내분(롬 11:1－10)

이 나라는 이제 두 집단으로 나누어진다.

① 소수 집단

"그런즉 이와 같이 이제도 은혜로 택하심을 따라 남은 자가 있느니라"(롬 11:5).

바울은 하나님에게는 항상 그분을 믿는 남은 자가 있다는 두 가지 증거를 제시한다.

ㄱ. 자신의 회심을 통해 나타난 증거(롬 11:1)

ㄴ. 엘리야의 시대에 나타난 증거(롬 11:2－4)

엘리야는 그의 시대를 통해 자기가 유일한 신자라고 생각하고 사실상 "이스라엘을 하나님께 송사했다"(롬 11:2).

그러나 (누가 그것에 대하여 기도하든지 그러한 종류의 기도에는 결코 응답하지 않으실) 하나님께서 즉시 그에게 다음과 같이 알리셨다.

"내가 나를 위하여 바알에게 무릎을 꿇지 아니한 사람 칠천을 남겨 두었다"(롬 11:4 참조, 왕상 19:10, 14, 18).

② 다수 집단

"그 남은 자들은 완악하여졌느니라"(롬 11:7).

그리하여 이제 이스라엘은 눈이 머는 세 가지 재앙을 당한다.

ㄱ. 아담의 타락에 의해 눈이 멀게 됨(엡 4:18).

ㄴ. 사단에 의해 눈이 멀게 됨(고후 4:4).

ㄷ. 하나님에 의해 눈이 멀게 됨(롬 11:8).

이 비극적인 영적 무지는 이사야(사 29:10 / 롬 11:8)와 다윗(시 69:22, 23 / 롬 11:9, 10)에 의해 예언되었다. 그리스도에 대한 유대인의 이러한 무지의 이유 또한 다윗에 의해 예언된다. 이러한 무지에 대한 심판의 예언에 선행했던 시편 69편 21절을 주목해 보자.

"저희가 쓸개를 나의 식물로 주며 갈할 때에 초로 마시웠사오니."

(이에 대한 성취는 마 27:34, 48을 참조하라.)

(2) 이방인의 온전함(롬 11:11－25)

(11:25에 기록된) 이 구절은 누가복음 21장 24절에서 그리스도에 의해 언급된 이방인의 때와 구별되어야 한다.

① 이방인의 "때"란 사실상 정치적인 의미이며 바벨론 포로 때부터 대환난의 끝까지

의 기간을 가리킨다(신 28:28-68/대하 36:1-21/단 9:24-27 참조).
② 이방인의 "온전함"은 사실상 영적인 의미이며, 오순절로부터 휴거 때까지 구원받은 유대인과 이방인들로 이루어진 그리스도의 지체가 완성되는 시기를 가리킨다(행 15:14/엡 4:11-13/고전 12:12, 13).
이러한 이방인의 구원의 때에 대한 세부 사항은 다음과 같다.
③ 믿음을 가진 이방인들은 이제 하나님의 구원의 나무에 속하게 된다.
④ 그들은 돌감람나무에서 취해진다(롬 11:17).
⑤ 그들은 좋은 감람나무에 접붙임을 받는다(롬 11:24). 바울이 올바르게 관찰했듯이 이 과정은 "본성을 거스리는" 것이다. 보통 나쁜 품종이 좋은 품종에 접붙여질 때 좋은 품종은 나쁜 품종에게 좌우된다. 그러나 좋은 품종이 나쁜 품종에 접붙여질 때는 이와 반대 현상이 일어난다.
⑥ 이방인들은 그들의 새로운 신분을 자랑했기 때문에 다음과 같은 경고를 받는다.
"하나님이 원가지들도 아끼지 아니하셨은즉 너도 아끼지 아니하시리라"(롬 11:21).
여기서 우리는 두 가지 사실을 염두에 두어야 한다.
⑦ 바울은 교회가 이스라엘을 대신한다고는 가르치지 않는다. 그는 이미 로마서 11장 1절에서 이러한 질문에 자문자답하였다.
"내가 말하노니 하나님이 자기 백성을 버리셨느뇨 그럴 수 없느니라."
⑧ 바울은 구원받은 이방인이 이 나무로부터 잘리워지고 그 구원을 상실할 수 있다고 가르치지는 않는다. 다만 그는 하나님께서 이스라엘이 변절했을 때 그들을 아끼지 않은 것과 마찬가지로 변절한 교회도 아끼지 않으시리라고 말한다. 기독교계는 오늘날 과거에 이스라엘이 했던 것과 같은 방향으로 가고 있다. 하나님께서는 그것 때문에 그들을 거절하고 심판하실 것이다(딤전 4:1-3/벧후 2:1-22/계 3:14-22/17:3-18 참조).

바울은 이방인의 온전함에 대해 다음과 같이 자세하게 설명한다.
"형제들아…이 비밀을 너희가 모르기를 내가 원치 아니하노니"(롬 11:25).
성경에 있는 비밀은 전에 숨겨진 진리이다. 비록 그것은 구약성경에 드러나 있지 않지만 신약성경에서 선포되고 때때로 설명된다.
⑨ 그러한 비밀에는 열두 가지가 있다. 과장없이 말하면 그것들은 다음과 같다.
ㄱ. 하늘 나라의 비밀(마 13:3-50/막 4:1-25/눅 8:4-15).
ㄴ. 휴거의 신비(고전 15:51, 52/살전 4:16).
ㄷ. 그리스도의 몸으로서의 교회의 비밀(엡 3:1-11/6:19/골 4:3/롬 16:25).
ㄹ. 그리스도의 신부로서의 교회의 비밀(엡 5:28-32).
ㅁ. 내주하는 그리스도의 비밀(갈 2:20/골 1:26, 27).
ㅂ. 성육신하신 그리스도의 비밀(골 2:2, 9/고후 2:7).
ㅅ. 경건의 비밀(딤전 3:16).
ㅇ. 불의의 비밀(살후 2:3-12/마 13:33).
ㅈ. 이스라엘의 현재의 무지함에 대한 비밀(롬 11:25).
ㅊ. 일곱 별의 비밀(계 1:20).
ㅋ. 음부인 바벨론의 비밀(계 17:5, 7).

ㅌ. 하나님의 비밀(계 10:7/11:15—19).
로마서 11장 25절의 비밀은 "이방인의 충만한 수가 들어오기까지 이스라엘의 더러는 완악하게 된 것"이다.

2 그 거부는 영원한 것이 아니었다(롬 11:26—36)

(1) 하나님의 이스라엘(롬 11:26—32)

① 그들은 약속된 계약의 비준을 통해 회복될 것이다.
"내가 저희 죄를 없이 할 때에 저희에게 이루어질 내 언약이 이것이라"(롬 11:27/참조, 사 59:21/27:9/렘 31:31—37/히 8:8/10:16/스 13:1).
② 그들은 약속된 그리스도의 재림을 통해 회복될 것이다.
"구원자가 시온에서 오사 야곱에게서 경건치 않은 것을 돌이키시겠고"(롬 11:26/참조, 사 59:20).

(2) 이스라엘의 하나님(롬 11:33—36)

"깊도다 하나님의 지혜와 지식의 부요함이여 그의 판단은 측량치 못할 것이며 그의 길은 찾지 못할 것이로다 누가 주의 마음을 알았느뇨 누가 그의 모사가 되었느뇨 누가 주께 먼저 드려서 갚으심을 받겠느뇨 이는 만물이 주에게서 나오고 주로 말미암아 주에게로 돌아감이라 영광이 그에게 세세에 있으리로다 아멘."
이것은 로마서에서 바울이 올린 다섯 차례의 기도 가운데 첫번째 기도이다(15:33/16:20/16:24/16:25—27 참조).

4. 하나님의 성전—하나님의 뜻(변화와 권고, 롬 12—16장)

1. 모든 구속받은 자에 대한 공적 책임(롬 12:1—15:13)

1 성도 자신(롬 12:1—3)

로마서 6장에서 바울은 성화(聖化)에 이르는 단계들을 자세하게 설명하고 있다. 이 장에서 그는 이제 그러한 성화에의 부름을 확대 해석하고 있다.

(1) 그 부름은 어떻게 제공되는가?

"내가…너희를 권하노니."
바울은 퉁명스럽게 요구하지 않고 오히려 간절하게 바라고 있다. 사랑의 봉사는 단순히 명령을 통해 되는 것이 아니다. 이것은 은혜로운 권면으로서 바울 사도의 독특한 표현법이다(고전 4:16/엡 4:1/딤전 2:1 참조. 이것을 눅 12:20과 비교해 보라).

(2) 신자는 무엇을 행하도록 부름받는가?

그의 몸을 "하나님이 기뻐하시는 거룩한 산 제사로 드리도록" 초대된다.
① 그것은 그의 "몸"이어야 한다. 하나님께서는 원래 우리의 시간, 재능, 보물 등에 대해서 관심이 없으시다. 구원의 창조주를 만족시키는 유일한 제물은 구원받은 피조물의 몸이다(고전 3:16/6:19, 20/고후 8:5).
② 그것은 그의 "살아있는" 몸이어야 한다. 때로 주님을 위해 죽는다는 것이 그분을 위해 산다는 것보다 더 쉽다.

③ 그것은 "거룩한"(구별된) 산 몸이어야 한다.

(3) 신자는 왜 이러한 일을 행하도록 부름받는가?

① 그는 이미 하나님의 자비를 경험했기 때문이다. 모든 다른 신앙은 희생을 자비의 뿌리로 삼지만 기독교는 그것을 자비의 꽃으로 삼는다(이것을 왕상 18:26—29 / 왕하 3:26, 27과 비교해 보라).

② 그것은 독특하게 요구되는 행동 과정일 뿐만 아니라 실제적이고 합당한 수단이다.

ㄱ. 하나님께서는 '죄인'에게 다음과 같이 말씀하신다.

"오라 우리가 서로 변론하자 너희 죄가 주홍같이 붉을지라도 양털같이 되리라"(사 1:18).

죄인이 행해야 할 고유하고 실제적인 것은 하나님께 그의 마음을 드리는 것이다.

ㄴ. 하나님께서는 성도에게 "너희 몸을 하나님이 기뻐하시는 거룩한 산 제사로 드리라 이는 너희의 드릴 영적 예배니라"라고 말씀하신다. 성도가 행하는 완전하고 실제적인 일은 하나님께 그의 몸을 바치는 것이다.

(4) 이러한 부름에 순종하는 데 따르는 결과는 무엇인가?

① 신자는 세상에 의해 밖으로부터 변화되지는 못할 것이다.

② 신자는 자신의 마음을 새롭게 함으로 내부로부터 변하게 될 것이다. "변화를 받아"라는 말은 헬라어로『메타모르페오』(metamorpheo)인데, 이 말에서 유충(幼虫)이 나비가 되는 생물학적 변화인 "변태"(metamorphosis)라는 말이 파생되었다. 이와 같은 말이 마태복음 17장 2절의 예수님의 변화에도 사용되고 있다(고후 3:18 참조). 이 변형은 자신의 외적 "지위"를 내적 "상태"와 일치시키려고 하는 신자의 행위를 가리킨다(벧전 1:14 / 요일 2:15 참조). 12장 2절의 "마음을 새롭게 한다"는 것은 끊임없이 성경을 공부하고 기도하는 것에 대한 언급인 것 같다(엡 4:23 / 골 3:10). 이렇듯 날마다 새로워지는 것은 실패를 방지하는 유일한 안전장치이다(고전 9:24—27).

③ 그리하여 신자는 자신의 삶에 대한 하나님의 완전한 뜻을 분별하여 성취할 수 있게 될 것이다.

④ 신자는 하나님께서 그를 보는 것처럼 자신을 보게 될 것이며, "마땅히 생각할 그 이상의 생각을 품지 않을"(롬 12:3) 것이다.

[2] 성도와 예배(롬 12:4—21)

(1) 예배의 도구(롬 12:4—8)

성령은 그리스도를 섬길 수 있는 다양한 초자연적 은사를 신자에게 베풀어 주셨다. 예배의 수단이 여기서 일곱 가지로 언급된다.

① 예언
② 섬기는 일
③ 가르침
④ 권고
⑤ 구제
⑥ 다스림
⑦ 긍휼을 베풂

(2) **예배의 기술(롬 12:9－21)**

① 우리는 (위선없이) 모든 성도들을 진심으로 사랑해야 한다(롬 12:9, 10).
"사랑하는 성도들과 함께 하늘에 거한다는 것은 진정 영광일 것이다. 그러나 우리가 아는 성도들과 더불어 이 땅에 거한다는 것은 우리의 땀과 수고를 요구한다(사랑의 실천이 요구된다)".

② 우리는 "악을 미워해야 한다"(롬 12:9 / 참조, 시 96:10 / 히 1:9).

③ 우리는 "선에 속해야" 한다(롬 12:9 / 참조, 행 8:29).

④ 우리는 즐거워하고, 참으며, 기도해야 한다(롬 12:12).

⑤ 우리는 하나님을 기쁘시게 하는 데 (비등점까지) 열심을 내어야 한다(롬 12:11). 하나님은 무관심한 것을 싫어하신다(계 3:15, 16).

⑥ 우리는 성도들의 쓸 것을 공급해야 한다(롬 12:13 / 참조, 고후 9:1 / 히 13:16 / 요일 3:17).

⑦ 우리는 우리를 핍박하려는 자를 축복해야(칭찬해야) 한다. "저주하지 말라"(롬 12:14)는 말은 우리를 대적하는 자들에게 모독적인 말을 사용하지 말라는 명령이 아니라 "주여, 당신은 그가 내게 한 일을 아십니다. 나는 주께서 그것에 대해 그를 벌주었으면 하고 바라나이다"라고 그들을 저주하는 기도를 하지 말라는 명령이다(벧전 2:23 / 3:9 / 고전 4:12 참조).

⑧ 우리는 "즐거워하는 자들로 함께 즐거워하고 우는 자들로 함께 울어야 한다"(롬 12:15). 예수께서도 그렇게 하셨다(요이 11절. 이에 대한 신학적 이유는 고전 12:26에 논의되어 있다).

⑨ 우리는 "높은 데 마음을 두지 말고 도리어 낮은 데 처해야 한다"(롬 12:16). 디오드레베는 자고(自高)한 죄를 범했다(요삼 9절 참조).

⑩ 우리는 우리의 원수들을 멸해야 한다. 우리가 원수들을 멸할 수 있는 방법은 그들을 우리의 친구가 되게 하는 것이다(롬 12:18－21). 바울은 다음과 같이 말한다.
"네 원수가 주리거든 먹이고 목마르거든 마시우라 그리함으로 네가 숯불을 그 머리에 쌓아 놓으리라."
이에 대한 구약성경의 두 가지 고전적 예가 사울 왕에 대한 다윗의 대우(삼상 24:26)와 형제들에 대한 요셉의 태도(창 45장)에서 발견된다.

3 성도와 사회(롬 13:1－14)

신자가 행해야 할 것(롬 13:1－10)

(1) **국가 지도자에 대한 성도의 의무(롬 13:1－7)**

① 성도는 위에 있는 권세들에 복종해야 한다. 왜냐하면 "모든 권세는 다 하나님의 정하신 바"(롬 13:1)이기 때문이다. 성경은 하나님의 자녀가 이 세상의 체계를 사랑하거나 그 패턴을 따르라고 하지는 않으나, 세상의 법에는 복종해야 한다고 가르친다. 성경은 그리스도인 편에서 국가로부터 구별될 것과 국가에 대해 복종할 것을 모두 제시한다(딛 3:1 / 벧전 2:14).

로마 제국 내의 유대인들은 좋지 못한 시민으로 평판이 나 있었다. 그들은 복종하기를 거부하고 신명기 17장 14, 15절을 그에 대한 근거로 내세웠다. 그러나 바울은 자신이 종종 받았던 치욕과 천대에도 불구하고 유대인에게 국가에 복종하라고 가르쳤다(행 16:22-24, 37, 38/잠 8:15, 16/단 2:21/4:17/요 19:10, 11 참조). 그 이유는, 인간의 정부는 질서를 유지하고 혼란한 상태를 방지하기 위해 노아의 홍수 후에(창 9장) 하나님께서 주신 거룩한 제도이기 때문이다(삿 17:6 참조).

② 성도는 "그러므로 권세를 거스리는 자는 하나님의 명을 거스리는 것"(롬 13:2)임을 알아야 한다. 바울은 여기에서 법이 지배하는 사회에서 그리스도인의 삶을 인도하는 일반적인 지침들을 마련하고 있음을 주목해야 한다. 이들 법이 비도덕적이거나 비성경적일 때 신자들이 택해야 할 행위는 어떤 것인가에 대해 그는 말하고 있지 않다. 이러한 의문은 다른 구절에서 답변된다(행 5:29).

③ 성도는 공세(국세와 지방세)나 관세(영업세)를 국고에 납부하고 나라를 관리하는 자를 존경하며 두려워해야 한다(롬 13:7).

어떤 사람이 언젠가 시카고에서 무디(D. L. Moody)를 불러세워 어디로 가고 있느냐고 물었다. 이 위대한 전도자는 다음과 같이 대답했다.

"이번 선거에 투표하러 가고 있습니다."

그는 약간 당황하며 그에게 충고했다.

『그러나 무디 형제여, 당신은 하늘의 시민이며 이 세상은 당신이 머물 집이 아니라는 것을 알지 못합니까?』

무디는 웃으며 대답했다.

"그 말은 맞습니다. 하지만 얼마 동안 나는 이 주(洲)에 세금을 낼 것입니다."

(2) 국가에 대한 그 밖의 의무(롬 13:8-10)

"피차 사랑의 빚 외에는 아무에게든지 아무 빚도 지지 말라 남을 사랑하는 자는 율법을 다 이루었느니라"(롬 13:8).

이 구절은 그리스도인들이 월부로 주택이나 차를 구입하는 것을 금하지 않는다. 문맥을 자세히 살펴볼 때 그것은 단지 우리가 사회에 진 빚을 갚아야 한다는 것을 말하고 있다. 그러나 바울이 이미 말했듯이 모든 신자는 그들이 접촉하는 구원받지 못한 자에게 복음의 빚을 지고 있다(롬 1:14).

그가 이러한 것들을 행해야 하는 이유(롬 13:11-14).

"또한 너희가 이 시기를 알거니와 자다가 깰 때가 벌써 되었으니 이는 이제 우리의 구원이 처음 믿을 때보다 가까웠음이니라 밤이 깊고 낮이 가까웠으니 그러므로 우리가 어두움의 일을 벗고 빛의 갑옷을 입자."

바울은 밤이 이미 지나가 버렸다고 말하고 있으나 반면 예수께서는 그것이 아직 오지 않았다고 말하고 있다(요 9:4). 둘 다 옳다. 성도에게 날이 밝아오지만 죄인에게는 밤이 다가온다. 현 세계는 그리스도인들이 영원히 알게 될 유일한 지옥이며 구원받지 못한 자가 경험하게 될 유일한 천국이다. 이러한 죄의 기나긴 밤은 아담의 반역에서 비롯되어 수천년 동안 지속되어 왔다. 그러나 "새벽별"은 이미 나타났다(눅 2장). 곧 의의 태양이 그 날개로 치료의 빛을 발하며 떠오를 것이다. 신약성경 서신서 기자들은 저마다 이것을 믿었다(고전 15:51/살전 4:16/약 5:8/벧전 4:7/요일 2:18, 28/유 18절 참조). 특히 바울이 쓴 "낮이 가까왔으니"라는 12절을 주목해 볼 필요가 있다. 이것은 성경에 나오는 열 가지 중요한 "날" 가운데 처음이다. 그 날들은 다음과 같다.

① 휴거의 날(롬 13:12 / 엡 4:30 / 빌 1:6, 10 / 2:16 / 히 10:37 / 벧전 1:19). 이 날은 글자 그대로 24시간의 하루로 간주될 수 있다.
② 그리스도의 날의 심판 보좌(고전 3:13 / 5:5 / 딤후 1:18 / 4:8 / 요일 4:17). 이 날은 글자 그대로 24시간의 하루로 간주되며 오직 그리스도인들만이 관련될 것이다.
③ 주의 날(욜 1:15 / 2:1, 2, 11, 31 / 행 2:20 / 살후 2:3 / 계 6:17). 이 "날"은 7년 기간인 대환난 전체에 해당된다.
④ 그리스도의 재림의 날(마 24:36 / 26:29 / 살후 1:10). 이 날은 글자 그대로 24시간의 하루에 해당된다.
⑤ 아마겟돈의 날(계 16:14). 이 날은 그대로 24시간의 하루에 해당된다.
⑥ 마지막 날의 부활(요 6:39, 40, 44, 54 / 11:24), 이 날은 그대로 24시간의 하루에 해당되며, 구약의 모든 성도와 환난 때의 신자들이 관련된다.
⑦ 타락한 천사들에 대한 심판의 날(유 1:6). 이 날은 그대로 24시간의 하루에 해당된다.
⑧ 그리스도의 날(고전 1:8 / 고후 1:14 / 딤전 1:12). 이 날은 천 년 기간인 천년왕국 전체에 해당한다!
⑨ 크고 흰 심판 보좌의 날(마 7:22 / 11:22 / 요 12:48 / 행 17:31 / 롬 2:5, 16 / 벧후 2:9). 이 날은 글자 그대로 24시간의 하루에 해당된다.
⑩ 새 창조의 날(벧후 3:7-13). 이 날은 글자 그대로 24시간의 하루에 해당된다.
그때 바울은 신자에게 "빛의 갑옷을 입자"고 권면한다(롬 13:12, 이 특별한 갑옷에 대해서는 엡 6:10-17을 참조하라).

4 성도와 믿음이 연약한 자(롬 14:1-23)

(1) 이 땅에서는 어떤 신자도 다른 사람에 의해 판단받아서는 안 된다.
① 우리는 (채소를 먹는 일이나 어떤 절기나 날의 문제에 대해) 다른 사람이 율법에 합당한지 판단하면 안 된다.
"하나님의 나라는 먹는 것과 마시는 것이 아니요 오직 성령 안에서 의와 평강과 희락이라"(롬 14:17).
② 우리는 자신의 자유를 남용해서는 안 된다.
"부딪힐 것이나 거칠 것으로 형제 앞에 두지 아니할 것을 주의하라…그러므로 너희의 선한 것이 비방을 받지 않게 하라…이러므로 우리가 화평의 일과 서로 덕을 세우는 일을 힘쓰나니"(롬 14:13, 16, 19).
(2) 모든 신자는 천상에서 주님의 심판을 받게 될 것이다.
"우리가 다 하나님의 심판대 앞에 서리라 기록되었으되 주께서 가라사대 내가 살았노라 모든 무릎이 내게 꿇을 것이요 모든 혀가 하나님께 자백하리라"(롬 14:10-12).
성경에는 약 14개의 특별한 종류의 심판이 있다. 로마서에서 바울은 적어도 이 가운데 네 가지를 언급하고 있다.
① 아담에 대한 에덴 동산 심판(롬 5:12)
② 그리스도에 대한 갈보리 심판(롬 4:25)
③ 그리스도의 심판 보좌(롬 14:10)
④ 사단에 대한 환난의 심판(롬 16:20)

5 성도와 구세주(롬 15:1－13)
주님의 지상사역은 신자를 위한 하나의 모범이다(벧전 2:21－25).
(1) 그것은 희생적 사역이었다.
"그리스도께서 자기를 기쁘게 하지 아니하셨나니"(롬 15:3).
(2) 그것은 고난의 사역이었다.
"기록된바 주를 비방하는 자들의 비방이 내게 미쳤나이다 함과 같으니라"(롬 15:3).
(3) 그것은 성경적 사역이었다(롬 15:4).
(4) 그것은 함께 나누는 사역이었다.
"이러므로 그리스도께서 우리를 받아 하나님께 영광을 돌리심과 같이 너희도 서로 받으라"(롬 15:7).
(5) 그것은 확실한 사역이었다.
"이는 조상들에게 주신 약속을 견고케 하시고"(롬 15:8).
(6) 그것은 영감(靈感)에 의한 사역이었다.
"이러므로 내가 열방 중에서 주께 감사하고 주의 이름을 찬송하리로다 함과 같으니라 또 가로되 열방들아 주의 백성과 함께 즐거워하라"(롬 15:9, 10/참조, 시 18:49/117:1/신 32:43/사 11:10).

2. 구원받은 로마인들에 대한 개인적 소견(롬 15:14－16:27)

1 바울은 자신이 과거에 행한 사역을 회고한다(롬 15:14－21)
(1) 그는 특별히 부여받은 자신의 사역에 대해 언급한다.
"이방인을 위한 예수 그리스도의 일꾼"(롬 15:16).
(2) 그는 "표적과 기사의 능력이며 성령의 능력으로 역사하신"(롬 15:18) 자신의 기적에 대해 언급한다. 사도행전은 바울이 행한 수많은 기적을 기록하고 있다.
① 구브로의 바보에서 박수를 소경이 되게 함(행 13:11, 12).
② 이고니온에서 여러 가지 기적을 행함(행 14:3, 4).
③ 루스드라에서 앉은뱅이를 치유함(행 14:8－18).
④ 빌립보에서 귀신들린 소녀를 치유함(행 16:16－18)
⑤ 에베소에서 많은 병들을 고치고 귀신을 쫓아냄(행 19:11, 12).
⑥ 드로아에서 유두고를 다시 살림(행 20:9, 10).
⑦ 열병에 걸린 보블리오의 아버지를 회복시키고, 멜리데 섬에서 그 밖의 사람들을 치유함(행 28:8, 9).
(3) 그는 자신의 선교 범위를 "예루살렘으로부터 두루 행하여 일루리곤까지 그리스도의 복음을 편만하게 전하였노라"(롬 15:19)고 언급하고 있다.
(4) 그는 자신의 선교 방법에 대해 다음과 같이 언급한다.
"또 내가 그리스도의 이름을 부르는 곳에는 복음을 전하지 않기로 힘썼노니 이는 남의 터 위에 건축하지 아니하려 함이라"(롬 15:20).
(5) 그는 자신의 선교 목적(결과)을 "주의 소식을 받지 못한 자들이 볼 것이요 듣지 못한 자들이 깨달으리라"(롬 15:21)고 언급한다.

2 바울은 자신이 계획한 사역을 소개한다(롬 15:22-16:27)

(1) 그는 후에 서바나로 갈 때 그들을 방문하고자 결심한다(롬 15:24, 28). 그 당시 문명 세계로 알려진 유럽 대륙의 가장 서쪽 지역인 "헤라크레스의 기둥"(지브로울터 해협 동단 양쪽에 서 있는 두 개의 바위-역자 주)이 바울에게 손짓했다. 그는 후에 서바나에 도착했다. 죽기 바로 직전에 그는 "나의 달려갈 길을 마쳤다"(딤후 4:7)라고 기록했다. 서바나가 그의 여정에 포함되어 있었기 때문에 우리는 그가 실제로 거기에 도착했다고 확신한다.

(2) 그는 자신이 로마에 갔을 당시에 그들이 기도하기를 바란다(롬 15:25-27, 30, 31). 그는 로마 제국 전역에서 모은 헌금을 로마의 가난한 성도들에게 전달하러 그곳으로 가고 있었다. 바울은, 회심하기 전에, 로마에 있는 수많은 그리스도인들을 가난하게 만들었음이 분명하다. 그는 다음과 같이 기도해 달라고 부탁했다.

"나로 유대에 순종치 아니하는 자들에게서 구원을 받게 하고 또 예루살렘에 대한 나의 섬기는 일을 성도들이 받음직하게 하라"(롬 15:31).

이제 다음의 사실을 살펴보자.

① 사도 바울의 천거

"우리 자매 뵈뵈를 너희에게 천거하노니"(롬 16:1).

뵈뵈는 귀중한 서한을 고린도로부터 로마인들에게 전달했다.

② 사도 바울의 문안

그는 이제 교훈의 협산준령을 떠나서 로마의 탄탄대로로 내려온다. 그는 "항상 내 기도에 쉬지 않고 너희를 말하며"(롬 1:9)라는 말로 편지의 서두를 시작했다. 편지의 말미에서 그는 28명 이상의 사람들의 이름을 언급한다.

● 브리스가와 아굴라

"또 저의 교회에게도 문안하라"(롬 16:5).

지역 교회는 초창기에 개인의 가정에서 모임을 가졌다(행 12:12/골 4:15/고전 16:19/몬 2, 14, 15절 참조). 바울은 얼마 동안 이 두 사람과 알고 지냈다(행 18:2, 18, 26/고전 16:19).

● 에배네도

아가야에서 바울이 최초로 회심시킨 자(롬 16:5).

● 마리아

"너희를 위하여 많이 수고한 자"(롬 16:6).

바울을 성심껏 도운 이들 가운데 상당수는 여인들이다. 사람들이 그리스도를 저버린 절박한 시기에도 그를 도왔던 자는 바로 여인들이었다. 그분은 다음과 같이 여인들의 도움을 받았다.

ㄱ. 십자가에 못박히러 가는 도중에(눅 2:27).

ㄴ. 십자가에서(요 19:25).

ㄷ. 장사지낼 때(마 27:61/눅 22:55).

ㄹ. 빈 무덤에서(요 20:11/막 16:1).

● 안드로니고와 유니아

바울의 인척인 듯한 사람들(롬 16:7).

● **암블리아**
"주 안에서 내 사랑하는 자"(롬 16:8).
● **우르바노**
"그리스도 안에서 우리의 동역자"(롬 16:9).
● **아벨레**
"그리스도 안에서 인정함을 받은 자"(롬 16:10).
이 사람은 시험을 성공적으로 통과했음이 분명하다.
● **스다구**
"나의 사랑하는 자"(롬 17:9).
● **헤로디온**
헤롯 대왕의 손자인 듯함(롬 16:11)
● **아리스도불로의 권속(롬 16:10)**
● **나깃수의 권속(롬 16:11)**
● **드루배나와 드루보사**
"주 안에서 수고한 자"(롬 16:12).
● **버시**
"주 안에서 많이 수고한 자"(롬 16:12).
● **루포와 그 어머니**
"주 안에서 택하심을 입은… 그 어머니는 곧 내 어머니니라"(롬 16:13).
예수님의 십자가를 지고 갔던 구레네 사람 시몬은 루포의 아버지였다(막 15:21).
● **아순그리도(롬 16:14)**
● **블레곤(롬 16:14)**
● **허메(롬 16:14)**
● **바드로바(롬 16:14)**
● **허마(롬 16:14)**
● **빌롤로고(롬 16:15)**
● **율리아(롬 16:15)**
● **네레오와 그 자매(롬 16:15)**
● **올름바(롬 16:15)**

(3) 그는 장차 일어날지도 모를 문제를 발견한다.
"형제들아 내가 너희를 권하노니 너희 교훈을 거스려 분쟁을 일으키고 거치게 하는 자들을 살피고 저희에게서 떠나라 이같은 자들은 우리 주 그리스도를 섬기지 아니하고 다만 자신의 배만 섬기나니 공교하고 아첨하는 말로 순진한 자들의 마음을 미혹하느니라"(롬 16:17, 18).

신약성경은 지역 교회의 회중으로부터 개인을 쫓아낼 수 있는 세 가지 사유를 제시하고 있다.

① 분쟁을 일으킴(롬 16:17/살후 3:6/잠 6:19)
바울이 마침내 로마에 도착했을 때, 그는 그러한 분쟁을 일으키는 자들이 사역을 어렵게 만들고 있음을 발견했다(빌 1:14-18/3:18 참조).

② 부도덕함(고전 5장)
③ 이단(딛 3:10)
그러한 개인을 출교시키는 과정은 고린도전서 5장 4절과 마태복음 18장 15－17절에 묘사되어 있다(살전 3:14,15 참조).
(4) 그는 사단의 운명을 선포한다.
"평강의 하나님께서 속히 사단을 너희 발 아래서 상하게 하시리라."
이 예언은 두 가지 방법으로 성취될 것이다.
① 사단이 천년왕국 기간 중에 천년 동안 무저갱에 던져질 때(계 20:1－3).
② 사단이 천년왕국이 끝난 후 불못에 던져질 때(계 20:10).
바울은 당시 그와 함께 일하던 동역자 가운데 여덟 사람(디모데, 누기오, 야손, 소시바더, 가이오, 에라스도, 구아도, 더디오)의 안부를 전한 후, 열렬한 송영으로 세계 역사상 가장 위대한 서신을 끝맺는다.
"나의 복음과 예수 그리스도를 전파함은 영세 전부터 감취었다가 이제는 나타내신 바 되었으며 영원하신 하나님의 명을 좇아 선지자들의 글로 말미암아 모든 민족으로 믿어 순종케 하시려고 알게 하신 바 그 비밀의 계시를 좇아 된 것이니 이 복음으로 너희를 능히 견고케 하실 지혜로우신 하나님께 예수 그리스도로 말미암아 영광이 세세무궁토록 있을지어다 아멘"(롬 16:25－27).

에베소서

버논 맥기(J. Vernon McGee) 박사는 이 훌륭한 서신에 대해 다음과 같은 놀라운 소개를 하고 있다.

> "네 명이 한 조(組)가 되어 주후 62년에 로마를 떠나 오늘날 터어키로 불리는 곳에 위치한 아시아 지방으로 갔다. 이 사람들은 그리스도인의 신앙에 대한 지극히 숭고한 네 서신을 휴대하고 있었다. 만약 이 고귀한 자료들이 오늘날 남아 있다면, 그것은 매우 귀중한 것이 되었을 것이다. 로마 제국은 이름없는 죄수가 기록한 서신의 의미를 이해하지 못했다. 만약 로마가 그것을 이해했다면 이 사람들은 체포되고 그 서신들은 압류되었을 것이다.
>
> 그들은 사도 바울에게 작별을 고했을 때 그의 특별한 교구에 보낼 서신을 전달받았다. 이 네 개의 서신은 바울이 로마의 감옥에 갇혀 있는 동안 썼기 때문에 「바울의 옥중 서신」이라고 불리운다. 그때 바울은 로마 시민으로서 자신의 입장을 변명하기 위해 그 당시 황제였던 네로 앞에서의 재판을 기다리고 있었다.
>
> 이 네 명의 사람들과 그들이 살았던 곳은 다음과 같이 제시될 수 있다.
>
> (1) 빌립보 출신의 에바브로디도는(빌 4:18) 빌립보 사람에게 보내는 서신을 지니고 있었다.
>
> (2) 에베소 출신의 두기고는(엡 6:21) 에베소 사람에게 보내는 서신을 지니고 있었다.
>
> (3) 골로새 출신의 에바브라는(골 4:12) 골로새 사람에게 보내는 서신을 지니고 있었다.
>
> (4) 골로새 출신의 노예인 오네시모는(몬 10절) 자기의 주인인 빌레몬에게 보내는 서신을 지니고 있었다.
>
> 이 서신들은 그리스도, 교회, 그리스도인의 삶, 그리고 모든 사람의 상호 관계와 작용에 대한 복합적인 모습을 보여준다. 이 다양한 국면들은 매우 고귀한 섭리에 대한 그리스도

인다운 삶의 모습을 보여준다.

「에베소서」는 '그리스도의 몸인 교회', 즉 그리스도께서 그 머리가 되시는 보이지 않는 교회를 묘사한다.

「골로새서」는 '그의 몸된 교회의 머리'이신 그리스도를 묘사한다. 여기에서는 교회보다 오히려 그리스도에 대해 강조한다.

「빌립보서」는 그리스도와 함께 하는 그리스도인의 삶을 역동적인 것으로서 묘사하고 있다.

"내게 능력 주시는 자 안에서 내가 모든 것을 할 수 있으니라"(빌 4:13).

「빌레몬서」는 '이방 사회에서 활동하는 그리스도인의 삶'을 묘사한다.

"네가 나를 동무로 알진대 저를 영접하기를 내게 하듯 하고 저가 만일 네게 불의를 하였거나 네게 진 것이 있거든 이것을 내게로 회계하라"(몬 17, 18절).

복음은 1세기에 이렇게 점점 편만하게 전파되었다"〔『에베소서 탐구』(*Exploring Through Ephesians*), p. 3〕.

● 에베소 교회는 제 2차 전도여행 중에 바울이 세웠다.

● 고린도에서 18개월을 보낸 후(행 18:11) 그는 아굴라와 브리스길라와 함께 에베소를 방문했다(행 18:18).

● 바울은 거기에서 잠시 동안 머물렀지만 다시 돌아오겠다고 약속했다(행 18:19-21).

● 아굴라와 브리스길라는 에베소에 남았고, 하나님께서 그들로 하여금 능력있는 말씀 전파자인 아볼로에게 하나님의 말씀을 상세히 가르치게 했다(행 18:24-26).

● 바울은 3차 전도 여행 중에 다시 에베소에 돌아와 삼 년간 머물렀다(행 19:8-10/20:31).

● 에베소에 체류하는 동안에 세 가지 주목할 만한 사건이 있었다.

(1) 요한의 제자들과의 사건(행 19:1-12).

(2) 예언을 한 스게와 아들들의 사건(행 19:13-20).

(3) 아데미 여신을 섬기는 자들과의 사건(행 19:21-41).

● 에베소에 머무는 동안 바울은 고린도전후서를 기록한다(고전 16:8, 9 참조).

● 그는 또한 많은 기적을 행한다(행 19:12).

● 그는 후에 예루살렘으로 가는 도중 밀레도에서 지체하는 동안 에베소 장로들의 방문을 받는다(행 20:16-38).

● 이 서신은 바울이 골로새서 4장 16절에서 언급한 서신일는지도 모른다.

● 에베소는 한 명 이상의 성경 기자로부터 서신을 받은 신약 시대의 유일한 교회이다. 사도 요한 또한 그들에게 서신을 보냈다(계 2:1-7).

● 이 교회에는 어떤 다른 교회보다도 더 유명한 설교자들이 있었다. 그 가운데에는 바울, 아볼로, 요한, 디모데 같은 사람들이 포함될 것이다.

● 에베소서는 신약의 여호수아서이다.

● 피어슨(Pierson)박사는 에베소서를 "바울의 세번째 천국 서신"이라고 일컫는다. 에베소서는 모든 성경의 산맥 가운데 가장 높은 산인 "신약의 알프스" 산으로 언급되어 왔다.

1. 교회는 몸에 비유된다(엡 1장)

1. 이러한 몸의 창조(엡 1:1－14)

[1] 이 몸은 하나님 아버지에 의해 만들어지고 계획되었다(엡 1:1－6)

● 그분은 우리를 축복하셨다.
● 그분은 우리를 택하셨다.
● 그분은 우리를 예정하셨다.
● 그분은 우리를 양자삼으셨다.
● 그분은 우리를 받아들이셨다.

이 모든 것은 창세 전에 일어났다(4절 참조). 우리는 이제 이 처음 여섯 절에 관한 다음과 같은 사항들을 살펴보자.

(1) 바울은 "에베소에 있는 성도들과 그리스도 예수 안의 신실한 자들에게" 편지를 쓴다. 맥기 박사는 다음과 같이 말했다.

> "「안의」(en)라는 보잘것없는 헬라어 전치사는, 그것이 그리스도 앞에 붙었을 때, 이 서신 가운데 가장 중요한 말이 된다. 신학자들은 우리의 구원을 정의하는 일련의 훌륭한 신학적 낱말들을 모아 왔다. 즉, 「구속」, 「대속」, 「칭의」, 「화해」, 「화목제물」 그리고 「그리스도의 대속적 희생」 등이 그것이다. 이 모든 것들은 훌륭하며, 각각 우리의 구원에 관한 수많은 양상들 가운데 일면을 나타낸다. 그러나 이 말의 어느 것도 완벽하게 적절한 것 같지는 않다. 구원받는다는 것은 무엇을 의미하는가? 이것은 '그리스도 안의'라는 성경적 용어를 통해 가장 간단하게 답변되는 질문이다. 구원받는다는 것은 그리스도 안에 있다는 의미이다. 자신의 구원을 위해 그리스도를 믿는 죄인은 그가 그리스도를 믿는 만큼 하늘의 권리를 소유하게 된다. 그렇지 못할 경우 그는 거기에서 전혀 권리를 갖지 못한다. 왜냐하면 그는 그리스도 안에 있지 않기 때문이다!"(『에베소서 탐구』, p. 11)

(2) 바울은 "찬송하리로다 하나님 곧 우리 주 예수 그리스도의 아버지께서"(3절)라고 쓰고 있다. "찬송받는다"는 말은 『유로게토스』(eulogetos)이며, 이것은 "칭찬하는, 찬양하는"을 의미한다. 이 형용사는 하나님에 대해서만 사용된다(막 14:61/눅 1:68/롬 1:25/9:5/고후 1:3/11:31/엡 1:3/벧전 1:3 참조). "찬송받는다"는 말이 인간에 대해 사용될 때는 『마카리오스』(makarios)로 사용되며 그것은 "행복을 전하는"을 의미한다(마 5:3－11 참조). 그리하여 하나님께서는 자기 자녀들이 그분에 관한 훌륭한 사실들을 말함으로써 그분을 찬양하기를 바라신다. 더구나 하나님께서는 자신의 회고록에 이러한 것들을 듣고 기록하고 계시다(말 3:16 참조).

우리는 또한 바울이 하나님 아버지에 대한 그리스도의 관계와 그분에 대한 우리의 관계 사이의 차이를 조심스럽게 구분하고 있음을 보게 된다. 예수께서 이와 같은 것을 구별하셨던 요한복음 20장 17절을 참조하라(요 1:14, 18/3:16, 18/요일 4:9/계 1:5 참조).

[2] 이 몸은 「아들」(Son)을 통해 매매되고 구입되었다(엡 1:7－12)

(1) 그분은 우리를 속량하셨다.

에베소서

(2) 그분은 우리를 용서하셨다.
(3) 그분은 우리에게 하나님의 뜻과 방법을 계시하셨다.
(4) 그분은 우리에게 기업을 보증하셨다.
(5) 그분은 "하늘에 있는 것이나 땅에 있는 것이나 다"(엡 1:10) 통일되게 하신다.
(6) 이 모든 것은 "때가 찬 경륜을 위해"(엡 1:9) 일어났다.

여기에서 "경륜"(dispensation)으로 번역된 말은 『오이코노미아』(oikonomia)이며 이것은 에베소서의 헬라어 본문에 세 번 사용된다. 사도 바울은 다음과 같은 것을 기록하고 있다.

① 때가 찬 경륜(엡 1:10).
② 하나님의 그 은혜의 경륜(엡 3:2).
③ 비밀의 경륜(엡 3:9).

여기서 바울이 전개시킨 경륜 사상의 개념을 간단히 정의해 보면 매우 유익할 것이다.

헬라어 『오이코노미아』(oikonomia)는 신약성경에서 약 19번 발견된다. 그것은 다음과 같은 영어 단어로 번역된다.

"청지기"(steward – 눅 12:42/16:11/3:8/고전 4:1, 2/딛 1:7/벧전 4:10).
"청지기 직분"(stewardship – 눅 16:2, 3, 4).
"경륜"(dispensation – 고전 9:17/엡 1:10/3:2/골 1:25).
"경륜"(fellowship – 엡 3:9).
"경륜"(edifying – 딤전 1:4).

"경륜"에 대한 다음과 같은 정의를 주목하라.

"그것은 인간이 특별히 계시된 하나님의 뜻에 복종하는가에 대하여 시험받는 기간을 가리키는 것이다"(『스코필드 성경』).

그리하여 "경륜"이란 말의 핵심적인 개념은 가사(家事)를 관리하고 꾸려나가는 것을 말한다.

"성경상의 용례에서 '경륜'은 청지기 직분, 관리, 다른 사람의 재산에 대한 감시 혹은 경영으로서 정의될 수 있다. 우리가 살펴보았듯이, 이것은 청지기 직분에 관한 책임, 책무, 충성을 포함한다…경륜이란 원래 청지기 직분이지 일정한 기간은 아니다(비록 그 직무가 일정한 기간 동안 존재할 것이 분명하더라도)…경륜은 관련된 직무이지 관련된 시간은 아니다. 경륜에 대한 완전한 정의는 이것을 참작해야 될 것이다. 경륜에 관한 간단한 정의는 다음과 같다.

「경륜이란 하나님의 뜻을 성취할 때의 두드러진 섭리이다」"〔찰스 라이리, 『오늘날의 경륜사상』(*Dispensationism Today*), pp. 25, 29, 31〕.

경륜사상은 세상을 하나님께서 관리하시는 가정으로 본다. 이러한 가정, 즉 세상에서 하나님은 자신의 뜻에 따라 그리고 시간의 경과 속에서 계시의 다양한 단계에 따라 가사를 꾸려나가고 관리하신다. 이러한 다양한 단계들이 그분의 전 목적(뜻)을 완성하는 데 있어서 두드러진 서로 다른 섭리를 구분하며, 이러한 섭리들이 곧 경륜이다.

"경륜이란 인간의 역사에 대한 하나님의 견해를 표현하는 단계적인 때이다. 즉, 경륜은 인간 역사의 범주이고, 역사에 대한 하나님의 개괄이며, 인간 역사에 대한 하나님의 해석이다"〔다임(R. B. Thiem), 『경륜』(*Dispensations*), p. 8〕.

경륜의 구별 : 다양한 종류의 경륜에 대한 목록이 열거되어 왔다. 어떤 사람은 그것을 네 가지로 구분하며 스코필드는 일곱 가지를 제시한다. 다음의 목록은 아홉 가지를 제시하고 있다.

① 무죄의 경륜 : 인간의 창조로부터 타락까지(창 1:26—3:6).
② 양심의 경륜 : 인간의 타락으로부터 노아의 홍수까지(창 3:7—6:7).
③ 인간 통치의 경륜 : 노아의 홍수로부터 바벨탑의 붕괴까지(창 6:8—11:9).
④ 약속 혹은 족장 통치의 경륜 : 바벨탑으로부터 시내산까지(창 11:10—출 18:27).
⑤ 모세 율법의 경륜 : 시내산으로부터 오순절까지(출 19:1—행 1:26).
⑥ 어린양의 신부, 즉 교회의 경륜 : 오순절로부터 휴거까지(행 2:1—계 5:14).
⑦ 어린양의 진노, 즉 환난의 경륜 : 휴거로부터 재림까지(계 6:1—20:3).
⑧ 어린양의 통치, 즉 천년왕국의 경륜 : 재림으로부터 크고 흰 보좌의 심판까지(계 20:4—15).
⑨ 어린양의 새로운 창조, 즉 종말이 없는 세상의 경륜 : 크고 흰 보좌의 심판으로부터 영원까지(계 21:1—22:21).

이러한 개요를 염두에 둘 때 사람들은 에베소서 1장 10절, 3장 2, 9절에서 바울이 여섯번째, 즉 교회의 경륜을 묘사하고 있음을 알 수 있다.

3 이 몸은 성령에 의해 가르침받고 보호되었다(엡 1:13, 14)

(1) 성령은 우리를 인(印)치신다. 이것은 다음과 같은 내용을 가리킨다.
① 소유권(고전 6:19, 20 / 딤전 2:19).
② 보증(엡 4:30).
③ 완결된 거래(렘 32:9, 10 / 요 17:4 / 19:30).

(2) 성령은 우리의 보증이 되신다. 보증은 구입한 물건에 대한 대가로 받는 (돈과 같이) 가치있는 어떤 것이다. 이 모든 것은 구원의 때에 일어난다.

그분은 예수께서 친히 그의 올 것을 약속하셨기 때문에 "약속의 성령"(엡 1:13)으로 불린다(요 14:16, 17/16:7, 13/행 1:4, 5 참조). 14절은 1장 1-14절에서 세번째이며 마지막으로 하나님을 찬미하는 시이다(6절, 12절, 14절 참조).

2. 이러한 몸의 봉헌(엡 1:15-23)

바울은 에베소 교회가 다음과 같은 것을 알게 해달라고 열심히 간구한다.

[1] 영광의 하나님

"우리 주 예수 그리스도의 하나님, 영광의 아버지께서 지혜와 계시의 정신을 너희에게 주사 하나님을 알게 하시고"(엡 1:17).

[2] 하나님의 영광

(1) 그분의 성도들 안에서 나타난 영광

바울은 그들이 하나님의 「위격」(person)을 알도록 간구해 왔다. 이제 그는 그들이 또한 하나님의 '계획과 권능'을 알도록 기도한다.

"너희 마음 눈을 밝히사 그의 부르심의 소망이 무엇이며 성도 안에서 그 기업의 영광의 풍성이 무엇이며 그의 힘의 강력으로 역사하심을 따라 믿는 우리에게 베푸신 능력의 지극히 크심이 어떤 것을 너희로 알게 하시기를 구하노라"(엡 1:18, 19).

(2) 그분의 아들 안에서 나타나는 영광

"그 능력이 그리스도 안에 역사하사 죽은 자들 가운데서 다시 살리시고 하늘에서 자기의 오른편에 앉히사 모든 정사와 권세와 능력과 주관하는 자와 이 세상뿐 아니라 오는 세상에 일컫는 모든 이름 위에 뛰어나게 하시고"(엡 1:20, 21/참조, 롬 8:38/엡 3:10/6:12/골 1:16/벧후 3:22).

(3) 그분의 교회 안에서 나타나는 영광

"또 만물을 그 발 아래 복종하게 하시고 그를 만물 위에 교회의 머리로 주셨느니라 교회는 그의 몸이니 만물 안에서 만물을 충만케 하시는 자의 충만이니라"(엡 1:22, 23).

그리하여 신자는 승리를 위해 싸우는 것이 아니라 승리했기 때문에 싸운다. 하나님의 전쟁은 이미 시작되었고 우리는 이미 이겼다!(마 28:18/시 8:6/110:1/고전 15:25, 26 참조).

2. 교회는 성전에 비유된다(엡 2장)

1. 우리의 과거 상태(엡 2:1-3, 11, 12)

[1] 우리는 허물과 죄로 죽었다.
[2] 우리는 사단에게 복종했다.
[3] 우리는 (본성이나 선택 모두에서) 진노의 자녀들이었다.
[4] 우리는 경건하거나 정결하지 못했다.
[5] 우리는 그리스도로부터 분리되었다.
[6] 우리는 이스라엘 나라 밖의 사람이었다.

7 우리는 약속의 언약들에 대해 이방인이었다.
8 우리는 소망이 없었다.
9 우리는 이 세상에서 하나님도 없는 사람이었다.

2. 하나님께서 행하신 일(엡 2:4－6)
1 그분은 긍휼로 우리를 사랑하셨다.
2 그분은 우리를 그리스도와 함께 살리셨다.
3 그분은 우리를 일으키시고 하늘에 앉히셨다.

3. 하나님께서 그런 일을 행하신 이유(엡 2:7)
"이는 그리스도 예수 안에서 우리에게 자비하심으로써 그 은혜의 지극히 풍성함을 오는 여러 세대에 나타내려 하심이니라."
따라서 한때 마땅히 그분의 진노를 받아야 했던 우리가 이제 영원무궁토록 그분의 은혜를 드러낼 것이다.

4. 하나님께서 그런 일을 행하신 방법(엡 2:8, 9, 13)
1 은혜를 인한 믿음에 의해.
2 인간의 공적과는 전혀 관계없이.
3 그리스도의 피를 통해.

5. 우리의 현재 상태(엡 2:10, 14－22)
1 우리는 하나님의 "만드신 바"(workmanship)이다. 이 말은(엡 2:10) 헬라어로 『포에마』(poema)인데 여기서 영어의 "시"(poem)가 나왔다. 하나님께서는 이 우주에서 두 개의 값진 시(poem)를 지니고 있다.
(1) 창조의 시(롬 1:20 / 계 4:11)
(2) 구원의 시(엡 2:10 / 계 5:9 참조)
그리하여 우리는 구원을 받아 안전하게 된다! 이 구원은 행위와는 별개이나(엡 2:8, 9) 행위를 위한 것이다(엡 2:10).
2 (이방인인) 우리가 그리스도 안에서 이스라엘과 일체가 된다. 그분은 이 둘을 한 몸으로 하나님과 화목하게 하려 했다(엡 2:16). 크리소스톰은 한때 이렇게 말했다.

> "그분은 우리를 그들의 고귀한 존엄에까지 높인 것이 아니라 우리와 그들을 함께 보다 더 높은 단계로 올리셨다. 당신에게 예증을 들어보이겠다. 은과 납으로 된 두 조상(彫像)이 있다고 가정해 보자. 그때 그 둘이 녹아 모두 금으로 변한다고 상상해 보자. 이와 같이 그분은 둘을 하나로 만드신다."

3 우리는 하나님 아버지 바로 그분께 나아가도록 보증받는다(엡 2:18).
4 "(우리는) 사도들과 선지자들의 터 위에 세우심을 입은 자라 그리스도 예수께서 친히 모퉁이 돌이 되셨느니라"(엡 2:20).
5 "(우리는) 건물마다 서로 연결하여 주 안에서 성전이 되어가고…성령 안에서 하나님의 거하실 처소가 되기 위하여 예수 안에서 함께 지어져 가느니라"(엡 2:21, 22).

3. 교회는 비밀에 비유된다(엡 3장)

1. 이 비밀에 대한 바울의 설명(엡 3:1—13)

바울은 그의 마음을 증거한다.

[1] 이 비밀의 때

"이제 그의 거룩한 사도들과 선지자들에게 성령으로 나타내신 것같이 다른 세대에서는 사람의 아들들에게 알게 하지 아니하셨으니"(엡 3:5).

그 비밀이 무엇이든간에 바울은 여기에서 어떤 구약의 성도들도 그에 대해 알지 못했다고 말하고 있다.

[2] 이 비밀의 내용

"이는 이방인들이 복음으로 말미암아 그리스도 예수 안에서 함께 후사가 되고 함께 지체가 되고 함께 약속에 참예하는 자가 됨이라"(엡 3:6).

구약성경에도 이방인의 구원이 나타나 있지만, 개종을 통해 유대인이 되지 않고는 구원이 불가능했다(사 11:10/42:6/60:3/슥 2:11/말 1:11 참조). 이러한 구약성경의 구절들을 에베소서 3장 5, 6절, 로마서 16장 25절, 골로새서 1장 26절과 비교하여 보라.

[3] 이 비밀의 일꾼

"이 복음을 위하여 그의 능력이 역사하시는 대로 내게 주신 하나님의 은혜의 선물을 따라 내가 일꾼이 되었노라 모든 성도 중에 지극히 작은 자보다 더 작은 나에게 이 은혜를 주신 것은 측량할 수 없는 그리스도의 풍성을 이방인에게 전하게 하시고"(엡 3:7, 8).

바울은 여기에서 스스로를 모든 성도 가운데 가장 보잘것없는 존재로 언급한다(고전 15:8, 9/고후 12:11/딤전 1:15, 16 참조).

[4] 이 비밀을 주신 이유

"이는 이제 교회로 말미암아 하늘에서 정사와 권세들에게 하나님의 각종 지혜를 알게 하려 하심이니"(엡 3:10).

그리하여 이 세계는 사단과 천사 모두가 하나님의 은총을 배울 수 있는 하나의 대학이 된다(엡 1:21/6:12/골 1:16/2:15/벧전 1:12 참조).

2. 이 비밀에 대한 그의 간구(엡 3:14—21)

바울은 무릎을 꿇고 간구한다. 이 서신에는 두 개의 위대한 기도가 있다.

[1] 1장 15—23절에서 바울은 신자의 눈을 위해 기도한다.

"너희 마음 눈을 밝히사…"(엡 1:18).

여기서 그는 하나님의 놀라운 능력을 그들이 알기 원했다.

[2] 3장 14—21절에서 바울은 신자의 마음을 위해 기도한다.

"그리스도께서 너희 마음에 계시게 하옵시고"(엡 3:17).

여기서 그는 그들이 그리스도의 온유한 사랑을 알기를 원했다.

이 사랑의 요소를 간단히 살펴보자.

3 하나님의 사랑의 범위

(1) 그것은 모든 시대를 통해 모든 족속을 포함한다(엡 3:15/참조, 엡 1:10/고후 4:16).

(2) 그것은 이 시대의 구성원 각각을 포함한다(엡 3:16/참조, 고후 4:16).

4 하나님의 사랑의 본질

"… 지식에 넘치는 그리스도의 사랑을 알아 …"(엡 3:18).

5 하나님의 사랑의 풍요함

"우리 가운데서 역사하시는 능력대로 우리의 온갖 구하는 것이나 생각하는 것에 더 넘치도록 능히 하실 이에게 교회 안에서와 그리스도 예수 안에서 영광이 대대로 영원 무궁하기를 원하노라 아멘"(엡 3:20, 21).

4. 교회는 새 사람에 비유된다(엡 4장)

1. 새 사람과 그 지위(엡 4:4-16)

1 그의 새로운 지위의 통일성(엡 4:4-6)

견고케 하는 일곱 가지 위대한 것이 있다.

(1) 한 몸(그리스도의 몸-교회. 참조, 고전 12:12, 27/엡 5:30)

(2) 한 영(성령. 참조, 고전 12:4)

(3) 한 소망. 성경은 이 소망이 다음과 같은 것임을 선포한다.

① 좋은 소망(살후 2:16)
② 더 좋은 소망(히 7:19)
③ 복스러운 소망(딛 2:13)
④ 영광의 소망(골 1:27)
⑤ 산 소망(벧전 1:3)
⑥ 담대한 소망(히 3:6/6:11)
⑦ 영생의 소망(딛 3:7)

(4) 한 주(구주. 고전 12:5)

(5) 한 믿음(유 3절/고전 13:5/16:13/갈 1:23/빌 1:27/딤전 1:2/4:1/5:8/딤후 4:7/딛 1:4)

(6) 한 침례(그리스도의 몸과 합해짐. 롬 6:3, 4/고후 12:13/골 2:9-12/갈 3:27, 28/벧전 3:21)

(7) 한 하나님(아버지. 신 6:4/고전 12:6)

2 그의 새로운 지위를 하나로 통일시키는 분(엡 4:7)은 한 분 위대한 구주이시다.

(1) 그분의 여정(엡 4:7-10)

호머 켄트(Hommer Kent) 박사는 이 구절들에 관해 다음과 같이 말하고 있다.

> "바울은 하나님께서 성도들이 연합하여 행하는 목표를 성취하도록 그들에게 은혜를 주신다는 말을 최초로 하고 있다(엡 4:7). 이 앞의 단락은 다양한 면에서 신자의 하나됨을 지적함으로써 하나로 결합하는 사실을 강조했다. 이제 바울은 각 신자들은 개인적으로 자신

이 필요로 하는 하나님의 은혜에 참여하여 그것을 받아야 한다는 것을 보여준다.

각 사람이 받는 은혜는 절대적 지혜를 지니신 그리스도께서 자유로이 주시는 것에 비례한다. 모두가 같은 재능을 받는 것도 아니고, 같은 크기의 재능이나 같은 양의 재능을 받는 것도 아니다. 그리스도께서는 가장 적절하다고 생각하시는 대로 베푸신다.

위의 주장을 위해 인용한 성경의 증거는(엡 4:8—10) 시편 68편 18절에서 끌어낸 것이다. '주께서 높은 곳으로 오르시며 사로잡은 자를 끌고 선물을 인간에게서…받으시니.'
이 시편의 역사적 배경은 불확실하다. 그것은 전쟁에 이긴 후 시온 산으로 의기양양하게 개선하는 다윗을 묘사하는 것 같다. 만약 이 시편이 메시야 시편으로 생각된다면(에베소서에서 이 구절이 확실히 시사하고 있는 것처럼), 그때 다윗은 고난의 승리에 뒤이어 승천하신, 더욱 위대한 그의 한 아들의 모형으로 간주된다.

이 시편 기자에게 매우 의미심장한 이러한 인용구의 주논점은 승리의 승천과 인간에게 은혜를 준 것이었다. 그러나 또한 어떤 다른 특징들이 특별한 관심을 끌고 있다. '그가 사로잡은 자를 끌고'라는 구절은 '그는 죄인을 사로잡고'(JB), '그는 많은 포로들을 자기와 함께 데려갔고'(TEV), '그는 한 무리의 포로를 인도했고'(RSV) 등으로 번역된다. 메시야 시편으로 알려진 이 시편은 그의 대적인 사단, 죄, 죽음, 저주 등에 대한 그리스도의 정복을 나타내는 것이다. 어떤 사람들(소수이나 고대 교부의 상당수를 포함하는)은 이 '사로잡은 자들'을 지상에서 속량받은 자이거나 지하세계(히브리어로는 『스올』)에 있는 구약의 성도들로 설명한다.

이 마지막 해석을 뒷받침하기 위해 다음과 같은 주장이 제시된다.

① 사로잡힌 바 된 자가 하늘로 올라간다는 것. 이것은 사단, 죄, 죽음, 저주에 대해서는 해당되지 않는다.

② '사로잡았다'는 과거 시제는 어떤 사전 행위 뿐만 아니라 후세대 신자의 중생에도 적합치 않다.

③ 이것이 그리스도께서 죽으셨을 때 죽은 자가 있는 곳으로 내려갔음을 지칭하는 것이라는 해석은 베드로전서 3장 19, 20절과 잘 일치한다.

④ 이것은 어떤 구약 성도들이 지옥의 세계로부터 가시적으로 놓임받는 것이 그러한 종류의 모든 사람들의 영적 해방을 의미할 수 있다고 하는 마태복음 27장 50—53절과 일치한다.

⑤ 이것은 낙원에서 일어나는 분명한 변화와 일치한다. 신약에서 이 사건은 천상에서의 일로 언급되며 천국에서의 일과 동일하게 간주된다(고후 12:2—4)"〔『교회의 영광, 에베소서』(*Ephesians, The Glory of Church*), pp. 68, 69〕.

(2) 그분의 은사(엡 4:11)
"그가 혹은 사도로, 혹은 선지자로, 혹은 복음 전하는 자로, 혹은 목사와 교사로 주셨으니."

(3) 그분의 목표(엡 4:12—16)
"이는 성도를 온전케 하며 봉사의 일을 하게 하며 그리스도의 몸을 세우려 하심이라 우리가 다 하나님의 아들을 믿는 것과 아는 일에 하나가 되어 온전한 사람을 이루어 그리스도의 장성한 분량이 충만한 데까지 이르리니 이는 우리가 이제부터 어린아이가 되지 아니하여 사람의 궤술과 간사한 유혹에 빠져 모든 교훈의 풍조에 밀려 요동치 않게 하려 함이라 오직 사랑 안에서 참된 것을 하여 범사에 그에게까지 자랄지라 그는 머리니 곧 그리스도라 그에게서 온 몸이 각 마디를 통하여 도움을 입음으로 연락하고 상합하여 각 지체의 분량대로 역사하여 그 몸을 자라게 하며 사랑 안에서 스스로 세우느니라."

2. 새 사람과 그의 특징(엡 4:1−3, 17−32)

1 그의 갈 길(엡 4:1−3, 17−19)

(1) 적극적인 면−구세주의 길을 따라감(엡 4:1−3)

① 미천함(빌 2:3 / 마 11:29)

② 온유함(고후 10:1)

③ 오래 참음(갈 5:22)

④ 관용(골 3:13)

⑤ 한 몸(요 17:21 / 고전 12:13)

(2) 소극적인 면−육체적인 길을 피함(엡 4:17−19)

2 그의 말(엡 4:15, 29)

"오직 사랑 안에서 참된 것을 하여… 무릇 더러운 말은 너희 입 밖에도 내지 말고 오직 덕을 세우는 데 소용되는 대로 선한 말을 하여 듣는 자들에게 은혜를 끼치게 하라."

3 그의 과업(엡 4:20−28, 30−32)

(1) 그는 "유혹의 욕심을 따라 썩어져가는 구습을 좇는"(엡 4:22) 옛 사람을 벗어버려야 한다.

(2) 그는 "하나님을 따라 의와 진리의 거룩함으로 지으심을 받은"(엡 4:24) 새 사람을 입어야 한다.

(3) 그는 자신의 말을 조심해야 한다(엡 4:25).

"그런즉 거짓을 버리고 각각 그 이웃으로 더불어 참된 것을 말하라 이는 우리가 서로 지체가 됨이라."

수 세기 전에 위대한 교부인 크리소스톰(Chrysostom)은 이 구절에 관해 다음과 같이 썼다.

> "눈이 발에게 거짓말을 하거나 발이 눈에게 거짓말을 하지 말게 하자. 만약 깊은 구덩이가 있고 그 입구가 갈대로 덮여 눈으로 보이기에 단단한 땅같이 보인다면, 그 아래가 비어 있는지 아니면 견고하고 안전한지 확인하기 위하여 눈은 발을 사용하지 않겠는가? 발은 거짓말을 하여 있는 그대로 진실하게 말하지 않을 것인가? 그리고 눈이 뱀이나 들짐승을 감시할 수 있다면 그것이 발에게 거짓말을 하겠는가?"

(4) 그는 자신의 분노를 통제해야 한다(엡 4:26, 27).

"분을 내어도 죄를 짓지 말며 해가 지도록 분을 품지 말고 마귀로 틈을 타지 못하게 하라."

무디(Moody)는 언젠가 자신은 분노가 없는 그리스도인에게는 10센트짜리 동전 한 닢도 적선하지 않을 것이며 또한 그러한 분노를 조절할 수 없는 신자들에게는 5센트짜리 동전 한닢도 적선하지 않을 것이라고 말했다! 물론 의로운 분노도 있다(막 3:5 참조). 그러나 사단은 분노를 억제하지 않고 마음대로 발하는 것을 즐겨 이용한다.

(5) 그는 도적질을 하지 말아야 한다(엡 4:28).
켄트 박사는 다음과 같이 말하고 있다.

> "바울이 표현한 것은 사실상 '도둑질하는 자'를 의미한다. 이 단어는 현재분사이며, 회심하기 전에 '도둑질했던' 자에 대해서는 거의 해당되지 않을 것이다. 오히려 이것은 이러한 몇몇 그리스도인들의 특징인 계속적으로 도둑질하는 습관을 묘사하는 듯하다. 우리는 많은 초대 그리스도인들이 도둑질이 삶의 한 방편이었던 노예 계층 출신이었다는 사실을 인정해야 한다. 회심했다고 해서 그 시로 과거의 모든 악습이 제거되는 것은 아니다.
>
> 더구나 보다 넓은 의미의 도둑질이란 오늘날의 그리스도인들 사이에서도 그렇게 낯선 것이 아니라는 것을 인정하자. 어떤 기독교 학교의 학생과장이라도 어느 정도 이 문제에 대해 상세히 말할 수 있다. 수입세 환불, 보험료 청구 그리고 학교에서의 시험 등은 그리스도인들이 정직하지 못한 많은 상황들 가운데 극히 적은 실례에 불과하다. 성경이 훈계하고 있는 것은 단순히 도둑질하지 말라거나 배상까지 하라는 것이 아니다. 기독교의 원리는 각자가 선한 일을 성심껏 정직하게 해야 한다는 것을 강조하고 있다. 그것은 자신의 필요를 충족시킴으로 도둑질에 대한 유혹을 피하는 것 뿐만 아니라 곤경에 처한 다른 사람을 돕기 위하여 여분을 축적하는 것이다. 이것은 어떤 사람이 일하기를 원하든 그렇지 않든간에 그의 필요를 공급받을 권리가 있다고 주장하는 억지스런 태도와는 매우 대조적인 것이다. 근면하게 일함으로써 개인은 도둑질에 대한 어떤 유혹을 물리치며, 어려운 다른 사람을 도와줌으로써 또한 그들로부터 유혹을 제거하는 데 도움을 준다"(『교회의 영광, 에베소서』, p. 83).

(6) 그는 성령을 근심하게 하지 말아야 한다(엡 4:30).
"하나님의 성령을 근심하게 하지 말라 그 안에서 너희가 구속의 날까지 인치심을 받았느니라."

(7) 그는 자기 자신이 용서받은 것처럼 남을 용서해야 한다(엡 4:32).

5. 교회는 신부에 비유된다(엡 5장)

1. 신부-신부된 교회의 의무(엡 5:1-21)

1 성별되는 것(엡 5:1-13)
"음행과 온갖 더러운 것과 탐욕은 너희 중에서 그 이름이라도 부르지 말라 이는 성도의 마땅한 바니라…너희는 열매없는 어두움의 일에 참예하지 말고 도리어 책망하라"(엡 5:3, 11).

2 봉사하는 것(엡 5:14-16)
"세월을 아끼라 때가 악하니라"(엡 5:16).

[3] 탐구하는 것(엡 5:17)
"그러므로 어리석은 자가 되지 말고 오직 주의 뜻이 무엇인가 이해하라."

[4] 성령의 충만을 받는 것(엡 5:18)
"술 취하지 말라 이는 방탕한 것이니 오직 성령의 충만을 받으라."
이 구절은 어떤 사람이 가정했듯이 "적절한 음주"를 금하는 것은 아니다. "방탕"으로 번역된 말은 헬라어로 『아소티아』(asotia)이며, 이것은 자유 분방하고 무절제한 생활 양식을 가리킨다.

[5] 노래하는 것(엡 5:19, 20)
"시와 찬미와 신령한 노래들로 서로 화답하며 너희의 마음으로 주께 노래하며 찬송하며 범사에 우리 주 예수 그리스도의 이름으로 항상 아버지 하나님께 감사하며."

2. 신랑－교회에 대한 신랑의 헌신(엡 5:22－32)

[1] 결혼을 통해 예시된 신랑의 헌신(엡 5:22－24)
인간의 결혼 제도는 두 가지 목표를 성취하도록 하나님께서 사람을 위해 제정하신 것이다.
(1) 종족 번성의 이유 때문에(창 1:27, 28 참조).
(2) 예증의 이유 때문에(참조, 엡 5:22－24). 하나님께서는 교회에 대한 그리스도의 사랑을 예증하기 위해 아내에 대한 남편의 사랑이라는 이러한 인간적 관계를 택하셨다.

[2] 십자가 위에서 보여진 신랑의 헌신(엡 5:25)
"그리스도께서 교회를 사랑하시고 위하여 자신을 주심같이 하라"(요 1:1 참조).

[3] 휴거 때 성취된 그의 헌신(엡 5:26, 27)
"이는 곧 물로 씻어 말씀으로 깨끗하게 하사 거룩하게 하시고 자기 앞에 영광스러운 교회로 세우사 티나 주름잡힌 것이나 이런 것들이 없이 거룩하고 흠이 없게 하려 하심이니라."
(1) "티"(spot)란 말은 외부로부터 세상에 의해 생긴 그러한 불완전성을 가리킨다.
(2) "주름"(wrinkle)이란 말은 내부로부터 육신에 의해 생긴 그러한 불완전성을 가리킨다.

6. 교회는 군사에 비유된다(6장)

1. 훈련하는 훈련소(엡 6:1－9)

[1] 자녀들과 부모
(1) 자녀는 주 안에서 부모를 공경하고 그들에게 순종해야 한다. 여기에서 "순종하다"

는 말은 에베소서 5장 22절에서 발견되는 것과는 다르다. 삼손과 압살롬은 이러한 요구에 불복종하려는 사람에게 비참한 경고가 된다(삿 14:1-3/삼하 15:1-12/18:15).
(2) 부모는 그 자녀를 주 안에서 가르치고 훈계해야 한다(잠 13:24/19:18/22:15/23:13, 14/29:15, 17/신 6:6, 7).

2. 싸우는 전선(엡 6:10-24)

[1] 우리의 적-마귀

(1) 그의 군대

"우리의 씨름은 혈과 육에 대한 것이 아니요 정사와 권세와 이 어두움의 세상 주관자들과 하늘에 있는 악의 영들에게 대함이라"(엡 6:12).

① 정사 : 모든 나라를 감시하는 사단의 "군대장관"에 대한 언급인 듯함(단 10장 참조).
② 권세 : 인간을 포함하는 그의 "부하들"을 의미하는 듯함(막 5장/마 17장 참조).
③ 세상 주관자들 : 사단의 세속적인 임무를 맡은 귀신들.
④ 악의 영들 : 세속적 종교를 맡은 귀신들.

(2) 그의 전략

① "마귀의 궤계"(엡 6:11).
헬라어 학자 웨스트(K. Wuest)는 다음과 같이 말하고 있다.

> "「궤계」라 번역된 헬라어는 '술수, 사기, 기만, 책략'을 가리키는 『메도데이아』(methodeia)이다. 일정한 방법과 결정된 계획에 의해 철저히 추적하거나 조사하는 것, 교묘하게 날조된 속임수를 따라가는 것을 의미한다"(『에베소서와 골로새서』(*Ephesians and Golossians*), p. 141)(딤전 3:7/고후 2:11 참조).

② "악한 자의 모든 화전"(엡 6:16).
이것은 끝에 밧줄이 달려 있고 역청이나 그 외의 물질이 칠해져 있는 화살에 대한 언급이다. 이 화살로 결국은 그들이 불태워질 것이다(벧전 1:7/4:12 참조).

[2] 우리의 무장-하나님의 전신갑주(엡 6:11, 13-17)

여기에서 각기 언급된 전신갑주를 자세히 살펴보자. 바울은 바로 로마 병사가 입었던 전신갑주를 들어 각기 영적인 것에 적용시키고 있다.

(1) 진리의 띠

『엑스포지터스 주석』(*Expositor's Commentary*)은 다음과 같이 말하고 있다.

> "일련의 무장 기구들 가운데서 최초로 언급된 것은 「띠」(girdle)이다. 군사들은 각기 다른 장비로 무장했기 때문에 띠가 필요하다는 것은 완전히 옷을 입지 않았거나 안전하게 무장되지 않았음을 의미한다. 그의 띠는 단순한 군인의 장식품이 아니라 그의 무장에 있어서 필수적인 한 부분이다. 허리 둘레를 돌아 흉배(검을 막는 기구) 끝을 지나는 이것은 다른 것들을 고정시키고 완전한 군인다운 자세와 이동의 자유를 제공하기 위해 특별히 사용되었다."

여기에서 언급된 진리는 그리스도 안에서 발견되는 진실함에 대한 언급인 것 같다. 따라서 위선과 거짓으로 얼룩진 신자의 삶은 다른 여러 부분으로 된 그의 전신갑주를 결합시키는 바로 그 띠를 상실한다!

(2) **의의 흉배** : 이것은 신자가 실천해야 할 의로운 행위를 가리킨다. 흉배는 군인의 심장을 보호하기 위한 것이었다. 그리하여 그리스도인이 저지른 불의의 행위는 그에게서 이 중요한 생명의 보호벽을 빼앗고 그의 영적인 마음을 사단에게 노출시킨다(히 10:22 / 13:9 / 약 1:26 / 4:8 / 요일 3:19－22).

(3) **복음의 신** : 로마 군사는 발등과 발목을 가죽끈으로 묶고 밑바닥에 두껍게 못으로 박은 샌들을 신었다. 이것은 공격할 때 잘 걷을 수 있게 해주었다. 이것은 복음과 관련된 위대한 교리적 진리를 깨달음으로 오는 보증과 확신을 언급할지도 모른다(벧전 3:15 / 엡 4:14 참조).

(4) **믿음의 방패**

웨스트는 다음과 같이 말하고 있다.

"여기에 사용된 방패란 말은 길이가 2.6m이며 때로 안쪽이 움푹 패인 커다란 장방형의 중보병의 방패를 지칭했다."

히브리서 11장은 이 방패(믿음)에 대한 주석이다.

(5) **구원의 투구** : 물론 투구는 머리와 뇌를 보호했다. 신발처럼 이것은 세상과 육체와 악마로부터 눈과 귀가 멀고 마음이 혼란되지 않도록 성경의 교훈으로 들어가는 입구를 언급하는 것일지도 모른다.

(6) **성령의 검** : 이것은 일련의 다양한 전신갑주 가운데 유일한 '공격 무기'이다. 사실상 이 외의 나머지 것들은 방어 무기이다. 성령의 검은 하나님의 말씀으로 생각된다(히 4:12 참조). 이것은 그리스도인이 취하도록 명령받은 무기이다. 웨스트는 6장 13절에 나오는 명령("그러므로 하나님의 전신갑주를 입으라")에 관해 다음과 같이 말하고 있다.

> "「취하라」는 것은 '사용하기 위해 집어들다'를 의미하는 『아나람바노』(analambano)이다 …이 동사는 명령법 부정과거인데, 이 말의 구조는 군사상 급하고 간략하게 주어진 명령으로서 무엇보다도 즉시 모두가 복종해야 하는 것이다. 그리하여 그리스도인은 오직 단 하나뿐인 행위로서 하나님의 모든 전신갑주를 취해 입고 삶의 전 과정을 통해 그것을 계속 걸쳐야 한다. 그 동안 그는 그러한 보호물을 계속 사용하기 위해 필요한 훈련을 게을리해서는 안 된다.
>
> 역사가인 기본(Gibbon)은 기강의 해이함과 훈련의 완화가 어떻게 군사들을 무력하게 하며 군무의 피로를 견딜 수 없게 했는지에 대해 쓰고 있다. 그들은 갑옷이 무겁다고 불평을 했으며 그 가운데 상당한 부분을 버려도 좋다는 허락을 받았다"(『에베소서와 골로새서』, p. 142).

3 우리를 향한 권고－성공의 세 요소

(1) 우리는 서야 한다.

바울은 네 번이나 우리에게 이것을 행하도록 권고한다(11, 13, 14절). 신자는 마귀를 공격하는 것이 아니라 그에게 버티며 저항해야 한다(벧전 5:8, 9 참조).

그리하여 악을 행하도록 유혹을 받았을 때 우리는 요셉이 했던 것처럼 도망가야 한다(창 39:12). 그러나 선을 행하다가 사단의 공격을 받았을 때 우리는 다니엘의 세 친구가 했던 것처럼 굳게 맞서야만 한다(단 3장). 우리는 순례자로서 이 길을 걸어가야 하고, 증인으로서 그것을 증거해야 하며, 경주자로서 그 길을 달려야 하고, 전사로서 싸워야 한다!

(2) **우리는 간구해야 한다**(마 17:21/유 1:20/딤후 2:8/살전 5:17 참조).

(3) **우리는 깨어 있어야 한다**(고전 16:13/고후 6:5/11:27/마 24:43/눅 12:37-40/행 20:31/살전 5:6/벧전 4:7/딤후 4:5/계 3:2/16:15 참조).

따라서 우리는 「경성」(警醒)과 「기도」는 다음과 같은 것을 이기는 거룩한 두 가지 비밀이라고 결론을 내릴 수 있다.

① 세상(막 13:33 참조)
② 육체(막 14:38 참조)
③ 악마(엡 6:18 참조)

우리는 또한 그리스도를 섬기기 위한 기회를 얻기 위해 이 일을 행해야만 한다(골 4:2, 3 참조).

4 우리의 모범—사도 바울과 두기고(엡 6:19-24)

(1) 바울(엡 6:21-24)

(2) 두기고(엡 6:21-24)

켄트 박사는 다음과 같이 쓰고 있다.

> "이 서신을 끝맺으면서 바울은 자기 말을 전한 두기고를 통해 그것을 보낼 것이라고 설명한다. 두기고는 또한 빌레몬서와 골로새서를 전달했던 자였다(골 4:7). 이 세 편지 모두가 같은 여행 중에 함께 전달되었음이 거의 확실하다.
>
> 두기고는 바울의 가장 믿을 만한 동역자 가운데 한 사람이었다. 그는 아시아 출신이었다(행 20:4). 그리고 그 수도인 에베소 출신이었을 가능성이 있다. 그는 바울과 함께 3차 전도 여행을 했으며, 기부금을 가지고 예루살렘까지 그를 수행했다. 이제 그는 바울 사도와 로마에 있었다. 그리고 그는 도망한 노예인 오네시모를 골로새에 살고 있는 그의 주인에게 무사히 인도했을 뿐만 아니라 이 중요한 서신들을 그 행선지까지 전달하는 막중한 임무를 책임지고 있었다.
>
> 수년 후 그는 다시 한 번 바울에 의해 에베소에 파송된다(딤후 4:12). 그를 '사랑하는 형제'로 부르는 것은 바울이 그와의 개인적인 친밀도를 강조하기 위해서였다. 그를 '진실한 일꾼'으로 묘사한 것은 그가 영적인 사역을 신실하게 수행하는 것을 가리킨다. '주 안에서'란 말은 바울과 두기고가 그들의 교제를 위한 토대를 발견한 영적 실재를 표현하고 지칭한다"(『교회의 영광, 에베소서』, p. 125).

골로새서

● 골로새서는 바울이 로마에서 처음으로 투옥되었을 때 쓴 서신들 가운데 하나이다.

● 골로새 교회는 바울의 3차 전도 여행 중에 세워졌던 것 같다. 비록 개인적으로 이 도시를 방문한 적은 없었지만(골 2:1 참조) 그는 에베소에 있는 두란노 서원에서 하나님의 말씀을 강론하며 2년을 보냈다(행 19:9, 10 참조). 골로새는 에베소에서 동쪽으로 약 145km 떨어진 곳이었다. 그러므로 이 기간 중의 바울의 제자 가운데 한 사람이 골

로새 출신의 에바브라였다고 사람들은 생각한다. 두란노 서원에서 2년간을 마친 후 에바브라는 리쿠스 계곡(Lycus Valley) 전역을 복음화시키기 위해 돌아갔을 것이다. 길이가 약 16km 정도인 이 계곡에는 라오디게아, 히에라볼리, 골로새라는 중요한 세 도시가 있었다. 라오디게아는 골로새에서 불과 32km밖에 떨어져 있지 않았다. 그러므로 바울의 젊고 열성적인 제자가 골로새 교회와 라오디게아 교회 모두를 시작했다는 것은 가능한 일이다!(골 4:16/계 3:14-22 참조)

● 골로새 교회는 주로 이방인 신자들로 구성되어 있었다(골 2:13 참조).

● 바울은 자신이 감옥에서 풀려나는 대로 그곳을 방문하려 했다(빌 1:22).

● 골로새 교회는 빌레몬의 집에서 모임을 가졌을 것이다. 왜냐하면 그는 자기 종 가운데 한 사람인 오네시모와 골로새에서 살았기 때문이다(골 4:9와 빌레몬서).

● 골로새 교회는 세워진 지 얼마 후에 유대적 영지주의로 알려진 치명적인 병균에 감염되었다. 이 영지주의는 유대나 헬라의 사상계에서 가장 나쁜 것을 대표했다. 이 "유대적 영지주의"는 다음과 같은 내용으로 이루어져 있었다.

(1) 구원은 오직 지식을 통해서만 얻어질 수 있었다. 이것은 뛰어난 지성을 가진 자만이 구원에 이르기를 바랄 수 있음을 의미했다.

(2) 신앙(유물론적 증거를 갖지 않는 믿음)은 어리석고 무익했다.

(3) 물질 자체는 사악했다. 유대적 영지주의는 세상이 일련의 천사의 출현에 의해 창조되었다고 가르쳤다. 즉, 하나님(근본 원인)께서 한 천사를 창조하셨고 그 천사가 다른 천사를 창조했으며, 창조받은 천사가 다른 천사를 창조하여 계속해서 제 3, 제 4…의 천사가 창조되었다는 것이다. 마침내 마지막 천사는 우리가 오늘날 알고 있는 것과 같은 세상을 창조했다. 이 철학은 (만물의 위에 그분이 존재한다는) 하나님의 초월성은 인정한 반면, (만물 안에 그분이 존재한다는) 하나님의 내재성은 부인했다. 이러한 견해는 즉각적으로 그리스도의 성육신, 거룩한 특별한 창조, 기도, 믿음, 기적, 재림 그리고 성경의 정확성을 거부했다.

(4) 인간의 목표는 (인생의 모든 기쁨을 피하고 영혼의 구원을 위해 육체를 학대하는) 병적인 금욕주의이거나 그렇지 않으면 (어떤 것이 좋다고 생각되면 그것을 행하는) 무절제한 방종의 쾌락주의였다. 전자는 스토아 철학으로 알려졌고 후자는 에피큐러스주의(쾌락주의)로 알려졌다. 스코필드는 언젠가 다음과 같은 점에 주목했다.

"순수한 기독교는 영원히 존재하는 두 가지 위험 가운데서 살아간다. 첫번째 위험은 그것이 철학 안으로 흡수되려는 것이고…두번째 위험은 그것이 형식으로 경직화하려는 것이다."

결론적으로 유대적 영지주의의 오류는 금식과 안식일 준수, 할례 의식, 천사 숭배, 금욕주의의 실천 등의 내용을 포함한다고 말할 수 있다(골 2:11, 16/2:18/2:21-23 참조).

● 에바브라는 이 치명적인 풍조를 완전히 처리할 수 없었음이 분명하다. 그리하여 그는 바울의 충고를 구하기 위해 골로새로부터 로마까지 위험하고 힘든 1,600km의 여행을 감행했다.

● 그가 골로새를 떠났을 때 아킵보가 주 안에서 받은 직분을 떠맡았다(골 4:17). 아킵

보는 빌레몬의 아들이었음이 분명하다(골 1:2).

● 로마에 도착하여 바울에게 보고한 후에 에바브라도 또한 투옥되었다(몬 1:23). 이것은 의심할 바 없이 거리낌없이 복음을 전파했기 때문이었다.

● 바울은 유대적 영지주의를 제거하기 위해 골로새서를 쓰고 자신이 신뢰하는 수제자 가운데 한 사람인 두기고를 통해 그것을 보냈다(골 4:7/비교, 행 20:4/엡 6:21/딤후 4:12/딛 3:12).

● 이 서신은 바울의 어떤 서신에서나 발견되는, 기독교의 지극히 위대하고 심오한 구절들 가운데 하나를 포함한다(골 1:15-19 참조).

● 우리는 골로새서를 바울의 다른 서신과 대조시켜 볼 수 있다.
(1) 로마서-우리는 그리스도 안에서 "의로워진다."
(2) 고린도전서-우리는 그리스도 안에서 "부요함"을 얻는다.
(3) 고린도후서-우리는 그리스도 안에서 "위로받는다."
(4) 갈라디아서-우리는 그리스도 안에서 "자유를 얻는다."
(5) 에베소서-우리는 그리스도 안에서 "다시 살아난다."
(6) 빌립보서-우리는 그리스도 안에서 "행복을 얻는다."
(7) 골로새서-우리는 그리스도 안에서 "완전해진다."

● 따라서 골로새서는 이 모든 것의 영광스러운 절정을 나타낸다. 우리는 그리스도 안에서 완전해진다. 이러한 완전성은 다음과 같은 네 가지를 포함한다.
(1) 아래로 건축함
"…믿음에 거하고 터 위에 굳게 서서…복음의 소망에서 흔들리지 아니하면"(골 1:23).
이것은 "보다 심오한" 삶이다.
(2) 위로 건축함
"그 안에…세움을 입어…믿음에 굳게 서서"(골 2:7).
이것은 "보다 고귀한" 삶이다.
(3) 안으로 건축함
"이는 너희가 죽었고 너희 생명이 그리스도와 함께 하나님 안에 감취었음이니라"(골 3:3).
이것은 "보다 내적인" 삶이다.
(4) 밖으로 건축함
"외인을 향하여서는 지혜로 행하여 세월을 아끼라"(골 4:5).
이것은 "보다 외적인" 삶이다.

● 어떤 의미에서 골로새서는 에베소서가 도입한 것에 대해 결론을 내린다. 에베소서에서 바울은 교회의 몸에 대해 강조한 반면, 골로새서에서는 그러한 몸의 머리에 대해 쓰고 있다. 이 때문에 이 두 서신은 어느 정도 유사점을 지니고 있다. 가령 골로새서의 95절 가운데 78절은 에베소서의 그것과 거의 동일하다.

● 골로새서와 에베소서의 관계는 갈라디아서와 로마서의 관계와 같다고 생각되어 왔다.

1. 구세주의 신성과 우월성(골 1장)

1. 이 신적 우월성에 대한 감사

1 그것은 바울의 기도의 내용이었다(골 1:1-14)

"이로써 우리도 듣던 날부터 너희를 위하여 기도하기를 그치지 아니하고 구하노니 너희로 하여금 모든 신령한 지혜와 총명에 하나님의 뜻을 아는 것으로 채우게 하시고 주께 합당히 행하여 범사에 기쁘시게 하고 모든 선한 일에 열매를 맺게 하시며 하나님을 아는 것에 자라게 하시고 그 영광의 힘을 좇아 모든 능력으로 능하게 하시며 기쁨으로 모든 견딤과 오래 참음에 이르게 하시고 우리로 하여금 빛 가운데서 성도의 기업의 부분을 얻기에 합당하게 하신 아버지께 감사하게 하시기를 원하노라 그가 우리를 흑암의 권세에서 건져내사 그의 사랑의 아들의 나라로 옮기셨으니 그 아들 안에서 우리가 구속 곧 죄 사함을 얻었도다"(골 1:9-14).

2 그것은 그의 복음 전파의 근원이었다(골 1:23-29)

"복음의 소망…이 복음은 천하 만민에게 전파된 바요 나 바울은 이 복음의 일꾼이 되었노라…하나님이 너희를 위하여 내게 주신 경륜을 따라 하나님의 말씀을 이루려 함이니라…우리가 그를 전파하여 각 사람을 권하고 모든 지혜로 각 사람을 가르침은"(골 1:23, 25, 28).

이 구절(골 1:23-29)에서 바울은 자신의 복음 전파는 그가 견딘 '고난'과 그가 드러낸 비밀로 이루어졌다고 말한다.

(1) 고난

"내가 이제 너희를 위하여 받은 괴로움을 기뻐하고 그리스도의 남은 고난을 그의 몸된 교회를 위하여 내 육체에 채우노라"(골 1:24).

물론 세상의 죄 때문에 당하시는 그리스도의 고난처럼 우리가 함께 참여할 수 없는 고난이 있다. 그러나 우리가 실제로 함께 나눌 수 있는 그리스도의 고난도 있다. 이것은 의(義)를 위한 고난이나 그분의 이름을 전파했다는 이유로 당하는 세상적인 박해를 참는 것을 포함할 것이다.

(2) 비밀

"이 비밀은 만세와 만대로부터 옴으로 감취었던 것인데"(골 1:26).

"하나님이…이 비밀의 영광이 풍성한 것을 알게 하려 하심이라"(골 1:27).

"하나님의 비밀"(골 2:2).

"또한 우리를 위하여 기도하되 하나님이 전도할 문을 우리에게 열어 주사 그리스도의 비밀을 말하게 하시기를 구하라 내가 이것을 인하여 매임을 당하였노라"(골 4:3).

바울이 의미하는 이러한 "비밀"이란 무엇인가? 성경의 비밀이란 간단히 말해서 구약 시대에는 인간에게 감취어졌으나 신약 시대의 인간에게 계시된 신성한 비밀이다. 그러한 비밀이 열한 가지 있다. 바울은 이 중에 여덟 가지에 대해 썼고 마태는 한 가지에 대해 묘사했으며 사도 요한은 두 가지를 언급했다.

바울이 묘사한 여덟 가지 비밀 가운데 세 가지가 골로새서에서 발견된다. 이것들은 다음과 같다.

① 그리스도의 몸(교회)은 구원받은 유대인과 이방인들로 구성될 것이라는 비밀(빌 4:3/참조, 롬 16:25/엡 3:1-12/6:19).

② 우리 안에 거하시는 그리스도의 비밀(골 1:27/참조, 갈 2:20).

③ 그리스도의 성육신의 비밀(골 2:2, 9/참조, 고전 2:7).

2. 이 신적 우월성의 신학

1 그리스도와 '아버지'와의 관계

"그는 보이지 아니하시는 하나님의 형상이요 모든 창조물보다 먼저 나신 자니"(골 1:15).

여기에서 "형상"(image)이란 말은 유사성을 표현하기 위해 사용되었으며 보이지 않는 어떤 것에 대한 가시적 현시를 가리킨다. 그리스도는 하나님과 '유사한' 것이 아니라 바로 하나님이시다!

"먼저 나신 자"란 말은 『프로토토코스』(prototokos)이며 이것은 지극히 높은 신분의 선재성(先在性)을 가리킨다. 그것이 언급하고 있는 것은 시간이 아니라 칭호에 대해서이다. 따라서 그리스도는 모든 피조물의 주(主)로 간주된다(시 89:27 참조).

2 그리스도와 우주와의 관계

그분은 과거에 우주를 창조하신 분이다(골 1:16). 그분은 현재에 그것을 유지하고 계신다(골 1:17). 그분은 미래에 그것과 화목하게 될 것이다(골 1:20-22).

(1) 이러한 화목의 성격

간단하게 언급되었지만 이것은 이 죄 많은 우주 내에 있는 모든 만물을 하나님과의 올바른 관계 속으로 끌어들이는 것을 가리킨다. 이것은 물론 모든 사람(혹은 타락한 어떤 천사)이 마침내 구원받게 되리라는 것을 의미하지는 않는다. 그러나 그것은 로마서 8장 28절의 영광된 진리를 사람들이 완전하게 깨닫게 되리라는 것을 나타낸다.

(2) 이러한 화목의 때

그것은 십자가에서 시작되었지만 일곱째 나팔소리로 끝을 맺게 될 것이다(요 11:15 참조).

(3) 이러한 화목의 방법(골 1:14, 21, 22)

3 그리스도와 교회와의 관계

"그는 몸인 교회의 머리라 그가 근본이요 죽은 자들 가운데서 먼저 나신 자니 이는 친히 만물의 으뜸이 되려 하심이요"(골 1:18).

요컨대 이것은 그분의 우월성으로 인해 만물이 창조되고 그분에 의해 유지되며 그분을 위해서만 존재하고 언젠가 새롭게 되어 그분께 옮겨지게 될 것을 말할지도 모른다.

골로새서

구세주의 신성과 우월성(1장)

하나님의 우월성에 대한 감사

● 그것은 바울이 한 기도의 근원이었다.

"우리가 너희를 위하여 기도할 때마다 하나님 곧 우리 주 예수 그리스도의 아버지께 감사하노라"(골 1:3).

● 그것은 바울이 전파한 복음의 근원이었다.

"복음의 소망…나 바울은 이 복음의 일꾼이 되었노라"(골 1:23).

"우리가 그를 전파하여 각 사람을 전하고 모든 지혜로 각 사람을 가르침은"(골 1:28).

이 신적 우월성에 관한 신학

● 그리스도와 아버지와의 관계

"그는 보이지 아니하시는 하나님의 형상이요 모든 창조물보다 먼저 나신 자"(골 1:15).

● 그리스도와 우주와의 관계

그분은 과거에 그것을 창조한 분이었다(골 1:16).
그분은 현재에 그것을 유지하는 분이다(골 1:17).
그분은 미래에 그것을 화목시킬 분이다(골 1:20-22).

● 그리스도와 교회와의 관계

"그는 몸인 교회의 머리라"(골 1:18).

사단의 위험과 타락(2장)

이러한 타락의 성격

- 공교한 말(4절)
- 철학(8절)
- 사람의 유전(8절)
- 율법주의(16, 17절)
- 미신(18절)
- 우상숭배(18절)
- 금욕주의(20, 21절)

이러한 타락에 대한 답변

- 예수님이 누구인가를 알라(골 2:3, 9).
- 예수님이 당신을 위해 무엇을 했는가를 알라(골 2:13-15).
- 당신이 누구인가를 알라(골 2:10-12).
- 당신이 예수님을 위해 무엇을 해야 할 것인가를 알라(골 2:6, 7).

성도들의 의무와 그 수행(3, 4장)

- 하나님의 아들에 대한 의무(골 3:1-4)

- 하나님의 평강에 대한 의무(골 3:15).
- 하나님의 말씀에 대한 의무(골 3:16)
- 하나님의 사역에 대한 의무(골 3:17)
  1. 벗어버려야 하는 것(골 3:5-9)
  2. 입어야 하는 것(골 3:10-12, 14)
- 하나님과 우리의 대화에 대한 의무(골 4:2-4).
- 하나님을 위한 우리의 증거에 대한 의무
  1. 구원받지 못한 자 앞에서의 증거(골 4:5, 6).
  2. 가정에서의 증거(골 3:18-21).
  3. 직업에서의 증거(골 3:22-25).
  4. 교회에서의 증거(골 3:13).
- 하나님의 일꾼에 대한 의무(골 4:7-18).

2. 사단의 위험과 타락(골 2장)

1. 이러한 타락의 성격

[1] 공교한 말
"내가 이것을 말함은 아무도 공교한 말로 너희를 속이지 못하게 하려 함이니"(골 2:4). 이러한 타락은 그토록 많은 약속을 했지만 수확은 거의 없었던 20세기의 자유주의와 상응하는 것이 분명하리라.

[2] 철학
"누가 철학과 헛된 속임수로 너희를 노략할까 주의하라"(골 2:8).
거짓 철학은 있지도 않은 검은 고양이를 어두운 방에서 찾고 있는 장님과도 같다. 그것은 또한 아주 사소한 것에 대해 아주 많은 것을 배워, 마침내 모든 것이 헛되다는 것을 알게 되는 학문으로 묘사될 수 있다.

[3] 유전(전통)
"사람의 유전과…을 좇음이요 그리스도를 좇음이 아니니라"(골 2:8).
물론 모든 유전이 나쁜 것이 아니나 많은 유전들이 바람직하지 못하다. 예수께서는 당당하고 엄숙하게 경건하지 못한 바리새인들의 사악한 유전을 비난하셨다(마 15:1-9 참조).

[4] 율법주의
"그러므로 먹고 마시는 것과 절기나 월삭이나 안식일을 인하여 누구든지 너희를 폄론하지 못하게 하라 이것들은 장래 일의 그림자이나 몸은 그리스도의 것이니라"(골 2:16, 17).

여기서 특히 17절을 주목해 보자. 자신을 율법에 의지하는 신자는 자기 아버지의 사진에 대해 칭찬을 아끼지 않으나 그 아버지의 실제 존재는 무시하는 아들과 같을 것이다.

5 미신

"누구든지 일부러 〔거짓된〕 겸손함… 인하여 너희 상을 빼앗지 못하게 하라"(골 2:18). 미신은 그러한 은밀한 빛을 강조하고 참 "빛"은 무시한다. 그것은 진리와 개인적 경험을 혼동할 수 있다.

6 우상숭배

"천사 숭배함"(골 2:8).

7 금욕주의

"너희가 세상의 초등 학문에서 그리스도와 함께 죽었거든 어찌하여 세상에 사는 것과 같이 의문(儀文)에 순종하느냐 곧 붙잡지도 말고 맛보지도 말고 만지지도 말라"(골 2:20, 21).

2. 이러한 타락에 대한 답변

1 예수님이 누구인지 알라

"그 안에는 지혜와 지식의 모든 보화가 감취어 있느니라… 그 안에는 신성(神性)의 모든 충만이 육체로 거하시고"(골 2:3, 9).

2 예수님이 당신을 위해 무엇을 했는가를 알라(골 2:13-15)

"또 너희의 범죄와 육체의 무할례로 죽었던 너희를 하나님이 그와 함께 살리시고 우리에게 모든 죄를 사하시고 우리를 거스리고 우리를 대적하는 의문(儀文)에 쓴 증서를 도말하시고 제하여 버리사 십자가에 못박으시고 정사와 권세를 벗어버려 밝히 드러내시고 십자가로 승리하셨느니라."

특히 주목해야 할 것은 14절이다. 이 구절의 신학적 축복을 확장하기 위해 창세기 2장 19절에서 발견되는 다음과 같은 말씀을 생각해 보라.

"아담이 각 생물을 일컫는 바가 곧 그 이름이라."

아담은 방대한 어휘력을 가지고 있었음이 분명하다. 미국의 저명한 분류학자인 어니스트 마이어(Ernest Mayr)는 오늘날 현존하는 종(種)의 목록을 제시하고 있는데, 거기에는 3,500가지의 포유류와 8,600가지의 조류와 5,500가지의 파충류 및 양서류가 들어 있다. 이 모든 이름에도 불구하고 타락하기 전에 아담이 모르고 경험하지 못했던 7개의 단순한 말들이 있었다.

(1) 죽음(창 2:17)
(2) 발가벗음(창 3:7)
(3) 저주받음(창 3:14)
(4) 수고(창 3:17)

(5) 가시덤불(창 3:18)
(6) 땀(창 3:19)
(7) 검(창 3:24)

타락한 후 아담의 어휘에는 즉시 이 쓰라리고 피로 얼룩진 말들이 첨가되었다. 이 사악한 낱말들의 메아리가 4,000년 이상 아담과 인류를 따라 다녔다. 그때 두번째 아담(예수님의 이름)이 오셨다.

신약성경은 그분이 위의 각 말들과 만나 그것을 어떻게 처리하셨는가를 우리에게 보여준다.

(8) 죽음(요 11:25)
(9) 발가벗음(요 19:23)
(10) 저주받음(갈 3:13)
(11) 질고(사 53:3)
(12) 가시(요 19:5)
(13) 땀(눅 22:44)
(14) 검(요 19:34)

이러한 결과로서 바울은 이들 무서운 저주의 역사가 영원히 도말되었다는 진리를 골로새서 2장 14절에서 힘주어 말하고 있다.

[3] 당신이 누구인지를 알라(골 2:10, 12)

"너희도 그 안에 충만하여졌으니 그는 모든 정사와 권세의 머리시라…너희가 침례(세례)로 그리스도와 함께 장사한 바 되고 또 죽은 자들 가운데서 그를 일으키신 하나님의 역사를 믿음으로 말미암아 그 안에서 함께 일으키심을 받았느니라."

[4] 당신이 예수님을 위해 무엇을 해야 하는가를 알라(골 2:6, 7)

"그러므로 너희가 그리스도 예수를 주로 받았으니 그 안에서 행하되 그 안에 뿌리를 박으며 세움을 입어 교훈을 받은 대로 믿음에 굳게 서서 감사함을 넘치게 하라."

3. 성도의 의무와 그 수행(골 3, 4장)

1. 하나님의 아들에 대한 의무(골 3:1–4)

"그러므로 너희가 그리스도와 함께 다시 살리심을 받았으면 위엣 것을 찾으라 거기는 그리스도께서 하나님 우편에 앉아 계시느니라 위엣 것을 생각하고 땅엣 것을 생각지 말라 이는 너희가 죽었고 너희 생명이 그리스도와 함께 하나님 안에 감취었음이니라 우리 생명이신 그리스도께서 나타나실 그때에 너희도 그와 함께 영광 중에 나타나리라."

2. 하나님의 말씀에 대한 의무(골 3:16)

"그리스도의 말씀이 너희 속에 풍성히 거하여 모든 지혜로 피차 가르치며 권면하고 시와 찬미와 신령한 노래를 부르며 마음에 감사함으로 하나님을 찬양하고."

3. 하나님의 사역에 대한 의무(골 3:17)
"또 무엇을 하든지 말에나 일에나 다 주 예수의 이름으로 하고 그를 힘입어 하나님 아버지께 감사하라."

4. 우리의 개인적 삶에 대한 의무(골 3:5-12)
"그러므로 땅에 있는 지체를 죽이라 곧 음란과 부정과 사욕과 악한 정욕과 탐심이니 탐심은 우상 숭배니라… 그러므로 너희는 하나님의 택하신 거룩하고 사랑하신 자처럼 긍휼과 자비와 겸손과 온유와 오래 참음을 옷 입고."

5. 우리의 기도 생활에 대한 의무(골 4:2-4)
"기도를 항상 힘쓰고 기도에 감사함으로 깨어 있으라 또한 우리를 위하여 기도하되 하나님이 전도할 문을 우리에게 열어 주사 그리스도의 비밀을 말하게 하시기를 구하라 내가 이것을 위하여 매임을 당하였노라 그리하면 내가 마땅히 할 말로써 이 비밀을 나타내리라."

6. 우리의 사회 생활에 대한 의무(골 4:5, 6)
"외인을 향하여서는 지혜로 행하여 세월을 아끼라 너희 말을 항상 은혜 가운데서 소금으로 고루게 함같이 하라 그리하면 각 사람에게 마땅히 대답할 것을 알리라."

7. 가정에 대한 의무(골 3:18-21)
"아내들아 남편에게 복종하라 이는 주 안에서 마땅하니라 남편들아 아내를 사랑하며 괴롭게 하지 말라 자녀들아 모든 일에 부모에게 순종하라 이는 주 안에서 기쁘게 하는 것이니라 아비들아 너희 자녀를 격노케 말지니 낙심할까 함이라."

8. 직업에 대한 의무(골 3:22-25)
"종들아 모든 일에 육신의 상전들에게 순종하되 사람을 기쁘게 하는 자와 같이 눈가림만 하지 말고 오직 주를 두려워하여 성실한 마음으로 하라 무슨 일을 하든지 마음을 다하여 주께 하듯 하고 사람에게 하듯 하지 말라 이는 유업의 상을 주께 받을 줄 앎이니 너희는 주 그리스도를 섬기느니라 불의를 행하는 자는 불의의 보응을 받으리니 주는 외모로 사람을 취하심이 없느니라."

9. 평신도에 대한 의무(골 3:13, 14)
"누가 뉘게 혐의가 있거든 서로 용납하여 피차 용서하되 주께서 너희를 용서하신 것과 같이 너희도 그리하고 이 모든 것 위에 사랑을 더하라 이는 온전하게 매는 띠니라."

10. 하나님의 일꾼들에 대한 의무(골 4:7-18)
이 감동적인 서신을 끝마치면서, 바울은 당시 자신의 사역을 여러 모로 도와준 주요 사역자들의 명단을 제시하고 있다. 그들은 다음과 같다.

[1] **두기고**-골로새서를 전달한 자

2 **오네시모**–한때 도망했던 빌레몬의 노예
3 **아리스다고**–당시 바울과 함께 투옥되었던 자
4 **요한 마가**–마가복음의 저자
5 **유스도**–그가 바울의 동역자였다는 것 외에 그에 대해 알려진 것이 아무것도 없음
6 **에바브라**–투옥되었던 골로새의 사역자
7 **누가**–바울의 사랑하는 헬라 의사이며 누가복음과 사도행전의 기자
8 **데마**–결국에는 바울을 버린 동역자(딤후 4:10)
9 **아킵보**–바울이 투옥되어 있는 동안 사역자로서 에바브라의 지위를 떠맡았던 골로새의 신자

빌레몬서

● 모든 바울 서신들 가운데 가장 짧은 이 책은 그가 로마에서 처음에 투옥되었던 기간 중에 씌어진 네 개의 서신들 중 하나이다. 다른 옥중서신은 빌립보서, 골로새서, 에베소서이다.

● 빌레몬서는 바울이 개인에게 쓴 네 개의 서신 가운데 하나이다. 나머지는 디모데전후서와 디도서이다.

● 맥기 박사는 다음과 같이 말하고 있다.

> "서신들은 계시의 다양한 양식을 보여준다. 하나님께서는 이전까지는 율법, 역사, 시, 예언, 그리고 복음을 사용하셨다. 그러나 서신에서 그분은 좀더 개인적이고 직접적인 방법을 채택하셨다. 이러한 친근한 방식으로 그분은 십자가를 회상하며 교회에 관해 말씀하신다. 서신이란 우리에 대한 그리스도의 연애 편지라고 누군가는 말했다. 다이스만(Deissman)은 그것들을 「서신」(epistles)과 「편지」(letters)로 분류했다. 서신이 일반적이라면 편지는 보다 사적(私的)이고 개인적이다. 이러한 분류 하에서 본다면 빌레몬서는 개인적이고 친근함이 나타나기 때문에 편지로서 분류될 것이다. 바울이 그 내용이 밝혀지는 것을 바라지 않았다고 믿는 데에는 그럴 만한 이유가 있다(그 후에 그는 자기가 성경을 기록하고 있었다는 것을 알았다). 이러한 이유가 빌레몬서의 영감과 가치를 떨어뜨리기보다는 오히려 그 가치와 멧세지를 드높인다"〔『성경 통론』(*Thru the Bible*), p. 211〕.

● 빌레몬서의 역사적 배경은 다음과 같다.

1 빌레몬(골로새의 부유한 신자이며 바울의 오랜 친구)의 노예인 오네시모는 주인에게서 도둑질을 한 후 로마로 도망갔다.
2 어떤 놀라운 방법으로 오네시모는 바울과 만나게 되었으며 그로 인해 그는 영광스럽게 그리스도에 귀의했다.
3 그의 증거를 듣자마자 바울은 그를 빌레몬에게 돌려 보내기로 결심한다.
4 (그 만남이 분쟁이 될 수도 있었으므로) 화해의 길을 예비하기 위해 바울은 빌레몬에게 이 아름다운 서신을 쓴다. 이것은 기독교적 화해술과 기독교 윤리의 걸작이다.

● 이 서신은 성경 어디에서나 발견될 수 있는 「전가」(imputation : 어떤 것을 다른 사람의 탓으로 돌리는 행위)에 대한 위대한 신학적 진리를 가장 훌륭하게 예시해 준다.

● 이 서신은 우리가 영적인 편지를 쓴다면 우리의 편지쓰는 행위가 하나님을 위한 사

역일 수 있다는 것을 보여 준다.

1. 빌레몬에 대한 감사와 칭찬(1－7절)

1. 바울의 친구로서의 빌레몬의 역할

"우리의 사랑을 받는 자요 동역자"(몬 1절).

비록 골로새에 간 적은 없었지만 바울은 과거에 빌레몬을 만났었다. 우리는 이 부유한 골로새 신자가 사도 바울의 사역을 위해 간구하고 재정적으로 도왔음을 상상해 볼 수 있다.

2. 가정을 가진 사람으로서의 빌레몬의 역할

"자매 압비아와 및 우리와 함께 군사된 아킵보와 네 집에 있는 교회에게 편지하노니"(2절).

압비아는 빌레몬의 아내이고 아킵보는 그의 아들이었던 것 같다. 골로새서 4장 17절에서 바울은 골로새에서 아킵보가 사역자의 역할을 떠맡았다고 말하는 듯하다. 그때 (골로새 교회를 세운) 에바브라는 투옥된 사도 바울을 방문하기 위해 로마로 출발했었다. 어쨌든 빌레몬은 자기 가정을 잘 다스렸던 것 같다. 그는 다음과 같이 여호수아가 최후로 한 말을 크게 외칠 수 있었다.

"… 너희 섬길 자를 오늘날 택하라 오직 나와 내 집은 여호와를 섬기겠노라"(수 24:15).

3. 하나님의 자녀로서의 빌레몬의 역할

"주 예수와 및 모든 성도에 대한 네 사랑과 믿음이 있음을 들음이니"(5절).

신자에게 표하는 찬사에서 이보다 더 위대한 것은 없을 것이다. 바울은 예수님을 향한 빌레몬의 사랑과 예수님에 대한 그의 믿음에 대해 언급하고 있다.

4. 성도를 돕는 자로서의 빌레몬의 역할

"형제여 성도들의 마음이 너로 말미암아 평안함을 얻었으니 내가 너의 사랑으로 많은 기쁨과 위로를 얻었노라"(7절).

빌레몬의 집은 그 지역을 여행하는 신자이면 어느 누구나 머물 수 있는 숙소였던 것 같다. 또한 그의 생활은 골로새 교회에 속한 성도들을 감동시켰다.

2. 오네시모를 위한 호소와 변호(8－17절)

1. 호소의 성격

바울의 호소는 이제 오네시모는 빌레몬의 종이 아니라 그리스도 안에서 그의 형제라는 것을 명심하여 빌레몬이 그를 용서해 주고 이전의 위치로 회복시켜 주라는 것이었다.

2. 호소의 근거

빌레몬은 세 사람을 위해 오네시모를 용서하고 회복시켜달라는 청을 받는다.

빌레몬에게 보내는 바울의 편지

그리스도인의 용서의 A, B, C

A. 그리스도인인 주인 빌레몬

● **바울의 친구로서의 그의 역할**

"우리의 사랑을 받는 자요 동역자"(몬 1절).

● **가정을 가진 자로서의 그의 역할**

"자매 압비아와 및 우리와 함께 군사된 아킵보와 네 집에 있는 교회에게"(몬 2절).

● **하나님의 자녀로서의 그의 역할**

"주 예수와 및 모든 성도에 대한 네 사랑과 믿음이 있음을 들음이니"(몬 5절).

● **성도를 돕는 자로서의 그의 역할**

"형제여 성도들의 마음이 너로 말미암아 평안함을 얻었으니 내가 너의 사랑으로 많은 기쁨과 위로를 얻었노라"(몬 7절).

B. 회심한 노예 오네시모

● **이 호소의 성격**

그리스도 안에서 그의 새 형제를 용서하고 회복시키는 것.

● **이 호소의 근거**

세 사람을 위하여 용서함

• 오네시모를 위하여

• 빌레몬을 위하여

"저가 전에는 네게 무익하였으나 이제는 나와 네게 유익하였으므로"(몬 11절).

• 바울을 위하여

"네가 나를 동무로 알진대 저를 영접하기를 내게 하듯 하고 저가 만일 네게 불의를 하였거나 네게 진 것이 있거든 이것을 내게로 회계하라"(17, 18절).

C. 바울

● **빌레몬에 대한 바울의 감사와 칭찬(몬 1–7절)**

● **오네시모를 위한 바울의 호소와 변호(몬 8–17절)**

● **빌레몬에 대한 그의 보증과 맹세(몬 19–25절)**

"나 바울이 친필로 쓰노니 내가 갚으려니와 너는 이 외에 네 자신으로 내게 빚진 것을 내가 말하지 아니하노라"(몬 19절).

● **빌레몬에 대한 그의 확신**

"나는 네가 순종함을 확신하므로 네게 썼노니 네가 나의 말보다 더 행할 줄을 아노라"(몬 21절).

● **빌레몬에 대한 그의 요청**

"오직 너는 나를 위하여 처소를 예비하라 너희 기도로 내가 너희에게 나아가게 하여 주시기를 바라노라"(몬 22절).

1 오네시모를 위하여
이전에 부정직했던 이 노예는 로마에서 이미 아주 많은 것을 깨달았으며 사도 바울을 돕는 조력자임을 입증했다. 그러나 이제 돌아가 빌레몬에게 복종하는 것이 그의 영적 책임이기도 했다. 만약 이렇게 하기를 거절했더라면 그에 대한 하나님의 축복은 한정되었을 것이다.

2 빌레몬을 위하여
"오네시모"란 이름은 "유익한"을 의미한다. 그러나 그가 회심하기까지 그 이름과 그의 행위 사이에 유사점이 있었다면 그것은 순전히 우연이었다. 그러나 이제 그리스도께서 모든 것을 새롭게 하셨다. 그러므로 만약 별다른 이유가 없다면(그리고 실로 어떤 이유가 있어도) 오네시모가 그의 행위를 통해 그 이름의 의미를 입증할 수 있도록 빌레몬은 그를 용서해야 했다.

3 바울을 위하여
비난에 대한 가장 아름다운 실례 가운데 하나는 다음과 같은 말 가운데에서 발견된다.
"네가 나를 동무로 알진대 저를 영접하기를 내게 하듯 하고 저가 만일 네게 불의를 하였거나 네게 진 것이 있거든 이것을 내게로 회계하라"(몬 17, 18절).

3. 바울의 보증과 맹세(19－25절)

"나 바울이 친필로 쓰노니 내가 갚으려니와 너는 이외에 네 자신으로 내게 빚진 것을 내가 말하지 아니하노라"(19절).
1 바울은 자신이 로마 감옥에서 그리스도를 위해 받은 고난에 대해 빌레몬에게 이미 상기시켰다(몬 9절).
이것은 물론 빌레몬이 골로새에서 누렸을 "훌륭한 삶"과는 대조적이었다. 그리하여 바울은 다음과 같은 말로 결론을 맺으려 하는 것이다.
"나 바울이 그리스도를 위한 이러한 박해를 기꺼이 견디고 있다면 당신 또한 그리스도를 위해 형제인 성도를 용서할 수 있지 않은가?"
2 사도 바울은 그때 그의 진실한 회심이 자신의 사역에서 비롯될 수 있었음을 부드럽게 빌레몬에게 상기시킨다.
3 그는 이 애정넘치는 편지를 다음과 같은 표현으로 끝을 맺는다.
(1) 빌레몬에 대한 그의 확신
"나는 네가 순종함을 확신함으로 네게 썼노니 네가 나의 말보다 더 행할 줄을 아노라"(몬 21절).
(2) 빌레몬에 대한 그의 요청
"오직 너는 나를 위하여 처소를 예비하라 저희 기도로 내가 너희에게 나아가게 하여 주시기를 바라노라"(22절).

빌립보서

● 빌립보 교회는 바울이 2차 전도 여행을 하는 동안 드로아에서 경험한 초자연적 환상의 결과로 세워졌다(행 16:8–10 참조).

● 그것은 바울이 사랑하던 교회였음이 분명하다. 그가 잠시 거기에 머무는 동안 그와 실라는 적어도 세 사람의 삶 가운데 놀랍게 역사하시는 하나님을 보았다.

(1) 하나님께서 유대교로부터 구원해주신 아시아 출신의 자주 장수 루디아(행 16:13–15).

(2) 하나님께서 귀신들린 것으로부터 구원해 주신 헬라인 점장이(행 16:16–18).

(3) 하나님께서 로마 제국의 황제 숭배로부터 구원해 주신 로마 간수(행 16:29, 30).

● 그리하여 환상으로 표현되었던 이 교회는 감옥에서 그 절정에 이르렀을 것이다. 하나님의 방법은 실로 신기하고 놀랄 만하다.

● 빌립보 시는 주전 357년에 마게도냐의 필립(알렉산더 대왕의 부친)에 의해 세워진 후 그의 이름을 따라 빌립보라 불렸다. 로마에서 약 1,130km 떨어져 있던 이곳은 로마 시민의 특권을 완전히 누렸다. 펜테코스트(J. Dwight Pentecost) 박사는 다음과 같이 말하고 있다.

> "중동을 정복하는 중에 로마는 마게도냐와 교전(交戰)하고 있었다. 역사를 살펴볼 때 우리는 로마 군대에 소금이 부족했으며 따라서 로마 군인의 급료가 소금으로 지불되었다는 것을 알게 된다〔이로부터 '사람이 자기가 받는 급료(소금)만큼도 일을 못한다'라는 표현이 나왔다〕. 로마 군대는 전쟁을 그만두고 귀향할 위험에 처했다. 이것은 마게도냐가 여전히 정복되지 않은 채 남아 있다는 것을 의미했다. 빌립보 사람들은 마게도냐인보다는 오히려 로마인들의 지배를 받고 싶어했다. 그리하여 그들은 상당한 양의 소금을 모아 그것을 로마 군대에게 넘겨줌으로써 병사들은 급료를 지급받았다. 그들은 계속 마게도냐인들을 정복하고 쳐부숨으로써 마게도냐를 로마 제국에 통합시켰다. 빌립보 시민에 대한 보답으로 로마 황제는 그들에게 자치 시민의 자격을 수여했다. 이것은 그들이 로마 시에 거주하는 사람들과 같이 로마 시민으로서의 동일한 권리와 특권을 누린다는 것을 의미했다. 그들은 로마 제국의 특별하고 안전한 배려 아래에 있었다. 즉, 그들은 로마법이 제공하는 모든 특권을 누렸다. 로마의 거류민처럼 그들은 세금을 면제받은 특권을 누렸다. 그들은 비록 마게도냐에서 살았으나 로마인이 되어 버렸다. 결과적으로 수많은 로마 군인들은 군복무를 완전히 마친 후 이태리로 돌아가는 대신에 빌립보에 정착하는 쪽을 선택했다. 그리하여 빌립보는 또 하나의 작은 로마가 되었다. 즉, 이 도시는 충성에 있어서나 법에 있어서나 철학과 사고방식에서 완전히 로마적이었다. 사도 바울이 믿음을 통한 은혜로 받는 구원의 복음을 가지고 유럽 대륙을 횡단하기 시작한 곳이 바로 여기에서였다"〔『삶의 기쁨』(*The Joy of Living*), pp. 12, 13〕.

● 그리하여 빌립보는 복음을 받아들이고 기독교에 관심을 가진 최초의 유럽 도시가 되었다. 그것은 한밤중에 연주되는 특별한 2중주와도 같았다.

● 주후 57년, 3차 전도여행이 끝났을 때(그가 처음 방문한 지 약 5년 후에) 바울은 빌립보를 두 번 잠시 방문했던 것 같다(고후 1:16/행 19:21/20:1–3 참조).

● 주후 62년, 사도 바울은 로마에 투옥된다. 사도행전 28장 30, 31절은 바울이 여섯 시

간마다 서로 다른 로마 군사의 감시를 받으며 세(貰)낸 방에 감금되어 있었음을 가리킨다. 그는 일반 사람에게 복음을 전파할 수는 없었지만 편지를 쓰는 것은 허락받았다(엡 6:20 / 빌 1:7, 14, 16 / 골 4:18 / 몬 1:1, 10, 13).

● 그러므로 바울이 자신의 사랑하는 빌립보 교회에 편지를 쓴 것은 그가 처음 빌립보를 방문한 지 약 10년 후인 바로 그때였다.

● 바울이 로마에 투옥되었다는 소식을 듣자마자 이 교회는 에바브로디도 편을 통해 그에게 애정어린 선물을 보냈다. 그들은 수년 전 그가 데살로니가에서 열심히 사역하고 있는 동안 그에게 두 가지 서로 다른 사랑의 선물을 보낸 바 있다(빌 4:15, 16).

● 로마에 있는 동안 에바브로디도는 매우 심한 병으로 거의 죽게 되었다. 그러나 하나님께서는 그의 목숨을 살리셨다. 그리하여 바울은 빌립보 사람에게 그들이 보내준 선물에 대한 감사와 또한 에바브로디도의 병이 나았다는 기쁜 소식을 전한다.

● 이 서신에는 세 가지 독특한 말투가 있다. 하나는 "그리스도"(약 70번쯤 다양한 형태로 나타남)이고, 다른 하나는 "기쁨"(18번)이란 말이며, 마지막 하나는 "마음"(12번 언급됨)이다.

1. 인생의 목적이신 그리스도(빌 1장)

"이는 내게 사는 것이 그리스도니 죽는 것도 유익함이니라"(빌 1:21).

1. 바울로 하여금 하나님의 보호 안에서 편안히 쉬게 함(빌 1:1-12)

[1] 빌립보에 있는 성도들에 대한 그의 문안

(1) 그는 성도들에게 편지를 쓴다.

(2) 그는 또한 감독과 집사들에게 편지를 쓴다. 월부어드(John Walvoord) 박사는 다음과 같이 말하고 있다.

> "감독과 집사에 대한 언급은 빌립보 교회의 조직이 매우 발전되어 이제는 인정받는 사역자를 배출할 수 있을 정도로 성숙하고 재능있는 신자들로 이루어져 있었음을 가리킨다. 포세트(A. R. Fausset)는 이에 관해 다음과 같이 말한다. '이것은 감독과 집사가 언급된 가장 초기의 서신이며 그들이 구분되어 언급된 유일한 서신이다.' 물론 앞서 사도행전 6장에서와 같이 사람들은 집사와 유사한 방법으로 임명되어 교회에서 봉사하였다. 비록 집사로 불리지는 않았지만 사도행전에서 특별한 봉사를 하도록 이렇게 사람을 임명하는 제도의 우월성은 그 의미가 인정되고 있는 듯하다. 장로는 사도행전 14장 23절에서처럼 처음부터 모든 교회에서 임명되었으며 또한 사도행전 11장 30절, 20장 27, 28절, 데살로니가전서 5장 12, 13절에서도 언급되고 있다"[『빌립보서, 그리스도 안에서의 승리』(*Phillippians, Trumph in Christ*), p. 24].

헬라어 학자인 웨스트는 이와 유사한 태도로 다음과 같이 말하고 있다.

> "「감독」(bishop)이란 말은 어떤 자격을 지닌 감독자의 세속적 직업에 사용되는 헬라어를 옮긴 것이다. 가령 성전 수리의 책임을 맡은 관리나 군대의 장교가 이에 속한다. 이 단어 자체는 '~을 쳐다보다'를 의미한다. 바울은 그것을 장로에 대한 또다른 이름으로 사용한

다. 장로는 교회 법령에 관련된 직책의 명칭이고, 감독은 지역 교회의 영적 복지를 관장하는 직책의 명칭이며 그 직무의 책임과 능력을 가리키는 명칭이었다. 그는 사도행전 20장 17, 28절에서 한 개인에 대한 칭호로 두 명칭을 함께 쓰고 있다. 「집사」(deacon)란 말은 종을 나타내기 위해 일반적으로 쓰였던 헬라어를 영어로 표현한 것이다. 그것은 노예나 고용한 종 모두에게 적용되었다. 그것은 주인과의 관계에 있어서의 종이 아닌, 그의 활동에 있어서의 종을 의미했다. 이와 같은 말은 고린도전서 3장 5절, 고린도후서 3장 6절, 에베소서 3장 7절에서 '사역자' 또는 일꾼으로 번역된다. 여기에서 그것은 사도 교회에서 직무를 맡은 자의 뚜렷한 직책을 가리킨다. 이러한 직책의 기원은 사도행전 6장에 제시되어 있다"[『빌립보서 단어 연구』(*Word Study of Philippians*), p. 28].

이에 대한 마지막 참고 자료로 펜테코스트의 주석을 살펴보자.

"「집사」(deacon)란 말은 '먼지를 일으키다'를 의미하는 복합 헬라어에서 왔다. 그것은 걸어갈 때 발로 먼지를 차며, 자기가 맡은 일을 수행하기 위해 팔레스틴 마을의 먼지나는 길을 매우 빠르게 걸어가고 있는 사람의 모습을 나타낸다. 집사는 할 일이 너무 많았기 때문에, 빈둥거리거나 지체할 수 없었다. 그들은 먼지를 일으키는 것과 같이 근면하게 자기가 맡은 일을 수행하며 돌아다녔다. 그리하여 이러한 사역을 감당하기 위하여 세움받은 사람들은 '먼지를 일으키는 자' 혹은 '집사'로 불렸었다"[『인생의 기쁨』, p. 114].

2 빌립보 성도들에 대한 그의 감사(빌 1:3—5)

"내가 너희를 생각할 때마다 나의 하나님께 감사하며"(빌 1:3).

3 빌립보 성도들에 대한 그의 확신

"너희 속에 착한 일을 시작하신 이가 그리스도 예수의 날까지 이루실 줄을 우리가 확신하노라"(빌 1:6).

물론 사실상 바울이 확신한 것은 이 빌립보 성도들 안에 내주하시는 '구세주'에 대해서였다.

4 빌립보 성도들에 대한 그의 간구

"내가 기도하노라 너희 사랑을 지식과 모든 총명으로 점점 더 풍성하게 하사 너희로 지극히 선한 것을 분별하며 또 진실하여 허물없이 그리스도의 날까지 이르고"(빌 1:9, 10). 여기에서 "분별한다"는 말은 시험 기간이 끝난 후 어떤 것을 승인하는 것을 의미한다. 헬라인들은 시험에 합격한 의사들을 묘사하는 데 이 말을 사용했다. 그때 그들은 의사로서 공인을 받았다.

2. 바울로 하여금 커다란 고난 가운데도 기뻐하게 한 것(빌 1:12—20)

사도 바울은 자신의 투옥 경험으로 인해 하나님을 찬양할 수 있었다. 그것은 복음을 전파하는 데 도움이 되었고 그것을 방해하지는 않았다. 이것은 세 가지 일을 통해 성취되었다.

1 묶인 채 감금됨(빌 1:13/4:22)

윌부어드는 다음과 같이 말하고 있다.

"바울은 로마 군대의 핵심인 근위대의 감시를 받았다. 이 편지를 쓴 때는 그가 로마 제국의 중심지인 로마에 체류하는 동안이었다. 그러나 로마에 있었든 다른 곳에 있었든 사도 바울은 관습에 따라 하루 24시간 동안 매 6시간마다 보초가 교대되는 로마 군사에게 감시받고 있었음이 분명하다. 의심할 나위없이 이것은 그가 친구에게 말을 걸거나 기도하거나 편지를 쓰려고 할 때조차 그를 감시하는 자의 모든 극악한 특징과 변덕에 순종하지 않으면 안 되었던 가장 모진 체험이었을 것이다. 이 로마 감시병은 항상 있었다. 그러나 또한 그러한 환경은 그에게 복음을 증거할 수 있는 무수한 기회를 제공해 주었으며 감시하는 자마다 바울의 이야기를 들었다. 하나님의 은혜에 대하여 선포하고 그것이 그의 삶을 변화시킬 수 있었다고 증거했기 때문에 그는 자신이 행한 증거가 진짜인지 아닌지 알고자 하는 여러 감시자의 조사를 받았다. 가장 사소한 탈선이나 초조감, 불안감도 그가 감시자에게 복음을 증거하는 기회를 빼앗을 것이며, 생활에 조금이라도 일관성이 없으면 곧 다른 사람들에게 알려질 것이다. 감시자가 본 바울 사도의 성실성과 하나님의 은혜에 대한 그의 열성적인 강론은 감시자들마다 효과적인 방법으로 예수 그리스도를 알게 될 때 그 효력이 확실하게 나타났다.

오직 하나님만이 바울에게 허락된 셋방에서 계속 진행되었던 일을 아셨다. 거기에서 감시자들은 바울이 자신의 친한 친구들과 대화하는 소리를 들었으며 그 투옥된 자들로부터 들은 이상한 말에 대해 물어볼 수 있었다. 달빛만이 비치는 어두운 밤, 고적한 시간에 수많은 감시병들이 바리새인으로서의 그의 초기 삶, 그리스도에 대한 그의 적대감과 박해, 그의 놀라운 회심, 그리고 그가 투옥당한 이유 등에 대한 바울의 증거를 들었을 것이다. 이 모든 것은 친위대 보초들 중에 오고간 대화의 주제였음에 틀림없으며, 그들이 그의 부당한 투옥을 이해했을 때 군인들 사이에 동정을 불러일으켰다. 바울을 묶은 사슬은, 회심만 한다면 이리저리 옮겨다니면서 세상 끝까지도 복음을 전할 수 있는 로마제국의 우수한 군인들과 의사를 소통하는 효율적인 수단이 되었다. 그것은, 삶의 모든 환경이란 결국 변화를 가져오는 하나님의 은혜가 택한 백성의 삶 가운데 나타날 수 있는 효율적인 강단임을 우리에게 상기시킨다"〔『그리스도 안에서의 승리』, pp. 37, 38〕.

2 친구들의 용기(빌 1:14)

바울의 투옥은 소심한 동료 신자들을 자극하여 좀더 떳떳하게 복음을 전하도록 용기를 북돋아 주었음이 분명하다. 이에 대한 한 가지 가능성은 여러 명의 로마 군사 고관들의 회심에서 찾아볼 수 있을 것이다. 그리고 그들의 증거는 의심할 여지없이 로마에 있는 기존 교회의 성도들에게 새로운 용기를 주었을 것이다.

3 대적들의 세속성(빌 1:14-16)

"형제 중 다수가 나의 매임을 인하여 주 안에서 신뢰하므로 겁없이 하나님의 말씀을 더욱 담대히 말하게 되었느니라 어떤 이들은 투기와 분쟁으로 어떤 이들은 착한 뜻으로 그리스도를 전파하나니 이들은 내가 복음을 변명하기 위하여 세우심을 받은 줄 알고 사랑으로 하나."

시편 기자는 언젠가 다음과 같이 썼다.

"진실로 사람의 노는 장차 주를 찬송하게 될 것이요"(시 76:10).

즉, 자신을 대적하는 자들의 불순하고 불성실한 동기에도 불구하고 바울은 다음과 같이 기뻐했다.

"외모로 하나 참으로 하나 무슨 방도로 하든지 전파되는 것은 그리스도니 이로써 내가 기뻐하고 또한 기뻐하리라"(빌 1:18).

오늘날과 마찬가지로 그때도 세상의 가장 커다란 문제는 복음의 불완전한 선포가 아니라 그것이 전혀 전파되지 않는 데에 있었다.

4 장래에 대한 확신(빌 1:19, 20)

바울은 두 가지를 확신하고 있다.

(1) 하나님의 성령께서 그의 필요를 채워주실 것이다. 위어스비(Warren Wiersbe)는 다음과 같이 말하고 있다.

"「공급하다」(supply)란 말에서 영어의 'chorus'(합창)란 말이 나온다. 헬라 도시가 특별한 축제를 개최하려 할 때는 언제든지 돈을 주고 누군가 가수나 무희를 데려와야 했다. 소위 이러한 기부는 아낌없는 것이어야 했다. 그래서 이 말은 '아낌없이 푸짐하게 제공한다'를 의미하게 되었다.

바울은 그 자신의 줄어든 재원(財源)이 아니라 성령께서 역사하시는 하나님의 풍성한 재원에 의존했다"[『기뻐하며 살라』(*Be Joyful*), p. 36].

(2) 바울의 몸을 통해 구세주께서 존귀하게 될 것이다(빌 1:20). 이것은 어떻게 행해질 수 있는가? 망원경을 통해 멀리 있는 대상을 가까이 볼 수 있거나 현미경을 통해 작은 물체를 크게 볼 수 있는 사실에서 이것이 관찰된다. 그리하여 이러한 기구들을 영적 방법으로 바르게 적용함으로써 신자들은 성도와 죄인들의 시선에서 그의 몸을 통해 그리스도를 크고 가까이 있게 할 수 있다.

3. 바울로 하여금 여전히 기쁘게 봉사하게 함(빌 1:21-30)

1 그의 소망은 떠나서 그리스도와 함께 있는 것이었다

"이는 내게 사는 것이 그리스도니 죽는 것도 유익함이니라…내가 그 두 사이에 끼였으니 떠나서 그리스도와 함께 있을 욕망을 가진 이것이 더욱 좋으나"(빌 1:21, 23/참조, 고후 5:8).

바울은 죽음을 "떠나는 것"으로 언급하고 있다(딤후 4:6 참조). 이 "떠난다"는 말은 다음과 같은 곳에 쓰였다.

(1) 군인들이 막사를 거두어 이동할 때.
(2) 정치가가 투옥된 자를 풀어줄 때.
(3) 농부가 자기 황소의 멍에를 풀어줄 때.

2 그의 결심은 살아남아 성도들에 대해 사역하는 것이었다

"그러나 내가 육신에 거하는 것이 너희를 위하여 더 유익하리라"(빌 1:24).

(1) 이러한 사역은 분투 노력하는 것을 포함한다.
"한 뜻으로 복음의 신앙을 위하여 협력하는 것"(빌 1:27/참조, 삿 1:3).
(2) 이러한 사역은 불변성을 포함한다.
"아무 일에든지 대적하는 자를 인하여 두려워하지 아니하는"(빌 1:28).
여기에서 "두려워하는"(terrified)이란 말은 헬라인들이 전쟁에서 뒷걸음질치는 말을 가리킬 때 사용했던 단어이다(사 41:10/마 10:28/히 13:5, 6 참조).
(3) 이러한 사역은 고난을 포함한다.
"그리스도를 위하여 너희에게 은혜를 주신 것은 다만 그를 믿을 뿐 아니라 또한 그를 위하여 고난도 받게 하심이라"(빌 1:29).

2. 인생의 모범이신 그리스도(빌 2장)

이 장에서 바울의 주제는 그리스도인의 미덕인 "일체감"이다.

1. 하나가 되는 것에 대한 권면(빌 2:1-4)

[1] 이러한 일체감은 유용하다(빌 2:1)
2장 1절의 "만약"(if)이란 말은 "… 이기 때문에"(since)로 번역되어야 한다.
(1) 하나님의 아들 안에 위로와 권면이 있기 때문에.
(2) 하나님의 성령 안에 격려와 교제가 있기 때문에.

[2] 이러한 일체감은 달성할 수 있다(빌 2:2-4)
그것은 "아무 일에든지 다툼이나 허영으로 하지 말고 오직 겸손한 마음으로 각각 자기보다 남을 낫게 여김으로써"(빌 2:3) 성취될 수 있다.
플라톤은 "겸손"을 다음과 같이 정의했다.
"우주의 신성한 질서에 복종하고 불순하게 자만하지 않는 마음의 상태."
이 말은 최근에 나일 강에서 발견된 일반 문서에서도 쓰이고 있다. 만약 이러한 원리가 준수되었더라면 많은 교회가 비극적인 교회 분열을 피할 수 있었을 것이다!

2. 일체감의 실례(빌 2:5-30)

[1] 그리스도의 모범(빌 2:5-8)
확실히 이 구절들은 모든 성경 가운데 가장 위대한 위치를 점하고 있다.
"너희 안에 이 마음을 품으라 곧 그리스도 예수의 마음이니 그는 근본 하나님의 본체시나 하나님과 동등됨을 취할 것으로 여기지 아니하시고 오히려 자기를 비어 종의 형체를 가져 사람들과 같이 되었고 사람의 모양으로 나타나셨으매 자기를 낮추시고 죽기까지 복종하셨으니 곧 십자가에 죽으심이라."
우리는 이 구절에서 죄많은 피조물을 그들의 거룩한 창조주와 결합시키고 하나가 되게 하기 위해 그리스도께서 하신 일을 알게 된다.
(1) 그분은 하늘의 영광을 버리셨다(요 17:5 / 고후 8:9).
(2) 그분은 자신의 이름을 떨치는 어떤 일도 하지 않으셨다. 2장 7절의 헬라어는 『케노오』(kenoo)이며 이것은 "비우다"를 의미한다. 그리스도께서는 자신의 무엇을 비우셨는가?
① 소극적인 면-그분은 어떤 의미에서도 자신의 신성을 저버리지 않으셨다. 그는 과거도 그랬고, 현재도 그러하며, 미래에도 영원히 하나님의 완전한 아들일 것이다(요 1:1 / 17:5 / 고후 4:4 / 골 1:15 / 2:9 / 히 1:3 참조).
② 적극적인 면-그분은 잠시 동안 세속적인 틀 가운데 자신의 거룩한 명성을 숨기셨다. 비록 그분은 지상 생애 동안 모든 신성들을 그대로 갖고 계셨지만 그럼에도 불구하고 이 땅에서 그러한 신성들에 대한 독립적 사역을 성령에 넘겨주셨다(시 22:6 / 사 53:3 / 막 9:12 / 롬 15:3 참조). 다음의 두 구절들은 이 점에서 우리가 조사해 보아야 할 필요가 있다.

"하나님의 형체."
이것은 그리스도께서 성육신하시기 이전에 육신의 형태를 지니고 계셨다는 의미가 아니다. 그것은 사람이나 사물의 내적이고 본질적이며 변치 않는 성격을 가리키고 있다.

예를 들어, 우리는 "그 테니스 선수는 오늘 매우 진기한 자세(form)를 취했다"라고 말할 수 있다.

"하나님과 동등됨을 취함."

그분은 이와 같은 거룩한 신성을, 어떤 희생을 치르더라도 유지되어야 하는 보화로써 주장하거나 간주하지 않으셨다. 성육신하신 그리스도께서는 이 모든 것을 유지하는 데 마음을 두지 않으셨다.

(3) 그분은 인간의 모양으로 지음을 받으셨다(요 1:14/롬 1:3/8:3/갈 4:4/히 2:14, 17). 이 단순하지만 지극히 엄청난 사실은 인간의 정신으로는 희미하게나마도 이해할 수 없다. 무한하고 거룩한 창조주께서 갑자기 자신의 제한되고 죄 많은 피조물의 모습을 띠게 된다(그러나 그에게는 죄가 없다).

그러한 믿을 수 없는 「겸비」(condescension)를 누가 이해할 수 있겠는가? 그것은 마치 전능하고 존엄한 세속의 왕이 잠시 엄청난 재물이 저장된 자신의 창고를 버리고 사랑하는 조정을 뒤에 남긴 채 보잘것없는 개미의 몸을 취하기로 결정하는 것과 같다. 그런데 "인자"는 그분의 지상 생애 동안 주님이 가장 좋아하던 자신의 칭호였다.

(4) 그분은 몸소 종의 형체를 띠셨다. 그분은 막강한 인간적 황제나 세상에 이름을 떨치는 철학자로 오시지 않았다. 더구나 이러한 사실은 어마어마한 속성에 대한 「자기 비하」이기조차 했다. 그분은 오히려 비천한 종으로 오셨던 것이다.

(5) 그분은 자신을 낮추셨다. 즉, 그분은 권위에 복종하셨다(벧전 2:21－24 참조). 그분은 우리의 말을 사용하시고, 우리의 의복을 입으셨으며, 우리의 음식을 드시고, 우리의 공기로 호흡하시며, 우리의 야비하고 사악한 대우를 견디셨다. 겟세마네 동산에서의 그분의 말씀을 사단의 말과 대조해 보라(마 26:39, 42/사 14:13, 14).

(6) 그분은 죽음에 복종하셨다(마 26:39/요 10:18/히 5:8/12:2).

(7) 그분은 그냥 죽은 것이 아니라 십자가 위에서 육체적으로나 형법상으로나 가장 지독한 형태의 죽음을 당하셨다(갈 3:13/사 53장/시 22편).

2 하나님의 모범(빌 2:9－11)

"이러므로 하나님이 그를 지극히 높여 모든 이름 위에 뛰어난 이름을 주사 하늘에 있는 자들로 모든 무릎을 예수의 이름에 꿇게 하시고 모든 입으로 예수 그리스도를 주라 시인하여 하나님 아버지께 영광을 돌리게 하셨느니라"(빌 2:9－11).

우리는 그리스도의 낮아지심을 살펴보았다. 이제 그분의 높아지심에 주목해 보라.

(1) 그분은 하나님 아버지에 의해 높이 들림을 받으셨다(사 52:13/요 17:1/행 2:33/히 2:9).

(2) 그분은 다른 모든 이름보다 뛰어난 이름(권위있는 지위와 자격)을 부여받으셨다(엡 1:20/히 1:4).

(3) 그분은 만유의 주로서 보편적으로 받아들여질 것이다.

① 이러한 인정의 방법－무릎을 꿇고 혀로 고백함으로.

② 이러한 인정을 하게 되는 피조물.

"하늘에 있는 자들": 천사들의 세계

"땅에 있는 자들": 성도와 죄인들의 세계

"땅 아래 있는 자들": 마귀의 세계
(계 5:13/7:9-12/14:6, 7/사 45:23/롬 10:9, 10 참조)

이 세상에서 그분을 주(主)로 고백하는 것은 구원을 의미한다. 그러나 내세까지 기다리는 것은 파멸을 초래할 것이다. 그리하여 가장 중요한 문제는 인류가 이것을 '언제' 행하느냐가 아니라 '어디서' 행하느냐 하는 것이다.

3 바울의 모범(빌 2:12-18)

(1) 구원의 문제에 있어서 - 그것을 이루라
"두렵고 떨림으로 너희 구원을 이루라"(빌 2:12).
그가 "너 자신의 구원을 위해 힘쓰라"고 말하지 않았음을 주목하자. 여기에서 의미하는 것은 어떤 것을 성취하라는 것이다. 헬라인은 수학 문제를 그 논리적 결론으로 이끌 때 또는 금광에서 금을 캐낼 때 이 말을 사용했다.
"너희 안에 행하시는 이는 하나님이시니 자기의 기쁘신 뜻을 위하여 너희로 소원을 두고 행하게 하시나니"(빌 2:13).
따라서 그것은 모방을 통해서가 아니라 성육신을 통해서 이루어진다(갈 2:20 참조). 그리스도인의 생활은 높아지거나 낮아지는 일련의 과정이 되어서는 안 되고 오히려 내적이거나 외적인 과정이어야 한다. 하나님께서는 역사하시고 우리는 이루어야 한다.
(2) 빛을 비추는 문제에 있어서 - 불을 밝히라
"세상에서 그들 가운데 빛들로 나타내며 생명의 말씀을 밝혀"(빌 2:15, 16).
팬테코스트 박사는 다음과 같이 말하고 있다.

> "사도 바울은 '밝히는'이란 말을 할 때 매우 흥미있는 단어를 사용하고 있다. 그것은 한 사람은 등불을 가지고 다른 한 사람은 등불을 가지지 않은 채 밤길을 걸어가고 있는 두 여행자를 가리킨다. 한 사람은 뒤따르는 다른 사람의 발치까지 빛을 비추도록 자기 등불을 높이 든다… 바울이 '빛'이라 번역한 말은 빛을 내는 물체(luminary)를 나타내는 용어이다. 그것은 별과 같이 빛을 비추는 천체를 가리키는 말이다. 이 세상은 태양이 떠오르듯 '의의 아들'이 출현하기를 고대하고 있다. 그러나 그가 그 빛을 이 세상에 다시 가져오기 위해 지평선 너머로 사라질 때 인간이 넘어지지 않도록 빛을 비추는 별들이 있다. 당신은 생명의 말씀을 밝히는 별이다. 그러므로 투덜거리거나 불평하지 말고 모든 일을 하라"〔『삶의 기쁨』, pp. 101, 102〕.

4 디모데의 모범(빌 2:19-24)

디모데는 이 교회와 오랫동안 친밀한 관계를 가졌다(행 16:3/17:14, 15/19:22/20:3, 4/빌 2:19-23 참조).
(1) 빌립보 교회와의 관계에서 디모데는 목자였다.
"…너희 사정을 진실히 생각할 자…"(빌 2:20).
(2) 사도 바울과의 관계에서 디모데는 아들이었다.
"자식이 아비에게 함같이…"(빌 2:22).
(3) 복음과의 관계에서 디모데는 종(servant)이었다.
"(그는) 나와 함께 복음을 위하여 수고하였느니라"(빌 2:22).

디모데는 바울 서신에서 24회 언급된다.

5 에바브로디도의 모범(빌 2:25-30)

이 사람은 빌립보 출신의 이방 신자였다. 그의 이름은 "매력적인"을 의미한다. 그는 바울에게 봉사하고 그에게 헌금을 전해주도록 빌립보 교회의 파송을 받았다.

(1) 그의 봉사

① "나의 형제"-그들이 공통의 사랑을 통해 맺어져 있음을 가리킴.
② "함께 수고하는 자"-그들이 공통의 사역으로 묶여져 있음을 가리킴.
③ "함께 군사된 자"-그들이 공통의 위험을 통해 묶여져 있음을 가리킴.

(2) 그의 질병

"저가 병들어 죽게 되었으나 하나님이 저를 긍휼히 여기셨고"(빌 2:27).

(3) 그의 슬픔

"그가 너희 무리를 간절히 사모하고 자기 병든 것을 너희가 들은 줄을 알고 심히 근심한지라"(빌 2:26).

팬테코스트 박사는 다음과 같이 말하고 있다.

> "「심히 근심한지라」라는 구절은 가장 생생한 표현이다. 그것은 어떤 커다란 육체적인 긴장이나 정신적, 감정적 긴장에서 비롯된, 혼란되고 초조하며 괴로운 상태에 대한 언급이다. 그의 향수병(鄕愁病)이 그를 너무 무겁게 압박했으므로 에바브로디도는 자기에게 맡겨진 공식적인 어떤 직무에도 관심을 기울일 수 없었다. 그러한 상태는 종종 질병을 수반하며, 육체적인 질병으로부터 어떤 사람이 회복하도록 돌보는 자는 육체적인 허약성 때문에 생기는 이러한 고통을 처리할 준비가 되어 있어야 한다. 에바브로디도의 허약성과 육체적 상태가 이와 같았으므로 그는 그의 병에서 비롯된 사람들의 걱정과 관심 때문에 괴롭기까지 했다"(『삶의 기쁨』, pp. 119, 120).

(4) 그의 생애

위어스비 박사는 그에 대해 다음과 같이 시사함으로써 에바브로디도의 생애를 적절히 요약하고 있다.

① 균형잡힌 그리스도인(빌 2:25)

> "에바브로디도는 균형잡힌 그리스도인이었다! 균형이란 그리스도인의 삶에 매우 중요하다. 어떤 사람은 '교제'를 너무 강조한 나머지 '복음 전파'는 잊어버린다. 또 어떤 사람들은 복음에 대한 '믿음'을 너무 고집함으로써 다른 신자와의 '교제'는 등한시한다. 에바브로디도는 이러한 함정에 빠지지 않았다. 그는 한 손에는 칼을, 다른 한 손에는 흙손을 들고 예루살렘 성벽을 재건했던 느헤미야와 같았다(느 4:17). 당신은 검으로 집을 세우거나 흙손으로 전쟁을 할 수는 없을 것이다! 주님의 사역을 성취하는 데에는 두 가지가 모두 필요하다. 아이언사이드(H. A. Ironside) 박사는 오직 '교제'만을 염두에 두는 신자들에 대해 말하곤 했다. 그들은 잃어버린 자를 구원하는 일이나 그의 대적들과 맞서 신앙을 수호하는 일에는 거의 관심이 없었다. 회합 장소 앞에 그들은 '오직 예수'(JESUS ONLY)라는 푯말을 걸었다. 그러나 바람으로 인해 몇 개의 글자가 달아나 그것은 '오직 우리'(US ONLY)가 되었다. 그것은 한 가지 면에 치우쳐 있는 일단의 그리스도인들에 대한 적절한 묘사이다"(『기뻐하며 살라』, p. 76).

② 짐을 진 그리스도인(빌 2:26, 27)
③ 축복받은 그리스도인(빌 2:28－30)

3. 인생의 상급이신 그리스도(빌 3장)

1. 이러한 상급을 더럽히는 자들(빌 3:1－3, 18, 19)

이 구절은 이스라엘의 유대주의에 대한 언급이라고 생각된다. 바울은 준엄한 말로 그들과 그들의 행위에 대해 묘사하고 있다.

1 **그들은 개와 같았다. 그들은 항상 바울의 발꿈치를 물거나 그들의 잘못된 교리를 떠들어댔다.**

2 **그들은 사악한 일꾼들이었다. 그들은 자신들의 "선한 사업"을 육신으로 수행했다(사 64:6 / 마 23:15 참조).**

3 **그들은 분리주의자들이었다.** 이 말은 글자 그대로 '절단하는 행위'(mutilation)을 의미하며 할례라는 말과는 동음이의어(同音異意語)이다. 그들은 할례가 구원에 반드시 필요하다고 가르쳤다(행 15:1 / 갈 6:12－18 참조). 참 할례에 대한 하나님의 방법은 골로새서 2장 11절에서 발견된다).

4 **그들은 그리스도의 십자가에 대한 대적들이었다.**

5 **그들의 탐욕은 곧 그들의 신(神)이었다(골 2:20－23).**

6 **그들은 부끄러워해야 할 일에 대해 자부심을 가졌다.**

7 **그들은 철두철미한 물질주의자들이었다.**

2. 이러한 상급의 가치(빌 3:4－6)

바울은 그리스도를 영접한 후 자신의 수많은 세속적 장점들을 기꺼이 해로 여겼다.

1 **그는 팔 일 만에 할례를 받았다. 바울의 부모는 경건한 자들이었다.**

2 **그는 이스라엘의 혈통을 지니고 있었다.** 그는 유대교로 개종한 이교도이거나 이스마엘 혹은 에서의 혈통에서 태어난 자가 아니라, 이삭과 야곱의 계보에서 태어난 자였다.

3 **그는 베냐민 지파에 속했다.** 이 지파는 열두 지파 중에서 가장 뛰어난 지파 가운데 하나였다. 이스라엘의 최초의 왕(사울)은 이 지파 출신이었다.

4 **그는 히브리인 중의 히브리인이었다.** 그는 히브리어로 말했다. 그는 (헬라 문화를 채택한 유대인인) 헬라화한 자가 아니었다(고후 11:22 / 행 21:40 / 22:2 참조). 그는 또한 가말리엘의 문하에서 공부했다(행 22:3).

5 **그는 바리새인이었다.** 바울은 이에 합당한 교육을 받았다.

6 **그는 유대교를 지키는 데 매우 열심이었으며 수많은 훌륭한 저서들로 알려져 있었다 (고전 15:9 / 갈 1:13, 14).**

7 **그는 (인간이 할 수 있는 한) 구약의 율법을 지켰다.**

3. 이러한 상급의 영광(빌 3:7－17, 20, 21)

그러나 회심하자마자 바울은 의식, 종족, 종교, 명성, 인간적 의(義)에 대한 모든 확신을 포기했다. 그는 이제 '하나님의 대속자'를 소유했다. 이제 그가 회심을 통해 얻은 것을 살펴보자.

[1] 그는 새로운 지식을 얻었다(빌 3:7, 8)
"그러나 무엇이든지 내게 유익하던 것을 내가 그리스도를 위하여 다 해로 여길 뿐더러 또한 모든 것을 해로 여김은 내 주 그리스도 예수를 아는 지식이 가장 고상함을 인함이라 내가 그를 위하여 모든 것을 잃어버리고 배설물로 여김은 그리스도를 얻고"(빌 3:7, 8).
순교한 선교자인 짐 엘리어트(Jim Eliot)는 언젠가 다음과 같이 기록했다.

> "자기가 잃어버릴 수 없는 것을 얻기 위해 지킬 수 없는 것을 포기하는 사람은 어리석은 자가 아니다"(렘 9:23/고전 2:2 참조).

[2] 그는 새로운 의를 얻었다(빌 3:9)

[3] 그는 새로운 권능을 얻었다(빌 3:10)
"내가 그리스도와 그 부활의 권능과 그 고난에 참예함을 알려 하여 그의 죽으심을 본받아"(빌 3:10).
이 유명한 구절의 상반절의 의미에는 흥미를 가지면서도 나머지 하반절에 대해서는 거의 관심을 보이지 않는 그리스도인들이 많다. 그러나 부활의 권능은 반드시 고난과 서로 연관되어 있다는 사실을 상기해야 한다. 이것들은 서로 손을 잡고 있다! 이런 방법으로 그리스도를 안다는 것은 역사를 통해 모든 경건한 신자들이 지향했던 목표였다. 다음과 같은 증거들을 살펴보자.
(1) 모세 — 출애굽기 33장 13절
(2) 다윗 — 시편 42편 1, 2절, 63편 1, 2절
(3) 빌립 — 요한복음 1장 45절(롬 6:3—5/8:17 참조)

[4] 그는 새로운 목표를 얻었다(빌 3:11—17)
웰부어드는 다음과 같이 서술하고 있다.

> "그는 '내가 이미 얻었다 함도 아니요 온전히 이루었다 함도 아니라'(12절)고 말을 꺼낸다. 장차 부활 때에 소유하게 될 완전함을 그는 아직 얻지 못했다. 그것은 그가 여전히 죄의 속성과 죄 짓기 쉬운 육신을 갖고 있었으며 영적 진보의 필요성을 더욱 느끼고 있었기 때문이었다. 자신이 아직 완전하지 못하다는 것을 말할 때 사도 바울은 『텔레이오』(teleioo)라는 헬라어를 사용하는데, 이것은 '목표에 이르거나 목적을 달성하다'를 의미한다. 이것은 우주의 섭리나 목적을 가리키는 teleology(목적론)라는 영어의 어원이다. 이와 같은 말이 누가복음 13장 32절, 요한복음 17장 23절, 고린도전서 2장 6절, 고린도후서 12장 9절, 에베소서 4장 2절 그리고 그 외의 많은 구절에서 발견된다"(『빌립보서, 그리스도 안에서의 승리』, pp. 90, 91).

빌립보서 3장 13절에 나오는 바울의 "내가 오직 한 일"이란 말에 특히 유의하자. 이에 대한 성경의 다른 실례는 다음과 같다.
(1) 예수님과 부자 청년 지도자(막 10:21)
(2) 마르다와 예수님(눅 10:42)
(3) 소경이었던 자(요 9:25)

(4) 시편 기자(시 27:4/참조, 약 1:8)

"헌신은 권능의 비밀이다. 만약 강물이 둑을 넘쳐 흐르도록 그대로 방치한다면 그 주변 지역은 물에 잠기게 된다. 그러나 만약 그 강을 댐으로 막아 통제한다면 그것은 수력의 근원이 된다"(『기뻐하며 살라』, p. 97).

(바울의 "앞에 있는 것을 잡으려고"란 구절에 관해서는 고후 9:24, 26/딤후 4:7, 8/히 6:1/12:1을 참조하라.)

5 그는 새로운 소망을 얻었다(빌 3:20, 21)

"오직 우리의 시민권은 하늘에 있는지라 거기로서 구원하는 자 곧 주 예수 그리스도를 기다리노니 그가 만물을 자기에게 복종케 하실 수 있는 자의 역사로 우리의 낮은 몸을 자기 영광의 몸의 형체와 같이 변케 하시리라."

맥기 박사는 다음과 같이 서술한다.

"시민권이 흠정역 성경에는 'conversation'(교제)으로 나와 있다. 몽고메리 여사는 이것을 보다 적절하게 '우리의 본향(city home)은 하늘에 있도다'라고 번역했다. 나는 이것을 좋아한다. 그러나 나는 그것을 다음과 같이 번역하고 싶다. '우리는 하늘에 거하는 자들이다.' 바울은 로마 시민이었으나, '우리의 시민권은 하늘에 있는지라' '우리는 하늘에 거하는 자들이다'라고 말하고 있다. 그것은 도대체 무엇을 의미하는가? 그것은 그가 하늘의 시민이기 때문에 신자가 하늘로부터 명령을 받는 것을 말한다. 그는 하늘에서 오는 법에 복종해야만 한다. 누군가 '하늘로 통하는 모든 길은 곧 하늘이다'라고 말한 것처럼 말이다. 이 땅에서의 신자의 삶은 하늘로 가는 모든 길을 비추어야만 한다. 바울이 말한 것이 바로 이것이다. 이것은 미래의 일이다"[『빌립보서 탐구』(*Probing Through Philippians*), p. 67].

따라서 빌립보가 다른 나라의 국토로서 로마의 식민지였던 것처럼, 교회는 지상 위에 있는 하늘의 식민지이다.

4. 인생의 권능이신 그리스도(빌 4장)

1. 이 권능은 하나되게 할 수 있다(빌 4:1-3)

2. 이 권능은 강하게 할 수 있다(빌 4:4-7)

"아무것도 염려하지 말고 오직 모든 일에 기도와 간구로 너희 구할 것을 감사함으로 하나님께 아뢰라 그리하면 모든 지각에 뛰어난 하나님의 평강이 그리스도 예수 안에서 너희 마음과 생각을 지키시리라"(빌 4:6, 7).

1 두 가지 법칙

(1) "아무것도 염려하지 말라"

여기에서 "염려하다"는 말은 "서로 다른 방향으로 끌려간다"는 의미이다. 바울은 여기에서 관심(concern)에 대해서가 아니라 공포(panic)에 대해 말하고 있다(시 55:22/벧전 5:7).

(2) "모든 일에 기도하라"

우리의 기도는 명확하고 헌신적이어야 한다. 그리스도인이 걱정해서는 안 되는 오직 두 가지 영역이 있음을 사람들은 주목해 왔다.

① 자기 스스로 변화시킬 수 있는 일들
이에 대한 해답은 '노력'이다.

② 자기 스스로 변화시킬 수 없는 일들
이에 대한 해답은 '기도'이다.

2 두 가지 결과(빌 4:7)

"그리하면 모든 지각에 뛰어난 하나님의 평강이 그리스도 예수 안에서 너희 마음과 생각을 지키시리라."

여기에서 "지킨다"는 말은 황제의 왕국에 소속된 정예 로마 군사가 감시하는 데 사용되었다. 모든 그리스도인들은 로마서 5장 1절에 언급된 내용처럼 하나님으로 더불어 화평을 누린다. 그러나 염려대신 기도를 잘 하는 사람만이 실로 우리의 이해를 초월하는 하나님의 평강을 누릴 수 있다. 그리하여 우리는 다음과 같이 평강이 지켜주는 것을 보게 된다.

(1) 잘못된 느낌으로부터 우리를 지켜주는 우리의 마음

(2) 잘못된 생각에서 우리를 지켜주는 우리의 정신

"기도는 모든 것을 변화시킨다"라는 친숙한 표어가 항상 진실만은 아니라는 사실을 우리는 주목해야 한다. 그러나 기도는 우리를 절망으로 몰고가는 그러한 문제들을 막아줌으로 우리를 변화시킨다(사 26:3 / 시 119:165 / 고후 10:5 참조). 따라서 기도는 화평을 유지하기 위한 하나님의 놀라운 방법이다.

3. 이 권능은 정결케 할 수 있다(빌 4:8, 9)

이 구절들은 성경 전체에서 그리스도에 대한 지극히 간결한 묘사를 포함하고 있다. "이것들을 생각하라"는 구절은 글자 그대로 "숙고하라"로 번역될 수 있다.

4. 이 권능은 흡족하게 할 수 있다(빌 4:10－12)

바울은 자신의 모든 환경에서 "자족하기를" 배웠다. 그러나 「자족」(contentment)이란 「만족」(complacency)과 다르다는 사실을 염두에 두어야 한다. 그것은 안으로 억누르는 것(containment)이다. 바울의 몸 안에 거하시는 그리스도는 이러한 만족을 그에게 보증하셨다. 다음과 같은 두 종류의 그리스도인에 대해 살펴보자.

1 온도계와 같은 신자 : 그의 만족은 완전히 외적인 환경에 의존하고 있다. 그는 단순히 영적 온도의 증감만을 기록한다.

2 온도 조절장치와 같은 신자 : 그의 만족은 외적 환경과 완전히 독립적이다. 그는 환경에 의해 영향을 받지 않을 뿐만 아니라 사실상 그를 둘러싼 환경을 조절한다.

5. 이 권능은 도움을 베풀 수 있다(빌 4:13－23)

"내게 능력주시는 자 안에서 내가 모든 것을 할 수 있느니라"(빌 4:13).

바울이 사용한 몇 가지 전치사들을 살펴보는 것이 매우 중요하다.

1 **그리스도 '안에'(in) 있다는 것은 「구원」을 의미한다.**
2 **그리스도를 '통해'(through) 사역하는 것은 「성별」을 의미한다.**
3 **그리스도를 '위해'(for) 사는 것은 「헌신」을 의미한다.**
4 **그리스도'에게'(to Christ) 굴복하는 것은 「희생」을 의미한다.**
5 **그리스도'와 더불어'(with) 있는 것은 「하나님의 영광에 대한 찬미」를 의미한다.**

바울은 이 사랑스러운 기쁨의 서신을 다음과 같이 영광을 환기시키면서 끝맺고 있다. "나의 하나님이 그리스도 예수 안에서 영광 가운데 그 풍성한 대로 너희 모든 쓸 것을 채우시리라"(빌 4:19).

디모데전서

● 이 서신은 지역교회의 사역자들에게 특별히 써 보낸 세 개의 신약 서신들 가운데 하나이다. 다른 두 서신은 디모데후서와 디도서이다.

● 신약성경에서 이 서신은 지역교회에 널리 보급되어야 하는 조건을 자세하게 논하는 최초의 서신이다.

● 이 서신은 바울이 에베소에 있는 지역교회에서 사역하고 있던 디모데에게 쓴 것이었다.

● 바울은 첫번째 투옥과 두번째 투옥 사이인 주후 62-63년 경에 이 서신을 썼다. 다음의 논쟁들은 이 이론을 입증하고 있는 듯하다.

1 **누가는 바울이 로마 감옥에서 2년을 보냈다는 사실을 우리에게 말해주고 있다(행 28:30).**
2 **이 기간 중에 그는 빌립보서, 골로새서, 에베소서 그리고 빌레몬서를 기록했다.**
3 **이 서신에서 그는 자신이 머지 않아 풀려나리라는 확신을 표현하고 있다(빌 1:23-25 / 2:24 / 몬 1:22).**
4 **로마서 15장 24절에서 바울은 서바나를 방문하기 위한 자신의 계획을 제시하고 있다.** 디모데후서 4장 7절에서 그는 "나의 달려갈 길을 마쳤다"라고 말했다. 그러나 그는 첫번째 투옥으로(행 28장) 인해 서바나를 방문하지 못했다. 그리하여 그는 석방되어 이 여행을 했음이 분명하다.

● 바울은 이 사이에 디모데전서와 디도서를 기록했다.

● 주후 64년 7월 19일에 로마는 불탔고(네로에 의해 자행된 듯함) 그리스도인들에게 그 책임이 돌려졌다. 그때 기독교는 비합법적인 종교가 되었으며, 복음을 전파한다는 것은 사형에 처해질 수 있는 죄였다.

● 바울은 주후 64년 7월 이후 어느 날 다시 체포되어 사형선고를 받았던 것 같다.

● 바울은 두번째와 마지막 투옥 기간 중에 디모데후서를 썼다.

● 신약성경에는 디모데에 대한 많은 언급들이 있다.

1 **그의 이름은 약 24번쯤 나온다.**
2 **그는 루스드라 출신으로 바울의 1차 전도 여행 중에 구원받았던 것 같다(행 14:19, 20 / 16:1, 2).**
3 **그의 모친(유니게)과 할머니(로이스)는 경건한 유대인이었으나 부친은 이교도인 헬**

라 사람이었다(행 16:1/딤후 1:5).

④ **그는 하나님의 말씀을 배우며 자라났다**(딤후 3:14, 15).

⑤ **그는 사도 바울의 2차 전도 여행 기간 중에 한 조가 되어 일하자는 바울의 초대를 받았다**(행 16:3). 이 조는 실라, 바울, 누가로 이루어져 있었을 것이다. 디모데는 요한 마가의 위치를 대신하도록 선택되었음이 분명하다(행 13:5 참조).

⑥ **그는 여러 유대 회당에서 자유롭게 복음을 전파할 수 있었던 바울에 의해 할례를 받는다**(행 16:3/참조, 고전 9:20).

⑦ **디모데는 바울과 장로회를 통해 정식으로 안수를 받는다**(딤전 4:14/딤후 1:6).

⑧ **그는 또한 3차 전도 여행 기간 중에 바울을 수행한다**(행 19:22/20:4/고후 1:1, 19).

⑨ **그는 사도 바울의 첫번째 투옥 기간 중에 그의 가까운 벗이 된다**(빌 1:1/골 1:1/몬 1:1 참조).

⑩ **바울처럼 디모데 또한 투옥당한다**(히 13:23 참조). 그는 신약성경에 등장하는 교회 중 적어도 다섯 곳 이상의 교회에 복음을 전파한다.

① 데살로니가 교회(살전 3:2, 6)
② 고린도 교회(고전 4:17/16:10/고후 1:19)
③ 빌립보 교회(빌 2:19−23)
④ 베뢰아 교회(행 17:14)
⑤ 에베소 교회(딤전 1:3)

⑪ **디모데는 약간 내성적인 사람이고 항상 몸이 건강한 사람은 아니었음이 분명하다**(딤전 4:12, 14−16).

⑫ **그럼에도 불구하고 그는 하나님의 사람이었다**(딤전 6:11 참조).

● 디모데후서에서 핵심적인 구절은 3장 14, 15절이다.

"그러나 너는 배우고 확신한 일에 거하라 네가 뉘게서 배운 것을 알며 또 네가 어려서부터 성경을 알았나니 성경은 능히 너로 하여금 그리스도 예수 안에 있는 믿음으로 말미암아 구원에 이르는 지혜가 있게 하느니라."

이것을 염두에 둘 때 이 책을 다루는 데 다음 여섯 가지 주요 내용이 제시된다.

(1) 구세주와 하나님의 가정
(2) 사도 바울과 하나님의 가정
(3) 목자를 뒷바라지하는 사람과 하나님의 가정
(4) 교회의 사역자와 하나님의 가정
(5) 거짓 교사와 하나님의 가정
(6) 여러 성도와 하나님의 가정

1. 구세주와 하나님의 가정

바울은 디모데전서에서 우리 주 예수 그리스도의 인격에 관한 위대한 주제를 열 번이나 다루고 있다.

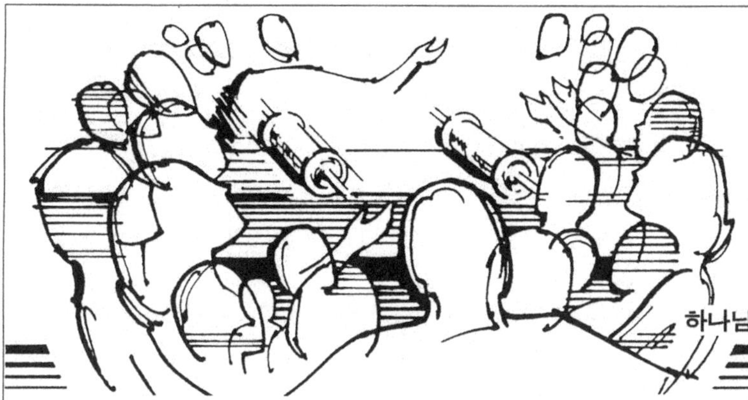

디모데전서

하나님의 교회에 대한 서신

구세주와 하나님의 교회

1. 그분의 신성(딤전 1:17)
2. 그분의 목적(딤전 4:10)
3. 그분의 성육신(딤전 3:16)
4. 그분의 성공적인 사역(딤전 3:16)
5. 그분의 고난과 죽음(딤전 6:13)
6. 그분의 부활(딤전 3:16)
7. 그분의 승천(딤전 3:16)
8. 그분의 중보적 직분(딤전 2:5)
9. 그분의 재림(딤전 6:14)
10. 그분의 천년 통치(딤전 6:15)

바울과 하나님의 교회

1. 그는 사도였다(딤전 1:1).
2. 그는 이전에 신성을 모독했으며 죄인 중의 괴수였다(딤전 1:13, 15).
3. 그는 본보기이며 기념비적 존재였다(딤전 1:16).
4. 그는 고난받는 종이었다(딤전 4:10).
5. 그는 영적 아버지였다(딤전 1:1).
6. 그는 권고하는 자였다(딤전 6:13).
7. 그는 복음을 전하는 자였다.
   - 그의 멧세지－복음(딤전 1:11)
   - 그의 전도 대상－이방인(딤전 2:7)
   - 그의 주－구세주(딤전 1:12)

교회의 사역자와 하나님의 교회

감독직에 대한 열일곱 가지 자질(딤전 3:1－7)

개인과 하나님의 교회

장로(딤전 5:17, 19)

부유한 성도(딤전 6:17, 18)

과부(딤전 5:3－6, 9, 11, 16)

종(딤전 6:1, 2)

1. 그분의 신성(딤전 1:17/6:16)

"만세의 왕 곧 썩지 아니하고 보이지 아니하고 홀로 하나이신 하나님께 존귀와 영광이 세세토록 있을지어다 아멘."

"오직 그에게만 죽지 아니함이 있고 가까이 가지 못할 빛에 거하시고 아무 사람도 보지 못하였고 또 볼 수 없는 자시니 그에게 존귀와 영원한 능력을 돌릴지어다 아멘."

2. 그분의 목적(딤전 1:15/4:10)

"그리스도 예수께서 죄인을 구원하시려고 세상에 임하셨다…모든 사람의…구주시라"(딤전 1:15/4:10).

3. 그분의 성육신(딤전 3:16)

"그는 육신으로 나타난 바 되시고"(딤전 3:16/참조, 요 1:14/단 2:11/갈 4:4/사 7:14/9:6).

디모데전서 3장 16절은 모든 성경에서 가장 위대한 구절 가운데 하나이며 요한복음 3장 16절의 의미가 더욱 확장된 것으로 생각할 수 있다.

엉거(M. F. Unger)는 다음과 같이 쓰고 있다.

> "그것은 성경에 알려진 신적 계시라는 기본 골격을 가리키는 것이며, 초대 교회의 찬송을 구성하고 있다."

4. 그분의 성공적인 사역(딤전 3:16)

[1] "만국(이방인)에서 전파되시고"

이것은 마태복음 28장 18—20절에 있는 "위대한 지상 명령에서 그 궁극적인 성취를 보여주고 있다.

디모데전서 3장 16절의 "천사들에게 보이시고"라는 짧은 구절을 주목하라. 그리스도의 지상 사역은 선택된 천사와 사악한 천사 모두에 의해 보여졌다(참조, 눅 2:13/마 4:11/눅 22:43—선택된 천사/그리고 막 1:23—26/5:2—13—사악한 천사).

[2] "세상에서 믿은 바 되시고"

이스라엘의 공공연한 배척에도 불구하고 주님은 그분의 자취 속에 헌신적으로 봉사할 강력한 '소수 집단'을 남기셨다. 그들은 수천 명 가운데에서 엄선되었을 것이다(고전 15:6 참조).

5. 그분의 고난과 죽음(딤전 6:13/2:6)

"본디오 빌라도를 향하여 선한 증거로 증거하신 그리스도 예수"(딤전 6:13).

"그가 모든 사람을 위하여 자기를 속전으로 주셨으니…"(딤전 2:6).

6. 그분의 부활(딤전 3:16)

"영으로 의롭다 하심을 입으시고."

이 구절은 그리스도의 부활에 관해 명확히 언급하고 있는 로마서 1장 4절과 상응하는 듯하다.

7. 그분의 승천(딤전 3:16)

"영광 가운데서 올리우셨음이니라."

8. 그분의 중보적 직분(딤전 2:5)
"하나님은 한 분이시요 또 하나님과 사람 사이에 중보도 한 분이시니 곧 사람이신 그리스도 예수라."

9. 그분의 재림(딤전 6:14)
"우리 주 예수 그리스도 나타나실 때까지."

10. 그분의 천년 통치(딤전 6:15)
"복되시고 홀로 한 분이신 능하신 자이며 만왕의 왕이시며 만주의 주이시요."

2. 사도 바울과 하나님의 가정

바울은 디모데와 에베소에 있는 하나님의 가정에게 보낸 이 서신에서 자신에 관한 여러 가지 사실들을 밝히고 있다.

1 **그는 하나님의 명령을 따라 사도가 되었다**(딤전 1:1 / 참조, 행 9장).
2 **그는 하나님의 영광스런 복음을 위탁받았다**(딤전 1:11).
3 **그는 이러한 복음 전파를 위해 그리스도에 의해 친히 능력을 받았다**(딤전 1:12).
4 **그는 이전에 그리스도를 모독하고 그리스도인들을 핍박했다**(딤전 1:13).
5 **그럼에도 불구하고 그는 믿지 않을 때 알지 못하고 그것을 행했으므로 긍휼과 은혜를 입었다**(딤전 1:13, 14).

14절에서 바울은 그의 삶에서 세 가지 계기가 된 것들을 차례로 나열하고 있다.
(1) **사랑** : 그리스도를 위한 그의 사랑이 그를 강권했다(고후 5:14).
(2) **믿음** : 그리스도에 대한 그의 믿음이 그를 강하게 했다(엡 1:19).
(3) **은혜** : 그리스도로 말미암아 그의 은혜가 그를 일할 수 있게 했다(히 12:28).
따라서 우리가 은혜를 통해 봉사한다면(롬 12:3–6) 그로 인해 구원을 얻게 된다(엡 2:8, 9).

6 **그의 사역은 이방인을 가르치는 것이었다**(딤전 2:7).
7 **하나님께서 지목하신 그의 목표를 성취하기 위해 그는 그칠 줄 모르고 일했으며 고난을 당했다**(딤전 4:10).
8 **그리하여 그는 "후에 주를 믿어 영생얻는 자들에게 본"**(딤전 1:16)**이 되었다.** 영혼을 구원한다는 점에서 바울의 회심보다 더 유용하게 입증된 것은 없다. 그는 스스로도 가끔 그것을 언급했다(갈 1, 2장 / 빌 3장 / 행 22, 26장).

3. 목자를 뒷받침하는 자(디모데)와 하나님의 가정

바울은 글자 그대로 이 서신을 디모데에게 주는 훈계로 가득 채우고 있다. 사도 바울은 그가 무엇을 해야 하는가 뿐만 아니라 왜 그것을 해야 하는가를 자세히 설명하고 있다. "네가 이것으로 형제를 깨우치면 그리스도 예수의 선한 일꾼이 되어 믿음의 말씀과 네가 좇은 선한 교훈으로 양육을 받으리라"(딤전 4:6).

바울 사도의 이러한 권고들을 살펴보자.

1. 에베소에 머물라(딤전 1:3)
바울은 여기에서 그에게 이렇게 간청한다. 왜냐하면 디모데가 이 힘든 지역을 떠나고자 했기 때문이다.

2. 교회의 교리적 표준을 순수하게 지키라(딤전 1:3)

3. 종교적이며 세속적인 회의에 빠지지 말라(딤전 1:4/4:7/6:20)

4. 선한 싸움을 싸우라(딤전 1:18/6:12)
그리스도인의 삶은 놀이터가 아니라 전쟁터이다.

5. 착한 양심을 가지라(딤전 1:19)
착한 양심에 거역하는 것은 영적 파산을 불러일으키는 것이다.

6. 모든 사람을 위하여 기도하라(딤전 2:1)
만약 교회가 기도하지 않는다면 누가 기도하겠는가? 이러한 이유로 성도는 기도해야만 한다. 우리가 바울이 나열한 내용 가운데 첫번째로 발견하는 것은 '임금들'이다. 이때는 사악한 네로가 로마의 권좌에 앉아 있었다.

1 기도의 종류
(1) **간구**-자신의 필요를 구하는 것
(2) **기도**-경배와 찬양
(3) **도고**(intercessions)-다른 사람의 필요를 위해 구하는 것
(4) **감사**-과거의 은혜에 대한 음미와 미래의 은혜에 대한 믿음(빌 4:6 참조).

2 기도하는 자세
(1) **남자**
"그러므로 각처에서 남자들이 분노와 다툼이 없는〔인간에 대한 바른 관계를 가리킴〕 거룩한 손을 들어 기도하기를 원하노라〔하나님에 대한 바른 관계를 가리킴〕"(딤전 2:8).
(2) **여자**
"또 이와 같이 여자들도… 염치와 정절로 자기를 단장하고"(딤전 2:9).

7. 여자가 회중에게 말씀을 가르치지 못하게 하라(딤전 2:12)
헬라어 학자인 웨스트는 여기에서 바울이 과거 부정 시제 대신에 현재 부정 시제를 사용하고 있음을 지적한다. 그리하여 여기에서 바운의 명령은 "나는 여자들이 교사가 되는 것을 허락하지 않는다"라고 기록되어야 한다. 물론 이것은 주일학교에서 부인 성경반 등을 여자들이 가르치지 못하도록 금지하는 것은 아니다. 그러나 하나님의 가정에서

교리를 가르치는 자는 남자이어야 한다(행 13:1/고전 12:28, 29/엡 4:11). 바울은 이제 디모데에게 이에 대한 두 가지 이유를 제시한다.

1 창조의 질서 때문에
"이는 먼저 아담이 지음을 받고 이와가 그 후며"(딤전 2:13/참조, 엡 5:22/고전 11:1 —16).

2 태초의 타락 때문에
"아담이 '꾀임'〔단순히 속이는 『apatao』〕을 보이지 아니하고 여자가 '꾀임'〔완전히 속이는 『exapatao』〕을 보아 죄에 빠졌음이니라"(딤전 2:14/참조, 고전 11:8, 9).

3 하나님의 말씀은 하나님께서 지목하신 세 가지 「머리 직분」(headship)을 제시한다
(1) 몸된 교회를 주관하는 그리스도의 머리 직분(골 1:18)
(2) 양떼를 주관하는 사역자의 머리 직분(행 20:28)
(3) 아내를 주관하는 남편의 머리 직분(고전 11:1—16/딤전 2:12)
디모데전서 2장 15절은 많은 회의의 대상이 되어 왔다.
"그러나 여자들이 만일 정절로써 믿음과 사랑과 거룩함에 거하면 그 해산함으로 구원을 얻으리라."

이 구절을 설명하기 위해 두 가지 기본적 견해가 제시되어 있다.
① 여기에서 구원은 영적인 구원을 가리키고 있다. "해산함"(childbearing)이란 말 앞에 정관사가 붙어 있기 때문에, 그것은 창세기 3장 15, 16절의 여자의 후손을 가리키는 "해산하는 자"(The childbearing)로 이해되어야 한다. 따라서 이 견해에 따르면 바울은 에덴 동산에서 타락의 길을 연 것이 여자인 반면 베들레헴에서 성육신을 가능케 한 것도 바로 여자였다는 사실을 말하고 있는 것이다.
② 여기에서 "구원"은 교리적 오류를 염두에 둔 표현이며 여자가 가르칠 때 범할 수 있는 실수를 경고하는 뜻으로 사용한 표현이다.

8. 배교에 대해 경계하라(딤전 4:6)

9. 스스로 훈련하라(딤전 4:7)

10. 스스로 반성하라(딤전 4:16)

11. 스스로 본이 되라(딤전 4:12)
사역자들은 다른 사람을 훈계해야 할 뿐만 아니라 또한 모범이 되어야 한다. 그는 다음과 같이 말할 수 있어야 한다.
"내가 말하는 것 뿐만 아니라 행하는 것처럼 행하라."
여기에서 바울은 다섯 가지 분야를 나열하고 있다.

1 말의 문제
2 행실의 문제
3 사랑의 문제
4 믿음의 문제
5 정절의 문제

12. "읽는 것과 권하는 것과 가르치는 것"에 착념하라(딤전 4:13)
바울은 여기에서 하나님의 말씀을 염두에 두고 있다. 그리하여 디모데는 공적으로 다음과 같이 해야 한다.
1 하나님의 말씀을 읽어야 한다(낭독).

2 하나님의 말씀을 설명해야 한다(교훈).

3 하나님의 말씀을 가지고 권고해야 한다(권고).

13. 너의 영적 재능을 완전히 발휘하라(딤전 4:14, 15)
은사를 사용하지 않으면 우리는 그것을 잃어버린다(히 2:1–3 참조). 디모데전서 4장 15절의 "진보를 나타나게 함"(profiting)이란 말은 "앞으로 헤치고 나가다, 길을 비추다, 앞서 개척하다"를 의미한다. 사역자의 성장은 교회의 성장을 의미한다. 인간이란 자신이 있지 않은 곳에서 다른 사람을 인도할 수 없다.

14. 슬기롭고 점잖게 행하라(딤전 5:1, 2)
디모데는 사람들, 특히 이성을 대하는 문제에서 비난받아서는 안 되었다.

15. 과부를 경대하라(딤전 5:3)

16. 될 수 있으면 장로에 대한 송사는 받지 말라(딤전 5:1, 19)

17. 범죄한 자들을 모든 사람 앞에서 꾸짖으라(딤전 5:20)

18. 선입관이나 편견을 보이지 말라(딤전 5:21)

19. 실제적으로 자기 육신을 돌보라(딤전 5:23)

20. 돈에 대한 사랑을 피하라(딤전 6:10, 11)

21. 의와 경건과 믿음과 사랑과 인내와 온유를 좇으라(딤전 6:11)

22. 자신의 재물에 의존하는 부한 자들을 경계하라(딤전 6:17)

4. 교회의 사역자와 하나님의 가정(딤전 3:1—13)

1. 사역자의 종류

1 감독(딤전 3:1—7/참조, 딛 1:5—9)
"사람이 감독의 직분을 얻으려 하면 선한 일을 사모한다 함이로다"(딤전 3:1).
"감독"(bishop)이라 번역된 헬라어는 『에피스코포스』(episkopos)이며 이것은 감시하는 자를 가리킨다. 물론 여기에서 바울이 염두에 두었던 것은 사역자의 직분이다. 신약성경에서 발견되는 이와 동일한 지위를 가리키는 듯한 또 다른 이름은 "장로"〔헬라어로 『프레스뷰테로스』(presbyteros)〕이다. 감독과 장로라는 두 용어는 종종 서로 바꿔 사용되고 있다(행 20:17—28/딛 1:5—7). 전자(감독)는 그 직분의 책임성을 가리키는 반면 후자(장로)는 그 영적 성숙을 가리킨다.

2 집사(딤전 3:8—12)
이 직분의 정확한 성격과 의무는 신약성경의 어느 부분에도 체계적인 방식으로 제시되어 있지는 않다. 부분적으로는, 급성장에 따르는 초대교회의 조직 문제를 해결하기 위해 이 직분이 생겼다는 것이 거의 확실하다(행 6:1—8). "집사"(deacon)에 대한 헬라어는 『디아코노스』(diakonos)이다("섬기는 일"로 번역된 롬 12:7/딛 1:1 참조).

3 여집사(딤전 3:11)
이 구절은 여집사의 직분을 가리키고 있는 것이 아닐까? 몇몇 사람들은 이것이 여집사를 의미한다고 생각한다.

2. 사역자의 자격

1 감독(딤전 3:1—7)
(1) 남자이어야 한다.
(2) 책망할 것이 없어야 한다.
(3) 한 아내의 남편이어야 한다. 디모데전서 3장 2절의 "한 아내의 남편"이란 짧은 구절만큼 심한 회의의 대상이 되었던 신약성경의 진술은 거의 없다. 이에 대한 두 가지 주요한 해석이 있다.

① "일부다처에 대한 금지"라는 견해. 이 이론에 따르면 바울은 가정에 여러 아내를 거느린 어떠한 교회 성원도 감독으로서의 자격을 갖출 수 없음을 말하고 있는 것이다. 그러나 이 견해에는 심각한 문제가 있다.
ㄱ. 바울은 여러 해 전에 이미 이것을 금했다(고전 7:2/롬 7:1—3).
ㄴ. 로마 정부는 이 당시 일부다처제를 금지하고 있었다.
ㄷ. 초대교회에 일찍이 이러한 문제가 있었다는 증거는 없다.
ㄹ. 이 말은 글자 그대로 "한 여자의 남편"을 가리키며 5장 9절에서(여기에서는 비록 말의 순서가 바뀌었지만) 다시 발견된다. 거기에서 이 말은 "한 남자의 아내"로서 과

부를 가리킨다.

② "이혼에 대한 금지"라는 견해. 이 이론에 따르면 이혼에 해당되는 환경에도 불구하고 이혼하고 재혼한 남자는 사역자의 직분을 맡는 것이 금지된다. 이 장에서 바울은 죄인의 구원이 아니라 사역자의 자격을 논하고 있다는 사실을 우리는 기억해야 한다.

(4) 절제해야(방심하지 않아야) 한다.
(5) 근신해야 한다(신중함).
(6) 아담해야 한다(예의 바름).
(7) 친절해야 한다(나그네를 잘 대접함).
(8) "가르치기를 잘 해야" 한다(가르칠 수 있는 능력과 애정을 갖출 것. 참조, 엡 4:11).
(9) 술을 즐겨서는 안 된다.
(10) 구타해서는 안 된다(싸움하기를 좋아하지 말 것).
(11) 돈을 사랑해서는 안 된다.
(12) 관용해야 한다(이성적이고 온유할 것).
(13) 다투어서는 안 된다(논쟁을 삼갈 것).
(14) 더러운 이(利)를 탐해서는 안 된다(다른 사람에게 속하는 어떤 것을 바라지 말 것).
(15) 자기 가정을 잘 다스려야 한다.
(16) 새로 입교한 자이어서는 안 된다(갓 회심한 자가 아닐 것).
(17) 외인에게서도 선한 증거를 얻은 자라야 한다(자신이 속한 공동체에서 일반 사람의 좋은 증거를 얻어야 함).

[2] 집사(딤전 3:8–13)

(1) 단정해야 한다(존경을 받을 것).
(2) 일구이언해서는 안 된다(이중 가면을 쓰고 식사 시중하는 사람).
(3) 술을 즐겨서는 안 된다.
(4) 더러운 이(利)를 탐해서는 안 된다.
(5) 믿음의 비밀을 가져야 한다(성경의 위대한 신학적 진리를 알고 설명하며 방어하기 위해).
(6) 깨끗한 양심을 지녀야 한다.
(7) 시험받고 확인되어야 한다(교회 내에서의 그의 증거가 선해야 한다).
(8) 책망할 것이 없어야 한다(교회 밖에서의 그의 증거가 선해야 한다).
(9) 경건한 아내를 가져야 한다.
(10) 자기 가정의 가장이어야 한다.

5. 거짓 교사와 하나님의 가정

디모데전서에서 바울은 알곡 가운데 있는 가라지에 대해서 경고할 뿐만 아니라 하나님의 가정이 그들을 어떻게 분별해내고 처리해야 하는가를 알도록 하기 위해 그들을 다음과 같이 묘사하고 있다.

1 **그들은 신화와 끝없는 족보에 대해서 논쟁한다**(딤전 1:4/4:7).

2 **그들은 헛된 말에 빠진다**(**공허한 입놀림과 목적없는 독백. 딤전** 1:6).

3 **그들은 자기들이 그토록 교리적으로 가르친 참된 도리를 알지 못한다**(딤전 1:7).

4 **그들은 자기 자신의 양심을 거역한다**(딤전 1:19, 20/4:2).
여기에서 바울은 실제로 이렇게 행동했던 두 사람을 나열하고 있다. 그들은 후메내오와 알렉산더였다(딤전 1:19, 20). 이 두 사람은 후에 부활의 교리를 부인했다(딤후 2:17/4:14).

5 **그들은 훗날 수적으로 증가하며 그러한 활동을 더욱 많이 하게 될 것이다**(딤전 4:1).
에베소 교회는 이미 이것에 관해 경고를 받았으며(행 20:29, 30), 거듭 경고받게 될 것이다(계 2:2).

6 **그들의 가르침은 귀신을 통해 힘을 얻게 될 것이다**(딤전 4:1).

7 **그들은 식물을 폐하고 혼인을 금할 것이다**(딤전 4:3). 물론 하나님께서는 이미 이 두 가지를 인간에게 베풀어주셨다(창 1:29/9:3).

8 **그들은 교만하여 아무것도 알지 못하고 정신적으로 병들어 있다.** 그들은 논쟁적인 문제에 대해 병적일 정도의 관심을 보인다(딤전 6:4).

9 **그들은 투기와 분쟁을 일으키며 언쟁을 좋아하며 악한 생각을 품는다**(딤전 6:4).

10 **그들은 끊임없이 부패하게 된다**(딤전 6:5).

11 **그들은 하나님의 가정을 이익의 수단으로 이용한다**(딤전 6:5).

12 **그들은 사실상 헛된 말의 지식이 갖는 위선적인 사실들로 믿음과 대적한다**(딤전 6:20).

6. 다양한 성도들과 하나님의 가정

1. 과부

1 **자식이 없는 과부**(딤전 5:3, 5, 16)

2 **가족이 딸린 과부**(딤전 5:4)

3 **일락을 좋아하는 과부**(딤전 5:6)

4 **60이 넘은 과부**(딤전 5:9)

5 **젊은 과부**(딤전 5:11)

이들 가운데 어떤 사람은 교회에서 재정적 뒷받침을 받아야 했다.

2. 장로

1 **잘 다스리는 장로들, 특히 말씀과 가르치는 의무에서 그러할 때, 그들은 배나 존경을 받아야 했다**(딤전 5:17).

2 **그들은 두세 증인이 없다면 어떤 송사에 대해서도 무죄함을 보증받을 것이다**(딤전 5:19).

3. 종

1 **그들은 자기 상전을 범사에 마땅히 공경할 자로 알아야 했다**(딤전 6:1).

[2] 그들은 상전이 구원을 받았든(딤전 6:2) 그렇지 않았든(딤전 6:1) 공경해야 했다.

4. 부한 자

[1] 그들은 정함이 없는 재물이 아닌 하나님께 소망을 두어야 한다(딤전 6:17).

[2] 그들은 선한 일을 행하고 선한 사업에 부해야 한다(딤전 6:18).

[3] 그들은 나눠주기를 좋아하며 동정하는 자가 되어야 한다(딤전 6:18). 그리하여 그들은 자기의 재물을 향유하는 동시에 사용해야 한다.

디도서

● 디도는 디모데처럼 바울의 "젊은 동역자" 가운데 한 사람이었다.

● 바울은 그레데 섬에 귀하게 세워진 교회의 사역을 강화하도록 디도를 임명했다. 헬라 남동쪽에 있는 이 섬은 길이가 240km, 폭이 56km 정도이며 지중해에 있는 섬들 가운데 가장 큰 섬이었다. 그것은 100개의 도시가 있는 산악지대로 이루어져 있으나 골짜기는 매우 비옥했다. 여기에서 가장 높은 이다(Ida) 산은 헬라의 신(神)인 제우스가 태어난 곳이라고 전해졌다. 그레데인들은 블레셋인들과 인척이었다. 그들은 "항상 거짓말장이이며 악한 짐승이며 배만 위하는 게으름장이"(딛 1:12)로 악명이 높았다. 이 증거는 그들의 시인과 선지자들 가운데 한 사람에게서 나왔다. 그곳에 있는 교회의 기원에 대해서는 알려져 있지 않지만 오순절에 참석했던 그레데인들이 돌아가 그것을 세웠던 것 같다(행 2:11 참조).

● 디도서는 바울이 로마에서 첫번째 투옥된 기간과 두번째 투옥된 기간 사이에 디모데전서와 함께 기록되었다.

● 목회서신 셋을 비교해 보는 것도 도움이 될 것이다.

[1] 디모데전후서에서 바울은「교훈」을 강조한다.

[2] 디도서에서 그는「의무」를 강조한다.

[3] 하나님의 자녀는「복음」을 수호해야 한다(디모데전서).

[4] 그는 복음을 선포해야 한다(디모데후서).

[5] 그는 복음을 실천해야 한다(디도서).

● 디도의 인품과 사역에 대한 개요는 다음과 같다.

[1] 그는 이방인(헬라인)이었다(갈 2:3 참조).

[2] 그는 바울이 회심시킨 사람이었을 것이다(딛 1:4).

[3] 어떤 사람은 그가 누가의 형제였을 것이라고 생각한다.

[4] 디도는 바울과 바나바를 예루살렘까지 수행했을 때 처음으로 성경에 나타난다(갈 2:1).

[5] 그는 후에 교회에 있는 어떤 무질서를 바로잡고 예루살렘의 가난한 성도들을 위한 헌금을 모으기 위해 바울에 의해 고린도에 파견된다(고후 8:6, 10).

[6] 그때 그는 바울을 마게도냐에서 만나 바울의 방문길을 예비하고 그들의 헌금을 거두기 위해 고린도후서를 가지고 되돌아간다(고후 2:3, 12, 13/7:5, 6, 13, 14/8:16, 17, 23/12:14, 18).

디도서

디도와 사도 바울(딛 1:1—4)

바울은 네 가지 사실에 비추어 자신을 표현한다.

- 하나님 아버지에 대해서 그는 얽매인 종이었다(딛 1:1).
- 아들에 대해서 그는 사도였다(딛 1:1).
- 말씀에 대해서 그는 전도자였다(딛 1:3).
- 디도에 대해서 그는 영적 부모였다(딛 1:4).

디도와 장로(딛 1:5—16)

그들의 자격(딛 1:6—8)

- 책망할 것이 없는 자
- 한 아내의 남편
- 믿는 자녀를 둔 자
- 제 고집대로 하지 아니하는 자
- 급히 분내지 않는 자
- 술을 즐기지 않는 자
- 구타하지 아니하는 자
- 더러운 이득을 탐하지 않는 자
- 대접하는 것을 좋아하는 자
- 선을 좋아하는 자
- 근신하는 자
- 의로운 자
- 거룩한 자
- 절제하는 자

그들의 의무(딛 1:9—16)

- 하나님의 말씀에 들어있는 위대한 진리를 아는 것
- 신자들을 권면하는 것(권고하는 것)
- 불신자들을 납득시키는 것(반박하는 것)

디도와 교회(딛 2:1—3:11)

교회에 속한 사람들

- 늙은 남자
- 늙은 여자
- 젊은 여자
- 젊은 남자
- 종

교회의 구세주

- 그분의 성육신
- 그분의 위대한 본
- 그분의 희생적인 죽음
- 그분의 재림

교회의 책임(딛 3:1, 2, 8—10)

디도와 그의 장래 형편(딛 3:12—15)

그는 잠시 다른 사람과 교체될 것이다.

그는 남쪽 헬라에서 바울을 만날 것이다.

그는 세나를 도와야 한다.

7 그는 3차 전도 여행 중에 바울을 수행했던 것 같다.
8 그는 디모데후서 4장 10절에서 마지막으로 언급된다. 그때 바울은 헬라 남쪽에서 달마디야(유고슬라비아)로 그를 파견한다.
● 이 서신은 두 개의 놀라운 교리적 본문을 담고 있다(딛 2:11–14/3:4–7 참조).

1. 디도와 사도 바울(딛 1:1–4)

자신을 소개하면서 바울은 네 가지 사실에 비추어 스스로를 표현한다.

1. 하나님 아버지와의 관계에서 그는 얽매인 종이었다(딛 1:1)

2. 아들과의 관계에서 그는 사도였다(딛 1:1)

3. 말씀과의 관계에서 그는 전도자였다
"자기 때에 자기의 말씀을 전도로 나타내셨으니 이 전도는 우리 구주 하나님의 명대로 내게 맡기신 것이라"(딛 1:3).
따라서 하나님께서 자기의 말씀을 전하도록 임명하시는 방법은 개인적인 대화를 통해서가 아니라 사역자의 역사를 통해서이다.

4. 디도와의 관계에서 그는 영적인 부모였다(딛 1:4)

2. 디도와 장로(딛 1:5–16)

"내가 너를 그레데에 떨어뜨려 둔 이유는 부족한 일을 바로잡고 나의 명한 대로 각 성에 장로들을 세우게 하려 함이니"(딛 1:5).

1. 그들의 자격(딛 1:6–8)
바울은 이제 능력있는 장로들에게 고려되어야 할 약 열네 가지 특징들을 나열한다.
1 **책망할 것이 없는 자(글자 그대로 탓할 것이 없는 자)**
2 **한 아내의 남편인 자(이혼한 남자이어서는 안 된다)**
3 **방탕하다 하는 비방이나 불순종하는 일이 없는 믿는 자녀를 둔 자(경건하고 예의바른 자녀를 두어야 한다)**
4 **제 고집대로 하지 아니하는 자(자발적이어야 하지만 자기 고집을 내세워서는 안 된다)**
에덴동산에서의 사단의 자기 추구와(사 14:12–14/겔 28:11–17) 겟세마네 동산에서의 그리스도의 순종(마 26:36–46) 사이의 대조를 주목하라.
5 **급히 분내지 아니하는 자**
6 **술을 즐기지 아니하는 자**
7 **구타하지 아니하는 자(비폭력)**

8 더러운 이(利)를 탐하지 아니하는 자(물질적이어서는 안 됨)
9 나그네 대접하기를 좋아하는 자
10 선을 좋아하는 자
11 근신하는 자
12 의로운 자
13 거룩한 자(오염되지 않은 자)
14 절제하는 자(자제하는 자)

2. 그들의 의무(딛 1:9-16)
1 하나님의 말씀에 포함된 위대한 진리를 아는 것
2 신자들을 권면하는 것(권고하는 것)
3 불신자들을 납득시키는 것(반박하는 것)
신념있게 이 세 가지 일을 수행함으로 그곳의 장로들은 복음의 대적인 그레데인들을 성공적으로 잠잠케 할 수 있었다. 이러한 거짓 교사들에 대한 바울의 통렬한 묘사를 주목해 보자.

(1) 그들은 한 집안 전체를 뒤엎는(파괴하는) 죄를 범했다.
(2) 그들은 경건한 사람에게 미끼를 던져 돈을 탐하는 기회주의자들로 만들었다.
(3) 그들은 거짓말장이이고 무례하며 잔인하고 먹기만 하는 게으름뱅이였다.
(4) 그들은 더러운 마음을 갖고 있었다.
"깨끗한 자들에게는 모든 것이 깨끗하나 더럽고 믿지 아니하는 자들에게는 아무것도 깨끗한 것이 없고"(딛 1:15).
여기에서 바울은 물론 모세의 율법에 대해 말하고 있는 것이지 일반적인 도덕을 말하고 있는 것은 아니다(마 15:11 / 롬 14:14 / 행 10:15 참조).
(5) "저희가 하나님을 시인하나 행위로는 부인하니 가증한 자요 복종치 아니하는 자요 모든 선한 일을 버리는 자니라"(딛 1:16).

3. 디도와 교회(딛 2:1-3:11)

1. 교회에 속한 사람들(딛 2:1-10)
바울은 이제 지역 교회에 있는 다섯 주요 집단에 대해 주의를 돌리고 있다. 그리고 각 집단에 속해 있는 그리스도인들의 덕을 계발시키라고 디도에게 촉구한다. 이러한 집단들은 다음과 같다.

1 **늙은 남자**(딛 2:1, 2)
2 **늙은 여자**(딛 2:3)
3 **젊은 여자**(딛 2:4, 5)
4 **젊은 남자**(딛 2:6-8)
5 **종**(딛 2:9, 10)

2. 교회의 구세주(딛 2:11－15/3:4－7)

1 그분의 성육신
"모든 사람에게 구원을 주시는 하나님의 은혜가 나타나"(딛 2:11).
"우리 구주 하나님의 자비와 사람 사랑하심을 나타내실 때"(딛 3:4).

2 그분의 위대한 모범
"우리를 양육하시되 경건치 않는 것과 이 세상 정욕을 다 버리고 근신함과 의로움과 경건함으로 이 세상에 살고"(딛 2:12).

우리는 이 구절에서 세 가지 면을 관찰할 수 있을 것이다.
(1) 자기 자신에 대한 면－우리는 건실하게 살아야 한다.
(2) 인간에 대한 면－우리는 의롭게 살아야 한다.
(3) 하나님에 대한 면－우리는 거룩하게 살아야 한다.

3 그분의 희생적인 죽음
"그가 우리를 대신하여 자신을 주심은 모든 불법에서 우리를 구속하시고 우리를 깨끗하게 하사 선한 일에 열심하는 친 백성이 되게 하려 하심이니라"(딛 2:14).
이와 같이 구속받고 깨끗해진 하나님의 백성은 이제 그 임무를 수행해야 한다.
"우리를 구원하시되 우리의 행한 바 의로운 행위로 말미암지 아니하고 오직 그의 긍휼하심을 좇아 중생의 씻음과 성령의 새롭게 하심으로 하셨나니 성령을 우리 구주 예수 그리스도로 말미암아 우리에게 풍성히 부어 주사"(딛 3:5, 6).
하나님의 자비에서 인간의 의를 빼어버리고 성령의 새롭게 하는 능력을 더하면 '중생'이 된다.

4 그분의 재림
"복스러운 소망과 우리의 크신 하나님 구주 예수 그리스도의 영광이 나타나심을 기다리게 하셨으니… 우리로 저의 은혜를 힘입어 의롭다 하심을 얻어 영생의 소망을 따라 후사가 되게 하려 하심이라"(딛 2:13/3:7).

3. 교회의 책임

1 정사와 권세잡은 자들에게 복종하는 것(딛 3:1).
2 선한 일 행하기를 예비하는 것(딛 3:1).
3 선한 일 하기에 힘쓰는 것(딛 3:8).
4 어떤 사람에 대해서도 비방하지 않는 것.
5 온유함을 모든 사람에게 나타내는 것(딛 3:2).
6 어리석은 변론과 분쟁과 율법에 대한 다툼을 피하는 것(딛 3:9).
7 이교와 이단자를 멀리하는 것(딛 3:10).

4. 디도와 그의 장래 형편(딛 3:12-15)

1 **잠시 아데마와 두기고가 그를 대신할 것이다.** 두기고는 이미 바울에 의해 에베소(엡 6:21)와 골로새(골 4:7) 교회에 여러 가지 사명을 띠고 파견되었다. 그는 후에 다시 에베소에 보내졌다(딤후 4:12 참조).

2 **그는 그때 헬라 남쪽 지역인 니고볼리에서 바울과 만날 예정이었다.**

3 **그는 그들과 함께 여행하며 세나와 아볼로를 돕기로 되어 있었다.**

디모데후서

● 로마에서의 첫번째 투옥으로부터 풀려난 후(행 28장) 바울은 또 다시 체포된다.

● 이러한 체포는 드로아에서 갑자기 일어났음이 분명하다. 그리하여 그것은 바울이 외투, 양피지 사본, 구약성경 두루마리도 갖지 않은 채 그곳을 떠났던 이유를 설명해 준다(딤후 4:13).

● 그의 두번째 투옥은 첫번째 투옥과 전혀 달랐다.

1 첫번째 투옥 때에 그는 재판을 기다리고 있는 정치범이었다. 이제 그는 선고를 받은 죄인으로서 사형을 기다리고 있었다.

2 첫번째 투옥 때에 그는 세든 집에 살고 있었으나, 이제 그는 춥고 습하며 어두컴컴한 지하 감옥에 감금된다.

3 첫번째 투옥 기간 중에 그는 많은 사람의 방문을 받았다. 이제 그는 완전히 버려진 채로 혼자 있게 된다.

● 이것은 바울의 가장 개인적인 편지이다. 로마서에서 우리는 신학자 바울을 본다. 고린도전서에서 그는 권면하는 자로, 고린도후서에서는 복음 전도자로 나타난다. 갈라디아서에서 바울은 방어하는 사람으로, 디모데전서와 디도서에서는 정치가로 나타난다. 그러나 이 디모데후서에서 바울은 평범한 인간으로 나타난다.

● 이 서신은 개인적인 사실들로 가득차 있다. 바울은 스물세 명의 남녀, 친구, 적들을 언급하고 있다.

● 이 서신은 그의 마지막 영적 노래이며, 그의 죽음에 대한 승리의 외침이었다.

● 맥기 박사는 다음과 같이 쓰고 있다.

> "디모데후서에서 바울은 복음 전파의 궁극적인 소득에 대해 언급한다. 마지막 결실은 인류의 완전한 회심도 아니며, 그러한 회심을 통해 천년 왕국에 이르는 것도 아닐 것이다. 이와는 반대로 이 땅에서 우리의 믿음을 거의 없애버릴 배교가 일어날 것이다. 이것은 「인자가 올 때에 세상에서 믿음을 보겠느냐」란 깜짝 놀랄 만한 그리스도의 말씀과 완전히 일치한다. 이것은 어설프게 사회 체제를 개조함으로 세계를 변형시키고자 하는 사회적 복음과도 물론 일치하지 않는다. 이 무모한 낙관주의자들은 디모데전서의 음울한 말들을 용납하지 않는다. 그럼에도 불구하고 역사의 냉엄하고 모진 사실과 당시의 사건은 바울의 정확성을 보여준다"〔『디모데후서』(*Second Thimothy*), p. 196〕.

1. 전도자 바울(딤후 1장)

"내가 이 복음을 위하여 반포자와 사도와 교사로 세우심을 입었노라"(딤후 1:11).

1. 전도자와 그 제자(디모데)

1 바울은 밤낮으로 그를 위해 기도했다(딤후 1:3).
2 그는 디모데를 보기를 원했다(딤후 1:4).
3 그는 디모데의 눈물을 알았다(딤후 1:4).
4 그는 디모데에 대해 상당한 확신을 가졌다(딤후 1:5).
5 그는 그의 은사를 불일 듯하게 하라고 디모데에게 권면했다(딤후 1:6).
6 그는 그리스도의 증거를 부끄러워해서는 안 된다(딤후 1:8).
7 그는 그리스도의 복음을 전달하는 자를 부끄러워해서는 안 된다(딤후 1:8).
8 그는 들은 바 바른 말을 본받아 지켜야 한다(딤후 1:13).
9 그는 자신의 맡은 바 임무를 합당하게 지켜야 한다(딤후 1:14).

2. 전도자와 그 자신

1 그는 자신이 과거에 수행한 일을 음미한다.
사도 바울은 이 장에서 자신에 대해 일곱 가지 면에서 묘사하고 있다.
(1) 사도(딤후 1:1)
(2) 아버지(딤후 1:2)
(3) 믿음 깊은 종(딤 1:3)
(4) 갇힌 자(딤후 1:8)
(5) 반포자(딤후 1:11)
(6) 교사(딤후 1:11)
(7) 고난받는 자(딤후 1:12)
2 그는 자신의 영원한 소망을 굳게 지킨다.
"나의 의뢰한 자를 내가 알고 또한 나의 의탁한 것을 그날까지 저가 능히 지키실 줄을 확신함이라"(딤후 1:12).

이 구절에서 나오는 "의탁한"이란 말의 용법에 관해 두 가지 견해가 있다.
(1) 바울은 여기서 그리스도에게 맡긴 자신의 구원에 대해 언급하고 있었다.
(2) 바울은 여기서 그리스도께서 자기에게 맡긴 봉사에 대해 언급하고 있었다.
3 그는 감옥에 갇혀 있는 동안 많은 거짓 친구들에게 버림을 받았다.
4 그는 감옥에 갇혀 있는 동안 오네시보로라는 진실한 친구의 도움을 받았다(딤후 1:16-18).

2. 모범으로서의 바울(딤후 2장)

"또 네가 많은 증인 앞에서 내게 들은 바를 충성된 사람들에게 부탁하라 저희가 또 다

디모데후서

바울

전도자, 모범, 예언자, 투옥자

전도자 바울(딤후 1장)

"내가 이 복음을 위하여 반포자와 사도와 교사로 세우심을 입었노라"(딤후 1:11).

1. 전도자와 그의 제자(디모데)

- **디모데에 대한 그의 관심**

그는 디모데를 위해 기도했다(딤후 1:3).
그는 디모데의 눈물을 알았다(딤후 1:4).

- **디모데에 대한 그의 확신**
- **디모데에 대한 그의 권면**

네 속에 있는 하나님의 은사를 다시 붙일 듯하게 하라(딤후 1:6).
그리스도의 증거와 그 전달자를 부끄러워 말라(딤후 1:8).
들은 바 바른 말을 본받아 지키라(딤후 1:13).
너의 맡은 바 임무를 합당하게 지키라(딤후 1:14).

2. 전도자와 그 자신

- **그는 과거 자신의 사역을 다음과 같이 음미한다.**

사도(딤후 1:1)
아버지(딤후 1:2)
종(딤후 1:3)
고난받는 자(딤후 1:12)
갇힌 자(딤후 1:8)
반포자(딤후 1:11)
교사(딤후 1:11)

- **그는 자신의 영원한 소망을 그대로 유지한다.**

"나의 의뢰한 자를 내가 알고 또한 나의 의탁한 것을 그날까지 저가 능히 지키실 줄을 확신함이라"(딤후 1:12).

<두 가지 견해>

바울이 그리스도에게 맡겼던 자신의 구원에 대한 언급인 듯함.

그리스도께서 바울에게 맡겼던 그의 봉사에 대한 언급인 듯함.

- **그는 몇몇 거짓 동료의 행위를 유감으로 생각한다(딤후 1:15).**
- **그는 진실한 동료의 행위를 유쾌하게 여긴다(딤후 1:16-18).**

모범으로서의 바울(딤후 2장)

"또 네가 많은 증인 앞에서 내게 들은 바를 충성된 사람들에게 부탁하라 저희가 또 다른 사람들을 가르칠 수 있으리라"(딤후 2:2).

선지자 바울(딤후 3장)

"네가 이것을 알라 말세에 고통하는 때가 이르리니"(딤후 3:1).

갇힌 자로서의 바울(딤후 4장)

"나의 떠날 기약이 가까웠도다"(딤후 4:6).

"나의 달려갈 길을 마치고"(딤후 4:7).

른 사람들을 가르칠 수 있으리라"(딤후 2:2).

이 장에서 바울은 신자(특히 사역자)의 삶을 여덟 가지 세속적 직업에 비유하고 있다.

1. 청지기(딤후 2:2)

신약 세계에 있어서 청지기는 주인의 재산을 맡아 관리하는 사람이었다. 하나님의 사람은 이와 마찬가지로 자기에게 맡겨진 영광스러운 그리스도의 복음에 대하여 충성해야 한다. 그는 자신에게 맡겨진 것을 지킬 뿐만 아니라 그것을 경건한 사람에게 위탁해야 한다. 지역 교회의 임무는 곰팡내 나는 박물관에 진리를 보존하는 것이 아니라, 그것을 수많은 대중들에게 선포하는 것이다.

2. 군사(딤후 2:3, 4)

[1] 그는 전쟁의 어려움을 견뎌야 한다.

[2] 그는 세상의 얽매임을 피해야 한다.

[3] 그는 자신의 지휘관, 곧 예수님을 기쁘게 해야 한다.

3. 경기하는 자(딤후 2:5)

[1] 그는 상(賞)을 위해 싸워야 한다.

[2] 그는 규칙을 지켜야 한다.

4. 농부(딤후 2:6, 7)

[1] 그는 경작지에서 씨를 뿌려야 한다.

[2] 그는 수확 때에 거둬들이게 될 것이다.

5. 교사(딤후 2:11-14)

[1] 그는 자기 제자에게 그리스도와 함께 죽는 것이 그리스도를 위해 사는 것임을 상기시켜야 한다.

[2] 그는 자기 제자에게 그리스도를 위해 고난받는 것이 그리스도와 함께 통치하는 것임을 상기시켜야 한다.

6. 제자(딤후 2:15)

[1] 제자로서 그는 하나님의 말씀을 공부해야 한다.

(1) 하나님 앞에서 인정받기 위해서.

(2) 인간 앞에서 보증받기 위해서.

[2] 제자로서 그는 인간의 말을 피해야 한다.

7. 그릇(딤후 2:20, 21)

"큰 집에는 금과 은의 그릇이 있을 뿐 아니요 나무와 질그릇도 있어 귀히 쓰는 것도 있고 천히 쓰는 것도 있나니 그러므로 누구든지 이런 것에서 자기를 깨끗하게 하며 귀히 쓰는 그릇이 되어 거룩하고 주인의 쓰심에 합당하며 모든 선한 일에 예비함이 되리라."

8. 종(딤후 2:24)

"마땅히 주의 종은 다투지 아니하고 모든 사람을 대하여 온유하며 가르치기를 잘 하며 참으며."

3. 선지자 바울(딤후 3장)

"네가 이것을 알라 말세에 고통하는 때가 이르리니"(딤후 3:1).

여기의 "고통하는"이란 말은 마태복음 8장 28절에서는 가다라의 귀신을 묘사하는 "심히 사나운"으로 번역된다. 그리하여 마지막 날에 사단은 이 세상을 그 자신의 사사로운 무덤으로 변화시키려 할 것이다.

1. 이러한 "말세"의 병에 대한 조짐(딤후 3:1-13)

사람들은 다음과 같이 될 것이다.

[1] 자기를 사랑하는 자

[2] 돈을 사랑하는 자

[3] 자긍한 자

[4] 교만한 자

[5] 훼방하는 자

6 부모를 거역하는 자
7 감사치 아니하는 자
8 거룩하지 아니하는 자
9 무정한 자
10 원통함을 풀지 않는 자
11 참소하는 자
12 절제하지 못하는 자
13 사나운 자
14 선한 것을 좋아 아니하는 자
15 배반하여 파는 자
16 조급한 자
17 자고한 자
18 쾌락을 사랑하는 자
19 구주가 없는 종교를 갖는 자(딤후 3:5)
"경건의 모양은 있으나 경건의 능력은 부인하는."
20 정확하지 않은 지식을 갖는 자(딤후 3:7)
"항상 배우나 마침내 진리의 지식에 이를 수 없느니라."
21 유혹하는 자
22 속이고 속는 자

2. 이러한 "말세"의 병에 대한 치유(딤후 3:14-17)

"그러나 너는 배우고 확신한 일에 거하라 네가 뉘게서 배운 것을 알며 또 네가 어려서부터 성경을 알았나니 성경은 능히 너로 하여금 그리스도 예수 안에 있는 믿음으로 말미암아 구원에 이르는 지혜가 있게 하느니라 모든 성경은 하나님의 감동으로 된 것으로 교훈과 책망과 바르게 함과 의로 교육하기에 유익하니 이는 하나님의 사람으로 온전케 하며 모든 선한 일을 행하기에 온전케 하려 함이니라."
이 놀라운 구절에서 바울은 성경이 다음과 같이 유익하다고 주장한다.
1 **"교훈"** : 성경은 하나님 자신과 관련된 위대한 진리의 체계적 교훈을 제시하는 완전한 교과서로 사용될 수 있다.
2 **"책망"** : 성경은 우리의 삶 가운데 잘못된 것을 우리에게 확신시키기 위해 사용될 수 있다.
3 **"바르게 함"** : 그때 성경은 우리에게 바른 길을 안내할 것이다.
4 **"의로 교육함"** : 성경은 그리스도인들이 모든 선한 일을 완전히 예비할 수 있도록 모든 필요한 세목들을 제시한다.

4. 갇힌 자로서의 바울(딤후 4장)

1. 그의 마지막 지시(딤후 4:1, 2, 5)

1 말씀을 전파하라.

2 항상 힘쓰라.
3 범사에 경책하며 경계하며 권하라.
4 모든 일에 근신하라.
5 핍박을 견디라.
6 전도인의 일을 하라.
7 너의 직무를 끝까지 감당하라.

2. 그의 마지막 경고(딤후 4:3, 4)
1 말세에 인간은 바른 교훈을 받아들이지 않게 될 것이다.
2 그들은 자기 자신의 욕망에 좌우될 것이다.
3 사욕 가운데에서 그들은 수많은 거짓 스승들을 좇게 될 것이다.
4 진리에서 돌아선 그들은 허탄한 이야기를 좇게 될 것이다.

3. 그의 마지막 증거(딤후 4:6, 7)
"관제와 같이 벌써 내가 부음이 되고 나의 떠날 기약이 가까웠도다 내가 선한 싸움을 싸우고 나의 달려갈 길을 마치고 믿음을 지켰으니."
1 "부음이 된"으로 번역된 말은 제사 용어이며 경건한 「전제」(drink offering)로 붓는 것을 의미한다(민 15:1-10). 바울은 이미 잃어버린 바 된 자를 그리스도께 인도하는 자신의 사역을 하나님께 대한 제물로 생각했다(롬 15:16/빌 2:17). 이제 그의 임박한 죽음은 그러한 희생을 완성할 것이다.
2 "떠남"이란 말은 "천막을 걷는, 막사를 철거하는, 닻을 푸는"을 의미한다.
3 7절에 나타난 그의 증거는 다니엘서 5장 26절에서 사악한 벨사살에 대해 하나님이 말씀하신 것과 대조될 것이다.

4. 그의 마지막 요청(딤후 4:9, 11-13, 19, 21)
1 디모데는 속히 바울에게 와야 했다.
2 그는 요한 마가를 데리고 와야 했다. 물론 수년 전 1차 전도 여행 중에 마가는 바울과 바나바를 수행했다가 일행을 떠나 집으로 가버렸다. 이렇듯 성숙하지 못한 행동을 보였기 때문에 바울은 2차 전도 여행에 그를 포함시키지 않았었다. 그때 이러한 처사로 인해 바울과 바나바의 사이가 벌어졌다(행 13:3/15:36-40 참조). 그러나 요한이 하나님의 은혜 가운데서 상당히 성장했기 때문에 바울은 죽기 전에 그를 보고자 했다.
3 그는 드로아에 남기고 온 바울의 겉옷을 가져와야 했다(딤후 4:13). 16세기의 위대한 성경 번역자 윌리암 틴들(William Tyndale)도 습기찬 감옥에 갇혀 있는 동안 이와 같은 요청을 한 것 같다.

> "각하에게 청하기를 주 예수의 이름으로 하오니, 내가 겨울 동안 여기에 계속 머물러야만 한다면 당신은 감독 대리에게 친절을 베풀어 그가 가진 내 물건 중에서 좀더 따뜻한 모자를 내게 보내주도록 청하여 주옵소서. 나는 머리가 시려워 죽을 지경입니다. 또한 발을 덮을 따뜻한 외투를 원합니다. 내 외투는 낡았고 속옷조차 해어졌습니다. 만약 그가 보내주려 한다면 그에게는 양털로 된 나의 겉옷이 있습니다. 그러나 본인은 무엇보다 당신의 친

절에 호소하오니 감독 대리께서 내게 호의를 베풀어 나의 히브리 성경과 문법책, 어휘집 등을 보내주시어 내가 그것을 연구하는 데 시간을 보낼 수 있도록 최선을 다해 주시기 바랍니다."

4 **디모데는 바울의 책들을 가져가야 했다.**

5 **그는 양피지에 쓴 것, 즉 바울이 필사한 구약성경을 가져가야 했다.** 이 말에는 엄청난 의미가 내포되어 있다. 일찍이 그리스도를 위해 계획된, 최초의 세 차례 전도 여행을 수행했던 사람이 있다. 그는 적어도 네 경우에 개인적으로 구세주를 목격했고, 신약성경의 거의 반(半)을 집필했으며, 이 땅에 최초로 약 50개의 교회를 세웠다. 이제 자신의 죽음이 임박하자 그는 성경을 가져오도록 부탁한다. 왜냐하면 그는 성경의 귀중한 구절에서 아직도 무엇인가 배울 수 있다고 분명히 느꼈기 때문이다.

하나님의 말씀에 관해 아무리 많이 배운다 하더라도 하나님의 자녀에게 그것은 절대로 위험한 것이 아니다.

5. 그의 마지막 슬픔(딤후 4:10, 14, 15, 16)

1 **데마는 그를 저버렸다**(골 4:10 / 빌 1:24).

2 **알렉산더는 그를 핍박했다**(딤전 1:20 / 행 19:33).

3 **로마에 있는 그의 친구들은 그를 돕지 않았다.**

6. 그의 마지막 확신(딤후 4:8, 17, 18)

1 **과거에 위험에 처할 때마다 하나님께서는 그의 곁에 계셨다**(딤후 4:17).

2 **하나님께서는 장차 맞이할 어떤 위험에도 그의 곁에 계실 것이다**(딤후 4:18).

3 **과거와 미래의 고난은 모두 언젠가 의로운 심판에 의해 보상받게 될 것이다**(딤후 4:8).

7. 그의 마지막 기도(딤후 4:22)

"주께서 네 심령에 함께 계시기를 바라노니 은혜가 너희와 함께 있을지어다."

베드로전서

● 원래의 열두 제자 가운데 세 사람이 영감받은 신약성경 혹은 서신을 쓰도록 선택되었다. 그 세 사람은 마태, 요한, 베드로이다.

● 자신이 쓴 두 서신에서 베드로는 그리스도께서 그의 양(어린 양)을 먹이라고 자신에게 하신 명령을 계속해서 성취해 간다(요 21:15-17 참조).

● 베드로의 이름은 신약성경에서 210회 나온다. 바울의 이름은 162회 발견된다. 유다를 제외한 열한 제자들 이름은 한데 묶어 142회 등장한다.

● 베드로는 "소망의 사도"로 불린다(1:3, 13, 21 / 3:15 참조). 그리하여 바울은 믿음의 사도로, 그리고 요한은 사랑의 사도로 분류될 수 있었다.

● 이 서신에서 핵심적인 말은 "고난"이다. 이 말은 (혹은 그에 상당하는 말은) 16회 사용된다. 그 가운데 6회는 그리스도의 고난을, 그리고 10회는 신자의 고난을 가리키고

있다. 그 밖에 다른 중요한 말은 "은혜"로서 8회 나온다.

● 이 서신은 그의 삶이 끝날 무렵에 씌어진 것 같다. 이 서신을 쓴 후 그는 체포되어 재판을 받았던 것으로 여겨진다. 그는 재판과 처형 사이에 베드로전서를 썼다(벧전 1:13-21).

그것은 네로의 돌발적인 박해가 일어나기 직전인 주후 64년경에 씌어졌음이 분명하다. 네로는 주후 68년에 죽었다.

● 5장 13절에서 그는 서신을 쓴 장소가 바벨론임을 밝히고 있다. 바벨론의 위치에 관해 두 가지 이론이 있다.

(1) 그것은 유브라데 강가에 있는 실제 바벨론이다. 이것은 이 구절에 대한 본래 그대로의 해석인 듯하다. 더구나, 베드로전서 1장 1절에 차례로 나오는 일련의 나라들은 동방에서부터 서방까지이다. 그것은 기자가 이 서신을 쓸 당시에 동방에 있었음을 시사해 준다. 맥기 박사는 다음과 같이 쓰고 있다.

> "당시 고대 바벨론에는 글라우디오 치하에서의 심한 박해로 인해 로마에서 피신했던 커다란 유대인 부락이 있었다. 이 서신이 씌어질 때에는 피에 굶주린 네로가 권좌에 올라 있었다"(『성경 요론』, p. 256).

이와 더불어 느부갓네살이 포로로 잡아갔던 유대인들의 후손이 여전히 바벨론과 그 주변에 살고 있었다.

(2) 그것은 로마이다.

라이리(Charles Ryrie)는 다음과 같이 쓰고 있다.

> "이 서신이 쓰인 장소는 바벨론이었다(벧전 5:13). 그것은 로마 당국으로부터 오는 박해를 피하기 위해 성경 기자들이 많이 사용했던 로마에 대한 상징적 이름이었다.…베드로는 자기 생애의 마지막 10년간을 로마에 있었다. 이 서신은 네로의 박해의 소용돌이가 일어나기 바로 직전인 주후 63년에 씌었다. 베드로는 주후 67년경에 순교했다"〔『라이리 성경』(*The Ryrie Study Bible*), p. 425〕.

더구나 이 서신이 쓰일 당시에 베드로는 마가가 그와 함께 있었다고 말하고 있다(벧전 5:13). 그러나 바로 이 직전에 바울은 마가를 로마에 데리고 오라고 디모데에게 편지를 쓴 바 있다(딤후 4:11).

● 겉으로 보기에 그 교회는 거기에 참예한 자(벧전 2:11)의 세속성과 강단의 물질주의로 인해 오염되었던 것 같았다(벧전 5:1-3).

● 베드로는 이 짧은 서신에서 놀라운 방법으로 그리스도의 교훈을 전개시키고 있다. 그는 다음과 같은 것들을 논하고 있다.

(1) 그리스도의 성육신(벧전 1:20)

(2) 그리스도에 대한 이름

① 흠없는 어린양(벧전 1:19)

② 요긴한 모퉁이 돌-주님과 성경과의 관계(벧전 2:6)

③ 보배인 돌-주님과 신자와의 관계(벧전 2:7)

④ 부딪히는 돌-주님과 불신자와의 관계(벧전 2:8)

⑤ 우리 영혼의 감독(벧전 2:25)

⑥ 목자장(벧전 5:4)

(3) 그분의 죄 없는 삶(벧전 1:19/2:22)
(4) 그분의 고난과 죽음(벧전 1:11/2:23, 24/3:18/4:1, 13/5:1)
(5) 그분의 부활(벧전 3:21, 22)
(6) 그분의 승천(벧전 3:22)
(7) 하나님의 우편에 계시는 그분의 현존(벧전 3:22)
(8) 그분의 재림(벧전 1:13, 17/4:13/5:1, 4)

● 베드로 또한 신자들을 묘사하는 다양한 칭호들을 제시하고 있다. 신약성경의 다른 어느 곳에서도 그렇게 많은 칭호가 나타나 있지는 않다. 그 이름은 다음과 같이 언급된다.

(1) 순종하는 자식(벧전 1:14)
(2) 갓난 아이들(벧전 2:2)
(3) 산 돌(벧전 2:5)
(4) 거룩한 제사장(벧전 2:5)
(5) 왕 같은 제사장(벧전 2:9)
(6) 거룩한 나라(벧전 2:9)
(7) 그의 소유된 백성(벧전 2:9)
(8) 나그네와 행인(벧전 2:11)
(9) 그리스도인(벧전 4:16)
(10) 의인(벧전 4:18)
(11) 하나님의 택하심을 입은 자(벧전 1:2)
(12) 하나님의 백성(벧전 2:10)
(13) 하나님의 말씀을 하는 자(벧전 4:11)
(14) 하나님의 양 무리(벧전 5:2)

● 일반적으로 마가복음은 베드로의 가르침을 반영하고 있다고 생각된다. 젊은 요한 마가는 베드로가 말하고 전하는 것을 조금도 의심하지 않고 자주 들었다.

● 베드로와 요한은 그리스도를 어린양으로 언급한 유일한 신약성경 기자이다(요 1:29, 36/계 5:6/벧전 1:19).

● 베드로전서와 에베소서를 주의깊게 읽어보면, 가르치고 말하는 데 있어서 100가지 이상의 병행구가 나타난다.

베드로전서	에베소서
1장 3절	1장 3절
1장 12절	3장 5, 10절
4장 11절	3장 6, 21절
1장 8절	3장 8절
3장 9절	4장 2절
4장 10절	4장 7, 11절
2장 2절	4장 13, 15절

베드로는 또한 로마서와 바울의 다른 서신들도 잘 알고 있었다(벧후 3:15, 16 참조).

1. 하나님의 구원

하나님의 주권에 대한 상세한 내용(벧전 1:1—25)

1. 우리 구원의 근원—완전한 삼위일체(벧전 1:1, 2)

1 하나님 아버지께서 우리를 택하셨다

"미리 아심을 따라 택하심을 받은 자"(벧전 1:2).

이러한 선택의 근거가 기록되어 있는 곳을 우리는 알고 있지 않다. 그러나 하나님의 선택은 전적으로 미리 아심에 근거한다.

"하나님이 미리 아신 자들로 또한 미리 정하셨으니"(롬 8:29).

그러나 성경이 인간의 책임(요 3:16/롬 10:13/계 22:17)과 하나님의 주권(엡 1:4, 5) 모두를 분명히 가르치고 있다는 것을 즉각 깨달아야 한다.

단 하나의 구절에서 주님은 선택과 자유의지의 교리를 한데 결합시켰다. 그 말씀을 주목하자.

"아버지께서 내게 주시는 자〔선택〕는 다 내게로 올 것이요 내게 오는 자〔자유 의지〕는 내가 결코 내어쫓지 아니하리라"(요 6:37).

2 성령이 우리를 거룩하게 하셨다

"성령의 거룩하게 하심으로"(벧전 1:2).

우리가 선택된 후 성령께서는 우리를 다른 사람과 구별(성별의 의미)하셨다. 그리고 우리의 죄에 대해 책망하시고(요 16:13, 14) 우리를 그리스도께 알리셨다(요 16:13, 14).

이것은 경건한 죄인의 복종을 통해 성취된다. 오직 믿는 자만이 복종하고 복종하는 자만이 믿는다.

3 아들이 우리를 대속하셨다

"예수 그리스도의 피뿌림"(벧전 1:2).

디한(Richard DeHaan)은 다음과 같이 쓰고 있다.

> "이 말씀의 근거는 구약성경의 제사의식에서 발견된다. 어떤 제사 때 희생 동물의 피는 특정 지역에 뿌려졌다. 이러한 피 뿌림은 세 가지 다른 의미를 가졌다.
>
> **(1) 첫째, 그것은 정결을 의미했다.**
>
> 가령 문둥병이 치료된 사람은 제사장 앞에 나왔고, 그의 병이 치유되어 개끗하게 되었음을 나타내기 위해 피가 뿌려졌다(레 14:1—7).
>
> **(2) 둘째, 이 행위는 하나님과 인간 사이에 맺은 계약의 보증을 상징하기 위해 사용되었다.**
>
> 여호와와 그 백성이 계약을 맺을 때는 늘 희생 동물의 피를 뿌림으로 보증되었다(출 24:3—8 참조).
>
> **(3) 셋째, 피를 뿌리는 것은 성막이나 성전의 어떤 물건을 예배를 위해 구별하는 것을 가리켰다.**
>
> 그 점에서 성물(聖物)은 여호와의 예배를 위해서만 사용되었다(출 29:20—22 참조)"〔『사악한 시대를 위한 복음』(*Good News for Bad Times*), p. 15〕.

이러한 모든 면에 비추어보아 성삼위 하나님은 신자의 찬송을 받아야 한다(3절). "복받은"의 헬라어는 『유로게토스』(eulogetos)이며, 이것은 "칭찬하다"를 의미한다. 여기서 영어의 "eulogize"(찬송하다)가 파생되었다. 그리하여 하나님의 자녀는 성삼위 하나님을 찬송해야 한다. 이렇게 함으로써 우리는 하나님을 영화롭게 하게 된다. 이에 대한 그분의 응답에 주목하라.

"그때에 여호와를 경외하는 자들이 피차에 말하매 여호와께서 그것을 분명히 들으시고 여호와를 경외하는 자와 그 이름을 존중히 생각하는 자를 위하여 여호와 앞에 있는 기념책에 기록하셨느니라"(말 3:16).

2. 구원받은 자들의 축복(벧전 1:3, 4)

1 산 소망

"그 많으신 긍휼대로…산 소망이 있게 하시며"(벧전 1:3).

자신의 서신에서 베드로는 세 가지 살아 있는 것에 대해 언급하고 있다.

(1) 산 소망(벧전 1:3)

(2) 살아 있는 말씀(벧전 1:23)

(3) 산 돌(벧전 2:4)

2 영원한 집

"썩지 않고 더럽지 않고 쇠하지 아니하는 기업을 잇게 하시나니 곧 너희를 위하여 하늘에 간직하신 것이라"(벧전 1:4).

(1) 이 집(기업)은 온전하다(썩지 않는다).

(2) 이 집은 깨끗하다(더럽혀지지 않는다).

(3) 이 집은 영원하다(쇠하지 않는다).

3. 구원받은 자들에 대한 시험(벧전 1:5-9)

"그러므로 너희가 이제 여러 가지 시험을 인하여 잠간 근심하게 되지 않을 수 없었으나 오히려 크게 기뻐하도다 너희 믿음의 시련이 불로 연단하여도 없어질 금보다 더 귀하여 예수 그리스도의 나타나실 때에 칭찬과 영광과 존귀를 얻게 하려 함이라"(벧전 1:6, 7).

베드로는 우리의 믿음에 대한 시험이 얼마나 값진 것인가에 대해 말하고 있다. 이 서신에서 그는 또한 보배로운 피(벧전 1:19)와 보배로운 모퉁이돌(벧전 2:4, 6, 7)과 안정한 심령(벧전 3:4)에 대해 언급한다. 베드로는 두 가지를 덧붙이고 있다. 그것은 "보배로운 믿음"(벧후 1:1)과 "보배로운 약속"(벧후 1:4)이다.

웨스트 박사는 7절에 관해 다음과 같이 말하고 있다.

> "베드로는 비록 금이 불로 연단됨으로써 인정받는다 할지라도 우리의 믿음에 대한 이 승인이 금에 대한 그것보다 훨씬 더 보배롭다고 말한다…여기에서 묘사하고 있는 것은, 금광석을 용광로 속에 넣고 열을 더 가하여 그것을 용해시키는 고대의 금 세공인에 대해서이다. 불순물이 표면에 떠오르면 걷어내야 한다. 금 세공인은 액체 표면에 자신의 모습이 깨끗하게 비치는 것을 보면 이제 그것이 순금이 되었다는 것을 알고 불에서 꺼낸다. 하나님과 그 자녀와의 관계도 이와 마찬가지다. 그분은 우리를 그리스도인의 고난이라는 용광

로에 집어넣는다. 그러한 과정에서의 죄는 우리의 삶으로부터 점차로 사라지고 우리의 믿음은 거기 섞여 있는 불신앙의 찌꺼기로부터 정화된다. 그 결과 나타난 것은 그리스도인의 인격 가운데 반사되어 나타나는 예수 그리스도의 얼굴이다. 하나님 아버지께서는 무엇보다 이것을 보고자 하신다. 그리스도인의 고난은 그 목적에 이르는 가장 강력한 수단들 가운데 하나이다"[『헬라어 신약성경의 베드로전서』(*First Peter in the Greek New Testament*), p. 27].

4. 구약의 선지자와 우리의 구원(벧전 1:10-12)

이 두드러진 구절은 다음과 같이 말하고 있다.

1 이사야 같은 구약 시대의 선지자가 장차 올 메시야에 관한 자신의 영감받은 예언을 모두 다 이해했던 것은 아니다.

2 그들이 들은 내용을 알고자 했을 때 그 예언은 오직 후 시대(신약 시대)에 이해될 것이라는 말을 들었다. 주님도 언젠가 지상사역 중에 제자들에게 말씀하시는 동안 이것에 대해 언급하셨다.

"내가 진실로 너희에게 이르노니 많은 선지자와 의인이 너희 보는 것들을 듣고자 하여도 듣지 못하였느니라"(마 13:17).

특히 주목되는 것은 1장 11절이다. 주 예수 그리스도(우리 구원의 주)에 관한 성경의 모든 예언은 다음과 같은 짧은 문장으로 요약된다.

"그리스도의 받으실 고난과 후에 얻으실 영광"(벧전 1:11).

여기서 베드로는 그리스도의 첫 강림(고난)을 그분의 재림(영광)과 관련시키고 있다. 간단히 말해서 이것은 전능하신 하나님의 목적, 계획, 과정의 파노라마이다. 우리가 하나님의 말씀을 통해 그것을 추적할 때 나타나는 다음과 같은 개요에 주목하자.

(1) **고난**—강보에 싸여 구유에 누인 아기(눅 2:12).
영광—권위를 입으신 왕(시 93:1).

(2) **고난**—그분은 지친 여행자였다(요 4:6).
영광—그분은 지칠 줄 모르는 하나님일 것이다(사 40:28 29).

(3) **고난**—그분은 자신의 머리를 둘 데도 없었다(눅 9:58).
영광—그분은 만물의 후사가 될 것이다(히 1:2).

(4) **고난**—그분은 이스라엘의 배척을 받으셨다(요 1:11).
영광—그분은 모든 나라에 의해 받아들여질 것이다(사 9:6).

(5) **고난**—사악한 자들이 돌을 들어 그분에게 던졌다(요 8:59).
영광—사악한 사람들은 그분으로부터 몸을 숨기기 위해 돌이 자기들 위에 떨어지라고 소리치게 될 것이다(계 6:16).

(6) **고난**—슬픔을 겪는 비천한 구주(사 53:3).
영광—즐거움의 기름부음을 받게 될 전능의 하나님(히 1:9).

(7) **고난**—그분은 조롱받는 가운데 홍포가 입혀졌다(눅 23:11).
영광—그분은 적의 피로 얼룩진 옷을 입게 될 것이다(계 19:13).

(8) **고난**—그분은 갈대로 얻어 맞았다(마 27:30).
영광—그분은 철장으로 열방을 다스리실 것이다(계 19:15).

(9) **고난**—사악한 군인들이 꿇어 절하며 조롱했다(마 15:19).
영광—모든 사람들이 무릎꿇고 그분을 인정하게 될 것이다(빌 2:10).
(10) **고난**—그분은 가시 면류관을 썼다(요 19:5).
영광—그분은 금으로 모든 면류관을 쓰게 될 것이다(계 14:14).
(11) **고난**—그분의 손에는 못이 박혔다(요 20:25).
영광—그분의 손에는 예리한 낫이 들리게 될 것이다(계 14:14).
(12) **고난**—그분의 발에는 못이 박혔다(시 22:16).
영광—그분의 발은 감람산에 서게 될 것이다(슥 14:4).
(13) **고난**—그분은 모양도 풍채도 없었다(사 53:2).
영광—그분은 아름답게 될 것이다(시 27:4).
(14) **고난**—그분은 자신의 영혼을 넘겨주었다(요 19:30).
영광—그분은 영원히 살아계시다(계 1:18).
(15) **고난**—그분은 무덤에 누워계셨다(마 27:59, 60).
영광—그분은 자신의 보좌에 앉게 될 것이다(히 8:1).

5. 거룩한 천사들과 우리의 구원(벧전 1:12)

"천사들도 살펴보기를 원하는 것이니라."

우리 구원의 성취 과정은 하늘의 선택받은 천사들에게 좋은 실례로 사용될 것이다. 그들은 우리의 구속을 경험하는 것이 아니라 그것을 관찰하는 데에만 흥미가 있는 것이다! 다음 구절은 이 점을 분명히 나타내 준다.

"나 다니엘이 본즉 다른 두 사람〔천사〕이 있어 하나는 강 이편 언덕에 섰고 하나는 강 저편 언덕에 섰더니 그 중에 하나가 세마포 옷을 입은 자 곧 강물 위에 있는 자에게 이르되 이 기사의 끝이 어느 때까지냐…"(단 12:5, 6).

"내가 생각컨대 하나님이 사도인 우리를 죽이기로 작정한 자같이 미말에 두셨으매 우리는 세계 곧 천사와 사람에게 구경거리가 되었노라"(고전 4:9).

"이는 이제 교회로 말미암아 하늘에서 정사와 권세들에게 하나님의 각종 지혜를 알게 하려 하심이니"(엡 3:10).

6. 우리의 구원에 대한 하늘의 부름(벧전 1:13-17)

이 영광스러운 구원에 이르는 것을 헤아릴 때 베드로는 신자에게 다음과 같이 권면하고 있다.

1 **정신차리라.**

베드로는 자신의 두번째 서신에서 이것을 되풀이해서 말하게 될 것이다.

"내가 이제 이 둘째 편지를 너희에게 쓰노니 이 둘로 너희 진실한 마음을 일깨워 생각하게 하여"(벧후 3:1).

허리를 동이는 행위는 질질 끌리는 옷을 입었던 구약 시대의 족장을 상기시킨다. 그는 허리띠라 불리는 커다란 줄을 그 옷에 둘렀다. 빨리 움직여야 할 때가 왔을 때 그는 그것을 잡아당겨 겹쳐 매었다. 즉, 단단히 허리를 동이고 행동할 준비를 한 것이다.

2 **영적으로 근신하라.**

3 소망을 완전히 하나님의 은혜에 두라.
4 자기의 이전 생활 상태로 돌아서는 것을 피하라.
5 모든 행위에 있어서 거룩하라(하나님에게 성별되어라).
6 스스로 두려움으로 행동하라(구세주를 마음 상하게 하지 않으려는 존경심과 근심).

7. 우리의 구원에 대한 놀라운 대가(벧전 1:18-22)

"너희가 알거니와 너희 조상의 유전한 망령된 행실에서 구속된 것은 은이나 금 같이 없어질 것으로 한 것이 아니요 오직 흠없고 점없는 양 같은 그리스도의 보배로운 피로 한 것이니라"(벧전 1:18, 19).

8. 우리의 구원의 방법(벧전 1:23-25)

"너희가 거듭난 것이 썩어질 씨로 된 것이 아니요 썩지 아니할 씨로 된 것이니 하나님의 살아있고 항상 있는 말씀으로 되었느니라 그러므로 모든 육체는 풀과 같고 그 모든 영광이 풀의 꽃과 같으니 풀은 마르고 꽃은 떨어지되 오직 주의 말씀은 세세토록 있도다 하였으니 너희에게 전한 복음이 곧 이 말씀이니라"(벧전 1:23-25).

2. 하나님의 구원:성도의 의무(벧전 2:1-3:13)

1. 성경에 대한 성도의 의무(벧전 2:1, 2)

"갓난 아이들같이 순전하고 신령한 젖을 사모하라 이는 이로 말미암아 너희로 구원에 이르도록 자라게 하려 함이라"(벧전 2:2).
"사모하라"(desire)는 말은 강렬한 소망을 가리킨다. 다윗은 하나님의 말씀을 이렇게 갈망했다.
"여호와의 규례는 확실하여 다 의로우니 금 곧 많은 정금보다 더 사모할 것이며 꿀과 송이꿀보다 더 달도다"(시 19:9, 10).
구약성경에 나타나 있는 이스라엘 민족은 하나님 말씀에 대한 갈망을 보여주지 않았다. 그리하여 하나님의 아들이 나타났을 때 그들은 그분을 다음과 같이 생각했다.
"우리의 보기에 흠모할 만한 아름다운 것이 없도다"(사 53:2).
"순전한"(sincere)이란 말은 글자 그대로 "불순하지 않은", 즉 아무것도 섞이지 않았음을 가리킨다. 환난 기간 중에 있을 하나님의 순수한 진노를 다룬 이와 유사한 구절에 관해서는 요한계시록 14장 10절을 참조하라.

2. 구세주에 관한 성도의 의무(벧전 2:3-8)

그들은 구세주를 하나님의 보배로운 돌로 보아야 한다. "바위"(rock) 혹은 "돌"(stone)이란 말은 이 구절에서 다섯 번 등장하며, "보배로운"이란 말은 세 번 발견된다. 성경에서 바위가 구속자로 비유되는 다양한 용법에 주목하라.
1 그는 모든 사람이 두드려 물을 마시게 될 반석이다(출 17:6/고전 10:4/요 4:13, 14/7:37-39).
2 그는 마신 모든 이에게 보배로운 돌이다(벧전 2:3, 7).

베드로전서

하나님의 주권의 상세한 내용(벧전 1:1—25)
성도의 의무(벧전 2:1—3:13)
고난의 훈련(벧전 3:14—4:9)
봉사의 기쁨(벧전 5:1—14)

③ 그는 교회에게 모퉁이의 머릿돌이다(엡 2:20).

④ 그는 초림하셨을 때 유대인들에게 걸림돌이었다.

⑤ 그는 재림하실 때 유대인들에게 모퉁이의 머릿돌이시다.

⑥ 그는 재림 시에 이방 세계의 권세에 손도 대지 않고 그것을 부숴뜨릴 뜨인 돌이다 (단 2:34).

⑦ 그는 모든 불신자를 가루로 만들 심판의 돌이다(마 21:44).

베드로는 이 위대한 돌이 이스라엘에게 "버린 바 되었다"(벧전 2:4)고 말한다. 이 말은 "시험해서 거부하다"를 의미한다. 그리스도를 34년 동안 시험한 후 이스라엘은 그분을 "저버렸다." 그분은 단순히 그들이 메시야로 찾고 있던 그러한 분이 아니었다!

더구나 사도 베드로가 2장 6절에서 말한 내용을 주목하라.

"경에 기록하였으되 보라 내가 택한 보배롭고 요긴한 모퉁이 돌을 시온에 두노니."

확실히 이것은 마태복음 16장 16, 18절에 나오는 그리스도의 약속에 대한 성취이다. 그러한 기초는 베드로가 아니라 그리스도였다. 마침내 (벧전 2:5 참조) 모든 신자는 "산 돌같이 신령한 집으로 세워지고 예수 그리스도로 말미암아 하나님이 기쁘게 받으실 신령한 제사를 드릴 거룩한 제사장이 될지니라"(계 1:6 참조).

3. 그리스도의 몸(보편교회)에 대한 성도의 의무(벧전 2:9, 10)

① 하나님의 제사장으로서 봉사하는 것

"오직 너희는 택하신 족속이요 왕 같은 제사장들이요 거룩한 나라요 그의 소유된 〔글자 그대로, 소속된〕 백성이니"(벧전 2:9).

구약의 이스라엘에는 제사장 직분이 있었다. 신약에서는 교회가 바로 제사장 계급이다. 『신 스코필드 성경』(*The New Scofield Bible*, p. 1334)은 제사장 직분을 다음과 같이 뛰어나게 개요해 주고 있다.

(1) "율법이 주어지기까지 각 가정의 가장이 그 가정의 제사장이었다"(창 8:20/26:25/31:54).

(2) 율법이 주어졌을 때 완전한 복종에 대한 약속은 이스라엘이 하나님에 대하여 '제사장의 나라'(출 19:6)가 되리라는 뜻이었다. 그러나 이스라엘이 율법을 어겼으므로 하나님께서는 아론 가문에 제사장 직무를 폐기해버리고, 레위 지파를 이스라엘의 사역자로서 지명하심으로써 제사장 계급으로 삼으셨다(출 13:2와 19:6을 민 8:16과 비교하라. 참조, 출 28:1).

(3) 교회 시대에서 모든 그리스도인들은 이스라엘이 행위로 성취하지 못했던 명예인 "제사장의 나라"(벧전 2:9/계 1:6)를 이룬다. 그러므로 그리스도인으로 구성된 제사장 계급은 아론의 모든 후손들이 제사장 계급으로 태어났던 것처럼 그러한 특전을 이어받는다(히 5:1).
(4) 제사장의 주요한 특전은 하나님 앞에 나아가는 것이다. 율법 하에서는 대제사장만이 오직 1년에 한 번 '지성소'에 들어갈 수 있었다(히 9:7). 그러나 그리스도께서 죽으셨을 때 그리스도의 인간적 몸(히 10:20)을 상징하는 휘장이 찢어졌다. 그리하여 이제 신자는 대제사장이신 그리스도와 동등한 제사장으로 지성소에 계신 하나님께 나아간다(히 10:19-22). 위대한 '대제사장'이 위엄을 갖추고 거기에 계신다(히 4:14-16/9:24/10:19-22)."
(5) 신약 시대의 제사장인 신자는 다음과 같은 직분을 이행한다.
① 네 가지 희생을 제물로 바치는 자
ㄱ. 그 자신의 살아있는 몸(롬 12:1/빌 2:17/딤후 4:6/약 1:27/요일 3:16).
ㄴ. "그 이름을 증거하는 입술의 열매"로써 항상 제사를 드리는 하나님에 대한 찬미(히 13:15. 이것을 출 25:22의 "하늘에 있는 자비의 보좌로부터 너를 만나게 될 것이다"와 비교하라).
ㄷ. 그의 자산(롬 12:13/갈 6:6, 10/딛 3:14/히 13:2, 16/요삼 1:5-8).
ㄹ. "선을 행하는"(히 13:16) 그의 봉사.
② 중보자(골 4:12/딤전 2:1)

[2] 빛의 종으로서 비추는 것
"이는 너희를 어두운 데서 불러내어 그의 기이한 빛에 들어가게 하신 자의 아름다운 덕을 선전하게 하려 하심이라"(벧전 2:9).

4. 인간이 세운 제도에 대한 성도의 의무(벧전 2:11-17)

[1] 공명정대할 것
"너희가 이방인 중에서 행실을 선하게 가져"(벧전 2:12).

[2] 복종할 것
"인간에 세운 모든 제도를 주를 위하여 순복하되"(벧전 2:13).
물론 이것은 성경과 모순되지 않는 제도를 말한다(행 5:29).

5. 성도의 직분에 관한 그들의 의무(벧전 2:18-20)
"사환들아 범사에 두려워함으로 주인들에게 순복하되 선하고 관용하는 자들에게만 아니라 또한 까다로운 자들에게도 그리하라"(벧전 2:18).

6. 고난에 대한 성도의 의무(벧전 2:21-25)
"이를 위하여 너희가 부르심을 입었으니 그리스도도 너희를 위하여 고난을 받으사 너희에게 본을 끼쳐 그 자취를 따라오게 하려 하셨느니라"(벧전 2:21).

"「끼쳐」(leaving)라는 말은 글자 그대로 '뒤에 남긴'을 의미한다. 베드로가 여기에서 '본'으로 옮겨진 헬라어를 사용했을 때 그는 실례(實例)를 들기 위해 자신의 유년시절로 돌아갔다. 이 말은 글자 그대로 '아래에 써넣은'을 의미한다. 그것은 쓰기 연습과 도덕적 감화의 수단으로서 아이들이 베끼도록 주어진 말을 나타내는 데 사용되었다. 때때로 그것은 이미 쓰인 글자를 복사하는 행위에 대한 언급으로 사용되었다…끊임없는 노력과 열심으로 아이들이 천천히 선생의 글자 모양을 모방함으로써 쓰기를 배우듯이, 성도들도 이와 같은 꾸준한 노력과 열심을 내어 그들 자신의 개인적 삶에서 주 예수와 같아지도록 노력해야 한다"〔『헬라어 신약성경의 베드로전서』(*First Peter in the Greek New Testament*), p. 67〕.

그리하여 여기에 고난받는 구세주에 대한 위대한 실례가 있다. 주님은 책망받을 만한 것 없이 영광되고 신실하게 고난을 겪으셨다. 욕설을 들었을 때 그분은 되받아 남을 비난하지 않으셨다. 고난을 당하셨을 때 그분은 남을 위협하지 않으셨다. 그러면 그때 그분은 무엇을 행했는가? 그분은 "공의로 심판하시는 자〔하나님 아버지〕에게 스스로를 부탁하셨다"(벧전 2:23).

특별히 베드로가 "채찍에 맞음으로 너희는 나음을 얻었나니"(벧전 2:24)라고 한 말을 주목하자. 구속에는 육체적 치유도 포함되는가? 마태복음 8장 16, 17절에 의하면 이것은 실로 이사야를 통해 예언되고(사 53:4), 그리스도의 지상 사역 중에 성취되었다. 그러나 베드로전서 2장에서 사도 베드로는 분명히 그리스도의 채찍과 우리의 몸이 아닌 영혼의 치유를 관련시키고 있다.

웨스트는 이렇게 쓰고 있다.

"헬라어로 '채찍'이란 말은 주님께서 로마 군인의 손에 채찍질을 당하신 후 그 등 뒤에 난 찢기운 자국을 나타낸다. 로마인들은 작고 날카로운 뼈에 납이나 놋쇠를 댄 손잡이가 달린 채찍줄을 사용했다. 십자가 형벌을 선고받은 죄인들은 일반적으로 처형되기 전에 채찍질을 당했다. 죄수는 허리까지 옷이 벗긴 채 구부정한 자세로 손을 등 뒤로 하여 기둥에 묶였다. 채찍질 중에 당한 고통은 극에 달했고 몸은 무섭게 찢겼다. 주후 155년경에 서머나(Smyrna)에서 순교한 그리스도인들은 채찍으로 너무 많이 맞은 나머지 핏줄이 터지고 속살과 힘줄 그리고 창자까지 겉으로 드러났다. 베드로는 채찍질을 당한 후의 주님의 몸을 회상했다. 그 몸은 너무 무참하게 갈갈이 찢기었기 때문에 형체를 알 수 없는 그 육신이 베드로의 눈에는 하나의 상처 덩어리로 보였다"〔『헬라 신약성경의 베드로전서』, p. 69〕.

7. 가정에 대한 성도의 의무(벧전 3:1-8)

1 신실한 아내(벧전 3:1-6)

(1) 남편에게 순복해야 함.
(2) 정숙해야 함.
(3) 내적으로 아름다워야 함.

"너희 단장은 머리를 꾸미고 금을 차고 아름다운 옷을 입는 외모로 하지 말고"(벧전

3:3).
이 구절은 여성도가 미장원이나 보석상에 가는 것을 금하고 있는 것이 아님을 즉시 주목해야 한다. 그것이 여성도의 미장원 출입이나 보석상 출입을 금지한다고 주장하는 사람들은 문제가 있다. 베드로 또한 옷 입는 것에 대해 언급하고 있기 때문이다! 이 구절이 가르치는 것은, 신앙심 깊은 여인이 너무 저속하게 옷을 입어서는 안 된다는 것이다. 역사는 그 당시의 로마 여성이 머리를 장식하는 데 있어서 우스꽝스럽기조차 했다고 말해준다. 머리는 한가닥씩 가지런히 빗겨져 그 사이에 금으로 만든 빗과 망사가 서로 엇갈려 끼워졌다. 모양을 내기 위한 이러한 고된 시련이 끝난 후 많은 여자들이 다음 날 축제를 위하여 꾸민 머리가 망가뜨려질까 두려워 밤새도록 자지 않고 지새웠을 것이다. 이렇듯 경박한 외적 치장은 이미 수세기 전에 선지자 이사야가 심하게 비난했던 것이다(사 3:16—26). 그러면 그들의 아름다움은 어디에서 유래하는가?
"오직 마음에 숨은 사람을 온유하고 안정한 심령의 썩지 아니할 것으로 하라 이는 하나님 앞에 값진 것이니라"(벧전 3:4).
이러한 내적 아름다움을 드러냄으로써 그리스도인 아내는 (말끔하고 매력적인 외모를 지킬 뿐만 아니라) 구원받지 못한 남편을 그리스도에게 인도할 수 있는 훨씬 좋은 기회를 갖게 된다(벧전 3:1).
베드로는 이제 이러한 부덕(婦德)을 보여주었던 구약 시대의 한 아내를 지적한다. 그녀는 아브라함의 사랑스런 아내인 사라였다.

2 신실한 남편(벧전 3:7)
"남편 된 자들아 이와 같이 지식을 따라 너희 아내와 동거하고 저는 더 연약한 그릇이요 또 생명의 은혜를 유업으로 함께 받을 자로 알아 귀히 여기라 이는 너희 기도가 막히지 아니하게 하려 함이라"(벧전 3:7).
여기에서 믿는 남편은 자기 아내에게 두 가지 일을 행해야 한다.
(1) 그는 "지식을 따라 아내와 동거해야" 한다. 즉, 그는 결혼 관계에 대한 지적인 인식을 가져야 한다. 그는 다음과 같은 점을 확실히 이해해야만 한다.
① 그의 아내는 더 연약한 그릇이다. 그러나 이러한 연약함은 육체적인 부분에 한정된다. 그녀는 지적으로나 영적으로는 더 약하지 않다.
② 그의 아내는 생명의 은혜를 유업으로 함께 받을 자이다. 그녀는 남편처럼 하나님 앞에서 영적인 동등함을 공유(共有)한다. 그리하여 자기 아내와 가볍게 이혼하는 거만한 남편들은 아내뿐만 아니라 바로 하나님 자체를 모욕하는 것이다.
(2) 그는 "아내를 귀히 여겨야" 한다. 즉, 그는 자기 마음 가운데 그녀에게 특별한 지위를 할애해야 한다. 만약 이러한 원리가 지켜지지 않는다면 한 집안에서 행해지는 모든 기도는 막히게 될 것이다.

8. 지역 교회에 대한 성도의 의무(벧전 3:8—13)
1 마음을 같이 하라(영적인 조화를 유지하라).
2 서로 사랑하라.
3 불쌍히 여기라(동정심을 가져라).

4 악을 악으로 갚지 말고 "도리어 복을 빌라"(벧전 3:9).

선을 악으로 갚는 것은 자연스럽지 못하다. 악을 악으로 갚는 것은 자연스럽다. 악을 선으로 갚는 것은 초자연적이다.

3. 하나님의 구원 : 고난의 시험(벧전 3:14-4:19)

1. 고난은 죄인을 의롭게 한다

"그리스도께서도 한 번 죄를 위하여 죽으사 의인으로서 불의한 자를 대신하셨으니 이는 우리를 하나님 앞으로 인도하려 하심이라"(벧전 3:18).

그분이 겪은 고난의 길과 결과를 살펴보자.

1 그는 "옥에 있는 영들에게 전파하셨다"(벧전 3:18)

이 말에 내포되어 있는 것은 무엇인가? 이 영들은 누구인가? 『사악한 시대를 위한 복음』이란 자신의 저서에서 디한은 이러한 질문에 답하기 위해 제시되어온 네 가지 주요한 이론들을 차례로 나열하고 있다.

"저가 또한 영으로 옥에 있는 영들에게 전파하시니라 그들은 전에 노아의 날 방주 예비할 동안…순종치 아니하던 자들이라"(벧전 3:19, 20).

> "이러한 영들은 바로 누구인가? 당신의 대답은 이 난해한 구절에 대한 당신의 이해를 나타낸다. 그리고 이것은 '어떤 말씀이 전파되었는가?'라는 두번째 질문에 대한 답을 결정해 준다. '전파했다'라는 말은 '알리다' 혹은 '선포하다'를 의미하며, 복음을 전파하거나 소식을 알리는 것에 대한 언급일 수 있다. 다음의 네 가지 주요 견해는 '옥에 있는 영들'의 정체에 관련된 것들이다.
>
> **(1) 그들은 방주가 만들어지는 120년 동안 그리스도께서 성령으로 노아를 통해 전파하셨던 사람들의 영혼이다.**
>
> 많은 훌륭한 학자들이 이 견해를 지지하고 있지만 여기에도 문제가 없는 것은 아니다. 어떤 사람들은 "육체로는 죽임을 당하시고 영으로는 살리심을 받으셨으니"(벧전 3:18)란 말로 표현된 반론은 성령을 언급하는 것이 아니라 사실상 주님의 육신과 영혼을 가리키는 것이라고 주장한다. 더구나 그들은 '영'이란 용어를 사람들에게 적용하는 것은 의문시된다고 주장한다. 성경은 때로 '영'(souls)으로서의 인간에 대해 말하거나 '의인의 영이 온전케 되었다'(히 12:2, 3)고 말한다. 그러나 하나님의 말씀은 인간의 존재를 '영'으로 부른 적이 없다. 이 용어는 초자연적이고 비인간적인 존재를 위해 마련된 듯하다.
>
> **(2) '옥에 있는 영들'은 타락한 천사(창 6:1, 2의 '하나님의 아들들')와 여자의 결합에서 생긴 혼혈아이다.**
>
> 이러한 입장을 취하는 사람들은 예수께서 죽었을 때 즉시 음부로 내려가 감옥에 갇힌 이러한 영들에게 자신이 죄를 대속했다는 사실을 알렸다고 주장한다. 이 견해에 대한 반론은, 이러한 선포의 목적이 제시되지 않았으며, 또 타락한 천사가 실제로 여자와 결혼 생활을 하여 아이를 낳을 수 있었다는 이론을 받아들여야 한다는 데 있다.
>
> **(3) 이 영들은 어떤 무시무시한 악과 싸웠으나 실제로 여자와 결혼하지는 않은 노아 시대의 사악한 천사들이다.**

이 견해를 지지하는 사람들은 창세기 6장에 나오는 '하나님의 아들들'이 사나운 인간의 몸에 들어갔거나 그것을 소유했던 타락한 천사들이라고 생각한다. 이 자들은 훨씬 더 방종한 행실을 가진 자녀를 차례로 낳았다. 창세기 6장 4절에서 '용사'로 번역된 『네피림』(nephilum)이란 용어는 '타락한 자'나 '용사'보다는 오히려 다른 사람을 '엄습하거나 공격하는 자'를 가리키는 것이다. '옥에 있는 영들'에 대해 이러한 설명을 제시하고 있는 학자들은 창세기에 나오는 죄지은 천사가 베드로가 '지옥에 던져 어두운 구덩이에 둔'(벧후 2:4)자로 언급한 자와 동일한 사람으로 본다. 그리스도께서 음부에 들어가셨던 목적은 타락한 천사들로 이루어진 이 특수한 무리에게 그들의 파멸이 확실하다는 것을 말하기 위해서였다고 그들은 말한다. 그분은 죄를 대속했으며 죽음에서 부활하심으로 자신이 실로 그들의 '주'임을 머지않아 보여주실 것이라는 것이다. 이 해석은 창세기 6장에 나오는 '하나님의 아들들'은 타락한 천사이며, 인류를 하나님으로부터 떼어내려고 인간의 몸과 인격을 입었던 자라고 생각하는 사람에게만 오직 가능하다.

(4) '옥에 있는 영들'은 사악한 존재들과 구약 시대의 성도들이다.

이 견해를 지지하는 사람들은 그리스도께서 자신의 죽음과 부활 사이에 음부로 내려가 모든 사악한 영들에게 소식을 알리고 특수한 간막이 방에 갇혀 있던 구약의 성도들을 풀어주었다고 말한다. 바울은 예수께서 '우선 땅 아랫곳으로 내려가셨으며', '사로잡힌 자를 사로잡았다'(엡 4:8—10)고 선포한다. 어떤 성경학자는 주님께서 음부로 내려가신 데에는 두 가지 목적이 있다고 본다. 그들은 주님이 우선 죄를 정복하고 그 대가를 치른 사실을 타락한 천사에게 알렸다고 말한다. 갈보리 이전 시대의 성도들이 완전히 용서를 받은 후에야 비로소 그리스도께서 자신을 희생 제물로 바칠 수 있었다고 주장하면서, 그들은 그분이 죽은 후 그들을 하늘로 데려가기 위하여 즉시 그들에게 갔다고 주장한다. 이러한 견해는 지옥의 '간막이 방' 이론이 성경적이며, 구약의 성도들이 하늘에 들어가도 좋다는 허락을 받은 후에야 예수께서 비로소 십자가에서 돌아가셨다는 것을 확신하는 자에 의해서만 주장될 수 있다.

'옥에 있는 영들'에 대한 정확한 정체는 확실히 알 수 없다. 그러나 노아에 대해 언급한 부분으로 인해, 그들은 대홍수를 일으킨 무시무시한 상태와 관련된 초자연적 영들이거나 방주를 마련하는 동안 노아가 말씀을 전했던 사람들인 것 같다"(pp. 103, 104).

[2] 그는 "하늘에 오르사 하나님 우편에 계시니 천사들과 권세들과 능력들이 저에게 순복하셨다"(벧전 3:22)

베드로전서에 나오는 이 구절에서 성경의 또 다른 어려운 부분이 나온다. 다시 디한은 다음과 같은 유익한 말을 제시하고 있다.

"베드로는 다음과 같이 썼다.

'그들은 전에 노아의 날 방주 예비할 동안 하나님이 오래 참고 기다리실 때에 순종치 아니하던 자들이라 방주에서 물로 말미암아 구원을 얻은 자가 몇명뿐이니 겨우 여덟 명이라 물은 예수 그리스도의 부활하심으로 말미암아 이제 너희를 구원하는 표니 곧 침례(세례)라 육체의 더러운 것을 제하여 버림이 아니요 오직 선한 양심이 하나님을 향하여 찾아가는 것이라'(벧전 3:20, 21).

이 구절에 접근하는 최선의 길은 베드로가 표현한 낱말을 하나하나 더듬어 살펴보는 것이다.

(1) 노아와 그 가족은 '물로 말미암아 구원을 얻었다.' 좀더 음미해 보면 그들이 방주 안에 있지 않았더라면 그 물은 노아와 그 가족을 멸망시키고 구원하지 못했으리라는 사실이 분명해진다. 그들을 제외한 나머지 인류를 쓸어버렸던 홍수는 그것이 방주를 들어올렸을 때 구원의 한 수단이 되었다. 만약 그것이 없었더라면 지극히 높은 산과 집들이 모두 그랬던 것처럼 방주와 그 안에 든 사람들은 가라앉았을 것이다.

(2) 이러한 심판으로부터의 구원의 사건이 침례(세례)를 통해 제시된다. 베드로는 '이제 너희를 구원하는 표니 곧 침례(세례)라'(벧전 3:21)고 썼다.

'표'(figure)로 옮겨진 말의 헬라어는 『안티투폰』(antitupon)이며, 영어의 'antitype'(원형)은 이에 대한 음역이다. 그러므로 침례(세례) 때 사용하는 물은 대홍수의 원형이다. 그리하여 그것은 홍수를 통해 노아와 그 가족이 '구원받았던' 것과 같은 방법으로 우리를 '구원한다.' 죽음과 심판을 상징하는 물은 그 안에 든 사람을 익사시키지 않기 위해 방주를 뜨게 했다. 이와 마찬가지로 우리가 심판과 죽음의 상징인 침례(세례)의 물에 들어갈 때 하나님의 진노에서 벗어나 구원을 발견했다고 우리는 선포한다. 왜냐하면 우리는 방주인 그리스도 안에 있을 때 안전하기 때문이다. 십자가에서 죽으실 때 그분은 죄에 대한 하나님의 심판을 당하셨다. 그리고 그분에 대한 믿음을 통해 우리는 안식을 얻게 되었다. 신자가 침례(세례)를 받을 때 그는 그리스도와의 결합을 통해 자신이 사망선고에서 구원받았음을 나타낸다.

(3) 침례(세례)의 물은 정결케 하는 매개체가 아니다. 성경은 '육체의 더러운 것을 제하여 버림이 아니요'(벧전 3:21)라고 말한다. 침례(세례)는 정결케 하는 매개체라기보다는 '선한 양심이 하나님을 향하여 찾아가는 것'이다. '찾아가는 것'으로 번역된 이 말의 헬라어는 『에페로테마』(eperotema)로서, 그 의미는 '의문', '호소', '보증' 등이다. 맨 후자의 의미가 이 구절에서 가장 적합하다. 왜냐하면 침례(세례)란 우리를 '새 생명 가운데에서 행하게 하려 하는' 그리스도의 선포이기 때문이다(롬 6:4 참조). 이러한 보증은 '믿음에 의한 예수 그리스도와의 결합'을 통해 죄에서 벗어난 이교도의 깨끗한 양심에서 나온다"(pp. 104, 105).

2. 고난은 성도를 성결케 한다

[1] 고난은 성도에게 영적인 풍요함을 가져다 준다

"그러나 의를 위하여 고난을 받으면 복이 있는 자니"(벧전 3:14).

사도 베드로는 그들이 비난받고 있다는 점에서 복이 있다고 말한다. '복이 있는'(happy)이란 말은 '번영하는'을 의미하는 헬라어의 번역이다. 그것은 마태복음 5장 3–11절에서는 "복이 있는"(blessed)으로 번역되어 쓰이고 있다. 그것은 이 문맥에서 성도의 영적으로 풍요한 상태나 조건을 가리킨다. 즉, 만약 세상이 그리스도인을 핍박한다면 그것은 그리스도인의 삶이 영적으로 복받는 것임을 의미한다. 세상 사람들은 세속적인 그리스도인들이 아니라 오직 영적인 그리스도인들만을 핍박한다. 사람들을 성나게 하는 것은 그러한 영성(靈性)이다.

"그러나 박해라는 것은 영적으로 복받은 삶 뿐만 아니라 성령이 그리스도인에게 휴식을 준다는 사실도 가리키고 있다. '쉬게 한다'(rest upon, 벧전 4:14 참조)란 말은 경작기술 용어로서 주전 103년의 사본에 쓰인 헬라어를 옮긴 것이다. 저자는 가벼운 농작물을 뿌림으로 자기 땅을 쉬게 하는 농부에 대해 언급하고 있다. 그는 땅에서 많은 농작물을 생산하려는 생각을 하지 않으므로 지력(地力)을 회복할 기회를 부여해 주었다. 이 말은 마태복음 11장 28절에서 쓰이고 있다. 거기에서 주님은 '수고하고 무거운 짐진 자들아 다 내게로 오라 내가 너희를 쉬게 하리라'고 말씀하신다. 여기서 주님은 자기를 찾아온 죄인들에게 그가 지은 죄와 고난의 짐을 스스로 지려고 애쓰지 말고 그 짐을 자기에게 맡기라고 말씀하신다. 그러면 주님은 새 생명을 얻은 신자에게 하나님의 자녀로서의 능력을 허락하신다. 베드로전서의 구절 가운데에서 성령은 성도에게 안식을 주고 생기를 불어넣는다. 즉, 그분은 죄와 대적하는 성도의 싸움과 하나님을 기쁘게 하는 삶을 살아가려는 지금까지의 헛된 노력을 떠맡으신다. 그것은 하나님께서 그들을 구원하셨던 순간에 권세를 상실한 악한 본성을 극복할 수 있는 능력을 주시고, 자신의 삶에서 하나님 자신의 열매를 맺게 하심으로 가능하다. 하나님의 영이기도 한 영광의 영은 생기를 불어넣는 힘으로 하나님의 자녀 위에 거하신다. 동시에 그분은 그로 하여금 하나님을 기쁘시게 하고 세상이 그에 대해 욕설과 원한을 퍼붓는 삶을 살아가도록 하신다"〔웨스트, 『베드로전서』(*First Peter*), p. 120〕.

[2] 고난은 성도에게 성경적 답변을 제시한다

"너희 마음에 그리스도를 주(主)로 삼아 거룩하게 하고 너희 속에 있는 소망에 관한 이유를 묻는 자에게는 대답할 것을 항상 예비하되 온유와 두려움으로 하고"(벧전 3:15). 일반적으로 고난받는 성도는 다른 사람보다 더 성경을 찾는다. 그것은 평안과 고통에 대한 답을 오직 그 안에서 발견하려고 하기 때문이다! 웨스트 박사는 다음과 같이 쓰고 있다.

"이러한 유대의 그리스도인들은 자신들의 삶의 주(主)로서 그분을 구별했을 때 그리스도 예수 안에서 안식처를 발견해야 했을 뿐만 아니라 자신과 자신들이 믿는 하나님의 말씀을 공격하는 박해자들에 대해 답변할 준비가 되어 있어야 했다. '대답한다'는 말은 재판에서 법정 용어로 쓰였던 헬라어를 옮긴 것이다. 그것은 글자 그대로 '옹호한다'는 의미이며 고발된 죄과에 대해 자기 소송 의뢰인을 옹호해주는 변호인에 대해 사용되었다. 그는 구두 변론을 제시했다. 베드로의 권면은 그리스도인에게 주는 것으로서 성경에 대한 비난으로부터 성경을 옹호하는 이를 위해 말로써 변론하라는 것이다(『베드로전서』, p. 89).

[3] 성도에게 낡은 본성에 대한 승리를 가져다 준다(벧전 4:1-3)

3. 고난은 교회를 하나로 통일시킨다(벧전 4:7-11)

"각각 은사를 받은 대로 하나님의 각양 은혜를 맡은 선한 청지기같이 서로 봉사하라 만일 누가 말하려면 하나님의 말씀을 하는 것같이 하고 누가 봉사하려면 하나님의 공급하시는 힘으로 하는 것같이 하라 이는 범사에 예수 그리스도로 말미암아 하나님이 영광을 받으시게 하려 함이니 그에게 영광과 권능이 세세에 무궁토록 있느니라 아멘"(벧전 4:10, 11).

이 구절에서 베드로는 성도에게 다음과 같이 권면하고 있다.
[1] 하나님의 말씀에 대해 정확히 말하라.
[2] 하나님의 뜻을 정확히 성취하라.

4. 고난은 구세주를 영광스럽게 한다(벧전 4:12－19)

"사랑하는 자들아 너희를 시련하려고 오는 불시험을 이상한 일 당하는 것같이 이상히 여기지 말고 오직 너희가 그리스도의 고난에 참예하는 것으로 즐거워하라 이는 그의 영광을 나타내실 때에 너희로 즐거워하고 기뻐하게 하려 함이라"(벧전 4:12, 13).
자신의 서신에서(벧전 4:16) 베드로는 성도를 "그리스도인"으로 일컫는다. 이 명칭은 성경 전체에서 이 외에 오직 두 번 사용된다(행 11:26과 26:28). 이 구절에서 베드로가 말하고 있는 것은, 만약 우리가 그리스도인으로서, 즉 믿음을 위해 고난받는다면 그 고난은 구세주를 영화롭게 한다는 사실이다. 그러나 만약 우리가 악인으로서 고난을 받는다면 주님은 영광을 받지 못한다. 우리는 자신의 기질 때문이 아니라 지위 때문에 고난을 겪어야 한다. 고난의 전체 주제에 대한 장엄한 결론은 4장 19절에서 맺어진다.
"그러므로 하나님의 뜻대로 고난을 받는 자들은 또한 선을 행하는 가운데 그 영혼을 미쁘신 조물주께 부탁할지어다."

4. 하나님의 구원 : 봉사의 기쁨(벧전 5:1－14)

1. 목자로서의 봉사(벧전 5:1－4)

"너희 중 장로들에게 권하노니 나는 함께 장로 된 자요 그리스도의 고난의 증인이요 나타날 영광에 참예할 자로라 너희 중에 있는 하나님의 양 무리를 치되 부득이함으로 하지 말고 오직 하나님의 뜻을 좇아 자원함으로 하며 더러운 이를 위하여 하지 말고 오직 즐거운 뜻으로 하며 맡기운 자들에게 주장하는 자세를 하지 말고 오직 양 무리의 본이 되라 그리하면 목자장이 나타나실 때에 시들지 아니하는 영광의 면류관을 얻으리라."
자신의 서신에서 베드로는 스스로를 "사도"(벧전 1:1), "장로", "증인", "참예할 자"(벧전 5:1)로 일컫는다. 우리가 이미 보았듯이(벧전 1:11) 여기에서 거듭 그는 "그리스도의 고난과…나타날 영광"을 함께 연결시킨다(벧전 5:1).

[1] 목자의 책임(벧전 5:1－3)

(1) 하나님의 양떼를 먹이는 것(행 20:28 참조). 이 책임에는 또한 양을 보살피고 인도하며 지키는 행위도 포함될 것이다.
(2) 강제가 아니라 자원함으로 이것을 행하는 것.
(3) 주장하는 자세가 아닌 겸손한 자세로 이것을 행하는 것.
(4) 하나님의 양 무리의 본이 되는 것.

[2] 목자의 상급(벧전 5:4)

"그리하면 목자장이 나타나실 때에 시들지 아니하는 영광의 면류관을 얻으리라."
이것은 적어도 성도가 얻을지도 모르는 다섯 가지의 상급 가운데 하나이다. 이러한 상급들은 다음과 같다.
(1) 썩지 않는 면류관－과거의 본성을 극복한 자에게 주어짐(고전 9:25－27).
(2) 기쁨의 면류관－영적으로 승리한 자에게 주어짐(잠 11:30/살전 2:19, 20/단 12:3).
(3) 생명의 면류관－성공적으로 시험을 이긴 사람에게 주어짐(약 1:12/계 2:10).
(4) 의의 면류관－특별히 휴거의 교리를 사랑하는 자에게 주어짐(딤후 4:8).
(5) 영광의 면류관－신실한 설교자와 교사에게 주어짐(벧전 5:2－4/딤후 4:1, 2/행 20:26－28).
이러한 "면류관들"은 사실상 그리스도를 영화롭게 하는 재능과 능력일 것이라고 사람들은 주장해 왔다. 따라서 상급이 크면 클수록 능력도 더 커진다.

2. 성도로서의 봉사(벧전 5:5－7)

"젊은 자들아 이와 같이 장로들에게 순복하고 다 서로 겸손으로 허리를 동이라 하나님이 교만한 자를 대적하시되 겸손한 자들에게는 은혜를 주시느니라 그러므로 하나님의 능하신 손 아래서 겸손하라 때가 되면 너희를 높이시리라 너희 염려를 다 주께 맡겨 버리라 이는 저가 너희를 권고하심이니라."

3. 군사로서의 봉사(벧전 5:8－14)

"근신하라 깨어라 너희 대적 마귀가 우는 사자 같이 두루 다니며 삼킬 자를 찾나니 너희는 믿음을 굳게 하여 저를 대적하라 이는 세상에 있는 너희 형제들도 동일한 고난을 당하는 줄을 앎이니라"(벧전 5:8, 9).
베드로는 이제 사람들에게 고난의 사역을 다시 한번 상기시키면서 이 훌륭한 서신을 마친다.
"모든 은혜의 하나님 곧 그리스도 안에서 너희를 부르사 자기의 영원한 영광에 들어가게 하신 이가 잠깐 고난을 받은 너희를 친히 온전케 하시며 굳게 하시며 강하게 하시며 터를 견고케 하시리라"(벧전 5:10).
특히 주목되는 것은 "모든 은혜의 하나님"이란 말이다. 이것은 그리스도인의 삶에 대한 이야기이다. 신자는 은혜에서 은혜로 나아가야 한다(요 1:16 참조). 야고보는 "더욱 큰 은혜를 주시나니"(약 4:6)라고 말한다. 성경은 이에 관해 다음과 같이 언급한다.
[1] **구원하는 은혜**(엡 2:8, 9)
[2] **봉사하는 은혜**(고전 15:9, 10)
[3] **거룩하게 하는 은혜**(롬 5:17/6:17)
[4] **희생하는 은혜**(고후 8:1－9)
[5] **찬미하는 은혜**(골 3:16)
[6] **말하는 은혜**(골 4:6)
[7] **강하게 하는 은혜**(딤후 2:1)
[8] **고난받는 은혜**(벧전 5:10/고후 12:9)
말미에서 베드로는 "신실한 형제"인 실루아노에 대해 말한다(벧전 5:12). 그는 베드로의 서신을 전한 자이며 그의 비서였다. 실루아노는 '실라'의 본명이며 이것은 베드로의 전도 여행에 동행했던 인물과 동일한 자였음이 분명하다(행 15:40/고후 1:19/살전 1:

1/살후 1:1 참조).

베드로후서

● 이것은 베드로의 두번째이자 마지막 서신이다.

● 초대교회는 이 서신을 정경으로 받아들이는 데 처음에는 약간 주저했다. 이에 대해서는 두 가지 근본적인 이유가 있다.

[1] 베드로전서와 후서 사이에 있는 문체의 차이

[2] 두 서신 사이에 있는 어휘의 차이

● 그러나 이 서신에 대한 신중한 연구는 그 차이가 실로 시몬 베드로의 손에서 나왔다는 사실을 밝히고 있다.

[1] 그것은 베드로에 의해 기록되었다고 밝히고 있다(벧후 1:1).

[2] 기자는 그리스도의 변용(變容) 때 함께 있었다(벧후 1:16-18/참조, 마 17:1-13).

[3] 그는 자신의 죽음에 대한 것을 그리스도를 통해 알았다(벧후 1:13-15/참조, 요 21:18, 19).

[4] 그는 이미 다른 한 서신을 신자들에게 썼다(벧후 3:1/참조, 벧전 1:1).

● 이 서신은 한 사도서신에서 다른 사도서신으로 넘어가는 상호 관련된 사실만을 언급하고 있다. 즉, 베드로는 바울의 저서에 대해 말하고 있다(벧후 3:15, 16).

● 그것은 유다서와 매우 흡사하다. 25절로 이루어진 유다서로부터 베드로후서는 적어도 19번이나 그 내용을 반복하고 있다.

● 베드로전서의 주제는 고난인 반면 베드로후서의 주제는 완전한 지식이다. 그것은 동일한 말로 약 16번 나온다.

● 그리하여 베드로후서는 자연적으로 디모데후서와 비교될 수 있다.

[1] 이 두 서신은 모두 그 기자가 마지막으로 쓴 것이다.

[2] 이 두 서신은 모두 성경의 영감 문제에 관한 핵심적인 구절을 내포하고 있다(벧후 1:20, 21/딤전 3:16).

[3] 이 두 서신은 모두 거짓 교사에 대해 경고하고 있다(딤후 3장과 벧후 2장).

[4] 두 기자 모두가 자신들이 그리스도를 위해 순교당하리라는 사실을 알았다(딤후 4:6. 이것을 벧후 1:13-15와 비교해 보라).

● 이 서신의 개괄적인 말씀은 3장 18절이다.

"오직 우리 주 곧 구주 예수 그리스도의 은혜와 저를 아는 지식에서 자라가라 영광이 이제와 영원한 날까지 저에게 있을지어다 아멘."

1. 하나님의 권능의 증가(벧후 1:1-4)

"하나님과 우리 주 예수 그리스도를 앎으로 은혜와 평강이 너희에게 더욱 많을지어다 그의 신기한 능력으로 생명과 경건에 속한 모든 것을 우리에게 주셨으니 이는 자기의 영광과 덕으로써 우리를 부르신 자를 앎으로 말미암음이라"(벧후 1:2, 3).

특히 1장 3절의 "그의 신기한 능력으로 생명과 경건에 속한 모든 것을 우리에게 주셨으니"란 놀랄 만한 구절들을 주목하라. 미어즈(Henrietta Mears)는 이 영광스러운 말씀에 관해 말씀에 관해 다음과 같은 실례를 들었다.

"교수형 선고를 받은 죄인을 보라. 전령(傳令)이 와서 그에게 다음과 같은 말을 전했다고 상상해 보라. '총독이 당신의 처지를 생각하고 일천 달러가 든 지갑을 보내어 내가 가져왔습니다.' 죄수는 「그것이 나에게 무슨 도움이 되겠습니까? 나는 내일이면 처형당하기로 되어 있습니다」라고 말할 것이다. '그리고 전할 말이 또 있습니다. 총독은 당신의 처지를 동정하고 백만 달러짜리 토지 증서를 당신에게 보냈습니다.' 그 사형수는 자포자기하여 고개를 흔들며 말했다. 「그것이 나에게 무슨 소용이 있습니까? 나는 내일 교수형을 당해야만 합니다.」 그러나 전령은 계속해서 말을 했다. '잠깐 전할 말이 또 있습니다. 총독께서 특별한 호의를 베풀어 친히 즉위할 때 입었던 옷을 당신이 입도록 주셨습니다.' 그 사형수는 갑자기 눈물을 흘리며 다음과 같이 말했다. 「당신은 나를 놀리려고 하십니까? 총독의 옷을 입고 어떻게 교수대 위에 선다는 말입니까?」 그때 전령은 말했다. '기다리시오. 또 한 가지 더 전할 말이 있습니다. 총독이 당신에게 사면장을 보냈습니다. 이것에 대해 당신은 무슨 말을 하겠습니까?' 비참한 죄수는 그를 바라보며 그것을 믿지 못하겠다고 말한다. 그러나 전령은 그 위에 관인이 찍히고 총독이 서명한 사면장을 건네준다.

그때 죄수는 뛸 듯이 기뻐했고 그의 뺨에서는 감사의 눈물이 흘러내린다. 이때 전령은 다음과 같이 말한다. '내 용무는 아직 끝나지 않았습니다. 나는 당신에게 사면장과 돈이 든 지갑과 토지 증서와 당신의 것인 총독의 옷을 가져왔습니다.' 이것이 바로 하나님께서 자기 아들인 그리스도 안에서 우리에게 주신 '모든 것'이다. 이러한 것들을 소유한 그리스도인을 무찌를 수 있는 것은 아무것도 없다. 내가 날마다 그리고 하루 종일 이 세상에서 무서운 죄를 피하는 길은 그분의 성품을 함께 나누어 갖고 그분이 내 안에 살게 하는 것이다. 위대하고 귀중한 약속을 붙들라. 이것을 통해 당신은 하나님의 성품을 함께 나누어 가질 수 있다"(『성경은 무엇에 대해 말하는가』(*What the Bible is All About*), pp. 622-633).

이러한 "주의 위대하고 귀중한 약속"이란 무엇인가? 그것은 전적으로 하나님의 말씀에 나타난 영광스러운 교리적 사실을 가리킨다. 베드로는 이 모든 것이 "하나님을 앎으로 말미암음이라"고 말한다. 이 지식은 하나님의 말씀에 대한 지식이다. 얕은 지식은 피상적인 그리스도인을 만든다.

2. 하나님의 자녀가 더해야 할 것(벧후 1:5-9)

"이러므로 너희가 더욱 힘써 너희 믿음에 덕을… 공급하라"(벧후 1:5).
베드로는 이제 신자가 확장하고 개발해야 할 일곱 가지 자질들을 나열한다. 이것들은 다음과 같다.

1. 덕

이 자질은 "힘을 지닌 미덕"으로 묘사되어 왔다. 그것은 또한 하나님의 자녀가 드리는 하나님에 대한 찬양을 포함한다(벧전 2:9).

베드로후서

하나님의 계획의 성취

하나님의 권능의 증가(벧후 1:1—4)
하나님의 자녀가 더해야 할 것(벧후 1:5—9)
하나님의 소명의 실천(벧후 1:10—12)
하나님의 사도에 대한 계시(벧후 1:13—15)
하나님의 아들의 변용(벧후 1:16—18)
하나님의 말씀의 영감성(벧후 1:19—21)
하나님을 대적하는 자의 탈선(벧후 2:1—3:4)
과거 세계에 대한 하나님의 저주(벧후 3:5, 6)
현재 세계에 대한 하나님의 심판(벧후 3:7—12)
미래 세계에 대한 하나님의 새 창조(벧후 3:13—18)

2. 지식
이것은 도덕적 분별력에 대한 언급이다. 물론 이 분별력은 성경을 연구하는 데에서 온다.

3. 절제
자제(잠 16:32/25:28).

4. 인내
신실함, (그리고 자비로운) 인내.

5. 경건
하나님에 대한 바른 예배와 헌신.

6. 형제 우애
선한 행위.

7. 사랑
성도, 죄인, 성경, 그리스도에 대한 사랑.

이러한 기독교적 요소를 스스로에게 공급하라고 권고함으로써 베드로는 글자 그대로 누가복음 22장 31, 32절에서의 자신에 관한 예수님의 예언을 완성하고 있다.
"시몬아, 시몬아, 보라 사단이 밀 까부르듯 하려고 너희를 청구하였으나 그러나 내가 너를 위하여 네 믿음이 떨어지기 않기를 기도하였노니 너는 돌이킨 후에 〔여기서 예수님은 오순절에 있을 저 성령 강림을 언급하신다〕 네 형제를 굳게 하라."
이 모든 것의 결과에 주목하자.
"이런 것이 너희에게 있어 흡족한즉 너희로 우리 주 예수 그리스도를 알기에 게으르지 않고 열매없는 자가 되지 않게 하려니와"(벧후 1:8).
이 장은 "수학장"(math chapter)으로 일컬어져왔다.

1 곱셈
"은혜와 평강이 너희에게 더욱 많을지어다"(벧후 1:2).

2 덧셈
"믿음에 더해진"(벧후 1:5).

3 뺄셈
"그의 옛 죄를 깨끗하게 하심"(벧후 1:9).

3. 하나님의 소명의 실천(벧후 1:10–12)

"그러므로 형제들아 더욱 힘써 너희 부르심과 택하심을 굳게 하라 너희가 이것을 행한 즉 언제든지 실족지 아니하리라"(벧후 1:10).
베드로는 여기서 하나님으로부터 오는 '구원'과 하나님을 위한 '봉사'에 관한 필요한 확신을 가져야 한다고 말하고 있다. 만약 성도가 이 가운데 하나라도 의심을 한다면 하나님의 자녀로서의 능력을 잃어버리게 된다.

4. 하나님의 사도에 대한 계시(벧후 1:13–15)

"내가 이 장막에 있을 동안에 너희를 일깨워 생각하게 함이 옳은 줄로 여기노니 이는 우리 주 예수 그리스도께서 내게 지시하신 것같이 나도 이 장막을 벗어날 것이 임박한 줄을 앎이라 내가 힘써 너희로 하여금 나의 떠난 후에라도 필요할 때는 이런 것을 생각하게 하려 하노라"(벧후 1:13–15).
베드로는 모세나(신 4:22/31:14) 바울처럼(딤후 4:6), 자신의 죽음이 임박했다는 것을 알았다(요 21:18). 그는 자신의 죽음을 "나의 떠남"으로 언급하고 있다(벧후 1:15). 여기서 이 말은 사실상 "나의 사망"이며, 이 말은 예수님의 죽음을 묘사하는 데도 사용된다(눅 9:31).

5. 하나님의 아들의 변용(벧후 1:16–18)

"… 우리는 그의 크신 위엄을 친히 본 자라"(벧후 1:16).
여기에서 베드로는 언젠가 자신이 야고보와 요한과 함께 깜짝 놀랄 만하고 앞이 캄캄하며 혼비백산할 정도로 주 예수 그리스도의 모습이 변화하는 것을 보았던 영광스러운 순간을 회고하고 있다.

6. 하나님의 말씀의 영감성(벧후 1:19–21)

"또 우리에게 더 확실한 예언이 있어 어두운 데 비취는 등불과 같으니 날이 새어 샛별이 너희 마음에 떠오르기까지 너희가 이것을 주의하는 것이 가하니라 먼저 알 것은 경의 모든 예언을 사사로이 풀 것이 아니니 예언은 언제든지 사람의 뜻으로 낸 것이 아니요 오직 성령의 감동하심을 입은 사람들이 하나님께 받아 말한 것임이니라"(벧후 1:19–21).
이 세 구절은 확실히 하나님의 말씀이 갖는 중요성, 해석, 전달에 관련된 가장 심오한 어떤 의미를 내포하고 있다.

1. 하나님의 말씀의 중요성(벧후 1:19)

베드로는 우리에게 "더 확실한 예언"이 있다고 말한다. 그는 방금 놀라운 그리스도의 변용에 대해 묘사했지만, 이제 기록된 하나님의 말씀(성경)이 베드로가 그 산에서 목격한 증거보다도 성도들에게 더욱 분명한 확증이 된다는 것을 선포하고 있음을 우리는 주목해야 한다. 물론 이것은 그리스도인의 경험을 논박하는 것이 아니라, 그리스도인의 경험이 하나님의 말씀으로 확증되어야 한다는 의미이다. 여기에서 그리스도에 대한 베드로의 아름다운 묘사를 살펴보자.
"날이 새어 샛별이 너희 마음에 떠오르기까지."
'교회'에게 그분은 샛별이시다(계 22:16 참조). 그러나 '이스라엘'에 대해서 그분은 의로운 태양이 되신다(말 4:2).

2. 하나님의 말씀의 해석(벧후 1:20)

이 구절은 성경의 어느 한 구절도 나머지 31, 172개의 성경 구절과 분리시켜 그 자체로 풀이되어서는 안 된다는 것을 말하고 있다.
1 **대리 침례(세례)를 고린도전서 15장 29절에서 가르치고 있지는 않다**(다른 어떤 것은 가르칠 수 있더라도). 왜냐하면 성경의 다른 구절도 이것을 확증하고 있지 않기 때문이다.
2 **침례(세례)를 통한 중생에 대해 사도행전 2장 38절로부터 우리는 결론을 내릴 수가 없다.** 왜냐하면 성경의 다른 많은 구절이 분명하게 그것을 논박하고 있기 때문이다. 문맥을 무시하고 해석된 본문은 하나의 '구실'에 불과하다.

3. 하나님의 말씀의 전달(벧후 1:21)

여기에서 우리는 돛단배가 바람에 움직이듯이 성경 기자는 성령의 감동을 받는다는 것을 알게 된다. 그들은 혼수상태나 몽롱한 상태에 있었던 것이 아니라 주위에서 일어나고 있는 일에 대해 완전히 알고 있었다(딤후 3:16 / 눅 1:70 / 행 3:18 참조). 여기에 나타난 마지막 사상은, 태초에 말씀을 주었던 동일한 성령께서 이제 오늘날 하나님의 사람에게 그리고 그들을 통해 그것을 가르치고자 한다는 것이다(고전 2:9-16 / 요 14:26 / 16:13, 14 참조).

7. 하나님을 대적하는 자의 탈선(벧후 2:1-3:4)

1. 이러한 대적들의 정체

1 과거

(1) 범죄한 천사(벧후 2:4)

대 반역을 꾀하는 동안(사 14:12-15 / 겔 28:11-19 / 계 12:3, 4) 사단을 편들던 천사들은 물론 언젠가 사단과 더불어 하나님의 심판을 받게 될 것이다. 그러나 이 구절에서 베드로는 자기들이 본래 범했던 부정에 창세기 6장 1-5절에 묘사된 죄를 더했던 타락한 천사들로 이루어진 특수한 무리를 염두에 두고 있다고 많은 사람들은 믿고 있다. 결과적으로 이 사악한 영들은 이미 "어두운 구덩이에 두어 심판 때까지 지키게 하셨다" (삿 1:6 참조).

(2) 노아 시대의 사람들(벧후 2:5)

"옛 세상을 용서치 않으시고… 경건치 아니한 자들의 세상에 홍수를 내리셨으며."

여기에서 "홍수"에 대한 헬라어는 『카타클루스모스』(kataklusmos)이며 이것은 "물로 덮친다"는 의미이다. 영어의 'cataclysmic'(대홍수의 격변의)은 이 말에서 유래한다.

(3) 롯 시대의 사람들(벧후 2:6—9)

"소돔과 고모라 성을 멸망하기로 정하여 재가 되게 하사"(벧후 2:6).

여기에서 "멸망"(overthrow)에 대한 헬라어는 『카타스트레포』(katastrepho)이며 이것은 위 아래로 돌려서 '던지는' 행위를 가리킨다. 영어의 'catastrophe'(파멸, 대재해)는 여기에서 유래한다(창 19장/삿 7장 참조).

이 구절에서(벧후 2:6—9) 우리는 창세기 19장의 설명에 기록되어 있지 않은 롯에 관한 어떤 사실이 첨가되는 것을 보게 된다.

① 그의 '구원'에 관한 사실

그는 곧고 의롭다고 일컬어진다. 구약성경으로부터 이러한 사실을 끌어낸다는 것은 어려울 것이다.

"그러나 하나님의 견고한 터는 섰으니 인침이 있어 일렀으되 주께서 자기 백성을 아신다"(딤후 2:19).

② 그의 '영혼'에 관한 사실

우리는 그가 "날마다 저 불법한 행실을 보고 들음으로 그 의로운 심령을 상하니라"(벧후 2:8)는 구절을 본다. 또한 "무법한 자의 음란한 행실을 인하여 고통하는 의로운 롯을 건지셨으니"(벧후 2:7)란 구절에 주목하라. "괴로워하는"(vexed)이라는 동사는 이 구절에서 두 번 발견된다(개역 한글성경에서는 2장 7절이 "고통하는"으로, 2장 8절이 "상하는"으로 번역됨—역자 주). 이 말은 서로 다른 헬라어에서 유래한다. 2장 7절의 단어는 "피로로 지친, 일로 피곤한, 마음이 무거운"을 의미하는 『카타포네오』(kataphoneo)이며, 2장 8절의 단어는 "괴롭히는, 고문하는"을 의미하는 『바사니조』(basanizo)이다. 그리하여 타협을 통해 롯의 의로운 심령은 피로한 일과 잔인한 고통에 굴복당했다.

③ 그의 '구세주'에 대한 사실

"주께서 경건한 자는 시험에서 건지시고…아시느니라"(벧후 2:9/참조, 창 19:15, 17, 22/시 34:15, 17, 19/고전 10:13).

주님께서는 지상 사역 중에 최후의 심판 바로 직전에 나타나게 될 상태를 예증하기 위해 노아와 롯에 대한 역사적인 설명을 이용하셨다.

"노아의 때에 된 것과 같이 인자의 때에도 그러하리라 노아가 방주에 들어가던 날까지 사람들이 먹고 마시고 장가들고 시집가더니 홍수가 나서 저희를 다 멸하였으며 또 롯의 때와 같으리니 사람들이 먹고 마시고 사고 팔고 심고 집을 짓더니 롯이 소돔에서 나가던 날에 하늘로서 불과 유황이 비오듯 하여 저희를 멸하였느니라 인자의 나타나는 날에도 이러하리라"(눅 17:26—30).

여기에서 롯은 심판 직전에 구원받은 교회의 상징인 반면, 노아는 심판 중에 보존될 이스라엘의 예시라고 말할 수 있다.

(4) 거짓 선지자

"민간에 거짓 선지자가 일어났었으니…저희가 바른 길을 떠나 미혹하여…발람의 길을 좇는도다 그는 불의의 삯을 사랑하다가"(벧후 2:1, 15).

발람의 배경에 대해서는 민수기 22−24장을 참조하라. 그는 돈이면 무슨 일이든지 하는 삯꾼 선지자였다. 그는 또한 유다서 1장 11절과 요한계시록 2장 14절에서도 언급된다.

2 미래

(1) 거짓 교사

"이와 같이 너희 중에도 거짓 선생들이 있으리라"(벧후 2:1)

(2) 조롱하는 자

"먼저 이것을 알지니 말세에 기롱하는 자들이 와서 자기의 정욕을 좇아 행하며 기롱하여"(벧후 3:3).

2. 이러한 대적들의 불법

이러한 대적들은 어떻게 알아볼 수 있는가? 그들의 표식은 무엇이며 그들의 주장은 무엇인가? 사도 베드로는 이 저주받은 존재에 대해 26가지나 되는 특징들을 나열하고 있다.

1 그들은 파괴적인 이단을 끌어들인다.

이러한 이단은 진리와 함께 그리고 나란히 소개된다. 순우유 한 통에 넣은 소량의 극약은 표시가 된 한 병의 극약보다 훨씬 더 위험하다. 왜냐하면 이 치명적인 우유는 훨씬 후에야 거기에 독이 들어 있었다는 사실이 인식되기 때문이다(벧후 2:1).

2 그들은 자기들을 사신 주(主)를 부정한다.

이 짧은 구절은 제한적 대속 교리를 완전히 논박한다(벧후 2:1).

3 그들은 진리의 도를 훼방한다(벧후 2:2).

이런 행위를 할 때 그들은 수많은 제자들을 자기에게로 모은다.

"여럿이 저희 호색하는 것을 좇으리니."

거짓 추종자들이 거짓 교사들을 따르게 될 것이다. 고린도전서 11장 19절은 왜 하나님께서 그 당시의 사교(邪敎)들을 허락하셨는지를 설명해 준다.

4 그들은 가능하다면 하나님의 진실한 선택을 미끼로 삼을 것이다.

"저희가 탐심을 인하여 지은 말을 가지고 너희로 이를 삼으니"(벧후 2:3).

"지은 말"(feigned words)로 번역된 구절은 헬라어로 『플라스토스』(plastos)이다. "plastic"(빚어 만들 수 있는)이란 말은 여기에서 유래한다. 베드로는 그들이 어떤, 혹은 모든 신학적 체계에 맞추기 위해 자기들의 말을 늘이거나 줄일 수 있음을 말하고 있다. 그러나 이단자들은 "저희 멸망이 자지 아니하므로" 심판을 받게 될 것이다(신 32:35 참조).

5 그들은 "육체를 따라 더러운 정욕 가운데서 행한다"(벧후 2:10).

6 그들은 온갖 주관하는 이를 멸시한다(지독하게 경멸한다)(벧후 2:10).

7 그들은 건방지고 고집세며 사람이나 천사들에 대해 어떤 관심이나 존경도 갖고 있지 않다(벧후 2:10).

8 그들은 사나운 짐승 같은 성질을 갖고 있다(벧후 2:12).

9 그들은 자기들이 배척하는 것에 대해 이해도 없이 비난한다(벧후 2:12).

10 그들은 타락한 쾌락주의적 철학으로 손상된다(벧후 2:13).

"낮에 연락을 기쁘게 여기는 자들이니."

"연락"(riot)에 대한 헬라어는 "부드러움, 나약함, 사치스러운 생활"을 의미하는 『트루페』(truphee)이다. 그들은 생업에 종사하지 않는다(행 17:21/딛 1:12/빌 3:19/살전 5:7 참조).

⑪ 그들은 그들의 사회에서 점과 흠이다(벧후 2:13).

⑫ 그들은 역사적인 기독교 안에 기원을 두는 체한다.

"너희와 함께 연회할 때에 저희 간사한 가운데 연락하여."

이것은 주의 만찬 이전에 초대교회에서 열었던 애찬에 대한 언급인 듯하다(고전 11:17－34).

⑬ 그들의 마음은 탐욕에 굶주려 있다(벧후 2:14).

그들은 매력적인 여인을 보기만 해도 마음 속으로 그 옷을 벗기게 된다.

⑭ 그들은 굳세지 못한 영혼들을 유혹한다(벧후 2:14).

⑮ 그들은 철저하게 물질주의적이다(벧후 2:14).

⑯ 그들은 저주의 자식이다(벧후 2:14).

⑰ 그들은 의로운 길을 완전히 저버린다(벧후 2:15).

⑱ 그들은 물 없는 샘이다(벧후 2:17).

⑲ 그들은 "광풍에 밀려가는 안개니 저희를 위하여 캄캄한 어두움이 예비되어"(벧후 2:17) **있다.**

웨스트 박사는 다음과 같이 쓰고 있다.

> "광풍(tempest)은 회오리 바람, 폭풍, 폭우, 돌풍을 의미하는 헬라어 『라이랍스』(lailaps)이다. 그것은 한 줄기 바람이나 일정하게 부는 바람이 아니라, 모든 것을 뒤죽박죽으로 만들며 사나운 돌풍 가운데 천둥치는 먹구름을 뚫고 쏟아지는 폭풍우이다"〔『이 최후의 날에』(*These Last Days*), p. 59〕.

⑳ 그들은 "허탄한 자랑의 말"을 토한다(벧후 2:18).

㉑ 그들은 색욕에 강한 자를 이용한다(벧후 2:18).

"미혹한 데 행하는 사람들에게서 겨우 피한 자들을 음란으로써 육체의 정욕의 중에서 유혹하여."

즉, 그들은 달리 피할 수도 있을 사람들의 파멸의 구덩이를 판다.

㉒ 그들은 장님을 인도하는 장님이다(벧후 2:19).

"자유를 준다 하여도 자기는 멸망의 종들이니 누구든지 진 자는 이긴 자의 종이 됨이니라."

주님은 지상에 계시는 동안 이러한 특징에 대해 적어도 두번은 언급하셨다.

"그냥 두어라 저희는 소경이 되어 소경을 인도하는 자로다 만일 소경이 소경을 인도하면 둘이 다 구덩이에 빠지리라"(마 15:14).

"화 있을진저 외식하는 서기관들과 바리새인들이여 너희는 교인 하나를 얻기 위하여 바다와 육지를 두루 다니다가 생기면 너희보다 배나 더 지옥 자식이 되게 하는도다"(마 23:15).

㉓ 그들의 "나중 형편이 처음보다 더 심하다"(벧후 2:20).

악마의 활동에 대한 주님의 놀랄 만한 설명 가운데 하나는 믿음의 대적에 대한 스물세번째 특징의 생생한 예증이 된다. 주님은 다음과 같이 말씀하신다.

"더러운 귀신이 사람에게서 나갔을 때에 물 없는 곳으로 다니며 쉬기를 구하되 얻지 못하고 이에 가로되 내가 나온 내 집으로 돌아가리라 하고 와 보니 그 집이 비고 소제되고 수리되었거늘 이에 가서 저보다 더 악한 귀신 일곱을 데리고 들어가서 거하니 그 사람의 나중 형편이 전보다 더욱 심하게 되느니라 이 악한 세대가 또한 이렇게 되리라" (마 12:43-45).

중생없이 회심이 되는 경우가 여기에 있다! 베드로는 그때 다음과 같은 결론을 내린다.

"의의 도를 안 후에 받은 거룩한 명령을 저버리는 것보다 알지 못하는 것이 도리어 저희에게 나으니라"(벧후 2:21).

그리스도께서 이 주제에 관해 귀한 말씀을 하셨음을 우리는 다시 주목해야 한다.

"주인의 뜻을 알고도 예비치 아니하고 그 뜻대로 행치 아니한 종은 많이 맞을 것이요 알지 못하고 맞을 일을 행한 종은 적게 맞으리라 무릇 많이 받은 자에게는 많이 찾을 것이요 많이 맡은 자에게는 많이 달라 할 것이니라"(눅 12:47, 48).

24 그들은 더러운 돼지와 개 같다(벧후 2:22).

"개가 그 토하였던 것에 돌아가고 돼지가 씻었다가 더러운 구덩이에 도로 누웠다."

베드로는 여기에서 그리스도인이 그의 구원을 잃어버릴 수 있다는 사실을 가르치고 있는가? 그렇지 않다. 베드로전서 1장 3-5절에서 영원한 보증에 대해 그가 진술하는 것을 참조하라. 하나님께서 신자를 돼지나 개로 부른 곳은 성경의 어디에도 없다. 이러한 짐승들은 바로 거짓 교사들이다!

25 그들은 주님의 재림을 비웃고 다가오는 심판을 부인한다.

"주의 강림하신다는 약속이 어디 있느뇨 조상들이 잔 후로부터 만물이 처음 창조할 때와 같이 그냥 있다"(벧후 3:4).

26 그들은 하나님의 세상과 하나님의 말씀에 드러난 그러한 진리에 대해 철저하고도 영원히 마음을 닫는다.

"저희가 부러 잊으려 함이로다"(벧후 3:5).

그러므로 불가지론자는 "나는 믿을 수 없다"고 말하는 자가 아니라 오히려 "나는 결코 믿지 않을 것이다!"라고 말하는 자이다. 그들에게는 변명의 여지도 없다(롬 1:18-20 참조).

8. 과거 세계에 대한 하나님의 저주(벧후 3:5, 6)

"하늘이 옛적부터 있는 것과 땅이 물에서 나와 물로 성립한 것도 하나님의 말씀으로 된 것을 저희가 부러 잊으려 함이로다 이로 말미암아 그때 세상은 물의 넘침으로 멸망하였으되"(벧후 3:5, 6).

"땅이 물에서 나와 물로 성립한 것"이란 구절은 창세기 1장 7절 말씀을 가리키는 것일 수도 있다.

"하나님이 궁창을 만드사 궁창 아래의 물과 궁창 위의 물로 나뉘게 하시매 그대로 되니라."

수많은 성경학자들은 대홍수 직전에 지금의 바닷물이 보이지 않는 다량의 수증기 형태로 대기권 상층에 떠 있었다는 「궁창 이론」(canopy theory)을 옹호해 왔다. 따라서 창조의 둘째날 이미 하나님께서는 노아 시대에 사용하게 될 물의 심판을 예비하셨다는 것이다. 대기권에 있던 이 물은 그때 창세기 7장 11절에 기록되어 있는 것처럼 아래로 쏟아졌다. "넘쳐흐르다"란 말은 헬라어로 『카타클루조』(katakluzo)이다. 영어의 "cataclysm"(대홍수, 격변)은 이 말에서 유래한다.

9. 현재 세계에 대한 하나님의 심판(벧후 3:7—12)

이 구절에 관해 서술하는 데 모리스(Henry Morris) 박사처럼 적격인 사람은 거의 없는 것 같다. 모리스는 「창조 연구소」(Institute for Creation Research)의 소장이다. 그는 다음과 같이 쓰고 있다.

"질문 : '핵무기의 폭발로 세계는 결국 멸망될 것인가?'

대답 : 40년대 세대는 1945년 8월, 히로시마에서의 가공할 만한 파괴를 묘사한 신문 1면의 믿을 수 없는 첫 제목을 여전히 기억하고 있다. 그때 최초의 원자 폭탄이 정체를 드러냈고 세계는 핵무기 시대로 접어들었다. 성경을 믿는 그리스도인들은 그때 베드로후서 3장 10절의 위대한 예언을 생각해냈던 것을 기억한다.

'주의 날이 도적같이 오리니 그날에는 하늘이 큰 소리로 떠나가고 체질이 뜨거운 불에 풀어지고 땅과 그 중에 있는 모든 일이 드러나리로다.'

그렇다. 세상은 원자폭탄의 폭발로 이루어질 대격변의 파괴를 마침내 실제적으로 경험할 것이다. 위의 구절에서 「체질」(elements)로 번역된 말의 헬라어는 사실상 물질의 기본 단위를 의미한다. 그것은 현대의 화학 원소에 대한 과학적 개념과 서로 상응한다. 「풀어진」(melt)으로 옮겨진 말은 '산산조각이 나다'를 의미한다. 「떠나가다」(pass away)란 구절은 '멸절되다'를 의미하는 것이 아니라 오히려 '시야에서 사라지다'를 나타낸다. 「하늘」은 별이 아니라 '창공' 혹은 '공중'이다. 결국 「큰 소리」와 「뜨거운 불」은 본질적으로 핵 폭발과 관련이 있다.

그러므로 베드로의 예언은 당연히 최후의 대격변을 묘사하고 있다. 그때는 지구 자체가 그 대기와 함께 거대한 핵연쇄 반응을 경험하며 가공할 핵 무기의 폭발로 멸망할 것이다.

성경에 그러한 놀라운 예언이 존재한다는 것은 영감론에 대한 증거이다. 물질이 에너지로 전환될 수 있다는 과학적 발견은 20세기 과학의 가장 위대한 승리 가운데 하나이다. 핵 분열이 '뜨거운 불'을 낳는다는 이 평범한 예언은 1,900년 동안 성경에 간직되어 있었다."

사실 성경에는 물질과 에너지의 근본적인 동등성을 가리키는 수많은 다른 언급들이 있다. 그리고 또한 "물질"의 구조적 결합이 원자의 신비한 "결합 에너지"인 비물질적인 어떤 것에 의해 유지된다는 더 놀랄 만한 사실도 성경에는 많이 언급되어 있다.

가령, 베드로는 현재의 하늘과 땅이 말씀, 즉 처음 그것을 창조했던 것과 동일한 전능한 말씀으로 채워져 있다(즉, 보존되거나 보호되고 있다)고 말하고 있다(벧후 3:7). 이와 유사하게 히브리서 1장 3절은 창조주인 주 예수 그리스도께서 이제 "그 능력의 말씀으로 만물을 붙드신다"고 말한다.

"만물"은 "능력", 즉 "에너지"에 의해 유지된다. 마찬가지로 바울은 "만물이 그리스도 안에 함께 섰느니라"(골 1:17)고 말하고 있다.

마침내 성경은 "세상"(즉, "시공의 우주")이 하나님의 말씀으로 만들어졌으므로 "보이는 것은 나타난 것으로 말미암아 된 것이 아니라"고 우리에게 말한다(히 11:3). 이것들은 성경에 대한 과학적 통찰의 수많은 예증들 가운데 일부에 불과하다. 물론 그러한 예는 현대 교과서에 있는 기술적 용어로 표현되지는 않았지만, 그 용어 이면에 감추어진 기본 진리를 분명히 표현하고 있다.

더구나 이 인용 구절에는 물질의 본질적인 비기계적 성질에 대한 기본적 사실이 언급되어 있을 뿐만 아니라 원자핵을 서로 결합시키는 핵력과 결합 에너지의 실제적 정체와 근원이 언급되어 있다. 그러한 힘의 근원이 바로 그리스도 자신인 것이다! 그분은 우주의 전능한 창조자이며 그것을 유지하는 분이시다!

"바울이 다음과 같이 말하는 것은 놀라운 일이 아니다.

'그는 우리 각 사람에게서 멀리 떠나 계시지 아니하도다 우리가 그를 힘입어 살며 기동하며 있느니라'(행 17:27, 28).

우리 몸의 원자는 주 예수 그리스도에 의해 끊임없는 핵분열로부터 보존된다. 인간이 자신의 기원과 운명에 관한 무익한 생각을 짜내는 데 사용되는 뇌세포는 자기를 창조했던 '말씀'을 부정하지만, 그것들은 그들이 불신앙으로 끊임없이 모독하는 '하나님'에 의해 보존된다. 만약 그분이 잠시 동안만이라도 자신의 은혜로운 지탱력을 포기해 버린다면 전 세계는 혼돈의 세계로 붕괴될 것이다.

그리고 사실 그 일은 언젠가는 분명히 일어날 것이다! 그분의 진노한 얼굴과 능욕당한 그분의 은혜 및 자비로부터 '땅과 하늘이 그 앞에서 피하여 간 데 없었다'(계 20:11). 원자 붕괴의 화염으로 인하여 지구를 물리적 격변, 기나긴 세월에 걸친 모든 저주의 효력은 영원히 일소될 것이다. 그리고 저주를 가져왔던 것, 즉 악마와 그 무리들, 그리고 하나님의 말씀과 예수 그리스도 안에서의 그분의 위대한 구원을 부인하거나 무시하는 모든 자들의 인격 가운데 있는 반역과 죄는 하나님의 임재와 구속받은 자들로부터 영원히 분리될 것이다(계 20:10-15/살후 1:9).

그리고 그때 하늘과 더불어 땅은 다시 새롭게 만들어질 것이다!

'우리는 그의 약속대로 의의 거하는 바 새 하늘과 새 땅을 바라보도다'(벧후 3:13).

주 예수께서는 '보라 내가 만물을 새롭게 하노라'(계 21:5)고 말씀하신다. 하나님의 말씀이라는 태초의 창조적 힘은 한번 더 발휘될 것이며, '만유를 회복하실 때'(행 3:21)가 올 것이다. 하나님께서는 모든 시대를 통해 믿음 있는 자의 기도에 답하실 것이다. 그때 그들은 다음과 같이 기도한다.

'나라이 임하옵시며 뜻이 하늘에서 이룬 것같이 땅에서도 이루어지이다'(마 6:10).

오늘날 사람들이 감히 하나님의 말씀을 의심하고 그분의 자비로운 용서와 구원의 은사를 무시하는 것은 얼마나 지독하고 미친 짓 같은 어리석음인가!

'천지는 없어지겠으나 내 말은 없어지지 아니하리라'고 예수께서는 말씀하셨다(마 24:35).

'이 세상도 그 정욕도 지나가되 오직 하나님의 뜻을 행하는 이는 영원히 거하느니라'(요일 2:17)"〔『성경은 해답을 준다』(*The Bible Has the Answer*), pp. 344－346〕.

10. 새 창조(벧후 3:13－18)

우리는 그의 약속대로 의의 거하는 바 새 하늘과 새 땅을 바라보도다 (벧후 3:13).

야고보서

● 야고보는 예수님의 제일 큰 이복 동생이었다(막 6:3/마 13:55). 그는 유다서를 쓴 유다의 친 형이었다.

● 야고보는 예수께서 부활하시기 전에는 불신자였다(요 7:3－10).

● 그리스도께서는 그때 그에게 나타나셨다(고전 15:7). 그는 후에 오순절을 기다리고 있는 다락방에 나타난다(행 1:14).

● 그는 예루살렘 교회의 첫 사역자가 되었다(행 12:17/15:13/갈 2:1, 9, 10, 12).

● 그의 서신은 주후 약 45년경에 기록된 신약성경의 가장 초기 서신인 듯하다. 교회라기보다는 오히려 회당이 집회 장소로 언급된다(약 2:2 참조). 이 서신은 교회가 여전히 유대교의 범위 안에 있었을 때 씌어졌다.

● 이것은 신약성경 가운데 가장 유대적인 책이다. 영거는 다음과 같이 쓰고 있다.

"만약 그리스도에 대해 언급한 여러 구절들이 제거된다면 이 서신들은 신약성경에서 그런 것처럼 구약성경의 정경에 포함되어도 손색이 없을 것이다. 사실 이 서신은 그리스도의 복음에 비추어서 구약의 율법과 산상수훈을 해석한 것이라 말할 수 있다"〔『엉거 성경 편람』(*Unger's Bible Handbook*), p. 783〕.

● "그는 으레 선량한 사람으로 알려졌으며, 고향 사람들은 그를 '의로운 자'라 불렀다. 그는 무릎을 꿇고 기도하는 데 너무나 많은 시간을 보냄으로써 그의 무릎은 약대의 무릎처럼 딱딱한 못이 박히게 되었다고 한다. 그는 결혼을 했던 것으로 생각된다(고전 9:5)"〔『할레이 성경 편람』(*Halley's Bible Handbook*), p. 657〕.

● 야고보는 유다처럼 자신과 그리스도와의 혈연 관계를 지적함으로써 직위를 이용한 강요는 하지 않는다. 그는 단순히 자신을 "하나님과 주 예수 그리스도의 종"(약 1:1)으로 언급한다.

● '야고보'라는 헬라어는 가장 고귀한 자질을 뜻하는 말이다.

● 야고보서에는 구약에 대한 직접적인 인용이 네 번에 불과하지만, 구약에 대해서는 적어도 쉰세 번 언급하고 있다.

● 예수님처럼 야고보는 구약의 인물이나 성격을 실례로 사용하기를 좋아했다.

<구약의 인물>

(1) 아브라함(약 2:21)

(2) 이삭(약 2:21)

(3) 라합(약 2:25)

(4) 욥(약 5:11)

(5) 엘리야(약 5:17)

<자연의 영역>

(6) 바람에 밀려 요동하는 바다 물결(약 1:6)

(7) 마른 풀과 시든 꽃(약 1:10, 11)

(8) 불(약 3:5)

(9) 샘물(약 3:11)

(10) 무화과나무와 감람나무(약 3:12)

(11) 씨 뿌림과 수확(약 3:18)

(12) 이른 비와 늦은 비(약 5:7)

(13) 가뭄(약 5:17)

● 어떤 사람은 야고보와 바울 사이에 모순점이 있다고 생각해 왔다. 마르틴 루터도 그렇게 생각하여 이 책을 "보잘것없는 서신"으로 언급했다!

야고보—"이로 보건대 사람이 행함으로 의롭다 하심을 받고 믿음으로만 아니니라"(약 2:24).

바울—"너희가 그 은혜를 인하여 믿음으로 말미암아 구원을 얻었나니 이것이 너희에게서 난 것이 아니요 하나님의 선물이라 행위에서 난 것이 아니니 이는 누구든지 자랑치 못하게 함이니라"(엡 2:8, 9).

루터와 그 외의 사람들은 물론 이러한 결론에 대해 오류를 범했다. 여기에는 어떤 모순도 없다.

바울은 "하나님 앞에서의 칭의"에 대해 말한다.

야고보는 "인간 앞에서의 칭의"를 묘사한다.

바울은 우리가 "믿음을 통해" 의롭게 된다고 말한다.
야고보는 우리가 "행함으로" 인해 의롭게 된다고 말한다.
바울은 칭의의 "근원"에 대해 관심이 있다.
야고보는 칭의의 "결과"에 대해 관심이 있다.
"믿음만이 구원하지만 구원하는 믿음만이 유일한 것은 아니다"고 말한 사람은 바로 칼빈(John Calvin)이었다.

더구나 어떤 때는 바울이 행위를 강조하는 반면에(딤전 6:18/딛 3:8/엡 2:10) 야고보는 믿음을 강조한다(약 2:5).

● 야고보는 바울이 다메섹 도상에서 회심한 후 처음으로 예루살렘 전도 여행을 하던 중에 그를 만났다(갈 1:18, 19).

● 그는 또한 사도 바울이 마지막으로 예루살렘을 여행한 기간 중에 그와 의논했다(행 21:18−25).

● 전설에 의하면 예루살렘이 멸망되기 직전에 수많은 유대인들이 그리스도를 영접하고 있는 동안, 대제사장 안나스는 산헤드린 공회를 소집하고 야고보에게 그리스도가 이스라엘의 메시야임을 공적으로 부인하라고 명했다. 이를 거절했다는 이유로 그는 성전 꼭대기에서 아래로 던져졌다. 그로 인해 거의 죽을 지경에 이르렀을 때 그는 돌에 맞아 죽었다고 한다.

● "온전한"이란 말이 야고보서에서 여러 번 발견된다. 그것은 "성숙"을 의미하는 헬라어 『텔레이오스』(teleios)에서 유래한다. 이 말은 야고보서의 개요를 전개시키는 데 사용될 것이다.

1. 고난은 성숙한 인간을 만든다(약 1:1−20)

1. 고난의 근원

"내 형제들아 너희가 여러 가지 시험을 만나거든 온전히 기쁘게 여기라"(약 1:2).
"시험을 참는 자는 복이 있도다"(약 1:12).
이 구절들은 두 종류의 고난을 말한다.

[1] 시험(test)의 고난

이것은 하나님으로부터 오며 우리 안에 가장 좋은 것을 주시기 위해 주어진다! 다음을 주목하라.
"그 일 후에 하나님이 아브라함을 시험하시려고 그를 부르시되…그가 가로되 내가 여기 있나이다 여호와께서 가라사대 네 아들 네 사랑하는 독자 이삭을 데리고 모리아 땅으로 가서 내가 네게 지시하는 한 산 거기서 그를 번제로 드리라"(창 22:1, 2/참조, 히 11:17).
"네 하나님 여호와께서 이 사십 년 동안에 너로 광야의 길을 걷게 하신 것을 기억하라 이는 너를 낮추시며 너를 시험하사 네 마음이 어떠한지 그 명령을 지키는지 아니 지키는지 알려 하심이라"(신 8:2/참조, 신 8:3).
"모세가 백성에게 이르되 두려워 말라 하나님이 강림하심은 너희를 시험하고 너희로

야고보서

고난은
성숙한 인간을 만든다(약 1:1—20).
"내 형제들아 너희가 여러 가지 시험을 만나거든 온전히 기쁘게 여기라"(약 1:2).

성경 연구는
성숙한 인간을 만든다(약 1:13—17, 19, 20, 22—25).
"능히 너희 영혼을 구원할 바 마음에 심긴 도를 온유함으로 받으라"(약 1:21).

성실은
성숙한 인간을 만든다(약 2:1—13).
"누구든지 온 율법을 지키다가 그 하나에 거치면 모두 범한 자가 되나니"(약 2:10).

그리스도인의 봉사는
성숙한 인간을 만든다(약 2:14—26).
"영혼없는 몸이 죽은 것같이 행함이 없는 믿음은 죽은 것이니라"(약 2:26).

건전한 말은
성숙한 인간을 만든다(약 3:1—18/1:26, 27).
"우리가 다 실수가 많으니 만일 말에 실수가 없는 자면 곧 온전한 사람이라 능히 온 몸도 굴레 씌우리라"(약 3:2).

하나님에 대한 순종은
성숙한 인간을 만든다(약 4:1—17).
"그런즉 너희는 하나님께 순복할지어다"(약 4:7).

자기 희생은
성숙한 인간을 만든다(약 5:1—6).

견실함은
성숙한 인간을 만든다(약 5:7—11).

간구는
성숙한 인간을 만든다(약 5:12—18).

영혼 구원은
성숙한 인간을 만든다(약 5:19, 20).

경외하여 범죄치 않게 하려 하심이니라"(출 20:20).
"너희가 이제 여러 가지 시험을 인하여 잠간 근심하게 되지 않을 수 없었으나 오히려 크게 기뻐하도다"(벧전 1:6)

2 유혹(temptation)의 고난
이것은 세상과 육신을 이용하는 마귀로부터 오며 우리 안에 가장 사악한 것이 임하도록 하기 위해 온다.
"사람이 시험을 받을 때에 내가 하나님께 시험을 받는다 하지 말지니 하나님은 악에게 시험을 받지도 아니하시고 친히 아무도 시험하지 아니하시느니라 오직 각 사람이 시험을 받는 것은 자기 욕심에 끌려 미혹됨이니"(약 1:13, 14/참조, 창 3:1-6/마 4:1/고전 11:3, 4).
결론적으로 시험과 유혹은 동전의 양면이라고 말할 수 있다. 이것은 하나님과 마귀가 동일한 사건을 통해 한편은 신자를 정결케 하고 다른 한편은 신자를 타락시킴으로써 그들의 삶 가운데 작용할 수 있음을 말한다(욥 1, 2장 참조).

2. 고난의 특징
1 고난은 흔히 우리에게 갑자기 닥친다.
"너희가 시험을 만나거든…"(약 1:2).
2 시험은 확실하다. 야고보는 "너희가 만난다면"(if you fall)이 아니라 "너희가 만나거든"(When you fall)이라고 말한다.
3 고난은 구분된다.
"여러 가지 시험으로."
고난의 종류에는 금전적이고, 육체적이며, 영적이고, 정신적이며, 사회적인 시험 등이 있다.

3. 고난의 목적
우리가 이미 살펴보았듯이 하나님께서는 모든 고난을 우리 인생에 일으키거나 허락하신다. 그분은 왜 이러한 일을 행하시는가?
1 고난은 이 땅에서 인내를 만들어내기 때문이다.
"이는 너희 믿음의 시련이 인내를 만들어 내는 줄 너희가 앎이라 인내를 온전히 이루라 이는 너희로 온전하고 구비하여 조금도 부족함이 없게 하려 함이라"(약 1:3, 4).
2 고난은 하늘에서의 상급을 약속하기 때문이다.
"시험을 참는 자는 복이 있도다 이것에 옳다 인정하심을 받은 후에 주께서 자기를 사랑하는 자들에게 약속하신 생명의 면류관을 얻을 것임이니라"(약 1:12).

4. 고난에 대한 태도
신자는 시험과 재난에 대해 어떻게 응답해야 하는가?
"내 형제들아 너희가 여러 가지 시험을 만나거든 온전히 기쁘게 여기라"(약 1:2/참조, 마 5:12/벧전 1:6/4:12-14).

2. 성경 연구는 성숙한 인간을 만든다(약 1:17, 18, 21—25)

이 구절은 네 가지 보배로운 진리를 제시한다.

1. 하나님 아버지께서 우리에게 성경책을 주신다

"각양 좋은 은사와 온전한 선물이 다 위로부터 빛들의 아버지께로서 내려오나니 그는 변함도 없으시고 회전하는 그림자도 없으시니라"(약 1:17).

2. 성경은 우리에게 새로운 탄생을 허락한다

"그가 그 조물 중에 우리로 한 첫 열매가 되게 하시려고 자기의 뜻을 좇아 진리의 말씀으로 우리를 낳으셨느니라… 그러므로 모든 더러운 것과 넘치는 악을 내어버리고 능히 너희 영혼을 구원할 바 마음에 심긴 도를 온유함으로 받으라"(약 1:18, 21).

능희 너희 영혼을 구할 바 마음에 심긴 도를 온유함으로 받으라(약 1:21).

3. 그러므로 신자는 성경을 주의깊게 읽어야 한다

"자유하게 하는 온전한 율법을 들여다보고 있는 자는 듣고 잊어버리는 자가 아니요 실행하는 자니 이 사람이 그 행하는 일에 복을 받으리라"(약 1:25).

4. 그러므로 신자는 성경을 주의깊게 행해야 한다

"너희는 도를 행하는 자가 되고 듣기만 하여 자신을 속이는 자가 되지 말라"(약 1:22).

3. 성실은 성숙한 인간을 만든다(약 2:1—13)

1. 불성실의 뿌리(약 2:1–8)
이것의 근원은 부유한 자에 대한 편애이다.
"만일 너희 회당에 금가락지를 끼고 아름다운 옷을 입은 사람이 들어오고 또 더러운 옷을 입은 가난한 사람이 들어올 때에 너희가 아름다운 옷을 입은 자를 돌아보아 가로되 여기 좋은 자리에 앉으소서 하고 또 가난한 자에게 이르되 너는 거기 섰든지 내 발등상 아래 앉으라 하면 너희끼리 서로 구별하며 악한 생각으로 판단하는 자가 되는 것이 아니냐"(약 2:2–4).

2. 불성실의 결과(약 2:9–13)
"만일 너희가 외모로 사람을 취하면 죄를 짓는 것이니 율법이 너희를 범죄자로 정하리라 누구든지 온 율법을 지키다가 그 하나에 거치면 모두 범한 자가 되나니"(약 2:9, 10).

4. 그리스도인의 봉사는 성숙한 인간을 만든다(약 2:14–26)

1. 문제
서론 부분에서 이미 지적했듯이 이 구절은 수많은 그리스도인들 사이에서 많은 물의를 일으켜 왔다. 야고보는 실제로 칭의의 문제에서 바울을 논박하고 있는가? 이것이 그의 목적인가? 그가 바울을 반박한다는 것은 곤란했을 것이다. 왜냐하면 야고보가 이것을 썼을 때, 바울은 수많은 서신들 가운데 아직 한 줄도 쓰지 않았기 때문이다!

2. 증거
"내 형제들아 만일 사람이 믿음이 있노라 하고 행함이 없으면 무슨 이익이 있으리요 그 믿음이 능히 자기를 구원하겠느냐…이와 같이 행함이 없는 믿음은 그 자체가 죽은 것이라 혹이 가로되 너는 믿음이 있고 나는 행함이 있으니 행함이 없는 네 믿음을 내게 보이라 나는 행함으로 내 믿음을 네게 보이리라 네가 하나님은 한 분이신 줄을 믿느냐 잘 하는도다 귀신들도 믿고 떠느니라 아아 허탄한 사람아 행함이 없는 믿음이 헛것인 줄 알고자 하느냐…이로 보건대 사람이 행함으로 의롭다 하심을 받고 믿음으로만 아니라"(약 2:14, 17–20, 24).
이 구절은 구원의 사실을 나타내는 것이 아니라 구원의 징조(표)를 표현하고 있다. 과자의 존재는 그것을 먹을 때 밝혀진다. 인간의 구원은 "유일하게" 그의 행위를 통해서 나타난다. 겸손하게 순종하는 신자는 실로 하나님 앞에서 성도로 간주될 수 있다. 그러나 그가 그리스도인의 봉사에 대해 말하고 그것을 행하기까지는 인간 앞에서 여전히 죄인이다.

3. 모범
야고보는 여기에서 자신의 관점을 실례로 들기 위해 구약 시대의 두 인물을 제시한다.

[1] 아브라함

"우리 조상 아브라함이 그 아들 이삭을 제단에 드릴 때에 행함으로 의롭다 하심을 받은 것이 아니냐"(약 2:21).
아브라함의 인생 연대기를 여기서 살펴보는 것도 중요하다. 그는 85세에 하나님 앞에서 의인으로 여겨졌다(창 15:6/16:16). 그는 거의 137세에 인간 앞에서 의인으로 여겨졌다(창 22:1—14/23:1).

[2] 라합

"또 이와 같이 기생 라합이 사자를 접대하여 다른 길로 나가게 할 때에 행함으로 의롭다 하심을 받은 것이 아니냐"(약 2:25).
라합의 '구원'은 여호수아서 2장 1—14절에 기록되어 있으며, 그녀의 '접대'는 2장 15, 16절에 나타나 있다.
라이리 박사는 다음과 같이 쓰고 있다.

> "행위가 없는 믿음은 참된 믿음이 아니므로 구원할 수 없다. 믿음과 행위는 두 장의 천국행 기차표와 같다. 믿음이 없는 행위의 차표는 통행에 쓸모가 없으며, 행위와 분리된 믿음의 차표는 효력이 없어진다"(『라이리 스터디 바이블』, p. 421).

5. 건전한 말은 성숙한 인간을 만든다(약 3:1—18/1:26, 27)

1. 말의 중요성

"우리가 다 실수가 많으니 만일 말에 실수가 없는 자면 곧 온전한 사람이라 능히 온 몸도 굴레 씌우리라"(약 3:2).
정확한 문맥을 고려해 볼 때 이것은 성경 전체에서 가장 심오하고 포괄적인 말씀 가운데 하나이다.

2. 혀에 대한 예증

[1] 우리의 혀는 말이 그 입에 물린 재갈을 통해 이끌려지는 것처럼 우리를 인도한다.
[2] 우리의 혀는 큰 배가 작은 키로 운전되는 것처럼 우리를 인도한다.

3. 혀의 부정적 사용

"이와 같이 혀도 작은 지체로되 큰 것을 자랑하도다 보라 어떻게 작은 불이 어떻게 많은 나무를 태우는가 혀는 곧 불이요 불의의 세계라 혀는… 온 몸을 더럽히고 생의 바퀴를 불사르나니 그 사르는 것이 지옥불에서 나느니라"(약 3:5, 6).
불이란 으레 처음에는 대수롭지 않다. 여기에서 우리는 혀의 무서운 파괴력이 바로 지옥에서 온다는 것을 알게 된다(약 3:14—16 참조).

4. 혀의 완고성

"여러 종류의 짐승과 새며 벌레와 해물은 다 길들므로 사람에게 길들었거니와 혀는 능히 길들일 사람이 없나니 쉬지 아니하는 악이요 죽이는 독이 가득한 것이라"(약 3:7, 8).
인간적으로 말해서 혀는 간단히 변화될 수 없다(약 3:7, 8/비교, 롬 3:13, 14). 부주의하고 악의에 찬 말에 의해 일어난 좌절과 고뇌는 영원한 세월이 흘러야만 밝혀질 것이다.

5. 혀의 모순성

"이것으로 우리가 주 아버지를 찬송하고 또 이것으로 하나님의 형상대로 지음을 받은 사람을 저주하나니 한 입으로 찬송과 저주가 나는도다 내 형제들아 이것이 마땅치 아니하리라 샘이 한 구멍으로 어찌 단 물과 쓴 물을 내겠느뇨 내 형제들아 어찌 무화과나무가 감람 열매를, 포도나무가 무화과를 맺겠느뇨 이와 같이 짠 물이 단 물을 내지 못하느니라"(약 3:9-12).

아마시스(Amasis)란 이집트 왕은 언젠가 자기 신께 희생 제물을 바치며 그 동물의 가장 좋은 부분과 가장 나쁜 부분을 돌려보내라고 제사장에게 청했다. 제사장은 왕이 말한 두 가지 요구를 상징하는 혀를 보냈다. 그리스도인들은 앵무새 같은 자신의 입버릇을 시골 장터에 팔아치우는 것을 주저하지 않는 삶을 살아야 한다!

6. 혀에 대한 교육

"너희 중에 지혜와 총명이 있는 자가 누구뇨 그는 선행으로 말미암아 지혜의 온유함으로 그 행함을 보일지니라…오직 위로부터 난 지혜는 첫째 성결하고 다음에 화평하고 관용하고 양순하며 긍휼과 선한 열매가 가득하고 편벽과 거짓이 없나니 화평케 하는 자들은 화평으로 심어 의의 열매를 거두느니라"(약 3:13, 17, 18).

6. 하나님에 대한 순종은 성숙한 인간을 만든다(약 4:1-7)

"그런즉 너희는 하나님께 순복할지어다"(약 4:7).

1. 우리는 다음과 같은 것을 피하기 위해 하나님께 순종해야 한다

[1] 정욕(약 4:1-3)
[2] 세상(약 4:4, 5)
[3] 마귀(약 4:6, 7)

2. 우리는 다음과 같은 것을 향유하기 위해 하나님께 순종해야 한다

[1] 하나님의 은혜

"그러나 더욱 큰 은혜를 주시나니 그러므로 일렀으되 하나님이 교만한 자를 물리치시고 겸손한 자에게 은혜를 주신다 하였느니라"(약 4:6).

[2] 하나님의 인도

"들으라 너희 중에 말하기를 오늘이나 내일이나 우리가 아무 도시에 가서 거기서 일 년을 유하며 장사하여 이(利)를 보리라 하는 자들아 내일 일을 너희가 알지 못하는도다 너희 생명이 무엇이뇨 너희는 잠간 보이다가 없어지는 안개니라 너희가 도리어 말하기를 주의 뜻이면 우리가 살기도 하고 이것저것을 하리라 할 것이거늘"(약 4:13-15).

③ 하나님의 선하심
"주 앞에서 낮추라 그리하면 주께서 너희를 높이시리라"(약 4:10).

7. 자기 희생은 성숙한 인간을 만든다(약 5:1-6)

8. 견실함은 성숙한 인간을 만든다(약 5:7-11)

1. 과거의 모범
"형제들아 주의 이름으로 말한 선지자들로 고난과 오래 참음의 본을 삼으라 보라 인내하는 자를 우리가 복되다 하나니 너희가 욥의 인내를 들었고 주께서 주신 결말을 보았거니와 주는 가장 자비하시고 긍휼히 여기는 자시니라"(약 5:10, 11).

2. 현재의 모범
"그러므로 형제들아 주의 강림하시기까지 길이 참으라 보라 농부가 땅에서 나는 귀한 열매를 바라고 길이 참아 이른 비와 늦은 비를 기다리나니"(약 5:7).

3. 미래의 모범
"너희도 길이 참고 마음을 굳게 하라 주의 강림이 가까우니라 형제들아 서로 원망하지 말라 그리하여야 심판을 면하리라 보라 심판자가 문 밖에 서 계시니라"(약 5:8, 9).

9. 간구(기도)는 성숙한 인간을 만든다(약 5:12-18)

"너희 중에 병든 자가 있느냐 저는 교회의 장로들을 청할 것이요 그들은 주의 이름으로 기름을 바르며 위하여 기도할지니라 믿음의 기도는 병든 자를 구원하리니 주께서 저희를 일으키시리라 혹시 죄를 범하였을지라도 사하심을 얻으리라 이러므로 너희 죄를 서로 고하며 병 낫기를 위하여 서로 기도하라 의인의 간구는 역사하는 힘이 많으니라"(약 5:14-16).

본문의 내용은 많은 의혹의 대상이 되어왔다.

1. 기름으로 병든 자를 바른다는 것은 무엇을 의미하는가?

① 부정적 견해
(1) 이것은 죽어가는 사람을 임종에 대비시키는 로마 카톨릭의 종부 성사를 가리키는 것이 아니다. 이 구절이 실제로 가리키는 바는 아픈 자를 장사지내는 것이 아니라 회복시키는 것이다!
(2) 이것이 신앙요법가들을 용인하는 것은 아니다. 그러나 우리는 교회의 몇몇 장로들이 여기에 관련되어 있음을 주목한다.

2 긍정적 견해

(1) 관련된 사람들

"교회의 장로들"(약 5:14).

우리가 이미 언급한 바와 같이 그들은 교회의 영적 지도자들이었다.

(2) 관련된 약

"기름을 바르며"(약 5:14).

여기에 사용된 헬라어는 고대 동방에서 일반적인 치료약으로 사용된 감람유를 뜻한다(사 1:6/눅 10:34 참조). 『인생 게임』(*The Game of Life*)이란 자신의 저서에서 로버츠(Roy Roberts)는 로스컵(James E. Rosscup) 교수의 말을 다음과 같이 인용하고 있다.

> "간단히 말해서 기름은 오늘날과 마찬가지로 고대에서도 치유적 가치가 있었다. 그러나 여기에서의 기름은 치유하시는 하나님의 기적적 사역을 상징하는 것으로 이해하는 것이 가장 정확하다. 그것이 좋은 의약적 효능을 가지고 있었다는 것은 분명하다. 그것은 양(시 23:5)과 같은 동물이나 사람(사 1:6)을 치유하는 능력을 갖고 있었다. 그리스도의 비유에 나오는 선한 사마리아인은 그가 구해준 사람의 상처에 기름을 발랐다(눅 19:34). 그러나 여러 가지 이유에서 그것은 야고보가 사용한 기름의 의미는 아니다. 비록 어떤 경우에는 치유의 효능이 있었다 하더라도 그것이 일반적으로 모든 병을 고치지는 못했을 것이다. 더구나 야고보는 15절에서 기름이 병든 자를 치유하거나 혹은 기름과 기도가 그의 병을 완쾌시키리라고 말하고 있는 것은 아니다. 특히 그는 '믿음의 기도는 병든 자를 구원하리니'라고 말하고 있으며 기름에 대해서는 어떤 주장도 하지 않는다. '저를 일으킬' 분은 기름이 아니라 바로 주님이시다. 기름을 바르는 것은 기적적으로 치유하시는 하나님의 사역에 대한 인간의 구별을 상징하기 위한 것이라고 말하는 것이 좀더 적절하다. 그것은 기대감을 더해 줌으로 믿음을 성취하는 것이리라. 그리스도께서도 육체적 접촉을 통해 그 효력을 나타낼 하나님의 치유를 명백히 상징하기 위하여 때때로 사람에게 침을 사용하셨다(막 7:33/8:23). 기름을 바르는 행위가 하나님의 뜻과 사역을 위해 인간을 성별하는 것을 상징한다는 개념을 뒷받침하는 구약성경의 근거가 있다. 구약에는 치유가 아니라 어떤 의미에서 사물이나 인간을 성별하거나 하나님과 동일시하기 위하여 기름을 사용하는 경우가 상당히 많이 있다. 벧엘에서 야곱은 자신이 손님이었던 '하나님의 집'을 상징하는 것으로서 돌에 기름을 부었다(창 28:18/31:13). 그가 돌에 기름을 부었을 때 이로 인해 돌이 좋아지지는 않았다! 후에는 제사장(출 29:7/레 8:12), 선지자(왕상 19:16), 왕(삼상 10:1/왕상 19:15)에게 기름을 붓는 것이 의식적인 관습이었다. 이것은 하나님의 뜻을 성취하기 위해 그들이 성별되어 그분과 일체가 됨을 상징하기 위한 것이었다. 예수께서 열두 제자를 세상으로 보내셨을 때 그들은 '많은 병인에게 기름을 발라 고쳤다'(막 6:13)" (pp. 171, 172).

2. 모든 병자가 이러한 행위를 통해 자동적으로 치유될 것인가?

바꾸어 말하면, 신자가 만성적인 질병을 앓는 것이 영원한 하나님의 뜻인가? 병든 그리스도인들을 치유하는 것은 때로 하나님의 뜻이 아닐 때도 있다! 만약 신자가 그것을 올바르게 이해하고 견딘다면 오히려 고난으로 하나님께 영광을 돌릴 수 있다(출 4:11/딤전 5:23/딤후 4:20/고전 12:1-10/요 9:1-3 참조). 물론 병은 죄에 대한 징벌일 때도 있다(요 5:14 참조).

3. 5장 16절의 고백에 내포되어 있는 의미는 무엇인가?
야고보는 우리가 자신의 실수를 다른 사람에게 서로 고백해야 한다고 말한다! 이미 살펴보았던 것처럼, 고백하지 않은 죄가 때때로 고난을 가져오기도 한다. 야고보는 여기서 바로 이것을 언급했을 것이다. 만약 병든 신자가 교회의 다른 그리스도인에게 잘못을 범했다면, 그는 이제 하나님께서 영적으로나 육체적으로 그에게 축복하실 수 있도록 용기를 내어 이를 고백해야만 했다. 그래서 야고보는 다음과 같이 말한다.
"의인의 간구는 역사하는 힘이 많으니라"(약 5:16).
여기에 언급된 "의인"은 병든 신자를 위해 기도하는 장로나 고백을 통해 다른 사람과의 교제를 회복하고 이제 효과적으로 기도할 수 있는 신자 자신에 대한 언급일 수도 있다. 야고보는 효과적으로 기도한 사람에 대한 구약의 실례로서 엘리야를 언급하고 있다(약 5:17 / 비교, 왕상 17, 18장).

10. 영혼 구원은 성숙한 인간을 만든다

"내 형제들아 너희 중에 미혹하여 진리를 떠난 자를 누가 돌아서게 하면 너희가 알 것은 죄인을 미혹한 길에서 돌아서게 하는 자가 그 영혼을 사망에서 구원하며 허다한 죄를 덮을 것이니라"(약 5:19, 20).

히브리서

● 힌두교도와 그리스도인의 대화를 가정(假定)해 보자. 그 힌두교도는 그리스도인이 예수 그리스도의 지상 사역을 간략하게 이야기하는 것을 주의깊게 듣는다. 그 멧세지의 결론을 듣고 그의 마음 속에는 네 가지 기본적인 의문이 떠오를 것이다.

1 **질문**: 왜 그리스도는 태어나야 했는가?
대답: "본래 하나님을 본 사람이 없으되 아버지 품 속에 있는 독생하신 하나님이 나타내셨느니라"(요 1:18).
2 **질문**: 왜 그리스도는 죽으셔야만 했는가?
대답: "그리스도께서 하나님 곧 우리 아버지의 뜻을 따라 이 악한 세대에서 우리를 건지시려고 우리 죄를 위하여 자기 몸을 드리셨으니"(갈 1:4).
3 **질문**: 왜 그리스도는 부활하셨어야 했는가?
대답: "그리스도께서 만일 다시 살지 못하셨으면 우리의 전파하는 것도 헛것이요 또 너희 믿음도 헛것이며"(고전 15:14).
4 **질문**: 왜 그리스도는 승천하셔야 했는가?
이에 대한 **대답**이 곧 히브리서이다!

● 히브리서는 신약성경 가운데서 믿는 자의 대제사장이신 그리스도에 관해 충분한 논

의를 하고 있는 유일한 책이다. 이 서신은 "그리스도에게 대체 어떤 일이 일어났는가?" 하는 질문에 답변을 준다.

● **기자** : 히브리서 기자가 누구인가에 대해서 다음과 같은 세 가지 학설이 있다.

1 바울이 기자라는 설

이 주장의 근거는 다음과 같다.

(1) 초대 교회가 그를 기자라고 생각하였다.

(2) 서신의 끝맺음이 바울의 독특한 그것과 동일하다(13:25/비교, 살후 3:17, 18).

(3) "의인은 믿음으로 말미암아 살리라"하는 구약성경의 성구가 인용되고 있다. 이 표현은 신약성경에서 세 차례 사용된다(롬 1:17/갈 3:11/히 10:38). 여기서 추정할 수 있는 것은 바울이 앞의 두 경우에 있어서 인용하고 있는 만큼, 아마도 세번째 경우인 히브리서에서도 그가 이를 다시 인용하였으리라는 것이다.

(4) 베드로가 베드로후서 3장 15, 16절에서 말하고 있는 내용에 근거한다. 여기에서 그의 증언을 따르면, 바울은 그가 말하고 있는 동일한 사람들에게, 즉 흩어져 있는 유대인들에게 편지를 쓴 바가 있음을 알 수 있다(벧전 1:1/벧후 3:1). 이어서 베드로는 바울의 편지를 성경으로 언급한다. 히브리서야말로 이와 같은 증언과 정확히 일치하는 유일한 신약성경이다.

(5) 이 서신은 당시 옥중에 있던(10:34) 형제 디모데에 의해서(13:23) 이달리야에서 씌어졌다(13:24). 이러한 사실은 사도행전 28장에 기록되어 있는 바울의 투옥과 연관된다.

2 바나바가 기자라는 설

이 주장의 근거는 다음과 같다.

(1) 바나바는 레위 족속이었으며, 히브리서는 아마도 레위인에 의해 씌어진 것 같다.

(2) 사도행전 4장 36절과 히브리서 13장 22절이 서로 비교된다.

3 아볼로가 기자라는 설

이 주장의 근거는 다음과 같다.

(1) 히브리서가 유창한 헬라어 문체로 기록되어 있다.

(2) 바울은 대체적으로 히브리어 구약성경을 인용하는 데 반하여, 히브리서의 구약 인용은 「70인역」에서 취하고 있다.

● **서신의 수신자** : 이에 대해서도 다음과 같은 여러 가지 설이 있다.

1 예루살렘

이는 아래와 같은 이유로 의심스럽다.

① 히브리서 2장 3절에 "들은 자들이 우리에게 확증한 바"라는 말이 있다.

② 히브리서 6장 10절, 10장 34절에서 우리는 이 서신의 독자들이 분명코 다른 사람들을 도와줄 만한 형편에 있었다고 추정할 수 있는데, 이와 달리 예루살렘 교회는 가난에 찌들어 있었다(행 11:27-30).

③ 히브리서 12장 4절은 수신인들이 아직 순교당하지 않았음을 암시한다. 그런데 예루살렘 교회는 순교의 고통을 받고 있었다(행 7:59, 60/12:2).

④ 성전에 관한 언급이 전혀 없다.

2 로마
3 에베소

● 히브리서는 제 5복음서라고 불린다.
4복음서는 예수 그리스도의 지상 사역을 묘사한 반면, 히브리서는 현재 그분이 하늘에서 하고 계시는 일에 대해 말하고 있다.

● 히브리서 10장 11절은 이 서신이 주후 70년에 예루살렘 성전이 로마의 디도 황제에 의해서 파괴되기 전에 씌어졌음을 보여준다.

● 히브리서는 로마서와 비교될 수 있다.
1 로마서는 그리스도를 믿는 신앙의 '필요성'(necessity)을 계시한다.
2 히브리서는 그리스도를 믿는 신앙의 '최고성'(superiority)을 계시한다.

● 이 책에는 여섯 개의 핵심적인 낱말이 있다.
1 "완전한"(14회 사용).
2 "영원한"(15회 사용).
3 "더 좋은"(13회 사용).
4 "참예하는 자"(9회 사용).
5 "하늘"(17회 사용).
6 "제사장", "대제사장"(32회 사용).

● 히브리서에는 최소한 구약의 1백 구절에서 취한 86개의 직접 인용구가 있다.

1. 최고이신 분–그리스도(히 1:1–5:10)

1. 그분은 모든 선지자들보다 크신 분이다(히 1:1–3)

1 **하나님이 그분께 직접 알리셨다. 과거에 하나님은 여러 부분과 여러 모양으로 자신의 말씀을 전하셨다.** 그러나 유일하게 예수님은 보이지 아니하는 하나님의 온전한 멧세지를 선포하실 수 있었다.

2 **하나님 아버지는 그분에 대해 다음과 같이 말씀하신다.**
(1) 그분은 하나님 아버지로부터 만유의 후사로 임명받으셨다(시 2:8 / 요 3:35).
(2) 하나님께서는 그분으로 말미암아 모든 세계를 지으셨다(요 1:3).
(3) 그분은 신(神)의 공동 속성들의 절대적 표현이시다(요 1:18 / 롬 9:5).
(4) 그분은 "하나님의 영광의 광채"이시다.
(5) 그분은 만물의 보전자이시다(골 1:17).
(6) 그분은 모든 죄를 정결케 하시는 분이시다.
(7) 그분은 이제 하나님의 우편에 앉아 계시다.

2절과 3절은 히브리서 가운데서 처음으로 그리스도의 이름과 칭호를 우리에게 알려준다.
다음 사항에 주목하라.

- 주(Author, 12:2)
- 사도(3:1)
- 주(Captain, 2:10 / 12:2)
- 그리스도(3:6)
- 온전케 하시는 이(12:2)
- 맏아들(1:6)
- 앞서 가신 이(6:20)
- 하나님(1:8)
- 후사(1:2)
- 대제사장(2:17)
- 주(God, 2:3)
- 중보(8:6)
- 큰 목자(13:20)
- 아들(1:2)
- 보증(7:22)

2. 그분은 다음과 같은 이유로 천사보다 뛰어나시다(히 1:4–2:18)

1 그분은 서열이 가장 높다
"저가 천사보다 얼마큼 뛰어남은 저희보다 더욱 아름다운 이름을 기업으로 얻으심이니"(히 1:4).

2 그분은 하나님의 맏아들이다
"네가 내 아들이라 오늘날 내가 너를 낳았다"(히 1:5).
이것 때문에 하나님은 하늘의 천사들에게 그를 경배하라고 명하셨다(히 1:6). 존 번연은 한때 이렇게 쓴 바 있다.
"예수가 하나님이 아니시라면 하늘은 우상 숭배자들로 가득차게 될 것이다."

3 그분의 통치는 영원하다
"하나님이여 주의 보좌가 영영하며"(히 1:8).

4 그분은 공의로운 분이다
"주의 나라의 홀(笏)은 공평한 홀이니이다"(히 1:8).

● **첫번째 경고**–이는 하나님의 말씀을 무시하는 것에 대한 경고이다(히 2:1–4).
히브리서에는 다섯 가지 중요한 경고가 있는데 이것이 첫번째이다. 이것의 개략은 다음과 같다. 만약 구약 시대의 이스라엘이 천사의 전하는 말을 거역하였기 때문에 정죄받았다면, 하나님의 아들이 직접 전하신 말씀에 거역하는 것에 대한 심판은 얼마나 더 크겠는가!(창 19장 / 신 33:2 / 시 68:17 / 행 7:54 / 갈 3:19 / 비교, 눅 4:18－21 / 19:10 / 마 16:21 / 20:28)

5 그분은 구속의 사역을 담당하셨다(2:5－18)

왜 예수께서는 자신이 육신을 입으셔야 한다고 생각하셨을까?

(1) 우리의 잃어버린 본성을 되찾기 위하여(2:5－9)

① 인간은 원래 만물을 지배하도록 창조되었다.
② 인간은 잠시 동안 (천사의 등급보다 약간 낮은) 유예상태에 두어졌다.
③ 인간은 죄 때문에 아직껏 만물을 지배하지 못하고 있다.
④ 예수께서는 인간을 위한 원래의 완전한 목적을 완성시키기 위하여 오셨다.

작가 레이 스테드먼(Ray C. Stedman)은 다음과 같이 말하고 있다.

"히브리서 기자는 다윗이 말하는 '만물'(all thing)이 곧 모든 물건(all thing, every thing)을 의미한다고 주장한다. 왜냐하면 다윗은 이어서 말하기를 '만물로 저에게 복종케 하셨은즉 복종치 않는 것이 하나도 없으나…'(히 2:8)라고 하는 때문이다. 바로 이것이 인간의 예정된(intended) 운명, 즉 지배권을 위임받은 인간의 운명인 것이다. 인간은 하나님에 의해 만유의 지배자로 지음받았다. 분명히 이 구절은 지구에 속한 것 이상의 것을 포함한다. 이것은 우주의 무한함과 그것을 넘어 있는 모든 것 가운데서 인간이 발견할 수 있는 한까지 하나님이 지으신 우주를 가리키고 있는 것이다. 이 모든 것은 인간의 지배 하에 들어올 것이다. 이것은 광대하고 거대한 이상이다.

그러나 인간의 권위는 이차적인 권위이다. 인간 자신은 그 안에 내주하고 계신 하나님께 복종하여야 마땅했다. 인간은 보이지 않는 하나님이 모든 피조물들에게 자신을 현시(顯示)해 주는 수단이 되어야 했다. 인간은 하나님의 전(殿)인 영혼에 거하시는 하나님의 생명의 표현이어야 했다. 인간이 그 안에 내주하시는 하나님의 지배에 복종하는 한 그는 온 우주를 지배할 수 있었을 것이다. 오로지 그는 하나님의 지배를 받아들일 때만 이 우주를 지배할 수 있다.

히브리서 기자는 나아가서 인간은 그 지배 행위가 의미하는 바를 알도록 잠시 동안 천사보다 낮은 상태에 두어졌다는 점을 지적한다. 인간에게는 제한된 영역, 즉 지구가 주어졌다. 우리가 살고 있는 이 지구는 우주 공간에 있는 수억 개의 은하계 가운데 하나에 지나지 않는 대 은하계의 한 궤도를 따라 공전하는 조그만 혹성일 뿐이다! 더구나 인간은 유한한 신체를 부여받았다. 이는 그처럼 지극히 한정된 영역 안에서 인간으로 하여금 인간의 지배가 전 우주에 걸쳐 행사될 수 있는 원리들을 깨닫도록 하기 위한 것이었다. 이러한 한계가 히브리서에서 '보다 아래(못하게)'라는 말로 표현되었다.

그런데 이 구절은 계속해서 인간의 현재 하잘것없는 상태를 「지금 우리가 만물이 아직 저에게 복종한 것을 보지 못하고…」라는 말로 나타내고 있다. 인류 역사의 모든 이야기가 이 한 마디 말에 함축되어 있다. 우리는 여태껏 만물이 그에게 복종한 것을 알지 못한다. 이 얼마나 적나라한 표현인가! 인간은 자신의 지배권을 행사하려고 하지만 그는 더 이상 그것을 적절하게 시행할 수 없다. 인간은 하나님께서 주신 그의 지위를 결코 잊을 수 없었다. 이 때문에 인간은 전 인류사를 통하여 지구와 우주에 대한 지배 욕망을 끊임없이 재천명해 왔던 것이다. 바로 이러한 이유 때문에 인간은 최고봉을 정복하지 않고서는 견딜 수 없는 것이다. 인간은 그곳에 기필코 올라가야 한다. 비록 그 위에서 우리가 잃어버린 물건이 전혀 없고 또 그곳을 정복하였을 때 우리들이 볼 수 있는 것이 겨우 곰이 보았던 것, 즉 맞은편의 산뿐이라고 할지라도 그렇다. 여하튼 인간은 그곳을 정복해야 한다. 또한 심해를 탐사해야 한다. 뿐만 아니라 우리는 우주 공간으로 나가야 한다. 그 이유는 무엇인가? 그것이 거기에 있기 때문이다.

인간은 끊임없이 놀라운 인류의 기억, 즉 하나님께서 인간에게 하라고 말씀하신 것에 대한 어렴풋한 회상을 간직하고 있다. 문제가 되는 것은 그가 이것을 달성하려고 애쓸 때 지극히 위험스러운 폭발 직전의 상태를 창출해 낸다는 사실이다. 왜냐하면 그곳에서는 인간이 그 지배권을 행사할 수 있는 능력이 없기 때문이다. 모든 것의 균형이 파괴된다. 이러한 이유 때문에 오늘날 우리는 점차 심각한 국면에 직면케 된다. 한 예를 들면, 살충제나 다른 독극물로 해충을 방제하려고 하면 오히려 보다 더 심각한 결과를 초래하는 생태계의 불균형을 낳는다. 이처럼 인류의 역사는 지배권의 행사를 시도함으로써 위기를 끊임없이 더욱 심화시켜 왔던 것이다.

만약 우리가 역사 시대를 거슬러 올라가 고대 인류에 관한 아주 초기의 문헌을 검토해 본다면, 오늘날 우리가 씨름하고 있는 것과 똑같은 도덕적 문제를 가지고 그 당시의 사람들도 씨름하고 있는 것을 알 수 있다. 우리는 그때부터 줄곧 놀라운 기술진보를 이룩했지만, 도덕적 관계에 있어서는 거의 아무런 발전도 이룩하지 못했다. 어디에선가 인간은 하나님과의 관계를 상실해 버렸다.

인간의 타락이 이에 대한 가장 적절한 설명이다. 그 이후부터 우주는 하찮은 것으로 낙인찍히게 되었다. 인간이 하는 모든 일은 더 이상 결코 성공적일 수 없게 되었다. 개인의 삶에 있어서도 이것은 사실이다. 얼마나 많은 사람들이 처음에 가졌던 꿈과 이상을 실현시킬 수 있었는가? 어떤 사람이 '나는 내가 원하던 일을 하나도 남김없이 이루어냈다. 나는 내가 되고자 했던 대로 어김없이 되었다'고 호언장담할 수 있는가? 바울은 로마서에서 이렇게 말했다.

'피조물이 허무한 데 굴복하는 것은 자기 뜻이 아니요'(롬 8:20).

그러나 히브리서 기자는 '우리가…예수를 보니'(히 2:8, 9)라고 말한다! 이것이야말로 인간의 유일한 희망이다. 우리는 신앙의 눈으로 예수께서 이미 면류관을 쓰시고 우주를 다스리고 계심을 본다. 예수야말로 인간의 잃어버린 운명을 회복시켜 주는 유일한 분이시다"〔『하나님이 더 이상 무슨 말씀을 하실 수 있겠는가?』(*What More Can God Say*), pp. 20－22〕.

다음 두 구절은 얼마나 엄청난 대조를 이루는가.

"지금 우리가…보지 못하고"(히 2:8).

"〔우리가〕 예수를 보니"(히 2:9).

이처럼 첫 아담이 에덴 동산에서 잃었던 것을 두번째 아담〔그리스도〕이 골고다에서 되찾았다.

(2) 우리의 깨어진 연합 관계를 회복하기 위해서(히 2:10－13)

그리스도께서는 고난받으심으로 이제 우리를 아버지 하나님과 연합시켜 주시며, 우리의 맏형님(our elder Brother)이 되신다.

(3) 우리의 잃어버린 확신을 회복시켜 주시기 위하여(히 2:14-18)

"자녀들은 혈육에 함께 속하였으매 그도 또한 한 모양으로 혈육에 함께 속하심은 사망으로 말미암아 사망의 세력을 잡은 자 곧 마귀를 없이 하시며 또 죽기를 무서워하므로 일생에 매여 종노릇하는 모든 자들을 놓아 주려 하심이니 이는 실로 천사들을 붙들어 주려 하심이 아니요 오직 아브라함의 자손을 붙들어 주려 하심이라 그러므로 저가 범사에 형제들과 같이 되심이 마땅하도다 이는 하나님의 일에 자비하고 충성된 대제사장이 되어 백성의 죄를 구속하려 하심이라 자기가 시험을 받아 고난을 당하셨은즉 시험받는 자들을 능히 도우시느니라."

3. 그분은 모세보다 뛰어나시다(히 3:1-19)

모세는 하나님 집안의 종인 데 반하여 그리스도는 하나님의 사랑하는 아들이시다(히 3:1-6).

- **두번째 경고**-하나님의 말씀을 의심하는 것에 대한 경고(히 3:7-19/참조, 4:11).

[1] 실례(實例)

"노하심을 격동하여 광야에서 시험하던 때와 같이 너희 마음을 강퍅케 하지 말라 거기서 너희 열조가 나를 시험하여 증험하고 사십 년 동안에 나의 행사를 보았느니라 그러므로 내가 이 세대를 노하여 가로되 저희가 항상 마음이 미혹되어 내 길을 알지 못하는도다 하였고 내가 노하여 맹세한 바와 같이 저희는 내 안식에 들어오지 못하리라 하셨다 하였으니"(히 3:8-11).

[2] 권면

"형제들아 너희가 삼가 혹 너희 중에 누가 믿지 아니하는 악심을 품고 살아계신 하나님에게서 떨어질까 염려할 것이요 오직 오늘이라 일컫는 동안에 매일 피차 권면하여 너희 중에 누구든지 죄의 유혹으로 강퍅케 됨을 면하라"(히 3:12, 13).

여기서 13절의 "권면하다"라는 말의 헬라어는 『파라클레오』(parakleo)인데 그 의미는 사람으로 하여금 어떤 행동 양식을 따르도록 계속하여 부탁하는 것이다.

4. 그분은 여호수아보다 뛰어나시다(히 4:1-16)

"만일 여호수아가 저희에게 안식을 주었더면 그 후에 다른 날을 말씀하지 아니하셨으리라 그런즉 안식할 때가 하나님의 백성에게 남아 있도다"(히 4:8, 9).

예수께서 주시는 안식은 영원한 반면, 여호수아가 주는 안식은 겨우 25-40년밖에 유지되지 못했기 때문에, 예수는 여호수아보다 낫다.

[1] 하나님 말씀 안에 있는 권면들

이 장에는 히브리서에서 열세 번 나오는 "우리가…할지니", 또는 "~하자"라는 형식의 권면들 가운데 첫번째 것이 실려 있다. 이들 열세 개의 권면은 아래와 같다.

(1) "우리는 두려워할지니"(히 4:1).

(2) "우리가 저 안식에 들어가기를 힘쓸지니"(히 4:11).

(3) "우리가 믿는 도리를 굳게 잡을지어다"(히 4:14).
(4) "은혜의 보좌 앞에 담대히 나아갈 것이니라"(히 4:16).
(5) "〔우리가〕 완전한 데 나아갈지니라"(히 6:2).
(6) "참 마음과 온전한 믿음으로 하나님께 나아가자"(히 10:22).
(7) "우리가 믿는 도리의 소망을 움직이지 말고 굳게 잡아"(히 10:23).
(8) "서로 돌아보아 사랑과 선행을 격려하며"(히 10:24).
(9) "모든 무거운 것…을 버리고"(히 12:1).
(10) "인내로써 우리 앞에 당한 경주를 경주하며"(히 12:1).
(11) "은혜를 받자"(히 12:28).
(12) "우리는 그 능욕을 지고 영문 밖으로 그에게 나아가자"(히 13:13).
(13) "우리가 예수로 말미암아 항상 찬미의 제사를 하나님께 드리자"(히 13:15).

여기서 특히 (4)번을 주목하라. 루터, 쯔빙글리, 칼빈은 히브리서에서 취한 위대한 세 원칙을 종교개혁의 기치(旗幟)로 내걸었다.

- 희생은 오직 갈보리뿐!
- 제사장은 오직 그리스도뿐!
- 오직 은혜로만!

2 하나님 말씀 안의 "안식"

우리는 성경에서 세 종류의 큰 안식을 본다.
(1) 창조의 안식(히 4:4).
(2) 구원의 안식(히 4:10).
(3) 거룩하게 함의 안식(히 4:11).

3 하나님의 말씀의 권능

"하나님의 말씀은 살았고 운동력이 있어 좌우에 날선 어떤 검보다도 예리하여 혼과 영과 및 관절과 골수를 찔러 쪼개기까지 하며 또 마음의 생각과 뜻을 감찰하나니 지으신 것이 하나라도 그 앞에 나타나지 않음이 없고 오직 만물이 우리를 상관하시는 자의 눈 앞에 벌거벗은 것같이 드러나느니라"(히 4:12, 13).

5. 그분은 아론보다 뛰어나시다(히 5:1—10)

1 그분은 아론이 부분적으로 지녔던 것을 완전히 소유하신다

(1) 아론처럼 그분은 인간 중에서 취해졌다(히 5:1).
(2) 아론처럼 그분은 하나님에 의해서 택함받으셨다(히 5:4).
(3) 아론처럼 그분은 자비(긍휼히 여기심)를 갖고 계시다(히 5:2).
(4) 아론처럼 그분은 복종을 배우셨다(히 5:8 / 참조, 2:10).

그리스도는 그 품격(person)에서 항상 완벽하시지만, 세상에 계실 때 자신의 사역에서도 완벽하셨다.

(5) 아론처럼 그분은 기도하셨다(히 5:7).

(6) 아론처럼 그분은 고난받으셨다(히 5:8/참조, 빌 2:8).

[2] 그분은 아론이 전혀 갖고 있지 못한 것을 완벽하게 갖추고 계신다
(1) 아론과 달리 그분은 하나님의 독생자이시다(히 5:5).
(2) 아론과 달리 그분은 멜기세덱의 반차를 따른 제사장이시다(히 5:6).
(3) 아론과 달리 그분은 영원한 구원의 주가 되신다(히 5:9).

2. 최고의 목적－완전케 됨(히 5:11－6:20)

"그러므로 우리가 그리스도 도의 초보를 버리고… 완전한 데 나아갈지니라"(히 6:1, 2).
● **세번째 경고**－하나님의 말씀에서 떠나는 것에 관한 경고(히 5:11－6:20).

1. 이러한 위험의 특색

[1] 증상
(1) 무감각(히 5:11)
"멜기세덱에 관하여는 우리가 할 말이 많으나 너희의 듣는 것이 둔하므로 해석하기 어려우니라."
(2) 미숙함(히 5:12)
"때가 오래므로 너희가 마땅히 선생이 될 터인데 너희가 다시 하나님의 말씀의 초보가 무엇인지 누구에게 가르침을 받아야 할 것이니 젖이나 먹고 단단한 식물을 못 먹을 자가 되었도다."

작가 레이 스테드먼은 아래와 같이 썼다.

> "나는 한 고등학교 교장에 관한 책을 읽었다. 마침 그 교장은 공석중인 행정직 자리를 채워야 할 형편이었는데, 그는 10년의 교단 경험이 있는 한 교사를 그 자리로 승진 발령했다. 발표가 있고 나자 그 학교의 다른 선생이 대경실색하여 그 교장을 찾아왔다. 찾아온 사람은 여선생이었다. 그녀가 말했다. '교장 선생님, 왜 그 선생을 그 자리로 발령했습니까? 그 사람은 교단 경험이 겨우 10년밖에 되지 않으며, 나는 무려 25년을 교직에서 보냈습니다. 그런데 당신은 그 선생을 편애하여 나를 제쳐두셨군요.' 그러자 그 교장이 말했다. 「유감스럽지만 당신 말은 옳지 않아요. 당신은 25년간의 경험을 하지 않았습니다. 다만 이때껏 일 년짜리 경험을 스물다섯 번 한 것뿐이예요」"(『하나님이 더 이상 무슨 말씀을 하실 수 있겠는가?』).

이런 불명확함과 미성숙에 대한 이유가 히브리서 5장 13, 14절에 설명된다(고전 3:1, 2/벧전 2:1, 2/수 5:12 참조). 여호수아서 5장 12절에서 우리는 이스라엘이 약속의 땅으로 들어간 이후에 만나가 중단되었음을 알 수 있다.
(3) 배교(히 6:4－6)

[2] 다양한 이론들
아마 성경 본문 가운데 히브리서 6장 4절부터 6절까지의 말씀처럼 수많은 토론과 주석

의 대상이 된 구절은 없을 것이다. 이들 다양한 학설들에 의하면 이 구절들은 아래와 같은 여러 종류의 사람들 가운데 하나를 가리킨다고 한다.

(1) 몇 가지 무서운 죄를 통하여 구원을 잃어버린 구원받은 자들

만약 이 주장이 사실이라면, 이 본문은 그들이 결코 다시는 구원받을 수 없으리라는 것을 가리킨다!

(2) 하나님의 것들을 다만 "맛보기"만 하고 실제로 그것을 "삼키지" 않은 자칭 믿는 자들

그렇지만 이 주장이 지지받을 수는 없다. 왜냐하면 똑같은 헬라어 단어가 그리스도를 하나님의 은혜로 말미암아 모든 사람을 위하여 죽음을 "맛보려" 하신 분이라고 묘사한 히브리서 2장 9절에서도 사용되고 있기 때문이다.

(3) 성전이 건재할 때 살고 있었던 유대의 자칭 믿는 자들

『스코필드 성경』은 아래와 같은 견해를 나타낸다.

> "히브리서 6장 4절에서 8절의 말씀은 구원의 문턱에까지 나아간 후에, 즉 심지어 깨달음과 확신을 주는 성령의 역사(役事) 가운데서 성령과 함께 동행한 후에조차(요 16:8-10), 그리스도에 대한 신앙을 중도에서 포기한 유대의 자칭 믿는 자들의 경우를 말한다. 이 구절은 그들이 신앙을 가지고 있었다는 말이 아니다. 여기에 나오는 가상의 인물은 마치 가데스바네아 땅을 정탐하고, 그 땅에서 산출된 열매를 손에 들고 다시 돌아온 정탐꾼들(신 1:19-26)과 같은 자이다"(p. 1295).

(4) 일어날 수 없는 일을 가정하는 경우

> "「타락한 자들은」(히 6:6) 다시 새롭게 하여 회개케 하기가 불가능하다. 왜냐하면 그런 경우에는 그리스도가 다시 십자가에 못박히는 일이 필요할 것이기 때문이다. 그러나 이 일은 되풀이하여 일어나지 않을 것이다(히 10:12, 14). 그러므로 타락한다는 것은 있을 수 없는 일이다"(『신 스코필드 성경』, p. 1315).

(5) 죽음에 이르는 죄를 저지른 위험에 처한 배교자들(고전 11:30 / 행 5:1-11 / 요일 5:16, 17 참조)

위의 견해들은 하나같이 문제성이 있다. 그렇지만 (본 저자의 심중에는) 마지막 견해가 이 배교(背敎)를 훨씬 치밀하게 묘사하고 있으며, 배교자들은 더욱 자세하게 규정하고 있는 듯이 보인다.

[3] 실례(히 6:7, 8)

여기서 주의해야 할 것은, 파괴되는 것은 밭이 아니라 열매라는 점이다(고전 3:15 / 요 15:6 / 히 10:30 참조).

2. 위험으로부터의 보호(히 6:1-3, 8-20)

만약 믿는 자들이 이러한 죄를 저지를 수 있다고 한다면, 보호받기를 희망하는 자들에게 그러한 죄를 범하지 않도록 할 수 있는 충분한 보호책이 있는가? 물론 있다.

[1] 믿는 자들이 행해야 할 바들(히 6:1-3, 8-12)

(1) 그는 "완전한 데〔성숙함에로〕 나아가게" 한다(히 6:1). 말하자면, 그는 토대 위에 벽을 세워야 하며 박사 학위를 위해 초보를 면해야 한다.

(2) 그는 성도를 섬겨야 한다(히 6:10).
(3) 그는 예수의 이름을 위하여 사랑을 보여야 한다(히 6:10).
(4) 그는 근면해야 한다(히 6:11).
(5) 그는 "믿음과 오래 참음으로 말미암아 약속들을 기업으로 받는 자들"(히 6:12)을 본받아야 한다.

그러므로 선행이 죄인들을 지옥에서 구원해 주지 않을 것이지만, 그 선행으로 말미암아 성도들은 심판을 면할 것이다(고전 11:31 참조).

2 하나님 아버지의 약속(히 6:13-18)

(1) 이 약속의 사실
① 이것은 아브라함에게 유효했다.
② 이것은 또한 우리에게도 유효하다.
(2) 이 약속의 성격
"앞에 있는 소망을 얻으려고 피하여 가는 우리로 큰 안위를 받게 하려 하심이라"(히 6:18).
(3) 이 약속에 대한 보증(히 6:17, 18)
이것은 두 가지 변치 않을 사실에 토대를 두고 있다.
① 영원하신 하나님의 품성(하나님의 현존하심)
② 하나님의 기록된 말씀(하나님께서 말씀하신 것)

3 그리스도께서 제사장 되심(히 6:19, 20)

여기에서 예수는 우리 앞에 가시는 선구자로 일컬어진다. 본래 선구자라는 헬라어는 '예인선'(曳引船)이라고 불리는 조그만 배와 관련된 말이다. 고대 헬라에서 대형 선박은 수심이 얕은 헬라의 항구에 입항할 때에 곤란을 겪는 경우가 종종 있었다. 이러한 난관을 피하기 위해 흔히 조그만 예인선을 보내어 대형선박이 항구 안에 닻을 내리는 것을 돕게 하였다.
케네드 웨스트 박사의 설명을 인용하여 보자.

> "그러므로 믿는 자의 닻은 하늘에 있는 지성소 휘장 안에 단단히 붙박혀 있다. 이것은 매우 의미심장한 비유이다. 현세의 삶이 바다고, 영혼은 배이다… 태풍으로 마구 흔들리는 배와 같은 믿는 자의 영혼은 휘장에 닻을 내림으로써 견고하게 되고, 믿음으로써 휘장 안에 신성한 실재에 결속된다"〔『신약성경 히브리서』(*Hebrews in the Greek New Testament*), p. 125〕.

3. 최고의 제사장직—멜기세덱(히 7-10장)

앞에서 우리는 그리스도가 아론의 반차를 따른 제사장이 아니라 멜기세덱의 반차를 따른 제사장이라고 진술하였다.
이는 곧 바로 네 가지 이점을 준다.

1. 그것은 훨씬 나은 원천을 제공한다(히 7장)

[1] 그리스도에게 왕 같은 제사장직이 주어졌다
멜기세덱은 제사장이자 왕이었다(창 14:18).

[2] 그리스도에게 권위있는 제사장직이 주어졌다
멜기세덱은 아브라함에게서 십일조를 받았다(창 14:20). 히브리서 7장 4절부터 10절에서 성경 기자는 레위(레위 지파의 시조로 제사장직의 창시자. 아론도 이 지파 출신이었다)가 아브라함의 허리에 있었던 까닭에 레위(그는 아브라함의 증손자이다)는 실제로 아브라함을 통하여 멜기세덱에게 십일조를 바쳤다는 점을 지적한다. 그러므로 결론은 율법 하에서 레위 지파의 제사장들은 백성들로부터 십일조를 받았으나, 창세기 14장으로 돌아가 보건대 그들은 멜기세덱에게 십일조를 바쳤다는 것이다.

[3] 그리스도에게는 시작도 끝도 없는 제사장직이 주어졌다
멜기세덱은 "족보도 없고 시작한 날도 없고 생명의 끝도 없었다"(7:3). 그러나 아론은 죽었다(히 7:8/비교, 민 20:23-29).

이 말은 멜기세덱이(비록 그가 그리스도라고 할 수 있을지라도) 실제로 그리스도라는 뜻이 아니라, 그의 출생과 죽음에 대한 기록이 없는 까닭에, 그가 「직분」에 있어서만이 아니라 출신에 있어서까지 그리스도의 모형(즉, 그림자)이 된다는 뜻이다.

[4] 그리스도에게는 독자적인 제사장직이 주어졌다
멜기세덱은 서약에 의해서 하나님으로부터 임명을 받은 것이지 레위 지파라는 이유로 성직을 수여받은 것이 아니다. 구약 시대에서는 아론의 후손이 아니면 제사장으로 봉직할 수 없었다(스 2:61, 62). 그렇지만 멜기세덱도 그리스도도 이 지파 출신이 아니었다(히 7:14, 22-24).

[5] 그리스도에게 영원한 제사장직이 주어졌다(히 7:17/시 110:4)

[6] 그리스도에게 영원한 제사장직이 주어졌다(히 7:24)

[7] 그리스도에게 모든 것을 포괄하는 제사장직이 주어졌다
이러한 사정 하에서 그리스도에게 제물이 바쳐진 게 아니고, 실제로 그리스도는 제물이 되셨다(히 7:27). 작가 레이 스테드먼은 27절에 대하여 아래와 같이 설명한다.

> "예수 그리스도는 제사장으로서 자기 외에 달리 바칠 수 있는 흠없는 제물을 찾을 수가 없었으며, 그래서 그분은 자신을 희생으로 드렸다. 그와 같은 희생의 제물을 드리기에 합당한 다른 제사장은 없었던 것이다. 그렇기 때문에 그리스도는 제사장이자 희생제물이 되셨다"(『하나님이 더 이상 무엇을 말씀하실 수 있겠는가』, p. 115).

이러한 이중(二重)의 직분은 그분이 십자가 위에서 마지막으로 하신 일곱 마디의 말씀을 귀담아 들어보면 알 수 있다. 앞의 세 말씀은 그분의 제사장적 사역에 관한 것이고, 뒤의 네 말씀은 자신의 희생적 역할을 말하고 있다.

8 그리스도에게는 거룩한 제사장직이 주어졌다(히 7:26)

"이러한 대제사장은 우리에게 합당하니 거룩하고 악이 없고 더러움이 없고 죄인에게서 떠나 계시고 하늘보다 높이 되신 자라."

이는 곧잘 부패와 우상숭배에 물들곤 했던 레위 제사장과는 현격한 대조를 이룬다(출 32:1-6, 21-25/삼상 2:12-17/8:1-3 참조).

9 그리스도에게 완전하게 하는 제사장직이 주어졌다(히 7:19, 25)

"그러므로 자기를 힘입어 하나님께 나아가는 자들을 온전히 구원하실 수 있으니 이는 그가 항상 살아서 저희를 위하여 간구하심이니라"(히 7:25).

이 구절은 온전히 잃어버린 바 된 자의 구원을 가리키는 것으로 보통 해석되지만, 문맥상으로 이 부분은 구원받은 자들의 「보존」을 가리킨다. 즉, 그리스도는 우리를 구원하기 위하여 이 땅의 갈보리에서 죽으셨으며, 현재에는 우리를 구원받은 상태로 보존하기 위해서 영광 가운데서 하늘 위에 살아 계시다(롬 8:34/계 1:8 참조).

2. 그것은 더 좋은 성경을 제공한다(히 8장)

옛 언약(구약)과 새로운 언약(신약)의 차이 : 「언약」에 해당하는 구약성경의 히브리어는 『베리트』(berit)인데, 이는 "나누다" 혹은 "쪼개다"는 뜻이다(창 15:10/렘 34:18, 19). 쪼갠다는 것은 희생 동물을 자르는 것을 말한다. 이들 피흘리는 고기 조각들 사이로 계약(언약)의 두 당사자가 지나갔다. 그렇지만 창세기 15장을 보면, 하나님께서는 아브라함을 잠들게 하시고 홀로 그 사이를 지나셨다(17절). 이는 특별한 그 언약이 무조건적이었음을 뜻한다. 이러한 의식은 또한 피의 언약이라고도 한다. 구약성경의 이 개념은 신약성경에서 『디아테케』(diatheke)라는 헬라어로 나타난다. 디아테케란 두 당사자 간의 협정인데, 한쪽 사람이 설정한 조건에 따라 상대방에게만 구속력을 갖는 협정이다. 이 중요한 말은 히브리서에서 적어도 22차례 이상 나온다. 이 말은 항상 "계약"(covenant) 또는 "언약"(testament)으로 번역되었다(눅 22:20/고전 11:25/고후 3:6).

그리고 협정을 나타내는 일상적인 헬라어로는 『순테케』(suntheke)라는 말이 있는데, 이는 성경에서 단지 네 차례 사용되었으며, 그것도 항상 나쁜 의미로만 쓰이고 있다(요 9:22/눅 22:5/행 23:20/24:9 참조).

히브리서 8장에서 기자는 새 언약과 어떤 옛 언약(「아브라함 언약」이 아니다)을 대조시킨다.

1 옛 언약

(1) 이것은 모세에 의해 중재되었다(출 19장/요 1:17/갈 3:19).
(2) 이것은 조건적인 언약이다(신 28장 참조).
(3) 이것은 필요한 의를 산출해 낼 수 있다(히 8:8).
(4) 이것은 죽은 석판 위에 씌어졌다(출 32:15).

더 좋은 일

그리스도 : 최고이신 분(히 1:1—5:10)
완전 : 최고의 목적(히 5:11—6:20)
멜기세덱 : 최고의 제사장직(히 7:1—10:39)
신앙 : 최고의 원칙(히 11:1—13:25)

더 좋은 금지령

그분의 말씀을 긍휼히 여기지 말 것(히 2:1—4)
그분의 말씀을 의심하지 말 것(히 3:12, 13/4:11)
그분의 말씀에서 떠나지 말 것(히 6:4—6)
그분의 말씀을 경멸하지 말 것(히 10:26—29)
그분의 말씀을 거역하지 말 것(히 12:25)

최고이신 분(그리스도)

선지자들보다 뛰어남(히 1:1—3)
천사들보다 뛰어남(히 1:4—2:8)
모세보다 뛰어남(히 3:1—4:7)
여호수아보다 뛰어남(히 4:8—16)
아론보다 뛰어남(히 5:1—10)

최고의 목적(히 5:11—6:20) (완전케 하심)

최고의 제사장직(히 7—10장) (멜기세덱)

그것은 더 좋은 원천들을 제공한다(히 7장)
그것은 더 좋은 성소를 제공한다(히 9장)

최고의 원칙(신앙)

믿음의 사람(히 11장)
믿음의 모양(히 12장)

"그리스도께서는 참 것의 그림자인 손으로 만든 성소에 들어가지 아니하시고 오직 참 하늘에 들어가사 이제 우리를 위하여 하나님 앞에 나타나시고…."

히브리서 더 "좋은" 책

2 새 언약

(1) 이것은 그리스도에 의해 중재되었다(히 9:15/요 1:17).
(2) 이것은 무조건적이다(히 8:9).
(3) 이것은 필요한 의를 산출해 낼 수 있다(히 8:11).
(4) 이것은 살아 있는 마음 위에 새겨졌다(히 8:10).

이 새로운 언약의 수혜자(受惠者)에 대해서는 다음 네 가지 이론이 있다.

① 교회가 이스라엘 대신 새로운 언약의 참예자가 되었다. 이 주장은 바울에 의해서 완전히 거부된다(롬 9—11장 참조).

② 새로운 언약은 오로지 이스라엘 민족하고만 관계 있다. 이 주장은 히브리서 8장의 문맥과 어긋나는 것으로 보인다.

③ 이 장에는 두 개의 새로운 언약이 있다. 하나는 이스라엘에 관계된 것이고 다른 하나는 교회와 관련된 것이다.

④ 새로운 언약은 오직 하나밖에 없다. 그것은 종말론적으로 이스라엘과 관련하여 성취될 것이다. 현재에 있어서 교회는 구원론적으로 그 언약에 참여하고 있다.

이들 가운데 세번째는 가능한 견해인 것 같고 네번째는 보다 확실한 견해인 것 같다.

3. 그것은 더 좋은 성소를 제공한다(히 9장)

지상의 성소와 천상의 성소는 다음과 같이 비교된다.

1 지상의 성소가 열등한 이유는 다음과 같다

(1) 그것은 이 세상에 속한 것이다(히 9:1).
(2) 그것은 잠정적인 것이다(참조, 히 9:8/8:13).
(3) 그것은 참된 것의 모형(그림자)이다(히 9:9).
(4) 그것은 (대부분의 사람들이) 도저히 접근할 수 없는 것이다(대제사장만이 일 년에 한 번 들어갈 수 있다, 히 9:7).
(5) 그것은 하나님의 첫번째 창조 역사와 연관된다(히 9:11).
(6) 그것은 사람의 손으로 만들어진 것이다(히 9:24).
(7) 그것은 각종 동물의 피로 그리스도의 피를 대신한 것이다(히 9:13).
(8) 그것은 영원한 구원의 문제에 있어서는 전혀 효력이 없다(히 9:9).
(9) 그것에는 변치 않는 소망이 없다(히 9:10).

2 하늘의 성소가 뛰어난 이유는 다음과 같다

(1) 그것은 하늘에 속해 있다.
(2) 그것은 영속적이다.
(3) 그것은 참된 것이다.
(4) 그것은 모든 사람이 전적으로 접근 가능한 것이다(히 4:16/10:19).
(5) 그것은 하나님의 두번째 사역, 즉 구속(救贖)과 관련되어 있다.
(6) 그것은 사람의 손으로 만들어진 것이 아니다(히 9:24).
(7) 그것의 특징은 그리스도의 피이다(히 9:12).

(8) 그것은 영원한 구원의 문제에 있어서 완전히 유효하다(히 9:12).
(9) 그것에는 변치 않는 소망이 있다. 9장 24, 26, 28절에 있는 짤막한 표현들을 특히 주목해보자.
"그가 … 나타나셨느니라"(히 9:26)－과거에 그의 직임은 「선지자」였다.
"… 이제 … 나타나시고"(히 9:24)－그분의 현재 직임은 「제사장」이다.
"(그리스도도) … 나타나시리라"(히 9:28)－그분의 미래 직임은 「왕」이시다.

여기에서 히브리서 기자는 우리 주님이 온전히 이루신 일곱 가지 사역을 우리에게 제시해주고 있다.
① 성육신(히 1:2/2:16, 17)
② 공생애(히 5:7－9)
③ 십자가에 못 박히심(히 6:6/7:27/2:9)
④ 부활(히 13:20)
⑤ 승천(히 4:4/6:20)
⑥ 중보(히 7:25/8:1/9:12, 24)
⑦ 계시(시 9:28)

4. 그것은 더 좋은 희생을 제공한다(10장)
어린 양(동물)과 하나님의 어린양의 비교.

1 하나님의 어린양이 필요한 이유
"이는 황소와 염소의 피가 능히 죄를 없이 하지 못함이라"(히 10:4).
이러한 희생 제물들은 (잠시 동안) 죄를 가릴 수 있을 따름이며 그것을 깨끗케 할 수는 없다(히 10:6, 11/사 1:11/렘 6:20/호 6:6/암 5:21, 22 참조).

2 하나님의 어린양의 순종
"그러므로 세상에 임하실 때에 가라사대 하나님이 제사와 예물을 원치 아니하시고 오직 나를 위하여 한 몸을 예비하셨도다 … 이에 내가 말하기를 하나님이여 보시옵소서 두루마리 책에 나를 가리켜 기록한 것과 같이 하나님의 뜻을 행하러 왔나이다 하시니라" (히 10:5, 7).
이 구절은 우리 주님의 지상 사역과 관련하여 기록된 최초의 그분의 말씀인 듯하며, 아마도 그분이 누추한 인간의 몸을 입기 위해 마리아의 태로 들어가려고 영광의 상아궁을 떠나실 때 하신 것 같다.

3 하나님의 어린양께서 이루신 업적
(1) 구속의 완성
(2) 현재의 성화(聖化)
(3) 장차 영광에 이르게 함
"제사장마다 매일 서서 섬기며 자주 같은 제사를 드리되 이 제사는 언제든지 죄를 없게 하지 못하거니와 오직 그리스도는 죄를 위하여 한 영원한 제사를 드리시고 하나님 우편에 앉으사 그 후에 자기 원수들로 자기 발등상이 되게 하실 때까지 기다리시나니" (히 10:11−13).

4 하나님의 어린양으로부터의 권면

(1) 죄의 용서에 대한 확신

"또 저희 죄와 저희 불법을 내가 다시 기억치 아니하리라 하셨으니…그러므로 형제들아 우리가 예수의 피를 힘입어 성소에 들어갈 담력을 얻었나니…우리가 마음에 뿌림을 받아 악을 깨닫고 몸을 맑은 물로 씻었으니 참 마음과 온전한 믿음으로 하나님께 나아가자"(히 10:17, 19, 22 / 참조, 10:35−37).

(2) 다른 성도들에 대한 의식

믿는 자는 다른 그리스도인들의 복지에 책임이 있는가? 물론이다. 다음 구절에 주목하라. "서로 돌아보아 사랑과 선행을 격려하며 모이기를 폐하는 어떤 사람들의 습관과 같이 하지 말고 오직 권하여 그날이 가까움을 볼수록 더욱 그리하자"(히 10:24, 25 / 참조, 10:34).

● **네번째 경고**−하나님의 말씀을 경멸하는 처사에 관한 것(히 10:26−31).

이 무서운 구절들은 구원받은 사람들을 가리키는 것일까? 아니면 구원받지 못한 사람들을 가리키는 것일까? 어느 누구도 여기서 자신의 독단을 내세울 수 없다. 30절의 "주께서 그의 백성을 심판하시리라"는 말씀에서 추측컨대 히브리서 기자는 믿는 사람들을 염두에 두었던 것 같다. 만약 그것이 옳다면, 기자는 죽음에 이르게 하는 죄를 심중에 두었을 것이다. 그러므로 (만약 이것이 사실이라면) 이 구절은 히브리서 6장 4−6절과 연결될 수 있다.

4. 최고의 원칙−신앙(히 11−13장)

1. 신앙의 사람(11장)

히브리서 기자는 믿는 자와 그의 위대하신 대제사장에 관한 개략적인 진술로써 10장을 마무리한다. 그 마지막 구절은 "이제 의인은 믿음으로 살리라"(히 10:39)이다.

여기까지 읽어 온 독자들 가운데에는 다음과 같은 물음을 던지는 이들도 있을 것이다.

"이러한 믿음은 정확하게 어떠한 것일까?" 어떤 사람이 예전에 이와 같이 살았던 적이 있는가? 히브리서 기자는 11장에서 이러한 질문들에 답변한다. 이 장은 거룩한 영예의 전당이며 성경의 웨스트민스터 사원(웨스트민스터 사원 지하 묘소에는 영국의 신앙 위인들이 매장되어 있다−편집자 주)이라고 비유되었다.

1 신앙의 묘사(히 11:1−3)

"믿음은 바라는 것들의 실상이요 보지 못하는 것들의 증거니 선진들이 이로써 증거를 얻었느니라 믿음으로 모든 세계가 하나님의 말씀으로 지어진 줄을 우리가 아나니 보이는 것은 나타난 것으로 말미암아 된 것이 아니니라."

(1) 믿음은 바라는 것들에 대한 확실한 보증이며 보이지 않는 것들의 증거이다(히 11:1의 의역임).
(2) "믿음이란 믿는 이들로 하여금 미래를 현재로, 보이지 않는 것을 보이는 것으로 대할 수 있도록 한다"(오스왈드 샌더스).
(3) 3절에 의할 때, 우리가 창세기 1장 1절을 넘어서고자 한다면 믿음이야말로 필수불가결한 것이다(히 11:6 참조).
(4) 믿음이란 알지 못하는 것에 대한 신뢰가 아니라 보이지 않는 것에 대한 신뢰이다(히 11:27 참조).
(5) "믿음이란 바라는 것에 대한 권리증서이다"(모울턴, 밀리건).

2 믿음의 예증(히 11:4–40)
이 서신의 기자는 이제 하나님을 믿는 믿음을 통해서 이룩된 놀랄 만한 성과를 예증하기 위해서 많은 구약성경의 인물을 상기시킨다. 하나님과 신령한 동맹을 맺은 영웅들과 그들의 쾌거를 주목해 보자.
(1) 영웅들
① 아벨
② 에녹
③ 노아
④ 아브라함
⑤ 사라
⑥ 이삭
⑦ 야곱
⑧ 요셉
⑨ 모세
⑩ 모세의 양친
⑪ 여호수아
⑫ 기드온
⑬ 라합
⑭ 바락
⑮ 삼손
⑯ 입다
⑰ 다윗
⑱ 사무엘
⑲ 기타 인물들
(2) 믿음의 쾌거
① 믿음으로 온전한 제사를 드림(아벨–4절).
② 믿음으로 말미암아 하늘로 옮기워짐(에녹–5절).
③ 믿음으로 대홍수를 면한 여덟 명(노아–7절).
④ 믿음으로 어려운 명령에 순종함(아브라함).

ㄱ. 고향 땅을 등짐(히 11:8－10).
ㄴ. 사랑하는 아들을 제물로 드림(히 11:17－19).
19절에 대해 말해 두어야 할 것은, 아브라함이 그 이전에는 약속이건 실례(實例)이건 육체적 부활의 선례가 전혀 없었던 바로 그 때에 하나님을 믿었다는 사실이다.
또한 우리가 알 수 있는 것은 아브라함이 '어디'인지도 알지 못할 때(히 11:8－10), '어떻게'인지도 알지 못할 때(히 11:11, 12), '언제'인지도 알지 못할 때(히 11:13－16), 그리고 '왜'인지 알지 못할 때, 믿음으로 하나님께 순종했다는 것이다(히 11:17－19).
⑤ 믿음으로 불임이었던 여자가 아이를 낳게 되었다(사라－12, 13절).
⑥ 믿음으로 다음과 같은 위대한 예언이 선포되었다.
ㄱ. 야곱의 결혼과 가계에 관하여(이삭－20절 / 참조, 창 28:1－4).
ㄴ. 메시야의 족보에 관하여(야곱－21절 / 참조, 창 49:10).
ㄷ. 출애굽에 관하여(요셉－22절 / 참조, 창 50:24, 25).
⑦ 믿음으로 한 어린 아기가 석 달간 숨겨질 수 있었다(모세의 양친－23절).
⑧ 믿음으로 한 민족이 노예살이에서 풀려나게 되었다(모세－24－29절).
ㄱ. 이스라엘을 해방시키기로 한 모세의 결심(히 11:24)
ㄴ. 이 결심의 이유(히 11:25－27)
ㄷ. 이 결심의 결과(히 11:28, 29)
⑨ 믿음에 의해 한 도시가 함성만으로 무너졌다(여호수아－30절).
⑩ 믿음으로 인하여 한 기생이 구원받았다(라합－31절).
⑪ 믿음으로 군사적 개혁자들이 이스라엘을 구하였다(기드온, 바락, 삼손, 입다－32절).
⑫ 믿음을 인하여 한 목동이 왕으로 기름부음받았다(사무엘－32절 / 참조, 삼상 16장).
⑬ 믿음으로 열방들을 정복하였다(다윗－32, 33절 / 참조, 삼상 8장).
⑭ 믿음으로 의로운 행위가 이뤄졌다(33절). 구약성경의 많은 선지자들, 제사장들, 왕들도 그러하였다.
⑮ 믿음으로 약속을 얻었다(33절). 구약성경의 많은 실례가 있다.
⑯ 믿음으로 말미암아 사자의 입이 닫혔다(33절 / 참조, 삿 14:5, 6 / 삼상 17:34－37 / 단 6:22).
⑰ 믿음으로 말미암아 사나운 불길이 꺼졌다(34절 / 참조, 단 3:25).
⑱ 믿음으로 인하여 칼날을 모면하였다(34절 / 참조, 왕하 6:14－17).
⑲ 믿음으로 연약한 가운데서 강하게 되었다(34절).
⑳ 믿음으로 싸움에서 용맹스러워졌다(34절).
㉑ 믿음으로 많은 사람들이 이방 원수들을 물리쳤다(34절).
㉒ 믿음으로 인하여 여자들이 죽은 자녀들이 다시 살아나는 것을 목격하였다(35절 / 참조, 왕상 17:24 / 왕하 4:35).
㉓ 믿음으로 많은 사람들이 고문을 견뎠다(35절).
㉔ 믿음으로 많은 사람들이 투옥당하는 것까지도 견뎠다(36절 / 참조, 대하 16:10).
㉕ 신앙으로 어떤 사람들은 시험을 견뎠다(37절 / 참조, 창 39:12).
㉖ 신앙으로 어떤 사람들은 돌로 쳐죽임이나 톱으로 켜서 죽임이나, 칼에 맞아 죽임 당하는 것을 견뎠다(36, 37절 / 대하 24:20－22 / 마 23:35).

3 믿음의 저축(히 11:13-16, 38-40)

이 모든 구절을 읽고 나면 아마 이처럼 고통받는 성도들의 신앙을 밑바침해 주는 목적이란 도대체 어떤 것일까 하고 묻게 될 것이다. 대답은 역시 위 구절 안에 있다. 그들은 자기들의 믿음을 "하나님이 경영하시고 지으실 터가 있는" 천국의 금고에 예금하였던 것이다(히 11:10).

2. 믿음의 모양(히 12장)

1 하나님의 아들을 바라보라(히 12:1-3)

(1) 앞에서 우리는 바울이야말로 히브리서의 기자라는 우리의 확신을 진술한 바 있다. 이 놀라운 사도는 여러 가지 역할을 담당했다. 그는 선교사였고 영혼의 구원자였으며, 목회자이자 위대한 신학자였고, 또한 장막 짓는 자였다. 그러나 또한 그는 여가가 나면 운동경기를 즐겼던 사람인 듯하다. 바울은 자신의 기록들에서 자신이 말하는 바를 납득시키기 위해 운동경기를 자주 비유로 사용하고 있다. 예를 들어 보자.

① 씨름

"우리의 씨름은 혈과 육에 대한 것이 아니요 정사와 권세와 이 어두움의 세상 주관자들과 하늘에 있는 악의 영들에게 대함이라"(엡 6:12).

② 권투

"내가 선한 싸움을 싸우고… 믿음을 지켰으니"(딤후 4:7).

"그러므로 내가… 싸우기를 허공을 치는 것같이 아니하여"(고전 9:26).

③ 달음질

"운동장에서 달음질하는 자들이 다 달아날지라도 오직 상 얻는 자는 하나인 줄을 너희가 알지 못하느냐 너희도 얻도록 이와 같이 달음질하라… 달음질하기를 향방없는 것같이 아니하고…"(고전 9:24, 26).

(2) 여기 히브리서 12장에서 바울은 세번째 유추(類推), 즉 경주를 예로 사용한다.

(3) "이러므로 우리에게 구름같이 둘러싼 허다한 증인들이 있으니…"(히 12:1).

① "구름"

이것은 "허다한"(great)이라는 말을 강조한다. 여기 사용된 헬라어는 홀로 떠다니며 선명한 윤곽을 지닌 구름을 뜻하는 『네펠레』(nephele)가 아니라, 하늘 전체를 가리고 있는 큰 구름 떼를 뜻하는 『네포스』(nephos)이다.

② "허다한"

우리는 엘리야가 한때 그랬던 것처럼 우리만 남았다고 (흔히 잘못) 생각하는 경우가 많다(왕하 19:10, 14, 18).

③ "증인"

이 증인들은 누구인가? 그들은 천사들이 아니다. 왜냐하면 여기에 사용된 헬라어는 『마르투로스』(marturos)인데 이 말은 일반적으로 당시에 고난을 당하면서 어떤 것을 보고 듣고 또한 행한 자를 가리키기 때문이다. 이 단어는 자질이 뛰어난 전문가를 가리킨다. 본문이 강력하게 암시하는 것은 이런 증인들이 11장에서 언급된 신앙의 영웅들임을 알 수 있다.

(4) "모든 무거운 것… 을 벗어 버리고"(히 12:1).
여기서 무거운 것이란 헬라어로 『온코스』(onkos)이며, 크기나 양에 대해서 사용하는 말이다. 헬라 경주자의 관심은 어떤 것이 그저 부도덕한가 아닌가가 아니라 그것이 자신의 경주에 얼마 만큼 영향을 끼칠 것인가 하는 것이었다. 그러므로 최선(最善)의 대적은 때로 최악(最惡)이 아니라 그냥 선(善)이었다.
(5) "얽매이기 쉬운 죄"(히 12:1).
여기서 "얽매다"라는 단어는 "에워싸다, 단단히 포위하다, 매복하다"의 뜻이다. 이 단어는 헐거운 치마(의복)에 대해서 사용된다. 아마도 바울은 여기서 불신앙의 죄를 언급하고 있는 듯한데, 이것은 또한 믿는 자가 자신을 엉망으로 만드는 죄를 가리키기도 한다.
(6) "인내로써 우리 앞에 당한 경주를 경주하며"(히 12:1).
이 구절에 함축된 의미를 주목하라.

① "모든" 믿는 자는 하나님께서 친히 이 경주에 참여하게 한 것이다. 이는 비단 목사나 선교사들에게만 해당하는 얘기가 아니다.
여기서는 통상적으로 경주를 나타내는 단어 『드로모스』(dromos)가 쓰인 게 아니라 『아곤』(agon)이란 말이 사용되었다. 바로 이 말에서 고뇌를 의미하는 영어의 agony가 파생되었다. 다시 말하면 이 경주는 중대한 경주인 것이다.
② 각 경주자의 발걸음은 하나님에 의해서 내디뎌진다.
③ 경주의 목적은 하나님을 기쁘게 하고, 보상을 얻는 것이다. 그것의 목표는 하늘나라가 아니다!
④ 모든 경주자에게는 이길 것이 기대된다(하나님은 모든 경주자가 경주에서 이기기를 바라신다).

(7) "예수를 바라보자"(히 12:2).
이 표현은 한눈 팔지 않고, 계속적으로, 집요하게 바라보는 것을 뜻한다. 우리가 그분을 아예 외면하거나, 한눈 팔기란 얼마나 쉬운 일인가!
어쩌면 우리의 왼쪽에는 우리 뒤를 쫓아 달려오는 사람이 있을지도 모른다. 한편으로 한 경주자가 오른쪽 우리 앞에 저마치서 달려가고 있을지도 모른다. 이런 일이 있을 때 우리는 왼쪽 뒤를 보고 「자만」하며, 오른쪽 앞을 보고 「질투」를 느낄 수 있다. 이 두 가지는 모두 죄이며, 우리로 하여금 처지게 하는 요소이다! 우리는 그렇게 할 것이 아니라 오로지 계속 예수를 응시하여야 한다.

① 만약 실망하기를 원한다면, 다른 사람들을 바라보라.
② 만약 의기소침하게 되기를 바라거든, 당신 자신을 바라보라.
③ 만약 기뻐하고자 하면 예수를 바라보라.

(8) "믿음의 주요 온전케 하시는 이"(히 12:2).
그리스도는 그리스도인의 신앙을 소성케 하는 장본인이요, 그것을 온전케 하시는 완성자이시다. 공자, 석가, 모하멧은 범세계적 종교운동을 창시했지만, 이 세 사람은 모두 죽음을 이기지 못했다.
(9) "저는 앞서 있는 즐거움을 위하여 십자가를 참으사"(히 12:2).
이 기쁨의 성격은 유다서 24절에서 설명된다.
"능히 너희를 보호하사 거침이 없게 하시고 너희로 그 영광 앞에 흠이 없이 즐거움으로

서게 하실 자"(유 24절/참조, 요 17:6-12, 26).
(10) "부끄러움을 개의치 아니하시더니 하나님 보좌 우편에 앉으셨느니라"(히 12:2/참조, 빌 2:5-11).
(11) "…자〔그리스도〕를 생각하라"(히 12:3).
우리는 몇번이고 복음서 기자들이 기록한 복음으로 되돌아간다.

2 하나님의 연단에 복종하라(히 12:4-11)

(1) 연단의 근거

① 우리로 하여금 하나님과 그분의 말씀에 대하여 생각하게 함(히 12:5).
"또 아들들에게 권하는 것같이 너희에게 권면하신 말씀을 잊었도다."
망각! 바로 이것이 우리의 문제다. 다윗은 이렇게 훈계했다.
"내 영혼아 여호와를 송축하며 그 모든 은택을 잊지 말지어다"(시 103:2).
여기 히브리서 12장 5, 6절의 권면은 잠언 3장 11, 12절을 인용한 것이다.
② 하나님께서 우리를 사랑하신다는 사실을 입증함(히 12:5).
"내 아들아 주의 징계하심을 경히 여기지 말며 그에게 꾸지람을 받을 때에 낙심하지 말라."
여기서 "징계하다"라는 말은 옳은 행위에로의 인도를 가리킨다. 그리고 "꾸짖다"라는 말은 잘못된 행위의 교정을 가리킨다.
③ 우리가 진실로 하나님께 속함을 입증함(히 12:7, 8).
"너희가 참음은 징계를 받기 위함이라 하나님이 아들과 같이 너희를 대우하시나니 어찌 아비가 징계하지 않는 아들이 있으리요 징계는 다 받는 것이거늘 너희에게 없으면 사생자요 참 아들이 아니니라."
④ 우리를 더욱 그리스도에 가깝게 함(히 12:10).
"저희는 잠시 자기의 뜻대로 우리를 징계하였거니와 오직 하나님은 우리의 유익을 위하여 그의 거룩하심에 참예케 하시느니라."

(2) 연단에 대한 반응들(히 12:5, 11)

① 믿는 자가 연단을 업신여길 수 있다(마치 에서가 장자권을 가볍게 여겼듯이).
② 믿는 자는 연단 하에서 기가 꺾일 수 있다. 이는 연단을 너무 심각하게 받아들이는 경우이다.
③ 믿는 자는 연단에 의하여 훈련될 수 있다. 진짜 문제는 한 그리스도인이 얼마나 많은 실수를 저지르느냐가 아니라, 그러한 실수를 통하여 얼마나 많이 깨닫느냐 하는 것이다! 이 점에 관해서 시편은 아래와 같이 언급하고 있다.
"여호와여 주의 징벌을 당하며 주의 법으로 교훈하심을 받는 자가 복이 있나니"(시 94:12).
"고난당하기 전에는 내가 그릇 행하였더니 이제는 주의 말씀을 지키나이다"(시 119:67).
"주의 입의 법이 내게는 천천 금은보다 승하니이다"(시 119:72).
"여호와여 내가 알거니와 주의 판단은 의로우시고 주께서 나를 괴롭게 하심은 성실하심으로 말미암음이니이다"(시 119:75).

(3) 연단의 결과(히 12:11)
"무릇 징계가 당시에는 즐거워 보이지 않고 슬퍼 보이나 후에 그로 말미암아 연달한 자에게는 의의 평강한 열매를 맺나니."
● **다섯번째 경고**－하나님의 말씀을 거역하는 것에 관한 경고(히 12:25)

3 하나님의 나라를 준비하라(히 12:12－29)
(1) 너희의 피곤한 손을 일으켜 세우라. 그리고 그리스도를 위해 일을 시작하라(히 12:12).
(2) 너희의 연약한 무릎을 강하게 하라. 이를 위해 기도하기 시작하라(히 12:12).
(3) 너희 발을 위하여 길을 곧게 하라. 호머 켄트는 아래와 같이 썼다.
"만약 어떤 사람의 발이 불구라면 그가 걸어가는 길에 위험스런 장애물이 없도록 특별한 조처가 취해져야 한다. 영적으로 비유하자면, 신앙이 허약한 사람은 그의 영적 능력으로 감당할 수 없는 곳으로 함부로 걸음을 내디뎌서는 안 된다. 그렇지 않으면 그 불구의 신자(信者)는…자신의 불구를 더욱 악화시켜 탈구(脫臼) 상태에 이르게 될지도 모른다" [『히브리서』(*Epistle to the Hebrews*), p. 265].

3. 믿음의 실천(히 13장)

1 그 의무
(1) 형제를 계속 사랑할 것(히 13:1).
(2) 낯선 나그네들을 언제나 환대할 것(히 13:2).
이 구절에서 "천사들을 대접한…" 것이란 말은 창세기 18장을 가리키는 것 같다.
(3) 갇힌 자와 학대받는 자들을 생각할 것(히 13:3).
이들 갇힌 자들이란 (바울처럼) 자기들의 증거로 인하여 속박당한 자들일 수 있다.
(4) 무엇보다 혼인을 귀히 여길 것(히 13:4).
하나님께서는 "간음하지 말지니라"는 일곱번째 계명을 지킬 것을 계속 인간에게 요구해 오셨고 현재도 요구하고 계시며, 앞으로도 그러실 것이다.
(5) 돈을 사랑치 말고 있는 바를 족하게 여길 것(히 13:5).
(6) 우리를 이끌어 우리에게 하나님의 말씀을 가르치는 자들을 기억할 것(히 13:7).
(7) 여러 가지 다른 교훈에 끌리지 말 것(히 13:9).
(8) 항상 찬미의 제사를 하나님께 드릴 것(히 13:15 / 참조, 벧전 2:5, 9).
이에 덧붙여 믿는 자에게는 그 자신의 몸(롬 12:1)과 선행(히 13:16)을 희생으로 드릴 것이 요구된다.
(9) 너희의 선생에게 순종하고 그들에게 복종할 것(히 13:17).
이에 대한 이유는 하나님께서 언젠가 이 지도자들에게 책임을 지도록 하실 것이기 때문이다.
(10) 그리스도인들의 지도자, 특히 히브리서의 기자를 위해 기도하라.

2 그 기쁨

우리의 지극히 거룩한 믿음에는 많은 고귀한 축복이 따른다. 다음을 주목하라.
(1) "그가 친히 말씀하시기를 내가 과연 너희를 버리지 아니하고 과연 너희를 떠나지 아니하리라 하셨느니라"(히 13:5).
(2) "그러므로 우리가 담대히 가로되 주는 나를 돕는 자시니 내가 무서워 아니하겠노라 사람이 내게 어찌 하리요 하노라"(히 13:6).
(3) "예수 그리스도는 어제나 오늘이나 영원토록 동일하시니라"(히 13:8).
(4) "우리에게 제단이 있는데 그 위에 있는 제물은 장막에서 섬기는 자들이 이 제단에서 먹을 권이 없나니"(히 13:10).
(5) "우리가 여기는 영구한 도성이 없고 오직 장차 올 것을 찾나니"(히 13:14).
(6) "양의 큰 목자이신 우리 주 예수를 영원한 언약의 피로 죽은 자 가운데서 이끌어내신 평강의 하나님이 모든 선한 일에 너희를 온전케 하사 자기 뜻대로 행하게 하시고 그 앞에 즐거운 것을 예수 그리스도로 말미암아 우리 속에 이루시기를 원하노라 영광이 그에게 세세무궁토록 있을지어다 아멘"(히 13:20, 21).

유다서

● 유다는 야고보(사도행전 15장에 나오는 예루살렘 교회의 첫번째 목회자이자 야고보서 기자)의 형제요, 예수의 형제다(막 6:3 참조).
● 유다는 다른 형제들과 마찬가지로 예수께서 부활하신 이후에야 그분의 사역을 믿게 된 사람이다(요 7:3—8). 그러나 부활과 승천 사이의 기간 중에 이 두 사람은 영광스럽게 구원받았다. 그들은 오순절 직전에 (어머니 마리아와 함께) 다락방에 모였다(행 1:13).
● 유다는 추측컨대 결혼하여 아내와 함께 다니면서 선교활동을 한 듯하다(고전 9:5).
● "교회 시대의 시작은 사도행전에 기록되어 있다. 한편 교회 시대의 종말은 유다서에 설명되어 있다. 유다서는 아마도 배교자 행전이라 할 수 있을 것이다.

성경에서 유다서는 주 예수 그리스도께서 재림하시기 전에 기독교계에 임할 엄청난 배교 행위를 전적으로 다루고 있는 유일한 책이다. 모두 25절로 이뤄진 이 간략한 멧세지는 계시록으로 들어가는 입구이다… 유다서가 없다면, 복음서 안에 담긴 예수 그리스도의 가르침에서 비롯되고 이 서신을 거쳐 전개되는 예언적 그림이 아무래도 불완전했을 것이다. 다음 구절들을 보라. 누가복음 18장 8절, 데살로니가후서 2장 3절, 디모데전서 4장 1절, 디모데후서 4장 3절, 베드로후서 2장 1절, 3장 3절. 유다서에서 배교에 관한 전체 성경의 교훈이 절정에 이른다. 유다는 우리를 인류 역사의 여명기로 거슬러 올라가게 한다. 우리는 에덴 동산과 하나님의 옛 백성 이스라엘 안에서의 배교를 상기하게 된다. 계속해서 우리들은 방백들과 선지자들, 성도와 죄인들, 영원한 불과 영원한 어둠, 바다와 뭇별, 지나간 심판과 다가올 영광 등에 대하여 살펴보게 된다"〔맥스웰 코더(Maxwell Coder), 『배교자행전 유다서』(*Jude, the Acts of the Apostates*), pp. 3, 4〕.
● 유다서는 신약성경의 사사기라고 불려 왔다.
● 유다서는 베드로후서와 유사하다. 베드로는 거짓 교사들의 사역이 미래에 있을 것으로 보았으나(벧후 2:1), 유다는 그런 행위가 이미 존재하는 것으로 보았다(유 4절).

● 유다는 정경이 아닌 두 권의 책을 언급한다.
(1) 『모세 승천기』(유 9절).
(2) 『에녹서』(유 14, 15절).
바울도 역시 예전에 이런 적이 있었다(행 17:28/딤후 3:8).

● "유다가 '우리의 일반으로 얻는 구원'(유 3절)에 관한 서신을 쓰려고 작정하였을 때, 성령은 그의 마음을 돌이켜 배교 행위에 대하여 쓰도록 하였다. 이것은 배교를 생생하고도 충격적으로 묘사하고 있다. 유다서가 기록되던 당시에는 사람의 손바닥만하던 한 조각 구름이 현재 우리가 살고 있는 시대에는 허리케인과 같은 거대한 폭풍이 되었다. 왜냐하면 우리는 그가 예언했던 배교의 시대 한가운데 살고 있기 때문이다. 현재의 문제는 예수께서 재림하심으로써 진실한 성도들이 공중으로 들리워 올라가기 이전에 그러한 배교 행위가 얼마나 더 악화되고 성행하게 될 것인가 하는 것이다"(버논 맥기, 『성경 통론』, p. 293).

1. 배교의 문제(유 1-4절)

1. 이 서신의 기자

"예수 그리스도의 종이요 야고보의 형제인 유다"(유 1절).
우리는 유다가 자기가 예수의 형제라는 사실을 상기시킴으로써 권위에 빌붙지 않았다는 점에 주목한다.

2. 수신인

"부르심을 입은 자 곧 하나님 아버지 안에서 사랑을 얻고 예수 그리스도를 위하여 지키심을 입은 자들"(유 1절).
"예수 그리스도 안에서 지키심을 입은"이라는 표현은 "예수 그리스도를 '위하여' 보전된"이라고 옮겨져야 마땅하다. 이것은 사도행전 12장 5절, 25장 4, 21절에서 베드로와 바울이 투옥된 것을 말할 때에도 사용된다(벧전 1:4 참조).

유다는 그의 시대에 이미 본격화되었고 또한 점차 가증스러워지게 될 끔찍한 배교 행위에 대해 경고하기에 앞서 성도들을 격려하기를, 그들은 그리스도를 위하여 보전된다고 확증하였다! 여기에서 그는 영감을 받아 그리스도의 다음과 같은 기도에 대한 답변을 우리에게 주고 있다.
"거룩하신 아버지여 내게 주신 아버지의 이름으로 저희를 보전하사"(요 17:11/살전 5:23).

유다는 계속 다음과 같이 말한다.
"긍휼과 평강과 사랑이 너희에게 더욱 많을지어다"(유 2절).
이에 대해 맥스웰 코더는 아래와 같이 쓰고 있다.

> "긍휼이란 말은 '상향적'이며, 평강이란 말은 '내향적'이며 사랑이란 말은 '외향적'이다. 이 세 가지 낱말은 우리를 '하나님'과 우리 자신의 '내적 존재'와 그리고 우리 주위의 '형제들'에게 정당하게 연관시킨다. 이런 것들이 더욱 많아질 때, 또 바로 그때에만 우리들은 엄청난 배교행위에 대적할 수 있다"(『배교자 행전 유다서』, p. 13).

유다서

배교의 문제(유 1-4절)
배교에 대한 설명(유 4, 8, 10, 16, 19절)
배교의 역사적 실례와 그 원인(유 5-7, 9, 11절)
배교에 대한 비유(유 12, 13절)
배교에 대한 심판(유 14, 15절)
배교에 대한 안전장치(유 20-25절)

3. 이 서신의 목적(유 3, 4절)

"사랑하는 자들아 내가 우리의 일반으로 얻은 구원을 들어 너희에게 편지하려는 뜻이 간절하던 차에 성도에게 단번에 주신 믿음의 도를 위하여 힘써 싸우라는 편지로 너희를 권하여야 할 필요를 느꼈노니 이는 가만히 들어온 사람 몇이 있음이라 저희는 옛적부터 이 판결을 받기로 미리 기록된 자나 경건치 아니하여 우리 하나님의 은혜를 도리어 색욕거리로 바꾸고 홀로 하나이신 주재 곧 우리 주 예수 그리스도를 부인하는 자니라."

우리는 다음 사항에 유의하여야 한다.

1 유다의 심리적 압박상태

"너희를 권하여야 할 필요를 느꼈노라"(유 3절).
여기에서 "필요를 느꼈다"는 말의 의미는 "누르다, 압박하다"이다. 문자 그대로 하나님께서는 유다로 하여금 강제로 이 편지를 쓰게 하셨다(고전 9:16 참조).

2 유다의 명령

"성도에게 단번에 주신 믿음의 도를 위하여 힘써 싸우라"(유 3절).
그는 우리가 싸워야 한다고 하지만 다투기를 일삼아서는 안 된다고 말한다. 다투기를 좋아하는 것에 대해서는 디도서 3장 9절을 참조하라. "싸운다"는 말은 방어와 공격, 이 두 가지를 모두 포함한다. 이에 대한 훌륭한 예증은 구약성경 느헤미야서 4장 17, 18절에서 볼 수 있다.

우리가 위해서 싸워야 할 것이 무엇인가를 생각하라. 그것은 바로 「신앙」, 즉 하나님의 말씀 전체에 대한 믿음이다. 뿐만 아니라 여기에 사용된 믿음이란 말은 (본래 헬라어의 용법을 따르자면) 성도들에게 결정적으로 주어진 것이다. 후에 요한은 이 믿음을 더하거나 감하는 것에 대해 엄중히 경고한다(계 22:18, 19 참조).

3 유다의 염려

"이는 가만히 들어온 사람이 몇이 있음이라"(유 4절).
"가만히"라는 말은 글자 그대로 번역하면 "옆에 와서 앉는 것"을 가리킨다(벧후 2:31).

2. 배교에 대한 설명

유다는 적어도 16차례 이상의 격렬하고 준엄한 말로 배교의 추악한 결과를 묘사한다. 이를 열거하기 전에, 배교란 과연 무엇인지를 규명해 보기로 하자. 맥스웰 코더의 말에 의하면 다음과 같다.

> "배교자는 빛을 받았으되 생명을 얻지 못한 사람이다. 아마 어쩌면 그는 어느 정도까지는 기록된 말씀을 받아들였을지 모르지만 살아 있는 말씀, 곧 하나님의 아들을 영접한 바 없는 사람이다"(『배교자 행전 유다서』, p. 21/살후 2:10/행 8:13-23 참조).

그러면 그들에 대해서 자세히 검토해 보기로 하자.

1. 그들은 경건치 못한 사람들이다(유 4절)

이 말은 그들이 하나님을 경외하지 않는다는 뜻이다(딤후 3:5).

2. 그들은 하나님의 은혜를 색욕거리로 바꾼다(유 4절)

이것이 바로 이 시대의 예배 가운데서 행해지는 것이었다.

3. 그들은 그리스도의 위격(位格)과 역사를 부인하고 훼방한다(유 4, 15절)

이것은 바로 이 시대의 이단자들이 행하는 소행이다(딛 1:16).

4. 그들은 육욕적인 꿈에 넘어간다(유 8절)

5. 그들은 (자기들과 다른 사람들의) 몸을 더럽힌다(유 8절)

6. 그들은 인간적 권위와 신적 권위를 둘 다 거부한다(유 8절)

7. 그들은 천사들의 존재를 우스꽝스럽게 여긴다(유 8절)

8. 그들은 자기들이 이해하지 못하는 모든 것을 비웃고 조롱한다(유 10절)

9. 그들은 이성없는 짐승같이 "본능으로" 행동한다(유 10절)

10. 그들은 원망하는 자들이며, 불만을 토하는 자들이다(유 16절)

11. 그들은 자기들의 정욕대로 행한다(유 16절)

12. 그들은 오만하다(유 16절)

13. 그들은 이득을 얻기 위하여 아름다운 말들로써 사람들에게 아부한다(유 16절)

14. 그들은 당을 짓는 자들이다(유 19절)

15. 그들은 육에 속한 자들이다(유 19절)

16. 그들에게는 성령이 없다(유 19절)

3. 배교의 역사적 실례(유 5, 6, 7, 9, 11절)

위의 구절들 가운데서 유다는 배교를 했던 개인 또는 집단의 일곱 예를 들고 있다.

1. 이스라엘

"너희가 본래 범사를 알았으니 내가 너희로 다시 생각나게 하고자 하노라 주께서 백성을 애굽에서 구원하여 내시고 후에 믿지 아니하는 자들을 멸하셨으며"(유 5절).

1 이 일은 언제 어디서 일어났는가?

이것은 이스라엘이 팔레스틴을 향하여 애굽을 떠난 직후 가데스바네아에서 시작되었다. 여기 가데스에서 그들은 "중다한 무리"(구원받지 못한 애굽인들과 비히브리인들)에 의하여 영향을 받았다. 이들은 이스라엘 족속과 함께 떠났던 자들이며, 그들로 하여금 하나님의 말씀에 거역하게 했다.

2 그렇다면 이스라엘 온 족속이 배교자가 되었으며, 죽음 후에 영원한 지옥으로 떨어졌다는 뜻인가?

그렇지 않다. 하나님은 결코 자신의 백성을 지옥에 보내지 않으신다(출 3:7/5:1/신 33:29 참조). 이것이 의미하는 바는 신자들이 실제로 배교자가 되지 않고서도 배교의 덫에 걸릴 수 있다는 것이다(고전 10:1-12/히 3:12, 18, 19/4:1). 이 구절에서 "멸하셨으며"(유 5절)라고 번역된 단어 『아폴루미』(apollumi)는 다른 곳에서는 "육체적 죽음"이란 뜻으로 사용된다(눅 15:17).

2. 천사들

"또 자기 지위를 지키지 아니하고 자기 처소를 떠난 천사들을 큰 날의 심판까지 영원한 결박으로 흑암에 가두셨으며"(유 6절).

우리는 뒤에서 소돔과 고모라의 죄와 멸망을 다룬 후에 이들 배교자 집단을 다루기로 하겠다.

3. 소돔과 고모라의 시민들

"소돔과 고모라와 그 이웃 도시들도 저희와 같은 모양으로 간음을 행하며 다른 색을 따라 가다가 영원한 불의 형벌을 받음으로 거울이 되었느니라"(유 7절).

고대의 가장 타락한 성적 변태자들이 소돔에 살고 있었다. 하나님께서는 창세기 19장에서 이 악의 소굴을 멸하셨다.

이제 6절에 언급된 악한 천사들로 돌아가 보자. 왜냐하면 그들의 죄와 소돔의 죄 사이에는 어떤 유사성이 있을 수 있기 때문이다. 여기서 우리는 두 가지 사실을 고려하지 않으면 안 된다.

1 악한 천사들의 범죄 사실

성경에 따르면 두 종류의 타락한 천사들, 즉 묶인 천사들과 묶여 있지 않은 천사들이 있다. 현재 묶여 있지 않은 천사들이 거룩한 곳과 구원받지 않은 자들의 몸으로 접근한다(엡 6:12 / 눅 8:27 / 막 1:27). 물론 이들 묶여 있지 않은 천사들은 장차 하나님으로부터 심판을 받을 것이다. 그들이 범한 중대한 죄 하나는 그들이 하나님께 대적한 사단의 반란에 동조하였다는 것이다(고전 6:3 / 사 14:12−17 / 스 28:12−19). 현재 결박당한 자들은, 베드로(벧후 2:4)와 유다가 진술한 대로, 이미 감금당해 있다. 두 가지 사건에 있어서 묶여 있지 않은 어떤 타락한 천사들이 그리스도에게 "때가 이르기 전에" 자기를 보내지 말도록 간구한 곳이 바로 이곳이었던 것 같다(눅 8:31 / 마 8:28 / 막 1:24).

2 악한 천사들이 범한 죄의 성격

이처럼 타락한 천사 중 일부로 하여금 때가 차기 전에 응징을 받게 만든 죄는 창세기 6장과 곧바로 연결될 수 있을 것이다. 여기 6장에서 우리는 "하나님의 아들들"이 "사람의 딸들"과 결혼하는 것을 볼 수 있다. 많은 사람들은 이것이 실제로 세상의 여자들(즉, 사람의 딸들)과 결합한 타락한 천사들(즉, 하나님의 아들들)을 가리키는 것이라고 믿는다. 헬라어 학자 케네드 웨스트는 "같은 모양으로"(in like manner, 7절)라는 유다의 표현은 곧 이어 나오는 "간음을 행하며"라는 어구를 목적격으로 갖는 부사구라는 사실을 지적한다. 환언하자면, 소돔의 죄와 악한 천사들의 죄 사이에 비교가 이뤄지고 있다는 것이다. 소돔의 죄란 무엇인가? 물론 대답은 성적(性的) 타락이다. 웨스트는 이렇게 말한다.

> "7절의 '다른'이라는 말은 '다른 어떤 종류'를 뜻하는 헬라어 「헤테라스」(heteras)를 번역한 것이다. 간음의 죄를 범함으로써 천사들은 자신들의 한계를 벗어나 다른 존재의 질서 영역을 침범하였다. 소돔의 죄는 하나님께서 설정해 주신 한계를 넘어서서 남색하는 것이었다"〔『베드로전서의 어휘연구』(*Word Studies in First Peter*), p. 103〕.

3 이 구절과 이 주제에 관한 마지막 고찰

유다는 독자들에게 익히 알려진 구약성경 중의 세 가지 배교 행위를 기억하도록 훈계하고 있다. 이는 다음과 같다.

(1) 이스라엘의 불신앙이라는 역사적 실례

(2) 자신의 맨 처음 신분을 지키지 못한 천사들의 역사적 실례

(3) 소돔의 멸망이라는 역사적 실례

첫번째 예에 대해서 유다서의 독자들은 민수기 14장에 기록된 사건, 즉 이스라엘이 가데스 바네아에서 저지른 엄청난 거역행위를 즉시 기억할 것이다. 세번째 실례를 읽을 때, 그들은 창세기 19장에 기록된 소름끼치는 사건, 즉 불에 의한 소돔의 멸망을 기억할 것이다. 그런데 두번째 역사적 실례로서 만약 창세기 6장이 제외된다면 다른 어떤 장을 떠올릴 수 있겠는가?

여기서 우리는 성경에 언급된 바, 하나님의 피조물들의 세 부류를 각각 대표하는 자들을 들 수 있는데, 그들은 구원받은 자들, 천사들, 구원받지 못한 자들이다.

4. 마귀

"천사장 미가엘이 모세의 시체에 대하여 마귀와 다투어 변론할 때에 감히 훼방하는 판결을 쓰지 못하고 다만 말하되 주께서 너를 꾸짖으시기를 원하노라 하였거늘"(유 9절). 이 구절에서 사단은 일종의 배교자로 간접적으로 나타난다.

1 이 진술의 출처

아마도 이 구절은 주후 1세기에 씌어진 『모세 승천기』(*The Assumption of Moses*)라는 책에서 인용된 듯하다. 이 책의 한 사본이 1861년에 발견되었다. 물론 유다가 그 책의 일부를 인용하였다고 해서 그 책 전체가 성령의 감동으로 씌어졌다는 뜻은 아니다. 바울도 디도서 1장 12절에서 이런 구절들을 인용한 바 있으며 또한 그 이름이 구약성경에서 언급되고 있지 않은 애굽의 두 술사의 이름을 언급한다(딤후 3:8). 그리고 야고보도 역시 구약성경에 언급되고 있지 않은 사실, 즉 엘리야의 기도가 삼 년 반 동안의 한발을 일으켰다고 말한다(약 5:17/참고, 왕상 17:1/18:1).

2 이 진술의 신학적 의미

왜 사단은 모세의 시체를 원하였는가? 『모세 승천기』에 의하면, 모세의 장례식이 정상적으로 치루어져서는 안 되는 이유가 두 가지 있었다.
(1) 모세가 과거에 애굽인 한 사람을 죽였기 때문이다.
(2) 사단은 죽음의 왕이며 모든 시체에 대한 권리를 갖고 있기 때문이다.
이것을 설명하기 위하여 신학자들은 다른 두 가지 이유를 제시했는데, 이 설명이 위의 두 가지 이유보다 합당하게 보인다.
(3) 사단은 그 시체가 이스라엘에 의해 발견되기를 원했고, 거룩한 유골로서 숭배되기를 원했다. 우리는 이스라엘 민족이 예전에 모세가 만들었던 놋뱀을 숭배하였다는 사실을 알고 있다(왕하 18:4).
(4) 사단은 모세가 변화산 위에서 엘리야와 함께 나타나는 것을 저지하려고 하였다(마 17장).

3 이 진술의 주인공

우리는 신명기 34장 5,6절에서 아래와 같은 사실을 알게 된다.
"이에 여호와의 종 모세가 여호와의 말씀대로 모압 땅에서 죽어 〔그에 의하여/개역 한글 성경에는 생략되어 있음—역자 주〕 벧브올 맞은편 모압 땅에 있는 골짜기에 장사되었고 오늘까지 그 묘를 아는 자 없느니라."
이 절에서 생략된 "그"란 틀림없이 이 진술의 주인공, 곧 천사장 미가엘을 지칭하는 것 같다. 그는 구약성경에서 세 차례 언급되며(단 10:13, 21/12:1), 신약성경에서 유다서 이외의 다른 한 곳에서 언급되고 있다(계 12:7—9).

5. 가인

"화 있을진저 이 사람들이여 가인의 길에 행하였으며"(유 11절).
가인의 길(배교)은 창세기 4장 1절부터 7절 사이에 묘사되어 있다. 그는 하나님께 피 없는 희생을 드렸다. 이것은 우리 시대의 배교자들, 곧 자유주의자들이 하는 방식이다. 그들은 갈보리의 십자가대신 문화를 바라다 본다(요일 3:11, 12).

6. 발람

"삯을 위하여 발람의 어그러진 길로 몰려갔으며"(유 11절).
발람은 민수기 22–25장에 나오는 거짓 선지자로 돈을 좋아한 사람이다. 발람의 과오는 복음의 사역을 상품화하고 있다는 것이다. 오늘날의 많은 배교자들도 역시 그렇다.

7. 고라

"고라의 패역을 좇아 멸망을 받았도다"(유 11절).
고라는 민수기 16장에서 공인된 하나님의 대변자 모세에게 반역하였다. 이 죄로 인하여 그는 구덩이에 빠져 죽었다. 즉, 땅이 입을 벌려 그를 삼킨 것이다. 오늘날의 배교자들은 목사, 선교사, 성경교사, 기타 하나님께서 임명하신 사람들을 해치는 악담을 한다.

이 부분을 간단히 정리하면서 맥스웰 코더의 말을 인용하기로 하자.

> "가인은 흙을 일구는 자였고, 발람은 선지자였으며, 고라는 이스라엘의 방백이었다. 세 부류의 사람을 예증으로 든 것은 배교란 한 계급의 사람들에게 국한되지 않는다는 사실을 제시하려는 의도인 것 같다. 이러한 악은 종교 지도자들에게 한한 것이 아니다. 선지자들, 방백들, 백성들에게 똑같이 관계된다. 설교단에도, 왕궁에도, 서민의 집에도 배교자들은 있다"(『배교자 행전 유다서』, p. 66).

4. 배교에 대한 비유

"저희는 기탄없이 너희와 함께 먹으니 너희 애찬의 암초요 자기 몸만 기르는 목자요 바람에 불려가는 물없는 구름이요 죽고 또 죽어 뿌리까지 뽑힌 열매없는 가을 나무요 자기의 수치의 거품을 뿜는 바다의 거친 물결이요 영원히 예비된 캄캄한 흑암에 돌아갈 유리하는 별들이라"(유 12, 13절).
맥스웰 코더의 말을 다시 한번 인용하자.

> "이 위대한 서신을 자세히 검토해 볼수록 배교의 명확한 교리가 더욱 인상적이 된다. 유다는 이제 천사로부터 인간, 짐승에 이르기까지 모든 피조물들을 망라하였다. 하지만 아직도 자연의 영역이 남아 있다. 그는 영감을 인하여 다섯 개의 빛나는 그림과 같은 언어를 사용하여 공중, 땅 나무, 바다, 별이 빛나는 하늘을 우리에게 제시한다. 이는 요한계시록에 수록된 사건들이 알려지기 바로 직전에 장차 기독교계가 직면하게 될 상황을 간략하게 최종 정리하여 교회에 제공하기 위한 것이었다"(『배교자 행전 유다서』, p. 75).

1. 암초

배교의 보이지 않는 위험들을 묘사한다. 우리는 이들 암초가 초대교회에서 성만찬을 가리키는 그리스도인들의 애찬에 숨어 있음을 알 수 있다. 우리는 이것을 어떻게 이해할 것인가? 바울은 고린도전서 11장 17절부터 30절 사이에서 그것을 설명한다. 주후 1세기의 교회에는 거룩한 교제와 연관된 식사가 있었다. 그런데 배교자들 가운데 어떤 사람들(혹은 배교행위에 물든 신자들)이 이 식사에 참여하였다. 그 결과 어떤 자들은 과식을 하고 술 취하는 반면에 다른 자들은 거의 기아 상태에 있었다. 이 때문에 하나님으로부터 심판을 받아 죽음에 이른 자가 부지기수였다.

2. 물없는 구름

배교자의 거짓 약속을 묘사한다(잠 25:14 참조). 이들 구름들은 바람이 부는 대로 움직이는 것이라고 묘사된다. 의심할 바 없이 여기서 "바람"이란 마귀의 활동을 가리킨다. 배교자들은 사단에게 사로잡힌 자들이다. 이와 흥미있는 비교를 베드로후서 1장 21절에서 찾아볼 수 있다.

3. 가을 나무

배교자의 열매없는 신앙고백을 묘사한다. 이 말의 헬라어를 문자 그대로 옮기면 "늦가을의 나무"이다. 이는 교회 시대의 가을이 지나가고 심판의 겨울이 임박했을 때 엄청난 배교행위가 일어나게 될 것이라는 사실을 암시한다(마 13:30/15:30/잠 2:22 참조).

4. 거친 물결

배교자의 무익한 노고를 묘사한다. 바다는 곧잘 성경에서 악의 상징으로 나타난다(사 57:20, 21). 말세의 배교행위를 특징짓는 것은 박학다식(딤후 3:7)과 권능을 행하는 것(마 7:22)이다. 그렇지만 두 가지 모두 무익한 것이다.

5. 유리하는 별들

배교의 무목적성을 묘사한다. 이것이야말로 배교의 가장 놀라운 특징인 듯하다.

여기서 맥스웰 코더의 적절한 말을 인용하기로 하자.

> "이와 대조적으로 참된 신자들은 일생동안 애찬을 즐긴다. 그들은 성령에 의하여 태어나며, 결코 거짓 교리라는 바람에 흔들리지 않는다. 유익한 삶을 마친 후에 그들은 예수와 함께 있기 위하여 영광과 영예 가운데 본향으로 간다. 그 이후부터 그들은 이루 말할 수 없는 빛 가운데 영원토록 거한다. 그들은 생명없고 위험한 바위가 아니라, 살아있는 돌이다(벧전 2:5). 또 물없는 구름이 아니라 생수의 원천이다(요 7:38). 죽은 나무이기는 커녕 '의의 나무 곧 여호와의 심으신 바 그 영광을 나타내는 자'(사 61:3)라 일컬어진다. 또 그들의 평화는 거친 물결이 아니라 고요한 강 같고, 그들의 의는 바다 물결 같다(사 48:18). 유리하는 별들은 영원한 암흑 속에 갇힐 것이지만, 참된 신자들은 영원한 별처럼 빛날 것이다(단 12:3)"(『배교자 행전 유다서』, pp. 82, 83).

5. 배교에 대한 심판

"아담의 칠 세 손 에녹이 사람들에게 대하여도 예언하여 이르되 보라 주께서 그 수만의 거룩한 자와 함께 임하셨나니 이는 뭇사람을 심판하사 모든 경건치 않은 자의 경건치 않게 행한 모든 경건치 않은 일과 또 경건치 않은 죄인의 주께 거스려 한 모든 강퍅한 말을 인하여 저희를 정죄하려 하심이라 하였느니라"(유 14, 15절).

1. 이 진술의 출처

그것은 주전 100년경에 씌어진 『에녹서』이다. 이 책은 모두 108장으로 되어 있으며, 1773년에 이 책의 사본이 발견되었다. 사도 유다는 하나님의 감동으로 말미암아 14, 15절을 이 책에서 인용하였다.

2. 이 말의 진술자

물론 그 책의 기자는 에녹이 아니지만, 이 진술은 분명히 에녹서의 본문에서 취한 것이다. 에녹과 노아는 예언과 의를 전파하는 담대한 설교자들이었다(벧전 2:5 참조).

홍수 이전의 선지자 노아의 놀라운 믿음은 우리 주께서 초림하시기도 전에 벌써 재림을 예언한 것에서 볼 수 있을 것 같다. 에녹도 마찬가지로 창세기에서 그분의 강림을 예언한 한편, 요한은 요한계시록에서 그것을 선포하였다(계 19:11-14 참조). 이 두 사람은 똑같은 사건을 언급하고 있다.

1 **그분께서 자신의 성도들과 함께 오신다**(골 3:4 / **살전** 3:13).

2 **그분께서 심판하러 오신다**(히 9:26-28 / **벧후** 3:7).

6. 배교를 피하기 위한 안전장치(유 20-25절)

1. 우리는 건축해야 한다

"사랑하는 자들아 너희는 너희의 지극히 거룩한 믿음 위에 자기를 건축하며"(유 20절). 이는 하나님의 말씀을 통해서 이루어진다(벧후 1:5-7 / 행 20:32 / 롬 10:1 / 벧전 2:2 / 요일 2:5 참조).

2. 기도해야 한다

"성령으로 기도하며"(유 20절 / 참조, 엡 6:18).

3. 자신을 하나님의 사랑 안에 보존해야 한다

1절에서 우리는 그리스도를 위하여 보전되었다. 그러나 여기서 우리는 자신을 하나님의 사랑 안에 보존해야 한다. 어떻게 이 일이 가능한가? 성도들은 하나님의 사랑이라는 경계를 빠져나갈 수 없는 한편(시 139:7-12), 이러한 사랑의 충만한 '축복'으로부터 도망갈 수 있다(요 15:9).

4. 우리가 들리워 올라갈 것을 기대하여야 한다

"영생에 이르도록 우리 주 예수 그리스도의 긍휼을 기다리라"(유 21절 / 참조, 눅 12:37 / 딛 2:13).

5. 구원받지 못한 자들을 인도해야 한다

"어떤 의심하는 자들을 긍휼히 여기라 또 어떤 자를 불에서 끌어내어 구원하라 또 어떤 자를 그 육체로 더럽힌 옷이라도 싫어하여 두려움으로 긍휼히 여기라"(유 22, 23절).

맥스웰 코더의 말을 인용해 보자.

"개인 전도를 위한 어떤 소책자에는 사람들이 아래와 같이 세 부류로 분류되어 있다.

1. 심각한 의심이 그들을 괴롭히기 때문에 자비로운 온유함을 필요로 하는 사람들
2. 영원한 불의 심판을 벗어나려면 당장 담대함이 필요한 사람들
3. 구령자(救靈者) 자신이 그들의 죄에 물들지 않기 위해서, 세심한 자비로움으로 보살핌을 받아야 할 사람들"(『배교자 행전 유다서』, p. 113).

다음의 예들은 이들 세 종류의 사람들을 구체적으로 나타내기 위해 든 것이다.

(1) **첫번째 부류**－술과 약물중독으로 고통받는 사람들.

(2) **두번째 부류**－몰몬교와 같이 기독교를 왜곡시킨 이교(異敎)에 참여하도록 강렬한 영향을 받고 있는 구원받지 못한 사람들.

(3) **세번째 부류**－부도덕한 생활과 관계있는 아름다운 여자.

마지막으로 우리는 유다의 위대하고 장엄하고 영광스러운 축복의 말에 귀를 기울이자.

"능히 너희를 보호하사 거침이 없게 하시고 너희로 그 영광 앞에 흠이 없이 즐거움으로 서게 하실 자 곧 우리 구주 홀로 하나이신 하나님께 우리 주 예수 그리스도로 말미암아 영광과 위엄과 권력과 권세가 만고 전부터 이제와 세세에 있을지어다 아멘"(유 24, 25절).

요한일서

● 하나님의 영은 사도 요한에게 명하사 신약성경의 서신 중 다섯 권을 기록하게 하셨다. 바울을 제쳐 놓는다면, 신약성경 가운데서 요한만큼 많은 부분을 기록한 이가 없다. 그가 기록한 그 다섯 권은 요한복음, 세 서신, 요한계시록이며, 이들이 다루고 있는 주제는 아래와 같이 구분될 수 있다.

요한복음－구원
과거
선지자 그리스도
십자가에 대해서

요한서신－거룩하게 됨
현재
제사장 그리스도
교제

요한계시록－영광
미래
왕 그리스도
면류관

● 요한은 그리스도의 신성(神性)을 입증하기 위해서 복음서를 썼다. 이제 그는 그리스

도의 「인성」(人性)을 입증하기 위해 서신들을 쓴다. 이 두 가지 사실에 대한 이단적 교훈이 그의 시대에도 존재했다.

● 『신 스코필드 성경』은 아래와 같이 말한다.

"이것(요한일서)은 아버지가 이 세상에 있는 '어린 자녀들'에게 띄우는 가족 편지이다. 아마도 솔로몬의 아가(雅歌)를 제외한다면, 이것은 성령의 감동을 받은 저작 중 가장 친근한 내용이다. 한 그리스도인의 죄가 아버지에 대한 어린 자녀의 잘못으로 언급되고, 가정 문제로 취급된다(요일 1:9/2:1)"(p. 1342).

● 요한은 복음서에서 우리를 하나님의 울타리에 들어 있는 양으로 묘사하지만, 이 서신에서는 그분의 가정의 한 일원으로 묘사하고, 다시 요한계시록에서는 그분의 왕국의 제사장들로 묘사한다(요 10:1/요일 2장/계 1장).

● 요한은 후에 그의 요한계시록을 받게 될 사람들, 즉 소아시아에 있는 일곱 교회에게 서신들을 보냈다고 어떤 사람들은 믿고 있다.

이 첫번째 서신은 각 장의 개요를 따로 말하기에는 약간의 어려움이 있다. 그러므로 여기에서는 주제별에 따라 열 가지로 나누어 개괄하였으며 그 각각은 요한일서의 핵심 주제, 즉 「친교」(교제:fellowship)를 묘사하고 있다.

요한일서

교제의 근원

예수 그리스도

그분의 성육신(1:1, 2/3:5, 8)

그분이 십자가에 못 박히심(3:16/4:9, 10, 14)

교제의 목적

우리로 하여금 하나님과 그분의 백성들을 알고 사랑하게 하기 위함(1:4/2:26/3:13, 22/5:13—15 참조)

교제를 위한 필요사항

- 빛 가운데 행하라(1:7).
- 우리의 죄를 인정하라(1:8).
- 우리의 죄를 고백하라(1:9).
- 그분의 명령을 지키라(2:3—8/5:2, 3).
- 그리스도 안에 거하라(2:28).
- 이 세상에 물들지 않게 자신을 지키라(2:3/5:21).
- 궁핍한 형제들을 보살피라(3:17).

교제의 시험

어떤 사람의 교제를 시험하는 간단한 문제

(1) 나는 하늘로 들리워 올라감을 바라보며 이 세상에서 살아가고 있는가?(3:3)

☐ **그렇다** ☐ **아니다**

(2) 나는 끊임없이 죄에 거하고 있는가?(3:6, 9/5:18)

☐ **그렇다** ☐ **아니다**

(3) 나는 나의 영적 형제들을 미워하는가?(4:20)

☐ **그렇다** ☐ **아니다**

(4) 나는 나의 형제들을 도와주고자 희망하는가?(3:17)

☐ **그렇다** ☐ **아니다**

(5) 나는 진정으로 나의 형제를 사랑하는가?(4:7, 21)

☐ **그렇다** ☐ **아니다**

(6) 나는 하나님의 다른 종들과 친밀한 관계를 누리고 있는가?(4:6)

☐ 그렇다 ☐ 아니다

(7) 나는 끊임없는 공포에 붙들려 있는가?(4:18)

☐ 그렇다 ☐ 아니다

(8) 나는 이 세상을 극복할 수 있는가?(5:4)

☐ 그렇다 ☐ 아니다

(9) 나는 거짓 교리와 마주칠 때 그것을 알아볼 수 있는가?(4:1–3)

☐ 그렇다 ☐ 아니다

(10) 나는 그리스도의 신성(神性)을 시인하는가?(4:15/5:1)

☐ 그렇다 ☐ 아니다

(11) 나는 그리스도의 역사(役事)를 시인하는가?(5:13, 20)

☐ 그렇다 ☐ 아니다

교제의 유지

하나님의 아들(성자)로 말미암아(2:1, 2).

하나님의 영(성령)에 의하여(2:20, 27).

하나님의 성도들과 함께(1:8, 9).

교제의 가족적 구성원들

어린 자녀들(2:13).

청년들(2:14).

이비들(2:14).

교제의 원수들

“이 세상이나 세상에 있는 것들을 사랑치 말라 누구든지 세상을 사랑하면 아버지의 사랑이 그 속에 있지 아니하니 이는 세상에 있는 모든 것이 육신의 정욕과 안목의 정욕과 이 생의 자랑이니 다 아버지께로 좇아온 것이 아니요 세상으로 좇아온 것이라”(2:15, 16).

이 세상의 악한 체제들

(행 17:24/요 3:16/요일 5:19/약 4:4/1:27/롬 12:2/고전 11:32/2:17)

이 세상의 악한 유혹자들

(2:22/2:26)

이 세상의 악한 영들

(4:1–3)

교제의 약속들
- 영원한 생명의 약속(2:25)
- 하늘로 들리워 감에 대한 확신(2:28)
- 그분의 몸과 같은 새로운 몸(3:2)
- 심판에 대한 확신(4:17)
- 담대히 봉사함(4:18)

교제의 증인들

하늘에서	지상에서
성부	물(침례=세례)
성자	피(친교)
성령	

교제로부터의 분리
하나님과의 교제가 그를 죄로부터 지킬 것이다. 바꾸어 말하자면 죄가 그를 하나님과의 교제로부터 분리시킬 것이다.

1. 이 교제의 근원
(요일 1:1, 2/3:5, 8, 16/4:9, 10, 14, 19/5:20)

이 교제의 근원은 우리 주 예수 그리스도의 「성육신」과 「십자가에 못박히심」이다.
[1] "태초부터 있는 생명의 말씀에 관하여는 우리가 들은 바요 눈으로 본 바요 주목하고 우리 손으로 만진 바라 이 생명이 나타내신 바 된지라 이 영원한 생명을 우리가 보았고 증거하여 너희에게 전하노니 이는 아버지와 함께 계시다가 우리에게 나타내신 바 된 자니라"(요일 1:1, 2).
[2] "그가 우리 죄를 없이하려고 나타내신 바 된 것을 너희가 아나니 그에게는 죄가 없느니라 그 안에 거하는 자마다 범죄하지 아니하나니 범죄하는 자마다 그를 보지도 못하였고 그를 알지도 못하였느니라 자녀들아 아무도 너희를 미혹하지 못하게 하라 의를 행하는 자는 그의 의로우심과 같이 의롭고 죄를 짓는 자는 마귀에게 속하나니 마귀는 처음부터 범죄함이니라 하나님의 아들이 나타나신 것은 마귀의 일을 멸하려 하심이니라"(요일 3:5, 8).
[3] "그가 우리를 위하여 목숨을 버리셨으니 우리가 이로써 사랑을 알고 우리도 형제들을 위하여 목숨을 버리는 것이 마땅하니라"(요일 3:16).
[4] "하나님의 사랑이 우리에게 이렇게 나타난 바 되었으니 하나님이 자기의 독생자를 세상에 보내심은 저로 말미암아 우리를 살리려 하심이라 사랑은 여기 있으니 우리가 하나님을 사랑한 것이 아니요 오직 하나님이 우리를 사랑하사 우리 죄를 위하여 화목제로 그 아들을 보내셨음이니라"(요일 4:9, 10).

5 "아버지가 아들을 세상의 구주로 보내신 것을 우리가 보았고 또 증거하노니"(요일 4:14).
6 "누구든지 하나님을 사랑하노라 하고 그 형제를 미워하면 이는 거짓말하는 자니 보는 바 그 형제를 사랑치 아니하는 자가 보지 못하는 바 하나님을 사랑할 수가 없느니라"(요일 4:20).

우리는 위의 구절들에서 예수 그리스도께서 단지 복음을 전파하기 위해서 이 세상에 오신 게 아니라, 이 세상에 선포할 복음이 있도록 하기 위해서 이 세상에 오셨다는 사실을 곧 알 수 있다.

2. 이 교제의 목적

1. 아버지에 대해서 더 많이 알도록 하기 위해서이다

1 **그분은 빛이시다**(요일 1:5).
2 **그분은 의이시다**(요일 3:7).
3 **그분은 전지하시다**(요일 3:20).
4 **그분은 사랑이시다**(요일 4:8, 16).
5 **그분은 보이지 않는 분이시다**(요일 4:12).
6 **그분은 생명이시다**(요일 5:11).

2. 아버지를 사랑하도록 하기 위해서이다(요일 4:19)

3. 아버지의 사랑을 이해하도록 하기 위해서이다(요일 3:16)

4. 우리 안에서 아버지의 사랑이 완전해지기를 위해서이다(요일 2:5/4:12)

5. 아버지의 가족을 사랑하게 하기 위해서이다(요일 3:11, 23/4:7, 11)

6. 완전한 기쁨을 맛보게 하기 위해서이다(요일 1:4)

7. 우리의 구원에 대한 확신을 갖게 하기 위해서이다(요일 5:13)

8. 우리의 기도와 관련하여 확신을 얻게 하기 위해서이다(요일 3:22/5:14, 15)

9. 세상의 유혹에 넘어가지 않게 하기 위해서이다(요일 2:26)

10. 환난 때 놀라지 않게 하기 위해서이다(요일 3:13)

3. 이 교제를 위한 필요사항

1. 빛 가운데 행하여야 한다(요일 1:7)

"저가 빛 가운데 계신 것같이 우리도 빛 가운데 행하면 우리가 서로 사귐이 있고 그 아들 예수의 피가 우리를 모든 죄에서 깨끗하게 하실 것이요."

2. 우리의 죄를 인정하여야 한다(요일 1:8)

"만일 우리가 죄 없다 하면 스스로 속이고 또 진리가 우리 속에 있지 아니할 것이요."

3. 우리의 죄를 자백하여야 한다(요일 1:9)

"만일 우리가 우리 죄를 자백하면 저는 미쁘시고 의로우사 우리 죄를 사하시며 모든 불의에서 우리를 깨끗케 하실 것이요."

여기서 "자백하다"라는 말은 『호모로고』(homologo)인데, 이는 "~에 동의한다"는 의미이다. 그러므로 성령이 우리가 삶 가운데서 범한 죄를 저적하시면 우리는 즉시 그것에 동의한다. 그리스도의 피는 우리를 모든 죄로부터 깨끗케 하지만, 우리의 변명은 하나라도 용납하지 않을 것이다.

4. 그분의 계명을 지켜야 한다(요일 2:3-8/5:2, 3)

어떤 사람들은 이 구절들에 모순이 있다고 생각했다. 다음을 보라.

"사랑하는 자들아 내가 새 계명을 너희에게 쓰는 것이 아니라 너희가 처음부터 가진 옛 계명이니 이 옛 계명은 너희의 들은 바 말씀이거니와 다시 내가 너희에게 새 계명을 쓰노니 저에게와 너희에게도 참된 것이라 이는 어두움이 지나가고 참빛이 벌써 비췸이니라"(요일 2:7, 8).

그렇지만 면밀히 살펴보면, 이것은 모순이 아니라 영광스런 첨언(添言)이다.

1 옛 계명

"원수를 갚지 말며 동포를 원망하지 말며 이웃 사랑하기를 네 몸과 같이 하라 나는 여호와니라"(레 19:18).

"너희와 함께 있는 타국인을 너희 중에서 낳은 자같이 여기며 자기같이 사랑하라 너희도 애굽 땅에서 객이 되었더니라 나는 너희 하나님 여호와니라"(레 19:34/참조, 신 10:19).

구약의 계명에 따르면 이처럼 사랑은 친교의 기초로서 요구되는 것이다. 그러나 예수께서는 지상에 계시는 동안 이 사랑을 더욱 심화시키셨다.

2 새 계명

"새 계명을 너희에게 주노니 서로 사랑하라 내가 너희를 사랑한 것같이 너희도 서로 사랑하라"(요 13:34/참조, 요 15:12).

이 새로운 계명은 다락방에서 베풀어진 최후의 만찬에서 주어진 것이다. 아마도 요한은 그처럼 성스러운 자리를 결코 잊을 수 없었을 것이다.

5. 우리는 그리스도 안에 거해야 한다(요일 2:28)
"자녀들아 이제 그 안에 거하라"(요 15장 참조).

6. 우리 자신을 지켜 세상에 물들지 않도록 해야 한다
즉, 부도덕(요일 3:3)과 우상숭배(요일 5:21)로부터 멀어져야 한다.

7. 궁핍한 형제들을 섬겨야 한다(요일 3:17)
"누가 이 세상 재물을 가지고 형제의 궁핍함을 보고도 도와줄 마음을 막으면 하나님의 사랑이 어찌 그 속에 거할까보냐."

4. 이 교제의 시험

어떻게 해야 우리는 그분이 진정으로 우리를 구원하셨으며, 우리가 그분과 교제하면서 날마다 그분과 함께 거닐고 있음을 확실히 알 수 있는가? 요한은 우리가 그분의 아들이자 그분과 교제하고 있다는 두 가지 사실을 결정할 때에 도움이 되는 일련의 시험 문제를 제시한다.

1. 과연 나는 하늘로 들리워 올라갈 것을 기대하면서 이 세상에서 살아가고 있는가?
"주를 향하여 이 소망을 가진 자마다 그의 깨끗하심과 같이 자기를 깨끗하게 하느니라"(요일 3:3).

2. 나는 계속 죄 안에 살고 있는가?
"그 안에 거하는 자마다 범죄하지 아니하나니 범죄하는 자마다 그를 보지도 못하였고 그를 알지도 못하였느니라…하나님께로서 난 자마다 죄를 짓지 아니하나니 이는 하나님의 씨가 그의 속에 거함이요 저도 범죄치 못하는 것은 하나님께로서 났음이라"(요일 3:6, 9).
"하나님께로서 난 자마다 범죄치 아니하는 줄을 우리가 아노라 하나님께로서 나신 자가 저를 지키시매 악한 자가 저를 만지지도 못하느니라"(요일 5:18).
물론 위 구절들은 완전한 무죄 상태(죄로부터 완전히 해방된 상태)를 가리키지 않는다. 이 구절에 쓰인 헬라어의 동사들은 모두 죄를 계속적으로 범한다는 현재 시제이다. 따라서 우리는 죄없는 상태가 아닐지 모르지만, 요한은 그럼에도 불구하고 우리가 응당 죄를 범하는 일이 보다 적어야 한다고 말하는 것이다.

3. 나는 영적 형제를 미워하는가?
"누구든지 하나님을 사랑하노라 하고 그 형제를 미워하면 이는 거짓말하는 자니 보는 바 그 형제를 사랑치 아니하는 자가 보지 못하는 바 하나님을 사랑할 수가 없느니라"(요일 4:20).

4. 나는 내 형제를 도와 주기를 바라는가?(요일 3:17)

5. 나는 진실로 내 형제를 사랑하는가?(요일 3:7, 21)
물론 요한은 여기서 진정한 사랑을 말하고 있는 것이다! 성경적 사랑이란 "다른 사람의 복지에 대한 이기심 없는 관심"으로 정의(定義)될 수 있을 것이다.

6. 나는 진실로 하나님을 사랑하는가?
"우리가 하나님을 사랑하고 그의 계명들을 지킬 때에 이로써 우리가 하나님의 자녀 사랑하는 줄을 아느니라"(요일 5:2).

7. 우리는 하나님의 다른 종들과 일체감을 누리고 있는가?
"우리는 하나님께 속하였으니 하나님을 아는 자는 우리의 말을 듣고 하나님께 속하지 아니한 자는 우리의 말을 듣지 아니하나니 진리의 영과 미혹의 영을 이로써 아느니라"(요일 4:6).

8. 나는 계속 두려움에 붙들려 있는가?
"사랑 안에 두려움이 없고 온전한 사랑이 두려움을 내어쫓나니 두려움에는 형벌이 있음이라 두려워하는 자는 사랑 안에서 온전히 이루지 못하였느니라"(요일 4:18).

9. 나는 세상을 이길 수 있는가?
"대저 하나님께로서 난 자마다 세상을 이기느니라 세상을 이긴 이김은 이것이니 우리의 믿음이니라"(요일 5:4).

10. 나는 거짓 교리를 대할 때 그것의 정체를 알아볼 수 있는가?
"사랑하는 자들아 영을 다 믿지 말고 오직 영들이 하나님께 속하였나 시험하라 많은 거짓 선지자가 세상에 나왔음이니라 하나님의 영은 이것으로 알지니 곧 예수 그리스도께서 육체로 오신 것을 시인하는 영마다 하나님께 속한 것이요 예수를 시인하지 아니하는 영마다 하나님께 속한 것이 아니니 이것이 곧 적그리스도의 영이니라 오리라 한 말을 너희가 들었거니와 이제 벌써 세상에 있느니라"(요일 4:1-3).

11. 나는 그리스도의 신성(神性)을 주저없이 시인하는가?
"누구든지 예수를 하나님의 아들이라 시인하면 하나님이 저 안에 거하시고 저도 하나님 안에 거하느니라"(요일 4:15).
"예수께서 그리스도이심을 믿는 자마다 하나님께로서 난 자니 또한 내신 이를 사랑하는 자마다 그에게서 난 자를 사랑하느니라"(요일 5:1).

12. 나는 그리스도의 역사(役事)를 올바르게 시인하는가?(요일 5:13, 20)
위의 열두 가지 질문은 요한이 제시한 것이다. 만약 이 시험을 통과하지 못한 사람이라면 다음과 같이 결론을 내릴 수 있다.

[1] 나는 아직 구원받지 못하였다(혹은 구원받지 못하였을 수도 있다).

[2] 나는 주님을 섬김으로써 은혜 안에서 말씀을 이해하고 기도하며 성장해야 할 필요가 있다.

5. 이 교제의 유지

오늘의 아름다운 이 교제를 장차 우리가 다시 일어나게 될 때에도 함께 나눌 수 있을 것이라는 어떠한 확신이 우리에게 있는가? 이 교제는 다음과 같은 것들을 통하여 보전된다.

1. 하나님의 아들을 소유함으로써

예수님은 대체 어떻게 되셨는가? 그분은 어디에 계시며 또한 무슨 일을 하고 계시는가? 요한의 답변은 이렇다. 즉, 그분은 현재 아버지와 함께 계시며 믿는 자들을 위하여 다음과 같은 일을 하고 계신다.

[1] 우리의 대언자

"나의 자녀들아 내가 이것을 너희에게 씀은 너희로 죄를 범치 않게 하려 함이라 만일 누가 죄를 범하면 아버지 앞에서 우리에게 대언자가 있으니 곧 의로우신 예수 그리스도시라"(요일 2:1).

위의 "대언자"는 헬라어로 『파라클레토스』(parakletos)이며, 그 뜻은 "~를 돕도록 부름받은 자"이다. 『신 스코필드 성경』은 이 직분을 아래와 같이 설명한다.

> "대언이란 예수 그리스도께서 범죄하는 성도들을 위하여 하나님 앞에서 수행하시는 일이다. 이렇게 하심으로써 그리스도는 자신의 희생이 갖는 영원한 효력을 인하여 아버지와 그들과의 교제를 회복시키신다"(p. 1343).

[2] 우리의 화목 제물

"저는 우리 죄를 위한 화목 제물이니 우리만 위할 뿐 아니요 온 세상의 죄를 위하심이라"(요일 2:2).

위에서 "화목 제물"이라고 옮겨진 헬라어의 어원(語源)은 히브리서 9장 5절에서 "속죄소"로 번역되고 있다. 속죄소, 혹은 시은좌는 지성소에 안치된 거룩한 언약궤의 일부이다. 황금으로 된 이 속죄소 위에 매 속죄일마다 희생제물의 피가 뿌려졌다(레 16:14). 이것은 율법의 의로운 판결이 집행되었으며 그 결과 심판의 보좌가 은혜의 보좌로 바뀌었음을 의미한다(히 9:11-15). 또한 그것은 이렇게 함으로써 인간이 하나님과 화목하게 되었음을 의미한다. 그리스도의 사역은 이처럼 화목 제물의 역할을 감당하셨고, 그렇게 함으로써 하나님의 공의가 영원히 충족되었던 것이다(4:10 참조).

2. 하나님의 성령이 내재하심으로써

"너희는 거룩하신 자에게서 기름부음을 받고 모든 것을 아느니라…너희는 주께 받은 바 기름부음이 너희 안에 거하나니 아무도 너희를 가르칠 필요가 없고 오직 그의 기름부음이 모든 것을 너희에게 가르치며 또 참되고 거짓이 없으니 너희를 가르치신 그대로 주 안에 거하라"(요일 2:20, 27).

이 구절은 물론 인간의 교사 신분을 부정하는 것이 아니다(엡 4:11, 12 참조). 이것이 말하고 있는 것은 어떤 형태의 가르침, 혹은 교훈이든 반드시 하나님의 말씀에 의거하여 판단해야 한다는 것이다.

3. 성도들과의 협력을 통해서

성도는 어떻게 이러한 하늘 나라와의 교제를 유지하는 데 기여할 수 있을 것으로 기대하게 되는가?

1 자신의 죄를 인정함으로써(요일 1:8)

2 자신의 죄를 고백함으로써(요일 1:9)

6. 이 교제의 가족적 구성원들(요일 2:13, 14)

여기서 요한은 영적인 성숙도에 따라 하나님의 가족을 세 부류로 나누는 듯하다.

1. 어린 자녀들

"나의 자녀들아 내가 이것을 너희에게 씀은 너희로 죄를 범치 않게 하려 함이라"(요일 2:1). 여기에 사용된 헬라어는 「파이디아」(paidia)로, 그리스도 안에서 갓 태어난 아기를 뜻한다.

2. 청년들

"청년들아 내가 너희에게 쓰는 것은 너희가 악한 자들을 이기었음이니라"(요일 2:13).
"청년들아 내가 너희에게 쓴 것은 너희가 강하고 하나님의 말씀이 너희 속에 거하시고 너희가 흉악한 자를 이기었음이라"(요일 2:14).

3. 아비들

"아비들아 내가 너희에게 쓰는 것은 너희가 태초부터 계신 이를 앎이요"(요일 2:13).
"아비들아 내가 너희에게 쓴 것은 너희가 태초부터 계신 이를 알았음이요"(요일 2:14).

7. 이 교제의 원수들

요한은 믿는 자들이 예수와 동행하는 것을 손상당하지 않도록 최소한 세 가지의 무서운 원수들을 경계하여야 한다고 지적한다.

1. 이 세상 체계

"이 세상이나 세상에 있는 것들을 사랑치 말라 누구든지 세상을 사랑하면 아버지의 사랑이 그 속에 있지 아니하니 이 세상에 있는 모든 것이 육신의 정욕과 안목의 정욕과 이생의 자랑이니 다 아버지께로 좇아온 것이 아니요 세상으로 좇아온 것이라 이 세상도, 그 정욕도 지나가되 오직 하나님의 뜻을 행하는 이는 영원히 거하느니라"(요일 2:15-17).

1 이 세상에 대한 규정

성경에는 세 종류의 세상이 있다.

(1) 물질계(행 17:24)

(2) 인간계(요 3:16)

(3) 마귀의 세계(요일 5:19 / 요 12:31 / 15:18)

요한이 여기에서 말하고 있는 것은 세번째 "세상"임이 분명하다. 신자는 첫번째 세상에 살고 있으며, 두번째 세상의 구성원이다. 그렇지만 그는 세번째 세상을 반드시 피해야 한다.

2 이 세상 내의 구분

(1) 육체의 정욕

(2) 안목의 정욕

(3) 이생의 자랑

요한은 이러한 말들을 사용했을 때 아마 두 사람이 각각 사단에게 직접 유혹을 받았던 아름다운 동산과 황량한 광야를 생각하고 있었던 듯하다.

● **하와와 아름다운 동산(창 3:6)**

"여자가 그 나무를 본즉 먹음직도 하고"(육체의 정욕).

"보암직도 하고"(안목의 정욕).

"지혜롭게 할 만큼 탐스럽기도 한 나무인지라"(이생의 자랑).

● **그리스도와 황량한 광야(마 4:3, 8, 6)**

"명하여 이 돌들이 떡덩이가 되게 하라"(육체의 정욕).

"마귀가 그를 데리고… 가서 천하 만국과 그 영광을 보여"(안목의 정욕).

"뛰어내리라… 저가 너를 위하여 그 사자들을 명하시리니 저희가 손으로 너를 받들어 발이 돌에 부딪히지 않게 하리로다"(이생의 자랑).

3 이 세상의 기만성

워런 위어스비 박사는 이렇게 쓰고 있다.

> "세상은 육체의 정욕과 안목의 정욕과 이생의 자랑을 통해서 그리스도인에게 호소하고 있다. 그리고 일단 세상이 이러한 영역들 중의 하나를 점령하게 되면, 그리스도인은 그것을 곧 깨닫게 될 것이다. 그는 아버지의 사랑을 누리던 즐거움과 아버지의 삶을 행하고자 하였던 소망을 상실할 것이다. 성경은 읽기 지겨운 것이 되고 기도는 힘든 잡일이 될 것이다. 그리스도와의 교제조차도 공허하고 절망스러운 것처럼 보일 수도 있다. 그런데 여기에서 잘못된 것은 그 외에 다른 것들이 아니다. 잘못된 것은 바로 그 그리스도인의 세속적인 마음이다"[『진실되게 살라』(*Be Real*), p. 74].

4 이 세상의 멸망

"이 세상도… 지나가되"(벧후 3:10-12 참조).

2. 이 세상의 유혹자들

"아이들아 이것이 마지막 때라 적그리스도가 이르겠다 함은 너희가 들은 것과 같이 지금도 많은 적그리스도가 일어났으니 이러므로 우리가 마지막 때인 줄 아노라"(요일 2:18).
"저희가 우리에게서 나갔으나 우리에게 속하지 아니하였나니 만일 우리에게 속하였더면 우리와 함께 거하였으려니와 저희가 나간 것은 다 우리에게 속하지 아니함을 나타내려 함이니라"(요일 2:19).
"거짓말하는 자가 누구뇨 예수께서 그리스도이심을 부인하는 자가 아니뇨 아버지와 아들을 부인하는 그가 적그리스도니"(요일 2:22).
"너희를 미혹케 하는 자들에 관하여 내가 이것을 너희에게 썼노라"(요일 2:26).

3. 이 세상의 악한 영들

"예수를 시인하지 아니하는 영마다 하나님께 속한 것이 아니니 이것이 적그리스도의 영이니라"(요일 4:3).

8. 이 교제의 약속들

1. 그리스도와 함께 누리는 영원한 생명

"그가 우리에게 약속하신 약속이 이것이니 곧 영원한 생명이니라"(요일 2:25).

2. 하늘로 들리워 올라감에 대한 확신(요일 2:28)

3. 그분의 부활하신 몸과 같은 새로운 몸을 받음(요일 3:2)

4. 심판의 보좌에 대한 확신(요일 4:17)

5. 이 세상에서 담대히 봉사함(요일 4:18)

9. 이 교제의 증인들

"이는 물과 피로 임하신 자니 곧 예수 그리스도시라 물로만 아니요 물과 피로 임하셨고 증거하는 이는 성령이시니 성령은 진리니라 증거하는 이가 셋이니 성령과 물과 피라 또한 이 셋이 합하여 하나이니라"(요일 5:6-8).
이 구절들은 해석하기가 결코 쉽지 않다.
"증거하는 이가 셋이니….."
이 증인들이란 무엇인가?

1. 증인들의 정체

[1] 물
[2] 피

3 성령

2. 증인들에 대한 해석

1 물과 피

이에 대한 해석들은 적어도 다음 네 가지가 있다.

(1) 그리스도의 침례(세례)와 죽음.

(2) 그분의 허리에서 흘러나온 물과 피.

(3) 깨끗하게 됨과 구속받음의 상징적 표현.

(4) 침례(세례) 의식과 성찬식의 상징적 표현.

대부분의 보수주의 신학자들은 위와 같은 견해 중 첫번째 견해를 택한다(마 3:13-17/히 9:12).

2 성령

이것이 하나님의 거룩한 영을 가리킨다는 것은 전혀 의심의 여지가 없다.

3. 증인들의 의미

인간에게 필요한 것은 두 가지 증거뿐이다(신 19:15/마 18:16/요 8:17). 그러나 하나님은 우리에게 세 가지를 주셨다.

10. 이 교제로부터의 분리 (요일 5:16, 17)

"사망에 이르는 죄가 있으니"(요일 5:16).

성경은 그리스도와 나의 「연합」은 그 어느 것에 의해서도 깨뜨려질 수 없을 만큼 강하지만, 그분과 나의 「교제」는 사소한 죄에 의해서도 깨어질 만큼 상하기 쉬운 것이라고 가르친다. 엉거는 이렇게 말한 바 있다.

> "16, 17절은 기도와 중대한 죄의 문제를 다루고 있다. 16절 상반절은 참된 신자일지라도 죄를 범할 수 있다고 말한다. 만일 이러한 일이 일어나면, 그때에 동료 신자들은 그를 위해 기도해야 한다고 16절 중반절은 말한다. 그러면 그 결과로서 하나님은 죄 범한 그리스도인의 육체적 생명을 지켜주실 것이다(그렇지만 이것은 영원한 생명이 아니다. 왜냐하면 이 생명은 영원하고 상실될 수 없는 것이 아니기 때문이다). 그렇지만 16절 하반절은 이 중재는 죽음에 이르지 않는 죄일 경우에만 유효하다고 지적한다. 16절 맨 마지막 구절에 의하면 '죽음에 이르는 죄가 있다.' 이는 신자의 지속적이고 고의적인 범죄를 가리키는데, '이는 육신은 멸하고 영은 주 예수의 날에 구원 얻게 하려 함이다'(고전 5:1-5/행 5:1-11/고전 11:30). 구약성경의 사울과 삼손은 바로 이 가혹한 징계의 모형이다. 이 죄는 기도의 대상이 될 수 없다. 왜냐하면 그것은 기도에 의해서도 변경될 수 없는 하나님의 불변의 법 집행과 관련되어 있기 때문이다(요일 5장 16절의 맨 끝 구절).
>
> '모든 불의가 죄로서 〔육체의〕 사망에 이르지 아니하는 죄도 있도다'(이는 좀더 약한 징계들과 관련된다/참조, 고전 11:30)"(엉거, 『성경 편람』, p. 829).

요한이서

● 이 책은 성경 가운데서 한 여자를 수신인으로 하는 유일한 책이다.
● 요한이서는 빌레몬서가 바울의 서신들 가운데서 차지하는 것과 동일한 위치를 요한의 서신들 가운데서 차지하고 있다(즉, 개인에게 보낸 사적인 서신이라는 뜻이다—편집자 주).
● 요한이서는 성경 중에서 가장 짧은 책이다.
● 요한은 자신의 이름이나 이 여자의 이름을 밝히지 않는다. 이것은 아마도 기독교를 불법 종교로 보았던 당시의 로마 당국으로부터 박해를 피하기 위해서였던 것 같다.

1. 사도로부터의 칭찬(요이 1—4절)

"너의 자녀 중에 우리가 아버지께 받은 계명대로 진리에 행하는 자를 내가 보니 심히 기쁘도다."
여기서 우리가 기억해 둘 만한 것은 어떤 성경 학자들은 이 서신의 "선택된 부인"이란 실제로 어떤 지역 교회라고 믿는다는 사실이다. 만약 이것이 옳다고 한다면 여기서 자녀들이란 교회의 구성원들이다. 그렇지만 필자의 견해로서는 사실상 이 편지가 한 여인에게 보내졌으며 자녀들이란 바로 그녀의 아이들을 말하고 있다는 것이다.

2. 사도의 명령(요이 5, 6절)

이 명령은 실제로 두 가지이다.

1. 진리 가운데서 행할 것

2. 사랑 안에서 행할 것

그런데 3절을 주의깊게 보라. 매우 중요한 사실은 이 둘을 분리시키지 않고 있다는 바로 그것이다! 사랑이 없는 진리는 「율법주의」로 나아가고. 진리가 없는 사랑은 「자유주의」로 나아간다. 바울은 이 두 가지를 다음과 같이 결합시킨다.
"오직 사랑 안에서 참된 것을 하여 범사에 그에게까지 자랄지라 그는 머리니 곧 그리스도라"(엡 4:15).

3. 사도로부터의 권면(요이 7—13절)

1. 사단을 경계하라(요이 7, 9—11절)

"미혹하는 자가 많이 세상에 나왔나니 이는 예수 그리스도께서 육체로 임하심을 부인하는 자라 이것이 미혹하는 자와 적그리스도니… 지내쳐 그리스도 교훈 안에 거하지 아니하는 자마다 하나님을 모시지 못하되 교훈 안에 거하는 이 사람이 아버지와 아들을 모시느니라 누구든지 이 교훈을 가지지 않고 너희에게 나아가거든 그를 집에 들이지도

요한이서 — 선택받은 부녀

사도로부터 칭찬받음(요이 1—4절)
"너의 자녀 중에 우리가 아버지께 받은 계명대로 진리에 행하는 자를 내가 보니 심히 기쁘도다"(요이 4절).

사도로부터 명령을 받음(요이 5, 6절)
- 사랑 안에 행할 것.
- 진리 안에 행할 것.

사도로부터 경계 대상에 대한 권면을 받음(요이 7—13절)
- 사단을 경계하라

"미혹하는 자가 많이 세상에 나왔나니 이는 예수 그리스도께서 육체로 임하심을 부인하는 자라 이것이 미혹하는 자요 적그시스도니"(요이 7절).
"누구든지 이 교훈을 가지지 않고 너희에게 나아가거든 그를 집에 들이지도 말고 인사도 말라"(요이 10절).
- 자신을 경계하라

"너희는 너희를 삼가 우리의 일할 것을 잃지 말고 오직 온전한 상을 얻으라"(요이 8절).

말고 인사도 말라 그에게 인사하는 자는 그 악한 일에 참예하는 자임이니라."
아마도 이 여인은 그리스도인이라고 자칭하는 모든 사람들에게 환대를 베풀은 듯하다. 하지만 개중에는 이단자들도 있었던 것이다!

2. 자기를 경계하라(요이 8절)

"너희는 너희를 삼가 우리의 일한 것을 잃지 말고 오직 온전한 상을 얻으라."
요한은 그리스도께서 심판의 보좌에 앉으실 때, 이 사랑하는 여인이 그녀의 충성된 봉사로 인하여 온전한 상을 받게 되기를 바랬다(고전 3:5—17).

요한삼서

● 버논 맥기는 다음과 같이 말한다.

요한삼서

권면자(요삼 1-8절)	이기주의자(요삼 9-11절)	모범(요삼 12-14절)
가이오 **그의 번영** **그를 위한 요한의 기도** "사랑하는 자여 네 영혼이 잘 됨 같이 네가 범사에 잘 되고 강건하기를 내가 간구하노라"(요삼 2절). **그에 대한 요한의 칭찬** 그는 진리 가운데 행하였다. 그는 선교사들을 보살폈다.	디오드레베 **그의 자만** **그의 다섯 가지 죄목** 1. 제일가는 자리를 차지하려 함. 2. 사도 요한을 영접하지 않으려 함. 3. 사도들을 중상함. 4. 선교자들의 대접을 거절함. 5. 신자들을 출교시키려 함.	데메드리오 **그에 대한 칭찬** "데메드리오는 뭇사람들에게도, 진리에게도 증거를 받았으매 우리도 증거하노니 너는 우리의 증거가 참된 줄을 아느니라"(요삼 12절).

"이 편지는 그 성격이 개인적이며 동일한 주제, 곧 진리를 다루고 있다는 점에서 요한일서와 비슷하다. 그렇지만 이 편지는 정사와 권세들을 다루고 있다. 요한은 두번째 편지(요한이서)에서 진리란 그것을 위해 싸울 만한 가치가 있다고 말하였으나, 이제 이 세번째 편지(요한삼서)에서 진리는 그것을 위해 일할 만한 가치가 있다고 말한다!"(『요한삼서』, p. 291).

● 요한은 그의 두번째 편지에서, 당연히 받아들여서는 안 되는 미혹하는 자들을 받아들이는 문제를 거론하지만, 이 세번째 편지에서는 마땅히 영접해야 하는 믿는 자들을 영접하지 않는 과오에 대해서 말하고 있다.

● 이 편지는 성경에서 두번째로 짧은 책이다.

● 이 편지는 1세기 말경의 교회를 간략하게 묘사해 주는 뛰어난 책이다.

1. 가이오의 번영(요삼 1-8절)

신약성경에는 가이오란 인물이 적어도 세 명 있다. 하나는 고린도 출신이고(롬 16:23), 다른 하나는 마게도냐 출신이며(행 19:29), 마지막 하나는 더베 출신이다(행 20:4, 5). 그렇지만 여기의 가이오가 이들 세 사람 중의 누구인지 밝히기는 불가능하다. 그가 누구였는지 우리로서는 단정하기 어렵지만, 요한 사도는 그를 매우 사랑하였다.

1. 그를 위한 요한의 기도

"사랑하는 자여 네 영혼이 잘 됨같이 네가 범사에 잘 되고 강건하기를 내가 간구하노라"(요삼 2절).

본문에서 "잘되다"라고 번역된 헬라어는 『유오두마이』(euodoumai)로서 그 의미는 "순탄하게 여행을 한다"는 것이다.

2. 그에 대한 요한의 칭찬(요삼 3–8절)

[1] 가이오는 여행하는 전도자들과 성경 교사들에게 그리스도인다운 환대를 베풀었다.

[2] 그들은 가이오가 복음의 가르침에 따르면서 깨끗하고 참된 삶을 살아가고 있다고 전했다.

2. 디오드레베의 자랑(요삼 9–11절)

버논 맥기는 아래와 같이 썼다.

> "초대 교회의 선교사들은 순회 설교자들이었다. 그들은 이곳저곳을 떠돌아다녔다. 그런데 지방의 숙박소는 초라하고 지저분하였으며, 그 당시에는 오늘날과 같은 휴일 행락객을 맞는 여관도, 화려하게 꾸며진 모텔도 없었기 때문에, 이들 선교사들은 성도들의 집에 거처하였다. 가이오는 그의 집을 이들에게 개방하였고, 요한은 이러한 그의 행위를 칭찬했다. 디오드레베는 이와 반대로 행하였으며, 요한은 그러한 그의 행위를 비난했다. 그의 '관심사'는 인정을 받고 주목의 대상이 되며 대접받기를 좋아하는 바로 그것이었다. 그는 다른 사람들을 지배하거나 아니면 아예 자신이 망하는 수밖에 없는 사람이었다. 교회마다 교회를 휘어잡고 설교자들을 지배하길 원하는 그와 같은 사람들이 일반적으로 있기 마련이다. 그의 죄과는 다섯 가지이다.
>
> (1) 기어코 맨 윗 자리를 차지해야겠다는 것.
>
> (2) 실제로 요한을 영접하지 않으려 했다는 것.
>
> (3) 사도들에 대하여 악의에 찬 험담을 했다는 것.
>
> (4) 선교사들을 접대하기를 거절했다는 것(그는 자신이 교사가 되기를 원했던 것 같다).
>
> (5) 선교사들을 접대한 사람들을 출교시켰다는 것(그는 제 1대 교황이 되려 했다).
>
> 그는 한 마디로 독재자 디오드레베였다"(『성경 통론』, p. 292).

3. 데메드리오에 대한 칭찬(요삼 12–14절)

"데메드리오는 뭇사람들에게도, 진리에게도 증거를 받았으매 우리도 증거하노니 너는 우리의 증거가 참된 줄을 아느니라 내가 네게 쓸 것이 많으나 먹과 붓으로 쓰기를 원치 아니하고 속히 보기를 바라노니 또한 우리가 면대하여 말하리라."

요한계시록

요한계시록은 신약성경 중에서 유일한 예언서이다(이것은 구약성경의 17권이 예언서인 것과 좋은 대조를 이룬다).

성경에서 요한계시록은 그것을 연구하는 사람들에게 특별한 축복을 약속하는 것으로 시작하여 그것을 가감(加減)하는 자들에게 특별한 저주를 약속하는 것으로 끝나는 유일한 책이다.

이 책은 신약성경의 4권의 책을 기록한 바 있는 사도 요한이 기자이다. 이 외에 요한이 쓴 네 권의 책은 요한복음, 요한일서, 요한이서, 요한삼서 등이다. 기자는 앞서 다른 어떤 성경 기자들보다 멀리 영원으로 거슬러 올라간다(요 1:1—3 참조). 요한계시록에서 그는 다른 어떤 기자들보다 먼 영원한 미래를 내다 보고 있다(계 21, 22장 참조).

1. 요한의 요한계시록은 아마도 다음과 같은 점에서 다니엘서에 비교될 수 있을 것이다

[1] **유대 민족의 불멸성에 대하여**(단 3, 6장/비교, 계 12장).

[2] **적그리스도의 사역에 대하여**(단 3:1—7/7:7, 8, 24, 25/8:9—12, 23, 24, 25/9:27/11:36—45/비교, 계 13장).

[3] **환난 기간에 대하여**(단 9:24—27/비교, 계 11:2/12:6, 14/13:5).

그러나 다니엘서는 인봉된 책이지만(단 12:9) 요한계시록은 그렇지 않다(계 22:10).

2. 요한의 요한계시록은 아마도 창세기에 비교될 수 있을 것이다

● 창세기는 이렇게 말한다.

"〔하나님이〕 모인 물을 바다라 칭하시니라"(창 1:10).

그러나 요한계시록은 이렇게 말한다.

"바다도 다시 있지 않더라"(계 21:1).

● 창세기에는 첫째 아담과 그의 아내 하와가 에덴 동산에서 땅을 다스리고 있었다고 기록되어 있다(창 1:27, 28). 반면에 요한계시록에서는 마지막 아담(예수님)이 그의 아내된 교회와 함께 "하나님의 도성"에서 전 우주를 다스린다고 기록되어 있다(계 21:9).

● 창세기에서 하나님은 해와 달을 지으시고, 낮과 밤을 만드셨다(창 1:5, 16). 요한계시록은 이렇게 말한다.

"다시 밤이 없겠고"(계 22:5).

"그 성은 해나 달의 비췸이 쓸데 없으니 이는 하나님의 영광이 비취고 어린양이 그 등이 되심이라"(계 21:23).

● 창세기에서 생명의 나무는 죄지은 인간에게 주어지지 않는다(창 3:22). 요한계시록에서 생명의 나무는 "열두 가지 실과를 맺히되 달마다 그 실과를 맺히고 그 나무 잎사귀들은 만국을 소성하기 위하여 있더라"(계 22:2).

● 우리는 창세기에서 하나님이 다음과 같이 말씀하시는 것을 들을 수 있다.

"땅은 너를 인하여 저주를 받고"(창 3:17).

그러나 요한계시록에서 다음과 같이 말씀하신다.

"다시 저주가 없으며"(계 22:3).

● 창세기에서 사단은 잠시 동안 인간을 괴롭히기 위하여 나타난다(창 3:1). 그러나 요한계시록에서 사단은 영원토록 괴롬을 당하기 위하여 사라진다(계 20:10).
● 창세기에서 옛 땅은 홍수를 통해서 정죄받는다(창 7:12). 요한계시록에서 새 땅이 불을 통해서 정화될 것이다(벧후 3:6−12 / 계 21:1).
● 창세기에서 인간의 초기 집은 강가에 있었다(창 2:10). 요한계시록에서 인간의 영원한 집이 강가에 있게 될 것이라는 약속이 주어진다.
"또 저가 수정같이 맑은 생명수의 강을 내게 보이니 하나님과 및 어린양의 보좌로부터 나서"(계 22:1).

● 창세기에서 족장 아브라함은 사라를 위하여 울게 된다(창 23:2). 요한계시록에서 아브라함의 자녀들이 하나님으로 하여금 자신들의 모든 눈물을 닦아내도록 할 것이라는 예언이 주어진다(계 21:4).
● 창세기에서 하나님은 한 악한 도시 소돔을 땅 위에서 멸하신다(창 19장). 요한계시록에서 하나님은 공중으로부터 천상의 도성, 새 예루살렘을 제시한다(계 21:1).
● 창세기는 관 가운데 누워 있는 애굽의 한 성도(요셉)에 대한 묘사로 끝이 난다(창 50:1−3). 요한계시록은 영원 가운데 거하며 영원토록 왕노릇하는 모든 성도들에 대한 묘사로 끝이 난다(계 21:4).

여기서 버논 맥기의 말을 들어 보기로 하자.

> "이 책은 커다란 예언 줄기가 성경의 각처로부터 모여들어 합쳐지는 거대한 종합 정류장에 비유될 수 있다. 요한계시록은 시작이 아니라 완성이다. 이 책의 올바른 이해를 위해서라면 위대한 예언의 주제를 각기 처음부터 마지막까지 추적하는 것이 절대적으로 요청된다"[『요한계시록을 통한 큰 기쁨』(*Reveling Through Revelation*), p. 4].

3. 요한계시록에서 완성되고 있는 위대한 몇몇 예언의 주제를 열거하자면 다음과 같다

[1] 주 예수 그리스도(창 3:15 / 비교, 계 1:13 / 12:5)
[2] 교회(마 16:18 / 비교, 계 19:7−9)
[3] 성도들의 부활(단 12:2, 3 / 살전 4:13−18 / 고전 15:51, 52 / 계 20:4−6)
[4] 대환난(신 4:30, 31 / 사 24장 / 비교, 계 6−18장)
[5] 사단(사 4:12−15 / 스 28:11−19 / 비교, 계 20:1−10)
[6] 죄 많은 인간(살후 2:1−12 / 비교, 계 19:19−21)
[7] 거짓 종교(창 11:1−9 / 마 13장 / 비교, 계 17장)
[8] 이방인의 때(단 2:37 / 눅 21:24 / 비교, 계 18장)
[9] 그리스도의 재림(유 1:14, 15 / 비교, 계 19:11−16)

4. 성경의 마지막 책인 요한계시록에 대해서 네 가지의 중요한 해석이 있다

[1] 순전한 허구라는 견해
이것은 불가지론자들의 입장이다.

2 풍유(allegory)라는 견해

이 견해에 따르면 이 책의 어떤 부분도 문자 그대로 해석해서는 안 된다. 즉, 이 책은 선과 악의 유구한 투쟁을 상징적으로 언급하고 있다는 것이다. 이것은 대부분의 자유주의자들이 주장하는 견해이다.

3 역사라는 견해

여기에서 역사는 두 종류로 분류된다.

(1) **과거의 역사**

이것은 보통 「과거설」(preterist theory)이라고 불린다. 『preterist』는 라틴어로서 그 의미는 "과거"이다. 찰스 라이리 박사는 이를 다음과 같이 설명한다.

> "따라서 과거설을 주장하는 해석자들이란 요한계시록을 교회의 초창기 역사 안에서 성취된 것으로 이해하는 자들을 가리킨다. 그들에 의하면, 요한계시록 5—11장은 유대교에 대한 교회의 승리를 기록한 것이며, 12—19장은 이방 로마에 대한 교회의 승리를 20—22장은 그 승리를 인한 교회의 영광을 기록하였다는 것이다. 이 책에 기록된 박해는 로마 황제 네로와 도미티안에 의한 핍박을 가리키는 것이고, 이 책의 모든 내용은 콘스탄틴 대제 때(주후 312년)까지 성취되었다고 한다"〔『요한계시록』(*Revelation*), p. 8〕.

(2) **현재도 계속되는 역사**

여기서 다시 한번 라이리의 말을 인용해 보기로 하자.

> "이러한 견해는 다음과 같은 입장을 취한다. 요한계시록에는 요한 시대 때부터 세상 끝날까지의 장대한 교회 역사가 담겨 있다. 그들은 이 책이 전 교회 시대를 통하여 성취되어 간다고 주장한다. 이 견해의 지지자들은 교회사에 나타나는 교황권의 발흥, 교회의 부패 및 갖가지 전쟁들을 그 책의 상징들 속에서 찾아낸다. 대부분의 종교개혁자들이 요한계시록을 이와 같이 해석하였다"〔『요한계시록』, pp. 8, 9〕.

4 예언서라는 견해

이 견해는 제 4장 이하의 사건들이 아직 성취되지 않은 것이라고 본다. 이 견해만이 이 책을 올바르게 보는 입장인 것 같다. 성경의 다른 모든 책에서 요한계시록이란 말도 평이하고 일상적인 의미 그대로를 받아들여야 한다. 이 밖의 다른 방법으로 취급하는 것은 거룩한 주이신 그리스도를 욕되게 하는 것이다. 데이빗 쿠퍼(David L. Cooper) 박사는 "성경의 평범한 의미가 상식이 될 때, 다른 의미를 찾지 말라"고 우리에게 권고한 바 있다.

5. 이 책에는 성경의 다른 어떤 책보다 구세주에 대한 칭호가 더 많이 실려 있다

그것 중 몇 개만 열거해 보기로 하자.

1 예수 그리스도(계 1:1)
2 충성된 증인(계 1:5)
3 죽은 자들 가운데서 먼저 나신 이(계 1:5)
4 땅의 임금들의 머리(계 1:5)
5 알파와 오메가(계 1:8)

6 처음이요 나중(계 1:17)
7 인자(계 1:13)
8 하나님의 아들(계 2:18)
9 다윗의 열쇠를 가지신 이(계 3:7)
10 사망과 음부의 열쇠를 가지신 이(계 1:18)

11 유대 지파의 사자(계 5:5)
12 다윗의 뿌리(계 5:5)
13 죽임을 당한 어린양(계 5:6)
14 (진노하신) 어린양(계 6:16, 17)
15 (온유하신) 어린양(계 7:17)
16 저희 주(계 11:8)
17 (남자) 아이(계 12:5)
18 만국의 왕(계 15:3)
19 충성과 진실(계 19:11)
20 하나님의 말씀(계 19:13)
21 만왕의 왕(계 19:16)
22 만주의 주(계 19:16)
23 시작과 끝(계 22:13)
24 광명한 새벽길(계 22:16)

6. 요한계시록에서는 7과 12라는 숫자가 특히 두드러지게 나타난다

1 숫자 7
(1) 일곱 영(계 1:4)
(2) 일곱 별(계 1:16)
(3) 일곱 등잔(계 4:5)
(4) 일곱 봉인(계 5:1)
(5) 일곱 뿔(계 5:6)
(6) 일곱 눈(계 5:6)
(7) 일곱 사자(계 8:2)
(8) 일곱 나팔(계 8:2)
(9) 일곱 우리(계 10:3)
(10) 일곱 머리(계 12:3)
(11) 일곱 면류관(계 12:3)
(12) 일곱 역병(계 15:1)
(13) 일곱 대접(계 17:1)
(14) 일곱 산(계 17:9)
(15) 일곱 왕(계 17:10)

[2] 숫자 12
(1) 열두 지파에서 각각 만이천 명(레 7:4–8)
(2) 열두 별이 있는 한 면류관(레 12:1)
(3) 열두 대문(계 21:12)
(4) 열두 천사(계 21:12)
(5) 열두 기초(계 21:14)
(6) 열두 사도(계 21:14)
(7) 일만이천 스타디온(계 21:16)

7. 요한계시록에는 다른 어떤 신약성경보다 많은 구약성경이 인용되며 또한 간접적으로 언급되고 있다

[1] 창세기에서 13번
[2] 출애굽기에서 27번
[3] 레위기에서 4번
[4] 민수기에서 3번
[5] 신명기에서 10번
[6] 여호수아서에서 1번
[7] 사사기에서 1번
[8] 사무엘하에서 1번
[9] 열왕기하에서 1번
[10] 역대하에서 6번
[11] 느헤미야서에서 1번
[12] 시편에서 43번
[13] 잠언에서 2번
[14] 이사야서에서 79번
[15] 예레미야서에서 22번
[16] 에스겔서에서 43번
[17] 다니엘서에서 53번
[18] 호세아서에서 2번
[19] 요엘서에서 8번
[20] 아모스서에서 9번
[21] 하박국서에서 1번
[22] 스바냐서에서 2번
[23] 스가랴서에서 15번
[24] 말라기서에서 1번

8. 요한계시록은 전적으로 하나님의 어린양에 관한 책이다. 요한계시록의 개요는 이렇게 정리될 수 있다

- 어린양의 증인이 가르침을 받음(계 1–3장)

- 어린양을 예배하도록 초청받음(계 4, 5장)
- 어린양이 진노를 발함(계 6—19장)
- 어린양의 통치가 시작됨(계 20장)
- 어린양의 신부가 소개됨(계 21, 22장)

제 1부 : 어린양의 증인이 가르침을 받음(계 1—3장)

1. 하나님의 종(계 1:1—10)

주의 사랑하는 제자 요한은 특별한 멧세지를 받아 이를 전한다.

1. 이 멧세지의 출처(계 1:1)

1 아버지께로부터 아들에게 주어짐.
2 아들로부터 천사(아마도 가브리엘이나 미가엘인 듯하다)에게 주어짐.
3 천사로부터 사도에게 주어짐.

2. 이 멧세지 안에 담겨진 약속(계 1:3)

"이 예언의 말씀을 읽는 자와 듣는 자들과 그 가운데 기록한 것을 지키는 자들이 복이 있나니 때가 가까움이라."
이는 요한계시록의 일곱 축복 가운데 첫번째 것이다. 다음 여섯 축복도 참조하라.

1 **"주 안에서 죽는 자들은 복이 있도다"**(계 14:13).
2 **"깨어 (있는)…자가 복이 있도다"**(계 16:15).
3 **"어린양의 혼인 잔치에 청함을 입은 자들이 복이 있도다"**(계 19:9).
4 **"첫째 부활에 참예하는 자들은 복이 있고…"**(계 20:6).
5 **"이 책의 예언의 말씀을 지키는 자들은 복이 있고…"**(계 22:7).
6 **"그 두루마기를 빠는 자들은 복이 있으니"**(계 22:14).

3. 이 멧세지를 전하는 이유(계 1:3)

"때가 가까움이라."
여기서 "때"라는 말은 시간을 나타내는 일반적인 용어인 『크로노스』(chronos)가 아니라 "일정한 때"를 나타내는 『카이로스』(kairos)이다. 이 "일정한 때"(고정된 시기)는 다니엘서 9장 24—27절에 묘사되어 있다. 미래의 어느 날 유대인들 가운데, 혹자는 다니엘서와 요한계시록을 비교함으로써 "정해진 시기"가 바로 그들의 문 앞에 당도해 있음을 깨달을 수 있을 것이다.

이와 더불어 하나님께서는 "속히 될 일을 그 종들에게" 보이고 싶어하셨다(계 1:1/참조, 벧후 3:9/롬 16:20).

여기서 "속히"라는 말은 "순식간에" 또는 "곧"을 의미할 수도 있다. 다음 구절들은 성도들에게 미래의 휘장을 열어보여 주시는 것이 하나님의 뜻임을 말하고 있다.

[1] "주 여호와께서는 자기의 비밀을 그 종 선지자들에게 보이지 아니하시고는 결코 행하심이 없으시리라"(암 3:7).
[2] "오직 은밀한 것을 나타내실 자는 하늘에 계신 하나님이시라 그가 느부갓네살 왕에게 후일에 될 일을 알게 하셨나이다 왕의 꿈 곧 왕이 침상에서 뇌 속으로 받은 이상은 이러하니이다"(단 2:28).
[3] "그때에 예수께서 대답하여 가라사대 천지의 주재이신 아버지여 이것을 지혜롭고 슬기있는 자들에게는 숨기시고 어린아이들에게는 나타내심을 감사하나이다"(마 11:25).
[4] "가라사대 하나님 나라의 비밀을 아는 것이 너희에게는 허락되었으나 다른 사람에게는 비유로 하나니 이는 저희로 보아도 보지 못하고 들어도 깨닫지 못하게 하려 함이니라"(눅 8:10).

4. 이 멧세지의 수신자들(계 1:4)

"아시아에 있는 일곱 교회."

5. 이 멧세지의 주제-그리스도의 위격(位格)과 사역

[1] 그분의 과거 역사(役事)-구속(救贖)

"우리를 사랑하사(아직도 계속 사랑하고 계신다) 그의 피로 우리 죄에서 우리를 해방하시고(깨끗이, 말끔히 우리를 씻으시고)"(계 1:5).

[2] 그분의 현재 역사-거룩하게 함

"그 아버지 하나님을 위하여 우리를 나라와 제사장으로 삼으신…"(계 1:6).

[3] 그분의 미래 역사-영광스럽게 함

"볼지어다 구름을 타고 오시리라 각인의 눈이 그를 보겠고 그를 찌른 자들도 볼 터이요 땅에 있는 모든 족속이 그를 인하여 애곡하리니"(계 1:7/참고, 단 7:13, 14/마 24:30/행 1:9).

6. 멧세지 안에 실린 영광송(榮光頌)

"그에게 영광과 능력이 세세토록 있기를 원하노라 아멘"(계 1:6).
이것은 요한계시록에 있는 미래의 장엄한 영광송 가운데 첫번째의 것이다. 요한은 시간이 지남에 따라 단순한 형태로부터 웅대한 형태로 발전시키고 있다. 나머지 세 가지는 다음과 같다.
[1] **"영광과 존귀와 능력을 받으시는 것이 합당하오니"**(계 4:11).

[2] **"찬송과 영광과 능력을 세세토록 돌릴지어다"**(계 5:13).

[3] **"찬송과 영광과 지혜와 감사와 존귀와 능력과 힘이…세세토록 있을지어다"**(계 7:12).

7. 이 멧세지의 발신지(계 1:9)

"나 요한은 너희 형제요 예수의 환난과 나라와 참음에 동참하는 자라 하나님의 말씀과 예수의 증거를 인하여 밧모라 하는 섬에 있었더니."

이제 요한은 왜 그가 이 섬에 있게 되었는가를 설명한다. 그는 대략 주후 86－96년 사이에 그곳으로 추방당했다. 밧모 섬은 소아시아 연안으로부터 멀리 떨어져 있는, 지형이 험한 화산섬으로 넓이는 155㎢이었다. 아마도 그는 로마 황제 도미티안에 의해 그곳에 유배된 것 같다. 도미티안은 성도(聖道) 예루살렘을 파괴했던 디도(Titus)의 형제이다. 이처럼 하나님께서는 한 이교도로 하여금 당신의 지상 도성을 파괴하도록 허락하셨으나, 그의 형제로 하여금 새로운 천상의 예루살렘을 최초로 기술하도록 허락하셨다. 은혜의 역사는 진실로 놀랍고 신비스럽다!
요한은 환난 가운데 있는 것에 대해서 말한다.

로마가 그리스도인들을 박해한 데에는 적어도 네 가지 이유가 있다.

1 정치적 이유
그리스도인들은 판테온(Pantheon : 온갖 신들의 우상이 있는 신전)에 참예하지 않았다. 사실 그리스도인들이 어떤 가시적 신을 숭배하지 않았기 때문에 그들은 무신론자들처럼 보였다.

2 경제적 이유
그리스도인들은 돈이나 희생제물을 로마의 우상들에게 바치지 않았다.

3 윤리적 이유
그리스도인들은 식인종들처럼 보이기 일쑤였다. 왜냐하면 그들은 은밀히 그들 교조(敎祖)의 "살을 먹고 피를 마시지 않았던가?"

4 속죄양으로 삼으려는 목적
네로는 여러 가지 국가 문제의 책임을 로마에 사는 그리스도인들에게 둘러 씌우려고 했다.

8. 이 멧세지의 기록 시기(계 1:10)

"주의 날에 내가 성령에 감동하여"(계 4:2 / 17:3 / 21:10 참조).
의심할 바 없이 이 일은 일요일에 있었다(마 28:1 / 행 20:7 / 고전 16:1, 2 참조).

9. 이 멧세지의 전달방식(계 1:10)

"내 뒤에서 나는 나팔소리 같은 큰 음성을 들으니."
이 나팔소리는 이 책에서 여러 차례 들린다(계 4:1 / 8:2, 7, 8, 10, 12 / 9:1, 13 / 11:15 참조).

2. 하나님의 아들(계 1:11－20)

1. 그분의 선언(계 1:11)

"가로되 너 보는 것을 책에 써서 에베소, 서머나, 버가모, 두아디라, 사데, 빌라델비아, 라오디게아 일곱 교회에 보내라 하시기로."

2. 그분에 대한 묘사(계 1:12－16)

1 그분은 일곱 별과 일곱 금촛대를 손에 들고 계셨다.
2 그분은 발에 끌리는 옷을 입고 계셨다.
3 그분의 가슴에는 금띠가 둘려 있었다.
4 그분의 머리와 머리카락은 양털이나 눈처럼 희었다.
5 그분의 눈은 불꽃 같았다(히 4:3).
6 그분의 발은 풀무에 단 주석처럼 빛났다.
7 그분의 목소리는 많은 물소리 같았다(시 29:3－9).
8 그분은 좌우에 날선 검을 입에 물고 계셨다(히 4:12).
9 그분의 얼굴은 힘차게 비취는 해 같았다(마 17:2).

3. 그분의 구원(계 1:17, 18)

"내가 볼 때에 그 발 앞에 엎드러져 죽은 자같이 되매 그가 오른손을 내게 얹고 가라사대 두려워 말라 나는 처음이요 나중이니 곧 산 자라 내가 전에 죽었었노라 볼지어다 이제 세세토록 살아 있어 사망과 음부의 열쇠를 가졌노니"(계 1:17, 18).

이처럼 아찔한(놀라운) 광경을 목격한 요한은 그야말로 꼼짝없이 얼어붙어 버린 듯했다. 요한은 한때 그리스도와 삼 년 동안 동행했다. 그는 그리스도께서 베푸시는 기적을 목격했으며, 그분의 설교를 직접 들었다. 또한 다락방에서는 그분의 품에 기대었고, 이윽고 그분이 십자가 위에서 돌아가시는 것을 직접 지켜 보았다. 그리고 마침내 그분의 부활과 승천을 직접 눈으로 보는 기쁨을 누렸다. 그러나 이와 같은 모든 것들은 벌써 60년 전에 일어난 일들이었다. 그런데 이제 그는 눈부신 모습의 구세주께서 휘황찬란한 빛을 발하고 있는 것을 보고 마치 죽은 자처럼 그분의 발 앞에 엎드러졌다. 요한은 마치 맹렬하게 타오르는 태양 같은 용광로에 갇힌 한 마리 벌레와 같았다. 그러나 요한을 사랑하시는 주님은 즉시 예전과 같이 그를 부드럽게 어루만져 주셨다. 주님은 팔을 내밀어 곤경에 처한 자를 잡아주셨다. 요한계시록 1장 17절을 복음서에 나타난 기사들과 비교해 보자.

1 마태복음 8장 14, 15절

"예수께서 베드로의 집에 들어가사 그의 장모가 열병으로 앓아 누운 것을 보시고 그의 손을 만지시니 열병이 떠나가고 여인이 일어나서 예수께 수종들더라."

2 마태복음 9장 27－29절

"예수께서 거기서 떠나 가실새 두 소경이 따라오며 소리질러 가로되 다윗의 자손이여 우리를 불쌍히 여기소서 하더니 예수께서 집에 들어가시매 소경들이 나아오거늘 예수께서 이르시되 내가 능히 이 일을 할 줄을 믿느냐 대답하되 주여 그러하오이다 하니 이에 예수께서 저희 눈을 만지시며 가라사대 너희 믿음대로 되라 하신대."

[3] 마태복음 17장 7절
"예수께서 나아와 저희에게 손을 대시며 가라사대 일어나 두려워 말라 하신대."

[4] 요한복음 9장 6절
"이 말씀을 하시고 땅에 침을 뱉아 진흙을 이겨 그의 눈에 바르시고."

[5] 누가복음 5장 12, 13절
"예수께서 한 동네에 계실 때에 온 몸에 문둥병이 들린 사람이 있어 예수를 보고 엎드려 구하여 가로되 주여 원하시면 나를 깨끗케 하실 수 있나이다 하니 예수께서 손을 내밀어 저에게 대시며 가라사대 내가 원하노니 깨끗함을 받으라 하신대 문둥병이 곧 떠나니라."

[6] 누가복음 7장 14절
"가까이 오사 그 관에 손을 대시니 멘 자들이 서는지라 예수께서 가라사대 청년아 내가 네게 말하노니 일어나라 하시매."

[7] 누가복음 22장 51절
"예수께서 일러 가라사대 이것까지 참으라 하시고 그 귀를 만져 낫게 하시더라."

예수께서 요한에게 확신시켜 말하기를 "내가…살아 있어"라고 하신다. 기독교의 참된 상징은 십자가가 아니라 빈 무덤이다. 로마 황제 콘스탄틴(Constantine)의 조카이자 배교자인 줄리안(Julian)에 대해서 역사는 이렇게 말한다.

> "줄리안은 기독교 가정에서 자라났다. 그러나 청년기에 그는 기독교를 저버리고 이교(異敎)를 신봉하게 되었다. 주후 361년에 황제가 되자 그는 기독교를 뿌리째 뽑아 없애려고 하였다. 그가 잔학한 폭정을 하던 당시에, 그의 한 친구가 신분이 낮은 어느 그리스도인에게 조롱하듯 이렇게 물었다.
> '네가 믿는 예수, 바로 그 나사렛 목수는 지금 무얼하고 있는 거냐?'
> 성령이 충만해진 그 성도는 조용히 「그분은 당신의 황제를 위해 관을 짜고 계신다오!」라고 하였다. 줄리안은 겨우 2년을 통치하다가 주후 363년에 페르시아 군과 접전 중에 전사하였다. 역사상 가장 유명한 사건들 가운데 하나가 뒤이어 발생하였다. 부하들이 황제를 전쟁터 밖으로 이끌어 내었다. 운명의 시간이 가까왔다. 그는 점차 흐려져가는 눈을 들어 하늘을 우러러보고 숨을 크게 헐떡이면서 '오, 갈릴리 사람이여, 당신이 결국 이기고 말았소!'라고 외쳤다."

또한 예수께서는 "내가 사망과 음부의 열쇠를 가졌노라"는 사실을 요한에게 확신시켜 주신다. 신약성경에는 다섯 개의 열쇠가 언급되고 있는데, 우리 주님은 그것들을 모두 갖고 계신다.

- 천국 열쇠(마 16:19).
- 지식의 열쇠(눅 11:52).
- 다윗의 보좌에 이르는 열쇠(계 3:7).
- 무저갱 열쇠(계 9:1/20:1).

4. 그분의 설명(계 1:19, 20)

예수께서는 이제 자신이 들고 계신 일곱 별과 일곱 촛대의 의미를 요한에게 풀이해 주신다.

1 일곱 별이란 일곱 교회의 천사들이다

버논 맥기는 아래와 같이 말한다.

> "천사들은 인간이거나 신이거나 둘 중의 하나이다. 여기서 그 말은 전달자라는 뜻이다. 이 말은 하늘의 천군천사 중 하나를 가리킬 수 있고, 혹은 회중의 지도자나 교사를 가리킬 수도 있다. 개인적으로 나는 그 말이 지역교회의 목사를 가리킨다고 생각한다. 목사를 천사로 부르는 것을 듣는 것은 즐거운 일이다. 그러나 유감스럽게도 우리는 다른 어떤 명칭으로 불리는 때가 가끔 있다!"(『요한계시록을 통한 큰 기쁨』, p. 17).

2 일곱 촛대는 특별히 선정된 일곱 교회를 가리킨다

요한은 이 말을 들었을 때, 그리스도께서 왜 그러한 옷차림을 하셨는지 그 이유를 알았다. 그분은 현재 우리의 대제사장으로 나타나신다. 금촛대는 하늘나라에서 그분이 현재 하고 계시는 일, 즉 등불을 계속 밝히는 일을 가리킨다. 아론은 장막의 촛대에 불을 켰고 소등기로 불을 끄고, 기름을 채우며 또한 심지를 자르기도 하였다. 그리스도께서 바로 지금 현존하는 그분의 촛대, 곧 지역교회들에 대해 동일한 일을 하고 계신다.

3. 하나님의 교회들(계 2, 3장)

요한계시록이 씌어진 당시(대략 주후 95—100년)에 세상에는 아마도 100여개의 독립된 지역교회가 있었던 듯하다. 바울은 홀로 수십 개의 교회를 세웠다. 다른 사도들도 틀림없이 같은 일을 하였을 것이다. 그러나 많은 교회 가운데서도 그리스도께서는 일곱 개의 대표적인 교회를 택하여 그들에게 말씀하셨다. 이들 일곱 교회가 성경에 열거된 이유는 아마도 다음과 같은 목적을 성취하기 위한 것이었다고 이제까지 생각되어져 왔다.

1. 일시적 목적

그리스도께서는 당시에 존재하던 실제의 일곱 교회에 직접 멧세지를 전하려고 하셨다.

2. 복합적인 목적

이 멧세지들은 모든 시대에 존재하는 모든 교회들이 적용할 수 있도록 주어진 것이다.

요한계시록

제 1부

증거들

어린양의 증인이 가르침을 받음(계 1-3장)

하나님의 종(계 1:1-10)

요한은 밧모 섬에서 특별한 멧세지를 받게 된다.

- 이 멧세지의 근원(계 1:1).
- 이 멧세지의 약속(계 1:3).
- 이 멧세지의 이유(계 1:3).
- 이 멧세지의 수신자(계 1:4).
- 이 멧세지의 주제(계 1:5).
- 이 멧세지의 찬송(계 1:6).
- 이 멧세지의 위치(계 1:9).
- 이 멧세지의 때(계 1:10).
- 이 멧세지의 양식(계 1:10).

하나님의 아들(계 1:11-20)

- 그분의 선언(계 1:11)
- 그분에 대한 묘사(계 1:12-16)
- 그분의 구원(계 1:17, 18)
- 그분의 설명(계 1:19, 20)

하나님의 교회들(계 2:1-3:22)

- 에베소(계 2:1-7)
- 서머나(계 2:8-11)
- 버가모(계 2:12-17)
- 두아디라(계 2:18-29)
- 사데(계 3:1-6)
- 빌라델비아(계 3:7-13)
- 라오디게아(계 3:14-22)

3. 예언적 목적

이 교회들의 특징은 오순절에서 그리스도의 재림까지 기독교 시대를 구분짓는 일곱 개의 커다란 시기를 예시해주기 위한 것이다. 이처럼 예언된 전 시대의 개략은 다음과 같다.

1 **에베소(주후 30-100년/"바람직한"을 의미함)-사도 교회 시대.**
2 **서머나(주후 100-313년/"몰약"을 의미함)-교회의 순교 시대.**
3 **버가모(주후 314-590년/"혼인"을 의미함)-교회 타협 시대.**
4 **두아디라(주후 590-1517년/"계속적인 희생"을 의미함)-로마 카톨릭 교회 시대.**
5 **사데(주후 1518-1700년/"남은 자"를 의미함)-교회 개혁 시대.**
6 **빌라델비아(주후 1700-1900년/"형제의 사랑"을 의미함)-교회 부흥 시대.**
7 **라오디게아(주후 1900-그리스도 재림까지/"인권"을 의미함)-교회의 세속화 시대.**

요한계시록 2장과 3장에서 구세주는 자신의 마음을 그분의 교회에 말씀하신다. 그러므로 교회에 전하는 그리스도의 마지막 말씀이 (마 28장이나 행 1장이 아니라) 바로 요한계시록 2, 3장에 기록되어 있다. 이제 일곱 교회 각각에 대해서 고찰해 보기로 하자.

1 에베소 교회(계 2:1-7)

(1) 에베소라는 도시

버논 맥기는 에베소를 다음과 같이 묘사하고 있다.

"에베소는 아시아 지방의 주요 도시였다. 이 도시는 흔히 아시아의 '허영의 시장'(Vanity Fair)으로 불렸다. 또한 이 도시는 동방과 서방, 즉 유럽과 아시아에 영향을 미치는 모든 지역 가운데서도 종교와 상업의 중심지였다.

아데미 신전이 그곳에 있었다. 이것은 사상 최대의 헬라 신전이며 고대 세계의 7대 불가사의 가운데 하나이기도 하며 연면적이 146×73㎡이며, 높이 17m의 바깥 기둥만도 100여개 이상이었으며, 그 중 36개는 손으로 조각된 것이었다. 그것은 늪지대에 가죽과 석탄으로 만들어진 기초 위에 건축되었기 때문에 지진이 일어나도 전혀 영향을 받지 않는다. 문은 삼(杉)나무로 되었고, 기둥과 벽은 파로스(Paros) 산(産) 대리석으로 세워졌으며, 층계는 사이프러스(Cyprus) 산(産) 포도나무로 조각된 것이었다. 이 신전은 아시아의 은행 역할을 담당했으며, 성전 보고(寶庫)에는 엄청난 액수의 돈이 쌓여 있었다. 또한 이 신전은 걸작품들을 과시하는 화랑이었다… 자주빛 커튼 뒤에는 풍요의 여신 아데미의 외설적이고 추잡한 조각이 있었다. 그녀의 가슴에는 여러 개의 유방이 달려 있었고, 한 손에는 몽둥이가, 다른 한손에는 삼지창이 쥐어져 있었다"(『요한계시록을 통한 큰 기쁨』, p. 19).

에베소는 225,000명의 인구가 거주하는 대도시로 거대한 항구였다.

(2) 권고자(그리스도가 자신에 대하여 말씀하신 것)

(3) 칭찬(교회에 대하여 좋은 일을 말씀하심)

그는 일곱 교회 각각에 대하여 말씀하실 때마다 "내가 … 을 아노니"라는 말로써 시작하신다(계 2:2, 9, 13, 19/3:1, 8, 15).

에베소 교회에 대한 묘사는 다음과 같다.

① 복음적 교회였다.

② 인내심 많은 교회였다(이는 베드로로부터 질책을 받았던 그리스도인들과는 완연히 달랐다, 벧후 1:6 참조).

③ (고린도 교회와는 달리) 구별된 교회였다(고전 5장 참조).

④ 정통교회였다.

⑤ 박해를 받았으되 견딜 줄 아는 교회였다(이는 히브리서의 그리스도인들과 다른 점이었다, 히 12:1-15 참조).

⑥ 민주적 교회였다.

"네가 니골라 당의 행위를 미워하는도다 나도 이것을 미워하노라"(계 2:6).

니골라 당이란 말은 "정복하다"의 뜻인 『니카오』(nikao)와 "백성"의 뜻인 『라오스』(laos)라는 두 헬라어의 합성어이다. 많은 사람들은 여기서 요한이 성직자와 평신도 사이의 분열이 심화되어 가고 있는 것을 이야기하고 있는 것이라고 이해한다.

(4) 정죄

"그러나 너를 책망할 것이 있나니 너의 처음 사랑을 버렸느니라"(계 2:4).

매우 유감스럽게도, 그리스도를 위해 너무 바쁘게 일하기 때문에 오히려 그리스도를 무시하는 일이 있을 수 있다. 세상을 복음화시키거나 에덴 동산에 대규모의 주일학교를 세우는 일이 중요한지도 모르지만 하나님은 그런 목적을 위해 아담을 지으신 것이 아니라 피조물과의 교제를 위해 지으신 것이다.

(5) 권고

그들은 세 가지 일을 해야 할 것이다.

① "기억하라" : 그들의 생각은 그리스도로 꽉 차 있어야 한다.

② "회개하라" : 그들의 마음은 그리스도에게로 온전히 향해 있어야 한다.

③ "회복하라" : 그들의 손은 그리스도의 소유가 되어야 한다. 만약 이와 같이 되지 않는다면 무서운 결과가 나타날 것이다.

"내가 네게 임하여 네 촛대를 그 자리에서 옮기리라"(계 2:5).

하나님의 자녀는 결코 시편 51편 11절의 말씀처럼 기도할 필요는 없다.

"나를 주 앞에서 쫓아내지 마시며 주의 성신을 내게서 거두지 마소서."

그렇지만 성경을 믿는 모든 지역교회는 자주 이 말씀을 되새겨야 할 것이다. 특정한 지역교회에 대한 영원한 안전은 성경에 제시되어 있지 않다. 성도는 결코 그분의 은혜로부터 떨어져 나갈 수는 없되, 그러나 그분의 교회는 그렇게 될 수 있다. 역사는 유감스럽게도 그리스도께서 후에 에베소 교회에서 등잔을 거두셨다는 슬픈 사실을 기록하고 있다. 회교도들에 의해 압도당한 지도 수세기가 흘렀다. 오늘날까지도 에베소 근교 수 km 내에는 지역교회가 없다.

(6) 도전

우리 주님께서는 나머지 교회에 대해서도 동일한 말씀으로 시작하시고 그와 유사한 방식으로 끝을 맺는다.

"귀있는 자는 성령이 교회들에게 하시는 말씀을 들을지어다"(계 2:7, 11, 17, 29/3:6, 13, 22).

에베소 교회에 대한 도전의 내용은 이렇다.

"이기는 그에게는 내가 하나님의 낙원에 있는 생명나무의 과실을 주어 먹게 하리라"(계 2:7).

한때 아담에게 주어졌던 이 나무는 그가 범죄한 이후 사라졌으나(창 3:24), 여기서(계 2:7) 처음으로 다시 언급된다(계 22:2, 14 참조).

"이기는 것"의 정의(定義)와 그 방법은 요한일서 5장 4, 5절을 참조하라.

(7) 사도교회 시대(주후 30-100년)

이 기간 동안에 전 신약성경이 기록되고, 기존 로마 세계의 복음화가 이루어지려 한다. 이 시기의 주인공들로는 바울, 유다, 야고보, 누가 등이 있다.

[2] 서머나 교회(계 2:8-11)

(1) 서머나라는 도시

이 도시의 제반 특징은 아래와 같다.

① 에베소 북방 약 65km 지점에 위치했다.

② 아름다운 만(灣) 위에 세워진 보기 드문 미관(美觀)의 장대한 도시였다.

③ 인도와 바사(페르시아)에서 로마로 가는 직통 통상로 위에 있었다.

④ 과학, 의학 학교, 멋진 건축물, 넓은 포장도로로 유명했다.

⑤ 주신(酒神) 박카스(Bacchus)의 신전이 거기에 있었다.

⑥ 많은 유대 배교자들이 이곳에 살고 있었다.

⑦ 전승에 따르자면 시인 호머(Homer)의 출생지가 바로 이곳이었다고 한다.

(2) 권고자

"처음이요 나중이요 죽었다가 다시 살아나신 이"(계 2:8).

(3) 칭찬

① 그들은 그리스도를 위하여 궁핍을 견디어 냈다(그러나 하나님은 오히려 그들을 부유한 자들로 여기셨다). 대부분의 성도들은 회심 이전에는 도시에 속한 여러 노동조합(labour guild)에 속해 있었음이 확실하다. 그러나 그들은 새로 갖게 된 신앙 때문에 조합에 대한 권리를 상실하였던 것 같다. 아마 이 때문에 많은 사람들이 파산했을 것이다(마 6:20 / 고후 6:10 참조).

② 그들은 그리스도를 위하여 핍박을 당하였다(그러나 하나님은 그들에게 상급받을 것을 약속해 주셨다). 찰스 라이리 박사는 이렇게 말하고 있다.

> "박해를 교사(敎唆)하는 자들은 사실상 사단의 앞잡이인 유대인 배교자들이었다. 주후 168년 사도 요한의 제자였던 폴리갑의 순교시에 이들 유대인들은 안식일에 그를 태울 장작과 섶단을 모으는 일에 적극 협력하였다"(『요한계시록』, p. 23. 롬 2:28, 29 / 요 8:44 / 계 3:9 참조).

예수께서는 그들이 "십 일 동안 환난"을 받으리라고 당신의 교회에 경고하셨다(계 2:10). 아마 그것은 문자 그대로 십 일 동안의 무서운 유혈 사태를 언급하는 것일 수도 있다. 또는 열 명의 로마 황제에 의한 열 차례의 극심한 박해 시기를 가리킬 수도 있다. 이 시기들은 (7)번에 자세히 언급될 것이다. 추정하건대 이 기간 동안에 최소한 오백여 성도들이 순교를 당하였다. 이것은 오늘날의 세계 인구에 대한 비율로 환산한다면 1억 이상의 수가 될 것이다.

(4) 정죄 : 없음

(5) 권고

① 두려워 말라.

② 충성하라.

(6) 격려의 말

① "내가 생명의 면류관을 네게 주리라"(계 2:10 / 참조, 약 1:12).

② "이기는 자는 둘째 사망의 해를 받지 않으리라"(계 2:11).

(7) 교회의 순교 시대(100－313년)

① 이 시기에 일어난 로마의 열 차례 박해

ㄱ. 네로(Nero / 64－68년)－베드로와 바울을 죽임.

ㄴ. 도미티안(Domitian / 81－96년)－그리스도교를 무신론이라 생각하고 수천의 신자를 살해하였으며, 요한을 밧모 섬으로 유배보냈음.

ㄷ. 트라얀(Trajan / 98－117년)－기독교를 탄압하는 법률을 통과시킨 최초의 황제로서 이그나티우스(Ignatius)를 화형시켰음.

ㄹ. 피우스(Pius / 137－161년)－요한의 제자 폴리갑을 살해하였음.

ㅁ. 마르쿠스 아우렐리우스(Marcus Aurelius / 161－180년)－기독교를 터무니없는 미신으로 생각하고 신앙의 수호자요 위대한 작가인 저스틴 마터(Justin Martyr)를

참수(斬首)함.
ㅂ. 세베루스(Severus / 193－211년)－오리겐(Origen)의 아버지를 살해하였음.
ㅅ. 트라키안(Tracian / 235－238년)－잔인한 야만인이며 기독교의 모든 지도자를 처형하도록 명령하였음.
ㅇ. 데키우스(Decius / 249－251년)－기독교를 근절하기로 작정함.
ㅈ. 발레리안(Valerian / 253－260년)－카르타고의 감독 키프리안(Cyprian)을 살해.
ㅊ. 디오클레티안(Diocletian / 284－305년)－최후의 가장 혹독한 박해자. 십 년 동안이나 동굴이며 숲을 이잡듯이 뒤져 그리스도인들을 처형함. 신자들은 화형당하거나 야수에 물어뜯기거나 온갖 잔인한 고문에 의해 피살당하였음. 그러나 디오클레티안의 아내는 그리스도를 영접함.
② 이 시기의 신앙의 수호자에는 다음과 같은 사람이 포함될 수 있다.
ㄱ. 저스틴 마터(100－167년), 기독교의 초기 옹호자. 로마에서 순교함.
ㄴ. 이레니우스(Irenaeus / 130－200년), 요한의 제자였던 폴리갑의 문하생.
ㄷ. 터툴리안(Tertullian / 160－220년), 카르타고의 감독이자 기독교의 옹호자.
ㄹ. 유세비우스(Eusebius / 264－340년), 교회사의 아버지.

3 버가모 교회(계 2:12－17)

(1) 버가모라는 도시

① 에베소 북방 120km 지점에 위치한 아시아의 정치적 수도였다.
② 약 20만 권의 고대 서적이 소장된 훌륭한 도서관으로 유명하다. 이 도서관은 로마의 장군 마크 안토니(Mark Antony)가 후에 클레오파트라에게 기증한 것이다.
③ 양피지가 맨 처음 사용된 곳이 바로 이 도시이다.

(2) 권고자

"좌우에 날선 검을 가진 이"(계 2:12).

(3) 칭찬

그들은 사단이 현세적 본거지로 택한 도시에 살면서도 신앙을 지켰다. 사단은 수세기 동안 자기의 제국을 바벨론으로부터 줄곧 영위해 왔다(창 11:1－9 / 단 5장 참조). 그러나 그 제국이 무너지자 사단은 그것을 (잠시 동안) 버가모로 이전한 것 같다. 버가모는 다른 여러 우상 중에서도 살아있는 뱀을 숭상했다. 사단은 후에 그의 수도를 바벨론으로 다시 옮길 것이다(계 17, 18장).

많은 버가모 사람들이 신앙 때문에 순교를 당했다. 본문에 한 사람의 이름이 언급되는데 그는 안디바이다. 그의 이름은 성경 이외의 다른 역사적 문헌에서는 전혀 언급되지 않는다. 그러나 하나님은 별로 이렇다 할 것이 없는 비천한 신분의 한 성도, 그렇지만 그리스도를 위해 살다가 죽은 그의 모든 것을 소상히 알고 계신다(요 10:3 / 딤후 2:19 참조).

(4) 정죄

"그러나 네게 두어 가지 책망할 것이 있나니"(계 2:14).

① 그들 가운데에는 발람의 교훈을 따르는 자들이 있었다. 발람은 구약에 나오는 거짓 선지자로서 이스라엘 민족을 저주하려고 애쓰던 자였다. 신약성경은 발람의 교훈,

과오 및 길에 관해서 언급한다.

ㄱ. 그의 길(벧후 2:15)

그의 길은 탐욕이다. 돈을 주면 그로 하여금 기꺼이 예언하게 할 수 있었다.

ㄴ. 그의 과오(유 11절)

그는 거룩한 하나님께서 죄 많은 이스라엘을 저주하지 않을 수 없을 것이라고 잘못 생각하였다.

ㄷ. 그의 교훈(계 2:14)

그는 이스라엘 앞에 올무를 놓아 부도덕과 우상숭배로 그들을 부패시키고 말았다.

② 어떤 사람들은 니골라 당의 교훈을 지키고 있었다(계 2:15). 이 당의 철학은 이미 에베소 교회에서 그리스도로부터 정죄받은 바 있다(계 2:6). 그렇지만 초대교회에서는 「행위」였던 것이 이제는 「교리」로 굳어졌음을 보게 된다.

(5) 권고

"그러므로 회개하라 그리하지 아니하면 내가 네게 속히 임하여 내 입의 검으로 그들과 싸우리라"(계 2:16).

(6) 격려의 말

"이기는 그에게는… 주리라."

그분이 주실 것들.

① 감추어진 만나 : 이는 그리스도와의 특별한 교제를 말한다(요 6:32-35 / 히 9:4 참조).

② 새 이름이 기록된 흰 돌

찰스 라이리는 다음과 같이 쓰고 있다.

"새 이름이 기록된 흰 돌의 의미는 당시의 두 가지 관습 중 하나 혹은 그 둘에서 유래한다. 그 첫번째는 재판관의 돌을 가리킨다. 즉, 당시의 재판관은 한 단지 안에 흰 조약돌과 검은 조약돌을 놓음으로써 판결을 내렸다. 만약 흰 돌이 나온다면 무죄방면을 뜻했다. 그러므로 흰 돌은 그리스도 예수 안에 있는 자에게는 정죄가 없다는 것의 보증을 뜻할 것이다. 다른 관습은 행운을 가져다 준다는 부적을 목에 두르는 것과 관계 있다. 만약 이것이 이 돌이 뜻하는 것이라면, 그 돌은 하나님께서 자기 백성들로 하여금 그들은 이미 주님을 소유하였으며 따라서 그 밖의 다른 것은 아무것도 필요치 않다는 사실을 환기시키는 한 방법일 것이다"(『요한계시록』, p. 25).

(7) 타협하는 교회 시대(315-590년)

① 이 시기의 중요한 인물 가운데 한 사람은 콘스탄틴이라고 불리는 군인이다. 그는 임종하는 아버지와 로마군에 의해 로마 황제가 되었다. 동방에서 권좌에 오르자마자 그는 막센티우스(Maxentius) 서방 황제 때문에 파멸의 위기에 직면케 되었다. 콘스탄틴은 그의 군대를 강화시켜야 한다는 사실을 깨닫고 꿈 속에서 십자가상을 보았으며 동시에 "이 표적을 가지고 정복하라"는 소리를 들었다고 주장하였다. 이렇게 영감을 받은 후에 그는 로마 근교에서 벌어진 유명한 밀비안(Milvian) 다리 전투에서 적군을 패배시킴으로써 그의 군대를 승리로 이끌었다.

313년에 그는 「신앙의 자유에 관한 칙령」(Edict of Toleration)을 내려 그리스도인들에게 신앙의 자유를 주었다. 이리하여 교회에 다니는 것이 일종의 유행이 되었다. 그는 모든 회심자에게 금화와 흰 옷을 약속했다. 그러자 이교도들이 그들이 지니고 있던 이교 의식을 그대로 가지고 수천 명씩 교회에 들어왔다. 이리하여 교회는 세속화되고, 세상은 교회화되어 양자 간의 차이를 찾아볼 수 없게 되었다. 로뢰인 뵈트너(Loraine Boettner)는 이 대중화 시대에 도입된 비성경적 교리를 다음과 같이 열거한다.

ㄱ. 죽은 자를 위해 기도하는 것(300년).
ㄴ. 십자가 형상을 만든 것(300년).
ㄷ. 성자(聖者)와 천사들을 숭배하는 것(375년).
ㄹ. 미사 예식(395년).
ㅁ. 마리아 숭배(431년).
ㅂ. 지나치 도유(塗油) 의식(526년).
ㅅ. 정죄에 관한 교리(593년).

② 이 시기의 대표적 교부들

ㄱ. 요한 크리소스톰(John Chrysostom / 343－407년) : 당대의 가장 위대한 설교자.
ㄴ. 제롬(Jerome / 340－420년) : 성경을 라틴어로 옮긴 학자.
ㄷ. 어거스틴(Augustine / 354－430년) : 역사상 가장 위대한 신학자.

4 두아디라 교회(계 2:18－29)

(1) 두아디라라는 도시

① 버가모에서 남동쪽으로 56km 떨어진 곳에 위치.
② 주전 300년경에 알렉산더 대제가 이 도시를 건설했다고 함.
③ 일종의 연합 도시로 제혁업자, 도기업자, 직공, 염색업자, 의복 제조업자 등의 상인 조합 본거지.
④ 유럽인으로서는 최초로 바울에 의해 회심자가 된 루디아(행 16:14)의 출생지. 오늘날 이곳 인구는 25,000명에 달함.

(2) 권고자

"그 눈이 불꽃 같고 그 발이 빛난 주석과 같은 하나님의 아들"(계 2:18).

(3) 칭찬

① 선행("나중 행위가 처음 것보다 많다")
② 사랑
③ 섬김(충실함)
④ 믿음
⑤ 인내

(4) 정죄

"그러나 네게 책망할 일이 있노라"(계 2:20).

하나님께서 크게 책망하신 일은 그들이 자칭 선지자라 하는 이세벨(거짓 선지자)의 사역을 허용하였던 일이다.

① 구약성경의 이세벨

이 이세벨은 아합 왕의 아내로 잔인한 살인자요 이교도였다(왕상 16:28－19:21 / 21:1－29 / 왕하 9:22－37).

② 교회에서 그녀가 행한 일

ㄱ. 그녀는 남자들을 가르치고 있었는데, 이 일은 명백히 금지되고 있는 일이었다(딤전 2:12-14 참조).

ㄴ. 그녀는 불의와 우상숭배를 가르치고 있었다.

ㄷ. 그녀는 결코 회개하지 않았다.

③ 그녀에 대한 정죄

ㄱ. 그녀의 추종자들은 요한계시록 17장에 기록된 것같이 대환난을 당할 것이며, 거짓 교회들이 될 것이다.

ㄴ. 그녀의 자녀들(추종자들)은 크고 흰 심판의 보좌 앞에서 두번째 사망을 맛볼 것이다(계 20:11-15).

ㄷ. 그녀는 다른 교회들에 하나님의 진노를 보여 주는 실례가 될 것이다(행 5:11-13/딤전 5:22).

(5) 권고

"두아디라에 남아 있어 이 교훈을 받지 아니하고 소위 사단의 깊은 것을 알지 못하는 너희에게 말하노니 다른 짐으로 너희에게 지울 것이 없노라 다만 너희에게 있는 것을 내가 올 때까지 굳게 잡으라"(계 2:24, 25).

여기서 우리는 "사단의 깊은 것"에 주목한다. 유일하신 주님처럼, 마귀도 조직적인 교리 체계를 갖고 있다(딤전 4:1 참조).

(6) 격려의 말

"이기는 자와 끝까지 내 일을 지키는 그에게 만국을 다스리는 권세를 주리니 그가 철장을 가지고 저희를 다스려 질그릇 깨뜨리는 것과 같이 하리라 나도 내 아버지께 받은 것이 그러하니라 내가 또 그에게 새벽 별을 주리라"(계 2:26-28/참조, 시 2:9/계 22:16).

(7) 로마 카톨릭 교회 시대(590-1517년)

앞에서 보았듯이 "두아디라"란 말은 "계속적인 희생"을 뜻한다. 그리고 아마도 일반적으로 로마 카톨릭 교회를 언급하는지도 모른다. 아래 항목에 주목하라.

① 교황권에 대한 연구

교황을 나타내는 "pope"은 "아버지"를 의미한다. 맨 처음에 이 말은 서방의 모든「감독」(bishop)들에게 적용되었다. 그러다가 500년경부터 이 말이 로마의 감독에게만 한정되어 사용되었다. 로마의 감독이 다른 모든 교리에 대하여 권위를 지녀야 마땅하다는 생각이 서서히 고개를 들기 시작했고 각 시대마다 심각한 갈등을 야기시켰다. 처음 4세기 동안 교권은 다섯 개의 주요 지역에 균등하게 분할되어 있었다. 그 다섯 개 지역이란, 로마, 콘스탄티노플, 안디옥, 예루살렘, 알렉산드리아 등이다.

ㄱ. 레오 1세(Leo Ⅰ / 440-461년) : 그는 교황들의 선두 주자였으며, 로마의 감독이었다. 그는 두 차례나 로마를 이교도의 손에서 건져냄으로써 큰 인기를 얻었다. 한번은 훈족 아틸라(Atilla)로부터였고, 나중에는 반달족 게네세릭(Geneseric)으로부터였다.

ㄴ. 그레고리 1세(Gregory Ⅰ / 590-694년) : 이 사람이야말로 사실상 초대 교황이다. 476년 로마의 멸망 후에 기독교권을 결속하였으며, 기본적으로는 선한 사람이었다.

② 악한 교황들

ㄱ. 서기오 3세(Sergius Ⅲ / 904－911년) : 악명 높은 창녀 마로시아와 동거했으며, 사생아를 낳아 교황과 추기경들이 되게 하였다.

ㄴ. 베네딕트 9세(Benedict Ⅸ / 1033－1045년) : 열두 살의 소년으로서 교황이 되었다. 백주에 대로에서 살인과 강간을 저질렀으며, 무덤을 강탈했다. 결국 분노한 로마 사람들이 그를 로마 밖으로 추방하였다.

ㄷ. 그레고리 6세(Gregory Ⅵ / 1046년) : 그는 이 시기에 교황권 쟁탈을 위해 경합을 벌인 세 사람 가운데 한 사람이며, 그 외에 베네딕트 9세와 실베스터 3세(Sylvester Ⅲ)가 교황권이 자기들의 것이라고 각각 주장하였다. 로마는 그야말로 살인청부업자들의 천지였고, 각 교황들은 상대방의 목을 끊으려 혈안이 되어 있었다. 마침내 신성로마제국 황제 헨리 3세가 이 문제에 개입하여, 이들 셋을 내쫓고 자기가 내세운 클레멘트 2세(Clement Ⅱ)를 교황으로 임명하였다.

ㄹ. 인노센트 3세(Innocent Ⅲ / 198－1216년) : 역대 교황 중 가장 막강한 권력을 휘두른 사람이었다. 영국의 「대헌장」(Magna Carta)을 비난하고, 일반인의 성경 봉독을 금지하였다.

③ 이 시기의 대표적 신앙인들 중에는 다음과 같은 사람들이 포함될 수 있을 것이다.

ㄱ. 요한 위클리프(John Wycliffe / 1320－1384년) : 성경 전체를 영어로 옮긴 최초의 인물.

ㄴ. 요한 후스(John Huss / 1369－1415년) : 교회보다 성경을 존중한 담대한 설교자. 교황에 의해 화형당함.

ㄷ. 윌리암 틴데일(William Tyndale / 1484－1536년) : 1525년 최초로 신약성경을 인쇄하였음(위클리프의 성경은 필사본임).

ㄹ. 에라스무스(Erasmus / 1466－1536년) : 뛰어난 헬라어 신약성경 연구가.

5 사데 교회(계 3:1－6)

(1) 사데라는 도시

① 두아디라에서 남쪽으로 48km 떨어진 곳에 위치한 도시로 루디아의 수도.

② 이 도시는 난공불락의 요새로 여겨졌지만, 고레스 대왕이 벼랑 위의 비밀통로를 이용하여 이 도시를 점령하였다.

③ 이곳에서 맨 처음 주화가 주조되었다.

④ 부유한 도시로 유명하였고 호화로운 카페트 산업이 부(富)의 주요 원천이었다.

(2) 권고자

"하나님의 일곱 영과 일곱 별을 가진 이"(계 3:1).

(3) 칭찬

"그러나 사데에 그 옷을 더럽히지 아니한 자 몇명이 네게 있어 흰 옷을 입고 나와 함께 다니리니 그들은 합당한 자인 연고라"(계 3:4).

하나님은 모든 교회 시대마다 모든 교회 내에 "남은 자"들을 숨겨두신다(왕상 19:10, 18 / 롬 11:15 참조).

(4) 정죄

"내가 네 행위를 아노니 네가 살았다 하는 이름을 가졌으나 죽은 자로다"(계 3:1).
이에 대해 버논 맥기는 아래와 같이 설명한다.

> "이것은 개신교의 표상이다. 종교개혁에서 회복된 위대한 진리들은 타협하는 교회에 의해 다시금 포기되었다. 대다수의 교파들과 교회들이 교회의 신조를 암송하고 있지만, 그들의 마음과 정신과 실생활로는 그러한 신조를 거부하고 있다. 그들은 화려한 일정표, 정교한 의식, 다양한 조직들로 하나님의 말씀과 참된 영적 삶을 대체시켰다. 활동은 했다. 그러나 이루어지지 않는다. 동작은 있지만 운동은 없으며, 장려는 하지만 발전은 없으며, 실행 능력없는 계획이 있을 뿐이다. 겉모양은 남아 있지만, 살아있는 생물체는 껍질 속에 남아 있지 않았다"(『요한계시록을 통한 큰 기쁨』, p. 28).

사데 교회에 보내는 말씀은 종교개혁이 신약성경의 이상적(理想的) 교회를 회복시키는 것이 아님을 입증한다.

(5) 권고

"너는 일깨워 그 남은 바 죽게 된 것을 굳게 하라 내 하나님 앞에 네 행위의 온전한 것을 찾지 못하였노니 그러므로 네가 어떻게 받았으며 어떻게 들었는지 생각하고 지키어 회개하라 만일 일깨지 아니하면 내가 도적같이 이르리니 어느 시에 네게 임할는지 네가 알지 못하리라"(계 3:2, 3).

(6) 격려의 말

여기서 모든 이기는 자에게 주는 두 가지 격려의 말씀이 나온다.

① 그의 이름이 생명책에 기록될 것이다. 이 책은 신구약 성경에서 번번히 언급된다(출 32:32/단 12:1/시 69:28/눅 10:20/빌 4:3/히 12:23/계 3:5/13:8/17:8/20:12, 15/21:27/22:19). 이 구절이 말하고자 하는 것이 무엇이든지간에, 그것들은 일단 구원받은 자가 잃어버림 당할 수 있다는 사실을 가르치지지는 않는다. 오히려 이와 전혀 반대로, 구원받은 각자의 이름이 이 책에 기록되어 있기 때문에 어느 한 사람도 잃어버림을 당하지 않으리라는 것을 무수히 입증하는 바이다(특히 다음과 같은 구절을 참조하라. 단 12:1/눅 10:20/계 13:8/17:8/21:27).

② 예수께서 아버지 하나님 앞에서 그(이기는 자)의 이름을 안다고 공언하실 것이다(눅 12:8, 9).

(7) 교회 개혁 시대(1517−1700년)

이 시기의 대표적 신앙인 중에는 다음과 같은 사람들이 포함될 것이다.

① 마르틴 루터(Martin Luther / 1483−1546년)

「개신교」(Protestantism)의 창시자로 모든 시대를 통틀어 가장 훌륭한 위인들 중의 한 사람. 법학 학위를 받고, 성직자가 되기로 결심했다. 3년간의 비참한 세월을 보낸 후에, 로마서 1장 17절에서 그가 그토록 찾아왔던 마음의 평안을 얻었다.

"오직 의인은 믿음으로 말미암아 살리라."

1508년에 그는 비텐부르크 대학의 교수가 되었다. 그가 교회의 면죄부 판매를 비난하는 95개조를 교회 문에 써붙인 것은 1517년 10월 31일 바로 이 도시에서였다. 독일 전역의 사람들이 그 사본의 도착을 간절히 기다리고 있었다. 이것이야말로 전 유럽에 불길을 놓은 불씨임이 틀림없었다. 1521년 보름스 회의에서 루터는 자신의 제안을 철회하도록 협박당했으나, "내가 여기 있나이다. 하지만 달리 어찌할 도리가 없사오니 하나님이시여 나를 도우소서"라는 유명한 말로써 그것을 거부하였다. 루터가 우리에게 남겨준 위대한 세 가지 유산은 다음과 같다.

ㄱ. 성도는 모두 사제라는 「만인사제설」

ㄴ. 기독교 신앙에서 유일한 권위는 성경뿐임을 밝힘

ㄷ. 행위가 아니라 믿음으로만 의롭게 된다는 것의 재발견

② 쯔빙글리(Zwingli / 1484–1531년)

루터의 위대한 동역자.

③ 요한 칼빈(John Calvin / 1509–1531년)

기독교 신앙을 정립한 가장 위대한 신학자들 중의 한 사람. 그가 강조한 핵심적인 교리 다섯 가지는 다음과 같다(일명 TULIP이라고 함).

ㄱ. 인간의 전적인 타락(Total depravity of man).

ㄴ. 하나님에 의한 인간의 무조건적 선택(Unconditional Selection of man by God).

ㄷ. 제한된 구속(그리스도께서는 만인을 위해 죽으신 게 아니라 오로지 신자만을 위해 죽으셨다 : Limited atonement).

ㄹ. 거부할 수 없는 은총(Irresitable grace).

ㅁ. 성도의 견인(Perseverance of saints).

물론 많은 그리스도인들은 이러한 신학의 다섯 가지 조목을 모두 받아들이지는 않는다.

④ 존 낙스(John Knox / 1515–1572년)

스코틀랜드에서 로마 카톨릭을 일소함.

⑤ 로져 윌리암스(Roger Williams / 1604–1684년)

1631년에 매사추세츠 주(州)에 발을 디딤. 추방당한 후에 로드 아일랜드 주로 감. 거기에서 미국 최초의 침례교회를 창시.

6 빌라델비아 교회(계 3:7–13)

(1) 빌라델비아라는 도시

① 주전 200년경의 헬라 문화의 중심지로 건설됨.

② 사데로부터 남방으로 48km 가량 떨어진 곳에 위치.

③ 질 좋은 포도주로 유명함.

④ 유대 인구가 다수를 이룸.

⑤ 주후 17년에 지진으로 폐허가 되었으나, 디베료 가이사에 의해 곧 재건됨.

(2) 권고

"볼지어다 내가 네 앞에 열린 문을 두었으되 능히 닫을 사람이 없으리라 내가 네 행위를 아노니 네가 적은 능력을 가지고도 내 말을 지키며 내 이름을 배반치 아니하였도다"(계 3:8).

버논 맥기는 그리스도께서 하신 이 말씀을 아래와 같이 설명한다.

> "그리스도는 자신이 거룩하다는 사실을 그들에게 일깨워주고 계시다. 즉, 그분은 태어난 때에도(눅 1:35), 죽었을 때에도(창 2:27), 또한 현재 제사장직을 담당하고 계시는 중에도(히 7:26) 언제나 거룩하시다. 뿐만 아니라 그분은 진실하시다(요 1:9/14:6/15:1).

진실하다는 말은 완전 및 완성의 뜻이 함축되어 있는, 순전하다는 것이다. 모세는 진실로 (참된) 떡을 주지 못하였다. 요한복음 6장 32-35절을 참조하라. 그는 또한 다윗의 열쇠를 가지고 계시다(사 22:22 참조). 이 열쇠는 음부와 사망의 열쇠와는 다르다(계 1:18). 이는 이 우주의 지배자로서의 그분의 요구를 말해준다(눅 1:32). 그분께서는 천년 왕국 때에 다윗의 보좌에 앉으실 것이다. 그러나 오늘날도 그분이야말로 최고의 주권자이시다"(『요한계시록을 통한 큰 기쁨』, p. 31).

(3) 칭찬

빌라델비아 교회는 이제까지 어떤 교회도 들어보지 못한 지극히 복되고 고귀한 말씀 두 가지를 들었다.

① 너희가 영감으로 기록된 하나님의 말씀을 모든 사람 앞에서 고백한다.

② 너희가 하나님 아들의 성육신을 공공연하게 고백한다.

(4) 정죄 : 없음

(5) 권고

"내가 속히 임하리니 네가 가진 것을 굳게 잡아 아무나 네 면류관을 빼앗지 못하게 하라"(계 3:11).

(6) 격려의 말

① "내가 네 앞에 열린 문을 두었으되 능히 닫을 사람이 없으리라"(계 3:8).

이것은 요한계시록 가운데 나오는 특별한 문 네 가지 중에서 첫번째 것이다. 네 가지 문은 아래와 같다.

ㄱ. 봉사의 문(계 3:8/참조, 행 14:27/고전 16:9/고후 2:12/골 4:3)

ㄴ. 인간의 마음의 문(계 3:20)

ㄷ. 하늘로 들리워 감의 문(계 4:1)

ㄹ. 재림의 문(계 19:11)

② 내가 너희의 원수를 굴복시키리라(계 3:9/참조, 빌 2:10, 11).

③ 내가 너희를 환난 때에 지키리라(계 3:10).

④ 내가 너희를 내 하나님 성전에 기둥이 되게 하리라(계 3:12).

(7) 교회의 부흥 시대(1700-1900년)

이 시기의 대표적 신앙인들은 다음과 같다.

① 요나단 에드워즈(Jonathan Edwards / 1703-1758년)

미국에서 가장 훌륭한 설교자이자 신학자 중의 한 사람. "노하신 하나님의 손아귀에 들어 있는 죄인들"이라는 그의 설교는 참으로 걸작이다.

② 요한 웨슬레(John Wesley / 1703-1791년)

감리교의 창설자이자 영국이 낳은 훌륭한 위인 중의 한 사람.

③ 조오지 휫필드(George Whitefield / 1714-1770년)

아마도 시몬 베드로 이후의 가장 뛰어난 대중 설교자인 듯함. 장로교 설립에 기여.

④ 윌리암 캐리(William Carey / 1761-1834년)

인도 주재 선교사.

⑤ 아도니람 저드슨(Adoniram Judson / 1788-1850년)

버마 주재 선교사.

⑥ 데이빗 리빙스턴(David Livingstone / 1813－1873년)
아프리카 주재 선교사.
⑦ 무디(Moody / 1837－1899년)
세계적으로 유명한 복음 전도자.

7 라오디게아 교회(계 3:14－22)

(1) 라오디게아라는 도시

① "이들 일곱 교회는 에베소에서 시작하여 동쪽 상방으로는 서머나를 거쳐 버가모에 이르고 아래로는 라오디게아를 잇는 대형 부채꼴의 모양을 이루고 있다. 따라서 이 마지막 일곱번째 도시(라오디게아)는 에베소에서 동쪽으로 145km, 빌라델비아 교회에서 남동쪽으로 72km 가량 떨어진 곳에 위치하고 있다. 이 도시의 이름은 '백성의 심판'을 뜻한다(라이리, 『요한계시록』, p. 31).
② 이 도시는 안디오쿠스 2세에 의해 설립되었으며, 그의 처의 이름을 따붙인 것이다. 라오디게아란 여자들에게는 흔한 이름이었다.
③ 금융도시였으며, 엄청난 부를 소유하고 있었다.
④ 장대한 성전과 극장으로 꾸며진 아름다운 도시였다.
⑤ 유명한 의술학교가 있었다.
⑥ 셀리리움(cellyrium)이란 안약으로 유명했다.
⑦ 반짝반짝 윤기 나는 검은 양털로 만든 사치스런 의복 제조업으로 유명했다.
⑧ 여러 개의 광맥이 주변에 있었다.

(2) 권고자

"아멘이시요 충성하고 참된 증인이시요…근본이신 이"(계 3:14).
여기서 그리스도는 자신을 다음과 같이 묘사하신다.
① 충성되고 참된 증인(그의 현재 하나님의 신분을 묘사한 말)
② 창조의 근본이신 이(그의 현재 사역을 가리킴)
존 필립스(John Phillips)는 아래와 같이 말하고 있다.

"그분께서는 자신을 '하나님의 창조의 근본이신 이'라고 묘사한다. 그분은 별들을 우주 공간으로 흩으시고, 바다의 웅덩이를 파시며, 장엄한 히말라야 산맥을 두셨다. 그분의 허락이 없이는 한 잎의 풀잎도 자랄 수가 없으며, 티끌 하나라도 움직일 수가 없다. 그분은 살아 활동하시는 그리스도로 만물을 주관하시는 이시며, 하나님의 창조의 근본이신 이시다" (『요한계시록 탐구』, p. 89).

(3) 칭찬

이 교회는 빌라델비아 교회와 대조를 이룬다. 빌라델비아에 대해서 그리스도는 나쁘다는 말씀을 조금도 하지 않으셨지만, 라오디게아에서는 칭찬할 만한 것을 전혀 찾을 수 없었다.

(4) 책망

① 그들은 스스로를 이렇게 생각했다.
"나는 부자라 부요하여 부족한 것이 없다"(계 3:17 / 참조, 눅 12:16－20).
② 하나님 보시기에 그들은 다음과 같았다.

ㄱ. 그들은 하나님의 일에 미온적이었다.

"내가 네 행위를 아노니 네가 차지도 아니하고 더웁지도 아니하도다 네가 차든지 더웁든지 하기를 원하노라"(계 3:15, 16).

찰스 라이리는 이에 대해 아래와 같이 설명하였다.

> "라오디게아 주변에는 온천이 여럿 있었는데, 그 물은 아주 뜨거울 때만 마실 수 있는 것이었다. 미지근할 때는 메스껍기 때문에 마실 수가 없었다"(『요한계시록』, p. 31).

여기 이 말로 미루어 보자면, 그리스도께서는 분명히 미적지근하고 무기력한 것보다는 차라리 불같이 뜨거운 열성이나 얼음처럼 차가운 형식주의를 낫게 여기신 듯하다.

ㄴ. 그들은 그 밖의 모든 것들이 부족하였다.

- 그들은 비참했다.
- 그들은 가련했다.
- 그들은 궁핍했다.
- 그들은 소경이었다(벧후 1:9 참조).

(5) 권고

그들을 하나님으로부터 그들이 그토록 필요로 했던 것 세 가지를 얻게 될 것이다.

① 그들은 부유하게 할 금(곧, 신앙).

② 그들이 입을 흰 옷(곧, 하나님으로부터 축복받은 역사).

③ 그들로 하여금 눈을 뜨게 하는 안약(용서).

(6) 격려의 말

① "무릇 내가 사랑하는 자를 책망하여 징계하노니"(계 3:19/참조, 히 12:5-8).

② "볼지어다 내가 문 밖에 서서 두드리노니 누구든지 내 음성을 듣고 문을 열면 내가 그에게로 들어가 그로 더불어 먹고 그는 나로 더불어 먹으리라"(계 3:20).

버논 맥기는 아래와 같이 설명한다.

> "그분의 초대는 만찬, 즉 만찬에의 마지막 초대이다. 다시 말하자면 대환난의 밤이 오기 전에 그분에게 오라는 초대이다"(『요한계시록을 통한 큰 기쁨』, p. 36).

"세상의 빛되신 그리스도"라는 헌트(Holman Hunt)의 유명한 그림을 수백만의 그리스도인들이 보았을 것이다. 여기에서 그 화가는 가시 면류관을 쓰고 인간의 마음을 상징하는 문 밖에 서 계신 예수님의 모습을 그리고 있다. 이 그림은 현재 런던의 성 바울 대성당에 소장되어 있다. 필립스(Phillips)는 이에 대해 다음과 같이 말한 바 있다.

> "그 그림이 처음 전시되었을 때, 비평가들은 작품 자체에 대해 평을 하였다. 그 중 한 사람이 헌터에게 말하였다. '헌터 씨, 정말 걸작이로군요. 그런데 딱 한 가지 잘못된 데가 있어요. 글쎄 당신은 이 그림의 문에 손잡이를 그려 넣는 걸 빠뜨리셨어요.' 그러자 화가가 대답했다. 「그건 잘못된 실수가 아닙니다. 손잡이는 문 안쪽에 있으니까요」"〔『요한계시록 탐구』(*Exploring Revelation*), p. 93〕.

③ "이기는 그에게는 내가 내 보좌에 함께 앉은 것과 같이 하리라"(계 3:21).

(7) 교회의 세속화 시대

현재 기독교의 유감스런 상태를 약간 언급할 필요성이 있다. 그리스도인이라고 자칭하는 많은 사람들이 민주주의보다는 공산주의를 좋아하고, 부도덕을 조장하며, 무정부 상태를 지원하고, 모든 중요한 성경적 교리를 업신여기며, 성경을 신봉하는 사람들을 비웃고, 일반적으로 다음과 같은 바울의 예언을 문자 그대로 성취하고 있다.
"경건의 모양이 있으나 경건의 능력은 부인하는 자니"(딤후 3:5).
그렇지만 지역교회나 학교에서 적지만 (강력하게) 계속 자라나는 소수들이, 교회 역사상 드물게 성경과 구세주와 인간의 영혼에 대한 사랑을 보여주고 있다는 사실도 여기에 덧붙이고 싶은 바이다. 이들 학교와 교회들은 그분이 자신을 두드릴 때 마음의 문을 즐거이 열어 준 사람들로 가득 차 있다.

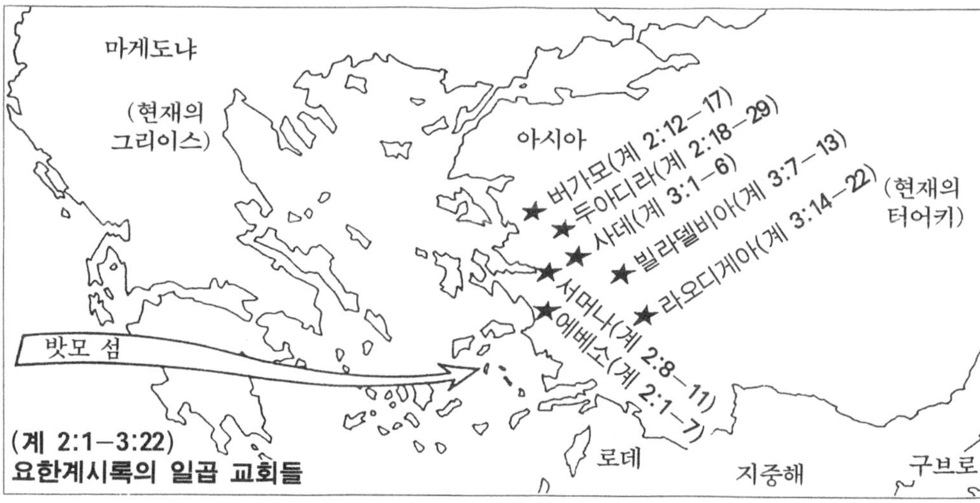

(계 2:1-3:22)
요한계시록의 일곱 교회들

제 2부 : 어린양을 예배하도록 초청받음(계 4, 5장)

1. 서론

요한은 이 새 장을 "이 일 후에"(계 4:1)라는 말로 시작하고 있다. 헬라어로 이 말은 "이러한 일들이 있은 후에"라는 『메타 타우타』(meta tauta)이다. 이러한 일들이란 무슨 일일까? 문맥의 전후관계에서 볼 때, 그가 말하고 있는 것은 3장과 4장 사이에서 발생한 「휴거」일 것이다. 『메타 타우타』라는 말은 원래의 어법대로 따르면 이 구절의 서언인 동시에 맺음말이다. 1장부터 3장까지에서 교회는 대략 19회 언급되고 있다. 그러나 이제 그 말은 요한계시록 19장에서 환난이 끝나기까지는 전혀 나타나지 않는다. 이때 사단이 괴로움을 주기 위해 찾아낼 수 있는 경건한 무리들은 오직 이스라엘 민족뿐이다. 이러한 사실에서 우리는 다음과 같은 결론들을 이끌어낼 수 있다.

1. 교회는 사단의 박해로 인하여 소멸되었다

물론 이러한 개념은 완전히 비성경적인 것이다(마 16:18 참조).

2. 교회는 그리스도로 말미암아 휴거를 통해 들리워 올라간다

이러한 견해는 신약성경의 여러 구절들에 의해 강력한 지지를 받을 것이다(참조, 고전 15:51 / 살전 4:16).

이제 요한은

1 **문을 보며**(요 10:9).

2 **나팔 소리를 듣는다(살전 4:16).**

2. 일곱 인으로 봉한 책

이제 우리는 휴거를 거쳐 천국에 들어가서, 일곱 인으로 봉해진 책으로 인한 중대한 위기를 목격하게 될 것이다.

1. 입례(入禮)

이제 요한은 천국이라 불리는 하늘의 놀라운 왕국을 볼 수 있도록 허락받은 두 사람의 성경 인물 중 두번째 사람이 된다.

1 그는 보좌 위에 앉으신 아버지의 영광을 본다(계 4:2, 3)

요한계시록은 「보좌」의 책이라 할 수 있다. 이 말은 신약성경 전체를 통하여 불과 15회 사용되는 데 반하여 요한계시록에서는 무려 45회 사용되기 때문이다.

요한은 이 보좌 위에 앉으신 두려우신 분의 형상을 분별할 수도 없었고 묘사할 수도 없었으며 단지 "앉으신 이의 모양이 벽옥과 홍보석 같고"(계 4:3)라고 말할 수 있었을 뿐이다. 여기에서 흰 돌인 벽옥과 붉은 빛나는 홍보석은 하나님의 두 가지 근본적 속성, 즉 그분의 영광과 그분의 은총을 가리키는 것 같다. 또한 이 돌들은 구약성경의 대제사장들이 흉배에 달고 있던 열두 개의 돌 가운데 처음과 마지막 것이었다. 이것들은 이스라엘의 열두 지파를 상징하며 야곱의 열두 아들의 출생 순위에 따라 배열되어 있었다(출 28장). 르우벤은 첫번째 지파로, 그 이름의 의미는 "한 아들을 보리라"는 것이며, 베냐민은 마지막 지파로서 그 의미는 "내 우편의 아들"이었다. 이는 하나님께서 모든 피조물들에게 다음의 것들을 영원토록 상기시키는 방편일 수 있다.

(1) 그리스도의 성육신(그분의 인성)－벽옥, 르우벤("한 아들을 보리라").

(2) 높임받으신 그리스도(그분의 신성)－홍보석, 베냐민(내 우편의 아들).

2 그는 보좌를 둘러싼 아름다운 일곱 빛깔 무지개를 본다(계 4:3)

3 그는 금 면류관을 쓴 24장로들을 본다(계 4:4)

이들 이십사 장로들은 구약과 신약의 성도들을 상징하는 특별한 체계로 이루어져 있을지도 모른다(대상 24:3－5, 18 / 눅 1:5－9 / 계 21:12－24). 헬라어 성경에 의하면 그들은

제 2부

어린양을 예배하도록 초청받음(계 4, 5장)

예배

입례(계 4:1—11)
요한은 아버지를 본다(계 4:1—3).
요한은 이십사 장로들을 본다(계 4:4, 5).
요한은 네 생물을 본다(계 4:6—11).

선포(계 5:1, 2)
"누가 책을 펴며 그 인을 떼기에 합당하냐."

살펴봄(계 5:3)
"하늘 위에나 땅 위에나 땅 아래에 능히 …할 이가 없더라."

비탄(계 5:4)
"내가 크게 울었더니…."

현현(계 5:5—7)
주권을 가진 사자(피 흘리는 어린양)가

찬양(계 5:8—14)
"합당하도다"(계 5:12).

모두 '군주의 왕관'(diadems)을 썼다기보다는 '순교자의 왕관'(stephanos)을 쓰고 있었다. 따라서 그들은 천사가 아니라 인간들이었음이 분명하다. 다니엘은 이 보좌들이 놓이는 것을 보았다(단 7:9). 그러나 그 당시에 보좌들은 비어 있었는데, 요한은 여기서 그것들이 모두 채워져 있음을 보는 것이다.

4 그는 뇌성병력을 듣는데, 이는 대환난의 무서운 폭풍이 그 맹위를 막 떨치려 하고 있음을 의미한다(계 4:5)

구약에서 하나님은 인간에게 율법을 주실 때 시내 산에서 천둥을 내리셨다. 마찬가지로 여기에서도 하나님은 율법을 어긴 것에 대하여 인간을 심판하려 하실 때 동일한 일을 행하시는 것이다.

5 그가 보매 "보좌 앞에 일곱 등불 켠 것이 있으니 이는 하나님의 일곱 영이라"(계 4:5)

이 구절을 해명하기 위해 몇 가지 시도가 있었다.

(1) 그것은 이사야서 11장 1절에서 3절에 걸쳐 예언되었던 그리스도의 지상 사역에 관한 언급이다.

(2) 그것은 성령의 일곱 가지 사역에 관한 언급이다[억제함, 죄를 깨닫게 함, 중생케 함, 보증함, 침례(세례)를 베풂, 내주함, 충만케 함].

(3) 그것은 요한계시록 8장 1절에서 6절에 걸쳐 언급된바, 후에 있을 심판의 집행자들인 일곱 천사들을 가리킨다.

6 그는 수정과 같은 유리 바다를 본다(계 4:6)

도널드 반하우스(Donald Barnhouse)는 이 바다에 관해 다음과 같이 말하고 있다.

> "보좌 앞에는 수정과 같은 유리 바다가 있었다. 우리는 이것을 곧 장막의 모양을 따라 솔로몬이 건축한 성전과 일치함을 알 수 있다.
>
> '또 바다를 부어 만들었으니 그 직경이 십 규빗이요 그 모양이 둥글며 그 고(高)는 다섯 규빗이요'(왕상 7:23).
>
> 직경이 4.5m나 되는 이 큰 물동이는 밖을 향하고 있는 청동 황소 열두 마리의 등으로 떠받쳐지고 있다. 여기서 제사장들은 자신들의 몸을 정결케 한다. 그들이 성소에 들어갈 때마다 이 곳에 멈추어 서서 정결의식을 행했던 것이다. 그러나 감사하신 하나님은 제사장들이 쓰던 이 놋대야를 수정으로 바꾸어 놓으실 것이다. 성도들이 고해할 필요가 없을 그 날이 곧 임하리라!
>
> 천국을 예견할 때 가장 큰 기쁨 중의 하나는 대야가 수정으로 만들어져 있다는 사실일 것이다. 나는 내가 지은 죄를 고백하기 위해 다시는 천국의 아버지 하나님께 나아가지 않아도 될 것이다. 나는 베드로가 그리스도인의 그 눈길을 보고 밖으로 나가서 비통하게 울었던 그 상황을 결코 되풀이하지 않을 것이다. 나와 이 시대의 모든 성도들이 주 예수 그리스도를 닮게 되었을 때에만 비로소 그 대야는 수정으로 만들어질 것이다"〔『요한계시록 주해』(*Revelation, an Expository Commentary*), p. 94〕.

7 그는 천사와 같은 특수한 네 생물을 보고 그 증언을 듣는다(계 4:6-8)

여기에 사용된 헬라어는 "생물"(生物)을 의미하는 『조아』〔zoa(동물학 : Zoology의 어원)〕이다.

(1) 이 네 생물들은 누구인가?

버논 맥기는 이렇게 설명한다.

> "최고의 지성을 갖춘 이 생물들이 하나님 앞에 있다. 그들은 에스겔서 1장 5절에서 10절, 10장 20절에 나타나는 그룹들과 유사하며, 이사야서 6장 2, 3절에 나타나는 스랍과 비슷하다. 그들은 성경에 계시되지 않은, 천국에 있는 새로운 종류의 생물들인가?"(『요한계시록을 통한 큰 기쁨』, p. 43).

(2) 그들의 목적은 무엇인가?

그것은 아마 세상과 천국에서 그리스도의 놀라운 사역을 모든 생물이 영원토록 상기하도록 하려는 것일 것이다. 이러한 사실은 그들의 현상에서 암시되고 있다.

① 최초의 생물은 사자를 닮았다. 그는 마태복음의 경우에처럼 그리스도의 직분을 왕으로 선포한다.

② 두번째 생물은 송아지를 닮았다. 그는 마가복음에서 볼 수 있는 것처럼 그리스도의 직분을 종으로 나타내고 있다.

③ 세번째 생물은 사람을 닮았다. 그는 누가복음에서 볼 수 있는 것처럼 그리스도의 인성을 나타내고 있다.

④ 네번째 생물은 독수리를 닮았다. 그는 요한복음에서 볼 수 있는 것처럼 그리스도의 신성(神性)을 나타내고 있다.

2. 선포

요한은 이러한 일곱 가지 일들을 보고 두려움과 경이(驚異)에 사로잡힌다. 그러나 지금 요한은 여덟번째 사건에 직면하게 되는데, 그 사건은 그의 영혼을 절망으로 몰아넣는다. 일곱 인(印)으로 봉해진 책으로 말미암은 위기가 막 시작되려 하고 있다.

"내가 보매 보좌에 앉으신 이의 오른손에 책이 있으니 안팎으로 썼고 일곱 인으로 봉하였더라 또 보매 힘있는 천사가 큰 음성으로 외치기를 누가 책을 펴며 그 인을 떼기에 합당하냐 하니"(계 5:1, 2).

일곱 인으로 그토록 단단하게 봉한 이 책(실은 둥글게 말은 두루마리)은 도대체 어떤 것인가? 그 책의 내용이 무엇이든지 그 두루마리는 극히 중요한 것이었음이 분명하다. 왜냐하면 역사가 전하는 바에 의하면, 로마법하에서 생사(生死)에 관계되는 모든 법적 문서는 반드시 일곱 번 인봉되어야 하기 때문이다. 많은 신학자들은 이것이 실제로 세상에 대한 권리증서임을 믿는다. 따라서, 그 천사의 선포는 결과적으로 다음과 같은 것이었다.

"세상에 대한 권리증서를 반환해 달라고 요구할 수 있는 합당한 이는 누구인가? 일곱 번 봉인된 심판을 넘쳐 흐르게 하여, 이 세상을 정화시키고 장구하게 기다려온 황금의 천년시대로 인도할 수 있는 자는 누구인가?"

실로 누가 합당했는가?(렘 32:6－16 참조).

3. 살펴 찾아봄

"하늘 위에나 땅 위에나 땅 아래에 능히 책을 펴거나 보거나 할 이가 없더라"(계 5:3).

그 천사가 살펴본 세 곳을 추적해 보자.

[1] 하늘

구원받은 자들 중에서 세상의 권리증서를 요구할 만한 자가 있었는가? 전혀 없었다.

(1) 아담은 원래 이 권리증서를 소유했으나(창 1:28, 29), 그것을 마귀에게 사취당했다(창 3:1－19).

(2) 홍수 때의 영웅인 노아는 후에 포도원에서 술에 취했기 때문에 스스로 그 자격을 상실하였다(창 6－9장).

(3) 이스라엘의 조상인 아브라함은 하나님의 말씀을 어기고, 일시적으로 애굽에 건너갔다(창 12장).

(4) 하나님의 마음에 합한 사람인 다윗은(삼상 16:7) 후에 방탕과 살인을 통해 하나님의 마음을 상하게 하였다(삼하 11장).

(5) 그리스도에 앞서 온 침례(세례) 요한은 약해졌을 때 바로 그 메시야를 의심하였다(마 11:3).

(6) "반석"과 같은 믿음을 지닌 베드로는 어려울 때 그의 주(主)를 부인했다(마 26:70).

(7) 아마도 역사상 가장 위대한 그리스도인이었을 바울은 그의 증언을 양보했다(행 21장).

[2] 땅 위

죄가 없는 천국에서조차 성취할 수 없었던 일을 하물며 죄로 가득찬 세상에서 누가 해

낼 수 있을 것인가? 설교자들과 제사장들은 세상에서 사역하며, 왕들은 세상의 일부를 통치하지만, 결코 세상의 권리증서를 요구할 수는 없는 자들이다!

3 땅 아래(지옥 속)
만약 성도나 천사가 이 땅을 정화할 수 없었다면, 설령 이 일이 가능했다 하더라도 죄인이나 마귀가 할 수는 없었음이 너무도 당연한 사실이다.

4. 비탄
"이 책을 펴거나 보거나 하기에 합당한 자가 보이지 않기로 내가 크게 울었더니"(계 5:4).
요한은 왜 울었을까? 아마도 (어떠한 이유들보다도) 그는 자신의 몸의 궁극적인 부활과 영화(榮化)가 이 지상 위에서 저주를 제거하는 일과 직접적으로 관계가 있다는 사실을 깨달았기 때문이었을 것이다(롬 8:17—23 참조).

이 본문의 특징은 이 울음이 성도의 울음의 마지막 예(例)라고 하는 것이다. 슬픔, 고통, 죽음은 아담이 하나님을 비극적으로 거역한 이후로 함께 결합하여 인간의 눈물 바다를 만들어내었다.
1 아브라함은 사라의 주검 앞에서 울었다(창 23:2).
2 이스라엘은 애굽에서의 노예 생활 때문에 울부짖었다(출 2:23/3:7).
3 모세는 미리암의 죄로 인해 비탄에 젖는다(민 12:13).
4 여호수아는 이스라엘의 패망으로 인하여 운다(수 7:6—9).
5 나오미는 모압을 떠날 때 운다(룻 1:9).
6 한나는 아기를 낳지 못하는 것으로 인하여 운다(삼상 1:10).
7 사무엘은 사울의 실수를 슬퍼하여 운다(삼상 15:35).
8 다윗은 그의 큰 죄로 인해 운다(시 32:4/51:17).
9 다말은 암논에게 능욕당한 후에 운다(삼하 13:19).
10 다윗은 반역한 자신의 아들의 죽음으로 인하여 운다(삼하 18:33).

11 히스기야 왕은 예루살렘에 닥친 흉조로 인하여 운다(대하 32:20).
12 유대인 포로들은 바벨론으로 가는 도중에 운다(시 137:1).
13 다니엘은 이스라엘의 죄로 인해 운다(단 10:2).
14 느헤미야는 예루살렘의 파괴된 성벽을 보고 운다(느 1:4).
15 모르드개는 하만의 살인 음모로 인해 운다(에 4:1).
16 한 어머니가 병든 자식으로 인해 운다(마 15:22).
17 한 아버지가 귀신들린 아들로 인해 운다(막 9:24).
18 한 과부는 죽은 아들을 위해 운다(눅 7:13).
19 두 자매가 죽은 오라비로 인하여 운다(요 11:33).
20 구세주는 나사로(요 11:35)와 예루살렘(눅 19:41)으로 인하여 운다.
그러나 이 모든 울음은 우주의 의로운 통치자가 노래할 때, 곧 그치게 될 것이다.

5. 현현(顯現)

"장로 중에 하나가 내게 말하되 울지 말라 유대 지파의 사자 다윗의 뿌리가 이기었으니 이 책과 그 일곱 인을 떼시리라 하더라 내가 또 보니 보좌와 네 생물과 장로들 사이에 어린양이 섰는데 일찍 죽음을 당한 것 같더라 일곱 뿔과 일곱 눈이 있으니 이 눈은 온 땅에 보내심을 입은 하나님의 일곱 영이더라 어린양이 나아와서 보좌에 앉으신 이의 오른 손에서 책을 취하시니라"(계 5:5-7).

필립스는 다음과 같이 쓰고 있다.

> "요한은 사자를 보기 위해 몸을 돌렸다. 그러나 그가 본 것은 털이 많은 갈기와 으르렁대고 있는 입, 그리고 끔찍한 이빨을 가진 사자가 아니라 한 마리 어린양이었다! 우주사에서 이보다 더 극적인 순간이 있을까? 사자가 다름아닌 한 마리 어린양이었다니 얼마나 놀라운 일이었겠는가!"(존 필립스, 『요한계시록 탐구』, p. 106).

아버지 하나님의 오른손에서 그토록 용감하게 두루마리를 가져간 이 천국의 영웅은 누구인가? 우리는 그의 신분에 관하여 숙고해 볼 필요가 전혀 없다. 왜냐하면 그는 주 예수 그리스도 자신이기 때문이다. 그 증거는 부정될 수 없다.

[1] 그는 어린양의 특성을 지니고 있다

우리 주는 신약성경에서 스물아홉 번이나 어린양으로 언급되고 있다. 오직 한 번(벧전 1:19)을 제외한 모든 경우에서 이 칭호를 전적으로 사용한 자는 다름아닌 사도 요한이다. 좀더 자세히 살펴보자.

(1) 그것은 귀여운 어린양이다. 헬라어 신약성경 원본에는 "어린 양"을 나타내는 말이 두 종류가 있다. 하나는 『암노스』(amnos : 일반적인 의미의 어린 양)이며, 다른 하나는 『아르니온』(arnion : 특별히 가정에서 기르는 귀여운 어린 양)이다. 요한계시록 5장 6절에 사용된 헬라어는 후자이다(구약성경의 관련 구절로 삼하 12:1-4을 보라).

(2) 그것은 죽임당한 어린 양이다. 여기에서 "죽임당한"을 나타내는 헬라어는 『스파토』(sphatto)이며, 이 말은 어떤 종류의 폭력적인 죽음을 의미한다. 이와 동일한 말이 다음과 같은 구절에서 발견되고 있다.

"우리가 서로 사랑할지니 이는 너희가 처음부터 들은 소식이라 가인같이 하지 말라 저는 악한 자에게 속하여 그 아우를 죽였으니 어찌 연고로 죽였느뇨"(요일 3:11, 12).

『스파토』라는 말은 신약성경에서 단지 일곱 번밖에 사용되지 않으며, 이 중 네 번은 그리스도의 죽음에 대해 언급하는 것이다(계 5:6, 9, 12/13:8).

(3) 그것은 전능한 어린양이다. 그 어린양은 일곱 뿔을 소유하고 있는 것으로 묘사되고 있는데, 성경의 상징적 어법에 따르면 이것은 힘과 권능을 의미한다.

(4) 그것은 전지한 어린양이다. 그 어린양은 일곱 눈을 소유한 것으로 묘사되어 있는데, 이는 완벽한 지식과 지혜를 가리키는 것이다.

[2] 그는 사자와 같은 특성을 소유하고 있다

요한은 그를 "유대 지파의 사자 다윗의 뿌리"라고 부르는데, 이는 사실이다. 성경의 중요한 세 장들이 이 칭호에 대해 설명하고 있다.

(1) 창세기 49장

야곱은 임종시에 넷째 아들 유다가 사자를 닮은 것이며, 또한 그리스도 자신을 포함한 이스라엘의 왕들이 장차 모두 그의 지파에서 나올 것이라고 예언하였다(창 49:8–10).

(2) 사무엘하 7장

하나님은 다윗에게 그의 왕국이 영원할 것이며, 그의 가문의 통치가 끊이지 않을 것이라고 말씀하셨다(삼하 7:8–17).

(3) 누가복음 1장

천사 가브리엘은 (다윗의 가문에 속한) 마리아에게 그녀가 처녀로 잉태하여 낳을 아들은 창세기 49장과 사무엘하 7장에서 볼 수 있듯이 구약의 모든 약속을 상속받게 될 것이라고 설명해 주었다(눅 1:30–33). 이처럼 요한은 그리스도를 한 마리 어린양으로 보고 있는데, 그 이유는 그가 자신의 백성들을 구원하기 위해 한번 왔었기 때문이다. 이러한 구속 사역은 그의 '과거' 사역이었다. 또한 요한은 그를 한 마리 사자로 보고 있는데, 그 이유는 그가 장차 그의 백성들을 통치하기 위해 다시 올 것이기 때문이다. 이러한 통치는 그분의 '미래' 사역이 될 것이다. 그가 세상의 주권을 주장할 수 있는 근거는 그가 죽임당한 양의 속성을 지니고 있기 때문이며, 반면에 그가 이러한 주장을 강력히 펼 수 있는 것은 그가 강한 사자의 속성을 지니고 있다는 사실에 기인한다.

6. 찬양

"책을 취하시매 네 생물과 이십사 장로들이 어린양 앞에 엎드려 각각 거문고와 향이 가득한 금대접을 가졌으니 이 향은 성도의 기도들이라 새 노래를 노래하여 가로되 책을 가지시고 그 인봉을 떼기에 합당하시도다 일찍 죽임을 당하사 각 족속과 방언과 백성과 나라 가운데서 사람들을 피로 사서 하나님께 드리시고 저희로 우리 하나님 앞에서 나라와 제사장을 삼으셨으니 저희가 땅에서 왕노릇하리로다 하더라 내가 또 보고 들으매 보좌와 생물들과 장로들을 둘러선 많은 천사의 음성이 있으니 그 수가 만만이요 천천이라 큰 음성으로 가로되 죽임을 당하신 어린양이 능력과 부와 지혜와 힘과 존귀와 영광과 찬송을 받으시기에 합당하도다 하더라 내가 또 들으니 하늘 위에와 땅 위에와 땅 아래와 바다 위에와 또 가운데 모든 만물이 가로되 보좌에 앉으신 이와 어린양에게 찬송과 존귀와 영광과 능력을 세세토록 돌릴지어다 하니 네 생물이 가로되 아멘 하고 장로들은 엎드려 경배하더라"(계 5:8–14).

[1] 이 찬양의 원천

이 찬양은 모든 방향에서 오며 모든 피조물을 포함하고 있다.

(1) 이십 사 장로들

(2) 네 생물

(3) 수많은 천사들

(4) 땅 아래의 모든 것

여기에서 우리가 주목해야 하는 것은 요한이 그가 들은 '노래'와 '음성'(찬송)을 조심스럽게 구분하고 있다는 사실이다. 위에 언급된 여러 부류 가운데서 오로지 구원받은 자들만이 노래하고 있는 것으로 묘사하고 있다.

크리스웰(W. A. Criswell)은 다음과 같이 쓰고 있다.

"구원받은 자들은 항상 노래한다. 예수의 피로 씻김을 받은 하나님의 사람들은 노래한다. 하나님의 자녀들은 노래하지만, 천사들은 노래하지 않는다. 바로 이것이 나의 결론이다. 음악은 장조(長調)와 단조(短調)로 구성되어 있다. 단조는 이 타락한 피조물의 불행과 죽음과 슬픔에 관해 이야기한다. 자연의 대부분은 애달픈 곡조로써 신음하고 괴로워하는 소리를 내고 있다. 숲 속에서 불어오는 바람소리, 폭풍소리, 집 주위를 맴도는 바람소리는 항상 단조이다. 그 바람은 울부짖듯 윙윙거린다. 대양(大洋)의 소리는 말할 수 없는 해산의 고통을 겪듯이 끊임없이 신음하고 있다. 심지어 가장 아름다운 노래를 부르는 나이팅게일의 음조도 가장 슬픈 것이다. 자연에서 나오는 대부분의 소리들은 단조이다. 그것은 타락한 피조계의 비참함과 절망과 쓰라림과 고통을 반영한다. 그러나 천사는 이러한 것들에 대해서 아무것도 알지 못한다. 천사는 불행에 대해서, 절망에 대해서, 그리고 잃어버린 바 된 인류의 타락에 대해서는 아는 것이 전혀 없다"[『요한계시록 강해 설교』(*Expository Sermons on Revelation*), pp. 204, 205].

2 이 예배의 주인

"어린 양이 합당하도다."

(1) 그의 과거 사역

"일찍 죽임을 당하사 사람들을 피로 사서 하나님께 드리시고"(계 5:9).

① 이삭은 옛날에 "어린 양은「어디」있나이까"(창 22:7)하고 물었다.

② 침례(세례) 요한은 후에 "「보라」어린 양이로다!"라고 대답했다(요 1:29).

③ 모든 피조물은 이제 "「어린 양」이 합당하도다"(계 5:12)라고 말한다.

버논 맥기는 다음과 같이 쓰고 있다.

"그들은 천국에서 그분의 보혈을 노래한다. 여기 땅에서도 각 교파의 수많은 교회들은 그들의 찬송가를 통해 그리스도의 보혈에 관한 모든 노래를 부르고 있다. 그러나 단지 그 보혈은 천국의 찬송가에서 취해지는 것이 아니다. 그들은 저 하늘에서 그 보혈에 관해 노래하고 있을 뿐이다."

성경은 이 노래가 새 노래라고 말한다(계 5:9).

④ '과거'의 노래는 창조를 찬양하는 노래이다(욥 38:7/계 4:11 참조).

⑤ 새 노래는 구속을 찬양하는 노래이다.

(2) 그가 지금 받는 것

"능력과 부와 지혜와 힘과 존귀와 영광과 찬송"(계 5:12).

제 3부 : 어린양이 진노를 발함(계 6-19장)

"우리를 깜짝 놀라게 하고, 영혼을 일깨워주는 요한계시록 4장과 5장이 계속되는 동안, 우리는 천국에 있었다. 그 두루마리 책을 넘겨받은 예수는 심판할 권리와 세상의 통치권을 가지게 된 것이다. 이제 우리는 산과 상아 궁전으로부터 내려와야만 한다. 여기 아래, 즉 반역(反逆)의 혹성 지구에서는 그 멸망의 속도가 빨라지고 있으며, 정욕은 고조되고 있는

> 중이다. 악인들과 호색가들은 더욱 더 추악해져가고 있다. 부모에 대한 불순종은 그 도를 더하여, 모든 권위를 무시하는 데까지 이르고 있다. 인간들은 사악한 일의 발명자가 되고 있으며, 그들이 만든 무시무시한 발명품들은 그 자체가 프랑켄슈타인 같은 괴물이 되고 지구의 멸망을 초래할 정도가 되었다. 따라서 이러한 인간사에 개입하시기 위한 하나님의 때가 도래했으며, 그 결과 심판권이 그의 아들에게 주어졌다"(필립스, 『요한계시록 탐구』 p. 110).

요한은 4장 서두에서 그리스도의 재림으로 말미암은 휴거를 통해 우리를 땅에서 하늘로 데리고 올라갔다. 그러나 여기 6장에서 우리는 그리스도의 진노를 보기 위해 돌연히 땅으로 되돌아오게 된다. 예수님의 진노는 다음과 같은 일곱 가지 경로를 따라 유발되고 있다.

1 인(印)의 심판들
2 마귀의 지배
3 일곱 대접의 심판
4 세상 종교 체제의 파멸
5 세상 경제 체제의 파멸
6 아마겟돈에서의 유혈극
7 적그리스도와 거짓 선지자의 파멸

이제 이러한 가공할 일곱 가지 심판을 각각 살펴보자.

1. 인(印)의 심판들

(계 6:1–17/8:1–9:21/참조, 마 24:4–8)

1. 첫번째 인(계 6:2)

"내가 이에 보니 흰 말이 있는데 그 탄 자가 활을 가졌고 면류관을 받고 나가서 이기고 또 이기려고 하더라."

이 장면은 재건된 로마 제국의 열 나라를 복속시키는 적그리스도를 상징적으로 표현하고 있음이 분명하다. 우리는 이를 "냉전"시대로 가정해 볼 수도 있다. 여기서 그가 화살을 쏘지 않았음이 주목되는데 이것은 총격전이 아니라 외교전에 의한 정복을 가리키는 것이다.

2. 두번째 인(계 6:3, 4)

"둘째 인을 떼실 때에 내가 들으니 둘째 생물이 말하되 오라 하더니 이에 붉은 다른 말이 나오더라 그 탄 자가 허락을 받아 땅에서 화평을 제하여 버리며 서로 죽이게 하고 또 큰 칼을 받았더라."

백마 탄 자가 땅에 야기시킨 불안한 평화는 일시적인 것이며, 위장된 것에 불과하다. 적그리스도가 평화를 약속하지만, 실제로 그 평화를 성취시킬 수 있는 분은 오직 하나님 한 분뿐이시다.

제 3부

진노

어린양이 진노를 발함(계 6-19장)

1. 그는 일곱 인으로 봉해진 심판을 쏟아 놓는다(계 6:1-17/8:1-9:21).
2. 그는 마귀가 지배하는 것을 허용한다(계 12, 13장).
3. 그는 일곱 가지 복수의 심판을 행한다(계 14-16장).
4. 그는 세상의 종교 체제를 파괴한다(계 17장).
5. 그는 세상의 정치, 경제 체제를 파괴한다(계 18장).
6. 그는 아마겟돈에서 죄인들과 사단을 패배시킨다(계 19:1-19, 21).
7. 그는 적그리스도와 거짓 선지자들을 정죄하여 지옥으로 던질 것이다(계 19:20).

하나님의 첫번째 심판

어린양이 심판의 일곱 인을 뗀다(계 6:1-17/8:1-9:21/마 24:4-8 참조).

- **첫번째 인-백마**
  냉전(계 6:2)
- **두번째 인-붉은 말**
  열전(계 6:3, 4)
- **세번째 인-흑마**
  기근(계 6:5, 6)
- **네번째 인-청황색 말**
  전쟁, 기아, 그리고 맹수들에 의한 대량 죽음(계 6:7, 8)
- **다섯번째 인**
  죽임당한 영혼들의 울부짖음(계 6:9-11)
- **여섯번째 인**
  지상 최대의 지진, 혼란, 기도 모임(계 6:12-17)

중간 휴지기(休止期)

여섯째 인과 일곱째 인 사이의 짧은 시기

십사만사천 명의 회심과 소명(7:1-8)

다수의 회심(7:9-17)

● **일곱번째 인**

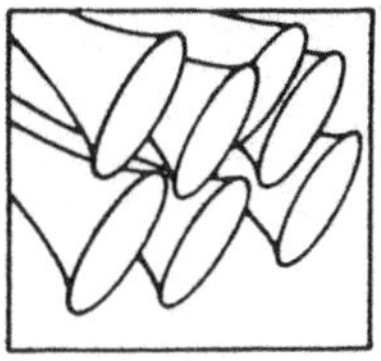

일곱 나팔로 구성됨(계 8:1－11:19)

① 첫번째 나팔(계 8:7)－수목의 삼분의 일이 파괴됨.

② 두번째 나팔(계 8:8, 9)－바다 생물과 배의 삼분의 일이 파괴됨.

③ 세번째 나팔(계 8:10, 11)－정한 물의 삼분의 일이 더럽혀짐.

④ 네번째 나팔(계 8:12)－해와 달과 별의 삼분의 일이 어두워짐.

⑤ 다섯번째 나팔(계 9:1－12)

- 그들의 위치(계 9:1)
- 그들의 지도자(계 9:1, 11)
- 그들의 고통(계 9:3, 4)
- 그들의 지속 기간(계 9:5, 6)
- 그들에 대한 묘사(계 9:7－10)

이 땅에 대한 마귀들의 소름끼치는 최초의 침략

⑥ 여섯번째 나팔(계 9:13－21)

- 지도자들(계 9:14)
- 원천(계 9:14)
- 수(계 9:16)
- 지속 기간(계 9:15, 18)
- 손상(계 9:15, 18)
- 묘사(계 9:17－19)
- 결과(계 9:20, 21)

이 땅에 대한 마귀들의 소름끼치는 두번째 침략

중간 휴지기(계 10:1－11:14)

- 하나님의 사자들의 멧세지(계 10:1－11)
- 하나님의 성전의 측량(계 11:1, 2)
- 하나님의 증인들의 사역(계 11:3－14)

⑦ 일곱번째 나팔(계 11:15－19)

"왕이 오시도다!"

이사야는 이에 대해 다음과 같이 쓰고 있다.
"오직 악인은 능히 안정치 못하고 그 물이 진흙과 더러운 것을 늘 솟쳐내는 요동하는 바다와 같으니라 내 하나님의 말씀에 악인에게는 평강이 없다 하셨느니라"(사 57:20, 21).
현재 그 나라들 중 몇몇 나라들 사이에서는 공공연하면서도 피맺힌 적개심이 일고 있다.

3. 세번째 인(계 6:5, 6)

"셋째 인을 떼실 때에 내가 들으니 셋째 생물이 말하되 오라 하기로 내가 보니 검은 말이 나오는데 그 탄 자가 손에 저울을 가졌더라 내가 네 생물 사이로서 나는 듯하는 음성을 들으니 가로되 한 데나리온에 밀 한 되요 한 데나리온에 보석 석 되로다 또 감람유와 포도주는 해치 말라 하더라."

찰스 라이리 박사는 이 인에 관하여 다음과 같이 쓰고 있다.

"세번째 심판은 세상에 기근을 불러일으킨다. 검은 말은 죽음을 예시하며, 저울은 신중히 계산된 식량의 정량(定量)을 이르는 말이다. 일반적으로 한 데나리온(예수님 시대의 팔레스틴에서는 하루의 임금이 로마 주화로 한 데나리온이었다. 마 20:2)으로는 밀 여덟 되, 혹은 보리 스물네 되를 살 수 있을 것이다.

그러나 이처럼 극심한 기근이 들면, 위와 동일한 품삯으로 한 되의 밀, 혹은 세 되의 보리밖에 살 수 없을 것이다. 바꾸어 말하면, 그때에는 식량 공급이 평상시와 비교하여 팔분의 일밖에 되지 않을 것이다. '또 감람유와 포도주는 해치 말라 하더라'는 문구는 이러한 가공할 상황에 있어서 하나의 반어적인 빈정거림이다. 분명히 이러한 사치스러운 식량 품목들은 그 공급량이 풍부하겠지만, 대부분의 사람들이 그것들을 구입할 여유가 전혀 없을 것임은 자명한 사실이다. 이 상황은 빈궁하게 된 대중들을 조롱하는 역할을 할 뿐일 것이다(『요한계시록』, pp. 45, 46).

대환난 기간 동안 식량 문제가 실제로 이토록 악화될 것인가?

딘 스탠리(Dean Stanley)는 주전 586년에 있었던 느부갓네살 왕의 예루살렘의 파괴와 그에 잇따른 기근을 생생하게 묘사한 적이 있다. 그의 말은 세번째 인을 떼었을 때 일어나는 처절한 상황을 어렴풋하게나마 이해하는 데 도움이 될 것이다. 스탠리는 다음과 같이 쓰고 있다.

"기근과 함께 흑사병으로 인한 재앙이 예루살렘 성벽 안에 밀집해 있는 군중들을 전멸의 위기로 몰아 넣었다. 수감된 예레미야에게 「빵 굽는 곳으로부터 빵이 매일 공급된 것은 오로지 왕의 특별한 배려 때문이었으며, 이것마저도 마침내 끊기게 되었다.」 전에는 자신들의 외관이 눈보다 깨끗하고, 젖보다 희며, 산호보다 붉어 그 윤택함이 마광한 청옥 같다고 자랑하던 귀족들은(애 4:7) 굶주림으로 말미암아 그 외관이 송장처럼 검어져 갔다. 거리에서 그들의 해골 같은 모습을 알아볼 수 있는 사람은 아무도 없었다. 멋진 진홍색 의복을 입은 예루살렘의 여인들이 절망에 싸여 거름더미 위에 앉아 있는 것을 볼 수도 있었을 것이다. 그들은 생계를 잇고자 더러운 거름더미를 뒤져 약간의 찌꺼기라도 주워 모았다(애 4:5). 특히 애처로운 것은 어린아이들의 모습이었다. 침조차 말라버린 아이들은 실신한 채 거리에 버려져 있거나, 빵을 구걸하거나 곡식과 포도주를 달라고 어머니를 향해 울부짖는 것이었다(애 2:11, 12, 19). 눈뜨고 못볼 더욱 더 비참한 광경은 냉정한 부모들이 어린아이들을 외면해 버리는 것이었다. 히브리의 어머니들은 야수들조차 갖고 있는 본능마저도 상실한 것같이 보였으며, 광야에 자신의 새끼들을 버려두는 잔인무도한 타조를 닮아가고 있었다(애 4:3). 아버지들은 자신의 아들 딸들의 육신을 탐식했다(겔 5:10/바룩 2:3). 심지어 인정많은 어머니들조차도 막 태어난 자신의 아이를 자기 손으로 삶기도 하였다(애 2:20/4:10)"〔『구속 드라마의 전개』(*The Unfolding Drama of Redemption*), p. 363에서 W. G. 스크로기가 재인용함〕.

4. 네번째 인(계 6:7, 8)

"넷째 인을 떼실 때에 내가 넷째 생물의 음성을 들으니 가로되 오라 하기로 내가 보매 청황색의 말이 나오는데 그 탄 자의 이름은 사망이니 음부가 그 뒤를 따르더라 저희가 땅 사분 일의 권세를 얻어 검과 흉년과 사망과 땅의 짐승으로써 죽이더라."

1 이 말 탄 자들의 신원

요한은 그들을 "사망"과 "음부"로 부르는데, 분명히 이는 육체적 사망과 정신적 사망에 관한 언급이다. 따라서 그 마귀는 이 세번째 저주가 행해지는 동안에 무수한 불신자들의 육체를 파괴시키고, 그들의 영혼을 해칠 것이다.

2 이 말 탄 자들에 의해 입은 손상

이 재앙이 계속되는 동안에 온 인류의 사분의 일이 멸망한다. 제 2차 세계 대전 중 생명을 잃은 사람들의 수는 사십 명 당 한 명 꼴로 추산되었지만, 이 네번째 인(印)의 심판으로 목숨을 잃은 사람은 네 명당 한 명꼴이 될 것인데, 이는 거의 10억의 인명 손실이라는 엄청난 일이 아닌가! 여기서 "땅의 짐승으로써"라는 문구를 주목해야 한다. 필립스는 이에 대하여 다음과 같이 쓰고 있다.

> "그 짐승들은 흑사병과 밀접한 관계가 있으며, 이는 하나의 단서가 될 것이다. 인류에 관한 한, 지상에서 가장 파괴적인 피조물은 사자나 곰이 아니라 쥐다. 쥐는 영리하고, 적응을 잘 하며, 파괴적인 동물이다. 만약 쥐떼의 95퍼센트를 일정한 지역에서 몰살시켜 버린다고 할지라도, 쥐의 총 수는 일 년 안에 원상태로 회복될 것이다. 쥐는 역사상 모든 전쟁에서 죽은 사람보다 더 많은 사람을 살해했으며, 인간이 사는 곳에서는 어디에서든지 서식하고 있다. 쥐들은 서른다섯 가지나 되는 많은 질병들을 옮긴다. 쥐에 붙어다니는 벼룩들은 선페스트를 옮기는데, 이로 말미암아 14세기에 유럽 인구의 삼분의 일이 사망했다. 또 그 쥐벼룩들은 발진티푸스를 옮기는데, 이로 말미암아 4세기에 죽은 사람들이 대략 이백만으로 추산된다. 이 구절에서의 짐승이란 흑사병과 관련이 있을 뿐만 아니라 기근과도 관계가 있다. 쥐들이 먹어치우고 오염시키는 것으로 인하여 인간의 식량 공급이 위협받고 있는데, 특히 이러한 현상은 저개발국에서 더욱 심하여 그로 인한 손실은 거의 감당해 낼 수 없을 정도이다"(『요한계시록 탐구』, p. 116).

또한 테네시 대학 세균학 과장인 프랭크 홀트만(Frank Holtman) 박사의 다음과 같은 말에 주의해 보자.

> "하나의 원자폭탄으로는 한 도시 주민들의 상당 부분을 살상할 수 있지만, 세균을 사용하면 한 주일 안에 그 도시의 전 인구를 쉽게 쓸어버릴 수 있을 것이다. 인간이 앓는 질병 중 가장 치명적인 것 가운데 하나인 앵무병(폐렴과 장티푸스 비슷한 증세의 전염병)을 유발시키는 바이러스는 이상과 같은 목적에 가장 적절하게 사용될 수 있는 것으로 과학자들은 평가하고 있다. 앵무병 폭탄의 생산가는 비교적 저렴한 반면에 그 치사율은 극히 높다. 과학 잡지 편집인 토마스 헨리(Thomas R. Henry)에 의하면, $1m^3$보다 적은 양의 이 바이러스가 미소한 분무 상태로 공기 중에 살포되었을 때, 20만 명의 인간들을 감염시킬 수 있다고 한다."

5. 다섯번째 인(계 6:9−11)

"다섯째 인을 떼실 때에 내가 보니 하나님의 말씀과 저희의 가진 증거를 인하여 죽임을 당한 영혼들이 제단 아래 있어 큰 소리로 불러 가로되 거룩하고 참되신 대주재여 땅에 거하는 자들을 심판하여 우리 피를 신원하여 주지 아니하시기를 어느 때까지 하시려나 이까 하니 각각 저희에게 흰 두루마기를 주시며 가라사대 아직 잠시 동안 쉬되 저희 동무 종들과 형제들도 자기처럼 죽임을 받아 그 수가 차기까지 하라 하시더라."

여기서의 종교적 박해는 전례(前例)가 없는 것이다. 이 세 구절에는 다음과 같은 신학적 의미가 있다.

[1] **그것들은 "영혼 수면설"과 같은 저주받은 교리를 논박한다.**

[2] **그들은 "총괄적인 부활"이라는 오류를 시정한다.** 이들 순교한 영혼들은 휴거 때에 교회 시대의 성도들처럼 영화롭게 된 육신을 다시 받지 못한 것이 분명하다. 그러므로 대환난 후에 영광스러운 육체적 부활을 경험하게 될 자들은 곧 구약의 성도들이라고 결론을 내릴 수 있다(계 20:4−6 참조).

[3] **그들은 완전히 부활하지 않은 중간 형태의 육신에 관한 가능성을 암시한다(고후 5:1−3 참조).** 존 월부어드 박사는 다음과 같이 쓰고 있다.

> "여기에 묘사된 이 순교자들은 죽은 자 가운데서 일으킴을 받지 못하였으며 또한 그들의 부활한 육신을 받지 못하였다. 그러나 그들은 의복을 받았다고 분명히 밝혀져 있다. 그들에게 의복이 주어졌다는 사실은 대강 그들이 어떤 종류의 몸을 입었음을 나타낸다. 의복이란 무형의 영혼, 혹은 정신에 입힐 수는 없는 것이기 때문이다. 그 몸은 오늘날의 기독교 신자들이 입고 있는 몸, 즉 세상의 몸과 같은 종류의 몸이 아니며, 또한 그리스도가 부활하신 후에 말씀하신 바 있는 살과 뼈로 이루어진 부활의 몸도 아니다. 그것은 그들이 하늘에 머무르는 동안 일시적으로 입고 있는 몸일 뿐이며, 그리스도가 재림하실 때에 영원한 부활의 몸으로 대체될 것이다"〔『예수 그리스도의 계시』(*The Revelation of Jesus Christ*), p. 134〕.

6. 여섯번째 인(계 6:12−17)

"내가 보니 여섯째 인을 떼실 때에 큰 지진이 나며 해가 총담같이 검어지고 온 달이 피같이 되며 하늘의 별들이 무화과 나무가 태풍에 흔들려 선 과실이 떨어지는 것같이 땅에 떨어지며 하늘은 종이 축이 말리는 것같이 떠나가고 각 산과 섬이 제 자리에서 옮기우매 땅의 임금들과 왕족들과 장군들과 부자들과 강한 자들과 각 종과 자주자가 굴과 산 바위 틈에 숨어 산과 바위에게 이르되 우리 위에 떨어져 보좌에 앉으신 이의 낯에서와 어린양의 진노에서 우리를 가리우라 그들의 진노의 큰 날이 이르렀으니 누가 능히 서리요 하더라."

우리가 볼 수 있다시피 이 무서운 심판은 다음의 것들을 예고한다.

[1] 사상 최대의 지진

인류 역사상 수백 차례의 심각한 지진이 있었음은 물론이다.

(1) 지진에 관한 최초의 기록은 중동 지역에서 365년 7월에 발생한 지진이었다.

(2) 피해가 가장 컸던 지진은 1556년 1월 중국에서 발생한 것이었다(1980년 기준).

(3) 미국에서의 최악의 지진(1980년 기준)

① 1906년 4월 18일 샌프란시스코 지진으로 사상자가 700명, 손해액이 5억 달러에 이르렀다.

② 1964년 3월 27일 알래스카의 앵커리지에서 지진이 발생하여 사상자 114명, 7억 5천만 달러의 피해를 입었다. 그러나 대환난의 '종국'에는 여섯번째 인을 떼었을 때 발생한 지진보다 훨씬 더 큰 재앙을 몰고오는 지진이 있을 것이다(계 16:18 참조).

2 사상 최대의 우주적 대참사

이것은 핵전쟁의 결과로 초래될 것이다.

홀 린세이(Hal Lindsey)는 다음과 같이 쓰고 있다.

"여러분들은 핵폭발로 인해 어떠한 일이 발생될 것인지 알고 있는가? 대기가 진공 상태로 변하는 바로 그것이다! 핵폭발이 엄청난 파괴력을 갖게 되는 것은 거대한 양의 공기가 급격하게 진공 속으로 쇄도하기 때문이다. 이 구절에 나타난 요한의 말은 급속한 핵변화에 관해 완벽하게 묘사하고 있다. 요한은 계속해서 말하기를, 이러한 일이 발생하면, 모든 산과 섬이 제자리에서 이동할 것이라고 한다. 전 세계는 문자 그대로 산산조각이 날 것이다"〔『새로운 세계의 도래』(*There's New World Coming*), p. 110〕.

3 사상 최대의 기도 모임

그러나 그들은 사악한 일을 위해 기도했다. 어린양의 '진노'로부터 죄인들을 보호하는 유일한 방책은 정녕 어린양의 '의로움'일 뿐이다.

7. 중간 휴지기(계 7:1－17)

하나님은 여섯번째와 일곱번째 인을 떼는 사이에 성스러운 휴식 시간을 주신다. 이 휴식 동안에 두 개의 중요한 사건이 발생한다.

1 십사만 사천 명의 회심과 부름(계 7:1－8)

"이 일 후에 내가 네 천사가 땅 네 모퉁이에 선 것을 보니 땅의 사방의 바람을 붙잡아 바람으로 하여금 땅에나 바다에나 각종 나무에 불지 못하게 하더라 또 보매 다른 천사가 살아 계신 하나님의 인을 가지고 해 돋는 데로부터 올라와서 땅과 바다를 해롭게 할 권세를 얻은 네 천사를 향하여 큰 소리로 외쳐 가로되 우리가 우리 하나님의 종들의 이마에 인치기까지 땅이나 바다나 나무나 해하지 말라 하더라 내가 인맞은 자의 수를 들으니 이스라엘 자손의 각 지파 중에서 인맞은 자들이 십사만 사천이니."

이 구절은 하나님께서 환난기간 동안 오로지 유대인들만 구원하신다는 의미가 아니다. 왜냐하면, 요한계시록 7장 9절에서 17절까지를 보면, 모든 나라의 수많은 사람들이 구원받을 것이라고 언명되어 있기 때문이다. 그러나 이 장이 가리키는 것은 하나님이 세상을 복음화하기 위해 구원받은 십사만 사천 명의 히브리인을 파송하시리라는 사실이다. 특히 오늘날 세계의 모든 교파에 속한 전도자의 수가 35,000명에 불과한 것을 감안할 때, 이는 실로 상당히 많은 수임에 분명하다. 우리 주께서 "이 천국 복음이 모든 민족에게 증거되기 위하여 온 세상에 전파되리니 그제야 끝이 오리라"(마 24:14)고 말씀하셨을 때, 그분은 마음 속에 십사만 사천 명의 전도자를 생각하고 계셨음이 분명하다.

이 명단의 첫머리는 장자인 르우벤의 지파가 아니라 유다 지파이다. 또한 단과 에브라임 지파는 누락되어 있다. 이들 두 지파는 우상을 섬기는 죄를 범하였다(삿 18장/왕상 11:26/호 4장). 레위와 므낫세 지파가 여기서 그들의 위치를 대신하여 차지하고 있으며, 이 두 지파는 에스겔의 천년 성소(겔 48장)에 그 이름이 기록되어 있다. 따라서 그들은 단지 복음을 선포할 기회를 상실하는 것뿐이다. 몇몇 사람들은 창세기 49장 17절과 예레미야서 8장 16절을 근거로 적그리스도가 단 지파에서 나올 것이라고 결론짓고 있다.

펜테코스트 박사는 십사만 사천 명의 회심에 관하여 다음과 같은 흥미있는 말을 하고 있다.

> "교회가 들리워 올라간 후에 하나님께서 역사하실 방법에 관한 하나의 단서가 고린도전서 15장 8절에서 발견된다. 사도 바울은 그리스도의 부활을 확증하기 위하여 부활하신 그리스도가 자신을 나타내셨던 자들을 열거한 후에, '맨 나중에 만삭되지 못하여 난 자 같은 내게도 보이셨느니라'라고 말한다. '만삭되지 못하여 난'이라는 이 말은 조산(早産)을 의미한다. 사도 바울이 말하고자 하는 내용은 '나는 때가 차기도 전에 태어난 자였다'는 것이다. 그의 이 말은 무엇을 의미하는 것일까? 우리는 요한계시록 7장과 고린도전서 15장에서의 사도 바울의 진술을 비교해 봄으로써 다음과 같은 결론을 얻을 수 있다. 즉, 교회가 들리움 받아 올라간 후에 하나님은 다메섹 도상에서 다소 사람 사울에게 행했던 것과 똑같은 기적을 십사만 사천 번 이상 행하시리라는 것이다"〔『인간은 살아남을 것인가?』(*Will Man Survive*), p. 148〕.

[2] "큰 무리"의 회심(계 7:9-17)

(1) **그들의 수** : 셀 수 없음(계 7:9).

(2) **그들의 찬양**

"구원하심이 보좌에 앉으신 우리 하나님과 어린양에게 있도다"(계 7:10).

(3) **그들의 배경**

"이는 큰 환난에서 나오는 자들인데 어린양의 피에 그 옷을 씻어 희게 하였느니라"(계 7:14).

(4) **그들의 봉사**

"밤낮 하나님을 섬기매"(계 7:15).

(5) **그들의 상급** : 어린양이 먹여주시고 인도하심(계 7:17).

8. 일곱번째 인(계 8:1-11:19)

"일곱째 인을 떼실 때에 하늘이 반시 동안쯤 고요하더니"(계 8:1).

이 구절은 역사의 기록 가운데서 유일하게 하늘이 침묵하고 있음을 말하는 경우이다. 그때에는 아주 작은 소리나 미동조차도 없다.

[1] 침묵의 목적

여섯번째 인을 뗌으로써 임한 환난기간 동안에 인류는 처음으로 약해진 것 같다. 자비롭고 길이 참으시는 하나님이라면 더욱 깊이 회개하기를 이제도 기다리고 계시겠지만, 그것은 아무 보람도 없는 일이다. 하나님은 사악한 자의 죽음을 결코 기뻐하시지 않는다(겔 33:11).

2 침묵의 시간

그 고요는 30분간 지속된다. 성경에서 30이라는 숫자는 간혹 애곡(哀哭)과 관계가 있다. 이스라엘은 아론(민 20:29)과 모세(신 34:8)의 사망으로 말미암아 30일 동안 애곡하였다.

3 일곱번째 인의 내용

그것은 일곱 나팔의 심판으로 이루어져 있다.

(1) 첫번째 나팔(계 8:7)

"첫째 천사가 나팔을 부니 피섞인 우박과 불이 나서 땅에 쏟아지매 땅의 삼분의 일이 타서 사위고 수목의 삼분지 일도 타서 사위고 각종 푸른 풀도 타서 사위더라."

우리는 여기서 식물이 가장 먼저 창조되었다가 무엇보다 먼저 멸망한다는 사실을 알 수 있다(창 1:11, 12).

필립스는 이에 대해 다음과 같이 쓰고 있다.

> "역사상 유례가 없는 생태학적 재앙이 묘사되고 있는데, 이는 현실적 사건으로 간주된다. 지구의 모든 수목의 삼분의 일과 모든 풀이 불타서 없어진다. 이러한 재앙의 결과는 매우 참혹하다. 예를 들면, 미국은 이미 삼림 벌채가 한참 진행되었는데, 그 결과 미국 내의 식물들로서는 미국에 필요한 산소량의 60퍼센트밖에 배출할 수 없게 되었다"(『요한계시록 탐구』, p. 129).

(2) 두번째 나팔(계 8:8, 9)

"둘째 천사가 나팔을 부니 불붙는 큰 산과 같은 것이 바다에 던지우매 바다의 삼분의 일이 피가 되고 바다 가운데 생명 가진 피조물들의 삼분의 일이 죽고 배들의 삼분의 일이 깨어지더라."

호이트(Herman A. Hoyt) 박사는 다음과 같이 쓰고 있다.

> "여기서 우리는 커다란 산이 불타고 있음을 보게 된다. 이것은 하늘로부터 바다로 떨어지는 별똥을 가리키는 것일 수 있으며 그 바다는 아마 지중해일 것이다. 그로 말미암아 바다의 삼분의 일은 피로 물들고, 바다 속 생명체들의 삼분의 일은 죽음에 이르게 된다. 그 죽음의 원인은 원자탄 폭발 후에 일어나는 인공 방사능과 같은 물 속에서의 화학 반응 때문일 것이다. 배의 삼분의 일은 유성의 추락으로 인한 파도의 압력 때문에 파괴될 것이다"[『요한계시록』(*Revelation*), p.49].

(3) 세번째 나팔(계 8:10, 11)

"셋째 천사가 나팔을 부니 횃불같이 타는 큰 별이 하늘에서 떨어져 강들의 삼분의 일과 여러 물샘에 떨어지니 이 별 이름은 쑥이라 물들의 삼분의 일이 쑥이 되매 그 물들이 쓰게 됨을 인하여 많은 사람이 죽더라."
이 별은 독가스를 발산하여 사람을 질식케 하는 운석을 가리킬 것이다. 그런데 그 별이 알프스 혹은 다른 어떤 수원(水源)에 떨어진다. 두번째 나팔의 심판이 행해지는 동안, 바닷물의 삼분의 일이 오염되었다. 지금 지구의 깨끗한 물의 삼분의 일이 그와 유사한 운명에 처해 있다. 많은 종류의 쑥이 팔레스틴에서 자라고 있다. 모든 종류의 쑥은 독하고 쓴 맛을 가지고 있다.

(4) 네번째 나팔(계 8:12)

"넷째 천사가 나팔을 부니 해 삼분의 일과 달 삼분의 일과 별의 삼분의 일이 침을 받아 그 삼분의 일이 어두워지니 낮 삼분의 일은 비췸이 없고 밤도 그러하더라."
우리 주께서 다음과 같은 말씀을 하셨을 때, 그분은 이 나팔 심판을 염두에 두고 계셨을 것으로 여겨진다.
"그 날들을 감하지 아니할 것이면 모든 육체가 구원을 얻지 못할 것이나 그러나 택하신 자들을 위하여 그 날들을 감하시리라."(마 24:22).
"일월성신에는 징조가 있겠고"(눅 21:25).
또한 구약성경에 있는 아모스의 예언도 여기서 동일한 것을 나타내고 있다.
"주 여호와께서 가라사대 그 날에 내가 해로 대낮에 지게 하여 백주에 땅을 캄캄케 하여"(암 8:9).
하나님이 해와 달과 별을 창조하신 것은 네번째 날이었다(창 1:14—16). 그것들은 '징조와 사시와 일자와 연한'을 이루기 위해 존재하게 되었다. 홍수 후에, 하나님은 이 신성한 질서를 바꾸지 않겠다고 약속하셨다(창 8:22). 그러나 네번째 나팔로 인한 고난이 진행되고 있는 동안에 세상의 밝은 빛은 심판에 의해 제약받게 될 것이다. 네번째 나팔과 다섯번째 나팔 사이에서 요한은 다음과 같이 보고한다.
"내가 또 보고 들으니 공중에 날아가는 독수리가 큰 소리로 이르되 땅에 거하는 자들에게 화, 화, 화가 있으리로다 이 외에도 세 천사의 불 나팔소리를 인함이로다 하더라"(계 8:13).
독수리는 하나님의 심판수단으로서 자주 묘사된다(신 28:49 / 호 8:1). 따라서 고난 중에는 야생의 피조물조차도 하나님의 도구로 쓰일 것이다. 이것이 성경에서 피조물이 말을 하는 세 가지 경우 중 마지막 경우이다(다른 두 가지 동물에 관해서는, 창 3:1—5에 수록된 뱀과, 민 22:28—30에 수록된 나귀를 참조하라).

(5) 다섯번째 나팔(계 9:1—12)

버논 맥기는 다음과 같이 쓰고 있다.

> "마지막 세 나팔은 세 가지 화와 동일시됨으로써 다른 네 나팔과 구분된다(계 8:13/9:12/11:14). 이 화들은 가장 깊은 어둠과 가장 격렬하고 고통스러운 대환난을 나타낸다. 이는 일반적으로 마지막 부분(3과 2분의 1년), 즉 인간 역사 중 가장 암울한 날과 연관이 있다"(『요한계시록을 통한 큰 기쁨』, p. 73).

다섯번째 나팔의 심판과 여섯번째 나팔의 심판을 모두 포함하고 있는 요한계시록 9장은 「귀신론」(demonology)이라는 주제를 가장 잘 드러내주는 성경 본문일 것이다. 앞서서 하나님은 타락하지 않은 두 종류의 천사가 있음을 이미 알려주셨다. 이들은 그룹(창 3:24/출 25:8/겔 10:1–20)과 스랍(사 6:1–8)이다. 여기에서 하나님은 우리를 위하여 타락한 두 종류의 천사들에 관하여 묘사하고 있는 것으로 추정된다. 우리는 이제 다섯번째 나팔의 심판이 보여주고 있는, 타락한 천사의 첫번째 유형에 대해 살펴보고자 한다.

① 이 마귀들의 처소–"무저갱"(계 9:1)

이 말의 본래적 의미는 "심연의 통로"이다. 여기서 "통로"라는 말은 땅 표면에서 지구의 중심부로 들어가는 입구가 있음을 의미한다. 이 장에서 우리는 무저갱이라고 불리는 장소를 처음으로 알게 된다. 하나님은 요한계시록에서 그 말을 정확히 일곱 번 사용하신다(계 9:1, 2, 11/11:7/17:8/20:1–3).

② 이 마귀들의 정체

어떤 사람들은 이 마귀들을 창세기 6장 1절과 2절에 나타나는 하나님의 아들들과 동일시해왔다. 이 학설에 따르면 이들 마귀들은 여인들과 성적(性的) 관계를 갖고자 했으며, 그 결과 그들은 즉시 무저갱에 감금되었다. 우리는 몇몇 마귀들이 이미 쇠사슬에 속박되어 있으며, 현재 다른 몇몇의 마귀들은 인간 가까이에 접근할 수 있음을 확실히 알고 있다.

ㄱ. 결박당하지 않은 마귀들(눅 4:34/마 8:29/눅 8:27–31)

ㄴ. 결박당한 마귀들(유 6, 7절/벧후 2:4/벧전 3:18–20)

따라서 무저갱의 또 다른 표현은 헬라어 성경 베드로후서 2장 4절에서 언급된 대로 "어두운 구덩이"(tartarus)가 될 수도 있을 것이다. 사단은 후에 천년왕국 동안 바로 이곳에 유폐될 것이다(계 20:3).

③ 이 마귀들을 풀어준 자

9장 1절에 언급되어 있는 "떨어진 별"은 곧 사단 자신일 것으로 추정된다(사 14:12/눅 10:18/고후 11:14 참조). 그리스도는 그 무저갱의 열쇠를 쥐고 계셨으나(계 1:18), 지금은 특별한 목적을 위하여 사단이 그것을 사용하도록 허락하셨다.

④ 이 마귀들이 사람들을 괴롭힘(계 9:3, 4)

"또 황충이 연기 가운데로부터 땅 위에 나오매 저희가 땅에 있는 전갈의 권세와 같은 권세를 받았더라 저희에게 이르시되 땅의 풀이나 푸른 것이나 각종 수목은 해하지 말고 오직 이마에 하나님의 인 맞지 아니한 사람들만 해하라 하시더라."

세이스(J. A. Seiss)는 다음과 같이 말한다.

"전갈의 독침에 찔리운 고통은, 설사 그렇게 치명적이 아니라고 할지라도 아마 동물이 인간의 몸에 입히는 충격 중 가장 강한 것이 아닌가 생각된다. 전갈이라는 곤충은 그 자체가 가장 해로운 것이며, 그것의 독도 또한 마찬가지이다. 전갈에 발을 물린 한 소년에 관한 보고서에 의하면, …그는 이를 갈며, 입에는 거품을 문 채 땅 위에서 뒹굴었다. 한참 후에야 그 소년은 신음소리를 멈추었으나 그때에도 심한 염증 때문에 발을 사용할 수 없었다. 바로 이런 것이 무저갱에서 나온 황충들이 입히는 고통의 본질이다. 그리고 일단 그들로부터 피한다고 할지라도 그들을 막아내기란 여간 어려운 일이 아니다. 왜냐하면 그 황충들은 그들이 원하는 대로 날아갈 수 있으며, 공중을 쏜살같이 날아다닐 뿐만 아니라 어둠 속에 살고 있기 때문이다"[『요한계시록』(*The Apocalypse*), p. 83].

⑤ 이 마귀들의 존속기간

찰스 라이리는 다음과 같이 쓰고 있다.

"그 고통이 극심할 것이므로, 하나님은 이 마귀들의 활동을 어느 정도 제한하실 것이다. 그들은 그들이 찌르려고 하는 대상과, 가고자 하는 거리와, 하고자 하는 것을 수행할 수 있는 시간에 제재를 받을 것이다. 그들은 〔일반 황충(메뚜기)들과 달리〕 결코 땅의 식물을 공격하지 못하며, 단지 특정한 사람들, 즉 이마에 하나님의 인을 맞지 않은 자들만을 공격할 수 있을 뿐이다(십사만 사천명, 7:3 참조). 사악한 자들이 하나님의 종 십사만 사천 명을 박해할 것이지만, 상황은 역전되어 그들은 하나님의 허용하시는 이 저주에 의해서 고통당하게 될 것이다. 또한 이 마귀의 황충들은 그들에게 고통은 주지만, 결코 그들을 죽일 수는 없도록 제지당할 것이다.

더욱이 이 재앙은 다섯 달 동안만 계속될 것이다. 인간들은 이 고통의 결과 스스로 목숨을 끊으려고 하지만, 결코 죽을 수 없을 것이다. 인간들이 삶의 단말마적인 고통보다 차라리 죽음을 택하고자 해도 결코 죽을 수 없게 될 것이다. 육체들은 결코 가라앉거나 익사하지 않을 것이며, 독이나 환약도 또한 그 효능을 발휘하지 못할 것이다. 심지어는 총탄이나 칼마저도 그 기능을 제대로 발휘하지 못할 것이다"(『요한계시록』, p. 62).

인간들이 죽을 수 없는 이유는 사단이 어두운 구덩이의 열쇠를 가지고 있으며, 그는 그의 추종자들이 빛과 어둠의 전투가 벌어지고 있는 세상의 전장터에서 떠나는 것을 허용하지 않을 것이기 때문인 것 같다.

⑥ 이 마귀들에 관한 묘사(계 9:7—10)

이 피조물들은 매우 소름끼치는 형상을 하고 있다. 그들은 전쟁을 위하여 예비한 말들을 닮았다. 그들의 머리에는 금 면류관 비슷한 것이 씌워져 있다. 그들의 얼굴은 인간을 닮았으며, 머리카락은 여인을 닮았고, 이는 사자들을 닮았다. 또한 그들은 철로 된 것과 같은 흉갑을 지니고 있다. 그들의 꼬리는 전갈의 꼬리를 닮았으며 날개 소리는 전쟁터를 향해 돌진해가는 수많은 전차들의 굉음과 흡사하다.

이 마귀들의 임금(계 9:11)의 이름은 "파괴자"를 의미하는 『아볼루온』이다. 여기에 사단의 흉악한 "천사장 미가엘"이 있다.

⑦ 이 마귀들의 무서운 실재

필립스는 다음과 같이 설명한다.

"현대인들은 마귀들을 결코 믿지 않는다고 주장하지만, 그들은 실제로 존재한다. 더구나 그들은 마성적인 교활함까지 지닌 영리한 자들이다. 마귀의 세계에 대한 인간의 태도는 세균에 대한 중세 암흑시대의 인간의 태도에 비견될 수 있을 것이다. 만약 우리가 1666년의 런던으로 옮겨갈 수 있다면, 우리는 우리 자신이 악몽과 같은 세계에 놓여 있음을 깨닫게 될 것이다. 당시는 선페스트에 의한 대재앙이 절정에 달하고 있었다. 그 도시에서 보고 듣는 것은 모두 공포 영화의 처절한 장면에서 보고 들을 수 있는 것들이었다. 일반적으로 신선한 공기가 곧 피의자로 믿어졌다. 의과대학은 그 죽음의 공기를 몰아내기 위하여 자주 총을 발사하라고 권고했다. 사람들은 방에 틀어 박혀서, 신선한 공기의 유입을 막기 위해 악취가 물씬 나는 쓰레기더미를 태웠다. 굴뚝들은 봉해졌으며, 방들은 연기로 가득채워졌다. 또한 사람들은 지독한 악취로 인하여 질식할 지경이었다. 밖의 상황을 보면, 시꺼먼 연기의 장막이 도시 전체를 뒤덮고 있었다. 사람들은 지독한 연기를 참아내기로 굳게 마음먹고 단단히 봉해진 방 속에 앉아 있었는데, 그들은 이렇게 함으로써 그 질병을 피할 수 있으리라는 확신을 가지고 있었다. 만약 우리가 그 질병을 신선한 공기 때문에 발병하는 것이 아니라 벼룩에 의해 전염되는 미생물, 즉 병균에 의해서 생긴다는 사실을 들어 그들의 방법이 잘못되었다고 말한다면, 아마도 그들은 우리를 비웃으며 책망하였을 것이다.

현대인은 마귀의 세계에 대하여 이와 유사한 태도를 취하고 있다. 우리는 그들에게 다음과 같이 일러주어야 한다. 즉, 세상은 사단의 손아귀 안에 있으며, 그에게는 보이지 않는 무수한 마귀들이 있어서 인류를 해치려는 그의 음모를 도와주고 있다는 것이다. 보이지 않는 이 존재들은 총명하며 또 오래지 않아서 같은 류에 속하는, 그러나 훨씬 더 사악한 수많은 무리들에게 병합될 것임을 아울러 우리는 지적한다. 그러나 사람들은 우리의 그와 같은 이론을 동정하듯 조롱하며 그것을 공상과학 출판업자들에게 소매로 팔라고 할 것이다. 그러나 그것은 부정할 수 없는 사실이다. 일단 무저갱이 열리면, 인간 세계는 선페스트균보다 훨씬 더 무서운 바이러스의 침입을 받게 될 것이다. 이 병원체가 다른 어떤 균보다 더욱 치명적인 이유는 그것에게는 생각할 수 있는 능력이 있으며, 그것은 인간 육체보다는 오히려 인간의 영혼을 직접 공격할 수 있기 때문이다”(『요한계시록 탐구』, p. 137).

(6) 여섯번째 나팔(계 9:13−21)

우리가 이미 살펴본 바대로 요한은 환난기간 동안 세상을 침범할 두 종류의 마귀들을 묘사했다. 이제 여섯번째 나팔은 두번째 침입을 알린다.

① 이 침입자의 지도자들은 사단의 특별한 천사들이다. 이들과 사단과의 관계는 네 생물과 하나님과의 관계와 같을 것이다(계 4:6−8).

② 이 침입에 사용된 군대

ㄱ. 그들의 수는 이백만에 달한다. 평균적으로, 이처럼 막강한 군대는 너비 1.5km와 길이 140km의 지역을 장악할 수 있을 것이다.

ㄴ. 첫번째 침입과는 달리 이 마귀들은 흉악한 말의 형상을 한 어떤 것을 타고 있었던 것으로 보인다. 이 말들의 두부(頭部)는 마치 사자의 머리를 닮았는데, 그들의 입에서는 불과 연기와 유황이 뿜어져 나오고 있었다. 말 탄 자들은 붉은 흉갑을 입고 있었는데 마치 맹렬히 불타는 듯하였다.

③ 이 침입의 본거지는 유브라데 강이다. 이곳은 세상에서 악이 시작됐던 곳이고(슥 5:8−11/창 3장), 거짓 종교가 시작됐던 곳이며(창 4:3/10:9, 10/11:4), 그 악이 종말을 맞을 곳이다(계 17, 18장).

④ 침입기간은 열세달이다.

⑤ 이 침입으로 입게 되는 손상

불과 연기와 유황으로 인하여 인류의 삼분의 일이 죽게 된다. 인류의 삼분의 일은 이미 네번째 인의 심판(계 6:8)으로 인하여 죽임을 당했다. 이는 대략 십억에 이를 것이다. 이제 또 다시 삼분의 일이 죽는다면, 그것은 또 다른 십억의 죽음을 의미한다. 따라서 이 침입은 인간이 죽을 수 없었던 다섯번째 나팔의 심판과 전혀 상반되는 것이다.

⑥ 이 침입의 결과(계 9:20, 21)

"이 재앙에 죽지 않고 남은 사람들은 그 손으로 행하는 일을 회개치 아니하고 오히려 여러 귀신과 또는 보거나 듣거나 다니거나 하지 못하는 금, 은, 동과 목석의 우상에게 절하고 또 그 살인과 복술과 음행과 도적질을 회개치 아니하더라."

이상의 재앙으로 인하여 세계 인구의 절반 이상이 멸망했다. 그렇다면 살아남은 자들의 반응은 어떠하겠는가? 회개는 전혀 찾아볼 수 없고 도리어 반역이 더욱 심화될 뿐이다. 바로 그 해가 되면 우리는 아마도 미연방 수사국(F. B. I.)의 보고서에서 우상숭배와 살인, 약물중독〔"복술"이라고 번역된 헬라어는 『파르마케이오』(pharmakeioo)로서, 여기에서 pharmacy(약학)가 파생되었다. 즉, 그것은 약을 의미하는 헬라어인 것이다〕, 성범죄, 중범죄, 강도 사건이 100퍼센트 증가했음을 알게 될 것이다.

(7) 중간 휴지기(계 10:1－11:14)

우리는 이미 앞에서 여섯번째 인과 일곱번째 인을 떼는 사이에 휴식기간이 있음을 살펴보았다. 여기에서도 유사한 휴식기간이 여섯번째와 일곱번째 나팔 심판 사이에 주어진다. 이 휴식기 동안 세 가지 중대한 사건이 발생한다.

① 하나님의 천사의 멧세지(계 10:1－11)

ㄱ. 그는 누구인가? 그는 분명히 예수가 아니다. 왜냐하면 그는 "세세토록 살아 계신 자…를 가리켜 맹세"하기 때문이다(계 10:6). 만약 그가 그리스도였다면, 그는 스스로 맹세했을 것이다(히 6:13 참조). 그는 천사장 미가엘일 가능성이 높다(단 12:1 참조). 그는 아마도 5장 2절과 7장 2절 그리고 8장 3절과 18장 2절에 언급된 천사와 동일한 인물일 것이다.

ㄴ. 그는 무엇을 가지고 있었는가? 그는 펼쳐진 작은 책을 갖고 있었다. 이는 요한계시록 5장 1절에 언급되어 있는 일곱 인으로 봉해진 책일 것으로 추정된다.

ㄷ. 그는 무슨 말을 했는가? 그는 선포하기를, 더 이상 지체함이 없이 세상은 하나님의 진노의 심판으로 인하여 극히 두려운 쇠망치질을 당할 것이라고 하였다. 또한 그는 요한에게 그가 들고 있는 작고 검은 책을 삼키라고 명하면서, 그 책은 입에서는 달 것이지만 배에는 쓸 것이라고 예언하였다. 이제까지 요한은 환난의 첫 부분을 목격한 것이었으며, 응당히 받아야 할 심판을 받는 불경건한 이방인들을 지켜본다는 것은 실로 유쾌했을 것이다. 그러나 지금 그는 환난의 마지막 삼 년 반을 미리 볼 수 있도록 허용받을 것인데, 이 시기에 이스라엘 백성들이 적그리스도에게 대량 학살을 당하기 시작할 것이다. 이것은 실로 그에게 쓴 약이었다.

이 구절(계 10:4)에는 요한계시록 중 유일하게 '봉해진' 부분이 있다는 사실에 유의해야 한다.

② 하나님의 성전 측량(계 11:1, 2)

여기서 요한은 약 3m짜리 자를 가지고 환난 중의 성전을 측량하게 된다(겔 40:5 참조). 또한 그는 그 성전에서 경배하는 자들의 신원을 기록해야 한다. 하나님은 자신을 경배하는 자들에게 항상 관심을 가지신다. 그러나 성전 밖 마당은 그냥 두라는 명령을 받았다. 그 이유는 "이것은 이방인에게 주었은즉 저희가 거룩한 성을 마흔두 달 동안 짓밟으리라" 했기 때문이다(계 11:2).

또한 누가복음 21장 24절에서 이미 예수께서 이것을 예언한 바 있다. 마흔두 달의 마지막 환난 시기는 다니엘서 7장 25절, 12장 7절, 그리고 요한계시록 12장 6절과 14절, 13장 5절에 언급되어 있다.

③ 하나님을 증거하는 자들의 사역(계 11:3－14)

ㄱ. 그들의 정체

"내가 나의 두 증인에게 권세를 주리니 저희가 굵은 베옷을 입고 일천이백육십 일을 예언하리라"(계 11:3).

이 증인들은 누구인가?

어떤 사람들은 그들이 엘리야와 에녹이라고 주장한다. 히브리서 9장 27절에 따르면, 모든 인간은 죽기 마련이다. 그런데 이 두 사람은 육체적 죽음을 경험하지 않았기 때문에, 그들은 증거하기 위해 다시금 세상에 보내질 것이며 결국 순교당할 것이라는 것이다.

혹자는 그들이 엘리야와 모세라고 주장하다.

● 엘리야 : 말라기 4장 5절과 6절에서 하나님이 엘리야를 여호와의 크고 두려운 날 중에 보내리라고 예언하였기 때문이다(마 17:11 참조). 또 다른 이유는 엘리야가 모세와 함께 변화산상에 나타난 예수와 함께 이야기를 나누었기 때문이다(마 17:13).

또 하나의 근거는 구약에서 엘리야가 약 삼 년 동안 비가 내리지 않게 하는 사역을 했는데, 이것은 환난 기간 중에 증인들 중 한 사람이 반복하게 될 것이기 때문이다(왕상 17:1/계 11:6 참조).

● 모세 : 유다서 9절에서 우리는 모세 사후에 사단이 그의 시신을 취하여 감으로써 하나님이 환난기간 중에 그를 사용하여 적그리스도를 대항할 수 없도록 하려 했음을 알게 되기 때문이다.

또 한 이유는 구약에서 모세가 물을 피로 변화시킨 그 일을 환난 기간 중에 증인들 가운데 한 사람이 다시금 행할 것이기 때문이다(출 7:19/계 11:6 참조). 마지막 이유는 모세가 엘리야와 함께 변화산상에 나타났기 때문이다(마 17:3).

ㄴ. 그들의 사역

- 하나님의 기름부음 받은 촛대로서 인간들 앞에 서서 굵은 베옷을 입고 예언하는 것
- 원수들이 그들을 멸하기 위해 시도했던 것과 똑같은 방법으로 그들을 쳐부수는 것
- 삼년 반 동안 비를 멈추게 하는 것
- 물을 피로 바꾸는 것
- 모든 종류의 질병으로 세상을 멸망시키는 것

ㄷ. 그들의 죽음

적그리스도는 마침내 그들을 죽여도 된다는 허락을 받는다. "짐승"이란 단어는 11장 7절에서 처음으로 언급된다. 이외에도 요한계시록에는 그에 대한 언급이 35회 등장한다. 또한 주목해야 할 것은 그 짐승이 "저희가 그 증거를 마칠 때"까지는 그 증인들을 죽이지 못한다는 점이다. 하나님이 허락하기 전까지, 사단은 가장 비천한 성도의 머리카락 하나라도 건드릴 수 없다(욥 1:12/2:6 참조).

바울처럼 이 두 사람은 그들의 증거를 끝마친다(딤후 4:7). 이것을 벨사살의 슬픈 죽음과 비교해 보라(단 5:26).

그들에 대한 경멸을 나타내 보이기 위해 그는 그들의 시체를 장사지내지 못하게 하고, 그것을 예루살렘의 거리에 방치하여 썩게 하였다.

세상의 모든 사람들은 끔찍스런 성탄절 동안에 줄곧 그들의 죽음을 축하하고 선물을 주고 받는다. 전 환난 기간을 통하여 "즐거워하고 기뻐하여라"라는 말이 사용된 곳은 오로지 여기 뿐이다.

이 두 선지자의 시신은 삼 일 반 동안 세상의 모든 사람들이 볼 수 있도록 전시된다.

그들의 시체는 예루살렘에 전시될 것이다(계 11:8). 그곳은 그 부도덕성 때문에 소돔이라고 불리며, 그 세속성 때문에 애굽으로도 불린다.

ㄹ. 그들의 부활(여기서 "큰"이라는 말이 세 번 등장한다)

• 큰 음성이 있어 이리로 올라오라 함을…(계 11:12).

• 구경하는 자들이 크게 두려워하더라(계 11:11).

• 그 시에 큰 지진이 나서 성 십분의 일이 무너지고 지진에 죽은 사람이 칠천이라(계 11:13).

필립스는 다음과 같이 쓰고 있다.

"사망이 그들을 사로잡을 수 없기 때문에, 그들은 무덤에서 일어난다. 요한은 우리에게 말하기를, 그들이 승리의 부활을 하였다고 한다. 그는 '삼일 반 후에 하나님께로부터 생기가 저희 속에 들어가매 저희가 발로 일어서서 구경하는 자들이 크게 두려워하더라'고 말한다. 다음 광경을 상상해 보라. 뜨거운 태양이 작열하는 예루살렘 거리, 몹시도 미움을 받던 이 두 사람의 시체를 직접 보고자 세상 끝에서 밀려드는 축제 인파들, 짐승의 제복을 입은 군대, 성전 경찰이 어우러져 있는 광경을 말이다. 거기에 모인 그들은 누구인가? 하늘 아래에 있는 모든 나라들로부터 온 사악한 자들로서, 그 짐승의 승리를 기념하여 축연을 베풀고, 춤을 추기 위해 온 것이다. 그런데 바로 그때 그 일이 발생하였다! 군중들이 이 두 시체들을 좀더 자세히 들여다보기 위해 차단선을 잡아당길 때, 갑작스런 변화가 일어난다. 사색(死色)이던 그들의 안색은 젊음의 꽃다운 홍조를 띈 홍안으로 바뀐다. 사지가 뻔뻔하게 굳어졌던 그들이 놀랍게도 구부리고, 움직이는 것이 아닌가! 얼마나 놀라운 광경인가! 죽었던 그들이 일어났다! 군중들은 주춤해서 물러나고 흩어지고 하다가 다시 모여든다.

다시 일어난 그들은 또한 당당하게 들리워 올라간다. 요한은 다음과 같이 말한다.

'하늘로부터 큰 음성이 있어 이리로 올라오라 함을 저희가 듣고 구름을 타고 하늘로 올라가니 저희 원수들도 구경하더라.'

그러나 이 사악한 자들은 모든 기적 중 가장 큰 이 기적을 대하고 과연 회개할 것인가? 전혀 그렇지 않을 것이다! 영생이 없는 불꽃 속에서 '아버지 아브라함이여'라고 외쳤던 부자가 있었다.

'아버지 아브라함이여 만일 죽은 자에게서 저희에게 가는 자가 있으면 회개하리이다 가로되 모세와 선지자들에게 듣지 아니하면 비록 죽은 자 가운데서 살아나는 자가 있을지라도 권함을 받지 아니하리라 하였다 하시니라'(눅 16:30, 31).

그런데 여기에서 한 사람만이 아니라 두 사람이 일어났는데도 불구하고 인간들의 마음은 전혀 회개할 줄을 모르는 것이다"(『요한계시록 탐구』, p. 158).

(8) **일곱번째 나팔**(계 11:15－19)

"일곱째 천사가 나팔을 불매 하늘에 큰 음성들이 나서 가로되 세상 나라가 우리 주와 그 그리스도의 나라가 되어 그가 세세토록 왕노릇하시리로다 하니"(계 11:15).

이 일곱번째 천사는 지금 곧 의로운 통치자이신 주 예수 그리스도가 이 세상의 나라들을 지배하실 것이라는 영광스러운 소식을 선포한다. 이 선포로 말미암아 두 가지 상반된 반응이 나타난다.

① 천국의 시민들이 기뻐한다.

② 세상의 나라들은 격분한다.

일곱번째 천사는 그 시대의 종말을 예비할 뿐만 아니라 또 일어난 모든 일을 설명해준다.

"일곱째 천사가 소리내는 날 그 나팔을 불게 될 때에 하나님의 비밀이 그 종 선지자들에게 전하신 복음과 같이 이루리라"(계 10:7).

크리스웰 박사는 다음과 같이 쓰고 있다.

> "하나님의 신비는 우리 주님께서 왕국을 자신에게로 이끌고 세상의 의를 세우시는 시기를 오래 지연시키는 것이다. 또한 하나님의 신비는 죄…와 사망이 수천년 동안 만연되어 있다는 사실에서도 보여진다.
>
> 의의 대적들과 우리들이 소중히 여기는 모든 것들의 대적들이 일어나고, 권세를 증강시키며 세상 곳곳에 피와 어둠을 퍼뜨리고 있다. 이에 대해 우리는 하나님이 도대체 어디에 계신가를 의심하게 된다. 우리가 보낸 선교사들은 살해당하고, 교회들은 불에 타서 완전히 무너지며 이 세상의 사람들은 수천수백만의 사람들에게 억압당하고 희망을 잃은 채 살아간다. 하나님은 이러한 일들을 보고만 계신다. 하나님은 외관상으로는 결코 개입하지 않으시며, 또한 아무 말도 하지 않으시고 움직이지도 않으신다. 죄는 점점 깊어져 간다. 끊임없이 계속 정도를 더해간다. 오, 주 하나님께서 지체하시는 것은 참으로 신비롭다! 그러나 별이 빛나는 하늘 저편 어디엔가 하나님의 사자, 곧 천사가 나팔을 손에 들고 서 있다. 전능하신 주 하나님의 명령에 따라 그 천사가 나팔을 불고, 이 세상의 왕국들이 우리 하나님과 그리스도의 나라가 될 그 날과 시(時)와 순간과 선택의 때가 분명히 있다"[『요한계시록 설교』(*Sermons on Revelation*), pp. 199, 200].

나팔 소리가 울릴 때, "하나님의…성전 안에 하나님의 언약궤가 보이며 또 번개와 음성들과 뇌성과 지진과 큰 우박이 있더라"(계 11:19). 이 구절과 또 다른 구절에서 볼 때, 천국에는 실제로 장막이 존재하고 있음이 분명하다(사 6:1－8/출 25:9, 20/히 8:2, 5/9:24/계 14:15, 17/15:5, 6, 8/16:1, 17 참조).

2. 마귀의 지배(계 12, 13장)

마귀와 유대인들(12장)

1. 과거의 이스라엘에 대한 그의 증오(계 12:1－5)

[1] 열두 별을 가진 여인(계 12:1, 2)

물론 이 여인은 이스라엘 민족을 나타낸다(창 37:9, 10). 요한계시록에 수록된 네 명의 상징적인 여인들 가운데 최초의 여인이 등장한다.

(1) 고통스러워하는 여인-이스라엘(계 12장)
(2) 피 빛의 음녀-세상의 종교 체제들(계 17장)
(3) 오만한 여왕-세상의 경제 체제들(계 18장)
(4) 순결한 신부-참된 교회(계 19장)

우리는 그녀가 고통으로 말미암아 크게 소리치는 것에 주의해야 한다(계 12:2). 호이트는 다음과 같이 말한 바 있다.

> "아브라함의 때로부터 그리스도의 탄생에 이르기까지 그 여자의 활동이 2절에 묘사되어 있다. 이 구절들의 현재 시제는 극적인 배경을 마련해 준다. 그 여인은 계속 임신 중이다. 그녀는 산고(産苦)로 말미암아 계속하여 울부짖는다. 그녀는 계속 출산의 고통에서 벗어나기 위해 무진 애를 쓴다…. 여기에는 다름 아닌 아브라함의 부름받음과 함께 탄생했던 이스라엘이 그때로부터 그리스도가 베들레헴에서 탄생한 날까지 한 민족으로서 경험하였던 것들이 묘사되어 있다. 창세기부터 말라기서에 이르는 구약의 모든 멧세지가 바로 이 한 절에 설명되어 있는 것이다"(『요한계시록』, p. 61).

[2] 일곱 머리를 가진 용(계 12:3-5)

이 패역한 피조물의 정체에 관해서는 하등의 문제될 것이 없다. 그에 관한 명칭과 그의 악행이 요한계시록 12장에만 적어도 일곱 번씩이나 등장하기 때문이다.

(1) 큰 붉은 용(계 12:3)

① "크다"고 하는 것은 그의 거대한 권세 때문이다(마 4:8, 9 참조).

② "붉은" 이유는 그가 최초의 살해자였기 때문이다(요 8:44 참조).

③ "용"으로 불리는 것은 그의 패역함 때문이다(고후 6:15 참조).

(2) 옛 뱀(계 12:9)

① "옛"-이 말은 우리를 에덴의 동산으로 되돌려 보낸다(창 3장).

② "뱀"-이 말은 우리로 하여금 그가 사용한 최초의 몸을 상기케 한다(창 3장).

(3) 마귀(계 12:9)

그는 참소하는 자이다(계 12:10/욥 1, 2장/슥 3:1-7/눅

두번째 하나님의 심판

어린양은 마귀의 지배를 허용한다
(계 12, 13장)

마귀와 유대인들

과거의 이스라엘에 대한 그의 증오(계 12:1-5)
열두 별을 가진 여자
일곱 머리를 가진 용
미래의 이스라엘에 대한 그의 증오(계 12:6-17)
미가엘에 대항한 그의 전쟁(계 12:7-12)
이스라엘에 대한 그의 분노(계 12:6, 13-17)

마귀와 세상

그의 군대, 적그리스도(계 13:1-10)
그의 군대, 거짓 선지자(계 13:1-18)

22:31 참조).

(4) 사단(계 12:9)

그는 대적자이다(벧전 5:8 참조).

(5) 천하를 꾀는 자(계 12:9)

그는 사람들만이 아니라 천사들까지도 속인다! 12장 4절에서 우리는 "그의 꼬리가 하늘 별 삼분의 일을 '끌어다가'〔문자 그대로 '끌어당겼다', 혹은 '질질 끌다'는 의미임. 사도행전 14장 19절에서 이와 동일한 말이 사용되고 있음〕"라는 말을 찾아볼 수 있다. 이 말은 사단이 하나님에 대한 그의 처음 반란에 가담하도록 설득했던 천사들을 가리키는 것이 분명하다(사 14:12－15 / 겔 28:11－19).

(6) 여자의 박해자(계 12:4)

(7) 그리스도를 증오하는 자(계 12:5)

이 구절은 우리에게 예수에 관한 세 가지 사실을 이야기해 준다.

① 그의 성육신

"남자 아이"(갈 4:4, 5 참조).

② 그의 승천

"하나님 … 앞으로 올려가더라."

③ 그의 미래에 있을 통치

"철장으로 만국을 다스릴"(시 2:6－9).

2. 미래의 이스라엘에 대한 그의 증오(계 12:6－17)

[1] 미가엘에 대항하는 그의 전쟁(계 12:7)

사단은 이 전쟁에서 패하여 땅으로 쫓겨 내려온다. 그는 이제 더 이상 하늘에 계신 하나님 앞에서 성도들을 중상모략할 수 없다. 이제 그는 어린양의 보혈로 인하여 패배당한다(계 12:11).

[2] 이스라엘에 대한 그의 분노(계 12:13, 15, 17)

이는 역사상 최후의 가장 극심한 반(反)유대인 운동을 나타낸다. 카크(A. W. Kac)는 다음과 같이 쓰고 있다.

> "유대인의 생존 다음으로, 가장 이해할 수 없는 역사적 현상은 유대인들이 세상의 여러 나라들에게 거듭거듭 증오의 대상이 된다는 점이다. 반유대주의라는 명목하에서 행해지는 이러한 적개심은 유대인들의 존재만큼이나 오랜 역사를 가졌다. 이는 일종의 풍토병이다. 즉, 여러 전염병들과 같이 어느 정도는 그 균이 항상 우리 몸 안에 기생하고 있는 것이다. 그러나 그것은 특정한 상황하에서 급격히 증식되고 전염성을 갖게 되는 것이다. 그 병은 유대인들의 거주자가 충분히 많아져서 이웃들이 그들의 존재를 의식할 수 있게 되는 곳이면 어디에나 만연되고 있다. 와이즈만(Chaim Weizman)은 다음과 같이 공언한다.
>
> 「반유대주의는 평방 킬로미터 당 유대인들의 수와 비례하여 커지고 있다. 우리는 배낭 안에 반유대주의라는 세균들을 넣고 그것을 짊어지고 다닌다.」"〔『이스라엘 국가의 재탄생』(*Rebirth of State of Israel*), p. 306〕.

(1) 기나긴 역사를 통해, 사단은 이스라엘을 멸절하기 위해 수많은 시도를 감행해 왔다. 그는 다음과 같은 수단으로 그 일을 해왔다.

① 노예로 만듦(출 2장)
② 익사시킴(출 14장)
③ 굶주림(출 16장)
④ 유혹(출 32장/민 14장)
⑤ 저주(민 23장)
⑥ 포로(왕하 17, 24장)
⑦ 삼켜버림(욘 2장)
⑧ 불태움(단 3장)
⑨ 탐식(단 6장)
⑩ 매담(에 3장)

물론, 여기에 아돌프 히틀러의 가스실이 첨가될 수 있을 것이다. 그러나 가장 흉칙한 공격은 아직 임하지 않았다.

(2) 그러나 하나님은 친히 개입하셔서 "그 여자의 남은 자"(계 12:7)들을 보존하실 것이다. 요한은 우리에게 이렇게 말한다.

"그 여자가 큰 독수리의 두 날개를 받아 광야 자기 곳으로 날아가 거기서 그 뱀의 낯을 피하여 한 때와 두 때와 반 때를 양육받으매"(계 12:14).

"내가 그 삼분지 일을 불 가운데 던져 은같이 연단하여 금같이 시험할 것이라 그들이 내 이름을 부르리니 내가 들을 것이며 나는 말하기를 이는 내 백성이라 할 것이요 그들은 말하기를 여호와는 내 하나님이시라 하리라"(슥 13:9).

따라서, 적어도 이스라엘 백성의 삼분의 일은 끝까지 하나님에게 신실한 자들로 남아 있을 것이며, 또한 환난 기간 중 특별히 마련된 피난처로 숨을 수 있도록 하나님께 허락받은 것으로 보인다. 이제 이 피난처의 위치에 대해 고려해 보고자 한다. 실제로 그곳은 성경에 명시되어 있지 않지만, 많은 성경 연구가들은 이곳이 페트라(Petra)일 것으로 믿는다. 이러한 사실은 다음의 세 성경 구절을 그 근거로 삼는다.

① 스가랴서 14장 5절

"그 산골짜기는 아셀까지 미칠지라 너희가 그의 산골짜기로 도망하되 유다 왕 웃시야 때에 지진을 피하여 도망하던 것같이 하리라 나의 하나님 여호와께서 임하실 것이요모든 거룩한 자가 주와 함께 하리라."

(여기서 언급된 "아셀"은 페트라와 관계있는 것으로 생각된다.)

② 이사야서 63장 1절

"에돔에서 오며 홍의를 입고 보스라에서 오는 자가 누구뇨."

이사야서 63장의 처음 몇 구절들은 그리스도의 재림에 관하여 기술하고 있다. 그분은 어떠한 목적 때문에 에돔(이곳의 수도가 페트라이다)과 보스라(에돔의 도시)에 오는데, 이는 그곳에 숨어 있는 히브리의 남은 자들을 맞이하시기 위해서라고 많은 사람들이 생각한다.

③ 다니엘서 11장 41절

"그가 또 영화로운 땅에 들어갈 것이요 많은 나라를 패망케 할 것이나 오직 에돔과 모압과 암몬 자손의 존귀한 자들을 그 손에서 벗어나리라."

이러한 몇가지 이유들 때문에 에돔 땅은 적그리스도의 수중에 결코 떨어지지 않을 것이다. 혹자는 그 이유가 남은 자들을 보호하기 위해서라고 주장한다.

수년 전에 유명한 성경 학자인 블랙스톤(W. E. Blackstone)은 이 구절들을 근거로 하여 페트라의 암벽들과 동굴 안, 그리고 그 주변에 수천 권의 신약성경을 숨겨 놓았다. 그는 어느 날엔가 적그리스도의 대학살에서 살아남은, 그러나 무서움에 떨고 있는 자들이 「다우 조운즈 주식지수」(the Dow－Jones stock average) 혹은 『월 스트리트 저널』지보다 하나님의 말씀을 선택하고 그것을 읽는 기회가 주어짐을 환영할 것이라는 사실을 알고 있었다. 1974년 9월 14일에 나는 페트라를 방문할 기회가 있었다. 미국을 떠나기 전에 나는 학생들에게 한 권의 큰 성경 앞면에 자신이 좋아하는 성경 구절과 이름을 함께 써넣으라고 하였다. 이어서 나는 다음과 같은 글을 첨가하였다.

> "모든 히브리인들에게 드리는 글 : 이 성경은 미국 버지니아주 린치버그에 위치한 토마스로드 성경학교 학장과 학생들이 1974년 10월 14일 여기에 놓은 것이다. 우리는 이 성경을 발견하는 자가 다음의 성경 말씀들을 기도하는 마음으로 사람들 앞에서 읽어주기를 정중히 촉구하는 바이다. 다니엘서 7장과 11장, 마태복음 24장 2절, 데살로니가후서 2장, 요한계시록 12장과 13장."

이어서 우리는 그 성경을 두툼한 플라스틱으로 포장하고, 페트라 부근에 있는 수천 개의 동굴 중 페트라에서 멀리 떨어진 어느 동굴 속에 놓아 두었다.

페트라는 "무지개 도시"로 불렸으며, 인구는 한때 267,000명에 달하였다. 이 도시는 거대한 대상(隊商) 도로의 교차지점에 위치한 큰 시장이었다. 그 도시는 산 속의 협곡이나 계곡을 통하지 않고는 출입할 수 없었으며, 또한 그 협곡들의 폭도 매우 좁아서 말 두 필이 겨우 나란히 달릴 수 있는 정도였다. 협곡의 양쪽에는 높이가 120m 내지 210m에 이르는 수직벽들이 늘어서 있으며 무지개의 각 색조들을 발하며 장엄하게 빛나고 있다.

산에서 나오는 견고한 바위를 깎아 만든 옛 건물들이 아직도 건재하고 있다. 장미빛의 바위틈에서는 깨끗하고 신선한 샘이 솟아나오며, 야생의 무화과나무들이 제방 위에서 자라고 있다. 모든 것이 이스라엘을 기다린다.

마귀와 세상(13장)

3. 그의 군대, 적그리스도(계 13:1－10)

"그가 장차 말로 지극히 높으신 자를 대적하며 또 지극히 높으신 자의 성도를 괴롭게 할 것이며 그가 또 때와 법을 변개코자 할 것이며 성도는 그의 손에 붙인 바 되어 한 때와 두 때와 반 때를 지내리라"(단 7:25).

"이 왕이 자기 뜻대로 행하며 스스로 높여 모든 신보다 크다 하며 비상한 말로 신들의 신을 대적하며"(단 11:36).

"저 불법의 사람 곧 멸망의 아들이 나타나기 전에는 이르지 아니하리니 저는 대적하는 자라 범사에 일컫는 하나님이나 숭배함을 받는 자 위에 뛰어나 자존하여 하나님 성전에 앉아 자기를 보여 하나님이라 하느니라…악한 자의 임함은 사단의 역사를 따라 모든 능력과 표적과 거짓 기적과"(살후 2:3, 4, 9).

"거짓말하는 자가 누구뇨 예수께서 그리스도이심을 부인하는 자가 아니뇨 아버지와 아들을 부인하는 그가 적그리스도니"(요일 2:22).

"내가 이에 보니 흰 말이 있는데 그 탄 자가 활을 가졌고 면류관을 받고 나가서 이기고 또 이기려고 하더라"(계 6:2).

"내가 보니 바다에서 한 짐승이 나오는데…내가 본 짐승은 표범과 비슷하고 그 발은 곰의 발 같고 그 입은 사자의 입 같은데 용이 자기의 능력과 보좌와 큰 권세를 그에게 주었더라…짐승이 입을 벌려 하나님을 향하여 훼방하되"(계 13:1, 2, 6).

이상의 구절에서, 우리는 이 세상에서 항상 걸어다닐 가장 힘센 배교자를 만나게 된다. 이 극악무도한 자에 대해 간략히 살펴보자.

1 그의 인격적 특성들

(1) 그는 총명한 천재일 것이다(단 8:23).

(2) 그는 웅변의 천재일 것이다(단 11:36).

(3) 그는 정치적 천재일 것이다(계 17:11, 12).

(4) 그는 상술의 천재일 것이다(계 13:16,17 / 단 11:43).

(5) 그는 천재적인 군인일 것이다(계 6:2 / 13:2).

(6) 그는 천재적인 종교가일 것이다(계 13:8 / 살후 2:4).

버논 맥기는 다음과 같이 기술한다.

> "그는 현대 종교인들의 목표, 즉 전 세계를 위한 하나의 종교를 이룩하는 목표를 성취할 것이다. 여러분들은 오늘날 세계의 종교들을 결합시키기 위한 거대한 움직임이 있음을 알고 있는가? 한 유대 랍비는 다음과 같은 놀라운 말을 한 바 있다. 즉, 덴마크의 대(大)랍비 마르쿠스 멜크와르(Marcus Melchoir)는 말하기를 '메시야가 한 사람이든 혹은 한 집단이든 그것은 별로 중요한 문제가 아니다. 나는 만약 국제연합이 메시야가 된다면 메시야의 때가 도래할 것임을 믿는다'고 하였다.
>
> 이 랍비가 국제연합을 기꺼이 메시야로 받아들인다면, 당신은 국제연합이 결코 할 수 없는 일, 곧 유럽을 본래의 상태로 결합시키고 세계 평화의 실현을 가능케 하는 한 인간 메시야를 그가 인정하지 않으리라고 생각하는가?"(『요한계시록을 통한 큰 기쁨』, p. 19).

그러므로 미국의 여러 대통령들을 예로 들어서 한 사람의 세계적 지도자를 창출해 보자.

① 워싱톤과 링컨의 지도력
② 프랭클린 루즈벨트의 웅변
③ 테디 루즈벨트의 매력
④ 케네디의 카리스마
⑤ 아이젠하워의 인기
⑥ 존슨의 정치적 기지(機智)
⑦ 제퍼슨의 지성

2 그의 다양한 이름과 칭호들('적그리스도' 이외의 것들임)

(1) 불법의 사람(살후 2:3)
(2) 멸망의 아들(살후 2:3)
(3) 불법한 자(살후 2:8)
(4) 자기 뜻대로 하는 왕(단 11:36)
(5) 짐승(계 11:7, 이 칭호는 요한계시록에 36회 등장한다)
(6) 작은 뿔(단 7:8)

3 구약성경에 나타난 그의 선조들

주 예수의 인격과 역사를 나타내는 구약의 인물들이 많이 있는 것과 마찬가지로, 적그리스도가 행할 사역을 우리에게 보여주는 구약의 인물이 또한 많이 있다.
(1) 가인—선택받은 자손을 살해하였음(창 4:5—14/유 11절/요일 3:12).
(2) 니므롯—바벨론을 개국하고 바벨탑을 세웠음(창 10, 11장).
(3) 바로—하나님의 백성들을 억압하였음(출 1:8—22).
(4) 고라—반역행위를 하였음(민 16:1—3/유 11절).
(5) 발람—이스라엘을 저주하려고 시도하였음(민 23, 24장/벧후 2:15/유 11절/계 2:14).
(6) 사울—제사장직의 업무를 침범하였음(삼상 13:9—13).
(7) 골리앗—오만하게 자기 자랑을 하였음(삼상 17장).
(8) 압살롬—다윗의 왕좌를 찬탈하려고 하였음(삼하 15:1—6).
(9) 여로보암—이교(異敎)로 개종하였음(왕상 12:25—31).
(10) 산헤립—예루살렘을 멸망시키려고 노력하였음(왕하 18:17).
(11) 느부갓네살—자신의 황금 동상을 세움(단 3:1—7).
(12) 하만—유대인들을 멸절시키기 위해 음모를 꾸몄음(에 3장).
(13) 안티오쿠스 에피파네스—여호와의 전을 더럽힘(단 11:21—35).

4 그의 정체

(1) 혹자는 적그리스도가 이방인일 것이라고 믿는데, 그 이유는 그가 바다에서 나왔기 때문이다(계 13:1). 바다는 간혹 이방인과 이교도를 섬기는 나라들을 상징하고 있다.

팀 라하이(Tim Lahaye)는 적그리스도의 국적에 관하여 다음과 같이 말한다.

> "적그리스도에 관하여 자주 제기되는 물음 중의 하나는 그의 국적에 관한 것이다. 요한계시록 13장 1절은 그가 '바다에서 나온다'고 시사하는데, 이는 지중해 부근에 사는 민족들의 바다를 뜻한다. 이로부터 우리는 그가 이방인임을 짐작할 수 있다. 다니엘서 8장 8절과 9절은 그가 네 개의 헬라 뿔에서 나온 '작은 뿔'임을 암시하는데, 이는 그가 헬라 계통일 것임을 말해주는 것이다. 다니엘서 9장 26절은 그를 장차 오실 백성의 왕으로 언급하는데, 이는 그가 예루살렘을 멸망시킨 종족의 왕손이 될 것을 의미한다. 역사상으로 볼 때, 이것은 로마 제국이었다. 따라서 그는 로마인일 것이라는 설도 유력하다. 다니엘서 11장 36절과 37절은 그가 '그 열조의 신'에 대해 무관심했다고 전한다. 문맥의 전후 관계에 비추어 볼 때, 이것은 그가 유대인일 것임을 시사한다. 그러므로 아마도 십중팔구 그는 이방인인 것처럼 보이고, 아돌프 히틀러나 그 밖의 여러 사람들처럼 자신에게 유대인의 피가

흐르고 있음을 나타내기 두려워하고 유대인의 혈통을 숨기려고 할 것이다. 그 비밀은 오직 하나님만이 아실 것이다. 그렇지만 성경은 그가 로마 헬라계 유대인, 즉 땅의 백성들을 대표하는 인간일 것이라고 가르친다. 이것은 그로 하여금 모든 사악한 인간들의 화신이 되도록 기술적으로 자격을 부여해 주는 것이다"(『요한계시록』, p. 172).

(2) 혹자는 요한계시록 13장 3절과 17장 8절을 근거로, 그가 부활한 어떤 개인일 것으로 믿는다.

(3) 혹자는 다음과 같은 성경 구절들을 근거로, 그가 가룟 유다일 것으로 믿는다.

① 요한복음 6장 70절과 71절

여기서 예수는 유다를 마귀라고 말씀하신다.

② 누가복음 22장 3절과 요한복음 13장 27절

여기서 사단은 실제로 유다에게로 들어간다. 이러한 것은 성경의 다른 어떤 사람에 대해서도 결코 적용된 적이 없는 일이다.

③ 요한복음 17장 12절과 데살로니가후서 2장 3절

"멸망의 아들"이라는 칭호는 신약성경에 단 2회 등장한다. 최초의 예로 예수께서 유다를 가리켜 그 말을 하셨고, 두번째 경우는 바울이 적그리스도를 가리켜 그 말을 사용하였다.

④ 사도행전 1장 25절

여기서 베드로는 유다가 사후에 "제 곳으로" 갔다고 말한다. 혹자는 이것이 무저갱을 가리킨다고 보았으며, 사단은 유다가 장래에 적그리스도의 역할을 할 수 있도록 과거 2,000년 동안 그를 이곳에 묶어 놓았다고 믿는다.

5 그가 권좌에 오름

(1) 사단의 권세를 통해(계 13:2/살후 2:3, 9−12)

(2) 성령의 허락하심을 통해

현시대에 그가 나타나지 못하고 있는 이유는 교회가 들리워 올라갈 때까지 성령에게 제지당하고 있는 중이기 때문이다. 하나님은 이 땅 위에서의 모든 상황을 통제하고 계시며, 미래에도 계속 그렇게 하실 것이다(욥 1, 2장/살후 2:6, 7 참조).

(3) 열 나라의 조직 형성을 통해서

그는 장차 환난기간 중에 존재하게 될 10명의 독재자 연맹에서 발생할 것이다. 이 독재자들은 다니엘서 7장 7절과 요한계시록 12장 3절, 13장 1절, 17장 7절과 12절에서 "열 뿔"로 묘사되고 있다. 그는 권좌에 오를 때에 이들 독재자들 중 세 명을 굴복시킬 것이다(단 7:8, 24). 이 열 뿔의 연맹은 재건된 로마 제국이다. 이것은 다니엘서 2장 40절과 44절 사이에 있는 구로마 제국에 관한 중요한 예언들이 아직 성취되지 않았다는 사실에서 유추된 것이다.

재건된 로마 제국은 이스라엘 민족을 괴롭힐 일곱 이방나라 중 마지막 나라이다. 이 권세들은 요한계시록 12장 3절, 13장 1절, 17장 7절에 일곱 머리로 묘사되어 있다. 그들은 다음과 같다.

- 애굽−이스라엘을 400년간 노예로 부렸음(출 1−12장).
- 앗수르−이스라엘 북왕국을 점령하였음(왕하 17장).

• 바벨론—이스라엘 남왕국을 포로로 잡아갔음(왕하 24장).
• 바사—사악한 하만의 출생지였음(에 3장).
• 헬라—간접적으로 안티오쿠스 에피파네스를 나오게 했다(단 11장).
• 로마—주후 70년에 예루살렘을 파괴했으며(눅 21장 참조), 재건된 제국으로서 역사상 유례없이 이스라엘을 괴롭힐 것임(계 12장).

(4) 거짓된 종교 체제의 협동을 통해서(계 17장)
(5) 그의 개인적인 카리스마와 능력을 통해서
(6) 거짓된(혹은 사실적으로?) 부활을 통해서(계 13:3)
(7) 중동으로 예측되는 곳에서의 거짓된 평화 프로그램을 통하여(단 8:25)
(8) 완벽한 사기극을 계속함으로써(마 24:24 / 살후 2:9 / 계 13:14)

신약성경에는 "속이다", 혹은 "꾀다"를 의미하는 말이 91회 등장하는데, 그 중 22회가 적그리스도와 환난을 다루고 있는 구절들에서 분명히 나타나고 있다(살후 2:3, 9—11 / 마 24:4, 5, 11, 24 / 딤후 3:13 / 계 12:9 / 18:23 / 19:20 / 20:3, 8, 10).

다음과 같은 세 가지 이유들이 이러한 끔찍한 속임수들을 설명하고 있다.

① 하나님의 말씀에 대한 일반적인 무시(마 22:29 참조).
② 마귀의 맹렬한 활동(딤전 4:1 참조).
③ 빈 영혼(눅 11:24—26 참조).

6 그의 활동

(1) 그는 서방 제국의 블록을 통제함으로써 일을 시작한다(계 17:12).
(2) 그는 이스라엘과 7년간의 계약을 맺지만, 3년 반 후에 그것을 파기한다(단 9:27).

적그리스도가 환난 중에 성전의 건축과 희생제물의 헌납을 용인하고 (심지어 격려까지) 할 것임을 보여주는 증거는 성경에 매우 많이 있다(단 9:27 / 마 24:15 / 살후 2:4 / 계 13:14, 15 / 11:2).

펜테코스트 박사는 그의 저서 『인간은 살아 남을 것인가?』에서, 「워싱턴 포스트」지 1967년 5월호에 게재되었던 한 유대인의 다음과 같은 글을 인용하고 있다.

> "이스라엘에 하나님의 성전을 다시 세운다는 계획은 이제 막 시작되었다. 하나님의 도움과 인도로 그 성전은 완성될 것이다. 그 성전은 유대주의에 있어서 새로운 시대를 알리는 하나의 획기적인 징표가 될 것이다. 유대인들은 영감으로 말미암아 윤리적으로 처신하게 될 것이며 이에 따라 우리의 창조주께서는 여기 이 땅 위에 있는 우리들을 찾아오시는 것이 합당하다고 여기실 것이다. 이처럼 행복한 일이 일어났을 바로 그때에 기뻐하게 될 우리의 감정을 상상해 보라."

(3) 그는 러시아 침략 후에 중동 지역의 완전한 통제권을 획득한다(겔 38, 39장).
(4) 그는 이스라엘에 속한 모든 것을 파괴하고자 시도한다(계 12장).
(5) 그는 거짓된 종교 체제를 파괴한다. 이는 그가 방해받지 않고 지배를 하기 위한 것이다(계 7:16, 17).
(6) 그는 그 후에 자신을 하나님처럼 높일 것이다(단 11:26 / 살후 2:4—11 / 계 13:5).
(7) 그는 모든 나라를 잠시 동안 통치한다(시 2편 / 단 11:36 / 계 13:16).
(8) 그는 아마겟돈 전쟁에서 주 예수 그리스도에게 완전히 궤멸된다(계 19장).

(9) 그는 유황불이 붙는 못에 던지워진 최초의 피조물이다(계 19:20).

1965년 7월에 발행된 『리더스 다이제스트』에는 '예언의 선물'(*A Gift of Prophecy*)이라는 책이 요약되어 있는데, 이 책은 유명한 (동시에 그만큼 거짓된) 예언자 진 딕슨(Jeane Dixon)이 집필한 것이다. 그 기사는 다음과 같은 말로 결론을 내리고 있다.

> "1962년 2월 5일, 중동에서 태어난 한 어린이가 세상을 변혁시킬 것이며, 궁극적으로는 서로 투쟁 중에 있는 모든 주의(主義)들과 종파들을 포괄적인 하나의 신앙으로 통합하게 될 것이다. 진 딕슨의 가장 강하고 명료한 몇가지 환상들의 중심 인물이 된 이 사람은 원래 미천한 농부로 태어난다. 그녀는 말하기를, 인류가 1980년경에 이 사람의 큰 힘을 감지하기 시작할 것이며, 그의 권능은 1999년까지 힘차게 성장할 것이며, 그때가 되면 선의를 가진 인간은 모두 지상에서 평화를 누리게 될 것이라고 한다."

우리가 이것을 읽을 때, 사악하고 믿음이 없는 바리새파 사람들에게 구세주께서 하신 말씀을 떠올리게 된다.

"나는 내 아버지의 이름으로 왔으매 너희가 영접치 아니하나 만일 다른 사람이 자기 이름으로 오면 영접하리라"(요 5:43).

7 그의 놀라운 모방 능력

적그리스도는 그의 탁월한 모방 능력으로 말미암아 심야의 만담 프로도 성공적으로 흉내낼 수 있을 것이 분명하다! 다음에서 그가 그리스도의 인격과 사역을 모방하고자 시도할 부분에 대해 알아보자.

(1) 그리스도께서 하나님의 형상으로 왔듯이, 적그리스도는 사단과 같은 형상으로 온다(계 13:4/살후 2:9/골 1:15/히 1:3 참조).

(2) 그리스도께서 성삼위에 속한 것처럼, 적그리스도는 지옥의 삼위일체 중 두번째 위(位)에 속한다(계 16:13/마 28:19 참조).

(3) 그리스도께서 천국에서 온 반면에, 적그리스도는 무저갱에서 나온다(계 11:7/17:8/요 6:38 참조).

(4) 그리스도가 희생양인 데 반해, 적그리스도는 야수이다(계 13:2/계 5:6-9 참조).

(5) 그리스도께서 아버지에게서 권능을 부여받는 것처럼, 적그리스도는 사단에게서 권능을 부여받는다(계 13:2/마 28:18 참조).

(6) 그리스도가 참된 부활을 경험했던 것처럼 적그리스도도 (거짓된 것임이 분명한) 부활을 경험할 것이다(계 13:3/12장/롬 1:4 참조).

(7) 그리스도가 모든 신자들의 숭배를 받는 것처럼, 적그리스도는 모든 불신자들의 숭배를 받을 것이다(계 13:3, 4, 8/요 5:43/마 2:11/눅 24:52/요 20:28/빌 2:10, 11).

(8) 적그리스도는 그리스도처럼 권능있는 말을 할 것이다(단 7:8/계 13:5/ 참조, 요 7:46). 사단은 수세기에 걸쳐 축적된 과학과 철학, 인간의 지혜에 대한 방대한 지식을 적그리스도에게 전해줄 것은 너무도 분명하다(겔 28:12).

(9) 적그리스도가 행할 사역의 대부분은, 그리스도의 사역 기간과 비슷한 삼 년 반 동안에 수행될 것이다(계 13:5/12:6, 14/참조, 요 2:13/6:4/11:55).

(10) 적그리스도는 그리스도가 언젠가 성공적으로 이룩하실 일, 즉 구약에서의 세 직책인 선지자, 제사장, 왕의 직무의 결합을 위한 시도를 할 것이다(그러나 성공하지 못할

것이다).
(11) 그리스도를 상징하는 숫자가 7인 반면에, 적그리스도를 상징하는 숫자는 6이다(계 13:18 / 참조, 계 5:6, 12).
(12) 그리스도가 언젠가 그의 거룩한 신부를 영광스럽게 할 것임에 반해, 적그리스도는 장차 어느 날 그의 음탕한 부인을 살해할 것이다(계 17:16 / 17장 / 비교, 계 21:1, 2).

4. 그의 군대, 거짓 선지자(계 13:11－18)

"내가 보매 또 다른 짐승이 땅에서 올라오니"(계 13:11).

1 그의 정체

후에 세번씩이나 "거짓 선지자"(계 16:13 / 19:20 / 20:10)로 불리는 요한계시록 13장의 이 두번째 짐승은 과연 누구인가? 혹자는 (적그리스도가 이방인임에 반해) 그가 유대인일 것이며, 배교한 교회의 우두머리가 될 것이라고 믿는다.

2 그의 활동

적그리스도가 그리스도를 모방하려고 하였다는 것은 이미 지적된 바 있다. 그런데 거짓 선지자는 성령의 역사를 모방하고자 노력하는 것으로 보인다. 따라서 하나님의 영과 그 두번째 짐승 사이에 다음과 같은 유추가 가능하게 된다.
(1) 성령은 거룩한 삼위일체의 세번째 위(位)이지만(마 29:19), 거짓 선지자는 사악한 삼위일체의 세번째 위(位)이다(계 16:13).
(2) 성령은 인간을 진리로 인도하지만(요 16:13), 거짓 선지자는 인간을 모든 잘못된 것에로 유혹한다(계 13:11, 14).
(3) 성령은 그리스도에게 영광을 돌리지만(요 16:13, 14), 거짓 선지자는 적그리스도에게 영광을 돌린다(계 13:12).
(4) 성령은 오순절에 하늘로부터 불이 내려오게 하셨지만(행 2:3), 거짓 선지자는 땅위의 사람들이 보는 앞에서 그와 같이 할 것이다(계 13:13).
(5) 성령은 생명을 주지만(롬 8:2), 거짓 선지자는 죽음을 선사한다(계 13:15).
(6) 성령은 하나님에게 속한 모든 사람들에게 인을 치지만(엡 1:13), 거짓 선지자들은 사단을 숭배하는 자에게 인을 친다(계 13:16, 17).

3 그의 표

"저가 모든 자 곧 작은 자나 큰 자나 부자나 빈궁한 자나 자유한 자나 종들로 그 오른 손에나 이마에 표를 받게 하고 누구든지 이 표를 가진 자 외에는 매매를 못하게 하니 이 표는 곧 짐승의 이름이나 그 이름의 수라 지혜가 여기 있으니 총명있는 자는 그 짐승의 수를 세어 보라 그 수는 사람의 수니 육백육십육이니라"(계 13:16－18).

성경에서 이보다 더 솔직하고도 심각하게 숙고해야 할 구절은 아마 없을 것이다. 우리는 666이란 숫자를 어떻게 이해해야 할 것인가?

이 부분을 결론지으면서 우리는 두 사람의 유명한 저술가들의 말을 인용하고자 한다.

"(히브리어나 라틴어와 마찬가지로) 헬라어에서도 알파베트 문자들은 숫자를 나타내는 기호의 역할을 한다. 즉, 『알파』(alpha)는 하나를, 『베타』(beta)는 둘을 의미하는 것이다. 따라서, 어떠한 이름이든 각 문자가 의미하는 수를 합하여 '한 사람의 수'를 나타내는 총계를 낼 수 있다. 적그리스도라는 이름은 이러한 방법을 역사상 적그리스도로 여겨질만 했던 모든 사람들에게 적용해 보고자 노력했다. 이 사람들의 이름에 쓰인 문자들을 다소 조정함으로써, 그들은 다른 많은 사람들에 대해서는 언급하지 않은채 666이라는 숫자에 해당하는 이름들이 네로와 모하메드, 교황, 나폴레옹 심지어는 히틀러 등이라고 결론지었다. 그러나, 우리의 견해로서는 이러한 해석 방법이 아직 미숙하다고 생각하는데, 그 이유는 그들 모두가 자가당착적인 위인들이었다는 데 있다. 우리는 최후의 탁월한 적그리스도가 출현할 때, 전 세계의 모든 진실된 신자들은 그를 알아볼 수 있을 것이라고 확신한다. 성령은 그들 모두에게 한결같이 그의 이름의 수를 계산해 낼 수 있는 충분한 지혜를 주실 것이다"〔르네 빠슈(Rene Pache), 『예수 그리스도의 재림』(*The Return of Jesus Christ*), p. 183〕.

"여기서는 아마도 가장 간략한 설명이 가장 최선의 방법일 것이다. 즉, 666이란 숫자는 한 인간의 수이며, 그 각각의 아라비아 숫자는 완전한 수인 7보다 적은 수이다. 성경에서 6이라는 숫자는 인간의 수이다. 인간은 육일 동안 일하고 7일째는 쉬어야 했는데, 느부갓네살의 동상은 높이가 60규빗, 폭이 6규빗이었다. 그 숫자의 깊은 의미가 무엇이든지 사단의 대표작인 첫번째 짐승을 가리키는 이 명칭은 예수 그리스도의 신성에 훨씬 미치지 못하는 인간의 차원에 그를 국한시키고 있다는 것을 의미한다"〔월부어드, 『예수 그리스도의 계시』(*The Revelation of Jesus Christ*), p. 210〕.

이 흉악한 표지(標識)에 함축된 것이 무엇이든지간에 그것이 매우 중요하다는 것은 명백하다. 왜냐하면, 그것은 후에 오로지 여섯 번만 언급되고 있기 때문이다(계 14:9, 11 / 15:2 / 16:2 / 19:20 / 20:4을 보라).

3. 일곱 대접의 심판(계 14－16장)

1. 일곱 대접 심판에 선행(先行)한 사건들(계 14, 15장)

우리는 요한계시록 6장에서 시작되는 끔찍한 인(印)의 심판들에 앞서 4장과 5장에 천국의 몇가지 행위들이 묘사되어 있음을 알았다. 여기서도 요한은 동일한 방법으로 복수의 심판들을 소개하고 있다. 14장과 15장은 16장에서 시작되는 복수의 심판들에 앞서 천국에서 몇개의 행위들을 기록하고 있다.

[1] 십사만 사천 명의 노래(계 14:1－5)

여기서 우리는 다음을 주목해야 한다.

(1) 이 집단은 7장에서 언급된 바 있는 집단과 동일한 집단이다. 7장에서 그들은 구속(救贖)을 받았다. 여기에서 그들은 하늘로 들리워 올라간다. 그런데 여기에서 특별히 주목해야 할 사실은 그들 가운데 한 사람도 잃어버린 바 된 사람이 없다는 것이다. 버논 맥기는 다음과 같이 말한 바 있다.

"13장에서 분명해지는 것은 이때가 역사상 가장 어두운 날이며 가장 소름끼치는 시각이라는 것이다.

하나님의 세번째 심판

어린양은 일곱 대접의 심판을 행한다
(계 14－16장)

일곱 대접 심판에 선행한 사건들(계 14, 15장)

십사만 사천 명의 노래(계 14:1－5)

특별한 세 천사들의 멧세지

- 첫번째 멧세지(계 14:6, 7)
- 두번째 멧세지(계 14:8)
- 세번째 멧세지(계 14:9－12)

성령의 음성(계 14:13)

아마겟돈에 관한 최초의 예고(계 14:14－20)

천국 성전의 광경과 음성(계 15:2－4)

일곱 대접 심판에 수반된 사건들(계 16:1－21)

- **첫번째 대접 심판(계 16:2):**
  적그리스도의 추종자들에게 내린 끔찍한 상처들
- **두번째 대접 심판(계 16:3):**
  모든 바다의 완전 오염
- **세번째 대접 심판(계 16:4－7):**
  모든 깨끗한 물의 완전 오염
- **네번째 대접 심판(계 16:8, 9):**
  뜨겁게 작열하는 태양
- **다섯번째 대접 심판(계 16:10, 11):**
  적그리스도의 수도를 뒤덮는 어둠
- **여섯번째 대접 심판(계 16:12－16):**
  결과 : 유브라데 강의 고갈
  이유 : 아마겟돈을 예비하기 위함
  반항자 : 세 부정한 영들
- **일곱번째 대접 심판(계 16:17－21):**
  지상 최대의 지진
  사상 최대의 우박

그것은 실로 지옥의 축제일이다. 사려깊은 자들이라면 이 기간 동안 하나님의 백성들은 어떻게 지내는가, 그들은 그들에게 지극히 불리한 그 상황을 끝까지 이겨낼 수 있는가 하는 질문을 하지 않을 수 없을 것이다. 십사만 사천 마리의 양으로부터 시작했던 목자는 이제 십사만 사천 마리의 양과 함께하는 한 마리 "어린양"으로서 그들과 동일시되고 있다. 그는 결코 한 마리도 잃어버리지 않았다"(『요한계시록을 통한 큰 기쁨』, p. 21).

(2) 이 집단은 역사상 최대의 성가대를 이루고 있다.

(3) 그들은 천국의 수금에 맞추어 새 노래를 부른다(시 57편).

(4) 그들은 순결한 여인들이다(계 14:4/참조, 계 9:21).

(5) 그들의 입에는 교활함이 없다(계 14:5/참조, 살후 2:9－12).

2 특별한 세 천사들로부터 온 멧세지들(계 14:6－12)

(1) 첫번째 멧세지

"또 보니 다른 천사가 공중에 날아가는데 땅에 거하는 자들 곧 여러 나라와 족속과 방언과 백성에게 전할 영원한 복음을 가졌더라 그가 큰 음성으로 가로되 하나님을 두려워하며 그에게 영광을 돌리라 이는 그의 심판하실 시간이 이르렀음이니 하늘과 땅과 바다와 물들의 근원을 만드신 이를 경배하라 하더라"(계 14:6, 7).

우리는 이 구절에서 매우 특이한 것, 즉 죄인들에게 복음을 선포하는 하나님의 한 천사를 보게 된다. 이제까지 하나님은 오직 사람들만을 사용하여 사람들에게 다가오셨다(행 1:8/벧후 1:21/고후 4:7). 그러나 지금은 혹독한 대환난의 때이므로 천사들이 사용될 것이다.

(2) 두번째 멧세지

"또 다른 천사 곧 둘째가 그 뒤를 따라 말하되 무너졌도다 무너졌도다 큰 성 바벨론이여 모든 나라를 그 음행으로 인하여 진노의 포도주로 먹이던 자로다 하더라"(계 14:8).
이 두번째 멧세지는 바벨론의 정치, 경제 체제의 멸망이 임박했음을 알리고 있다(계 18장 참조).

(3) 세번째 멧세지

"또 다른 천사 곧 셋째가 그 뒤를 따라 큰 음성으로 가로되 만일 누구든지 짐승과 그의 우상에게 경배하고 이마에나 손에 표를 받으면 그도 하나님의 진노의 포도주를 마시리니 그 진노의 잔에 섞인 것이 없이 부은 포도주라 거룩한 천사들 앞과 어린양 앞에서 불과 유황으로 고난을 받으리니 그 고난의 연기가 세세토록 올라가리로다 짐승과 그의 우상에게 경배하고 그 이름의 표를 받는 자는 누구든지 밤낮 숨을 얻지 못하리라 하더라"(계 14:9-11).

이 멧세지는 구원받지 못한 자들에게 장차 설교될 지옥의 유황불에 대한 최후의 멧세지이다. 그리고 그것은 요나단 에드워즈(Jonathan Edwards)나 빌리 선데이(Billy Sunday) 같은 사람에 의해 전달되는 것이 아니라 한 천사에 의해 선포된다! 그러나 아무도 그 초청에 응답하지 않는 것이 분명하다. 여기에서 하나님은 그의 엄하신 진노를 쏟아 부으실 것이다. 그 진노란 전에 이미 갈보리에서 그리스도 위에 내리셨던 진노와 유사한 것이다. 회개하지 않은 죄인들이 이제 다시금 마셔야 할 수 밖에 없는 잔과 동일한 잔을 그리스도께서 바로 그들을 위해 마셨다는 것은 참으로 비극 아닌가!

3 성령의 멧세지(계 14:13)

"또 내가 들으니 하늘에서 음성이 나서 가로되 기록하라 자금(自今) 이후로 주 안에서 죽는 자들은 복이 있도다 하시매 성령이 가라사대 그러하다 저희 수고를 그치고 쉬리니 이는 저희의 행한 일이 따름이라 하시더라."
역사에서 이제까지는 살아 있는 자가 복이 있다는 것이 일반 법칙이었다(전 9:4/빌 1:23, 24 참조). 그러나 이제는 죽는 것이 신자들에게 더욱더 유익하다.

필립스는 다음과 같이 말한다

> "그 짐승을 신처럼 받드는 자들의 운명과 그 짐승을 거부하는 자들의 운명은 좋은 대조를 이루고 있다. 두 가지 사실들이 이들에 대해 동일하게 언급된다. 그들은 저항할 것이다. 요한은 말하기를, '성도들의 인내가 여기 있나니 저희는 하나님의 계명과 예수 믿음을 지키는 자니라 또 내가 들으니 하늘에서 음성이 나서 가로되 기록하라 자금 이후로 주 안에서 죽는 자들은 복이 있도다 하시매 성령이 가라사대 그러하다 저희 수고를 그치고 쉬리니 이는 저희의 행한 일이 따름이라 하시더라'고 한다. 십사만 사천 명을 제외하고 그 짐승을 부정하는 자들은 온갖 악랄한 방법에 의해 죽임을 당할 것이 예견된다. 그러나 그 죽음은 하나님께서 즉시 축복으로 변화시킬 죽임인 것이다. 그 짐승이 '너에게 고통을 주

리라!'고 소리치지만, 성도들은 이에 대해 답변하기를 「너로 인하여 우리는 성도가 되는도다!」라고 응답한다. 그 짐승이 '너를 죽을 때까지 박해하리라!'고 고함칠 때 승리자들은 「너로 인하여 영광에 이르게 되리라」고 대답한다. 그 짐승이 '너를 요절내리라'고 으르렁거릴 때, 성도들은 「너로 인하여 우리는 복을 받으리라」고 응답한다. 이 고상한 순교자들에 대한 그 짐승의 격노는 모두 헛되다. 그는 종국에 완전히 실패할 것이다. 그러나 그 짐승을 거부한 자들은 상급을 받을 것이다.

'성령이 가라사대 그러하다 저희 수고를 그치고 쉬리니 이는 저희의 행한 일이 따름이라 하시더라.'

그들의 괴로움은 그칠 것이다. 그리고 그들은 수정 같은 바다의 빛나는 둑 위에서 상을 받게 될 것이다"(『요한계시록 탐구』, p. 193).

이 세상은 구원받지 못한 자들에게는 유일한 '천국'이며, 구원받은 자들에게는 그들이 경험해야 할 유일한 '지옥'이다.

4 아마겟돈에 관한 최초의 선포(계 14:14-20)

"또 내가 보니 흰 구름이 있고 구름 위에 사람의 아들과 같은 이가 앉았는데 그 머리에는 금 면류관이 있고 그 손에는 이한 낫을 가졌더라 또 다른 천사가 성전으로부터 나와 구름 위에 앉은 이를 향하여 큰 음성으로 외쳐 가로되 네 낫을 휘둘러 거두라 거둘 때가 이르러 땅에 곡식이 다 익었음이로다 하니 구름 위에 앉으신 이가 낫을 땅에 휘두르매 곡식이 거두어지니라 또 다른 천사가 하늘에 있는 성전에서 나오는데 또한 이한 낫을 가졌더라 또 불을 다스리는 다른 천사가 제단으로부터 나와 이한 낫 가진 자를 향하여 큰 음성으로 불러 가로되 네 이한 낫을 휘둘러 땅의 포도송이를 거두라 그 포도가 익었느니라 하더라 천사가 낫을 땅에 휘둘러 땅의 포도를 거두어 하나님의 진노의 큰 포도주틀에 던지매 성 밖에서 그 틀이 밟히니 틀에서 피가 나서 말굴레까지 닿았고 일천육백 스다디온에 퍼졌더라."

이 본문의 완전한 의미에 대해서는 요한계시록 19장에서 더욱 상세히 논의될 것이다.

5 천국 성전의 광경과 음성(계 15:2-8)

(1) 요한은 승리의 노래를 듣는다(계 15:2-4)

① 그들이 노래하는 것

그들은 모세의 노래와 어린양의 노래를 부른다(계 15:3). 이 노래들의 차이점은 다음과 같다.

모세의 노래는 홍해 바닷가에서 불려졌으나(출 15장), 어린양의 노래는 수정 바닷가에서 불릴 것이다. 모세의 노래는 애굽에 대한 승리가로 불려졌지만, 어린양의 노래는 바벨론에 대한 승리가로 불릴 것이다. 모세의 노래는 하나님께서 자신의 백성을 어떻게 이끌어 내셨는가에 대해 묘사했지만, 어린양의 노래는 하나님께서 자신의 백성을 어떻게 불러들이실 것인가에 대해 묘사하고 있다. 모세의 노래는 성경에 수록된 최초의 노래이고, 어린양의 노래는 성경에 수록된 최후의 노래이다.

② 그들이 노래한 이유

"… 오직 주만 거룩하시니이다 주의 의로우신 일이 나타났으매 …"(계 15:4).

(2) 요한은 성전에 가득찬 연기를 본다(계 15:5−8/참조, 사 6:1−8/출 25:9, 40/히 8:2, 5/9:24/계 14:15, 17/16:1, 17)

"네 생물 중에 하나가 세세에 계신 하나님의 진노를 가득히 담은 금대접 일곱을 그 일곱 천사에게 주니 하나님의 영광과 능력을 인하여 성전에 연기가 차게 되매 일곱 천사의 일곱 재앙이 마치기까지는 성전에 능히 들어갈 자가 없더라"(계 15:7, 8).

필립스는 다음과 같이 말하고 있다.

> "갈보리 이래로, 천국의 지성소에 이르는 길이 모든 사람에게 열려 있었다. 왜냐하면 그리스도의 보혈로 인하여 하나님의 마음으로 가는 평탄한 길이 열렸기 때문이다. 그러나 이제 잠시 그 왕도는 폐쇄된다. 한때 인간을 대신하여 그의 아들 위에 쏟아 부어졌던 하나님의 진노가 다시 폭발될 것이다. 과거에는 어린양을 십자가에 매달았으나, 이제 짐승을 숭배하는 반역자들에게 왕관을 씌워주는 이 세상이 철저하게 심판당할 것이다. 그토록 찬란한 영광의 불꽃이 성전 안에서 타오르고, 연기로 성전을 가득채우며 입구를 가로막고 있다. 지성소에 이르는 길은 이제 다시 얼마동안 폐쇄될 것이다"(『요한계시록의 탐구』, p. 198).

2. 일곱 대접 심판에 수반되는 사건들(계 16장)

[1] 첫번째 대접 심판

"첫째가 가서 그 대접을 땅에 쏟으매 악하고 독한 헌데가 짐승의 표를 받은 사람들과 그 우상에게 경배하는 자들에게 나더라"(계 16:2).

버논 맥기는 다음과 같이 말하고 있다.

> "하나님이 적그리스도의 추종자들과 세균전을 하고 계신다. 이 곪은 상처들은 문둥병이나 암보다 훨씬 더 위해(危害)한 것이다. 이것은 애굽에서의 여섯번째 재앙과 비교되는 것이며, 곪거나 혹은 불에 덴 것과 같은 유형의 재앙이다(출 9:8−12)"(『요한계시록을 통한 큰 기쁨』, p. 36).

[2] 두번째 대접 심판

"둘째가 그 대접을 바다에 쏟으매 바다가 곧 죽은 자의 피같이 되니 바다 가운데 모든 생물이 죽더라"(계 16:3).

찰스 라이리 박사는 이 재앙에 대하여 다음과 같이 말한다.

> "두번째 대접이 바다 위에 쏟아부어졌고 그 결과, 바다는 피로 변하고 바다의 모든 생물들이 죽음을 당한다. 죽은 자가 그 자신의 피 속에서 뒹구는 모습이 생생하게 연상된다. 바다는 피로 물들 것이다. 두번째 나팔의 심판에서는 바다의 생물 가운데 삼분의 일만이 죽었으나(계 8:9), 이제는 그 모든 것이 모두 멸망하게 된다. 이로 말미암아 지상의 모든 해변가에서 풍길 악취와 질병은 상상을 초월한다"(『요한계시록』, p. 97).

[3] 세번째 대접 심판

"셋째가 그 대접을 강과 물 근원에 쏟으매 피가 되더라 내가 들으니 물을 차지한 천사가 가로되 전에도 계셨고 시방도 계신 거룩하신 이여 이렇게 심판하시니 의로우시도다 저희가 성도들과 선지자들의 피를 흘렸으므로 저희로 피를 마시게 하신 것이 합당하니 이다 하더라 또 내가 들으니 제단이 말하기를 그러하다 주 하나님 곧 전능하신 이시여 심판하시는 것이 참되시고 의로우시도다 하더라"(계 16:4-7).

우리는 여기서 두 가지 중요한 사실들에 주목해야 할 것이다.

(1) 무엇보다도 이 세번째 복수의 심판은 환난 초기 제단 밑에서 순교자들이 부르짖은 탄원에 대한 응답이다. 당시 그들은 "거룩하고 참되신 대주재여 땅에 거하는 자들을 심판하여 우리 피를 신원하여 주지 아니하시기를 어느 때까지 하시려나이까"(계 6:10)라고 기도하였다.

(2) 이 구절들은 하나님이 한 특별한 천사를 지구상에 있는 물의 감독자로서 선임하신 사실을 지적하고 있다. 다른 네 천사가 세상의 바람을 통제하고 있음을 말하는 요한계시록 7장 1절과 이 구절을 비교해 볼 때, 우리는 심지어 극도의 환난 기간 중에도 이 세상은 하나님의 통치를 받는다는 사실을 깨닫게 된다.

4 네번째 대접 심판

"넷째가 그 대접을 해에 쏟으매 해가 권세를 받아 불로 사람들을 태우니 사람들이 크게 태움에 태워진지라 이 재앙들을 행하는 권세를 가지신 하나님의 이름을 훼방하며 또 회개하여 영광을 주께 돌리지 아니하더라"(계 16:8, 9/참조 신 32:24/사 24:6/42:25/말 4:1/눅 21:25).

인간의 완전 타락을 가장 극명하게 나타내는 성경의 구절은 아마 요한계시록 9장 20절과 21절, 그리고 16장 9절일 것이다. 이 두 부분은 모두 대환난 때에 있을 하나님에 대한 세상의 태도를 다루고 있다.

(1) "이 재앙에 죽지 않고 남은 사람들은 그 손으로 행하는 일을 회개치 아니하고 오히려 여러 귀신과 또는 보거나 듣거나 다니거나 하지 못하는 금, 은, 동과 목석의 우상에게 절하고 또 그 살인과 복술과 음행과 도적질을 회개치 아니하더라"(계 9:20, 21).

(2) "…또 회개하여 영광을 주께 돌리지 아니하더라"(계 16:9).

이 구절들은 무엇을 입증하는가? 이것들은 끔찍한 전쟁들이나, 가공할 기근이나, 캄캄해진 하늘이나, 맹렬히 타는 불이나, 피로 물든 바다나, 독침을 가진 황충들이나, 엄청난 지진 같은 마귀의 박해들이나, 떨어지는 별들이나, 암을 유발하는 세균들에도 불구하고, 죄악으로 가득찬 인류는 언제까지나 결코 회개치 않으리라는 것을 증명하고 있다.

5 다섯번째 대접 심판

"또 다섯째가 그 대접을 짐승의 보좌에 쏟으니 그 나라가 곧 어두워지며 사람들이 아파서 자기 혀를 깨물고 아픈 것과 종기로 인하여 하늘의 하나님을 훼방하고 저희 행위를 회개치 아니하더라"(계 16:10, 11/참조, 사 60:2/욜 2:1, 2, 31/나 1:6, 8/암 5:18/습 1:15).

"짐승의 보좌" 위에 쏟아진 이 재앙은 재건된 로마 제국의 열 왕국에 집중될 것이 분명하다. 그러나 여기에서도 또 다시 우리는 "저희 행위를 회개치 아니하더라"는 비극적인 말을 듣게 된다.

6 여섯번째 대접 심판

"또 여섯째가 그 대접을 큰 강 유브라데에 쏟으매 강물이 말라서 동방에서 오는 왕들의 길이 예비되더라 또 내가 보매 개구리 같은 세 더러운 영이 용의 입과 짐승의 입과 거짓 선지자의 입에서 나오니 저희는 귀신의 영이라 이적을 행하여 온 천하 임금들에게 가서 하나님 곧 전능하신 이의 큰 날에 전쟁을 위하여 그들을 모으더라"(계 16:12-14).

천국의 하나님은 여기서 대적들과 심리적(心理戰)을 펼치고 계시며, 이는 그들로 하여금 가까운 미래에 아마겟돈에 집결토록 하려는 것이다.

유브라데 강은 그 길이가 2,900km이며, 폭은 대략 1,100m에 달한다. 수심은 9m이다. 이 강은 역사의 여명(黎明) 이래로 동서 문명의 분기점이 되고 있다. 이 강은 구 로마 제국의 동방 경계선으로 사용된 바 있다. 따라서 유브라데 강은 인간 문명의 요람이자 무덤이 된다. 여기에 최초의 불경한 도시(곧 가인에 의해 건설된 에녹, 창 4:16, 17 참조)가 세워졌으며, 바로 여기에 최후의 반역 도시(적그리스도에 의해 건설된 바벨론, 계 18장 참조)가 건설될 것이다.

7 일곱번째 대접 심판

"일곱째가 그 대접을 공기 가운데 쏟으매 큰 음성이 성전에서 보좌로부터 나서 가로되 되었다 하니 번개와 음성들과 뇌성이 있고 또 큰 지진이 있어 어찌 큰지 사람이 땅에 있어 옴으로 이같이 큰 지진이 없었더라 큰 성이 세 갈래로 갈라지고 만국의 성들도 무너지니 큰 성 바벨론이 하나님 앞에 기억하신 바 되어 그의 맹렬한 진노의 포도주 잔을 받으매 각 섬도 없어지고 산악도 간 데 없더라 또 중수가 한 달란트나 되는 큰 우박이 하늘로부터 사람들에게 내리매 사람이 그 박재로 인하여 하나님을 훼방하니 그 재앙이 심히 큼이러라"(계 16:17-21).

이로써 인과 나팔과 대접의 심판들은 그 막을 내린다. 이 최후의 복수의 심판에 포함된 세 항목들은 고려해 볼 가치가 있다.

(1) "되었다"라는 진술은 매우 중대한 사건과 관계있는 말로서, 성경에서 세 번 나타나는데, 이것은 그 두번째이다. 최초의 사건은 갈보리에서였으며, 최후의 사건은 영원의 입구에서 발생할 것이다.

"예수께서 포도주를 받으신 후 가라사대 다 이루었다 하시고 머리를 숙이시고 영혼이 돌아가시니라"(요 19:30).

"또 내게 말씀하시되 이루었도다 나는 알파와 오메가요 처음과 나중이라 내가 생명수 샘물로 목마른 자에게 값 없이 주리니"(계 21:6).

(2) 지상 최대의 지진이 발생한다. 지진의 강도(強度)는 리히터 계기로 측정되는데, 이제까지는 아무리 큰 지진이 발생했다 할지라도 그 강도가 8, 9를 넘은 적이 결코 없었다. 최대의 인명 손실을 가져온 지진은 1556년 1월 23일, 중국 센시(Shensi) 지방에서 발생한 것으로서, 대략 83만 명이 사망했다. 그러나, 이 지진도 세상의 모든 큰 도시들을 무너뜨리는 대환난 때의 지진에 비한다면 한낫 미진(微震)에 불과할 뿐이다.

(3) 사상 최대의 우박 소나기가 인류의 머리 위로 떨어진다. 이 거대한 얼음 덩어리들의 무게는 한 개당 56kg에 달할 것이다.

4. 세상 종교 체제의 파괴(계 17장)

하나님의 네번째 심판

어린양은 세상의 종교 체제를 파괴한다(계 17:1—18)

이 종교적 음녀의 역사(17:1—6)

성도들의 피를 마셨다.
지옥의 음란함으로 덮였다.
세상의 부로 꾸며졌다.

이 종교 체제의 미래(17:7—18)

최초로 적그리스도와 협력한다.
최후에 적그리스도에 의해 파멸된다.

"또 일곱 대접을 가진 일곱 천사 중 하나가 와서 내게 말하여 가로되 이리 오라 많은 물 위에 앉은 큰 음녀의 받을 심판을 네게 보이리라"(계 17:1).

야만적이고, 잔인하며, 불경스러운 이 음녀는 다른 아닌 사단의 사악한 아내, 거짓 교회 일반을 말한다. 하나님께서 자신을 위하여 한 백성을 예비하심으로 은혜의 역사를 시작하자마자 사단도 동일한 일을 하였다. 사실상 이 세상에 태어난 최초의 아기는 후에 사단을 최초로 추종하는 자가 되고 말았다(창 4:8/요일 3:12 참조). 우리는 이제 이 타락한 음녀의 과거와 현재, 그리고 미래의 활동에 대해 고찰해 보고자 한다.

1. 역사상에 나타난 음녀(淫女)

[1] **사단의 교회는 창세기 11장 1절에서 9절 사이에 언급되어 있는 바벨탑에서 대략 주전 24세기경에 공식적으로 시작되었다.** 본래의 에덴 동산과 매우 유사했던 것으로 보이는 비옥한 시날 평원에서, 마귀 숭배를 목적으로 최초의 삽질이 행해졌다.

[2] **사단의 최초의 전담 사역자는 니므롯, 즉 노아의 사악하고도 배덕한 손자였다(창 10:8—10).**

[3] **일반 역사와 전승에 따르면, 니므롯은 그 자신만큼이나 악하고 악마적인 여인과 결혼하였다고 한다.** 그녀의 이름은 세메리모였다. 미래의 구세주에 관한 하나님의 약속(창 3:15)을 알고 있는 세메리모는 뻔뻔스럽게도 자신의 장자 담무스(Tammuz)가 그 예언을 성취하였다고 주장했다.

[4] **세메리모는 곧 자신과 자기 아들을 경건하게 숭배하는 하나의 종교 체제를 창시하였다.** 그녀 자신은 최초의 여대제사장이 되었다. 이로써 후에 전 세상에 퍼지게 된 모자(母子) 숭배가 시작되었다. 바벨론 도성은 주전 539년 바사인들에게 멸망하기까지 사단 숭배의 중심지였다.

(1) 그 종교는 아스다롯(Ashteroth)과 담무스의 이름하에 바벨론에서 베니게(페니키아)까지 퍼져 나갔다.

(2) 그 종교는 베니게에서 소아시아의 버가모까지 전해졌다. 이 때문에 요한은 요한계시록에서 버가모 교회에 대하여 경고하기를 "네가 어디 사는 것을 내가 아노니 거기는

사단의 위가 있는 데라"(계 2:13)고 하였다.
(3) 애굽에서는 모자 숭배가 이시아(Isia)와 호루스(Horus)로 알려져 있다.
(4) 희랍에서는 그것이 아프로디테와 에로스로 알려져 있다.
(5) 로마에서는 이들이 비너스와 큐피드로 숭배를 받았다.
(6) 중국에서는 그것이 어머니 싱무(Mother Shing Moo)와 그 아들로 알려져 있다.

펜테코스트 박사는 다음과 같이 말하고 있다.

> "몇년 전에 나는 멕시코 시의 한 고고학 박물관을 방문한 적이 있었다. 그곳에는 멕시코 고고학자들이 주전 200년경의 것이라고 확인한, 최근에 발견된 유물이 전시되어 있었다. 그 물건은 초기 멕시코 원주민들의 종교적 숭배의 중심적 대상물이었다. 놀랍게도 그것은 어린이를 안고 있는 어머니 상(像)이었다. 바로 이 바벨론의 종교가 바다 건너까지 확산되어 세계의 종교가 된 것이다"[『현대를 위한 예언』(*Prophecy for Today*), p. 133].

5 사단에 속한 세메리모 교회의 교의(教義)는 무엇이었는가?
(1) 세레리모 자신이 곧 하나님께로 가는 길이었다. 실제로 그녀는 "천국의 여왕"이라는 칭호를 사용하였다.
(2) 오로지 그녀만이 성수(聖水)를 뿌리는 것과 같은 다양한 의식들을 통해 죄인들에게 구원을 베풀 수 있다.
(3) 그녀의 아들 담무스는 사냥 여행 중에 난폭한 산돼지에게 비참한 죽음을 당했다.
(4) 그러나 그는 40일 후에 죽음에서 부활하였다. 따라서 그 이후로 담무스의 죽음과 부활을 기념하기 위해 이 종교에 속한 성전 처녀들이 매년 40일간 단식을 행해야 한다.
(5) 40일 단식 후에, 이스달(Ishtal)이라고 불리운 흥겨운 축제가 벌어졌다. 이 축제 때, 사람들은 부활의 상징으로 색칠한 달걀들을 서로 교환하여 먹었다. 그리고 이어서 상록수 한 그루를 전시하고 굵은 장작을 불태웠다. 마지막으로, T자형(모든 사람이 담무스를 회상하기 위해)으로 만든 핫케익을 구워서 먹었다.

6 주전 2,000년경에 하나님은 이 신들을 섬기는 모든 사람들로부터 아브라함을 불러내고(수 24:2, 3 참조) 약속의 땅으로 인도하셨다. 그러나 주전 9세기경에 이스라엘은 사악한 이세벨(왕상 16:30-33)의 영향으로 말미암아 다시 이 마귀를 숭배하게 되었다. 이때에는 바알의 이름으로 제사를 드렸던 것이다.

7 에스겔과 예레미야는 이 악마적인 숭배에 대해 다음과 같이 경고하였다.
"그가 또 나를 데리고 여호와의 전으로 들어가는 북문에 이르시기로 보니 거기 여인들이 앉아 담무스를 위하여 애곡하더라"(겔 8:14).
"자식들은 나무를 줍고 아비들은 불을 피우며 부녀들은 가루를 반죽하여 하늘 황후를 위하여 과자를 만들며"(렘 7:18).
"하늘 여신에게 분향하고 전제를 드리리라 하였은즉…"(렘 44:25).

8 그리스도 시대에는 이미 이 제의의 영향이 로마인의 생활 속 깊이 침투하여 가이사들은 로마의 황제로서 왕관을 받았을 뿐 아니라, 대제사장을 의미하는 「폰티펙스 막시무스」(Pontifex Maximus)라는 칭호를 갖고 있었다. 즉, 그들은 사단에 속한 바벨론 교회의 대제사장들이었다.

9 306년에 콘스탄틴 로마 황제는 매우 강력한 적군의 위협을 받고 있었다. 불안한 군대의 사기를 북돋을 필요가 있음을 깨달은 콘스탄틴은 전투 전날 밤에 한 이상을 보았

다고 주장했다. 그는 붉은 십자가가 그려진 커다란 청색 깃발을 보았으며, 「인 호끄 시그노 빈체스」(In hoc signo vinces), 즉 "이는 승리의 표이니라"고 크게 외치는 소리를 들었다. 그는 즉시 군대를 얕은 강으로 이동시켰으며 그들이 정식으로 침례(세례)를 받아야 한다고 주장하며 그들의 모든 무기들에 십자가 표를 그려 넣으라고 명령했다. 이렇게 영감을 받은 후에 그는 자신의 군대를 승리로 이끌었으며, 뒤이어서 기독교를 국교로 만들었다.

담무스의 로마 제사장들은 (약간의 변신을 함으로써) 쉽게 기독교 속으로 이전할 수 있으며, 또한 성모-성자 숭배 개념과 성수 의식 등을 고양함으로써 별다른 제재를 받지 않고도 그들의 전통을 고수할 수 있음을 깨달았다.

약 300여년 동안 마귀는 교회 밖에서 끔찍한 박해를 가함으로써 그것을 멸하려고 필사의 노력을 해왔다. 그러나 콘스탄틴 즉위와 더불어 그는 전략을 바꾸어 교회 안을 거닐며 교회 내부에서 활동하려고 하였다. 그리스도 시대에도 이미 타락한 교회가 번성하고 있었으며, 구세주는 그 마귀를 추종하는 핵심적인 몇몇 집사들과 장로들을 통렬하게 비난하셨다(마 23장).

2. 현재에도 활동하는 음녀

비밀에 싸인 바벨론의 음녀는 오늘날도 활동하고 있는가? 그녀는 사실상 이전보다도 더욱더 강력해지고 죄악으로 가득차 있다. 적어도 세 명의 신약성경 기자들이 마지막 날에 있을 음녀의 활동과 특성들에 대해 다음과 같이 언급하고 있다.

1 바울

"네가 이것을 알라 말세에 고통하는 때가 이르리니 사람들은 자기를 사랑하며 자긍하며 교만하며 훼방하며 부모를 거역하며 감사치 아니하며 거룩하지 아니하며 참소하며 절제하지 못하며 사나우며 선한 것을 좋아 아니하며 배반하여 팔며 조급하며 자고하며 쾌락을 사랑하기를 하나님 사랑하는 것보다 더하며 경건의 모양은 있으나 경건의 능력은 부인하는 자니 이같은 자들에게서 네가 돌아서라"(딤후 3:1-5).

"때가 이르리니 사람이 바른 교훈을 받지 아니하며 귀가 가려워서 자기의 사욕을 좇을 스승을 많이 두고 또 그 귀를 진리에서 돌이켜 허탄한 이야기를 좇으리라"(딤후 4:3, 4).

2 베드로

"그러나 민간에 또한 거짓 선지자들이 일어났었나니 이와 같이 너희 중에도 거짓 선생들이 있으리라 저희는 멸망케 할 이단을 가만히 끌어들여 자기들을 사신 주를 부인하고 임박한 멸망을 스스로 취하는 자들이라"(벧후 2:1).

3 요한

"내가 네 행위를 아노니 네가 차지도 아니하고 더웁지도 아니하도다 네가 차든지 더웁든지 하기를 원하노라 네가 이같이 미지근하여 더웁지도 아니하고 차지도 아니하니 내 입에서 너를 토하여 내치리라 네가 말하기를 나는 부자라 부요하여 부족한 것이 없다 하나 네 곤고한 것과 가련한 것과 가난한 것과 눈 먼 것과 벌거벗은 것을 알지 못하도다"(계 3:15-17).

이 음녀의 교회는 신교와 구교, 그리고 유대교와 기타 큰 세상 종교에서부터 나오는 배교자(背教者)의 무리들로 구성될 것이다. 「세계 교회 협의회」(World Council of Churches)가 이 최후의 불결한 연합체의 선봉이 될 수 있다는 것은 전적으로 가능한 일이다.

3. 예언적으로 비추어 본 음녀

이 사악하고 부정한 여인의 미래는 어떤 것일까? 요한계시록 17장에 따르면, 거짓 교회는 대환난 전반부 동안에 전력을 다하여 적그리스도를 추앙한다. 잠시 그 교회는 엄청난 부와 풍요 속에서 번창하고 호사를 누린다. 그러나 상황은 순식간에 완전히 뒤바뀐다. 이에 대해 요한은 우리에게 다음과 같이 설명한다.

"네가 본 바 이 열 뿔〔그와 함께 통치한 열왕을 의미함〕과 짐승이 음녀를 미워하여 망하게 하고 벌거벗게 하고 그 살을 먹고 불로 아주 사르리라"(계 17:16).

이 모든 것을 설명해 줄 수 있는 합당한 이유는 음녀가 적그리스도에게 권세를 준 후에, 그를 지배하려고 시도했다는 것이다. 우리는 역사에서 왕들과 통치자들을 지배하려고 시도한 로마 카톨릭 교회와 여러 다른 종교들의 많은 예들을 알고 있다. 11세기경에 교황 그레고리 7세(Gregory Ⅶ)가 내린 칙령을 살펴보자.

> "다음의 것들을 정하여 선포한다. 로마 교황은 만인의 주교이며, 그와 같은 이름은 세상에서 오로지 하나뿐이다. 주교들의 임면권(任免權) 및 그들을 화해시키는 권한은 오직 교황에게만 속해 있을 뿐이다… 오로지 그만이 제국의 기(旗)들을 사용할 수 있으며, 모든 군주들은 그의 발에 입을 맞추어야 한다. 또한 그에게는 황제들을 파면하고, 그들의 충성심에 따라 사면할 수 있는 권한이 있다. 그는 전쟁과 평화에 관한 문제들에 있어서 절대적인 중재권을 행사할 수 있다. 또한 교황만이 왕권 계승 분쟁에 대해 판결을 내릴 수 있으며, 그 이유는 모든 왕국이 베드로의 영지에 속해 있기 때문이다. 로마 교회는 결코 오류가 없으며… 교황은 모든 판단을 초월한 존재이다"〔『교회사 소고』(*Short Paper on Church History*), p. 355〕.

그러나 적그리스도는 결코 굴복하지 않을 것이다. 그는 그녀를 공격할 것이다. 그는 그녀의 건물들을 파괴하고, 그녀의 신성한 책들을 불사르며, 그녀의 제사장들을 살해할 것이다. 역사상 가장 아이러니칼한 전환점이 되는 사건들 중 하나는 거짓 교회의 멸망일 것이다. 왜냐하면 이 마귀의 조직은 가브리엘이나 성부나 성자나 성령에 의해서가 아니라 적그리스도의 손에 의해서 최후를 맞을 것이기 때문이다.

그는 처음에는 그녀를 증오하고, 그 다음에는 약탈하고, 욕보이고, 삼켜버린 뒤에 종국에는 멸망시킬 것이다.

이러한 증오는 섭리적이고도 실제적인 원인들에 근거하고 있다. 이 가공할 음녀의 미래 활동에 대해 간략히 정리하면 다음의 사실들을 알게 될 것이다.

1. **음녀의 영향력은 전 세계적이다(계 17:1).**
2. **음녀의 영향력 때문에 전 지구가 타락하게 될 것이다(계 17:2).**
3. **음녀는 막대하고도 무한한 부를 소유할 것이다(계 17:4).**
4. **음녀는 하나님의 성도들의 피를 마시고 취할 것이다(계 17:6).** 오로지 영원의 세상에서만 우리는 얼마나 많은 신도들이 종교의 이름으로 죽임당했는가를 알 수 있을 것

이다.

[5] **음녀는 (잠시동안) 짐승(적그리스도)과 무리를 이룬다(계 17:3, 7).**

[6] **음녀는 이마에 자신의 이름을 새긴다(계 17:5).** 요한 시대에는 창녀들이 자신들의 이름이 새겨진 보석을 이마에 달고 다녔고, 그렇게 함으로써 자신들의 몸을 선전하였던 것이다.

[7] **음녀는 아마 로마에 본부를 둘 것이다(계 17:9).** 로마는 일곱 개의 산들 위에 위치해 있다.

5. 세상 경제 체제의 멸망(계 18장)

"이 일 후에 다른 천사가 하늘에서 내려오는 것을 보니 큰 권세를 가졌는데 그의 영광으로 땅이 환하여지더라 힘센 음성으로 외쳐 가로되 무너졌도다 무너졌도다 큰 성 바벨론이여 귀신의 처소와 각종 더러운 영의 모이는 곳과 각종 더럽고 가증한 새의 모이는 곳이 되었도다"(계 18:1, 2).

버논 맥기 박사는 요한계시록에 관한 그의 뛰어난 주석에서 다음과 같이 말하고 있다.

> "17장과 18장에 두 개의 바벨론이 각각 서술되어 있다. 17장의 바벨론은 교회적이며, 18장의 바벨론은 경제적인 성격을 띠고 있다. 전자는 종교적인, 즉 신앙을 저버린 교회에 대한 언급이며, 후자는 정치적이며 상업적인 바벨론에 대한 언급이다. 신앙을 저버린 교회는 땅의 왕들에게 미움을 받지만(계 17:16), 상업의 중심지는 땅의 왕들에게 사랑받는다(계 18:9). 신앙을 버리는 교회는 땅의 왕들에게 파괴를 당하지만 정치적인 바벨론은 하나님의 심판으로 멸망한다(5절과 8절). 신비한(종교적) 바벨론이 대환난 기간 중에 최초로 멸망당하는 것은 분명하다. 반면에 상업적인 바벨론은 예수 그리스도의 재림 때에 무너진다. 바벨론은 하나가 아니면서도 동일한 성격의 도시이다"(『요한계시록을 통한 큰 기쁨』, p. 58).

이제 우리는 상업적이고 정치적인 바벨론을 두 가지 관점에서 조사할 것이다.

1. 그 도시의 위치

이 도시는 정말 존재하는가? 그것에 대해서는 의심의 여지가 없다. 그 도시는 환난 중에 다른 어떤 도시들보다 더욱 빛날 실제의 도시이며, 또한 적그리스도의 본부로 사용될 것임이 분명하다. 고대 바벨론은, 다니엘 시대처럼 유브라데 강가에 실제로 재건될 것인가? 혹자는 아래의 이유들을 근거로 그렇게 될 것이라고 믿는다.

[1] 고대 바벨론은, 이사야서 13장 19절에 예언된 것처럼, 결코 순식간에 멸망한 것이 아니다.

[2] 예레미야서 51장에 묘사된 바벨론에 관한 기록은 요한계시록 18장에 언급된 것과 매우 유사하다.

[3] 바벨론은 주의 날 동안에 파괴될 것이라고 언급되어 있는데, "주의 날"이란 구약성경에서 대환난을 가리킨다(사 13:6).

[4] 이사야서 14장에 의하면, 이스라엘은 바벨론 멸망 후에야 비로소 하나님이 주시는 안식에 들어갈 것이다. 이 사건은 아직 발생하지 않았기 때문에, 장차 반드시 일어나게

하나님의 다섯번째 심판

어린양은 세상의 정치, 경제 체제를 파괴한다(계 18:1—24)

이 체제들의 본부는 한 도시 안에 설치될 것이다.
그 도시의 위치 :
재건된 바벨론 도시로 추정됨.

그 도시의 모습

- 마귀들과 거짓 교사들의 온상(계 18:2)
- 사악한 물질주의의 수도(계 18:3, 11—17)
- 부정한 행위와 살해의 중심지(계 18:23, 24)

그 도시의 멸망

- 도시의 파괴자 : 하나님 자신(18:8, 20)
- 파괴 수단들 : 상상컨대 핵에너지로 인해(18:9, 10, 15, 17, 19을 보라)
- 도시 파괴의 반응
  땅의 절망(18:19)
  하늘의 기쁨(18:20)

될 것이다.

[5] 고고학적 유물을 보면, 고대 바벨론에서 출토된 벽돌과 돌은 예레미야서 51장 26절의 예언과는 반대로 건축물에 다시 사용된 것들이었다.

[6] 예레미야는 바벨론이 지상의 모든 왕국들 중에서 최후까지 하나님의 진노의 잔을 마실 것이라고 예언했다.

[7] 에바의 여인에 대한 환상은 바벨론이 다시금 사악해지고 상업도시로 복귀될 것을 말하고 있다(슥 5:5—11).

[8] 요한계시록 18장의 묘사는, 문자 그대로 받아들일 때에 가장 잘 이해될 수 있다.

위에서 열거한 것은 루드비히슨(R. Ludwigson)의 저서인 『성경의 예언 주해』(*Bible Prophecy Notes*)에서 인용한 것이다. 라이리 박사는 다음과 같이 말한 바 있다.

"그 도시가 유브라데 강가에 다시 재건될 것인가에 대해서는 논란의 여지가 많다. 그럼에도 불구하고 이 장들(계 17, 18장)에서 언급되고 있는 바벨론이라는 이름은 실질적인 도시 이상의 의미를 내포하고 있다. 즉, 그것은 「제도」를 나타내는 것이기도 하다. 이것은 미국인이 월 스트리트(Wall Street)나 메디슨가(Madison Avenue)에 대해 얘기하는 것과 같다. 그것은 실제적인 거리들일 뿐만 아니라 금융 혹은 광고업체들을 나타내는 것이기도 하다"(『요한계시록』, p. 100).

2. 그 도시의 모습

[1] **그곳은 마귀들과 거짓 교사들의 근거지가 되고 말았다**(계 18:2).

[2] **지배자들이나 상인들은 은으로 만든 성소에서 제사를 드렸다**(계 18:3).

[3] **그 도시의 죄들은 하늘에까지 이르렀다**(계 18:5).

[4] **그 도시는 죄악으로 가득찬 환락과 사치 속에 파묻혀 있었다**(계 18:7).

[5] **그 도시는 번영으로 말미암아 하나님의 심판을 보지 못하였다**(계 18:7). 또한 이 장에는 세상에서 가장 값비싼 사치품목 25가지가 열거되어 있다(계 18:11—17).

[6] **그 도시는 마법으로 모든 민족들을 속이고 있다**(계 18:23).

7 그 도시는 하나님의 수많은 성도들의 피로 덮여 있다(계 18:24).

3. 그 도시의 멸망

"또 다른 천사 곧 둘째가 그 뒤를 따라 말하되 무너졌도다 무너졌도다 큰 성 바벨론이여 모든 나라를 그 음행으로 인하여 진노의 포도주로 먹이던 자로다 하더라"(계 14:8).

"…큰 성 바벨론이 하나님 앞에 기억하신 바 되어 그의 맹렬한 진노의 포도주 잔을 받으매"(계 16:19).

"이 일 후에 다른 천사가 하늘에서 내려오는 것을 보니 큰 권세를 가졌는데 그의 영광으로 땅이 환하여지더라 힘센 음성으로 외쳐 가로되 무너졌도다 무너졌도다 큰 성 바벨론이여"(계 18:1, 2).

필자의 견해로서는 바벨론이 환난기간 중에 실제로 재건될 것이다. 구약성경에서 바벨론 성은 예루살렘을 제외하고 나면 어느 성읍보다도 더 많이 언급되고 있다. 즉, 260회 정도 언급되고 있는 것이다. 재건된 이 "사단의 도성"은 어떠한 것인가?

스트라우스(Lehman Strauss) 박사는 고대 바벨론에 대하여 다음과 같이 매우 훌륭하게 묘사하고 있다.

> "바벨론은 노아의 증손인 니므롯에 의해 창건되었다(창 10:8—10). 몇 차례의 전쟁에도 불구하고 건재한 바벨론은 세상에 알려진 도시들 중 가장 훌륭하고 화려한 도시가 되었다. 훌륭하게 건설된 그 도시는 면적이 38㎢에 달하며 유브라데 강이 도시를 비스듬히 가로질러 흐르고 있었다. 헤로도투스는 이 도시가 높이 106m, 두께 24m의 성벽으로 둘러싸여 있었으며 그 위로는 6대의 전차가 나란히 달릴수 있었다고 한다. 성벽 꼭대기에는 전략적으로 중요한 위치에 250개의 망루가 설치되어 있었다. 거대한 성벽 주위에는 수로(水路) 또는 외호(外濠)가 있어서 성읍을 두르고 있었고 항상 유브라데 강에서 끌어온 물로 채워져 있었다. 그 대형 수로는 적의 공격을 방어하는 부수적 기능을 위한 것이었다. 왜냐하면 적군이 공격을 하려면, 그 물을 건너지 않고는 그 거대한 성벽에 접근할 수 없기 때문이다. 이 군사용 방어시설의 건설비는 10억 달러를 초과할 것으로 추산된다. 그것이 전적으로 노예 노동에 의해 건설되었다는 사실 외에 당시에 10억 달러 상당의 건설 규모임을 생각한다면, 우리는 그 도시의 장대함과 경이로움이 어떠한 것이었을까를 상상할 수 있을 것이다. 그러나 바벨론은 방어 요새였을 뿐만 아니라 아름다운 곳이기도 했다. 바벨론의 유명한 공중정원은 오늘날까지도 세계 7대 불가사의 중 하나로 기록되고 있다. 그곳은 면적이 37㎡이며 그 위에 완전히 깎아 만든 테라스가 층층으로 쌓여 있으며 그 높이는 106m에 달한다. 관광객들은 3m 너비의 계단을 통해 그 꼭대기까지 올라갈 수 있었다. 각각의 테라스는 대형 석판으로 덮여져 있었는데 그 석판은 두터운 아스팔트 층, 그 위에 서로 결합된 벽돌 2열, 그리고 마지막으로 물의 유입을 막기 위한 납판으로 씌워져 있었다. 이 모든 테라스 위에는 덩쿨, 꽃, 관목, 나무들이 심겨져 비옥한 흙이 풍부하게 있었다. 멀리 떨어져서 보면 이 공중 정원은 계곡 밑에서 보는 것과 같은 아름다운 산등성이의 모습을 하고 있었다. 이처럼 아름다운 정원을 꾸미는 데에는 수천억 달러의 비용이 소요되었을 것이다.
>
> 신전이 있는 바벨탑은 위풍당당한 모습을 갖추고 있었다. 바벨탑의 아랫면은 폭이 91m였고 탑의 높이는 91m였다. 꼭대기에 있는 한 예배실에는 1,750만 달러 상당의 우상이 홀

로 있었고 바벨신에게 예배드릴 때 사용하는 2억 달러 상당의 성기(聖器)들이 있었다. 이처럼 값비싸고 웅대한 것들 외에도 신전에는 예배실을 장식하는 이제까지의 모든 기구들보다 훨씬 정교하고 값진 기구들이 있었다"〔『다니엘의 예언들』(*The Prophecies of Daniel*), pp. 147, 148〕.

이것이 고대 바벨론의 모습이다. 그리고, 재건될 바벨론이 옛 바벨론의 영화보다 더욱 큰 영화를 누리게 되리라는 사실을 누가 의심할 수 있겠는가?

버논 맥기 박사는 다음과 같이 주장한다.

"오늘날 바벨론은 세상을 지배하고 다스릴 것이다. 바벨론은 미증유(未曾有)의 독재정치 체제를 갖추게 될 것이다. 증권시장은 바벨론에서 번성할 것이며, 또한 바벨론은 세상의 여러 모습들을 규정할 것이다. 연극이 성공적이 되려면 바벨론에서 성공해야 될 것이다. 그리고 이 도시에서의 모든 것은 전능하신 하나님에 대한 배반이며, 그곳은 적그리스도의 중심지이다. 그 어느 누구도 이 거대한 도시가 심판받을 것이라고는 상상하지 못하였다. 하지만 바로 그때에 태양이 졌고, 바벨론은 연기나는 폐허가 되고 말았다. 이 소식이 퍼졌을 때, 세상은 경악했고, 통곡하기 시작했다. 온 세상은 바벨론이 멸망할 때 울부짖을 것이다"(『요한계시록을 통한 큰 기쁨』, p. 6).

이제 우리는 바벨론의 멸망에 함축된 몇 가지 특징들을 살펴볼 것이다.

1 바벨론의 파괴자

하나님 자신(계 18:8, 20 참조).

2 바벨론의 파괴 수단

어떤 류의 원자폭탄이 사용되었을 가능성이 매우 크다. 이러한 것을 강력하게 암시하는 것은 심판의 신속함, 맹렬히 타오르는 불길, 방사성 낙진을 두려워한 때문이겠지만 성이 타는 것을 지켜보는 사람들과 성읍의 간격 등이다(계 18:9, 10, 15, 17, 19 참조).

3 바벨론의 멸망에 대한 반응

(1) 땅에 거하는 자들의 반응

"티끌을 자기 머리에 뿌리고 울고 애통하여 가로되 화 있도다 화 있도다 이 큰 성이여 바다에서 배 부리는 모든 자들이 너의 보배로운 상품을 인하여 치부하였더니 일시간에 망하였도다"(계 18:19).

바벨론의 멸망을 애통해 하는 세 부류의 사람들이 있다. 그들은 군주들(계 18:9)과 상인들(계 18:11), 그리고 선원들(계 18:17)이다.

(2) 천국에 거하는 자들의 반응

"하늘과 성도들과 사도들과 선지자들아, 그를 인하여 즐거워하라 하나님이 너희를 신원하시는 심판을 그에게 하셨음이라 하더라"(계 18:20).

천국의 모든 자들이 기뻐하는 경우가 환난 중에 세 번 있는데, 그 세 가지 사건은 다음과 같다.

① 사단이 내쫓길 때(계 12:12)

② 바벨론이 멸망할 때(계 18:20)
③ 어린양이 교회와 결혼할 때(계 19:7)

4 바벨론의 멸망 원인들
(1) 그 도시는 환난 중에 모든 마귀의 활동의 사령부가 될 것이다(계 18:2).
(2) 그 도시의 악마적인 자만심(계 18:7).
(3) 그 도시는 물질주의로 충만했다. 이 사악한 도시는 28가지 중요한 상품들, 즉 금으로부터 인신매매에 이르기까지 28개의 주요 품목을 수입하고 수출할 것이다(계 18:12, 13).
(4) 그 도시의 마술적 행위들(계 18:23).
(5) 학살을 자행함(계 18:24).

5 구약성경에는 바벨론의 멸망이 예견되어 있다
주전 539년 어느 날 밤, 구약성경의 바벨론은 메대인과 바사인들에 의해 정복되었다. 이러한 일이 일어나기 직전에, 선지자 다니엘은 두려움에 떠는 벨사살에게 하나님의 엄중한 말씀을 들려준다.
"하나님이 이미 왕의 나라의 시대를 세어서 그것을 끝나게 하셨다…왕이 저울에 달려서 부족함이 뵈었다 함이요…왕의 나라가 나뉘어서 메대와 바사 사람에 준 바 되었다 함이니이다"(단 5:26-28).
언젠가 하나님께서 친히 바벨론 하늘에 이런 무서운 말씀을 다시 한 번 기록하실 것이다.

6. 아마겟돈에서의 혈전(계 19:1-19, 21)

1. 신부가 참여한 천국에서의 영광의 잔치(계 19:1-10)
이 영광스러운 사건은 천국에서의 최대의 찬사를 사용함으로써 축하된다. 그 말은 "할렐루야"이다! 이 말은 신약성경 어느 곳에서도 발견할 수 없다. 성령께서 이 경우를 위하여 그 말을 예비해 두셨다. 구약성경의 시편에는 그 말이 24회 등장한다. 천국은 이제 음녀를 물리친 어린양의 승리와, 신부와 결혼한 어린양의 혼인 잔치를 축하한다. 우리는 "허락하사 빛나고 깨끗한 세마포를 입게 하셨은즉 이 세마포는 성도들의 옳은 행실이로다"(계 19:8)라는 말을 보게 된다. 라이리 박사는 다음과 같이 말하고 있다.

> "「의로움」으로 설명되는 신부의 정장인 세마포는 「옳은 행실」로 해석되어야 한다. 다시 말하면 신부의 결혼 예복은 일생 동안 행해진 옳은 행실로 만들어지게 될 것이다. 신부는 그리스도의 의로움으로 말미암아 신부가 된다. 따라서 신부는 그녀의 의로운 행위로 인해 결혼 예복을 입게 된다"(『요한계시록』, p. 111).

스트라우스 박사는 "어린양과 신부의 혼인 잔치 때, 우리들이 자기 스스로 만든 결혼 예복을 입게 될 것인가 하는 문제를 지금까지 생각해 본 적이 있는가?"라고 질문한다.

2. 전쟁을 포함한 영광의 잔치(계 19:11-21)
하나님의 성령은 아마겟돈에서 벌어진 모든 유명한 전투들에 관하여 분명하고 침착한

여섯번째 하나님의 심판

어린양이 아마겟돈에서 죄인들과 사단을 쳐부순다(계 19:1−19, 21)

신부가 참여한 천국에서의 영광의 축제(계 19:1−10)

전쟁을 포함한 지상에서의 영광의 축제(계 19:11−21)

- 전장(戰場)의 위치
- 전쟁의 이유
- 전쟁 연표
- 전쟁 결과

언어로 그 상황을 묘사하기 위하여 다섯 명의 유능한 성경 기자들을 선택하셨다. 그들은 다윗과 이사야와 요엘과 스가랴와 요한이다.

"**어**찌하여 열방이 분노하며 민족들이 허사를 서로 꾀하여 여호와와 그 기름받은 자를 대적하며 우리가 그 맨 것을 끊고 그 결박을 벗어 버리자 하도다 하늘에 계신 자가 웃으심이여 주께서 저희를 비웃으시리로다 그때에 분을 발하며 진노하사 저희를 놀래어 이르시기를 …네가 철장으로 저희를 깨뜨림이여 질그릇같이 부수리라 하시도다"(시 2:1−5, 9).

"**열**국이여 너희는 나아와 들을지어다 민족들이여 귀를 기울일지어다 땅과 땅에 충만한 것, 세계와 세계에서 나는 모든 것이여 들을지어다 대저 여호와께서 만국을 향하여 진노하시며 그들의 만군을 향하여 분내사 그들을 진멸하시며 살륙케 하셨은즉 그 살륙당한 자는 내어던진 바 되며 그 사체의 악취가 솟아오르고 그 피에 산들이 녹을 것이며 하늘의 만상이 사라지고 하늘들이 두루마리같이 말리되 그 만상의 쇠잔함이 포도나무 잎이 마름 같고 무화과나무 잎이 마름 같으리라 여호와의 칼이 하늘에서 족하게 마셨은즉 보라 이것이 에돔 위에 내리며 멸망으로 정한 백성 위에 내려서 그를 심판할 것이라 여호와의 칼이 피 곧 어린 양과 염소의 피에 만족하고 기름 곧 수양의 콩팥 기름에 윤택하니 이는 여호와께서 보스라에서 희생을 내시며 에돔 땅에서 큰 살륙을 행하심이라"(사 34:1−6).

"**만**민 중에 나와 함께한 자가 없이 내가 홀로 포도즙틀을 밟았는데 내가 노함을 인하여 무리를 밟았고 분함을 인하여 짓밟았으므로 그들의 선혈이 내 옷에 뛰어 내 의복을 다 더렵혔음이니 이는 내 원수 갚는 날이 내 마음에 있고 내 구속할 해가 왔으나…내가 노함을 인하여 만민을 밟았으며 내가 분함을 인하여 그들을 취케 하고 그들의 선혈로 땅에 쏟아지게 하였느니라"(사 63:3, 4, 6).

"**내**가 만국을 모아 데리고 여호사밧 골짜기에 내려가서 내 백성 곧 내 기업된 이스라엘을 위하여 거기서 그들을 국문하리니 이는 그들이 이스라엘을 열국 중에 흩고 나의 땅을 나누었음이여…너희는 열국에 이렇게 광포할지어다 너희는 전쟁을 준비하고 용사를 격려하고 무사로 다 가까이 나아와서 올라오게 할지어다 너희는 보습을 쳐서 칼을 만들지어다 낫을 쳐서 창을 만들지어다 약한 자도 이르기를 나는 강하다 할지어다 사면의 열국아 너희는 속히 와서 모일지어다 여호와여 주의 용사들로 그리로 내려오게 하옵소서 열국은 동하여 여호사밧 골짜기로 올라올지어다 내가 거기 앉아서 사면의 열국을 다 심판하리로다 너희는 낫을 쓰라 곡식이 익었도다 와서 밟을지어다 포도주 틀이 가득히 차고 포도주 독이 넘치니 그들의 악이 큼이로다 사람이 많음이여, 판결 골짜기에 사람이 많음이여, 판결 골짜기에 여호와의 날이 가까움이로다 해와 달이 캄캄하며 별들이 그 빛을 거두도다 나 여호와가 시온에서 부르짖고 예루살렘에서 목소리를 발하리니 하늘과 땅이 진동되리로다 그러나 나 여호와는 내 백성의 피난처, 이스라엘 자손의 산성이 되리로다"(욜 3:2, 9－16).

"**보**라 내가 예루살렘으로 그 사면 국민에 혼취케 하는 잔이 되게 할 것이라 예루살렘이 에워싸일 때에 유다에까지 미치리라"(슥 12:2).

"**내**가 열국을 모아 예루살렘과 싸우게 하리니 성읍이 함락되며 가옥이 약탈되며 부녀가 욕을 보며 성읍 백성이 절반이나 사로잡혀 가려니와 남은 백성은 성읍에서 끊쳐지지 아니하리라 그때에 여호와께서 나가사 그 열국을 치시되 이왕 전쟁 날에 싸운 것같이 하시리라…예루살렘을 친 모든 백성에게 여호와께서 내리실 재앙이 이러하니 곧 섰을 때에 그 살이 썩으며 그 눈이 구멍 속에서 썩으며 그 혀가 입 속에서 썩을 것이요"(슥 14:2, 3, 12).

"**또** 내가 보니 흰 구름이 있고 구름 위에 사람의 아들과 같은 이가 앉았는데 그 머리에는 금 면류관이 있고 그 손에는 이한 낫을 가졌더라 또 다른 천사가 성전으로부터 나와 구름 위에 앉은 이를 향하여 큰 음성으로 외쳐 가로되 네 낫을 휘둘러 거두라 거둘 때가 이르러 땅에 곡식이 다 익었음이로다 하니 구름 위에 앉으신 이가 낫을 땅에 휘두르매 곡식이 거두어지니라 또 다른 천사가 하늘에 있는 성전에서 나오는데 또한 이한 낫을 가졌더라 또 불을 다스리는 다른 천사가 제단으로부터 나와 이한 낫 가진 자를 향하여 큰 음성으로 불러 가로되 네 이한 낫을 휘둘러 땅의 포도송이를 거두라 그 포도가 익었느니라 하더라 천사가 낫을 땅에 휘둘러 땅의 포도를 거두어 하나님의 진노를 큰 포도주 틀에 던지매 성 밖에서 그 틀이 밟히니 틀에서 피가 나서 말굴레까지 닿았고 일천육백 스다디온에 퍼졌더라"(계 14:14－20).

"**세** 영이 히브리 음으로 아마겟돈이라 하는 곳으로 왕들을 모으더라"(계 16:16).

"**또** 내가 하늘이 열린 것을 보니 보라 백마와 탄 자가 있으니 그 이름은 충신과 진실이라 그가 공의로 심판하며 싸우더라 그 눈이 불꽃 같고 그 머리에 많은 면류관이 있고 또 이름 쓴 것이 하나가 있으니 자기밖에 아는 자가 없고 또 그가 피 뿌린 옷을 입었는데 그 이름은 하나님의 말씀이라 칭하더라 하늘에 있는 군대들이 희고 깨끗한 세마포를 입고 백마를 타고 그를 따르더라 그의 입에서 이한 검이 나오니 그것으로 만국을 치겠고 친히 저희를 철장으로 다스리며 또 친히 하나님 곧 전능하신 이의 맹렬한 진노의 포도주 틀을 밟겠고 그 옷과 그 다리에 이름 쓴 것이 있으니 만왕의 왕이요 만주의 주라 하였더라 또 내가 보니 한 천사가 해에 서서 공중에 나는 모든 새를 향하여 큰 음성으로 외쳐 가로되 와서 하나님의 큰 잔치에 모여 왕들의 고기와 장군들의 고기와 장사들의 고기와 말들과 그 탄 자들의 고기와 자유한 자들이나 종들이나 무론대소하고 모든 자의 고기를 먹으라 하더라 또 내가 보매 그 짐승과 땅의 임금들과 그 군대들이 모여 그 말 탄 자와 그의 군대로 더불어 전쟁을 일으키다가 짐승이 잡히고 그 앞에서 이적을 행하던 거짓 선지자도 함께 잡혔으니 이는 짐승의 표를 받고 그의 우상에게 경배하던 자들을 이적으로 미혹하던 자라 이 둘이 산 채로 유황불 붙는 못에 던지우고 그 나머지는 말 탄 자의 입으로 나오는 검에 죽으매 모든 새가 그 고기로 배불리우더라" (계 19:11—21).

록스돈(S. Franklin Logsdon) 박사는 『예언의 양상』(*Profiles of Prophecy*)이라는 제목의 소책자에서 다음과 같이 말하고 있다.

> "「노르웨이 과학 아카데미」의 전(前) 회장은 영국, 이집트, 독일 그리고 인도에서 온 역사가들의 도움을 받고 컴퓨터를 사용함으로, 주전 3,600년 이래 세상에는 단지 293년간의 평화로운 시기가 있었음을 발견했다. 5,500년 이상의 기간에 14,531번의 크고 작은 전쟁이 있었으며, 그로 인해 36억 명이 사망하였다. 주전 650년 이후에 1,656건의 분쟁이 있었는데, 16건을 제외한 모든 분쟁이 전쟁으로 귀결되었으며 이 16건의 분쟁에 관계한 나라들은 경제적 붕괴를 당했다"(p. 54).

그러나 앞으로 다가올 이 아마겟돈 전쟁이야말로 가장 대규모이고 무자비하며, 피비린내나고 철면피하며, 불경스러운 전쟁이 될 것이다. 이제 이 전쟁에 대한 잘못된 견해와 긍정적인 견해를 살펴보자.

● 잘못된 견해

1 아마겟돈은 에스겔서 38장에 나타나는 러시아의 침략과 동일한 것이 아니다. 그 차이점을 살펴보자.

(1) 러시아는 북에서부터 침략한다. 그러나 아마겟돈에서는 각 나라가 여러 방향에서 온다.

(2) 러시아는 이스라엘의 재물을 빼앗기 위해 침략한다. 그러나 아마겟돈의 침략은 어린양과 그의 백성들을 멸망시키기 위한 것이다.

(3) 곡(Gog)이 러시아의 침략을 인도한다. 그러나 아마겟돈 전쟁은 적그리스도가 인도한다.

2 아마겟돈은 성경에 나타나는 최후의 전쟁이 아니다. 최후의 전쟁은 천년왕국 후에 일어난다(계 20:7—9). 아마겟돈 전쟁은 대환난의 끝에 발생한다.

● 긍정적인 견해

1 전장(戰場)의 위치

호이트 박사는 이 위치에 대해 다음과 같이 서술하고 있다.

> "이 전쟁의 어마어마한 규모는 인간의 상상을 초월한다. 그 전장은 북쪽의 므깃도(슥 12:11/계 16:16)에서 남쪽의 에돔(사 34:5, 6/63:1)까지 320km나 뻗어 있다. 그것은 서쪽으로 지중해에서 동쪽으로 모압 언덕까지 이르는 거의 160km의 거리에 해당된다. 거기에는 여호사밧 골짜기도 포함되고(욜 3:2, 12), 에스드렐론 평야도 포함된다. 그 전장의 전 영역의 중심에 예루살렘 도성이 위치할 것이다(슥 14:1, 2).
>
> 이 지역 안에서 400만에 달하는 사람들이 인류 최후의 대학살로 혼란을 겪게 될 것이다. 여러 왕들이 군대를 거느리고 남쪽, 북쪽, 서쪽 그리고 동쪽에서 올 것이다…가장 극적인 의미로 표현하면 이곳은 인류에 대한 '판결의 골짜기'(욜 3:14)가 될 것이며, 또한 전능하신 하나님의 맹렬한 진노의 포도주를 짜낼 포도주 틀이 될 것이다(계 19:15)"〔『마지

막 시대』(*The End Times*), p. 163].

(1) 아마겟돈 전쟁에는 적어도 네 가지 중요한 이름이 관련되어 있음을 알 수 있다.

① 여호사밧 골짜기—이 골짜기는 예루살렘과 감람산 사이, 즉 예루살렘의 정동쪽에 위치해 있다(욜 3:2, 12).

② 에스드렐론 골짜기—이 골짜기는 예루살렘과 지중해 중간, 즉 예루살렘의 북서쪽에 위치해 있는 길이가 32km, 폭이 22km 되는 골짜기이다.

③ 므깃도—에스드렐론 골짜기 안에 있는 평지(슥 12:11).

④ 보스라—요단 강 동쪽에 위치한 에돔의 한 도시와 페트라(Petra) 부근에 위치한 에돔의 수도. 이 두 도시들은 주님의 재림 중에 중요한 역할을 수행하게 될 것이다(사 34:6/63:1).

마빈 빈센트(Marvin Vincent)는 아마겟돈과 그 위치에 관하여 다음과 같이 말하고 있다.

"므깃도는 에스드렐론 평야 안에 있었는데, 그 평야는 앗수르 시대로부터 이집트에서 시리아로 침공해 엄청난 재앙을 몰고온 나폴레옹 보나파르트의 진군에 이르기까지 팔레스틴에서 일어난 모든 분쟁에서 진지(陣地)로 선택되어 왔다. 유대인들, 이방인들, 사라센인들, 십자군의 군사들, 반기독교 프랑스인들, 애굽인들, 바사인들, 드루즈 족들, 터어키인들, 아랍인들 등 하늘 아래 모든 나라들의 전사들이 이 에스드렐론 평야 위에 그들의 진지를 굳건히 설치했으며, 다볼과 헤르몬 산의 이슬에 젖어 나부끼는 자기 나라의 국기들을 바라보았다"[『신약성경 단어 연구』(*Word Study in the New Testament*), p. 542].

(2) 구약성경에 나타난 대로 교회사와 관련된 수많은 전투들이 이 지역에서 일어났다.

① 드보라와 바락이 가나안인들을 물리쳤다(삿 4, 5장).

② 기드온이 미디안인들을 물리쳤다(삿 7장).

③ 블레셋 사람들이 사울을 격퇴하여 살해했다(삼상 31장).

④ 다윗이 골리앗을 물리쳤다(삼상 17장).

⑤ 애굽 왕이 요시야를 죽였다(왕하 23장).

두 저술가가 이 전투에 대하여 적절히 묘사해주고 있다.

"팔레스틴 지방은 전례없는 규모의 대살륙이 일어나도록 되어 있는 곳이다. 대살륙은 여호사밧 골짜기 북쪽 아래에 위치해 있는 아마겟돈에서 시작될 것이며, 에돔을 휩쓸고 모든 유대 땅과 예루살렘 도성까지 쓸어버릴 것이다. 요한은 이 학살 장면을 목격하고, 그것을 '말굴레까지 닿는 피'로 묘사하고 있다. 그 살륙은 인간의 상상을 초월하는 것이며, 거기서 나온 피가 예수 그리스도께서 통치하러 오는 것을 방해하기 위해 하나님의 선택된 백성들을 멸절시키려는 사단의 목적을 추종하는 자들의 혈관에서 흘러나와 호수를 가득 채울 것이다"(펜테코스트, 『현대를 위한 예언』, p. 118).

"아마겟돈 전투의 결과, 짐승의 군단들 사이에는 대규모의 학살이 일어날 것이다. 그리스도의 영광스러운 출현은 그 군대들을 무서움에 떨게 하고 혼란 속에 빠뜨릴 것이다(슥 12:2/14:13). 이 혼란과 전율의 결과 적그리스도는 버림받을 것이며, 무력하게 될 것이다(살후 2:8). 하늘로부터 오는 이 놀라운 광명은 짐승들을 놀라게 하고, 눈멀게 하며 사람을 미치게 할 것이다(슥 12:4). 이 빛에서 나온 재앙이 군대들을 쓸어버릴 것이며, 사람들은 선 자리에서 눈이 썩을 것이다(슥 14:12, 15). 짐승들과 사람들의 피는 길이가 320km

에 달하고 깊이가 말굴레까지 닿는 크기의 호수를 이룰 것이다(계 14:19, 20). 썩은 살과 피에서 나오는 악취가 전 지역에 가득할 것이다(사 34:1-3). 사람들의 갈기갈기 찢어진 형상들과, 사람들과 짐승들의 썩은 살은 맹수들의 먹이가 될 것이다(계 19:17, 18, 21). 그 짐승과 거짓 선지자는 그때 불못에 던지우게 될 것이다(계 19:20)"〔호이트, 『마지막 시대』, p. 165〕.

2 전쟁의 이유

무엇 때문에 세상의 모든 국가들이 아마겟돈 지역에 몰려들게 되겠는가? 그 국가들은 아마 각각 여러 가지 이유로 거기에 모이게 될 것이다. 그것은 아래의 세 가지 중요한 이유 때문일 것이다.

(1) 하나님의 주권 때문이다

우리는 적어도 아래의 다섯 구절에서 하나님께서 친히 이 나라들을 모이게 했음을 분명히 알 수 있다.

① "대저 여호와께서 만국을 향하여 진노하시며 그들의 만군을 향하여 분내사 그들을 진멸하시며 살륙케 하셨은즉"(사 34:2).

② "내가 만국을 모아 데리고 여호사밧 골짜기에 내려가서"(욜 3:2).

③ "내가 열국을 모아 예루살렘과 싸우게 하리니"(슥 14:2).

④ "모든 진노를 쏟으려고 나라들을 소집하며… 온 땅이 나의 질투의 불에 소멸되리라"(습 3:8).

⑤ "세 영이 히브리 음으로 아마겟돈이라 하는 곳으로 왕들을 모으더라"(계 16:16).

(2) 사단의 속임수 때문이다(계 16:13, 14)

이 구절에서 우리는 더러운 악령 셋이 열국에게 술수를 써서 아마겟돈으로 모이게 할 것이라는 사실을 보게 된다.

(3) 그리스도에 대한 열국의 증오 때문이다

① 많은 성경 구절들이 이 사악한 증오에 대해 말하고 있다(시 2:1-3 / 계 11:18).

② 적그리스도에게 인도되던 나라들은 그리스도의 임박한 재림을 깨닫고 있었음이 분명하다(계 11:15 / 12:12).

③ 그들은 또한 그리스도가 감람산에 서실 것이라는 사실을 알았을 것이다(슥 14:4 / 행 1:9-12).

④ 따라서 그 국가들은 그리스도의 지상 재림 때 그분을 멸망시키기 위해 그곳으로 모여들었음이 확실하다.

3 전쟁 연표

(1) 유브라데 강의 고갈(계 16:12)

반하우스 박사는 세이스의 말을 인용하여 이것을 묘사하고 있다.

"아득한 옛날부터 많은 시련을 겪었던 유브라데 강은 그 강 동쪽의 민족들과 서쪽 민족들 사이의 엄청나게 큰 경계였다. 강의 길이는 2,900km에 달하며, 언제 어느 곳에서도 걸어서 건널 수 없었다. 그 강의 폭은 270-1,100m였고, 깊이는 3-9m였다. 그러나 시간이 흐름에 따라 그 강은 폭이 더욱 넓어지고 깊이가 더욱 깊어졌다. 그리고 그 강은 솔로몬 통

> 치 때의 경계표였고, 또한 이스라엘에게 약속한 땅의 최북방 경계로 거듭 언급되어 왔다 …역사는 종종 유브라데 강이 군사적 이동에 심히 큰 장애였다고 증언한다. 그 강은 항상 그 동쪽 민족과 서쪽 민족들 사이의 경계가 되어 왔다"〔『요한계시록』(*Revelation*), p. 301〕.

따라서 이 강의 물이 마를 때, 중국과 인도와 기타 다른 아시아의 강국들의 수천만 병사들이 곧장 아마겟돈으로 몰려와 전쟁이 벌어질 것이다.

(2) 예루살렘의 멸망

대환난 중의 가장 슬픈 사건은 아마 성도(聖道) 예루살렘에 대한 포위 공격과 파괴가 될 것이다. 이 포위 공격은 47일간 계속될 것이며, 마침내 거룩한 다윗 성은 점령당할 것이다. 다음의 구절들에서 이것을 확인할 수 있다.

"보라 내가 예루살렘으로 그 사면 국민에게 혼취케 하는 잔이 되게 할 것이라 예루살렘이 에워싸일 때에 유다에까지 미치리라"(슥 12:2).

"내가 열국을 모아 예루살렘과 싸우게 하리니 성읍이 함락되며 가옥이 약탈되며 부녀가 욕을 보며 성읍 백성이 절반이나 사로잡혀 가려니와 남은 백성은 성읍에서 끊쳐지지 아니하리라"(슥 14:2).

"너희가 예루살렘이 군대들에게 에워싸이는 것을 보거든 그 멸망이 가까운 줄을 알라"(눅 21:20).

이 두 사건이 발생하였을 때, 천국의 천사들과 지옥의 마귀들은 틀림없이 숨을 죽이고 있었을 것이다.

존 필립스는 요한계시록 19장 17-21절까지 나타나 있는 사건들에 대해 다음과 같이 설명하고 있다.

> "이 생생한 문장들 속에서 우리는 주께서 오실 때 사상누각과 같은 사단의 제국이 어떻게 붕괴되는가를 분명히 볼 수 있다. 또한 우리는 사단의 군대들이 아마겟돈에서 어떠한 운명에 처하게 될 것인가에 대해서도 알고 있다. 요한은 이렇게 말한다.
>
> '또 내가 보니 한 천사가 해에 서서 공중에 나는 모든 새를 향하여 큰 음성으로 외쳐 가로되 와서 하나님의 큰 잔치에 모여 왕들의 고기와 장군들의 고기와 장사들의 고기와 말들과 그 탄 자들의 고기와 자유한 자들이나 종들이나 무론대소하고 모든 자의 고기를 먹으라 하더라.'
>
> 지상의 싸움터에 집결해 있던 군대들이 영광의 왕의 출현을 놀라운 눈으로 바라볼 때, 그들은 순간적으로 직접 해를 응시하게 되었다. 바로 그때, 번쩍이는 빛 속에 한 천사가 서 있었고 그 천사의 소집명령에 따라 거대한 새의 무리가 나타났으며, 그 새들은 땅에 있는 군사들 주위를 둘러싼 채 선회하고 있었다. 그들은 다가올 진수성찬을 예견하고 기뻐서 서로 깍깍거렸으며, 무서운 기세로 겁에 질린 군사들에게로 하강하였다가 다시 하늘로 올라갔다. 전투는 아직 시작되지 않았지만, 그 징조들은 엄청나게 두려운 것들이었다. 시간이 흐름에 따라, 하늘은 이 사나운 새들로 인해 점점 더 어두워져 갔다. 그 새떼들 속에는 하나님의 소집에 순종하지 않고 그분의 만찬에 참석하지 않고 땅에 남아 있던 콘돌이나, 독수리 그리고 갈가마귀는 존재할 수 없었다. 사단의 군대들은 죽을 것으로 운명지워져 있었으며, 그 무서운 새떼들은 그것을 알고 있었다. 따라서 그들은 살아계신 하나님의 이름으로 그 시체들을 매장하기 위해 부름받은 것이다.

우리는 사단의 군대들이 어떻게 아마겟돈으로 모여들게 되는가를 다음에서 알 수 있다. 요한은 이렇게 말한다.

'또 내가 보매 그 짐승과 땅의 임금들과 그 군대들이 모여 그 말탄 자와 그의 군대로 더불어 전쟁을 일으키다가.'

군대의 동원이 이와 같이 간결하게 묘사되어 있다. 그들이 아마겟돈에 모여든 원래의 동기가 무엇이었든 간에, 모든 증오는 잊혀지고, 사람들은 하늘로부터의 도전으로 인해 결합된다.

최근에 공상과학소설 작가들은 지구에 대한 가상적인 이야기를 많이 만들어냈다. 그들은 금성과 화성, 그리고 먼 우주로부터의 침입에 대하여 말한다. 그들은 먼 우주로부터의 위협에 직면해서 놀라고 급히 결속한 세상 사람들을 묘사했다. 이러한 일은 이 땅에서 발생한 일이다. 이것은 억지로 꾸며낸 환상적인 이야기가 아니라 실화이다. 지구는 마침내 무서운 곤충과 같은 괴물들에 의해서가 아니라, 주님과 그의 영광스러운 군대들에 의해 외계로부터 침입받게 된다. 마귀는 그의 때가 온 것을 알고 있다. 그는 인간의 생명을 무시하고 끝까지 싸운다. 그 짐승이 그의 군대들과 그의 동맹자들, 그리고 그의 적대자들에게 장차 할 말에 대해서는 다음과 같이 상상해 볼 수 있을 것이다.

'신사 여러분, 우리는 현재 전쟁 중이며, 과거에도 내내 교전하여 왔습니다. 우리가 공동의 명분을 위해 연합전선을 형성해야 할 때가 왔습니다. 우리가 지금 뭉치는 일은 분열보다 훨씬 더 중요한 일입니다. 우리가 세계를 통치하게 되리라는 점에 대해서는 추호의 의심의 여지도 없습니다. 이것은 생존에 관계되는 문제입니다. 우리가 주와 그의 기름부음을 받은 자들에 대항하기 위해 마지막으로 연합해야 할 때가 왔습니다. 그는 우리의 권세를 뚫고 들어오려고 합니다. 그는 죽음을 무릅쓰고 세상에 나타났습니다. 우리는 그의 최후의 시간에 그를 십자가에 못박아 처형했습니다. 이제 우리는 그의 무리들을 산산이 흩고, 그의 속박으로부터 영원히 풀려나게 될 것입니다. 우리는 평화를 위한 연합을 시도해 왔지만, 지속적인 결속력을 가지지는 못했습니다. 이제 전쟁을 위해 뭉칩시다. 지구에 대한 이 침입에 다같이 대처합시다. 모든 종교적 아편에서 벗어난 자들이 어떻게 싸울 수 있는가를 보여줍시다. 나는 여러분들에게 나의 힘과 초자연적인 권능의 증거를 제시해 왔습니다. 우리가 섬기는 황공하신 어둠의 임금은 무수한 세월 동안 이 하늘의 군대들에 대항하여 싸워 왔으며, 그들 모두를 상대해 이기셨습니다. 다 함께 세상을 구합시다. 전혀 쓸모없는 성가대원들로부터 세상과 그 환경을 영원히 구합시다.'

시편 2편에서 이미 예언된 바와 같이 그 나라들은 연합한다. 그러나 왕들의 대 정상회의가 끝나서, 그 사자들이 새로운 결의안을 선포할 때, 하늘로부터 조소의 웃음소리가 울려 퍼졌다.

'하늘에 계신 자가 웃으심이여 주께서 저희를 비웃으시리로다'(시 2:4).

이것과 꼭같은 옛날 이야기가 있다. 어리석음으로 말미암아 그 나라들은 그리스도의 초림 때에 그에 대항하여 연합하였다. 교회는 그것을 다음과 같이 선포했다.

'대주재여 천지와 바다와 그 가운데 만유를 지은 이시요 또 주의 종 우리 조상 다윗의 입을 의탁하사 성령으로 말씀하시기를 어찌하여 열방이 분노하며 족속들이 허사를 경영하였는고 세상의 군왕들이 나서며 관원들이 함께 모여 주와 그 그리스도를 대적하도다 하신

이로소이다 과연 헤롯과 본디오 빌라도는 이방인과 이스라엘 백성과 합동하여 하나님의 기름부으신 거룩한 종 예수를 거스려 하나님의 권능과 뜻대로 이루려고 예정하신 그것을 행하려고 이 성에 모였나이다 주여 이제도 저희의 위협함을 하감하옵시고 또 종들로 하여금 담대히 하나님의 말씀을 전하게 하여 주옵시며'(행 4:24-29).

그 나라들은 그리스도의 초림 때에 그에 대항하여 연합했으며, 또한 장차도 다시 연합할 것이다. 그들은 그리스도를 십자가에 매달 때 가장 악한 일을 저질렀다. 그러나 이렇게 하여 그들은 하나님의 뜻을 성취하였을 뿐이다. 장차 그들이 그리스도의 재림에 대비하여 연합할 때, 그들은 똑같은 수법을 사용할 것이다. 그 나라들은 에스드렐론을 향해 진군하면서 그들 자신의 음모와 계획에 따라 일하고 있다고 생각할 것이지만, 그들은 단순히 하나님의 뜻에 따라 움직이고 있을 뿐이다.

마지막으로, 우리는 사단의 군대들이 아마겟돈에서 어떻게 멸망하는가를 보게 된다.

'짐승이 잡히고 그 앞에서 이적을 행하던 거짓 선지자도 함께 잡혔으니 이는 짐승의 표를 받고 그의 우상에게 경배하던 자들을 이적으로 미혹하던 자라 이들이 산 채로 유황 불 붙는 못에 던지우고 그 나머지는 말 탄 자의 입으로 나오는 검에 죽으매 모든 새가 그 고기로 배불리우더라.'

화려한 갑옷을 입은 군인들이 갈릴리 평원들을 가로질러 행군하는 모습은 얼마나 장관이었겠는가? 또한 므깃도의 비옥한 평야 위에 열을 지어 모이거나 흩어지는 군인들의 모습은 얼마나 장려한 것이었겠는가! 그리고 얼마나 막대한 군수물자가 그 언덕 위에 쌓여 있겠는가! 또한 홍해와 페르시아만, 그리고 동부 지중해 해안을 따라 늘어선 전차 부대의 모습은 그 얼마나 훌륭할 것인가. 거기서 나오는 시끄러운 가락은 얼마나 크게 울려 퍼지겠는가! 땅은 행군하는 발자욱 소리에 따라 진동했으며, 하늘은 땅 끝에서 나온 비행기로 새까맣게 덮였다. 거기에는 짐승이 인간들에게 준 놀라운 새 무기들이 있다. 그 군대들의 사기를 드높이기 위해 거짓 선지자들이 이적을 행하였다. 그리고 최후의 명령이 떨어졌다.

그때 갑자기 모든 것은 종말을 고하게 될 것이다. 사실 그 전쟁은 우리가 생각하는 의미의 전쟁은 결코 아닐 것이다. 그때 크고 흰 말 위에 앉은 분으로부터 한 마디 말이 나오게 될 것이다. 그가 전에 무화과나무에게 한 마디 말을 했을 때, 그 나무는 시들어 버렸다. 그가 울부짖는 바람과 파도치는 물결에게 한번 말하자, 그 바람과 물결은 곧 잔잔해졌다. 그가 전에 한 가난한 자의 영혼을 파멸시키는 마귀떼들에게 말하자 곧 그 마귀떼들이 떠나갔다. 이제 그가 한 마디 말을 하자 전쟁이 그친다. 큰 입을 가진 불경스러운 짐승은 그가 선 자리에서 거꾸러진다. 지옥에서 나온 거짓 선지자와 이적으로 미혹하던 자는 잡히고 잠잠해진다. 그 둘은 함께 묶여 영원히 타는 불 속에 거꾸로 던져지게 된다. 다시 한 마디 말을 하자, 겁에 질린 그 군대들은 동요하여 비틀거리다가 쓰러져 죽는다. 육군 원수들과 장군들, 해군 대장들과 공군 사령관들, 그리고 수많은 군인들과 수병들, 그 모두가 죽음을 당했다. 그러자 독수리들이 내려와 그 모습을 덮었다. 이로써 아마겟돈 전투는 그 막을 내린다. 이 일 후에 천년 동안 이 땅에 평화가 계속될 것이다. 사람들은 자신들의 칼을 쟁기로, 창을 낫으로, 전차를 트랙터로, 미사일을 곡식을 저장하는 사일로(silo)로 개조시킬 것이다. 이 시대는 평화롭게 흘러갈 것이며, 전쟁이란 말은 이미 인류에게서 사라져버린 케케묵은 언어의 한 파편에 지나지 않을 것이다"(『요한계시록 탐구』, pp. 247-250).

7. 적그리스도와 거짓 선지자의 멸망

일곱번째 하나님의 심판

어린양이 적그리스도와 거짓 선지자를 잡아 지옥으로 보낸다(계 19:20)

"짐승이 잡히고 그 앞에서 이적을 행하던 거짓 선지자도 함께 잡혔으니 이는 짐승의 표를 받고 그 우상에게 경배하던 자들을 이적으로 미혹하던 자라 이 둘이 산 채로 유황 불 붙는 못에 던지우고"(계 19:20).

제 4부 : 어린양의 통치가 시작됨(계 20장)

1. 큰 쇠사슬(계 20:1-3)

"또 내가 보매 천사가 무저갱 열쇠와 큰 쇠사슬을 그 손에 가지고 하늘로 내려와서 용을 잡으니 곧 옛 뱀이요 마귀요 사단이라 잡아 일천 년 동안 결박하여 무저갱에 던져 잠그고 그 위에 인봉하여 천 년이 차도록 다시는 만국을 미혹하지 못하게 하였다가 그 후에는 반드시 잠깐 놓이리라."

2. 위대한 부활(계 20:6)

"이 첫째 부활에 참예하는 자들은 복이 있고 거룩하도다 둘째 사망이 그들을 다스리는 권세가 없고 도리어 그들이 하나님과 그리스도의 제사장이 되어 천 년 동안 그리스도로 더불어 왕노릇하리라."

1. 그리스도의 부활(고전 15:23)

2. 휴거 때의 신자들의 부활(살전 4:16/고전 15:51-53)

3. 구약의 고난받은 성도들의 부활(계 20:6)
신구약성경의 많은 구절들이 이 세번째 부활에 대하여 언급하고 있다(욥 19:25, 26/시 49:15/사 25:8/26:19/단 12:2/호 13:14/요 5:28, 29/히 11:35 참조).

4. 구원받지 못한 자들의 부활(계 20:5, 11-14)

제 4부

어린양의 통치가 시작됨(계 20:1–15)

통치

1. 큰 쇠사슬(계 20:1–3)
2. 위대한 부활(계 20:6)
3. 위대한 통치(계 20:4, 6)
4. 큰 반란(계 20:7–10)

5. 큰 보좌(계 20:11–15)
- 이 보좌의 실상
- 이 보좌의 재판관
- 이 보좌의 배심원
  1. 양심의 책
  2. 말씀의 책
  3. 은밀한 일들에 관한 책
  4. 공적 일들에 관한 책
  5. 생명의 책
- 이 보좌에서의 재판
- 이 보좌에서의 심판

3. 위대한 통치(계 20:4, 6)

약 250년 전에 아이작 왓츠(Isaac Watts)는 시편 98편에 담겨진 진리에 근거하여 한 찬송가를 지었다. 세계적으로 유명한 이 찬송가 제목은 "기쁘다 구주 오셨네"(Joy to the World)이다. 이 찬송가는 그리스도인이건 그리스도인이 아니건 간에 크리스마스 때면 누구나 즐겨 부르는 노래이다. 그러나 이 찬송가 가사를 좀더 자세히 살펴보면, 왓츠가 그리스도의 베들레헴 탄생을 염두에 두고 노래한 것이 아니라, 주님의 천년왕국 도래에 더욱 마음을 쓰고 있음을 알 수 있다. 그의 노랫말을 살펴보자.

"기쁘다 구주 오셨네 만백성 맞으라
온 교회여 다 일어나 다 찬양하여라
다 찬양하여라 다 찬양 찬양하여라

구세주 탄생했으니 다 찬양하여라
이 세상의 만물들아 다 화답하여라
다 화답하여라 다 화답 화답하여라

온 세상 죄를 사하러 주 예수 오셨네

죄와 슬픔 몰아내고 다 구원하시네
다 구원하시네 다 구원 구원하시네

은혜와 진리 되신 주 다 주관하시니
만국 백성 구주 앞에 다 경배하여라
다 경배하여라 다 경배 경배하여라"
— 찬송가 115장

1. 천년왕국의 사실성

『millennium』이란 말은 "일천 년"을 의미하는 라틴어이다.

"그들이 살아서 그리스도로 더불어 천 년 동안 왕노릇하니"(계 20:4).

요한계시록 20장 1—7절에서 요한은 천 년이라는 기간에 대해 최소한 여섯 번이나 언급하고 있다. 이러한 사실에도 불구하고, 혹자는 이 숫자가 오로지 신약성경의 한 페이지에서만 언급되고 있기 때문에 실제로 「천년왕국」이 도래하리라는 주장을 부인하고 있다. 그들은 자신들의 견해를 주장하기 위해 베드로후서 3장 8절을 인용하고 있다.

"주께는 하루가 천 년 같고 천 년이 하루 같다."

요한계시록의 천 년을 하루로 단축시키고자 하는(그렇게 함으로써 천년왕국을 완전히 제거하고자 하는) 사람들은 창세기에 언급되고 있는, 창조에 소요된 6일을 수천 년으로 확장하려 하는 사람들과 동일한 부류이다. 그렇게 되면 사람들은 "하나님께서 왜 애매모호하게 말씀하시는 것일까?"하는 의문을 품을 수 있을 것이다.

르네 빠슈 박사는 다음과 같은 유용한 말을 하고 있다.

> "다음과 같은 사실에 다시 한번 주목해 보자. 즉, 천년왕국에 관한 구약의 가르침은 매우 완벽하기 때문에 탈무드에서 유대인들은 후에 신약성경이 제공하는 은사들을 받지 않고서도 그들 자체적으로 그것을 완전히 계승, 발전시키고 있다. 예를 들면, 그들은 사실상 요한계시록이 기록되기 이전부터 메시야 왕국이 일천 년 동안 계속될 것이라고 확신하고 있다. 따라서 요한계시록 20장 1—10절까지가 실려 있는 유명한 페이지가 없다면 천년왕국에 관한 교리는 존재하지 않았을 것이라고 주장해서는 안 된다(몇몇 사람들은 그렇게 주장한다)"(『그리스도의 재림』, p. 380).

2. 천년왕국에 관한 세 가지 주요한 견해들

1 후천년설(Postmillennialism)

이 이론은 복음의 전파를 통해 세상이 궁극적으로 기독교를 받아들이게 되고, 하나님의 보편적인 "성도들의 사회"가 될 것이라고 말한다. 이 시점에서, 그리스도는 인간의 평화스러운 혹성을 지배하고 통치하기 위해 초대될 것이다. 그러나 천년왕국 후에 그리스도가 재림한다는 설을 믿는 자들이 비록 실제적인 천 년 통치를 믿는다 하더라도, 그들의 입장은 잘못된 것이다. 왜냐하면 성경은 그리스도의 재림 이전에는 세상의 상황이 결코 좋아지지 않으며 더욱더 악화된다는 점을 명백히 하고 있기 때문이다(딤전 4:1 / 딤후 3:1—5 참조). 이러한 견해는 다니엘 휘트비(Daniel Whitby / 1638—1726년)라는 유니

테리안교 목사에 의해 널리 보급되었으며, 20세기 초까지 성행하였다. 마침 제 1차 대전이 발발하자, 사람들은 이에 대해 의심을 품기 시작했다. 결국 이 이론은 제 2차 대전 동안 히틀러의 가스 감방의 한복판에서 소리없이 사라져 버리고 말았다. 오늘날 이 이론을 신봉하는 자들을 찾아보기란 1940년대의 웬델 윌키(Wendell Willkie) 단추를 찾기보다 더 어려워졌다.

2 무천년설(Amillennialism)
이 견해는 천년 통치가 전혀 존재하지 않을 것이며, 신약 교회는 구약의 이스라엘에 대한 영적 약속과 예언을 이어받았다고 가르친다. 이러한 견해에 의하면, 암소와 곰이 함께 뒹굴고, 사자가 소처럼 풀을 먹으리라는 이사야의 아름다운 예언(사 11:7)은 실제로 그렇게 된다는 의미가 아니라는 것이다! 그러나 이사야서 11장이 사실 그대로 받아들여질 수 없다면, 우리는 어떤 증거로 그 훌륭한 53장 또한 비유적으로 해석되어서는 안된다고 말하는가?

3 전천년설(Premillennialism)
이 이론은 그리스도가 천년왕국 직전에 재림하실 것이며, 이 영광된 천년 통치 동안 친히 통치하실 것이라고 가르친다. 오로지 이 견해만이 영적인 것이며, 이들 세 가지 견해 중 가장 오래된 것이다. 천년 왕국 이전에 그리스도가 재림한다는 견해는 사도 시대부터 초기 교부들에 의해 주장되었다.

4. 큰 반란(계 20:7—10)

"천 년이 차매 사단이 그 옥에서 놓여 나와서 땅의 사방 백성 곧 곡과 마곡을 미혹하고 모아 싸움을 붙이리니 그 수가 바다 모래 같으리라 저희가 지면에 널리 퍼져 성도들의 진과 사랑하시는 성을 두르매 하늘에서 불이 내려와 저희를 소멸하고 또 저희를 미혹하는 마귀가 불과 유황 못에 던지우니 거기는 그 짐승과 거짓 선지자도 있어 세세토록 밤낮 괴로움을 받으리라."

따라서 영원한 불못은 그 마귀의 최후의 행선지가 될 것이다. 사단은 다음에 나오는 위치들 중 한 곳에 속해 있었거나, 현재 속해 있으며, 장차 속하게 될 것이다.

1. 천국에—하나님의 기름부음 받은 천사로서(과거의 위치 / 겔 28:14)

2. 천국에—마귀의 우두머리로서(현재의 위치 / 욥 1, 2장)

3. 지상에—적그리스도의 영적 지도자로서(대환난 중에 처할 미래의 위치 / 계 12:12)

4. 무저갱 속에(천년왕국 중에 처할 미래의 위치 / 계 20:1—3)

5. 다시 지상에(천년왕국 후에 처할 미래의 위치 / 계 20:8, 9)

6. 불못 속에(영원한 미래에 처할 위치/계 20:10)

"천년이 차매 사단이 그 옥에서 놓여 나와서 땅의 사방 백성 곧 곡과 마곡을 미혹하고 모아 싸움을 붙이리니 그 수가 바다 모래 같으리라 저희가 지면에 널리 퍼져 성도들의 진과 사랑하시는 성을 두르매 하늘에서 불이 내려와 저희를 소멸하고"(계 20:7-9).

버논 맥기 박사는 이 구절들에 관해 다음과 같이 말하고 있다.

> "고 체이퍼(Chafer) 박사(달라스 신학교 창설자)가 하나님께서는 왜 사단을 일단 잡아두었다가 풀어주셨는지에 대한 질문을 받았을 때, 그는 '당신이 나에게 왜 하나님이 사단을 첫번째 장소에서 풀어주셨는지 그 이유를 말한다면, 나는 당신에게 왜 하나님을 그를 두 번씩이나 풀어주셨는지에 대해 답하겠습니다'라고 대답했다. 그리스도의 인격적인 통치하에 있는 천년왕국의 이상적인 조건에서도 인간의 마음이 결코 변하지 않는다는 사실을 나타내기 위해 천년왕국의 마지막에 사단이 풀려나는 것 같다. 이는 하나님에 대한 인간의 증오가 극에 달해 있음을 나타낸다. 성경이 인간의 마음을 '구제받지 못할 사악한 것'으로 묘사하고 있는 것은 옳은 일이다. 인간은 전적으로 타락한 존재이다. 천년의 종국에 사단이 놓인 것이 그것을 증명하고 있다"(『요한계시록을 통한 큰 기쁨』, p. 74).

우리는 이미 천년왕국 동안 치루어질 희생으로 인해 성취된 목적들에 대해 논의한 바가 있다. 수많은 성숙한 자녀들이 이러한 희생을 보고 목사의 온유한 구원의 설교를 듣게 될 것이지만, 죄로 가득찬 그들의 마음은 더욱 완고하게 될 것이 분명하다. 예루살렘에서 지상의 능한 왕이신 분이 갈보리에서 비천한 어린양의 모습으로 피흘리셨다는 과거의 사실이 그들에게는 전혀 무의미한 일이 될 것이다! 외관상 그들은 그것을 믿을 것이지만, 내심으로는 그러한 희생을 경멸할 것이다. 결국 천년왕국의 종국에, 천 년 중 처음으로 "메아리가 아닌 하나의 선택"이 제시될 것이다. 그때 수많은 사람들이 어리석고 치명적인 선택을 할 것이다.

펜테코스트 박사는 예닝스(F. C. Jennings)의 말을 인용하여 다음과 같이 말하고 있다.

> "최상의 은총은 논외로 하고, 인간의 본질이 변화된 적이 있었는가? 탐욕스런 인간이 마침내 하나님과 친교를 나누게 되는 것인가? 천 년 동안의 절대적인 권능과 절대적인 자비의 자유로운 활동을 통해 모든 전쟁이 영원히 사라졌는가?
>
> 이러한 질문들은 실제 시험을 통하여 그 해답을 얻어야만 한다. 사단을 한번 더 그 옥에서 풀어줘 보자. 그가 예전에 알았던 밝은 세상을 한번 더 배회하도록 해 보자. 그가 최후로 보았던 광경은 피로 물들고 눈물로 가득찬 세상이었다. 그것은 그 자신의 통치의 증거이자 부산물이었다. 그러나 이제 그는 세상이 '풍요로 웃음짓는' 모습을 보게 된다. 그러나 그가 축복의 중심지인 예루살렘에서 점점 더 멀리 가면 갈수록 이러한 증거들은 점점 희미해진다. 결국 아득히 먼 '세상의 구석'에 이르면, 그러한 증거들을 찾아볼 수 없게 된다. 그는 본능적으로 거룩한 중심 도시에 가까이 가기를 꺼려하며 한번 더 속임을 당하려고 준비하고 있는 무수한 무리들을 발견하게 된다"(『장래의 사건들』, p. 549].

그러나 이 어리석고 부도덕한 반란은 철저하고도 완전히 실패하도록 운명지워져 있다. 사도 요한은 종군 기자로서 이 최후의 전투를 면밀히 기록하고 있다.

"저희가 지면에 널리 퍼져 성도들의 진과 사랑하시는 성을 두르매 하늘에서 불이 내려와 저희를 소멸하고 또 저희를 미혹하는 마귀가 불과 유황 못에 던지우니 거기는 그 짐승과 거짓 선지자도 있어 세세토록 밤낮 괴로움을 받으리라"(계 20:9, 10).

곡과 마곡으로 언급되어 있는 이 전투가 에스겔서 38, 39장에 언급되어 있는 전투와 동일한 것이 아님은 분명하다.

버논 맥기 박사는 이에 대해 다음과 같이 쓰고 있다.

> "이 반란이 '곡과 마곡'으로 명명되어 있기 때문에, 많은 성경 연구가들은 그것을 에스겔서 38, 39장에 언급되어 있는 '곡과 마곡'과 동일시한다. 물론 이는 불가능한 일이다. 왜냐하면 그 전투들의 시간과 장소, 그리고 참전자들이 서로 다르며, 단지 그 이름만 동일하기 때문이다. 에스겔서 38, 39장의 곡과 마곡에 의한 북에서의 침입은 적그리스도의 거짓 평화를 분쇄하고, 적그리스도로 하여금 대환난 중에 그의 수법을 드러내게 할 것이다. 북에서 온 불경스런 군대의 반란은 천 년 후에 있을 인간 최후의 반란을 같은 이름으로 부르게 할 만큼 깊은 인상을 인류에게 주었을 것이다. 우리는 금세기에 비슷한 상황을 경험했었다. 세계 제 1차 대전은 너무나 파괴적이어서 그와 같은 전쟁이 유럽에서 재차 발생했을 때, 그 전쟁은 다시 '세계 대전'으로 명명되었는데, 그 전쟁에는 2자(Ⅱ)가 덧붙여졌다. 지금은 제 3차 세계 대전이 예견되고 있다. 이와 마찬가지로, 에스겔서 38, 39장에서 전쟁은 곡과 마곡Ⅰ이며, 반면에 8절에서 언급되어 있는 이 전쟁은 곡과 마곡Ⅱ이다"(『요한계시록을 통한 큰 기쁨』, p. 77).

5. 큰 보좌(계 20:11—15)

"또 내가 크고 흰 보좌와 그 위에 앉으신 자를 보니 땅과 하늘이 그 앞에서 피하여 간데 없더라 또 내가 보니 죽은 자들이 무론대소하고 그 보좌 앞에 섰는데 책들이 펴 있고 또 다른 책이 펴졌으니 곧 생명책이라 죽은 자들이 자기 행위를 따라 책들에 기록된 대로 심판을 받으니 바다가 그 가운데서 죽은 자들을 내어주고 또 사망과 음부도 그 가운데서 죽은 자들을 내어주매 각 사람이 자기의 행위대로 심판을 받고 사망과 음부도 불못에 던지우니 이것은 둘째 사망 곧 불못이라 누구든지 생명책에 기록되지 못한 자는 불못에 던지우더라."

1. 이 보좌의 사실성(히 9:27/참조 계 20:11—15)

"내가 보았는데 왕좌가 놓이고 옛적부터 항상 계신 이가 좌정하셨는데 그 옷은 희기가 눈 같고 그 머리털은 깨끗한 양의 털 같고 그 보좌는 불꽃이요 그 바퀴는 붙는 불이며 불이 강처럼 흘러 그 앞에서 나오며 그에게 수종하는 자는 천천이요 그 앞에 시위한 자는 만만이며 심판을 베푸는데 책들이 펴 놓였더라"(단 7:9, 10).

2. 이 보좌 위의 재판장—그리스도 자신

"아버지께서 아무도 심판하지 아니하시고 심판을 다 아들에게 맡기셨으니…또 인자됨을 인하여 심판하는 권세를 주셨느니라"(요 5:22, 27).

"하나님이 사흘 만에 다시 살리사 나타내시되…우리를 명하사 백성에게 전도하되 하나님이 산 자와 죽은 자의 재판장으로 정하신 자가 곧 이 사람인 것을 증거하게 하셨고"(행 10:40, 42).

"하나님 앞과 산 자와 죽은 자를 심판하실 그리스도 예수 앞에서 그의 나타나실 것과 그의 나라를 두고 엄히 명하노니"(딤후 4:1).

3. 이 보좌의 배심원－다섯 권의 책

1 양심의 책(롬 2:15)
비록 인간의 양심이 절대적인 안내자가 아니라고 하더라도, 인간이 고의로 양심을 어겼을 경우에는 비난을 받을 것이다.

2 말씀의 책(마 12:36, 37)
"내가 너희에게 이르노니 사람이 무슨 무익한 말을 하든지 심판날에 이에 대하여 심문을 받으리니 네 말로 의롭다 함을 받고 네 말로 정죄함을 받으리라."

3 은밀한 말씀의 책
"하나님이 예수 그리스도로 말미암아 사람들의 은밀한 것을 심판하시리라"(롬 2:16).
"하나님은 모든 행위와 모든 은밀한 일을 선악 간에 심판하시리라"(전 12:14).

4 공적인 일들에 관한 책
"저희의 결국은 그 행위대로 되리라"(고후 11:15).
"인자가 아버지의 영광으로 그 천사들과 함께 오리니 그 때에 각 사람의 행한 대로 갚으리라"(마 16:27).

5 생명의 책(**출** 32:32, 33 / **시** 69:28 / **단** 12:1 / **빌** 4:3 / **계** 3:5 / 13:8 / 17:8 / 20:12, 15 / 21:27 / 22:19)

4. 이 보좌에서 심판받을 사람들
앞에서 언급한 바와 같이, 구원받지 못한 자들만이 이 보좌 앞에 서게 될 것이다.
"악인이 음부로 돌아감이여 하나님을 잊어버린 모든 열방이 그러하도다"(시 9:17).

5. 이 보좌에서의 심판－영원한 불못(계 20:14, 15 / 마 25:41, 46)

제 5부 : 어린양의 신부가 소개됨(계 21, 22장)

"일곱 천사 중 하나가 나아와서 내게 말하여 가로되 이리 오라 내가 신부 곧 어린양의 아내를 네게 보이리라"(계 21:9).

1. 그녀의 거주지－새 하늘과 새 땅(계 21:1－22:5)

1. 새 하늘과 새 땅(새 예루살렘)의 강림(계 21:1, 2)

"또 내가 새 하늘과 새 땅을 보니 처음 하늘과 처음 땅이 없어졌고 바다도 다시 있지 않더라"(계 21:1).

요한은 여기서 새 하늘과 새 땅을 목격한다. 따라서 요한계시록 20장과 21장 사이에서 옛 하늘과 땅은 파괴되었음이 분명하다. 우리는 다음과 같은 사실에 주목해야 한다.

[1] 이 멸망의 실상

"천지는 없어지겠으나 내 말은 없어지지 아니하리라"(마 24:35).

"주여 태초에 주께서 땅의 기초를 두셨으며 하늘도 주의 손으로 지으신 바라 그것들은 멸망할 것이나 오직 주는 영존할 것이요 그것들은 다 옷과 같이 낡아지리니 의복처럼 갈아입을 것이요 그것들이 옷과 같이 변할 것이나 주는 여전하여 연대가 다함이 없으리라"(히 1:10－12).

"그러나 주의 날이 도적같이 오리니 그 날에는 하늘이 큰 소리로 떠나가고 체질이 뜨거운 불에 풀어지고 땅과 그 중에 있는 모든 일이 드러나리로다 이 모든 것이 이렇게 풀어지리니 너희가 어떠한 사람이 되어야 마땅하뇨"(벧후 3:10, 11).

[2] 이 멸망의 원인

성경은 이 상황에 대해, 최후의 반란은 진압되었으며, 거짓 선지자와 적그리스도 그리고 악마 자체가 모두 불못에 영원히 던져지고, 사악한 사자(死者)들은 심판받았다고 전하고 있다. 이 점에 비추어 볼 때, 왜 이러한 가공할 파괴가 필요한 것일까? 그것은 정화(淨化) 과정의 부분이다.

하나님은 구약 시대에 사랑하는 이스라엘에게 행하신 일을 언젠가 피조물들에게도 하실 것이다.

"보라 내가 너를 연단하였으나…너를 고난의 풀무에서 택하였노라"(사 48:10).

2. 새 예루살렘에 관한 묘사(계 21:3－22:5)

[1] 거주자들

별들이 빛나고 있는 이 도시에는 어떤 사람들이 살고 있는가?

(1) 아버지(계 4:2, 3/5:1－7)

(2) 아들(계 5:6)

제 5부

아내

어린양의 아내가 소개됨(계 21, 22장)

"일곱 천사 중 하나가 나아와서 내게 말하여 가로되 이리 오라 내가 신부 곧 어린양의 아내를 네게 보이리라"(계 21:9).

그녀의 거주지 —새 하늘과 새 땅(계 21:1—22:5)		그녀의 남편 —신실한 구세주(계 22:6—21)
—새 예루살렘의 거주자들	—새 예루살렘의 생명 나무	—그의 약속(22:6, 7, 12, 20)
—새 예루살렘의 위치	—새 예루살렘의 예배 중지	—그의 명령(22:10)
—새 예루살렘의 규모		—그의 자기 묘사(22:13, 16)
—새 예루살렘의 생김새	—새 예루살렘의 빛의 원천	—그의 초대(22:17)
—새 예루살렘의 성벽들	—새 예루살렘의 존속 기간	—그의 경고(22:18, 19)
—새 예루살렘의 성문들	—새 예루살렘의 활동들	1. 하나님의 말씀 외에 더 하지 말라.
—새 예루살렘의 기초석들	• 학습하는 곳	
—새 예루살렘의 거리들	• 노래하는 곳	2. 하나님의 말씀에서 제하지 말라.
—새 예루살렘의 보좌	• 봉사하는 곳	
—새 예루살렘의 강	• 친교하는 곳	

(3) 성령(계 14:13 / 22:17)
(4) 하나님께 선택받은 천사들(히 12:22 / 계 5:11)
이 천사들은 다음과 같다.
① 스랍들(사 6:1—7)
② 그룹들(시 80:1 / 99:1 / 계 4:6—8)
③ 가브리엘(단 8:16 / 9:21 / 눅 1:11, 19, 26, 27 / 마 1:20 / 2:13, 19)
④ 미가엘(단 10:13, 21 / 12:1 / 유 1:9 / 계 12:7)
(5) 이십사 장로들(계 4:4, 10, 11)
(6) 구원받은 이스라엘 백성들(히 11:16 / 마 25:10, 23 / 계 14:1—3 / 15:1—3)
(7) 교회(히 12:22, 23 / 계 19:1, 7, 8 / 21:1, 9—11)
(8) 이미 구원받은 모든 자들(계 5:9 / 7:9, 10)
이상과 대조적으로, 이 찬란한 도시에서 '제외'될 부류에 속하는 자들에 대하여 살펴보자.
① 두려워하는 자들
② 불신자들

③ 가증한 자들
④ 살인자들
⑤ 음부들
⑥ 마법사들
⑦ 우상 숭배자들
⑧ 거짓말장이들(계 21:8)
"무엇이든 속된 것이나 가증한 일 또는 거짓말하는 자는 결코 그리로 들어오지 못하되"(계 21:27 / 참조, 계 22:15).

2 위치
새 예루살렘은 땅 위의 공중에 떠 있는 고정된 도시로 묘사되어 있다. 그러므로 새 땅은 이 빛나는 수도를 둘러싸고 있는 위성이며, 지구는 그 위성의 빛을 받게 될 것이다(계 21:24, 26).

3 규모
21장 16절에서 볼 때, 그 도시는 길이가 2,400km, 폭이 2,400km, 높이가 2,400km로 측정된다. 만약 이 도시를 미국에 위치시킨다면, 아마 뉴욕에서 덴버와 콜로라도까지, 그리고 카나다에서 플로리다까지 미치게 될 것이다.

4 생김새
어떤 사람들은 그것을 입방체로 보고, 다른 사람들은 그것을 거대한 피라미트로 본다.

5 성벽들
그 성벽들의 높이는 65m에 달하고, 벽옥(碧玉)들로 만들어져 있다.

6 성문들
그 도시에는 열두 개의 성문이 있는데, 동서남북에 각각 3개씩 위치해 있다. 각각의 성문에는 이스라엘의 지파들의 이름이 새겨져 있다. 각 성문은 천사들이 지키고 있다. 각 성문은 아름답고 단단한 하얀 진주석으로 만들어져 있다. 이 문들은 결코 닫혀지지 않을 것이다(계 21:12, 13, 21, 25).
다시 맥기는 다음과 같이 쓰고 있다.

> "열두 지파의 이름들이 열두 개의 성문들 위에 새겨져 있지만, 중요한 점은 그 건축물의 재료이다. 각각의 재료는 모두 진짜 진주이다. 이것은 교회를 나타내는 하나의 보석이다.
> '또 천국은 마치 좋은 진주를 구하는 장사와 같으니 극히 값진 진주 하나를 만나매 가서 자기의 소유를 다 팔아 그 진주를 샀느니라'(마 13:45, 46).
> 교회는 매우 값진 진주이다. 교회를 하나의 진주의 형상에 비교하는 것은 인상적이고도 암시적인 것이다. 진주는 다른 모든 보석들과 구별되는데, 그것은 다른 보석들이 땅에서 나오는 것인 데 반해 진주는 바다에서 나오기 때문이다. 다른 돌들은 땅에서 채굴되는 바위나 광석에서 발견된다. 그것들은 아름다움을 드러내기 위해 채굴되고, 깎이고, 손질이

가야 한다. 그러나 진주는 바다에서 나오며, 살아 있는 하나의 생물에서 나온다. 아주 작은 모래알이나 혹은 다른 어떤 작은 물체가 한 생명체 안으로 파고 들어가기 시작한다. 그 생명체는 스스로를 보호하기 위하여 그 물체를 덮어씌우려고 어떤 액체를 내뿜는다. 하나의 아름다운 진주가 형성될 때까지 그 유체막은 계속해서 쌓이게 된다.

새 예루살렘은 교회의 본거지이며, 진주 성문이 거기에 있는 것은 우리들이 상처를 낸 날카롭고 불결한 조그만 모래알이었음을 상기시키기 위함이었다. 우리는 순종하지 않았다. 즉, 우리는 이 세상과 더불어 살며 하나님께 반역만을 일삼았다. 그러나 그리스도께서는 이 추악한 것(바로 우리들)들을 취하셔서 그분의 의로움으로 그 추악함을 덮어주셨다. 아름다움은 모래알 속에 있는 것이 아니라 모래알을 둘러싸고 있는 생명체의 본질에 있다. 하나님은 우리를 그리스도 안에서 감찰하시며, 하나님은 사랑이시다. 이스라엘은 진주를 귀하게 여기지 않았으나, 이방인에게는 매우 값진 것이었다. 우리는 본질적으로는 어떤 가치도 없지만, 매우 값진 진주가 되었다. 그 물건에 매겨진 값이 곧 그 물건의 가치를 결정한다. 그리스도가 치룬 값이 우리에게 가치를 부여해준다. 그리스도는 우리를 구하기 위해 자신의 생명을 내어 주었기 때문에 그리스도에게 우리는 값진 것이다"(『요한계시록을 통한 큰 기쁨』, pp. 101, 102).

7 기초석들

그 도시는 서로 다른 값진 보석들로 채워진 열두 층의 기초석 위에 세워져 있다. 이 기초들은 다음과 같다.

(1) **첫째 기초석**—햇빛 속에서의 투명한 고드름처럼 빛나는, 수정같이 맑은 다이아몬드인 벽옥으로 꾸며져 있다.
(2) **둘째 기초석**—금 알갱이가 박힌 불투명한 푸른 돌인 남보석으로 꾸며져 있다.
(3) **셋째 기초석**—전체에 다른 색깔의 줄무늬가 쳐진 하늘색 돌인 옥수로 꾸며져 있다.
(4) **넷째 기초석**—반짝이는 초록색의 돌인 녹보석으로 꾸며져 있다.
(5) **다섯째 기초석**—붉은 줄무늬가 있는 흰 돌인 홍마노로 꾸며져 있다.
(6) **여섯째 기초석**—진홍색 돌인 홍보석으로 꾸며져 있다.
(7) **일곱째 기초석**—투명한 황금색 돌인 황옥으로 꾸며져 있다.
(8) **여덟째 기초석**—바닷빛의 녹옥으로 꾸며져 있다.
(9) **아홉째 기초석**—엷은 황색의 담황옥으로 꾸며져 있다.
(10) **열째 기초석**—청록색의 비취옥으로 꾸며져 있다.
(11) **열한번째 기초석**—보라색의 청옥으로 꾸며져 있다.
(12) **열두번째 기초석**—번쩍이는 자주색의 자정으로 꾸며져 있다.

이 열두 개의 기초석들은 값비싼 보석들로 꾸며져 있을 뿐만 아니라 신약성경의 열두 사도들의 이름도 새겨져 있다(계 21:14, 19, 20).

8 거리들

새 예루살렘의 중심 도로는 맑은 유리 같은 정금으로 만들어져 있다. 건축물들 또한 정금으로 만들어진 것 같다(계 21:18, 21).

9 보좌(계 4:2, 3, 6/22:3)

10 강(시 46:4/계 22:1)

11 생명나무(계 22:2)
하나님이 인간을 창조하여 에덴 동산에 두셨을 때, 그분은 생명나무를 아담이 자유롭게 먹도록 맡기셨다. 그러나 아담이 죄를 범하자 에덴과 생명나무에 추방당하고 말았다(창 2:9/3:24 참조). 인간 역사에서 이때에 생명나무는 사라졌으나, 여기 새 예루살렘에서는 전례없이 활짝 꽃핀 생명나무가 다시 나타나고 있다.

12 예배 중심지(계 21:3, 22)
"내가 들으니 보좌에서 큰 음성이 나서 가로되 보라 하나님의 장막이 사람들과 함께 있으매 하나님이 저희와 함께 거하시리니 저희는 하나님의 백성이 되고 하나님은 친히 저희와 함께 계셔서…이는 주 하나님 곧 전능하신 이와 및 어린양이 그 성전이심이라."

13 빛의 근원(계 21:23/22:5)
"그 성은 해와 달의 비춤이 쓸데없으니 이는 하나님의 영광이 비취고 어린양이 그 등이 되심이라…다시 밤이 없겠고 등불과 햇빛이 쓸데없으니 이는 주 하나님이 저희에게 비취심이라 저희가 세세토록 왕노릇하리로다."
이 때문에 그곳에는 밤이 없을 것이다.

14 활동들
(1) 천국은 배움의 장소일 것이다
"우리가 부분적으로 알고 부분적으로 예언하니 온전한 것이 올 때에는 부분적으로 하던 것이 폐하리라"(고전 13:9, 10).
"이를 인하여 주 예수 안에서 너희 믿음과 모든 성도를 향한 사랑을 나도 듣고 너희를 인하여 감사하기를 마지 아니하고 내가 기도할 때에 너희를 말하노라 우리 주 예수 그리스도의 하나님, 영광의 아버지께서 지혜와 계시의 정신을 너희에게 주사 하나님을 알게 하시고 너희 마음 눈을 밝히사 그의 부르심의 소망이 무엇이며 성도 안에서 그 기업의 영광의 풍성이 무엇이며 그의 힘의 강력으로 역사하심을 따라 믿는 우리에게 베푸신 능력의 지극히 크심이 어떤 것을 너희로 알게 하시기를 구하노라 그 능력이 그리스도 안에서 역사하사 죽은 자들 가운데서 다시 살리시고 하늘에서 자기의 오른편에 앉히사 모든 정사와 권세와 능력과 주관하는 자와 이 세상뿐 아니라 오는 세상에 일컫는 모든 이름 위에 뛰어나게 하시고"(엡 1:15-21).
여기서 바울의 기도에 관한 신학을 숙고해 볼 때, 이 모든 영광스러운 영적 진리들은 온전한 의미에서 신도들이 결코 배워서 알 수 있는 성질의 것이 아님이 분명하다. 이러한 값진 진리들은 영원 속에서 그 온전한 의미가 드러날 것이 분명하다. 또한 같은 서신 내에 있는 이후의 그의 기도에서도 마찬가지이다.

"…이리 오라 내가 신부 곧 어린양의 아내를 네게 보이리라"(계 21:9).

"이 일 후에 내가 보니 각 나라의 족속과 백성과 방언에서 아무라도 능히 셀 수 없는 큰 무리가 흰 옷을 입고 손에 종려가지를 들고 보좌 앞과 어린양 앞에 서서 큰 소리로 외쳐 가로되 구원하심이 보좌에 앉으신 우리 하나님과 어린양에게 있도다 하니"(계 7:9, 10).

"장로 중에 하나가 응답하여 내게 이르되 이 흰 옷을 입은 자들이 누구며 또 어디서 왔느뇨 내가 가로되 내 주여 당신이 알리이다 하니 그가 나더러 이르되 이는 큰 환난에서 나오는 자들인데 어린양의 피에 그 옷을 씻어 희게 하였느니라"(계 7:13, 14).

"이러하므로 내가…아버지 앞에 무릎을 꿇고 비노니…그리스도께서 너희 마음에 계시게 하옵시고 너희가 사랑 가운데서 뿌리가 박히고 터가 굳어져서 능히 모든 성도와 함께 지식에 넘치는 그리스도의 사랑을 알아 그 넓이와 길이와 높이와 깊이가 어떠함을 깨달아 하나님의 모든 충만하신 것으로 너희에게 충만하게 하시기를 구하노라"(엡 3:14, 17-19).

(2) 천국은 노래하는 곳일 것이다

"여호와께서 이 일을 행하셨으니 하늘아 노래할지어다 땅의 깊은 곳들아 높이 부를지어다 산들아 삼림과 그 가운데 모든 나무들아 소리내어 노래할지어다 여호와께서 야곱을 구속하셨으니 이스라엘로 자기를 영화롭게 하실 것임이로다"(사 44:23).

"예수를 보니…이르시되 내가 주의 이름을 내 형제들에게 선포하고 내가 주를 교회 중에서 찬송하리라"(히 2:9, 12).

"새 노래를 노래하여 가로되…합당하시도다 일찍 죽임을 당하사 각 족속과 방언과 백성과 나라 가운데서 사람들을 피로 사서 하나님께 드리시고"(계 5:9).

"저희가 보좌와…새 노래를 부르니 땅에서 구속함을 얻은 십사만 사천 인밖에 능히 이 노래를 배울 자가 없더라"(계 14:3).

"하나님의 종 모세의 노래 어린양의 노래를 불러 가로되 주 하나님 곧 전능하신 이시여 하시는 일이 크고 기이하시도다"(계 15:3).

(3) 천국은 봉사하는 곳일 것이다

"그의 종들이 그를 섬기며"(계 22:3).

"그러므로 그들이 하나님의 보좌 앞에 있고 또 그의 성전에서 밤낮 하나님을 섬기매"(계 7:15).

우리가 이 봉사의 본질에 대해 정확히 안다고 확신할 수는 없지만, 다음 구절에서 어린양을 위해 우리가 해야 할 몫의 일은 인간과 천사들에 대한 권능과 심판을 행사하는 것이 될 것임을 알 수 있다.

"참으면 또한 함께 왕노릇할 것이요…"(딤후 2:12).

"성도가 세상을 판단할 것을 너희가 알지 못하느냐 세상도 너희에게 판단을 받겠거든 지극히 작은 일 판단하기를 감당치 못하겠느냐"(고전 6:2).

"저희가 세세토록 왕노릇하리로다"(계 22:5).

(4) 천국은 친교의 장소일 것이다

"우리가 천국에서 서로를 알아 볼 수 있을 것인가?"하고 우리는 가끔 묻는다. 이에 대해 성경은 분명히 그렇다고 힘차게 대답한다! 우리 주님은 변형 중에 이미 수세기 전에 세상에서 사라진 구약 시대의 두 영웅, 즉 모세와 엘리야와 함께 자유로이 말씀을 나누셨다(마 17:3). 그리고 아직까지도 그들은 모세와 엘리야로 인식되고 있다. 이에 덧붙여 사도 요한은 그의 계시의 환상 중에, 장로들과 천사들과 땅의 모든 나라들로부터 온 구원받은 다양한 사람들을 보고 식별한다. 아마도 이 아름다운 진리의 극치는 바울의 다음과 같은 글 속에서 발견할 수 있을 것이다.

"우리가 이제는 거울로 보는 것같이 희미하나 그때에는 얼굴과 얼굴을 대하여 볼 것이요 이제는 내가 부분적으로 아나 그때에는 주께서 나를 아신 것같이 내가 온전히 알리라"(고전 13:12).

신자들은 다른 신자들과 축복받은 친교를 나눌 기쁨을 맛볼 뿐만 아니라, 더욱 중요한 것은 우리가 이곳 지상에서 일찍이 가능했던 것보다 훨씬 더 가까이서 구세주를 볼 수 있고 우리 모습을 보여드릴 수 있다는 점이다.

15 존속 기간
"저희가 세세토록 왕노릇하리로다"(계 22:5).

2. 그녀의 남편—신실한 구세주(계 22:6—21)

1. 그의 약속

1 확실한 도래(계 22:6)
"속히 될 일."

2 급속한 도래(계 22:7)
"보라 내가 속히 오리니."
또한 12절과 20절을 보라.

3 신실한 자들에게 상급을 주기 위해
"내가 줄 상이 내게 있어 각 사람에게 그의 일한 대로 갚아 주리라."

2. 그의 명령
"이 책의 예언의 말씀을 인봉하지 말라 때가 가까우니라"(계 22:10).

3. 그의 자기 묘사
1 **"나는 알파와 오메가요 처음과 나중이요 시작과 끝이라"(계 22:13).**
2 **"나는 다윗의 뿌리요 자손이니 곧 광명한 새벽별이라"(계 22:16).**

4. 그의 초청(계 22:17)
"성령과 신부가 말씀하시기를 오라 하시는도다 듣는 자도 오라 할 것이요 목마른 자도 올 것이요 또 원하는 자는 값 없이 생명수를 받으라 하시더라."

5. 그의 경고(계 22:18, 19)
"내가 이 책의 예언의 말씀을 듣는 각인에게 증거하노니 만일 누구든지 이것들 외에 더하면 하나님이 이 책에 기록된 재앙들을 그에게 더하실 터이요 만일 누구든지 이 책의 예언의 말씀에서 제하여 버리면 하나님이 이 책에 기록된 생명나무와 및 거룩한 성에 참예함을 제하여 버리시리라."

참고 문헌

Baker Book House, Grand Rapids, Michigan

James L. Boyer, *For a World Like Ours*, 1971.

Reginald M. Daly, *Earth's Most Challenging Mysteries*, 1972.

John Davis, *Conquest and Crisis*, 1969.

——, *Moses and the Gods of Egypt*, 1971.

Frederick A. Filby, *The Flood Reconsidered*, 1971.

John Whitcomb, *The Early Earth*, 1972.

——, *Solomon to the Exile*, 1971.

Brethren Missionary Herald, Winona Lake, Indiana

John Davis, *The Birth of a Kingdom*, 1970.

Herman A.Hoyt, *The End Times*, 1967.

——, *Revelation*, 1966.

Homer Kent, *The Epistle to the Hebrews*, 1972.

——, *From Jerusalem to Rome*, 1972.

Creation-Life Publishers, San Diego, California

Viola Cummings, *Noah's Ark*, 1973.

Duane T. Gish, *Evolution? The Fossils Say No*, 1973.

Henry Morris, *The Bible Has the Answers*, 1976.

——, *The Genesis Record*, 1976.

——. *The Remarkable Birth of Planet Earth*, 1972.

——, *Scientific Creationism*, 1974.

William B. Eerdmans Publishing Company, Grand Rapids, Michigan

Donald G. Barnhouse, *God's Remedy*, Vol. Ⅲ, 1952.

Erich Sauer, *The Dawn of World Redemp-*

tion, 1955.

Merrill C. Tenney, *New Testament Survey*, 1953.

Kenneth S. Wuest, *Ephesians and Colossians*, 1953.

——, *First Peter*, 1953.

——, *In These Last Days*, 1952.

Gospel Light Publications, Glendale, California

Henrietta C. Mears, *What the Bible Is All About*, 1966.

Ray Stedman, *What More Can God Say?* 1975.

Moody Press, Chicago, Illinois

Gleason L. Archer, *A Survey of Old Testament Introduction*, 1964.

Maxwell Coder, *Jude, the Acts of the Apostates*, 1958.

Allen Johnson, *The Freedom Letter*, 1974.

Homer Kent, *Glory of the Church*, 1971.

Rene Pache, *The Return of Jesus Christ*, 1955.

J. D. Pentecost, *Prophecy for Today*, 1969.

——, *Will Man Survive?*, 1971.

John Phillips, *Exploring Romans*, 1969.

Charles Ryrie, *Balancing the Christian Life*, 1969.

——, *Dispensationalism Today*, 1955.

——, *First and Second Thessalonians*, 1959.

——, *Revelation*, 1968.

Merrill Unger, *Unger's Bible Handbook*, 1977.

John Walvoord, *Revelation*, 1966.

Through the Bible Publications, Pasadena, California

J. Vernon McGee, *Genesis, Exodus, Numbers, Deuteronomy, Ruth, Psalms, Luke, Ephesians, Second Timothy, Jude, Revelation*, 1971–77.

Victor Books, Wheaton, Illinois

Richard DeHaan, *Good News for Bad Times*, 1975.

Warren Wiersbe, *Be Free*, 1978.

Zondervan Publishing House, Grand Rapids, Michigan

Donald G. Barnhouse, *Genesis*, 1970.

——, *Revelation*, 1971.

W. A. Criswell, *Genesis and Early Man*, 1975.

——, *Noah's Three Sons*, 1975.

Henry H. Halley, *Halley's Bible Handbook*, 1965.

S. F. Lodgson, *Profiles in Prophecy*, 1971.

John Walvoord, *The Holy Spirit*, 1970.

——, *The Thessalonian Epistles*, 1973.

Leon Wood, *A Survey of Israel's History*, 1970.

Also, I acknowledge premission to reprint from :

J. Sidwell Baxter, *Explore the Book*, Marshall, Morgan & Scott, London, England, 1958.

L. Strauss, *Daniel*, Loizeaux, Neptune, N. J., 1969.

J. Patten, *The Biblical Flood and the Ice Epoch*, Pacific Meridian Publishing Co., Seattle, Washington, 1966.

Tim LaHaye, *Revelation*, Publishers of Scriptural Truth, LaMesa, California, 1968.

Hal Lindsey, *There's a New World Coming*, Vision House, Santa Ana, California, 1973.

W. McDonald, *Letters to the Thessalonians*, Walterick Publishers, Kansas City, Kansas, 1969.

7

재난 재해 안전 무릎 기도문
〈자녀용〉

불의의 재난 사고로부터
자신을 지키는 방법을
배우는 기도서!

8

재난 재해 안전 무릎 기도문
〈부모용〉

불의의 재난 사고로부터
자신을 지키는 방법을
배우는 기도서!

9

남편을 위한 무릎 기도문

사랑하는 남편의
신앙, 건강, 성공 등을
이루게 하는 아내의 기도서!

10

아내를 위한 무릎 기도문

아내를 끝까지 지켜주는
남편의 소망, 소원,
행복이 담긴 기도서!

11

워킹맘의 무릎 기도문

좋은 엄마/좋은 직원/
좋은 성도가 되기위해 노력하는
워킹맘의 기도서!

12

손자/손자를 위한 무릎 기도문

어린 손주 양육에
최선을 다하는 조부모의
손주를 위한 기도서!

13

태신자를 위한
무릎 기도문

14

새신자
무릎 기도문

15

교회학교 교사
무릎 기도문

16

선포(명령)
기도문

망망한 바다 한가운데서 배 한 척이 침몰하게 되었습니다.
모두들 구명보트에 옮겨 탔지만 한 사람이 보이지 않았습니다.
절박한 표정으로 안절부절 못하던 성난 무리 앞에 급히 달려 나온 그 선원이
꼭 쥐고 있던 손바닥을 펴 보이며 말했습니다.
"모두들 나침반을 잊고 나왔기에… "
분명, 나침반이 없었다면 그들은 끝없이 바다 위를 표류할 수 밖에 없을 것입니다.

우리는 삶의 바다를 항해하는 모든 이들을 위하여
그 나침반의 역할을 하고 싶습니다.
우리를 구원하신 위대한 주 예수 그리스도를 널리 전하고 싶습니다.

"하나님은 모든 사람이 구원을 받으며
진리를 아는 데에 이르기를 원하시느니라"
(디모데전서 2장 4절)

윌밍턴 본문중심 성경연구 - 신약편

지은이 | 해롤드 윌밍턴(Harold L. Willmington) 박사
발행인 | 김용호
발행처 | 나침반출판사

등　록 | 1980년 3월 18일 / 제 2-32호
본　사 | 07547 서울특별시 강서구 양천로 583
블루나인 비즈니스센터 B동 1607호
전　화 | 본사 (02) 2279-6321 / 영업부 (031) 932-3205
팩　스 | 본사 (02) 2275-6003 / 영업부 (031) 932-3207
홈　피 | www.nabook.net
이　멜 | nabook365@hanmail.ne

ISBN　978-89-318-1276-3
책번호　다-1406

값은 뒷표지에 있습니다.